U0915905

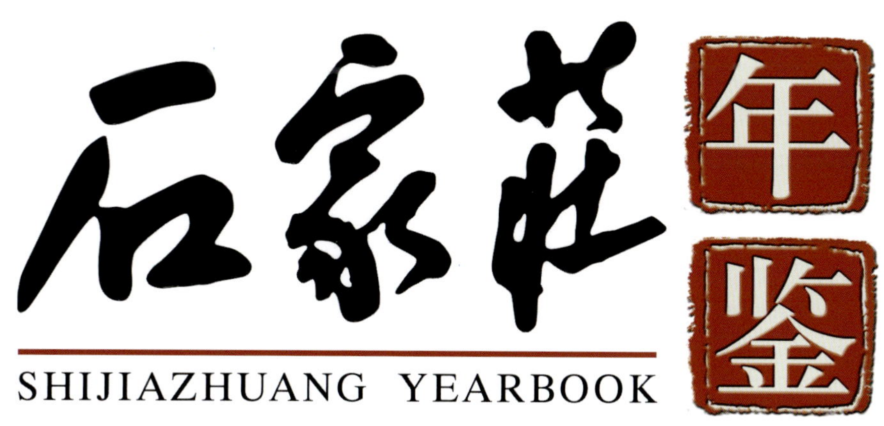

2016 石家庄市人民政府 编

河北人民出版社

图书在版编目（CIP）数据

石家庄年鉴．2016/ 石家庄市人民政府编．-- 石家庄：河北人民出版社，2018.5
ISBN 978-7-202-13149-7

Ⅰ．①石… Ⅱ．①石… Ⅲ．①石家庄市－2016－年鉴
Ⅳ．① Z522.21

中国版本图书馆 CIP 数据核字（2018）第 098445 号

书　　名　石家庄年鉴 2016
　　　　　Shijiazhuang Nianjian 2016
编　　者　石家庄市人民政府

责任编辑　杨永林　郭　忠
美术编辑　于艳红
策划总监　薛鹏飞
版式设计　速诺传媒
封面设计　王　鹏
彩页设计　王文红
翻　　译　杨永林

出版发行　河北人民出版社（石家庄市友谊北大街 330 号）
印　　刷　山东黄氏印务有限公司
开　　本　889 毫米 ×1194 毫米　1/16
印　　张　43
字　　数　1 170 000
版　　次　2018 年 5 月第 1 版　2018 年 5 月第 1 次印刷
印　　数　1-3 000
书　　号　ISBN 978-7-202-13149-7
定　　价　380.00 元

石家庄市地方志编纂委员会

王德庆　市人力资源和社会保障局局长

马立宁　市环境保护局局长

刘生彦　市住房和城乡建设局局长

常志卷　市商务局局长

李　波　市文化广电新闻出版局局长

赵　勇　市体育局局长

王华平　市卫生和计划生育委员会主任

金福中　市统计局局长

赵　东　市金融办主任

李　军　市国家税务局局长

李　渊　市地方税务局局长

侯洪彬　市工商行政管理局局长

曹立波　市地方志办公室主任

《石家庄年鉴》特邀编委

齐海群（鹿泉区）	米志科（藁城区）	安锁然（晋州市）
韩永生（正定县）	段广平（栾城区）	马军山（井陉县）
王志军（行唐县）	王法军（赞皇县）	屈海平（赵　县）
范君义（元氏县）	王　昆（桥西区）	袁剑军（深泽县）
米秉玺（市第一中学）	刘洪凯（6410工厂）	

《石家庄年鉴》终审

李雪荣　李　清　郭广生　郎金国　张建国

《石家庄年鉴》

主　　　编：曹立波

副　主　编：刘建洲　武光宇　薛鹏飞

编辑部主任：薛鹏飞

责 任 编 辑：（按承编顺序为序）

徐陈卫：特载、文献法规

刘　欠：大事记

肖海军：市情概览、特色园区、工业、城乡建设、环境保护、信息产业、国内外贸易·旅游、县（市）区概况

王建峰：公共管理和社会组织

石玉杰：社会团体、法治、军事

彭连忠：农业、交通运输·邮政、金融、综合经济管理

赵振献：科学技术、教育、文化、卫生·体育、社会生活

荀志俊：人物、图照

韩　芳：统计资料

数字石家庄

总面积 13504 平方千米
常住人口 1007.11 万人
户籍人口 965.11 万人

地区生产总值 5054.5 亿元，同比增长 7.5%
第一产业增加值 444.0 亿元
第二产业增加值 2225.3 亿元
第三产业增加值 2385.3 亿元

财政收入 755.0 亿元，同比增长 14.0%
公共财政预算收入 362.9 亿元
财政支出 651.1 亿元
全社会固定资产投资 5514.5 亿元
社会消费品零售总额 2437.3 亿元
实际利用外资 11.4 亿美元

粮食播种面积 67.7 万公顷，总产量 450.0 万吨
小麦总产量 226.9 万吨，亩产 460.0 千克
玉米总产量 210.6 万吨，亩产 459.6 千克

规模以上工业企业 2434 个
规模以上工业企业总产值 8518.8 亿元
规模以上工业企业增加值 1897.1 亿元
规模以上工业企业利润 727.1 亿元

石家庄机场通航城市 69 个
石家庄机场旅客吞吐量 598.54 万人次
石家庄机场货邮吞吐量 4.47 万吨
铁路营业里程 328.7 千米
铁路客运量 3267.19 万人次
铁路货运量 803.12 万吨
公路通车总里程 1.89 万千米
公路客运量 5811.45 万人次
公路货运量 2.8 亿吨
公交车辆 4403 辆
公交线路总长 3802 千米
公交客运总量 5.87 亿人次

商品住房成交面积 527.17 万平方米
商品住房成交数量 47093 套
商品住房成交金额 387.02 亿元
商品住房成交均价 7341 元 / 平方米
市区二手住房成交面积 228.91 万平方米
市区二手住房成交数量 26255 套
市区二手住房成交金额 123.05 亿元
市区二手住房成交均价 5376 元 / 平方米

建筑业总产值 1093.37 亿元
建筑业利润总额 33.85 亿元

接待海内外游客 6782.03 万人次
旅游业总收入 590.49 亿元

对外贸易进出口总值 121.5 亿美元
进口总值 48.3 亿美元
出口总值 73.2 亿美元

金融机构年末人民币存款余额 9800.1 亿元
金融机构年末人民币贷款余额 6121.1 亿元

建成区绿地面积 8773.33 公顷
建成区绿化覆盖率 44.71%
市区空气质量一级天数 31 天、优良天数 173 天

专利申请量 9186 件，专利授权量 5286 件
发明专利申请量 2021 件，发明专利授权量 824 件
学校（含幼儿园）3206 所，在校生 1654339 人
幼儿园 1361 所，在园幼儿 287388 人
小学 1310 所，在校学生 729606 人
初中 194 所，在校学生 289957 人
高中 58 所，在校学生 157139 人
市属高校 5 所，在校学生 47781 人
卫生医疗机构 6656 个，卫生医疗床位 50450 张
执业（助理）医师 29589 人，注册护士 25279 人

城镇居民年人均可支配收入 28168 元
城镇居民年人均消费支出 18165 元
农村居民年人均可支配收入 11442 元
农村居民年人均消费支出 7476 元

城乡居民养老保险参保人数 399.8 万人
城镇职工基本养老保险参保人数 210.0 万人
城镇医疗保险参保人数 289.9 万人
城镇职工医疗保险参保人数 141.6 万人
工伤保险参保人数 141.8 万人
生育保险参保人数 136.9 万人
失业保险参保人数 91.6 万人
新型农村合作医疗保险参保人数 563.72 万人
新型农村合作医疗保险参合率 97.81%
城镇新增就业 10.2 万人
城镇登记失业率 3.53%
农村劳动力转移就业 5.33 万人

户籍登记出生人口 120448 人
户籍登记死亡人口 51331 人
户籍登记男性 486.22 万人、女性 478.89 万人
户籍登记 60 岁以上老人 1664637 人
结婚登记 88111 对，离婚登记 20018 对

编辑说明

一、《石家庄年鉴》是石家庄市人民政府主办的一部全面记述石家庄市市情的权威性大型综合性地方年鉴。本年鉴自1993年始，逐年编纂出版，向国内外公开发行。

二、本年鉴以邓小平理论、“三个代表”重要思想、科学发展观和习近平新时代中国特色社会主义思想为指导，如实记录上一年度石家庄市政治、经济、军事、文化、科技、教育等方面情况，充分反映各行各业取得的成就，客观记述改革和建设中的经验与教训，是各级领导和机构实施决策的重要依据，是国内外了解石家庄最准确、最权威的资料性文献。

三、本卷为2016年卷，总第21卷，着重记述2015年度经济社会发展情况。本年鉴采用分类编纂法，由类目、分目、条目三部分组成。共设特载、大事记、市情概览、特色园区、公共管理和社会组织、法治、军事、农业、工业、城乡建设、环境保护、交通运输·邮政、信息产业、国内外贸易·旅游、金融、综合经济管理、科学技术、教育、文化、卫生·体育、社会生活、县（市）区概况、人物、文献法规、统计资料等25个类目。条目统一用黑体字加【】表示。记述时间“月”“日”未标注年份均为2015年。货币单位“元”无专门标注均指人民币。为反映工作实际，记述用地、占地、耕地面积有的使用“亩”，其余均采用国家规定的法定计量单位。

四、年鉴组稿采取部门供稿与责任编辑采编相结合的方式。市直各部门，各县（市、区）政府及有关单位均指定专人撰写，并经主管领导审核。

五、本年鉴数据一般截至2015年底，个别事情记述上限适当追溯，下限稍有延长，以供读者了解发展脉络。全局性数据以石家庄市统计局提供的数据为准。统计资料由市统计局和政府部门提供。2013年6月原石家庄辛集市划归河北省直接管辖，如无标注说明，本年鉴数据一般不包括辛集市。“特载”全文引用，数据未改动，其他内文数据均为准确数据。因统计口径等原因，有关部门提供的个别数据与统计数据不尽一致，采用时请予注意。

◆ 2015年4月16～17日，中共中央政治局委员、国务院副总理汪洋（前排右二）到石家庄市调研供销合作社改革

◆ 2015年4月25日，中共中央政治局委员、中央书记处书记、中央宣传部部长刘奇葆（前排中）到西柏坡学习考察

2015年6月23日，国家旅游局局长李金早（前排右二）到正定县荣国府景区调研考察

◆ 2015年11月18日，最高人民法院院长周强（前排左二）到石家庄市中级人民法院调研指导

◆ 2015年8月4日，河北省委书记赵克志（右二）到西柏坡学习考察

◆ 2015年10月26日，省委常委、市委书记孙瑞彬（左一）与参加全市环卫工人节座谈会代表握手

2015年8月3日，市长邢国辉（左三）到市城管委调研考察城区防汛建设

石家庄中级人民法院

◆ 石家庄市中级人民法院院长　崔存利

2015年，全市法院受理各类案件128132件，审执结109025件，同比分别上升27.93%和32.02%。其中，市中级人民法院受理20432件，审执结18243件，分别上升19.49%和27.21%。42个集体、119名个人受到中央及省市级以上表彰，晋州市法院执行局被最高法院授予“全国法院先进集体”，市中级人民法院为晋州市法院、裕华区法院槐底法庭申报“集体一等功”。涌现“河北省2015年度十大法治人物”和“全省法院邹碧华式先进人物”纪兰生、“全国优秀法官”杨占栓、“全国法院办案标兵”赵晓渝、“全国法院司法警察先进个人”韩红宾等先进典型。2015年市中级人民法院被评为“省级文明单位”“涉军维权先进单位”“全省法院信息工作优胜单位”“全省上报最高法院信息工作优胜单位”；市中级人民法院刑一庭审判员邸亮审理大名原县委书记边飞受贿案、桥西区法院民一庭副庭长曹利伟审理赵某诉刘某机动车交通事故责任纠纷案，被评为“2015年度推动河北法治进程十大案件”。

◆ 河北省高级人民法院党组书记、院长卫彦明（右三）到市中级人民法院调研指导

◆ 市委常委、政法委书记郭运兴（前排右二）到市中级人民法院调研指导

◆ 市人大常委会领导集体视察市中级人民法院

◆ 市人民代表大会全票通过市中级人民法院工作报告

◆ 市中级人民法院院长崔存利（前排右二）到赞皇县法院调研指导

◆ 市中级人民法院院长崔存利应邀到市政协法治教育大讲堂授课

◆ 市中级人民法院举行刑事审判白皮书新闻发布会

石家庄市国有资产监督管理委员会

石家庄市国资委于2004年1月挂牌成立，主要整合原市经贸委、企业工委、体改办、各行业协会筹备组、财政局、劳动局等部门相关职能，为市政府直属正县级特设机构。2009年，根据《石家庄市人民政府关于市政府机构设置的通知》(石政发〔2009〕40号）文件精神，市国资委列为市政府工作部门。内设机构处（室）19个，行政编制127人，事业编制5人，工勤编制10人，实际在职人员145人。至2015年底，市国资委监管22户企业资产总额333.17亿元，实现营业收入308.90亿元、利润12.08亿元；列入市国资委管理事业单位10家，其中财政全额拨款学校2家，企业化经营性事业单位8家；市国资委党委管理全市国有企业一级党组织115个，党员36975名。2015年市国资委获评为安全生产目标管理优秀单位和公共机构节能工作先进单位。

石家庄市国有资本经营有限公司

石家庄市国有资本经营有限公司是国有独资企业，公司于2011年12月28日由市国资委100%出资成立，注册资本6.43亿元。经营范围：市属国有资产运营、投资、并购重组、产权转让、资本运作、资产增值，资产管理、财务顾问。经营模式：利用自有资本进行股权投资业务、短期融资业务，为企业融资提供财务顾问业务、担保业务等。下设全资子公司2个：石家庄国经商业管理有限公司、石家庄市国合股权投资基金管理有限公司，控股企业为冀信融资租赁（上海）有限公司（中外合资有限责任公司)，参股企业为石家庄白龙化工股份有限公司。至2015年底，公司经营收入5238.8万元，资产总额93562.97万元，业务总额19450万元，实现利润总额602.36万元。

◆ 学习贯彻党的十八届五中全会文件精神

石家庄白龙化工股份有限公司

石家庄白龙化工股份有限公司是1997年12 月由石家庄市化工二厂（1959年建厂）改制设立的股份制企业。主要生产苯酐、顺酐、增塑剂。企业曾荣获全国苯酐和增塑剂行业十强企业、河北省诚信企业、河北省明星企业、石家庄市百强企业、石家庄市优秀企业、石家庄市劳动关系和谐单位、石家庄市文明单位等称号。2014年公司实施搬迁改造升级，由原址石家庄市谈固北大街61号整体搬迁至石家庄循环化工园区石炼中街8号，2015年7月搬迁改造升级项目完成，累计投资3.5亿元，新厂占地200亩。至2015年末，公司注册资本4835.54万元，其中国有股份2110万元，占比43.64%；共有资产4.6亿元，职工580人，实现销售收入61109万元、利润101万元。

◆ 市委副书记张泽峰到公司调研指导

◆ 副市长郝竹山到公司调研指导

石家庄宝德投资集团

石家庄宝德投资集团前身是石家庄宝德中小企业担保服务有限公司，成立于2002年，是河北省成立较早的融资担保机构。2014年5月，宝德集团正式组建为国有独资投资企业，注册资本6.05亿元。至2015年底，集团总资产超过26亿元，净资产10亿元，下辖7家子公司，成为集融资担保、融资租赁、化工、酒业、机械制造业、房地产等业务于一身大型国有投资集团。2015年集团融资担保业务授信总额达到190亿元，担保总额近300亿元，支持全省中小企业超过3000家。投入3.8亿元，完成石焦企业股权收购；旗下宝德融租公司成功申报国家商务部第十三批内资融资租赁试点企业；白酒生产新研发“冀窖”系列产品市场占有率和品牌知名度提高；机械制造成功研发雾霾清理机产品，实现批量生产。2015年石家庄宝德投资集团获得石家庄市优秀企业、石家庄市百强企业、市级文明单位称号。

◆ 2015年5月18日，宝德投资集团总经理李波（前排左三）与合作企业签署战略合作协议。省委常委、市委书记孙瑞彬（后排左五），市长王亮（后排左六）出席战略合作协议签署仪式

◆ 2015年7月2日，市委常委、纪委书记刘明轩（前排中）在宝德投资集团董事长、党委书记马靖（右三）陪同下，到赞皇县长沙村视察宝德帮扶项目

石家庄市保安服务公司

石家庄市保安服务公司成立于1988年，是市国资委主管、市公安局监管，以社会责任为先的大型国有保安企业，是中国保安协会和河北省保安协会常务理事单位、石家庄市保安协会副会长单位和石家庄市企业家协会副会长单位。拥有10余家子公司及分公司，与广州广电运通集团、河北宝骏基金、石家庄市国有资本经营有限公司等省

内外知名大型企业建立战略合作关系，服务范围涵盖保安人防、武装押运、金库守护、大型活动安保、技术防范、犬防、现场安检、消防保安、金融服务、物业服务、人力资源、保安器材销售、保安教育等安保服务业务，建有一支正规化、专业化、职业化保安队伍1.2万余人，自有专业运钞车辆近400台，配备有大型活动现场安检、防爆防恐等装备，为省会近2000家党政机关、水电油气暖、通信、金融行业单位、中小学幼儿园等治安保卫重点单位及各类大型群体活动提供专业化安保服务。至2015年底，公司实现营业收入4.38亿元，安全护卫率100%，运钞车百千米油耗13.11升；连续三届蝉联“全国先进保安服务公司”称号，荣获省市“文明单位”、省级“青年文明号”“安全生产先进单位”等荣誉；公司近千名职工获得“全国优秀保安员”“全国优秀进城务工青年”“全国保安员职业技能竞赛特别奖”“河北省五一劳动奖章”“河北省优秀保安员”“河北省技术能手”“石家庄市优秀共产党员”等国家、省、市荣誉奖励。

◆ 举办干部骨干培训，参加人员600余名

◆ 实现世界反法西斯战争胜利70周年、“9·3”阅兵、国庆66周年期间安全零事故

石家庄北国人百集团有限责任公司

石家庄北国人百集团有限责任公司（简称北人集团）成立于2000年7月4日，2008年3月改制为国有控股股份制企业。北人集团旗下拥有北国商城股份有限公司、石家庄饮食公司、石家庄国际博览中心、针纺织品公司、华远公司等6家下属企业，主要涉及百货连锁、超市连锁、家电连锁、珠宝连锁、餐饮娱乐、租赁会展、仓储配送等行业，经营网点遍布河北、山东、山西、河南、北京、天津和内蒙古等7省（市、自治区）25座城市。至2015年底，北人集团总经营面积170万平方米，共有员工5万余人，资产总额97.4亿元，同比增长9.21%；年销售收入328亿元，同比增长2%；实现利税12.45亿元，同比增长5.24%，其中上缴税金7.26亿元。北人集团是跨区域、多业态大型商业企业集团，是河北省商贸流通领域龙头企业，连续6次入选“中国企业500强”，2015年排名第383位，曾获“全国商业服务业年度十佳企业”“全国和谐商业企业”“全国商业服务业顾客满意企业”“全国五一劳动奖状”等荣誉称号。

◆ 2015年4月30日，北国商城西扩工程项目完工，正式营业

◆ 2015年10月16日，副市长张业、鹿泉区委书记周永会、北人集团董事长白珊出席北国奥特莱斯启动仪式

石家庄常山纺织集团有限责任公司

石家庄常山纺织集团成立于1991年，是在石家庄市市属纺织工业企业基础上联合组建的集纺织、印染、机械器材等产品研发生产及国内外贸易和实业公司于一体大型综合性企业集团。1996年，经河北省政府批准授权，改组为国有独资公司石家庄常山纺织集团有限责任公司，拥有独资（控股）公司11家，其中上市公司1家，员工1.4万人，注册资金12.54亿元，主要生产能力纱锭50万枚，国际先进、国内领先宽幅无梭织机2000余台。2015年集团公司通过资本运作和转型升级，形成纺织制造和IT软件双主业格局，生产经营实现营业收入103.17亿元，同比增长30.50%；利润2.88亿元，同比增长1138.6%；利税4.07亿元，同比增长685.34%；被中国纺织企业联合会评为2014～2015年度中国纺织服装企业竞争力500强；被中国棉纺织行业协会评为2014～2015年度中国棉纺织行业竞争力百强企业；被河北省工业经济联合会评为2015年河北百强企业、2015年河北纺织业排头兵企业。

◆ 大提花生产线

◆ 常山纺织生产新园区

石家庄国大集团有限责任公司

石家庄国大集团有限责任公司（简称国大集团）成立于1997年，经营范围包括酒店餐饮、便利店连锁经营、食品加工销售等，拥有参控股子公司5家，曾荣获全国五一劳动奖状、全国酒店业五十强、中国500家最大服务企业等荣誉称号。旗下石家庄国大酒店经营有限公司拥有“驿家365”连锁酒店品牌、“千里行”客栈品牌、“唐年”商务酒店品牌3个自有品牌。2015年国大集团新增连锁酒店60多家，连锁酒店总数超过200家，实现营业收入41499.4万元、利润452.2万元。

◆ 举办第五届“创新成长 明星展赏”评比活动

石家庄市机械技工学校

石家庄市机械技工学校始建于 1965 年，是石家庄市建校最早的国办技工学校，也是人力资源和社会保障部批准国家重点技工学校。隶属石家庄市国资委管理。2015 年，学校师生参加职业技能大赛取得优异成绩，7 名教师参加河北省技工院校教师说课大赛获奖，学生代表队参加省市级技能大赛获得团体一等奖 2 个、团体二等奖 1 个，22 人次获得个人奖，刘远星、郄恒昌、柳海强 3 位老师分别获得电气自动化设备安装与维修专业、焊接加工专业和机械制图学科“河北省技工院校专业（学科）带头人”荣誉称号。推进多元化办学模式改革，与河北省化工医药职业技术学院开展联合办学，机电类 3 个专业“3+2”大专班首次列入河北省统一招生计划。利用中央财政支持实训设备购置项目资金 500 万元，河北省教育厅、省人力资源和社会保障厅支持数控实训基地专项资金 400 万元，学校配套资金 110 万元实施“十二五”基础能力建设实习设备购置项目获批并完成前期招标、合同签订等，部分设备到位，极大增强学校实习实训教学能力。2015 年学校被市委、市政府授予“石家庄市文明单位”称号，并被市国资委评为“安全生产先进单位”。

◆ 参加2015年石家庄市中等职业学校学生技能大赛获得3个团体奖及22人次个人奖

◆ 庆祝建党94周年暨建校50周年庆典大会

石家庄经济学校

石家庄经济学校始建于 1980 年，是一所国办全日制省级重点中等职业学校。学校遵循“职业教育就是就业教育”办学理念，走出一条“内强素质，外塑形象，打造品牌，健康发展”特色办学之路，并通过“校企合作、工学结合、订单培养”办学模式为社会培养大批高素质适用型技能人才。学校开设专业以医药化工类、轨道交通类、信息服务类为主打专业，其中精细化工专业为省级骨干专业。学校始终坚持“德育为首，能力为本”育人原则，全面推进素质教育和德育工作，所开专业全部实行订单招生，毕业生就业率达 98% 以上，深受企业和家长认可。近年，学校被授予全国中等专业教育先进学校、省教学改革先进单位、市职业教育先进集体、市安全文明校园等荣誉称号，学校现为全国骨干教师培训科研单位、市文明单位、市科学素质教育基地、市级化学制药专业实训基地、市人力资源和社会保障局定点培训机构、南京大学网络教育学院在河北省设立唯一学习中心。

◆ 石家庄经济学校校长　封芳

◆ 举办建校35周年纪念活动

石家庄市绿炬种子机械厂

石家庄市绿炬种子机械厂是市国资委监管国有一级企业，成立于1980年9月17日，地址位于石家庄市长安区胜利北大街175号，注册资本195万元，共有在职职工61人。该企业是国家农业部投资建立的国内第一家从事种业机械研究、开发和生产经营专业小型企业。企业主要产品为风筛式种子清选机、比重式种子精选机、种子包衣机、提升机及种子加工成套设备等。企业生产“绿炬”牌种业机械荣获首届中国农业博览会银奖，第二届银奖、铜奖，第三届名牌产品，1999年、2001年中国国际农业博览会名牌产品。企业多项产品被国家“种子工程”试验选型，首批颁发推广许可证书；16项技术获得国家实用新型专利。2011年企业被河北省质量技术监督局防伪行业协会评为河北省质量防伪意识与防伪知识品牌提升重点推广单位；2012年被河北省防伪市场畅销品牌展示编委会评为河北省防伪市场畅销品牌展示入选种“重质量 守信誉”市场畅销品牌；2012年被河北省质量信用评价中心评为AAA级质量信用企业。2015年企业实现工业产值1343万元。

◆ 市绿炬种子机械厂生产车间

石家庄物产集团有限公司

石家庄物产集团有限公司是2005年经市委、市政府批准成立的国有独资企业，隶属石家庄市国资委，注册资本19494万元。主要经营业务：房地产开发，房屋租赁，物业服务，酒店、住宿、餐饮服务，太阳能产品销售及出口业务，声波清灰项目研发、销售及安装。下设石家庄宝晟房地产开发有限责任公司、河北德服物业服务有限公司、石家庄市燃料总公司（石家庄物产集团有限公司“4050”及内退人员管理中心）3个全资子公司。负责9家改制或破产重组企业党组织及1家挂靠企业党组织管理。2015年物产集团超额完成市国资委下达任务指标，实现利润147.65万元，完成计划105.4%；净资产收益率3.84%，完成计划103.7%；项目投资额（环山）3005.86万元，完成计划100.2%；物业和租赁收入增长率182.76%，完成计划913.8%。2015年物产集团获评市安全生产先进单位。

◆ 物产集团党委书记马保全作党课教育

石家庄饮食有限责任公司

石家庄饮食有限责任公司前身为石家庄饮食集团公司，主要经营大型餐饮、住宿、餐饮管理、照相、器材销售。2011年9月，经市政府批准，以石家庄市北国人百集团有限公司控股形式改制石家庄饮食集团公司，2012年12月21日石家庄饮食有限责任公司注册成立，注册资本1565.2万元，公司地址为石家庄市建设北大街73号。至2015年底，公司在册职工800余人，其中在岗职工480人，内退职工282人；离退休职工2768人，其中离休21人，退休2747人；正常营业分公司10家，其中餐饮业6家、照相2家、其他业态2家；营业额10952万元。公司旗下中和轩蒸饺、石家庄饭店红星包子、燕风楼红肠获评石家庄“十大名吃”。

◆ 第一届技术练兵比武大赛

石家庄市住房和城乡建设局

石家庄市住房和城乡建设局是2015年8月由原市建设局和市住房保障和房产管理局合并新组建的市政府工作部门，设置机关行政编制125名、后勤事业编制9名，其中领导职数9名，内设机构27个，下辖企事业单位22个。

◆ 市住房和城乡建设局党组书记、局长 张军卫

2015年，市住房和城乡建设局围绕市委、市政府决策部署，抓住京津冀协同发展重大历史机遇，按照“一河两岸三组团”城市发展新格局，以建设国家新型城镇化试点城市为契机，推进实施主城出品位、组团提标准、新区见形象、县城求突破目标，加大城市基础设施建设，完善城市功能，推动绿色建筑节能工程，改善住房条件，增进人民群众福祉，实现住房保障和城乡建设事业稳步发展。

基础设施建设。实施南二环东延西拓、和平路高架西延、体育大街南延等工程建设。改造升级裕华路西延、槐安路友谊大街匝道等市区6条主干道。完善主城区支路网络，建设方北路、育新路等6条道路工程。有序推进新客站东广场及周边路网连接贯通，高标准建设以新客站为中心7.9平方千米核心商业圈。

供热保障。2015年全市新增供热面积823万平方米，累计达到1.48亿平方米。热电二厂南厂、热电三厂实现关停替代，替代面积653万平方米；1909个居民换热站、11632万平方米供热区域完成“一管到户”工程，462个老旧小区二次管网和换热站实施全面升级改造。

国家新型城镇化综合试点。根据国家发展改革委《关于2015年加快推进新型城镇化的指导意见》，发挥牵头部门作用，制订全市贯彻落实意见。按照《石家庄市国家新型城镇化综合试点工作方案要点》，分解任务，明确责任部门和完成时限。

保障性安居工程。2015年全市开工保障房26662套，基本建成27517套，新增廉租住房补贴家庭2372户，分配入住2012年前建设保障房4.96万套，完成农村危房改造4268户，圆满完成省下达各项任务目标。

◆ 2015年6月2日，国务院督导组视察新客站东广场

◆ 裕华路西延工程

改善县城和农村面貌。全年14个县（市）实施重大工程项目325个，完成投资116.3亿元，其中新建或改造提升道路112条，污水处理厂16座、地表水厂2个，1751个村实现“户分类、村收集、镇转运、县处理”城乡垃圾一体化处理模式。新增绿地面积152.2万平方米，建成综合性公园14个；集中整治样板街道56条，建成特色街区和精品建筑20个、商务中心40个；污水处理率达到81%以上，生活垃圾无害化处理率达到90%以上。高邑县成功创建“国家级园林县城”，灵寿县灵寿镇、元氏县槐阳镇获得“国家级生态乡镇”称号，赞皇县6个乡镇通过省级环境优美城镇核查，行唐县通过省级园林专家组验收，鹿泉区太平河整治经验在全市推广。

建筑和房地产市场管理。坚持依法行政、全面管控、惩防并举、跟踪督办原则，建立市场联动机制，推进行业闭合管理，实现市场平稳发展。至2015年底，全市共计罚款7800余万元，查处违建、预售等各类违法项目410个，处罚违法企业309家，依法公告注销资质到期未申请延期房地产开发企业337家，约谈开发企业112家，完成各类权属110898件、面积2215.57万平方米，发放预售许可证98个，商品房合同备案50388套，存量房网签合同备案26645套，有效规范建筑市场和房地产市场规范运行。

◆ 市住房和城乡建设局工作人员实地检查建筑工程安全和质量

①打造生态文明宜居保障房小区

②2015年6月30日，市区第一批公共保障房公开摇号配租在和华家园举行

③由住建集团施工建设河北师范大学汇华学院学生宿舍楼获得2015年度市优（兴石杯）、省优（安济杯）工程

石家庄市水务局

石家庄市水务局成立于2009年11月28日，前身为石家庄市水利局，是市政府水务行政主管部门。主要职能：统筹全市水资源开发利用与节约保护，负责防汛抗旱，涉水事务管理，水土流失防治、农村水利工作指导和水利基础设施建设与管理。2015年市水务局谋划水利建设项目6大类700余个，投资总额17.9亿元；实施病险水库除险加固工程35座，治理中小河流8条，治理水土流失面积210平方千米；建设饮水安全工程430处，解决471村、52.43万人饮水安全问题。

2015年市水务局在省政府水利改革发展暨实行最严格水资源管理制度考核中获评优秀，被省会精神文明建设委员会评为"'创建文明城，党员在行动'主题实践活动先进单位"；石家庄水务集团给排水设计研究院编制石家庄市南水北调配套工程——石家庄东南地表水厂及配水管网工程项目申请报告获得2015年度河北省优秀工程咨询成果一等奖；汪洋沟河道治理工程循环化工园区段工程可行性研究报告(代项目建议书)获得河北省优秀工程咨询成果三等奖；石家庄南水北调办公室被省政府推荐为"南水北调东中线一期工程建设通水先进集体"；石家庄供水有限责任公司供水服务热线获得首届"石家庄五四青年奖章集体"提名奖。

◆ 小型农田水利重点县项目灵寿县燕川乡东湖社大口井

◆ 小型农田水利重点县项目灵寿县慈峪镇西柏山村大口井及泵房

◆ 小型农田水利重点县项目灵寿县塔上镇岗北村管道施工

◆ 赞皇县许亭片区水土保持综合治理成果

◆ 大川渠干渠

◆ 南水北调正定至深泽管线藁城段工程施工现场

◆ 大川渠斗渠

◆ 行唐县团山片区水土保持治理工程

◆ 高邑县南水北调配套输水管线工程建设现场

◆ 赞皇县五马山南水北调配套工程水厂

石家庄市文化广电新闻出版局

◆ 开展全民阅读活动

2015 年，河北梆子《百合岭》、京剧《奚啸伯》入选国家艺术基金资助项目；评剧《安娥》入选国家文化部和河北省纪念中国人民抗日战争暨世界反法西斯战争胜利 70 周年优秀剧目巡演；围绕“中国梦”主题，创作丝弦小戏《太行路，扁担情》获得全国小戏小品曲艺大展剧本奖和河北省戏剧节一等奖；舞蹈《扭春》获得京津冀“非遗”舞蹈和民间传统舞蹈展演最佳表演奖；评剧小戏《月缺月圆》、丝弦小戏《良心》获得第十一届燕赵群星奖；《月缺月圆》获得国家文化部“大年小戏闹新春”视频节目征集展播活动“观众最喜爱的十部小戏”入围奖。

2015 年市图书馆接待读者 160 万人（次），“石图讲堂”举办公益讲座、音乐会等 196 场，受众 2.8 万余人（次）；市美术馆举办展览 30 余场，开展公共教育活动 100 余场；市民间工艺博物馆举办剪纸、软陶等民间技艺培训班 7 期。举办第二十二

◆ 举办文化遗产日宣传活动

届“彩色周末”文化活动1169场（次），慰问农民工演出108场。举行2015中国·石家庄第十届国际动漫博览交易会，13个文化项目签约，总额2.383亿元。开展非物质文化遗产项目评审，18人入选第四批河北省省级非物质文化遗产项目代表性传承人，51项非物质文化遗产列入第六批市级非遗代表性项目。整治文化市场秩序，检查文化场所7000余家（次），依法处罚90余家，取缔违法摊档80余家，集中销毁非法音像、图书等出版物16万张（册）；查办侵权案件7起。至2015年末，全市共有文化法人企业7448家，从业人员12.2万人；获得国家文化部认定动漫企业11家；拥有省级以上文化产业示范基地17家、省级文化产业示范园区4家；文化产业实现增加值196.68亿元，占GDP比重4.1%。

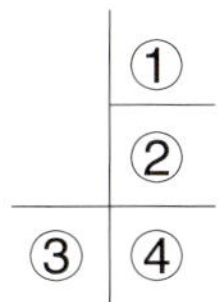

①“庆新春·欢乐大广场”舞狮

②“彩色周末”文化工程演出

③环保题材河北梆子《百合岭》巡演

④评剧《安娥》参加第十四届中国戏剧节展演

石家庄市疾病预防控制中心

站在新的起点开创疾控事业新局面

2015年，市疾病预防控制中心以卫生应急、传染病防控、慢性病管理、健康教育与健康促进、计划免疫等业务为重点，加强内部管理和建设，严格履行职责，较好完成各项任务工作，荣获“全国疾病预防控制工作先进集体”荣誉称号。选派周吉坤、雍文琦2人出色完成援非防控埃博拉疫情任务，周吉坤被国家卫生计生委、国家人力资源和社会保障部等七部委评为埃博拉出血热疫情防控工作先进个人。参加省卫生计生委举办全省重大自然灾害医疗卫生救援和突发急性传染病防控应急实战拉练取得全省第一好成绩。出色处置新华区世纪康城小区水污染事件，3小时内快速查明原因，有效发挥疫情控制关键作用。艾滋病抗病毒治疗模式在全省推广，首批国家级城市艾滋病综合防控示范区选定石家庄市，探索总结出艾滋病“23444”防控模式，成为全省地市级唯一一家具备艾滋病病毒载量检测技术能力疾病预防控制中心。开展结核病防治示范区创建活动，探索提出新型结核病防治服务体系“3376工作模式”在全省作经验介绍。开展流动儿童预防接种示范区建设，探索提出流动儿童预防接种示范区“4331”工作模式在全省推介。麻疹查漏补种实施“四接种一摸排”免疫策略，麻疹发病率较2014年下降30%。加大手足口病防控，手足口病发病率同比下降40%。开展人死因监测，全年报告死亡率501.97/10万。2015年市卫生计生委主任李志宏受邀参加第六届中国慢病管理大会介绍石家庄市万名健康指导员进乡村、进社区、进家庭工

◆ 市卫生计生委主任李志宏在第六届中国慢病大会作石家庄市健康指导工作经验介绍

◆ 市疾病预防控制中心副主任周吉坤在塞拉利昂举办疾病预防培训

◆ 与媒体联合宣传食源性疾病防治

◆ 举办全市疾病预防控制系统救灾防病暨卫生应急大比武

◆ 选派志愿者走上街头开展扫码送健康活动

◆ 2015年6月，省委常委、市委书记孙瑞彬（前排左一）到市疾病预防控制中心视察传染病防控

◆ 2015年1月，PluseNet China网络实验室举行揭牌仪式

作经验；地方病防治代表河北省通过国家“十二五”规划终期考核评估。空气污染（雾霾）人群健康影响监测项目采样 207 天，监测质量全省领先。2015 年市疾病控制中心正式获批中国健康促进与教育协会会员单位。

◆ 参加河北省暑期和抗战胜利70周年纪念活动卫生应急实战演练

◆ 参加全市“为民心连心、党员在行动”志愿者服务活动

◆ 进社区开展“全国儿童预防接种宣传日”活动

◆ 参加全省重大自然灾害医疗卫生救援和突发急性传染病防控卫生应急实战演练

河北华电石家庄鹿华热电有限公司

◆ 鹿华热电有限公司总经理　王秀峰

河北华电石家庄鹿华热电有限公司（简称鹿华公司）地处太行山麓，俯视城乡沃野，凝太行之灵气，展华电之风采，宛如一颗明珠，承载着发电与供热光荣使命。

2008年5月13日，鹿华公司正式注册成立。2009年9月27日，鹿华一期工程开工建设。2010年1月23日，鹿华公司正式独立运营。2011年10月24日、12月25日，鹿华公司一期两台33万千瓦机组试运“七个一次成功”。

鹿华公司一期工程总装机容量66万千瓦，是省会石家庄重要的支撑性电热源项目，承担西部城区2200万平方米供热任务，是河北省第一家实现空冷、脱硝、脱硫、除尘同步投运，百分之百利用中水运行绿色环保电厂。

投产五年来，鹿华公司逐年晋级华电集团公司“三星级”“四星级”“五星级”发电企业，获得华电集团公司“文明单位”称号，获评河北省诚信企业、河北省绿色企业、河北省模范职工之家及石家庄市“安康杯”竞赛优胜企业。

◆ 2011年12月25日，鹿华公司一期工程竣工投产

◆ 园林式景致

◆ 2015年5月4日，举办首届职工文化艺术节

目　录
CONTENTS

特　载
Special Reports

大事记
Chronicles of Events

市情概览
City Overview

特色园区
Featured Park

公共管理和社会组织
Public Management and Social Organizations

法 治

Governed by Law

军 事

Military Affairs

农 业

Agriculture

工 业

Industry

环境保护
Environmental Protection

交通运输·邮政
Transportation & Postal Service

信息产业
Information Industry

国内外贸易·旅游
Domestic and Foreign Trade & Tourism

金 融
Finance

综合经济管理
Comprehensive Economic Management

科学技术

Science & Technology

教 育

Education

文 化
Culture

卫生·体育
Public Health & Sports

社会生活
Social Life

县（市）区概况
Counties (Cities) District Overview

人　物

Figures

文献法规

Literatures & Regulations

统计资料

Statistical Data

市委全会报告

中共石家庄市委
关于制定石家庄市国民经济和社会发展
第十三个五年规划的建议

（2015 年 12 月 30 日中国共产党石家庄市第九届委员会第七次全体会议通过）

中国共产党石家庄市第九届委员会第七次全体会议，认真贯彻党的十八届五中全会精神、省委八届十二次全会精神，就制定我市国民经济和社会发展第十三个五年规划（2016 年至 2020 年），提出如下建议。

一、科学认识“十三五”时期发展的基础和形势

“十三五”时期，是我市率先在全省全面建成小康社会的决胜期，全面深化改革的攻坚期，深度融入京津冀协同发展的加速期，全面推进中东西区域协调发展战略的关键期，也是我市转型升级、提质增效、又好又快发展最为宝贵和有利的时期。制定“十三五”规划，必须在认真总结“十二五”时期成绩和经验的基础上，准确把握我市经济社会发展阶段性特征，科学提出符合我市实际的发展思路、奋斗目标和战略举措。

（一）“十二五”时期我市取得的重大成就。“十二五”时期，在中央和省委的坚强领导下，石家庄市委围绕转型升级、跨越赶超两大任务，团结带领全市人民大力实施中东西区域协调发展战略，全力以赴保增长、调结构、促改革、优环境、惠民生，全市经济社会发展取得了重大成就。

综合经济实力显著增强。预计 2015 年全市生产总值达到 5330 亿元，年均增长 9.4%，占全省比重由 2010 年的 16.7% 提高到 17.8%；全部财政收入预计达到 770 亿元，一般公共预算收入预计达到 370 亿元，年均分别增长 15.5%、17.7%，占全省比重分别提高 4.4 个百分点、1.7 个百分点，两项财政收入在分别落后 9 年、10 年之后重返全省第一，实现了弯道超车。

产业结构调整成效明显。三次产业比重由 2010 年的 10.9∶48.6∶40.5 调整到 2015 年的 9.4∶45∶45.6，第三产业比重高于全省平均水平 6 个百分点；工业强市战略取得巨大成就，规模以上工业企业利润总额占全省三分之一强，利润率稳居全省首位；民营经济发展步入快车道；服务业实现超常发展，增加值年均增长 10.5%，对全市经济增长的贡献率达到 57.3%，在全省产业升级中起到了示范带动作用。

城乡面貌发生巨大变化。城市发展空间得到拓展，“一河两岸三组团”发展格局初步形成。环城水系全线通水，新火车站投入运营，轨道交通建设快速推进，正定新区初具形象，古城保护进展顺利，城市管理水平位居全国前列。县城和小城镇建设步伐加快，美丽乡村范围逐步扩大，常住人口城镇化率由 2010 年的 50.81% 提高到 57.56%，高于全省平均水平 7.06 个百分点，实

现了由乡村型社会为主体向城市型社会为主体的历史性转变。

双向开放成果不断扩大。五年累计进出口总值704.2亿美元，实际利用外资47.6亿美元，对外投资达到17.58亿美元，均创历史最好水平。石家庄综合保税区获得国家批复，申报国家级正定新区加快推进，天津自贸区正定片区合作进展顺利，京津冀产学研联盟日趋活跃，石洽会、正博会、动博会影响力不断扩大，对外贸易发展有了新的基础。

生态环境质量持续改善。大气污染治理六大举措精准有效，空气环境质量大幅改善。提前两年完成省下达的PM2.5浓度下降任务，提前一年实现省下达的减排目标，优良天数逐年增加；万元GDP能耗从1.048吨标准煤下降到0.794吨标准煤，五年降幅达24.2%；全市森林覆盖率达到37.2%，建成区绿地率、绿化覆盖率分别达到40.5%、44.6%。洨河、汪洋沟得到综合治理，滹沱河具备了景观游娱功能，水体环境逐步改善。继获得国家园林城市称号之后，又获批成为国家森林城市，石家庄市再添一张国家级亮丽城市名片。

发展环境得到明显优化。政府职能转变步伐加快，“四个清单”制度全面建立；效能革命成效显著，行政审批事项五年减少79%；商事制度改革有效推进，“三证合一”“一照一码”全面实施；全民创业活力明显增强，市场主体实有量增加80.6%，一批世界五百强和中国五百强企业成功落户。一个投资环境好、资本活跃度高、项目吸附力强、创业创新氛围浓的活力石家庄正在形成。

人民幸福指数进一步提高。就业更加充分，社会保障体系进一步健全，22.7万人实现稳定脱贫。社会治理体系不断完善，各项社会事业蓬勃发展，社会文明程度进一步提高，人民安居乐业，社会安定祥和。城乡居民人均可支配收入分别达到28076元和11600元，年均增长10.1%和13%。自2011年以来，我市连续六次入选全国幸福城市前十名。

五年来，我们走过了难忘的历程，也积累了一些宝贵的经验，给我们深刻启示：

一是聚焦发展第一要务不动摇，实现了我市综合经济实力跨越赶超。紧紧扭住发展这个第一要务不放松，集中精力搞建设，全力以赴抓发展，深入实施中东西区域协调发展战略，着力打好工业强市、项目建设、县域经济、深化改革几场硬仗，有力推动了经济跨越发展，实现了弯道快速超车，为“十三五”时期能够在京津冀协同发展中有更大作为奠定了坚实基础。

二是强力推动转型升级不动摇，提升了我市的发展质量和效益。紧紧围绕省会科学发展、率先发展，坚持保增长和调结构两手抓、快发展和转方式相统一，改造提升了一批传统产业，培育壮大了一批新兴产业，提质增效了一批骨干企业，淘汰关闭了一批落后产能，大大提升了发展质量和效益，在本轮世界经济下行压力加大的情况下，我市仍然保持了较高的发展速度。

三是着力改善两个环境不动摇，增强了我市的发展活力和竞争力。坚持把环境建设作为加快经济社会发展的“命门之穴”，以钢铁般的意志改善发展环境，坚定不移推进“效能革命”，激发了发展内生动力，催生了创新创业主体；以壮士断腕的决心改善生态环境，持续开展大气、水污染防治攻坚战，全市生态环境质量得到明显改善，为省会加快发展、持续发展提供了环境支撑。

四是坚持保障和改善民生不动摇，激发了市民的归属感、认同感、幸福感。坚持把保障改善民生作为第一追求，把群众的诉求当作第一信号，每年拿出足够财力，切实解决群众在上学、就业、出行、看病、住房、社保、安全等方面的困难和问题，让全市人民共享改革发展成果。山区教育扶贫、110警务站、高校毕业生零失业等重大民生工程，正在发挥积极效应，已经成为我市响亮品牌。千方百计解民忧、惠民生、保民安，顺应了民心所向。

五是全面加强党的建设不动摇，营造了风清气正、干事创业的政治生态。始终把各级领导班子和干部队伍建设牢牢抓在手上，增强党章意识，严肃政治纪律，坚定不移反腐败，驰而不息转作风，树立正确用人导向，注重把有激情、状态好、作风硬、能干事、有作为的干部提拔调整到重要领导岗位，为全市改革发展稳定提供了坚强政治保证。

六是维护党的团结统一不动摇，形成了全市上下团结奋斗的强大合力。始终把市委及常委会建设摆在重要位置，发挥总揽全局、协调各方作用，支持和保证人大、政府、政协依法依章开展工作，充分调动各方面积极性、主动性，形成了市委统一领导、各级组织协调联动、各条战线团结奋斗的良好局面。

（二）“十三五”时期我市发展面临的重要机遇。今后五年，我市经济社会发展面临前所未有的重大机遇。世界经济在深度调整中曲折复苏，新一轮科技革命和产业变革蓄势待发，我国经济发展也进入了速度变化、结构优化、动力转换的新常态，发展前景仍然广阔。国家全面实施创新驱动发展战略、“一带一路”战略和京津冀协同发展战略，为我市加快转型升级、跨越赶超注入了前所未有的动力和活力，为我市扩大对外开放、聚集国内外先进要素搭建了更高更大的平台，为我市闯过改革深水区、解决深层次矛盾问题提供了强有力的政策支持。借助谋划国家级正定新区的有利契机，统筹安排生产力布局和基础设施建设，将进一步拓展我市发展空间；我市被列入国家全面创新改革试验区，国务院批复设立石家庄综合保税区等，将推动我市外向型经济实现新跨越。我们必须倍加珍惜、牢牢抓住、用足用好这些机遇，全面开创我市经济社会科学发展、跨越发展新局面。

（三）“十三五”时期我市发展面临的严峻挑战。未来五年，我市经济社会发展仍面临诸多困难和挑战，主要表现在：省会在京津冀协同发展中的地位有待进一步提升；经济下行压力较大，市场需求总体偏弱，调整产业结构、化解过剩产能任务艰巨；传统产业档次偏低、发展方式粗放问题依然存在，新兴产业尚需培育壮大，产业转型升级形势仍然严峻；城乡空间结构和二元结构矛盾突出，城镇化水平仍需进一步提升；民生改善任务繁重，基本公共服务保障能力和社会管理水平还需提高；环境和资源约束日趋突出，生态环境建设、节能减排任务十分艰巨；建设全面创新改革试验区，体制机制方面还存在障碍，省会意识、率先意识还有待提升，改革创新意识和能力还有待加强，解放思想的任务还很重；干部队伍中还存在不作为、乱作为、慢作为现象，调状态、转作风、提素质方面任务还不小。对此，必须采取更加扎实有效的措施，切实提高应对挑战和解决问题的能力。

二、“十三五”时期发展的指导思想、主要目标、基本理念和基本原则

（一）“十三五”时期我市发展的指导思想。全面贯彻党的十八大和十八届三中、四中、五中全会精神，以马克思列宁主义、毛泽东思想、邓小平理论、“三个代表”重要思想、科学发展观为指导，深入贯彻习近平总书记系列重要讲话精神，坚持中央“四个全面”的战略布局，坚持创新、协调、绿色、开放、共享的发展理念，全面落实省委八届十二次全会各项决策部署，抓住京津冀协同发展重大历史机遇，以提高发展质量和效益为中心，坚守发展、生态、民生三条底线，深入实施中东西三大区域协调发展战略，大力推进新型工业化、信息化、城镇化和农业现代化，全面深化改革，扩大对外开放，加快形成引领经济发展新常态的体制机制和发展方式，统筹推进经济建设、政治建设、文化建设、社会建设、生态文明建设和党的建设，加快转型升级、跨越赶超、建设幸福石家庄步伐，努力打造京津冀城市群“第三极”，率先在全省全面建成小康社会。

（二）“十三五”时期我市发展的主要目标。“十三五”期间，全市综合经济实力位居全省前列，经济质量和效益位居全省前列；到2020年，生产总值比2010年翻一番以上，城乡居民人均可支配收入比2010年翻一番以上；确保大气质量得到明显改善，确保京津冀城市群“第三极”作用凸显，确保率先在全省全面建成小康社会。

——综合实力迈上新台阶。经济保持中高速增长，增速高于全省平均水平，发展迈入中高端，质量效益提升幅度高于省内其他城市。全市生产总值年均增长7.5%以上，主要经济指标占全省比重逐年递增。一般公共预算收入年均增长8%以上，力争达到560亿元。

——协同发展取得新成就。交通一体化水平显著提升，生态环境明显改善，产业联动发展实现重要突破，协同创新共同体基本建成，与京津公共服务差距不断缩小，省会承载和服务功能不断完善，努力建成京津冀城市群“第三极”。

——创新发展实现新突破。全面创新改革试验区建设取得重大成果，科技研发投入占地区生产总值比重达到2.6%，科技创新能力得到快速提升，军民融合创新成效显著，创新资源要素加速集聚，自主创新能力显著增强，创新型城市功能凸现。经济增长的科技含量大幅提升，

大众创业、万众创新在全市蔚然成风。

——产业结构得到新优化。传统产业实现转型升级，第三产业占据全市经济主导地位，战略性新兴产业占比明显提高，主导产业核心竞争力显著增强，农业现代化取得明显进展，产业整体迈向中高端水平。

——城乡面貌发生新变化。基础设施支撑能力和城市综合服务功能进一步增强，“一河两岸三组团”成为城乡现代化建设标志区，主城区建设上水平、出品位，正定新区建设实现大发展，县域城镇功能和城乡一体化发展水平显著提升，具备条件的农村基本建成美丽乡村，全市常住人口城镇化率达到63%，户籍人口城镇化率达到52%。

——改革开放迈出新步伐。财税金融、企事业单位等重要领域和关键环节改革取得明显进展，政府职能加快转变，政府公信力和行政效率进一步提高。对内对外开放广度和深度不断拓展，经济外向度和承接产业转移能力显著提升，天津自贸区正定片区和综合保税区功能不断拓展，开放型经济格局初步形成。

——人民生活得到新改善。就业持续增加，居民收入增长高于经济增长，社会保障制度更加公平完善，公共服务水平不断提高，城镇保障性安居工程建设稳步推进，市民居住环境不断改善。现行标准下农村贫困人口全部实现脱贫，贫困县全部摘帽。人民富裕程度普遍提高，城乡居民幸福指数不断提升。

——社会文明达到新水平。中国梦和社会主义核心价值观更加深入人心，公民思想道德素质、科学文化素质、法治素质明显提高，人民民主更加健全，社会事业全面发展，公共文化服务体系基本建成，社会治理体系更加完善，社会更加和谐稳定。

——生态文明建设取得新成效。污染治理实现重大突破，生产方式和生活方式绿色、低碳水平不断提高，PM2.5浓度较2013年下降42%以上，主要河流水质有效改善，森林覆盖率提高到42%以上；单位生产总值能源和水资源消耗、建设用地、碳排放总量得到有效控制，主要污染物排放总量大幅减少，城乡环境综合治理取得明显成效，到2018年退出全国城市空气质量后10位。

（三）完善发展理念。新的发展理念是破解发展难题、厚植发展优势的行动指南，实现“十三五”奋斗目标，必须创新发展理念，以协同、创新、转型、协调、绿色、开放、共享的发展理念，统一思想，协调行动，深化改革，开拓前进，推动我市发展迈上新台阶。协同是优化区域生产力布局的重大机遇，必须主动融入京津冀协同发展大局，积极承接北京非首都功能疏解和京津产业转移，借力实现跨越赶超。创新是引领发展的第一动力，必须把创新摆在全市发展大局的核心位置，以科技创新为引领，深入实施人才强市战略，推进金融创新、管理创新，让创新贯穿于经济社会一切工作，让创新成为推动经济社会发展的动力源泉。转型是提升发展竞争力的关键举措，必须坚定不移调结构、转方式，加快构建现代产业新体系，推动产业向高精尖、集约型、外向型迈进。协调是持续健康发展的内在要求，必须牢牢把握科学发展主题，正确处理发展中的重大关系，重点促进城乡区域协调发展，促进经济社会协调发展，促进“四化”同步发展，不断增强发展的整体性和可持续性。绿色是永续发展的必要条件和人民对美好生活追求的重要体现，必须坚持人与自然和谐共生，坚定走生产发展、生活富裕、生态良好的文明发展道路，推进美丽石家庄建设。开放是繁荣发展的必由之路，必须顺应经济全球化趋势，坚持内外需并重、进出口并重、引资和引技引智并重、引进来和走出去并重，发展更高层次的开放型经济。共享是中国特色社会主义的本质要求，必须围绕实现社会公平正义、着眼人民群众最关心、最直接、最现实的利益问题，作出更有效的制度安排，让全市人民共享改革发展成果。

（四）“十三五”时期我市发展的基本原则

——坚持解放思想。必须牢牢把握解放思想这一法宝，抓住京津冀协同发展战略机遇，围绕打造国家全面创新改革试验区，着力打破束缚发展的思想藩篱，着力破除制约发展的体制机制，着力创新引领发展的政策举措，以思想大解放推进我市经济社会大发展。

——坚持科学发展。必须把科学发展作为解决一切问题的关键，坚持以经济建设为中心，以生态环境保护和资源节约集约利用作为发展的着力点，主动适应经济发展新常态，加大结构性改革力度，加快转变经济发展方式，实现更高质量、更有效率、更加公平、更可持续的发展。

——坚持改革开放。必须坚持以改革统领全局，以开放活跃全局，不断深化重点领域和关键环节改革，进一步处理好政府与市场、企业、社会的关系，使市场在配置资源中起决定性作用和更好发挥政府作用，加快构建开放型经济新体制，不断增强经济发展活力和后劲。

——坚持改善民生。必须尊重人民主体地位，把人民对美好生活的向往作为奋斗目标，坚持发展为了人民，发展依靠人民，发展成果由人民共享，不断提高人民生活水平，保障人民各项权益，促进人的全面发展。

——坚持依法治市。必须坚定不移走中国特色社会主义法治道路，扎实推进法治石家庄建设，推动科学立法、严格执法、公正司法、全民守法，提高运用法治思维和法治方式深化改革、推动发展、维护稳定的能力，加快建设法治经济和法治社会，营造公平公正的法治环境。

——坚持党的领导。必须充分发挥党的领导核心作用，加强和改善党的领导，提高适应和引领新常态、推进经济社会发展的能力，激发干部群众积极性、主动性、创造性，形成树正气、讲团结、聚合力、促转型的新局面。

三、坚持协同发展，着力打造京津冀城市群“第三极”

发挥省会在冀中南功能拓展区的龙头带动作用，聚焦承接北京非首都功能疏解和京津产业转移，突出对接重点，推进深度融合，加快一体化步伐，努力在协同发展中构筑发展新优势。

（一）加快把正定新区建成京津冀一体化发展的重要支撑平台。按照国家级新区标准全力推进正定新区建设，加快新区核心起步区建设步伐，聚集科技、教育、文化、体育等公共服务功能，发展高端服务业，建设科教文化商务区；加大正定古城历史文化街区和文物古迹的修缮保护力度，恢复古城历史风貌，打造具有国际影响的佛教文化旅游胜地和京津冀区域重要旅游目的地，建设古城文化保护区；加快石家庄国家高新技术产业开发区、石家庄经济技术开发区等产业园区建设，发展生物医药、电子信息、高端装备制造、节能环保等新兴产业，建设高新技术产业集聚区；加快综合保税区建设，推进“大通关”基地、航空城、快件中心和国际航空物流中心项目建设，加快发展货物配送、跨境电子商务等新兴临空产业，努力建成全国通关效率最高的航空口岸和临空产业园区；加快正定商贸物流产业集聚区建设，引进国内外商贸物流龙头企业，发展智能物流、第三方物流、电子商务、服务外包等现代商贸物流产业，建设现代商贸物流发展区；加快中华医学会功能疏解与搬迁项目建设，推进高端医技、医疗、康复、养老等产业项目落地，努力打造全国最大的医技中心和健康大数据中心；加快中关村（正定）科技新城建设，构建集成电路设计、制造和封装测试，以及新能源汽车整车制造全产业链，打造先进制造业基地；加快滹沱河生态景观廊带、磁河和南水北调生态廊带建设，大力发展现代农业，建设美丽乡村生态功能区。到2020年，力争将正定新区建成产城融合、特色鲜明、绿色低碳、品质一流的新城区，成为省会乃至全省新的经济增长极。

（二）着力构建京津冀一体化的综合交通网络。围绕建设京津石“一小时交通圈”，加快构建石家庄高铁、普铁“双十字”交汇格局，完善城际、省际“四纵五横”高速公路网，强化正定国际机场区域枢纽功能，巩固和提升我市的全国性综合立体交通枢纽地位。加快发展快速轨道交通，建设京石城际铁路，谋划津石城际铁路；加快推进石家庄至黄骅港（包含石家庄东南环线）铁路通道建设，开通“石—新—欧”国际货运班列。构建区域互联互通公路网络，加快推进高速公路和国省干线公路建设，实现县县通高速、通一级公路；积极谋划绕城高速公路城市化改造，调整收费站设置和收费方式。加快石家庄正定国际机场建设，充分发挥首都机场托管运营的优势，拓展国际航线和通航城市，新建第二、第三全货运跑道，做大做强空、铁、公多式联运，力促进入千万人次级大型机场行列，建设京津冀区域航空物流枢纽中心。

（三）积极融入京津冀一体化的市场体制机制。落实京冀“6+1”、津冀“4+1”战略合作协议要求，加强与京津政策衔接，建立共建共享、协作配套、统筹互助、互惠互利的区域市场一体化体制机制。探索建设区域统一的金融资本市场，积极争取京津金融主体在石家庄设立总部和分支机构，建设区域金融数据、支付、培训、呼叫中心，主动参与设立京津冀协同发展基金、产业结构调整基金、科技成果转化创业基金，及基础设施、旅游、扶贫开发等基金。推进土地要素市场一体化改革，建设城乡统一的建设用地市场。积极融入京津冀一体化的交通运输市场，力争实现交通“一卡通”互联互通、客运联程联运“一票制”和货运多式联运“一单制”。建立产业发展利益共享机制，在跨省市投资、产业转移对接、园区共建、科技成果落地等方面，落实国家京津冀协同发展产业转移对接企业税收收入分享办法。建立科技创新协同机制，发挥京津冀产学研联盟、中关村集成电路产业联盟作用，与京津共建一批科技创新基地、联盟和示范园区，建设统一的科技资源开放共享平台。积极融入京津冀权力在线运行、审批全程公开的行政管理协同机制，建立区域统一的信用体系和社会信用奖惩联动机制。

（四）主动对接京津冀一体化的公共服务体系。创新公共服务保障机制，争取开展同城化改革试点。按照京津冀在医疗卫生、教育培训、社会保障、健康养老、执法司法服务等方面的一体化发展统一部署，积极对接京津制度安排和服务水平，缩小与京津的差距。加快推进医疗卫生一体化，积极争取京津知名医疗机构向省会布局。加快推进教育培训一体化，吸引“211”“985”高等院校设立分校或合作办学，建设一流大学城，实现国家重点高校在我市布局；拓展正定新区职教园区功能与规模，积极与京津职业教育机构、培训机构合作，建设面向京津的劳动力输出与技能培训一体化劳务中心。加快推进社会保障一体化，落实养老保险跨区域转移政策，力争实现社会保障一卡通，推进京津冀区域内住院、就医直接结算。加快推进健康养老一体化，探索推动异地养老、购买养老服务等新模式，积极引进京津、国外优秀服务品牌和先进管理模式，建设全国养老产业总部基地。加快推进执法司法服务一体化，为协同发展做好法制保障、司法服务和法律对接。

四、坚持创新发展，着力打造全面创新改革试验区

大力实施创新驱动发展战略，加强政策、规划和改革举措的统筹衔接，重点在要素流动、激励机制、市场准入等方面先行先试，努力在重要领域和关键环节取得突破。

（一）以科技创新引领发展。积极推动重点领域创新，聚焦智能制造、节能环保、新能源开发、生物工程等核心关键技术，实施一批重大科技专项，努力在高新技术孵化和产业化、传统产业转型升级、战略性新兴产业壮大、县域特色经济提升、现代服务业发展、破解资源环境矛盾等方面实现突破。

强化企业创新主体地位和主导作用。支持企业加大技术创新投入，引导创新要素向企业聚集，培育一批创新型企业、助推一批科技型小巨人企业、引进一批成长性好的高新技术企业、发展一批科技型中小企业；加强产业发展研究院、产业技术研究院、产业技术创新联盟等协同创新组织建设，支持社会力量创办科技研发服务机构。严格落实研发费用加计扣除政策。

加强科技创新平台建设。加快完善重点实验室、科技基础条件服务、科技成果转化服务体系，建设一批高水平国家重点实验室、工程技术研究中心等研发平台，完善一批中试、检验检测、科技成果转化和交易信息等服务平台。以石家庄科技大市场为载体，共建京津冀技术交易市场。推进高新区提档升级工程建设，争列一批国家级、省级高新技术产业基地。

深化科技体制改革。完善技术创新市场导向机制，推进科技金融深度融合，健全以增加科技人员收入为核心的科技成果转化激励机制，整合科技创新资金。加强知识产权保护。

加强军民融合创新。推进军地资源开放共享和军民两用技术相互转移，依托我市较好的军工基础和中关村（正定）集成电路产业基地优势，打造军民融合深度发展改革示范区。

（二）以金融创新服务发展。建好金融服务平台，支持股权交易所、产权交易中心等创新发展，提升功能，完善服务。完善金融服务体系，深化农村信用社改革，支持石家庄农村商业银行加快发展，引导鼓励社会资本组建民营银行，发起设立村镇银行、小额贷款公司等中小金融机构，推进社会信用体系建设，探索建立“政府＋保险＋银行”合作机制和县乡村三级金融服务新模式；拓展金融服务功能，加强对科

技创新、小微企业、“三农”等重点领域的服务；完善金融风险防控体系，维护金融稳定和社会稳定。开发金融服务产品，大力发展融资租赁、金融租赁、互联网金融等新业态，推进股权资产证券化，支持民间资本发起设立创业投资、风险投资、产业投资等股权投资基金，拓展保险资金投资领域和规模，支持开展科技保险、责任保险等保险新品研发，加大对农业保险的支持力度。强力推进直接融资，支持企业在主板、中小板、创业板、新三板、区域性股权市场等多层次资本市场挂牌上市、做优做强，扩大股权、债券和票据融资规模。加强对中小微企业发展的金融支持。积极推进政府与社会资本合作（PPP）模式。

（三）以体制创新驱动发展。深化行政管理体制改革，实行权力清单、责任清单、监管清单和负面清单制度，规范责任主体和权力运行，建设服务型政府。加强政府数据治理，更好地发挥统计数据服务经济社会发展的作用。

深化行政审批制度改革。继续精简和下放市级行政审批事项，简化程序，积极推行网上并联审批，实施“管理、办理、监管”一条龙服务，提升政务服务效能；严格控制财政供养人员规模扩大，降低行政成本；改进政府经济调控方式，促进经济持续健康运行。

深化国有资产监管和国有企业改革。完善国有资产监管体制，推进经营性国有资产集中统一监管，实现国有资产监管机构职能从管资产为主向管资本为主转变；加大国有企业重组整合力度，试点授权国有集团公司对授权范围内的国有资本履行出资人职责，探索国有资本运营新模式；进一步推进国有企业股份制改革，大力发展混合所有制经济，推动国有资本和民营资本融合发展，探索实行混合所有制企业员工持股，实现股权多元化，加快推进国有企业上市。

激发非公有制经济活力。完善扶持政策措施，消除各种隐性壁垒，在基础设施、公共服务、金融等领域，鼓励支持民营资本进入。优化发展环境，保护民营企业合法权益；支持民营企业通过技术创新、管理创新、经营创新，加快转型升级。

深化财税体制改革。合理划分市县政府间事权和支出责任，进一步理顺市以下财政收入划分，健全转移支付制度，建立以一般性转移支付为主、专项转移支付为辅的转移支付机制。深化预算管理制度改革，加强地方政府性债务管理，创新重点领域投融资机制。

深化价格机制改革。规范政府定价制度和程序，加强市场价格监管和反垄断执法，减少政府对价格形成的干预，全面放开竞争性领域商品和服务价格。

深化农村改革。推进农村土地制度改革，实施农村土地征收、集体经营性建设用地入市、宅基地制度改革，稳妥有序开展农村土地的经营权和农民住房财产权抵押贷款试点，完成农村土地确权颁证工作。强化农业支持保护制度，完善农业保险制度。积极推进有条件区域镇改街、村改居，健全农村基层民主管理制度特别是村民自治制度。探索实施农村集体资产股份权能改革，建立健全农村产权流转市场。集约节约利用土地资源。

推进事业单位分类改革，开展事业单位法人治理结构试点。规范行业协会商会管理，积极推进与行政机关脱钩。深化社会治理体制改革，探索系统治理、依法治理、综合治理、源头治理的方法和路径。

（四）以人才机制创新保障发展。创新引才聚才方式，建立人才需求预测和调整机制，推行紧缺专门人才动态目录制度，完善与经济社会发展相适应的人才引进政策体系，吸引高层次人才和团队来我市创新创业。实施高技能人才振兴工程，全面提高劳动者素质。实施专业技术人才知识更新工程和高层次人才培养工程，加强“巨人计划”“百人计划”“三三三人才工程”和“十百千人才工程”等项目建设。改革人才评价制度，建立以能力、业绩、贡献为主要标准的人才评价机制。完善职务发明法定收益分配制度，允许企业与发明人事先约定开发成果及相关知识产权权利归属、收益分配方式。

大力推进大众创业、万众创新。支持发展众创、众包、众扶、众筹支撑平台，加快建设一批众创空间和创新创业社区，每县（市、区）建成一个以上科技企业孵化器，大力发展科技型中小企业，激发大众创业、万众创新的热情和活力。

开展国家全面创新改革试验，中央政策允许的改革举措要积极先行先试，京津改革的成功经验要尽快复制推广，加快消除与先进地区体制机制、发展环境的差距。

五、坚持转型发展，着力打造产业转型升级试验区

落实《中国制造 2025》和“互联网 +”行动计划，实施工业强市战略，加快形成先进制造业与现代服务业共同主导、传统产业与新兴产业双轮驱动、一二三产业融合发展的新格局。

（一）发展壮大战略性新兴产业。以提升自主创新能力为核心，利用互联网、大数据、云计算等新技术、新模式，通过关键技术研发和重大项目带动，大力发展新一代信息技术、生物医药、先进装备制造、节能环保、新能源、新材料等战略性新兴产业。集中优势政策、资金和人才资源，每年滚动实施百项重点战略性新兴产业项目，引进生成 2 ～ 3 家在全国有巨大影响力的领军企业，打造行业发展优势。构建产业群产品群，发展壮大以光纤、平板显示、半导体照明、集成电路封装测试、卫星导航及地理信息为重点的新一代信息技术产业集群；以微生物药物、基因工程药物、新型制剂和现代中药为重点的生物医药产业集群；以通用航空、轨道交通、矿山机械、农业机械、新能源汽车为重点的装备制造产业集群；以光伏、地热、储能电池、智能电网为重点的新能源产业集群；以监测检测与治理装备制造、高效节能和循环利用设备制造、节能环保服务为重点的节能环保产业集群；以高性能特种钢铁、特种电缆和金属纤维、生物材料、纳米材料为重点的新材料产业集群。

（二）优化提升传统产业。加快企业转型升级，实现工业结构优化、效益提升，主要工业指标综合排名居全省前列。

启动新一轮技术改造。以增加品种、提高品质、打造品牌为主攻方向，做优做强食品加工、纺织服装、循环化工等传统优势产业，持续深化对标行动，制定“互联网 + 制造业”“互联网 + 产业集群”路线图，推进新一代信息技术与制造业深度融合，推广应用大数据，提升工业基础能力和质量效益；加强质量品牌建设，实施新产品开发、名牌产品培育工程；积极争列国家、省级新型工业化产业示范基地，智能化制造水平明显提升。

支持开展企业间战略合作和兼并重组。推进重点行业企业整合重组，壮大拥有自主品牌和核心竞争力的优势企业集团；推动传统产业横向融合发展，通过资源、资本、技术等要素跨界跨区域集约化配置，积极发展众包设计、云制造等新型制造模式和产业组织模式，培育催生新产业、新业态。

推动企业向园区集聚。完善税收和经济总量分享、环境容量分担等飞地政策；健全园区配套服务功能，推进城区企业外迁，鼓励发展循环经济，推进企业进区入园。

利用倒逼机制淘汰转移落后产能。落实重点区域重点行业特别排放限值，执行更加严格的能耗标准，实行差别电价水价、要素激励等政策，倒逼不达标产能退出市场；积极化解钢铁、水泥、玻璃等低端过剩产能，鼓励企业二次创业或向海外转移。

（三）做大做强现代服务业。集聚省会优势，拓展现代服务业发展新领域，催生现代服务业发展新业态，精准规划生产性服务业、生活性服务业和高端服务业，实施智慧物流、信息服务、金融服务、科技服务、电子商务、工业设计、文化创意、旅游休闲、体育产业、健康养老等重点行业发展行动计划，鼓励跨界竞争、跨界融合，以大流通、大数据链为重点，延伸产业链条，构建服务业发展新模式。

大力发展现代商贸流通业。发展壮大楼宇经济产业群，培育吸引一批全国性、区域性会展品牌，打造多元夜经济消费商圈；引入物联网技术，鼓励线上线下融合发展和连锁化、规范化发展，建设大宗商品交易平台。依托乐城国际贸易城，打造集商品贸易、仓储物流、研发加工、旅游购物等于一体的大型商贸物流集群；推进公路、铁路、航空多式联运发展，建设国家级物流枢纽城市；加快重点商贸物流园区建设，做大一批第三方物流企业，形成物流业与三次产业融合发展的现代物流产业体系。

大力发展电子商务。建设电子商务公共服务体系，支持和鼓励企业运用电商平台开拓市场，壮大电商产业集群，扩大商务云数据中心和中国梦网规模，引领电子商务进社区，实现农村电商全覆盖。

大力发展旅游产业。主动融入京津冀大旅游格局，高标准建设环省会、沿太行山旅游产业带，打造一批旅游休闲购物街区、特色旅游村镇。加强旅游基础设施和公共服务体系建设，培育新的旅游业态，完善服务功能，提升服务质量，建成全国一流旅游目的地城市和区域

性旅游集散中心城市。

（四）大力发展现代农业。转变农业发展方式，加快国家现代农业示范区及石家庄国家农业科技园区建设，推进农业农村现代化。稳定粮食生产，确保粮食安全，做精做强蔬菜、林果和畜牧产业。推动一二三产深度融合，发展休闲观光农业、农产品加工业和食品深加工业。深化农业产业化，推进农业标准化生产、信息化管理、品牌化运营，发展农业适度规模经营，规范引导土地流转，培育发展新型经营主体，扶持发展产业化龙头企业带动的产业集群；推进山区综合开发工程，抓好沟域经济，打造一批现代农业示范区；大力发展现代农业园区，引进先进农业产业化项目，延长现代农业产业链条。发展农村股份合作经济，推行政府、龙头企业、金融机构、科研机构、农民合作社、农户“六位一体”经营模式。加强农业社会化服务体系建设，大力发展“互联网＋农业”，构建农业生产、交易、服务一体的农村电子商务平台。深化供销社综合改革，构建组织服务、农资服务、农产品购销、农村合作金融、农业合作保险、农业科技、农村产权交易等综合体系。

六、坚持协调发展，着力打造新型城镇化与城乡统筹示范区

深入实施中东西区域协调发展战略，进一步优化城乡发展结构、两个文明建设格局，拓展发展空间，增强发展后劲。

（一）大力推进中东西区域协调发展。按照“一核一带两轴三区”的产业和功能布局，加快中部引领、东部突破、西部优化步伐，形成区域良性互动、功能协调配套、要素优化配置的可持续发展新格局，全面提升省会城市功能和辐射带动能力，建成京津冀城市群南翼中心城市。

中部区域的主城区、新区和组团区（县），大力发展高新技术产业、战略性新兴产业、都市现代农业，以及总部经济、商务商贸、金融保险、现代物流、会议会展、创新研发、文化创意等现代服务业，做大做强城市经济，率先实现中部隆起，打造全市发展龙头带动区和新型城镇化建设标志区，领跑全市发展。

东部区域的平原县（市），以工业强县、项目立县为主要发展方向，加大招商引资力度，加快产业集聚，建设一批超大规模的项目，发展一批百亿级别的园区，打造一条优势突出的经济隆起带，力推工业产值占据全市半壁江山。

西部区域的山区县（区），要创新绿色发展思路，突出生态屏障建设，重点发展生态农业、生态文化旅游业、绿色工业和农副产品加工业，大力开展植树造林和封山育林，统筹生态建设、环境保护与经济发展，打造西部生态涵养带和青山绿水的省会后花园。

（二）大力推进城乡协调发展。坚持以人的城镇化为核心，以建设国家新型城镇化综合试点城市为契机，完善户籍、教育、医疗、社保、就业等方面制度政策，实施居住证制度，推进城镇基本公共服务常住人口全覆盖，鼓励有稳定就业和收入的农业人口举家进城落户。健全财政转移支付同农业转移人口市民化挂钩机制，建立城镇建设用地增加规模同吸纳农业转移人口落户数量挂钩机制。维护进城落户农民土地承包权、宅基地使用权、集体收益分配权，支持引导其依法自愿有偿转让相关权益。优化城镇布局形态，做大做强做美省会中心城区，强化区域重要节点城市支撑作用，提升县城建设质量和水平，推动大中小城市和小城镇协调发展。

建设功能齐备的省会城市。统筹推进正定新区建设、老城区提档升级和组团一体化发展，“一河两岸三组团”城市空间布局基本形成。滹沱河南岸老城区要以有机更新、改造提升为重点，打造亮点片区，疏解城市功能，改善居住环境，促进经济繁荣，提高生活品质，提升城市品位。重点建设一批高品质特色街区、景观道路、风貌建筑。加强重要历史文化遗存保护，保留城市历史印记。城市路网结构进一步优化，快速公交网络建设稳步推进，慢行系统基本建成，轨道交通主骨架初步构建，交通组织更加高效，交通拥堵状况明显缓解。加快推进海绵城市建设，完善城市排水规划，理顺排水建设管理体制，实施雨污分流改造工程。创新模式和机制，全面实施单元网格化管理，城市洁净程度明显提高。围绕智慧石家庄建设，逐步将先进智能技术运用于经济发展、公共服务、社会治理及社会生活等领域，推进城市管理精细化、公共服务便捷化、基础设施智能化。滹沱河北岸新城区要按照绿色、智慧、健康的理念，进一步完善基础设施，合理布局生活空间、

生产空间、生态空间，完备公共服务功能，促进金融、会展、设计、创意、商务、健康养老等高端现代服务业聚集，正定新区建设取得实质性进展。栾城、藁城、鹿泉组团区要与中心城区全面对接、一体发展，按照中心城区标准完善公共基础设施，美化城乡环境，加快全域城镇化步伐，坚持错位发展，更多赋予产业功能，城市由“单中心”向“多中心”转变。

实施县城建设攻坚行动。以新型城镇化和城乡统筹示范区建设为主线，推动全县域产业、土地、环保等规划的多规合一，加快县城扩容提质步伐，支持县域产业园区发展，推进产城教一体化，力促产业向园区集中、人口向县城集中、土地经营权向新型农业园区集中，打造有历史记忆、地域特征、山清水秀、宜居宜业的美丽县城。支持经济基础好、发展潜力大、功能地位突出、产业集聚能力强的平山、晋州、新乐、井陉、赵县建成市域次中心城市，增强对市域以及京津冀城市群南部的辐射带动作用；支持具有一定产业和人口规模、基础条件的元氏、无极向小城市迈进；支持高邑、深泽、行唐、赞皇、灵寿做大县城规模，加快园区建设，发展特色城镇。依托产业园区和重点建制镇，培树打造一批工业型、商贸型、旅游型特色城镇。

建设富有特色的美丽乡村。把美丽乡村建设作为农业农村现代化的综合抓手，强化规划引领，提升建设标准，突出产业带动，坚持连片打造，与发展现代农业、乡村旅游、山区综合开发和扶贫攻坚统筹推进。大力实施民居改造、道路硬化、绿化美化、安全饮水、无害化卫生厕所改造等12项专项行动。健全投融资、长效管护、政策奖补、专项考核等机制，力争用5年时间达到美丽乡村建设全覆盖。

（三）大力推进物质文明和精神文明协调发展。加强先进思想文化引领，用习近平总书记系列重要讲话精神武装头脑、指导实践、推动工作，深化中国特色社会主义和中国梦宣传教育，培育和践行社会主义核心价值观，增强中国特色社会主义道路自信、理论自信、制度自信，增强国家意识、法治意识、社会责任意识。广泛开展群众性精神文明创建活动，坚持志愿服务经常化，推进文明石家庄建设。落实党委意识形态责任制，维护意识形态安全，巩固马克思主义在意识形态领域的指导地位，巩固全市人民团结奋斗的共同思想基础。

大力推进公共文化服务体系建设。加强城乡文化设施建设，加快推动基本公共文化服务标准化均等化，建立健全以政府为主导、社会力量积极参与的投入机制，基本建成覆盖城乡、便捷高效、保基本、促公平的现代公共文化服务体系。大力实施文化惠民工程、新闻出版和广播影视精品工程、文艺创作和社会科学创新工程，创作富有石家庄特色、人民喜爱的文艺精品，建设在全国有影响力的新型智库。抓好重大品牌文化活动，丰富人民群众文化生活。加强文化遗产保护和发展，积极构建优秀传统文化传承体系。依托石家庄特有的历史文化资源和西柏坡红色文化资源，加强对外文化交流，扩大石家庄城市文化影响力。

加快文化人才队伍建设，实施文化人才培养工程，加强文化人才引进。深化文化体制改革，健全现代文化企业制度，确保国有文化企业把社会效益放在首位，实现社会效益和经济效益相统一。引进战略投资者，培育新型文化业态和新型市场主体，推动文化产业与相关产业融合发展，建设文化强市。

大力实施媒体融合发展战略，推动传统媒体与新兴媒体深度融合发展。健全互联网管理体制和工作机制，加强社会舆情引导和网上思想文化阵地建设，牢牢把握舆论的主导权和话语权，建设充满正能量的网络空间。

七、坚持绿色发展，着力推进建设山水林田湖生态修复示范区

推进生态文明建设，大力开展大气、水、土壤污染防治行动，深入实施山水林田湖生态保护和修复工程，坚定不移走绿色低碳循环发展之路。

（一）持续打好大气污染防治攻坚战。围绕提高大气环境质量和雾霾治理，实施最严格的治污减排行动，继续落实压煤、抑尘、控车、迁企、减排、增绿措施。优化能源结构，扩大和发展清洁能源应用范围及相关产业，不断提高清洁能源占能源消费总量比例，推进气化石家庄等重点工程。强化燃煤治理，控制煤炭消费总量，强力推进集中供热和清洁能源供热，加强煤炭清洁高效利用，推进农村清洁能源开发利用，继续大力推广环保节能炉

具、洁净型煤，有效治理农村大气污染。加强钢铁、水泥、电力、石化、制药、焦化等重点行业大气污染治理，逐步实行烟（粉）尘、挥发性有机物总量控制，开展“车油路”综合整治和扬尘综合整治，推广应用新能源汽车。

强化科技支撑，激励节能减排新技术的研发推广及新工艺、新设备、新产品升级换代。构建和完善全市域、全要素、全覆盖的生态环境监测网络，提高空气质量预报预警水平，促进智慧环保建设。积极融入京津冀一体化大气联防联控，不断改善省会空气质量。

（二）持续推进水环境综合防治行动。推进水污染防治行动计划，实施抓节水、保供水、压采水、控污水、洁河水、净湖水六大工程，提高环境风险应急和防控能力。

加强节水型社会建设，全面落实最严格水资源管理制度，严控用水总量、用水效率和水功能区限制纳污“三条红线”，淘汰压减高耗水产业产能。加强南水北调配套工程建设，用足用好引江水。加强水网工程建设，构建布局合理、蓄泄兼备、引排得当、丰枯调剂、循环通畅的水网体系。采取节、引、蓄、调、管等综合措施，加强地下水超采综合治理，到2020年地下水水位下降局面得到明显改善。

加强重点区域水污染防治，大力开展滹沱河水环境综合整治及洨河、汪洋沟水质提升工程，初步恢复河流生态功能。全面开展傍水农村综合整治，整县域推进农村污水治理。保护饮用水源安全，推进省会城区饮用水源地上游水生态环境提升和风险防控，实施岗南、黄壁庄水库饮用水源一级保护区隔离防护和灵寿县松阳河改排工程。

（三）持续开展造林绿化活动。增加全市整体绿量，初步形成较完善的绿色生态体系。积极创建国家生态园林城市，打造绿色省会。

强力推进西部太行山区绿化，大力实施人工造林、退耕还林、封山育林等重点绿化工程项目，实现市域内太行山宜林地带绿化全覆盖，构建西部生态屏障和省会后花园。突出抓好滹沱河、磁河、大沙河等重点区域绿化林带建设及岗黄水库周边绿化建设，打造省会西北防护林带。中部丘陵地区突出抓好经济林种植，着力打造区域特色果品基地，抓好核桃等果品深加工后续产业化工作。东部平原加大农田林网、环村林、街边林建设，提高绿化美化水平。主城区和组团区突出增绿添彩，注重提档升级，重点抓好道路绿化、水系绿化、公园广场建设。抓好全市高速公路、铁路、国道和省道绿美廊道建设。大力开展全民义务植树活动。

（四）保障自然资本保值增效。开展能源和水资源消耗、建设用地等总量和强度双控行动，建立健全用能权、用水权、排污权、碳排放权初始分配和交易办法，促进资源高效利用。坚持耕地红线保护不动摇，落实占补平衡、占优补优各项政策措施，推进城镇低效用地再开发和工矿废弃地复垦。加强矿产资源保护开发，提高矿产资源开采回采率、选矿回收率和综合利用率水平。

用产业化的办法抓生态建设，推进大气、水污染治理及造林绿化、矿山生态恢复等生态建设项目产业化，积极推行环境污染第三方治理。建设集采摘观光、休闲度假、疗养保健等为一体的森林公园、自然保护区和湿地公园，实现自然资本保值增值。

（五）大力推动低碳循环发展。持续推进工业园区化、企业循环化改造，全面推行清洁生产，提高能源资源利用效率，逐步建立具有区域特色的循环型产业体系。有效控制电力、钢铁、水泥、玻璃、化工等重点行业碳排放。加快能源技术创新，建设清洁低碳、安全高效的现代能源体系。推进交通运输低碳发展，鼓励绿色出行。提高建筑节能标准，推广绿色建筑和建材。

深入实施土壤污染防治行动计划，安全规范使用农业投入品，实施化肥农药零增长行动，保障农产品安全，探索推进现代生态循环农业建设试点。

（六）全面加强生态文明制度建设。实施积极的环境经济政策，完善地方生态文明法规、制度、标准体系，健全生态保护补偿机制、防范环境风险机制。实施国土空间开发保护制度，健全产业、土地、环境等配套政策，以主体功能区规划为基础统筹各类空间性规划，推动各区域依据主体功能定位发展，构建科学合理的城市化格局、农业发展格局、生态安全格局。严格环境准入条件，探索建立绿色智慧发展导则，认真执行排污许可制度，加强环保执法；严格生态文明绩效评价考核和终身责任追究。加强环保能力建设，完善实时在线环境监控系统，健全环境信息公开制度。

八、坚持开放发展，着力开创全方位开放新局面

坚持把扩大开放作为推动发展的强大引擎，主动融入“一带一路”、自由贸易试验区等国家开放战略，着力改善营商环境，拓展对内对外开放空间。

（一）打造双向开放新机制。复制推广国内自由贸易试验区各项制度创新经验，推动贸易便利化各项措施落地实施。依托河北电子口岸建设，在石家庄综合保税区建设国际贸易单一窗口，推进区域通关一体化。推动外商投资便利化，实行准入前国民待遇加负面清单管理制度，着力营造法治化、国际化、便利化的营商环境。完善境外投资管理，健全对外投资促进政策和服务体系，加大金融对走出去企业的支持力度，有效防控境外风险。鼓励外贸商业模式创新，积极发展离岸贸易、国际中转贸易、市场采购贸易。坚持各领域改革向京津看齐，争取北京中关村国家自主创新示范区政策向我市延伸，全面营造重商、亲商、富商、安商的发展环境。加强国内经济合作，做好对口支援工作。

（二）增创对外贸易新优势。实施质量效益导向型外贸政策，引导出口产品结构向高端化、品牌化转型。加快出口基地建设，培育壮大一批科技型、专业型、示范型出口基地。加强农业国际合作，扩大优势农产品出口。鼓励企业加大新品研发、技术创新和信息化改造力度，加强营销和售后服务网络建设。积极扩大文化贸易和技术进出口规模，实现由货物出口为主向货物、服务、技术出口相结合转变。建立跨境电商完整产业链，打造一批直接面向消费者的外贸企业，扩大有利于转型升级的先进技术和产品进口。加快发展服务贸易，积极发展信息技术外包、业务流程外包和知识流程外包，加快推进河北石家庄国际服务外包经济开发区建设，力争在全省发挥示范带动作用。

（三）构筑对外开放新平台。充分发挥石家庄综合保税区优势，大力拓展口岸作业、保税加工、保税物流功能，积极探索保税展示交易、融资租赁、大宗商品期货保税交割等新兴保税服务业态，打造战略性开放合作平台。积极申建天津自由贸易试验区正定片区，力争在自由贸易试验区向内陆延伸和区域整体协同发展改革等方面率先形成可复制经验。培育和引进一批跨境电子商务平台，引导跨境电子商务企业向规模化、标准化、集群化、规范化方向发展。培育一批竞争力较强的外贸综合服务平台企业。鼓励企业利用自建平台加快品牌培育，拓展营销渠道。

（四）拓展对外开放新通道。加强与中东欧国家和“一带一路”沿线国家的合作，鼓励外向型企业建立境外生产基地和海外仓库，鼓励钢铁、水泥、医药、纺织及装备制造等优势产业开展国际产能合作，积极参与境外园区开发建设，实现由产品输出向产业输出转变，培育壮大一批跨国企业。主动对接天津自由贸易试验区，促进“内陆无水港”扩能升级，探索建设天津自贸区石家庄专属物流园区，着力实现信息互换、监管互认、执法互助、利益共享。利用好我国与其他世贸组织成员国签署的一系列双边自由贸易协定，引导企业抓住关税降低、壁垒减少的有利机遇，开拓国际新市场。提高利用内外资质量和水平，促进外资来源地多元化，着力发展跨境融资，鼓励优势企业境外上市。鼓励企业抓住当前低成本收购的契机，积极开展境外创新资源收购和股权收购。将国内自由贸易试验区金融领域开放创新为我所用，拓宽利用内外资渠道。

九、坚持共享发展，着力打造幸福石家庄升级版

按照人人参与、人人尽力、人人享有的要求，保障基本民生，创新公共服务方式，增加公共服务供给，全面推进社会事业发展，让人民群众共享发展成果。

（一）实施脱贫攻坚工程。把脱贫攻坚摆在改善民生的首要位置，以国家扶贫开发重点县和建档立卡的贫困村为重点，全面落实扶贫脱贫工作“六个精准”要求，确保到2020年实现现行标准下农村贫困人口脱贫，4个贫困县全部摘帽。以加快农户增收、改善生产生活条件为着力点，坚持因地制宜、分类施策扶持。全面实施“五个一批”行动计划，切实提高扶贫实效。完善政府投入、金融支撑、股份合作、“互联网+扶贫”、对口扶贫等机制。实行低保政策和扶贫政策衔接，对贫困人口应保尽保。强化责任落实，完善市县乡抓落实的管理体制，层层签订军令状，确保实现精准扶

贫、精准脱贫。

（二）实施创业就业扶持工程。坚持就业优先战略，实施更加积极的就业政策，创造更多就业岗位，着力解决结构性就业矛盾。完善创业扶持政策，鼓励以创业带动就业，建立面向人人的创业服务平台。加强对灵活就业、新就业形态的支持，促进劳动者自主就业。鼓励科研人员创业创新，提高大学生等重点群体创业就业比例，实施新型职业农民培育工程和新生代农民工职业技能提升计划，支持外出务工人员返乡创业。多渠道开发创业就业岗位，积极发展互联网创业就业模式，推进电子商务领域创业就业。建成覆盖城乡的公共就业服务体系和城乡平等的就业制度。加强就业援助和人力资源市场建设，强化创业就业培训，做好企业稳岗转岗和失业人员再就业工作。完善就业实名制动态管理办法，提高就业稳定性和质量。积极构建和谐劳动关系，维护职工合法权益。

（三）实施教育提质惠民工程。深化教育改革，把增强学生社会责任感、创新精神、实践能力作为重点任务贯彻到国民教育全过程。扩充学前教育资源，鼓励扶持普惠性幼儿园建设和发展。深入推进教育综合改革，加快城乡义务教育公办学校标准化建设，积极推行学区管理制，深入实施山区教育扶贫工程，促进义务教育优质均衡发展。普及高中阶段教育，推动普通高中教育优质化、特色化、多样化发展。整合中等职业教育资源，建设职教园区，通过工学结合、校企合作等模式，积极推进产教深度融合、中高职衔接、职普融通等改革，加快构建现代职业教育体系。推动高等教育内涵式发展，创新人才培养模式，提升服务地方经济社会发展的能力。鼓励社会力量和民间资本提供多样化教育服务，规范民办教育发展，支持特殊教育发展，办好继续教育。推进教育信息化，扩大优质教育资源覆盖面。积极推进教育对外交流与合作，提升教育国际化水平。加强教师队伍特别是乡村教师队伍建设，完善教师培养培训体系，推进城乡教师交流。完善家庭经济困难学生资助方式，逐步分类推进中等职业教育免除学杂费，率先从建档立卡的家庭经济困难学生中实施普通高中免除学杂费，实现家庭经济困难学生的资助全覆盖。

（四）实施健康石家庄工程。深化医药卫生体制改革，实行医疗、医保、医药“三医”联动，建立覆盖城乡的基本医疗卫生制度和现代医院管理制度。全面深化公立医院综合改革，完善法人治理结构。优化医疗资源配置，健全基层医疗卫生服务体系和运行机制，实行分级诊疗。完善基本药物制度，推进医药分开。鼓励社会资本办医或参与公立医院改制重组。积极推进“互联网＋医疗”服务模式。加强医疗质量监管，完善纠纷调解机制，构建和谐医患关系。加强重大疾病防控，实施出生缺陷干预工程，强化卫生监督，完善公共卫生服务体系。建立完善城乡居民大病、常年服药慢性病大额医疗救助制度，深化城乡居民大病保险制度。支持中医药事业发展，推进国家中医药发展综合改革试验市建设。加强爱国卫生工作，提高全民健康意识，倡导健康生活方式。发展体育事业，推广全民健身，增强人民体质。

（五）实施城乡居民收入提升工程。坚持居民收入增长和经济增长同步、劳动报酬提高和劳动生产率提高同步，持续增加城乡居民收入。健全科学的工资水平决定机制、正常增长机制、支付保障机制，完善最低工资增长机制，完善市场评价要素贡献并按贡献分配的机制。全面落实机关事业单位工资改革政策，改革津补贴制度。拓宽居民投资渠道，增加居民财产性收入。规范收入分配秩序，保护合法性收入，扩大中等收入者比重，提高中低收入群体收入水平。

（六）实施社保扩面提标工程。实施全民参保计划，基本实现法定人员全覆盖，稳步提高社保待遇和水平。推进机关事业单位养老保险制度改革，完善城镇职工和城乡居民基本养老保险制度，整合城乡居民医保政策和经办管理。完善筹资机制，强化征缴责任，划转部分国有资本充实社保基金。发展职业年金、企业年金、商业养老保险。健全住房保障和供应体系，改进保障方式，提高保障质量。逐步提高城乡低保补助标准，实施农村低保线和扶贫线“两线合一”。大力发展社会救助、社会福利和慈善事业，建立务实高效的防灾救灾体系。建立健全农村留守儿童和妇女、老人关爱服务体系。

（七）实施平安省会工程。深入推进立体化社会治安防控体系建设，推进“天网工程”全覆盖。推进智慧网格建设，加强基层服务管理。深化智慧交通建设，保障群众安全顺畅出行。严密防范、依法惩治各类违法犯罪活动，提高人民群众安全感。健全公共安全应急机制，做好突发公共事件应急处置工作。以群众工作统揽信访工作，着力打造阳光信访、责任信访、法治信访。落实重大决策社会稳定风险评估机制，健全多元化矛盾纠纷排查化解机制。严格落实安全生产责任和管理制度，强化企业的主体责任，推进安全生产隐患排查体系和安全生产标准化建设，加大监管执法力度，实现安全生产状况根本性好转。积极推进食品安全城市和食品药品安全县创建活动，深入开展食品药品安全排查整治，建立覆盖全市的食品药品监督平台和安全风险监测体系，加快食品药品可追溯制度建设，强化食用农产品安全源头治理和食品安全全过程监管，依法打击制假售假行为，确保群众饮食安全、用药放心。

（八）促进人口均衡发展。坚持计划生育基本国策，全面实施一对夫妇可生育两个孩子政策。坚持男女平等基本国策，保障妇女和未成年人权益。提高生殖健康、妇幼保健、托幼等公共服务水平。帮扶存在特殊困难的计划生育家庭。推进养老服务业健康发展，建设以居家为基础、社区为依托、机构为补充的多层次养老服务体系，推动医疗卫生和养老服务相结合；普遍建立养老服务补贴、高龄津贴和照护补贴“三大补贴”制度；全面放开养老市场，加大政策和资金扶持力度，通过补助投资、贷款贴息、运营补贴、购买服务、建立引导基金等方式，支持引导社会力量投资养老服务业。支持残疾人事业发展，健全扶残助残服务体系。

十、加强和改善党的领导，为实现“十三五”目标任务提供坚强保证

各级党委要认真落实全面从严治党责任，提高领导发展的能力和水平，完善领导经济社会发展的体制机制，广泛动员全社会力量，调动一切积极因素，推动我市经济社会又好又快发展。

（一）提高党委领导发展的能力和水平。坚持党总揽全局、协调各方，发挥各级党委（党组）领导核心作用，加强制度化建设，改进工作体制机制和方式方法，强化全委会决策和监督作用。完善党委研究经济社会发展战略、定期分析经济形势、研究重大方针政策的工作机制，落实决策咨询机制，提升依法依规推动发展的能力和水平。大兴学习之风，坚持党委理论学习中心组学习制度，搞好专题教育学习，加强理论武装，增强学习能力、决策能力、创新能力。强化基层党组织整体功能，夯实基层基础，加强乡镇党委书记、村党组织书记、农村致富带头人“三支队伍”建设。

（二）坚持以解放思想引领经济社会发展。坚持以习近平总书记系列重要讲话精神解放思想，准确把握精神实质，用讲话精神统一思想、凝聚共识、指导行动。围绕省委提出的“八破八立”解放思想，破除制约发展的思想障碍和体制机制障碍，把协同、创新、转型、协调、绿色、开放、共享发展理念转化为各级各部门的发展思路和工作举措。聚焦经济社会发展中的突出问题解放思想，推进路径创新、政策创新、措施创新、服务创新，对标先进，创先争优，在全市形成解放思想、抢抓机遇、奋发作为、协同发展的崭新局面，推动经济社会发展取得更大实效。

（三）强化法治的保障作用。加强党对法治工作的领导，全面推进法治石家庄建设。加强和改进地方立法工作，积极推动协同发展、绿色发展、社会治理、民生保障、深化改革等重点领域立法。积极推进法治政府建设，依法全面履行政府职能，实行机构、职能、权限、程序、责任法定化，健全依法决策机制，严格规范行政执法，全面推进政务公开，强化权力监督，深入推进行政审批制度改革，构建综合执法管理体制。稳妥推进司法体制改革，完善司法管理体制和司法权力运行机制，深化司法公开，推进司法为民、司法公正，提高司法公信力。完善行政执法与刑事司法衔接机制，促进依法行政。打造公平有序的营商环境，保障各类市场主体合法权益。打造良好的法治社会环境，健全法治宣传教育和贯彻落实工作机制，增强全民法治意识，提高党员干部特别是领导干部运用法治思维和法治方式深化改革、推动发展、化解矛盾、维护稳定等方面的能力。推进公共法律服务体系建设，扩大法律援助范围，加大政府购买法律服务力度。加强法治队伍建设。

（四）加强领导班子和干部队伍建设。优化领导班子知识结构和专

业结构，大力抓好年轻干部培养选拔，注重选拔发展型领导干部，着力打造发展型领导班子。树立正确用人导向，按照“五个重用、五个不用、五个调整”的要求，严把选人用人关，形成好干部脱颖而出、不在状态的干部没有市场的选人用人机制，保持风清气正的政治生态。改进完善干部考核评价体系和经济社会发展考核评价办法，强化绩效考核，鼓励褒奖业绩突出干部，发挥考核“指挥棒”作用。注重从基层和艰苦岗位选拔干部，提高和落实干部待遇，保护基层干部工作热情。教育引导党员干部践行“三严三实”要求，完善干部从严管理制度体系，引导干部不断改进作风，始终保持良好的精神状态，营造勇于担当、激情干事的浓厚氛围。

（五）凝聚全市人民团结奋斗的发展合力。各级党委要充分发挥政治引领和组织保障作用，支持人大、政府、政协、司法机关和工青妇等人民团体，依照法律和各自章程独立负责、协调一致地开展工作。密切同各民主党派、工商联和无党派人士的团结合作，巩固和发展最广泛的爱国统一战线，形成群策群力、共同奋斗的良好局面。要更好发挥新型智库的智力支撑作用，充分调动非公有制经济组织和新社会组织的积极性。贯彻党的群众路线，加强思想政治工作，提高宣传和组织群众能力，把全市人民的智慧和力量凝聚到推进省会改革发展上来。

（六）深入推进党风廉政建设和反腐败斗争。认真贯彻全面从严治党要求，严格落实党风廉政建设的主体责任和监督责任，增强党章意识，严守政治纪律和政治规矩，严格贯彻执行《中国共产党廉洁自律准则》和《中国共产党纪律处分条例》。严格落实中央“八项规定”精神，驰而不息纠正“四风”，着力解决怠政懒政、不作为乱作为等问题。坚持有腐必惩、有贪必肃，以最坚决的态度和最有效的措施减少存量、遏制增量，加大对群众身边的“四风”和腐败问题整治、查处力度。综合运用监督执纪“四种形态”，着力构建不敢腐、不能腐、不想腐的有效机制，使党员干部廉洁自律意识和拒腐防变能力显著增强。完善反腐协调机制，强化审计监督，形成推进党风廉政建设和反腐败斗争的整体合力，为经济社会发展营造风清气正的政治生态。

（七）确保“十三五”规划建议的目标任务落到实处。各级党委要把指导“十三五”规划编制实施作为重要责任，及时研究解决重大问题。各级政府要根据本建议制定“十三五”规划纲要和专项规划，设置明确反映协同、创新、转型、协调、绿色、开放、共享发展新理念的指标，增加政府履行职责的约束性指标，确保本建议确定的主要目标、重点任务和重大举措落到实处。

全市广大党员干部和全市人民，要紧密团结在以习近平同志为总书记的党中央周围，在省委、省政府的正确领导下，解放思想、抢抓机遇、奋发作为、协同发展，为加快转型升级、跨越赶超、建设幸福石家庄步伐，实现“十三五”规划目标任务，率先在全省全面建成小康社会而努力奋斗！

市委全会讲话

——2015年12月30日在中共石家庄市委第九届第七次全会上的讲话

中共河北省委常委、市委书记　孙瑞彬

这次市委全会，是在“十二五”规划全面完成、“十三五”规划即将开启的关键时刻，全面建成小康社会进入决胜阶段召开的一次重要会议。全会的主要任务是，深入学习贯彻习近平总书记系列重要讲话精神，全面落实党的十八届五中全会、中央经济工作会议、中央城市工作会议和省委八届十二次全会、全省经济工作会议精神，审议市委《关于制定石家庄市国民经济和社会发展第十三个五年规划的建议》，动员全市各级党组织和广大干部群众，解放思想，抢抓机遇，奋发作为，协同发展，进一步加快转型升级、跨越赶超、建设幸福石家庄步伐，努力开创我市明年和“十三五”经济社会发展新局面，为率先在全省全面建成小康社会而努力奋斗。下面，我代表市委常委会，讲几点意见。

一、深刻认识“十三五”面临的形势和任务，切实增强率先全面建成小康社会的责任感、使命感和紧迫感

到2020年全面建成小康社会，是党中央作出的重大战略部署，是党向人民、向历史作出的庄严承诺，也是石家庄1000万人民的共同心愿和热切期盼。“十三五”时期，与实现全面建成小康社会奋斗目标的时间节点高度契合。今后五年，全市各级党组织的工作任务归结起来，就是团结和带领全市人民，夺取全面建成小康社会决胜阶段的伟大胜利。实现这一奋斗目标，是我们这一代人的历史责任和光荣使命，既具有充分条件，也面临艰巨任务，各种挑战依然严峻复杂。我们必须认清形势、坚定信心，锐意进取、艰苦奋斗，务求率先在全省全面建成小康社会。这是全市人民的福祉所系，也是省会应有的政治担当。

即将过去的“十二五”时期，是我市发展历程中极不平凡的五年，是应对重大挑战、经受重大考验、取得重大成就的五年。

——*经济实力大幅跃升*。几年来，我们坚定不移地推进全市经济转型升级、跨越赶超，统筹稳增长、调结构、治污染，面对治理大气污染的巨大压力，经济发展没有失速，财政收入保持增长，就业和老百姓的收入稳步增加，主要经济指标好于全国、全省平均水平，综合经济实力上了一个大台阶。预计2015年全市地区生产总值达到5330亿元，“十二五”期间年均增长9.4%，在全省的占比由2010年的16.7%提高到了17.8%；全部财政收入和一般公共预算收入分别达770亿元和370亿元，双双实现翻番并重返全省第一，在全省的占比分别提高4.4和1.7个百分点；经济增长的质量也显著提高，财政收入占GDP的比重较2010年提高了3个百分点，规上工业利润占到了全省的1/3还多。

——*省会建设突飞猛进*。省会城市的功能、形象和品位显著提升，城市容貌发生了翻天覆地的变化，一座崭新的城市展现在了世人面前。来过石家庄的人都说这座城市变美了，大气了、洋气了，真的成了一个现代化大都市。特别是省会行政区划的调整、“一河两岸三组团”大格局的确立、大正定新区的谋划建设以及地铁工程的实施，极大地拓展了城市的发展空间，增强了城市的载体功能，为打造一流省会城市、加快向京津冀城市群“第三极”迈进创造了重要条件。

——*两个环境明显改善*。特别是在防治大气污染方面，我们进行了艰苦的探索和实践，找到了行之有效的办法，实现了大气质量的明显改善；洨河、汪洋沟以及滹沱河

的水污染问题也得到了有效治理，并成功创建了“国家森林城市”。发展环境也不断优化，市场主体和老百姓的满意度不断提升，创新创业氛围日渐浓厚。五年间企业总量增长 1.2 倍，占全省的近 1/4，一批重大项目落户我市。石家庄变得更加宜居宜业。

——**民生福祉持续提升**。特别是山区教育扶贫、110 综合警务站、大学生就业、计生特殊家庭帮扶等一批重大民生工程的实施，让老百姓得到了更多的实惠。老百姓的就业增加了，收入提高了，房子变大了，上学、看病的条件改善了，文明风尚更加浓厚了，日子过得更加舒心了，广大市民对这座城市的认同感、归属感和自豪感不断增强。自 2011 年以来，我市已连续六次入选全国幸福城市前 10 名。老百姓用“幸福”标注这座城市，是对市委、市政府和广大党员干部工作的最大认可和支持，也是我们继往开来、开创省会事业发展新局面最宝贵的条件和最坚实的依靠。

谋划“十三五”的发展，必须准确地把握大势，清醒认识我们所处的历史方位和发展阶段。置身国际国内大背景下审视石家庄的发展，我们面临着严峻的挑战。一是国际金融危机破坏了世界经济增长的动力，新的自主增长动力仍然没有形成，发达国家的高起点“再工业化”和发展中国家的加速工业化对我国形成了“双向挤压”，全球需求增长乏力，保护主义抬头，我们利用国际市场和资源的条件发生了深刻变化。二是国内经济进入了深度调整期，正处于“三期叠加”、新旧动力转换阶段，诸多矛盾交织，风险隐患增多，面临着能否跨越“中等收入陷阱”、成功迈向高收入国家行列的严峻考验。三是省内外兄弟城市的发展劲头都很足，区域竞争十分激烈，环境和资源约束越来越紧，进一步推动转型升级、跨越赶超的难度增大，需要付出超常的努力。

同时，“十三五”时期又是我们大有可为的重要战略机遇期。从国际看，世界形势总体有利于维护世界和平与发展大局，世界经济在深度调整中曲折复苏，我国发展的外部环境相对稳定。从国内看，经济长期向好的基本面没有改变，经济发展进入新常态，发展方式加快转变，经济结构不断优化，新旧动力加速转换，改革开放释放出新的发展活力，为我们实现新一轮又好又快发展创造了条件。国家实施“一带一路”等大战略，推进人民币加入 SDR 货币篮子等大动作，加强供给侧结构性改革等大决策，有利于我们进一步扩大开放、深化协作、配置资源、加快转型。只要我们用心研究，就能够从中找到可以利用的发展机遇。从区域看，习近平总书记亲自谋划并推动实施的京津冀协同发展战略，将促进区域生产力的重新布局。中央的规划和省委的实施意见对石家庄、对正定的发展都进行了布局，在一些重要领域赋予了我们先行先试的权力。这些都为我市加快发展提供了千载难逢的重大历史性机遇。我们可以顺势而为、乘势而上，推动省会实现跨越式发展，在较短时间内追上和赶超先进省会城市。从省内看，我市作为省会，具有独特的政治优势。特别是省委、省政府高度重视省会的建设发展，省委在《“十三五”规划建议》中明确提出，支持石家庄建成功能齐备的省会城市和京津冀城市群“第三极”，近期还要专门研究部署省会的建设发展问题。这些既是对石家庄的鞭策，更是对我们的支持。从我市看，经过“十二五”的发展，我们不仅具备了更加雄厚的物质基础，而且在区域协调发展、工业强市、产业转型、污染治理、民生改善以及优化发展环境等方面，探索形成了一系列符合省会实际、经过实践检验行之有效的重大战略举措。只要我们坚持久久为功、一以贯之地抓下去，必将有力推动省会又好又快发展。特别是党的十八大以来，经过党的群众路线教育实践活动和“三严三实”专题教育的洗礼，以及急难险重任务的锤炼，全市各级党组织和广大党员干部的凝聚力、战斗力实现了明显提升，这是我们适应新常态、完成新任务、实现新目标的根本保证。

“十二五”即将过去，“十三五”正在走来，我们已经站在了新的历史起点上！“十三五”时期，既是我们夺取全面建成小康社会决胜阶段伟大胜利的五年，也是石家庄发展历史上重大机遇最为集中的五年，是各种优势和潜力集中释放的黄金五年，是破解难题、补齐短板、跨越赶超、后来居上的关键五年。这五年，对我们石家庄来说，太重要了！时间稍纵即逝。全市各级党组织和广大党员干部，必须切实增强率先全面建成小康社会的责任感和紧迫感，自觉担当起这一光荣使命。只要我们坚持正确的发展理念，把握大势、抢抓机遇，解放思想、奋发作为，就一定能够开创省会经济社会发展的新局面！

“十三五”时期全市经济社会发展的指导思想是：全面贯彻党的十八大和十八届三中、四中、五中全会精神，以马克思列宁主义、毛泽东思想、邓小平理论、“三个代表”重要思想、科学发展观为指导，深入贯彻习近平总书记系列重要讲话精神，坚持中央“四个全面”的战略布局，坚持创新、协调、绿色、开放、共享的发展理念，全面落实省委八届十二次全会各项决策部署，抓住京津冀协同发展重大历史机遇，以提高发展质量和效益为中心，坚守发展、生态、民生三条底线，深入实施中东西三大区域协调发展战略，大力推进新型工业化、信息化、城镇化和农业现代化，全面深化改革，扩大对外开放，加快形成引领经济发展新常态的体制机制和发展方式，统筹推进经济建设、政治建设、文化建设、社会建设、生态文明建设和党的建设，加快转型升级、跨越赶超、建设幸福石家庄步伐，努力打造京津冀城市群“第三极”，确保率先在全省全面建成小康社会。

“十三五”时期全市经济社会发展的主要目标，概括起来就是：“两个前列”“两个翻番”“三个确保”。“两个前列”：全市综合经济实力位居全省前列，经济质量和效益位居全省前列。“两个翻番”：到2020年，生产总值比2010年翻一番以上，城乡居民人均可支配收入比2010年翻一番以上。“三个确保”：确保大气质量得到明显改善，确保京津冀城市群“第三极”作用凸显，确保率先在全省全面建成小康社会。

二、全面贯彻创新、协调、绿色、开放、共享的发展理念，努力开创“十三五”经济社会发展新局面

“十三五”期间，我们要率先在全省全面建成小康社会，这个任务十分艰巨。实现这个奋斗目标，是在国际国内环境发生深刻复杂变化，经济发展进入新常态，诸多矛盾叠加、风险隐患增多的大背景下进行的，需要破解的矛盾、应对的挑战很多，必须坚决贯彻中央提出的创新发展、协调发展、绿色发展、开放发展、共享发展五大理念，坚决按照省委要求，打破惯性思维和路径依赖，自觉以新的发展理念指导新的实践，推动新的发展，应对新的挑战，解决新的问题，加快形成适应经济发展新常态的经济发展方式，努力开创“十三五”发展的新局面。

中央提出的五大发展理念是管全局、管根本、管方向、管长远的，非常符合我市的实际，对我市当前和今后一个时期的经济社会发展具有很强的针对性和指导性。

——我们要坚决贯彻创新发展的理念，把创新摆在我市发展全局的核心位置，把创新作为引领发展的第一动力，把人才作为支撑发展的第一资源，以打造国家创新型城市和全面创新改革试验区为抓手，突出推进以科技创新为重点的各方面创新，努力形成以创新为引领和支撑的经济体系和发展模式，着力解决发展方式粗放问题，加快实现发展动力的转换，为转型升级、跨越赶超注入强大动力。

——我们要坚决贯彻协调发展的理念，正确处理好全市经济社会发展中的重大关系，统筹推进区域、城乡、经济和社会、物质文明和精神文明协调发展。特别是要高度重视、不断缩小城乡差距，一以贯之地实施中东西三大区域协调发展战略，加快县域的发展步伐，努力在补齐“短板”上取得突破性进展。

——我们要坚决贯彻绿色发展的理念，坚定走生产发展、生活富裕、生态良好的文明发展道路，坚守发展和生态底线，着力构建绿色低碳循环发展的产业体系，形成绿色的生产方式和生活方式，突出抓好大气和水污染治理，开展大规模的植树绿化，努力让石家庄青山常在、绿水长流、蓝天永驻。

——我们要坚决贯彻开放发展的理念，以国家实施京津冀协同发展和“一带一路”战略为契机，进一步解放思想、打开视野，坚持“引进来”和“走出去”并举，推进高水平双向开放，努力发展开放型经济，以扩大开放带动创新、推动改革、促进发展。

——我们要坚决贯彻共享发展的理念，坚持发展为了人民、发展依靠人民、发展成果由人民共享，注重机会公平，保障基本民生。特别是要加大扶贫开发攻坚力度，着力解决困难群众的生产生活问题，让全市人民在共享发展中有更多的获得感，在奔小康的路上一个县都不能掉队、一个家庭都不能少。

我们要坚决以这五大发展理念，以及中央和省委关于转方式、守底线、补短板、防风险的要求为遵循，牢牢把握省委确定的协同发

展、转型升级、又好又快工作主基调，结合我市的实际，谋划和推进“十三五”的工作，着力破解全面建成小康社会进程中面临的突出矛盾和问题，不断开拓发展的新境界。就全市而言，未来五年，我们要围绕决胜“十三五”，确保率先在全省全面建成小康社会，突出抓好以下重点工作。

（一）牢牢把握京津冀协同发展重大历史机遇，推动我市经济社会发展步入快车道。京津冀协同发展，是习近平总书记亲自谋划和推动的重大国家战略，是全省当前和今后一个时期工作的主基调之一。这一重大战略的实施，必将带来京津冀地区生产力布局的重大调整、基础设施的重大改善和公共服务的重大提升，为我市在“十三五”期间加速追赶步伐、实现跨越赶超提供了重大历史性机遇。这是石家庄在完成工业化、城市化之前最重要、最现实的机遇，是错过了后人就无法弥补的机遇。一代人有一代人的使命。我们这代人赶上了这个机遇，就要切实担当起这份历史责任。任何机遇都是有“窗口期”的，机不可失，失不再来。我们一定要切实增强抢抓机遇的紧迫感、使命感，牢固树立最后一班车意识，自觉把我市“十三五”的发展置于京津冀协同发展的大背景下来统筹、谋划和推动，各项工作都要早启动、快推进、高效率，立足于国家和省对石家庄的发展定位，主动依托京津，实施借力发展，推动我市经济社会发展水平实现快速提升。要把“大正定新区”建设作为我市参与京津冀协同发展的“一号工程”，坚持产城融合发展，全力申办国家级新区，加快综合保税区建设，做大做强石家庄（正定）中关村集成电路产业基地，努力将大正定新区打造成为承接北京非首都功能和京津产业转移的“主平台”，以及省会“十三五”建设发展的“主战场”，力争再造一个石家庄经济，使之成为省会乃至全省重要的经济增长极。要把改善交通条件作为推进协同发展的先行领域，统筹铁路、公路、航空等交通方式，加快推进石家庄对外大通道特别是与京津之间的互联互通建设，突出抓好京石城际铁路、石家庄至黄骅港、津石客专等铁路的谋划建设，加快推进太行山高速公路建设，尽快启动石津、石衡等高速公路建设，加快推进我市与京津的同城化步伐。要把积极承接京津产业转移特别是具备产业化条件的科技创新成果，作为推进协同发展的主攻方向，充分利用京津的人才优势、创新优势、产业优势、资金优势，加强与京津全方位、深层次的对接与合作，推进与京津共建跨区域合作园区和合作联盟，大力争取一批高科技项目到省会落地，引进一批创新成果到省会转化，吸引一批研发团队到省会创业，为推动我市产业转型升级增添动力和活力，努力在协同发展中增创省会发展新优势。

（二）聚焦发展第一要务，强力推进全市经济转型升级、跨越赶超。当前和今后一个时期，石家庄面临最大的问题仍是发展问题，面临的所有矛盾都是发展不足带来的矛盾。我们要决胜“十三五”，确保率先在全省全面建成小康社会，必须始终牢记发展是第一要务，强力推动全市经济转型升级、跨越赶超，努力把“蛋糕”做大做优，大幅提升省会的综合经济实力。一要深入实施“工业强市”战略，再造一个竞争力强大的石家庄工业。“十三五”时期，我市仍处于工业化加速发展的阶段，工业仍是带动全市经济快速发展的“第一引擎”，是推进我市实现现代化、过上小康生活的“船”和“桥”。我们必须继续高举“工业强市”大旗不动摇，大力实施《中国制造2025》，以产业转型升级为核心，全面提升我市工业的市场竞争力，努力打造工业强市。要大力推进供给侧结构性改革，把改造提升传统产业作为调结构、转方式、再造一个石家庄工业的紧迫任务，围绕打造“产业转型升级试验区”，深化拓展“对标”行动，加大技术改造力度，坚定有序地淘汰落后产能、压减过剩产能，促进工业化和信息化深度融合，实施好“互联网+”行动计划，推动传统产业高端化、智能化、精细化、绿色化。其中，对可以转、转得好的传统产业，要创造条件加快转型升级；对无法转、转不好的僵尸企业，要尽快淘汰退出，推动要素资源向优势企业、产业转移。要把发展壮大战略性新兴产业作为调结构、转方式、再造一个石家庄工业的主攻方向，立足省会实际，发挥比较优势，大力培育发展新一代信息技术、生物医药、先进装备制造、节能环保、新能源、新材料等高科技产业集群，推动工业向高精尖、集约型、外向型迈进，实现战略性新兴产业的倍增，努力构建现代高端的产业体系。要继续大力推进东部工业突破，把工业强市战略落实到园区、企业和项目上，加大对重点园区、重点企业和重点项目的扶持力度，下功夫打造一批强企名企，建设一批好项目、大项目。要为工业运行创造宽松的外部环境，切实解决企业面临的实际困难，千方百计为企业减轻负担，帮助企业降低成本，确保工业整体健康运行，为稳增长提供有力支撑。二要充分发挥省会优势，做大做强现代服务业。我市工业化、城市化的加速发展，对现代服务业产生了巨大需求，服务业已进入快速发展期，逐步成为支撑我市经济发展的重要力量。“十三五”期间，我们要把大力发展现代服务业作为调结构、转方式的重要抓手，并作为我市的主导产业来打造。要优先发展生产性服务业，推进云计算、大数据、物联网等信息技术与现代制造业相结合，大力发展互联网经济，加快发展现代物流、电子商务、工业研发设计、服务外包、金融服务、科技服务、文化创意等新兴业态，提升省会现代服务业的档次和水平。特别是要加快发展现代商贸物流业，建设一批具有全国影响力的特色物流园，努力打造国家级物流枢纽城市，全面提升石家庄华北重要商埠的优势地位。要适应人们不断增长的物质文化需求，积极引导和扩大消费，大力发展休闲购物、餐饮娱乐、养老服务、医疗保健、运动健康等便民利民的生活性服务业。要发挥我市的旅游资源优势，着眼于构建京津冀大旅游格局，高标准建设环省会、太行山旅游产业带，打造一批特色旅游品牌和精品旅游路线。三要大力加强“三农”工作，加快发展现代农业。要进一步加强“粮食生产核心区”建设，确保我市粮食安全。要坚持产出高效、产品安全、资源节约、环境友好的现代农业发展方向，以“全国现代农业示范区”建设为总抓手，优化农业区域布局，加快产业结构调整，转变农业发展方式，引导农村土地承包经营权有序流转，发展适度规模经营，大力培育新型农业经营主体，突出抓好现代农业园区建设，加快构建现代农业产业体系，努力打造农业强市，实现农业强、农村美、农民富。四要把项目作为经济工作的重中之重，大力培育形成一批新的经济增长点。要牢固树立抓项目就是抓发展的意识，把项目建设作为稳增长、调结构、转方式的重要抓手，研究政策导向，加强项目谋划，创新招商方式，设置招商门槛，实施项目攻坚，狠抓项目落地。要继续实行县（市、区）党政主要领导和园区负责人带头抓项目制度，力争一大批优质项目落户省会，不断提升项目建设的规模和质量，为“十三五”发展提供强有力的支撑。五要大力改善营商环境，吸引人才、项目、资金、成果加速向我市聚集。要把优化发展环境作为永不竣工的工程，以钢铁般的意志强力推进。要进一步简政放权，努力改进政务服务，提高办事效率。要规范基层执法行为，坚决整治吃拿卡要、不作为、慢作为、乱作为等突出问题，努力打造商务成本最低、办事最方便、服务最贴心、市场主体和老百姓最满意的，公平高效、充满活力、法治化的发展环境，使我市成为京津冀地区乃至全国最有吸引力的投资热土。

（三）加快推进省会城市建设，努力打造京津冀城市群“第三极”。 城市是经济活动的主要区域和载体，是各类要素资源和经济社会活动最集中的地方，处于转变经济发展方式的前沿，对周边区域具有重大的辐射带动作用，在很大程度上决定着一个地区的经济实力与发展质量。“十三五”期间，我们必须高度重视城市工作，尊重城市发展规律，加快推进城市建设，大力发展城市经济。要坚持以人为核心，认真贯彻“五个统筹”的要求，着眼于打造京津冀城市群“第三极”，加强对城市建设发展的顶层设计，进一步对标先进省会，查找自身差距，拿出赶超措施，力争在全国省会城市各项指标排名中争先进位，加快进入全国省会城市第一方阵。要坚持统筹推进城市规划建设、城市经济发展、城市管理服务，切实用好行政区划调整为省会发展创造的有利条件，按照“一河两岸三组团”的格局，坚持“多规合一”，修编完善城市总体规划，以高水平的规划引领城市的科学发展。要加大对中心城区改造提升的力度，控制开发强度，完善配套功能，提升形象品位，改善居住品质，留住城市历史印记，努力使老城区更加繁华宜居。要加快推进城市跨河发展，以申办国家级新区为动力，统筹推进正定古城保护、正定新区建设和综合保税区建设，加快大正定新区产业和人口聚集，将其打造成为最具发展活力、代表省会乃至河北形象的现代化新城区。要科学谋划三个组团区的功能定位，坚持走新型工业化和新型城镇化之路，加快组团区全域城镇化以及与中心城区同城化的步伐，统筹推进相应的体制机制改革，努力打造功能布局合理、产业支撑有力、宜居宜业、充满活力的省会都市圈。要按照适度超前的原则，抓好交通、水利、通讯、电力、能源等基础设施建设，特别是要加快推进国际会展中心、体育中心、图书馆、大剧院、青少年宫等大型功能性场馆和轨道交通、省会与周边县区快速通道等重大基础设施建设，推动宽带网络提速降费和无线局域网络免费全覆盖，进一步完善城市功能，提高承载能力，满足经济社会发展的新需求。要坚持建管并重，进一步对标先进，全面提升城市管理精细化、规范化水平，努力做到细致、精致、极致，将精之又精、细之又细的管理触角延伸到城市的每一个角落，让城市到处整洁有序、体现管理。要着眼于增强省会的龙头带动作用，大力发展城市经济，进一步加速“中部隆起”步伐。要重点培育发展高新技术产业、楼宇经济、总部经济、会展经济、商务聚集区，以及金融、通讯后台服务产业基地，建设一批城市综合体和特色商业街区，继续深化打造“夜经济”等服务业品牌，推动省会城市成为创新活动最活跃、先进要素最密集的地方，提高省会服务全省特别是冀中南地区经济社会发展的能力，努力把石家庄打造成为京津冀城市群“第三极”。

（四）大力推动全面深化改革开放，为省会发展注入强大动力和活力。破解制约省会又好又快发展的深层次矛盾和问题，根本出路在于全面深化改革。我们要以解放思想为先导，坚持问题导向，以“敢为天下先”的勇气，坚决打好全面深化改革攻坚战，切实抓好中央和省委各项改革举措的贯彻落实，积极推进重点领域和关键环节的改革，大力破解阻碍我市发展的各种障碍和束缚。要围绕推动京津冀协同发展，深化要素市场一体化改革、协同发展体制机制改革、公共服务一体化改革。要进一步转变政府职能，正确处理好政府与市场的关系，推进简政放权、放管结合、优化服务，深化审批制度改革，打破固化的利益格局，努力建设服务型政府。要扎实推进国有企业和国资体制改革、财税体制改革、金融体制改革、科技体制改革、生态文明体制改革、农村综合改革以及资源性产品价格等改革，解决好金融、土地等瓶颈问题。要把高新区、大正定新区、综合保税区作为全面深化改革的综合试验区，切实发挥先行先试的作用。开放也是改革。要充分利用京津冀协同发展、“一带一路”、发展自贸区等国家战略对扩大开放带来的利好，统筹推进对内对外开放，深入研究利用国际国内两个市场、两种资源推动省会发展的方式和渠道。要主动扩大对外交往，大力加强外宣工作，积极谋划举办一批国际性会展和对外文化交流活动，让更多国家和地区的人关注石家庄、认识石家庄、喜欢石家庄，不断提高石家庄在国内外的知名度、美誉度，吸引更多的国际资本和知名企业来石投资兴业，努力把石家庄打造成开放型的省会城市。要面向京津、面向全国、面向世界加大招才引智、招商引资力度，推动我市产业的结构优化和转型升级。要切实办好石家庄综合保税区，努力将其打造成我市对外开放的“桥头堡”，并积极争取将天津自贸区政策向我市延伸。要积极推进投资贸易便利化，大力提高外资外贸的规模和质量。要积极开展国际产能合作，鼓励钢铁、水泥、医药、纺织等传统优势产业到境外投资，努力开拓新的发展空间；鼓励优势企业境外上市，开展国际并购，在更大范围内优化资源配置，实现企业的低成本扩张，进一步拓展国际市场，实现与国际经济的融合发展。

（五）深入实施创新驱动发展战略，强化引领发展的第一动力。要适应和引领经济发展的新常态，必须依靠创新驱动，实施动力转换。“十三五”期间，要围绕打造全面创新改革试验区，大力实施创新驱动发展战略，推进以科技创新为中心的全面创新，推动经济发展从依靠要素驱动转换到依靠创新驱动的轨道上来。要充分发挥省会优势，对接国家和省的“十三五”规划，争取承担一批重大科技专项，建设一批重点实验室，实施一批重大科技项目，攻克一批共性关键技术，力争在一些领域达到国内外前沿水平。要充分发挥“京津冀产学研联盟”和石家庄科技大市场的作用，进一步完善运营机制，打造京津冀协同创新共同体和科技成果转化平台，充分依托京津的创新资源，提升我市的创新驱动能力。要强化企业创新主体地位，引导各种创新资源向企业聚集，鼓励企业加大研发投入，培育一批具有自主知识产权和核心竞争力的创新型领军企业。要积极营造大众创业、万众创新的浓厚社会氛围，大力培育众创、众包、众扶、众筹等新模式，搭建创新创业平台，提供优质孵化服务，打造一批低成本、便利化、全要素、开放式的众创空间，让创新创业在我市蔚然成风。要支持科技型中小企业加快发展，打造一批小巨人企业，使科技型中小企业成为我市经济转型升级、跨越赶超最具活力的动力源和增长点。创新驱动的本质是人才驱动。要大力加强创新人才队伍建设，特别是要把引进一批掌握重大科技成果和项目的国内外科技创新领军人才摆在突出位置，力促一大批国内外最新科技成果在我市落地转化。要大力破解影响创新驱动的瓶颈制约，进一步创新和完善鼓励支持创新创业的配套政策，加大金融对科技创新和成果转化的支持力度，切实解决好科技型中小企业融资难、用地难等突出问题，多做雪中送炭的工作，推动我市创新驱动发展实现新突破。

（六）加快推动县域经济增比进位，坚决补齐全面小康的短板。小康不小康，关键看老乡。县域经济不发达是我市全面建成小康社会的最大“短板”。全市各级各部门特别是各县（市、区）党委、政府，要切实增强为官一任、造福一方的责任感和时不我待、只争朝夕的紧迫感，坚决打好县域经济翻身仗，强力推动县域经济增比进位突破。要深入贯彻实施中东西三大区域协调发展战略，按照不同区域的功能定位，统筹谋划县域产业布局，规划建设一批主业突出、特色鲜明、聚集度高、竞争力强的产业园区，打造一批县域特色经济隆起带。各县（市、区）都要从本地实际出发，培育壮大各自的特色主导产业，抓一批立县好项目、大项目，强化县域产业支撑，做大做强县域经济，确保县域经济总量、公共财政预算收入、城乡居民收入等主要经济指标的增速高于全市、全省年均水平，努力争取全国百强县“零”的突破。要把县城建设作为打造新型城镇化与城乡统筹示范区的重要节点和加快县域经济发展的重要载体，走“小县大县城”的路子，深入开展县城建设三年攻坚行动，坚持规划引领、产城教融合，推动基础设施、产业聚集、人口规模、公共服务、生态环境迈上新台阶。要着眼于京津冀协同发展，努力把县城做出特色、做出品位、做出文化，更好地吸引和承接京津产业转移。要坚持小城镇大战略，因地制宜打造一批特色小城镇，有条件的地方要率先推进撤乡设镇和镇改街工作，稳步推进农村社区建设试点，加快新型城镇化步伐。要按照环境美、产业美、精神美、生态美的要求，把美丽乡村建设与发展现代农业、推进扶贫开发、搞好乡村旅游、加强生态建设结合起来，统筹规划、精心设计，因地制宜、分类指导，大力实施民居改造、饮水安全、厕所改造、垃圾处理、污水治理、村庄绿化等专项行动，并建立健全相应的长效机制，促进农村建设和发展水平全面提升。要加大对县域发展的考核力度，改进考核办法，科学设置权重，突出差异化，重点看变化。要加强对考核结果的运用，激励各县（市、区）争先进位，开创县域经济发展新局面。

（七）深入推进生态文明建设，努力打造美丽石家庄。良好的生态环境，是最公平的公共产品，是最普惠的民生福祉，是全面建成小康社会的题中之义。“十三五”时期，我们必须把生态文明建设摆在更加突出的位置，坚决打好打赢污染治理攻坚战，全面推进生态保护和修复，大力倡导和推行绿色生产生活方式，确保实现生态环境大改善。要突出抓好大气污染防治，坚持科学治污、精准治霾，一以贯之地落实好压煤、抑尘、控车、迁企、减排、增绿六大治污举措，严格执行空气质量奖惩办法和大气污染防治工作问责办法，加大环境执法监督力度，确保用三年时间退出大气质量全国排名倒十，到2020年实现大气质量根本性好转。要大力整治农村面源污染，推广使用绿色农业生产技术，推行生态化种植养殖，切实改善农村生态环境。要坚持多种树、兴水利、促转型，继续开展大规模的造林绿化活动，大力实施太行山生态绿化工程，重点发展经济林，力争用三年时间实现太行山宜林地带绿化全覆盖，努力构建西部山区生态屏障。要把水污染治理和水生态改善摆上重要议事日程，认真贯彻国务院《水污染防治行动计划》，采取有力行动，下大力气改善我市水生态环境，强化饮用水水源地保护，加强地下水超采治理工作，加大市域主要河流水污染治理力度，确保出境断面全部达标，实现水环境质量的明显改善。要着力抓好省会中心城区生态环境建设，完善提升环省会经济林带，推动城区园林绿化扩面增绿、上档升级，突出抓好滹沱河生态绿廊和龙泉湖公园等重大城市生态工程建设，努力打造生态园林城市。要大力调整优化能源结构，实行能源和水资源消耗、建设用地等总量和强度双控行动，积极推广清洁能源技术，加快清洁能源替代利用，推进“气化石家庄”等重点工程。要实行最严格的环境保护制度，深化环保管理体制改革，完善环保行政执法和刑事司法的联动机制，对破坏生态环境的违法犯罪行为，要坚决依法惩处。要切实抓好矿山治理、水土保护、水源涵养等工作，扎实推进山水林田湖生态修复工作，努力打造一个青山常在、绿水长流、蓝天永驻的美丽石家庄，为建设京津冀生态环境支撑区作贡献。

（八）切实保障和改善民生，努力增进全市老百姓的福祉。全面建成小康社会，最终要体现和落实到民生改善上。“十三五”时期，要切实加大民生投入，优化财政支出结构，确保民生支出逐年稳步增长，让全市人民得到更多实惠、看到更多变化，共享改革发展的成果。要努力增加居民收入，坚持居民收入增长和经济增长同步，使我市城乡居民收入水平与经济发展水平相适应。要全力办好民生实事，在就业创业、社会保障、教育文化、医疗卫生、健康养老、城乡救助、助残服务、保障房建设、棚户区改造等方面，实施一批民生工程，推出一批便民措施，一件接着一件办，一年接着一年干，给老百姓以更多的获得感。要继续深入推进山区教育扶贫、小学生免费托管服务、大学生就业、110综合警务站、计生特殊家庭关怀等重大民生工程，切实解决好老百姓最关心、最直接、最现实的利益问题，把好事实事办到老百姓心坎上。要在医疗卫生、教育文化等方面主动加强与京津的对接合作，大力提高我市公共服务和社会事业发展水平。要切实加强精神文明建设，大力弘扬社会主义核心价值观，组织实施“建设文明石家庄、做文明石家庄人”行动，大力提升市民文明素质，努力争创“全国文明城市”。要扎实推进文化惠民工程，加强公共文化设施建设，进一步完善面向基层、服务群众的公共文化服务体系，继续办好“燕赵讲坛”、“燕赵社区大讲堂”、“彩色周末”等文化品牌，推出更多符合时代要求、深受群众喜爱的文艺精品力作，大力培育发展文化产业，扩大群众文化消费，不断满足老百姓的精神文化需求，让老百姓的精神生活更加丰富多彩。平安是最大的民生。要大力推进平安省会建设，进一步创新社会治理方式，扎实做好群众工作，大力解决信访问题，加强社会治安防控体系建设，严厉打击各种违法犯罪活动，切实抓好安全生产、食品药品安全等公共安全，提高防灾减灾和应急能力，努力为全市的经济社会发展和老百姓安居乐业创造安全稳定的社会环境。全面建成小康社会必须消灭贫困。要大力实施脱贫攻坚工程，坚持精准扶贫、精准脱贫，因地制宜、分类施策，坚决把中央提出的“五个一批”落实到位，按照省委的统一安排部署，确保2018年4个贫困县脱贫摘帽，2020年全面完成精准脱贫任务，不让一县一乡一村在全面建成小康社会进程中“掉队”。

三、切实加强和改善党的领导，为实现“十三五”奋斗目标提供坚强保证

实现“十三五”的奋斗目标，率先在全省全面建成小康社会，关键在党。我们要认真贯彻习近平总书记全面从严治党的重大战略思想，大力加强党的建设，努力把各级党组织打造得更加坚强有力，不断提升领导经济社会发展的能力，更好地肩负起团结和带领全市人民夺取全面建成小康社会伟大胜利的光荣使命。

一要着力加强领导班子和干部队伍建设。各级领导班子是一个地方、一个部门的领导核心，对事业发展负有全面责任、起着关键作用。推动省会又好又快发展，必须把加强领导班子建设摆在党的建设的突出位置来抓。要着眼于省会事业发展的需要，进一步选好配强班子，切实把那些忠诚、干净、担当、实干的干部选出来、用起来，努力把各级领导班子打造成政治坚定、能力过硬、结构优化、团结和谐、作风优良、干事创业的坚强领导集体。特别是要选好配强各级“一把手”，让他们在重要领导岗位上发挥关键作用。要切实加强干部队伍建设，大力优化干部队伍的年龄、知识、专业结构，特别是要把培养选拔优秀年轻干部作为战略工程来抓，努力形成合理的梯次结构。对那些有潜力、有激情、有韧劲、有能力

的年轻干部，要敢于给他们压担子，放在基层和一线历练；表现优秀的要选拔到关键岗位，充实到县乡党政领导班子中，确保党的事业薪火相传、后继有人。要更加关心爱护基层干部，着力营造基层拴心留人的环境，进一步拓宽基层选人用人渠道，解决好他们面临的实际困难和问题，充分调动基层干部的工作积极性，夯实事业发展的根基，确保党的路线方针政策和各项决策部署真正在基层得到落实。

二要着力提升领导经济社会发展的能力。目前，经济发展已经进入新常态，诸多矛盾相互交织，新情况、新问题不断出现，这对我们各级党组织的领导能力和水平提出了严峻考验。各级领导班子和领导干部，要主动适应形势任务的新变化，注意加强学习、把握大势、研究政策，强化防风险意识，努力提高驾驭全局和应对复杂局面的能力。要坚持以习近平总书记系列重要讲话精神武装头脑、指导实践、推动工作，认真学习贯彻党中央、国务院和省委、省政府下发的一系列重要文件、作出的一系列重大决策部署，建立学习制度，努力深钻细研，结合我市实际，研究贯彻意见，确保中央和省委的决策部署落到实处。要坚持解放思想、与时俱进，以深入开展解放思想大讨论活动为契机，突出问题导向，坚持“八破八立”，着力解决在思想、作风上不适应的突出问题，大力提高利用市场机制和市场手段解决经济发展问题的能力，大力提高运用法治思维和法治方式化解矛盾纠纷的能力，大力提高通过改革的思路和创新的办法破解工作难题的能力。要切实增强法治意识，积极推进科学立法、严格执法、公正司法、全民守法进程，特别是要坚持依法行政，建设法治政府，全面提升依法治市的能力和水平。要大兴学习之风，坚持和完善中心组学习制度，定期开展专题学习，不断打开视野、更新观念，大力提高创新思维的能力和科学决策的水平。要加强调查研究，注意深入一线发现问题、培养典型，解剖麻雀、研究规律，以更好地指导和推动面上的工作。要有计划地组织外出参观学习，对标先进，为我所用，力争后来居上，不断开创我市工作的新局面。

三要着力营造干事创业的良好政治生态。政治路线确定后，干部就是决定的因素。事业的发展不但要选好干部，还要营造良好的政治生态。否则，好干部也可能发挥不了应有的作用，甚至还会出问题。面对今后五年的艰巨任务，我们必须坚决肃清周本顺的恶劣影响，大力营造风清气正、干事创业的良好政治生态。特别是要牢固树立正确的用人导向，认真贯彻习近平总书记提出的好干部“五条标准”，以及赵克志书记提出的“五个重用、五个不用、五个调整”要求，切实把那些政治上靠得住、工作上有本事、作风上过得硬的干部选拔上来、重用起来，把干部的注意力引导到干事创业上来。要切实保护干部干事创业的积极性，对想干的、能干的、干得好的要真正用起来，对不在状态、工作长期不见起色的要坚决予以调整。决不能干与不干、干多干少一个样。要推动干部能上能下，切实让干事的人有奔头、有舞台、有地位，让混事的人没有市场。要严厉整治用人上的不正之风，对那些整天头戴天线、跑官要官，不干实事、投机钻营的，要严肃批评和问责。

四要着力加强党的纪律建设。纪律严明是我们党的政治优势，是党的事业不断取得成功的重要保证。今后五年，我们肩负的任务十分艰巨，面临的形势也十分复杂。要实现既定的奋斗目标，必须坚持全面从严治党，加强党的纪律建设。各级党组织一定要担负起全面从严治党的主体责任，特别是各级党组织书记要履行好党建第一责任人的责任，从严抓班子、带队伍，做到真管真严、敢管敢严、长管长严。要始终把纪律和规矩挺在前面，特别是要把严守党的政治纪律和政治规矩摆在首位，坚决维护中央和省委的权威，坚决在思想上、政治上、行动上同以习近平同志为总书记的党中央保持高度一致，自觉地贯彻执行党的路线方针政策，做到贯彻落实中央和省委的决策部署最坚决、最迅速、最彻底，确保中央和省委、市委的政令畅通。对中央和省委、市委的决策部署，不能打折扣、搞变通，合意的就执行，不合意的就不执行，甚至妄议中央、阳奉阴违。要严格执行党的各项纪律，狠抓“两个责任”的落实，深入推进“廉洁石家庄”建设，以零容忍的态度严惩贪污腐败，努力打造干净干事的党员干部队伍。决不允许消极腐败问题腐蚀党的肌体，败坏党的形象，涣散党员斗志，削弱党的凝聚力、感召力和战斗力。要把深入开展“三严三实”专题教育，作为全面从严治党的重要抓手，并把开展专题教育与贯彻中央“八项规定”精神、坚持不懈地纠正“四风”紧密结合起来，坚持问题导向，着力查摆和解决存在的突出问题，推动党风政风持续好转，为实现“十三五”奋斗目标、率先在全省全面建成小康社会提供坚强保证。

为发挥市委常委班子在践行“三严三实”、转变工作作风方面的表率作用，前不久，市委常委会根据中央有关要求和省委常委十项公开承诺精神，研究制定了市委常委“约法八章”。即：不准妄议中央；不准信谣传谣；不准搞小圈子；不准欺骗组织；不准插手工程；不准干扰办案；不准干预用人；不准心浮气躁。对这“约法八章”，市委各常委要严格落实、严以律己，以上率下、作好表率。对此，欢迎广大干部群众和社会各界予以监督。同时，全市各级领导干部也要认真贯彻执行“约法八章”精神。我们要通过各级党组织和广大党员干部的共同努力，在全市营造风清气正、干事创业的良好政治生态。

昨天，习近平总书记当年在正定工作期间的重要思想论述《知之深 爱之切》一书，在中央办公厅和省委的关怀指导下，正式出版发行了。这是石家庄、河北省乃至全国人民政治生活中的一件大事。习近平总书记当年在正定这片土地上产生的重要思想、观点和论述，与党的十八大以来总书记治国理政的一系列新思想、新部署是一脉相承的，一以贯之地体现了总书记的为民情怀、务实作风和清廉本色，闪烁着马克思主义的真理光芒，是党的理论宝库的重要组成部分。认真学习好、领会好《知之深 爱之切》一书的思想精髓，对于我们进一步加深对习近平总书记系列重要讲话精神的理解和把握，深入贯彻落实“四个全面”重大战略布局，加快转型升级、跨越赶超、建设幸福石家庄步伐，确保率先在全省全面建成小康社会，具有很强的现实指导意义。全市各级党组织和广大党员干部要把学习贯彻《知之深 爱之切》一书作为一项重要政治任务，与学习贯彻习近平总书记系列重要讲话精神、扎实开展“三严三实”专题教育和解放思想大讨论有机结合起来，切实深学细研、学深悟透，用以武装头脑、指导实践、推动工作。要认真学习习近平总书记那种“知之深、爱之切”的为民情怀，“义无反顾、开拓前进”的改革精神，“真刀真枪干一场”的实干作风，“反对官衙作风、改进领导作风”的管党治党理念，“严于律己、以身作则”的自律意识，以此作为我们的精神动力和行动指南，推动省会事业实现又好又快发展。

实现“十三五”的奋斗目标，任务艰巨、使命光荣、责任重大。让我们紧密团结在以习近平同志为总书记的党中央周围，在省委的坚强领导下，认真贯彻落实中央和省委的各项决策部署，解放思想、坚定信心，抢抓机遇、奋发作为，进一步加快转型升级、跨越赶超、建设幸福石家庄步伐，为率先在全省全面建成小康社会而努力奋斗！

政府工作报告

——2016 年 1 月 19 日在石家庄市第十三届人民代表大会第五次会议上

石家庄市人民政府市长　邢国辉

各位代表：

现在，我代表市人民政府向大会作工作报告。从今年开始，我市将实施第十三个五年规划，根据市委九届七次全会精神，市政府制定了《石家庄市国民经济和社会发展第十三个五年规划纲要（草案）》。请各位代表连同《纲要（草案）》一并审议，并请市政协委员和列席会议的同志提出意见。

一、“十二五”时期工作回顾

“十二五”期间，面对错综复杂的国内外环境和艰巨繁重的改革发展任务，市政府在省委、省政府和市委的正确领导下，紧紧依靠全市人民，围绕转型升级、跨越赶超、建设幸福石家庄的总目标，深入实施中东西区域协调发展战略，全力以赴推进全市经济社会持续快速健康发展。特别是党的十八大以来，我们认真贯彻习近平总书记系列重要讲话精神，坚持稳中求进工作总基调，主动适应发展新常态，齐心协力，锐意进取，统筹推进稳增长、调结构、促改革、治污染、惠民生，较好地完成了“十二五”规划确定的主要目标任务，经济社会发展取得了新成就。

过去的五年，是经济持续快速增长，综合实力显著增强的五年。始终把加快发展作为第一要务，经济增长的质量和效益显著提升。预计 2015 年全市地区生产总值达到 5350 亿元，年均增长 9.4%，占全省比重由 2010 年的 16.7% 提高到 17.8%，人均生产总值达到 5 万元，比 2010 年增加 1.6 万元。全部财政收入达到 778.5 亿元，其中一般公共预算收入完成 375 亿元，年均分别增长 15%、18%，占全省的比重分别由 2010 年的 14.8%、12.4% 提高到 19.2%、14.1%。固定资产投资达到 5720 亿元，年均增长 19%。社会消费品零售总额达到 2680 亿元，年均增长 13.7%。

过去的五年，是结构调整力度不断加大，发展方式加快转变的五年。经济结构持续优化，三次产业比重由 2010 年的 10.9∶48.6∶40.5 调整到 9.4∶45∶45.6。生产力布局日益优化。中东西区域协调发展战略深入实施，中部服务业增加值占全市比重达到 71.5%，东部规模以上工业增加值占全市的比重达到 42%，西部绿色屏障功能日益增强。工业强市战略成效显著。预计 2015 年全市规模以上工业增加值完成 2117 亿元，年均增长 10.9%；利润达到 790 亿元，占全省的 36%，年均增长 13.8%。全市规模以上高新技术企业达到 413 家，增加值达到 329 亿元，年均增长 18.5%。五年新增市级以上工程技术研究中心、重点实验室、企业技术中心 338 家，连续 9 次被评为全国科技进步示范市。服务业实现快速发展。商贸设施不断完善，成功列入国家电子商务示范城市、城市共同配送体系等 10 个国家级试点，电子商务、商贸物流、金融服务、文化旅游等现代服务业发展迅速，预计 2015 年服务业增加值完成 2440 亿元，年均增长 10.5%。农业现代化步伐加快。粮食生产实现“十二连丰”，总产达到 505 万吨，蔬菜、林果、畜牧产业稳定发展，五年新增市级以上农业产业化龙头企业 118 家，农业产业化经营率达到 65.5%，成功入选国家现代农业示范区。

过去的五年，是城镇建设上水平出品位，新型城镇化加速推进的五年。顺利完成部分行政区划调整，城区面积由 469 平方千米扩展到 2206 平方千米，“一河两岸三组团”城市发展新格局初步形成。交通路网日臻完善。正定国际机场第二航站楼建成投用，京石武高铁全面运营，石济客专正式开工。西柏坡高速、京港澳高速改扩建、京昆高速石太北线和307国道、308国道、新赵线等改建工程顺利完成。全市公路通车总里程达1.8万千米，比2010年增加2624千米。城市功能显著提升。新客站投入运营，东广场及周边路网连接贯通。轨道交通1、3号线30千米路段实现“洞通”。新改建太行大街、新城大道、新胜利大街等83条市区道路。集中实施了一批供热、供水、供电、通信、地下管网改造等城市基础设施工程，城市承载能力明显提升。南水北调中线总干渠建成通水，配套工程建设扎实推进。正定新区建设步伐加快。累计完成投资198亿元，建成道路20条，“三纵三横”主路网框架基本形成，园博园、新区第一中学建成投用，特教学校、信息技术学校主体竣工，河北奥体中心、国际展览中心、综合商务中心等功能性设施加速推进。正定古城保护取得阶段性成效。城镇面貌明显改善。五年累计完成投资1365亿元，实施县城建设攻坚项目2160个。鹿泉、晋州、井陉、高邑、元氏荣获省人居环境进步奖，省级以上园林县城达到11个。深入开展美丽乡村建设，完成1213个省级重点村建设任务。全市常住人口城镇化率由2010年的50.8%提高到58%。

过去的五年，是改革开放向纵深推进，发展活力不断增强的五年。商事制度改革实现突破，“三证合一”“一照一码”制度全面实施，市场主体总量突破56万户，比2010年增加25万户。国有企业改革成效明显，完成68家国有企业改制，2015年22家监管企业营业收入达到293.9亿元，年均增长11.8%。财政体制改革进一步深化，绩效预算管理全面推开，“营改增”政策深入实施。投融资体制改革取得积极进展，2015年新增贷款规模达到986.8亿元，贷存比达到63.8%，全市在各类资本市场挂牌上市的企业达到112家，其中“十二五”期间新增90家。农村综合改革步伐加快，土地承包经营权确权登记颁证420.9万亩，供销社改革经验在全省推广。对外开放不断扩大，综合保税区通过省预验收，石洽会、冀商大会、通用航空展等展会影响力不断扩大。五年实际利用外资48.3亿美元，引进市外资金4800亿元，外贸进出口总值完成680亿美元，对外投资达到17.6亿美元。协同发展实现良好开局，京津冀产学研联盟正式成立，与京津合作项目达到158个，总投资2529.4亿元。

过去的五年，是生态建设取得显著成效，人民幸福指数不断提高的五年。始终把打造良好的生态环境和生活环境作为重大民生工程，努力增强人民群众的幸福感。生态环境质量持续改善。大气质量实现明显好转，优良天数从2013年的43天提高到180天，PM2.5浓度下降42.2%。累计压减燃煤998万吨、炼铁产能158万吨、炼钢产能160万吨、水泥产能1850万吨，提前三年完成水泥过剩产能压减任务，提前一年实现“十二五”总量减排目标，为京津冀区域空气质量改善，实现“APEC蓝”“阅兵蓝”作出了重要贡献。集中实施洨河、汪洋沟、磁河综合整治工程，主要河流出境断面水质基本达标。五年完成造林260万亩，森林覆盖率达到37.2%，荣获“国家森林城市”和“全国绿化模范城市”称号。民生保障水平明显提升。2015年各级财政用于民生的支出达到560.5亿元，占财政总支出的比重达到82.1%，比2010年提高20.2个百分点。城乡居民人均可支配收入分别达到28076元和11600元，年均增长10.1%和13%。五年累计解决287万农村人口饮水安全问题，实现22.7万扶贫对象稳定脱贫。社会保障体系不断完善。城镇职工基本养老保险和城镇基本医疗保险参保人数持续增加，连续十一年提高企业退休人员养老金待遇。养老服务业快速发展，千名老人拥有床位达到32张。五年开工安居工程16.7万套，全面完成保障性住房建设任务。城乡低保实现应保尽保。社会事业全面发展。教育事业均衡发展，22个县（市）区全部通过省义务教育基本均衡督导评估；山区教育扶贫经验在全国推广。文化事业日益繁荣，市县乡村四级公共文化服务网络更加健全。医药卫生体制改革任务圆满完成，在全省率先实现标准化村卫生室全覆盖。人口和计生工作全面加强，计生特殊家庭医养扶一体化服务保障机制更加健全。治安防控体系不断完善，社会大局和谐稳定。食品药品安全专项整治活动扎实推进，“党政同责、一岗双责”安全生产责任体系全面建立，安全生产形势持续好转，连续六次入选全国十大幸福城市。国防动员深入开展，组织举办抗战胜利70周年系列纪念活动，在荣获全国双拥模范城“七连冠”基础上，顺利通过了第八次考核验收。援藏援疆任务圆满完成。妇女儿童、民族宗教、外事侨务、残疾人、气象、档案、人防等各项事业都取得了新成就。

过去的五年，是政府职能加快转变，自身建设不断加强的五年。市县政府机构改革全面完成，行政管理体制改革深入推进，非行政许可审批和行政监管类别全部取消，行政审批事项五年减少79%。自觉接受市人大法律监督、政协民主监督和社会舆论监督，累计办理人大代表建议1864件、政协委员提案2957件，办结率均达100%。反腐倡廉力度不断加大，查处损害发展环境问题1637件，实施责任追究1949人，营造了风清气正、干事创业的良好氛围。

各位代表！回顾五年的改革发展历程，我们万众一心，开拓奋进，经受住了国际金融危机的巨大冲击，有效应对经济下行压力的严峻挑战，努力克服国内经济“三期叠加”的不利影响，取得了经济和社会事业发展新成就。这是省委、省政府和市委正确领导的结果，是全市广大干部群众共同奋斗的结果。在此，我代表市政府，向全市人民，向人大代表、政协委员，向各民主党派、工商联、人民团体和社会各界人士，向驻石解放军、武警官兵和政法干警，向中直、省直机关驻石单位，向关心支持石家庄发展的香港和澳门特别行政区同胞、台湾同胞、海外侨胞、国内外朋友，致以崇高的敬意和衷心的感谢！

在肯定成绩的同时，我们也清醒地认识到，我市经济社会发展中还存在一些突出矛盾和问题，主要是：经济发展的质量和效益还不高，经济增长动力仍处在转换之中，战略性新兴产业尚未形成有效支撑；创新驱动主动力不足，科技成果转化率较低；生态环境压力依然较大，资源环境约束加剧；省会辐射带动作用不强，在京津冀协同发展中的地位有待提升；县域经济整体实力不强，新型城镇化进程不快；民生改善任务繁重，基本公共服务保障能力和社会管理水平还需提高；干部队伍作风建设还需进一步加强，行政管理体制改革任务仍然艰巨，发展环境仍需进一步优化。我们一定高度重视这些问题，坚持问题导向，采取有力措施，切实加以解决。

二、“十三五”时期经济社会发展的战略任务

“十三五”时期，是我市率先全面建成小康社会的决胜阶段，是全面深化改革开放、积极融入京津冀协同发展的关键阶段，是转型升级、跨越赶超、建设幸福石家庄的加速阶段。展望“十三五”发展大势，世界经济在深度调整中缓慢复苏，新一轮科技革命和产业变革蓄势待发。我国经济步入增速更稳、结构更优、质量更好、效率更高的新常态，特别是国家实施京津冀协同发展战略，为我们承接北京非首都核心功能疏解和京津产业转移，打造京津冀城市群“第三极”提供了千载难逢的历史机遇。我市经过“十二五”的发展，经济基础更加雄厚，产业结构日趋优化，城市框架已经拉开，为实现新一轮又好又快发展奠定了坚实基础。尤其是省委、省政府高度关注省会的建设和发展，赵克志书记明确要求我们在贯彻“创新、协调、绿色、开放、共享”发展理念上走在全省前列，在发展战略性新兴产业上走在全省前列，在完善城市规划和城市功能，特别是加强大气污染治理，千方百计退出全国污染城市后十位上走在全省前列，在创建文明城市、文明行业、文明单位、争做文明市民上走在全省前列。张庆伟省长要求我们要在发展理念的转变方面形成共识，在推进供给侧结构性改革方面形成共识，在抢抓京津冀协同发展重大机遇方面形成共识。同时，省委、省政府将出台支持省会建设发展的重要意见，为我们率先全面建成小康社会提供了坚强保障。我们必须牢牢抓住机遇，再接再厉，乘势而上，奋力书写省会经济社会发展新篇章！

“十三五”时期我市经济社会发展的指导思想是：全面贯彻党的十八大和十八届三中、四中、五中全会精神，以马克思列宁主义、毛泽东思想、邓小平理论、“三个代表”重要思想、科学发展观为指导，深入贯彻习近平总书记系列重要讲话精神，坚持“四个全面”战略布局，坚持“创新、协调、绿色、开放、共享”的发展理念，抓住京津冀协同发展重大历史机遇，以提高经济发展质量和效益为中心，坚守发展、生态、民生三条底线，深入实施中东西三大区域协调发展战略，大力推进新型工业化、信息化、城镇化和农业现代化，全面深化改革，扩大对外开放，加快形成引领经济

发展新常态的体制机制和发展方式，统筹推进经济建设、政治建设、文化建设、社会建设、生态文明建设，加快转型升级、跨越赶超、建设幸福石家庄步伐，努力打造京津冀城市群“第三极”，确保率先在全省全面建成小康社会。

“十三五”时期我市经济社会发展的主要奋斗目标，概括起来就是“两个前列”“两个翻番”“三个确保”。“两个前列”：全市综合经济实力位居全省前列，经济质量和效益位居全省前列。“两个翻番”：到2020年，生产总值比2010年翻一番以上，城乡居民人均可支配收入比2010年翻一番以上。“三个确保”：确保大气质量得到明显改善，确保京津冀城市群“第三极”作用凸显，确保率先在全省全面建成小康社会。主要预期量化目标是：生产总值年均增长7.5%，一般公共预算收入年均增长8%以上，城乡居民人均可支配收入年均增长8%以上，按期完成国家和省下达的环境治理目标任务。

实现“十三五”发展目标，必须认识新常态、适应新常态、引领新常态，以习近平总书记提出的“十个更加注重”为基本遵循，把推进供给侧结构性改革作为适应和引领新常态的重大创新，提高供给体系质量和效率，提高投资有效性，提高全要素生产率；必须牢牢抓住发展第一要务不动摇，把握协同发展、转型升级、又好又快工作主基调，深入实施创新驱动发展战略，加快新动能成长和传统动能提升，努力实现更高质量、更有效率、更可持续的发展，全力实现七大战略任务新突破：

（一）全方位融入京津冀协同发展，在厚植省会发展优势上实现新突破。充分发挥冀中南功能拓展区的龙头带动作用，全力打造功能完备的现代省会城市和京津冀城市群“第三极”。构建一体化综合交通网络。积极推进京石邯城际铁路、津石铁路、石衡沧黄城际铁路和太行山高速、津石高速、石衡高速等国省干线建设，不断加密与北京、天津及周边地区互联互通的交通网络。推进绕城高速以内的高速公路实行开放式收费，不断完善主城区快速路体系。提升正定国际机场功能，全力打造京津冀区域航空物流枢纽中心。积极推进京津石综合交通运输信息共享平台建设，尽快实现京津冀区域内交通“一卡通”、客运“一票制”和货运“一单制”。构建功能明确的承接平台。把“大正定新区”建设作为参与京津冀协同发展的“一号工程”，全力申办国家级新区，主动承接公共服务、行政事业机构、企业总部、研发创新中心等非首都功能疏解和京津高端产业转移。统筹高新技术开发区、经济技术开发区等国家和省级产业园区，积极承接京津装备制造、电子信息、生物医药、轻工食品等产业转移。构建协同创新共同体。围绕石保廊全面创新改革试验区建设，积极与京津联合创建一批国家级协同创新中心、工程研究中心和重点实验室。充分发挥石家庄京津冀产学研联盟和科技大市场作用，支持企业与京津企业、高校和科研院所开展协同创新。主动参与设立京津冀产业结构调整、科技成果转化、扶贫开发等基金，努力形成优势互补、分工协作、创新共赢的发展格局。

（二）建设全面创新型城市，在推进发展动力转换上实现新突破。深入实施创新驱动发展战略，营造创新创业良好氛围，激发大众创业、万众创新的活力。坚持以科技创新引领发展。强化企业创新主体地位，全力打造一批创新型领军企业、培育一批高新技术企业、壮大一批科技型中小企业。大力推动重点领域技术创新，围绕高端产业开展重点创新，推动产业向中高端迈进。力争到2020年，研发投入占GDP的比重达到2.6%，全市科技型中小企业达到8000家，科技进步贡献率达到58%。坚持以体制创新驱动发展。加快完善技术创新市场导向机制，推动经济发展从依靠要素驱动转换到依靠创新驱动的轨道上来。健全以增加科技人员收入为核心的科技成果转化激励机制，整合科技创新资金，加强知识产权保护，促进科技成果加快转化。实施创业导师制度，整合行业专家、优秀企业家等各类人才资源，为创业创新主体提供培训和咨询服务。坚持以政策创新保障发展。大力实施高端专业技术人才引进和知识更新工程，建立与经济社会发展相适应的人才培养和引进支撑体系。健全普惠性扶持政策，支持社会资本、市场主体和各类开发区建设创新创业服务平台。到2020年，新建20家院士工作站、5个高技能人才培训基地，力争培养10万名各行各业高技能人才。

（三）建立新型现代产业体系，在调整优化产业结构上实现新突破。坚持信息化、高端化、服务化发展方向，积极落实“中国制造2025”和“互联网+”行动计划，加快形成一二三产业融合发展的新格局。着力壮大战略性新兴产业。大力提升生物医药产业、新一代信息技术产业、高端装备制造业发展水平，积极支持节能环保、新材料、新能源等新兴产业发展。每年滚动实施重点战略性新兴产业项目100项以上，到2020年高新技术产业增加值占全市规模以上工业增加值的比重达到22%以上。着力推进传统产业改造升级。制定工业转型升级和“互联网+制造业”实施计划，推进新一代信息技术与制造业深度融合。鼓励优势企业通过资本、技术等整合重组，实现集团化、集约化发展。力争到2020年，规模以上工业增加值年均增长6.5%以上，主营业务收入超100亿元企业达到10家。着力发展现代高端服务业。围绕金融服务、商务服务、现代物流、信息服务等八大重点领域，继续实施三年行动计划，着力建设现代流通体制，推动生产性服务业向专业化和价值链高端延伸，生活性服务业向精细化和高品质转变，商贸流通企业向信息化、标准化、集约化发展。力争到2020年，服务业增加值占生产总值的比重达到53%。着力提升农业现代化水平。进一步优化现代农业布局，支持中部县（区）大力发展都市休闲农业、西部山区县着力发展生态农业、东部平原县（市）开展农业产业化经营。积极培育新型农业经营主体，加强农业龙头企业建设，推进多种形式适度规模经营，不断提高农业组织化、标准化、品牌化和产业化水平。到2020年全市家庭农场发展到1500家以上，实体农民合作社达到4000家以上。

（四）优化城市空间发展格局，在促进区域平衡发展上实现新突破。积极推进国家新型城镇化综合试点城市建设，强化省会地位和作用，努力形成集现代城市、特色城镇、美丽乡村于一体的城乡统筹发展新格局。推进中东西区域协调发展。按照“一核一带两轴三区”市域空间结构，以产业结构调整和区域协调发展为重点，做大做强中部城市经济，加快发展东部工业经济，力促西部绿色工业、生态农业和旅游业发展，在全市域形成功能布局合理，城镇化、工业化与生态建设相协调的空间结构。推进组团式都市区建设。按照“一河两岸三组团”城市发展格局，以建设智慧城市、生态城市、海绵城市为抓手，划定城市边界，建设城市隔离带，加快主城区提档升级步伐，大力提升城市吸引力和竞争力。按照新的区划调整方案，积极推进组团一体化发展，加快城市交通、市政设施、城市管理同城化进程。实施城区排水管网综合改造，消除城市建成区黑臭水体。推进城乡一体化发展。加快建立农业转移人口市民化成本分担机制、多元化可持续的投融资机制，进一步优化行政区划和创新行政管理，综合推进体制机制改革创新，到2020年常住人口城镇化率达到63%，户籍人口城镇化率达到52%。深入实施县城建设攻坚行动，提升县城建设质量和水平，打造有历史记忆、地域特征、宜居宜业的美丽县城。实行县域经济增比进位考核，发展壮大县域特色产业，支持有条件的县（市）争创全国百强县。加快建设美丽乡村，全面改善农村生产生活条件，到2020年基本实现美丽乡村建设全覆盖。

（五）打造宜居绿色家园，在改善生态环境上实现新突破。牢固树立绿水青山就是金山银山的基本理念，坚定不移地走绿色低碳循环发展之路。持续推进大气污染防治。大力优化能源结构，不断提高清洁能源占能源消耗的比重。减少煤炭消费总量，到2020年原煤在一次能源消费中的比重下降到65%，洁净煤使用率达到90%以上。推进钢铁、水泥、电力、焦化、石化、制药等重点行业节能减排。实施企业搬迁升级改造工程，到“十三五”末高排放企业全部迁出主城区。确保到2018年大气质量退出全国重点监测城市后十位，到2020年实现大气质量明显好转。推进水环境综合整治。加大水源涵养和水污染防治力度，落实最严格的水资源管理制度，严控用水总量、用水效率和水功能区限制纳污“三条红线”。大力开展滹沱河等重点河流综合改造工程，加快恢复河流生态系统。加强南水北调配套工程建设，用足用好引江水。推进绿色石家庄工程建设。围绕巩固提升国家森林城市、国家园林城市建设水平，深入实施太行山绿化、沿河绿化、环省会绿化等生态建设工程，到2018年完成植树造林300万亩，实现太行山宜林地带绿化全覆盖，到2020年全市建成区绿地面积达到1万公顷，森林覆盖率达到42.2%以上。

（六）开创改革开放新局面，在

增强发展动力活力上实现新突破。 坚持把深化改革、扩大开放作为推动发展的强大引擎，更加注重市场在资源配置中的决定性作用，更加注重高水平双向开放。积极承担改革试点任务。坚持各领域改革开放向先进省市看齐，大力推进自贸区和京津改革开放经验在我市复制推广，争取中关村国家自主创新实验区和天津滨海新区政策向我市延伸。围绕建设新型城镇化与城乡统筹示范区、京津冀生态环境支撑区等，大胆创新，先行先试，创造可复制的经验做法。扎实推进重点领域改革。完善国有资产管理体制，实现经营性国有资产集中统一监管，分类推进国有企业改革，完善现代企业制度，发展混合所有制经济，建立覆盖全部国有企业的国有资本预算管理制度。深化财政体制改革，建立全面规范、公开透明的预算制度。加快金融体制改革，着力提高金融服务实体经济的效率，努力扩大直接融资比重。深化农村综合改革，积极探索农村集体资产股份权能改革，建立健全农村产权交易流转市场。深化商事登记制度改革，建立“双随机”抽查机制，构建事中事后监管新模式。全面提升开放层级和水平。积极营造法制化、国际化、便利化外商投资环境，毫不动摇地鼓励支持和引导非公有制经济发展，到2020年民营经济增加值占生产总值的比重达到75%以上。拓展“走出去”新路径，建立石家庄“一带一路”贸易商联盟和智库合作联盟，精准组织优势产能推介和项目对接。力争实际利用外资年均增长5%以上。

（七）全力增进民生福祉，在建设惠及全民的幸福省会上实现新突破。 着眼保基本、兜底线、促公平，补齐全面建成小康社会的短板，切实增强人民群众的获得感。坚定不移完成脱贫攻坚任务。把脱贫攻坚放在改善民生首要位置，加大财政投入，落实“六个精准”要求，实施“五个一批”行动计划，确保2018年前，赞皇、灵寿、行唐、平山4个贫困县全部摘帽，到2020年全面完成30.2万农村贫困人口脱贫任务。实施创业就业扶持工程。实行更加积极的就业政策、更加完善的创业扶持政策，多渠道开发就业岗位，建立起覆盖城乡的公共就业服务体系和城乡平等的就业制度。到2020年，全市城镇新增就业45万人，城镇登记失业率控制在4.5%以内。实施社会保障完善工程。推进健康石家庄建设，整合城镇居民基本医疗保险和新型农村合作医疗两项制度，建立统一的城乡居民基本医疗保险制度。推动医疗、医保、医药“三医联动”，逐步实现基本医保、大病保险、医疗救助、商业健康保险衔接配合，努力构建多层次医疗保障体系。逐步提高城乡社会救助标准，实行农村低保线与扶贫线“两线合一”。加快发展社会福利、慈善救济事业，推进居家养老、社区养老和机构养老协调发展，大幅增加养老服务设施。实施教育优先发展工程。提高学前教育普及水平，促进义务教育均衡发展，普及高中阶段教育，大力发展现代职业教育，推进高等教育内涵式发展。完善家庭困难学生资助体系，促进教育公平。到2020年学前三年毛入园率达到95%，九年义务教育巩固率达到99.9%。实施文化软实力提升工程。以提升城市文明程度和市民文明素质为主线，加强公共文化和体育基础设施建设，全面提高公共文化服务水平，争创全国文明城市。大力开展文化惠民活动，加大对农村、偏远山区等薄弱地区的文化设施建设的支持力度。培育壮大文化市场主体，鼓励社会资本进入文化产业，加强对外文化交流，打造优势文化品牌。到2020年，全市文化产业增加值占生产总值的比重超过5%。

各位代表！目标承载使命，任务考验担当。只要我们万众一心，苦干实干，就一定能够铸就发展新辉煌、率先实现全面小康！

三、2016年主要工作

今年是实施“十三五”规划的开局之年，做好全年工作必须以“五大发展理念”为引领，按照宏观政策要稳、产业政策要准、微观政策要活、改革政策要实、社会政策要托底的总体要求，战略上坚持稳中求进、战术上坚持全力攻坚，大力推进供给侧结构性改革，去产能、去库存、去杠杆、降成本、补短板，加快发展动能转换和质量效益提升，促进经济社会持续健康发展。主要预期目标是：地区生产总值增长7.5%左右，一般公共预算收入增长8%，服务业增加值增长10%，规模以上工业增加值增长6%，固定资产投资增长11%，社会消费品零售总额增长11%左右。城乡居民人均可支配收入均增长8%，居民消费价格指数控制在103以内。围绕实现上述目标，重点做好以下九项工作：

（一）以科技创新为主动力，推进全面创新型城市建设。深入实施创新驱动发展战略，激发全社会创新潜能和创业活力，使省会成为全省创新创业最活跃、先进要素最密集的城市。推进协同创新示范区建设。充分发挥环保产业发展研究院等6家产业研究院和石家庄京津冀产学研联盟的作用，与京津合作共建一批产业技术创新和科技成果孵化转化基地，年内力争建设1家国家级协同创新中心，2个协同创新平台。积极推动科技大市场与中国技术交易市场、北方技术交易市场等建立统一报价系统，全年来自京津的技术合同交易额增长10%以上。大力培育创新型领军企业。实施高新技术产业倍增和科技型中小企业成长计划，重点支持20家创新型领军企业开展关键技术攻关，集中实施110项重大科技专项，研发推出省级以上新技术、新产品120项。加大政策扶持力度，设立2亿元市级融资支持资金，力促科技型中小企业做大做强，年内新增科技型中小企业600家、科技小巨人企业230家，新认定高新技术企业50家。努力打造高端创新平台。重点抓好东旭集团平板显示玻璃技术工程实验室、以岭药业创新中药重点实验室等重大创新平台建设，全年新建市级以上重点（工程）实验室、工程（技术）研究中心、企业技术中心30家。着力推进中关村创业大街、北大科技园、腾讯众创空间等创新创业载体建设，年内全市各类孵化载体达到50家以上，孵化器面积达到200万平方米、在孵企业达到1500家。激发大众创业万众创新。大力支持人选国家“千人计划”“长江学者”等人才带项目来我市创业。鼓励发展众创、众包、众扶、众筹创新模式，建成一个服务功能完善的创新创业园，规范化、标准化众创空间达到10家以上，新认定科技领军人才15名，新增创新创业团队200个、创客1600名。优化人才政策，着力解决中低端人力资源同质化、高端和复合型人才不足问题。鼓励设立科技支行、科技担保、科技保险等专营服务机构，新增创投基金2家以上。

（二）以重点领域率先突破为发力点，深度融入京津冀协同发展。立足国家和省赋予的功能定位，推动京津冀协同发展战略在我市全面落实。申报建设国家级正定新区。以构建京津冀协同发展重要支撑区为目标，加大国家级正定新区的申报力度，力争早日获批。加快综合保税区建设，全面完成口岸设施、综合服务中心、信息化系统等设施建设，确保顺利通过封关验收。着力推动交通互联互通。启动京石邯城际铁路前期工作，加快南绕城高速建设，确保2017年建成通车。积极采取PPP模式，同时争取国家政策支持，力争平赞、西阜、津石、石衡高速早日开工建设，实现县县通高速、县县通一级公路目标。加大产业项目引进力度。启动总投资50亿元的北大科技城项目，以此为载体，建设功能完善、体系健全、京津资源聚集的科技创新基地。加大新兴产业对接合作力度，全年落地京津冀协同发展项目达到50项，力促大唐电信、翼辰铁科等一批合作项目竣工投产。

（三）以工业经济转型升级为主攻方向，推动产业向中高端迈进。推进工业强市战略向纵深发展，促进新兴产业加速壮大，全面提升工业经济质量和效益。加快提升现代医药产业。依托重点园区、龙头企业，积极推进企业向园区集聚，集中实施石药抗肿瘤系列新药产业化、常山生化生物原料药生产基地等总投资167亿元的25个重大项目，重点发展新型高端制剂、现代生物技术和现代中药，加快原料药绿色化、制剂高端化、中药国际化步伐。培育壮大新一代信息产业。依托中电科、四方通信等骨干企业，大力推进北斗卫星导航、有源光缆、LED光电产业化等总投资196亿元的21个重大项目建设，促进新一代电子信息产业加快发展，全面提升信息产业的规模和比重。积极培育大数据、云计算、物联网等新兴产业，构建石家庄大数据云平台，着力打造大数据全产业链。改造提升先进装备制造业。依托中航通飞、中车石家庄公司、格力电器等优势企业，实施中航通飞产业基地等总投资103亿元的14个重大项目，壮大城市轨道交通装备、通用航空特种装备、智能农业机械、家用服务机器人产业，提升高端装备能级水平。加快发展节能环保产业。重点支持中博、中车等新能源汽车加快发展，提高公交车、公务用车、私人用车中新能源汽车比例。鼓励节能环保等新兴产业发展，支持益生环保、英凯再生资源综合利用等重点企业做大做强，抓好井陉太科太阳能发电、柏森生物质燃料等新能源项目建设。推进传统产业转型升级。积极开展精准对标，把对标行动向县域产业集群延伸。围绕做优做强食品、纺织、石化等传统优势产业，滚动实施君乐宝乳业婴幼儿配方奶粉建设、常山集团新型纺织品开发等重点技改项目200项，技改投资增长10%以上。推进工业化与信息化深度融合，年内新培育省级“两化融合”重点企业10家以上。加大对实体经济的帮扶力度。开展降低实体经济企业成本行动，最大程度降低制度性交易成本、人工成本、企业税费负担、社会保险费、财务成本、电力价格、物流成本。设立中小微企业发展基金，鼓励企业发行债券、短期融资债券，努力拓展企业融资渠道。帮助规模以下企业提档升级，年内新增规模以上工业企业100家。通过资产重组、产权转让、关闭破产等方式，加快推进“僵尸企业”退出市场。鼓励民间资本进入更多领域，推动民营企业科技创新、调整结构、培树品牌，激发民营经济的活力和创造力。

（四）以发展现代服务业为龙头，力促城市经济上台阶。继续实施服务业重点领域三年行动计划，力争在拓展服务业领域、扩大服务业规模、提高服务业比重等方面取得突破性进展。做强金融服务业。精准做好银企对接工作，建立实体经济与金融机构常态化沟通机制，全市新增贷款规模继续保持全省领先。加强企业上市辅导培育，确保新增各类上市企业30家以上。加快设立石家庄农村商业银行，推进县级联社改制为农村商业银行。积极引导保险机构投资我市经济社会建设。提升现代物流业。以建设国家物流枢纽城市、城市共同配送国家试点为抓手，全力推进深国际、卓新物流、冀中南智能物流港、环城国际汽车物流园等18个重点项目建设，确保神威医药物流园一期等项目竣工投用。拓展信息服务业。提升信息服务基础设施水平，加快云计算产业园建设，积极培育大数据产业。加快建设“商务云＋中国梦网”平台，支持北国如意购物网、慧聪大宗商品交易中心等电商平台扩大交易规模。推动4G网络向农村延伸，抓好正定、行唐等国家级电子商务进农村综合示范县建设，年内实现农村电子商务全覆盖。全年电商交易额达到2500亿元以上。大力发展会展业。加快国际展览中心建设，按照每半月举办一次大型会展、每季度举办一次国际性会展的目标，不断提升石洽会、旅交会、药博会、动博会等传统展会水平，举办好第二届中华健康节、“爱飞客”飞行大会等新兴展会，吸引更多国内外人士了解石家庄、投资石家庄。优化休闲旅游业。以打造环省会、西部山区旅游产业带为重点，加快精品景点、农家乐、旅游交通标识等基础设施建设，整合旅游资源，推出一批适合市民节假日“下乡进山”的精品线路。支持中山国遗址公园开发保护，打造古文化旅游品牌。落实带薪休假制度，鼓励错峰休假，有效促进旅游消费，力争全年实现旅游业总收入585亿元，同比增长15%。壮大文化教育体育产业。以发展职教培训为重点，整合职业教育资源，加快职教园区建设，推进产教深度融合、“中高专本”衔接融通。以做大做强影视制作、动漫游戏、出版发行等为目标，培育壮大市场主体，努力繁荣文化市场。加快体育基础设施建设，组织好“中超”主场比赛，争办全国性、国际性赛事，带动全市体育产业快速发展。加快发展健康养老业。全面放开养老市场，鼓励社会资本投资养老服务业。大力发展“医养结合”养老服务，支持中节能健康城、富力疗养度假中心、绿城养老养生园等重点项目建设，发展“全链式”健康养老服务业。提档升级传统服务业。支持北国、勒泰、万达等大型商贸零售企业加快转型发展，利用新型商业模式改造提升新华集贸、南三条等大型批发市场。高标准建设商贸流通服务设施，重点抓好华润万象综合体、北人集团奥特莱斯等大型商贸综合体项目。

（五）以“三农”工作为重中之重，加快县域小康建设步伐。构建现代新型农业产业体系，补齐县域经济发展短板，推动农业强、农村美、农民富。加快发展现代农业。围绕国家现代农业示范区建设，继续抓好50个小麦、48个玉米万亩高产示范片建设，粮食总产稳定在440万吨。发展壮大畜牧、蔬菜、林果三大优势产业，着力做大做强君乐宝、三元、双鸽3个省级畜牧业链条经济，新建30个市级蔬菜标准园、15个现代果品示范区。积极推广“葫芦峪”模式，建成13个市级以上现代农业园区。积极培育各类农业新型经营主体，推进适度规模经营，规范农村专业合作社注册管理，新发展家庭农场220家，实体农民合作社300家。大力发展县域经济。继续实施县（市）区党政一把手引进5亿元、10亿元以上项目责任制，加快引进和落地一批强县立县的大项目、好项目。支持晋州纺织、赵县生物制药、无极皮革等产业集群扩大规模、规范发展，力争主营业务收入超50亿元的产业集群达到20家。加大对县域发展的考核力度，改进考核办法，科学设置权重，激励各县（市）区争先进位，开创县域经济发展新局面。推进美丽乡村建设。以“四美五改”为重点，完成406个重点村建设任务，重点打造鹿泉抱犊寨、栾城三苏都市农业游两个省级片区，持续推进平山西柏坡、正定古城片区和京石高铁沿线美丽乡村示范线建设，其他县（市）区各建设一个示范片。着力抓好10个以上中心村、10个以上旅游村建设。完善农村基础设施，改造县乡公路400千米，新增变电容量169万千伏安，新建输电线路236千米。努力增加农民收入。推进农民工市民化，鼓励有稳定就业和收入的农业人口进城落户，让新市民共享城市公共服务。完善农产品价格保护和农业补贴政策，健全农村征地补偿制度，不断提高补偿标准，增加农民土地增值收益。努力拓宽农民增收渠道，确保农民收入增幅高于全市居民平均水平。加大脱贫攻坚力度。以四个国家级贫困县为重点，完善市县乡脱贫责任制，建立年度脱贫攻坚报告和督查问责机制。加强贫困地区交通、水利、电力、信息等基础设施建设，支持每个贫困县打造一个现代农业产业园区，培育设施蔬菜、优质林果、特色养殖和手工业等脱贫产业。支持贫困地区农民工返乡创业，每个贫困县至少建立一个返乡创业园。深入实施山区教育扶贫工程，改善贫困地区办学条件和教育质量，确保贫困家庭劳动力至少掌握一门致富技能。加大政策脱贫力度，将贫困人口全部纳入重特大疾病救助范围，把完全或部分丧失劳动能力的贫困人口全部纳入农村低保；引导资金、土地、人才、技术等要素向贫困地区聚集，支持贫困县重点项目建设。推进易地搬迁安置，完善搬迁后续扶持政策，改善搬迁群众生产生活条件，年内确保完成6.2万贫困人口稳定脱贫。

（六）以做强做美省会、做大做优县城为目标，加快新型城镇化步伐。抓住省委、省政府出台支持省会建设发展实施意见的重大机遇，修编石家庄市城市总体规划，集中实施一批重大城建项目，完善省会功能，拓展发展空间，提高城市品位。完善交通路网体系。启动石济客专火车东站及广场建设，确保2017年“五一”前竣工。抓好南二环东延西拓、和平路高架西延、裕华路西延、107国道、307辅线改造工程，确保年底前建成通车。按照一级公路标准，启动衡井线、新赵线、338国道、234国道新改建工程，形成省会新的绕城公路。加快轨道交通建设，确保1号线一期和3号线一期工程首开段年底前达到联调联试和工程验收条件，开工建设2号线一期和1、3号线一期两边段工程。加快推进槐安路与友谊大街匝道、槐安路东二环立交桥工程，建设华南路、明珠街等20条支路，完善新火车站区域路网。加快公交都市建设步伐，启动体育大街快速公交BRT2线建设，新建改造30座港湾式公交停靠站。提升城市载体功能。高标准抓好中山路综合改造，打造具有省会特色的繁华大道。出台供热规划，理顺供热管理体制，抓好电厂余热入市工程建设，新增市区供热面积1400万平方米。启动滹沱河市区段16千米生态景观建设工程，对河流两侧2700万平方米范围实施高水平绿化美化。推进龙泉湖公园、滹沱河滨水公园、体育公园等5个公园建设，打造省会最具规模的风景区。加强城市地下管廊建设，推进城市雨污分流工程，抓好黑臭水体治理工作。积极推进海绵城市建设，新开工项目全部按照海绵城市要求实施。大力发展节能建筑，启动1个超低能耗被动式建筑试点，完成20万平方米既有建筑节能改造。加大老旧小区基础设施改造提升力度，完成387个老旧小区改造任务，解决100个老旧小区无物业管理和100个老旧小区3层以上吃水难问题。强力推进正定新区建设。把滹沱河北岸作为省会建设主战场，集中谋划实施41个、总投资431亿元的基础设施和功能性项目。加快启动图书馆、规划馆、青少年宫等5大场馆建设，力促碧水源集团河北总部、省二院分院、宝能医院等项目上半年开工，奥体中心年底竣工投用。加强正定古城保护，按期完成古城墙修复、阳和楼、南关村综合改造等重点工程，努力使正定古城成为一颗展示省会厚重历史文化的璀璨明珠。实施智慧城市建设工程。重点推进城市运营中心和云计算数据中心、智慧城市时空信息云平台建设，以及公共安全、智慧网格、智慧政务、智慧交通、智慧医疗等5项智慧应用项目，提升城市现代化管理水平。实施公共场所免费Wi-Fi服务工程，二环路以内和正定新区主要公共场所实现全覆盖。深入推进“以克论净”城市保洁模式，开展占道经营、门前三包、渣土治理、楼宇天线和露天炭火烧烤等五个专项行动，提升市区精细化管理水平。强力推进市区交通拥堵治理，通过实施堵点改造、完善道路配套设施、优化交通组织等综合措施，力争市区道路拥堵问题得到有效缓解。规范停车场管理，增加停车位数量，对市区公共停车场实现“六统一”管理和“智慧泊车”。加速县城扩容提质。深入实施县城建设三年攻坚行动，完善县城规划体系，推进经济社会发展规划、城乡建设规划、土地利用规划等“多规合一”。加快基础设施建设，力争年内所有县城实现集中供水、集中供热或清洁能源供热、污水垃圾达标处理。大力提升县城环境容貌，加快迎宾景观大道、标志性街道、特色街区、精品建筑的改造提升。支持晋州、高邑争创省级新型城镇化试点，支持晋州、正定申报国家级园林县城，支持行唐、灵寿、赵县、无极争创省级园林县城。坚持小城镇大战略，重点培育一批工业型、旅游型、历史文化型专业特色城镇，提升城镇集聚人口和产业的能力。

（七）以深化改革扩大开放为引领，增强经济发展活力。积极跟进落实中央、省出台的重点改革举措，提升改革开放的深度和广度，构建开放型经济新体制。更大力度推进重点领域改革。深化人事制度改革，在高新区实行全员岗位聘用管理制度。深化商事制度改革，全面推行“电子营业执照”，加强事中事后监管，完善社会信用体系。积极推进国有企业混合所有制改革，抓好股权激励和员工持股试点，力争完成保安服务公司等3家企业改制工作。深化财政金融体制改革，全面完成“营改增”改革，完善以绩效预算为引领的预算管理制度。大力推广PPP融资模式，积极引进社会资本参与城市基础设施建设。按照省要求，上半年提早完成公务用车制度改革。深化农村综合改革，重点抓好农村土地承包经营权确权登记颁证工作，力争确权登记面积达到80%以上。深化供销社综合改革，健全农村综合服务体系。更大力度推进双向开放。实施精准招商、以商招商、中介招商、集群招商，精心办好石洽会等系列招商引资活动，努力提高招商项目落地率。支持钢铁、水泥、机械装备、轻工纺织等产业开展国际产能合作，力争新增境外投资企业10家以上。全年实际利用外资增长6%。更大力度加快开发区建设。把开发区作为推进转型升级、开放发展的主战场，对全市25个省级开发区的经济发展、基础建设、生态环保等6项内容实施分类评价，建立有进有出的动态管理机制，对排名领先的开发区在建设用地指标、评先评优上给予奖励。大力实施品牌带动战略，创建具有地域特点、产业特色、开放特征的品牌园区，力争10个以上园区列入省级新型工业化示范基地。更大力度稳定对外贸易。着力抓好8个省级以上出口基地建设，大力培育出口品牌，鼓励企业开展境外商标注册、出口和宣传推广，努力扩大具有自主知识产权、科技含量高的产品出口规模。支持企业扩大先进技术装备、关键零部件以及重要原材料进口，全年外贸出口总值增长6%。

（八）以提高环境质量为核心，全面抓好生态保护和修复。坚持源头防控、终端管控、严格执法，持续推进生态环境治理。全力改善大气环境质量。制定三年退出全国大气质量重点监测城市后十位时间表、路线图。强力推进“压煤、抑尘、控车、减排、迁企、增绿”六大措施，开展散煤、焦化行业、露天矿山、道路车辆污染整治四大专项行动，对重点行业和20蒸吨以上燃煤锅炉安装自动监控设施，年内净削减煤炭50万吨；开展工业挥发性有机物治理，重点行业治理项目完成率达到80%；加大中心城区工业企业搬迁力度，推进常山纺织、欧意药业、中诺药业等企业搬迁，确保空气质量明显好于上年。加强水环境综合整治。实施滹沱河下游污染综合治理和洨河、汪洋沟水质提升工程，启动岗南、黄壁庄饮用水源地一级保护区隔离围挡工程，确保饮用水安全。加快南水北调配套工程建设，17座县级水厂全部投用，市区东北水厂、良村开发区水厂具备通水能力。抓好地下水超采综合治理试点市建设，编制地下水超采综合治理中长期规划，新增农业压采地下水能力8300万立方米。实施西北污水处理厂升级改造工程，确保出厂水质达到一级A标准。深入实施生态修复工程。重点抓好太行山生态绿化、矿山绿化、过境河流两岸造林、东部特色经济林等造林绿化项目，完成太行山区人工造林60万亩，封山育林120万亩，平原植树造林10万亩，全市森林覆盖率达到38.5%。加强山水林田湖综合治理，制定土壤污染防治计划，稳步有序治理农业面源污染。完善西部生态区域补偿机制，打造生态、富裕、和谐的西部生态区。加强环境保护监督管理。完善与财政挂钩的空气质量考核奖惩制度，以环保网格化管理、行政处罚、排污收费、信息公开为手段，突出重点区域、重点企业环境监管。严格落实生态环境督办问责制度，开展生态环境、自然资源责任审计。对排污企业实行在线监测，依法严厉打击环境违法行为。

（九）以增强人民群众幸福感为根本，着力保障和改善民生。坚持守住底线、突出重点、加大投入，让人民群众过上更加幸福美好的生活。努力扩大就业再就业。认真落实推进“双创”政策措施，实施更加积极的就业创业政策，鼓励科技人才、高校毕业生、退役军人自主创业，以创业带动就业，全年城镇新增就业9.52万人。完善社会保障体系。推进城镇职工和居民基本医疗保险异地就医直接结算，城镇职工参加基本养老保险人数达到217.5万人、城镇职工和居民基本医疗保险参保人数达到284万人。开工建设棚户区改造安置住房2.3万套，农村危房改造3500户。新建社区综合养老服务中心10家，新增护理型养老床位1000张。开展特殊群体帮扶工程，切实落实好计划生育特殊家庭医养扶一体化、困难残疾人生活补贴和重度残疾人护理补贴等帮扶政策。提高医疗保障水平。巩固完善基本药物制度，全面提升基层医疗机构服务能力，探索建立分级诊疗模式。推进“国家中医药综合改革试验市”工作，重点抓好50所中医药特色乡镇卫生院建设。进一步提高新农合保障水平，新农合参合率达到95%以上。实施全面两孩政策，促进人口长期均衡发展。优先发展教育事业。深入实施学前教育第二期行动计划，创办30所普惠性幼儿园。创新小学生免费托管服务方式，在主城区40所小学实现托管服务。抓好国家中小学综合质量评价、特殊教育综合改革示范区工作，继续实施优质教育资源提升扩充工程。加快发展现代职业教育，采取兼并、托管、合作办学等模式，重点引进京津高职教育优质资源，培养高素质劳动者和高等技术技能人才。健全文化服务体系。加快文化设施建设，确保霞光大剧院10月底建成投用。加强基层文化站建设，完善基层公共文化服务网络，对100个社区文化活动室和文化广场进行提档升级。继续开展“彩色周末”、专业艺术院团下基层演出、公益电影放映等文化惠民活动。制定全民健身行动计划，更新健身路径170条。推进社会治理创新。加快食品药品可追溯制度建设，确保人民群众饮食用药安全。强力排查整治安全生产隐患，坚决遏制重特大事故发生。切实规范社会和民间组织的融资行为，坚决守住不发生系统性和区域性金融风险的底线。完善信访绿色通道制度，方便群众表达诉求。深化平安省会建设，继续实施“天网”工程，完善社会治安防控体系，严厉打击各种违法犯罪活动。加强国防教育和国防后备力量建设，深入开展双拥共建工作。积极做好民族宗教、外事侨务、人防档案、气象防震、妇女儿童、残疾人等各项工作，促进社会事业全面进步。

四、切实加强政府自身建设

面对经济发展新常态、率先发展新任务，我们必须加快转变政府职能，加强创新型、实干型、服务型、法治型、廉洁型政府建设，为率先全面建成小康社会提供坚强保障。

（一）解放思想，开拓进取，建设创新型政府。牢固树立和贯彻落实“五大发展理念”，坚决破除制约发展的思想观念、制度藩篱，实现思想再解放、认识再提升。坚持高标准、严要求，力求各项工作都做到细致、精致、极致。增强互联网思维，加大政务信息公开力度，为群众提供及时、便捷、高效服务。突出问题导向，创新发展路径，创新政策措施，努力在转换增长动力、优化经济结构、补齐发展短板等方面取得突破性进展。

（二）敢于担当，恪尽职守，建设实干型政府。坚持真干实干苦干巧干，强化省会意识、率先意识，一切工作都按照在全省创一流、当典范、树标杆的原则进行谋划、部署和推动，确保各项工作走在全省前列。大力开展“问计省直”活动，最大限度争取省直部门支持。进一步完善工作推进机制，建立健全末位淘汰机制、捆绑考核机制、督查要账机制。强化功成不必在我的发展理念，多做一些打基础、利长远、惠民生的实事、好事，以十年一剑、滴水穿石的执着精神推动发展。

（三）转变作风，提高效率，建设服务型政府。把“马上就办、办就办好”作为基本准则，把“夙兴夜寐、激情工作”作为新常态。加快转变政府职能，深化“放管服”改革，进一步精简和规范行政审批事项。坚决砍掉繁琐手续，缩短办理时限，打通服务企业、联系群众的“最后一公里”。积极推行政府购买服务制度，为人民群众提供更多更好的公共产品和服务。大力改进会风文风，深入基层调查研究，真正把精力用在抓落实上、把功夫下在见实效上。

（四）依法行政，照章办事，建设法治型政府。坚持依宪施政、依法行政，做到机构、职能、权限、程序、责任法定化。健全政府法律顾问制度，完善重大事项集体决策机制，确保政府的一切工作在法律的框架下进行。自觉接受市人大的法律监督、市政协的民主监督和社会公众的舆论监督，保障和支持审计、监察等部门依法独立行使监督权。完善行政执法程序，规范行政执法行为，做到严格执法、公正执法、文明执法。

（五）严守纪律，艰苦奋斗，建设廉洁型政府。严守政治纪律和政治规矩，认真践行“三严三实”要求，严格落实中央“八项规定”精神，坚持不懈纠正“四风”。始终牢记“两个务必”，坚持勤俭节约办事、集中财力办大事。严格落实党风廉政建设“两个责任”和“一岗双责”，加强惩治和预防腐败体系建设，坚持无禁区、全覆盖、零容忍，强化对人权、事权、财权的制度约束，努力做到干部清正、政府清廉、政治清明。

各位代表！率先全面建成小康社会的蓝图已经绘就，加快转型升级、跨越赶超的号角催人奋进。让我们紧密团结在以习近平同志为总书记的党中央周围，在省委、省政府和市委的正确领导下，紧紧依靠全市人民，解放思想，抢抓机遇，奋发作为，加快转型升级、跨越赶超、建设幸福石家庄步伐，为在全省率先全面建成小康社会而努力奋斗！

关于石家庄市2015年国民经济和社会发展计划执行情况与2016年国民经济和社会发展计划（草案）的报告

——2016年1月19日在石家庄市第十三届人民代表大会第五次会议上

石家庄市发展和改革委员会主任　赵文锋

各位代表：

我受市政府委托，向大会作石家庄市2015年国民经济和社会发展计划执行情况与2016年国民经济和社会发展计划（草案）的报告，请予审议，并请市政协委员和其他列席人员提出意见。

一、2015年经济社会发展计划执行情况

2015年，面对严峻复杂的国内外经济形势，全市各级各部门紧紧围绕市第十三届人民代表大会第四次会议确定的目标任务，认真贯彻习近平总书记系列重要讲话精神，深入落实市委、市人大的部署和要求，坚持稳增长、调结构、促改革、惠民生，治理大气和提高效益统筹推进，力促经济社会平稳健康发展，2015年计划执行情况总体较好，大部分指标好于全国、全省平均水平。36项计划指标中，预计有26项完成计划目标，10项与计划目标还有一定差距。具体情况如下：

——民生和生态指标完成情况良好，21项指标全部完成计划或省下达的任务：城镇新增就业9.52万人、登记失业率控制在3.6%，城镇职工参加基本养老保险200.2万人，城镇职工、居民参加基本医疗保险分别为136.9万人、145.1万人，新型农村合作医疗参保率达到97.8%，城镇保障性安居工程住房开工2.49万套，新增农村安全饮水人口52.43万人，居民消费价格指数为101，高中阶段毛入学率达到93.2%，中等职业教育招生3.6万人，人口出生率控制在11.62‰，每万元生产总值能耗、二氧化碳排放量均下降5%，每万元工业增加值用水13.8立方米，化学需氧量、二氧化硫、氨氮、氮氧化物排放量和细颗粒物浓度分别下降2.5%、4.5%、1%、7%、29%，造林绿化面积100万亩。

——经济发展总体平稳，5项指标完成计划：服务业增加值实现2440亿元，增长10%；一般公共预算收入完成375亿元，增长9.2%；粮食生产实现“十二连丰”，总产达到505万吨；实际利用外资完成11.4亿美元，增长11.3%；城镇居民人均可支配收入达到28076元，增长8%。

9项指标好于全省平均水平或与全省持平，与计划尚有一定差距：总量指标中，地区生产总值完成5350亿元，增长7.4%，高于全省0.6个百分点，低于计划0.6个百分点；其中规模以上工业增加值完成2117亿元，增长6%，高于全省1.5个百分点，低于计划3个百分点。主要是受市场有效需求不足、化解过剩产能和治理大气污染等因素影响，仅启动大气污染应急三级以上预警和“9.3”活动，停限产规上企业多达590余家，影响规上工业增加值增速1.8个百分点左右，影响生产总值增速0.8个百分点。三大需求指标中，固定资产投资完成5720亿元，增长12.6%，高于全省2.6个百分点，低于计划3.4个百分点，主要是服务业、房地产投资增速回落较大，服务业投资增长5.6%，房地产投资下降7%左右，同比分别回落5.2个、17.6个百分

点；社会消费品零售总额完成2680亿元，增长9.3%，高于全省0.3个百分点，低于计划2.7个百分点，主要是受住房、汽车等大宗商品消费增速回落，加之居民消费价格低位徘徊、网购分流等因素影响，拉低了社会消费品零售总额增速；进出口总值完成120亿美元，同比降低8.3%，高于全省4.8个百分点，低于计划13.3个百分点，主要是我市外贸结构不优，铁矿石、钢材等大宗商品价格持续回落，导致进出口数量虽增但总值出现下降。其他指标中，受宏观形势和全省共性因素影响，也有4项完成情况好于全省但未达预期目标。引进市外资金完成1264.6亿元，增长11.2%，高于全省11.2个百分点，低于计划3.8个百分点；城镇化率达到58%，高于全省7个百分点，低于计划1个百分点；研发经费支出占地区生产总值比重为1.75%，高于全省0.6个百分点，低于计划0.3个百分点；农村居民人均可支配收入达到11600元，增长8.5%，与全省持平，低于计划1.5个百分点。

1项指标低于计划和全省平均水平：规模以上高新技术产业增加值完成329亿元，增长10.3%，高于规模以上工业增加值增速4.3个百分点，低于计划0.7个百分点，低于全省1.7个百分点。主要原因是，按照大气污染防治攻坚行动方案，华药、石药等制药企业提前启动搬迁改造，加之部分原料药品种开工率较低，生物医药行业预计全年仅增长5%左右，虽然有针对性地采取了加快项目建设、促进市场营销等措施，但因生物医药行业占高新技术产业比重较高（50%左右），而新一代信息技术、节能环保等发展较快的产业尚未形成足够支撑，影响了高新技术产业较快增长。

二、2016年经济社会主要发展目标

2016年是“十三五”的开局之年，是率先在全省全面建成小康社会决胜阶段的第一年。做好经济社会发展工作，要全面贯彻落实十八届五中全会、省“两会”精神和市委九届七次全会战略部署，坚持创新、协调、绿色、开放、共享发展，以提高经济发展质量和效益为重点，抓住京津冀协同发展重大机遇，统筹推进转型升级、生态治理、城乡建设和社会事业发展，着力强化供给侧结构性改革，强力推进民生事业，努力促进经济社会平稳健康发展。主要预期目标是：

——经济平稳较快发展。全市生产总值增长7.5%左右，规模以上工业增加值增长6%，粮食总产量稳定在440万吨，固定资产投资增长11%，社会消费品零售总额增长11%左右，出口总值增长6%，实际利用外资增长6%，一般公共预算收入增长8%。

——转型升级步伐加快。服务业增加值增长10%，规模以上高新技术产业增加值增长10%以上，研发经费支出占地区生产总值比重达到1.83%，常住人口、户籍人口城镇化率分别达到59.6%、45%。

——生态环境持续改善。每万元生产总值能耗下降3.7%，每万元工业增加值用水量控制在13.6立方米以内，化学需氧量、二氧化硫、氨氮、氮氧化物排放量分别下降1.8%、2.2%、1.5%、2.5%，PM2.5平均浓度下降7%，森林覆盖率达到38.5%。

——人民生活稳步提高。城乡居民人均可支配收入均增长8%，居民消费价格指数控制在103以内，城镇新增就业9.52万人，城镇职工参加基本养老保险人数达到217.5万人，稳定脱贫6.2万人。

三、2016年工作重点和举措

（一）准确把握功能定位，加快推进协同发展。一是全面深入贯彻落实国家和省关于京津冀协同发展的战略部署，按照建设京津冀城市群第三极、国家创新型试点城市、现代服务业基地的要求，厘清重点任务，制定细化方案，明确责任分工，以项目合作为重点，确保京津冀协同发展各项工作取得重大突破。二是加快承载平台建设，以正定新区、高新区和经济技术开发区等省级以上园区为重点，开展增比进位，提高承载能力，树立园区特色，对接京津资源，全年落地京津冀协同发展项目50项。三是全力推进交通一体化建设，加快石济客专建设，启动京石城际前期工作，推进平赞、西阜、石津、石衡高速公路建设，抓好107国道改造提升，加密石家庄与京津及其他地区的交通网络。四是继续强化生态治理联防联控各项措施，在排放总量控制、重大项目环评会商等方面加强区域合作，为京津冀区域生态环境质量全面提升发挥重要作用。

（二）抓好项目攻坚，促进投资稳定增长。一是全力抓实亿元以

上项目建设，全年保持在1000项以上。对列入省重点项目计划的33项重点项目和300项市重点项目，明确各级落实责任，提高行政服务效率，保障生产要素供应，全部按时间节点开工、竣工及完成前期工作，发挥基础支撑作用。二是加大项目谋划力度，围绕战略性新兴产业、现代服务业、“智慧城市”和“海绵城市”建设，谋划一批重大产业和城市基础设施项目，充实项目库，确保项目储备投资额保持在2万亿元以上，夯实发展后劲。三是全力破解土地、资金瓶颈制约，强化节约集约用地，加大造地力度，增加占补平衡指标；继续做好国家专项建设基金申报工作，优化重点项目资本金结构；帮助企业完善融资手续，提高融资能力和规模；多渠道、多层次开展银企对接活动，畅通项目融资信息，融合股权投资、保险基金及融资租赁等多种产品，促进项目建设。四是大力优化投资审批环境，建立健全投资项目纵横联动协同监管机制，抓好“审批事项网上办理”和“在线监管平台”建设，确保年内投入使用，全面实现投资项目网上并联审核。

（三）以创新发展为引领，加快工业转型升级步伐。一是加大创业创新力度，推进众创空间、孵化器、加速器、科技成果转化基地等创业创新载体建设，全年各类孵化载体达到50家以上，新增创业创新团队200个以上；加大对创新平台支持力度，全年新建企业技术中心、重点（工程）实验室、工程（技术）研究中心等市级以上科技创新平台30家，鼓励企业加大研发投入，开展关键技术攻关；扶持生物医药、智慧城市等6家产业研究院发展壮大，并结合未来产业发展方向，再培育设立4—5家前沿技术产业研究院，为企业技术进步提供有效服务。二是力促战略性新兴产业加快发展，突出抓好华药新药产业化、四方通信全光网络技术研究中心等总投资466亿元的60个项目建设，支持骨干企业新上一批提升核心竞争力和产品档次的技术研发、产业化项目，壮大全市高新技术企业规模，年内新认定高新技术企业50家。三是推进传统产业优化升级，由单个工业企业对标向产业集群对标延伸，引导高邑建陶、无极皮革、晋州纺织等产业集群对标国内一流，提升龙头企业实力、品牌影响力和集群规模；积极推动食品、纺织、石化等产业加大技改投入，全年滚动实施技改项目200项。四是推进科技型中小企业和民营经济发展，实施苗圃、雏鹰、小巨人等工程，全年新增科技型中小企业600家；支持民营工业50强企业做优做强，落实好国家降低企业税费、社会保险费、财务成本、物流成本、交易成本、用电价格等政策，切实减轻企业负担，激发企业活力，提升工业经济发展速度和质量。

（四）壮大提升现代服务业，增强省会辐射带动功能。一是以物流、信息、金融、科技、教育、商务、旅游、文化、健康养老等九大行业为重点，融合新模式、新业态、新技术、新产品，努力提高有效需求，稳定市场物价，扩大消费规模。二是加快商贸物流载体建设，加大正定商贸、南部和西北综合物流聚集区招商力度，加快推进总投资1158亿元的43个重点商贸物流项目建设，确保深国际综合物流港、天山中央商务区等重大项目开工，神威医药物流园、华润万象城综合体等重点项目竣工。三是培育壮大新兴服务业态，加快国家电子商务示范基地建设，支持北国如意购物网、慧聪大宗商品交易中心等电商平台做大规模，抓好正定、行唐电子商务进农村综合示范县建设，力争全年电商交易额达到3800亿元；文化旅游融合发展，整合优势资源，推出精品路线，力争全年旅游业总收入达到585亿元；加大会展经济开发力度，办好石洽会、药博会等一批重大活动，全年举办各类展会、赛事120场以上。

（五）夯实农业基础地位，加快农业现代化发展。一是全力抓好农业生产，继续开展粮食高产创建活动，重点实施小麦、玉米高产创建万亩示范片工程，确保粮食总产量稳定在440万吨。二是加快现代农业园区建设，鼓励民间资本采取独资、合资等形式参与现代农业园区开发经营，全面推行新型经营主体和现代经营形式，全年建成13家市级以上现代农业园区。三是推进农业产业化发展，加快土地向龙头企业、合作社、家庭农场等新型经营主体流转，做大做强君乐宝、三元、双鸽等畜牧产业链条经济，年内全市新发展家庭农场220家、实体农民合作社300家。四是大力发展县域经济，支持县域特色产业集群扩大规模、规范发展、创建品牌，引导项目和企业向园区聚集，力争主营业务收入超50亿元产业集群达到

20家。

（六）**推进新型城镇化建设，加快城乡统筹协调发展。**一是实施“大省会”战略，完善城市功能，发展服务经济，加快“智慧城市”建设，提高城市治理能力；健全城市应急体系，实行精细化管理和便利化服务，增强城市宜居性；推进农民工市民化和住房制度改革，户籍人口城镇化率达到45%。二是拉开城市框架，提升城区功能，实施南二环东延西拓、和平路高架西延等工程，尽快实现主城区至组团区县的快速连接；加快轨道交通建设，确保1号线一期和3号线一期首开段达到联调联试条件，开工建设2号线一期和1、3号线一期两边段工程；抓好电厂余热入市项目，实现替代市区供热面积1400万平方米。三是推动正定新区按国家级新区标准建设，加快国际展览中心、河北传媒大厦等项目进度，启动图书馆、青少年宫等功能性场馆建设，推进省二院分院、宝能医院等一批项目开工；按期完成正定古城墙修复、阳和楼等重点工程，恢复古城部分历史风貌。四是加快县城建设，提升县城承载能力，年内县城全部实现集中供水、供暖和污水处理；继续实施标志性街道、特色街区、精品建筑等工程，不断提升县城容貌。五是推进美丽乡村建设，支持406个重点村加快改造提升步伐，重点抓好平山西柏坡、正定古城、鹿泉抱犊寨、栾城三苏都市农业游4个省级片区和京石高铁沿线美丽乡村建设示范线，其他县（市）区各建设一个示范片。

（七）**深化改革扩大开放，增强发展动力和活力。**稳妥推进供给侧结构性改革，着力去产能、去库存、去杠杆、降成本、补短板，增强持续增长动力；积极推进全面创新改革试点工作，破解制约发展的瓶颈问题；加大行政审批改革力度，持续削减和规范市本级行政权力事项；推进国企混合所有制改革，力争完成保安服务公司等3家企业改制工作；抓好绩效预算管理制度改革，加快推进“营改增”；发展科技保险，支持科技型中小企业利用保险产品规避风险、融资发展；抓好农村土地承包经营权确权登记颁证，确权登记面积达到80%以上；稳妥推进公务用车制度改革。继续提高对外开放水平，加大“双向开放”力度，精准招商和资本运作协调推进，积极引进国内外资金；开展国际产能合作，引导水泥、纺织、医药等优势产能行业赴境外投资；促进外贸进出口稳步增长，支持电子商务交易平台发展跨境业务，抓好省级以上出口基地建设，扩大自主品牌、高附加值和高科技含量产品出口规模。

（八）**坚持防治并重，着力改善生态环境。**一是深入开展大气污染防治，细化“压煤、减排、抑尘、迁企、控车、增绿”等措施，重点实施焦化、陶瓷、钙镁、化肥等行业综合整治，推进县城上大压小热电联产项目建设，年内净削减煤炭50万吨；开展工业挥发性有机物治理，重点行业治理项目完成率达到80%；加快火电、钢铁等重点行业和燃煤锅炉除尘设施升级改造，抓好矿山、工地、道路扬尘管理；推进中心城区工业企业搬迁改造，完成常山纺织、欧意药业、中诺药业等企业搬迁；抓好太行山绿化工程，封山育林120万亩，植树造林70万亩。二是加强水环境综合整治，实施滹沱河下游污染综合治理和洨河、汪洋沟水质提升工程，实现水污染状况明显改善；启动岗南、黄壁庄饮用水源地一级保护区隔离围挡工程，确保饮用水安全；编制并实施地下水超采综合治理中长期规划，严格控制地下水超采；实施西北污水处理厂升级改造工程，确保出厂水质达到一级A标准。三是开展土壤污染防治，建立土壤环境调查评估制度，开展污染场地环境调查和风险排查，设立污染场地清单和重点监管名录；加强农业生产过程环境监管，建立区域土壤污染状况数据库和样品库，严格保护农用地土壤环境。

（九）**全力实施各项民生工程，不断增强民生福祉。**一是实施教育优先战略，深入开展学前教育行动计划，抓好中小学综合质量评价、特殊教育综合改革示范区工作；继续推进优质教育资源提升扩充工程，促进教育水平整体提高；提升职教办学质量，推进职教园区工程加快建设；重点抓好新建小区幼儿园小学配建、15中迁建、市二中等学校功能性场馆建设。二是加强基本医疗卫生服务和健康养老服务，深化医药卫生体制改革，理顺药品价格，重点抓好“国家中医药发展综合改革试验市”建设和50所中医药特色乡镇卫生院建设；推动医疗卫生和养老服务相结合，加快推进以居家为基础、社区为依托、机构为补充的多层次养老服务体系建设，新建社区综合养老服务中心 10 家；落实好一对夫妇可生育两个孩子政策，促进人口均衡发展。三是加快推进社保体系城乡一体化建设，加大信息共享力度，逐步建立与经济发展水平相适应的保基本、全覆盖、多层次、可持续的社会保障制度，全年城镇职工参加基本养老保险人数达到 217.5 万人，城镇保障性安居工程住房开工 2.4 万套。四是认真落实推进“双创”政策措施，实施更加积极的就业创业政策，鼓励科技人才、高校毕业生、退役军人自主创业，以创业带动就业，努力提高城乡居民收入。五是积极实施脱贫攻坚工程，开展精准扶贫、精准脱贫，分类扶持贫困家庭，全年稳定脱贫 6.2 万人。同时，加快文化体育产业发展，做好民族宗教、外事侨务、国防动员、档案管理、气象防震、妇女儿童、残疾人等工作，加强生产安全、消防安全、食品药品安全管理，促进社会事业全面进步。

以上报告，请予审议。

关于石家庄市2015年市本级预算及市总预算执行情况和2016年市本级预算及市总预算（草案）的报告

——2016年1月19日在石家庄市第十三届人民代表大会第五次会议上

石家庄市财政局局长　周立新

各位代表：

受市政府委托，现将2015年市本级预算及市总预算执行情况和2016年市本级预算及市总预算草案提请大会审议，并请市政协各位委员和其他列席人员提出意见。

一、2015年预算执行情况

2015年，面对错综复杂的经济形势和艰巨繁重的改革发展任务，在市委的正确领导下，全市上下围绕转型升级、跨越赶超和建设幸福石家庄的总目标，坚持稳中求进工作总基调，主动适应经济发展新常态，统筹推进稳增长、调结构、促改革、治污染、惠民生，有力促进了经济社会协调发展。在此基础上，全市预算执行情况总体良好。

（一）一般公共预算执行情况

1. 全市一般公共预算执行情况

全市一般公共预算收入完成375亿元，占年初预算的102.7%，增长9.2%。其中，税收收入完成287亿元，增长7.1%；非税收入完成88亿元，增长16.7%，主要是按国家规定将教育、农田水利等基金转列一般公共预算影响。

全市一般公共预算收入加中央分享收入325.9亿元、省分享收入77.6亿元，全部财政收入完成778.5亿元，增长14.4%。

全市一般公共预算支出682.3亿元，占调整预算的96.8%，增长20.4%。

2. 市本级一般公共预算执行情况

市本级一般公共预算及城区分享收入完成162.8亿元，占预算的102.3%，增长5.1%。

市本级一般公共预算及城区分享收入加上级补助50亿元、县级上解6.3亿元、上年结余结转15.2亿元和地方政府债券1.9亿元，以及调入预算稳定调节基金20亿元，减上解省支出8.9亿元、补助县级支出8.2亿元和补充预算稳定调节基金5.8亿元，全年支出预算调整为233.3亿元，实际支出221.8亿元，占调整预算的95.1%，增长18.8%。收支相抵，市本级结转11.5亿元。

（二）政府性基金预算执行情况

1. 全市政府性基金预算执行情况

全市政府性基金收入完成283.3亿元，占调整预算的101.5%，增长9.4%；支出完成279.2亿元，占调整预算的89.1%，增长0.4%。

2. 市本级政府性基金预算执行情况

市十三届人大三次会议审议批准的市本级政府性基金收入预算为255亿元。预算执行中，报市人大常委会批准，市本级政府性基金收入预算调整为155亿元。当年收入完成160.1亿元，占调整预算的103.3%，增长7%；支出完成162.3亿元，占调整预算的92.8%，与上年基本持平。

（三）市本级国有资本经营预算执行情况

市本级国有资本经营预算收入完成4818万元，占预算的37.1%，主要原因是部分国有控股及参股企业未进行股利分配；支出完成1810万元，由于个别企业改制正在进行中，仅完成预算的14%。

（四）社会保险基金预算执行情况

1. 全市社会保险基金预算执行情况

全市社会保险基金收入完成233.7亿元，占调整预算的105.7%；支出完成220亿元，占调整预算的98.1%。企业职工养老保险动用历年结余6.4亿元，其他险种当年新增结余20.2亿元。

2. 市本级社会保险基金预算执行情况

市十三届人大三次会议审议批准的2015年市本级社会保险基金收入预算为147.1亿元，支出预算为140.3亿元。预算执行中，报市人大常委会批准，收入预算调减5483万元，支出预算调增11.9亿元，同时，矿区、藁城、鹿泉、栾城四区的医保基金纳入市本级统收统支，调整合并后市本级收入预算为149.8亿元，支出预算为154.9亿元。当年收入完成161.5亿元，占调整预算的107.8%；支出完成152.9亿元，占调整预算的98.7%。按规定各险种基金相互独立，不能调剂使用。当年企业职工养老保险基金收入98.2亿元，支出102.1亿元，动用历年结余3.9亿元，其他社会保险基金收支相抵后，当年新增结余12.4亿元。

（五）地方政府债券使用情况

省代发我市地方政府债券199.4亿元。其中，市本级179.5亿元，县区级19.9亿元。市本级地方政府债券中，置换债券166.5亿元（全部用于置换存量债务），新增债券13亿元（专项债券11.1亿元用于搬迁企业的土地收储，一般债券1.9亿元用于市政项目建设）。

上述预算执行情况均为快报统计数，待决算完成后，再向市人大常委会报告。

（六）落实市人大及常委会有关决议情况

一年来，全市各级各部门全面贯彻落实《预算法》，认真执行市十三届人大三次会议及常委会决议，推进财税体制改革，加强预算执行管理，提高资金使用效益，各项工作取得新成效。

1. 认真贯彻《预算法》，全面推进依法理财。建立了涵盖一般公共预算、政府性基金预算、国有资本经营预算、社会保险基金预算的政府预算体系，按照规定，将农田水利建设基金等从基金预算转列一般公共预算，预算体系不断完善，政府收支更加完整。依法调整了市级一般公共预算、政府性基金预算和社会保险基金预算，当年一般公共预算超收收入按规定全部补充预算稳定调节基金，在法定时限内批复部门预决算、下达转移支付资金。按要求公开了政府预决算、部门预决算和“三公经费”预决算。坚持先有预算、后有支出，政府和部门、单位的支出以批复的预算为依据，未列入预算的不予支出，未经法定程序不予调整支出。强化了部门、单位的主体责任，财经法纪意识明显增强。

2. 大力优化支出结构，切实保障和改善民生。坚持有所为有所不为，大力压缩一般性支出，优先保障民生支出。全市民生支出560.5亿元，占总支出的82.1%。教育、医疗卫生、社会保障等与人民群众切身利益相关的支出得到较好保障，市政府确定的10件惠民实事得到全面落实。教育资助和山区教育扶贫常态化，财政补助标准进一步提高，补助范围进一步扩大。全民医保体系不断完善，新农合和城镇居民医保人均补助标准提高到380元，基本公共卫生服务人均补助标准提高到40元。支持养老服务机构新增床位3700张，主城区9724名老人享受到政府购买的居家养老服务，18万城乡低收入群体基本生活得到保障。筹措保障房资金19.3亿元，保证了73个安居工程项目建设。全市投入11.3亿元，用于美丽乡村建设；兑现各类惠农支农补贴资金16.2亿元，促进了农民增收，农村生产生活条件进一步改善。全市公共安全支出37.7亿元，支持了平安省会建设。

3. 落实积极财政政策，着力稳增长促转型。围绕激发市场活力和培育市场主体，稳步推进“营改增”，落实小微企业税费优惠政策，为企业减负23亿元；推进政府购买服务改革，全市政府购买公共服务项目扩展到471个，购买服务的支出达到28亿元；深化政府采购改革，优先采购环保、节能和自主品牌产品，联合金融机构推出“政府采购贷”，助力小微企业发展。围绕拉动经济增长，努力增加政府投入，多渠道筹集资金109亿元，用于支持产业发展，以及园区和轨道交通、石济客专、南二环东西延等重点项目建设；用活用好财政资金，全市清理盘活2012年及以前年度存量资金45.8亿元，统筹用于基础设施建设等重点领域。围绕支持转型升级和绿色发展，以创建节能减排财政政策综合示范城市为抓手，落实各级财政奖补资金13亿元，带动社会投资40多亿元，支持了五大典型示范项目（节能减排管理能力建设、重点排放企业和水环境治理、交通清洁化示范、清洁能源及新能源推广、减煤和煤炭清洁利用）；多渠道筹集大气污染防治资金60.6亿元，用于支持压煤、降尘、控车、迁企、减排和环境监测能力建设；全市投入资金12.9亿元，推进环省会经济林和地下水超采综合治理等生态工程实施。围绕提升资金使用效果，积极改进财政投入方式，大力推广政府和社会资本合作（PPP），正定新区综合管廊等3个项目入围全国示范项目；市级设立科技成果转化引导基金3亿元，支持引进高端创新产业人才、科技型企业发展和科技创新平台建设，财政促进发展的政策引导力度进一步加大。

4. 深化财政改革，严格支出管理。绩效预算管理改革迈出实质性步伐，确立了“部门职责—工作活动—预算项目”这一新型预算架构，初步实现绩效与预算的有机融合。清理规范整合市级专项转移支付，市级项目由原来的119个压减到77个。将上级提前下达2016年度转移支付155.9亿元全部纳入预算管理，年初预算到位率明显提高。实行以第三方评审为主的财政评审新模式，建立了相互分离、相互监督的政府投资评审机制，工作效率和质量进一步提高。财政管理风险“1+13”内控制度建设进展顺利，国库集中支付电子化、权责发生制政府综合财务报告编制、中期财政规划、行政事业单位国有资产管理等改革有序进行。认真整改审计提出的问题，财政管理不断规范。坚持厉行节约，全市“三公经费”支出4.5亿元，比上年下降13.7%。

5. 严格政府债务管理，有效防控财政风险。正确处理防风险与促发展的关系，严格政府债务和财政暂付款管理。加强财政借款管理，市级全年清理回收资金17.3亿元。全面清理甄别政府存量债务，健全了债务动态管控机制。积极控制债务规模，全市政府债务余额比年初减少26亿元。规范政府债务举借渠道和举借方式，努力争取省代发地方政府债券，最大限度置换存量债务，优化债务结构，年可节约融资成本近5亿元。对政府债务实行分类管理，新增一般债券和专项债券融资债务分别纳入一般公共预算和基金预算管理。统筹债务资金和其他财政性资金，及时足额偿还到期债务，有效防范运行风险，支持了重点项目建设。

各位代表，2015年是“十二五”规划的最后一年。回顾过去的五年，面对国际金融危机、国内三期叠加的大形势和我市淘汰落后产能、结构调整和雾霾治理的硬任务，全市各级各部门迎难而上、顽强拼搏、奋力攻坚，推动财政事业取得了长足发展。五年间，财政综合实力大幅提升，全部财政收入和一般公共预算收入分别由2010年的387.9亿元和163.6亿元，增加到778.5亿元和375亿元，年均分别增长15%和18%，收入总量双双重返全省首位，超过“十二五”规划目标63.5亿元和45亿元，占全省比重分别提高了3.1和1.9个百分点，全部财政收入占GDP的比重由11.4%提高到14.6%。五年间，全市一般公共预算支出由2010年的305.2亿元增加到682.3亿元，年均增长17.5%。支出结构进一步优化，发展成果更多地惠及全市人民，公共财政用于民生支出年均增长22.5%，占比由2010年的62%提高到82.1%，财政的公共性、共享性、公平性进一步体现。五年间，财政改革不断深化，预算体系不断完善，管理机制更加健全，支出方式不断创新，政策导向更加有力，财政在政府治理中的基础和重要支柱作用更为突出。

在总结“十二五”成绩的同时，我们也清醒地看到，当前财政面临的困难和挑战依然较多。受经济下行压力较大等多种因素影响，财政收入增速低位运行，财政支出刚性增长，收支矛盾日益尖锐；财政改革涉及多领域、深层次利益调整，全面深化财政改革任重道远；财政资金投入方式单一，撬动和引导作用发挥的还不够充分；部分项目的绩效目标不够明确，资金使用效益有待进一步提高；有的部门依法理财意识仍需加强，违反财经纪律的现象还时有发生；财政平稳运行的潜在风险和不确定性增多，防控风险的任务依然较重等。这些问题既是各界关注的热点，也是财政工作的难点，我们将高度重视，进一步深化财政改革，加强预算管理，认真加以解决。同时，恳请各位代表、委员一如既往地加强对财政工作的监督并提出宝贵意见和建议。

二、2016年财政预算草案

2016年是实施“十三五”规划的开局之年，也是推进供给侧结构性改革的攻坚之年。根据中央、省、市全面深化改革的总体要求和全市经济社会发展情况，2016年预算编制和财政工作的指导思想是，全面贯彻党的十八大和十八届三中、四中、五中全会精神，紧紧围绕省委八届十二次全会和市委九届七次全会的决策部署，牢固树立创新、协调、绿色、开放、共享发展理念，主动适应经济发展新常态，坚持协同发展、转型升级、又好又快的工作主基调，以提高质量和效益为中心，继续实施积极财政政策，加快推进财税体制改革，加大资金统筹使用力度，优化支出结构，创新投入方式，防范财政运行风险，为加快转型升级、跨越赶超、建设幸福石家庄步伐，努力打造京津冀城市群“第三极”，确保率先在全省全面建成小康社会提供更加坚实的支撑。

基于以上指导思想，2016年预算编制遵循了以下基本原则：一是依法规范。强化部门单位预算编制的主体责任，全面贯彻零基预算、绩效预算要求，清理取消一次性或已完工项目预算，对基建、维护类项目预算全部实行财政评审。二是保障重点。全面落实民生政策，统筹安排并加大产业发展、脱贫攻坚、美丽乡村、节能环保等领域投入，确保市委重大决策部署的落实。三是改革创新。设立股权投资、科技成果转化、鼓励双创、推广PPP模式等引导资金，着力发挥财政资金的引导和撬动作用。四是绩效导向。完善绩效目标指标体系，建立预算编制与预算执行、评价结果挂钩机制，切实提高资金使用效益。五是厉行节约。坚持量力而行、尽力而为，在保障各部门事业发展合理开支的基础上，严格控制行政经费等一般性支出。

（一）一般公共预算安排情况

1. 全市一般公共预算

2016年，全市一般公共预算收入安排405亿元，增长8%。汇总全市一般公共预算支出安排589.5亿元，比上年预算增长31.6%。

2. 市本级一般公共预算

2016年，市本级一般公共预算及城区分享收入安排172亿元，增长5.6%。按照现行体制测算，市本级一般公共预算及城区分享收入加上级提前下达转移支付资金25.4亿元、省补助收入12.9亿元、县级上解收入5.8亿元，减上解省支出8.3亿元、补助县级支出7.9亿元，可用财力为199.9亿元。鉴于2016年收支矛盾异常突出，从预算稳定调节基金调入30亿元，市本级一般公共预算收入总计229.9亿元。

按照收支平衡原则，2016年市本级一般公共预算支出安排229.9亿元，比上年预算增长25.8%。其中，基本支出63.7亿元，占总支出的27.7%，增长44.4%；专项项目支出162.2亿元，占总支出的70.6%，增长20.4%；预备费4亿元，占总支出的1.7%，与上年持平。具体项目及金额在政府预算草案文本中详细列示。

需要说明的是，编制2016年预算时，由于我市公务用车改革方案尚未批复，市直单位的公务车购置及运行维护费是按全年安排的。根据目前已批复的公车改革方案测算，结合近两年实际执行情况，2016年市本级“三公”经费预算安排1.5亿元，比上年预算下降6.3%，做到了只减不增。其中，公务车购置及运行维护费1.3亿元，公务接待费1202万元，因公出国（境）经费552万元。

（二）政府性基金预算安排情况

1. 全市政府性基金预算

2016年，全市政府性基金收入安排287.1亿元，增长2.7%。当年收入加上级补助收入2708万元、上年结余结转3900万元，按照收支平衡和专款专用原则，相应安排支出287.8亿元，比上年预算增长2.3%。

2. 市本级政府性基金预算

市本级政府性基金收入安排162亿元，增长3.5%。其中，国有土地有偿使用权出让收入148亿元，城市基础设施配套费4.3亿元，车辆通行费6.5亿元，彩票公益金1.3亿元，污水处理费8315万元，城市公用事业附加8444万元，彩票发行销售机构业务费1658万元，其他收入860万元。

市本级政府性基金收入加上级补助收入1250万元、上年结余结转3900万元，支出安排162.5亿元，比上年预算增长5.6%。其中，城乡事务支出153.9亿元，包括土地征收补偿等成本性支出和按政策计提的各项基金110亿元、城市建设34.4亿元、美丽乡村建设2亿元、城市基础设施运转维护5亿元等，彩票公益金1.8亿元，交通运输6.5亿元，其他支出2518万元。

（三）国有资本经营预算安排情况

2016年，市本级国有资本经营预算收入安排6004万元，增长25%。其中，利润收入1246万元，股利股息收入4758万元。当年收入加上年结余3060万元，支出安排9064万元，主要用于支持国有企业改革发展和解决历史遗留问题等。

由于县（市）区国有股权收益较少，不再汇总编制全市国有资本经营预算。

（四）社会保险基金预算安排情况

1. 全市社会保险基金预算

2016年，全市社会保险基金预算收入安排287.4亿元，增长23%。支出预算安排288.9亿元，比上年预算增长28.9%。

2. 市本级社会保险基金预算

市本级社保基金预算收入安排173.1亿元，增长7.2%。其中，企业职工基本养老保险基金98.7亿元，机关事业单位基本养老保险基金11.6亿元，城镇职工基本医疗保险基金45.1亿元，城镇居民基本医疗保险基金6.5亿元，工伤保险基金3.5亿元，失业保险基金5.8亿元，生育保险基金1.9亿元。

按照有关标准测算，支出安排178.8亿元，比上年预算增长15.5%。其中，企业职工基本养老保险基金104.4亿元，机关事业单位基本养老保险基金11.5亿元，城镇职工基本医疗保险基金38.7亿元，城镇居民基本医疗保险基金6.3亿元，工伤保险基金3.5亿元，失业保险基金10.9亿元，生育保险基金3.5亿元。按照收支平衡原则，企业职工基本养老保险、失业保险、生育保险需动用历年结余12.4亿元，其他社会保险基金预计年末新增结余6.7亿元。

（五）市本级重点支出预算安排情况

2016年市级预算安排，紧紧围绕市委九届七次全会的决策部署，对以下五个方面给予重点保障。

1. 着力支持转型升级和创新驱动。统筹产业发展资金15亿元。其中，4.8亿元支持战略性新兴产业、现代服务业发展，鼓励大众创业万众创新，以及承接协同发展项目和推进园区建设；3亿元科技成果转化引导基金，30%支持引进高层次科技创新创业人才，70%募资成立创投公司，提供参股和融资担保服务；航空业发展3.1亿元，节能减排配套和新能源汽车推广2.5亿元，体育产业、文化产业和旅游业发展1.2亿元，商贸服务业发展和出口企业信用保险补贴4000万元。

2. 着力支持城市承载能力提升。加大一般公共预算和政府性基金预算的统筹力度，安排城市建设资金35.4亿元，重点支持轨道交通、石济客专、南二环东延西拓、和平路高架桥西延、中华大街北延、107国道、307复线改造工程等交通路网完善，建华大街、仓丰路等23个积水区域地下管道提标改造，龙泉湖公园、滹沱河滨河公园等5个公园建设，以及老旧小区基础设施改造提升；城市运转维护资金26亿元，主要用于垃圾处理、公交和供热补贴，以及城区道路桥梁、绿地和城市水系运营和维护；34.4亿元用于偿还城建债务利息。

3. 着力支持农业发展和脱贫攻坚。扶贫资金4.7亿元，主要支持太行山绿化、农业综合开发、革命老区和农村困难群体救助；美丽乡村建设资金2.9亿元（一般公共预算安排9000万元），支持406个重点村改造提升和4个省级片区建设；水利工程建设资金1.2亿元，主要用于项目配套、河道整治及生态恢复；农业发展资金1亿元，支持现代农业示范区、优质粮食产业工程，以及培育农业新型经营主体和农产品质量安全体系建设；畜牧业发展资金7400万元，主要用于支持乳粉业发展、病死畜禽无害化处理和牧渔产品质量监管检测。

4. 着力支持生态环境建设。大气污染防治资金5.6亿元，支持供热企业清洁能源替代、节能减排典型示范项目和环境监测能力建设等；水污染防治资金7.4亿元，主要用于滹沱河、洨河治理，岗南和黄壁庄饮用水源地保护，以及政府购买污水处理服务；森林城市建设资金3.4亿元，用于支持环省会经济林、过境河流两岸造林和主城区园林绿化等生态修复工程建设。

5. 着力支持保障和改善民生。教育支出27.1亿元，主要用于落实义务教育经费保障机制、免除农村义务教育阶段学生学杂费、教科书费和补助贫困寄宿生生活费，以及改善薄弱学校基本办学条件和困难学生资助；医疗卫生支出18.4亿元，支持医药卫生体制改革、公共卫生服务体系建设和公立医院发展，以及提高城乡居民医保补助标准和加强食品药品安全监管；保障性住房支出7.3亿元，主要用于支持2万套安置住房建设；社会保障和就业支出13.5亿元，主要用于完善养老服务体系建设，落实城乡低保、优待抚恤、社会福利、残疾人保障等政策，以及促进创业就业；文体传媒支出4.3亿元，用于加快公共文化服务体系建设，支持体育事业发展，以及社区文体惠民项目提档升级；公共安全支出24亿元，主要用于支持科技强警、110综合警务站运转维护、社会治理创新，以及推进公共安全基础设施建设。

此外，2016年未安排地方政府债券收支预算，待省下达我市具体债券额度后，按规定向市人大常委会报送预算调整方案。

三、确保完成预算任务的主要措施

（一）抓好收入管理，增强财政保障能力。深入分析经济运行走势，加强对财政经济形势的预判，努力做到财政收入与经济发展相协调。全面落实积极财政政策，支持产业发展和项目建设，培育壮大财源基础。完善综合治税机制，依法强化税收征管，努力做到应收尽收，切实维护市场公平。清理和规范行政事业性收费项目，加强政府性基金等非税收入征管，进一步完善国有资本经营收入和社会保险基金收入管理，努力实现社保基金的可持续运行。深入开展“问计省直、争取支持”活动，千方百计争取上级政策和资金。

（二）抓好改革落地，完善财政管理机制。深化绩效预算管理改革，健全绩效评价结果与预算安排挂钩机制，着力优化财政资源配置，提高资金使用效益。科学划分市以下政府间事权和支出责任，完善转移支付制度，实现事权和财力的合理配置。全面落实中央税制改革部署，跟踪分析税制改革动向，确保改革有序推进。启动中期财政规划编制，完善跨年度平衡机制，增强预算调控能力。改进项目预算安排，明确部门支出责任，加快支出进度。建立健全分事行权、分岗设权、分级授权的内部控制制度，提升财政管理效能。

（三）抓好资金统筹，保障民生和重点支出。强化一般公共预算与政府性基金预算的统筹、本级资金与上级资金的统筹、现有资金与存量资金的统筹、预算资金与政府债券资金的统筹，切实提高集中财力办大事的水平。针对群众关心的重点领域和薄弱环节，精准发力，全力保障教育、医疗卫生、城乡低保、脱贫攻坚、保障房等民生政策兑现。大力支持大气污染治理、生态环境改善，着力支持社会事业发展和重大基础设施建设，着力补短板、提质效，推进基本公共服务均等化，促进幸福石家庄建设。

（四）抓好风险防控，确保财政平稳运行。动态掌握和分析政府性债务风险，财政可能减收的风险，以及各类社会矛盾向财政转移引发的财政运行风险，健全应急处置机制。努力争取省代发地方政府债券额度，进一步优化债务结构，缓解偿债压力。多渠道筹措资金，积极稳妥化解存量债务，健全债务风险预警机制，有效控制政府债务规模。大力推进平台公司市场化改革，创新投融资机制，努力破解城市建设资金瓶颈。

（五）抓好市场引导，提高资金使用效益。逐步减少财政对竞争性领域的直接投入，创新投入方式，充分发挥财政资金的引导和撬动作用。对符合政策和发展方向的竞争性选择项目，采用竞争性分配、股权投资基金等方式，提升资金使用效果。对公共服务领域和公益类项目，能够通过市场解决的，政府不再直接承办，向社会购买服务，促进政府职能转变。对准公益类的建设项目，设立引导资金，积极推广政府与社会资本合作（PPP）模式，最大限度吸引金融资本和社会资本参与。

（六）抓好依法理财，切实维护财经纪律。深入贯彻落实《预算法》，加强财政资金监督检查，从严处理违规违纪问题，强化责任追究，维护财经纪律的严肃性。坚持厉行节约，严格控制行政经费等一般性支出。进一步推进预决算信息公开，提高财政工作透明度，保障公民的知情权、参与权、表达权和监督权，自觉主动接受人大的法律监督、政协的民主监督和社会的舆论监督，确保财政资金在阳光下运行。

各位代表，做好今年财政工作，任务艰巨，责任重大。我们将在市委的正确领导和市人大的监督支持下，认真贯彻落实本次大会的决议和要求，解放思想、抢抓机遇、奋发作为，全面推进依法行政和依法理财，努力完成全年各项预算任务，为加快转型升级、跨越赶超、建设幸福石家庄步伐，在全省率先全面建成小康社会作出新的更大贡献！

大 事 记

Chronicles of Events

2015 年

1 月

1 日起，全市停止收取婚姻登记证书工本费。

☆ 1 日，服务 20 多年磁条银行卡退出启动，全市商业银行开始发行芯片卡。

8 日，省会首家动漫邮局——燕娃动漫邮局在健康路 8 号开业。

18 ～ 21 日，政协石家庄市第十二届委员会第三次会议在市人民会堂举行。会议审议通过政协石家庄市第十二届委员会第三次会议政治决议、常委会工作报告的决议、提案工作情况报告的决议和提案审查情况的报告。

19 ～ 21 日，市第十三届人民代表大会第三次会议在市人民会堂举行。会议表决通过关于市政府工作报告的决议、关于市 2014 年国民经济和社会发展计划执行情况与 2015 年国民经济和社会发展计划的决议、关于 2014 年市本级预算及市总预算执行情况和 2015 年市本级预算及市总预算的决议、关于市人大常委会工作报告的决议、关于市中级人民法院工作报告的决议、关于市人民检察院工作报告的决议。

24 日，由市政府和中国冀商联盟共同主办的中国石家庄·全球冀商回乡省亲（投资）恳谈会在石家庄市举行，来自上海、河南、广西等地近百名冀商代表受邀参加恳谈会。

29 日，中国共产党石家庄市第九届纪律检查委员会第五次全体会议在石家庄市召开。全会由中国共产党石家庄市纪律检查委员会常务委员会主持，审议通过刘明轩代表市纪委常委会所作《坚持从严依规治党、强化监督执纪问责，坚定不移推进党风廉政建设和反腐败斗争》的工作报告。

2 月

6 日，全市金融工作座谈会召开，金融监管部门、驻石家庄各金融机构、市直有关部门、重点项目和企业负责人聚集一起，围绕推动金融和实体经济良性互动、持续健康发展建言献策。

8 日，市区建设日供水能力 10 万吨西北水厂引长江供水试通水运行，出厂水质达标，符合国家 106 项标准。

9 日，石家庄市创建国家森林城市工作会议举行。会上印发了《2015 年石家庄市创建国家森林城市行动方案》，要求全市对照 40 项评价指标查漏补缺，逐项明确工作任务和责任部门，督促抓好落实。

11 日，全市首批 25 辆纯电动公交车正式投入市区公交线路 22 路运行。

25 日，市委、市政府连续第五年在春节假日后上班第一天召开全市改善生态环境和发展环境广播电视大会。

3 月

1 日，市工商联人才网正式上线开通，网址为 www.gslzp.com。

2 日，中央电视台财经频道发布《中国经济生活大调查》数据，石家庄市入选居民幸福感最强 5 个省会城市，这是石家庄市自 2011 年以来连续六次入选全国十大幸福城市。

4 日，山西省临汾市副市长杨治平带领临汾市政府学习考察团到石家庄市考察学习城中村和城郊村燃煤污染治理。

10 日，市委、市政府召开全市科技创新暨工业转型升级大会，贯彻落实中央、河北省关于实施创新驱动决策部署，动员全市实施创新驱动发展战略，推动工业转型升级。

11日，河北省委第七巡视组向石家庄市反馈巡视巡查情况。省委组织部副部长、省委巡视工作领导小组办公室副主任朱政学，省委第七巡视组组长郭世峰等先向省委常委、市委书记孙瑞彬反馈巡视巡查情况，之后召开市委、市人大、市政府、市政协党组班子成员和各县（市、区）委主要负责人参加反馈意见会，传达省委听取巡视汇报后讲话精神，通报巡视巡查情况。

19日，市政府与中国铁塔股份有限公司河北省分公司签署战略合作协议，双方商定在石家庄市加大铁塔、基站和室内分布系统等通信基础设施建设投资力度，持续增强通信网络覆盖能力，助力智慧城市和“宽带中国”示范城市建设。

23日，是党中央、毛主席离开西柏坡“进京赶考”66周年纪念日，省委常委、市委书记孙瑞彬与市委常委集体到西柏坡开展“坚定政治立场、严守纪律规矩”主题教育活动。

24日，由市委宣传部、中央新闻纪录电影制片厂和井陉矿区区委区政府联合摄制的五集文献纪录片《井陉煤矿百年风云》开始在中央电视台CCTV-9频道《发现》栏目播出。

25日，市委中心组以“深化大气污染综合防治”为主题，举行集中学习会议，并邀请中国环境科学研究院副院长柴发合就大气污染防治作专题辅导报告。

31日，石家庄市按照国家《关于调整个人住房转让营业税政策的通知》(财税〔2015〕39号）要求，开始执行二手房交易营业税征收新政策：个人购买2年以上（含2年）普通住房对外销售免征营业税。

4月

1日，石家庄机场至唐山、秦皇岛、张家口3条省内航线首次推出航空月票。

3日，市四大班子领导和社会各界人士、干部群众代表2000余人在华北军区烈士陵园，举行公祭革命烈士大会，悼念革命先烈。

8日，经石家庄检验检疫局检验合格，安泰富源安全设备制造有限公司生产的非金属防弹头盔启运埃塞俄比亚。这是石家庄市此类产品首次出口非洲。

9日，市发展改革委在北京举办“2015石家庄京津冀产学研联盟石家庄企业北京科技合作对接会”活动，石家庄市26家企业与清华大学、北京大学、中国农业大学、北京理工大学、中国科学院5所首都高校及科研机构专家学者开展面对面交流、“点对点”对接，8家企业初步达成合作意向。

10日，国家园林城市考查组根据住房和城乡建设部要求，采取查阅资料、听取汇报、现场检查等方式，到石家庄市复查国家园林城市工作，实地检查了世纪公园、裕华西路、春江花月小区、石门公园、桥东污水处理厂、数字化城市管理指挥中心等。

14日，河南省新乡市旅游局组织旅行社和星级景区到石家庄市举办旅游推介会，介绍新乡生态旅游资源和精品旅游线路，邀请石家庄市民前往观光旅游。

15日，以岭药业在全国工商联医药业商会主办的“2014中国医药行业最具影响力榜单发布会暨2015中国医药健康产业发展论坛”大会上，获得“中国医药上市公司20强”奖项。

16日，中共中央政治局委员、国务院副总理汪洋到石家庄市栾城区、藁城区、平山县调研供销合作社综合改革。

☆16日，平安银行石家庄分行正式开业，成为入驻石家庄市第36家银行业金融机构。

17～30日，河北省委第七巡视组到石家庄市专项巡视城建、规划、园林、供水系统。

18日，全长3224米京昆高速公路LJ-11标辛庄隧道双线贯通。这是京昆高速冀晋段最长公路隧道，也是石家庄市最长公路隧道。

19日，石家庄市首家由政府投资建设村级电商服务网点——正定县吴兴村服务站开通运营。

21日，河北省长张庆伟围绕重点项目、园区建设到栾城区调研，考察了石家庄装备制造基地中国南车集团石家庄车辆有限公司和中航通飞华北飞机工业有限公司。

25日，中共中央政治局委员、中央书记处书记、中央宣传部部长刘奇葆在石家庄调研，学习和参观了平山县西柏坡纪念馆，考察了正定县塔元庄村和裕华区金域蓝湾社区。

25～27日，韩国天安市市长具本玲、议会议长朱明植率领天安市友好代表团到石家庄市访问。

26～28日，2015中国·石家庄（正定）国际小商品博览会在正定国际物流园举行，16个项目达成合作意向，投资总额165.7亿元。

27日，共青团中央授予石家庄市国药乐仁堂连锁公司总店调剂部、中国邮政储蓄银行石家庄市裕华东路支行、市数字化城市管理监督指挥中心、市公安局法制支队行政复议应诉科、市中医院客户服务部5家单位“2013～2014年度全国青年文明号”称号。

28～30日，市中小学生田径运动会在鹿泉区第一中学举行，1300多名运动员及教练员参加比赛。

5月

1日，全市法院立案登记制实施。

3日，共青团中央、中华全国青年联合会授予石家庄常山纺织股份公司恒盛分公司织造车间技术员杨普（女），中国电子科技集团公司第五十四研究所卫星通信与广播电视专业部七室副主任、党支部书记、高级工程师李冬浩2人（全国25人）第19届“中国青年五四奖章”。

11日，市长王亮带领市直部门、各县（市、区）主要负责人到河北省廊坊市就重点项目建设学习考察。市考察团在廊坊市安次区，观摩了河北泉恩高科技管业有限公司环保新型塑料管材生产基地、京津冀（廊坊）协同创新创业基地、廊坊精雕数控机床制造有限公司精雕数控机床制造基地等高端装备制造、新材料等新兴产业项目；在廊坊市固安县，参观了固安规划馆及京东商城华北订单处理中心、华夏幸福基业股份有限公司固安卫星导航产业港项目。

11日至7月16日，市委宣传部、市委对外宣传局、石家庄广播电视台、石家庄日报社联合开展“石家庄十大城市名片”评选活动。

14日，中华全国供销合作总社监事会主任诸葛彩华到石家庄市调研供销社综合改革，考察了正定供销社塔元庄社区服务中心、瑞天超市及平山葫芦峪现代农业开发公司。

15日，第九届石家庄金融理财节权威峰会举行。

18日，省委常委、市委书记孙瑞彬，市长王亮在河北省廊坊市会见参加2015中国·廊坊国际经济贸易洽谈会的日本代表团、美国城市市长及硅谷专家代表团，出席嘉宾主要有株式会社日本新华侨通信社主编、日本代表团团长蒋丰；美国森尼韦尔市市长托尼·斯必塔赖利，圣巴勃罗市市长凯西·赵·罗斯伯格，匹兹堡市市长杜恩·皮特·郎梅尔，莫拉加市市长周敬波及美中硅谷协会会长王旸等。

19日，石家庄市第六届规范汉字书写艺术节暨书法名家进校园活动在市第二中学启动。主题为“爱国情·强国志·中国梦”，并首次增加公务员组和驻石家庄部队组。

26日，滴滴打车与36524便利店达成战略合作关系，确定依托省会300家便利店，为全城出租车司机提供24小时免费休息、热水、WiFi等爱心服务，共同打造“滴滴候车室”。

26日至6月10日，全市开展废弃烟囱和水塔集中拆除行动，拆除废弃烟囱95个、水塔29个。

28日，省委常委、市委书记孙瑞彬专程到市第一实验幼儿园和合作路小学，看望慰问少年儿童和教职员工，并与小朋友们一起庆祝“六一”国际儿童节。

28～29日，全市农村集体经济股份制改造观摩培训会在井陉矿区召开，集中学习涧底社区农村集体经济股份制改造经验，并确定东王舍、刘赵、一街、二街、贺庄、上庄、北故邑、新村、车轱辘坨、东良庄10个村为2015年改制试点村。

29日，河北省长张庆伟，省委副书记赵勇，省委常委、市委书记孙瑞彬等省市领导到石家庄外国语小学及附属幼儿园看望少年儿童，与该校学生、河北省贫困山区留守儿童、全省优秀春蕾女童、参加中国少年先锋队第七次全国代表大会的全省少先队员等少年儿童代表一起共庆“六一”国际儿童节。

☆29日，国家卫生计生委副主任、国家中医药管理局局长王国强，河北省委副书记赵勇，省委常委、市委书记孙瑞彬等与石家庄生物医药院士工作站进站院士及专家委员会成员举行座谈。中国工程院院士、以岭药业董事长吴以岭介绍了院士工作站建设和合作项目，钟南山、张伯礼、张运院士分别发言，并就石家庄生物医药院士工作站运行、中医药产业发展等提出意见和建议。

6月

1日，省委常委、市委书记孙

瑞彬到市疾控中心调研，听取重点传染病防控工作汇报，考察了流感网络实验室、食品检测室、理化分析室、精密仪器室和“12320”市卫生热线管理中心。

2日，省委常委、市委书记孙瑞彬到平山县葫芦峪现代农业产业园调研，提出按照中东西三大区域协调发展战略布局，在西部山区推广葫芦峪综合开发经验，走绿色发展之路，实现荒山开发、改善生态和发展现代农业、增加农民收入有机统一，加快富民强县步伐。

4日，德国勃兰登堡州州长沃伊德克率政府代表团、企业家代表团一行50人到石家庄市访问，考察了高新区以岭药业、汇金机电、先河环保公司、德路通公司，参观了正定隆兴寺。

12日，市保险行业协会成立。

13～14日，2015中国互联网+创新大会·河北峰会在石家庄市举行。主题为“创新改变世界”。全国政协常委、著名经济学家厉以宁，新华社副社长慎海雄，中国工程院院士杜彦良、倪光南及省委常委、市委书记孙瑞彬，省政协副主席、省委宣传部部长艾文礼等参加会议。

15日，石家庄市在北京举行的第二十一届亚洲旅游业金旅奖盛典暨2015大中华区旅游文化榜发布会上，入选“亚洲金旅奖·2015大中华区旅游文化榜”，成为“亚洲金旅奖·首批最富文化魅力旅游目的地”。

18日，石家庄高新技术产业开发区管委会与晋州市政府签署战略合作协议，商定合作共建石家庄高新技术产业开发区晋州产业园，并举行授牌仪式。

23日，国家旅游局党组书记、局长李金早到石家庄市正定县调研旅游工作。

25日，由省会精神文明办公室、《石家庄日报》《燕赵老年报》、市总工会、共青团市委、市妇联、市民政局和石家庄滨河绿都生态农业有限公司共同举办的“滨河绿都杯”首届“孝动省城”最美人物评选活动启动。

30日，企业网络申请“三证合一”登记制实施。

7月

1日，正定火车站恢复客运业务。

3日，省委常委、市委书记孙瑞彬，市长王亮在石家庄市会见中国石油化工集团公司董事长王玉普。

5日，由经济日报社、中共石家庄市委、石家庄市政府主办，经济日报社新闻发展中心、中共石家庄市委宣传部承办的“解读石家庄的幸福密码·2015年幸福石家庄高层研讨会”在石家庄市举行。

6日，首届世界冀商大会在石家庄举行。主题为“宏图共冀、创新发展”。共有来自20多个国家和地区64个河北异地商会、27个省内商会共680多名冀商代表参加会议。

9日，由君乐宝乳业和婴幼儿奶粉供应链商家共同发起的中国优质优价奶粉保障联盟在石家庄市成立。

12日，中国商业联合会授予新华集贸中心市场“华北品牌服装第一市”称号。这是河北省服装批发零售市场获得最高行业荣誉。

☆12日，2015年第32届全国医药工业信息年会在四川省成都市举行。石家庄市4家医药企业在此次大会入选2014年度中国医药工业百强榜。4家医药企业分别为：石药集团有限责任公司、华北制药集团有限责任公司、石家庄以岭药业股份有限公司、神威药业集团有限公司。

14日，由美国、意大利、俄罗斯、印度、南非、比利时等国专家组成的礼来全球卫生促进项目专家组16人，到石家庄市考察结核病防治。考察团在市第五医院，察看了实验室检测、耐多药结核病治疗、医疗人力资源等，讨论了耐多药病人发现与治疗、流动人口肺结核病人管理、医疗保障和救助等问题；在赵县疾控中心，询问了患者发现、既往治疗和医疗费用等。

17日，国家工业和信息化部部长苗圩到市信息产业基地调研，深入中电科卫星导航运营服务有限公司、河北远东通信系统工程有限公司、同辉电子科技股份有限公司3家企业，了解企业生产经营、科技创新、市场开拓等情况，察看了企业自主研发的高附加值、智能、绿色拳头产品和新产品。苗圩鼓励企业瞄准“中国制造2025”，以科技创新驱动企业转型升级，做大做强中国制造。

22日，以全国政协经济委员会副主任彭小枫为组长的调研组一行26人，到石家庄市调研“推进财税体制改革，防控地方债风险”课题。

调研组与石家庄市财政、金融、国土及高新区等部门和单位举办座谈，听取石家庄市债务管理情况汇报，并就如何加强地方政府债务管理、建立健全融资机制、清理规范地方性债务、防控债务风险等探讨交流。

29日，市第十三届人民代表大会常务委员会第十八次会议决定：接受王亮辞去石家庄市人民政府市长职务的请求，任命邢国辉为石家庄市人民政府副市长、代理市长。

30日，石家庄市纪念抗日战争暨世界反法西斯战争胜利70周年大型音乐诗会——《壮歌》，在石家庄广电中心演播大厅举行。

31日，全市召开“拔烟囱”集中行动现场会，现场拆除河北经贸大学2座烟囱。

☆7月，国家财政部经济建设司、商务部流通发展司、国家标准委服务业标准部确定石家庄市等11个城市为2015年物流标准化试点城市，并给予中央财政5000万元专项资金支持。

8月

1日，石家庄移动公司、联通公司取消京津冀手机语音通话长途费、漫游费。

4日，河北省委书记赵克志到革命圣地西柏坡考察调研，缅怀老一辈无产阶级革命家丰功伟绩，重温毛泽东在党的七届二中全会“两个务必”论述，学习习近平总书记2013年7月11日到西柏坡时的重要讲话，看望慰问西柏坡老党员和群众。

6日，河南省郑州市市长马懿率领郑州市党政考察团到石家庄市考察大气污染防治，考察团参观了保利集团拉菲公馆工地、世纪公园国控自动监测站、市环境监测站大气梯度站、河北华电石家庄裕华热电有限公司、中山广场地铁站，听取石家庄市关于大气污染防治情况介绍，并就机动车尾气治理、新能源综合利用等与石家庄市相关部门开展交流。

8～15日，石家庄市第十五届全民运动会举行。

10～11日，河北省委书记赵克志到石家庄正定新区、正定县、高新区等地调研，考察了正定新区河北奥林匹克体育中心、地下综合管廊、会展中心，正定古城恢复保护工程南部城墙保护工程和周汉河综合整治项目施工，正定县塔元庄村养老互助社、村民活动中心，高新区格力电器（石家庄）有限公司、石家庄旭新光电科技有限公司、石药集团中央药物研究院，石家庄电视塔上石家庄市大气梯度监测站、市区段滹沱河及太平河绿化整治工程、石家庄规划馆和地铁中山广场站，并与石家庄市四大班子主要负责人，县（市、区）委书记、县（市、区）长，市直综合部门主要负责人座谈。赵克志在考察期间提出，石家庄市要树立环境优先理念，正确处理发展和生态环境保护关系，守住发展和生态底线，打好打赢治理大气污染攻坚战。省委常委、市委书记孙瑞彬，副省长许宁陪同调研。

11日，石家庄市与中兴通讯股份有限公司、中国开发性金融促进会政府和社会资本合作委员会（国家开发银行）签署合作协议，商定中兴通讯在石家庄建立智慧城市研究院和培训基地，三方协议在智慧城市建设等领域开展合作。

20日，由石家庄市政府、中国化工学会化学工程专业委员会、中国石油和化学工业联合会科技与装备部联合主办的2015石家庄环保产业发展研讨会暨第四届全国蒸发及结晶技术大会在石家庄市举行，众多国内环保产业界专家学者、企业家参会，共同围绕蒸发及结晶行业先进技术应用、环保产业发展等主题开展研讨，为石家庄市环保产业发展出谋划策。

22日，中国企业联合会、中国企业家协会在广西南宁市发布2015中国企业500强名单，石家庄市的河北敬业企业集团有限责任公司、河北省物流产业集团有限公司、石家庄北国人百集团有限责任公司、河北建设集团有限公司、河北建工集团有限责任公司5家企业入选。

25日，市人大常委会取消已实行33年举手表决方式，首次使用电子表决器，3个按钮：绿色表示赞成，黄色表示弃权，红色表示反对。

26日，市中级人民法院首次借助新浪官方微博，全程视频直播高某某诉石家庄某通讯科技有限公司建设工程施工合同纠纷案庭审过程，吸引3.5万人次点击观看。这是河北省首家法庭运用微博视频直播庭审。

28日，石家庄市与国家开发银行河北省分行签署合作备忘录，双方商议在轨道交通、高速公路、城市建设、棚户区改造、产业升级、融资、规划研究、创新、风险防控、人才培养等重点领域开展合作，融资额度不低于 800 亿元。

☆ 28 日，石家庄内蒙古商会成立。

9 月

1 日起，全市电信企业开展实体营销渠道销售手机卡时，用户需出示本人身份证件。

2 日，省委常委、市委书记孙瑞彬，市委副书记、代市长邢国辉会见到石家庄考察的丰益国际集团董事长兼首席执行官、益海嘉里集团董事长郭孔丰。

3 日，石家庄白求恩医务士官学校 264 名女兵组成白求恩医疗方队参加纪念中国人民抗日战争暨世界反法西斯战争胜利 70 周年阅兵。

3 ～ 6 日，2015 河北 · 石家庄（正定）北方茶博览会在正定国际小商品市场中心广场举行。主题为禅茶。

5 日，第六届“中国古桥研究与保护学术研讨会”在赵县举行，全国 84 名桥梁专家会聚赵州桥畔，通过实地考察、专题发言、讨论交流，共同探讨如何利用现代科技保护研究古桥。

7 日，石家庄白求恩国际和平医院 23 名医疗队员参加中国第 18 批赴利比里亚维和医疗分队，赴非洲执行维和医疗任务。

8 日，市国税、地税部门金税三期系统正式启用。

☆ 8 日，市半导体行业协会成立。

9 日，河北省委书记赵克志，省长张庆伟到石家庄市鹿泉区上庄小学，看望慰问教师。

10 日，省委常委、市委书记孙瑞彬到市第四十四中学、裕华区方村镇西京北小学，市委副书记、代市长邢国辉到水源街小学分别看望慰问教师和教育工作者。

11 ～ 12 日，市第十三届人民代表大会第四次会议召开。

☆ 11 ～ 12 日，第六届中国成长型连锁酒店发展大会在石家庄市举行。来自酒店界专家、学者、行业领袖、研究机构代表围绕“酒店 +x”主题交流和对话，探讨成长中的中国连锁酒店热点话题和发展前景。

12 日，市第十三届人民代表大会第四次会议选举邢国辉为石家庄市人民政府市长。

16 日，由河北中废通网络技术有限公司和 Feijiu 网主办，以“互联网 + 废旧产业”为主题的首届中国废旧产业互联网大会在石家庄市召开，会议探讨研究互联网推动废旧产业发展重要作用及促进废旧产业发展和行业交流合作。

18 日，由中航通飞华北飞机工业有限公司、珠海中航通用机场管理有限公司合资组建——河北中航通用机场管理有限公司在栾城机场揭牌成立。

18 ～ 20 日，2015 石家庄爱飞客飞行大会暨通用航空展在石家庄中航通飞栾城机场举行。

20 日，河北省委书记赵克志，省委副书记、省长张庆伟与石家庄县（市、区）委书记举行座谈会，听取 11 名县（市、区）委书记发言，重点围绕京津冀协同发展、新型城镇化与城乡统筹及加快推进县域经济发展等交流思想、征求意见建议。

22 日，市长邢国辉在亚太大酒店会见日本世联株式会社代表取缔役社长结川孝一。

25 日，由中国民主建国会河北省委、中国民主建国会北京市委、中国民主建国会天津市委主办，中国民主建国会石家庄市委参与承办的 2015’京津冀协同发展正定论坛在石家庄市正定县举行。此次大会在正定设立 1 个主论坛，北京、天津、河北设立 3 个分论坛，邀请联办财经研究院院长、国家税务总局原副局长许善达，京津冀蓝皮书主编、首都经贸大学原校长文魁等三地近百名专家，以现场和书面发言方式，围绕京津冀协同发展功能定位与体制创新，开展研讨献策。

29 日至 10 月 7 日，第十五届中国吴桥国际杂技艺术节举行。

10 月

1 日，市工商部门向河北树勋生物科技有限公司颁发印有 18 位国家标准“统一社会信用代码”营业执照。这是石家庄市颁发首张具有国家标准“一照一码”营业执照。

☆ 1 日，中国移动、中国联通、中国电信 3 家运营商所属石家庄分公司开始执行手机套餐内剩余流量当月不清零服务，即套餐内当月剩余流量可延期结转至次月月底前使用。

10 ～ 18 日，省委常委、市委书记孙瑞彬率领石家庄市友好经济代表团应邀访问加拿大和美国。

11 日，全国政协副主席卢展工

带领30多名全国政协委员、文艺工作者，到石家庄市平山县西柏坡考察基层公共文化建设，参观西柏坡纪念馆和中共中央旧址，向西柏坡镇梁家沟村民活动中心赠送文化图书，并举办全国政协送文化下基层文艺演出活动。

12日，河北省长张庆伟围绕加强企业科技创新能力建设、支持企业加快发展主题，到石家庄石药集团恩必普药业有限公司、河北欣意电缆有限公司、石家庄以岭药业股份有限公司考察调研。

13日，第五届全国道德模范评选表彰活动在北京市举行，石家庄市推荐国家电网石家庄供电公司职工邢少仑获得第五届全国道德模范提名奖。

14日，市长邢国辉，市委副书记、市政府党组副书记张泽峰，副市长孟祥红及市教育局、正定县、正定新区主要负责人与北京市委教育工委、北京市教委、北京市政府教育督导室领导班子成员举行座谈会，围绕如何推进两地教育合作与交流开展协商探讨，并签署两地教育合作框架协议。

16日，石家庄工程职业学院与首都机场启动联合办学，双方商定在首都机场航空服务有限公司挂牌“航空人才教学基地”，在石家庄工程职业学院设立航空运输学院（二级学院），共同为首都机场输送航空类专业技术人才。

16～18日，“2015河北国际信息产业周”在石家庄人民会堂举行。

17日，全国教育扶贫全覆盖行动启动仪式暨河北省山区教育扶贫工程现场会在石家庄市赞皇县举行，石家庄市作山区教育扶贫工程经验介绍。

18～19日，第十四届冀台经济合作洽谈会暨2015年石家庄国际经济贸易洽谈会举行。签约引进内外资项目42个，总投资504.12亿元。

19日，河北省廊坊市委书记王晓东带领廊坊市党政考察团到石家庄市考察大气污染防治，参观了保利集团银湖城项目工地、河北华电石家庄裕华热电有限公司、桥西区可视化城市保洁平台。

21日，首届“孝动省城”最美人物评选揭晓，11人当选。

24日，山东省青岛市委副书记、市长张新起带领青岛市党政考察团到石家庄市，考察发展特色经济和优势产业先进经验和做法，参观河北欣意电缆有限公司、石家庄四药有限公司和石家庄旭新光电科技有限公司。

25日，河北省委书记赵克志，省委副书记、省长张庆伟在石家庄市与贵州省委书记陈敏尔，省委副书记、代省长孙志刚会谈，并共同考察正定古城墙及南部城墙保护工程，参观石家庄市规划馆，了解省会历史沿革、建设成就和未来规划。

28日，市委、市政府召开全市稳增长促转型推进会。会议分两个阶段实施：10月27日，各县（市、区）和市直有关部门负责人及部分企业负责人参观石药集团、河北汇金机电、旭新光电3家转型升级示范企业；10月28日，藁城区、鹿泉区及建设银行河北省分行营业部、石药集团、河北人天通信公司等5家单位在稳增长促转型推进会上作典型发言。

11月

1日，石家庄市全面实行邮件快件实名收寄。

2日，首个石家庄医疗美容正品联盟在贵美人（石家庄）医疗美容医院成立。

☆2日，鹿泉区军鼎科技园专家院士服务中心和鹿泉区政务服务代办室揭牌。这也是全市首个园区专家院士服务中心。

5日，国家安全生产监督管理总局副局长李兆前到石家庄市正定县新城铺镇安监站、石家庄钢铁有限公司调研县域安全监管规范化建设及冶金建材行业安全生产监管工作。

☆5日，石家庄交响管乐团成立。

6日，京津冀三地民政部门签署《京津冀民政事业协同发展合作框架协议》，商定在养老服务、社会救助、区划地名管理等十个方面开展合作。

7～9日，由全国新建本科院校联盟理事会主办、石家庄学院承办的全国新建本科院校联席会议暨第十五次工作研讨会在石家庄举行。会议主题：深化产教融合，推进校企合作，加快地方本科高校转型发展。来自全国28个省、市、自治区235所本科院校600余名代表参加会议，共同探讨应用型大学转型之策。

14～15日，由中国饭店协会、市商务局和河北省饭店烹饪餐饮行业协会共同主办的首届中国·京津冀饭店餐饮产业大会暨休闲旅游美食节在勒泰中心举行。

16 日，全国政协副主席、中共中央对外联络部部长王家瑞到石家庄市行唐县考察调研扶贫工作。

17～18 日，最高人民法院院长周强就司法为民、公正司法，履行司法职能，为京津冀协同发展发挥积极作用，为全面实施“十三五”规划、全面建成小康社会提供有力司法服务和保障等内容，到河北省调研。考察期间，周强到石家庄市中级人民法院，了解审判执行工作、信息化建设及队伍建设。

17～19 日，全国人大常委会副委员长、全国妇联主席沈跃跃到河北省邯郸、石家庄等地，就学习宣传贯彻中共十八届五中全会精神，团结动员广大妇女在全面建成小康社会决胜阶段发挥“半边天”作用考察调研。在石家庄期间，沈跃跃深入正定县慧聪电子产业园，鹿泉区上庄镇上庄村、栾城区柳林屯村、藁城区岗上镇杜村、裕华区金域蓝湾社区等地，与基层妇联干部交谈，广泛征求意见及建议。

18 日，京津冀协同发展 PPP（PPP 是指政府和社会资本为提供公共产品或服务建立的公私合营模式）高峰论坛在石家庄市举行。来自北京、上海、吉林、河南及台湾等地全国百余名律师、专家、企业负责人共同探讨如何运用 PPP 模式，以法律服务京津冀协同发展。

24 日，石家庄市在安徽省宣城市举行的“国家森林城市”授牌仪式大会上，被国家林业局正式命名为“国家森林城市”。

27 日，石家庄市 4 个专利项目获得第十七届中国专利奖。

12 月

6 日，市国土资源局不动产登记局、市不动产登记中心揭牌，当日 142 个个人及单位不动产权证书发放，这也是石家庄市发出的第一批不动产权证书。

7 日，石家庄市长安区、新华区、桥西区、裕华区（不含石家庄高新技术产业开发区）及井陉矿区不动产登记全面实施。

16 日，全国政协常委李成玉到石家庄市视察供销社综合改革和城市建设，参观了平山县葫芦峪现代农业产业园、市城乡规划馆、河北奥林匹克体育中心体育场和正定新区综合管廊，了解石家庄市供销社综合改革在土地流转、金融创新、基层供销体系建设、为农服务及城市基础设施建设情况。

23 日，2016 年“我们的中国梦”——文化进万家活动启动仪式暨首场演出在革命老区平山县西柏坡举行。

28 日，市老年事业促进会成立。

29 日，省、市食品药品监督管理局联合举行仪式，向河北科技大学颁发餐饮服务石家庄第一张《食品经营许可证》。

30 日，中共石家庄市第九届委员会举行第七次全体会议。

市情概览

City Overview

行政区划

【地理位置】 石家庄市是河北省省会，全省政治、经济、科技、金融、文化和信息中心，是国务院批准实行沿海开放政策和金融对外开放城市。地处河北省中南部，环渤海湾经济区，即北纬37°27′～38°47′（误差±1′），东经113°30′～115°20′（误差±1′）之间，东与衡水市接壤，南与邢台市毗连，西与山西省为邻，北与保定市交界，位于首都北京西南方向，距离北京市主城区283千米。南北最长处148.02千米，东西最宽处175.38千米。2015年石家庄市部分县（市、区）修订辖区面积数值，经统计，石家庄市实际总面积13504平方千米（不包括河北省直管辛集市面积960平方千米），其中，8个建置区面积2220平方千米，13个县（市）面积11284平方千米。

【区划设置】 石家庄市辖8区13县（市），即长安区、桥西区、新华区、裕华区、井陉矿区、藁城区、鹿泉区、栾城区、井陉县、正定县、行唐县、灵寿县、高邑县、深泽县、赞皇县、无极县、平山县、元氏县、赵县、晋州市、新乐市。拥有2个国家级开发区，即石家庄国家高新技术产业开发区（1991年3月国务院批准设立）、石家庄经济技术开发区（1992年7月河北省批准设立，2012年10月国务院批准升级为国家级开发区，由藁城区管辖，曾称藁城经济开发区）。2013年6月1日，原石家庄辛集市调整区划设置，划归河北省直接管辖。另有5个派出机构（国家级高新技术产业开发区、西柏坡管理局、循环化工园区、正定新区、空港工业园）行使所在地域行政管辖权。2014年9月9日，国务院批复河北省政府关于石家庄市部分行政区划调整的请示（国函〔2014〕122号），同意撤销石家庄市桥东区、藁城市、鹿泉市、栾城县，同时设立石家庄市藁城区、鹿泉区、栾城区。年末全市共有镇118个，乡87个，街道办事处56个，居委会625个，行政村4014个。

（周连颖）

建制沿革

石家庄市域有着悠久的历史。据《禹贡》记载，夏禹时期为冀州地。春秋时期域内先后建有鲜虞国（都城在今正定新城铺一带）、鼓国（都城在今晋州城西）、肥国（都城在今藁城区西南城子村一带）。战国时期鲜虞人建立中山国（都城在今平山县城北下三汲一带）。秦始皇统一中国后，全面推行郡县制，属巨鹿郡（郡治今巨鹿县）。西汉高祖三年（公元前204年），始置恒山郡（郡治今元氏县西北）。汉文帝初，因文帝名恒，讳改恒山郡为常山郡。汉高祖十年（公元前196年），改秦时东垣县（县治今石家庄市东古城）为真定县，并于汉武帝元鼎四年（公元前113年）置真定国（都城在今东古城）。三国时期，为魏地，分别属常山郡、安平郡、赵国、巨鹿郡、中山国。西晋统一后，分别属冀州常山郡（西晋时郡治由今元氏县西北移至东古城，东晋时郡治由东古城移至今正定镇）、中山国、巨鹿郡、赵国、博陵国。隋代，分别属恒山郡（后改恒州，郡治真定，今正定镇）、赵郡（郡治平棘，今赵州镇）、信都郡（郡治今冀州市）、高阳郡（郡治今定州市）。五代时期，属河北成德军节度使，域内有镇州（州治今正定镇）、赵州（州治今赵州镇）、定州（州治今定州市）、祁州（州治今无极镇）。宋代，属河北西路（路治今正定镇）。元代，属中书省真定路（路治今正定镇）、保定路（路治今保定市）、广平路（路治今永年县）等。明代，属京师正定府（府治今正定镇）、保定府（府治今清苑县）。清代，属直隶省真定府（府治今正定镇，清雍正元年改正定府）、保定府（府治今清苑县）、赵州（州治今赵州镇）、定州（州治初属祁州，雍正十二年改今定州市）。民国元年（1912年），中华民国成立，仍沿清制。民国3年（1914年），裁府设道。民国14年（1925年）6月24日，中华民国临时执政命令直隶省建立“石家市”，实行市自治制；8月29日中华民国临时执政又以1273号指令批准将石（家）庄、休门合并，取首尾各一字，更名为石门市，组建石门市政公所，筹建市制。民国17年（1928年），南京国民政府通令全国，取消所有市政公所，废除原来的“市自制”。至此，建市工作遂告搁浅。民国27年（1938年）1月15日，组建伪石门市政公署筹备处。民国28年（1939年）10月7日，伪中华民国临时政府行政委员会以秘字第1027号指令，正式批准设立石门市。民国36年（1947年）11月12日石门市解放，12月26日石门市更名为石家庄市。民国37年（1948年）9月26日，石家庄市改属华北人民政府领导。民国38年（1949年）1月24日阳泉市划归石家庄市（同年8月又划归山西省）；8月1日石家庄市归河北省人民政府领导，为省辖市。1949年石家庄专区初设，辖14县1镇。1958年4月28日，石家庄市由省辖市改为专辖市。1960年5月3日，国务院批准撤销石家庄专区，改为石家庄市。1961年5月，国务院批准恢复石家庄专区建制。石家庄专区辖石家庄市和25个县。1962年6月，国务院批准设立衡水专区，石家庄专区所辖衡水等8县划归衡水专区，此后石家庄专区辖石家庄市和17个县。1967年11月21日，石家庄地区革命委员会成立，专区改称地区。1967年12月20日，石家庄市革命委员会成立。1968年1月29日，河北省会迁至石家庄市。1978年3月11日，石家庄市划为河北省直辖市。1978年7月，石家庄地区革命委员会撤销，成立河北省石家庄地区行政公署。1982年8月12日，撤销石家庄市革命委员会，恢复石家庄市人民政府。1993年6月30日，石家庄地区行政公署与石家庄市人民政府合并，成立新的石家庄市人民政府。

市　标

【概况】 1997年7月根据市人大代表提出的议案以及市政府领导的批示，由市园林局开始着手准备市花市树评选工作，1997年8月正式启动。通过民意测评和专家评审，1997年9月16日初步确定月季和槐树为市花市树。1997年11月，市政府研究同意。1997年12月，提请市第九届人大常委会第30次会议审议批准，正式确定月季为石家庄市市花，槐树为石家庄市市树。

【市花】 月季　属蔷薇科、蔷薇属，系木本落叶灌木，原产中国，已有2000多年的栽培历史，被誉为“花中皇后”，花色艳丽，千姿百态，香味馥郁，品种繁多，露地栽培从春到秋处处可见其绰约丰姿，是美好、友谊、和平的象征。月季适应性强，耐寒抗旱，对土壤要求不高，栽培繁殖容易，管理技术易掌握，易于推广普及。石家庄市月季栽培有悠久的历史，通过引种、繁殖、培育，广泛用于街道、公园、庭院、广场的绿化、美化，同时也是插花、切花、盆景制作的理想植物材料，深受广大市民喜爱。月季具有极高的观赏价值和经济价值，月季的花、花蕾、叶、根皆可入药，可制作高级香精、香料。月季还代表着石家庄人顽强不屈、坚韧不拔的品格，展示石家庄人奋发图强、不断进取的精神风貌。

【市树】 国槐　属豆科槐属，系落叶乔木。国槐原产于中国，栽培历史悠久，抗逆性强，寿命长。石家庄市有百年以上古槐多达71株，其中500年以上的古槐就达58株，且仍然枝繁叶茂，生机勃勃。国槐树干端直，树冠宽广，展叶早落叶晚，是优良的庭荫树和街道树，其花芳香，又是优良的蜜源植物。国槐性强健，具有很强的萌芽力，耐强修剪，更新能力强，耐寒、耐旱、耐瘠薄，并对二氧化硫、氯气、氯化氢等有毒气体抗性较强，是良好的抗污、滞尘、耐烟毒树种。石家庄市以国槐作行道树的街道达120多条，占全市街道41.87%，是街道的骨干树种之一。国槐经济价值高，木材坚硬，耐湿，材质优良，可供建筑、家具、造船、雕刻等用，全株可入药，花蕾可作黄色染料，种子可榨油、制皂。国槐在民间是吉祥、幸福、美好的象征，中国人自古以来把它作为吉祥树、幸福树，它也能代表石家庄人顽强不屈、坚韧不拔的品格，展示石家庄人奋发图强、不断进取的精神风貌。

自然资源

【矿产资源】 石家庄市东部为华北平原。西部为太行山区。西部山区地质构造复杂，成矿条件良好，拥有比较丰富的矿产资源。至2015年底，石家庄市查明资源储量固体矿产有51种、产地382处（包括15处共伴生矿产地），其中大型矿产地21处、中型矿产地48处、小型矿产地313处。全市开发利用矿种28种，优势矿产有金、银、冶金用白云岩、电石用灰岩、水泥用灰岩、溶剂用灰岩、玻璃用石英砂岩、饰面用石材、碎云母9种矿产。已查明资源储量矿产中，保有资源储量（折合矿石量）总计283071万吨、折价1181.43亿元。列入《河北省矿产储量表》前3位矿产17种，水泥用灰岩等建材非金属矿产、化工灰岩、碎云母在全国占有优势地位，也是石家庄市经济发展重要资源。其中，碎云母矿资源储量位居全国第一，水泥灰岩矿储量位居全省第一，冶金灰岩矿储量位列全省第三，金矿储量位列全省第四。黑色金属矿产：铁矿保有资源储量3166万吨，主要分布在平山县、赞皇县；钒钛磁铁矿92.1万吨，主要分布在赞皇县、元氏县。贵金属：贵金属主要为金矿、银矿，主要分布在灵寿县、平山县，矿体为石英脉型；探明资源储量：金矿金属量15.3吨，银矿金属量131吨。有色金属矿产：多为铝土矿，主要分布在井陉县、赞皇县，探明资源储量1598.7万吨。建材非金属矿产：主要分布在山区8县，其中以鹿泉区、井陉县、灵寿县、赞皇县为主。其中，探明水泥灰岩保有储量143114万吨，列入《河北省矿产储量表》储量135296万吨，占全省总量24.67%，年产矿量6720万吨；饰面石材保有资源储量4480万立方米；玻璃用石英砂岩保有资源储量7081万吨；碎云母保有资源储量311.3万吨。冶金辅助及化工原料非金属矿产：电石用灰岩集中分布在井陉县，保有资源储量28236万吨，2011年石家庄市矿产资源规划将21933万吨资源储量划入禁采区予以保护，2015年可开发利用资源储量为6303万吨；制碱用灰岩保有资源储量38910万吨，列入《河北省矿产储量表》储量12159万吨，并划入禁采区予以保护，2015年可开发利用资源储量为1062万吨；冶金用白云岩保有储量21917万吨，占全省总量8.78%，年开采量37.5万吨，除满足冶金工业外，生产镁盐产品畅销全国20多个省市，并出口美国、日本等地。

（刘清振）

【能源资源】 石家庄市煤炭、石油、天然气等矿藏储量较为丰富，煤种有肥煤、焦煤、无烟煤、气煤等。全市煤炭保有资源储量33153.4万吨，主要分布在元氏县和井陉矿区，其次是赞皇县。石油和天然气资源主要分布在晋州市，油气田地质储量5.1亿吨，含油面积3.04万平方米；天然气储量19.2亿立方米。至2015年底，全市（不含辛集市）共有户用沼气37.97万余户，养殖场大、中、小型沼气池工程181处，大型秸秆沼气联户供气工程8处，农作物秸秆机械化综合利用率达到96%。石家庄市地处太阳能资源较为丰富地带，年辐射量为

1259～1350千卡/平方厘米，年日照时数为2563～2852小时，占可照时数58%～65%，太阳能利用方面主要有太阳能热水器、太阳能灶等。2015年末全市太阳能热水器累计达到82万平方米，拥有沼气物业管理服务中心17个、村级物业服务网点1386个，形成比较完整的建、管、用、服务一条龙工作体系。

（刘清振　刘栋）

【生物资源】 石家庄市生物资源比较丰富。动物现知陆栖（包括两栖）脊椎动物223种。其中，以鸟类最多，其次是兽类，两栖类及爬行类较少。野生动物种类有金钱豹、野猪、狍子、狐狸、狼、松鼠、獾、黑眉锦蛇、豺、黄羊、刺猬、雀鹰、天鹅、灰鹤、啄木鸟、麻雀、猫头鹰、石鸡、家燕、草兔、黑斑蛙、环颈雉、灰喜鹊、斑鸠。其中，国家珍贵稀有动物有金钱豹、斑羚、褐马鸡、天鹅等。褐马鸡为中国特有珍稀动物，仅见于山西省、河北省。现有畜禽几十个品种，地方畜禽品种有深县猪、大马身猪、大尾寒羊、小尾寒羊、河北奶山羊、太行山羊、冀南黄牛、太行牛、太行驴、柴鸡、河北鹅、虎皮黄兔。引进的畜禽品种有牛类：河北西门塔尔牛、南阳牛、荷兰黑白花奶牛、蒙古牛、短角牛、西门塔尔牛、夏洛来牛、海福特牛、利木赞牛、安格斯牛、爱沙尼亚牛、蒙贝利亚牛。马类：蒙古马、伊犁马、苏高血马。驴类：关中驴、渤海驴、泌阳驴。猪类：迪卡猪、冀合白猪、大约克夏猪、长白猪、杜洛克猪、汉普夏猪、北京黑猪、施格猪、PIC猪、皮特兰猪。羊类：美利奴羊、波尔华斯羊、考力代羊、茨盖羊、新疆细毛羊、萨能奶山羊、边区莱斯特羊、罗莫尼玛须羊、波尔山羊。鸡类：尼克鸡、白洛克鸡、宝万斯鸡、京红鸡、海赛克斯鸡、伊莎鸡、艾维茵鸡、罗曼鸡、爱拨益加鸡、雅康鸡、雅发鸡、海兰系列、京白系列。兔类：青紫兰兔、比利时兔、加利福尼亚兔、黑优兔、安哥拉兔、法国巨型兔、獭兔、丹麦兔、新西兰兔、日本大耳白兔、塞北兔。鸭类：康贝尔鸭、麻鸭、北京鸭。鹅类：石头鹅、朗德鹅。特养品种：梅花鹿、马鹿、蓝狐、银狐、苏乌里貉、白玉蜗牛、散大蜗牛、落地王鸽、白羽鸽、美国牛蛙、七彩山鸡、乌骨鸡、鹌鹑、貂、小香猪、海狸鼠、蝎子、鹧鸪、麝鼠。鱼类资源有50多个品种。主要经济鱼类有：鲤、鲢、鳙、草、鲫、鲂、鳊、鲶、泥鳅、黄颡、乌鳢、黄鳝、鲴等，小杂鱼类主要有：白条、棒花、马口、麦穗、鳑鲏、鰕虎鱼、翘嘴鲌等，另外还有中华鳖、青虾、蚌、螺、莲藕等，引进发展的品种主要有：罗非、牛蛙、中华绒螯蟹、淡水白鲳、池沼公鱼、大银鱼、太湖新银鱼、日本白鲫、高背鲫、彭泽鲫、鳜鱼、革胡子鲶、大口鲶、罗氏沼虾、彩虹鲷、虹鳟鱼、金鳟鱼、香鱼、欧洲丁鱼岁、大口胭脂鱼、中国胭脂鱼、加州鲈、鲟鱼、白斑狗鱼、银大麻哈鱼、斑点叉尾鮰、雅鱼等。

石家庄植被属暖温带针阔混交林，植被类型由自然植被和人工植被组成。植被结构复杂，种类繁多，植物资源合计2500余种。其中草本植物占80%以上。木本植物有44科74属144种，乔木有26科35属75种，灌木有23科34属43种。主要树木分类，阔叶树：杨树、柳树、国槐、刺槐、臭椿、香椿、红椿、合欢、苦楝（井陉）、漆树、黄连木、白榆、青檀（井陉）、梧桐、泡桐、杜仲、银杏、椋子木（井陉）、五角枫、栾树、黄金树、楸树、枫杨、悬铃木。灌木：柽柳、胡枝子、葛藤、紫穗槐、黄栌、锦鸡儿、枸杞、珍珠梅、绣线梅、鼠李、酸枣、沙枣、沙棘、女贞、六道木、丁香、夹竹桃、照山白、荆条、野杜鹃。针叶树：油松、华山松、雪松、云杉、桧柏、圆柏、侧柏、柞树、落叶松、水杉。经济木：苹果、梨、桃、杏、山楂、板栗、李、葡萄、石榴、柿子、核桃、大枣、花椒、桑、猕猴桃。草场分四类：山地草甸类草场，地处深山，处于原始状态，资源很少被利用；山地灌木类草场，草高40～70厘米，盖度60%～80%；丘陵草丛类草场和低温草甸草场。药用植物资源丰富，有1039种，野生药材上百种，人工种植药材230多种。另外还有水生芦苇、莲藕等。人工种植牧草：紫花苜蓿、粒粒苋、串叶松香草、冬牧70黑麦草、聚合草、沙打旺、苦卖菜、草木栖、鲁梅克斯、克孜连科。天然野生牧草共有121个科1116种，其中菊科牧草占135种，禾本科占109种，豆科占98种，蔷薇科占58种，百合科占46种。代表性野生牧草主要有：野豌豆、直立黄芪、达乌里黄芪、野苜蓿、无芒雀麦、隐子草、冰草、披碱草、老芒麦、鹅冠草、早熟禾、胡枝子、山葱、白羊草、青木栖状黄芪、野古草、大油芒、白茅、铁杆蒿、野青茅、狗哇花、棘豆等。

（市林业局）

【水资源】 2015年全市地表水资源量5.32亿立方米，地下水资源量11.77亿立方米，扣除地表水和地下水资源重复计算量，全市水资源总量14.72亿立方米，比2014年减少2.05亿立方米，比多年均值20.35亿立方米减少5.63亿立方米。

供水量 全市供水量27.68亿立方米。其中，地表水供水7.60亿立方米，占27.5%；地下水供水量20.09亿立方米，占72.5%。

用水量 全市用水量27.68亿立方米。其中，农田灌溉用水量17.63亿立方米，占63.7%；工业用水量2.84亿立方米，占10.3%；居民生活用水量3.00亿立方米，占10.8%；林牧渔用水量1.72亿立方米，占6.2%；城镇公共用水量0.99亿立方米，占3.6%；生态与环境用水量1.50亿立方米，占5.4%。

地下水动态 2015年底，全市平原区地下水平均埋深39.41米，较2014年同期地下水位下降0.98米。监测点最大埋深高邑县城关64.60米，最小埋深鹿泉区山尹村3.03米。

（王潇潇）

【土地资源】 石家庄市土地资源类型多样，适宜性广，土地资源比较丰富。光、热、水土条件适宜，土地利用率和生产率高，但地域差异明显，土地后备资源不足。根据全国统一规定和石家庄市实际情况，全市土地资源类型按土地利用现状划分，采用二级分类系统，共分8个一级地类，36个二级地类。石家庄市东部、西部自然和社会经济条件明显差异，按地貌类型和土地利用主导方向，分为西部山区林木地，中部山麓、平原建设用地区和东部平原农业地区3个地区分区。石家庄市土壤类型主要有山地草甸土、棕壤、褐土、潮土、盐土、风沙土新积土、粗骨土、石质土、沼泽土、水稻土等11个土类，22个亚类，81个土属，270个土种。至2015年底，石家庄市行政区土地总面积131.10万公顷（1966.50万亩）。其中，农用地83.49万公顷（1252.35万亩），占土地总面积63.68%；建设用地21.67万公顷（325.05万亩），占土地总面积16.53%；未利用地25.94万公顷（389.10万亩）占土地总面积19.79%。2015年末石家庄拥有耕地52.89万公顷（793.35万亩），占农用地63.35%，占全市土地总面积40.34%。2015年全市完成土地收储51宗、2954.62亩，其中企事业单位收储29宗（2033亩），城中村收储22宗（921.62亩）。

（刘清振）

人　口

【概况】 至2015年底，全市共有人口2763520户，9651135人。其中，城镇人口4309714人，占44.65%；乡村人口5341421人，占55.35%。市属8区人口1148013户，4103343人。其中，城镇人口3023676人，占73.69%；乡村人口1079667人，占26.31%。市辖13县（市）人口1615507户，5547792人。其中，城镇人口1286038人，占23.18%；农村人口4261754人，占76.82%。2015年全市总人口较2014年增长38656人，增长率为0.40%，其中城镇人口增长315122人；人口自然增长69117人，增长率为7.18‰；人口机械增长−7842人，增长率为−0.81‰。2015年全市共报出生120448人，出生率为12.48‰；死亡人口51331人，死亡率为5.32‰。

【人口性别】 全市总人口中，男性4862223人，占50.38%；女性4788912人，占49.62%。市属8区人口中，男性2030862人，占49.49%；女性2072481人，占50.51%。13县（市）人口中，男性2831361人，占51.04%；女性2716431人，占48.96%。

【人口分布】 长安区187063户，633897人，全部为城镇人口；桥西区184744户，685785人，全部为城镇人口；新华区146835户，497066人，其中城镇人口485655；裕华区164059户，590037人，其中城镇人口585929；井陉矿区27947户，93184人，其中城镇人口67420；藁城区227154户，837568人，其中城镇人口289090人；鹿泉区119014户，419520人，其中城镇人口152725人；栾城区91197户，346286人，其中城镇人口123175人；井陉县109674户，332547人，其中城镇人口90295人；正定县127701户，500110人，其中城镇人口145558人；行唐县149131户，460015人，其中城镇人口79807人；灵寿县103654户，346407人，其中城镇人口81930人；高邑县55585户，201123人，其中城镇人口57211人；深泽县92471户，261576人，其中城镇人口58552人；赞皇县94388户，276185人，其中城镇人口44030人；无极县145568户，532971人，其中城镇人口90214人；平山县167591户，502685人，其中城镇人口102363人；元氏县100376户，440699人，其中城镇人口103775人；赵县174126户，613204人，其中城镇人口127111人；晋州市157309户，566560人，其中城镇人口144787人；新乐市137933户，513710人，其中城镇人口160405人。

【民族构成】 在全国56个民族中，2015年末石家庄市拥有51个民族。总人口中，汉族9541267人，占98.86%；回族57455人，占0.60%；满族34686人，占0.36%；剩余48个少数民族17642人（维吾尔族227人，藏族171人），占总人口0.18%。另有其他未识别民族85人（包括穿青人）。

【年龄构成】 2015年全市总人口中，6周岁以下960001人，占8.78%；18岁以下2048137人，占21.22%；18岁至34岁2667881人，占27.64%；35岁至59岁3270480人，占33.89%；60岁以上1664637人，占17.25%。（人口数据由市公安局户政部门提供）

（赵光）

民族·宗教

【民族】 石家庄市是一个少数民族散居城市。至2015年末，全市有少数民族50个（无门巴族、塔吉克族、保安族、塔塔尔族、德昂族），人口108403人，占全市总人口1.09%。其中，回族人口居多，共计57455人，占少数民族人口52.79%，其次为满族、蒙古族。人口在1000人以上的少数民族有土家族、壮族、苗族、朝鲜族。少数民族人口分布呈现“大分散、小集中”特征，少数民族超万人县（市、区）有6个，分别是无极县、桥西区、新华区、裕华区、长安区、藁城区。全市有3个民族乡，即无极县高头回族乡、藁城区九门回族乡、新乐市彭家庄回族乡，共有少数民族26356人，占全市少数民族人口24.31%。17个民族村共有少数民族35282人，占全市少数民族人口32.55%，分别分布在无极县（6个）、藁城区（3个）、新乐市（3个）、正定县（5个）。

【宗教】 石家庄市有佛教、道教、伊斯兰教、天主教、基督教5种宗教。至2015年底，全市有宗教活动场所515处，其中寺观教堂215处、固定处所300处，宗教教职人员894名（含基督教传道员），信教群众36.3万人，占全市总人口3.5%，分布于21个县（市、区）和高新区。

佛教 全市信仰佛教公民10.2万人，主要分布在赵县、正定县、藁城区、井陉县、赞皇县、鹿泉区。教职人员349人，佛教活动场所85处，其中寺院34处，固定处所51处，较著名的寺院有赵县柏林禅寺、正定县临济寺、鹿泉区龙泉寺、藁城区天台寺和市内谛音寺。市级宗教团体1个（石家庄市佛教协会）。

道教 全市信仰道教公民1.4万余人，主要分布在藁城区、新乐市、鹿泉区、平山县、栾城区。教职人员95名，宗教活动场所21处，其中宫观11处，固定处所10处。较著名的道观有桥西区的关帝庙、鹿泉区的十方院和抱犊寨金阙宫，平山县天桂山的青龙观等。市级宗教团体1个（石家庄市道教协会）。

伊斯兰教 全市信仰伊斯兰教公民5.7万人，主要分布在市内8区和无极县、新乐市、正定县。清真寺13座，教职人员49名。市级宗教团体1个（石家庄市伊斯兰教协会）。

天主教 全市信仰天主教公

民10.1万人，分布在20个县（市、区），开放活动场所185处，其中教堂129处，固定处所56处。教职人员68名（不含辛集市），其中神甫54名，修女14名。市级宗教团体1个（石家庄市天主教爱国会）。

基督教 全市信仰基督教公民9万人，分布在21个县（市、区）及高新区。宗教活动场所211处，其中教堂28处，固定处所183处；教职人员347名，其中有牧师、长老60名，传道员287名。市级宗教团体2个（石家庄市基督教三自爱国运动委员会、石家庄市基督教协会）。

（张运忠）

风景名胜

【概况】 石家庄市旅游资源丰富，名胜古迹众多，有文化名城、故国遗址、古寺名桥、革命圣地等珍贵历史遗存，也有丰富多彩的社会旅游资源，包括商贸会展、民俗民艺、都市风情等旅游景观。拥有全国重点文物保护单位39处，省级文物保护单位102处，市、县文物保护单位240处；国家级历史文化名城1座，国家级森林公园3处（仙台山、五岳寨、驼梁山），省级森林公园9处（南寺掌、西柏坡、棋盘山、藏龙山、沕沕水、海山岭、封龙山、洞阳坡、高山寨），野生动植物自然保护区4处（平山县驼梁自然保护区、灵寿县漫山自然保护区、赞皇县嶂石岩自然保护区、井陉县南寺掌自然保护区）。至2015年末，石家庄市共有A级景区34处，其中5A级景区1处，4A级景区27处，3A级景区4处，2A级景区2处。

【纪念馆、陵园】 **革命圣地西柏坡** 位于平山县境内，是国家爱国主义教育基地、国家5A级景区，距离省会石家庄市主城区80千米。1948年5月至1949年3月中共中央在西柏坡驻扎10个月，召开了全国土地会议、中共七届二中全会，指挥三大战役，赢得解放战争决定性胜利。西柏坡依托红色旅游资源优势，开发和培育红色旅游市场，形成中共中央旧址，包括陈列馆、纪念碑、石刻园、五大书记铜像等10多个旅游景点，成为资源丰厚，感染力和震撼力强的独特景区。

华北军区烈士陵园 位于石家庄市主城区，是新中国兴建较早、规模较大、造型艺术水平较高的烈士陵园之一，国家4A级景区。陵园内长眠着抗日战争时期、解放战争时期无数革命先烈，伟大的国际主义战士白求恩、柯棣华也在其中。陵园自建成以来，受到老一辈无产阶级革命家的关怀和重视，毛泽东、刘少奇、朱德等中央领导曾亲临陵园，凭吊先烈。

【风景区】 **驼梁山** 位于平山县境内西北部，国家4A级景区，距离石家庄市主城区150千米，距离山西省五台山45千米，景区面积22平方千米，主峰海拔2281米，是河北省五大高峰之一。驼梁山集森林风光、草原风光、山岳风光为一体，自然生态呈现原始状态，以凉、静、野而闻名，是太行山中段生物多样性最丰富、最具代表性的典型区域。森林生态系统发育良好，从山谷到峰顶分布着白桦、松柏、枫树等树种及灌木草本植物，涉及102科、686个高等树种，植被覆盖率达98%。驼梁山是国家大型水库——岗南水库、黄壁庄水库和滹沱河的主要水源涵养地，也是阻挡来自西部高原风沙、寒流侵袭石家庄的重要生态屏障。2009年11月驼梁自然保护区晋升为国家级自然保护区。

天桂山 位于平山县境内，国家4A级景区。天桂山既有雄秀交融的天然风光，又具有皇家园林的高贵气质和道家仙山的神秘色彩，是一个寻古探幽的绝佳去处。天桂山是北方珍贵的岩溶地貌区，形成众多的天然溶洞等奇特景观，山内风光绝佳，景色迷人，是一处远近闻名的道教圣地，有“北武当”之称，至今保存有许多道观。1997年为迎接香港回归祖国，在天桂山百丈危崖上镌刻的“归”字，高97米，宽49米，载入吉尼斯世界纪录。名山巨字，珠联璧合，堪称天下奇观。

苍岩山 位于井陉县境内，国家级重点风景名胜区，国家4A级景区。以“一奇、三绝、十六景、七十二景观”名扬海内外，素有

“五岳奇秀一揽山，太行群峰唯苍岩”的盛名。1988年被评为国家级重点风景名胜区，1994年被国务院审定为中国历史文化名山。大自然的鬼斧神工使苍岩山中心地带形成奇异的断崖绝壁及优越的生态环境，曾获得第73届奥斯卡最佳外语片奖影片《卧虎藏龙》部分外景就在苍岩山拍摄。

仙台山 位于井陉县辛庄乡，距离石家庄市主城区50千米。仙台山主峰海拔1195米。山峰奇秀，俨然一尊大佛巍然屹立。树木繁多，自然景色优美，每至汛期，百泉汇合飞流直下，山光水影，宛如银河倒悬，仙朗凌空，故名仙台山。仙台山景观分上、中、下层，最下一层的仙台山牌坊，用太行山南麓独有的大红袍石料建成，风格别致，步石台阶经通天门，攀栏直上通天峡，过一崭，一步一景点，一石一奇观。有卧鹰岩、雀吸岩，如来讲经，蘑菇石，蝴蝶展翅石，青蛙望日等。东西北三面悬空。

清凉山 位于井陉矿区西部，距离石家庄市主城区48.5千米。清凉山主要由下古生界灰岩构成，在大地构造上地处井陉县凹陷的西缘，在内外应力长期共同作用下形成温带喀斯特景观，经亿万年风雨侵蚀，使清凉山既有北方山峰雄伟壮观之势，亦有南方山川秀丽险峻之韵。因山势峻峭，古木苍翠，景色秀丽，山腰间多有天然溶洞，清泉常流，夏日置身于此，清风习习，心旷神怡，实为避暑胜地，故名“清凉山”。

嶂石岩 位于赞皇县西南部，国家级重点风景名胜区，国家4A级景区。以奇特、秀丽、多姿、壮观的自然风光著称。以嶂石岩山势造型命名的“嶂石岩地貌”，是和丹霞地貌、张家界地貌并称的国内三大砂岩旅游地貌之一。嶂石岩景区作为嶂石岩地貌的命名地，地貌类型最齐全，特征最突出，素有“百里赤壁，万丈红绫”之称，2003年被评为国家地质公园。景区内有国内最大的天然回音壁，弧形陡壁，高耸云天，其体量之大，回音效果之好，堪称一绝，已载入吉尼斯世界纪录。景区内许多山峰海拔高度都在千米以上，是观日出、赏云海的最佳地点。嶂石岩“佛光”也是不难见到的自然奇观。

五岳寨 位于灵寿县西北部深山区，因五座山峰并列耸立，且有五岳之特点而得名。属河北省漫山自然保护区的一部分，总面积88平方千米。五岳寨于2004年被国家旅游局评定为4A级旅游区，2006年评定为河北省地质公园。景区内山高林密、繁花似锦、群山拱翠、云海波澜且气温湿润凉爽、空气清新，动植物及水资源极为丰富，大小瀑布数百个。海拔2000余米的亚高山草甸可让游人感受到“风吹草低见牛羊”的坝上草原境界。幽险的峰谷景观，浓厚的边塞区域特色，使景区成为集旅游观光、健身疗养、避暑度假、寻奇涉幽、登山探险、科学考察为一体的高品位、多功能自然风景区。

抱犊寨 位于鹿泉区境内，距离石家庄市主城区17千米，国家级4A景区。旧名抱犊山，古名萆山。古代农民抱牛犊上山，养大后让其耕田，因此得名。抱犊寨不是一个村庄，而是一座集历史人文和自然风光为一体的名山古寨。海拔580米，四周悬崖绝壁，顶部平旷坦夷，有肥沃良田660亩，土层深达66米，异境别开，草木繁茂，恍如世外桃源。曾是汉淮阴侯韩信“背水一战”的古战场，也是著名道人张三丰成道涉足之福地，风光奇异独特，景色宜人，被誉为“天堂之幻觉，人间之福地，兵家之战场，世外之桃花源”的天下奇寨。抱犊寨山体轮廓奇特，远观如一尊巨型卧佛，枕南朝北，眉目毕肖，形象逼真，南北坡各有一条羊肠小道可通。登至山巅，豁然开朗，修建有中国最大山顶门坊——南天门、全国第一座山顶地下石雕五百罗汉堂、全国最大的金漆壁画装饰韩信祠等。景区内“千龙壁”长36米、高13米，体量宏大，雕绘有999条张牙舞爪的金龙，形似喷云吐雾，形态各异。殿堂坐南朝北，分为地上、地下两层。地上是“弥勒殿”，地下是“五百罗汉堂”。地下殿堂，宽敞恢弘，500罗汉井然有序地列于殿中，或坐、或卧、或喜、或怒、或立、或仰、或慈、或厉，体态有别，神情各异；500罗汉为青石所雕，加以彩绘，做工精细，真切动人。

封龙山 又名飞龙山，位于石家庄市主城区西南15千米，鹿泉区城南20千米，元氏县城西北20千米。西倚太行山，东临平原，主峰海拔812米。封龙山自然风光秀丽，以沟深林茂，清泉碧溪，奇峰怪石为胜。封龙山历史文化璀璨，曾有五通汉碑、三大书院、四大禅林、三大石窟、两大道观。早在唐代《十道志》中就被列为河北名山，以封龙山历史文化而论，汉代李躬、唐代郭震、姚敬曾讲学于此山。五代以后，书院文化崛起，真定名士、文学家、史学家、政治家李昉与学者张著在此创办学院。到北宋，见诸记载的河北书院仅有3处，全在封龙山中。元代著名学者、数学家李冶在此著书讲学，金元时著名文学家元好问和教育家张德辉在此讲学授业，人称“龙山三老”。古代名家在此培养出大批杰出人才，使封龙山成为河北古代教育胜地之一。

石家庄植物园 位于主城区西部，占地5000多亩，园内种植各类植物达1100多种，建有科普教育与儿童游乐区，植物系统分类区，观赏植物品种展示区，植物进化展示带，水上游憩区，盆景园区，温室、宿根花卉展示区，草木葱翠、鲜花烂漫的美景让人陶醉不已，还有丰富的文化内涵和科普知识。

沕沕水 国家4A级景区，位于平山县西南边缘，距离平山县城45千米，距离省会石家庄市主城区95千米，景区面积11.5平方千米，海拔800～1100米。沕沕水曾获得国家级风景名胜区、中国最佳生态旅游景区和省级农业旅游示范点称号，景区集自然风光、人文景观和红色旅游于一体，品味高雅、特色鲜明、风情浓郁。早在明清时代，沕沕水即为平山“八大胜景”之一，享有“沕水瀑布天上降”的美誉，拥有典型的喀斯特岩溶泉，半山沕沕涌出，常年湍流，四季不竭，水质洁净甘冽，湖潭星罗棋布，沿绝壁飞落，形成落差93米、45米等多级瀑布，“如白练之经于天，白虹之饮于源”，堪称“燕赵第一瀑”。景区环山叠嶂，怪石嶙峋，灵鹫峰、梦笔峰、神龟望瀑、观音坐莲，鬼斧神工，栩栩如生。装点山谷的数百种野生植物，色彩斑斓，葱郁玲珑；原始森林，夏绿秋红，禽兽争鸣。革命战争年代，沕沕水发电厂出色地完成向革命圣地西柏坡和兵工厂供电使命，为中共中央指挥三大战役、解放全中国立下卓越功勋，被誉为“边区创举”“红色发电厂”。沕沕水盛夏凉爽舒适，严冬人无寒感，季节分明，气候规律变化，形成四时景色。春赏山花，夏看飞瀑，秋观红叶，冬览冰挂，各具魅力，胜似仙境。

天山海世界 国家4A级景区，位于市内高新技术开发区，1999年9月26日试营业，1999年10月1日正式向社会开放，隶属天山实业集团，是中国最大的室内恒温水上戏水项目，被誉为华北的碧水明珠。占地60余亩，总建筑面积17000平方米，2002年10月被评为国家4A级景区。设有峡谷冲浪、水上秋千、水上浮萍、桃园仙境等新、奇、特项目，戏水大厅高大明亮，绿草如茵，椰林葱葱，众多游乐设施可提供多种娱乐方式，构成一座都市水上“迪斯尼”乐园。

石家庄市风景区还有水泉溪、蟠龙湖、温塘度假区、东方巨龟苑等景点。

【古迹】 *古城正定* 距离石家庄市主城区13千米，是国家级历史文化名城，历史上与保定、北京并称“北方三雄镇”，是河北中部的政治、经济和文化中心。城内汇集有唐、宋、元、明、清几代不同风格的古代建筑，被誉为“中国古代建筑博物馆”。境内现存国家级重点文物保护单位7处，省级重点文物保护单位5处，县级重点文物保护单位26处。驰名中外的隆兴寺是正定最著名的景点，位列全国十大名寺，是国家4A级景区。寺院荟集了隋唐以来大量的建筑、壁画、雕塑等艺术珍品，有6处文物堪称“全国之最”。其中，最著名的是铜铸千手观音，举高21.3米，是世界古代铜铸佛像中最高大的一尊。除此之外，寺内有堪称宋代建筑孤例的摩尼殿，被鲁迅誉为东方美神的倒坐观音，有中国时代最早、体量最大的木制转轮藏，还有被推崇为隋碑第一的龙藏寺碑、设计巧妙的铜铸毗卢佛等珍贵遗存。古城内的临济寺是临济宗的发源地，在佛教界享有盛誉，临济宗在国内广为流传，名扬海外，至今在日本、东南亚、美国都有大量临济宗信徒，每年春、夏之际，来自海内外的广大信徒都前来朝拜祖庭，盛况空前。正定文物众多，同时也是名人的故乡和冠军的摇篮，家喻户晓的三国名将赵云赵子龙就是正定人，国家乒乓球训练基地建在正定，被称为“中国乒乓运动的福地”“冠军的摇篮”。

安济桥 位于赵县境内，又称大石桥、赵州桥，是中国现存最早的敞肩式大型石拱桥，所谓敞肩就是大拱两端各有两个小拱，采用这种形式的桥身看起来更加轻盈，造型更加精巧，同时节省石料，减轻桥身重量，更为重要的是可辅助宣泄洪水，减少水流阻力。在欧洲，这种桥梁直到19世纪才开始流行，晚于中国1200多年。安济桥开创了

“敞肩拱桥”的先河，对中国乃至世界桥梁建筑产生了巨大而深远的影响，被公认为世界拱桥的鼻祖，在桥梁建筑史上占有极其重要的地位，被称为“天下第一桥”。

柏林寺 位于赵县县城南端。创建于东汉末年，唐代高僧玄奘法师赴西天取经前，曾在这里学习经文达一年多。1980年代末，著名法师净慧任寺院主持，他含辛茹苦，广结善缘，恢复寺院，广传佛法，使柏林寺恢复了勃勃生机，声名日益显赫。如今的柏林寺不仅是礼佛弘法的圣地，更成为与赵州桥联拱双璧的旅游佳境。

毗卢寺 位于石家庄市主城区。是全国重点文物保护单位，以保存珍贵的明代宗教壁画而享誉中外，壁画的内容包括佛、道、儒三教人物故事经画122组500多身，线条流畅、色彩艳丽、服饰精美，是中国古代壁画艺术的瑰宝。

伏羲台 位于新乐市。是中华民族人文始祖——伏羲氏寓居的地方，距今有六七千年的历史，已形成伏羲台、人祖庙等多处景观为主体的伏羲文化旅游区。

古中山国遗址 位于灵寿县境内。河北先秦四大古都之一，出土文物19000余件，数量之庞大，器具之精美令人叹为观止，其中创下多项世界文化之最和中国文化之最，展示了2000多年前神秘的战国文化，是石家庄历史文化的重要组成部分，越来越受到世人的关注。

石家庄市古迹还有井陉县境内的秦皇古驿道，是古代经山西入长安的“国道”，历史上秦始皇东巡病故于沙丘，其遗体曾经从这条驿道送往咸阳。于家石头村是明朝大将于谦的故乡，已建成中国民族文化村，村内建筑全部采用太行山的石头为原材料，颇有地方特色。

（刘伟东）

气 候

【概况】 2015年石家庄市年平均气温14.1℃，较常年偏高0.9℃；年平均降水量511.9毫米，接近常年；年平均日照时数2140.4小时，较常年偏少214.8小时。2015年石家庄市出现异常天气主要有雾霾、降雪、高温、强对流、暴雨、寒潮降温和持续阴雨寡照。5月14日，市大气污染防治专家咨询委员会成立。开展新型气象站改造，10个县（市、区）10套新型自动气象站安装完成，通过验收。新型自动气象站可实现云、能见度自动观测，代替人工作业，满足地面观测全部要素需求。至2015年底，全市累计安装完成14套新型自动气象站。

【气温】 2015年石家庄市年平均气温介于13.3～15.0℃之间，平均值为14.1℃，较常年偏高0.9℃。秋季平均气温接近常年，春、夏、冬季平均气温均比常年偏高，冬季较常年偏高1.9℃，为异常偏高。

【降水】 2015年石家庄市年平均降水量511.9毫米，接近常年。年降水量空间分布不均匀，西部、北部相对较多，东部、南部较少，平山县最多，为678.0毫米，藁城区最少，为358.9毫米。冬季、夏季降水量较常年偏少39.3%、21.8%；春季、秋季降水量较常年偏多42.4%、77.4%，均为显著偏多。4月1～2日，全市普降中雨，为2015年春季第一场透雨，平均降水量14.8毫米，灵寿县北谭庄降雨量最大，为22.8毫米。

【日照】 2015年石家庄市年平均日照时数2140.4小时，较常年偏少214.8小时，为显著偏少。各地日照时数分布不均，平山县日照时数最多，为2569.0小时，井陉县日照时数最少，为1578.4小时。冬季、春季、夏季日照时数均接近常年，秋季日照时数较常年偏少138.4小时，为显著偏少。

表 1　　2015 年石家庄市主要气象要素一览表

要素	月份	1	2	3	4	5	6	7	8	9	10	11	12	年
降水量（毫米）	累积值	1.1	7.6	5.7	24.7	56	33.3	57.1	171	101.8	22.2	52.8	1.2	534.5
	距平	-3	1	-6.6	4.6	14.7	-25.5	-71.6	24.4	48.5	-3.2	38.1	-3.3	18.1
气温（℃）	平均值	0.5	3.1	10.5	16.2	21.8	26.4	27.6	26.5	21.1	16.1	4.7	1.1	14.6
	距平	2.2	1.4	2.5	0.5	0.4	0.4	0.3	0.8	-0.1	1.5	-1.4	0.8	0.8
雨（雪）日	累积值	3	3	2	4	6	7	6	3	7	7	17	3	68
相对湿度	平均值	44	42	36	50	52	49	62	67	72	56	82	63	56
日照（小时）	累积值	149.2	170.2	222.2	225.8	243.7	174.4	115.8	199.3	152.7	202.4	32.2	115.2	2003.1
气压（百帕）	平均值	1015.0	1011.7	1008.2	1002.9	995.8	992.3	993.0	995.6	1003.2	1007.8	1014.3	1015.6	1004.6
极大风速（米/秒）	风向	WNW	W	N	SW	NW	NW	NNE	SSE	NW	W	E	WNW	W
	风速	7.9	7.5	7.4	13.1	18.0	19.4	11.7	16.2	12.2	19.7	10.2	14.3	19.7

备注：距平值为 2015 年值与 1981 ～ 2010 年 30 年平均值之差。

【异常天气】　**雾霾**　2015 年石家庄市区出现大雾日数 37 天、霾日数 136 天。秋、冬季多次出现持续性雾霾天气，其中 11 ～ 12 月大雾日数占全年 7 成，11 月 12 ～ 16 日出现持续 5 天大雾天气，12 月 20 ～ 25 日出现 6 天大雾和霾，影响范围最大，遍布石家庄市。

降雪　降雪过程主要出现在 2015 年 2 月、11 月，其中 2 月 19 ～ 20 日、28 日，全市出现较强降雪天气过程，降雪量 3 ～ 11.6 毫米，平山县最大。2015 年 2 月石家庄市降雪过程造成交通出行不便，但有效缓解土壤墒情，有利空气净化。2015 年 11 月，石家庄市多次出现雨雪天气，主要降水过程有 4 次，出现在 5 日夜间至 7 日、15 ～ 18 日、22 ～ 25 日，其中 5 日夜间至 7 日、22 ～ 25 日为连续雨雪天气。2015 年 11 月，全市降水量保持在 37.5 ～ 58.7 毫米之间，大部分地区降水量较常年偏多 1 ～ 2 倍以上，石家庄市较常年偏多 2.6 倍，无极县最少，平山县最多。

高温　2015 年夏季石家庄市出现 37℃以上高温日数 55 站次，较常年偏少。高温天气主要出现在 6 月 5 日、6 月 9 日、7 月 1 日、7 月 12 ～ 13 日。7 月 12 日高温过程强度最强、影响范围最广，16 个监测站均出现高温，最高气温介于 37.8℃～ 39.8℃，无极县最高，石家庄市区为 39.5℃。

强对流　2015 年石家庄市出现 4 站次冰雹、18 站次大风。6 月 22 日下午，出现 2015 年最强一次强对流天气，赵县的杨扈、深泽县的羊村雨量超过 50 毫米；新乐市、深泽县、元氏县、高邑县出现短时大风，平山县、新乐市、藁城区出现冰雹，冰雹最大直径为 10 毫米。根据民政部门统计，藁城区受灾人口 5 万人，农作物受灾面积 4162 公顷，农业直接经济损失 9948 万元；新乐市农作物受灾面积 4000 多公顷，成灾 2667 公顷，绝收 1240 公顷，死亡 1 人。

局地暴雨　2015 年石家庄市出现暴雨 20 站次，接近常年。8 月 3 日，自西向东出现大范围降水过程，全市平均降水量 54 毫米，其中石家庄站超过 100 毫米，降雨量为 106.2 毫米。8 月 18 日，受高空冷涡东移影响，再次出现大范围雷雨天气过程，东南部降水量超过 50 毫米，赵县最多，为 99.8 毫米；受强降水影响，石家庄 8 个县（市）损失严重，多地出现城区内涝，根据民政部门统计，受灾人口 27.49 万人，倒塌损坏房屋 17 间，农作物受灾面积 1.42 万公顷，直接经济损失 1.98 亿元。

寒潮降温 11月6日，石家庄市出现大范围寒潮降温过程，24小时最低气温降幅7.5℃，行唐县、新乐市、灵寿县、正定县4个县（市）达到寒潮，24小时最低气温降幅超过8℃，其中行唐县、新乐市降幅最大，为8.6℃。

持续阴雨寡照 2015年全市连阴雨天气多于常年，秋季异常偏多。连阴雨天气主要出现在11月，为历史同期影响范围最大；大部分地区连阴雨天数在5天以上，西部多数县超过10天，平山县达到15天。受连阴雨和持续雾霾天气影响，2015年11月石家庄市大部分地区持续出现寡照天气，无日照天数均超过22天，其中石家庄市区、无极县、深泽县、藁城区达到26天。持续阴雨寡照天气导致蔬菜产量较常年减少，其中黄瓜、西红柿减产50%左右。

【河北省人工增雨项目】 2015年11月，中国气象局与河北省政府合作，在石家庄市栾城区开工建设河北省人工增雨项目。该项目依托中航集团石家庄华北区域通用航空服务中心，打造集科研、装备、业务和产业为一体国家级人工增雨基地和科学实验基地，主要建设指挥调度、飞行保障、科学实验用房和高速飞洞、膨胀云室、门卫用房及实验观测场，满足河北省飞机人工增雨保障需求，同时为国家和华北区域开展跨区域飞机联合增雨作业提供业务支撑，总占地面积90亩，总投资4200万元。

石家庄市气象局

局　长：张秉祥

副局长：智利辉

连志鸾（1月免）

陈道红（12月任）

（卞韬　李国翠　索妮莎）

国民经济与社会发展

【概况】 2015年，全市围绕“转型升级、跨越赶超，建设幸福石家庄”奋斗目标，坚持稳中求进工作总基调，主动适应经济发展新常态，立足稳增长、调结构、抓改革、治污染、惠民生思路，经济发展实现稳中有进，社会事业取得全面进步。2015年全市生产总值完成5054.5亿元，同比增长7.5%。其中，第一产业增加值444.0亿元，增长2.3%；第二产业增加值2225.3亿元，增长5.8%；第三产业增加值2385.3亿元，增长10.5%。三次产业结构比例为8.8∶44.0∶47.2。全年市区居民消费价格指数为101.0%，同比增长1.0%，其中食品价格指数下降0.1%。工业生产者出厂价格指数为92.9%，同比下降5.5%；购进价格指数为91.2%，同比下降6.3%。年末城镇登记失业率为3.51%，同比回落0.1个百分点。

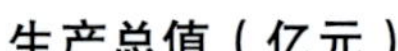

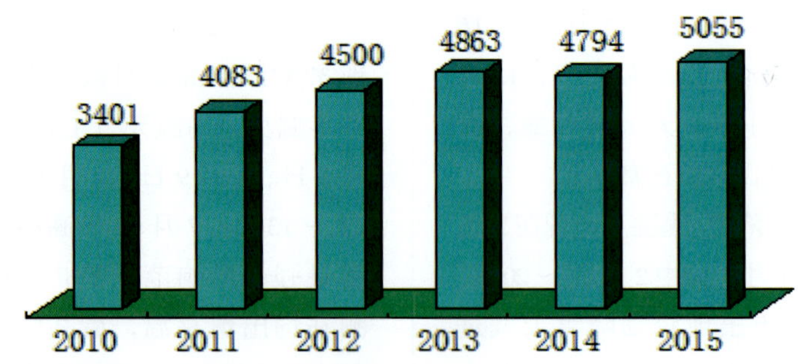

居民消费价格指数（%）

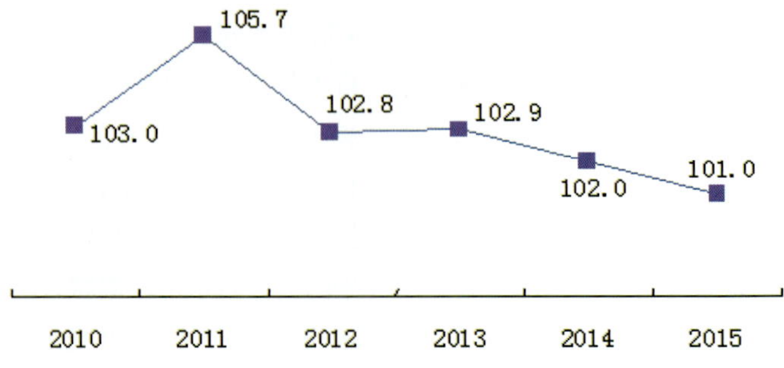

表 2 **2015 年石家庄市区居民消费价格指数变化表**

指标	比 2014 年指数增长（%）
市区居民消费价格总指数	1.0
食品	-0.1
烟酒	0.6
衣着	5.7
家庭设备用品及维修服务	1.5
医疗保健和个人用品	2.5
交通和通信	-1.0
娱乐教育文化用品及服务	0.7
居住	0.3

【农业】 2015 年全市农林牧渔业总产值 804.3 亿元，同比增长 2.08%。粮食播种面积 67.7 万公顷，同比减少 0.3 万公顷；粮食总产量 450.0 万吨。其中，小麦总产量 226.9 万吨，亩产 460.0 千克；玉米总产量 210.6 万吨，亩产 459.6 千克。蔬菜及食用菌播种面积 15.2 万公顷，总产量 1228.6 万吨。西瓜播种面积 7351 公顷，总产量 42.0 万吨。果园种植面积 14.7 万公顷，园林水果总产量（不含果用瓜）228.8 万吨。至 2015 年末，全市牛存栏 74.1 万头；驴存栏 2.9 万头；猪存栏 316.2 万头；羊存栏 108.0 万只；鸡存栏 9378.1 万只。肉类总产量 69.7 万吨，其中，猪肉 40.5 万吨、牛肉 8.8 万吨、羊肉 2.0 万吨、家禽肉 17.1 万吨、驴肉 2801 吨。奶类产量 116.4 万吨，其中牛奶产量 116.2 万吨；禽蛋产量 93.3 万吨，其中鸡蛋产量 92.4 万吨；蜂蜜产量 3112 吨。水产品养殖面积 1.5 万公顷，总产量 3.4 万吨。农业机械总动力 1840 万千瓦，主要农作物综合机械化水平达到 85.5%，同比提高 1.4 个百分点；小麦生产基本实现全程机械化，玉米机收率达到 82%。农业产业化经营率 65.7%，同比提高 0.8 个百分点。

农林牧渔业总产值（亿元）

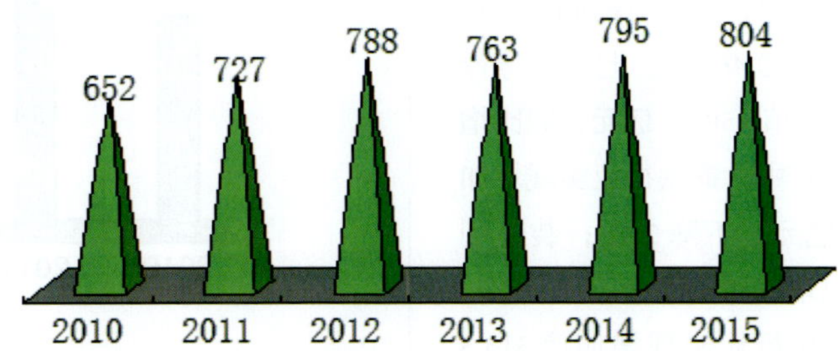

粮食总产量（万吨）

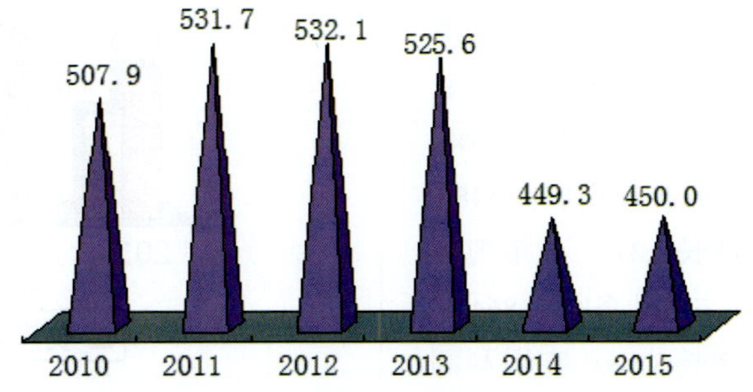

表 3 2015 年石家庄市主要农产品产量及其增长速度表

产品名称	产量（万吨）	同比增长（%）
粮食	450.0	0.16
油料	17.3	0.01
棉花	0.3	-10.76
蔬菜（不含瓜类）	1228.6	-3.22
水果	228.8	8.5
肉类	69.7	-1.8
蛋类	93.3	-0.8
奶类	116.4	-1.1
水产品	3.4	-3.3

【工业】 2015 年全市拥有规模以上工业企业 2434 家，同比增加 139 家，增长 6.1%；年从业人员平均人数 61.2 万人；总资产 5499.3 亿元，资产负债率 45.9%；总产值 8518.8 亿元。规模以上工业企业实现增加值 1897.1 亿元，同比增长 6.0%。轻重工业比重为 46∶54。七大主导行业实现增加值 1586.6 亿元，同比增长 6.4%。其中，钢铁行业实现增加值 144.7 亿元，下降 2.0%；装备制造业实现增加值 318.2 亿元，增长 5.4%；石化行业实现增加值 313.3 亿元，增长 12.8%；医药制造业实现增加值 131.6 亿元，增长 2.5%；建材行业实现增加值 138.5 亿元，增长 7.7%；食品行业实现增加值 245.3 亿元，增长 4.6%；纺织行业实现增加值 295.0 亿元，增长 9.5%。六大高耗能行业实现增加值 648.5 亿元，同比增长 5.3%。全年规模以上工业企业主营业务收入 8642.8 亿元，同比增长 5.6%；实现利润 727.1 亿元，同比增长 8.7%；实现利税 1064.7 亿元，同比增长 13.2%。亏损企业 137 家，亏损面 6%。

规模以上工业增加值（亿元）

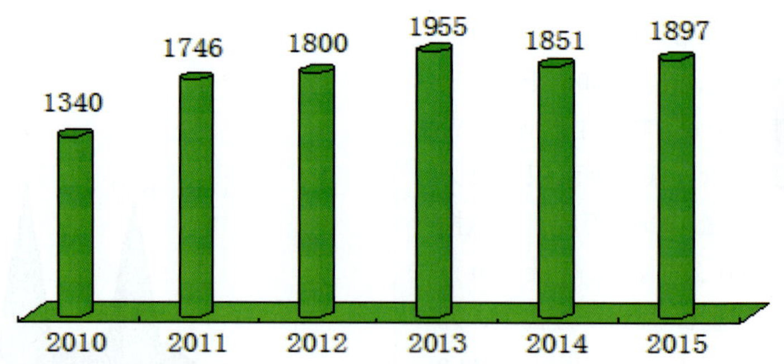

规模以上工业利税和利润（亿元）

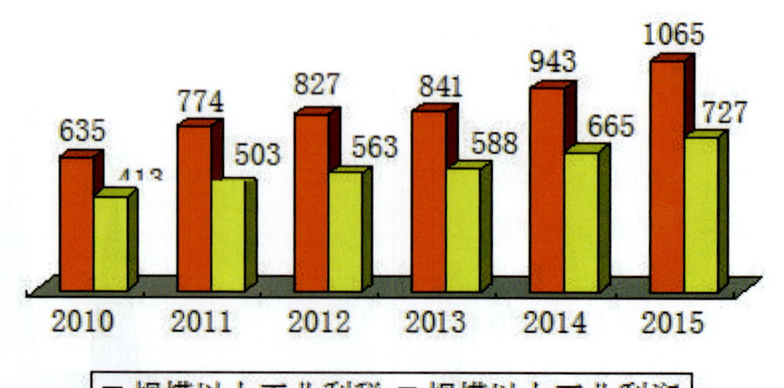

表 4 **2015 年石家庄市主要工业产品产量及其增长速度表**

产量占比	产品名称	完成量	占全省比重（%）	同比增速（%）
占全省100%	集成电路	4547 万块	100.0	-2.7
	白银（银锭）	1076 千克	100.0	65.5
	表	1364254 只	100.0	-10.2
	程控交换机	133857.0 线	100.0	-1.7
	电饭锅	703377 个	100.0	14.1
	环境监测专用仪器仪表	113160.0 台	100.0	24.5
	家用电风扇	2696828 台	100.0	33.2
	饲料生产专用设备	5507 台	100.0	25.4
	中型拖拉机	272 台	100.0	300.0
占全省 50%以上	气体压缩机	45798 台	99.9	952.1
	合成纤维单体	40312 吨	98.7	26.4
	光缆	1332976 芯千米	96.0	89.2
	瓷质砖	229435604 平方米	92.9	12.1
	合成洗涤剂	144630 吨	91.7	2.0
	金属切削工具	9242 万件	91.4	-0.3
	天然大理石建筑板材	5146773 平方米	85.8	3.2
	农产品初加工机械	6982 台	84.5	10.4
	石墨及碳素制品	614502 吨	69.4	28.1
	铸钢件	221879 吨	60.2	-16.6
	布	404966 万米	58.1	11.2
	合成纤维聚合物	15247 吨	56.7	19.5
	沥青和改性沥青防水卷材	44043940 平方米	56.5	15.0
	石膏板	3161 万平方米	55.4	-5.4
	无纺布（无纺织物）	77383 吨	54.4	0.3
	酱油	29854 吨	54.0	-2.2
	电动机	6191500 千瓦	53.8	-15.9
	灯具及照明装置	437732 套	53.5	20.3
	瓦	4302 万片	50.2	9.3

（续表）

产量占比	产品名称	完成量	占全省比重（%）	同比增速（%）
占全省20%～50%	饲料	5165425 吨	39.1	14.1
	化学药品原药	168715 吨	37.9	-15.5
	通信及电子网络用电缆	80681 对千米	37.3	-38.4
	硫酸（折 100%）	532035 吨	37.2	3.4
	房间空气调节器	3055059 台	35.4	-18.8
	涂料	249737 吨	34.7	2.9
	农用氮、磷、钾化学肥料（折纯）	732542 吨	33.9	-8.4
	化学纤维用浆粕	46240 吨	33.7	-8.8
	服装	17878 万件	32.8	-4.9
	合成氨（无水氨）	893969 吨	32.6	-11.0
	纱	654547 吨	32.0	9.5
	环境污染防治专用设备	4875 台（套）	29.9	-19.0
	卷烟	2530000 万支	29.8	-3.1
	印染布	3686 万米	29.6	-5.5
	中成药	20151 吨	29.4	15.2
	人造板	1565274 立方米	28.4	25.4
	水泥	23271461 吨	25.6	-4.7
	纸制品	915856 吨	25.3	9.8
	塑料制品	707110 吨	24.6	14.1
	软饮料	1242542 吨	24.5	15.0
	乳制品	819270 吨	23.7	4.2
	纯苯	168862 吨	23.3	912.2
	硅酸盐水泥熟料	10334818 吨	20.7	-14.8
其他主要产品	电力电缆	336115.0 千米	10.7	14.5
	商品混凝土	3654973 立方米	15.7	12.5
	平板玻璃	10517079 重量箱	9.5	41.6
	生铁	13138774 吨	7.6	5.4
	粗钢	12986309 吨	6.9	5.6
	钢材	12604764 吨	5.0	4.3
	轻革	8835648 平方米	7.0	4.0

【固定资产投资】 2015年石家庄市全社会固定资产投资完成5514.5亿元，同比增长12.1%。其中，固定资产投资（不含农户）5477.9亿元，同比增长12.1%。全年建设项目4149个，完成投资4703.6亿元，同比增长16.1%。其中，亿元以上项目799个，下降14.8%；完成投资2712.7亿元，增长3.4%。房地产开发完成投资986.3亿元，同比下降3.8%。至2015年末，全市共有建筑施工企业1755家；从业人人员18.61万人，同比下降14.61%；建筑业总产值完成1093.37亿元，同比下降3.67%；实现利润33.85亿元，同比增长15.29%。

全社会固定资产投资（亿元）

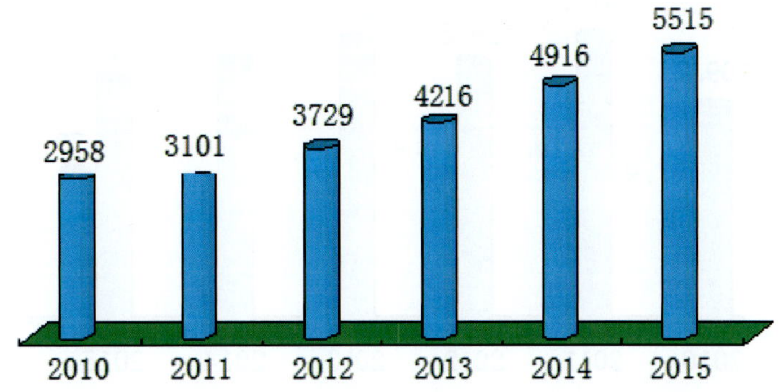

社会消费品零售总额（亿元）

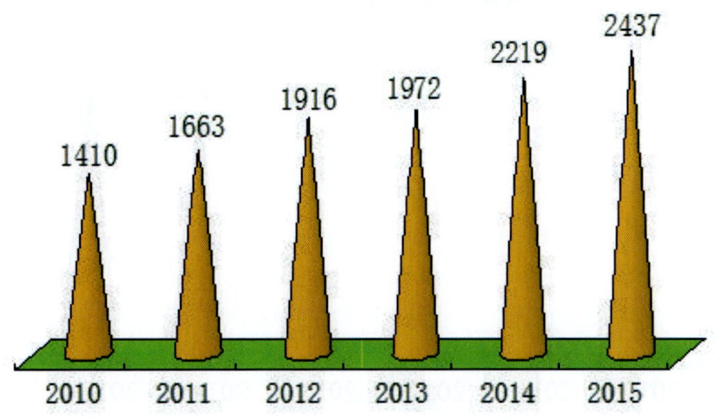

【国内贸易】 2015年全市实现社会消费品零售总额2437.3亿元，同比增长9.8%。总投资1775亿元、78个重点商贸项目，完成投资358.6亿元。年末全市商业网点达到20.1万个，其中市区7.4万个；面积5000平方米以上大型商业网点达到224家，建筑面积1277万平方米。2015年石家庄北国商城销售35.9亿元，北国先天下销售23.5亿元，新百广场销售25.9亿元，石家庄家乐福保龙仓销售7.0亿元，河北永辉超市销售1.78亿元。67家延时服务企业实现夜间销售收入23.31亿元，同比增长21.69%。2015年全市电子商务交易额达到3063亿元，占到全省总量21.1%。其中，网络零售额430亿元；新增工商注册电商企业364家，累计达到892家。2015年全市限额以上批发和零售企业（单位）商品零售额中，粮油食品类较2014年增长9.7%，饮料类增长14.0%，烟酒类增长4.9%，服装鞋帽针纺织品类下降1.7%，化妆品类增长5.0%，金银珠宝类下降5.4%，日用品类增长9.0%，家用电器及音像器材类下降3.5%，中西药品类增长12.5%，文化办公用品类下降15.4%，建筑及装潢材料类下降23.5%，石油及制品类增长6.1%，汽车类下降1.1%。

【对外贸易和旅游】 2015年全市对外贸易进出口总值121.5亿美元，同比下降15.3%。其中，进口总值48.3亿美元，下降26.3%；出口总值73.2亿美元，下降6.0%。2015年全市新增对外投资企业32家，同比增长6.67%；投资总额13.2亿美元，同比增长316.1%。至2015年底，全市新增具有对外贸易经营资质企业1060家，累计达到8850家。2015年全市实际利用外资11.4亿美元，同比增长11.6%。新批准设立外商投资企业34个，新增合同总金额39.3亿美元，同比增长1.3倍。引进外资项目19个，总投资34.7亿美元。2015年全市旅游业接待海内外游客6782.03万人次，实现总收入590.49亿元，同比分别增长17.01%和35.31%。

进出口总值与出口总值（亿美元）

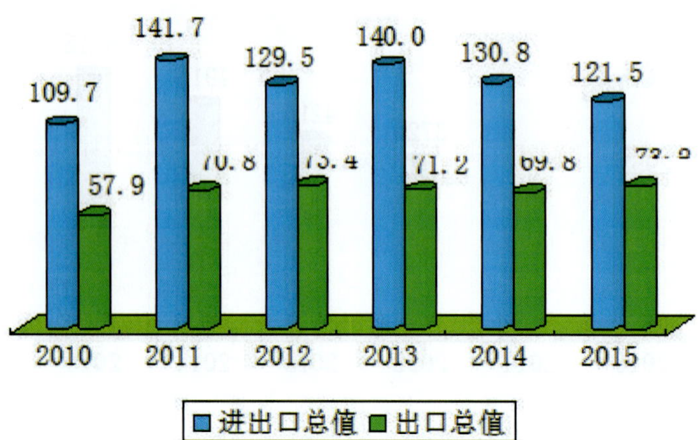

实际利用外资（亿美元）

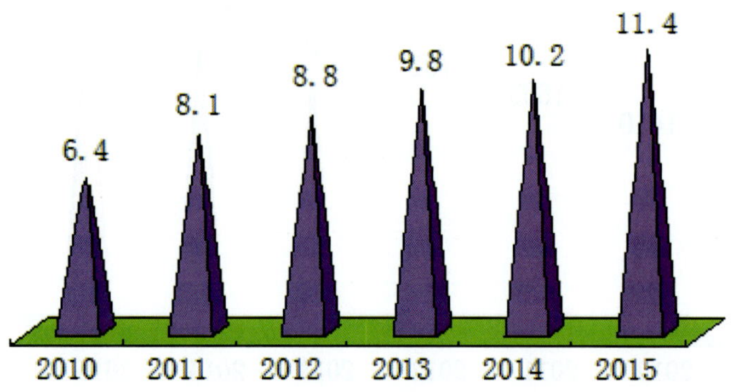

财政收入和一般预算收入（亿元）

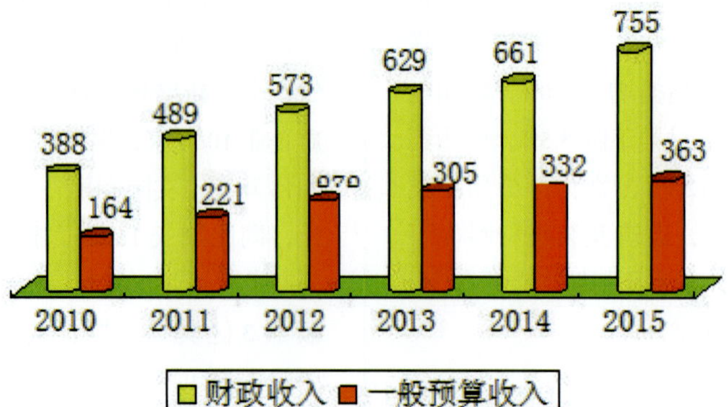

【财政和金融】 2015年全市财政收入755.0亿元，同比增长14.0%；一般公共预算收入362.9亿元，同比增长9.2%。财政支出651.1亿元，同比增长20.5%。至2015年末，石家庄市金融机构人民币各项存款余额9800.15亿元，比年初增加589.40亿元；人民币各项贷款余额6121.10亿元，比年初增加915.18亿元。4月16日，平安银行石家庄分行开业。11月10日，广发银行石家庄分行开业。至2015年末，全市银行业金融机构达到37家。2015年全市42家企业在多层次资本市场挂牌上市，其中，香港1家、创业板1家、新三板26家、天津股权交易所2家、石家庄股权交易所12家。发行各类债券242亿元。

【科学技术和教育】 2015年石家庄市获得省级科技奖励18项，其中省突出贡献奖1项，省自然科学二等奖1项，省技术发明三等奖1项，省科技进步奖15项（一等奖2项，二等奖7项，三等奖6项）。评选市级科技奖励83项，其中科学技术特别奖2项。登记科技成果246项，其中国内领先以上水平167项。2015年全市新增专利申请9186项，同比增长44%，专利授权5286项，同比增长19%；新增发明专利申请2021项，同比增长23.46%，发明专利授权824项，同比增长45.07%。2015年全市基础教育共有各级各类学校（含幼儿园）3044所，其中，幼儿园1361所，小学1310所，中学373所（含初级中学174所、高级中学58所、九年一贯制学校70所、完全中学47所、十二年一贯制学校4所）；在校生1464090人，其中，在园幼儿287388人，小学生729606人，初中生289957人，普通高中生157139人；教职工100937人，专任教师86621人。2015年全市共有中等职业学校134所，在校生140635人，招生55907人；教职工10740人，专任教师

7805人。2015年石家庄市共有市属高校5所，其中，本科高校1所（石家庄学院）、高职高专院校4所；在校生49993人；教职工3504人，专任教师2319人。

【文化、卫生和体育】 2015年全市共有艺术表演团体21个，艺术表演场馆15个，文化馆25个，公共图书馆25个。全年市图书馆接待读者160万人（次），市美术馆举办展览30余场，市民间工艺博物馆举办民间技艺培训班7期，市直各艺术院团下基层演出939场，市演艺集团开展“欢乐基层”惠民演出40场，“彩色周末”文化工程演出1169场，公益电影放映49291场。至2015年末，全市文化产业增加值达到196.68亿元，占到GDP比重3.9%。2015年全市有线广播电视用户达到113.16万户，其中数字电视用户108.88万户；广播节目综合人口覆盖率99.4%，电视节目综合人口覆盖率99.38%，有线广播电视入户率38.52%。2015年全市共有各级各类医疗卫生机构6656个，其中省级和部队15个，市级18个，县级120个，乡镇卫生院220个，社区卫生服务中心（站）198个，门诊部41个，诊所（医务室）1643个，村卫生室3974个。开放床位50450张，在岗职工86230名，其中卫生技术人员65081名，执业（助理）医师29589人，注册护士25279人。2015年全市992名运动员参加省级以上体育比赛获得金牌249枚、银牌192枚、铜牌147枚。举办市级体育比赛12项，参赛运动员2908人，颁发奖牌274枚。培养社会体育指导员3000余人，注册二级以上运动员384人，聘任二级裁判员5人。

【城乡交通和环境保护】 2015年全市公路通车总里程达到1.89万千米，路网密度达到119.02千米/百平方千米；公路建设完成投资74.88亿元，公路通车总里程同比增加888.02千米。石家庄市域拥有京广、石太、石德、石太客运专线、京广高铁（安阳—涿州段）5条铁路干线和新井、凤山2条支线；新井、凤山2条支线总长18.1千米，合计营业里程328.7千米；设立车站27个，车站管辖京广高铁涿州东、高碑店东、保定东、定州东、正定机场、高邑西、邢台东、邯郸东等沿线8个中间站。2015年石家庄机场完成旅客吞吐量598.54万人次，同比增长6.9%；货邮吞吐量44693.9吨，同比减少1.9%；保障飞机起降5.67万架次，同比增长0.9%；保障航班运输起降5.13万架次，同比增长0.1%；开通国际（地区）航线18条，运营航空公司26家，通航城市69个，全部运营航线达到90条。2015年城市轨道交通项目建设完成投资66.8亿元，累计完成投资134亿元。2015年市区公共交通共有公交车辆4403辆，其中天然气公交车3611辆，占总车数82%；运营线路229条，线路总长3802千米；行驶里程1.89亿千米；运营乘客5.87亿人次；实现总收入5.7亿元。2015年市区空气优良天数达到173天，同比增加67天，优良率增长20.0%。城市环境空气以“煤烟型”污染为主，呈现由“煤烟型”污染向“复合型”污染转化趋势。至2015年底，全市化学需氧量、氨氮、二氧化硫、氮氧化物4项污染物排放总量较2014年分别下降3.3%、3.1 %、4.7%、12.6%。

【人口、人民生活和社会保障】 年末全市常住人口1007.11万人，同比增长0.84%；人口自然增长率5.88‰。出生人口12.04万人，出生率11.72‰；死亡人口5.13万人，死亡率5.84‰。2015年全市居民人均可支配收入20762元，同比增长8.8%；城镇居民人均可支配收入28168元，增长8.0%；农村居民人均可支配收入11442元，增长8.5%。2015年全市居民人均消费支出13432元，同比增长7.4%；城镇居民人均消费支出18165元，增长

城镇居民人均可支配收入和农村居民人均可支配收入（元）

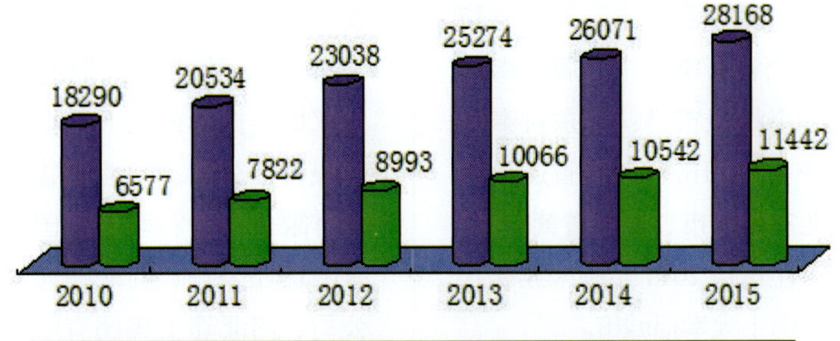

8.2%；农村居民人均消费支出7258元，增长3.0%。年末全市城镇职工参加基本养老保险人数为210.0万人，同比增加10.5万人。其中，在职人员159.9万人，增加8.1万人；离退休人员50.1万人，增加2.4万人。全市城乡居民参加养老保险人数为399.8万人，同比增加6.9万人。年末全市城镇参加医疗保险人数为289.9万人，同比增加3.6万人。其中，城镇职工141.6万人，增加2.2万人；城镇居民148.3万人，增加1.4万人。年末全市参加失业保险人数为91.6万人，同比增加1.2万人；工伤保险人数为141.8万人，同比增加8.2万人；生育保险人数为136.9万人，同比增加4.7万人。年末全市享受居民最低生活保障人数18.21万人。其中，城镇居民2.76万人，农村居民15.45万人。

（市统计局）

【第六次入选中国幸福城市十强】 3月2日，中央电视台财经频道发布《中国经济生活大调查》数据。此次大调查覆盖全国31个省市自治区、104个城市和300个县，调查10万户中国家庭生活感受、经济状况、消费投资预期、民生困难和幸福感等。其中，居民幸福感最强5个省会城市是：安徽省合肥市、山西省太原市、海南省海口市、湖南省长沙市、河北省石家庄市；居民幸福感最强5个地级市是：山东省泰安市、辽宁省辽阳市、江苏省连云港市、河北省衡水市、安徽省黄山市。这是石家庄市自2011年以来连续六次入选全国十大幸福城市。

（王静）

【创新驱动十项重点工程】 7月13日，市政府印发《石家庄市实施创新驱动发展战略十项重点工程工作方案（2015－2020）》（石政发〔2015〕35号）。十项重点工程分别为：新兴产业培育工程、传统产业提升工程、创新体系完善工程、创业平台建设工程、人才培育引进工程、科技成果转化工程、“互联网+”新业态培育工程、智慧城市建设工程、龙头企业带动工程、重大支撑项目推进工程。其中，新兴产业培育工程包括生物医药、新一代信息技术、高端装备制造、新材料、节能环保、新能源汽车，到2020年，全市战略性新兴产业成为国民经济支柱产业；传统产业提升工程包括钢铁行业、石化工业、建材行业、食品加工业、纺织服装业、传统商贸业，以云计算、物联网等信息技术再造传统产业，实现信息化与工业化深度融合，力争到2020年，传统产业主营业务收入达到1万亿元。

（市政府文件）

【5家企业入选中国企业500强】 8月22日，中国企业联合会、中国企业家协会在广西南宁市发布2015中国企业500强名单（评选按照国际通行方式，以2014年企业营业收入为入围标准，经专家委员会审定排序），由市企业联合会、市企业家协会推荐的河北敬业企业集团有限责任公司、河北省物流产业集团有限公司、石家庄北国人百集团有限责任公司、河北建设集团有限公司、河北建工集团有限责任公司5家企业入选。其中，河北敬业企业集团有限责任公司以5666900万元营业收入，名列中国企业500强第225位，较2014年提升13位次；河北省物流产业集团有限公司以5500203万元营业收入，名列中国企业500强第229位，较2014年下降19位次；石家庄北国人百集团有限责任公司以3213628万元营业收入，名列中国企业500强第383位，较2014年提升3位次；河北建设集团有限公司以3031979万元营业收入名列中国企业500强第403位，较2014年提升47位次，提升位次最多；河北建工集团有限责任公司以2979876万元营业收入名列中国企业500强第412位，较2014年下降7位次。

【石家庄百强企业】 10月30日，市企业联合会、企业家协会发布2015石家庄市百强企业名单排位：河北敬业集团第1位，年营业收入（均为2014年数据）567亿元，同比增长63亿元，增幅12.5%，名列全国500强第225位，较2014年提升13位次。北人集团第2位，年营业收入321亿元，名列全国500强第383位，较2014年提升3位。石药集团第3位，年营业收入203.7亿元，增幅11%，由2014年市百强企业第5位升至2015年第3位。第4位至第7位年营业收入差别不大，依次为华药集团166亿元、天山集团157亿元、诚信公司156亿元、石炼化公司152亿元。第8位至第10位，分别为东旭集团、乐仁堂、金石化工，营业收入均超过百亿元。市百强企业第100位为诚志永华显示材料有限公司，年营业收入2.5

亿元。2015石家庄市百强企业年营业总收入2960亿元，较2014年2748亿增长7.7%；前10名企业年营业收入2064亿元，较2014年前10名总收入1938亿元增长6.5%；前10名企业营业总收入占全市百强企业总收入70%。2015石家庄市百强企业县（市、区）分布：藁城区20家，较2014年增加7家；高新区10家，较2014年增加1家；栾城区10家，较2014年增加4家；鹿泉区9家，较2014年增加2家；其余县（市、区）5家以上分别为正定县、赵县、晋州市、新乐市。2015石家庄市百强企业行业分布：以敬业集团、石钢公司、金隅水泥为代表钢铁建材行业14家，年营业收入699亿元，占百强企业23.6%；以华药集团、石药集团、神威药业、石家庄四药为代表制药企业，年营业收入505亿元，占全部百强企业17.1%；化工行业19家企业，年营业收入492亿元，占16.6%；机械制造业占6.5%；建筑业占5.3%；纺织服装业占4%；食品行业占2.6%；电子信息行业占0.4%；其余行业合计占23.9%。综合分析：石家庄钢铁、建材占比较大，企业转型升级任务严重；石家庄工业多数产品处在低端水平，生产方式、管理模式等仍为粗放状态。

（范玉蕾）

精神文明建设

【概况】 2015年，全市精神文明建设以培育和践行社会主义核心价值观为核心，以争创全国文明城市为统领，以开展“善行河北、首善省会”主题道德实践活动为平台，组织建设社会主义核心价值观、乡村学校少年宫、村民中心3个基地，主动运用公益广告、“春雨行动”、未成年人思想道德建设品牌创建活动3个载体，完善诚信建设、志愿服务、文明旅游3项制度，创造性开展群众性精神文明创建活动，提升城市文明程度和市民文明素质。扩大精神文明宣传阵地，率先在全省建成5个社会主义核心价值观涵育基地，并在石家庄广播电台开设“文明在行动”专栏。推动社会主义核心价值观进校园、入头脑、见行动活动，利用重要节日、纪念日等时间节点，以签名寄语、社团活动、歌咏传唱、节日小报、主题实践等形式和载体，组织中小学校开展社会主义核心价值观和中国梦宣传教育，全市2800多所中小学校实现宣传全覆盖。拓展志愿服务方式，创建“志愿石家庄”微信公众平台，注册志愿服务团体3881个，实名认证志愿者253627人。2015年石家庄市1人获得第五届道德模范提名奖，2人获得“中国好人”称号；1人获得“河北省道德模范”称号；20人获授“石家庄市第四届道德模范”称号，98人、1个集体获得“石家庄市文明公民标兵”称号；石家庄外国语学校、尖岭社区获得第三届全国未成年人思想道德建设工作先进单位，高邑县、晋州市、裕华区获得全省未成年人思想道德建设工作先进县（市、区）。

【主题道德实践活动】 开展社会主义核心价值观涵育基地建设，率先在全省建成正定常山公园、高远古家具博物馆、晋州市周家庄、藁城区岗上村、鹿泉区宣传文化中心5个社会主义核心价值观涵育基地。制定《石家庄市社会主义核心价值观涵育基地管理办法（试行）》。第二批新华区家训主题公园（儿童公园）等5个涵育基地建设和第三批桥西区、新乐市、行唐县、高邑县、无极县等5个涵育基地正在申请办理。2015年全市70余万人次参观涵育基地，其中党政机关、社会单位和团体超10万人次到涵育基地参观学习、接受教育。2015年5月，市委宣传部、省会精神文明办公室、市总工会、共青团市委、市妇联联合开展第四届石家庄市道德模范评选表彰活动，评选分为“助人为乐模范”“见义勇为模范”“诚实守信模范”“敬业奉献模范”“孝老爱亲模范”五类，最终20人当选第四届石家庄市道德模范。举办道德模范“抗战纪念日”座谈会，走访慰问省级道德模范乞国艳、全国优秀志愿者姬建辉。开展第三届“365百姓故事汇·美德故事人人讲”活动，由普通市民根据发生在身边的真人真事、凡人善举，以创作美德故事、讲述美德故事形式，发掘推崇真善美行为，传递社会正能量。

（吴蕾）

【首届孝动省城最美人物】 10月21日，由省会精神文明办公室、《石家庄日报》、市总工会、共青团市委、市妇联、市民政局、藁城区委宣传部及独家冠名赞助单位石家庄滨河绿都生态农业有限公司共同举办的“滨河绿都杯”首届“孝动省城”最美人物评选揭晓，共有11人当选。11人分别为：谷丽娜（新乐市）、赵雪英（赵县）、李晓倩（赞皇县）、张玉录（桥西区）、翟翠英（新乐市）、郝彦钗（藁城区）、梁秀英（井陉矿区）、聂金须和吴秀（栾城区）、李淑芬（高邑县）、罗书云（灵寿县）。

（王欣）

【创建文明城市】 开展“经济强省、美丽河北”公益广告宣传，宣传内容与社会主义核心价值观、“讲文明树新风”公益广告宣传、美丽乡村建设相结合，利用各种载体，采取不同形式，因地制宜设置与周边环境融合、设计独特的公益广告。至2015年末，全市2700辆公交车、6710辆出租车LED屏，全天滚动播放公益广告宣传内容，其中，市区公交站亭投放公益宣传广告799块，市管高速公路广告塔18座，跨线桥6座，公园广场3100块，建筑工地围挡10000余块、30余万平方米。开展文明城市创建活动，学习研究全国文明城市新测评体系三大版块、12个测评项目、90项测评内容、188条测评标准、30条负面清单，将文明城市创建工作分解到每个责任单位，明确测评标准和操作要求，加强督促和检查指导，发现问题及时通报整改。在石家庄广播电台综合频道《民生关注》栏目开设“文明在行动”专栏，10月17日道德实践公益节目《文明大考场》开播，每周播出一期。“文明在行动”专栏获得市民积极响应，成为助力石家庄市争创全国文明城市，提升市民文明素质和城市文明程度的重要平台。

（吴蕾）

【环卫工李军风入选第一批全国岗位学雷锋标兵】 3月4日，中共中央宣传部公布第一批50名全国岗位学雷锋标兵，石家庄市新华区卫生队清扫大班长李军风入选。李军风，女，50岁，新华区卫生队清扫科清扫大班长，在环卫一线工作30多年。李军风所在新华区民族路班组，地处城市繁华区域，干线长，过往车辆多，车速快，清扫保洁难度大，工作量大，并且非常危险。她带领班组成员起早贪黑，不管狂风烈日，不分寒冬酷暑，天天忘我工作。几年来，李军风班组同事家中有困难，她热情相助；组员有病，她到医院或家中探望；组员家中有事或有病不能上班，她主动替换班。李军风从未因病或家中有事耽误一天工作。2014年1月16日，李军风获得2013年度“感动省城十大人物”称号。

（王更）

【文明乡村建设】 市委宣传部、市精神文明办公室、市卫生计生委、市民政局等5部门联合印发《2015年石家庄市农村面貌提升行动环境美化和村民中心建设实施方案》，组织全市乡村清运垃圾杂物180万余立方米，拆除残垣断壁4600多处，积存多年“垃圾围村”现象初步解决。实施乡村植树造林800余万株，建成环村林带90余万平方米，新植绿地、新植花草灌木20余万平方米。2015年石家庄市501个省、市重点村均建成多功能村民服务中心，农闲及茶余饭后，村民可到服务中心看书、上网、锻炼身体，村民服务中心成为综合性便民为民服务中心。以培育和践行社会主义核心价值体系为主旋律，以农村文化墙绘制与善行公德榜为平台，选取内容贴近农村生产生活实际，采用国画、漫画、书法、谚语、顺口溜等形式，反映群众身边的人和事，改变农民“被动看”为“主动看”。至2015年末，全市绘制农村文化墙超5万平方米，1000多个村庄建立善行公德榜，农村文化墙和善行公德榜成为农民教育“天然课堂”及传播先进文化、涵养文明乡风、促进新农村建设有效载体。

【未成年人思想道德建设】 推动社会主义核心价值观进校园、入头脑、见行动活动，利用重要节日、纪念日等时间节点，以签名寄语、社团活动、歌咏传唱、节日小报、主题实践等形式和载体，组织中小学校开展社会主义核心价值观和中国梦宣传教育，全市2800多所中小学校实现宣传全覆盖。发挥未成年人身边榜样作用，开展学习和争做“美德少年”活动，引导未成年人“做一个有道德的人”。2015年5月，省会精神文明办公室、市教育局、共青团市委、市妇联联合开展第三届“石家庄市十佳百优美德少年”

评选活动，命名10人为“石家庄市十佳美德少年”。集中展示美德少年优秀事迹，石家庄康福外国语学校学生王朝暄入选“全国百名美德少年”(河北省3人)。加强城乡学校少年宫建设，打造未成年人“以乐促智、以技养能、以德育人”阵地平台，争取中央专项彩票公益金支持乡村学校少年宫项目14个，连续5年累计建设命名城乡学校少年宫100所，并确定10个为石家庄市城乡学校少年宫重点支持项目。印发《石家庄市城乡学校少年宫创建标准(试行)》，明确“十个有”标准内容，有效规范城乡学校少年宫建设、管理和运行。2015年省会精神文明办公室与市教育、财政部门联合调研和督查全市乡村学校少年宫项目，评估完成2011～2014年59个中央专项彩票公益金支持乡村学校少年宫项目。未成年人思想道德建设获得多项荣誉。2015年3月，石家庄外国语学校、裕华区尖岭社区获得第三届全国未成年人思想道德建设工作先进单位称号；2015年5月，河北省精神文明委员会表彰第三届河北省未成年人思想道德建设工作先进县(市、区)、先进单位、先进工作者，石家庄市裕华区、高邑县、晋州市3个县(市、区)获评先进县(市、区)，市教育局思政体卫艺处、桥西区精神文明委员会办公室、鹿泉区精神文明委员会办公室、新乐市精神文明委员会办公室、井陉县小作中学、桥西区人民检察院、长安区建安路社区、市跃进路小学8个单位获评先进单位，另有6人获评先进工作者。

【志愿服务活动】 2015年6月，全市“为民心连心、党员在行动”志愿服务活动正式启动，市委、市政府、市人大、市政协四大班子和市直各单位及部分驻石家庄中央直属、河北省直属单位8000余名党员志愿者，走进社区、走上街头，举起党旗、带着志愿服务“小红帽”，开展形式多样志愿服务活动。活动时间：每月第一个周六上午9～11时。主要开展社区志愿服务、党员文明示范岗创建、党员网络志愿服务3类活动。社区志愿服务活动，组织党员志愿者深入社区，开展“四化”“四访”“四进”“一讲堂”活动。“四化”即净化、绿化、文化、规范化，巩固2014年党员志愿服务成果，帮助社区保持卫生净化，做好环境绿化，丰富群众文化活动，促进服务规范化。“四访”即访社区空巢老人、访留守儿童、访困难职工、访残疾人家庭，了解他们基本情况和志愿服务需求，领导干部带头示范，开展党员认亲结对、长期帮扶、个性化服务活动，帮助特殊群体、困难家庭解决实际问题。“四进”即法律、文体、科技、医疗卫生进社区，满足群众多样化社会需求，带动社区居民发挥主体作用，帮助社区培育群众志愿服务活动载体，把志愿服务活动做进城乡基层、做进社区、做进家庭。“一讲堂”即组织广大党员志愿者参与“燕赵社区大讲堂”，传播社会主义核心价值观和科学文化知识，满足市民精神文化需求，提升市民素质和城市文化品位。党员文明示范岗创建活动，主要包括创建党员文明交通示范岗，组织党员志愿者到市区主要交通路口维护秩序，开展文明交通宣传引导志愿服务，协助执勤民警劝阻行人闯红灯、翻越护栏、不走人行横道及非机动车驾驶人闯红灯、越线停车、骑车带人等交通违法行为，开展交通安全宣传；创建党员文明旅游示范岗，组织党员志愿者，走上街头，到公园、景区、学校、社区，采用组织培训、专家讲座、展板宣传等形式，宣传文明旅游礼仪知识，提升公众旅行文明素质；创建党员文明乘车示范岗，组织党员志愿者到全市长途客运枢纽、公交站台和公交车上，开展以文明礼让、排队上车、主动让座、乘车安全为内容的文明乘车引导服务，营造文明和谐的乘车环境。党员网络志愿服务活动，依托各单位网站，搭建党员网络志愿服务平台，举行形式多样的党员网络志愿服务，构建党员网络志愿服务活动体系；组织党员志愿者围绕市委中心工作和重大事件，创作、转发弘扬社会主义核心价值观和展示石家庄市经济社会发展成就的文章、图片、视频等网络作品，抢占舆论宣传主阵地，传播网络正能量，引领网络新风尚；组织党员志愿者参与网络公益活动，引导网友共同做好网络公益事业。至2015年末，全市党员志愿服务活动累计出动党员志愿者8万余人次，清理小广告56万余张，清理垃圾14.7万立方米，发放文明乘车、文明旅游、文明交通等宣传册、宣传品12万余份，开展社区大讲堂1060余场次，引导行人、非机动车文明安全出行6000余人次。拓展志愿服务方式，创建“志愿石家庄”微信公众平台，注册志愿服务团体

3881个，实名认证志愿者253627人，公众号铁杆粉丝量近1000人，图文信息阅读量51976次，转发3328次。开展“首善省会·关爱空巢·晚晴行动”，由社区志愿者+企业志愿者+大学生志愿者组成服务小组，与空巢家庭结成“一助一”服务对子，举办20余项志愿服务主题活动，关爱空巢老人1000余人次，提供日常服务5600小时，爱心企业捐献资金56万。启动“文明乘车进校园”志愿服务活动，市区20所小学举办文明乘车宣讲活动60余场次，受益小学生13000余名。

河北省省会精神文明建设委员会办公室

主　任：闫国文

副主任：林春山

（吴蕾）

特色园区

Featured Park

石家庄国家高新技术产业开发区

【概况】 石家庄国家高新技术产业开发区（简称高新区）是1991年3月经国务院批准设立的首批国家级高新区。1995年经国务院批准，将位于市区东部原石家庄经济技术开发区并入石家庄高新区。2005年6月，国家发展和改革委员会（简称发改委或发展改革委）审核确定石家庄高新区政策区面积15.53平方千米，其中东区7.33平方千米，西区8.2平方千米。2009年10月15日，石家庄市委、市政府决定石家庄高新区对原裕华区宋营镇、原栾城县郄马镇实行托管。至2015年末，石家庄高新区辖2个街道办事处2个镇（长江街道办事处、太行街道办事处，宋营镇、郄马镇）、28个行政村、7个居委会，常住总人口17.89万人。2015年，石家庄高新区以火炬中心“一个行动、两项工程”中心工作为指引，以国家创新型特色园区建设为核心，以科技型中小企业成长计划为主线，以优化发展环境为手段，以科技创新为路径，抢抓京津冀协同创新发展机遇，培育创新主体，发展创新载体，建设创新平台，强化金融支撑，壮大产业集群，全区自主创新能力和核心竞争力全面提升。至2015年末，高新区完成地区生产总值196.4亿元，同比增长7.5%。其中，第一产业增加值1.9亿元，增长0.8%；第二产业增加值130.8亿元，增长5.8%；第三产业增加值63.7亿元，增长11.2%。全社会固定资产投资完成250.1亿元，同比增长17.8%。财政收入46.5亿元，同比增长13.9%，其中公共财政预算收入23.7亿元，增长15.1%。财政支出16.0亿元，同比增长26.8%。拥有规模以上工业企业112个；规模以上工业总产值426.81亿元；主营业务收入485.3亿元；规模以上工业增加值116.7亿元，同比增长6.1%；利润57.9亿元，同比增长22.7%。社会消费品零售总额76.7亿元，同比增长9.8%。民营经济增加值168.3亿元，同比增长9.9%。实际利用外资1.42亿美元，同比增长27.7%。万元工业增加值能耗下降3.1%。根据国家科技部火炬中心公布115家国家级高新区最新综合排名结果，石家庄高新区由第32位跃升至第19位，首次跻身全国20强，其中，知识创造和技术创新能力、产业升级和结构优化能力、国际化和参与全球竞争能力、高新区可持续发展能力4个单项排名提升。至2015年末，高新区共有各类企业5000多家。其中，工业企业1500多家，外商投资企业78家；经认定国家高新技术企业184家，河北省科技型中小企业736家；上市挂牌企业36家。形成生物医药、电子信息、先进装备制造和现代服务业四大主导产业。其中，以以岭药业等为代表180多家生物医药企业（规模以上企业30家）占总产值比重41%；以国祥制冷、博深工具等为代表130多家先进装备制造企业（规模以上企业60家）占总产值比重29.5%；以54所、13所为代表160多家电子信息企业（规模以上企业40家）占总产值比重19.2%。科技服务业占全区GDP总量超过9%。

【工业经济】 拥有规模以上工业企业112个；规模以上工业总产值426.81亿元；主营业务收入485.3亿元；规模以上工业增加值116.7亿元，同比增长6.1%；利润57.9亿元，同比增长22.7%。实施工业重点项目155项，总投资1062.93亿元。其中，大唐电信北斗卫星导航系统和定向声波系统产业基地等新开工项目45个，总投资486亿元；东旭集团光电显示玻璃基板及装备制造产业化等续建项目42个，总投资305亿元；石家庄四药中药现代化等技改项目40项，总投资16亿元；格力电器三期等前期项目33个，总投资393亿元。5月8日，包括石药集团抗肿瘤高科技产业园、天山科技工业园科技孵化器电子生产加工区D座等10个重点项目集中开工。石药集团抗肿瘤高科技产业园项目位于太行大街和淮河道交叉口西南角，是高新区第二批集中开工项目中体量最大一个，项目占地面积530亩，投资20亿元，建设包括10座新药生产车间、一座新药制剂中试生产大楼和6条中试生产线、一座新药原料中试生产大楼、一座研发大楼和一座质量综合大楼及相关配套设施，总建筑面积42万平方米，规划年产抗肿瘤类注射剂13亿支、口服制剂14亿片（粒），年销售收入60亿元，利税18亿元；天山科技工业园科技孵化器电子生产加工区D座项目，总投资4.5亿元，总建筑面积36万平方米，是天山科技工业园科技孵化器的一部分，规划建成容纳200家企业，年上缴利税上亿元，解决就业1500人。2015年高新区28个项目竣工投产，55个项目开工建设，20个项目列入省市重点；培育工业标杆指标42项，争创国内“第一”“唯一”21项，12家企业获得省级、市级对标示范企业称号。

【科技创新】 出台《加快培育和发展战略性新兴产业十条政策》《新三板企业上市资助资金管理办法》《新四板挂牌资助政策》《知识产权专项资金使用管理办法》《引进高端人才的政策》《人才专项资金使用管理办法》《科技企业孵化器建设管理办法》《众创空间认定管理办法（试行）》等政策和管理制度。6家企业入选“2015年度河北省十强科技企业孵化器”，分别是石家庄高新区方亿科技企业孵化器有限公司，石家庄市科技创新服务中心，石家庄高新技术创业服务中心，河北方大科技有限公司，河北创业基地投资管理有限公司、石家庄日中天科技企业孵化器有限公司。2015年高新区新增科技型中小企业232家，总数达到736家；新增高新技术企业26家，总数达到184家；新增省级科技小巨人企业10家，市级以上创新平台13个，国家级企业重点实验室2个，国家级创业技术创新联盟2个；拥有国家级创新型（试点）企业5家，省级创新型（试点）企业20家，市级创新型企业27家，分别占全市70%、60%和40%。2015年以岭药业获批建设络病研究与创新中药国家重点实验室；中国电子科技集团第54所获批建设卫星导航系统和装备技术国家重点实验室；石家庄生物医药产业院士工作站在高新区挂牌，聚集院士37位。2015年高新区拥有国家重点实验室4家，占全省二分之一，其中新增国家级重点实验室2家；新增省级工程技术研究中心3家；新增市级工程技术研究中心8家；企业技术中心、工程技术研究中心、工程研究中心、重点实验室达到93家，其中国家级10家、省级30家、市级53家；拥有博士后工作站7个，院士工作站9个；拥有国家级国际科技合作基地7家、省级国际科技合作基地11家、市级国际科技合作基地13家；产业技术创新联盟4个。2014年12月，石家庄高新区“药用辅料与制剂产业集群”被国家科技部列为第二批创新型产业集群试点。2015年1月，经河北省科学技术厅批复，光电子产业集群、卫星导航与位置服务产业集群列为全省6家首批创新型产业集群试点之一。其中，光电子产业创新型产业集群以中国电子科技集团第13研究所为核心技术依托单位，以东旭集团有限公司等为龙头企业，形成材料、芯片、外壳、封装、设备制造、系统与应用于一体完整的光电子产业链，年末拥有从事光电产业高科技企业27家；卫星导航与位置服务产业集群聚集中国电子科技集团第54所、河北汉佳电子科技有限公司等35家企业，建成卫星导航与位置服务产业集群综合信息管理平台。发展市场化、专业化、集成化、网络化众创空间，将创新与创业相结合、线上与线下相结合、孵化与投资相结合，向不同创业者提供工作空间、网络空间、社交空间和资源共享空间；鼓励科技企业孵化器、行业领军企业、创业投资机构、社会组织投资建设或管理运营众创空间；认定众创空间5家。2015年高新区翰林生物科技有限公司脑退化症多肽诊断芯片创新团队、河北桑迪亚医药技术有限责任公司新型靶点型抗肿瘤药物研发创新团队、河北省健海生物芯片技术有限责任公司生物芯片创新团队、河北天测信息技术有限公司创业团队4家企业团队被认定为河北省首批产业创新创业团队。2015年高新区投入运营科技企业孵化器14家，其中国家级4家、省级5家，孵化场地面积102万平方米，在孵企业826家。2015年4月，高新区以最高评分获批第四批国家知识产权示范园区，成为全国第18个、河北省唯一国家知识产权示范园区。参与京津冀协同创新行动，2015年京津冀协同创新入选《国家高新区创新驱动发展示范工程》，京冀（石家庄）协同创新示范工程方案完成。与北京市科学技术委员会建立对接机制，并利用石家庄科技大市场平台，设立首都科技条件平台和北京技术市场服务窗口。建立3家省级以上技术转移机构，组织百家企业举办走进天津大学活动；组织3场次86家企业与北京开展技术、人才和项目对接；组织2场次100多家企业与北京创业投资机构对接；36家企业与北京和天津地域大学、科研机构开展合作。完成京津冀技术交易额1.3亿元。参加“互联网跨界创新”工程和“国家高新区伙伴计划”，推动京津冀高新区间横向合作。17家企业参加中关村实施“互联网跨界融合示范工程”，引进15家中关村互联网企业落户。

【科技金融】 新增上市挂牌企业16家，其中创业板1家、新三板13家、新四板2家。至2015年底，高新区累计上市挂牌企业达到36家。其中，香港证券交易所挂牌企业4家、主板1家、中小板4家、创业板4家、“新三板”15家、“新四板”9家；“新三板”挂牌企业总数占河北省17%，占石家庄市65%。上市挂牌企业主要涉及4个大类，其中制造业6家、信息传输与软件和信息技术服务业1家、科学研究和技术服务业1家、建筑业1家。成功引入河北银行、中国银行和北京银行建立科技支行，其中河北银行科技支行与高新区30余家科技型企业实现对接，为科技型中小企业贷款5100万元。组织上市挂牌企业对接股权质押贷款，获得专项贷款4000余万元；企业申报河北省科技厅履约保险贷款业务，15家企业申请贷款近7500万元。资助专利申请和专利权质押贷款贴息254.5万元，同比增长10.5%。打造开放性、公益性、综合性多层次资本市场平台，与省中小企业发展促进会、中关村担保公司签署合作意向，组建河北省中小微企业应急互助发展基金试点园区。联合河北省科技厅共同出资4000万元，引导银行与社会资本设立石家庄高新区中浦创投基金，这也是河北省第一个股权与债权投资相结合基金。2015年高新区德赛化工有限公司等13家企业债权投资1.43亿元，为河北新大地机电制造有限公司等3家企业股权投资5770万元；发行集合债券，为智同医药等5家成长期企业融资1.78亿元；发行集合票据，为铁园科技等4家企业融资2.8亿元。组建金融资本和企业合作共赢对接平台，率先建成河北省首家金融超市，并与60多家银行、担保、基金、券商、创投等机构建立战略合作关系。与北京天使汇、创新工场等机构合作，每季度邀请天使投资人、风险投资机构、资产管理机构等，开展申请融资企业和创业项目投资评估、项目路演、培训辅导，2015年飞马旅、广发信德基金、中科招商、优势资本、天星资本、德同资本等北京知名投资公司参与项目路演和风投资本对接活动，8家企业获得天使投资2.5亿元，其中北京富沃德投资公司为河北创源科技公司投资5000万元。

【招商引资】 围绕营业收入、工业产值、财政收入“三个倍增”计划目标，提升配套环境，明确招商重点和定位，推进产业集群、龙头企业落户。高端医药产业园聚集起华药集团、石药集团、以岭药业等生物医药企业，基本建成路、水、电、暖、气等相对完善的配套基础设施。2015年高新区引进投资亿元以上项目20个，总投资180亿元。长沙创芯集团投资16.5亿美元8英寸及12英寸晶圆产业园、北京旷烨集团投资55亿元“京冀综合产业协作示范园”落户高新区。11月10日，石家庄高新区河北天山集团与上海绿地集团在上海市签约总投资500亿元、总建筑面积400万平方米天山·世界之门项目，该项目位于高新区东区核心位置，是世界500强企业——绿地集团进入石家庄市首个重大项目，也是省市重点项目，项目规划有燕赵魂、金融心、创业谷、自贸港、未来城五大板块，建设涵盖燕赵文化步行街、燕赵大型实景剧场、燕赵主题乐园、大型旅游娱乐mall、娱乐体验主题购物中心、超五星级酒店、会展演艺、总部经济等高端业态，打造燕赵文化旅游综合体。至2015年末，高新区实际利用外资1.42亿美元，同比增长27.7%；完成服务外包额5亿元。

【城区建设】 太行西街、仓盛东路快车道通车，燕山大街、仓岩街等4条道路正在建设；总投资1.4亿元昆仑大街220千伏电力隧道工程开工；污水处理厂升级改造项目收尾。开展建筑工地、储煤场、渣土车等专项整治行动；淘汰黄标车228辆，完成6个村煤改气和环保采暖炉置换，削减煤炭1.2万吨。实施植树绿化工程，栽植绿化树木11万株，新增绿化面积7.1万平方米。

【社会民生】 优化发展环境，清理行政权力及行政事业性收费审批项目。12月1日行政审批局挂牌运行，实现“一枚印章管审批”目标。严查损害发展环境行为，约谈、诫勉谈话15人次，问责追究50人次。城乡居民、企业离退休人员养老金足额发放率达到100%。被征地农民养老保险、残疾保险惠及人数12979人，发放金额5877万元。提供就业岗位47390个，实现城镇新增就业6722人。第54中学二期工程交付使用，东佐小学、想象国际小学投入使用。社区居民健康管理基本实现全覆盖。区文化中心免费对外开放。建成社区居家养老服务中心24个，覆盖率达到77%。

石家庄国家高新技术产业开发区

副市长、中共高新区工委书记：

蒋文红

市政府党组成员、区工委副书记、管委会主任：

吴时茂

市政府党组成员、区工委副书记：

陈国际（10月任，挂职）

工委副书记、管委会副主任：

关保松

工委委员、管委会副主任：

姚玉和

王树欣（9月任）

高全光

高华树（9月免）

戴宝进

工委委员、纪工委书记：

梁建坤

（张雪艳）

石家庄循环化工园区

【概况】 石家庄循环化工园区（简称化工园区）位于石家庄市主城区东南方向20千米处，是河北省政府确认的首批省级工业聚集区和循环经济示范园区。2005年12月启动建设，起步区规划面积5.44平方千米，2011年规划面积扩大至10.26平方千米。为促进石家庄市产业结构调整，打造新的工业经济增长极，2012年7月成立中共石家庄循环化工园区工作委员会（简称工委）和石家庄循环化工园区管理委员会（简称管委会），级别为副厅级，托管原藁城市丘头镇，管辖面积56.62平方千米，其中核心产业区面积10.26平方千米。2013年化工园区被确定为河北省实施工业强省战略十大新型工业化基地之一，被评为省级中小企业产业示范集群。2014年化工园区石炼化800万吨油品质量升级项目一次性试车成功。2015年化工园区常住总人口5.02万人，完成地区生产总值51.2亿元，同比增长52.2%。其中，第一产业增加值2.7亿元，下降2.2%；第二产业增加值43.1亿元，增长63.5%；第三产业增加值5.4亿元，增长8.7%。全社会固定资产投资完成90.4亿元，同比增长17.6%。财政收入80亿元，其中一般公共预算收入6.1亿元。拥有规模以上工业企业26个；规模以上工业总产值320.2亿元；主营业务收入323.7亿元；规模以上工业增加值38.5亿元，同比增长73.2%。社会消费品零售总额13.9亿元，同比增长9.4%。2015年化工园区完成原油加工590万吨，环已酮8.6万吨，烧碱10.4万吨，氯气9.1万吨，氨基乙酸8.5万吨。

【重点项目】 全年安排重点项目28个，完成全社会固定资产投资90.4亿元，同比增长17.6%。其中，青岛昌盛50兆瓦光伏农业科技大棚项目并网发电；白龙化工搬迁改造、东华化工3万吨工业氨基乙酸扩建、河北凡克液晶单体生产基地、轻烃综合利用一期项目MTBE装置4个项目试生产；3万吨还原靛蓝项目正在设备安装；昂扬微电子高端大功率芯片项目开工建设；双联化工搬迁改造、联合石化生物柴油、医药中间体、威远生化1000吨草铵膦、晋煤金石60万吨合成氨多联产二期工程等项目正在施工；河北万众天然气热电联产项目正在办理。至2015年底，化工园区核心产业区入驻中石化石家庄炼化分公司、晋煤集团金石化工投资集团、盈德气体集团、河北威远生物化工股份有限公司、河北石焦化工股份有限公司、石家庄白龙化工有限公司、石家庄东华金龙化工有限公司等规模以上工业企业27家，实施工业项目42个，总投资570亿元，累计完成投资442亿元。

【招商引资】 全年签约新项目5个，总投资125.07亿元。主要有：河北威远生化计划投资2.92亿元废物综合处理项目，利用国际先进的固态和液态废物处理回收技术，高效处理园区每年近20万吨有害废物，开展资源和能源循环利用。石家庄冀荣药业计划投资4.15亿元、年产10000吨药用氨基酸系列产品项目，以园区现有产品为原料，加工生产药用氨基乙酸为主系列产品，实现园区产业链延伸和产品升级。浙江正泰集团计划投资85亿元500兆瓦光伏农业大棚项目，规划利用光热资源和园区富硒土地资源优势建设占地2.5万亩光伏农业大棚，棚顶发电，棚下种植高附加值农产品，集中连片开展现代高效农业设施建设。航空航天部太空育种中心投资25亿元良种繁育和种植基地项目，利用已建和待建光伏农业设施，全面管理和经营部分农业生产，推进农业创收；利用航空航天资源，建设太空科普体验馆、新奇农业展示厅和配套餐饮服务设施，推进农业和观光、科普和娱乐有效结合。石家庄豪盛太阳能投资8亿元光伏农业大棚二期50兆瓦项目，利用大棚光热资源，棚顶发电，棚内种植农作物。

【科技创新】 出台《科技创新专项资金管理办法及实施细则》。拨付财政专项资金179万元，帮助企业争取省、市科技支持资金258万元。引导企业开展知识产权申报，支持企业技术创新。2015年化工园区申报国际专利1项，国家专利25项，取得专利授权34项，其中发明专利23项、实用新型专利11项；2家企业评定为市级创新型企业，5家企业认定为科技型中小企业，东华化工、威远生化、美迪机械3家企业获评河北省著名商标企业；昂扬电子董事长步健康获评河北省百人计划专家。搭建科技成果转化平台，与沈阳化工研究院对接可转化生产科研成果85项，优选产业链关联度较高项目10个，其中3家企业表达投资意愿。11月6日，化学工程联合国家重点实验室与石家庄循环化工园区校企交流暨2015年学术年会在石家庄举行，双方商定确立战略合作关系，建立校企合作平台，将化工园区的政策、资源、区位优势与化学工程联合国家重点实验室的科技、人才优势相结合，开展“政、产、学、研”合作，利用市场手段共同建设中试基地。化学工程联合国家重点实验室由清华大学、天津大学、华东理工大学和浙江大学4个分室组成，是国内化学工程领域运行最早、唯一定位化学工程一级学科的国家重点实验室，拥有中国科学院院士2名、中国工程院院士2名，教授、副教授50余名。

【城镇建设】 确定城镇化建设思路和发展方向，统筹规划给排水、道路、供热、供气及医疗、教育、商务等市政、生活配套设施。丘头村、水岸新城周边重点区域控制性详细规划编制启动。实施棚户区改造，争取国家开发银行贷款26亿元；以“货币安置”为总体原则，按照村庄整体改造、集体土地全部收储、“村改居”和参加基本养老保险一体化同步到位思路，实施丘头、西宽亭整村棚户区改造工程。启动建设水岸新城项目，以优惠房源供棚户区改造群众优先购买，最大限度让利于民。至2015年末，水岸新城一期项目主体完工，建设回迁房18栋，占地233.41亩，总建筑面积42.15万平方米，计划安置回迁住户1220户。实施建石南路东延、清源大街道路工程，塔西大街、化工南路、北炼路、化工北路等道路工程施工手续正在办理。开展农村面貌改造提升行动，按照“以点带面”原则，确定徐村、周家庄为美丽乡村建设重点村，推进和带动化工园区东部堤上、曹家庄、丽阳等6个村庄启动美丽乡村规划建设。

【农业生产】 全年农林牧渔业总产值5.43亿元，同比下降2.38%。其中，农业产值1.96亿元；牧业产值3.36亿元。粮食播种面积5531公顷，总产量4.0万吨。其中，小麦播种面积2848公顷，总产量2.14万吨；玉米播种面积2683公顷，总产量1.87万吨。蔬菜及食用菌播种面积1496公顷，总产量8.47万吨。

2015年末牛存栏6500头，其中肉牛2000头、奶牛4500头；猪存栏6000头；羊存栏5700只；鸡存栏85万只。肉类总产量1494吨，其中，猪肉580吨、牛肉416吨、羊肉43吨；牛奶产量990吨；鸡蛋产量1820吨。以周家庄、徐村、堤上等村蔬菜示范园为基础，扶持东部村庄发展温室大棚产业、农业采摘和观光旅游，2015年末化工园区设施蔬菜大棚达到1300亩。开展农工结合，周家庄村一期占地2500亩满负荷发电50兆瓦光伏大棚发电项目全部并网发电。利用伊利等国内知名奶制品企业在南乐乡、堤上村等设立奶源基地市场优势，发展畜牧养殖业。支持种养植大户和技术能手建立农民专业合作组织，为农民提供农资物品统购、代耕代种、仓储运输等服务。

【社会民生】 新型农村合作医疗（简称新农合）实现独立运行，享受报销9.1万人次；13个村卫生室采取分点服务、定点报销一体化模式，全部实现新农合出院即报。机关事业单位养老保险启动，8家事业单位参保职工缴费680万元；企业职工养老保险缴费7.5万元。设立社会救助服务窗口，推行“一门受理、协同办理”机制。投资1.2亿元建设化工园区医院病房楼扩建工程启动，规划建成后供应床位300张，达到二级甲等医院标准。投资1.02亿元建设化工园区新中学进入施工图设计阶段；安排教育专项资金246万元，实施薄弱学校硬件设施改造，提升学校办学条件和水平，2015年末小学入学率、巩固率均达100%，中学入学率、巩固率达到100%、98.6%。

石家庄循环化工园区

中共石家庄循环化工园区工委书记、管委会主任：

高新城

工委委员、管委会副主任：

范振鹏　宋同原

范书青

工委委员、纪工委书记：

王光

（范长锋　郝英敏）

正定新区

【概况】 正定新区于2010年10月批准组建，位于石家庄市滹沱河北岸，规划包括正定历史文化名城及东侧建设区域，建设用地135平方千米，规划人口140万；主要建设低碳、生态、智慧新城，建成承载未来新兴产业和省会高端服务业的载体。正定新区功能定位为石家庄中心城区“一城三区”核心组成部分，是市级行政和文化中心、现代服务业基地、科教创新集聚区。正定新区建设按照三期圈层推进：一期率先启动30平方千米起步区建设，起步区范围北至正无路、西至新元高速、南至滹沱河畔、东至太行大街以东地带，并以综合商务中心为引领带动新区建设，实现城市建设重心向北转移，居住人口达到30万人；二期35平方千米，居住人口55万人，逐步开始新区中央商业带建设，着手打造市级商业中心；三期39平方千米，增加居住人口30万人，主要推进职教综合服务带建设，推动创新型产业发展。2015年正定新区辖诸福屯、三里屯2个街道办事处，20个居委会，总人口6万余人；全部财政收入4.04亿元，同比增长32.46%；公共财政预算收入3.61亿元，同比增长39.81%；谋划项目45个，开工项目20个，完成投资120亿元；签约引进项目10个，总投资130亿元；新增道路长度8千米；新增绿化面积87.5万平方米；完成大临济社区宅基地征收327户、企业征收124家；累计开工安置房面积235万平方米。

【项目建设】 全年谋划项目45个，总投资431.5亿元，建筑面积843.9万平方米，占地面积7559亩；开工项目20个，其中完工项目1个、在建项目19个，总投资224.3亿元，建筑面积465.4万平方米，占地面积4536亩，完成投资120亿元。公共建设项目：市商务中心实施内外装修和广场建设；河北奥林匹克体育中心体育场和体育馆内外装施工；市信息技术学校、市特教学校主体封顶；市第一医院全科医生临床培养基地建设施工；省二院、宝能医院等项目筹备办理；石家庄经济学院、河北体育学院确定入驻；石家庄邮政专科学校、省艺术学校、河北医科大学新校区正在洽谈；国际展览中心、图书馆、规划馆、科技馆和青少年活动中心等功能性场馆建设正在前期准备。总部项目：石家庄宝能中心主体封顶，亚宇喜来登酒店、中烹协技能鉴定中心、河北天山总部项目基础设施施工；北京碧水源河北总部、河北服装科技大厦、国际人才总部基地正在办理。业务用房项目：河北省检验检疫局、石家庄水文巡测基地项目基础设施施工。文化产业项目：石家庄报业传媒大厦、河北出版传媒创意中心主体施工；海纳影视传媒创意中心正在办理；中外新闻社、河北文艺之家项目正在洽谈。

【招商引资】 抢抓京津冀协同发展历史机遇，打造京津科技成果转化和产业转移承接平台，推进与北京、天津产业对接。举办“百家名企进新区、名院名校入新城”主题招商推介活动，组建11个特色招商小组分赴深圳、南京、北京、天津及省内各地市登门拜访各类企业、科研机构、院校30余家。2015年正定新区接洽知名企业120余家，签约引进项目10个，总投资130亿元。河北移动大数据中心、广东恒大、广东碧桂园、隆基泰和及年税收2亿元中铁建等25个项目正在洽谈。谋求金融机构合作，拓宽融资渠道，至2015年底，正定新区自成立来累计取得授信贷款318.38亿元，到位207.37亿元，其中2015年获得授信贷款148.44亿元，到位62.32亿元。

【城乡建设】 围绕“低碳、生态、智慧”建设理念，落实高起点绿化、高标准监管、高规格养护要求，实施道路绿化、空闲地块绿化等重点绿化工程24项，新增绿化面积87.5万平方米。至2015年末，正定新区累计绿化面积达到370万平方米。道路施工10条，总长度8千米，覆盖面积37万平方米。其中，崇因路、安居街完工；新城大街、隆兴路、吴家庄路正在建设。污水处理厂、地下水厂投入使用。推进住宅项目开发，天山熙湖、博东园、省旅投项目正在施工，正阳小区一期、恒山住宅小区、众美住宅小区前期手续正在办理。加大安置房建设力度，2015年三里屯、常山、诸福屯建设安置房总建筑面积500万平方米，累计开工235万平方米，竣工30万平方米，其中三里屯6区592户居民回迁入住。加大违法违章建筑查处，全年查处违法建筑案件32起，组织拆违行动3次。规范建筑渣土管理，实施24小时动态执法检查，查扣违法运输车辆125辆，有效遏制建筑渣土随意倾倒行为。开展大气污染防治、夏秋两季秸秆禁烧、利剑斩污、蓝天清水战役、滹沱河水污染专项整治等行动，出动人员2000余人次、车辆600余辆，排查企业191家，查处涉污企业74家，取缔7家，有效改善大气环境质量。

【社会民生】 实施养老保险工程，按照城镇居民养老保险标准，为2.3万名居民办理养老保险。提高城镇居民医疗保障水平，2015年末正定新区医疗保险参保人数达到5.6万，共为8808人报销医疗费用3000万元。正定新区中学竣工投用。开展“雷霆行动”，维护治安秩序，破获刑事案件23起，打击处理刑事犯罪人员42名。开展被征地居民就业培训，举办各类就业培训班21期，免费培训居民700余人，实现辖区200余名居民就近就业。

正定新区

副市长、中共正定新区工委书记：

王韶华

工委副书记、管委会常务副主任：

王威

工委委员、管委会副主任：

孙凤毅　李春华

王锋　（9月任，挂职）

工委委员、纪工委书记：

陶国田（10月免）

（辛维铎）

石家庄综合保税区

【概况】 石家庄综合保税区前身为石家庄空港工业园。石家庄空港工业园于2010年10月批准组建，位于河北省省会石家庄北部，规划面积124平方千米，规划人口60万，是河北省按照“科学发展的实验区、对外开放的先行区、经济增长的带动区”发展目标重点打造的省级开发区。综合保税区与石家庄正定国际机场毗邻，距离石家庄市主城区30千米，首都北京200千米，天津新港350千米，黄骅港300千米。107国道和京港澳、京昆高速公路纵横南北，黄石、青银高速公路横贯东西；京石高速铁路在园区设有专门停靠站；机场快速路、太行大街、东三环从园区直达石家庄市区。2014年9月15日，国务院批准同意设立石家庄综合保税区。2014年11月7日，市委、市政府印发《关于空港工业园对综合保税区及相关区域进行共同管理的意见》(石字〔2014〕27号)，规定首批共管范围包括：石家庄综合保税区建设和园区项目占地涉及的正定县新城铺镇和藁城区增村镇部分村庄；共管面积56.44平方千米，村庄20个，总人口5.5万人；首批共管内容包括：统一规划管理，统一土地管理，统一基础设施建设，统一招商引资，统一管理部分社会事务。2015年11月6日，河北省印发《河北省机构编制委员会关于组建石家庄综合保税区管理机构的通知》(冀机编〔2015〕15号文件)，决定撤销石家庄空港工业园管理机构，组建石家庄综合保税区党工委、管委会，分别为石家庄市委、市政府派出机构，并根据市委、市政府授权，对石家庄综合保税区行使管理、监督、协调和服务职能。2015年《石家庄综合保税区产业发展规划》《石家庄综合保税区开发实施方案》获得市政府批准实施；跨境电商试点城市申建和药品、肉类、冰鲜水产品、水果4种特殊商品指定进口口岸申请方案获得市政府批准同意。根据发展规划，石家庄综合保税区是集机场、高铁、高速公路为一体的空港、空铁复合型综合保税区，规划面积5平方千米，批准面积2.86平方千米，其中围网面积2.58平方千米；重点发展高端制造、现代物流、国际贸易、创新服务四大产业体系。2015年石家庄综合保税区意向入区项目53个，其中2个项目开工，总投资15.77亿元，占地238亩。2015年石家庄综合保税区符合参保条件被征地农民3379人，均办理参保手续。其中，参加企业职工基本养老保险2239人；参加城乡居民基本养老保险1140人。12月30日，石家庄综合保税区通过由石家庄海关牵头组织的河北省联合预验收。至2015年底，石家庄综合保税区领导机构正在筹建。

【招商引资】 2015年初，经市政府同意，原石家庄空港工业园与市地产集团签订《市地产集团投资空港工业园（保税区）建设及土地一级开发的合作协议》，成立石家庄空港建设投资有限公司。2015年综合保税区以空港建设投资有限公司为建设融资平台，累计拨付建设、征地拆迁、社保等资金9.4亿元。2015年石家庄综合保税区意向入区项目53个，涉及保税加工类项目13个，国际贸易及保税物流项目25个，保税服务项目15个。开工项目2个，总投资15.77亿元，占地面积238亩，分别为纺纱及棉花国际贸易项目、石家庄综合保税区商品展示交易中心项目。其中，纺纱及棉花国际贸易项目总投资12.98亿元，总建筑面积15.9万平方米，主要建设包括棉花仓储区、清梳纺纱区、国际金融贸易交割区及配套设施等，项目一期投资9亿元，引进世界先进的瑞士立达纺纱生产线28台套，计划年纺纱2.94万吨（80%国内销售，20%外销美国、欧盟等），年棉花销售7万吨，年主营业务收入12.17亿元；石家庄综合保税区商品展示交易中心项目总投资2.79亿元，主要建设国际拍卖中心、贸易中心、国际商品展示中心、国际商品推广中心、商务办公区、国际跨境电商中心及配套设施。开展招商推介活动，改版升级门户网站，参加“中国·廊坊国际经济贸易洽谈会”“第十四届冀台经济合作洽谈会暨2015年石家庄国际经济贸易洽谈会”“京津冀O2O电商博览会”等招商洽谈交流活动10余场，接洽企业110余家，辑印招商手册3000本。

【基础设施建设】 全年网内建设主干道3条、网外建设连接路3条，全长13千米，总投资1.8亿元，均竣工通车。建设海关监管、巡逻专用通道宽9米、总长8.9千米，与园区市政道路相连，安装有路灯和监控设施，实现工作人员、车辆24小时无障碍巡视巡查。建设产业与生活配套市政道路3条，全长2.7千米，总投资0.79亿元；建设永久性卡口2个，其中主卡口设置5进5出10个车道（含2条行政车道、2条加宽车道），机场联系卡口设置3进3出6个车道（含2条超宽车道）；各卡口均安装集装箱箱号自动采集、电子车牌自动采集、电子地磅、IC卡识别、可视对讲、电子闸门等系统组成的智能卡口系统。建设隔离围网总长度9.2千米，围网基座、钢管、网片、网丝、网孔及带刺铁丝网等尺寸及强度全部符合建设标准；建成查验区面积5.50公顷，年查验能力达5.4万TEU（标箱）。其中，网内查验场地10861平方米，海关、检验检疫查验仓库各2600平方米，配备升降设备、雨篷和照明设施，可铲车作业，能满足全天候查验需求；现场海关与检验检疫专用业务楼建筑面积833平方米，3层框架结构，设置有业务受理窗口、机房、监控室等现场办公设施；查验区内配套建设消防泵房、公共停车场、电子地磅、监控设施等，设置查验车位48个、待检停车位72个。网外独立建设检验检疫部门专用熏蒸消毒和销毁处理场所，占地面积7200平方米，配套设施全部到位。安装视频监控探头376个，覆盖整个综合保税区。沿围网每间隔100米设有一组红外对射报警器，转弯处加密处理，形成沿围网闭环可视及数字式主动红外线警戒系统，与巡逻道照明系统一并运行，实现监控室昼夜24小时不间断监控监视。实施主卡口两侧绿化工程，栽植乔灌木植物3000余棵，绿化面积5700平方米。

原石家庄空港工业园

中共原石家庄空港工业园工委书记、管委会主任：

杨志乾（10月免）

吴飞　（10月任）

工委副书记、管委会副主任：

夏生华

工委委员、管委会副主任：

李卫山　申春良

穆增科（9月免）

刘军　（9月免）

（蔡晓敏　李永奇）

公共管理和社会组织

Public Management and Social Organizations

中国共产党石家庄市委员会

【概况】 2015年，中共石家庄市委面对复杂多变经济形势和艰巨繁重建设任务，始终贯彻落实习近平总书记系列重要讲话精神和河北省委重大决策部署，以开展“三严三实”专题教育为动力，团结带领全市干部群众，围绕加快转型升级、跨越赶超、建设幸福石家庄步伐，全面完成“十二五”奋斗目标，解放思想，抢抓机遇，奋发作为，协同发展，强力推动省会工作上水平、创一流，实现了经济平稳较快发展、城镇建设步伐加快、生态环境明显好转、民生持续改善、社会和谐稳定、全面从严治党扎实推进的良好局面。

学习贯彻习近平总书记系列重要讲话精神，提高贯彻执行中央和省委决策部署的自觉性、坚定性和创造性。市委常委会坚持将习近平总书记系列重要讲话精神和对河北省重要指示要求，作为推动省会工作根本指针和基准，自觉以讲话精神武装头脑、指导实践、推动工作。安排部署全市各级党组织学习贯彻习近平总书记系列重要讲话精神，全市县级以上党委（党组）中心组开展集中学习800余次。市委常委会坚持将学习贯彻习近平总书记系列重要讲话精神，与学习贯彻中央和河北省委系列重大决策部署、重要会议精神有机结合起来，组织集体学习17次，做到吃透精神实质，结合省会实际，研究贯彻措施，坚决在思想上、政治上、行动上同以习近平为总书记的党中央保持高度一致，以最坚决、最迅速、最彻底态度贯彻中央和河北省委决策部署。学习贯彻中央《京津冀协同发展规划纲要》和河北省委《实施意见》，增强贯彻落实习近平总书记京津冀协同发展重大战略思想的自觉性，研究制定《关于推进京津冀协同发展的实施意见》。学习贯彻党的十八届五中全会精神和河北省委八届十二次全会精神，从省会实际出发，以新的发展理念为指导，围绕率先在全省全面建成小康社会这个总目标，研究谋划“十三五”工作，提出制定全市“十三五”经济社会发展规划建议。市委常委会坚决拥护中央对周本顺处分决定，坚决肃清周本顺恶劣影响，坚决贯彻省委中心组学习会、省新型城镇化与城乡统筹示范区建设专题研讨班等重要会议及省委书记赵克志关于省会工作的重要指示精神，引导全市党员干部将思想和行动统一到省委一系列新部署、新要求上来。根据河北省委精神，结合省会实际，围绕全面完成“十二五”、科学谋划“十三五”，梳理归纳7个方面64项重点工作，明确牵头领导和责任部门，并狠抓各项工作落实。按照省委统一部署，组织开展“解放思想、抢抓机遇、奋发作为、协同发展”大讨论活动，要求和推动全市各级各部门坚持问题导向，聚焦“八破八立”，认真查找并着力解决制约省会发展的思想观念问题、体制机制问题、思路办法问题和精神状态问题。组织市级党政班子成员和各县（市、区）、市直有关部门负责人，到贵安新区等地对标学习，开拓视野，看到了差距，受到了触动，增强了加快发展的紧迫感、责任感和危机感，为推动省会“十三五”期间实现大发展、快发展奠定了良好的思想基础。

积极适应经济发展新常态，强力推进经济转型升级、跨越赶超。市委常委会坚持将发展作为第一要务，认真研究和把握新常态下经济工作新规律、新特点，积极应对严峻复杂的宏观经济形势，坚持不懈地推动经济转型升级、跨越赶超。全市经济保持了平稳较快增长，发展质量和效益大幅提高，主要经济指标位居全省前列。2015 年全市完成地区生产总值 5054.5 亿元，同比增长 7.5%，对全省经济增长贡献率达到 19%；全部财政收入 755.0 亿元，同比增长 14.0%，一般公共预算收入 362.9 亿元，同比增长 9.2%，总量保持全省第一。坚持将稳增长作为经济工作首要任务，加强宏观经济形势研判和经济运行调度，开展“入企帮扶”活动，实行市领导联系重点企业制度，及时帮助企业解决遇到的困难和问题，为经济正常运行创造良好的外部环境。按照传统产业绿色化、新兴产业高端化思路，深入实施“工业强市”战略，深化拓展“对标”行动，压减和淘汰落后产能，技改投资占工业投资比重达到 70%，传统产业改造升级步伐加快。继续实施战略性新兴产业倍增计划，加大政策支持力度，全市高新技术产业增加值同比增长 9%。制定出台引进高层次科技创新创业人才的意见，积极引进国内外高端科技创新人才来石家庄创业发展，努力提升创新驱动发展能力，为全市经济发展注入新的活力。2015 年全市规模以上工业增加值达到 1897.1 亿元，同比增长 6.0%，对全省贡献率达到 23%，工业利润在全省占比从 2014 年 1/4 多增长到 1/3 强。坚持将发展服务业作为稳增长、促转型有力抓手和支撑，发挥省会优势，做大做强商贸物流、餐饮娱乐、交通运输等传统服务业，加快发展“互联网 +”、金融服务、健康养老、文化创意等新兴业态，精心培育省会“夜经济”、山区“农家乐”及会展业等服务业品牌，省会现代服务业规模、档次和水平实现新的提升。成功举办首届冀商大会、爱飞客飞行大会、国际络病学大会。石家庄综合保税区具备省级预验收条件。服务业对经济增长贡献率达到 57.3%，服务业增加值占全市 GDP 比重达到 45.6%。深入实施中东西三大区域协调发展战略，着眼补齐县域经济“短板”，强力推动县域经济增比进位，县域综合经济实力获得新提升。将发展壮大民营经济作为提升县域经济实力重要支撑，落实各项扶持政策，积极推动大众创业、万众创新，民营经济综合排序继续保持全省第一。重视“三农”工作，巩固和加强农业基础地位，组织开展永久基本农田划定工作，加强“粮食生产核心区”建设，粮食生产实现“十二连丰”。大力发展现代农业，出台支持西部山区综合开发、建设现代农业示范区的意见，石家庄市成功入选全国现代农业示范区，成为 3 个入选省会城市之一。坚持以工业化理念发展农业，积极稳妥推动土地承包经营权有序流转，发展适度规模经营，调整优化农村产业结构，农业现代化水平和综合效益提升，农业产业化经营率达到 65.7%。农村居民人均可支配收入增速继续高于城镇居民收入增速。坚持将项目建设作为经济工作重中之重，强化抓项目就是抓发展理念，加强各县（市、区）党政主要负责人招商引资抓项目督导，组织开展 2 次项目观摩活动，加大项目建设考核力度，在全市营造大上项目浓厚氛围。继续实行市、县领导分包重点项目等制度，及时协调解决项目建设中存在的困难和问题，推动项目落地、建设和达产，形成一批新的经济增长点。优化投资结构，实施创新发展重点建设项目计划，高新技术产业项目数量和投资有了较大提高，经济发展质量得到提升、后劲明显增强。坚持将京津冀协同发展作为加快省会发展重大历史性机遇，要求全市各级各部门强化抢抓机遇意识、最后一班车意识，积极融入并推动协同发展。将“大正定新区”建设作为推进京津冀协同发展主战场，积极申报国家级新区，组织编制各项规划，扎实推进天津自贸区正定片区申报工作。坚持将交通基础设施建设作为推进京津冀协同发展先行领域，京石城际铁路、津石高速 2016 年具备开工建设条件，与京津“同城化”效应更加明显。将承接北京非首都功能和引进京津产业项目作为推进京津冀协同发展工作重点，加强与京津全方位对接和深层次交流合作，与北京中关村合作取得重大进展，石家庄（正定）中关村集成电路产业基地建设正式启动。全年引进京津各类项目 112 个，总投资 1668 亿元。

加快推进新型城镇化步伐，做大做强省会城市建设。市委常委会紧紧抓住京津冀协同发展和行政区划调整重大历史机遇，着眼打造京津冀世界级城市群和建设新型城镇化与城乡统筹示范区，审视和谋划推动省会城市建设，强力推进城镇建设上水平、出品位，省会城市建设迈出新步伐，全市城镇化质量和水平实现新的提升。2015 年全市城镇化率达到 57.6%。注重从战略层面研究谋划城市建设发展，坚持

“多规合一”，启动城市总体规划修编工作。按照“一河两岸三组团”省会城市发展新格局，大力推动省会城市建设上水平、出品位。坚持对标天津等先进城市，强力推动中心城区改造提升，严格控制开发强度，大力实施市容市貌综合整治，突出抓好新客站等重点区域景观提升和老旧小区综合整治，推进美化亮化绿化向次干道和小街巷延伸，省会城市形象得到整体提升。强力推进重大基础设施建设，轨道交通、石济客专建设取得重大进展，打通一批“断头路”“瓶颈路”，实施一批雨污分流工程，城市承载能力增强。大力推进城市热源热网建设，推行供热企业一管到户改革，理顺供热管理体制和运行机制。重视城市公共休闲空间建设，启动实施龙泉湖公园等公园绿地项目，市民居住环境和生活品质全面改善。强力推进房地产市场整治，有效规范城市建设秩序。坚持将城市管理摆在与规划建设同等重要位置来抓，积极推进城市管理体制改革，完善城市管理标准体系，加大城市管理考评力度，城市管理规范化、精细化水平提升，省会城市更加整洁有序。坚持将滹沱河北岸作为省会建设发展重点方向，组织编制滹沱河北岸地区发展战略规划，强力推进省会城市跨河发展，正定古城保护、正定新区建设及空港工业园、综合保税区建设迈出新步伐。启动实施滹沱河市区段整治提升工程，努力打造“太阳照在滹沱河上”滨水美景，滹沱河生态绿廊已成为市民休闲好去处。秉持正确的古城保护理念，扎实推进古城墙修复等正定古城保护重点工程并取得阶段性成效。推进正定新区功能性项目和公建配套项目建设，新区道路等基础设施得到完善，奥林匹克体育中心、国际会展中心项目正在推进，图书馆、大剧院、科技馆、青少年宫规划设计取得重要进展，一批高端产业项目进展顺利，正定新区初步具备快速聚集产业和人口能力，“一河两岸”省会城市发展格局正在形成。推进组团新区和中心城区融合发展，按照中心城区标准，大力提升组团新区规划建设管理水平，突出抓好连接中心城区与各组团新区道路互联互通建设，南二环东西延、裕华路西延等交通工程加快推进。加强中心城区与组团新区之间区域规划控制，推进绿色生态隔离带和都市休闲区建设，有效防止城市“摊大饼”式发展。推进组团新区与中心城区体制机制对接，3 个组团新区城镇化步伐加快。坚持将县城建设作为发展壮大县域经济重要载体，积极推进产城教融合发展，努力走“小县大县城”发展路子，继续实施县城扩容升级、基础设施提档、载体功能完善和管理水平提升，突出抓好迎宾景观大道、标志性街道和县城出入口打造，启动实施县城建设三年攻坚行动，大力开展县城环境容貌综合整治活动，县城规划建设管理水平得到提升。按照环境美、产业美、精神美、生态美要求，推进美丽乡村建设，将美丽乡村建设与发展现代农业，加快新型工业化、城镇化有机结合起来，推进建设“望得见山、看得见水、记得住乡愁”新型城镇化。突出抓好正定和西柏坡 2 个省级美丽乡村片区建设，栾城区全域推进美丽乡村建设经验做法在全省推广。美丽乡村建设为农村发展注入活力、为农民群众带来实惠，受到老百姓普遍欢迎。

改善生态和发展环境，打造更加宜居宜业的石家庄。市委常委会认为，改善两个环境，事关民生改善、经济发展，事关全面建成小康社会目标的实现。要求全市各级各部门要以坚忍不拔的态度、改革创新的精神和务实管用的举措，一招不让地抓好两个环境建设，努力将石家庄打造成更加宜居宜业的美好家园。坚持将改善生态环境作为最基本的民生来抓，特别是将大气污染防治摆在更加突出的位置，努力在科学治污、精准治霾上下功夫。继续一以贯之地狠抓压煤、抑尘、控车、迁企、减排、增绿六大治污举措落实，制定出台环境空气质量奖惩办法、大气污染防治工作问责暂行办法，修改完善重污染天气应急预案，研究制定大气污染防治攻坚行动实施方案落实情况考核办法，启动大气污染防治网格化监控预警系统建设，加大环保执法力度，实现省会大气质量明显改善。2015 年石家庄市一级天数、优良天数分别达到 31 天、180 天，同比增加 19 天、67 天，综合指数同比下降 20.1%，六项污染物浓度大幅下降，在全国重点监测城市排位由倒数第一上升到倒数第八，为三年实现省会大气质量退出“倒十”奠定良好基础。贯彻落实河北省委书记赵克志“多种树、兴水利、促转型”指示精神，开展大规模植树绿化活动，实施太行山生态绿化、环省会生态绿化、城区园林绿化、农村绿化等重大生态绿化工程，环省会经济林完成闭合，“绿树围城”变成现实。成功创建“国家森林城市”，全市森林覆盖率达到37.2%。重视水生态安全，加强水源地保护工作，加大市域主要河流污染治理力度，巩固洨河、汪洋沟综合整治效果，突出抓好滹沱河市区以东段综合整治，市域内主要河流水质实现明显改善。坚持将优化发展环境作为永不竣工的工程，以钢铁般意志强力推进，连续五年在春节假期后第一个工作日，召开全市广播电视大会，就优化发展环境再动员、再部署。坚持将简政放权作为工作重点，深化行政审批制度改革，精简和下放一批市级行政审批事项，全面取消非行政许可和行政监管类事项，高新区相对集中审批权试点有序推进。积极推进政府职能转变，完成市、县两级政府机构改革，率先在全省完成工商质监行政管理体制调整工作。打造法治化发展环境，加强市场监管力度，规范基层执法行为，严肃查处一批损害发展环境案件，维护了市场主体和老百姓利益。开展中小微企业“服务提升年”活动，加强“三级平台、两个代办”便民服务体系建设，为市场主体和群众提供方便快捷服务，激发和释放了全民创新创业热情。2015年全市新登记市场主体12.99万户，同比增长26.46%，占到全省17.7%。

保障和改善民生，营造和谐稳定的社会环境。市委常委会坚持将民生幸福作为第一追求，从老百姓最关心、最直接、最现实的利益问题入手，带着感情和责任解民忧、惠民生，基本兑现2015年初确定利民惠民实事。全年石家庄市用于民生支出560.5亿元，占一般公共预算支出86.1%。实施更加积极就业创业政策，尽全力创造更多就业机会，鼓励支持全民创业，全年城镇新增就业人口10.2万人，农村劳动力转移就业5.33万人。高度重视并狠抓高校毕业生就业创业工作，连续第五年实现高校毕业生登记失业率为“零”。完善托底社会保障制度，扩大社会保险覆盖面，提高养老、医疗、失业、住房及城乡低保、五保等社会保障水平。加大低收入群众帮扶力度，全年6.2万人实现脱贫。支持教育事业发展，启动实施第二期学前三年行动，“入园难”问题得到缓解，义务教育均衡发展走在全省前列，主城区小学生免费托管试点受到市民欢迎。深入实施山区教育扶贫工程，项目学校增加到82所，2015年全国教育扶贫全覆盖行动启动仪式暨河北省山区教育扶贫工程现场会在石家庄市举行。提升公共卫生服务水平，推进基层医疗体制改革，县级公立医院改革实现全覆盖，国家中医药综合改革试验市建设扎实推进，基层医疗机构中医服务能力增强，新农合保障水平提高，看病难、看病贵问题逐步缓解。推进助残养老服务体系建设，推行政府购买居家养老服务，率先在全省建成残疾人日间照料中心。2015年3月，石家庄入选全国十大幸福城市，这是石家庄市第六次入选幸福城市前10名。重视宣传思想教育，坚持用社会主义核心价值观塑造人的灵魂、引领社会风尚，开辟并大力坚守城乡思想教育文化阵地。将加强思想教育、理顺社会情绪与服务群众生活、满足精神文化享受有机结合起来，以群众喜闻乐见的形式宣传群众、服务群众，“燕赵讲坛”吸引力、影响力提升，“燕赵社区大讲堂”受到市民广泛欢迎，全市较好营造了向上向善、团结和谐的社会氛围。实施正确舆论引导，组织主题宣传报道，开展抗战胜利70周年系列纪念活动，大力唱好主旋律、打好主动仗、传播正能量、讲好石家庄故事，为转型升级、跨越赶超提供精神动力和舆论支持。重视做好意识形态领域工作，强化网络社会管理，开展网上舆论斗争。扎实推进群众性精神文明创建，组织开展党员志愿服务、道德模范评选等主题实践活动，市民道德素质和社会文明程度实现新的提升。加大文化惠民力度，开展“文化进万家”等群众性文化惠民活动，全市覆盖城乡公共文化服务网络日趋完善，老百姓的精神文化生活更加丰富多彩。培育文化产业，石家庄国家动漫产业发展基地创业孵化园、霞光大剧院、正定县入选2015年度河北省文化产业“三个十”（即十个文化产业强县市区、十个大型文化产业集聚区、十个重点文化产业项目）。2015年石家庄市文化产业增加值达到196.78亿元，继续保持河北省首位，占GDP比重达到4.0%。体育事业和全民健身运动蓬勃发展，石家庄永昌足球队参加中国足球超级联赛夺得第七名，成为石家庄市一张“名片”。坚持将平安作为最大民生，创新社会治理方式，坚决维护和谐稳定，全力创建平安省会。深入推广“枫桥经验”，重视做好基层基础工作，确保大量矛盾纠纷化解在基层和萌芽状态。坚持以解决群众合理诉求为核心，下大力做好信访工作，实行领导干部接访、下访、包案、督访制度，集中解决一批信访积案和突出问题，维护了群众合法权益。加强社会治安防控体系建设，发挥110综合警务站作用，开展严打整治专项行动，加强反恐防暴工作，圆满完成“9·3阅兵”等重大活动安全保障任务。坚持不懈抓好安全生产、食品药品、消防、交通及人员密集场所安全，创造了省会发展和谐稳定的社会环境。

扎实推进全面深化改革和依法治市，为省会发展提供动力和保障。市委常委会将全面深化改革作为推动省会事业发展的重要动力，加强改革工作领导，调整充实市委全面深化改革领导小组，增设2个专项小组。按照中央和省委决策部署，立足省会实际，坚持问题导向，着眼破解束缚省会发展的突出矛盾和瓶颈制约，筛选聚焦一批重点改革项目，强力推进事关省会发展的关键性改革，并在部分重要领域、关键环节、专项改革上实现了较大突破。率先在全省编制完成并公布市县乡三级权力清单、责任清单、监管清单和负面清单，“五个一”审批制度改革得到落实，初步形成以“四张清单”+“五个一”为主框架行政审批制度改革新格局。健全科技人才和成果引进、转化激励机制，实施高新区干部人事制度改革，推进大众创业、万众创新，破解科技型中小企业用地难、融资难问题，推出一批具有突破性政策举措，引发强烈的社会反响。完善山区教育扶贫工程运行和保障机制，国家教育部在全国推广石家庄市山区教育扶贫经验做法。重视生态环境治理，首次在全省探索建立大气污染治理生态补偿机制。加快农业农村体制机制改革，培育一批现代农业科技示范园区、新型农业经营主体，石家庄市发展现代都市农业、葫芦峪山区综合开发、供销合作社综合改革经验在全省推广。坚持将抓试点作为推动改革重要抓手，全年争取国家级改革试点9项、省级试点2项，累计承担国家和省级改革试点达到50项。以市委、市政府及“两办”名义制定出台改革工作意见、方案等文件74件，一批重要改革举措初见成效。坚持将全面推进依法治市作为全面建成小康社会的重要保障，成立法治石家庄建设领导小组，统筹推进法治石家庄建设。坚持将建设法治政府作为依法治市重中之重，出台全面推进依法行政、加快建设法治政府实施意见，明确法治政府建设的目标、任务和措施，推进政府事权规范化、法律化，全面提升各级政府依法行政水平。深化完善“两法衔接”机制，实施行政执法监督信息平台等制度，促进行政执法和刑事司法顺畅衔接，受到中央政法委的肯定。发挥市人民代表大会及其常委会在立法中的作用，制定《石家庄市低碳发展促进条例》，修订《石家庄市城市园林绿化管理条例》，开展立法后评估和规范性文件备案审查。推进司法体制改革，推行人民法院立案登记制度改革，出台《关于全市司法公开工作的推进意见》，开展司法公开示范区建设，深化审判公开、检务公开、警务公开，执法司法规范化建设全面加强。坚持将推进全民普法和守法作为依法治市基础性工作，落实行政机关“谁执法谁普法”责任制，加强全社会法治教育，培养形成全民守法浓厚氛围。

坚持全面从严治党，为省会事业发展提供坚强政治保证。市委常委会贯彻落实习近平总书记全面从严治党重大战略思想，坚持将管党治党作为最根本政治责任，下大力增强各级党组织的凝聚力、战斗力。以组织县处级以上领导干部深入开展“三严三实”专题教育，作为从严治党的重要抓手和契机，立足省会实际，制定推进方案，精心抓好落实。坚持将加强思想教育摆在首位，从市委书记做起，开展各级党委（党组）书记带头讲专题党课活动，举办专题学习研讨会，党员干部践行“三严三实”要求自觉性增强。坚持将解决突出问题作为开展专题教育重要任务，全市县处级以上领导班子以问题为导向，紧扣“三严三实”主题，聚焦对党忠诚、干净干事、敢于担当，深入查摆“不严不实”突出问题，逐一制定整改措施，狠抓整改落实，取得阶段性成效。贯彻习近平总书记提出好干部标准和新的《干部任用条例》，紧紧围绕为省会事业发展提供有力的组织保证，营造激发干部干事创业的浓厚氛围。加强领导班子和干部队伍建设，坚持将忠诚、干净、担当、实干的干部选拔到重要领导岗位上，较好树立了正确用人导向，优化了领导班子的年龄、知识和专业结构。重视抓好基层党组织建设，贯彻落实省委《关于从严从实抓基层党建的若干措施》，出台十八条硬性举措，选派第一书记帮扶整顿软弱涣散基层党组织。加大农村（社区）“两委”培训力度，增强基层党组织凝聚力、战斗力。推进基层服务型党组织建设，深入开展基层党建示范片区创建工作。重视党风廉政建设和反腐败工作，履行抓班子、带队伍责任，制定年度党风廉政建设工作任务分工意见，明确各级领导班子、领导干部抓党风廉政建设的责任，层层传导压力，促进“两个责任”全面落实。坚持将纪律规矩挺在前面，组织各级党组织和广大党员干部学习贯彻《廉洁自律准则》《纪律处分条例》，强化干部的纪律规矩意识。坚持不懈抓好干部队伍作风建设，针对“四风”问题新动向，集中开展以治理“散乱软庸懒贪”为重点“六治”专项整治行动，严肃查处顶风违纪行为，收到良好的社会效果。狠抓省委巡视组反馈意见整改落实，各项反馈意见如期整改到位。保持惩治腐败高压态势，查处一批有影响的案件和“小官巨腐”问题，起到震慑警示作用。根据中央和省委要求，贯彻落实习近平总书记关于好干部五条标准和新的《干部任用条例》及河北省委书记赵克志提出“五个重用、五个不用、五个调整”要求，根据事业发展需要，认真负责地开展干部选拔任用工作。全年提拔125人，平职调整124人，平级转任重要职务29人，非领导职务转任领导职务3人，免职10人。干部选拔任用工作中，市委常委会注重把握以下要求：发扬民主，发挥市委常委会和全委会作用，正县级领导干部任职落实票决办法，23名县（市、区）党政正职和市直部门正职任职以书面形式征求市委委员意见，听取候补委员评价意见；坚持正确用人导向，凭实绩用干部，为发展选干部，政治上靠得住、工作上有本事、作风上过得硬的干部得到选拔和重用；推进干部选任制度改革，健全完善干部选拔任用工作制度，做到以科学的选任机制选准用好干部；整治用人不正之风，在全市大力营造风清气正的选人用人环境。发挥总揽全局、协调各方领导核心作用，落实市委重要事项沟通协调制度，加强市级领导班子统筹协调，支持人大、政府、政协班子依照法律和章程积极主动、独立负责地开展工作。涉及改革发展稳定的重大工作、重大事项，实行市级领导分工负责制，较好形成抓工作的强大合力。贯彻中央和省委统战工作会议精神，巩固和发展新形势下统一战线，加强同民主党派、工商联和无党派人士协商合作，重视并加强党外干部队伍建设，调动一切积极因素服务省会事业大局。贯彻民族宗教政策，提高宗教工作法治化水平，巩固民族团结、宗教和谐稳定局面。贯彻中央和省委党的群团工作会议精神，坚持将政治性、先进性、群众性贯穿到群团工作全过程和各方面。加强党管武装工作，推进国防后备力量建设，军政军民关系更加密切，驻石家庄部队、武警官兵和民兵预备役力量为省会建设作出了更大贡献，石家庄市在获得全国双拥模范城“七连冠”基础上，又顺利通过第八次考核验收。重视市委常委会自身建设，带头践行“三严三实”要求，贯彻落实中央“八项规定”精神，持之以恒克服“四风”问题，严格遵守党的各项纪律规矩。组织开展以“坚定政治立场、严守纪律规矩”为主题“3·23赶考日”活动，制定市委常委“约法八章”，自觉运用“四个重要法宝”，提高发现和解决自身问题的能力，鼓励争做忠诚、干净、担当、实干的表率，形成团结和谐、干事创业的良好氛围。

【中共石家庄市委及工作部门组成人员】

书　　记：孙瑞彬

副 书 记：王亮　（7月免）
邢国辉（7月任）
张泽峰（3月任）
司存喜

市委常委：孙瑞彬
王亮　（7月免）
邢国辉（7月任）
张泽峰（3月任）
司存喜　鲍际国
刘晓军（7月免）
刘明轩
刘志鹏（3月免）
张树志
王俊钟（5月免）
胡儒钗
高天　（女）
姜建华（5月任）
郭运兴（4月任）
毛全球　李震国
崔大平

市委秘书长：胡儒钗

常务副秘书长：刘月照

副秘书长：梁立柱　高尘
李兵英　周树仁

董志明
尹勃　（12月免）
王勇军
市机关事务管理局局长、党组书记兼市委副秘书长：裴晓青
市委副秘书长兼市委研究室主任：李海峰
市信访局局长、党组书记兼市委副秘书长：暴胜贤

市委办公厅

纪检监察员：李惠英

市纪律检查委员会

书　　记：刘明轩
常务副书记：贾巧秀
副 书 记：刘吉广（8月免）
刘书平　梁建林
郝建哲（12月任）
纪委常委：韩秀华　左素娥
李惠英
周顺达（12月任）
张忠祥
郝建哲（12月免）

市委组织部

部　　长：王俊钟（5月免）
姜建华（5月任）
常务副部长：韩保来
副 部 长：解晓东　宋学恭
张忠良　王云辉
刘力

市委宣传部

部　　长：高天　（女）
常务副部长：王惠周（8月免）
孙晋康（8月任）
副 部 长：郭纯阳
王中月（8月免）
李刚　（8月任）
张惠　（8月任）

市委统战部

部　　长：毛全球
常务副部长：徐拥政
副 部 长：李爱民（9月免）
杨志乾（9月任）
张志敏　刘兰敏

市委政法委

书　　记：刘志鹏（4月免）
郭运兴（4月任）
常务副书记：黄朝庆（2月免）
张聚华（2月任）
副 书 记：刘志魁（6月免）
孟建中
程文才（兼）
李骁

市直机关工委

书　　记：王玉国
副 书 记：范志斌　胡国龙
赵占辉（兼纪工委书记）

市委农工委

书　　记：张树志
常务副书记：张炬　（9月免）
左红江（9月任）
副 书 记：王荣军　高地动
陈彦良
陈玉山（12月任）

机构编制委员会

主　　任：左建平
常务副主任：邓京生
副 主 任：郝延平

台湾工作办公室

主　任：王溪波
副主任：王春立　杨文江
龚斌　（1月任）

信访局

局　长：暴胜贤
副局长：苏清才　李增辰
郭树君　赫建青
张春　（9月任）

研究室

主　任：李海峰
副主任：郭宗海
谭运江（8月免）
任维维（12月免）
张素钊（12月任）
赵英涛（12月任）

老干部局

局　长：解晓东
副局长：宋成武（10月免）
李爱虎
田斌　（9月任）
许磊

机关事务管理局

局　长：裴晓青
副局长：李长亭　卢首往
王中英　张宏社

【中共石家庄市委常委会议】 1月16日，孙瑞彬主持召开九届市委常委会第106次会议。研究干部人事问题（市委常委会议纪要九届第106号）。

1月26日，孙瑞彬主持召开九届市委常委会第107次会议。听取省纪委八届五次全会精神、市纪委九届五次全会有关事宜、全省社区矫正工作电视电话会议精神及石家庄市贯彻落实意见汇报；讨论并同意2013年度《县（市、区）领导班子考核等次建议名单》《市直部门领导班子考核得分及等次建议名单》《县（市、区）领导干部考核等次建议名单》《市直部门领导干部考核建议名单》《县（市、区）、市直部门领导干部三等功人员建议名单》（市委常委会议纪要九届第107号）。

2月10日，孙瑞彬主持召开九届市委常委会第108次会议。书面印发《关于全省组织部长会议精神

及我市贯彻落实意见的汇报》《关于全省宣传部长会议精神及我市贯彻落实意见的汇报》；研究干部人事问题（市委常委会议纪要九届第108号）。

2月17日，孙瑞彬主持召开九届市委常委会第109次会议。听取全省优秀年轻干部培养选拔工作座谈会主要精神及石家庄市贯彻落实意见汇报；讨论并同意《关于部分县级机构更名及规格、领导职数调整的意见》；研究干部人事问题（市委常委会议纪要九届第109号）。

2月28日，孙瑞彬主持召开九届市委常委会第110次会议。听取全省农村工作会议、全省农村面貌改造提升动员大会精神及石家庄市贯彻落实意见，全省统战部长会议精神及石家庄市贯彻落实意见汇报；书面印发《关于2015年中央、全省政法工作会议精神的汇报》（市委常委会议纪要九届第110号）。

3月13日，孙瑞彬主持召开九届市委常委会第111次会议。研究《关于落实省委巡视组反馈意见整改工作方案（讨论稿）》；讨论并同意《2014年县（市、区）、市直部门领导班子和领导干部综合考核工作方案》《市委管理领导班子后备干部选拔工作方案》；书面印发《关于全省党委秘书长、办公室主任会议主要精神及石家庄市贯彻落实意见的汇报》（市委常委会议纪要九届第111号）。

3月19日，孙瑞彬主持召开九届市委常委会第112次会议。传达学习全国“两会”精神及省委常委扩大会议精神，研究石家庄市贯彻落实意见（市委常委会议纪要九届第112号）。

3月21日，孙瑞彬主持召开九届市委常委会第113次会议。研究干部人事问题（市委常委会议纪要九届第113号）。

4月14日，孙瑞彬主持召开九届市委常委会第114次会议。研究干部人事问题（市委常委会议纪要九届第114号）。

4月23日，孙瑞彬主持召开九届市委常委会第115次会议。研究干部人事问题（市委常委会议纪要九届第115号）。

5月20日，孙瑞彬主持召开九届市委常委会第116次会议。听取关于全省计划生育工作电视电话会议主要精神及石家庄市贯彻落实意见、市委组织部关于在全市开展“三严三实”专题教育有关工作汇报；讨论并同意《关于追授马喜林同志石家庄市“优秀共产党员”称号和开展向马喜林同志学习的决定（讨论稿）》、市纪委关于陈双锁的处理意见和范建英违纪案件的审核意见；研究干部人事问题（市委常委会议纪要九届第116号）。

6月9日，孙瑞彬主持召开九届市委常委会第117次会议。研究干部人事问题（市委常委会议纪要九届第117号）。

6月18日，孙瑞彬主持召开九届市委常委会第118次会议。传达学习中发〔2015〕16号文件精神，研究石家庄市贯彻落实意见；听取2016年以来城建重大基础设施项目建设情况、市委农工委关于两个省级美丽乡村建设片区进展情况汇报（市委常委会议纪要九届第118号）。

6月26日，孙瑞彬主持召开九届市委常委会第119次会议。听取正定新区建设发展情况汇报；讨论并原则同意《关于市政府机构改革涉及部门领导职数等事宜的意见》、市纪委关于对市车管所第三分所严重违纪违法案件涉及相关领导责任追究的处理意见；研究干部人事问题（市委常委会议纪要九届第119号）。

7月9日，孙瑞彬主持召开九届市委常委会第120次会议。听取正定古城保护工作进展情况、石家庄综合保税区建设进展情况、市纪委关于党风廉政建设“两个责任”落实情况汇报；讨论并同意《市委关于巡视整改情况通报（党内通报稿）》《市委关于巡视整改情况通报（社会公开稿）》（市委常委会议纪要九届第120号）。

7月10日，孙瑞彬主持召开九届市委常委会第121次会议。研究干部人事问题（市委常委会议纪要九届第121号）。

7月27日，孙瑞彬主持召开九届市委常委会第122次会议。研究干部人事问题（市委常委会议纪要九届第122号）。

8月3日，孙瑞彬主持召开九届市委常委会第123次会议。传达学习全省领导干部会议精神，研究石家庄市贯彻落实意见（市委常委会议纪要九届第123号）。

8月7日，孙瑞彬主持召开九届市委常委会第124次会议。听取关于全省处置不合格党员工作座谈会精神及石家庄市贯彻落实意见汇报；研究《关于在全市开展“六治”专项行动的实施方案（讨论稿）》；讨论并同意《关于调整市接待办公室隶属关系的意见》；研究干部人事问题（市委常委会议纪要九届第124号）。

8月8日，孙瑞彬主持召开九届市委常委会第125次会议。传达学习省委书记赵克志在西柏坡考察调研时重要讲话精神，研究石家庄市贯彻落实意见（市委常委会议纪要九届第125号）。

8月12日，孙瑞彬主持召开九届市委常委会第126次会议。传达学习省委书记赵克志到石家庄市考察调研时重要讲话精神，研究石家庄市贯彻落实意见（市委常委会议纪要九届第126号）。

8月13日，孙瑞彬主持召开九届市委常委会第127次会议。研究干部人事问题（市委常委会议纪要九届第127号）。

8月18日，孙瑞彬主持召开九届市委常委会第128次会议。传达学习习近平总书记、李克强总理和省委书记赵克志关于安全生产工作重要批示指示及全国安全生产电视电话会议、省安全生产委员会暨安全生产保障工作专题部署会主要精神，研究石家庄市贯彻落实意见（市委常委会议纪要九届第128号）。

8月21日，孙瑞彬主持召开九届市委常委会第129次会议。传达学习省委书记赵克志在省委常委会上重要讲话精神、研究石家庄市贯彻落实意见；讨论并同意2014年度《县（市、区）领导班子考核得分及等次建议名单》《市直部门领导班子考核得分及等次建议名单》《县（市、区）领导干部考核等次建议名单》《市直部门领导干部考核等次建议名单》《县（市、区）、市直部门记三等功人员建议名单》（市委常委会议纪要九届第129号）。

9月7日，孙瑞彬主持召开九届市委常委会第130次会议。听取市人大常委会党组关于召开石家庄市第十三届人民代表大会第四次会议有关事项、市委组织部关于石家庄市第十三届人民代表大会第四次会议人事安排情况汇报（市委常委会议纪要九届第130号）。

9月10日，孙瑞彬主持召开九届市委常委会第131次会议。传达学习省委书记赵克志在省委中心组学习会上讲话精神，研究石家庄市贯彻落实意见（市委常委会议纪要九届第131号）。

9月17日，孙瑞彬主持召开九届市委常委会第132次会议。传达学习《中共中央关于四川南充拉票贿选案以及湖南衡阳破坏选举案查处情况及其教训警示的通报》、中央纪委通报《强化责任追究从严治党落到实处》（中纪通〔2015〕6号）精神；听取中央巡视组、省委巡视组反馈意见整改落实情况汇报；讨论并原则同意《关于支持西部山区综合开发建设现代农业示范区的意见（讨论稿）》、市机构编制委员会办公室《关于增设市政府副秘书长职数等事宜的意见》（市委常委会议纪要九届第132号）。

9月21日，孙瑞彬主持召开九届市委常委会第133次会议。传达学习省委、省政府主要领导在石家庄市部分县委书记座谈会上讲话精神，研究石家庄市贯彻落实意见；讨论并原则同意《关于深入贯彻省委中心组学习会精神强力推进重点工作落实的实施方案（讨论稿）》；研究干部人事问题（市委常委会议纪要九届第133号）。

9月28日，孙瑞彬主持召开九届市委常委会第134次会议。传达学习省委书记赵克志在新型城镇化与城乡统筹示范区建设专题研讨班上讲话精神，研究石家庄市贯彻落实意见（市委常委会议纪要九届第134号）。

10月20日，孙瑞彬主持召开九届市委常委会第135次会议。传达学习全省领导干部会议精神，研究石家庄市贯彻落实意见（市委常委会议纪要九届第135号）。

11月2日，孙瑞彬主持召开九届市委常委会第136次会议。传达学习中共十八届五中全会精神，研究贯彻落实意见（市委常委会议纪要九届第136号）。

11月5日，孙瑞彬主持召开九届市委常委会第137次会议。传达学习省委书记赵克志在全省“三严三实”专题教育党课暨领导干部警示教育大会上讲话精神，研究贯彻落实意见；传达学习《中国共产党巡视工作条例》；听取市委改革办公室关于全面深化改革工作情况汇报；讨论并原则同意《石家庄市大气污染防治工作问责暂行办法（讨论稿）》、市机构编制委员会办公室《关于设立市不动产登记中心等副县级事业单位有关事宜的意见》、市纪委关于白彦德等人严重违纪案件处理意见；书面印发市委组织部《全市“三严三实”专题教育进展情况汇报》、市委组织部《全市“解放思想、抢抓机遇、奋发作为、协同发展”大讨论进展情况汇报》、市林业局《关于太行山生态绿化工程建设进展情况汇报》(市委常委会议纪要九届第137号)。

11月12日，孙瑞彬主持召开九届市委常委会第138次会议。传达学习省委八届十二次全会精神，研究贯彻落实意见(市委常委会议纪要九届第138号)。

11月20日，孙瑞彬主持召开九届市委常委会第139次会议。听取市委统战部关于省委统战工作会议精神及贯彻落实意见汇报，全省党委、政府秘书长(办公室主任)会议精神及石家庄市贯彻落实意见汇报；讨论并原则同意《中共石家庄市委常委约法八章(讨论稿)》；研究干部人事问题；书面印发市纪委关于省委学习贯彻《中国共产党巡视工作条例》、《中共河北省委巡视工作实施办法》暨2015年第三轮巡视工作动员部署会议精神及石家庄市贯彻落实意见汇报(市委常委会议纪要九届第139号)。

11月30日，孙瑞彬主持召开九届市委常委会第140次会议。研究干部人事问题(市委常委会议纪要九届第140号)。

12月6日，孙瑞彬主持召开九届市委常委会第141次会议。学习交流贵州省贵安新区等地经验，进一步解放思想、开拓创新，以良好的精神状态奋力开创省会事业发展新局面(市委常委会议纪要九届第141号)。

12月15日，孙瑞彬主持召开九届市委常委会第142次会议。听取全省组织工作会议精神及贯彻落实意见、市委九届七次全会安排意见、市人大常委会党组关于召开石家庄市第十三届人民代表大会第五次会议、市政协党组关于召开政协石家庄市第十二届委员会第四次会议有关事项、市委组织部关于市委常委“三严三实”专题民主生活会准备情况汇报；研究并同意市机构编制委员会办公室《关于组建综合保税区、装备制造产业园管理机构和明确市纪委内设机构正职职级的意见》；研究并同意《石家庄市大气污染防治攻坚行动实施方案落实情况考核办法(试行)》；书面印发市委宣传部关于全省宣传工作务虚会和全省党报党刊发行电视电话会主要精神及石家庄市贯彻落实意见、市委办公厅关于全省党的群团工作会议精神及石家庄市贯彻落实意见汇报(市委常委会议纪要九届第142号)。

12月23日，孙瑞彬主持召开九届市委常委会第143次会议。讨论并原则同意市发展改革委《关于推进京津冀协同发展的实施意见》；讨论并原则同意《石家庄市国民经济和社会发展第十三个五年规划建议(讨论稿)》《石家庄市国民经济和社会发展第十三个五年规划纲要(讨论稿)》；讨论并原则同意市财政局关于2016年预算安排建议；研究市委常委“三严三实”专题民主生活会《市委常委班子对照检查材料》、市纪委关于刘国栋等人违纪案件处理意见、干部人事问题；书面印发市委统战部关于《中共石家庄市委贯彻落实〈中国共产党统一战线工作条例(试行)〉责任分工方案(讨论稿)》(市委常委会议纪要九届第143号)。

12月28日，孙瑞彬主持召开九届市委常委会第144次会议。讨论并原则同意《市委常委会工作报告》和市委、市政府主要领导在市委九届七次全会上的讲话；研究市纪委关于王建国、张玉锁违纪案件处理意见；书面印发市委宣传部关于全省党委(党组)意识形态工作责任制座谈会、全省文化科技卫生“三下乡”20周年工作会议精神及石家庄市贯彻落实意见的汇报(市委常委会议纪要九届第144号)。

12月30日，孙瑞彬主持召开九届市委常委会第145次会议。研究干部人事问题(市委常委会议纪要九届第145号)。

【市委九届七次全会】 12月30日，中共石家庄市第九届委员会举行第七次全体会议。出席全会市委委员41人、候补委员10人。会议由市委常委会主持。省委常委、市委书记孙瑞彬作重要讲话。市委副书记、市长邢国辉就《中共石家庄市委关于制定石家庄市国民经济和社会发展第十三个五年规划的建议(全会审议稿)》向全会作说明并总结部署全市经济工作。会议听取市委常委会工作报告，研究石家庄市“十三五”时期改革发展重大问题。会议审议通过《中共石家庄市委关于制定石家庄市国民经济和社会发展第十三个五年规划的建议》，明确“十三五”时期全市经济社会发展的指导思想和发展理念，提出“两个前列”“两个翻番”“三个确保”经济社会发展目标。“两个前列”：全市综合经济实力位居全省前列，经济质量和效益位居全省前列；“两个翻番”：到2020年，生产总值比2010年翻一番以上，城乡居民人均可支配收入比2010年翻一番以上；“三个确保”：确保大气质量得到明显改善，确保京津冀城市群“第三极”作用凸显，确保率先在全省全面建成小康社会。会议还传达了中央经济工作会议、中央城市工作会议、全省经济工作会议精神，通报了各县（市、区）党政主要领导2015年引进5亿元以上项目完成情况。

【省委巡视】 根据河北省委统一部署，省委第七巡视组4月17～30日专项巡视石家庄市城建、规划、园林、供水系统；7月28日，省委第七巡视组组长彭芳将巡视情况反馈石家庄市，市委常委、组织部长姜建华，副市长姜阳听取反馈意见。8月4日，河北省委第一巡视组在裕华区主会场以电视电话会议形式，召开裕华区、井陉矿区、藁城区、晋州市、新乐市、无极县6个县（市、区）巡视工作动员会，部署进入6个县（市、区）巡视工作。

【“六治”专项行动】 2015年8月，市委办公厅、市政府办公厅联合印发《关于在全市开展“六治”专项行动的实施方案》，决定从2015年8月初到2015年底，利用5个月时间，结合“三严三实”专题教育，抓住少数领导干部和机关工作人员不作为、不担当核心问题，在全市集中开展一次“六治”专项行动，集中整治“散、乱、软、庸、懒、贪”等6个方面问题。主要做法：纪律上治“散”、治“乱”、治“贪”，作风上治“软”、治“懒”，能力上治“庸”；以“追踪一批重点项目、查访一批重点岗位、排查一批问题线索、查处一批突出问题、曝光一批典型案件”等“五个一批”为抓手，推进集中整治；针对出现“为官不为”问题，造成严重不良影响的地区和单位，严肃追究直接责任及相关领导主体责任、监督责任，以严厉问责推进整治取得实效。

（市委办公厅）

组织工作

【概况】 2015年，全市组织系统贯彻落实中央和省委、市委重大决策部署，围绕中心、服务大局，坚持党要管党、从严治党、改革创新要求，组织开展“三严三实”专题教育和“解放思想、抢抓机遇、奋发作为、协同发展”大讨论活动，重视领导班子、干部队伍及基层党组织建设。全年提交市委常委会研究干部任免18批次542人次，重点检查11个县（市、区）和29个市直单位干部选拔任用情况。2156名市管干部报告个人重大事项，按照10%比例、随机抽查方式核实市管干部217名，核查拟提拔干部230名；13名市管党政正职干部实施经济责任审计。举办各级各类培训班498期，培训干部8.4万人次。组织2014年度全市县（市、区）、市直部门领导班子和领导干部工作考核评价，考核县（市、区）领导班子21个，确定优秀等次6个；考核领导干部608人，确定优秀等次135人。考核市直部门领导班子101个，确定优秀等次32个；考核领导干部1576人，确定优秀等次363人。加强基层党组织建设，2015年全市村级党组织成员平均年龄49.6岁，比上届降低0.4岁；4050名村党组织书记中，具有大专以上文化程度632人，较上届提高3%；全市社区“两委”班子成员平均年龄39岁，大专以上学历达到90%以上。严格党员队伍管理，全年石家庄市累计培训农村（社区）党员干部2.2万名，其中，村党组织书记参加省级调整培训1059名，市本级培训乡村和街道社区党组织书记1200余人。开展在职党员进社区活动，全市90304名在职党员在社区注册登记，认领服务岗位82515个，成立党员志愿服务队7030个，走访服务居民60余万人次，为居民办实事10万余件。9月15日，市委组织部公示石家庄市2015年拟选聘大学生村官160人。统筹谋划推进党建研究，撰写《非公有制经济组织党组织发挥实质作用研究》获得河北省2015年度党建研究课题一等奖；市级评选优秀党建研究课题19篇。

【“三严三实”专题教育】 按照中央、省委统一部署，石家庄市委以“围绕大局搞教育、联系实际创特色、解决问题见成效”为总体要求，组织21个县（市、区）、98个市直单位、6个市属企业、5所市属高校，开展“三严三实”专题教育。5月15日，省委常委、市委书记孙瑞彬以《省会干部要做“三严三实”的表率》为题讲专题党课。8月18日，市委中心组以“牢记两个务必、严守纪律规矩”为主题，举行“三严三实”专题教育第二专题学习研讨，观看《作风建设永远在路上》专题片，重温中国共产党立规矩、严纪律历史，并围绕学习研讨主题，结合各自实际，交流学习体会。10月29日，市委中心组举行“三严三实”专题教育第三专题学习研讨，集中学习《中国共产党廉洁自律准则》《中国共产党纪律处分条例》，围绕强化纪律意识、规矩意识、廉洁意识，更加自觉践行“三严三实”，坚持严以用权，做忠诚干净担当的好干部开展研讨。11月5日，市委召开常委扩大会议，传达学习省委书记赵克志在全省深入开展“三严三实”专题教育党课暨领导干部警示教育大会上“以案为鉴、警钟长鸣，永葆忠诚、干净、担当、实干的政治本色”主题讲话精神。围绕“严以修身、严以律己、严以用权”3个专题，组织各级领导班子开展学习研讨；围绕基层社会治理、美丽乡村建设、基层组织建设等重点工作，组织县处级领导干部开展蹲点调研活动，召开座谈会2400多次，办实事好事5000多件。组织各级领导班子、基层党组织召开高质量专题民主生活会和组织生活会，所辖各县（市、区）查找经济发展、保障民生、作风建设等问题224条，市直部门查找落实中央和省市委决策部署、依法执纪行政、服务群众等问题375条。各地各单位均成立解决重点突出问题专项小组，制定具体解决方案，实行定期调度和跟踪问效，全市各单位制定解决措施620条，解决突出重点问题370条。建立专题教育联席会议制度，成员单位每周一联系、半月一碰头、每月一通报。成立联络员队伍，每周深入各单位召开1次工作例会，全程联络指导，全市组建督导检查组26个，做到检查全覆盖。至2015年底，全市县处级领导干部讲专题党课1500余场，受教育党员干部4.2万人次。

【“解放思想、抢抓机遇、奋发作为、协同发展”大讨论】 组建成立由省委常委、市委书记孙瑞彬任组长市委大讨论领导小组，制定全市大讨论《实施意见》。21个县（市、区）、81个市直单位《实施方案》提出主要工作任务1799项，重点解决突出问题1855件。省委常委、市委书记孙瑞彬亲自谋划推动“解放思想、抢抓机遇、奋发作为、协同发展”大讨论活动，并围绕学习教育、破解难题、选树典型、浓厚氛围、推动发展等提出具体要求，7次作出重要批示。开展“六治”专项行动和“五个方面”专项整治，着力破解发展难题。成立7个巡回督导小组，督导检查21个县（市、区）和81个市直单位讨论活动。指导各县（市、区）、市直各部门查找出不严不实问题912条，班子成员查找出不严不实问题4870条。营造舆论氛围，全市在中央、省主要新闻媒体刊播重头报道30余篇（条），在市属新闻媒体刊发稿件350余篇（条），开展各类公益宣传5万余条次。经过大讨论活动，全市提出加快推进209项改革任务、31项重点改革项目、京津冀协同发展11项工作，创出“一招鲜”、以“大正定新区”为主战场打造产业承接平台等18项创新性举措。省委副书记赵勇为“解放思想、抢抓机遇、奋发作为、协同发展”大讨论活动给予批示肯定：“石家庄市问题找得准，目标措施定得实，望一项一项抓出成效，为全省带个头”。

【领导班子和干部队伍】 完善干部选拔任用机制，制定出台《市委管理领导班子和领导干部综合分析研判实施办法（试行）》《部务会干部任免材料标准》等6个文件。提交市委常委会研究干部任免18批次542人次，重点检查11个县（市、区）和29个市直单位干部选拔任用情况。综合运用诫勉谈话、函询、经济责任审计、个人重大事项报告等手段，加强干部日常管理和监督。全年2156名市管干部报告个人重大事项，按照10%比例、随机抽查方式核实市管干部217名，核查拟提拔干部230名；13名市管党政正职干部实施经济责任审计。开展干部配备“三超两乱”专项整治，整改消化超配市管干部105人、乡科级干部1640人，全市消化比例达到83.1%。严格干部人事档案专项审核，1926卷市管干部档案审核完毕。做好省委巡视组反馈意见整改落实，涉及市委组织部6项，其中2项整改到位，其他4项全部建立长效机制。举办县处级领导干部理想信念和道德品行教育专题培训班，打造“西柏坡精神”“重走赶考路”“同呼吸心相印”3个特色品牌。2015年市委组织系统举办各级各类培训班498期，培训干部8.4万人次。其中，市委组织部直接举办培训班9期，培训干部841人次；完成上级交办培训班60期，培训选派学员541人次。修订完善市管领导班子和领导干部综合考核评价办法，形成县（市、区）、市直部门、开发区（园区）3套考核评价体系。组织2014年度全市县（市、区）、市直部门领导班子和领导干部工作考核评价，考核县（市、区）领导班子21个，确定优秀等次6个；考核领导干部608人，确定优秀等次135人。考核市直部门领导班子101个，确定优秀等次32个；考核领导干部1576人，确定优秀等次363人。建立河北省考核指标运行完成情况月调度制度，开展市管后备干部选拔和调研，产生正职后备干部初步人选120人、副职后备干部初步人选396人、中长期培养对象初步人选347人，并推荐补充“80后”（1980年后出生）年轻干部进入市管后备和中长期培养对象名单。选派15名优秀科级干部到乡镇街道挂职、121名年轻干部到基层锻炼。录用党群系统公务员296名，招录选调生72名，面向北京大学、清华大学和“985院校”招录选调生35名，招聘事业单位工作人员101名，安置正团职军转干部6名，选聘大学生村官160名。落实公务员职务、职级并行制度，全市10714名公务员完成职级晋升。

【基层组织】 制定出台《关于从严从实抓基层党建若干措施的实施方案》，提出包括选派优秀干部到贫困村后进村担任“第一书记”、建立后进村综合整治体系、打造基层党建示范片区等18条举措。组织召开县乡两级党委书记抓基层党建述职评议会议，深化落实村级“双述双评”制度，形成县、乡、村“三级联动”述职体系。从民营企业家、乡村致富能手、大学生村官和复转军人中，物色农村（社区）干部人选，选好配强“两委”班子。2015年全市村级党组织成员平均年龄49.6岁，比上届降低0.4岁；4050名村党组织书记中，具有大专以上文化程度632人，较上届提高3%；全市社区“两委”班子成员平均年龄39岁，大专以上学历达到90%以上。将化解矛盾问题贯穿换届全过程，换届难点村由市县乡逐级建立台账，集中把脉会诊、集中攻坚。按照15%比例倒排592个后进村和58个后进社区开展集中整顿，建立县级领导包村、县直部门联村、机关干部驻村分包体系，选派498名优秀机关干部到后进村担任第一书记，实施包任务落实、包问题解决、包限期转化、包巩固提升“四包”责任制和约谈、建档、反馈、问责、通报、函询6条追责办法。开展社区场所建设达标工程活动，26个社区采取改扩建、租赁、购置等方式实现场所建设达标，全市517个社区室内办公及服务场所面积平均达到400平方米左右，其中新增35973平方米，同比增长21.2%。制定出台《关于深化基层党建示范片区创建工作的实施方案》等文件，按照连点成片、全面提升思路，谋划创建城市党建示范片区16个，集中打造农村党建示范片区38个，成功创建藁城区世纪大道“支部＋协会”、长安区“梦启长安”等服务品牌，受到中共中央组织部、河北省委组织部肯定。探索创新党组织设置、干部队伍管理、完善乡村治理机制等，涌现出鹿泉区“五星乡村”、栾城区联村党组织、元氏县党员服务圈、正定县“党组织＋”等15项特色经验做法，受到中共中央组织部《组工信息》及《人民日报》《光明日报》刊发报道。组织893名在岗大学生村官全员培训，督导检查在岗履职情况，总结王泽伦、王冀川等4名大学生村官典型经验，并在河北省委组织部《季度十例》刊发。提高农村干部基础职务补贴标准，各县（市、区）新增农村干部基础职务补贴资金9144.4万元，市县两级财政落实资金6000万元，全市村级“两委”正职年平均补贴达到16387元。实施社区惠民工程，每个社区落实党建惠民专项资金10万元，全市投入4190万元实施惠民工程2758项。深化“1+3”大工委制、社区网格化管理，全市468个社区全部推行网格化管理。开展非公企业党组织集中攻坚活动，新建非公企业党组织72个。

【党员队伍】 1059名村党组织书记参加省级调整培训；市本级在河北农业大学及浙江省宁波市、吉林省长春市等地举办9期示范培训班，培训乡村和街道社区党组织书记1200余人，全年石家庄市累计培训农村（社区）党员干部2.2万名。开展在职党员进社区活动，全市90304名在职党员在社区注册登记，认领服务岗位82515个，成立党员志愿服务队7030个，走访服务居民60余万人次，为居民办实事10万余件，2015年石家庄市在职党员到社区报到人数在全国32个副省级城市和省会城市名列第一位。落实《发展党员工作细则》，全市排查党员623960名，查找失联党员16787名，复联率达到92.3%。推进“关爱老党员工程”，为中华人民共和国成立前入党3387名老党员发放生活补贴1516.28万元。组建党代表任期制工作室，建成街道、乡镇党代表工作室90个，社区、村党代表工作室99个；集中培训基层党代表及党代表工作人员124名。做好党员学习教育，摸底调研党员电化教育和远程教育终端站点4424个，1301个站点光纤改造完工；开展学用示范站点创建活动，以经济合作社、农业示范户为重点，打造学用示范站点20个；制作《党旗飘扬》新闻栏目20期，拍摄制作教学课件47部，微电影《亲人》被中共中央组织部党建读物出版社采用，获得第二届万峰林国际微电影节一等奖。

【人才培养引进】 组织全市60多名优秀企业家和高层次人才到北京亦庄开发区参观学习，选派高层次人才参加北京亦庄领军人才国情研修班。举办北京专家与石家庄市企业集中对接活动，北京专家与石家庄市5家高新技术企业建立合作关系，解决企业技术难题11个，提出项目合作、人才培养等意见建议8条。加强京津地区人才智力引进，全年引进京津人才897人。召开高层次人才座谈会，选拔确定首批"高层次人才支持计划"人选20名。做好2015年度市管拔尖人才推荐选拔，命名市管拔尖人才118名。实施"十百千人才工程"，举办"十百千人才工程"专题培训班4期，培训各类人才400余名。开展省级人才项目申报推荐，3人入选河北省"百人计划"、6人获得河北省突出贡献技师称号，14名省管优秀专家获批延续管理。以市政府名义组织全市32家高新技术企业到沈阳高校举办校园人才招聘活动，达成就业意向751人次。县（市、区）谋划实施县域特色人才项目38个，并分片召开人才项目观摩推进会。新设立院士工作站7家；依托院士工作站，石家庄市与110名院士建立经常性合作关系，参与合作项目160多个，开展院士咨询论证、学术交流活动210余次。

（尹路）

【离退休老干部】 落实离退休干部待遇，2次召开情况通报会，向老干部通报全市经济社会发展情况；执行《关于提高离休干部护理费标准通知》等3个文件，为77名抗战时期参加革命工作地专级离退休干部提高享受副省长级标准报销医疗费用待遇；调整移交政府安置军队离休干部护理费标准，补发资金9.55万元。市委组织部领导班子调整后，新任市委常委、组织部长姜建华到任伊始就走访看望老干部，陪同市级老领导参观工农业生产，到市老干部活动中心、老年大学调研考察。开展有特殊困难老干部帮扶活动，落实老干部帮扶资金140多万元。长安区理顺区划调整后离退休干部管理归属，统一有关待遇标准；新乐市完善老干部帮扶台账，重点帮扶有特殊困难老干部21名。举办老干部党支部书记培训班，邀请老将军田永清、贾雪阳讲解国内国际形势和党务知识。开展老干部"五好"支部、"四好"党员评选活动，通报表彰57个先进老干部党支部、88名优秀老干部党员。举办纪念抗战胜利70周年活动，编印《石家庄市抗日老战士风采录》画册。推荐5名老干部担任"市委社情民意联络员"，组建老干部网络宣传队伍50多人。至2015年底，全市共有各级各类关心下一代工作委员会组织7275个，从事关心下一代工作老干部26160人。2015年石家庄市关心下一代工作委员会获评"全国关心下一代工作先进集体"。赞皇县老干部参加"金秋助学"活动，资助贫困学生168人，资助金额40多万元。重视抓好老年大学、老干部活动中心建设。市老年大学邀请省市专家开办"重阳讲坛"，编印《光影的足迹》摄影集，举办老年书画展、文艺演出等教学成果展示活动；市老干部合唱团参加"第六届七彩夕阳全国邀请赛"获得"群星金奖"。开展老年健身活动，4月20日，市委老干部局、市体育局、市老年体育协会联合在裕彤体育中心举办第21届市直机关离退休干部运动会，来自全市68个市直机关单位3900余名老干部参加比赛活动。市老干部活动中心投资60多万元升级改造游泳馆、球类馆、健身馆，添置活动器材。平山县以土地置换方式，新建老干部活动中心7600多平方米；深泽县争取上级财政资金280多万元，新建老干部活动中心2100多平方米；鹿泉区实施老干部活动中心扩建工程，面积达到2000多平方米。至2015年末，全市新建和改扩建老干部学习活动场所6个，新增活动面积10800平方米；8个县（市、区）老年大学建成市老年大学分校。

（柴力）

宣传工作

【概况】 2015年，全市宣传思想文化战线围绕学习贯彻习近平总书记系列重要讲话精神和转型升级、跨越赶超、建设幸福石家庄目标，突出唱响主旋律、传播正能量要求，加强思想理论武装，开展西柏坡精神、石家庄城市精神理论研究，提炼反映石家庄地域特色。市委理论中心组紧扣中央和省委重大战略部署，开展京津冀协同发展、新型城镇化建设、大气污染治理、党风廉政建设等专题学习20多次，县处级党委（党组）中心组举办各类集中学习960次。培育和践行社会主义核心价值观，将社会主义核心价值观教育融入弘扬中华优秀传统文化、文明城市和美丽乡村建设、社会行为准则和日常生活。实施理论宣传“蒲公英工程”，创新学习载体，增强宣讲亲和力、感染力、说服力。深化“善行河北，首善省会”等主题实践活动，打造核心价值观主题广场公园和涵养基地。开展“我们的中国梦——文化进万家”“彩色周末”“引进高雅艺术演出”“千场电影进社区、万场电影进农村”等系列群众性文化惠民活动，组织送文艺下基层演出919场，举办彩色周末文化活动演出1169场，引进高雅艺术演出8场，为社区农村播放电影49291场。开展讲好石家庄故事活动，推进反映石家庄人文精神精品创作。以精神文明建设“五个一工程”为龙头，制作完成广播剧《贾大山和他的朋友》、新编剧目《安娥》、长篇纪实文学《寻找平山团》等精品力作，其中《贾大山和他的朋友》获得中国广播剧研究会第十五届专家评析金奖。主动把握舆论导向，培育良好社会心态，为改革发展稳定营造积极向上氛围。至2015年底，全市撰写宣传石家庄形象稿件2000余篇，其中在中央主要媒体刊播1600余篇。

【思想理论学习】 以习近平总书记系列重要讲话精神为引领，强化思想理论和理想信念教育。市委理论中心组紧扣中央和省委重大战略部署，开展京津冀协同发展、新型城镇化建设、大气污染治理、党风廉政建设等专题学习20多次，县处级党委（党组）中心组举办各类集中学习960次。11月19日、23日，省委第一宣讲团成员、省委常委、市委书记孙瑞彬分别到正定县、藁城区，宣讲中共十八届五中全会和省委八届十二次全会精神。省委常委、市委书记孙瑞彬提出：将学习紧紧抓在手上，做到学习宣传贯彻中央指示精神最坚决、最迅速、最彻底。12月29日，《知之深　爱之切》出版发行座谈会在正定县召开，省委书记赵克志出席会议并讲话，省委常委、市委书记孙瑞彬针对学好用好《知之深　爱之切》生动教材做出指示，要求全市迅速掀起学习热潮。研究西柏坡时期党的纪律建设，组织撰写《西柏坡“立规矩”的启示》《在践行“三严三实”中交出优异答卷》《重温党的历史，严守纪律规矩》3篇理论文章，分别在《求是》杂志、《人民日报》《河北日报》发表。100个社区创办“燕赵社区大讲堂”，开展“总书记讲话进社区”活动。举办“燕赵讲坛”“燕赵社区大讲堂”“石图讲堂”等各类讲座及报告1500余场，其中“燕赵讲坛”48场，听众近20万人次。市委宣讲团举办宣讲活动150场，在《理论之窗》推出系列讲座25期。

【新闻宣传】 按照唱响主旋律、传播正能量要求，采取内部宣传、对外宣传、网络宣传联合形式，主动开展“讲好石家庄故事”“唱响石家庄好声音”活动，全力打造省会城市新形象。撰写宣传石家庄形象稿件2000余篇，其中在中央主要媒体刊播1600余篇。举办“石家庄十大城市名片”评选活动，采取《石家庄日报》《燕赵晚报》及石家庄广播电视台、微博、微信等媒体联合方式，收到公众选票1500多万张（次），创下市民关注度、参与度历史最高，有效提升了市民家园意识和城市认同感。市委宣传部与经济日报社联合举办“解读石家庄的幸福密码·2015幸福城市高层研讨会”，出版图书《石家庄之最》。开展“鲜花送雷锋，善美在省城”“善美石家庄”微电影大赛及“幸福石家庄”摄影大赛等网络活动，线上线下参与网友超过600万人次。推进媒体融合发展，建成河北省首家融媒体平台——“石家庄市全媒体运营指挥中心”。2015年“石家庄发布”获评“全国最具影响力政务头条号”“全省十大政务微博微信”。

【推行社会主义核心价值观】 培育和践行社会主义核心价值观，开展“善行河北、首善省会”、“为民心连心，党员在行动”志愿服务、“五星红旗飘起来”等特色主题活动，推选一大批中国好人、河北雷锋、文明公民标兵、道德模范和城市榜样，建成社会主义核心价值观涵育基地5个。“十一”国庆期间，10万余面鲜红的五星红旗在省会大街小巷飘扬。开展“建设文明石家庄，做文明石家庄人”“文明交通，争创文明城市”“小手拉大手，共创文明城”“最美家庭故事传递”等群众性精神文明创建活动，在《石家庄日报》、石家庄发布等媒体向全体市民发出《做文明石家庄人倡议书》。举办纪念中国人民抗日战争暨世界反法西斯战争胜利70周年活动，编制创作大型电视音乐诗会《壮歌》，以艺术形式再现石家庄人民反抗侵略的英雄气概，市民深受教育，提振了党员干部精神。建成陈庄歼灭战陈列馆，改造提升中共中央北方分局历史陈列馆，其中陈庄歼灭战陈列馆成为河北省第一个在战场旧址建设的陈列馆。开展“灯笼闪亮价值观”、百姓故事汇、“传承好家训、培育好家风”“节俭养德全民节约”教育等系列中国梦主题活动，举办“社会主义核心价值观与石家庄城市精神”研讨会。宣传灵寿县公安局原情报中心主任马喜林等先进典型。3月8日，灵寿县公安局民警马喜林因积劳成疾牺牲在工作一线。河北省委、石家庄市委追授马喜林“优秀共产党员”称号，并作出向马喜林学习决定。8月3日，马喜林先进事迹报告会在石家庄市举行。开展“践行核心价值观·同心共建新农村”“三下乡”集中服务活动，支持项目资金2.13亿元。

（陈宏杰）

【石家庄十大城市名片评选】 5月11日，由市委宣传部、市委外宣局、石家庄广播电视台、石家庄日报社联合主办的“石家庄十大城市名片”评选活动启动，至5月28日24时，共收到公众提名城市名片82个。经过省会资深媒体人士、知名专家学者、市直部门代表组成的评审委员会讨论和遴选，6月2日确定20个为候选城市名片，分别为西柏坡、赵州桥、正定古城、河北博物院、苍岩山、柏林禅寺、北国商城、华北军区烈士陵园、石家庄解放纪念碑、嶂石岩、华北制药、石家庄新火车站、滹沱河风景区、石家庄电视塔、长安公园、勒泰中心、石家庄植物园、驼梁、秦皇古驿道、小灰楼。6月3～22日，公众采取短信、电话、信函、电子邮箱、“无线石家庄”手机客户端、网站等方式投票。7月16日，“石家庄十大城市名片”揭晓仪式在石家庄广播电视台3号演播大厅举行，现场揭晓“石家庄十大城市名片”。分别为：1. 新中国从这里走来——西柏坡；2. 天下第一桥——赵州桥；3. 国家历史文化名城——正定古城；4. 石家庄的母亲河——滹沱河风景区；5. 开国第一城——石家庄解放纪念碑；6. 新中国制药工业的摇篮——华北制药厂；7. 国家地质公园——嶂石岩；8. 人民币的诞生地——中国人民银行成立旧址（小灰楼）；9. 中国历史文化名山——苍岩山；10. 全国重要的交通枢纽——石家庄新火车站。

（宋钧　王更）

【第十二批宣传文化示范村配发器材】 7月23日，市委宣传部在行唐县经济开发区北张吾社区举办全市第十二批“宣传文化示范村”命名及器材配发活动，同时举行“共筑美丽中国梦·建设和谐新农村”专场演出和培训活动。2015年市委宣传部投资100万元，采取共建、自建相结合方式建设全市第十二批、57个“宣传文化示范村”。40个共建村采用“菜单自选”方式，配备音响、投影仪、乐器、图书、演出服装等36种宣传文化物品器材；17个自建村重点提升宣传文化活动水平，协调宣传文化骨干下乡，专业指导和培训宣传文化活动编排、演出。2002年市委宣传部启动“宣传文化示范村”建设，至2015年末，全市累计投资1560万元，建成12批、506个“宣传文化示范村”

（侯天仪）

【《知之深 爱之切》出版发行】 12月29日，《知之深 爱之切》出版发行座谈会在正定县召开。河北省委书记赵克志，省长张庆伟及省委常委、市委书记孙瑞彬，市长邢国辉等省市领导出席座谈会。《知之深 爱之切》一书收入习近平1982年3月至1985年5月在正定县工作期间的讲话、文章、书信等共37篇，多数是第一次公开发表。该书还附录习近平离开正定县后撰写3篇回忆文章及《人民日报》等报刊刊登3篇新闻通讯。全书14万字，由河北人民出版社出版发行。

（陈宏杰）

统战工作

【概况】 2015年，全市统战工作以中国共产党领导的多党合作和政治协商制度为纲领，以同心凝聚共识、做好建言献策、热情奉献社会、促进宗教和谐、加强党外代表人士队伍建设为重点，利用自身优势，服务中心工作，整合资源，打造亮点，破解难题，转变作风，推进民主党派、党外人士发挥民主监督作用和党派组织、宗教团体建设。建立和完善多党合作重大问题决策前协商制度，将政治协商纳入重大问题决策程序。落实《关于进一步加强政府部门与民主党派、工商联对口联系的通知》要求，强化各民主党派与政府部门沟通联络，协调市政府办公厅组织督导检查，优化各民主党派参政议政环境。加强党外代表人士队伍建设，将统一战线工作纳入县（市、区）和市直部门领导班子考核综合评价体系。提高党外干部素质，推荐安排5名党外干部参加挂职锻炼。调研摸底全市科级党外干部情况，了解掌握科级党外干部队伍情况。开展党外人士大培训，全市举办各类党外代表人士培训班100余期，培训党外人士5500人次。组织全市统一战线各界人士围绕“创业就业”、“两个环境”建设、企业融资难等开展考察调研活动，各民主党派及社会各界人士提出的意见建议均得到市委、市政府主要领导的重视和批示。以《党外人士建言专报》为载体，畅通党外人士建言献策渠道。2015年市委统战部门编印《党外人士建言专报》11期，其中2期得到省委常委、统战部部长范照兵的批示，7期得到省委常委、市委书记孙瑞彬的批示。2015年市委统战部信息工作被中央统战部评为三等奖，被省委统战部评为特别贡献奖；宣传工作被《中国统一战线》杂志社评为先进单位，被省委统战部评为一等奖；调研工作被省委统战部评为优秀组织奖；2人获得中央统战部宣传先进个人。

【民族宗教建设】 开展民族工作示范村、特色村镇建设，4个民族村命名为“示范村”“特色村镇”。2015年石家庄市在全省第七次民族团结进步表彰大会上，5个模范集体、6个先进个人受到表彰。开展民族和谐社区创建，完善区、街道、社区三级民族工作网络，形成北新街社区等精品社区。推进食品安全城市创建活动，有效保证清真食品市场安全。加强宗教事务日常管理。完善制度，规范教职人员行为，提高教职人员素质。开展宗教场所主要教职任职备案，规范宗教活动场所审批和登记。开展专案整治，清理非法敛财问题。开展困难教职人员帮扶活动，发放资金21万余元，帮扶宗教人员141名。以“宗教慈善周”活动为载体，引导宗教团体捐款捐物30余万元。

【联络联谊活动】 建立海外留学归国人员档案，与32个国家167名海外知名侨界领导建立密切联系，与76个华侨社团建立联系制度，在香港、澳门等地建立海外联络点。主动参与招商引资和项目对接，邀请台湾新党主席郁慕明及184位台湾客商参加“第十四届冀台经济合作洽谈会”等活动，签署2项合作协议，总投资额2.1亿美元。邀请25个国家和地区、886位侨商至石家庄参加首届“冀商大会”，对接签约项目100项，合同金额115亿元。主动为台商侨资企业排忧解难，解决台商投诉案件1起；慰问贫困归侨侨眷230人次，发放慰问金、慰问品4万余元。建立归侨侨眷联络档案400余份。

【扶持非公经济】 开展非公经济人士理想信念教育实践活动，引导树立守法诚信经营。助推招商引资，组织非公企业参加“2015中国·青海绿色发展投资贸易洽谈会河北推介会”“2015中国·廊坊国际经济贸易洽谈会”；邀请多位国外客商参加2015中国·石家庄（正定）国际小商品博览会；邀请20家省外企业参加第十四届冀台经济合作洽谈会暨2015年石家庄国际经济贸易洽谈会；圆满完成“世界冀商大会”客商接待任务。举办京津冀民营企业大型招聘会，200多家民营企业参加，提供岗位7000多个，现场达成意向3200多个。举办“民营企业家讲坛”“企业家大课堂”，邀请冯军等企业家代表作专题讲座。全年举办非公经济论坛7次，听课人员达1800多人。以“春雨行动——光彩手拉手”帮扶活动为载体，引导6000多家民营企业参与慈善事业。

【党外知识分子联谊会】 2015年石家庄市鹿泉区知识分子联谊会建设得到中央政治局委员、中央统战部部长孙春兰的肯定；省委统战部在鹿泉区召开全省知识分子联谊会载体建设工作现场会，推广石家庄市经验和做法；石家庄市鹿泉区以《加强党外知识分子联谊会建设 提升做好统战工作的水平》为题作大会发言。市县两级知识分子联谊会的专家学者以“三农”服务团等形式，指导农业种植大户组建成立专业种植合作社，扩大规模经营；指导新建林业基地4万亩，抚育经营5万亩，补植补造6万亩；举办种植培训班20余期，培训农民2000余人次，发放资料3000余份。知识分子联谊会“同心律师团”接待案件咨询830件，涉及人数3825人，金额5171万元；办结民事案件176件，涉及人数1000余人，金额700余万元；发放宣传彩页1000余册，联络卡2000余张。2015年市知识分子联谊会副会长、“同心律师团”团长齐明亮被全国总工会评为“全国维护职工权益杰出律师”。

（刘宏信）

机关工委工作

【概况】 2015年，市直机关工委贯彻落实习近平总书记系列重要讲话精神及省委八届九次全会、市委九届六次全会精神，紧紧围绕市委、市政府中心工作，全面加强学习型服务型创新型党组织建设。突出市直机关（直属单位）党的建设、各基层党组织发展问题，组织开展“三严三实”专题教育活动和“解放思想、抢抓机遇、奋发有为、协同发展”大讨论，提高市直机关党员干部法治思维和依法行政能力。以推进社会主义核心价值体系建设为核心，广泛普及“学雷锋、奉献他人、提升自己”志愿服务理念，组织党员志愿者到社区开展志愿服务活动；组建成立3个督导组，检查督导74个市直单位党员志愿服务活动情况。开展“石家庄榜样”评选活动，在市直机关系统掀起“人人推荐身边榜样，人人学习榜样事迹，人人践行榜样精神”热潮，推动“学雷锋活动常态化、善行省会长期化、志愿服务制度化”，为“转型升级、跨越赶超、绿色崛起、建设幸福石家庄”目标奠定坚实的人文基础。开展扶贫帮困活动，利用春节、“七一”党的生日、“十一”国庆节、纪念中国人民抗日战争胜利70周年之机，4次慰问中华人民共和国成立前入党老党员和生活困难党员，发放慰问金14.85万元。组织市直单位开展职工互助活动，各单位捐款52万余元，帮助市医保中心、市人力资源和社会保障局等16个单位23名职工申请职工互助求助金。至2015年底，市直机关工委管理基层党组织82个，党员43423名。

【思想建设】 围绕对党“忠诚、干净、担当”总要求，坚持不懈用中国特色社会主义理论体系武装市直机关党员干部。重视理论学习，全年组织市直机关参加以学习贯彻中共十八届三中、四中、五中全会精神和习近平总书记系列重要讲话为主要内容专家辅导、各种报告会16场次，参加辅导学习和报告会机关党员干部3000余名；市直各单位党组织举办座谈会、演讲比赛、知识竞赛等活动60余场次。突出平台支撑作用，开展“机关党建课题调研暨论文选集”活动，征集调研报告和论文172篇，其中2篇分获省直机关工委和国家机关工委调研论文评选活动一、二等奖。举办党委书记讲党课活动，市直机关60多个单位党委书记以贯彻落实中共十八届三中、四中、五中全会精神为内容，开展讲党课活动。2015年市直机关工委参加全国机关党建工作研讨会，并作交流发言。组织召开全市机关党建工作交流暨现场观摩会，加强县（市、区）机关工委沟通联系。重视发挥示范引领作用，举办“首善省会·志愿服务人人为”道德实践活动、“道德讲堂”、文明餐桌、“善行功德榜”等活动，成立学雷锋志愿服务队、网络文明传播志愿者队伍等，拓展精神文明创建活动内涵和载体。组建法律宣传队，开展“法律进机关”“依法行政示范机关”活动和市直机关“六五”普法先进集体、先进个人评选活动，有效提高机关干部队伍法律素质和依法行政能力。

【组织建设】 落实党建工作制度，运用科学管理手段，提高机关党建程序化、规范化、制度化水平。严制度，抓规范，将一批德才兼备、符合条件的优秀干部选配到机关党务工作岗位。建立基层党组织换届台账，完善高校毕业生党员组织关系管理制度。全年换届调整市直单位党组织8个，调整书记13名、副书记7名，委员62名，考察拟任专职副书记6名。严把关、重质量，提高发展党员对象素质。结合市直机关实际，科学制定2015年发展党员计划，严把入口关。全年新发展党员650人，转正600人，有效改善党员队伍结构，为党组织增添新鲜血液；举办专职党务干部和入党积极分子培训班2期，培训400余人。严标准，求实效，坚决处置不合格党员。2次召开专题调度会，督导有长期失联、存在问题党员市直机关，做好不合格党员排查、联系不走过场。2015年市直机关工委通过各基层党组织细致摸底调查，排查出失联党员519名，并结合实际情况做出处理。

【党风廉政建设】 贯彻落实《中国共产党廉洁自律准则》《中国共产党纪律条例》，始终将纪律、规矩挺在前面。推进作风建设常态化，重点抓住元旦、春节、五一、端午、中秋、国庆节易发生腐败行为重要节点，及时发送廉政短信给予提醒。全年查处违反中央八项规定、“四风”突出问题4起，罚没款金额141万元，发送廉政短信370多条。分2个阶段到市直单位开展暗访检查，执行组织诫勉谈话6次，将党的纪律作为管党治党的尺子、党员干部不可逾越的底线。举办学习贯彻《中国共产党廉洁自律准则》《中国共产党纪律条例》活动，紧紧抓住党员干部不作为、不担当等核心问题，突出“两个责任”（党委负主体责任、纪委负监督责任）落实，开展“六治”专项整治活动（治理“散乱软庸懒贪”）和“六五”普法宣传教育活动，教育党员干部始终将党的纪律刻印在心，将严守党的政治纪律、政治规矩永远排在首位。

警钟长鸣、防微杜渐，严格执纪问责。2015年市直机关工委受理群众来信来访3件，均按规定登记和分类处理；办理自查案件4起，立案13件，结案13件；开除党籍8人，政纪警告6人，党纪严重警告1人。

【群团组织建设】 贯彻落实《中共中央关于加强和改进党的群团工作意见》要求，以改革创新精神加强和改进群团工作。健全群团组织机构，指导12个基层工会组织换届选举、委员调整或组建，调整工会主席、委员66名；妇女儿童工作委员会指导国家统计局石家庄调查队机关、2个基层调整增补妇女儿童工作委员会委员；加强机关党组织对共青团工作领导，制定下发《关于加强和改进党的群团工作的意见》。开展岗位建功活动，组织市总工会、共青团石家庄市委、妇女儿童工作委员会分别以“职工之家”“青年文明号”“巾帼建功”等创建活动为载体，调动广大职工、青年、妇女工作激情，激励各行保业立足本职建立新功。评选2013～2014年度“模范职工之家”16个、“全国劳动模范”1人、“河北省五一劳动奖章”1人、市级“五四红旗”团委6个、“巾帼建功”先进集体20个。狠抓市直民兵思想和组织建设，围绕“能打仗、打胜仗”要求，加大军事训练和国防教育力度；结合任务、人员变化情况，及时调整和完善应急分队、支援分队、储备分队编制，举办民兵干部骨干培训班2期，4个储备分队配齐装备器材。活跃机关干部职工文化体育生活，举办摄影、健身气功培训班，组织妇女参加女性健康知识讲座、插花培训班等活动；开展市直机关全民健身运动，树立“每天运动一小时，健康生活一辈子”生活理念，举办市直机关2015年“乒乓球、羽毛球比赛”“健步走展示活动”“登山活动”，参与干部职工2000余人。

（刘卫星）

农业农村工作

【概况】 2015年，全市农业农村工作围绕“农业强、农村美、农民富”总体目标，以新农村建设为总揽，全面推进农村面貌改造提升，加快美丽乡村、革命老区重点村和中心村建设，促进城乡统筹发展，发挥都市休闲观光农业示范片区引领作用，提升现代农业水平，深化农村改革，增强农村发展活力，推广环保采暖炉，打好农村燃煤污染治理攻坚战，加快农村信息化建设，提升农村服务能力和水平。1月30日，石家庄市召开全市农村面貌改造提升行动重点片区建设会议，确定2015年全市农村面貌改造提升行动建设省级重点村411个，市级重点村89个，正定县古城片区、平山县西柏坡片区及鹿泉区、藁城区、栾城区、井陉矿区列为“两片四区”重点建设片区。其中，正定古城片区打造“古城新姿、现代庄园”；平山西柏坡片区打造“革命圣地、红色乡村”；鹿泉、藁城、栾城、井陉矿区四区落实全域覆盖、整体推进要求，开展美丽乡村建设。至2015年末，省级重点片区正定古城片区达到“古城新姿、现代庄园，乡村风情、城市品位”设计构想，省级重点片区平山西柏坡片区培育形成“革命圣地、红色乡村，乡村风情、城市品位”农村新社区。革命老区重点村建设100万元以上大项目82个，同比增长4.6倍；175个革命老区重点村80%以上实现主街主路硬化，60%村庄解决饮水安全问题，50%以上村庄建成村民中心或活动广场。农村推广节能环保炉具10.5万台，其中，配送到位10.3万台，安装完成10.1万台。农村中心村示范点建设完成投资15.11亿元，交付建筑面积54万平方米，入住农户2665户。实施农业产业化项目建设180个，完成投资突破50亿元；农业产业化经营额达到779.8亿元，同比增长7.5%；农业产业化经营率达到61.6%，同比增长1.2%。

（官亚东）

【加快农业现代化建设实施意见】 2015年3月初，市委、市政府出台《关于加大改革创新力度 加快农业现代化建设的实施意见》。主要内容包括：实施粮食高产创建工程，修订落实粮食生产核心区保护规划，开展粮食高产创建活动，鼓励粮食购销、加工企业通过土地规模流转，建立长期稳定的优质粮食生产基地。2015年全市计划创建100个小麦、玉米万亩绿色高产攻关示范片。优化农业结构，落实“稳粮、增畜、扩菜、优果”政策，突出发展设施蔬菜、观光农业，开展畜禽标准化规模养殖场示范创建，加快乳粉用奶牛场标准化建设。2015年全市确保建成20个市级蔬菜标准园、15个现代果品示范区，发展名特优果品10万亩，新创建畜禽标准化养殖示范场100个。实施农业产业化重点项目，2015年全市谋划建设农业产业化重点项目达到180个，其中亿元以上大项目占比40%以上。加快都市休闲观光农业建设，启动以独资、联办等方式投资建设都市休闲观光农业示范片区，2015年全市计划在主城区周边区域谋划建设4个示范片区，每个片区建成1～2个1000亩以上精品农业园。建设良种繁育体系，加强种子质量检验和新品种引进、试验、示范推广，鼓励农业企业、农民合作社与种子企业联合建立种子基地。2015年全市计划建成市级示范园8个，每个农村县（市、区）建成县级示范园1～2个。完善农业新技术成果快速转化体系，构建“首席专家、技术指导员、科技示范户、普通农户”科技成果快速转化通道，探索实行专家包县（市、区）、技术指导员包户制度。健全完善农产品质量安全体系，建设县级农产品综合质量检验中心，完善和提升乡村站点检测能力。2015年全市计划新增农产品质量安全可追溯点30个，主要农产品质量安全抽检合格率稳定在98%以上。规范建设农业信息服务体系，加快“12316三农服务热线”综合服务和农产品市场信息监测预警平台建设，支持电商、物流、商贸、金融等企业参与涉农电子商务平台建设，探索推广农业物联网可看、可用、可持续、可推广应用模式。2015年全市计划建成9个县（市、区）农业物联网应用示范典型，农业物联网应用温室达到100个以上。培育新型职业农民，提高农民创业就业能力。2015年全市计划培育新型职业农民5000人以上，培训农民100万人次以上。实施高标准农田建设，2015年全市计划新增节水灌溉面积53万亩，主要农作物耕种收机械化率达到85%以上。开展国家生态文明城市、国家森林城市创建，推进省会周边西山，岗南水库、黄壁庄水库，滹沱河、大沙河、磁河“一山两库三河”生态绿化和太行山绿化、封山育林及乡村道路绿化等攻坚工程。加强农村面源污染治理，以省会主城区周边和正定县、藁城区、鹿泉区、栾城区“三区一县”为重点，2015年全市计划推广节能环保采暖炉10万台以上，建成农村户用沼气8400个，实施粪污治理工程200个以上。构建新型农业经营体系，加快农村土地承包经营权确权登记颁证，2015年全市土地承包经营权确权登记面积计划达到60%以上。发展新型农业生产经营主体，扶持发展农机、植保、田间管理、劳务服务等新型农民合作社，鼓励社会资本依托当地主导产业和资源优势创办农业公司，重点发展一批以“农业公司+合作社+生产基地+农户”为主要形式的产加销一体化综合体。2015年全市计划发展农民合作社达到1.3万家，家庭农场达到1000家。深化农村产权制度改革，总结推广井陉矿区洞底农村集体经济股份制改造试点经验，稳步扩大试点范围，2015年全市计划试点村达到10个以上。深化供销合作社综合改革，推进基层供销社改造，推广订单式、托管式规模化服务模式，2015年全市计划基本建立“现代服务网络+合作社联合社体系+农村合作金融体系”三位一体组织构架。实施农村面貌改造提升行动，推进农村面貌改造由单村改造向集中连片改造转变，高标准打造正定县京广铁路以西、平山县西柏坡2个省级农村面貌改造重点片区，实现鹿泉区、栾城区、藁城区、井陉矿区农村改造全覆盖。加快革命老区重点村建设，计划通过3年建设，大幅缩小革命老区与全市其他地区发展差距。2015年全市在首批启动142个革命老区重点村建设基础上，再启动33个重点村建设，确保建设项目达到200个以上。推进扶贫攻坚行动，以县为主体，以片区扶贫为重点，集中力量开展精准扶贫攻坚，大力发展家庭手工业、股份合作制经济和现代农业园区，培育壮大设施蔬菜、优质果品、特色养殖、乡村旅游等特色扶贫产业。2015年全市启动271个贫困村帮扶工作，确保5万以上人口实现稳定脱贫，平山县力争脱贫出列。

（侯天仪）

【美丽乡村建设】 以411个重点村、平山西柏坡和正定古城2个省级片区为重点，推进美丽乡村建设。农村绿化增绿、“四清”保洁队伍和制度建设、京港澳高速沿线环境整治任务完成，农村道路硬化、打机井、铺设输水管道、改造高低压线路、改厕及农家书屋、文化广场建设、校舍建设改造正在推进；帮助建强农村支部班子224个，培养骨干796名。省级重点片区正定古城片区按照农村建设“15件实事”要求，初步完成村庄绿化、饮水安全、基础设施、垃圾处理、污水处理、文化保护、能源开发、基层组织建设等项目内容，培育形成千亩趣那主题生态公园、5000亩野槐林特色景区、千亩食用菌采摘园、百亩荷花塘等亮点工程，农村建设达到“古城新姿、现代庄园，乡村风情、城市品位”设计构想。省级重点片区平山西柏坡片区利用PPP模式，初步建成农村饮水安全、垃圾处理、教育设施、基础设施、污水处理、能源开发、文化保护、产业支撑、建强基层组织等项目内容，培育形成具有“革命圣地、红色乡村，乡村风情、城市品位”农村新社区。正定古城片区、平山西柏坡片区及栾城柳林屯、鹿泉东辛庄等美丽乡村建设做法，受到省委书记赵克志、省委副书记赵勇高度评价。5月6日，新华社《内参选编》刊发栾城区集中连片推进美丽乡村建设经验。革命老区重点村建设。实行县级领导包村、部门蹲点等制度，在扶持资金上给予倾斜。探索革命老区重点村与美丽乡村建设同部署、同支持、同推进措施，全年投资革命老区重点村100万元以上大项目82个，同比增长4.6倍。立足长远、结合群众要求和实际，助推项目建设、项目设置向村庄绿化、亮化、美化、发展致富产业转变，满足群众生活环境改善和生产发展需求。探索重点区域整体推进新模式，村庄相邻、条件相近，适合开展集中建设、连片打造村实施整体推进办法，突出打造亮点区域。引导各村立足实际调结构、兴产业、促增收，175个革命老区重点村80%以上实现主街主路硬化，60%村庄解决饮水安全问题，50%以上村庄建成村民中心或活动广场。农村节能环保采暖炉推广。总结2014年农村节能环保采暖炉推广经验，制定印发《石家庄市2015年民用节能环保采暖炉推广工作实施方案》。实施环保炉具招标采购，经市政府采购服务中心专家评委综合比较和评议后，最终确定石家庄多康采暖设备有限公司中标。2015年石家庄市确定推广节能环保炉具10.5万台，其中，配送到位10.3万台，安装完成10.1万台。农村中心村示范点建设。提升农民住房质量和村庄环境，完善农村基础设施和公共服务设施。以节约土地资源、缓解农村发展、促进城镇化建设、缩小城乡差距、建设新农村为目标，建造坚固耐用、结构新颖、功能完善、宽敞明亮的农村民居，实现农民以成本价或者低于成本价格，住上新建住房。16个省级中心村示范点（2014年度确定5个，2015年确定11个）建设稳步推进，鹿泉区西马庄和北新城、正定县雕桥庄、深泽县王场新村4个示范点完成拆迁任务90%以上，其余中心村示范点正在推进。至2015年末，全市农村中心村示范点完成投资15.11亿元，交付建筑面积54万平方米，入住农户2665户。

【农业产业化经营】 开展农业产业化项目建设，全年谋划180个重点项目基本开工，完成投资突破50亿元。投资22.3亿元团山红现代农业园区、投资14亿元神树湾生态农业园等规模较大、产业特色明显、辐射带动作用较强农业产业化重点项目正在建设。推进农业产业化龙头企业发展，米莎贝尔公司、冀乐食用菌专业合作社分别获评“全国主食加工示范企业”“全国农产品加工合作社示范社”；君乐宝乳业申报办理2016年国家农业产业化项目。重视农业产业化品牌建设，行唐鸿鑫食品有限公司等4家省级重点龙头企业获得“河北省著名商标”称号；行唐县、灵寿县、元氏县3县农产品产地初加工补助项目任务完成；鹿泉绿岛火炬开发区等园区入选省级重点农业产业化园区。至2015年底，全市农业产业化经营额达到779.8亿元，同比增长7.5%；农业产业化经营率达到65.7%，同比增长1.2%；农产品加工转化率达到77%，同比增长1%；277家市级以上农业产业化重点龙头企业实现销售收入341亿元。

【农村改革试点】 农村集体股份制改革。全市确定改制试点村13个，井陉矿区贾庄镇涧底社区股份制改造全部完成，通过验收；其余试点村按照计划措施、步骤正在推进。4月29日，井陉矿区贾庄镇涧底社区获得工商部门颁发合作社营业执照，这是井陉矿区首家拥有营业执照的农村集体股份经济合作社。涧底社区位于井陉矿区城区西北部，共有住户330户、1120人，居住面积225亩，耕地面积585亩。1990年代，该社区兴办煤矿、砖厂、洗衣膏厂等经济实体，集体年支配收入达40多万元；随着煤矿资源枯竭，社区集体经济发展遇到困难；2013年4月，涧底社区被石家庄市确定为唯一一个省级农村集体经济股份制改造试点村，经过改制，涧底社区核实集体总资产394.73万元，经营性净资产176.95万元，界定股东894人，量化股权80653股，选举股东代表91人。村级财富机制积累。开展3965个行政村财富积累统计，修订《石家庄市村级财富积累补贴资金管理暂行办法》，实地勘察申报村级财富积累项目，确定补贴标准，落实拨付资金。协调推进农村改革。按照市委部署，将农村改革目标分解到责任单位，2015年全市确定3个方面、25条要点、5条重点改革任务及6个国家级试点、9个省级试点任务进展顺利。村务公开做到100%按时公开要求，村务公开满意率达到95%以上。开展民主议政日活动，受到《石家庄日报》2次宣传报道。按照秸秆禁烧要求，在重点节日、敏感时期突击抓好禁烧督导和秸秆利用。谋划、调研西部山区开发建设，出台山区开发建设意见。

（官亚东）

【5个村庄入选河北省首批农宅合作社重点村】 8月11日，第一批河北省农宅合作社重点村名单对外公布，石家庄市柳林屯、东辛庄、北薛庄、大梁江、吕家村5个村庄入选。其中，栾城区柳林屯，鹿泉区东辛庄、北薛庄为省级美丽乡村。农宅合作社主要采用土地流转、租赁、入股等形式，将农民闲置房屋资产整合利用，打造休闲、度假、养老等服务产业，促进农民本地就业，壮大集体经济，满足城市市民多样化服务需求。2015年鹿泉区、栾城区制定加快推进农宅合作社建设实施方案，东辛庄、北薛庄完成合作社工商注册，柳林屯工商注册正在办理；3个省级美丽乡村共有闲置农宅220处，确定加入合作社意向112户，占闲置户数51%；第一批加入合作社44户，占意向户39%；柳林屯村7月11日接待第一批客人，东辛庄村第一批商业餐饮户正式营业，第二批书画创作户房屋改造全部完成，北薛庄10个示范户改造基本完工。

（侯天仪）

机构编制

【概况】 2015年，市机构编制委员会办公室（简称市编委办）以深化改革为总揽，积极作为、大胆创新，推进政府机构改革和行政审批制度改革，加快政府职能转变，控制、优化机构编制配置。2015年8月，市政府机构改革及所辖县级政府机构改革全部完成，其中市工商行政管理局、市质量技术监督局由河北省垂直管理改为市政府管理，成为市政府工作部门。实施市县两级责任清单编制。按照河北省政府办公厅文件要求，2015年5月石家庄市县两级责任清单编制提前2个月在全省第一家完成市政府部门责任清单编制，提前1个月在全省第一家完成县级政府和乡镇（街道办事处）责任清单编制，建立形成“四张清单、五个一”体系。开展部门职责整合。行政审批“两集中、两到位”落实完毕，全市33个具有行政审批职能部门均设立行政审批处，实行一个处室集中审批，实现行政审批、行政监管、行政处罚职能相对分离。整合不动产登记职责，将市国土资源局、市住房保障和房产管理局、市农业局、市林业局承担不动产登记职责整合，在市国土资源局设立不动产登记局，完成不动产登记职责整合任务。

【政府机构改革】 2015年8月，市政府机构改革工作完毕，将市工商行政管理局、市质量技术监督局由河北省垂直管理改为市政府管理，为市政府工作部门；将市科学技术局（市知识产权局）、市地震局职责和机构整合，组建成立市科学技术和知识产权局，为市政府工作部门，挂市地震局牌子，不再保留市科学技术局（市知识产权局）；将市建设局、市住房保障和房产管理局职责和机构整合，组建成立市住房和城乡建设局，为市政府工作部门，不再保留市建设局、市住房保障和房产管理局；撤销市发展和改革委员会管理的市物价局，将职责和机构并入市发展和改革委员会，在市发展和改革委员会挂市物价局牌子；撤销直属事业机构市投资促进局，将经济技术合作等职责划入市发展和改革委员会，将招商投资、利用外资、开发区管理等职责划入市商务局。市政府机构改革后，石家庄市人民政府设置工作部门38个，直属事业机构2个。2015年8月，石家庄市所辖县级政府机构改革工作完毕，依托县级政府机构改革，石家庄市内4区增加2个机构限额。

【事业单位编制管理】 参照河北省直公益类事业单位分类结果，按照相关分类原则，完善全市事业单位分类方案。2015年12月，河北省机构编制委员会办公室答复石家庄市公路路政管理处等8个事业单位划为行政类后，书面征求市直各部门事业单位拟分类意见和财政、人力资源和社会保障等部门意见。存在事业单位分类结果有分歧事业单位，经过反复政策解释，基本达成一致意见。将市建筑市场稽查大队、市房产市场稽查大队合并为市住房和建设稽查大队。设立市不动产登记中心、市检察信息中心、市电梯应急处置技术中心、市体育公园管理处、市城市客运管理处等事业单位。撤销市农村经济调查队等事业单位。将市普查中心更名为市普查调查中心、市城市社会经济调查队更名为市大数据中心、市夜景照明管理处更名为市城市照明管理处。根据市政府《关于向城区下放经济管理权限的决定》（石政发〔2014〕42号）相关精神，将市住房和城乡建设局所属市建设工程质量监督管理站等事业单位51名编制划转至市内相关区。调整中小学教职工编制。按照中央机构编制委员会办公室、教育部、财政部《关于统一城乡中小学教职工编制标准的通知》（中央编办发〔2014〕72号）精神要求，结合石家庄市实际，重新核定县（市、区）中小学教职工编制，调整后市内4区增加编制977名，其他县（市）和井陉矿区减少编制1725名，节余机动编制748名；破解中小学教职工编制使用难题和矛盾，确立县（市、区）教育事业每3年调整一次职工编制长效机制。

【机构设立及调整】 调整空港工业园机构编制，参见《关于调整空港工业园机构编制事宜的通知》，增加行政编制6名、副科级领导职数1名；设立空港工业园综合执法大队，正科级，事业编制10名，领导职数1正2副。设立市国土资源局循环化工园区分局和空港工业园分局，参见《关于设立市国土资源局循环化工园区分局、空港工业园分局的批复》（石机编〔2015〕10号），确定设立市国土资源局循环化工园区分局（挂循环化工园区土地收储中心牌子）、空港工业园分局（挂空港工业园土地收储中心牌子），属市国土资源局派出机构，规格均为正科级，核定财政拨款事业编制各10名，领导职数均为1正1副；所需编制从市国土资源局正定分局、藁城分局、鹿泉分局各调剂6名，栾城分局调剂2名，所需人员从市国土资源局系统内调整。市城乡规划局桥东分局更名，参见《关于市城乡规划局桥东分局更名的批复》（石机编办〔2015〕9号），确定将市城乡规划局桥东分局更名为市城乡规划局园区分局，为市城乡规划局派出机构；主要职能为负责石家庄循环化工园区、空港工业园规划范围内城乡规划工作，并依法实施监督管理。组建石家庄高新技术产业开发区行政审批局，参见《关于组建石家庄高新技术产业开发区行政审批局的通知》（石机编办〔2015〕80号），确定石家庄高新技术产业开发区行政审批局为党工委、管委会内设机构，规格为副县级，行政编制10名，所需行政编制由石家庄高新技术产业开发区行政编制总额内调剂解决；行政审批局设局长1名，副局长2名。设立石家庄国际服务外包经济开发区管理机构，参见《关于设立石家庄国际服务外包经济开发区管理机构的批复》（石机编〔2015〕39号），确定设立中共石家庄国际服务外包经济开发区工作委员会和石家庄国际服务外包经济开发区管理委员会，核定行政编制5名；设党工委书记兼管委会主任1名（由1名副县级干部兼任），副主任2名；设立石家庄国际服务外包经济开发区综合服务中心，副科级，核定事业编制10名；领导职数1正1副。诸福屯、三里屯街道办事处人员编制委托正定新区管理，参见《市编委办、市人社局关于诸福屯、三里屯街道办事处人员编制委托正定新区管理事宜的通知》（石机编办〔2015〕83号），将诸福屯街道办事处使用乡镇行政编制35名、司法专项编制1名、工勤编制2名、财政拨款事业编制23名，三里屯街道办事处使用乡镇行政编制20名、司法专项编制1名、工勤编制2名、财政拨款事业编制20名委托正定新区管理（人员、编制统计在正定县总量内）。诸福屯、三里屯镇改街道办事处行政编制跨层级调整报送中央编制委员会办公室审批，确定批复后2个街道办事处使用乡镇行政编制置换为正定县级行政编制，2个街道办事处符合条件工作人员人事关系委托正定新区管理。正定新区建设与房管中心加挂质量安全监督管理站牌子，参见《关于正定新区建设与房管中心加挂质量安全监督管理站牌子的批复》（石机编〔2015〕41号），增加财政拨款事业编制7名，增加副科级领导职数1名；所需编制从市住房和城乡建设局所属建设工程质量监督管理站（建筑工程质量及建筑节能检测中心）划转。

（袁勇雷）

台湾事务

【概况】 2015年，全市台湾事务以促进两岸关系和平发展、服务石家庄经济社会发展为大局，突出做好石家庄、台湾两岸交流和对台经贸服务。至2015年底，全市共有常住台商113人、台胞183人、台属5万余人，涉台婚姻65人；拥有台资企业81家，总投资14.55亿美元，合同利用台资8.47亿美元，年纳税6亿元，解决劳动就业2万人。重视对台宣传交流，做好台湾记者到石家庄采访活动，接待安排台湾《中国时报》记者采访报道驻石家庄市台资企业2家。发挥网站宣传作用，利用《石家庄与台湾》网站宣传优势，宣传石家庄市历史文化、交通旅游、投资环境和改革开放以来取得的各项经济建设成就，全年发布宣传石家庄稿件10篇，编辑《台办工作简报》8期。引导和鼓励台企台商开展公益慈善活动，石家庄国祥运输设备有限公司向10所希望小学儿童捐助棉鞋2930双，折合人民币50万元；石家庄台湾同胞投资企业协会常务副会长、吉美·家天下家居博览中心总经理刘燕铃（女）向白血病女孩心怡捐赠人民币5640元，资助11名贫困大学生人民币2万元；臻品时尚（ATT）婚纱影楼连续十余年慰问长安区民政局敬老院；河北登封体育休闲用品有限公司热心捐资助教事业，支持河北师范大学学生。借助台属联谊会平台，为参加高考台胞学生报批优惠加分审核，协调解决台属房产纠纷信访2起；市台属联谊会会长潘卫东率团赴台湾参访，促成石药集团到台湾开展医药合作，河北浩康体育有限公司赴台考察台湾体育产业、废旧轮胎处理项目，艺朵茶器董事长焦辉赴台湾寻求合作伙伴；市台属联谊会副会长季迪明介绍台湾退役将军王福安参加两岸交流活动。

【两岸交流】 全年石家庄与台湾地区两地人员往来7.56万人次。赴台人数5.12万人次，其中，赴台旅游5.09万人次，个人游0.3万人次，赴台考察团组39个241人次。台湾来石家庄人数2.13万人次，其中，来石家庄旅游1.65万人次，来石家庄考察团组26个0.1万人次，贸易往来0.5万人次。台湾来石家庄主要团组有：台湾南投县农会理事长胡嘉宸等7人到石家庄市考察，与省旅游投资集团就合作投资事宜洽谈；台湾擎安医疗科技国际控制集团董事长林群哲等3人到石家庄市考察；台湾中国梦促进会50人两次组团到石家庄市考察，与河北祥农顺吉公司就项目合作洽谈；中华金属工商协进会7人到石家庄市相关企业考察，与市钢铁行业企业负责人座谈；台湾中华软件协会7人两次到石家庄市考察，参观国祥运输设备、格力空调、中博新能源汽车、君乐宝、洛杉奇、冀凯集团等企业，与河北师范大学及部分企业举行互动交流会；台湾中小企业协会39人到石家庄市考察，参观考察怀特商城、国祥运输设备、君乐宝等企业。由北京市台湾工作办公室副主任于凤英带队，在北京部分台商20余人到石家庄市考察投资环境，参观行唐县台湾创新产业园、石家庄规划馆，出席河北喀啦喀啦餐饮管理有限公司开业仪式。

【对台经贸】 全年新增台资项目3个，总投资额2.1亿美元。河北华丹公司与台湾擎安集团签约合作项目，总投资1.6亿美元，协议外资8000万美元，规划利用3年时间，在河北省合作建设10家高端专业医疗服务机构，其中第一家医疗美容抗衰老医院正在审批。新乐市与台湾复兴瑞展国际有限公司签约合作项目，总投资额5000万美元，规划建设新乐台北地下商业名品城，该项目立项、地形勘测等前期准备完毕。情定缘奇婚纱摄影投资人、北京市台资企业协会副会长杜望龙在石家庄市独资开设河北喀啦喀啦餐饮管理有限公司开业运营。10月18～19日，第十四届冀台经济合作洽谈会暨2015年石家庄国际经济贸易洽谈会在石家庄市举行，台湾地区新党主席郁慕明，台湾台东市市长张国洲、中国梦促进会理事长骆宏宾、台湾工商建设研究会大陆事务委员会主委陈允偲及天津、南京、广州等地台商协会10个团组184位台湾客商参会。按照河北省台湾工作办公室和石家庄市政府要求，市台湾工作办公室参加5月18～21日举办2015中国·廊坊国际经济贸易洽谈会、7月6日首届世界冀商大会、9月8～11日厦门国际投资贸易洽谈会。组织石家庄小团组赴台湾地区招商，部分县（市、区）参加1月16～17日举办“2015上海两岸经营者俱乐部年度论坛”，到台资企业比较集中的厦门市、南京市、昆山市、广州市、东莞市、宁波市等地与台商及台湾同胞投资企业协会接触交流，宣传推介石家庄，吸引南资北移。做好台商投诉协调服务，全年受理涉及台商投诉案件6起，解决1起，其余5起正在督办处理。

（梁文杰）

信　访

【概况】 2015年，全市信访系统接待处理群众信访7396件次、2.5万人次，同比分别下降28%、15%。群众信访事项受理率达到98.8%，按期答复率99.8%，满意率91.5%。办理省以上交办石家庄市信访案件397件，办结388件，办结率97.7%。较好完成重大活动期间信访稳定任务，在全国、省、市人大及政协会议、“5·18”廊坊经贸洽谈会、抗日战争胜利70周年纪念活动、中共十八届五中全会期间，及时启动信访稳定保障工作机制，成立信访值班指挥部；抗日战争胜利70周年纪念活动、中共十八届五中全会期间，完成河北省、石家庄市提出“零非访”目标。建设群众工作中心，制定印发《关于进一步加强县（市、区）群众工作中心建设的通知》。2015年市群众工作中心面积达到6100平方米，入驻市直部门16个，每个部门均由1名县级领导干部带队、2名工作人员参加；实行四级调处工作机制，健全规章制度17项，面积规模、功能设施达到河北省规定要求。12个县级群众工作中心面积达到500平方米以上，功能设施、工作机制正在完善。2015年市信访局获评人民建议征集工作先进单位。

【矛盾纠纷排查】 日常坚持“周排查”制度，重要会议、重大活动及敏感时段节点，集中开展矛盾纠纷隐患大排查活动，实行“日排查、日报告”制度。2015年全市排查集体访苗头和群体性事件隐患3726起，市信访局全部建立登记台账，实行挂账督办。至2015年底，全市信访排查化解矛盾纠纷3566起，化解率95.7%。

【畅通信访渠道】 组织开展市县乡三级干部集中大接访活动12次，全市接待群众来访1917批次、5391人次，当场解决信访事项379件，落实领导包案1368件，大批信访群众反映问题在基层得到解决。加强“网上信访”工作力度，受理、办理“网上信访”事项3738件。做好人民建议征集工作，征集市民群众合理化建议263条，向相关地方和部门交办、转办有价值建议112条，编辑刊发《人民建议》内刊28期。

【化解信访积案】 按照省市“三严三实”专题教育活动要求，从2015年5月中旬开始到2015年10月底，全市组织开展化解信访积案专项行动。向各县（市、区）、市直有关部门交办信访积案381件，明确县级包案领导、承办单位、具体责任人，实行挂账督办。至2015年10月底，381件信访积案全部办结，结案率100%，息诉315件，息诉率82.6%。

（王增群）

政策研究

【概况】 2015年，市委研究室完成重大调研课题12项，主编市委机关刊物《石家庄决策》12期，编发《决策建议》1期、《专家建言》2期、《重要动态》24期，起草市委重要文件获得市级以上领导批示101人次，其中肯定性批示78人次。围绕转型升级、跨越赶超、建设幸福石家庄，率先在全省全面建成小康社会进程中重大问题及市委领导关心关注、亟待解决重点难点焦点问题，开展调查研究活动。全年撰写重大调研课题12个，调研内容涉及创新驱动发展、产业转型升级、发展现代农业、生态建设、深化改革、对外开放、城市建设、新区建设、安全生产、民生改善及基层组织建设等重要领域，形成一批高质量调研成果，提出一批有重要价值意见建议。调研成果全部进入决策视野，《调查研究报告》获得市以上领导批示率达到100%，省、市领导批示39人次。其中，获得河北省长张庆伟批示1篇次；省委副书记赵勇批示1篇次；省委常委、市委书记孙瑞彬批示7篇次；省委秘书长范照兵批示1篇次；市长王亮批示1篇次；市人大常委会主任杨志辉批示1篇次；河北省委政策研究室主任王书利批示1篇次；2篇被河北省委政策研究室《送阅件》采用。9项调研成果被市委、市政府领导批转有关部门和负责人，调研成果直接转化率80%。其中，栾城区发展现代都市农业调研报告被河北省委办公厅《工作情况交流》采用，在全省推广。牵头或参与起草市委工作要点、市委“十三五”规划建议、市委全面深化改革领导小组工作要点、推进法治石家庄建设的实施意见、解放思想大讨论重点工作的实施意见等各类综合文稿10余篇，将调研成果直接融入领导讲话、市委文件和各项工作方案、安排意见中，较好发挥了以文辅政作用。2015年市委研究室调查研究和决策咨询工作在全省党委研究室系统获评“优秀”等次，《石家庄决策》获得“全国城市十佳党刊”。

【决策咨询】 借助市决策咨询委员会“外脑”作用，当好市委领导参谋助手。及时组织市决策咨询委员会委员开展各种专题视察活动，帮助市决策咨询委员会委员及时了解省会最新发展动态。组织市决策咨询委员会委员到装备制造基地及西安市、成都市开展视察考察活动，提出装备制造基地建设及谋划“十三五”规划意见建议。组织决策咨询委员会委员开展“留住城市记忆”系列调研，其中加强工业遗产保护开发等建言成果被市领导批转有关部门研究落实。组织决策咨询委员会委员撰写《石家庄市规划建设区地下管网现状调查及对策研究》调研报告，获得河北省建筑行业科技进步一等奖。完善市委研究室和市决策咨询委员会沟通联络制度，适时召开联席会议，通报交流情况，研究部署决策调研活动。全年市决策咨询委员会征集决策咨询意见建议13篇，编发《专家建言》2期，全部获得市领导批示。

【重要决策刊物】 《石家庄决策》以讲政治作为“立刊之魂”，坚定正确的政治方向，旗帜鲜明地宣传党的路线、方针、政策，确保刊物在思想上、政治上、导向上与党中央和省委、市委保持高度一致。以提质量作为“办刊之要”，栏目设置及时根据形势任务需要，增加学习贯彻中共十八届五中全会、京津冀协同发展、“三严三实”专题教育、解放思想大讨论、全面深化改革、全面依法治市等专栏，加强全市各级各部门工作新思路、新举措、新成效宣传，发挥党刊对全市工作导向和推动作用；严格组稿选稿质量关，突出文章思想性、指导性、可读性，做到好中选优；版面设计突出党刊特色，做到图文并茂、印刷精美，较好发挥封面图片导向作用，刊物影响力、吸引力提升。全年编发《石家庄决策》12期，发行量5万余册。《石家庄决策》连续10年蝉联“全国城市十佳党刊”，2015年再次获评“省会双十佳内资出版物”。以《重要动态》为平台，为市委领导及时提供全国各地重要决策信息。全年编发《重要动态》24期，获得市领导批示54人次，其中，省委常委、市委书记孙瑞彬批示12篇次，市长邢国辉批示1篇次，市长王亮批示1篇次，市人大常委会主任杨志辉批示1篇次。谋划和编报《决策建议》，提出《关于在省会城区实施“绿墙行动”的建议》，获得市委领导批示。

【调研指导协调】 履行全市调研工作组织、协调、指导职能，研究制定调研工作要点，发布年度重点调研课题，引导各县（市、区）、市直各部门围绕加快转型升级、跨越赶超、建设幸福石家庄，率先在全省全面建成小康社会面临的重大问题开展调研活动。组织召开县（市、区）委研究室主任座谈会，总结调研工作、表彰先进，交流经验、部署任务，提出调研工作要求。建立市委政策研究室与市直部门、县（市、区）联合调研工作机制，组织市委农工委，市城管委、市科技局、市旅游局、市安全生产监督管理局，鹿泉区、栾城区、赞皇县等单位，围绕第六产业、城市排水、科技型中小企业、休闲旅游业、安全生产、产业转型升级、发展现代都市农业、生态建设等重大问题，开展联合调研活动，形成一批重大调研成果。配合省委政策研究室，开展加快石家庄综合保税区建设、高层次创新人才创业等专题调研。将县（市、区）、市直各部门年度优秀调研成果编撰成册，印发各地各部门参阅，发挥优秀调研成果资政作用。2015 年各县（市、区）委研究室撰写调研成果 397 项，获得市级以上领导批示 39 人次，在市级以上期刊发表文章 286 篇。

（闫晓斌）

机关事务管理

【概况】 2015 年，市机关事务管理局以建设服务型、节约型、法治型机关为主线，履行管理、保障、服务职责，确保了市委、市政府机关大院安全稳定，高效运转。推进实施办公用房集中管理，起草印发《石家庄市人民政府办公厅关于改进和加强市直机关办公用房管理意见》《石家庄市市直机关办公用房配备使用办法》《石家庄市市直机关办公用房大中修项目管理暂行办法》。实施市委、市政府家属院老旧小区物业管理社会化，配合社区居委会协调相关单位，完成部分老旧小区一管到户、水表出户、二次加压等重大工程。贯彻落实《食品卫生管理规定》《食堂饮食安全管理暂行规定》，执行《餐饮业食品原料采购索证登记》《消毒登记》等制度，确保市委、市政府机关食堂用餐安全。采取“走出去、请进来”、岗位练兵、业务技能竞赛等方式，提升炊事管理人员业务技能和生活服务水平。重视节能减排，制定印发《石家庄市 2015 年公共机构节约能源资源工作安排意见》《全市公共机构节能信息报送工作制度》，协助市节能减排领导小组办公室综合考评全市 2014 年度县（市、区）节能工作情况。牵头开展全市校园节能宣传作品征集活动，与市发展改革委等部门联合督导检查县（市、区）和重点市属公共机构节能宣传活动。至 2015 年末，市委、市政府车队出车 15.7 万台次，安全行驶 500 多万千米，无交通责任事故发生。

【安全保卫】 定期召开市委、市政府机关安全保卫工作会议，分析机关大院安全形势，通报情况和突出问题，及时做到整改。配合协调公安、信访、消防等部门，采用“人防、物防、技防”三位一体手段，加强机关大院安全管理。坚持“预防为主，打防结合”原则，将维护机关大院安全稳定作为工作重中之重，全年市委、市政府机关大院实现“无刑事犯罪、无治安案件、无火灾事故、无自然灾害”“四无”目标。

【车辆管理】 按照中央、省市关于车辆管理工作要求，由市机关事务理管局牵头，开展全市公务用车改革。起草《石家庄市公务用车制度改革实施方案》，规划 2016 年 5 月底前完成全市公车改革任务。至 2015 年末，市委、市政府车队出车 15.7 万台次，安全行驶 500 多万千米，无交通责任事故发生；与 2014 年相比，节约用油 6.8 万升，折合金额 40.8 万余元。

【设施建设】 开展市委、市政府机关大院环境卫生整治，实施机关办公大楼外墙面保洁。2015 年市委、市政府 2 个机关大院完成绿化 6000 平方米；粉刷围墙护栏及市委大院配楼外墙等 1.6 万平方米；补烫房顶 4000 平方米；日常维修维护 2500 余次。2015 年市委、市政府机关大院节约用电 13.5 万度，节约用水 4000 吨，节约蒸汽 600 吨，较 2014 年节省开支 5 万元。美化机关大院办公环境，“五一”劳动节、“十一”国庆节期间，市委、市政府机关大院摆放花坛 10 个、花卉 20 万株，做到三季有花、四季常绿。

（曹建龙　王东旭）

党　史

【概况】 2015 年，市委党史研究室履行“存史、资政、育人”职能，编写《中国共产党石家庄历史（第二卷）》，开展纪念中国人民抗日战争胜利70周年主题活动。《中国共产党石家庄历史（第二卷）》征求意见稿修订统稿近40万字，补充征集照片200余幅。以纪念中国人民抗日战争胜利70周年为主题，市委党史研究室与市老区建设促进会合作编写《铁证——侵华日军在石家庄屠杀平民惨案实录》；与《石家庄日报》《河北日报》及河北人民广播电台等媒体合作，开办纪念中国人民抗日战争胜利70周年专题栏目；与石家庄电视台合作，联合摄制纪念石家庄抗战历史10集电视专题片《筑成我们新的长城——石家庄抗战风云》。开展基层党史研究，督导推进县（市、区）启动中国共产党历史（第二卷）编撰，多数县（市、区）组稿转入社会主义时期党史正本资料征编。各县（市、区）根据实际，以纪念中国人民抗日战争胜利70周年为主题，采取编辑党史通俗读物、建立党史教育基地、举办主题展览和党史报告会、讲党课、组织知识竞赛、赠送党史书籍等形式，发挥党史教育人、激励人、鼓舞人作用，拓展党史宣传教育范围。2015年全市党史部门获得河北省优秀成果奖5项，其中，论文类二、三等奖2篇，著作类二等奖1项，资政成果类二等奖1项，影视音像作品类二等奖1项；市委党史研究室获评河北省党史系统先进集体，1人获评河北省党史系统先进工作者。

【《中国共产党石家庄历史（第二卷）》征求意见稿修改】 全年《中国共产党石家庄历史（第二卷）》征求意见稿修订统稿近40万字，补充征集照片200余幅。2015年9月，市委党史研究室组建成立出版印刷筹备小组，制定出版发行工作方案。2015年10月因市委党史研究室部分领导人事变动，再次组织全部参编人员重新修改初稿内容，形成近40万字征求意见稿。2015年11月，《中国共产党石家庄历史（第二卷）》征求意见稿开始向省委党史研究室、市级老领导、市直有关部门、省内有关专家学者、各县（市、区）党史研究室等55个单位和个人征求意见。计划2015年底至2016年2月底完成意见建议征求修改工作。

【党史专题研究】 按照中央及河北省党史部门关于抗战伤亡损失调研新口径、新要求，重新完善和补充石家庄市抗日战争时期人口伤亡、财产损失调研资料，编写形成《石家庄惨案资料汇编》。参与完成中共石家庄市委交办习近平总书记在正定期间有关资料搜集、整理及《知之深 爱之切》一书编辑、出版、发行任务。以纪念中国人民抗日战争胜利70周年为主题，市委党史研究室与市老区建设促进会合作编写《铁证——侵华日军在石家庄屠杀平民惨案实录》一书，收集惨案394起。与《石家庄日报》《河北日报》及河北人民广播电台等媒体合作，开办纪念中国人民抗日战争胜利70周年专题栏目。与石家庄电视台合作，联合摄制纪念石家庄抗战历史10集电视专题片《筑成我们新的长城——石家庄抗战风云》，获评获评河北省党史研究成果二等奖，2015年8月底即抗战胜利纪念日前在石家庄电视台新闻频道连续播出，受到社会各界好评。

（武凤仪）

【纪录片《平山记忆》】 8月2～9日，纪录片《平山记忆》在中央电视台纪录频道和河北电视台河北卫视频道同步播出。8月27日，纪录片《平山记忆》座谈会在平山县举行。平山县是革命老区，是全国著名“抗日模范县”，是革命圣地西柏坡所在地。1930年代开始，平山县一直是中国北方革命斗争最活跃地区之一；抗日战争期间，平山县有7万多人参军参战，5000多名烈士为国捐躯；平山县是中国共产党人迎接胜利的落脚点，也是“新中国从这里走来”的出发点，平山县革命历史是中国共产党革命历史一个缩影。2014年初，纪录片《平山记忆》在张军锋总编导组织下开始拍摄，分《播火》《堡垒》《家园》《支前》《长歌》《转战》《曙光》《情怀》八集，每集50分钟。全片以朴实、凝重并带有鲜明平山地域特点的风格，通过一个个鲜活人物、感人故事，真实展示了平山人民仁厚实在、悲歌慷慨的风骨和为中国革命胜利做出的贡献和牺牲。

（岳金宏）

【《铁证——侵华日军在石家庄屠杀平民惨案实录》出版】 8月20日，《铁证——侵华日军在石家庄屠杀平民惨案实录》由中央文献出版社出版发行。8月28日，《铁证——侵华日军在石家庄屠杀平民惨案实录》出版座谈会举行。2014

年4月开始，市老区建设促进会、市委党史研究室组织收集整理日军侵华期间在石家庄辖区范围内屠杀平民惨案资料，共收集整理惨案394起、史料2000多篇（幅），编辑成《铁证——侵华日军在石家庄屠杀平民惨案实录》。该书记录惨案做到时间地点清楚、数字翔实、资料原始，真实记载了日本军国主义对中国人民、对石家庄人民犯下的滔天罪行，是侵华日军的罪行铁证，是受害同胞用生命和鲜血写成的特殊历史教科书，展现了石家庄人民不畏强暴、不甘屈服的英雄精神，并警醒人们时刻铭记惨案历史。

中共石家庄市委党史研究室
主　任：张建国（9月免）
　　　　高卫燕（9月任）
副主任：王利利　张亚强
　　　　张素钊（12月免）
　　　　刘顺江（12月任）

（武凤仪）

党　校

【概况】　2015年，市委党校贯彻落实中共十八大及十八届三中、四中、五中全会精神和习近平总书记系列重要讲话等党的最新理论成果及市委、市政府重大决策部署，实施“质量立校、特色兴校、品牌强校”战略，巩固扩大“党的群众路线教育实践活动”成果，开展“三严三实”专题教育和“八破八立”解放思想大讨论活动，举办“送教下基层进机关”“燕赵社区大讲堂”92场，为党的路线、方针、政策落实和党的建设提供有力思想舆论支持。创新探索运用培训、教学、科研咨政三位一体新模式，发挥学员主体作用，提高分析和解决实际问题能力，收到良好培训效果。编发《领导决策参阅》7期。至2015年底，市委党校举办各类学习培训班次118期，培训党校学员8108人次；获批立项课题45项，其中，省级课题立项10项，省社会科学基金项目3项；发表学术文章119篇，省级以上114篇，核心期刊5篇；1项科研成果获得河北省第九届社会科学基金优秀成果二等奖。

【教学培训】　围绕“党校姓党”根本原则，以党员干部理论教育和党性教育作为首要任务，开展教学改革，全年理论教育、党性教育总课时达到教学培训总课时70%。贯彻落实中共十八大及十八届三中、四中、五中全会精神和习近平总书记系列重要讲话等党的最新理论成果，部署安排进教材、进课堂、进头脑活动。将马克思主义经典原著作为理论教育重要内容，提高党员干部学习马克思主义基本理论积极性。运用“西柏坡精神”“重走赶考路”“同呼吸心相印”特色品牌，创新党员领导干部党性教育方式，注重学员党性锻炼和党性分析，注重开展理想信念教育、宗旨教育、党章党规党纪教育和反腐倡廉教育，推行继承红色基因，培养学员保持共产党人政治本色。至2015年底，市委党校举办各类学习培训班次118期，培训党校学员8108人次。其中，举办主体班次26期，培训学员1908人次；举办对外培训班次92期，培训学员6200人次。

【课题研究】　开展基础研究，注重智库建设。2015年市委党校教学科研以聚焦党委、政府中心工作为出发点，围绕贴近社会需求、贴近群众关切问题，获批立项课题45项，其中，省级课题立项10项，省社会科学基金项目3项；发表学术文章119篇，省级以上114篇，核心期刊5篇；1项科研成果获得河北省第九届社会科学基金优秀成果二等奖。探索研究石家庄本地特色，与市委宣传部共同举办“社会主义核心价值观与石家庄城市精神”研讨会。参加“石家庄市十三五规划——建设大省会”“石家庄饮用水安全问题”“石家庄市审批权下放情况”等5项课题调查研究，推进更多教学科研成果转化为政策建议和教学精品课程。2015年市委党校撰写《未雨绸缪化解地方政府债务》被河北省委办公厅采用并上报中央办公厅；《进一步提升我省用网管网水平的对策建议》获得6位省级主要领导肯定性批示；《沧州城市建设与管理经验对我市的启示》《加强和改进我市食品安全监管工作的对策建议》得到石家庄市领导批示，市政府办公厅召开专题座谈会开展研讨交流活动。

中共石家庄市委党校
校　　　长：司存喜（兼）
常务副校长：马建彬
副　校　长：高建庄　尹浩
　　　　　　董杰　　赵丽蓉
　　　　　　崔志进

（王雷）

石家庄市人民代表大会

【概况】 2015年，石家庄市人民代表大会及其常委会围绕转型升级、跨越赶超、建设幸福石家庄目标和关系改革发展、群众切身利益、社会普遍关注的重大问题，深化立法、监督、决定、任免、代表工作和自身建设，有效发挥地方国家权力机关作用。成功举行市第十三届人民代表大会第三次会议、第四次会议，审议批准市政府工作报告等7项报告，确定2015年全市经济社会发展的指导思想、目标任务和主要举措，圆满完成各项选举任务。举行9次市人大常委会会议，审议议题60项，专题询问全市医疗服务体系建设情况和代表建议办理情况。召开34次主任会议，研究和讨论164项议题。制定地方性法规1部，审议修订地方性法规2部，清理地方性法规44部，2部地方性法规实施立法后评估。履行“一府两院”法律监督和工作监督职责，听取和审议专项工作报告20项，开展专题视察调研16次、执法检查4次，组织专题询问2次、满意度测评2次；任免市级国家机关工作人员205名，补选省人大代表4名，任命市法院人民陪审员714名。

市第十三届人民代表大会设置代表名额645名。1月19～21日，市十三届人民代表大会举行第三次会议时，实有代表610名。会后，藁城区黄朝庆、晋州市李义增、平山县马提福提出辞去代表职务，行唐县刘显海、桥西区张晋、裕华区傅建永调离石家庄市，以上6人市十三届人民代表大会代表资格终止。根据选举法规定和工作需要，有关选举单位补选市十三届人民代表大会代表20名，分别是：正定县张泽峰、李为军，新华区姜建华、刘胜，桥西区刘志军、张聚华，裕华区谭运江，栾城区邢国辉，藁城区刘文鹏、袁丽华，新乐市陈晓明、郝国杰，晋州市孙晋康，深泽县尚秀伟、刘吉广，高邑县魏晓流，赞皇县王建国，井陉矿区张建国，无极县吕智临，元氏县许尽晖。9月11～12日，市十三届人民代表大会举行第四次会议时，实有代表624名。会后，井陉县田耀筠调离石家庄市，裕华区张福禄去世，赞皇县王建国提出辞去代表职务，以上3人市十三届人民代表大会代表资格终止。根据选举法规定和工作需要，有关选举单位补选7名市十三届人民代表大会代表，分别是：高邑县王惠武、郎金国，平山县李海明、左红江、李渊，井陉县李杰、彭占良。至2015年末，石家庄市共有人大代表1.7万名，其中市第十三届人民代表大会实有代表628名。

履行立法职责，为改革发展提供法制保障。制定《石家庄市低碳发展促进条例》，修订《石家庄市城市园林绿化管理条例》《石家庄市肉品管理条例》，立法后评估《石家庄市禁止生产经销假冒伪劣商品的规定》《石家庄市养犬管理条例》2部法规，清理地方性法规44部。加强备案审查，确立“应备尽备、有备必审、有错必纠”原则，制定印发《关于进一步加强和改进规范性文件备案审查工作的意见》，全年备案审查规范性文件73件，其中市政府规范性文件50件，同比增长6倍。

举办培训和交流活动，提高履职能力。制定印发《2015年度全市人大系统干部培训工作计划》，组织市人大常委会主任、副主任、秘书长及各县（市、区）人大常委会主任、副主任参加由河北省人大常委会举办培训班，市人大常委会委员参加市人大常委会办公厅集体学习；各县（市、区）人大机关利用“代表之家”平台，开展人大代表和工作人员培训。5月7日，全市乡镇、街道人大干部培训班开班，分3期培训各乡镇人大主席、副主席，街道人大工作室主任，各县（市、区）人大常委会代表工作部门负责人，主要学习习近平总书记治国理政重要思想和“四个全面”战略布局，地方组织法、代表法、选举法基本知识及互联网与应用基本知识等。6月4日，市人大常委会组织市人大主任会议成员及各县（市、区）人大常委会负责人到河北省廊坊市固安县学习考察项目和园区建设，这也是市第十三届人大常委会首次组织举办市县两级人大机关集体活动。11月12日，市人大常委会举办“人大机关开放日活动”，市人大常委会副主任朱增海出席启动仪式并讲话。40余位市民代表参观市人大常委会及主任会议议事场所、市第一次人民代表大会资料展、人大知识及工作展，观看市第十三届人大常委会工作宣传片，并与市人大机关相关部门负责人座谈交流。

建立人大代表联系群众机制，发挥“人大代表之家”作用。2015年全市各级人大代表通过“人大代表之家”开展活动1505次，联系群众34200多人次，提出意见建议3800条，为群众办实事好事1838件；邀请基层市人大代表列席市人大常委会会议72人次，参加视察、调研、执法检查等活动1860人次。2015年市人大代表提出建议430件，大部分得到解决和基本解决。加强人大专门委员会建设，全年市人大咨询委员会开展专题调研7项，参加市人大常委会履职活动240人次，提出意见建议400多条。畅通人大机关信访协调机制，全年接待处理群众来信来访938件次。组织开展人大代表“双联双评”活动。市人大常委会全体组成人员联系市人大代表828人次，市人大代表联系人民群众3229人次，收集意见建议729条。“双联双评”活动中，38名市人大常委会委员接受426名市人大代表评议，“满意率和基本满意率”达到99.91%，414名基层市人大代表接受选举单位人大常委会组成人员和群众代表评议，“满意率和基本满意率”达到97.2%。

【市第十三届人大常委会组成人员及各部门负责人】

主　任：杨志辉

副主任：朱增海

　　王中联（女）

　　王增飞　李锡海

　　杜振琪

　　楚行宇（满族）

秘书长：张院生

委　员：马军

　　马恩来（回族）

　　王涛　（8月免）

　　王云辉

　　王文晔（女）

　　王玉国　王生力

　　王仕平　王印行

　　卢素强　兰国良

　　刘月照　刘书平

　　刘国清　米春荣（女）

　　孙晋康（9月任）

　　严晋峰　李俊秀（女）

　　李晓华（女）

　　李爱民（10月免）

　　杨印胜　步淑段（女）

　　肖荣智　吴秀超

　　何金录　张琰

　　张静　（女）

　　张泽辉　张美林

　　张聚华（9月任）

　　邵新中

　　尚秀伟（9月任）

　　宗立荣（女）

　　赵海奎　胡永权

　　姜博卿　徐习军

　　徐拥政　郭登洲

　　黄朝庆（4月免）

　　崔芸　（女）

　　崔瑞芳（女）

　　韩保来

　　谭运江（9月任）

　　潘卫东

副秘书长：周全宁（8月免）

　　潘明文　倪华

　　杨传英

　　时洪斌（8月任）

研究室

主　任：马军　（8月免）

　　谭运江（8月任）

副主任：崔书冠　王建丰

选举任免代表工作委员会

主　任：王云辉

副主任：马军　（8月任）

　　时洪斌（8月免）

　　李勤

法制委员会

主　任：徐习军

副主任：宋健

内务司法委员会

主　任：卢素强

副主任：孙利华

财政经济委员会

主　任：刘国清

副主任：张杰　（12月免）

农业和农村委员会

主　任：何金录

副主任：马兆芹

城乡建设和环境资源委员会

主　任：王生力

教育科学文化卫生委员会

主　任：严晋峰

民族侨务外事委员会

主　任：吴秀超（12月免）

　　赵海奎（12月任）

副主任：王庄丽

信访办公室

主　任：赵海奎（12月免）

副主任：张万明

【市第十三届人民代表大会第三次会议】 1月19～21日，市第十三届人民代表大会第三次会议在市人民会堂举行。会议推选杨志辉、朱增海、王中联、王增飞、李锡海、杜振琪、楚行宇、张院生为大会主席团常务主席。564名市人大代表出席会议；市政协十二届三次会议全体委员，市直有关部门负责人，市各民主党派和人民团体负责人，各县（市、区）及高新区法院院长、检察院检察长等列席会议；21名公民旁听会议。会议收到市人大代表建议、批评和意见310件，代表10人以上联名提出议案45件，全部转为代表建议、批评和意见，统一由市“一府两院”及有关部门和单位办理。会议审议批准市长王亮所作关于石家庄市人民政府工作报告，市发展改革委主任赵文锋所作关于石家庄市2014年国民经济和社会发展计划执行情况与2015年市国民经济和社会发展计划草案报告，市财政局局长周立新所作关于石家庄市2014年市本级预算及市总预算执行情况和2015年市本级预算及市总预算草案的报告，市人大常委会主任杨志辉所作关于石家庄市人民代表大会常务委员会工作报告，市中级人民法院院长崔存利所作关于石家庄市中级人民法院工作报告，市人民检察院检察长侯建华所作关于石家庄市人民检察院工作报告。

【市第十三届人民代表大会第四次会议】 9月11～12日，市第十三届人民代表大会第四次会议在市人民会堂举行。会议推选孙瑞彬、张泽峰、司存喜、杨志辉、朱增海、王中联、王增飞、李锡海、杜振琪、楚行宇、张院生为大会主席团常务主席。会议分别由孙瑞彬、杨志辉主持。大会执行主席、主席团常务主席张泽峰、朱增海、王中联、王增飞、李锡海、杜振琪、楚行宇、张院生及市领导邢国辉、王华清、鲍际国、刘明轩、胡儒钗、高天、姜建华、郭运兴、毛全球参加会议。应出席市人大代表624名，实际出席558名。会议选举邢国辉为石家庄市市长，陈晓明为市人民检察院检察长，孙晋康、张聚华、尚秀伟、谭运江为市第十三届人大常委会委员。

【市第十三届人大常委会会议】 2月27日，市十三届人大常委会第十四次会议在市人大常委会会议厅召开。市人大常委会主任杨志辉主持会议。市人大常委会副主任朱增海、王中联、王增飞、李锡海、杜振琪、楚行宇，秘书长张院生出席会议。会议听取市人大常委会秘书长张院生所作关于《石家庄市人大常委会2015年工作要点（草案）》说明，市人大常委会内务司法委员会主任卢素强所作关于《石家庄市人大常委会关于对市中级人民法院法官和市人民检察院检察官开展履职评议的暂行办法（草案）》说明，市人大常委会副主任楚行宇所作关于提请任命1名市人大城乡建设和环境资源委员会委员说明，副市长张业受市长王亮委托所作关于人事任免事项说明，市法院副院长尹新民受院长崔存利委托所作关于人事任免事项说明。会议表决通过《石家庄市人大常委会2015年工作要点》《石家庄市人大常委会关于对市中级人民法院法官和市人民检察院检察官开展履职评议的暂行办法》，决定任命刘文鹏为石家庄市人民政府副市长。

4月28～29日，市十三届人大常委会第十五次会议召开。市人大常委会主任杨志辉主持会议，副主任王中联、王增飞、李锡海、杜振琪、楚行宇，秘书长张院生出席会议；市政府副市长刘文鹏，市法院院长崔存利列席会议。会议听取、审议、批准市人大常委会农业和农村委员会主任、执法检查组副组长何金录所作关于检查石家庄市实施《中华人民共和国森林法》《河北省义务植树条例》情况报告，市国资委主任毕拉祥所作国有资产监督管理情况报告，市畜牧水产局局长吕军英所作关于畜牧水产工作情况报告，市教育局局长闫纯锴所作关于学前教育工作情况报告，市法院副院长万会峰所作关于司法公开工作情况报告，市检察院副检察长何军恒所作关于检务公开工作情况报告，市人大常委会副主任、代表资格审查委员会主任委员楚行宇所作关于终止黄朝庆代表资格审查报告。

5月29日 市十三届人大常委会第十六次会议召开。市人大常委会主任杨志辉主持会议，副主任朱增海、王增飞、李锡海、杜振琪、楚行宇，秘书长张院生和委员41人出席会议。会议审议批准市委常委、常务副市长刘晓军和市委常委、组织部长姜建华所作关于人事任免事项的说明。会议决定接受郭运兴辞去石家庄市副市长职务、侯建华辞去市人民检察院检察长职务的请求，免去郭运兴石家庄市公安局局长职务。会议决定任命刘胜为石家庄市副市长、市公安局局长，姜阳为石家庄市副市长，陈晓明为石家庄市人民检察院副检察长代理检察长。

6月24～25日，市十三届人大常委会第十七次会议召开。市人大常委会主任杨志辉主持会议，副主任朱增海、王中联、王增飞、李锡海、杜振琪、楚行宇，秘书长张院生和委员45人出席会议。副市长刘文鹏，市法院副院长尹新民，市检察院副检察长何军恒列席会议。会议听取市人大常委会财政经济委员会主任、执法检查组副组长刘国清所作关于检查《中华人民共和国劳动合同法》实施情况报告，观看了执法检查专题影像资料；还听取了市政府副秘书长宋国宏受市政府委托所作关于区划调整后城市规划建设管理工作情况报告，市工业和信息化局局长吴飞受市政府委托所作关于支持小微企业发展情况报告，市水务局局长王东刚受市政府委托所作关于水资源保护和利用管理情况报告，市人大常委会副主任楚行宇所作关于提请任命1名市人大教育科学文化卫生委员会委员说明，市法院副院长尹新民所作关于撤销市法院1名工作人员职务说明和关于人事任命事项说明及10名法官和检察官履职报告，并以无记名投票方式进行评议。会议表决通过1名市人大代表采取强制措施许可事项和关于撤销市法院1名工作人员职务的决定。

7月29日，市十三届人大常委会第十八次会议召开。市人大常委会主任杨志辉主持会议，副主任朱增海、王中联、王增飞、李锡海、杜振琪、楚行宇，秘书长张院生和委员44人出席会议；副市长李雪荣，市法院院长崔存利，市检察院代理检察长陈晓明列席会议。会议听取市委常委、组织部长姜建华所作关于提请决定任命邢国辉为副市长、代理市长的说明。与会人员以举手表决方式通过关于接受王亮辞去石家庄市市长职务的请求决定和关于接受刘晓军辞去石家庄市副市长职务的请求决定；以投票表决方式决定任命邢国辉为石家庄市副市长、代理市长。

8月25～27日，市十三届人大常委会第十九次会议召开。市人大常委会主任杨志辉，副主任王中联、朱增海分别主持会议，副主任李锡海、杜振琪、楚行宇，秘书长张院生和委员47人出席会议。副市长孟祥红、刘文鹏，市法院院长崔存利，市检察院代理检察长陈晓明列席会议。会议听取市发展改革委主任赵文锋所作关于《石家庄市绿色低碳发展促进条例（草案）》的说明，关于2015年国民经济和社会发展计划1～6月执行情况的报告；市财政局局长周立所作关于2015年1～6月份预算执行情况的报告和关于2014年市本级决算和市总决算情况的报告；市审计局局长刘桂江所作关于2014年度市本级预算执行和其他财政收支的审计工作报告；市畜牧水产局局长吕军英所作关于《石家庄市肉品管理条例（修订草案）》的说明；市政府副秘书长聂群英受所作关于中心城区道路交通建设管理情况的报告；市卫生计生委主任李志宏所作关于医疗服务体系建设情况的报告，并观看相关资料片；市人大常委会副主任、代表资格审查委员会主任委员楚行宇所作关于个别代表的代表资格审查报告和关于提请任命4名市人大专门委员会副主任委员的说明；市人大常委会副主任朱增海所作关于提请任免市人大常委会机关部分工作人员职务的说明；副市长刘文鹏所作关于提请决定任免市政府部分组成人员职务的说明。会议表决通过关于批准2014年市本级决算的决议；1名市人大代表采取强制措施许可事项；关于个别代表的代表资格审查报告；关于接受王涛委员辞去市人大常委会委员职务的请求决定及其他人事任免事项。此次会议首次使用电子表决器，结束市人大常委会33年举手表决历史。

9月9日，市十三届人大常委会第二十次会议召开。市人大常委会主任杨志辉主持会议，副主任朱增海、王中联、王增飞、李锡海、杜振琪、楚行宇，秘书长张院生和委员38人出席会议。副市长刘文鹏，市法院副院长万会峰，市检察院代检察长陈晓明列席会议。会议决定9月11日召开市十三届人大四次会议。会议听取市人大常委会秘书长张院生所作关于召开市十三届人大四次会议有关事项的报告，市人大常委会副主任、代表资格审查委员会主任楚行宇所作关于补选人大代表的代表资格审查报告。会议表决通过关于补选人大代表的代表资格审查报告，关于召开市十三届人大四次会议的决定，市十三届人大四次会议建议议程（补选石家庄市政府市长、市人民检察院检察长、市第十三届人大常委会委员），市十三届人大四次会议主席团和秘书长建议名单，市十三届人大四次会议列席人员名单草案。

10 月 27 ～ 29 日，市十三届人大常委会第二十一次会议召开。市人大常委会主任杨志辉主持会议，副主任朱增海、王中联、王增飞、李锡海杜振琪、楚行宇，秘书长张院生和委员 49 人出席会议。副市长李雪荣，市法院院长崔存利，市检察院副检察长何军恒、曹爱国列席会议。会议听取市人大法制委员会副主任委员姜博卿所作关于《石家庄市绿色低碳发展促进条例（草案）》审议结果的报告和关于《石家庄市城市园林绿化管理条例（修订草案）》说明；市人大常委会城乡建设和环境资源委员会主任、执法检查组副组长王生力所作关于检查《石家庄市城市市容和环境卫生管理条例》实施情况报告；副市长李雪荣所作关于推进依法行政建设法治政府工作情况报告及提请决定任免市政府部分组成人员职务说明；市商务局局长田嘉一所作关于电子商务发展情况报告；市财政局局长周立新所作关于 2015 年市本级预算调整方案说明；市人大常委会副主任楚行宇所作关于提请任命 1 名市人大内务司法委员会副主任委员说明；市法院院长崔存利所作关于提请任免市法院部分工作人员职务说明及 5 名法官、5 名检察官报告履职情况并开展履职评议。会议表决通过《关于批准 2015 年市本级预算调整方案的决定》，关于接受李爱民辞去市人大常委会委员职务请求的决定；以无记名投票方式对市政府关于电子商务发展情况报告开展满意度测评；表决任命张建国为市第十三届人民代表大会内务司法委员会副主任、李爱民为市工业和信息化局局长，免去吴飞市工业和信息化局局长职务。

12 月 28 ～ 29 日，市十三届人大常委会第二十二次会议召开。市人大常委会主任杨志辉主持会议，副主任朱增海、王中联、王增飞、李锡海、杜振琪、楚行宇，秘书长张院生和委员 48 人出席会议。副市长李雪荣，市法院院长崔存利，市检察院副检察长曹爱国列席会议。会议听取市人大常委会秘书长张院生所作关于召开市十三届人大五次会议有关事项的报告和关于市人大常委会工作报告（稿）的说明；市人大法制委员会副主任委员徐习军所作关于《石家庄市低碳发展促进条例（草案）》修改意见的报告和关于《石家庄市城市园林绿化管理条例（修订草案）》审议结果的报告；副市长李雪荣所作关于办理市十三届人大三次会议代表建议情况的报告、关于提请决定任免市政府部分组成人员职务的说明；市人大常委会副主任楚行宇所作关于《加强和改进代表建议办理工作的决定（草案）》的说明、关于个别代表的代表资格的审查报告、关于补选 4 名省十二届人大代表的说明、关于提请任命部分市人大专门委员会副主任委员的说明；市审计局局长刘桂江所作关于《2014 年度市本级预算执行和其他财政收支的审计工作报告》中有关问题整改情况的报告；市财政局局长周立新所作关于 2015 年市级社保基金预算调整方案草案的说明；市人大常委会副主任朱增海所作关于提请任免市人大常委会机关部分工作人员职务的说明；市法院院长崔存利所作关于提请任命市法院人民陪审员的说明。会议表决通过关于个别代表的代表资格的审查报告；关于召开市十三届人大五次会议的决定；市十三届人大五次会议建议议程；市十三届人大五次会议主席团和秘书长建议名单；市十三届人大五次会议列席人员名单；市人大常委会工作报告稿；关于提请审议《石家庄市低碳发展促进条例（草案）》的议案，并提交市十三届人大五次会议审议；《石家庄市城市园林绿化管理条例（修订草案）》；《石家庄市人大常委会关于加强和改进代表建议办理工作的决定》；关于批准 2015 年市级社保基金预算调整方案的决定；补选 4 名省十二届人大代表和表决人事任免事项。此次参会市人大常委会委员、市人大代表围绕城市交通、主城区企业搬迁、食品安全监督等代表建议办理情况，专题询问市政府相关部门负责人，这也是石家庄市首次以专题询问方式监督推动人大代表建议办理工作。会议决定，市第十三届人民代表大会第五次会议 2016 年 1 月 19 日召开。

【市人大常委会主任会议】 全年召开主任会议 34 次，研究和讨论议题 164 项。会议研究了需提交常委会会议的各项视察报告、调研报告、执法检查情况报告和人事任免事项等；研究了常委会领导参加的各项视察、调研、执法检查等活动的安排意见；研究了市人民代表大会、市人大常委会会议等重要会议的会务筹备工作；传达了省十二届人大三次会议等重要会议精神；听取了市政府关于当前全市经济运行情况和下一步重点工作和措施的汇报、关于监督住房公积金管理和使用情况的汇报；研究了关于加强乡镇（街道）人大工作的指导意见、关于“两官”履职评议工作的具体实施方案、关于恢复重建华北临时人民代表大会会址暨石家庄市首届人民代表大会会址的意见、关于在全市各县（市、区）人大常委会组织开展评议市人大代表工作的安排意见、关于开展重点工作督查月活动的安排意见、听取了关于评选2014年度优秀市人大代表建议和先进承办单位情况的汇报；研究了2015年度全市人大系统干部培训工作计划、市人大常委会机关各委办室综合考核评价办法、市人大常委会机关十大亮点工作评选办法等市人大常委会及机关一系列的重要工作，为市人民代表大会及其常委会认真履行宪法和法律赋予的各项职责发挥了重要作用。

【市十三届人大常委会主任与“一府两院”三长联席会议】 2月11日，市人大常委会组织召开市人大常委会主任与市政府市长、市中级人民法院院长、市人民检察院检察长联席会议，协调和安排2015年市人大常委会主要工作。市人大常委会主任杨志辉主持会议，副主任朱增海、王中联、王增飞、李锡海、楚行宇和秘书长张院生，市长王亮，市中级人民法院院长崔存利，市人民检察院副检察长何军恒出席会议。会议商定2015年市人大常委会立法计划，市人大常委会会议听取和审议市政府、市法院、市检察院专项工作报告与计划预算和审计工作报告计划及履职评议计划、执法检查工作计划、专题询问计划，市人大常委会委托专门委员会听取和审议专项工作报告的计划，监督政府性重点资金使用情况工作计划，视察工作计划等。市长王亮建议：市人大常委会应加大水资源保护利用、金融生态及民生保障等工作监督力度。

【视察、调研、执法检查活动】 全年市人大常委会围绕经济社会发展重点工作和人民群众关注热点问题，组织市人大常委会组成人员、专门委员会委员、咨询委员会委员和市人大代表开展专题视察调研活动16次、执法检查4次。视察调研活动有：国有资产监督管理、检务公开、司法公开、畜牧水产、学前教育、区划调整后城市规划建设管理、支持中小微企业发展、水资源保护和利用管理、2015年1～6月份国民经济和社会发展计划执行情况、2015年1～6月份预算执行情况、2014年市本级预算及其他财政收支审计情况、电子商务发展及人民陪审员、全民健身、旅游基础设施建设、公安信访等。专题调研有：“提高后勤服务保障质量和水平、人大常委会讨论和决定重大事项、建立人大代表退出机制、公证工作、农村土地承包经营确权、居民采暖热计量改造、宗教工作现状存在问题及对策”等。2015年市人大常委会首次集中2个月时间，采取统一部署、分别调研、市县联动、成果共享方式，动员市、县两级人大和全市人大代表投入“十三五”规划专题调研。各县（市、区）人大常委会组织基层人大代表参与达到80%以上；发出征求意见函690份，回收率80%以上，汇总意见建议798条。市人大常委会各专门委员会和咨询委员会围绕实施创新驱动、能源结构调整、山区综合开发、水污染防治、加强社会治理等重大问题形成调研报告8篇，各县（市、区）人大常委会撰写调研报告63篇。监督检查活动有：住房公积金使用、农业综合开发资金使用、科技专项资金使用等。执法检查活动有：《中华人民共和国森林法》《河北省义务植树条例》实施情况、《中华人民共和国劳动合同法》贯彻落实情况、《中华人民共和国行政诉讼法》实施情况、《石家庄市城市市容和环境卫生管理条例》贯彻落实情况等。

【5个地方性法规废止】 3月26日，河北省第十二届人民代表大会常务委员会第十四次会议批准《石家庄市人大常委会关于废止部分地方性法规的决定》。3月31日，石家庄市人民代表大会常务委员会发布《石家庄市人大常委会关于废止部分地方性法规的决定》公告，确定自公布之日起施行。5个废止地方性法规为：1.《石家庄市市区禁止燃放烟花爆竹的规定》(1994年6月29日石家庄市第九届人民代表大会常务委员会第六次会议通过，1994年11月2日河北省第八届人民代表大会常务委员会第十次会议批准，1997年5月29日石家

庄市第九届人民代表大会常务委员会第二十五次会议修正，1997年6月24日河北省第八届人民代表大会常务委员会第二十七次会议批准)。2.《石家庄市农民负担监督管理办法》(1994年8月25日石家庄市第九届人民代表大会常务委员会第七次会议通过，1994年11月2日河北省第八届人民代表大会常务委员会第十次会议批准，1997年2月20日石家庄市第九届人民代表大会常务委员会第二十三次会议修正，1997年9月3日河北省第八届人民代表大会常务委员会第二十八次会议批准)。3.《石家庄市技术市场管理条例》(1995年6月22日石家庄市第九届人民代表大会常务委员会第十三次会议通过，1995年9月13日河北省第八届人民代表大会常务委员会第十六次会议批准，1997年4月24日石家庄市第九届人民代表大会常务委员会第二十四次会议修正，1997年9月3日河北省第八届人民代表大会常务委员会第二十八次会议批准，2005年4月28日石家庄市第十一届人民代表大会常务委员会第十六次会议通过相关条款决定，2005年7月18日河北省第十届人民代表大会常务委员会第十六次会议批准)。4.《石家庄市未成年人和精神病人监护办法》(1995年8月25日石家庄市第九届人民代表大会常务委员会第十四次会议通过，1995年11月15日河北省第八届人民代表大会常务委员会第十七次会议批准，1997年4月24日石家庄市第九届人民代表大会常务委员会第二十四次会议修正，1997年9月3日河北省第八届人民代表大会常务委员会第二十八次会议批准)。5.《石家庄市非公有制企业工会条例》(2005年2月28日石家庄市第十一届人民代表大会常务委员会第十四次会议通过，2005年9月23日河北省第十届人民代表大会常务委员会第十七次会议批准)。

【市人大常委会组成人员及市人大代表履职评议】 2015年市人大常委会组织全体市人大代表开展“双联双评”活动，即市人大常委会组成人员联系选举单位和市人大代表，市人大代表联系选举单位和人民群众；选举单位和市人大代表评议市人大常委会组成人员，选举单位和群众代表评议市人大代表。414名市人大代表逐个接受选举单位和选民评议，887名县（市、区）人大常委会组成人员、乡镇（街道）人大负责人（人大代表之家召集人）和部分县市区人大代表、群众代表参加评议活动。这是石家庄市历史上第一次大范围开展人大代表履职评议活动。评议期间，市人大常委会全体组成人员联系市人大代表828人次，市人大代表联系人民群众3229人次，收集意见建议729条。市人大代表评议：综合评价按照“满意”“基本满意”“不满意”3个评价档次分，414名被评议代表平均“满意和基本满意”率达到97.2%。具体评价6项内容：宣传贯彻执行宪法、法律、法规和党的方针、政策，市人大及其常委会决议、决定情况；出席市人民代表大会会议和参加审议情况；提出代表议案和建议、批评、意见情况；参加闭会期间代表活动情况；联系选举单位和人民群众情况；提高履职能力、遵纪守法和廉洁自律情况。具体评价按照“好”“较好”“一般”“较差”4个评价档次分，“好”“较好”主要集中在“宣传贯彻执行宪法、法律、法规和党的方针、政策，市人大及其常委会决议、决定情况”“出席市人民代表大会会议和参加审议情况”“提高履职能力、遵纪守法和廉洁自律情况”3项内容；“一般”“较差”主要集中在“提出代表议案和建议、批评、意见情况”“参加闭会期间代表活动情况”“联系选举单位和人民群众情况”3项内容。市人大常委会委员评议：2015年7～8月，市人大常委会组织开展市人大代表评议市人大常委会委员活动，38名市人大常委会委员接受426名市人大代表投票测评，“满意和基本满意率”平均达到99.91%。

（郝杰）

石家庄市人民政府

【概况】 2015年，石家庄市人民政府围绕“转型升级、跨越赶超，建设幸福石家庄”奋斗目标，坚持稳中求进工作总基调，主动适应经济发展新常态，实施稳增长、调结构、抓改革、治污染、惠民生措施，实现经济发展稳中有进，社会事业全面进步。2015年全市实现生产总值5054.5亿元，同比增长7.5%。其中，第一产业增加值444.0亿元，同比增长2.3%；第二产业增加值2225.3亿元，同比增长5.8%；第三产业增加值2385.3亿元，同比增长10.5%。三次产业结构比例由2014年9.4∶46.8∶43.8调整为8.8∶44.0∶47.2。全市常住人口1007.11万人，同比增长0.84%；人口出生率11.72‰，人口死亡率5.84‰，人口自然增长率5.88‰（人口数据为市统计局数据，不含辛集市）。2015年全市居民人均可支配收入20762元，同比增长8.8%；城镇居民人均可支配收入28168元，增长8.0%；农村居民人均可支配收入11442元，增长8.5%。2015年全市居民人均消费支出13432元，同比增长7.4%；城镇居民人均消费支出18165元，增长8.2%；农村居民人均消费支出7258元，增长3.0%。全市物价总水平保持基本平稳，全年居民消费价格指数同比上涨1.0%，较好完成居民消费价格指数控制在4%以内调控目标。

农林牧渔业。2015年全市农林牧渔业总产值804.3亿元，同比增长2.08%。其中，农业产值439.7亿元，占农林牧渔业总产值54.7%；林业产值16.0亿元，占农林牧渔业总产值2.0%；牧业产值309.3亿元，占农林牧渔业总产值38.5%；渔业产值5.3亿元，占农林牧渔业总产值0.7%；农林牧渔服务业产值34.1亿元，占农林牧渔业总产值4.2%。全年粮食播种面积67.7万公顷，同比减少0.3万公顷；粮食总产量450.0万吨。其中，小麦总产量226.9万吨，亩产460.0千克；玉米总产量210.6万吨，亩产459.6千克。薯类播种面积1.9万公顷，总产量42.2万吨。油料播种面积5.3万公顷，总产量17.3万吨。棉花播种面积3762公顷，总产量3283吨。蔬菜及食用菌播种面积15.2万公顷，总产量1228.6万吨。西瓜播种面积7351公顷，总产量42.0万吨。果园种植面积14.7万公顷，其中苹果园1.1万公顷、梨园3.8万公顷、桃园2783公顷、葡萄园4720公顷。园林水果总产量（不含果用瓜）228.8万吨，其中苹果产量24.7万吨、梨产量150.3万吨（雪花梨44.1万吨、鸭梨50.9万吨）、桃产量5.9万吨、葡萄产量13.3万吨、红枣产量28.1万吨。至2015年末，全市牛存栏74.1万头，其中奶牛37.2万头；驴存栏3.4万头；猪存栏316.2万头；羊存栏108.0万只；家禽存栏10392.5万只，其中鸡存栏9378.1万只。肉类总产量69.7万吨，其中，猪肉40.5万吨、牛肉8.8万吨、羊肉2.0万吨、家禽肉17.1万吨、驴肉2801吨。奶类产量116.4万吨，其中牛奶产量116.2万吨。禽蛋产量93.3万吨，其中鸡蛋产量92.4万吨。蜂蜜产量3112吨。水产品养殖面积1.5万公顷，总产量3.4万吨。当年造林面积4.8万公顷，其中当年人工造林面积3.9万公顷；当年零星（四旁）植树1699.5万株；封山育林面积6.6万公顷；森林抚育面积11.1万公顷。食用坚果产量5.9万吨，其中核桃5.2万吨。商品材产量3.1万立方米。2015年全市除险加固小病险水库35座，治理中小河道8条：周汉河藁城市段、汪洋沟藁城市段、冶河平山县城段、洨河赵县段、槐河赵县段、汪洋沟赵县段、槐河高邑段、磁河深泽县段，整治河道堤防21.5千米，治理水土流失面积210平方千米，新增及恢复改善灌溉面积92.5万亩，发展节水灌溉面积53万亩，建设农村饮水安全工程430处，解决471个村、52.43万人饮水安全问题。2015年全市农业机械总动力1840万千瓦，主要农作物综合机械化水平达到85.5%，同比提高1.4个百分点；小麦生产基本实现全程机械化，玉米机收率达到82%；新增大型农业机械3192台。2015年全市农业综合开发项目投入资金31154.63万元。其中，土地治理项目20个，投资资金21227.63万元；产业化经营项目24个，投资资金9927万元。至2015年底，土

地治理项目完成整体工程80%；产业化项目完成建设任务16个。年末全市农业产业化经营率达到65.7%，同比提高0.8个百分点。

工业经济。2015年全市拥有规模以上工业企业2434家，同比增加139家，增长6.1%，其中大型企业55家、中型企业360家、小型企业1848家；年从业人员平均人数61.2万人；总资产5499.3亿元，资产负债率45.9%；总产值8518.8亿元。规模以上工业企业实现增加值1897.1亿元，同比增长6.0%。其中，轻工业实现增加值878.2亿元，增长4.9%；重工业实现增加值1018.8亿元，增长7.1%；轻重工业比重为46∶54。七大主导行业实现增加值1586.6亿元，同比增长6.4%。其中，钢铁行业实现增加值144.7亿元，下降2.0%；装备制造业实现增加值318.2亿元，增长5.4%；石化行业实现增加值313.3亿元，增长12.8%；医药制造业实现增加值131.6亿元，增长2.5%；建材行业实现增加值138.5亿元，增长7.7%；食品行业实现增加值245.3亿元，增长4.6%；纺织行业实现增加值295.0亿元，增长9.5%。六大高耗能行业实现增加值648.5亿元，同比增长5.3%。全年规模以上工业企业主营业务收入8642.8亿元，同比增长5.6%；实现利润727.1亿元，同比增长8.7%；实现利税1064.7亿元，同比增长13.2%。亏损企业137家，亏损面6%。

商贸流通业。2015年全市实现社会消费品零售总额2437.3亿元，同比增长9.8%。总投资1775亿元、78个重点商贸项目，完成投资358.6亿元。年末全市商业网点达到20.1万个，其中市区7.4万个；面积5000平方米以上大型商业网点达到224家，建筑面积1277万平方米。大型商贸企业经营稳步发展，2015年石家庄北国商城销售35.9亿元，北国先天下销售23.5亿元，新百广场销售25.9亿元，石家庄家乐福保龙仓销售7.0亿元，河北永辉超市销售1.78亿元。夜经济建设取得较好业绩，4月15日至10月31日，石家庄市67家延时服务企业实现夜间销售收入23.31亿元，同比增长21.69%。电子商务快速发展，2015年全市电子商务交易额达到3063亿元，石家庄市电商交易额占全省总量21.1%。其中，网络零售额430亿元；新增工商注册电商企业364家，累计达到892家；电商基地公共服务平台入驻企业345家，上线产品2万余种。主动争取国家试点和政策，2015年石家庄市争取到国家物流标准化试点城市、全国公益性农产品批发市场建设试点和国家级电子商务进农村综合示范县（行唐县）3个试点，争取中央财政支持资金1.69亿元。4月26～28日，2015中国·石家庄（正定）国际小商品博览会在正定国际物流园举行，16个项目达成合作意向，投资总额165.7亿元。

民营经济。2015年全市民营经济实现营业收入17015亿元，同比增长8.66%；完成增加值3354.4亿元，同比增长8.0%，占全市GDP比重66.4%；实缴税金444.2亿元，同比下降8.7%，占全部财政收入比重58.8%；完成固定资产投资1806.5亿元，同比增长12.6%，占全社会固定资产投资32.8%；民营经济单位达到29.8万个，同比增长3.11%，其中民营企业55219个，同比增长3.77%；从业人员286万人，同比增长7.24%；规模以上民营工业企业达到2072个，同比增长6.31%；民营经济出口总值64.5亿美元，同比下降5.2%。至2015年末，全市共有各类内资私营企业168024户，投资人312923人，雇工168212人，注册资本75006796.47万元。其中，城镇内资私营企业133969户，投资人256220人，雇工83775人，注册资本63580282.94万元。实有私营企业集团140户。注册资本100万元～500万元58533户，500万元～1000万元22369户，1000万元～1亿元17816户，亿元以上911户。

城乡建设。2015年全市城乡规划审议项目38个，其中总体规划3个、专项规划1个、详细规划10个、管理标准2个、市政工程4个、城市设计4个、房地产开发项目12个、公共项目2个。全年规划受理报建项目1073个，其中用地报建项目523个，发放《建设项目选址意见书》20个，发放《建设用地规划许可证》70个，批准用地面积386.24万平方米；建设管理受理报建项目252个，发放《建设工程规划许可证》102个，批准总建筑面积585.81万平方米，其中居住面积550.56万平方米、商业面积228.0万平方米；市政工程受理报建项目371个，发放《建设工程规划许可证》114个、市政工程方案195个；检查受理报建项目75个，发放《竣工验收合格函》75个。2015年全市基础设施建设完成投资22.6亿元，新客站东广场及配套路网、南二环路立交改造工程完工，新建、大修道路20条。2015年全市新增供热面积700万平方米，年末全市集中供热面积达到1.45亿平方米。推进新型城镇化建设，全年市区外县（市）投资6.4亿元，高标准打造18条迎宾景观大道、17条标志性街道和34个出入口，整治道路长度147.4千米。2015年市区使用天然气居民91.95万户；拥有CNG公交车3400辆、双燃料出租车6700多辆；液化气常用户11.3万户；建有CNG母站6座，CNG加气站44座，LNG加气子站1个，点式天然气民用供应站17个。2015年市政设施累计疏通排水管道780千米，掏挖收检井6.9万座，维修收检井4300座，维修道路和便道30万平方米，检测桥梁452座次，解决照明线路故障4025次，城区主干道亮灯率达到98%以上。完善数字城管平台建设，“八区一县”实现数字城管全覆盖，分别为主城4区、高新区、藁城区、鹿泉区、栾城区和正定县。

住房保障。2015年市区商品房上市量下降明显，二手房市场交易活跃，商品房成交量基本平稳，商业办公类库存压力严峻。2015年市区住房发放预售许可证104个，商品房批准预售面积368.10万平方米，商品房成交652.49万平方米，成交65047套，成交金额511.67亿元，成交均价7842元/平方米；二手房成交234.74万平方米，成交金额127.99亿元，成交均价5452元/平方米。2015年市区发放所有权证70854本，所有权登记总面积1482.69万平方米。至2015年12月底，市区累计登记房屋总面积12337.01万平方米，其中住宅面积8279.57万平方米，非住宅4057.44万平方米。以购买人群区分，2015年石家庄市居民购买比例占84%，房地产市场主要以刚性、改性需求为主，投资、投机性成分较少。2015年全市开工保障性安居工程住房2.67万套，完成年度责任目标108%；基本建成项目2.75万套，完成年度责任目标125%；2012年前开工公共租赁住房项目累计分配4.96万套，达到国家住房和城乡建设部、河北省提出2012年及以前公共租赁住房项目分配入住率达到90%要求；新增廉租住房补贴家庭2372户，完成年度责任目标158%。至2015年底，市区公共保障房在保家庭30676户，累计发放租赁补贴2.51亿元，减免租金1.56亿元；市区分配公共保障房27个小区、30406套、147.55万平方米。2015年全市棚户区改造开工2.01万套，完成城中村拆迁12个，拆迁面积46.56万平方米、腾地1108亩，签订贷款合同152.9亿元，发放贷款98.54亿元。2015年全市共有房地产开发企业1631家，其中一级资质8家，二级资质76家，三级资质173家，四级资质314家。2015年全市归集住房公积金68.17亿元，发放公积金个人贷款45.61亿元，实现增值收益6.24亿元，同比分别增长17.43%、16.29%和52.57%。至2015年末，全市累计归集住房公积金395.84亿元，累计提取162.6亿元，累计发放公积金个人贷款110181户、267.6亿元，累计实现增值收益21亿元，归集余额233.24亿元，贷款余额202.34亿元。

交通运输。2015年全市公路通车总里程达到1.89万千米，路网密度达到119.02千米/百平方千米。其中，高速公路8条611.09千米，国道9条417.81千米，省道37条1435.56千米，县道43条1570.53千米，乡道5015.35千米，村道9542.21千米，专用公路269.82千米；桥梁3992座23.4万延米，永久性桥梁3985座23.38万延米，桥梁永久率达99%。2015年全市公路建设完成投资74.88亿元，公路通车总里程同比增加888.02千米。2015年全市道路运输完成旅客运量5811.45万人、周转量30.7亿人千米，同比分别减少5.95%、10.18%；完成货物运量2.8亿吨、周转量1148.07亿吨千米，同比分别增长15.9%、12.04%。2015年市区公交车辆达到4403辆，运营线路229条，完成行驶里程1.89亿千米；运营乘客5.87亿人次，日均运客160万人次；实现总收入5.7亿元。2015年石家庄市域拥有京广、石太、石德、石太客运专线、京广高铁（安阳—涿州段）5条铁路干线和新井、凤山2条支线，分别起止：京广铁路207.9千米（寨西店承安铺间）至321.3千米（高邑鸭鸽营间），石太铁路石家庄至70.1千米（南峪娘子关间），石德铁路石家庄至85.25千米（束新王家井间），石太客运专线石家庄北站至59.97千米（井陉北阳泉北间）；新井、凤山2条支线总长18.1千米，合计营业里程328.7千米。设立车站27个。京广高铁57.04千米至452.40

千米，北与杜家坎线路所衔接，南与安阳东站衔接，车站管辖京广高铁涿州东、高碑店东、保定东、定州东、正定机场、高邑西、邢台东、邯郸东等沿线8个中间站。2015年石家庄机场完成旅客吞吐量598.54万人次，同比增长6.9%；货邮吞吐量44693.9吨，同比减少1.9%；保障飞机起降5.67万架次，同比增长0.9%；保障航班运输起降5.13万架次，同比增长0.1%；开通国际（地区）航线18条，运营航空公司26家，通航城市69个，全部运营航线达到90条。2015年城市轨道交通项目建设完成投资66.8亿元，累计完成投资134亿元。

环境保护。2015年市区空气优良天数达到173天，同比增加67天，优良率增长20.0%，6项大气污染物年均浓度全部下降。2015年石家庄城市环境空气以“煤烟型”污染为主，呈现由“煤烟型”污染向“复合型”污染转化的趋势，主要污染物可吸入颗粒物、细颗粒物、二氧化硫、二氧化氮的年均值及一氧化碳日均值第95百分位浓度和臭氧日最大8小时滑动平均第90百分位浓度分别为147微克/立方米、89微克/立方米、47微克/立方米、51微克/立方米、4.3毫克/立方米、148微克/立方米；城市空气污染指数为8.70，其中可吸入颗粒物、细颗粒物、二氧化硫、二氧化氮、一氧化碳和臭氧污染指数分别为2.07、2.54、0.87、1.35、1.08、0.92。2015年石家庄市域内地表水体总体呈“有机污染型”，各地表河流受沿途工业污染源污染较重，城市（镇）下游河段水质多超过地表水功能区划标准；V类和劣V类水质河段占常年有水河段53.3%，主要污染物为氨氮、生化需氧量、总磷、化学需氧量等。城市地下水受地质因素影响总硬度超标较普遍，总大肠菌群、硝酸盐氮、溶解性总固体、氯化物等指标有超标现象出现；地下水质量总体无显著变化。饮用水源地水质状况良好，全年饮用水源地水质达标率100%；岗南水库为Ⅰ类水体，黄壁庄水库为Ⅱ类水体，水质状况均为优。城市主要噪声源为交通噪声和生活噪声，功能区噪声昼间达标，夜间存在超标现象；2015年昼间区域环境噪声平均等效声级值为50.8分贝，市区昼间道路交通噪声平均等效声级值为66.7分贝。工业固体废弃物主要为粉煤灰、炉渣等无机固体废物，处置利用率为99.3%。废水、废气重点污染企业监督性监测达标率为92.8%和82.9%，城镇污水厂监督性监测达标率为75%。稳步推进水环境综合治理，岗南、黄壁庄水库主要水质指标稳定保持在国家地表水Ⅱ类水质标准，水质达标率100%；收水区域主要河流水质保持在国家地表水Ⅲ类水质标准。实施汪洋沟整治和滹沱河下游污染治理及生态恢复工程，河流水质得到改善。26家燃煤电力企业65台发电机组实施脱硫、脱硝、除尘超低排放升级改造完工。全年497320辆机动车参加环保年检，发放环保标志918446枚。至2015年底，全市化学需氧量、氨氮、二氧化硫、氮氧化物4项污染物排放总量较2014年分别下降3.3%、3.1%、4.7%、12.6%。2015年全市查处环境违法问题456个，罚款2148.69万元，288家企业实施限产停产，约谈环境违法问题企业43家，强制取缔不符合产业政策企业852家。

园林绿化。2015年全市累计新建提升绿地865万平方米，其中新建绿地590万平方米。至2015年底，石家庄市建成区绿地面积达到8773.33公顷，绿地率40.62%，绿化覆盖率44.71%，人均公园绿地面积15.2平方米。全长21.8千米太行大街绿化竣工，建成街旁游园17座；开展出入市口绿化整治，城区17条主次干道增植彩叶植物，22座市管公园广场和25座区管公园升级改造完工；鹿泉区、藁城区、栾城区、正定县和高新区18座公园广场纳入市级统一管理。年末获评星级公园广场和游园13座，园林式单位9家，园林式小区5个，园林式街道1条，其中园博园获得2015年全省唯一一座五星级公园称号。以创建园林城市为抓手，组织县（市）开展县城增绿添彩和景观提升建设，累计提升改造公园27座，新建道路绿化9条，道路绿化提升改造34条；累计栽植乔木39.7万株，灌木185.6万株，地被植物137.6万平方米。2015年高邑县通过河北省住房和城乡建设厅国家园林城市初验，晋州市、正定县通过省级园林城市复查。滹沱河生态绿廊建设新增绿地面积150万平方米；2015年5月，位于滹沱河旁、河心岛对面薰衣草庄园——森林河趣那主题公园开园。龙泉湖公园建设启动，地址位于鹿泉区山前大道以东，青银高速公路以西，槐安路以南，南二环西延以北，占地面积360万平方米，工程投资概算4.36亿元，规划建成石家庄市最大综合性公园；新建滹沱河南岸、新城大道两侧滹沱河滨水生态公园，占地面积89.49公顷，其中西侧占地78.1公顷，东侧占地11.39公顷；以“全民健康”“生态典范”为思路，启动占地14.5万平方米体育公园建设，地址位于体育大街以东、塔北路与南二环之间。实施“一山两库三河”绿化工程，“一山”即鹿泉区西山区域绿化工程，“两库”即省会水源地岗南水库、黄壁庄水库周边生态涵养林绿化工程，“三河”即滹沱河、大沙河、磁河两岸绿化工程。至2015年底，全市实施造林绿化工程，完成当年造林面积4.76公顷，其中当年人工造林3.93公顷；当年零星（四旁）植树1699.5万株；封山育林6.61万公顷；森林抚育面积11.07万公顷。年末全市森林覆盖率达到37%以上，同比增加1个百分点。

全社会固定资产投资。2015年石家庄市全社会固定资产投资完成5514.5亿元，同比增长12.1%。其中，固定资产投资（不含农户）5477.9亿元，同比增长12.1%。全年建设项目4149个，完成投资4703.6亿元，同比增长16.1%。其中，亿元以上项目799个，下降14.8%；完成投资2712.7亿元，增长3.4%。房地产开发完成投资986.3亿元，同比下降3.8%。至2015年末，全市共有建筑施工企业1755家；从业人人员18.61万人，同比下降14.61%；建筑业总产值完成1093.37亿元，同比下降3.67%；实现利润33.85亿元，同比增长15.29%。

招商引资。全年实际利用外资11.4亿美元，同比增长11.6%。其中，外商直接投资9.0亿美元，增长9.8%。新批准设立外商投资企业34个，新增合同总金额39.3亿美元，同比增长1.3倍；合同外资额6.8亿美元，同比下降13.6%。引进外资项目19个，总投资34.7亿美元，协议外资29.8亿美元；引进内资项目58个，总投资693.15亿元，协议引资644.65亿元。5月18～21日，2015中国·廊坊国际经济贸易洽谈会在河北省廊坊市举行，石家庄市签约项目46项，总投资562.87亿元，拟引资531.45亿元。其中，外资项目17项，总投资30.6亿美元，拟利用外资26.5亿美元；内资项目29项，总投资371.15亿元，拟引资365.15亿元。10月18～19日，第十四届冀台经济合作洽谈会暨2015年石家庄国际经济贸易洽谈会举行，石家庄市签订内资项目39项，投资额478.3亿元，协议引资444.79亿元；签订外资项目3项，总投资4.1亿美元，协议外资3.3亿美元。

对外贸易。2015年全市对外贸易进出口总值121.4亿美元，同比下降15.4%。其中，进口总值48.1亿美元，下降26.5%；出口总值73.2亿美元，下降6.0%。私营企业出口47.6亿美元，同比下降7.0%，占出口总值比重65.0%；外商投资企业出口2.9亿美元，同比下降5.9%；国有企业出口8.8亿美元，下降11.3%。2015年全市累计出口超千万美元企业达到113家，其中，出口过亿美元企业7家；有出口实绩企业2594家，同比增长4.8%。全年新增具有对外贸易经营资质企业1060家，累计达到8850家。2015年全市新增对外投资企业32家，同比增长6.67%；投资总额13.2亿美元，同比增长316.1%；中方投资额8.2亿美元，同比增长194.8%。

旅游业。2015年全市旅游业接待海内外游客6782.03万人次，实现总收入590.49亿元，同比分别增长17.01%和35.31%。全年新建、在建旅游项目88个，完成投资25.7亿元。君乐宝工业旅游区获评国家4A级旅游景区；石家庄以岭药业股份有限公司获评石家庄市工业旅游示范点；55家农家乐获评石家庄市星级农家乐，其中，五星级1家，四星级10家，三星级40家，二星级4家。至2015年底，全市共有星级饭店62家，其中，五星级4家，四星级26家，三星级25家，二星级7家；绿色饭店35家，其中，国家金叶级绿色饭店5家，省级绿色饭店5家，市级绿色饭店25家。旅行社260家，其中，出境组团社30家，一般组团社230家；旅行分社52家；服务网点540家。A级景区34处，其中，5A级景区1处，4A级景区27处，3A级景区4处，2A级景区2处。全国休闲农业与乡村旅游示范县1个；河北省休闲农业与乡村旅游示范县3个；工农业旅游示范点32个，其中，国家级农业旅游示范点1个，省级农业旅游示范点15个，省级工业旅游示范点8个，市级工业旅游示范点10个。省级星级农家乡村酒店2个，市级星级农家乐62个。

财政收入。2015年全市财政

收入755.0亿元，同比增长14.0%；公共财政预算收入362.9亿元，同比增长9.2%。其中，税收收入287亿元，增长7.1%；非税收入88亿元，增长16.7%。财政支出651.1亿元，同比增长20.5%。其中，民生支出560.5亿元，占公共预算支出82.1%。一般公共预算主要支出项目：一般公共服务支出58.72亿元；公共安全支出38.21亿元；教育支出136.16亿元；科学技术支出9.05亿元；文化体育与传媒支出8.35亿元；社会保障和就业支出58.80亿元；医疗卫生与计划生育支出66.78亿元；节能环保支出49.10亿元；城乡社区事务支出55.87亿元；农林水事务支出67.87亿元；交通运输支出38.71亿元；资源勘探信息等事务支出13.54亿元；住房保障支出13.78亿元；粮油物资储备支出2.03亿元。政府采购完成110.87亿元，同比增加33.05亿元。其中，市本级政府采购56.42亿元，同比减少3.02亿元。

金融业。至2015年末，石家庄市金融机构人民币各项存款余额9800.15亿元，比年初增加589.40亿元。其中，住户存款余额4868.93亿元，比年初增加372.87亿元，同比多增128.97亿元。至2015年末，石家庄市金融机构人民币各项贷款余额6121.10亿元，比年初增加915.18亿元，同比多增221.27亿元。贷款增长主要表现为“一高一低”，票据融资保持高速增长，较年初增加186.69亿元；非金融企业及机关团体中长期贷款增速降低，主要原因是实体经济下行态势明显，贷款有效需求不足。2015年全市42家企业在多层次资本市场挂牌上市，其中，香港1家、创业板1家、新三板26家，天津股权交易所2家，石家庄股权交易所12家。发行各类债券242亿元，其中，短期融资券141.5亿元，中期票据59亿元，企业债11.5亿元，公司债30亿元。

科学技术。全年争取国家、省各类科技项目240项，资金13397.62万元。其中，国家级科技项目18项，资金2549.62万元；省级科技项目222项，资金10848万元。安排市级科技项目217项，资金6910万元。获得2015年度省级科技奖励18项，其中，省突出贡献奖1项，省自然科学二等奖1项，省技术发明三等奖1项，省科技进步奖15项（一等奖2项，二等奖7项，三等奖6项）。2015年度石家庄市评选市级科技奖励83项，其中科学技术特别奖2项。2015年全市登记科技成果246项，其中国内领先以上水平167项。开展两批190家高新技术企业认定和复审，公示通过89家，其中新认定68家。至2015年底，全市高新技术企业总数达到430家。全年新认定科技型中小企业2120家，年末全市科技型中小企业总数达到3850家。加强创新型企业管理，新增省级创新型企业3家，争取省级经费180万元。年末全市共有创新型企业114家，其中国家级5家、省级41家、市级68家。推进科技创新平台建设，新增省级工程技术研究中心7家，省级产业技术研究院3家，市级工程技术研究中心9家；新增国家级重点实验室2家（54研究所、以岭药业），年末石家庄市地域拥有工程技术研究中心（重点实验室）248家，其中，国家级技术研究中心（重点实验室）5家，省部共建国家重点实验室培育基地2家，省级工程技术研究中心（重点实验室）111家，市工程技术研究中心130家。至2015年底，全市拥有省级以上科技企业孵化器9家，其中国家级4家、省级5家，孵化面积100.55万平方米，在孵企业745家。2015年全市新增专利申请9186项，同比增长44%，专利授权5286项，同比增长19%；新增发明专利申请2021项，同比增长23.46%，发明专利授权824项，同比增长45.07%。

教育事业。2015年全市基础教育共有各级各类学校（含幼儿园）3044所，其中，幼儿园1361所，小学1310所，中学373所（含初级中学174所、高级中学58所、九年一贯制学校70所、完全中学47所、十二年一贯制学校4所）；在校生1464090人，其中，在园幼儿287388人，小学生729606人，初中生289957人，普通高中生157139人；教职工100937人，其中，幼儿园19120人，小学39921人，中学41896人；专任教师86621人。至2015年末，石家庄市拥有河北省特级教师298人、省骨干教师508人、省学科名师83人、市骨干教师4962人、市学科名师1521人。2015年全市共有中等职业学校134所，在校生140635人，招生55907人；教职工10740人，专任教师7805人。2015年石家庄市共有市属高校5所，其中，本科高校1所（石家庄学院）、高职高专院校4所，分别为石家庄职业技术学院、石家庄信息工程职业学院、石家庄科技工程职业学院、石家庄幼儿师范高等专科学校；在校生49993人；教职工3504人，专任教师2319人，其中，教授221人，副教授730人，博士学位教师133人，硕士学位教师1632人；开设专业222个，其中，国家重点（特色）专业6个，省级重点（特色）专业16个，市级重点专业15个。

文化艺术。2015年全市共有艺术表演团体21个，艺术表演场馆15个，文化馆25个，公共图书馆25个。全年市图书馆接待读者160万人（次），“石图讲堂”举办公益讲座、音乐会等196场，受众2.8万余人（次）。市美术馆举办首届全国水粉画大展、欧洲百年精品版画展等展览30余场，开展公共教育活动100余场，《生活的史诗·一个乡村女人的剪花史》专题展入选2015年国家艺术基金资助项目，精品馆藏“花开墙外·中国版画五十家作品展”入选2015年全国美术馆馆藏精品展出季。市民间工艺博物馆常年举办公益性民间工艺展演，举办剪纸、软陶等民间技艺培训班7期，红色文化系列讲座“人民讲堂”成为爱国主义传统教育主阵地。市直各艺术院团下基层演出939场，其中，井陉县晋剧团演出920场，平山县、赞皇县、正定县等县剧团送戏下乡演出均超300场。市演艺集团组建6支文艺小分队，开展“欢乐基层”惠民演出40场。“彩色周末”文化工程演出1169场，其中为农民工演出108场。公益电影放映49291场，实现每月每村免费放映一场电影目标。2015年全市举办舞蹈、声乐、书法、戏剧表演等文艺辅导2800课时，培训文艺骨干达3.7万人（次）。开展文艺精品创作与演出，《安娥》《百合岭》等一批重点剧目创作编排完成；河北梆子《百合岭》、京剧《奚啸伯》入选国家艺术基金资助项目；评剧《安娥》入选国家文化部和河北省纪念中国人民抗日战争暨世界反法西斯战争胜利70周年优秀剧目巡演，参加第十四届中国戏剧节展演并获得“优秀入选剧目”奖。丝弦《名相李德裕》、评剧《宋庆龄与新中国》、河北梆子《黎明前的星光》《忠烈儿女》等剧目参加第十届河北省戏剧节获得好评。河北梆子《子弟兵的母亲》赴北京慰问“9·3”受阅部队。市京剧团青年演员李树平获得第二届黄河流域戏曲红梅竞演金奖。开展“中国梦”主题文艺创作活动，丝弦小戏《太行路，扁担情》获得全国小戏小品曲艺大展剧本奖和河北省戏剧节一等奖，舞蹈《扭春》获得京津冀“非遗”舞蹈和民间传统舞蹈展演最佳表演奖，评剧小戏《月缺月圆》、丝弦小戏《良心》获得第十一届燕赵群星奖，《月缺月圆》获得国家文化部“大年小戏闹新春”视频节目征集展播活动“观众最喜爱的十部小戏”入围奖。推进文化产业优化升级，组织西柏坡国际文化产业园区、果然版权产业园申报河北省版权示范园区；华北地区规模最大印刷包装项目——河北新东印刷有限公司项目用地获批，主体车间完工；正定新区文化产业园获得立项，获批用地236亩，设计方案完成；北京演艺集团、国家书画院、国家文化产业研究院、加拿大太阳马戏团等加盟成为战略合作伙伴。5月14～18日，石家庄市参加第十一届中国（深圳）国际文化产业博览交易会，签约项目3个，签约金额40亿元；9月30日至10月4日，中国·石家庄第十届国际动漫博览交易会举行，签约项目13个，签约总额2.38亿元。至2015年末，全市文化产业增加值达到196.68亿元，占GDP比重3.9%。2015年全市有线广播电视用户达到113.16万户，其中数字电视用户108.88万户。广播节目综合人口覆盖率99.4%，电视节目综合人口覆盖率99.38%，有线广播电视入户率38.52%。

卫生医疗。2015年全市共有各级各类医疗卫生机构6656个，其中省级和部队15个，市级18个，县级120个，乡镇卫生院220个，社区卫生服务中心（站）198个，门诊部41个，诊所（医务室）1643个，村卫生室3974个。开放床位50450张，在岗职工86230名，其中卫生技术人员65081名，执业（助理）医师29589人，注册护士25279人。年末全市平均每千人口拥有卫生技术人员6.08人，医生2.76人，注册护士数2.36人。2015年全市563.72万农民参加新型农村合作医疗保险，参合率达到97.81%，全年补偿1916.51万人次，补偿金额26.9亿元。落实国家重大和基本公共卫生服务项目，基本公共卫生服务经费人均标准提高到40元，常住居民电子健康档案管理率达到88.89%。创建22所（国家级4所，省级18所）群众满意的乡镇卫生院和100所优质服务示范村卫生室。131个乡镇启动乡村医生签约服务试点，行政村签约率67.17%，签约人口252.18万人。推进“国家中医药发展综合改革试验市”建设，全市乡镇卫生院和社区服务中心建成“国医堂”184个，74个乡镇卫生院设置标准化中医科、113个社区卫生服务站设立“国医馆”，形成独具特色的“一堂一馆”基层中医药综合服务模式。实施新生儿出生缺陷干预工程，全年免费婚前检查83629人、孕前优生检查99894人、产前筛查83163人、新生儿代谢性疾病筛查108586人、听力筛查99529人。农村改厕争取省级补助资金2097余万元，市级补助资金1585余万元，411个重点村94949座厕所改造任务完成。2015年全市为农村156734名独生子女父母兑现每人每月10元奖励，发放资金1941万；为城镇258558名独生子女父母兑现每人每月10元奖金，发放资金3066万。2015年全市57572对夫妻网上办理《第一个子女生育登记》，20754对夫妻网上办理《独生子女父母光荣证》。7月24日，按照河北省要求，石家庄市实施“再婚家庭各有一个子女”再生育政策。

体育事业。2015年全市992名运动员参加省级以上体育比赛获得金牌249枚、银牌192枚、铜牌147枚。举办市级体育比赛12项，参赛运动员2908人，颁发奖牌274枚。培养社会体育指导员3000余人，注册二级以上运动员384人，聘任二级裁判员5人。10月18～27日，全国第一届青年运动会在福建省福州市举行，石家庄市191名运动员参加了田径、射击、游泳、拳击等16项比赛，夺得6枚金牌、5枚银牌、11枚铜牌。加强公共体育设施建设，全民健身中心项目完成投资2.1亿元，年末项目基本建成，正在装修和设备调试；改造农村体育健身工程196个，安装更新全民健身路径100条。至2015年底，石家庄市共有体育彩票销售站点900个，体育彩票完成销售额15.92亿元，同比增长10.48%。

社会保障。年末全市城镇职工参加基本养老保险人数为210.0万人，同比增加10.5万人。其中，在职人员159.9万人，增加8.1万人；离退休人员50.1万人，增加2.4万人。全市城乡居民参加养老保险人数为399.8万人，同比增加6.9万人。年末全市城镇参加医疗保险人数为289.9万人，同比增加3.6万人。其中，城镇职工141.6万人，增加2.2万人；城镇居民148.3万人，增加1.4万人。年末全市参加失业保险人数为91.6万人，同比增加1.2万人；工伤保险人数为141.8万人，同比增加8.2万人；生育保险人数为136.9万人，同比增加4.7万人。年末全市享受居民最低生活保障人数18.21万人。其中，城镇居民2.76万人，农村居民15.45万人。

（薛鹏飞）

【石家庄市人民政府及工作部门组成人员】

市　长：王亮　（7月免）
　　　　邢国辉（7月代，9月任）
常务副市长：刘晓军（7月免）
　　　　　　张泽峰（7月兼）
副市长：邢国辉（7月任）
　　　　李雪荣
　　　　刘胜　（5月任）
　　　　孟祥红（女）
　　　　郭运兴（5月免）
　　　　张业　王韶华
　　　　郝竹山　蒋文红
　　　　刘文鹏（2月任）
　　　　姜阳　（5月任）
秘书长：孟胜林
常务副秘书长：
　　蒲国良（3月免）
　　郎金国（3月任，9月免）
　　宋国宏（9月任）
副秘书长：高庆洲
　　　　　郎金国（3月免）
　　　　　宋国宏（9月免）
　　　　　袁丽华（6月免）
　　　　　刘明亮
　　　　　刘建立
　　　　　于胜永
　　　　　王亚楼（9月免，挂职）
　　　　　聂群英
　　　　　戎华奎（9月任）
　　　　　高际永（10月任）
　　　　　孙盛莲（9月任，挂职）

一、市政府工作部门

办公厅

主　任：（空）
副主任：赵志敏
纪检组长：王书文

发展和改革委员会（2015年8月撤销合并）

主　任：赵文锋（8月免）
副主任：左力鸥（9月免）

赵建林（9 月免）
唐志勤（9 月免）
吴书科（9 月免）

发展和改革委员会（物价局）

主　任（局长）：
赵文锋（8 月任）
副主任（副局长）：
左力鸥（9 月任）
朱振堂（12 月任）
赵建林（9 月任，12 月免）
朱振堂（9 月任，12 月免）
杜宪京（9 月任）
唐志勤（9 月任）
李辉斌（9 月任）
吴书科（9 月任）
王文亭（9 月任）

教育局

局　长：闫纯锴（8 月免）
郎金国（8 月任）
教育工委书记：
闫纯锴（6 月免）
郎金国（6 月任）
教育工委副书记：
马建国（11 月任）
苏志远（11 月任）
副局长：马建国　马力
赵立芬　李立水

科学技术局（2015 年 8 月撤销合并）

局　长：王雁南（9 月免）
副局长：张英才（9 月免）
张志敏（9 月免）
陈玉　（9 月免）
郝金卓（9 月免）

科学技术和知识产权局（地震局）（2015 年 8 月，由科学技术局、知识产权局、地震局合并组建）

局　长：王雁南（8 月任）
副局长：张英才（9 月任）
赵万里（9 月任）
郝金卓（9 月任）
杨卫东（9 月任）
张志敏（9 月任）
陈玉　（9 月任）
王德环（9 月任）

工业和信息化局

局　长：吴飞　（9 月免）
李爱民（9 月任）
副局长：徐东　李丰基
单元林　邢卫建
王庆九
刘俊德（10 月任）

民族宗教事务局

局　长：哈宝伏
副局长：王洪河　林海军
褚国成　罗瑞燕
王凤余

监察局

局　长：刘吉广（8 月免）
贾巧秀（女，8 月任）
副局长：周顺达　王文朝
李小平

公安局

局　长：
郭运兴（副市长，5 月免）
刘胜　（副市长，5 月任）
常务副局长：许振霞
副局长：王云才
武瑞琪（兼公安交通管理局局长，7 月免）
李新乐（兼特警支队政委）
田朝民
张宝池（9 月免）
李丛刚
张建芬（兼公安交通管理局局长，7 月任）
刘生吉（兼刑警支队长）
李佳楠　耿云鹞
政治部主任：王新民
纪委书记：康云良

民政局

局　长：闫纯锴（8 月任）
副局长：张建慧　顾玉平
韩绍明　任跃民
张岩

司法局

局　长：王建国（8 月免）
刘志魁（8 月任）
副局长：赵士宗　张仲
赵云龙　高新展

财政局

局　长：周立新（女）
副局长：彭占良　刘生彦
王东华　高山
周巧娥（女）

人力资源和社会保障局

局　长：宋学恭
副局长：盛庆功　石景辉
袁民杰　温富才

国土资源局

局　长：张兰格（5 月免）
赵路新（5 月任）
副局长：杜敏海　李少恒
梁伟
李海江（12 月免）

环境保护局

局　长：王华平
副局长：耿富顺　梁国发
牛新国

城乡规划局

局　长：王晓临
副局长：杨若威　李惠林
张雅琳　滕斌

建设局（2015年8月撤销合并）

局　长：赵新朝（2月免）
　　　　张军卫（2月任，9月免）
副局长：郭彦军（9月免）
　　　　王文章（9月免）
　　　　李智强（9月免）
　　　　张顺泽（9月免）
　　　　周兴旺（9月免）
　　　　曹新杰（9月免）

住房保障和房产管理局（2015年8月撤销合并）

局　长：李义增（8月免）
副局长：韩东波（9月免）
　　　　王文兴（9月免）
　　　　肖香宝（9月免）

住房和城乡建设局（2015年8月，由建设局、住房保障和房产管理局合并组建）

局　长：张军卫（8月任）
副局长：郭彦军（9月任）
　　　　王文章（9月任）
　　　　韩东波（9月任）
　　　　王文兴（9月任）
　　　　李智强（9月任）
　　　　张顺泽（9月任）

城市管理委员会

主　任：卢建新
副主任：高乃善　周二焕
　　　　李景再　黄久胜
　　　　康利君

交通运输局

局　长：罗二虎（12月免）
　　　　米志奇（12月任）
副局长：孙宏普　闫炳华
　　　　朱增奇　刘占中
　　　　张子云（兼邮政管理局局长）

水务局

局　长：王东刚
副局长：王振华　薛运田
　　　　崔文秀　马福恒

农业局

局　长：张军卫（2月免）
　　　　蒲国良（2月任）
副局长：孙任虎　李茂昌
　　　　吴振见　齐胜平

林业局

局　长：杨建秋
副局长：陈金成（9月免）
　　　　张振江　贾彬
　　　　李玉明
　　　　岳杏娟（12月任）

畜牧水产局

局　长：吕军英
副局长：刘军普　贾建平
　　　　刘芬玲

商务局

局　长：田嘉一
副局长：刘平　张春生
　　　　陈卫平（9月任）
　　　　杨文波
　　　　苗先国（9月任）
　　　　王松林

文化广电新闻出版局（版权局）

局　长：李波
副局长：赵树斌　张秀芳
　　　　张文志　左春和

卫生和计划生育委员会

主　任：李志宏（女，兼计划生育协会常务副会长）
党委副书记：解立芳（女）
　　　　武常贵
副主任：武常贵　甄继革
　　　　林慧芳（女）
　　　　张红梅（女，兼计划生育协会副会长）
　　　　王金海　张东生
　　　　魏建英（女）

外事（侨务）办公室

主　任：李风江（12月免）
　　　　赵建林（12月任）
副主任：樊为民　孟硕
　　　　范玉龙　李会文

审计局

局　长：刘桂江
副局长：张建国　赵英然（女）
　　　　钱国伟（10月任）
　　　　尹建明（10月任）

国有资产监督管理委员会

主　任：毕拉祥（12月免）
　　　　罗二虎（12月任）
副主任：韦东　刘春东
　　　　孟超英　宋夕元

工商行政管理局

局　长：曹新华
副局长：孙桂莲（女）
　　　　路栓增　尹兵辉
　　　　王大林
纪检组长：刘杏然

质量技术监督局

局　长：侯洪彬
副局长：曹长随　夏玉颖
　　　　吴保成　刘占
　　　　韩秀娟（女）
　　　　柯旭
纪检组长：李卫国

体育局

局　长：唐青（2月免）
　　　　赵勇（8月任）
副局长：刘坤　黄增国
　　　　李辉　吴丽艳

安全生产监督管理局

局　长：崔同英
副局长：杨玉珠　任兆彦

李天征

食品药品监督管理局（食品安全委员会办公室）

局　长（主任）：

米志奇（12月免）

霍国林（12月任）

副局长（副主任）：黄岩松

李俊

杜瑞行

杜爱朝

李建

李利佳

统计局

局　长：马千里

副局长：刘建强（9月免）

杨进喜（10月免）

杨建波

徐惠珍（9月任）

王玉洁（10月任）

温朝中（9月任，试用）

粮食局

局　长：朱献军

副局长：徐龙蛟　王国强

刘趁通　李云庆

旅游局

局　长：赵俊芳

副局长：米进立　刘庆卫

张蕾尚　乃　冀

法制办公室

主　任：郑国良

副主任：赵成英　张和起

赵建勋

人民防空办公室

主　任：魏晓流（12月免）

戚阿东（12月任）

副主任：刘金虎　苏力

胡月平　姜辉

金融工作办公室

主　任：张新峰

副主任：张春涛　丛九龄

二、市政府直属事业机构

投资促进局（2015年8月撤销）

局　长：王强　（9月免）

副局长：陈卫平（9月免）

苗先国（9月免）

地震局（2015年8月撤销合并）

局　长：赵万里（9月免）

副局长：杨卫东（9月免）

王德环（9月免）

园林局

局　长：毕凤鸣

副局长：陈新位　王锡江

冉荣珍（9月任，试用）

赵素校（9月任，试用）

档案局

局　长：唐克

副局长：付明华　朱银刚

傅丽娟（女）

张建伟

三、部门管理机构

物价局（2015年8月撤销合并）

局　长：霍国林（9月免）

副局长：朱振堂（9月免）

杜宪京（9月免）

李辉斌（9月免）

王文亭（9月免）

【市政府常务会】 1月13日，市长王亮主持召开市政府第35次常务会议，研究全市房地产开发建设违法行为专项整治行动实施方案等。讨论并原则同意《石家庄市房地产开发建设违法行为专项整治行动实施方案》《关于进一步加强涉企收费管理减轻企业负担的若干措施》；听取《政府工作报告》（讨论稿）起草情况汇报。会议提出，从1月13日开始，利用半年时间，在全市集中开展城乡建设和房地产市场专项整治行动，彻底清理整治房地产开发建设违法行为；按照依法行政、属地管理、分类处理、见人见事原则，整治2011年1月1日以来开工和在建的、城市规划建设用地范围以内的房地产开发项目，包括国有土地和集体土地上的商品住宅房地产、商业房地产等项目及由房地产开发企业参与建设的城中村、城郊村改造项目等；各县（市、区）政府作为责任主体，负责辖区内违法建设实施查封施工现场和强制拆除工作；处于坑槽或地面阶段的违法项目坚决予以拆除、回填；凡是未取得施工许可证的在建项目全部停工，拒不停工的，采取强制措施；已经封顶和入住的违法项目，依法依规履行处罚，严重超容积率建设的依法没收非法所得；专项整治及今后日常监管中，行政不作为、乱作为、贪赃枉法的国家机关工作人员和从事违法工程建设单位由行政机关任命的人员及干预、插手房地产开发项目的党员领导干部，依法依纪追究责任，涉嫌犯罪的，移交司法机关处理。会议还研究了《关于进一步加强涉企收费管理减轻企业负担若干措施》，要求各部门、各单位违规自行设立的收费项目和出台的各类收费文件，立即废止停收，一律取消。

1月26日，市长王亮主持召开市政府第36次常务会议，部署2015年重点工作责任分解，传达全省安全生产电视电话会议精神。会议依据2015年《政府工作报告》，将市政府2015年重点工作责任分解为49项任务目标，涵盖经济社会发展主要指标、集中实施项目攻坚、深入实施工业强市战略、大力发展现代服务业、加快转变农业发展方式、实施创新驱动战略、加快大省省会建设、深化改革开放、强力推进污染治理、着力保障和改善民生、全面加强法治政府建设等12个方面。会议审议并原则通过《石家庄市城乡规划管理程序规定》《石家庄市城乡规划管理技术规定》《石家庄市级储备粮管理办法（修订草案）》。会前，省政府法制专家咨询委员会副主任李文泉受邀作依法行政知识专题讲座。

3月2日，市长王亮主持召开市政府第37次常务会议，听取全市一季度经济运行及确保“开门红”情况分析、新型农村合作医疗大病保险有关情况及2015年全市重点项目攻坚大会、市食品药品安全工作暨食品安全委员会2015年第一次全会及创建食品安全城市动员大会、全市农村工作会议、第十二次市绿化委员会全会、全市创建森林城市暨春季造林绿化动员大会、全市科技创新暨工业转型升级大会筹备情况汇报。讨论并原则同意《石家庄市食品安全城市创建试点工作实施方案》。明确市政府有关副市长和党组成员工作分工调整。听取全市一季度经济运行及确保“开门红”情况分析汇报时提出，各级各部门要加强经济运行科学调控、合理调控；抓住重点项目，上新项目、上大项目，带动投资增长；工业技改项目、服务业项目、城建项目加快建设，全面提速、全面发展；金融、土地、资金、电力、能源等生产要素配置要供应到位；深入研究财政金融、结构调整等国家政策，不符合政策工作集中调整，防止简单化。听取关于新型农村合作医疗大病保险有关情况时指出，2013年石家庄市作为全省首批试点启动新农合大病保险，按照“政府主导，商保承办，保本微利”原则，实行市级统筹，大病保险资金从新农合基金划出，不另行向参合农民收取。会议提出，2015年石家庄市新农合筹资标准提高到每人每年490元，其中，个人缴费110元，财政补助380元；2015年石家庄市新农合大病保险筹资标准确定为每人每年35元，起付线标准为13000元，最高支付限额25万元，各费用段补偿比例保持在50%～80%。会议研究《石家庄市食品安全城市创建试点工作实施方案》时提出，石家庄市列为国家食品安全城市创建试点市，2015年全市要组织开展试点工作，覆盖县、乡、村，涵盖食用农产品种植、养殖、屠宰、储运和食品（含保健食品、食品添加剂及食品相关产品）生产、流通和餐饮消费全环节；通过创建试点，实现食品安全体制机制健全完善、食品安全状况良好、食品安全工作落实到位、群众认可和社会满意目标。

3月19日，市长王亮主持召开市政府第38次常务会议，讨论并原则同意《关于落实2015年市人大常委会工作计划的责任分解意见》《关于做好今年承办人大代表建议和政协提案工作的意见》《关于2015年加快革命老区重点村建设的意见》《石家庄市城市公共汽车客运管理办法（草案）》《2015年立法工作安排意见（草案）》《石家庄市全面改善贫困地区义务教育薄弱学校基本办学条件项目规划》。传达河北省政府关于贯彻落实省领导安全生产重要批示精神。会议研究《关于2015年加快革命老区重点村建设的意见》时提出，2014年全市筛选确定142个老区重点村，开工建设243个项目。2015年要加快农村道路建设、办好惠民水利工程、推进农村街道亮化、提升电力通讯水平、改善农村生态环境，完善农村基础设施，改善老区发展环境；推进基础教育发展、增强医疗卫生服务能力、加强文体设施建设，改善农村民生，提高老区社会事业发展水平；大力发展特色主导产业、提高农业经营组织化程度、鼓励发展乡村旅游业等措施，转变产业发展方式，增强老区发展后劲；强化社会保障能力、提高农村富余劳动力就业水平、强力推进扶贫攻坚、强化农村“两委”班子建设和加大后备力量培养，推进城乡统筹建设水平，夯实老区发展基础。会议研究《石家庄市全面改善贫困地区义务教育薄弱学校基本办学条件项目规划》时提出，到2018年底，全市要消除D级危房；寄宿学生每人1床位，无大通铺现象；留守儿童学生和寄宿制需求基本满足；村小学和教学点能够正常运转；县镇超大班额现象基本消除，逐步做到小学班额不超过45人、初中班额不超过50人；学校教室、桌椅、图书、实验仪器、运动场等教学设施满足基本教学需要；学校宿舍、食堂（伙房）、饮水、厕所等生活设施满足基本生活需要；教师配置合理，数量、素质和结构基本适应教育教学需要；小学辍学率控制在 0.6% 以下，初中辍学率控制在 1.8% 以下。

3 月 31 日，市长王亮主持召开市政府第 39 次常务会议，专题学习《中华人民共和国环境保护法》，通报全国人大常委会副委员长沈跃跃在石家庄市调研大气污染防治工作情况。听取关于市级行政权力清单编制情况、2015 年全市重点项目集中开工情况、正定高新技术开发区集成电路封装测试基地项目进展情况、财政收入首季“开门红”进展情况汇报。会议听取关于市级行政权力清单编制情况时提出，市级行政权力清单要按照职权法定、简政放权、科学分类、统一规范原则编制。部门权力清单原则上以法律法规规章、政府职能转变和机构改革方案、机构编制“三定”规定为依据，无合法依据的，不纳入编制范围，原则上予以取消。编制按照行政许可、行政处罚、行政强制、行政征收、行政给付、行政裁决、行政确认、行政奖励、行政监督和其他类 10 个类别，分类逐条逐项登记，“非行政许可审批”和“行政监管”类别不再保留。权力事项包括行政权力类别、项目编码、项目名称、实施主体、承办机构、实施依据、实施对象、办理时限、收费依据和标准 9 项要素。会议确定，市政府审定行政权力清单后，各部门按照规范运行和便民高效原则，编制本部门行政权力事项运行流程图，减少环节，优化流程，2015 年 5 月底前在本部门门户网站、办事大厅等向社会公开。会议听取 2015 年全市重点项目集中开工情况时提出，2015 年石家庄市安排重点新开工项目 100 项，总投资 1558.9 亿元，年度计划投资 481.5 亿元。

4 月 22 日，市长王亮主持召开市政府第 40 次常务会议，听取关于市级部门责任清单编制情况、关于石家庄市市场主体行政审批后续监管清单（2015 版）编制情况汇报。讨论并原则同意《石家庄市环境空气质量生态补偿暂行办法》《石家庄市大气污染防治攻坚行动 2015 年工作方案》《石家庄市 2015 年水污染防治实施方案》《石家庄市 2015 年主要污染物总量减排计划》《创新重点领域投融资机制鼓励社会投资实施意见》《加快推进房地产开发建设违法行为专项整治工作的意见》《石家庄大力引进高层次科技创新创业人才的意见》。会议研究市级部门责任清单时提出，60 个市级部门责任清单要按照职责法定、权责一致、统一规范的编制原则和全面深化改革的要求，围绕正确履行政府职能，重点明确部门履职范围，解决职责交叉问题，理顺职责关系，厘清责任边界，加强事中事后监管和社会公共服务；统一审核标准，统一内容和形式，统一工作规范。会议研究关于石家庄市市场主体行政审批后续监管清单（2015 版）编制情况时提出，要厘清政府与市场的界限，确定涉及市场主体的各种行政审批后续监管事项，研究制定监管措施；有效防止监管失位甚至选择性监管，逐步形成政府负责、部门协作、主体自律、行业规范、群众参与相结合的成熟、完善、可控的市场监管体系。会议研究《石家庄市大气污染防治攻坚行动 2015 年工作方案》时提出，2015 年全市要围绕深入推进“压煤、降尘、控车、迁企、减排、增绿”六大治理措施，重点开展“燃煤总量强力压减、燃煤电厂超低排放升级改造、挥发性有机物综合治理、实心黏土砖瓦窑关停取缔、重型卡车尾气治理、农村能源清洁利用、市区污染企业外迁、四尘深入治理、网格化精细管理、植树绿化提升”十大工程，科学治污，精准治霾，坚决打好大气污染治理攻坚战，不失时机倒逼转型升级，坚定不移推动绿色崛起。会议研究《石家庄市 2015 年水污染防治实施方案》时提出，要严格保护饮用水源清洁，多措施净化流域水环境，严控入河排污口，禁止河道范围内废物、废液倾倒行为，全面实现水污染防治各项目标。

5 月 14 日，市长王亮主持召开市政府第 41 次常务会议，听取市中级人民法院副院长张保江所作《立案登记制度与依法行政》法律专题讲座、关于国务院副总理汪洋在河北省及石家庄市调研供销社综合改革工作情况及贯彻落实意见、全市 1 ～ 4 月经济运行和全省重点项目建设观摩暨调度会议精神及贯彻落实意见、关于与中国建筑集团合作建设西阜等 4 条段高速公路项目情况汇报。讨论并原则同意《加快发展现代保险服务业的实施意见》《石家庄市区居民阶梯水价实施方案》《石家庄市推广中国（上海）自由贸易区可复制改革试点经验工作实施方案（试行）》《石家庄市加快新能源汽车发展和推广应用的实施意见》。会议听取全市 1 ～ 4 月经济运行和全省重点项目建设观摩暨调度会议精神及贯彻落实意见情况汇报时提出，1～4月全市经济实现平稳发展、稳中有进，下阶段面对经济下行压力，各级各部门要按照年初确定任务目标，强化协调服务，确保经济平稳运行。主动适应经济发展新常态，坚持稳中求进工作总基调，全力抓项目促投资、保运行稳增长，集中谋划产业项目，以项目拉动经济，并采取包项目、拉单子、建台账，推进项目建设。加强生产要素保障，全力为企业搞好服务，市委、市政府确定的重点工作，明确责任和时间节点，实行月报告、季调度，确保任务目标落到实处，按时间节点全面完成。举全市之力加大投资力度稳增长，建立健全省市重点项目进度台账，实时掌握项目投资、进度、存在问题等情况，落实每月通报制度。加大项目谋划储备力度，形成“谋划一批、储备一批、建设一批”良性循环。多措并举扩大消费出口拉动，全方位开展招商引资，增强发展潜力，全面对接京津，深化合作。加快科技型企业发展，建立企业与高校、科研院所双向驻点制度，促进高新技术成果转化和科技型中小企业加快发展和工业转型升级。会议研究《石家庄市加快新能源汽车发展和推广应用的实施意见》时提出，支持发展新能源汽车产业，促进新能源汽车产业聚集发展；坚持示范引领，优先在公交车、出租车等领域加大新能源汽车推广应用力度；加快新能源汽车充换电设施建设，营造良好推广使用环境。

5月29日，市长王亮主持召开市政府第42次常务会议，专题学习新修订的《食品安全法》，听取关于2015年全市项目观摩活动方案、关于全省旅游业发展电视电话会议精神及贯彻意见、关于河北省推进质量兴省工作会议精神及贯彻意见汇报。讨论并原则同意《2015年石家庄市供热保障攻坚工作实施方案》《石家庄市社会信用体系建设规划（2015-2020）》《石家庄市电梯安全监督管理办法》《石家庄市与中东欧国家全面合作的实施方案》《关于下调市区非居民用天然气销售价格的方案》《石家庄市2015年洁净型煤推广使用工作实施方案》。会议研究《2015年石家庄市供热保障攻坚工作实施方案》时提出，热源建设要全面推进西柏坡电厂、上安电厂废热利用入市项目，完成热电三厂、热电二厂南厂热源关停替代，剩余分散燃煤采暖锅炉拆改，加快热源建设，满足新增1100万平方米供热需求；热网建设要达到主要热源管网联通，实现热源互备，供热管网智能改造；理顺管理体制和运行机制，全面实施一管到户，推进供热计量收费。会议研究《石家庄市社会信用体系建设规划（2015-2020）》时提出，要通过建立社会信用法规制度体系、社会信用标准规范体系、守信激励与失信惩戒制度，强化政务诚信建设、商务诚信建设、社会诚信建设、司法公信建设，通过对企事业单位、社会组织、个人信用的记录、公开、评价、奖惩和广泛应用，加强以信用为核心的事中事后监管，确保市场规范有序运作，营造优良的诚信环境，打造“诚信石家庄”形象。

6月26日，市长王亮主持召开市政府第43次常务会议，学习讨论中共中央、国务院关于印发《京津冀协同发展规划纲要》的通知（中发〔2015〕16号）。讨论并原则同意《石家庄市实施创新驱动发展战略十项重点工程工作方案》《石家庄市安全生产委员会各成员单位安全生产监督管理主要职责》《石家庄市肉品管理条例（修订草案）》《关于下浮市区蒸汽价格的意见》。会议研究《石家庄市实施创新驱动发展战略十项重点工程工作方案》时提出，以做大做强优势产业为基础，实施新兴产业培育、传统产业提升的工程；以提升创新能力为核心，实施创新体系完善、创新平台建设、人才引进培育、科技成果化工程；以培育新业态为突破口，实施“互联网+”、智慧城市建设工程；以龙头企业培育和重大项目建设为支撑，实施龙头企业带动工程、重大支撑项目推进工程。会前，与会人员听取市法制办公室主任郑国良所作《中华人民共和国立法法》专题讲座。

8月4日，市委副书记、代市长邢国辉主持召开市政府第44次常务会议，传达省委书记赵克志在西柏坡调研时讲话精神和省委常委、市委书记孙瑞彬在市委常委扩大会上的讲话，听取关于做好下半年经济工作确保圆满完成全年目标任务、关于市县政府职能转变和机构改革进展情况、关于向高新区下放行政审批管理权限的意见、关于正定国家级新区初步规划方案、关于国家和省发展改革委专项建设债券工作会议精神及石家庄市工作建议、关于贯彻落实《中共中央国务院关于深化供销合作社综合改革的决定》

（中发〔2015〕11号）和河北省加快推进供销合作社综合改革工作会议精神、关于服务外包经济开发区有关情况、全省推进现代服务业发展电视电话会议主要精神及贯彻落实意见汇报。讨论并原则同意《石家庄市入企帮扶活动方案》《石家庄市绿色低碳发展促进条例（草案）》《石家庄市促进外贸稳增长调结构培育外贸竞争新优势若干措施》《关于支持西部山区综合开发建设现代农业示范区的政策意见》《石家庄市军人随军家属就业安置暂行办法》。会议研究《石家庄市入企帮扶活动方案》提出，即日起至2015年底，在全市集中开展入企帮扶活动。

9月2日，市委副书记、代市长邢国辉主持召开市政府第45次常务会议，听取关于近期突降暴雨导致管网断裂、路面坍塌情况及下一步应对措施汇报。讨论并原则同意《关于加强政府自身建设的若干规定》《石家庄市大气污染防治行政问责暂行办法》《石家庄市建设工程施工扬尘污染治理工作考核办法（试行）》《2015年市区房地产开发建设违法行为专项整治处理办法补充规定（二）》。《关于加强政府自身建设的若干规定》主要内容包括：勤学善思，开拓进取，建设创新型政府；敢于担当，恪尽职守，建设实干型政府；转变作风，提高效率，建设服务型政府；规范运作，依法行政，建设法治型政府；严格纪律，艰苦奋斗，建设廉洁型政府。

9月22日，市长邢国辉主持召开市政府第46次常务会议，传达河北省委、省政府近期会议精神和市委常委扩大会议精神要求，提出紧紧围绕把石家庄打造成京津冀协同发展第三极目标，解放思想，抢抓机遇，调整发展思路，明确工作重点，抓好工作落实，推动经济社会发展。听取2015年以来市政府重点工作进展情况、关于第十五届中国吴桥国际杂技艺术节石家庄会场筹备工作进展情况、关于石家庄国际经济贸易洽谈会和冀台经济合作洽谈会筹备情况、关于“十三五”规划编制进展情况、关于市公交总公司租赁纯电动公交车情况汇报。讨论研究关于进一步加强和规范城建收费管理工作的通知。会议听取2015年以来市政府重点工作进展情况汇报时提出，全市前三季度各项重点工作进展基本顺利，也有部分工作存在很大差距，要找出工作中存在薄弱环节分析研究，及时发现问题，解决问题，加强调度；要将2015年初确定198项工作任务分解，确保全年工作完成。会议听取“十三五”规划编制进展情况汇报时提出，“十三五”规划是指导石家庄市未来五年发展总纲，要广泛征求意见，与上级政策和规划相衔接，把准方向，确保“十三五”规划科学准确可行；“十三五”期间，石家庄市要主动适应经济社会发展新常态，把握京津冀协同发展重大机遇，注重推动产业转型升级、生态环境治理、城乡统筹和区域协调发展、保障改善民生和创新社会治理、优化发展环境。

10月28日，市长邢国辉主持召开市政府第47次常务会议，听取关于河北省国土资源厅重点工作推进会议精神和石家庄市贯彻落实意见、关于食品安全城市创建试点工作、关于石家庄市2015年度科学技术奖评审情况、关于为吴文德申评烈士有关情况汇报。研究通过关于实施土地管理“五挂钩”的暂行规定、关于进一步推进补充耕地工作的实施意见、关于深入推进土地节约集约的意见、市区居民用气阶梯价格分级用量实施方案、石家庄市建立病死畜禽无害化处理机制的实施方案、机动车尾气环保检验实施简易工况法、关于深化市级财政科技计划（专项、基金等）管理改革的意见。会议研究深化市级财政科技计划（专项、基金等）管理改革时提出，要解决各类科技计划（专项、基金等）多口管理、重复资助，资源配置“碎片化”等突出问题，加快构建统筹协调、布局合理、定位清晰、公开透明、监管有力的科技计划（专项、基金等）管理体系，建立公开统一的市科技管理平台，优化整合科技计划（专项、基金等）布局，改进科研项目管理流程，改进科研项目资金管理，加强科研项目和资金监管，促进科技与经济深度融合。会议研究石家庄市建立病死畜禽无害化处理机制的实施方案时提出，要按照“政府主导、市场运作、统筹规划、分类建设、财政补助”总体要求，利用3年时间，建成覆盖全市的饲养、屠宰、经营、运输等环节病死畜禽无害化处理体系，构建科学完备、运转高效、监管有力的病死畜禽无害化处理机制，确保全市不发生由病死畜禽引起的环境污染、疫病传播等公共卫生事件，保障食品安全、生态环境安全和畜牧业发展安全。会议同意原则上以县域为单元，建设病死畜禽无害化处理厂，根据养殖密度，建立收集体系，形成“村统一收集、乡（镇）统一存放、厂集中处理”运行机制。会议研究食品安全城市创建工作时提出，要继续以保障和改善民生为出发点，以社会和群众满意为目标，以源头和过程监管为重点，以机制和制度创新为突破口，以试点创建为契机，加大创建工作实施和推进力度。

11 月 27 日，市长邢国辉主持召开市政府第 48 次常务会议，传达河北省委办公厅、省政府办公厅《关于高志杰等间谍窃密案件情况的通报》，研究《关于石家庄市党政机关公务用车制度改革实施方案》《石家庄市大气污染防治攻坚行动实施方案落实情况考核办法（试行）》《关于进一步加快金融改革发展的意见》《关于大力支持企业上市工作的意见》《关于加快推进残疾人小康进程的实施意见》，听取关于银河宾馆国有产权划转有关事项、关于编制“新华·石家庄商贸指数”有关情况汇报。会议研究《石家庄市大气污染防治攻坚行动实施方案落实情况考核办法（试行）》时提出，自 2015 年起，石家庄市试行每年考核县（市、区）政府、高新区、正定新区、循环化工园区管委会和市有关部门执行《石家庄市大气污染防治攻坚行动实施方案（2013-2017 年）》及年度方案实施情况，2017 年开展各年度方案整体实施情况终期全面考核。考核采取综合评估、分类考核、定量打分办法，考核等级分为优秀、良好、合格、不合格 4 个档次；各县（市、区）政府（管委会）主要考核空气质量变化、大气污染防治重点工作进展两部分，市直部门主要考核承担大气污染防治任务及日常工作完成情况。空气质量变化包括各地细颗粒物（PM2.5）年均浓度变化、重污染天数变化情况空气质量达标率，大气污染防治重点工作进展包括产业结构调整与布局优化、燃煤锅炉综合整治、工业及民用大气污染治理、扬尘污染防控、机动车污染防治、煤炭管理与清洁能源供应等 11 个方面内容。考核结果向社会公开，并作为县（市、区）政府（管委会）和市有关部门领导班子及领导干部综合考核评价重要依据；连续两年及以上未完成年度考核的，主要领导及主管领导实施问责；未通过终期考核的单位，加大问责力度。

12 月 14 日，市长邢国辉主持召开市政府第 49 次常务会议，研究《石家庄市国民经济和社会发展第十三个五年规划纲要》《2015 年主要经济社会发展主要指标完成情况和 2016 年计划安排意见》《关于推进京津冀协同发展的实施意见》《关于大力推进大众创业万众创新若干政策措施的实施意见》《石家庄市区综合治理交通拥堵工作实施方案》《石家庄市区停车场移交运营实施方案》《关于调整市区停车服务收费标准试行方案》《关于石家庄高新区干部人事制度改革总体方案（试行）》，听取关于推进京津冀协同发展有关情况、关于 2015 年全市项目观摩活动方案、《2016 年预算安排情况》、关于市政府领导联系热源厂巡查情况报告。会议研究《关于推进京津冀协同发展的实施意见》时提出，要抓好承接平台建设，精准承接非首都功能疏解和京津产业转移。会议研究《关于大力推进大众创业万众创新若干政策措施的实施意见》时提出，要简政放权，优化服务，加强创业创新制度供给，立足京津冀区域，建立和完善线上线下、国内与国外、政府与市场开放合作机制，打造创业创新生态体系，构建一批各具特色的众创空间，培育一批创业主体，吸引一批高端人才来石家庄创业创新，扶持一批科技企业孵化器，打造一批创业创新产业园，壮大一批创新型企业，发展一批科技创新平台，做强一批创新服务平台，成立一批创新金融机构，建设一批科技成果转化基地。会议研究《石家庄市区综合治理交通拥堵工作实施方案》时提出，要通过实施道路堵点改造、完善配套设施、优化交通组织、整治交通秩序等系列综合治理措施，逐步解决造成市区拥堵突出问题；开展堵点综合治理、取缔占道市场、整治城市“四乱”等专项行动；2016 年底前，实施路口渠化、改造公交站点、规范市区停车、建设交通诱导系统等。

【利民惠民 10 件实事】 至 2015 年 12 月底，市委、市政府确定的 2015 年利民惠民 10 件实事任务目标基本完成。

表 5　　2015 年石家庄市确定利民惠民 10 件实事一览表

序号	10 件实事	任务目标	完成情况
1	实施老旧小区“双解困”工程	解决 100 个老旧小区 3 层以上居民用水难问题，解决 100 个老旧小区无市场化物业管理问题。	裕华区、新华区各有 1 个小区居民供水工程受环保因素影响施工延缓，完成工程量 95%，2016 年 1 月 20 日前全部完成。
2	提高老旧小区供热质量	改造 170 个老旧小区二次管网和换热站。	至 2015 年 10 月底，170 个老旧小区二次管网和换热站改造任务全部完成。
3	支持革命老区重点村建设	改造 175 个革命老区重点村基础设施，提高公共服务水平，解决行路难、饮水难、增收难等问题。	至 2015 年 11 月底，175 个革命老区重点村 178 个项目全部完工，累计完成投资 1.2 亿元。
4	保障农村饮水安全	新建农村饮水安全工程 376 处，解决 410 个村、50 万人饮水安全问题。	新建农村饮水安全工程 430 处，解决 471 个村、52.43 万人农村饮水安全问题。
5	提高助残服务水平	各县（市、区）新建 20 个残疾人日间照料中心。	建成 20 个残疾人日间照料中心，每个机构均配有专业服务人员、无障碍设施设备、医疗康复设备、日常家庭生活模拟环境、娱乐活动场所和器材、职业康复训练等项目。
6	增建街旁游园	中心城区新建 10 座街旁游园。	11 座游园设施建成并向公众开放。
7	深化计生特殊困难家庭帮扶	为计生特困家庭开设就医绿色通道，提供免费健康体检，享受重大疾病住院费用减免和护理补贴。	设立市级 300 万元、县级不低于 30 万元计生特困家庭医疗应急保障专项资金。全市出资 104.24 万元为计生特困家庭成员每人购买 400 元住院护理补贴保险。明确 8 所市属医疗机构、农村县（市、区）各 1 所综合医疗机构作为计生特殊家庭定点医疗机构，提供“四减、三免、两补、一服务”。全市共为 221 人减免医疗费用 58939 元。完成 2769 名计生特困家庭每人每年 1 次免费健康体检。
8	帮扶高校毕业生就业	设立 3000 万元就业创业专项资金，全年帮扶高校毕业生实现创业 2000 人以上，提供基层管理岗位 800 个。	3000 万元就业创业专项资金设立完成，全年帮扶 2448 名毕业生实现成功创业，创业项目主要分布在电子商务、软件开发、装饰设计、管理咨询等领域。开发高校毕业生社区（乡、镇）基层管理岗位 800 个，招用 240 名毕业生，全部安排上岗服务。
9	开展主城区小学生免费托管试点	主城区 4 区各选取 5 所小学开展免费托管，逐步解决下午放学后小学生无人看管问题。	20 所试点学校共设立托管班 311 个，免费托管服务学生 14130 人，受到学生家长普遍赞誉。
10	新扩建公办标准化幼儿园	市内 7 区、高新区及部分县（市）新扩建 50 所公办标准化幼儿园，新增学位 6000 个。	新扩建 50 所公办标准化幼儿园项目全部完成，总投资 1.5 亿元，建设园舍面积 9.05 万平方米，新增学位 9755 个。

【建议和提案办理】 全年办理省级人大代表建议、政协提案 67 件。其中，省人大代表建议主办 19 件，会办 11 件（全国件 1 件）；省政协提案主办 30 件，会办 7 件（全国件 1 件），均按时办结；按时办结率 100%，答复函规范化率 100%，问题解决比例 57%。走访人大代表、政协委员 41 人次，走访率 83.6%。承办市级人大代表建议、政协提案 1010 件。其中市第十三届人民代表大会三次会议代表建议 425 件；市政协第十二届三次会议提案 585 件。依据反馈意见，达到满意和基本满意占比 95%。编发《政情摘报》12 期，每期印发 1500 份，专门送达驻石家庄市省市人大代表、政协委员。

【服务协调】 全年省会服务协调办公室受理市民来电来信 64.3 万件（次），受处率 100%。向承办单位交办群众诉求事项 27 万余件，办结率 92%。编报《市政府公开电话日报》《重要情况专报》291 期，承办市领导批示 113 件，办结率 100%。为省直机关、驻石家庄部队协调解决有关事项 31 件，满意率 100%。

【政府权力公开】 至 2015 年 4 月底，石家庄市提前两个月编制完成政府权力清单、责任清单、监管清单和负面清单，并通过公开渠道接受社会监督。4 月 14 日，市政府办公厅印发《关于公开市级部门行政权力清单和取消下放部分行政权限的通知》(石政办发〔2015〕7 号），公布市级 50 个部门保留实施行政权力 1799 项，其中，行政许可 149 项、行政处罚 606 项、行政强制 166 项、行政征收 31 项、行政给付 15 项、行政裁决 16 项、行政确认 112 项、行政奖励 54 项、行政监督 305 项、其他类 345 项。市本级 50 个部门纳入行政权力汇总清单在石家庄机构编制网向社会公布。责任清单实施部门 60 个，每个部门责任清单统一规范，并按照部门职责登记、与相关部门职责边界、事中事后监管制度和公共服务事项 4 个类别，逐条逐项填报。负面清单主要针对到石家庄市投资项目，明确严控涉煤项目和高耗能项目审批；未列入《河北省禁止投资的产业目录》《河北省政府核准的投资项目目录》项目，由投资者自主决策，实行备案管理。监管清单涉及 40 个部门 487 项内容，按照市场主体行政审批后续监管清单编制过程中，谁审批、谁监管，谁主管、谁负责要求，建立审批与监管相统一监管机制。

表 6　　2015 年石家庄市编制市级部门行政权力清单汇总表

序号	单位	许可	处罚	强制	征收	给付	裁决	确认	奖励	监督	其他	总数
1	发展改革委	4	11		1			3	2	13	14	48
2	教育局	3	20	3		2	2	7	18	22	21	98
3	科技局		1	1			1	8			2	13
4	工业和信息化局		1								2	3
5	民族宗教局	2	2								2	6
6	公安局	17	31	25				13	2	16	20	124
7	民政局	3	8			1		4		5	9	30
8	司法局	1	5						2	2	4	14
9	财政局		8		1		1			6	8	24
10	人力资源和社会保障局	2	30	1	1	6	1	27		10	30	108
11	国土资源局	5	3		13		1	1		4	28	55
12	环境保护局	10	40	7	1			1	2	9	11	81
13	城乡规划局	8	6	1				1		2		18
14	建设局	9	9					2		24	1	45
15	城管委	4	12	4	5					6		31
16	房管局	2	7			1		1		15	20	46
17	交通局	12	32	12			1	2	4	14	30	107

（续表）

序号	单位	许可	处罚	强制	征收	给付	裁决	确认	奖励	监督	其他	总数
18	水务局	6	8	5	3		1			5	1	29
19	农业局		26									26
20	林业局	1	13	13	2	4		2	2	8		45
21	畜牧水产局	1	4	23	2			2	1	18	7	58
22	商务局	3	13								12	28
23	文化广电新闻出版局	2	17					2	1	7		29
24	体育局	1	2					3			2	8
25	卫生计生委	10	20	13		1	1	9	7	33	15	109
26	工商局	6	50	15			1	4		3	3	82
27	质量技术监督局	2	59	11			4	4	2	30	6	118
28	食品药品监督管理局	5	33	9						8	12	67
29	审计局		3	2					1	11	3	20
30	安全生产监督管理局	8	18	2				2	2	1	14	47
31	统计局		1									1
32	粮食局	1	11	2						4		18
33	旅游局	1	7	1				2		1	5	17
34	法制办公室										1	1
35	外事（侨务）办公室										7	7
36	人民防空办公室	1	4		1				1	5	3	15
37	金融工作办公室										1	1
38	物价局	3	7	4			2	3	1	6	8	34
39	地震局	1	4					2				7
40	园林局	2										2
41	档案局	1	1	1				1	1	1	10	16
42	供销合作社		2								1	3
43	住房公积金管理中心	3	5									8
市政府系统小计		140	534	155	30	15	16	106	49	289	313	1647
44	机构编制委员会办公室									1	3	4
45	残疾人联合会				1			1				2

（续表）

序号	单位	许可	处罚	强制	征收	给付	裁决	确认	奖励	监督	其他	总数
46	地税局		19	5				3		1	11	39
47	国家安全局	1	7	5					1	4	6	24
48	气象局	3	9					2	4	9	12	39
49	烟草专卖局	3	1									4
50	邮政管理局	2	36	1						1		40
市委、群众团体及垂直管理部门小计		9	72	11	1	0	0	6	5	16	32	152
总计		149	606	166	31	15	16	112	54	305	345	1799

表 7　2015 年石家庄市编制政府部门取消下放转移行政权力清单

（共 43 项，其中取消 8 项、转移 3 项、下放 32 项）

序号	实施部门	项目名称	实施依据	处理意见（取消、转移、下放）
1	教育局	中小学普及普通话评估检查	《国家通用语言文字法》第十条、第二十二条	取消
2	教育局	中等职业技术学历民办学校开设的课程、选用的教材备案	《民办教育促进法实施条例》第二十二条第一款	取消
3	工业和信息化局	两化融合优秀企业和个人表彰	《河北省信息化条例》第七条 县级以上人民政府或有关部门应当对在信息化发展中做出突出贡献的单位和个人给予表彰。	取消
4	工业和信息化局	选树市级两化融合示范企业	《河北省信息化条例》第三十九条 县级以上人民政府工业和信息化主管部门应当培育信息化与工业化深度融合试验区和示范企业，加强信息化与工业化融合水平评估工作。	取消
5	工业和信息化局	配合同级统计部门开展信息化与工业化融合发展水平评估	《河北省信息化条例》第四十六条 县级以上人民政府统计部门应当会同工业和信息化主管部门建立信息化统计指标体系。 县级以上人民政府工业和信息化主管部门应当会同相关部门，开展信息化发展水平评价，定期发布评价报告。	取消
6	国土资源局	地质灾害危险性评估报告图案	1. 国土资源部《关于加强地质灾害危险性评估工作的通知》(国土资发〔2004〕69 号）第 5 项；2.《河北省国土资源厅关于加强地质灾害危险性评估工作的通知》(冀国土资矿字〔2004〕24 号）第 6 项	取消
7	房管局	划拨土地上建筑物、其他附着物转让、抵押审批	《中华人民共和国城镇国有土地使用权出让和转让暂行条例》第 45 条	取消
8	文化广电新闻出版局	博物馆对处理不够入藏标准、无保存价值的文物或标本审批	行政法规:《国务院对确需保留的行政审批项目设定行政许可的决定》(国务院令第 412 号）第 465 项	取消

（续表）

序号	实施部门	项目名称	实施依据	处理意见（取消、转移、下放）
9	发展改革委	市重大固定资产投资项目社会稳定风险评估	《国务院关于加强法治政府建设的意见》第四条第12款；《国家发展改革委重大固定资产投资项目社会稳定风险评估暂行办法》（发改投资〔2012〕2492号）第六、七、八、十一条；《河北省重大固定资产投资项目社会稳定风险评估暂行办法》（冀发改投资〔2013〕1862号）《关于进一步做好重大固定资产投资项目社会稳定风险评估工作的通知》（冀发改投资〔2014〕1016号）	下放至县（市、区）发改部门
10	民政局	福利企业月资格认定	省民政厅《福利企业资格认定办法》	下放至县（市、区）民政部门
11	环境保护局	下放部分建设项目环保竣工验收	省环境保护厅《关于切实加强建设项目竣工环保验收工作的通知》（冀环办字函〔2014〕293号）	下放至县（市、区）环保部门
12	交通运输局	颁发出租汽车客运驾驶员服务监督卡	《石家庄市出租汽车管理条例》第十四条	下放县（市、区）级道路运输管理机构办理（桥西区、新华区、长安区、裕华区除外）
13	林业局	林木采伐许可（市所属其他国有企业事业单位林木、利用外资营造有用材林采伐）	《中华人民共和国森林法》第三十二条 《中华人民共和国森林法实施条例》第三十条	下放至县（市）林业部门（含藁城区、鹿泉区、栾城区）
14	林业局	收购珍贵树木种子和限制收购的林木种子的批准	《中华人民共和国种子法》第三十三条	下放至县（市）林业部门（含藁城区、鹿泉区、栾城区）
15	房管局	房地产开发企业资质审批（四级、暂定级）	1.《中华人民共和国城市房地产管理法》第三十条； 2.《城市房地产开发经营管理条例》第八条、第九条； 3.《房地产开发企业资质管理规定》第四条	下放至县（市、区）房管部门
16	房管局	房产经纪机构备案	1.《房地产经纪管理办法》第五条、第十一条； 2.《石家庄市房产中介服务管理办法》第五条、第十六条	下放至市内四区及高新区房管部门
17	房管局	住宅室内装饰装修企业备案	《石家庄市城市住宅室内装饰装修管理办法》第四条、第五条	下放至市内四区及高新区房管部门
18	房管局	住宅室内装饰装修从业人员上岗证书发放	《石家庄市城市住宅室内装饰装修管理办法》第四条、第五条	下放至市内四区及高新区房管部门
19	房管局	房地产开发企业违反资质管理规定的处罚	1.《城市房地产开发经营管理条例》第三十五条； 2.《商品房销售管理办法》第三十七条； 3.《房地产开发企业资质管理规定》第十九条、二十条、第二十一条、第二十三条、第二十四条	下放至市内四区及高新区房管部门

（续表）

序号	实施部门	项目名称	实施依据	处理意见（取消、转移、下放）
20	房管局	房地产中介机构及人员违规提供中介服务的处罚	1.《商品房销售管理办法》第四十三条; 2.《房地产经纪管理办法》第二十五条、第三十三条、第三十五条、第三十六条、第三十七条; 3.《石家庄市房产中介服务管理办法》第三十二条、第三十三条、第三十四条、第三十五条、第三十六条; 4.《房地产估价机构管理办法》第三十二条、第四十六条、第四十七条、第四十八条、第四十九条、第五十二条; 5.《注册房地产估价师管理办法》第三十五条、第三十六条、第三十七条、第三十九条	下放至市内四区及高新区房管部门
21	房管局	建设单位未通过招投标的方式选聘物业服务企业，或者未经批准，擅自采用协议方式选聘物业服务企业的处罚	1.《物业管理条例》第五十七条; 2.《石家庄市物业管理条例》第六十九条	下放至市内四区及高新区房管部门
22	房管局	建设单位擅自处分属于业主的物业共用部位、共用设施设备的所用权或者使用权的处罚	1.《物业管理条例》第五十八条; 2.《石家庄市物业管理条例》第七十条	下放至市内四区及高新区房管部门
23	房管局	建设单位逾期不向物业服务企业移交有关资料的处罚	《物业管理条例》第五十九条	下放至市内四区及高新区房管部门
24	房管局	物业服务企业违反资质管理规定的处罚	1.《物业管理条例》第六十条; 2.《石家庄物业管理条例》第七十二条; 3.《物业服务企业资质管理办法》第十九条、第二十条、第二十一条	下放至市内四区及高新区房管部门
25	房管局	聘用未取得物业管理职业资格证书人员从事物业管理活动的处罚	《物业管理条例》第六十一条	下放至市内四区及高新区房管部门
26	房管局	将一个物业管理区域内全部物业管理一并委托给他人的处罚	1.《物业管理条例》第六十二条; 2.《石家庄市物业管理条例》第七十四条	下放至市内四区及高新区房管部门
27	房管局	物业服务企业挪用专项维修资金的处罚	1.《物业管理条例》第六十三条; 2.《石家庄市物业管理条例》第七十五条	下放至市内四区及高新区房管部门
28	房管局	建设单位不按照规定配置物业管理用房、擅自改变物业管理用房用途的处罚	1.《物业管理条例》第六十四条、第六十五条; 2.《石家庄市物业管理条例》第七十六条、第七十七条	下放至市内四区及高新区房管部门
29	房管局	物业服务企业不按规定对管理区域进行物业管理的处罚	1.《物业管理条例》第六十六条; 2.《石家庄市物业管理条例》第七十六条、第七十八条	下放至市内四区及高新区房管部门
30	房管局	物业服务企业擅自撤离服务区域、停止物业服务活动的处罚	《石家庄市物业管理条例》第八十条	下放至市内四区及高新区房管部门
31	房管局	违反住宅室内装饰装修管理规定的处罚	1.《住宅室内装饰装修管理办法》第三十五条、第三十六条、第三十八条、第四十二条; 2.《石家庄市城市住宅室内装饰装修管理办法》第二四条、第二十五条、第二十六条、第二十七条、第二十九条、第三十条、第三十一条、第三十二条	下放至市内四区及高新区房管部门

（续表）

序号	实施部门	项目名称	实施依据	处理意见（取消、转移、下放）
32	房管局	当事人违法出租房屋的处罚	《商品房租赁管理办法》第二十一条	下放至市内四区及高新区房管部门
33	房管局	未在法定期限内到房产行政主管部门办理房屋租赁登记备案或变更、延续、注销等手续的处罚	《商品房租赁管理办法》第二十三条	下放至市内四区及高新区房管部门
34	房管局	未办理租赁合同登记备案擅自出租房屋的处罚	《商品房租赁管理办法》第二十四条	下放至市内四区及高新区房管部门
35	房管局	开发建设单位未按约定配建保障房的处罚	《河北省城镇住房保障办法》第六十一条	下放至市内四区及高新区房管部门
36	房管局	申请人、当事人以不正当手段骗取城镇住房保障住房的处罚	《河北省城镇住房保障办法》第六十二条、第六十三条	下放至市内四区及高新区房管部门
37	房管局	保障对象擅自改变住房用途和结构或者造成住房损毁的处罚	《河北省城镇住房保障办法》第六十四条	下放至市内四区及高新区房管部门
38	房管局	有关单位和个人为住房保障申请人或其家庭成员出具虚假证明材料的处罚	《河北省城镇住房保障办法》第六十六条	下放至市内四区及高新区房管部门
39	房管局	开发建设单位违反规定未按时移交配建教育设施的处罚	《石家庄市教育设施规划建设管理条例》第四十八条	下放至市内四区及高新区房管部门
40	房管局	建设工程竣工验收后，违反建设工程规划许可擅自改变房屋用途的处罚	《石家庄市城乡规划条例》第六十七条	下放至市内四区及高新区房管部门
41	卫生计生委	医师资格考试违规违纪行为的认定、处理	《医师资格考试违纪违规处理规定》(国家卫生和计划生育委员会令第4号)第四条	移交市卫生考试中心
42	卫生计生委	护士资格考试违规违纪行为的认定、处理	《中华人民共和国护士条例》(国务院令第517号)；《护士执业资格考试办法》(卫生部 人力资源和社会保障部令74号)；国家教育部、卫生计生委，省教育厅、卫生计生委关于医学类院校的相关规定；《护士执业资格考试考务暂行管理规定》(护考委发〔2011〕2号)；当年河北省卫生计生委办公室关于做好护士执业资格考试报名工作有关问题的通知；《护士执业资格考试考生个人遗失成绩单补办办法》；《卫生部人才交流服务中心关于补办护士执业资格考试成绩合格证明的通知》(卫人才发〔2012〕34号)	移交市卫生考试中心
43	城管委	污水排入排水管网许可证核发	1.《城镇排水与污水处理条例》(国务院第641号)第五条、第二十一条； 2.《石家庄市城市排水管理条例》(第五条、第二十二条)	移交石家庄市排水管理处

【衔接落实国务院和省政府2014年第三批取消和调整行政审批事项】 2月12日，市政府办公厅印发《关于做好国务院和省政府2014年第三批取消和调整行政审批事项衔接落实工作的通知》(石政办函〔2015〕24号)，公布石家庄市衔接落实国务院和省政府行政审批事项8项，其中取消4项、承接4项。

表 8　　石家庄市衔接落实国务院和省政府 2014 年第三批取消和调整行政审批事项目录

（共 8 项）

一、衔接取消事项（4 项）

序号	衔接部门	项目名称	项目类别	设定依据
1	县（市、区）国税局	葡萄酒消费税退税审批	非行政许可	《葡萄酒消费税管理办法（试行）》(国税发〔2006〕66 号)
2	县（市、区）国税局	销货退回的消费税退税审批	非行政许可	《中华人民共和国消费税暂行条例实施细则》(财政部、税务总局令 2008 年第 51 号)
3	县（市、区）国税局	出口应税消费品办理免税后发生退关或国外退货补缴消费税审批	非行政许可	《中华人民共和国消费税暂行条例实施细则》(财政部、税务总局令 2008 年第 51 号)
4	县（市、区）国税局	汇总纳税企业组织结构变更审核	非行政许可	《跨地区经营汇总纳税企业所得税征收管理办法》(税务总局公告 2012 年第 57 号)

二、衔接下放事项（4 项）

序号	原实施部门	项目名称	设定依据	下放后实施部门	备注
1	交通运输部	船员适任证书核发	《中华人民共和国船员条例》(国务院令第 494 号)	市交通运输局	省级衔接，并进一步下放至设区市地方海事管理机构，列入石家庄市行政许可项目
2	国家烟草局	设立烟叶收购站（点）审批	《中华人民共和国烟草专卖法》;《中华人民共和国烟草专卖法实施条例》(国务院令第 223 号)	市烟草专卖管理局	省级衔接，并进一步下放至设区市烟草专卖行政主管部门，列入石家庄市非行政许可项目
3	国家邮政局	撤销提供邮政普遍服务的邮政营业场所审批	《中华人民共和国邮政法》	市邮政局	省级衔接，并进一步下放至设区市邮政局，列入石家庄市行政许可项目
4	国家邮政局	邮政企业停止办理或者限制办理邮政普遍服务业务和特殊服务业务审批	《中华人民共和国邮政法》	市邮政局	省级衔接，并进一步下放至设区市邮政局，列入石家庄市行政许可项目

【衔接落实国务院和省政府 2015 年第一批取消和调整行政审批事项】 6 月 26 日，市政府办公厅印发《关于衔接落实国务院 2015 年第一批取消和调整行政审批事项的通知》(石政办发〔2015〕28 号)，公布石家庄市衔接国务院和省政府取消行政审批事项 13 项，衔接工商登记前置审批事项改为后置审批事项 21 项。

表 9　　石家庄市衔接落实国务院和省政府 2015 年第一批取消和调整行政审批事项目录

（共 34 项）

一、衔接取消事项（13 项）

序号	衔接部门	项目名称	项目类别	设定依据	备注
1	市财政局	出借、出租、转让或者涂改政府采购代理机构资格证书的处罚	行政处罚	《中华人民共和国政府采购法》《政府采购代理机构资格认定办法》(财政部令第 61 号)	衔接省政府取消乙级政府采购代理机构资格认定，对应取消石家庄市该项处罚

（续表）

序号	衔接部门	项目名称	项目类别	设定依据	备注
2	县级国税机关	对增值税一般纳税人资格认定审批	其他类	《中华人民共和国增值税暂行条例》（国务院令第538号） 《国务院办公厅关于保留部分非行政许可审批项目的通知》（国办发〔2004〕62号）	
3	县级国税机关	申请开具红字增值税专用发票审核	其他类	《国家税务总局关于修订〈增值税专用发票使用规定〉的通知》（国税发〔2006〕156号） 《国家税务总局关于在全国开展营业税改征增值税试点有关征收管理问题的公告》（税务总局公告2013年第39号）	
4	县级国税机关	对承担粮食收储任务的国有粮食购销企业免征增值税审核	其他类	《财政部、国家税务总局关于粮食企业增值税征免问题的通知》（财税字〔1999〕198号）	
5	县级国税机关	对承担粮食收储任务的国有粮食购销企业和经营免税项目的粮食经营企业以及有政府储备食用植物油销售业务的企业增值税免税资格审核	其他类	《财政部、国家税务总局关于粮食企业增值税征免问题的通知》（财税字〔1999〕198号）	
6	县级国税机关	拍卖行拍卖免征增值税货物审批	其他类	《国家税务总局关于拍卖行取得的拍卖收入征收增值税、营业税有关问题的通知》（国税发〔1999〕40号）	
7	县级国税机关	营改增后随军家属优惠政策审批	其他类	《财政部、国家税务总局关于将铁路运输和邮政业纳入营业税改征增值税试点的通知》（财税〔2013〕106号）	
8	县级国税机关	营改增后军队转业干部优惠政策审批	其他类	《财政部、国家税务总局关于将铁路运输和邮政业纳入营业税改征增值税试点的通知》（财税〔2013〕106号）	
9	县级国税机关	营改增后城镇退役士兵优惠政策审批	其他类	《财政部、国家税务总局关于将铁路运输和邮政业纳入营业税改征增值税试点的通知》（财税〔2013〕106号）	
10	县级国税机关	消费税税款抵扣审核	其他类	《国家税务总局关于进一步加强消费税纳税申报及税款抵扣管理的通知》（国税函〔2006〕769号）	
11	县级国税机关	成品油消费税征税范围认定	其他类	《国家税务总局关于消费税有关政策问题的公告》（税务总局公告2012年第47号）	
12	县级国税机关	主管税务机关对非居民企业适用行业及所适用的利润率审核	其他类	《非居民企业所得税核定征收管理办法》（国税发〔2010〕19号）	
13	县级国税机关	非境内注册居民企业选择主管税务机关的批准	其他类	《境外注册中资控股居民企业所得税管理办法（试行）》（税务总局公告2011年第45号）	

二、衔接工商登记前置审批事项改为后置审批事项（21 项）

序号	实施机关	项目名称	设定依据	衔接项目编码	衔接部门	衔接项目名称	备注
1	工业和信息化部	外商投资经营电信业务审批	《外商投资电信企业管理规定》（国务院令第 534 号）		省通信管理局	外商投资省内增值电信业务初审	初审转报类事项，审批权在工业和信息化部
2	工业和信息化部	开办农药生产企业审批	《农药管理条例》（国务院令第 326 号）		省工业和信息化厅	开办农药生产企业初审	初审转报类事项，审批权在工业和信息化部
3	省级人民政府盐业行政主管部门	食盐定点生产、碘盐加工企业许可	《食盐专营管理办法》（国务院令第 197 号） 《食盐加碘消除碘缺乏危害管理条例》（国务院令第 163 号） 《国务院关于取消和下放一批行政审批项目的决定》（国发〔2013〕44 号）	49001—01	省盐务局	食盐生产许可证核发	
				49003	省盐务局	从事碘盐加工企业的指定	
4	工业和信息化部或省、自治区、直辖市电信管理机构	电信业务经营许可	《中华人民共和国电信条例》（国务院令第 291 号）	43001	省通信管理局	省内增值电信业务经营许可证审批	
5	省级人民政府公安机关	因私出入境中介服务机构资格认定	《国务院对确需保留的行政审批项目设定行政许可的决定》（国务院令第 412 号） 《国务院关于第六批取消和调整行政审批项目的决定》（国发〔2012〕52 号） 《国务院关于加强出入境中介活动管理的通知》（国发〔2000〕25 号）	05011	省公安厅	因私出入境中介机构资格认定（境外就业、留学除外）	
6	县级以上地方人民政府公安机关	公章刻制业特种行业许可证核发	《国务院对确需保留的行政审批项目设定行政许可的决定》（国务院令第 412 号） 《国务院关于第三批取消和调整行政审批项目的决定》（国发〔2004〕16 号） 《印铸刻字业暂行管理规则》（1951 年 8 月 15 日公安部发布）		设区市、县级公安机关	公章刻制业特种行业许可证核发	
7	县级以上地方人民政府公安机关	典当业特种行业许可证核发	《国务院对确需保留的行政审批项目设定行政许可的决定》（国务院令第 412 号） 《典当管理办法》（商务部、公安部令 2005 年第 8 号）		设区市、县级公安机关	典当业特种行业许可证核发	

（续表）

序号	实施机关	项目名称	设定依据	衔接项目编码	衔接部门	衔接项目名称	备注
8	县级以上地方人民政府公安机关	旅馆业特种行业许可证核发	《国务院对确需保留的行政审批项目设定行政许可的决定》（国务院令第412号）《旅馆业治安管理办法》（1987年11月10日公安部发布）		设区市、县级公安机关	典当业特种行业许可证核发	
9	县级以上地方人民政府燃气管理部门	燃气经营许可证核发	《城镇燃气管理条例》（国务院令第583号）	13018	省住房城乡建设厅	跨设区的市经营燃气气源销售的、管道燃气经营企业、从事液化天然气经营的、压缩天然气加气母站燃气经营许可	
					设区市、省直管县（市）燃气管理部门	从事燃气气源销售的、从事瓶装液化石油气经营的、液化天然气加气站、压缩天然气加气子站的燃气经营许可证核发	
10	县级以上地方人民政府交通运输行政主管部门	出租汽车经营资格证核发	《国务院对确需保留的行政审批项目设定行政许可的决定》（国务院令第412号）		设区市、县级出租汽车行政主管部门	出租汽车经营资格证核发	
11	设区的市级和县级人民政府道路运输管理机构	道路客运经营许可证核发	《中华人民共和国道路运输条例》（国务院令第406号）		设区市、县级人民政府道路运输管理机构	道路客运经营许可证核发	
12	设区的市级和县级人民政府道路运输管理机构	道路货运经营许可证核发	《中华人民共和国道路运输条例》（国务院令第406号）		设区市、县级人民政府道路运输管理机构	道路货运经营许可证核发	
13	新闻出版广电总局或省级人民政府新闻出版广电行政主管部门	广播电视节目制作经营单位设立审批	《广播电视管理条例》（国务院令第228号）	27029	省新闻出版广电局	广播电视节目制作经营单位设立审批	
14	省级人民政府新闻出版广电行政主管部门	内资电影制片单位设立审批	《电影管理条例》（国务院令第342号）	27045	省新闻出版广电局	电影制片单位设立、变更、终止审批	
15	省级人民政府新闻出版广电行政主管部门	电影制片单位以外的单位独立从事电影摄制业务审批	《电影管理条例》（国务院令第342号）《国务院关于第六批取消和调整行政审批项目的决定》（国发〔2012〕52号）	27033	省新闻出版广电局	电影制片单位以外的单位独立从事电影摄制业务审批	

（续表）

序号	实施机关	项目名称	设定依据	衔接项目编码	衔接部门	衔接项目名称	备注
16	省级以下地方人民政府体育行政主管部门	经营高危险性体育项目许可	《全民健身条例》（国务院令第560号）		设区市体育行政主管部门	经营高危险性体育项目许可	
17	证监会	期货公司设立审批	《期货交易管理条例》（国务院令第627号）				审批权在证监会
18	证监会	公募基金管理公司设立审批	《中华人民共和国证券投资基金法》				审批权在证监会
19	证监会	证券金融公司设立审批	《证券公司监督管理条例》（国务院令第522号）《转融通业务监督管理试行办法》（证监会令第75号）				审批权在证监会
20	保监会	保险资产管理公司及其分支机构设立审批	《国务院对确需保留的行政审批项目设定行政许可的决定》（国务院令第412号）				审批权在保监会
21	保监会	保险集团公司及保险控股公司设立审批	《国务院对确需保留的行政审批项目设定行政许可的决定》（国务院令第412号）				审批权在保监会

【衔接落实省政府取消和调整行政权力事项】 12月10日，市政府办公厅印发《关于衔接落实省政府取消和调整行政权力事项的通知》（石政办发〔2015〕49号），公布石家庄市取消和调整行政权力事项108项，其中，取消下放69项，调整为政府内部审批事项26项，调整行政权力类别行政权力事项13项。

表10　2015年石家庄市衔接落实省政府取消下放行政权力事项目录

（69项）

序号	项目类别	项目编码	项目名称	实施主体	设定依据	实施对象	备注
1	其他类	19001	党政机关办公楼建设项目审批	市发展改革委	《中共中央办公厅、国务院办公厅关于进一步严格控制党政机关办公楼等楼堂馆所建设问题的通知》；《国务院关于投资体制改革的决定》	市直部门及下属机构、直属事业单位、市管企业、各县（市、区）直属部门	取消后并入内部审批“市政府出资的投资项目审批”
2	其他类	19002	市级政府投资项目及国家规定需市级审批的投资项目建议书审批	市发展改革委	《国务院关于投资体制改革的决定》第三部分第四条；《河北省政府关于固定资产投资项目保留合并或并联办理行政许可事项和行政审批事项的通知》	其他机关、事业单位、企业、社会组织	
3	其他类	19003	市级政府投资项目及国家规定需市级审批的投资项目可研报告的审批	市发展改革委	《国务院关于投资体制改革的决定》第三部分第四条；《河北省政府关于固定资产投资项目保留合并或并联办理行政许可事项和行政审批事项的通知》	其他机关、事业单位、企业、社会组织	

（续表）

序号	项目类别	项目编码	项目名称	实施主体	设定依据	实施对象	备注
4	其他类	19004	市级政府投资项目、中央统借统还和市级政府负责偿还或提供担保的国外贷款项目，及国家规定需市级审批的投资项目初步设计、概算审批	市发展改革委	《国务院关于投资体制改革的决定》第三部分第四条；《河北省政府关于固定资产投资项目保留合并或并联办理行政许可事项和行政审批事项的通知》	其他机关、事业单位、企业、社会组织	取消后并入内部审批“市政府出资的投资项目审批”
5	其他类	19005	使用市级政府投资补助、贷款贴息资金的投资项目《资金申请报告》审批	市发展改革委	《国务院关于投资体制改革的决定》第三部分第四条；《河北省政府关于固定资产投资项目保留合并或并联办理行政许可事项和行政审批事项的通知》	其他机关、事业单位、企业、社会组织	
6	其他类	19006	市级政府投资项目投资计划的编制与下达（含市级机关、事业单位自筹建设资金项目）	市发展改革委	《国务院关于投资体制改革的决定》第三部分第四条；《河北省政府关于固定资产投资项目保留合并或并联办理行政许可事项和行政审批事项的通知》	其他机关、事业单位、企业、社会组织	
7	其他类	19007	市级资本金计划的编制与下达	市发展改革委	《国务院关于投资体制改革的决定》第三部分第四条；《河北省人民政府关于进一步改善投资环境的若干意见》；《石家庄市发展和改革委员会主要职责内设机构和人员编制规定》	企业	
8	行政确认	036002	技术合同认定登记	市科技局	《中华人民共和国合同法》第十八章技术合同；《河北省技术市场条例》第一章第四条（三）；《石家庄市技术市场管理条例》第五章第二十四条至三十条	企业、事业单位	取消
9	行政确认	106021	参照国家公务员医疗补助实施范围审批	市人力资源和社会保障局	《国务院办公厅转发劳动保障部、财政部〈关于实行国家公务员医疗补助意见的通知〉》（国办发〔2000〕37号）第五条	参照公务员法管理的事业单位	取消
10	其他类	119024	矿业权价款评估备案	市国土资源局	《中华人民共和国矿产资源管理办法》（主席令74号）；《关于调整矿业权价款确认（备案）和储量评审备案管理权限的通知》（国土资发〔2006〕166号）	企业、社会组织及自然人	取消
11	其他类	179030	外商投资道路运输业立项和变更申请审核和审批	市交通运输局	《外商投资道路运输业管理规定》；《关于修改〈外商投资道路运输业管理规定〉的规定》（修正）	企业、社会组织及自然人	取消
12	行政确认	466003	非营利组织免税资格认定	市地税局	《财政部 国家税务总局关于非营利组织免税资格认定管理有关问题的通知》	相关行政相对人	取消
13	其他类	469008	耕地占用税减免备案审核	市地税局	《中华人民共和国耕地占用税暂行条例》（2007年国务院令第511号）	相关行政相对人	取消
14	行政确认	466002	市转制文化企业认定	市地税局	《财政部 国家税务总局 中宣部关于转制文化企业名单及认定问题的通知》（财税〔2009〕105号）	相关行政相对人	取消

（续表）

序号	项目类别	项目编码	项目名称	实施主体	设定依据	实施对象	备注
15	其他类	469009	契税减免备案审核	市地税局	《河北省契税实施办法》（省政府令〔2011〕第10号第2次修订）	相关行政相对人	取消
16	其他类	489012	施放气球资质证年检	市气象局	《施放气球管理办法》（中国气象局令第9号）	社会组织及自然人	取消
17	行政许可		建设项目试生产审批	市环境保护局	《建设项目竣工环境保护验收管理办法》（环境保护总局令第13号）	项目建设单位	取消（此项石家庄市未单列，在“建设项目竣工环境保护验收”中包含）
18	原非许可		矿业权设置方案审批	县（市、区）国土资源局	《国土资源部关于进一步完善矿业权管理促进整装勘探的通知》（国土资发〔2011〕55号）		取消
19	原非许可		重点小流域水土保持初步设计审批	项目县水利水保部门	《国家水土保持重点建设工程管理办法》（水保〔2013〕442号）第十三条		取消
20	原非许可		需审批的外商投资企业境内投资批准	县（市、区）商务部门	《关于外商投资企业境内投资的暂行规定》（外经贸部、国家工商总局令〔2000〕6号）第九条	企业	取消（2011年下放事项）
21	原非许可		境外注册的中资控股企业依据实际管理机构标准判定为中国居民企业审批	县（市、区）地税局	《国家税务总局关于境外注册中资控股企业依据实际管理机构标准认定为居民企业有关问题的通知》（国税发〔2009〕82号）；《国家税务总局关于贯彻落实〈国务院关于取消和下放一批行政审批项目的决定〉的通知》（税总发〔2014〕6号）	纳税人	取消
22	原非许可		创业投资企业从事国家需要重点扶持和鼓励的创业投资的投资额的抵扣的审核	县（市、区）地税局	《中华人民共和国企业所得税法》第三十一条； 《财政部、国家税务总局关于促进创业投资企业发展有关税收政策的通知》（财税〔2007〕31号）； 《国家税务总局关于实施创业投资企业所得税优惠问题的通知》（国税发〔2009〕87号）	纳税人	取消
23	原非许可		企业取得的符合条件的技术转让所得享受所得税优惠核准	县（市、区）地税局	《国家税务总局关于技术转让所得减免企业所得税有关问题的通知》（国税函〔2009〕212号）	纳税人	取消
24	原非许可		安置残疾人员和国家鼓励安置的其他就业人员所支付工资有加计扣除的核准	县（市、区）地税局	《中华人民共和国企业所得税法》第三十条； 《财政部、国家税务总局关于安置残疾人员就业有关企业所得税优惠政策问题的通知》（财税〔2009〕70号）	纳税人	取消

（续表）

序号	项目类别	项目编码	项目名称	实施主体	设定依据	实施对象	备注
25	原非许可		企业享受符合条件的固定资产加速折旧或缩短折旧年限所得税优惠的核准	县（市、区）地税局	《国家税务总局关于企业固定资产加速折旧所得税处理有关问题的通知》（国税发〔2009〕81号）	纳税人	取消
26	原非许可		企业享受综合利用资源所得税优惠的核准	县（市、区）地税局	《国家税务总局关于资源综合利用企业所得税优惠管理问题的通知》（国税函〔2009〕185号）	纳税人	取消
27	原非许可		企业享受文化体制改革中转制的经营性文化事业单位所得税优惠的核准	县（市、区）地税局	《财政部、国家税务总局关于文化体制改革中经营性文化事业单位转制为企业的若干税收优惠政策问题的通知》（财税〔2009〕34号）；《财政部、国家税务总局、中宣部关于转制文化企业名单及认定的通知》（财税〔2009〕105号）	纳税人	取消
28	原非许可		企业购置用于环境保护、节能节水、安全生产的专用设备的投资额享受所得税优惠的备案核准	县（市、区）地税局	《财政部、国家税务总局关于执行环境保护专用设备等企业所得税优惠目录的通知》（财税〔2008〕48号）；《国家税务总局关于企业所得税税收优惠管理问题的补充通知》（国税函〔2009〕255号）	纳税人	取消
29	原非许可		企业取得的符合条件的技术转让所得享受所得税优惠核准	市国税局、县（市、区）国税局	《国家税务总局关于技术转让所得减免企业所得税有关问题的通知》（国税函〔2009〕212号）	纳税人	取消
30	原非许可		企业从事农林牧渔业项目的所得享受所得税优惠的备案核准	市国税局、县（市、区）国税局	《国家税务总局关于实施农、林、牧、渔业项目企业所得税优惠问题的公告》（国家税务总局公告2011年第48号）；《财政部、国家税务总局关于享受企业所得税优惠的农产品初加工有关范围的补充通知》（财税〔2011〕26号）；《国家税务总局关于企业所得税税收优惠管理问题的补充通知》（国税函〔2009〕255号）	纳税人	取消
31	原非许可		企业从事国家重点扶持的公共基础设施项目投资经营的所得享受所得税优惠的备案核准	市国税局、县（市、区）国税局	《国家税务总局关于实施国家重点扶持的公共基础设施项目企业所得税优惠问题的通知》（国税发〔2009〕80号）；《国家税务总局关于企业所得税税收优惠管理问题的补充通知》（国税函〔2009〕255号）	纳税人	取消
32	原非许可		企业符合条件的环境保护、节能节水项目的所得享受所得税优惠的备案核准	市国税局、县（市、区）国税局	《财政部、国家税务总局、国家发展改革委关于公布环境保护节能节水项目企业所得税优惠目录（试行）的通知》（财税〔2009〕166号）；《国家税务总局关于企业所得税税收优惠管理问题的补充通知》（国税函〔2009〕255号）	纳税人	取消

（续表）

序号	项目类别	项目编码	项目名称	实施主体	设定依据	实施对象	备注
33	原非许可		软件、集成电路企业享受所得税优惠的备案核准	市国税局、县（市、区）国税局	《财政部、国家税务总局关于进一步鼓励软件产业和集成电路产业发展企业所得税政策的通知》（财税〔2012〕27号）；《国家税务总局关于企业所得税税收优惠管理问题的补充通知》（国税函〔2009〕255号）	纳税人	取消
34	原非许可		企业符合特殊性税务处理规定条件的债务重组业务的核准	市国税局、县（市、区）国税局	《财政部、国家税务总局关于企业重组业务企业所得税处理若干问题的通知》（财税〔2009〕59号）；《国家税务总局关于发布〈企业重组业务企业所得税管理办法〉的公告》（国家税务总局公告2010年第4号）第十六条	纳税人	取消
35	原非许可		企业符合特殊性税务处理规定条件的债权转股权业务的核准	市国税局、县（市、区）国税局	《财政部、国家税务总局关于企业重组业务企业所得税处理若干问题的通知》（财税〔2009〕59号）；《国家税务总局关于发布〈企业重组业务企业所得税管理办法〉的公告》（国家税务总局公告2010年第4号）第十六条	纳税人	取消
36	原非许可		注册税务师执业核准	市国税局、县（市、区）国税局	《注册税务师管理暂行办法》（国家税务总局令第14号）第十条	注册税务师	取消
37	原非许可		集团公司具有免抵退税资格成员企业认定	市国税局、县（市、区）国税局	《国家税务总局关于发布〈出口货物劳务增值税和消费税管理办法〉的公告》（国家税务总局公告2012年第24号）第十一条	纳税人	取消
38	原非许可		基本医疗保险定点零售药店资格审查	县级人力资源社会保障行政主管部门	《国务院办公厅关于保留部分非行政许可审批项目的通知》（国办发〔2004〕62号）		取消
39	原非许可		基本医疗保险定点医疗机构资格审查	县级人力资源社会保障行政主管部门	《国务院办公厅关于保留部分非行政许可审批项目的通知》（国办发〔2004〕62号）		取消
40	原非许可		医疗卫生机构承担预防性健康检查审批	县级卫生计生行政主管部门	《预防性健康检查管理办法》（卫生部令第41号）		取消
41	原非许可		对吸纳下岗失业人员达到规定条件的服务型、商贸企业和对下岗失业人员从事个体经营减免税的审批	县级地税机关	《财政部、国家税务总局关于支持和促进就业有关税收政策的通知》（财税〔2010〕84号）；《国家税务总局 财政部 人力资源社会保障部 教育部关于支持和促进就业有关税收政策具体实施问题的公告》（税务总局公告2010年第25号）		取消

（续表）

序号	项目类别	项目编码	项目名称	实施主体	设定依据	实施对象	备注
42	原非许可		企业享受综合利用资源所得税优惠的核准	县级地税机关	《国家税务总局关于资源综合利用企业所得税优惠管理问题的通知》（国税函〔2009〕185号）		取消
43	原非许可		企业从事农林牧渔业项目的所得享受所得税优惠的备案核准	县级地税机关	《国家税务总局关于实施农、林、牧、渔业项目企业所得税优惠问题的公告》（国家税务总局公告2011年第48号）；《财政部、国家税务总局关于享受企业所得税优惠的农产品初加工有关范围的补充通知》（财税〔2011〕26号）；《国家税务总局关于企业所得税税收优惠管理问题的补充通知》（国税函〔2009〕255号）		取消
44	原非许可		企业从事国家重点扶持的公共基础设施项目投资经营的所得享受所得税优惠的备案核准	县级地税机关	《国家税务总局关于实施国家重点扶持的公共基础设施项目企业所得税优惠问题的通知》（国税发〔2009〕80号）；《国家税务总局关于企业所得税税收优惠管理问题的补充通知》（国税函〔2009〕255号）		取消
45	原非许可		对律师事务所征收方式的核准	县级地税机关	《国家税务总局关于强化律师事务所等中介机构投资者个人所得税查账征收的通知》（国税发〔2002〕123号）		取消
46	原非许可		主管税务机关对非居民企业适用行业及所适用的利润率的审核	县级地税机关	《非居民企业所得核定征收管理办法》（国税发〔2010〕19号）		取消
47	原非许可		汇总纳税企业组织结构变更审核	县级地税机关	《跨地区经营汇总纳税企业所得税征收管理办法》（税务总局公告2012年第57号）		取消
48	原非许可		企业符合特殊性税务处理规定条件的业务的核准	县级地税机关	《财政部、国家税务总局关于企业重组业务企业所得税处理若干问题的通知》（财税〔2009〕59号）；《企业重组业务企业所得税管理办法》（税务总局公告2010年第4号）		取消
49	原非许可		企业取得的符合条件的技术转让所得享受所得税优惠的核准	县级地税机关	《国家税务总局关于技术转让所得减免企业所得税有关问题的通知》（国税函〔2009〕212号）		取消
50	原非许可		企业享受符合条件的固定资产加速折旧或缩短折旧年限所得税优惠的核准	县级地税机关	《国家税务总局关于企业固定资产加速折旧所得税处理有关问题的通知》（国税发〔2009〕81号）		取消
51	原非许可		企业享受文化体制改革中转制的经营性文化事业单位所得税优惠的核准	县级地税机关	《财政部、国家税务总局关于文化体制改革中经营性文化事业单位转制为企业的若干税收优惠政策问题的通知》（财税〔2009〕34号）；《财政部、国家税务总局、中宣部关于转制文化企业名单及认定的通知》（财税〔2009〕105号）		取消

（续表）

序号	项目类别	项目编码	项目名称	实施主体	设定依据	实施对象	备注
52	原非许可		电网企业新建项目分摊期间费用的核准	县级地税机关	《国家税务总局关于电网企业电网新建项目享受所得税优惠政策问题的公告》（税务总局公告2013年第26号）		取消
53	原非许可		企业享受生产和装配伤残人员专门用品企业所得税优惠的核准	县级地税机关	《财政部 国家税务总局 民政部关于生产和装配伤残人员专门用品企业免征企业所得税的通知》（财税〔2011〕81号）		取消
54	原非许可		企业境外所得适用简易征收和饶让抵免的核准	县级地税机关	《企业境外所得税收抵免操作指南》（税务总局公告2010年第1号）；《国家税务总局关于企业所得税税收优惠管理问题的补充通知》（国税函〔2009〕255号）		取消
55	原非许可		符合条件的非营利组织享受免税收入优惠的备案核准	县级地税机关	《财政部 国家税务总局关于非营利组织企业所得税免税收入问题的通知》（财税〔2009〕122号）；《国家税务总局关于企业所得税税收优惠管理问题的补充通知》（国税函〔2009〕255号）		取消
56	原非许可		企业符合条件的环境保护、节能节水项目的所得享受所得税优惠的备案核准	县级地税机关	《财政部、国家税务总局、国家发展改革委关于公布环境保护节能节水项目企业所得税优惠目录（试行）的通知》（财税〔2009〕166号）；《国家税务总局关于企业所得税税收优惠管理问题的补充通知》（国税函〔2009〕255号）		取消
57	原非许可		软件、集成电路企业享受所得税优惠的备案核准	县级地税机关	《财政部、国家税务总局关于进一步鼓励软件产业和集成电路产业发展企业所得税政策的通知》（财税〔2012〕27号）；《国家税务总局关于企业所得税税收优惠管理问题的补充通知》（国税函〔2009〕255号）		取消
58	原非许可		动漫企业享受所得税优惠的备案核准	县级地税机关	《财政部、国家税务总局关于扶持动漫产业发展有关税收政策问题的通知》（财税〔2009〕65号）；《国家税务总局关于企业所得税税收优惠管理问题的补充通知》（国税函〔2009〕255号）		取消
59	原非许可		节能服务公司实施合同能源管理项目享受所得税优惠的备案核准	县级地税机关	《财政部 国家税务总局关于促进节能服务产业发展增值税、营业税和企业所得税政策问题的通知》（财税〔2010〕110号）；《国家税务总局关于企业所得税税收优惠管理问题的补充通知》（国税函〔2009〕255号）		取消

（续表）

序号	项目类别	项目编码	项目名称	实施主体	设定依据	实施对象	备注
60	原非许可		中国清洁发展机制基金及清洁发展机制项目实施企业享受所得税优惠的备案核准	县级地税机关	《财政部 国家税务总局关于中国清洁发展机制基金及清洁发展机制项目实施企业有关企业所得税政策问题的通知》（财税〔2009〕30号）；《国家税务总局关于企业所得税税收优惠管理问题的补充通知》（国税函〔2009〕255号）		取消
61	原非许可		个人取得股票期权或认购股票等取得折扣或补贴收入个人所得税纳税有困难的审核	县级地税机关	《国家税务总局关于个人认购股票等有人价证券而从雇主取得折扣或补贴收入有关征收个人所得税问题的通知》（国税发〔1998〕9号）；《财政部 国家税务总局关于上市公司高管人员股票期权所得缴纳个人所得税有关问题的通知》（财税〔2009〕40号）		取消
62	原非许可		对一年期以上返回性人身保险业务免征营业税的初审	县级地税机关	《财政部 国家税务总局关于对若干项目免征营业税的通知》（财税字〔1994〕2号）		取消
63	原非许可		企业吸收自主择业的军转干部税收减免审批	县级地税机关	《财政部 国家税务总局关于自主择业的军队转业干部有关税收政策问题的通知》（财税〔2003〕26号）		取消
64	原非许可		企业享受苏州工业园区有限合伙制创业投资企业法人合伙人试点优惠政策的核准	县级地税机关	《国家税务总局关于苏州工业园区有限合伙制创业投资企业法人合伙人企业所得税政策试点有关征收管理问题的公告》（税务总局公告2013年第25号）		取消
65	原非许可		西部大开发税收优惠政策审批	县级地税机关	《国务院办公厅关于保留部分非行政许可审批项目的通知》（国办发〔2004〕62号）；《财政部 海关总署 国家税务总局关于深入实施西部大开发战略有关税收政策问题的通知》（财税〔2011〕58号）		取消
66	原非许可		境外注册中资控股居民企业主管税务机关的变更审批	县级地税机关	《境外注册中资控股居民企业所得税管理办法（试行）》（税务总局公告2011年第45号）		取消
67	原非许可		企业成本分摊协议是否符合独立交易原则的审核	县级地税机关	《特别纳税调整实施办法（试行）》（国税发〔2009〕2号）		取消
68	原非许可		非居民享受税收协定（含与港澳台协议）待遇审批	县级地税机关	《非居民享受税收协定待遇管理办法（试行）》（国税发〔2009〕124号）		取消
69	行政许可		市辖区养老机构设立许可	市内四区及高新区等特定区域民政部门	《民政部养老许可办法》（民政部令第48号）；河北省民政厅《河北省养老机构设立许可办法》（冀民〔2014〕53号）		取消

表 11　2015 年石家庄市衔接落实省政府调整为政府内部审批事项目录

（26 项）

序号	原项目编码	实施主体	项目名称	设定依据	实施对象	备注
1	01011	市发展改革委	市政府出资的投资项目审批	《国务院关于投资体制改革的决定》（国发〔2004〕20 号）第三部分；《国务院办公厅关于保留部分非行政许可审批项目的通知》（国办发〔2004〕62 号）第 7 项	市直各部门及其所属事业单位、人民团体、企业、社会团体	由石家庄市 7 项其他类，取消后并入该内部审批事项
2	05002	市民族宗教局	市级宗教团体负责人审批	《国务院办公厅关于保留部分非行政许可审批项目的通知》（国办发〔2004〕62 号）第 170 项；《河北省人民政府办公厅关于保留部分非行政许可审批项目的通知》（冀政办函〔2005〕15 号）第 52 项	宗教团体	由石家庄市原许可类调整为内部审批事项
3	079008	市民政局	军队离休退休干部（士官）接收安置	民政部、总政治部印发《军队离休退休干部移交政府安置交接工作办法》（政联〔2006〕11 号）；民政部、财政部、总参谋部印发《伤病残军人退役安置规定》（政联〔2009〕4 号）	军队离休退休干部、士官	由石家庄市原其他类调整为内部审批事项
4	079009	市民政局	移交政府安置的军队离退休干部护理费	《河北省民政厅关于规范移交政府安置的军队离休退休干部护理费审批的通知》（冀民〔2012〕33 号）；《关于移交政府安置的军队离退休干部护理费审批事项有关问题的通知》（冀民〔2013〕104 号）	移交政府安置的由民政部门管理的军队离退休干部（含退休志愿兵、退休士官）	由石家庄市原其他类调整为内部审批事项
5	079002	市民政局	不涉及县界的乡行政区域界线和区公所管辖区域的变更	《国务院关于行政区划管理的规定》（国发〔1985〕8 号）第六条；《河北省人民政府贯彻执行〈国务院关于行政区划管理的规定〉的通知》（冀政〔1985〕24 号）	县（市、区）政府	由石家庄市原其他类调整为内部审批事项
6	079003	市民政局	市辖区街道办事处的设立、撤销、更名、驻地迁移及管辖区域的变更	《国务院关于行政区划管理的规定》（国发〔1985〕8 号）第六条；《河北省人民政府贯彻执行〈国务院关于行政区划管理的规定〉的通知》（冀政〔1985〕24 号）	区政府	由石家庄市原其他类调整为内部审批事项
7	079004	市民政局	负责行政区域界线管理工作	国务院《行政区域界线管理条例》（国务院令第 353 号）第三条、第四条、第六条、第八条、第九条	行政区域界线毗邻方	由石家庄市原其他类调整为内部审批事项
8	079005	市民政局	行政区域界线争议调解	国务院《行政区域边界争议处理条例》第六条	行政区域界线争议的双方	由石家庄市原其他类调整为内部审批事项
9	079007	市民政局	街路、公园、广场、桥梁和居民区等名称的命名、变更	国务院《地名管理条例》（国发〔1986〕11 号）；民政部《关于颁发〈地名管理条例实施细则〉的通知》（民行发〔1996〕17 号）；《河北省地名管理规定》（省政府令〔2010〕7 号）	建设单位或者产权所有人；专业主管部门；各级人民政府	由石家庄市原其他类（地名命名、更名、标准化处理的审批）更改后调整为内部审批事项

（续表）

序号	原项目编码	实施主体	项目名称	设定依据	实施对象	备注
10	099007	市财政局	市本级行政事业单位银行账户设立审批	《国务院办公厅转发监察部、财政部、人民银行、审计署关于清理整顿行政事业单位银行账户的意见的通知》(国办发〔2001〕41号）第一条	纳入市级预算管理的有独立法人资格的各部门及所属行政事业单位	由石家庄市原其他类调整为内部审批事项
11	099008	市财政局	市直部门及其 所属单位小汽车编制及购置审批、县（市、区）部门及其 所属单位小汽车编制审批	《党政机关公务用车配备使用管理办法》(中办发〔2011〕2号）第四条、第七条；《河北省小汽车编制管理办法》(省政府令〔2011〕第10号）第八条、第十三条	市直部门及其所属单位、县（市、区）部门及其所属单位	由石家庄市原其他类调整为内部审批事项
12	119025	市国土资源局	土地转用审批（仅限批准权限在设区市政府的审批）	《河北省人民政府办公厅关于贯彻落实国家土地调控政策的实施意见》(冀政办〔2007〕2号）；《河北省国土资源厅关于印发河北省土地转用征收报批办法的通知》(冀国土资〔2014〕19号）	单位、企业、社会组织	由石家庄市原其他类调整为内部审批事项
13	359002	市外事（侨务）办公室	邀请外国来华审批	外交部关于印发《关于被授权单位办理邀请外国人来华手续的暂行管理办法的通知》(外发〔2010〕31号）	拟来华工作、学习、考察、访问、交流等的外国人	由石家庄市原其他类调整为内部审批事项
14	359001	市外事（侨务）办公室	申办因公出国护照、签证和赴港澳通行证	河北省外事（侨务）办公室转发《外交部关于同意自办签证的复函》(领三函〔1988〕125号）；河北省申办因公护照和赴港澳通行证须知	因公出国人员	由石家庄市原其他类调整为内部审批事项
15	419006	市档案局	收集档案范围细则和工作方案经上级档案行政管理部门同意后施行	《中华人民共和国档案法》第十一条；《各级各类档案馆收集档案范围的规定》第十条	县级国家档案馆	由石家庄市原其他类调整为内部审批事项
16	419007	市档案局	机关、企业档案保管期限表经同级档案行政管理部门审查同意后执行	《中华人民共和国档案法》第十五条；《中华人民共和国档案法实施办法》第十二条	石家庄市行政区域党政机关、团体、企事业单位及其他社会组织	由石家庄市原其他类调整为内部审批事项
17	38002	市发展改革委（物价局）	行政事业性收费标准审批	《中华人民共和国价格法》第18、19、20、22条；《行政事业性收费标准管理暂行办法》(发改价格〔2006〕532号）	机关、事业单位、社会组织、各类市场主体等	由石家庄市原许可类调整为内部审批事项
18		市民族宗教局	宗教教职人员备案审核	《宗教教职人员备案办法》(国家宗教局令第3号，2006年12月29日发布）第三条	宗教团体	
19		市财政局	市级预算单位公开招标以外其他采购方式审批	《中华人民共和国政府采购法》第二十七条	市级行政机关、事业单位	
20		市财政局	市级预算单位废标后采用其他采购方式审批	《中华人民共和国政府采购法》第三十七条	市级行政机关、事业单位	
21		市财政局	市本级预算收入退库审批	《中华人民共和国预算法实施条例》(国务院令第186号）第四十五条	申请退库的单位或个人	

（续表）

序号	原项目编码	实施主体	项目名称	设定依据	实施对象	备注
22		市财政局	市本级预算变更事项审批	《河北省省级预算管理规定》（省政府令〔2005〕第3号）第七条	市本级预算部门	
23		市人力资源和社会保障局	市属企业工资总额和经营者工资审批	《全民所有制工业企业转换经营机制条例》（国务院令第103号）第十九条；《关于印发〈全民所有制企业工资总额管理暂行规定〉的通知》（劳部发〔1993〕138号）第七条；《国有企业工资总额同经济效益挂钩规定》（劳部发〔1993〕161号）第二十条	市属企业	
24		县（市、区）环境保护局	提出新建地方级自然保护区的审批建议	《中华人民共和国自然保护区条例》（国务院令第167号，1994年10月9日发布）第十二条第二款	县（市、区）政府	
25		市体育局	举办全市综合性和涉外体育竞赛审批	《全国体育竞赛管理办法》（国家体育总局令第3号）第五条；《河北省体育竞赛管理办法》（省政府令〔2007〕第12号）第九条、第十四条	申请举办体育竞赛的组织和个人	
26		市统计局	省以下人民政府统计机构单独制定或者与同级有关部门共同制定的地方统计调查项目审批	《中华人民共和国统计法》第十二条	设区市统计局、县（市、区）统计局	

表12　2015年石家庄市衔接落实省政府调整行政权力类别事项目录

（13项）

序号	原项目编码	项目名称	调整后类别	实施主体	实施依据	实施对象	备注
1		市级烈士纪念设施保护单位审核	行政确认	市民政局	《烈士褒扬条例》（国务院令第601号）第二十四条；民政部《烈士纪念设施保护管理办法》（民政部令第47号）第七条	烈士纪念设施保护单位	参照省新增事项
2	7002	福利企业资格认定	行政确认	市民政局	民政部《福利企业资格认定办法》	企业	原为石家庄市许可类
3		延长危险废物贮存期限的审批	行政确认	市、县级环境保护部门	《中华人民共和国固体废物污染环境防治法》第五十八条	危险废物产生单位	省下放事项，列入石家庄市确认类
4	359004	归侨、侨眷、港澳同胞及其眷属身份确认；“四侨”考生身份认定	行政确认	市外事（侨务）办公室	《河北省实施〈中华人民共和国归侨侨眷权益保护法〉办法》（冀政侨字〔2008〕3号）第三条、第十一条、第二十六条	归侨、侨眷、港澳同胞及其眷属；归侨学生、归侨子女、华侨在石家庄市内的子女、侨眷高级知识分子子女	原为石家庄市其他类

（续表）

序号	原项目编码	项目名称	调整后类别	实施主体	实施依据	实施对象	备注
5	359005	归侨职工退休生活补贴审批	行政确认	市外事（侨务）办公室	《河北省实施〈中华人民共和国归侨侨眷权益保护法〉办法》（冀政侨字〔2008〕3号）第十五条	退休归侨职工	原为石家庄市其他类
6	38001 38002	省定价目录内授权设区市人民政府的重要商品与服务价格审定	其他类	市发展改革委（物价局）	《中华人民共和国价格法》第十九条；《河北省定价目录》（冀价政调〔2015〕143号）	各类市场主体、机关、事业单位、社会组织	对应将石家庄市2项许可类“工农业产品价格”“综合性收费”更改后调整为此项
7		对企业汇总缴纳增值税的审批	行政征收	市国税局、县（市、区）国税局	《中华人民共和国增值税暂行条例》（国务院令第538号）第二十二条	纳税人	
8		农产品增值税进项税额核定扣除标准的核准	行政征收	市国税局、县（市、区）国税局	《财政部 国家税务总局关于在部分行业试行农产品增值税进项税额核定扣除办法的通知》（财税〔2012〕38号）附件1第十三条	纳税人	
9		对企业汇总缴纳消费税的审批	行政征收	市国税局、县（市、区）国税局	《中华人民共和国消费税暂行条例实施细则》（财政部 国家税务总局令第51号）第二十四条；《国务院办公厅关于保留部分非行政许可审批项目的通知》（国办发〔2004〕62号）第128项	纳税人	
10		白酒消费税计税价格的核定审批	行政征收	市国税局、县（市、区）国税局	《中华人民共和国消费税暂行条例实施细则》（财政部 国家税务总局令第51号）第二十一条；《国家税务总局关于加强白酒消费税征收管理的通知》（国税函〔2009〕380号）	纳税人	
11		逾期申报退（免）税批准	行政征收	市国税局、县（市、区）国税局	《国家税务总局关于〈出口货物劳务增值税和消费税管理办法〉有关问题的公告》（国家税务总局公告2013年第12号）第二条	纳税人	
12		预约定价期满后对需要续签的企业核准	行政征收	市国税局、县（市、区）国税局	《国家税务总局关于印发特别纳税调整实施办法（试行）的通知》（国税发〔2009〕2号）第五十七条、第五十八	纳税人	
13		税务师税务所设立审批	其他类	市国税局、县（市、区）国税局	《注册税务师管理暂行办法》（国家税务总局令第14号）；《国家税务总局关于有限责任税务师事务所设立分所有关问题的通知》（国税发〔2007〕47号）；《国家税务总局办公厅关于税务师事务所设立审批管理方式的通知》（国税办发〔2009〕5号）；《注册税务师资格制度暂行规定》（人发〔1996〕116号）第二十四条第三款	税务师税务所及其分所	

（市政府办公厅）

人力资源和社会保障

【概况】 2015年，市人力资源和社会保障系统围绕“民生为本、人才优先”主线，落实市委、市政府《关于大力引进高层次科技创新创业人才的意见》，举办就业“春风行动”“石家庄市第八届高级人才洽谈会暨应届毕业研究生招聘会”，组织5家医院、10家医药企事业单位组建联合招聘团，与北京院校322名高层次人才达成就业意向。2015年石家庄市就业局势总体稳定，全年城镇新增就业10.2万人，城镇登记失业率3.53%，控制在省下达指标4.5%以内；农村劳动力转移就业5.33万人。全市发放小额担保贴息贷款2.78亿元，直接扶持创业4600人，间接带动就业13688人。2015年石家庄市共有生源高校毕业生5.1万人，实现就业5.01万人，就业率98.3%；高校毕业生登记失业率为零。开展“就业援助月”活动，走访就业困难人员和零就业家庭1874户，帮助就业困难人员实现就业1293人；向符合条件企业和职工发放救助资金310.88万元、补贴812.09万元。加强人事管理，编制《石家庄市2015年度政府系统事业单位招聘计划》，完成2015年度公务员录用省市县乡四级联考、事业单位工作人员公开招聘、事业单位专业技术人员空岗补聘和新成立、合并、增减编制事业单位岗位设置，全面实施县以下机关职务与职级并行制度。严格公务员管理、考核和表彰奖励，开展公务员培训，全年举办公务员培训班9期，参训人员590人。安置2015年度381名计划分配军转干部，为企业军转干部发放生活补贴和养老金补贴3270万元。以推动公共服务均等化为目标，加强公共服务平台建设，开展乡镇基层人力资源社会保障平台试点，成功向省人力资源和社会保障厅申报新华区等7个县（市、区）19个试点，争取省级“以奖代补”资金138万元。提高全市人力资源和社会保障系统信息化水平，推进“互联网＋社保缴费”平台建设，探索开展医疗保险个人账户移动支付办理服务。2015年市人力资源和社会保障系统网上服务大厅和“掌上人社”客户端申报用户超过1.5万户，访问量超过310万人次。落实依法行政要求，在市人力资源和社会保障局门户网站公布12项监管清单、108项权力清单、18项责任清单及119项业务流程图，依法开展政府信息公开、行政应诉和行政复议工作。至2015年底，全市城乡居民参加养老保险人数399.8万人，同比增加6.9万人，其中城镇医疗保险人数289.9万人，同比增加3.6万人；失业保险人数91.6万人，同比增加1.2万人；工伤保险人数141.8万人，同比增加8.2万人；生育保险人数136.9万人，同比增加4.7万人。

（林建春）

【《关于大力引进高层次科技创新创业人才的意见》】 5月8日，市委、市政府印发《关于大力引进高层次科技创新创业人才的意见》。主要内容：实施创新驱动战略，吸引国内外高层次科技创新创业人才或团队（掌握具有自主知识产权核心技术，具备市场化、产业化条件，其科技创新成果能在石家庄市转化落地，并取得明显经济效益的人才或团队）到石家庄市创业发展，为引进人才或团队提供良好的创业环境、融资支持、生活待遇和创业服务，用新产品、新技术、新业态、新模式促进转型升级，加快建设创新型城市。1.对拥有先进技术和自主知识产权的人才或团队到石家庄市实施科技成果项目转化的，经评审后分别给予100万元至300万元的科研经费支持；对掌握国际领先技术、生成重大项目并带动新兴产业的，经评审后分别给予1000万元至5000万元的项目支持资金。2.为人才或团队研发、孵化和项目落地提供有力支持。人才或团队拥有的项目或技术在未取得建设用地之前，可优先到各类孵化器创业，2～3年内免除50%的租房费用，当年最高不超过50万元；租赁厂房直接生产销售的，2年内解决房屋租赁费用问题，当年最多不超过200万元；条件成熟时到产业园区内落地的，在项目选址、配套条件、要素成本等方面给予保障。3.根据人才或团队需求，推荐石家庄市优势企业与其开展合资合作，最大限度支持其科研成果股份占比的合法权益，优先申报国家和省、市高新技术企业评定。鼓励人才或团队与优势企业共建实验室、研发中心等研究机构，优先申报国家和省、市科研平台评定，对同步推进项目落地及市场开拓工作的，享受国家和省、市鼓励创新成果产业化的扶持政策。4.鼓励人才或团队所在的原创机构与石家庄市优势企业或产业投资平台开展合资合作，最大限度保障原创机构的权益，新建企业享受国家和省、市规定的产业扶持政策，促进创新成果尽快产业化、市场化。5. 对入选国家“千人计划”“长江学者”和河北省“百人计划”的人才带项目到石家庄市创业工作，在国内首次落地的，经评审后给予 300 万元～ 500 万元的科研经费支持。6. 鼓励高层次人才以专利权、商标权、著作权等知识产权作价出资，其比例最高可占注册资本的 70%。7. 针对人才或团队设立“科技成果转化引导基金”。全市每年安排 6 亿元引导资金，市级财政 3 亿元，县（市、区）级财政 3 亿元。引导资金 70% 用于募资成立创投公司，开展创业投资，提供阶段参股、跟进投资和融资担保等服务；引导资金 30% 用于所涉及所有资金支出。8. 对获得创业投资的人才或团队创业企业，给予不超过投资额 50%、最高不超过 2000 万元的政策性担保。对获得银行贷款的，按不同贷款额度分别给予 50% ～ 100% 贷款贴息补助，当年最高不超过 1000 万元。根据落地高新技术项目进度、规模和研发需求，适时提供融资服务。9. 科技创新企业生产经营运转正常后，创投公司投资的权益投资可根据企业意愿退出，投资收益不低于银行同期贷款利息。10. 为新引进人才提供购房补贴，对带动领先技术重大项目落地的人才一次性给予 100 万元，对带动领先技术项目落地的一次性给予 80 万元，对带动先进技术项目落地的一次性给予 60 万元。对租住房屋的据实报销，每年租房报销总额不超过 5 万元。11. 为人才或团队配备保健医生，建立健康档案，提供健康指导和医疗保健跟踪服务，每年免费体检一次。12. 在人才或团队引进初期，由市政府责成接收单位及主管部门按照“高于原创业地”原则，商定劳动报酬待遇，并由市人力资源和社会保障局等部门协调落实社保、医保接续工作。13. 人才或团队家属有就业愿望的，在政策允许前提下，最大限度满足本人就业意愿。子女接受义务教育的，由当地教育行政部门协调安排学校就读。有落户要求的，即报即批。按照国家有关规定和程序，帮助符合条件的外籍高层次人才及其随迁外籍配偶和未满 18 周岁未婚子女办理《外国人永久居留证》。对于尚未获得《外国人永久居留证》的高层次人才及其配偶和未满 18 周岁子女，需多次临时出入境的，帮助办理 2 ～ 5 年有效期外国人居留许可或多次往返签证。14. 对人才或团队创业项目落地实施全程代办服务，由市政府成立专门班子全程代办公司注册、立项、外汇资本金结汇、环评、规划、建设及租赁等各项手续和相关事务。15. 根据人才或团队需求，帮助其组建研发团队，协调研发设备，推荐协作企业，并在政府采购、市场拓展、融资服务、外包业务、政策咨询等方面给予必要支持。16. 设立高层次科技创新创业人才办公室，负责对人才或团队工作的综合协调、督促、落实，及时解决人才或团队在创业发展中遇到的困难和问题。

【《石家庄市小额担保贷款实施细则》】 2015 年 1 月，《石家庄市小额担保贷款实施细则》印发实施，有效期至 2019 年 3 月 20 日。主要内容：毕业 2 年内普通高校毕业生最高贷款额度 20 万元；普通高校毕业生最高贷款额度 10 万元；妇女最高贷款额度 8 万元；其他符合条件人员最高贷款额度 5 万元。合伙经营与组织起来就业的经营实体，毕业 2 年内普通高校毕业生（合伙人均为毕业 2 年内高校毕业生）最高贷款额度为 60 万元；其他合伙经营与组织起来就业的，妇女和其他普通高校毕业生最高人均贷款额度为 10 万元，其他人员人均贷款额度为 5 万元，最高不超过 40 万元。劳动密集型小企业最高贷款额度保持不变，仍为 200 万元。个体经营及合伙经营与组织起来就业的自主创业人员发放的小额担保贷款，贷款利率在中国人民银行公布的同期限贷款基准利率基础上上浮 3 个百分点，财政部门给予全额贴息；劳动密集型小企业发放小额担保贷款，财政部门按照中国人民银行公布的同期限贷款基准利率 50% 给予贴息。小额担保贷款本金实行到期一次性归还，贷款期限最长为 2 年。市本级负责办理市内区（桥西区、长安区、裕华区、新华区、高新区）从事个体经营及合伙经营与组织起来就业的自主创业人员、劳动密集型小企业申请小额担保贷款和井陉矿区劳动密集型小企业申请小额担保贷款。井陉矿区、鹿泉区、藁城区、栾城区、正定县、井陉县负责办理本行政区域内从事个体经营及合伙经营与组织起来就业的自主创业人员的小额担保贷款。与 2014 年相比，调整后小贷贷款申请增加了人力资源和社会保障部门、财政部门、人民银行分支机构“三方联合会审”，贷款程序变得严格。

（市委、市政府文件）

【就业创业】 2015年全市城镇新增就业10.2万人，完成全年任务（9.52万人）107%；城镇登记失业率3.53%，控制在省下达4.5%以内；农村劳动力转移就业5.33万人，完成全年任务（5.15万人）103%，就业局势总体稳定。落实就业创业政策，以市政府名义印发出台《关于进一步做好新形势下就业创业工作的实施意见》，从财政支持、税费减免、金融支持、强化服务等方面提出26项具体举措。2015年全市发放小额担保贴息贷款2.78亿元，直接扶持创业4600人，间接带动就业13688人。重视做好高校毕业生就业，2015年石家庄市共有回市生源高校毕业生5.1万人，实施就业5.01万人，就业率98.3%，登记失业率为零。出台高校毕业生创业政策、高校毕业生网络创业认定办法，举办驻石家庄高校创新创意创业成果展，参展项目200余个。与河北广播电台合作举办“出彩人生”《创富非常道》高校行活动，开展创业大讲堂、项目路演、企业现场招聘、优秀创业项目展示等活动，为2000多名师生提供就业创业指导服务。引导高校毕业生到基层就业，开发社区（乡镇）基层管理岗位800个、见习岗位2000个。搭建供需对接平台，组织举办各类招聘活动510场，提供就业岗位31万个。2015年2月初至3月底，全市组织开展以“搭建供需平台，促进转移就业”为主题“春风行动”专项活动，共举办招聘会70多场（次），进场单位1856家，提供就业岗位12.7万个，进场求职者18.1万人（次），达成就业意向5.82万人。2月28日，2015年全国工会就业援助月暨推进京津冀协同发展大型求职招聘会在石家庄市启动。全国总工会副主席、书记处书记江广平，河北省委副书记赵勇，省人大常委会党组副书记、省总工会主席王增力，市长王亮等出席活动。此次招聘会由全国总工会主办，河北、北京、天津、山东、江苏、内蒙古等省（市）总工会及河北省人力资源和社会保障厅、教育厅、工商联和市政府协办，市总工会承办。主要服务对象为外出务工农民工、困难职工家庭高校毕业生及产能过剩行业下岗失业人员。来自全国各地560家企业和就业服务机构进场招聘，提供岗位73000余个。职位涉及汽车制造、电子信息、金融服务、生物科技、医药化工、交通物流、餐饮旅游、家政服务等领域。落实援企稳岗工作要求，转发省人力资源和社会保障厅《关于进一步做好援企稳岗工作的通知》，将政策扩大至所有符合条件企业；完成6家企业资格认定和补贴资金审核，发放补贴3601.6万元，惠及职工2.36万名。开展“就业援助月”活动，走访就业困难人员和零就业家庭1874户，帮助就业困难人员实现就业1293人；为符合条件企业和职工发放救助资金310.88万元、各类补贴812.09万元。促进农村劳动力转移就业，举办农村劳动力转移就业招聘会70多场（次），提供就业岗位12.7万个。

【人才引进】 以提升创新能力为核心，以高层次、高技能人才为重点，创新人才引进机制，搭建人才交流平台，为转型升级、协同发展提供人才智力支撑。11月28日，由市人力资源和社会保障局组织举办“石家庄市第八届高级人才洽谈会暨应届毕业研究生招聘会”在市人才市场举行。本届高级人才洽谈会吸引海内外众多硕士、博士参会，参会人数达到2500余人；达成意向1023人，其中博士37人（包括1名美国归国博士、1名中国科学院博士）、硕士986人。组织40余家重点企业、医疗医药单位至沈阳市、北京市举办校园招聘会。12月3～4日，市人力资源和社会保障局组织市级5家医院和石药集团、神威药业、以岭药业、常山生化、石家庄四药10家医药企事业单位，组成联合招聘团，参加由北京大学医学部、协和医学院、首都医学院、北京中医药大学举办的驻北京4所医学院校2016届毕业生联合校园招聘会。这也是石家庄市首次赴北京参加校园招聘活动，主要是为石家庄市医疗医药行业引进急需岗位的硕士、博士以上高层次人才。此次招聘活动，包括石家庄市、北京市、深圳市、厦门市医疗企事业单位共174家同台竞争，石家庄市10家单位接待咨询人数835人，达成就业意向322人，其中博士29人、硕士263人。至2015年12月底，全市引进高层次人才1352人。

【人才管理】 2015年全市选拔推荐各级各类专家93人，专家总数达到1423人。新增博士后科研工作站2家、博士后创新实践基地8家，全市博士后科研工作站达到8家，创新实践基地达到19家。加强高技能人才培养，举办“技能振兴杯”电视职业技能大赛和职业技能大比武活动，其中职业技能大比武活动举行5次，参与人数达到8000人；新培养高级工以上技能人才2.9万人。完善人才评价机制，重新组建中级职称评审委员会，落实职称申报“双承诺”制度，建立弄虚作假单位及人员“黑名单”。2015年全市申报高、中级专业技术职务任职资格1.1万人，发放各类全国统考专业资格证书4.2万册。重视引智工作管理，全年完成国家引智项目12个、省级引智项目5个，引进外国专家68人次。承办河北省国际教育人才项目推介会，石家庄市签署合作协议4个。

【劳动关系总体稳定】 各群体工资收入保持均衡增长。推进企业实施工资集体协商方式，73户企业办理工资集体协商备案。机关事业单位在职工作人员调整基本工资和离退休人员增加离退休费办理完毕，全市机关事业单位在职人员平均月增资382元，离退休人员平均月增资387元。开展第四次企业薪酬和公务员工资水平调查。将全市11539户企业81.9万职工纳入劳动用工备案系统。批准劳务派遣行政许可企业208家、特殊工时制度企业25家。加强劳动保障监察执法，落实治理欠薪“三金”“三机制”“一人罪”制度。开展劳动派遣用工、农民工工资支付、清理整顿人力资源市场秩序、用人单位遵守劳动用工和社会保险法律法规等专项检查，2015年全市检查用人单位8411户，受理举报投诉案件3212件，督促用人单位补签劳动合同1.4万份、补缴社会保险费959万元，为5.3万名农民工追讨工资3.89亿元。重视做好劳动人事争议和信访稳定工作，2015年全市受理劳动争议案件3023件，接待来信来访179批件次，受理和承办各类信访事项58件，均按规定得到妥善处理。

【居民社会保障】 以保险扩面和基金征缴为重点，完善居民社会保障制度。落实企业职工养老保险省级统筹政策，规范参保登记、缴费申报、基数核定、待遇发放等环节管理。按照省人力资源和社会保障厅《关于机关事业单位工作人员养老保险制度改革的实施意见》，做好机关事业单位养老保险制度改革准备，预留全市机关事业单位工作人员养老保险和职业年金个人缴费部分资金。调整医保个人账户使用范围，制定慢性白血病特殊用药管理办法。建筑业从业人员按项目参加工伤保险顺利推进。社会保险覆盖面扩大。至2015年底，全市城乡居民参加养老保险人数399.8万人，同比增加6.9万人。全市城镇职工参加基本养老保险人数210.0万人，同比增加10.5万人。其中，在职人员159.9万人，增加8.1万人；离退休人员50.1万人，增加2.4万人。全市城镇参加医疗保险人数289.9万人，同比增加3.6万人。其中，城镇职工141.6万人，增加2.2万人；城镇居民148.3万人，增加1.4万人。全市参加失业保险人数91.6万人，同比增加1.2万人；工伤保险人数141.8万人，同比增加8.2万人；生育保险人数136.9万人，同比增加4.7万人。社会保险待遇提高。2015年石家庄市连续第11年提高企业退休人员养老金待遇，月人均养老金达到2040元。居民医疗保险补助标准提高至380元，人均筹资水平达到500元左右。2015年末，城乡居民基础养老金提高到每人每月75元。社会保险待遇经办管理能力提升。企业养老工伤保险统一软件正式上线运行，省内异地就医结算系统开通。贯彻省政府《河北省基本医疗保险监督管理办法》，开发医疗保险基金智能监控系统，严格医疗保险费用管理。市社会劳动保险事业管理局列入第二批国家级社会管理和公共服务标准化试点。社会保障卡发放及应用加快，至2015年12月底，全市累计发卡650万张。

（林建春）

【连续11年增加企业退休人员养老金】 根据省人力资源和社会保障厅、省财政厅《关于2015年调整企业退休人员养老金有关问题的通知》，1月1日起，石家庄市调整增加企业退休人员养老金。调整范围：2014年12月31日前按规定办理退休手续人员（含退职人员，不含执行冀劳社〔2001〕72号文件规定的离休人员和符合原劳动人事部劳人险〔1983〕3号文件退休的建国前参加革命工作的老工人）。调整标准：退休人员每人每月增加100元，退职人员每人每月增加55元；退休退职人员缴费年限（含视同缴费年限）每满一年（不足一年按一年计算），月增加基本养老金3.5元；退休退职人员每人每月按照本人2014年12月基本养老金标准0.5%增加基本养老金。在普调基础上，全市以下人员再增加基本养老金：截至2014年12月31日，退休退职人员年龄满71周岁至75周岁（含75周岁），每月增加40元；76周岁至80周岁（含80周岁），每月增加50元；81周岁以上，每月增加60元。符合冀劳社〔2009〕3号和冀劳社办〔2009〕19号文件规定范围的艰苦地区退休退职人员，按照所在地艰苦边远地区类别增加基本养老金：一类地区每月增加5元，二类地区每月增加10元，三类地区每月增加15元。驻省外艰苦边远地区的用人单位退休退职人员，当地艰苦边远地区类别高于河北省艰苦边远地区类别每月增加20元；与河北省艰苦边远地区类别相同，按河北省艰苦边远地区类别调整标准增加养老金。企业退休军转干部此次调整后基本养老金达不到当地（当年）企业退休人员平均养老金水平，按照国家文件及河北省有关规定补足到当地企业退休人员平均养老金水平。1998年9月30日冀劳〔1998〕65号文件实施前，因工全残职工退出工作岗位退休并纳入养老保险基金支付养老金人员，此次调整月增加额达不到207元，补足到207元。

（政府文件）

外事侨务

【概况】 2015年，市外事侨务系统围绕“服务国家外交、服务地方发展”总体思路，采取“走出去”“请进来”方式，推进经济社会发展、国际交流和经贸合作。全年审批或审核因公出国赴港澳团组91批260人次，其中，党政人员出访127人次，市级领导16人。邀请美国艾奥瓦州代表团等来石家庄访问团组50批430余人。加强外事管理，印发《关于调整因公出国赴港澳请示件制式的通知》，公开办理流程，实行外事管理透明运行。2015年市外事侨务系统办理面像和指纹采集160余人，办理护照签证和赴港澳通行证64批252人次，审批办理企事业单位邀请外国人来华882批1769人，为23家企业53人申办APEC商务旅行卡；依法邀请2批5名外国记者到石家庄采访；协调处置涉外突发事件3起、领事保护事件4起。

【对外交往】 10月10～18日，省委常委、市委书记孙瑞彬率市友好经济代表团访问加拿大和美国期间，参加美国得梅因市政府庆祝得梅因——石家庄两市结好30周年纪念活动，共同签署《两市深化友好合作关系协议书》；与美国旧金山市签署《石家庄市与旧金山市建立友好合作关系意向书》；市人力资源和社会保障局与美中硅谷协会签署建立人才工作站意向书；河北四方通信设备有限公司与加拿大中国光纤北美总部F-Pacific公司签订新材料陶瓷插芯项目合作协议，与美国UL保险商实验室签订战略合作协议；石家庄君乐宝乳业与加拿大给力乳业签订共同建设婴幼儿奶粉生产线项目合作协议，双方拟共同出资10亿元，建设年产3万吨婴幼儿奶粉；河北天山集团与美国硅谷美亚经济文化协会签订在石家庄建立硅谷技术孵化器基地意向书。2015年8月，副市长孟祥红率市经济文化代表团访问德国和捷克期间，启动石家庄市与捷克利贝雷茨市、布尔诺市，与德国波茨坦市建立友好关系；推动河北康旅控股集团公司分别与德国林德集团、捷克Koupelny公司达成合作意向；石家庄满友医疗器械公司与捷克利贝雷茨MZ Liberec有限公司达成医疗器械合作生产销售意向。4月25～27日，韩国天安市市长具本玲、议会议长朱明植率团访问石家庄市，出席2015年正定国际小商品博览会。2015年4月，瑞典法尔肯贝里市乒乓球代表团访问石家庄市，与河北六通乒乓球俱乐部、正定国家乒乓球训练基地签署乒乓球交流及学员培训合作意向书。2015年5月，石家庄市医药园林代表团访问日本长野市，达成2016年在石家庄植物园共建中日友谊樱花园意向、市三院与长野市民医院骨癌治疗技术合作意向。2015年8月、11月，石家庄市与日本长野市中学生代表团开展实现互访，并举办夏令营和青少年画展等活动。2015年8月，石家庄市代表团携50幅青少年书画作品赴韩国金泉市参加第五届中日韩青少年美术交流展。

【对外合作】 意大利时尚协会主席率团来石家庄访问期间，考察和推动“藁城奥特莱斯欧洲度假小镇”项目。德国AGN国际集团及中国建材集团访问石家庄期间，决定在元氏县经济开发区投资50亿元建立PC新型建材基地。瑞典瑞华商会会长李亨利来石家庄访问期间，与河北康辉旅行社洽谈旅游项目合作。河北康辉旅行社与瑞典格路比亚旅游服务公司开展双向通航旅游合作，签署合作框架协议。波兰马佐夫舍省省长斯特鲁齐克等访问石家庄期间，考察君乐宝乳业有限公司。澳大利亚南澳州教育部代表团来石家庄访问期间，参观考察第54中学，石家庄精英教育集团及其双语幼儿园、小学、中学和河北传媒大学，双方就国际教育合作开展洽谈，达成初步合作意向。日本长野市直富商事株式会社3次派团到石家庄考察，向赞皇县孤山村希望小学捐款50万日元及部分学习用品，邀请该小学毕业生及家长赴日交流。11月13日，美国南加州市长及企业家商务代表团到石家庄市访问交流，举办“石家庄—美国南加州市长及企业家项目合作恳谈会”。

【为侨服务】 走访全市8个县（市、区），慰问50户106名贫困归侨，40名侨界知名、重点人士，30家在石家庄投资置业侨资侨属企业。为43名“四侨”考生开具招生加分证明。成立石家庄市为侨资企业服务法律顾问团，开展向侨胞提供便捷法律服务活动。发放《侨务法律法规政策汇编》《中国公民境外领事保护手册》《石家庄市外事侨务工作专辑》2000余册，接待来信来访和咨询123人次，协调处理海外侨胞来信来访事宜4件。办理面像和指纹采集160余人，办理护照签证和赴港澳通行证64批252人次，审批办理企事业单位邀请外国人来华882批1769人，为23家企业53人申办APEC商务旅行卡；依法邀请2批5名外国记者到石家庄采访；协调处置涉外突发事件3起、领事保护事件4起。加强与中东欧国家重点侨团侨领和重点人士联络，邀请捷克华商联合会会长汪万明、匈牙利华人联合总会会长袁东林、捷克医疗气配送中心董事会主席马汀到石家庄市访问，考察建陶市场、旅游、房地产业、酒店、医疗器械、面粉机械、畜牧养殖等行业领域。其中，捷克医疗气配送中心与石家庄市满友医疗器械实业有限公司签订引进老年残障自动扶梯项目合作书。2015年7月，市外事侨务部门组织10家企业参加“武汉华创会”，举办石家庄生物医药对接洽谈会等专场活动。至2015年末，全市接待来访华侨华人16批80余人次，与300余名海外华侨华人、30余家侨社建立联系关系。

（杨春丽）

经济研究

【概况】 2015年，市政府研究室以“服务大局、服务发展、服务决策”为引领，主动作为，同心协力，较好完成重要文稿起草、重点课题研究任务。全年起草各类综合材料88篇，其中直接为市政府主要领导起草重要文稿47篇；撰写调研报告28篇，其中编印《决策参考》11期，市领导批示率90％以上。主要起草完成市政府2015年《政府工作报告》，国务院“稳增长、促改革、调结构、惠民生”政策落实督导组和国家审计署到石家庄市开展督查、复查上报《自查报告》，向省政府上报《关于石家庄市“十二五”工作总结和“十三五”工作谋划的报告》《关于贯彻落实〈京津冀协同发展规划纲要实施意见〉的建议》文稿、向国务院副总理汪洋报送《石家庄供销社发展情况的汇报》、向省委综合督导组报送《关于石家庄经济社会发展主要情况的报告》等。撰写《靠改革引领发展 用创新破解难题——元氏县加强建设用地管理、规范建设市场秩序及推进煤炭市场综合治理的调查与启示》《关于在我市建立全省首家科技银行（支行）的建议》《关于在我市开展科技创新券政策试点的建议》《关于我市科技孵化器待毕业企业发展情况的调查与建议》《关于开展农村土地承包经营权抵押贷款的建议》《立足优势 创新理念 大力推进传统农业转型升级——栾城区发展现代都市农业的调查与启示》《关于小学生免费托管服务试点情况的调查及建议》《借鉴先进地区经验 加快建设国家现代农业示范区的建议》《关于我市中心城区发展都市楼宇工业的思考与建议》等专题调研报告。2015年市政府研究室获得国务院发展研究中心信息交流先进单位荣誉称号；市政府研究室主办市政府机关刊物《石家庄经济》连续第九年获评省会“双十佳”出版物。

【重要文稿起草】 发挥职能作用、当好参谋助手，做好市政府主要领导重要文稿起草。圆满完成市政府2015年《政府工作报告》起草任务，按法定程序顺利提交市人民代表大会十三届三次会议审议。根据国务院“稳增长、促改革、调结构、惠民生”政策落实督导组和国家审计署到石家庄市开展督查、复查要求，起草完成市政府主要领导交办由政府研究室牵头，以市委、市政府名义起草《自查报告》任务。接受重要综合文稿起草任务，完成市政府向省政府上报《关于石家庄市“十二五”工作总结和“十三五”工作谋划的报告》《关于贯彻落实〈京津冀协同发展规划纲要实施意见〉的建议》文稿、向国务院副总理汪洋报送《石家庄供销社发展情况的汇报》、向省委综合督导组报送《关于石家庄经济社会发展主要情况的报告》等文稿起草。按照市政府主要领导要求，结合党中央、国务院，河北省委、省政府及石家庄市委对政府工作最新要求，起草完成《关于加强政府自身建设的若干规定》，提出建设“创新型政府、实干型政府、服务型政府、法治型政府、廉洁型政府”要求，经市政府常务会议研究审议通过，成为首个加强政府自身建设纲领性文件。起草完成市政府主要领导在2015年第一季度和半年全市经济形势分析会议上的讲话、首届世界冀商大会主题会议推介词、国家开发银行座谈会发言，经济技术开发区调研时的讲话、接受中国新闻网《手足相亲 守望相助——百名市领导谈城市民族工作》发言等文稿。

【重点课题研究】 加强与先进城市交流，围绕改革重点课题开展调查研究。以破解土地制约瓶颈问题为主题，撰写《靠改革引领发展 用创新破解难题——元氏县加强建设用地管理、规范建设市场秩序及推进煤炭市场综合治理的调查与启示》调研报告。以市科技型中小企在运行中实际需求和迫切愿望为主题，撰写《关于在我市建立全省首家科技银行（支行）的建议》《关于在我市开展科技创新券政策试点的建议》《关于我市科技孵化器待毕业企业发展情况的调查与建议》等专题调研报告。以新形势、新任务、新要求为主题，撰写《关于开展农村土地承包经营权抵押贷款的建议》《立足优势 创新理念 大力推进传统农业转型升级——栾城区发展现代都市农业的调查与启示》《关于小学生免费托管服务试点情况的调查及建议》《关于开放我市中小学校体育场馆的对策建议》《涉企检查收费专项报告》《关于我市家庭农场发展情况的调查与建议》《借鉴先进地区经验加快建设国家现代农业示范区的建议》《关于推进我市休闲农业发展的建议》《重庆市建设楼宇产业园对我市的启示》《关于我市中心城区发展都市楼宇工业的思考与建议》等专题调研报告。

石家庄市政府研究室

主　任：张雪峰

副主任：张福久　梁德忠

（谷鹏）

地方志工作

【概况】 2015年，市地方志办公室贯彻落实《地方志工作条例》《河北省地方志工作规定》和全国第五次地方志工作会议精神，全面推进二轮修志扫尾攻坚、年鉴县（市、区）全覆盖、旧志整理和理论研究。志书编纂。石家庄市第二轮修志规划县市区志任务21部，至2015年末，累计出版14部，完成县（市、区）分别为：正定县、栾城区、新乐市、鹿泉区、平山县、井陉县、赵县、赞皇县、长安区、裕华区、晋州市、元氏县、桥西区、桥东区；《藁城区志》正在终审修改补充；《深泽县志》《无极县志》2部志书二审完毕；《高邑县志》《灵寿县志》《新华区志》《石家庄市志》4部志书正在编纂。编修部门志、行业志13部，出版印刷8部；编修乡镇志110部，出版或交付出版16部。2015年石家庄市编修县市区志完成总体任务67%，编修部门志、行业志完成总体任务62%；石家庄市鹿泉区村志编纂得到河北省委副书记赵勇等领导批示肯定，要求全省推广学习鹿泉区做法和经验。综合年鉴。石家庄市规划综合年鉴全覆盖县（市、区）任务21部，至2015年末，累计出版综合年鉴县（市、区）达到11个，分别为桥西区、藁城区、鹿泉区、栾城区、晋州市、井陉县、正定县、赵县、行唐县、元氏县、赞皇县，覆盖率达到52%。10月22日，《深泽年鉴》（首卷）编纂启动并召开全县年鉴业务培训会议，规划记述起止时间为2011年1月1日至2014年12月31日。2015年12月，《石家庄年鉴2015》总第20卷交付印刷，年末石家庄市出版综合年鉴12部。地情资源开发利用。2015年石家庄市各级地方志工作机构围绕党委、政府中心工作，适时编纂出版反映本地经济、社会和文化发展地情文献，助力当地精神文明建设。石家庄市本级规划整理旧志84部，分三批出版，其中第一批18部旧志78卷印刷出版。2015年石家庄市出版旧志27部，完成旧志整理45部；石家庄市21个县（市、区）整理旧志20余部，其中，正定县、行唐县、井陉县旧志整理印刷出版，赞皇县、灵寿县、深泽县、栾城区正在开展明清朝代时期旧志整理和校勘。2015年由石家庄市地方志办公室组织整理编辑《史说石家庄》《图说石家庄》初稿总纂完毕。

【鹿泉区旧志整理】 2015年4月，由鹿泉区史志编纂委员会办公室主任齐海群指导整理，采用原版修复翻印、内部出版方式，印刷出版嘉靖版《获鹿县志》、乾隆元年版《获鹿县志》、乾隆四十六年版《获鹿县志》3部旧志。至2015年末，鹿泉区整理和出版旧志8部，分别为：明嘉靖三十五年《获鹿县志》、清乾隆元年《获鹿县志》、乾隆四十六年《获鹿县志》、光绪七年《获鹿县志》、光绪年间《获鹿县乡土志》、民国二十年《鹿泉文献》、日伪时期增编光绪《获鹿县志》、民国二十九年新民会中央总会出版《获鹿县事情》。

【鹿泉区村志编纂】 2012年4月25日，鹿泉市召开村志工作动员会，启动大规模编修村志工作。到2015年底，鹿泉区208个村中177个村启动村志编写，其中31个村24部村志印刷出版。《栈道村志》：2015年1月采用内部书号方式出版，正16开24.3万字；主编王书朝，副主编高忠堂。该志上溯不限，下限至2013年。采用章、节、目结构，以概述、大事记统览，设村庄概况、自然环境自然资源、人口、党政建设等19章，附录载有媒体报道等资料。《牛山村志》：2015年1月采用内部书号方式出版，正16开40万字；主编杜景书。该志上溯不限，下限至2012年。以概述、大事记统览，设村庄建立与历史沿革、自然环境与资源、人口、村政沿革及党组织等18章，随文插有大量彩图。《东辛庄村志》：2015年9月采用内部书号方式出版，正16开20.5万字，主编李春义。该志上溯自公元1418年，下限至2014年底。采用章、节、目结构，前置概述、大事记，按照溯源、环境、党政、经济、民生、古迹、文物、家族和人物排序，真实记录村庄发展历程。《北胡庄村志》：2015年9月采用内部书号方式出版，正16开20万字；主编张书贵，副主编张秋顺。该志时限自先商至2013年底。采用章、节、目结构，按照追踪溯源、位置环境、隶属沿革、党政建设等顺序排列，编写规范，挖掘资料丰富，附录部分保存有历代地契、田房草契、地产证契等资料。《黄岩村志》：2015年10月采用内部书号方式出版，正16开40万字；主编刘新立，副主编刘建利。该志上溯不限，下限至2014年12月底。采用编、章、节、目结构，以概述、大事记统览，按照政区·人口、党政·军事、经济等顺序排列，篇目设置合理有序，资料挖掘具有深度。《岸下村志》：2015年10月采用内部书号方式出版，正16开26.4万字，主编王富红。该志上溯不限，下限至2014年。采用章、节、目结构，前置概述、大事记，内容包括村庄的建立与沿革、自然环境与资源、人口、党政建设、群团组织等，附录载有家谱等资料。《获鹿镇一街村志》：2015年11月采用内部书号方式出版，正16开50万字，主编李日明。该志上限追溯至最早建制石邑出现，下限至2014年。采用编、章、节、目结构，前置概述、大事记，设有历史沿革与人口、自然环境、基础设施、农业、林牧业等18编，附录载有村民自治章程、部分史料来源等资料。《同阁村志》：2015年12月采用内部书号方式出版，正16开23.8万字；主编霍风和，责任编辑马双学。该志上溯先商，下至2014年。采用章、节、目结构，前置概述、大事记，设有建置沿革、自然环境与资源、人口、姓氏家族、党政建设、农业、林果养殖业、工商业、村庄建设、交通邮电等，附录部分收存修建引岗渠、下乡知青等资料。《北薛庄村志》：2015年12月采用内部书号方式出版，正16开21万字；主编薛保祥，副主编薛坤祥、薛云祥、薛秋来。该志上溯至唐代开元元年，下限至2014年。采用章、节、目结构，以概述、大事记统览，设有建置沿革、自然环境与资源、人口姓氏、党政建设、军事、农林牧等，附录收存文史资料。

【《故城村志》出版发行】 2014年3月，《故城村志》启动编撰；2015年8月，由中华古籍出版社出版发行。全书19万字，上限起于正史有该村文字记载，下限止于2013年；采用章、节结构，志首设概述和大事记，正文设有地理环境、建置沿革、人口、组织、传统农业、现代农业、服务业、社会事业、民俗、方言、文物、村民生活、谱系、人物、农村面貌改造提升等15章。主编吕路平、张腾昊。

【《纸屯村志》出版发行】 2009年《纸屯村志》开始编纂，2014年初稿完成，2015年10月实现内部出版。全书252千字，上限起于该村有文字记载，下限为2012年。《纸屯村志》是元氏县精心打造的标杆村志，由纸屯村志编写小组编纂，主编李国军。全书采用章、节、目结构，志首设概述和大事记，志尾设限外辑要，正文设村庄概况、河流、居民、农副业、电力、党政团体、教育、医疗、生活、习俗、农谚·方言、古建筑·古文化、孝行·义举、故事、人物、家谱16章。

【《南董古镇志》出版发行】 《南董古镇志》由石家庄市藁城区南董村公益联合会主持编修，退休干部龚小元担任主编，2015年1月由河北人民出版社出版发行。该志上限起于公元前400年（南董建村时间），下限起于2014年。全书设18章115节，置图照百余幅，共计85万字，印刷3000册。《南董古镇志》从建置沿革、自然环境、村民生活、经济、政治、文化、社会等方面客观记载了南董村的历史与现状，并重点记述改革开放30余年来全村发生的巨大变化和辉煌业绩，包括全村科学文化、道德风尚、风俗习惯、乡土人情、知名人物等内容，其中记述村内诸宗族及家谱是全书一个亮点。该书资料翔实，语言朴实、简洁，图文并茂，地方特色浓郁。

【《梅花古镇志》出版发行】 《梅花古镇志》由石家庄市藁城区梅花村党支部、村委会主持编修，退休干部樊海江担任主编，2015年12月由中国文史出版社出版发行。全书采用精装大16开本，印数1000册；上限起于公元前300年，下限止于2015年10月。共98万字，设24章148节，附图照近300幅。该书从建置沿革、自然环境、人口、经济、政治、宗族、文教卫生、村民生活、兵事、社会、人物等方面记载梅花村的古老历史与现状，重点记述改革开放以来全村发生的巨大变化及新农村建设成就，较好展示了梅花古镇的悠久历史和厚重文化底蕴。

【《藁城金钹战鼓》出版发行】 藁城金钹战鼓历史悠久，千年传承、久演不衰，表演风格体现“燕赵自古多慷慨悲歌之士”精神内涵，是优秀传统民间艺术，也是河北省非物质文化遗产，在历年全国性各类表演活动及赛事比赛中屡获大奖。《藁城金钹战鼓》由石家庄市藁城区政协组织编写；主编解亚静，副主编解长水、杜晨计、王彦平。2014年藁城区政协安排专业人员深入农村，寻找战鼓老艺人座谈、采访，组织多个流派鼓队现场表演、收录、翻译记谱，搜集大量具有价值珍贵材料，开展鼓谱抢救性挖掘和整理。2015年2月，《藁城金钹战鼓》由河北美术出版社出版发行。该书采用小16开本，分13个章节，附图照60幅，共计50余万字，印数2000册。全书原汁原味、系统记录藁城金钹战鼓、藁城架鼓、藁城挎鼓三种类型、四大流派近百种鼓谱及表演程式套路，具有很强的史料性、专业性和可读性，地域特色浓厚，是一部研究探讨打击乐文化专著。

【《藁城区善美人物事迹辑录》出版发行】 《藁城区善美人物事迹辑录》由石家庄市藁城区精神文明办公室主持编写，2015年12月印刷出版。主编桑晓辉，执行主编李素芳、赵晓磊。该书根据藁城区开展公民思想道德建设、培育和践行社会主义核心价值观活动中，涌现出全国及省市道德模范、中国好人、石家庄市文明公民标兵、“藁城好人”“孝子孝媳”“美德少年”等各级道德模范事迹整理编辑。采用大32开本，设“助人为乐、见义勇为、诚实守信、敬业奉献、孝老爱亲、优秀志愿者、美德少年”7个篇章，收录125名具有广泛影响性代表性人物，详细记载、介绍和宣传了125名个人平时的凡人善举及优秀事迹，共计25万字。

【《长安区教育志（1989-2010）》出版发行】 2015年6月，《长安区教育志（1989-2010）》由河北美术出版社出版发行。全书内容包括长安区教育事业改革发展、历史沿革和工作成果，涉及教育改革、学前教育、小学教育、中学教育、职业技术教育、其他教育、教育科研、实践性教学与信息化建设、语言文字工作、人口素质与人才输送、教师、教育行政、党群组织、教育人物等内容。

【《正定纪检监察志》出版发行】 2015年10月，由正定县纪委、县监察局组织编纂的《正定纪检监察志》在中国方正出版社出版发行。这是河北省第一部县级纪检监察志书。全书分组织机构、宣传教育及调研法规、党风政风监督、纪律审查、基层党风廉政建设、机关工作、工作报告和重要讲话、人物介绍8章28节，另设彩页、序、凡例、概述、大事记、附录、后记内容，共40余万字。上限为1979年1月，下限为2014年12月。该书回顾正定县纪检监察工作1979年8月恢复重建35年来，特别是1993年4月县纪委与县监察局合署办公以来，纪检监察机构及干部队伍经历从无到有、从小到大、从弱到强、从初步设置到发展完善的历史；记载纪检监察工作从单一职能向全方位监督制约机制转变，在实践中深化党的纪律检查体制改革，推动党风廉政建设和反腐败斗争向纵深发展的实践经验；勾勒出纪检监察工作在发展道路上的艰辛轨迹；展示纪检监察干部为维护党章党规党纪，时刻站在反腐败斗争第一线，秉公执纪、不畏艰难、恪尽职守、无私奉献精神。

石家庄市地方志办公室

主　任：曹立波

副主任：刘建洲　武光宇

（王建峰）

政务服务

【概况】 2015年，市政务服务中心以“规范、高效、便民、廉洁”为服务宗旨，按照《〈中共石家庄市委全面深化改革领导小组2015年工作要点〉责任分工方案》要求，以政务服务中心标准化建设为统领，严格落实政务办事工作制度，提高政务大厅办事效能和服务水平。“三证合一”单一窗口并联审批实施。2015年市工商部门牵头起草《企业准入单一窗口并联审批试点实施方案》，并与市机构编制委员会办公室、市政务服务中心联合开展“企业准入单一窗口并联审批”和工商营业执照、组织机构代码证、税务登记证“三证合一”试点改革，推行企业一个窗口办理、一套表格申请、一套材料申报、一次办结三证措施。2月2日，市工商、质监、税务等并联审批部门进驻市政务服务中心，完成综合窗口和各部门工作窗口设置。至2015年末，市政务服务中心受理行政审批及其他服务事项62868项次，提前办结率97.2%，按时办结率100%。

【市县政务平台联网】 按照《关于推进全省网上行政审批数据交换工作的通知》《关于推进省、市、县政务平台联网建设实施方案》（石政办函〔2015〕71号）要求，以“总体规划、分步实施、逐步推进”为思路，在正定县召开石家庄各县（市、区）政务服务中心主任参加的标准化建设和三级平台建设工作会议，推广正定县政务服务中心标准化建设示范点做法和经验。印发《关于进一步加强全市政务服务中心标准化建设的意见》（石政办发〔2013〕42号），规范政务服务中心名称标识、进驻事项、审批流程、内部管理等内容，开展第一批10个重点县（市、区）政务服务中心政务服务平台规范化建设，并在石家庄各县（市、区）政务服务中心全面推行。至2015年末，深泽县、赞皇县、行唐县、栾城区、新乐市、正定县、晋州市、高邑县、赵县等10个县（市、区）视频监察系统和网上审批软件安装调试完毕，无极县、藁城区、灵寿县、裕华区等其他11县（市、区）正在实施政务服务平台事项梳理和配套建设。

【窗口建设】 根据市政府办公厅《关于进一步加强全市政务服务中心标准化建设的意见》（石政办发〔2013〕42号）要求，规范政务服务中心名称、标识、进驻事项、审批流程、网上服务、内部管理等内容，统一印制《石家庄市政务服务中心管理规范》《石家庄市政务服务中心审批服务项目指导规范》。加大政务公开力度，所有进驻事项项目名称、法律依据、申请条件、所需资料、办理流程、承诺时限、收费依据及标准、示范文本采取一次性告知单、户外公告栏、触摸屏、电视墙等形式对外公开，利用信息公开苑、咨询中心向办事群众提供政策法规及文件汇编查阅。强化现场办结力度，严格落实一次性告知、首问负责、挂牌服务、限时办结等制度，确保办事企业和群众即来速办。

（刘剑）

中国人民政治协商会议石家庄市委员会

【概况】 2015年，市政协第十二届委员会第三次会议成功举行，审议通过政协石家庄市第十二届委员会第三次会议政治决议、常委会工作报告、政协石家庄市第十二届委员会第三次会议提案审查委员会关于提案审查情况报告。全年市政协召开常委会议4次，审议通过议题16项；召开主席会议7次，研究讨论议题38项；审查交办提案637件；收集交流大会发言57篇；编辑《社情民意》内刊43期、《石家庄政协》杂志6期。至12月31日，政协石家庄市第十二届委员会共有委员635名，常委会组成人员124名。2015年8月，政协石家庄市第十二届委员会常务委员会第十二次会议同意：郝建国辞去政协石家庄市第十二届委员会委员及副主席职务；张兰格辞去政协石家庄市第十二届委员会委员及常务委员、人口资源环境委员会副主任（不驻会）职务；徐振声任政协石家庄市委员会副秘书长（正县级），不再担任政协石家庄市委员会研究室主任职务；苏丽任政协石家庄市委员会农业委员会主任，不再担任政协石家庄市委员会副秘书长职务；谷巧芬任政协石家庄市委员会副秘书长；胡振民任政协石家庄市委员会社会和法制委员会（民族和宗教委员会）副主任。2015年11月，政协石家庄市第十二届委员会常务委员会第十三次会议同意：孙晋康辞去政协石家庄市第十二届委员会委员及常务委员、学习和文史资料委员会副主任（不驻会）职务；王建国辞去政协石家庄市第十二届委员会委员及常务委员职务；谭运江、魏晓流、刘吉广、袁丽华辞去政协石家庄市第十二届委员会委员。

围绕经济社会发展热点问题，开展建言献策。全年市政协常委会开展7次协商议政、6次专题调研、5次集体视察、8次督导视察，重点督导视察城区园林绿化、太行山生态绿化工程建设、环省会经济林建设和西部山区生态旅游业发展。组织召开推进京津冀协同发展和科学编制石家庄市“十三五”规划建言献策座谈会，参加省政协开展“我为京津冀协同发展献一计”活动，采取专题调研、视察考察、大会发言、提案、社情民意信息等形式，就关系石家庄市“十三五”发展的综合性、全局性、前瞻性问题，撰写文章59篇，提出意见、建议338条。围绕科学编制“十三五”规划，组织委员与市政府领导面对面协商，34名政协常委、政协委员就“加强京津石合作、实施工业强市战略、加速省会组团新区和核心区融合对接、加快现代商贸物流基地建设、做强农村电子商务、优化省会环境、增强城市竞争力”等27个问题，作口头和书面发言，提出126条意见和建议。开展协商议政，以“抓住京津冀协同发展重大机遇、实施中东西区域协调发展战略、推进工业强市、壮大县域经济、加快项目建设”为协商重点，组织政协委员在市政协十二届三次会议上提交大会发言57篇，全部获得省委常委、市委书记孙瑞彬批示，要求全市相关部门研究和采纳。以“加快发展现代农业”为主题，市政协召开十二届十一次常委会议，23名政协常委就“推进农村土地流转、发展家庭农场、推广平山县葫芦峪农业园区模式、加强农村专业合作社建设、发展休闲农业”等作口头和书面发言，提出意见建议119条。选取“学前教育、基层医疗服务、中小企业发展、建筑工地扬尘污染、削减农村燃煤”等课题，组成调研组，由政协主席会议成员带队，深入30多个企业、农村、学校，摸准实情、聚焦问题、剖析原因，形成6份共计3万多字调研报告，提出建议60多条。围绕37万亩环省会经济林以种植核桃为主实际及如何保护农民增绿、增收积极性，开展核桃深加工调研，向市委报送《关于我市核桃深加工情况的调研报告》，提出核桃深加工5项原则、6条建议。关注生态改善，确定《加大创建国家森林城市力度，为改善生态环境提供有力支撑》列为政协1号提案。围绕修订《石家庄市大气污染防治条例》及制定《石家庄市绿色低碳发展促进条例》，组织30余名政协委员、专家学者召开2次立法协商座谈会，提出158条修改意见，被市人大常委会采纳23条，被市政府法制办公室采纳60条。

反映社情民意，关注社会民生。全年编发《社情民意》内刊43期，获得省市领导批示30期，批示率69.7%。加强与各民主党派、工商联和人民团体联系，主动征求意见建议。2015年全市各民主党派、工商联、无党派人士提交政协大会发言73篇，提出集体提案129件，反映社情民意信息168条。其中，九三学社市委主委王长华在全国政协会议上提出“依法科学监管高校专项经费”提案，受到《人民政协报》等媒体关注；民建市委主委武义青参加“2015’京津冀协同发展正定论坛”，作了题为《大力推进京津冀城市群发展》演讲；市工商联提交《石家庄市非公有制经济发展中存在的问题与对策》，被河北省社会主义学院学报刊发。

提案办理。市政协十二届三次会议收到提案378件，经审查符合立案条件340件，占提交提案总数89.9%。其中，属于经济建设94件，占立案总数27.6%；政治建设6件，占1.8%；文化建设44件，占12.9%；社会建设157件，占46.2%；生态文明建设39件，占11.5%。自市政协十二届三次会议召开至2015年底，市政协收到提案727件，立案637件，涉及民生提案372件。精选重点提案24件，由市政府、市政协领导包案督办，主要有《加快我市农产品加工产业健康发展》《治理农村环境污染，促进农村面貌提升》《优化扩充资源，推进学前教育改革与发展》《加快我市基本公共卫生服务项目建设》《加强对城市住宅小区物业公司行为监督与规范》《加快全民健身事业发展》等。至12月31日，市政协提案全部办结。

适应改革发展新形势、新要求，以改革思维、创新理念、务实举措，推进政协组织建设。围绕“培养法治思维方式、筑牢依法治国思想根基、推进法治石家庄建设”主题，举办“法治教育大讲堂”培训3期，引导政协委员增强法治观念、强化法治意识、树立法治信仰，提升运用法治思维和法治方式解决问题能力。深化“委员之家”创建活动，开展政协各界别活动200多项。市政协经济界委员举办银企联谊活动，为银企合作牵线搭桥；妇联界委员围绕家庭妇女手工编织业发展，举办“手牵手帮扶”活动；文化体育界委员开展文化产业研究、学前教育观摩和推动全民健身活动；驻县（市、区）政协委员围绕土地流转、新型农村合作社建设、丰富群众文化生活等开展调研视察活动。协助全国政协做好推进财税体制改革、防控地方债务风险调研，古桥保护研讨会和送文化下基层等活动；配合省政协开展环境污染治理引入第三方介入，促进城乡教育公平，推进与京津合作办医、提高基层医院医疗水平等调研视察活动。加强与县（市、区）政协组织联系，8月5日，市政协召开县（市、区）政协主席座谈会，围绕“发挥政协组织优势，助推经济社会发展”主题，沟通情况、交流经验、谋划工作、协调联动，形成市县两级政协组织服务发展大局工作合力。开展文史资料编辑研究，《石家庄历史文化辞典》编辑基本完成；结合纪念抗战胜利70周年，编辑出版《烽火映滹沱——石家庄抗战纪实》。

【市政协第十二届常委会组成人员及工作机构负责人】

主　席：王华清（女）

副主席：赵拴文

王长华（不驻会）

武义青（不驻会）

范振增（不驻会）

贾连海　张维德

葛瑞芳（女）

石汉文（满族，不驻会）

郭斌　（不驻会）

郝建国（8月辞）

秘书长：赵磊

常务委员：（按姓氏笔划排序）

丁建民　于铁龙

马靖

马千里（女）

王志臣

王丽欣（女）

王宏宇（满族）

王灵增

王建国（11月免）

王勋涛　王俊奇

王智森　王溪波

邓小梅（女）

邓素雪（女）

石志玲（女）

卢书彦（女）

叶少华　田斌

田玉卓（女）

田向阳　田朝民
兰云彩（女）
冯润明　毕凤鸣
吕玲　（女）
吕军英
乔茜　（女）
仲岩　（女）
任建忠
刘凡　（女）
刘一平（女，拉祜族）
刘志魁
刘顺英（女）
闫纯锴　米志奇
许立
孙宏普（满族）
孙晋康（11 月免）
孙德惠（女）
苏丽　（女）
李小平
李志宏（女）
李国中　李树国
李海峰　杨云乐
杨作昌　肖建科
吴振见　邸占欣
宋学　（女）
张越　（女）
张子峰
张文武（满族）
张计刚　张玉锁
张兰格（女，8 月免）
张永健　张旭辉
张运凯
张灵芝（女）
张忠良　张秉祥
张素丽（女）
张振平
张慧巧（女）

陈玉联（女）
陈聪敏（女）
范玉龙　尚建斌
尚晏芝（女）
果通　周书献
周志斌
郑建　（女）
孟凡英（女）
孟笑梅（女，满族）
赵风清　赵俊芳
郝彦忠　郝菊亭
哈宝伏（回族）
段文　　侯俊宏
侯登录　姜青辉
骆亚男（女）
贾彬　夏玉颖
钱成海
徐仁　（女）
徐振声　高波
高翠君（女）
郭刚能　郭纯阳
黄远　（女）
黄超　曹伟
曹志风
常军英（女）
康瑞峰（回族）
盖和平
董素平（女）
韩利华（女）
韩宝深（11 月免）
程鹏起
鲁玉芳（女）
蒲月英（女）
蒲国良
解亚静（女）
解晓东（女）
蔡志强
廖岩　（女）
潘云龙　薛平友

副秘书长：王镇元　陈克俭
苏丽　（女，8 月免）
徐振声（8 月任）
谷巧芬（女，8 月任）
乔茜　（女，不驻会）
崔瑞芳（女，不驻会）
姜博卿（不驻会）
李俊秀（女，不驻会）
程鹏起（不驻会）
王丽欣（女，不驻会）
门立新（不驻会）

研究室

主　任：徐振声（8 月免）
副主任：高伟

提案委员会

主　任：盖和平
副主任：赵志英（女）
田朝民（不驻会）
任建忠（不驻会）

人口资源环境委员会

主　任：邸占欣
副主任：崔海龙
张秉祥（不驻会）
张兰格（女，不驻会，8 月免）
陈金成（不驻会）

学习和文史资料委员会

主　任：段文
副主任：张丽红
马建彬（不驻会）
王勋涛（不驻会）
孙晋康（不驻会，11 月免）

郭纯阳（不驻会）

财政经济委员会

主　任：周书献

副主任：焦永良

毕凤鸣（不驻会）

郝菊亭（不驻会）

赵俊芳（不驻会）

赵康彪（不驻会）

高国欣（不驻会）

蒲国良（不驻会）

霍国林（不驻会）

农业委员会

主　任：苏丽　（女，8 月任）

副主任：李福忠

田国英（不驻会）

吕军英（不驻会）

杨建秋（不驻会）

吴振见（不驻会）

高地动（不驻会）

教科文卫体委员会

主　任：邓素雪（女）

副主任：张少华（女）

闫纯锴（不驻会）

米志奇（不驻会）

李志宏（女，不驻会）

李波　（不驻会）

陈健敏（不驻会）

邵平　（女，不驻会）

唐青（不驻会）

社会和法制委员会

主　任：王灵增

副主任：胡振民（8 月任）

苏彦英（女，不驻会）

孝磊　（不驻会）

尚建斌（不驻会）

郑国良（不驻会）

高翠君（女，不驻会）

魏洪涛（不驻会）

民族和宗教委员会

主　任：王灵增

副主任：胡振民（8 月任）

哈宝伏（不驻会）

果通　（不驻会）

邓元富（不驻会）

康瑞峰（不驻会）

解志英（不驻会）

马铭江（女，不驻会）

港澳台侨和外事委员会

主　任：石志玲（女）

副主任：杨建刚

王溪波（不驻会）

许立　（不驻会）

范玉龙（不驻会）

【市政协第十二届委员会第三次会议】 1 月 18 ～ 21 日，政协石家庄市第十二届委员会第三次会议在市人民会堂举行。大会应到委员 648 名，因病因事请假 20 名，实到 628 名。会议听取并审议政协石家庄市第十二届委员会常务委员会工作报告和政协石家庄市第十二届委员会常务委员会提案工作情况报告；列席石家庄市第十三届人民代表大会第三次会议，听取并讨论政府工作报告和其他相关报告；审议通过政协石家庄市第十二届委员会第三次会议政治决议、常委会工作报告、政协石家庄市第十二届委员会第三次会议提案审查委员会关于提案审查情况报告。市政协第十二届委员会第三次会议期间，收到政协委员集体、个人及联名提案 592 件，经审查立案 543 件，立案率 91.7%。

【市政协第十二届常委会会议】 1 月 20 日，市政协十二届十次常委会议在市人民会堂召开。市政协主席王华清主持会议，副主席赵拴文、王长华、武义青、范振增、贾连海、张维德、葛瑞芳、石汉文、郭斌、郝建国，秘书长赵磊出席会议。会议应出席 129 人，实际出席 123 人。会议审议通过政协石家庄市第十二届委员会第三次会议政治决议（草案）、常委会工作报告的决议（草案）、提案工作情况报告的决议（草案）和提案审查情况的报告（草案）。

6 月 11 日，市政协十二届十一次常委会议在亚太大酒店召开。市政协主席王华清，副主席赵拴文、王长华、武义青、范振增、贾连海、葛瑞芳、石汉文、郝建国，秘书长赵磊出席会议。会议传达全市经济工作推进会议精神，并围绕“加快发展现代农业，拓展农民增收渠道”主题开展专题协商和议政建言，23 名市政协常委、委员分别就助推农民增收、发展葫芦峪模式现代农业、推进农村土地流转、发展家庭农场、加强农村专业合作社建设、发展休闲农业等作口头和书面发言。副市长李雪荣到会通报全市现代农业发展情况。市委农工委，市发展改革委、财政局、水务局、农业局、畜牧水产局、气象局、农林科学院等部门和单位负责人到会听取委员发言。

8 月 25 日，市政协十二届十二次常委会议在市人民会堂召开。市政协主席王华清，副主席贾连海分别主持会议。市政协副主席赵拴文、王长华、武义青、范振增、张维德、葛瑞芳、石汉文、郭斌，秘书长赵磊出席会议。会议应到 129 人，实到 113 人。市委副书记、代市长邢国辉应邀出席会议，通报全市经济社会发展情况。市政府副市长刘文鹏到会听取大会发言。会议围绕落实《京津冀协同发展规划纲要》和科学编制石家庄市“十三五”规划开展专题协商议政。34名省市政协常委、委员分别就构建京津冀协同创新示范区、科技创新体系建设、现代农业发展、西部山区旅游业发展等作口头和书面发言，提出可行性意见建议。会议审议通过以下人事事项：因年龄原因，同意郝建国辞去政协石家庄市第十二届委员会委员及副主席职务；因工作变动，同意张兰格辞去政协石家庄市第十二届委员会委员及常务委员、人口资源环境委员会副主任（不驻会）职务；任命徐振声为政协石家庄市委员会副秘书长（正县），不再担任政协石家庄市委员会研究室主任职务；苏丽为政协石家庄市委员会农业委员会主任，不再担任政协石家庄市委员会副秘书长职务；谷巧芬为政协石家庄市委员会副秘书长（试用期一年）；胡振民为政协石家庄市委员会社会和法制委员会（民族和宗教委员会）副主任（试用期一年）。

11月10日，市政协十二届十三次常委会议在市人民会堂召开。市政协主席王华清主持会议并讲话。市政协副主席赵拴文、王长华、武义青、范振增、贾连海、张维德、葛瑞芳、石汉文出席会议。会议应到127人，实到109人。市政府副市长姜阳到会通报情况。会议传达学习习近平总书记在中共十八届五中全会上所作《中共中央关于制定国民经济和社会发展第十三个五年规划的建议》说明；听取市政府关于省会绿化工作和市政协十二届三次会议以来提案办理情况通报；审议同意孙晋康辞去政协石家庄市第十二届委员会委员、常务委员及学习和文史资料委员会副主任（不驻会）职务；谭运江、魏晓流、刘吉广、袁丽华辞去政协石家庄市第十二届委员会委员；王建国辞去政协石家庄市第十二届委员会委员及常务委员职务。

（杜晓烨）

中共石家庄市纪律检查委员会

【概况】 2015年，全市纪检监察系统贯彻落实从严治党要求，履行党风廉政建设“两个责任”职责，坚决查处违反中央八项规定精神和“四风”问题，审查各级党组织和党员个人违反党的纪律和政治规矩行为，查处侵害群众利益不正之风和腐败分子，探索推进纪检监察部门开展体制改革。加强教育监督管理，做好169名市管干部任前廉政谈话，签订《廉洁从政承诺书》。落实典型案件通报、警示教育、“一案双报告”等制度，全年市纪委、市监察局实施谈话函询179件（次），针对查办案件中发现问题，发放纪律检查建议书、监察建议书15份。学习贯彻新修订《中国共产党廉洁自律准则》《中国共产党纪律处分条例》，组织全市近40万名党员参加集中考试。至2015年底，全市纪检监察系统查处党风廉政建设责任追究案件63起，实施责任追究93人，通报曝光典型案件5起18人；查处违反中央八项规定精神和“四风”问题164件，处理272人，给予党政纪处分260人，公开曝光典型问题55起88人；立案审查各类违纪案件2106件，涉及2732人，结案2083件，处分2705人，其中县处级干部104人、乡科级干部646人，移送司法机关处理71人。2015年市纪律审查工作在全省考核位列第二名，市纪委监察局领导班子被市委、市政府评为2015年度优秀领导班子。

【重要会议】 1月29日，中国共产党石家庄市第九届纪律检查委员会第五次全体会议在石家庄市召开。全会由中国共产党石家庄市纪律检查委员会常务委员会主持。省委常委、市委书记孙瑞彬出席会议并作重要讲话。会议传达了第十八届中央纪委第五次全会和第八届省纪委第五次全会精神，总结2014年全市党风廉政建设和反腐败工作，研究部署2015年工作任务。高邑县、栾城区、市卫生计生委、市科技局党委（党组）主要负责人向全会述责述廉。会议审议通过市委常委、纪委书记刘明轩代表市纪委常委会所作《坚持从严依规治党、强化监督执纪问责，坚定不移推进党风廉政建设和反腐败斗争》工作报告。

2月25日，市委、市政府召

开着力改善“两个环境”广播电视大会。市委常委、常务副市长刘晓军，市委常委、纪委书记刘明轩分别通报石家庄市损害生态环境和发展环境典型案例。省委常委、市委书记孙瑞彬作重要讲话，动员全市各级各部门和干部群众，正确认识改善“两个环境”极端重要性，继续将“两个环境”建设作为“命门之穴”和永不竣工的工程，以锲而不舍、驰而不息的决心，踏石留印、抓铁有痕，打好改善“两个环境”攻坚战。

4月28日，全市纪检监察机关查办案件工作会议在市亚太大酒店召开。市委常委、纪委书记刘明轩出席会议并作重要讲话。会议传达全省纪检监察机关查办案件工作会议精神，表彰先进，分析形势，总结工作，交流经验，研究部署查办案件工作。

6月2日，市委反腐败协调小组（扩大）会议在市亚太大酒店召开。市委常委、政法委书记郭运兴主持会议。市委常委、纪委书记、市委反腐败协调小组组长刘明轩作重要讲话。会议传达了中共中央办公厅《关于在查办党员和国家工作人员涉嫌违纪违法犯罪案件中加强协作配合的意见》及河北省追逃追赃工作专题会议精神，印发《中共石家庄市委关于调整市委反腐败协调小组的通知》《中共石家庄市委反腐败协调小组工作规则》《中共石家庄市委反腐败协调小组追逃追赃工作协调机制工作规则》和石家庄市《2015年“天网行动实施方案”》，安排部署下一步工作。

7月24日，全市纪律审查工作推进调度会在市委西院召开。市委常委、纪委书记刘明轩出席会议并作重要讲话。会议听取各县（市、区）纪委及部分市直纪工委、纪检组关于纪律审查工作情况汇报，通报全市上半年纪律审查情况。

【党风廉政建设】 履行党风廉政建设“两个责任”（领导班子、领导干部抓党风廉政建设责任）职能，率先在全省推行两个责任“承诺＋约谈”制度，市委常委、纪委书记刘明轩专题约谈全市262名县（市、区）党委（党组）书记、纪委书记和市直单位主要负责人、纪检组长（纪委书记），现场签订承诺书。创新开展下级党委（党组）主要负责人向上级纪委全会述责述廉接受质询评议工作，栾城区、高邑县、市卫生计生委、市科技局党组织负责人向市纪委九届五次全会作述责述廉汇报，接受市纪委委员质询评议，引发全市震动和反响。强化责任追究，2015年全市纪检监察机关查处党风廉政建设责任追究案件63起，实施责任追究93人，通报曝光典型案件5起18人。

【违反中央八项规定和“四风”问题查处】 落实市委“大张旗鼓纠四风”要求，紧盯重要时间节点、重点领域、重点人群，坚持抓早抓小，出禁令、明纪律、立规矩，不间断开展明察暗访和专项检查，严肃查处公车私用、公款吃喝旅游、婚丧喜庆大操大办等违反中央八项规定精神和“四风”问题。2015年全市纪检部门组织各类检查1460个（次），暗访名胜景点、消费娱乐场所6800余处，排查车辆5万余辆，查处案件和问题164件，处理272人，给予党政纪处分260人，公开曝光典型问题55起88人。

【纪律审查】 突出重点人群、重点领域、重点问题，落实领导包案、对口联系、分层调度、通报排名等制度，健全反映领导干部问题线索管理、案件初核、立案请示报批、移送审理等程序，有效发挥“互联网＋”监督模式。全年收集处置网络舆情601件，转化问题线索102件。加大纪检监察信访案件交办、督办、审核力度，2015年全市各级纪检监察系统受理信访举报10912件（次），处置问题线索2616件，立案审查各类违纪案件2106件，涉及2732人，结案2083件，处分2705人，其中县处级干部104人、乡科级干部646人；移送司法机关处理71人。

【查处侵害群众利益不正之风和腐败问题】 围绕“侵害群众利益，群众办事难，乱收费、乱罚款、乱摊派，落实惠民政策缩水走样，拖欠群众钱款、克扣群众财物”等问题，集中开展专项整治行动，全年市纪检监察系统查处相关案件和问题67件，责任追究81人。围绕“慢作为、选择性作为、简单作为”等“为官不为”问题，集中开展以“散乱软庸懒贪”为重点“六治”专项整治行动，2015年全市纪检监察系统立案353件，结案281件，给予党政纪处分410人，其中涉及乡科级以上党员干部140人。实施“小官巨贪”专项办案行动，全市排查线索672件，立案567人，给予党政纪处分551人，涉案金额7000余万元。其中，市纪委机关查处裕华区位同社区“两委”班子成员7人贿选、受贿案和三教堂社区居委会书记贿选案，得到中央纪委、省纪委肯定。

（丁晓琳）

【违纪违法和典型问题通报】 公务人员违纪违法问题。2015年4月底，石家庄市公开4名公务人员违纪违法问题，分别是：市建设局原副局长王增喜，因涉嫌严重违纪违法，接受组织调查；市政府投资管理办公室项目审核管理科科长、市财政投资评审中心负责人赵东旗，因涉嫌严重违纪违法，被司法机关采取强制措施；市道桥管理处桥西所所长张勇，因涉嫌严重违纪违法，接受组织调查；新华区区委政法委常务副书记杨飞，因涉嫌严重违纪违法，被司法机关采取强制措施。2015年11月，经石家庄市委批准，市人大常委会财政经济委员会副主任委员王建国涉嫌严重违纪接受组织调查。

违反中央八项规定典型问题通报。4月29日，中共石家庄市纪委、市监察局联合通报违反中央八项规定精神5起典型问题。分别是：1.赵县沙河店镇计生委工作人员安为民为孙女大操大办满月酒席问题。安为民无视有关规定，为孙女“满月”举办宴席时通知沙河店镇政府、镇计生委部分工作人员及沙河店镇辖区内村干部、计生专干等人参加并收受礼金。安为民受到党内严重警告处分。2.高邑县岗头村党总支部书记耿益民、村委会副主任张爱平公款旅游问题。耿益民、张爱平以企业考察学习为名，到华东5市旅游，将旅游费用在村集体财务账报销。耿益民、张爱平分别受到党内警告处分。3.长安区建安街道办事处华新路社区党总支书记吴海涛违规发放补贴、福利问题。吴海涛在主管单位计生工作期间，截留专项资金，用于发放单位补贴、福利等。吴海涛受到党内警告处分。4.深泽县爱国卫生运动委员会办公室副主任刘彦利公车私用问题。刘彦利带队检查验收该县农村改厕工作结束后，使用卫生院120急救车到饭店用餐。刘彦利受到党内警告处分。5.平山县卫生局违规修建办公楼问题。平山县卫生局在未办理相关手续情况下，擅自开工建设卫生监督业务楼项目，并在接到《责令停止违法行为通知书》后，仍继续建设直至完工。平山县卫生局党委书记、局长封速强，党委副书记、副局长李获平分别受到党内严重警告处分。

6月12日，中共石家庄市纪委、市监察局通报5起违反中央八项规定典型：1.行唐县独羊岗乡中校长樊新国违规发放补贴问题。2014年10月，樊新国以能更好地开展学校工作为由，采取变通票据的方式，违规为学校班子成员发放电话费补贴。樊新国受到党内警告处分。2.高新区机关服务中心车队司机邢强公车私用、车队队长耿进栓管理不严问题。2015年1月，邢强擅自动用单位公务用车到市二中南校区接朋友孩子放学，车队队长耿进栓对单位司机和车辆管理松懈，负有领导责任。邢强受到党内严重警告处分，耿进栓受到党内警告处分。3.鹿泉区郑村原党支部书记葛文生在娱乐场所接受色情服务问题。2014年6月，时任郑村党支部书记葛文生，在为村民协调事情后，接受答谢宴请，并到娱乐场所接受色情服务。葛文生受到开除党籍处分。4.栾城区段家营村党支部书记杨国文、村委会主任杨会文违规套取村集体资金问题。2014年7月，杨国文、杨会文违反规定安排村报账员虚开购物发票，套支村集体资金4200元，用于偿还村干部因防火、修村供水管道加班用餐所欠饭费。杨国文、杨会文分别受到党内警告处分。5.正定县孔村村委会主任王建国骗取国家财政补贴问题。2013年10月，秋季农机深松工作结束后，负责此项工作的王建国在农机手没有完成全部深松任务情况下，伙同6名村干部、1名村民代表弄虚作假虚报625亩深松亩数，骗取财政补贴15625元用于结算该村招待费和发放奖金补贴支出。王建国受到党内警告处分。

7月16日，中共石家庄市纪委、市监察局通报5起违反中央八项规定精神典型问题。1.无极县东中郝庄村党支部书记张中祥等人公款购买白酒并私分问题。2014年春节，东中郝庄村购买“一品坊”白酒8箱，共计4000元，以修路用工款名义在村一事一议专项资金中列支，8箱白酒被村党支部书记张中祥、村委会秘书张江民、妇女主任张小稳、会计赵建功4人均分。无极县纪委分别给予上述4人党内警告处分。2.灵寿县西木佛村党支部书记、县人大代表焦振学大操大办儿子婚宴问题。2015年4月17日，焦振学在操办儿子婚宴时，违反规定设立账桌款台，收受亲属以外人员礼金。灵寿县纪委给予焦振学党内严重警告处分。3. 井陉县栾庄村村委会主任杨玉柱、党支部委员杨文杰、会计卢爱功公款吃喝问题。2014年至2015年，杨玉柱、杨文杰、卢爱功开具虚假发票变通报销饭费、烟酒等不合理支出共计61464元。井陉县纪委分别给予杨玉柱、杨文杰党内严重警告处分，给予卢爱功党内警告处分。4. 平山县供热办违规接受供货企业支付的考察费用问题。2014年6月，经县供热办研究决定，分三组赴重庆、浙江、吉林实地考察供热装置供货企业有关情况。考察费用30989元全部由供货企业支付。平山县纪委给予县住建局主任科员、主持供热办工作的副主任张建明党内警告处分。5. 晋州市田村党支部书记杨引茂、村委会主任杨培祥公款报销不合理费用及应由个人支付的费用问题。2013年4月23日、7月21日，杨引茂、杨培祥以误工费、处理果园问题的名义两次套取村集体资金6500元，其中5435元用于招待费等不合理支出，1065元用于支付应由两人承担的饭费。晋州市纪委分别给予杨引茂、杨培祥党内严重警告处分。

9月24日，中共石家庄市纪委、市监察局通报查处3起违反中央八项规定和“四风”问题。1. 无极县无极镇党委书记王运拴，鹿泉区获鹿镇党委副书记、镇长贾素明违反规定，超标准占用办公用房和休息室。王运拴、贾素明分别受到党内严重警告处分、免职处理。2.2015年6月19日，藁城区岗上镇党委书记白新杰违反规定工作日中午饮酒，并以参加会议为由逃避检查。白新杰受到党内严重警告处分。3.2015年6月22日，平山县公证处司机杨会朋借维修车辆之机公车私用，杨会朋受到辞退处理。公证处主任张晨光负有领导责任，受到党内警告处分。

10月26日，市纪委、市监察局联合通告3起违反中央八项规定精神典型问题。分别是：1. 深泽县卫生计生局卫生监督所所长李建坤违反规定工作日中午饮酒，李建坤受到党内警告处分。2. 行唐县畜牧工作总站党组成员、副站长刘建峰值班期间擅离岗位近2小时到饭店饮酒，刘建峰受到党内警告处分。3. 长安区质量技术监督局执法六队队长许为周违反规定工作日中午饮酒，许为周受到党内警告处分。

12月28日，市纪委、市监察局通报查处4起党员干部违反中央八项规定精神典型问题。1. 石家庄市水利水电勘测设计研究院违规发放福利问题。2013年、2014年春节、中秋等节日期间，该院违规向职工发放福利；用办公经费购买高档酒水18760元用于吃喝招待。院长李振平受到党内警告处分。2. 灵寿县残疾人联合会工作人员胡伟忠违规接受宴请、公款旅游等问题。2014年4月，借考察项目之名，从专项资金中违规支取资金到承德旅游；2015年6月，胡伟忠利用职务之便接受有可能影响公正执行公务的宴请；2015年9月，借检查企业残疾人就业情况之机，接受他人购物卡。胡伟忠受到党内严重警告处分。3. 晋州市住房和城乡建设局党委委员、副局长吕根友违规收受礼金问题。2015年9月，吕根友违反规定操办女儿婚事，违规收受同事、下属单位及外单位人员礼金。吕根友受到党内警告处分，违纪资金予以收缴，上交国库。4. 栾城区冶河镇司法所李景文工作日中午饮酒等问题。2015年11月26日，李景文工作日中午饮酒，被新闻媒体曝光。李景文受到行政记大过处分，被免去所长职务，工资级别由副科级降为科员级。区司法局、镇分管领导分别受到行政警告、行政记过处分；区司法局、镇党委、镇纪委主要领导受到通报批评处理；镇党委和区司法局党组分别向区委、区纪委作出检查。

“四风”和腐败问题通报。8月21日，市纪委、市监察局通报4起“四风”和腐败问题。分别为：1. 井陉矿区南寨居委会副主任焦大眼、工作人员焦三亭虚报冒领国家退耕还林补助款问题。焦大眼、焦三亭采取虚报土地面积方式，冒领国家退耕还林补助款。经井陉矿区纪委常委会研究决定，给予焦大眼、焦三亭开除党籍处分。涉嫌犯罪问题移送司法机关依法处理。2. 井陉县后掌村原党支部书记毕玉堂、许志敏，原党支部委员张东文私分占地补偿款问题。毕玉堂、许志敏、张东文3人将占地补偿款256000元用于私分及送礼等。经井陉县纪委常委会研究决定，分别给予3人开除党籍处分。毕玉堂被依法判处有期徒刑5年5个月；许志敏、张东文分别被依法判处有期徒刑10个月，缓刑2年。3.赞皇县赞皇镇党委委员、纪委书记杨占峰违规接受宴请问题。杨占峰等人接受赞皇县赞皇镇南关村党支部新当选支部委员安排宴请。经赞皇县纪委常委会研究决定，给予杨占峰党内警告处分。4.藁城区内族村支部委员李梦利等人违规接受企业安排的考察旅游问题。李梦利带领党员与村民代表，接受与该村有业务来往企业安排考察旅游，并收受企业礼品。经藁城区纪委常委会研究决定，给予李梦利党内警告处分。

整治“散乱软庸懒贪”“六治”专项行动问题通报。11月25日，市纪委、市监察局通报集中开展以整治“散乱软庸懒贪”为主要内容“六治”专项行动中，查处全市5起典型问题。分别为：藁城区水务局防汛抗旱办公室工作人员曾俊友利用职务之便，接受企业宴请、收受他人财物等，曾俊友受到党内严重警告处分。井陉县上安镇武装部长杜鹏、农业综合服务中心主任高振春，县信访局办公室主任王密霞、督查室主任张丽敏信访值班期间，不认真履行职责，4人分别受到行政警告处分。赵县韩村镇民政助理赵英潮在对黎村低保户待遇年检审核中把关不严，造成12名不符合条件的村民享受低保待遇，赵英潮受到行政警告处分。新乐市文化广电新闻局党组副书记、副局长杨利斌借年检《出版物经营许可证》之机，乱收会员费。杨利斌受到党内警告处分。石家庄市公安局桥西分局维明派出所民警周俊志违反法定程序，为他人处理交通违法记录，周俊志受到行政记过处分。

（市纪委）

【纪律监察改革】 贯彻落实河北省纪委和石家庄市委关于纪律检查体制改革部署要求，制定印发全市纪律检查体制改革《实施方案》及2015年工作要点，逐项明确责任单位、目标要求，建立任务台账，实行项目化管理。至2015年12月底，市纪律检查体制改革7个方面23项具体任务全部完成。优化整合市纪委监察局内设机构，将纪检监察室数量由6个增至11个。研究制定《县（市、区）纪委书记、副书记提名考察办法（试行）》等4个提名考察制度；出台《关于线索处置和案件查办“两报告”的有关规定》。2015年全市各级纪检监察部门向市纪委报告线索处置及案件查办情况285件。开展“把纪律和规矩挺在前面”执纪试点，建立纪律审查“三个执纪”、案件监督管理“两项抽查核实”、执纪审理“两核一谈”工作机制。

（丁晓琳）

民主党派和工商联

【民主党派和工商联领导成员】

民革石家庄市委员会

主　委：范振增

副主委：夏玉颖　胡永权

乔茜（女）

民盟石家庄市委员会

主　委：郭斌　（兼职）

副主委：杨凤虎（兼职）

尹兆旭（兼职）

崔瑞芳（驻会）

祝淑钗（兼职）

武志勇（兼职）

民建石家庄市委员会

主　委：武义青

副主委：曹志刚

田荣凤（女）

李小平　姜博卿

民进石家庄市委员会

主　委：石汉文

副主委：李俊秀（女）

李立水　张运凯

寇学臣　王志臣

农工党石家庄市委员会

主　委：王宝山

副主委：王彦英　张祥建

宗立荣　程鹏起

陈志强

九三学社石家庄市委员会

主　委：王长华

副主委：王志国　于奕峰

邵新中　刘小立

王丽欣（女）

栾文楼

工商业联合会

主　席：王中联

党组书记：李爱民（10月免）

杨志乾（10月任）

常务副主席：郝菊亭

副主席：阎志勇　门立新

中国国民党革命委员会石家庄市委员会

【概况】 2015年，中国国民党革命委员会石家庄市委员会（简称市民革）围绕促进祖国和平统一大业主题，组织发动党员密切关注两岸形势。2015年5月，国家主席习近平会见中国国民党主席朱立伦；2015年11月，国家主席习近平会见中国台湾地区领导人马英九。以两岸领导人见面为契机，市民革组织联系党员，收集党员观点，撰写反馈信息；牵线搭桥，促成民革党员赴台湾参观交流。2015年4月，石家庄经济学院支部举办支部活动，邀请到学院考察台湾地区国立台北商业大学国际处李幸瑾博士及国际合作组协调专员薛丰旻（女）参加支部活动，双方围绕两岸文化交流、经济合作开展深入交流。至2015年12月末，市民革共有支部33个，其中新成立支部1个；党员807名，其中新发展党员43人；市委会设置内设机构4个，分别为组织处、宣传处、社会服务处和办公室。2015年市民革被民革中央评为“宣传工作先进集体”。

【思想建设】 贯彻落实中共十八届五中全会精神，组织学习《中国共产党廉洁自律准则》《中国共产党纪律处分条例》。2015年8月，市委会组织50余名党员参加聆听市社会主义学院孔令春副教授解读中央统战工作会议精神。以中国人民抗日战争暨世界反法西斯战争胜利70周年为契机，举办系列教育活动，做好党员思想教育工作。2015年7月，市民革组织市委委员和基层支部主委到承德市宽城县独石沟乡蓝旗地村开展纪念抗战胜利70周年“缅怀先烈”活动，参观长城抗战遗址，铭记历史。2015年8月，举行纪念抗战胜利70周年“力量之源”爱国主义教育实践活动，组织党员到保定市白洋淀雁翎队纪念馆、狼牙山五壮士纪念馆、卢沟桥中国人民抗日战争纪念馆等地现场教学，举办关爱抗战老兵爱心行动，看望慰问石家庄市11位健在抗战民革前辈和黄埔老人。开展纪念抗战胜利70周年献礼活动。以李民生、贾鹏、程亚楠、吴梓蒙为主创团队，拍摄纪录片《血染乏驴岭》；8月31日，民革市委会举办纪念抗日战争胜利70周年大会暨《血染乏驴岭》纪录片首播仪式，100余名党员参加集体观看活动。组建“寻访老兵工作组”，收集石家庄市部分参加过抗战民革前辈、黄埔老人的抗战资料，仔细核对编辑，出版抗战专刊《石门老兵抗战故事集》。征集党员书画作品，2015年市民革陈学栋、霍威、崔洪波、秦锋、李尽染、赵业云、王立明7名书画界党员7幅书画作品入选民革中央《民族魂——纪念中国人民抗日战争暨世界反法西斯战争胜利七十周年美术作品联展》。

【组织建设】 建立党员活动基地，丰富党员活动载体。按照市委统战部建设党员活动基地要求，采取支部推荐、主委会筛选方式，命名和授牌12个党员活动基地。扩大组织发展。新成立民革精英集团支部1个；新发展党员43人，其中高校教师10人，政府机关3人（含实职干部2人），司法机关1人。加强经费保障，鼓励支部举办活动。2015年民革市委会拨发各基层支部活动经费由1000元增加至3000元。各基层支部举办活动有：长安七支部游览泰森绿色生态园；长安一支部、钢厂支部、科技大学支部组织党员到保定陆军军官学校、冉庄地道战遗址参观学习；裕华三支部邀请省政协提案处处长欧阳东为支部党员讲解怎样撰写提案、社情民意等知识；新华三支部邀请省人民医院支部和省儿童医院支部参观邢台大峡谷和中国历史文化名村——英谈古寨；桥西五支部组织党员参观张华彬赟宝斋画展；机关支部带领支部党员赴南京中山陵举办思想教育活动；长安二支部举办为百岁抗战老兵过生日活动。增强组织凝聚力，发挥易信工作平台作用，利用易信“石家庄民革工作”平台和“石家庄民革”平台，实时发布活动信息、会议精神；借鉴“校讯通”模式，面向全体党员建立“企信通”短信平台，实现信息联络全覆盖。

【参政议政】 以大会发言为平台，提升参政议政水平。采用整理、筛选方式，精选质量高、有前瞻性和操作性调研报告作为市政协大会发言基础材料。2015年在市政协十二届三次会议上，民革市委会6篇大会发言获得采纳，均得到市领导批示。落实基层支部、专委会参政议政“双保险”机制。鼓励民革基层支部和专委会开展调研活动，增加支部活动经费，拨付专委会每年调研经费1000元。支持基层支部、专委会开展联合调研活动。2015年初，裕华四支部、工业企业专委会联合到省电力研究院电力科技园区和河北旭辉电气公司举办调研活动；2015年5月，河北师范大学支部、教科文卫体专委会联合到正定开展古城文化保护课题研究；2015年11月，长安六支部、农业农村专委会联合组织提案材料撰写。2015年市政协十二届三次会议上，民革市委会37篇集体提案获得采纳。至2015年末，市民革报送社情民意信息30余篇，其中10余篇被省委统战部和省政协采纳。2015年6月，市委统战部向各民主党派下达开展“我市创业就业存在问题及解决方案”专题调研任务，市民革及时组织教育界、企业界和社区工作人员召开专题调度会，成立调研小组，利用一个月时间报送调研报告、社情民意信息各2篇。2015年市民革农业农村委员会提交《建立肥料利用研究公益平台，为实现肥料零增长提供技术支撑》被市政协常委会大会采纳；科技大学支部刘志超提交《关于落叶无公害处理的建议》被市委统战部《党外人士建言》采纳。

【社会服务】 帮扶贵州省纳雍县茶产业发展。贵州省纳雍县是民革中央对口帮扶点，2015年初，由省民革副主委张大杰带队，市民革主委范振增应邀与民革市委会企业家到贵州省纳雍县参加贵州省纳雍县生态有机茶产业发展座谈会，民革市委会成员通过实地调研向贵州省纳雍县提出生态有机茶发展建议；2015年9月，民革市委会带领基层支部主委代表及企业家代表到保定市参加民革省委“创新扶贫模式 助推纳雍茶产业科学发展”研讨会，围绕如何帮扶纳雍茶产业参加研讨活动；2015年11月，裕华四支部、省儿童医院支部到“平远茶业”河北旗舰专卖店，共同了解纳雍茶文化，交流纳雍茶产业发展和开拓市场意见。响应民革省委号召，帮扶“精英博爱小学”孤困女童。精英博爱小学是省民革帮助太行山区孤困女童获得更好教育而建立的公益性学校，也是开展精准扶贫有益探索和尝试。2015年1～2月，市民革各基层支部携带米面油等慰问品探望慰问20个平山籍孤困女童家庭，并根据女童家庭情况提出相应帮扶办法；2015年1月，裕华三支部与社会团体开展“博爱普燕赵 大爱在行动”公益捐赠活动，为孤困女童捐赠毛绒玩具、书包、书籍读物、运动健身器材等；2015年3月，裕华一支部向学生们捐赠《小作家报》、教辅材料、水杯、字画等；2015年4月，裕华二支部党员为老师和孩子们举办一节心理活动课，捐赠老师、学生每人一套衣服；2015年5月，新华二支部看望孤苦女童家庭，为女童捐赠生活费。2015年6月，民革市委会和部分企业家党员应邀参加精英博爱小学庆六一“感恩与成长”主题联欢活动，民革市委会向精英博爱小学捐赠价值5000元学习用品，企业家党员韩国梁捐赠现金1万元、蒋可青捐赠价值1万元学生用品。组建成立中山法律援助站。参照省民革成立民革河北中山法律援助中心模式，市民革组建成立中山法律援助站，筛选河北博尚律师事务所、北京大成（石家庄）律师事务所为首批民革市委中山法律援助站单位并授牌。各基层支部发挥优势，开展“博爱 牵手”活动。2015年3月，市民革推荐贵州省纳雍县2个家庭贫困、品学兼优高中学生，由裕华四支部主委蒋可青一年资助2个孩子1万元，许诺孩子考上大学，一直资助到大学毕业；2015年6月，长安二支部杨千惠身患疾病，手术费用较高，支部党员捐款4500元；桥西二支部党员王振强利用职业优势，帮扶石家庄友好使者艺术中专学校免费印刷宣传材料、教辅材料等。

（曲宁）

中国民主同盟
石家庄市委员会

【概况】 2015年，中国民主同盟石家庄市委员会（简称民盟市委，成员主要由从事文化教育和科学技术工作中高级、中级知识分子组成，民盟市委1957年成立）贯彻落实中共十八届五中全会和中央统战工作会议精神，履行参政党职能，加强思想建设、组织建设，开展社会公益资助活动。全年民盟市委在省以上新闻媒体发稿100余篇（件），向民盟省委、市委统战部报送理论调研课题3篇。开展“盟员之家”创建活动，民盟市委裕华一、二支部，桥西三支部，桥东二支部4个支部建立“盟员之家”。实施基层支部综合考核，评选省、市级先进支部各6个，省、市级优秀盟员各60名。提高参政议政水平，提交市政协十二届三次会议大会发言3件，集体提案28件；撰写社情民意信息60余篇（次）。至2015年底，民盟市委共有成员1094人，基层委员会9个，基层组织42个。

【思想建设】 采取座谈会、学习会、征文活动等形式，民盟市委带领民盟基层组织和盟员学习贯彻习近平总书记系列重要讲话、中共十八届五中全会、中央统战工作会议精神及多党合作光辉历史和民盟优良传统。践行社会主义核心价值观。将树立和践行社会主义核心价值观作为思想建设主线，与民盟河北省委共同举办纪念中国人民抗日战争暨世界反法西斯战争胜利70周年专题报告会、中共十八届五中全会精神报告会，开展社会主义核心价值观大讨论活动，在《石家庄盟讯》开辟纪念抗战胜利70周年专栏，提升盟员巩固和发展爱国统一战线重要性认知和接受中国共产党领导政治共识。加强民盟优良传统教育。将民盟历史教育纳入骨干盟员培训必修课程；参加市委统战部组织全市民主党派骨干成员培训班学习，重温多党合作光荣历史和民盟优良传统。开展坚持和发展中国特色社会主义学习实践活动。按照民盟河北省委部署，民盟市委开展送文化下乡、宣传思想工作调研、建立学习实践活动基地等活动。确定平山县石板村为民盟市委坚持和发展中国特色社会主义学习实践活动基地，联合民盟河北美术院举办“迎春送福”文化下乡活动；参加民盟河北省委“坚持和发展中国特色社会主义学习实践活动”经验交流会，组织部分民盟市委委员、支部主委、骨干盟员和机关干部到革命圣地延安、井冈山等地学习和缅怀老一辈无产阶级革命家丰功伟绩，接受革命传统教育，感受与中国共产党同心同德、同向同行坚定信念。开展理论研讨和宣传，全年民盟市委在省以上新闻媒体发稿100余篇（件），民盟市委主办《石家庄盟讯》发行时效和稿件质量提升，石家庄民盟宣传网站初步建成。成立统战理论研究课题组，向民盟省委、市委统战部报送理论调研课题3篇，其中《协商民主参与政府公共决策创新机制的优化与探索》参加市委统战部评选。

【组织建设】 响应民盟省委和市委统战部号召，开展创建“盟员之家”活动，2015年民盟市委裕华一、二支部，桥西三支部，桥东二支部4个支部建立“盟员之家”。以“组织发展、参政议政、社会服务、宣传报道、支部活动”等指标为内容，实施基层支部综合考核，评选省、市级先进支部各6个，省、市级优秀盟员各60名。优化结构，稳步有序推进组织发展。民盟市委与各区委统战部、各高校统战部门沟通，由党委部门将各区、各单位优秀人才推荐给民盟市委；扩大民盟社会影响力，注意吸收石家庄市区周边县市无党派代表人士。建立后备干部人才档案，从年龄因素及对盟组织关爱度、在本行业中具有一定代表性、参政议政能力较强或有参政议政潜力、具有一定行政领导能力4个方面作为选择和考察内容，将一批年富力强、热心民盟事业发展、有一定威信盟员吸纳到后备干部队伍。搭建盟员艺术家交流平台，确定鹿泉区西部长青景区为民盟市委美术院写生基地，并举行美术院写生基地揭牌仪式。围绕纪念中国人民抗日战争暨反法西斯战争胜利70周年主题，民盟市委美术院联合河北省书画艺术研究院举行红色之旅艺术采风活动——赴河北省邯郸市涉县129师司令部旧址参观学习；组织盟员书画家参加盟中央、民盟河北省委举办以纪念中国人民抗日战争暨反法西斯战争胜利70周年为主题书画作品展；参加民盟河北美术院组织赴井陉县太行山区采风写生活动。

【参政议政】 发挥智力优势，围绕中心工作建言献策。市政协十二届三次会议上，民盟市委提交大会发言3件，集体提案28件。其中，3篇建言列入重点提案；《加强工业企业挥发性有机物污染控制，进一步提高我市大气环境质量的建议》在市政协常委会作大会发言。组织部分政协委员参加市发展改革委关于提案答复工作座谈会，协助市政协、市电视台录制提案追踪节目5期。发挥基层委员会和专门委员会（简称专委会）作用，举办民盟新华区委参政议政学习研讨会，围绕民盟成员提出“如何反映信息、如何将热点问题撰写成信息”等问题开展针对性培训。组织召开专委会主任会议，研究工作任务；医疗卫生专委会、经济科技专委会分别召开立项课题研讨会，确定年度立项课题；农业专委会到井陉县调研都市型现代农业发展状况；民盟市委与民盟保定市委联合开展《加快太行山区生态经济产业发展》课题调研，并将调研成果提交民盟河北省委。沟通情况，报送社情民意信息。参加民盟河北省委、市政协、市委统战部举办社情民意信息培训班和辅导讲座，提高民盟成员撰写信息质量。全年民盟市委向民盟省委、市政协、市委统战部报送各类社情民意信息60余篇（次）。其中，《为传统村落建档，挖掘历史资源，促进文化产业发展》被党外人士建言采用；《应加强对在用自备井的监管和改造》得到省委常委、市委书记孙瑞彬，副市长郝竹山批示；《关于推动我市首批PPP项目顺利实施的建议》得到省委常委、市委书记孙瑞彬，常务副市长刘晓军批示；《建议推行制度节水试点，提升农业节水整体水平》得到市委常委、市农工委书记张树志批示。

【社会服务】 关爱贫困地区教育。民盟市委依托社会力量，向赞皇县中学捐赠图书4000余册；民盟长安二支部为平山县王常峪小学捐赠文体用品，组织学生召开秋季趣味运动会。开展“捐资助教山区行”活动，向鹿泉区水峪村小学捐赠价值2000元书包及文具。举办基层义诊活动和农业技术讲座。民盟长安基层委员会安排10余名民盟成员医药卫生专家到井陉县窦王墓村开展义诊活动，服务群众350余人，捐赠该村价值2000余元2辆垃圾车及书包、篮球等文体用品；省第四医院民盟成员专家到行唐县翟营乡沟北村举办义诊活动，服务群众300余人次。民盟市委同心服务团成员到深泽县举行《玉米实用高产技术》农业科技讲座，受益群众50多人。立足传统帮扶项目，拓展服务范围。按照市委统战部开展“社会服务进社区”活动要求，民盟市委带领服务团队深入基层社区，2次在市区新石南一社区举办义诊活动、心理咨询讲座、法律援助活动。参加民盟省委在贵州省毕节市举行民盟精准帮扶毕节试验区15所学校“同心助学”活动启动仪式，对接帮扶学校项目建设。

（龚蕊）

中国民主建国会石家庄市委员会

【概况】 2015年，中国民主建国会石家庄市委员会（简称民建市委）以纪念中国民主建国会成立70周年暨民建市委成立60周年为主线，围绕创新、开放理念，加强思想建设、组织建设，提高参政议政能力，做好社会服务工作。修订完善《会议制度》《骨干会员管理制度》《会员活动考勤、签到制度》《支部工作手册使用制度》《民建市委新会员发展细则》《市委会网站管理制度》等26项。撰写社情民意，向党委、政府报送社情民意及建议200余篇次。其中，《建议针对京津服务人才需求 大力发展现代服务业》《推动PPP项目投资加快发展的建议》得到河北省领导批示。推动京津冀协同发展，参加“2015’京津冀协同发展正定论坛”，9名民建市委会员撰写11篇论文入选《2015’京津冀协同发展正定论坛——功能定位与体制创新论文集》。开展“正定古城保护与开发”主题调研，撰写《实施品牌战略，推动古城旅游业跨越发展》调查报告。2015年民建市委参加市政协全体会议提交集体提案22件，大会发言9篇。至2015年底，民建市委共有会员947人，其中中级以上职称411人，大学以上学历563人。2015年12月，民建中央授予民建石家庄市委“全国参政议政先进集体”称号，授予桥西总支“全国先进集体”称号。

【思想建设】 以中国民主建国会成立70周年和民建市委成立60周年为契机，编辑《风雨同舟，携手共进》画册，举办赴西柏坡“重温五一口号，坚定政治信念”赴重庆“寻根溯源，重温历史”“读会史颂伟业，学会章树新风”为主题征文、书画笔会等活动；举行纪念中国民主建国会成立70周年暨民建石家庄市委成立60周年座谈会、悼念成思危追思会；学习民建十届三中全会、中共中央统战工作会议、中共河北省委统战工作会议和中共市委九届四次全会精神，召开学习中共十八届五中全会精神座谈会。重视民建基层支部思想建设，民建裕华、桥西总支举办赴重庆寻根之旅；桥西总支组织会员参观陈庄歼灭战纪念馆；长安总支支部主委赴南京参观首家由民建会员建设市级爱国主义教育基地——南京民间抗日战争博物馆。深化民建会员中国特色社会主义政党制度认识，坚定坚持中国共产党的领导、走中国特色社会主义道路信念。以《石家庄民建》会刊和“石家庄民建网站”为平台，开设“纪念中国民主建国会成立70

周年暨民建石家庄市委成立60周年”专栏，刊发纪念文章，以图文并茂形式回顾民建石家庄市委60年来与中国共产党风雨同舟、肝胆相照的光辉历程。

【组织建设】 修订完善《会议制度》《骨干会员管理制度》《会员活动考勤、签到制度》《支部工作手册使用制度》《民建市委新会员发展细则》《市委会网站管理制度》等26项。开展“会员之家”建设，新建“会员之家”6个，全部配备档案柜、书报架、手提电脑及统战图书等。重视人才建设，建立后备人才信息库，举办新会员培训、信息员、骨干会员、支部主委、支部组织委员培训班，提高统战理论水平、参政议政能力。探索实施新会员支部管理模式，实现新会员发展一批巩固一批目的。至2015年底，民建市委共有会员947人，其中中级以上职称411人，大学以上学历563人。依托“会员之家”，开展支部活动，将支部活动与参政议政、社会服务、助推会员企业发展相结合。各专门委员会发挥自身作用，举办各种形式组织活动。桥西总支利用“会员之家”做到月月有活动、月月有主题；妇委会举行健康知识讲座，教科文卫专门委员会举行艺术欣赏讲座，参政议政委员会组建重点课题组开展专题调研。2015年12月，民建中央授予桥西总支全国先进集体称号。

【参政议政】 发挥民建市委参政党作用，组织民建人大代表、政协委员及特约监督员参加视察调研、政风行风监督和民主评议等活动。撰写社情民意，至2015年底，民建市委向党委、政府报送社情民意及建议200余篇次。其中，《建议针对京津服务人才需求 大力发展现代服务业》《推动PPP项目投资加快发展的建议》得到河北省领导批示；《关于成立民间借贷登记服务中心规范民间借贷缓解中小企业融资难的建议》《加快我市工业企业上市步伐的建议》得到中共石家庄市委主要领导批示。树立参政议政是第一要务观念，以开放的理念、开放的思想、开放的行动，拓宽参政议政渠道和资源。推动京津冀协同发展，参加“2015’京津冀协同发展正定论坛”，民建市委主委武义青作题为《大力推进京津冀城市群发展》演讲；9名民建市委会员撰写11篇论文入选《2015’京津冀协同发展正定论坛——功能定位与体制创新论文集》；整理专家研讨发言，编印《关于促进京津冀公共服务均等化的建议》，得到河北省领导批示肯定。参加河北省政协举办“我为京津冀协同发展献一计”活动，报送建议10篇。组建专题调研组，分赴永年、荆州、平遥等地，围绕“正定古城保护与开发”主题开展调研，撰写《实施品牌战略，推动古城旅游业跨越发展》调查报告。2015年民建市委参加市政协全体会议提交集体提案22件，大会发言9篇。其中，《关于我市如何创新驱动融入京津冀协同发展大格局的建议》等9篇大会发言，均得到中共石家庄市委、市政府主要领导批示；《建议退休人员的采暖补贴在收取采暖费前发放》提案被市人力资源和社会保障局采纳实施。2015年民建中央授予民建石家庄市委“全国参政议政先进集体”称号。

【社会服务】 以增强社会影响力、组织凝聚力、展示会员风采为重点，创新思路，专题研讨社会服务方向和内容。面向高校开设“大学生创新创业奉献大讲堂”，面向民建会员企业开设“企业家大课堂”。首次在河北地质大学举行“大学生创新创业奉献大讲堂”，全年民建市委成员参加学术演讲6次。6月20日，民建市委组织“企业家大课堂”启动仪式在河北地质大学举行，邀请爱国者集团董事长冯军作“如何利用互联网＋协助诚信企业抱团崛起”演讲。探索社会服务有效形式，依托支部、会员企业，联合社会文化团体，开展文化进校园活动。民建市委多次组织会员到平山县、栾城区、深泽县、行唐县等县区，为学生送毛笔字帖、图书和乒乓球等文体用品，邀请河北省毛体书法研究会书画家为学生指导书画；民建市委会员姜博卿被河北科技大学聘用为学生社团规划师，为近300名大学生作“中华传统文化进校园——篆刻艺术欣赏”专题讲座。奉献爱心，开展进老区、进社区、进园区、进学校、进军营活动。民建市委向行唐县高家峪村小学贫困学生捐赠价值5000多元、向平山县八一红军小学贫困生捐赠价值1万多元学习生活用品。民建市委、石家庄众视明视觉康复研究所联合在鹿泉区上庄小学举办“爱眼护眼”进校园大型公益活动。“六一”儿童节之际，长安七支部为广安大街小学捐赠近4000多元爱心图书和体育器材；新会员支部为深泽县10名困难家庭学生捐献助学金1.2万元及价值5000元学习用品，为以画养家脑瘫小伙刘帅捐赠2000元；桥西六支部、九支部会员为桥西区四中路小学培智班20余名孩子捐赠图书；桥西一支部联合桥西区人民防空办公室，为平山县中台山村贫困学生捐赠价值3000余元学习用品。

（李建光）

中国民主促进会石家庄市委员会

【概况】 2015年，中国民主促进会石家庄市委员会（简称民进市委）围绕“继承传统，以党为师，立会为公，参政为民”理念，加强思想建设、组织建设，提高参政议政能力。讨论修改《民进石家庄市委关于基层组织开展活动经费支持的办法（讨论稿）》《民进石家庄市委关于基层支部组织活动、上报简讯的要求》。审议通过《民进石家庄市委标准化专委会建设条件》《民进石家庄市委关于专委会开展活动经费支持的办法》。撰写稿件被中央级报刊网站采用13篇、省级报刊网站采用67篇、市级报刊网站采用9篇。撰写社会实践创新成果《多措并举创新工作方法 夯实党派组织工作基础》获得省市表彰；民进市委会员张韶华撰写《试论加强我国民主党派协商能力建设的价值与途径》通过民进中央立项评审；撰写《新的历史时期充分发挥民主党派民主监督作用问题研究》通过市委统战部评审。参加市政协十二届三次会议提交大会发言5篇；集体提案立案22件；民进界别政协委员提交提案44件，民进会员提交提案103件；参加石家庄市各区“两会”提交提案19件。全年民进市委12篇信息被省民进采用；3篇信息被省政协十一届二次会议作为集体提案，5篇作为大会发言。2015年民进市委获得民进全国先进基层组织称号；长安一支部、裕华支部获评民进全国先进基层组织；联合二支部主任尚晏芝获评民进全国先进个人。

【思想建设】 组织学习中共十八届五中全会、中央统战工作会议、中共市委九届四次全会精神，观看民进全国社会服务工作会议先进典型宣讲视频材料。举办支部主任培训班，集体学习参政议政知识，观看民进学习践行社会主义核心价值体系先进会员事迹宣讲大会视频。搜集、整理民进市委和基层支部材料，编辑撰写《2014年中国民主促进会石家庄市委会年鉴》。追忆先辈，继承传统，弘扬优良作风。以庆祝民进成立70周年为契机，组织民进市委会员撰写《忆许嘉璐主席参加支部活动》《忆张怀西主席来我省慰问抗非典一线会员》口述会史文章，报送民进中央。8月11～13日，民进市委在西柏坡举办书画笔会，纪念庆祝抗战胜利70周年暨民进成立70周年。

【组织建设】 组织召开民进市委十届十一次全委扩大会、十二次全委会、十三次全委扩大会，开展领导班子述职评议，民主推荐2014～2016年后备干部，讨论修改《民进石家庄市委关于基层组织开展活动经费支持的办法（讨论稿）》《民进石家庄市委关于基层支部组织活动、上报简讯的要求》；通报发展积极分子名单。发挥网站、校讯通、会员QQ群新媒体作用，发布通知、调研课题、理论文章，加强民进市委与支部主任、市委委员、专门委员会、支部班子成员联系。组建成立民进石家庄学院支部、28中支部、河北师范大学东支部、河北师范大学西支部“会员之家”。组织民进市委常委、连任支部主任到长沙市民进市委举行学习交流活动，与来石家庄调研武汉市民进市委成员座谈，探索开展跨区域、跨省市合作。提升会员素质，举办民进市委积极分子座谈会，学习《中国民主促进会会章》、会史和社情民意信息撰写知识，观看《薪火相传五十载 肝胆相照谱新篇》石家庄民进成立50周年会史纪录片。4月16日，民进中央主席严隽琪利用河北省调研期间，参加民进市委桥西区一支部组织生活会。7月6日，96中学支部恢复大会在市第96中学举行。2015年民进市委获得民进全国先进基层组织称号；长安一支部、裕华支部获评民进全国先进基层组织；联合二支部主任尚晏芝获评民进全国先进个人。

【参政议政】 民进市委2次组织召开专门工作委员会会议，确定调研题目，讨论通过《民进石家庄市委标准化专委会建设条件》《民进石家庄市委关于专委会开展活动经费支持的办法》。召开市人大代表、政协委员例会，通报政协委员报送提案、社会民意信息情况。组织民进市委会员参加省市“两会”，2015年民进市委参加市政协十二届三次会议提交大会发言5篇，均获得省委常委、市委书记孙瑞彬批示；集体提案立案22件，其中《关于优化扩充资源，推进学前教育改革与发展的建议》《关于加快我市基本公共卫生服务项目建设的建议》列为重点提案，分别由市教育局、市卫生计生委包案督办；民进界别政协委员提交提案44件，民进会员提交提案103件，其中，民进会员阮大春提交《加快全民健身事业的建议》列为市政协重点提案；民进市委会员参加石家庄市各区“两会”提交提案19件。2015年民进市委撰写《关于加快我市智慧城市建设步伐的建议》等10篇信息被市政协《社情民意》采用，其中，6篇被省政协采用，3篇获得市领导批示，1篇获得省领导批示；撰写《关于我市率先在我省制定高温津贴标准 发放防暑降温费的建议》《关于积极建设“海绵城市”缓解城市内涝的建议》被市委统战部《党外建言》采用。全年民进市委12篇信息被省民进采用；3篇信息被省政协十一届二次会议作为集体提案，5篇作为大会发言。提高会员参政议政能力，举办信息骨干培训班，邀请市委统战部、市委研究室围绕《党外建言》《零讯》撰稿培训信息员50人。重视开展走访调研活动，围绕儿童教育问题，民进市委组织会员到河北芮卡文化传媒有限责任公司考察调研；安排河北省博物院、河北科技大学、河北师范大学民进市委会员专家，到市国家级文物保护单位毗卢寺调研，现场勘查，掌握毗卢寺壁画保护现状第一手资料。2015年民进市委撰写稿件被中央级报刊网站采用13篇、省级报刊网站采用67篇、市级报刊网站采用9篇。撰写社会实践创新成果《多措并举创新工作方法 夯实党派组织工作基础》获得省市表彰。民进市委会员张韶华撰写《试论加强我国民主党派协商能力建设的价值与途径》通过民进中央立项评审，这也是省市民进组织报送理论文章首次通过民进中央评审；撰写《新的历史时期充分发挥民主党派民主监督作用问题研究》通过市委统战部评审。2015年民进市委参加民进省委参政议政评比获得特等奖、社情民意信息评比获得一等奖；参加市政协社情民意信息评比获得一等奖。

【社会服务】 组织开明书画院书画家分赴深泽县杜社村、天苑小区举办送春联迎新春、慰问贫困户活动。举行“书香彩虹”捐赠图书公益活动，为贵州省毕节市金沙县木孔乡中、小学捐赠价值11万余元图书7300余册。参与主办石家庄市第六届规范汉字书写艺术节，以“书写中国梦”为主题，评选获奖作品1380幅；协助平山县二中举行书法教育大型公益活动“烛光计划”，参与师生代表260余名。5月29日，民进市委在楼底小学举行“同心教育基地”挂牌仪式，向楼底小学赠送足球、篮球100个，汉字书写教材1000册、中小学读物500本。7月31日，民进市委以教育教学信息化为主题，组织会员到市第一中学调研，了解学校校园网建设、教室多媒体设备配置、教师使用笔记本等电子工具情况，民进市委会员、航天海鹰信息技术有限公司刘铸成与市第一中学达成捐赠意向，向市第一中学援助服务器、常态录播系统、设备管理平台等多媒体教育教学设备价值200余万元。11月19日，民进市委、市政协教科文卫体委员会联合到鹿泉区岗上村开展送医、送文化、送法律、送科技、送健康“五送”活动，向岗上小学捐赠图书1000册；骨科、妇科、心脑血管、中医科等专家为村民们义诊；法律援助机构律师为村民解答法律疑问；体育指导员为群众表演和指导保健健身项目，传授太极拳。11月24日，民进市委向深泽县捐赠计算机40台，桌椅板凳350套，床铺80张，图书2700余册。11月4日，民进市委总结2011～2015年社会服务工作情况，研究决定授予10个支部“社会服务工作先进集体”称号、77名会员“社会服务工作先进个人”称号。2015年民进市委被民进中央授予“社会服务工作先进集体”称号，会员寇学臣、王智森获授“社会服务工作先进个人”称号；获评民进省委“社会服务工作先进集体”特等奖，省二院支部、桥西一支部、24中支部获得“社会服务工作先进集体”称号，33名会员获授“社会服务工作先进个人”称号。

（张伟）

中国农工民主党石家庄市委员会

【概况】 2015年，中国农工民主党石家庄市委员会（简称农工党市委）贯彻落实习近平总书记系列重要讲话、中共十八届五中全会和省委统战工作会议精神，加强思想建设、组织建设，履行参政党职能，组织举办多项社会服务活动。以纪念农工党建党85周年为契机，举办纪念和征文活动，征集书画作品，选拔3名成员参加农工党省委“学精神、学党章、学党史”知识竞赛。全年农工党市委在省市级以上刊物、网站发表理论文章及宣传信息62篇；编印出版《石家庄农工》4期。做好基层组织换届，新成立科技大学支委会、经济学院支委会。2015年农工党市委发展新党员43名，其中，中高级职称占比51.2%，硕士以上学历7人，医药卫生界18人，平均年龄39.7岁。提高参政议政能力，参加全市“两会”提交集体提案25件，大会发言6件。撰写社情民意信息，向市委统战部报送党外人士建言60条，40条信息在省级以上媒体刊登，6条信息在农工党中央网站刊登，32条信息被河北省政协采用。2015年农工党市委组织处、市委机关支委会被市委统战部评为《党外人士建言》先进集体。

【思想建设】 采取领导带头、集体学习、专题培训、个人自学方式，引导和带领农工党市委成员深入学习习近平总书记系列重要讲话、中国特色社会主义理论和中共十八大、十八届三中、四中、五中全会及河北省委统战工作会议精神，开展“坚持和发展中国特色社会主义学习实践活动”。以纪念农工党建党85周年为契机，举办形式多样纪念和征文活动，征集书画作品，选拔3名成员参加农工党省委“学精神、学党章、学党史”知识竞赛。2015年7月，组织召开由市委委员、支委会班子成员、各级人大代表、政协委员及参政议政骨干参加农工党市委八届十一次全委扩大会，邀请省政协副主席、农工党省委主委段惠军，知名专家金灿荣，中央社会科学院副院长张峰等作国际国内形势、“一带一路”战略、加强自身修养、做好参政议政等专题培训讲座。2015年11月，农工党市委派遣30余名市委委员、支委会主委和骨干成员赴广东省广州市、惠州市开展传统教育、爱国主义教育活动，在广州市参加学习中共十八届五中全会精神座谈会，参观邓演达纪念园、黄埔军校旧址、辛亥革命纪念馆，坚定坚持中国共产党领导多党合作和政治协商制度信心和决心。响应农工党中央号召，动员成员缴纳特殊党费3.17万元。重视思想宣传，全年农工党市委在省市级以上刊物、网站发表理论文章及宣传信息62篇；编印出版《石家庄农工》4期。

【组织建设】 加强领导班子建设，组织班子成员学习中国特色社会主义理论、方针、政策，参加省委统战部、农工党省委、市委统战部在省市社会主义学院举办学习培训活动。2015年12月，农工党市委主委王宝山参加省委统战部举办市级民主党派主委培训班。做好基层组织换届，召开农工党市委八届十三次主委会，讨论通过基层支委会换届方案；新成立科技大学支委会、经济学院支委会；2015年10月，农工党市委基层换届任务完成。举办新党员培训，2015年6月，农工党市委选派新党员参加农工党省委举办新党员培训班。2015年7月，农工党市委召开2014～2015年度新党员培训会，组织学习党史党章、统战理论知识，帮助坚定新党员坚持共产党领导多党合作和政治协商制度决心。提升干部综合素质，选派和推荐农工党市委组织处处长刘彦到基层挂职锻炼。2015年农工党市委被农工党中央评为优秀地市级组织；省二院支委会、桥西区支委会、省儿童医院支委会被农工党中央评为先进基层组织。

【参政议政】 重视建言献策，做好“两会”提案、议案工作，组织人大代表、政协委员、参政议政骨干召开参政议政调研会，商定参政议政课题。围绕卫生、环保、教育、科技等热点问题，在全市“两会”提交集体提案25件，大会发言6件。其中，《关于我市科技体制改革与创新的建议》作为大会口头发言；《关于降低扬尘，改善我市空气质量的建议》《关于推动民营医疗机构发展，破解看病难的建议》等4件大会发言得到市主要领导批复。农工党市委副主委程鹏起参加“两会”提出《关于加强楼宇电梯安全管理的建议》，接受市电视台《提案追踪》栏目采访。以推动京津冀协同发展为课题，组织专家成员深入企业、高校等单位开展调研活动，提出关于促进京津冀生态环保一体化、抢抓机遇加快文化产业发展等多项建议。其中，《关于建立河北省食品安全责任保险制度的调研报告》获评农工党中央优秀调研报告；《抓住京津冀协同发展机遇，加快发展我市对外贸易的建议》《关于加强农村文化建设的建议》被中共市委主办《石家庄决策》采用。撰写社情民意信息，向市委统战部报送党外人士建言60条，40条信息在省级以上媒体刊登，6条信息在农工党中央网站刊登，32条信息被河北省政协采用。其中，《关于加快“绿色建筑”推广应用的建议》《关于综合治理我市地下水超采的建议》《将滹沱河（石家庄段）治理列入全市“十三五”规划重要内容的建议》在《党外人士建言》刊登。2015年农工党市委组织处、市委机关支委会被市委统战部评为《党外人士建言》先进集体。

【社会服务】 发挥人才智力优势，开展“同心奉献、服务社会”活动，助力做好“法制宣传周”“中国环境与健康宣传周”“国际科学与和平周”工作。5月10日，农工党市委联合农工党省委、河北法制报社赴高邑县东邱村举办“2015法制宣传周”活动，为村民举办法律讲座，发放法制宣传手册200余份；组织医疗专家开展义诊活动，诊疗群众300余人。6月4日，农工党市委联合农工党省委、河北环保联合会赴井陉县彪村举办第八届“中国环境与健康宣传周”活动，组织举行小学生健康教育讲座，发放农村环境与健康宣传手册，捐赠价值5000元药品，开展义诊活动，诊疗群众200余人。11月10日，农工党市委选派5名专家赴新乐市彭家庄村开展第二十七届“国际科学与和平周”石家庄义诊、咨询活动，受诊群众100余名。开展义诊咨询服务活动，4月8日，农工党市委组织医疗专家到赵县杨户卫生院举行定点帮扶活动，为村民义诊300余人；6月10日，农工党市委选派4名医疗专家到赵县小诰村为群众义诊100余人。6月12日，农工党市委选派4名医疗专家到高新区长江街道办事处梧桐苑社区举行义诊咨询活动，受诊群众160余人。2015年农工党市委被农工党中央评为社会服务工作先进集体；1名党员获评农工党中央社会服务先进个人；8名成员获评农工党省委社会服务先进个人。

（卢艳东）

九三学社石家庄市委员会

【概况】 2015年，九三学社石家庄市委员会（简称九三学社市委）贯彻落实习近平总书记系列重要讲话、中共十八届五中全会和省委统战工作会议精神，加强思想建设、组织建设，提高参政议政能力，组织开展各项社会服务活动。以九三学社创建70周年为契机，报送《支社往事》等文稿10余篇；利用《石家庄社讯》平台专栏，刊登《我的九三情结》等文章7篇。新发展社员33名，其中，男17名、女16名；博士10名、硕士15名；高级职称13名，占发展人数40%，中级职称18名，占发展人数55%；平均年龄38岁。开展基层组织换届，印发《九三学社石家庄市委员会关于2015年基层组织换届工作意见》。参加全国政协会议，九三学社市委主委王长华提出《依法科学监管高校专项经费》；省人民代表大会、省政协会议采用九三学社社员提供大会发言4篇，九三学社市委副主委栾文楼主笔《关于加快城乡绿化步伐 进一步改善河北生态环境的建议》列为2015年省政协十一届三次会议1号提案。九三学社人大代表和政协委员提交个人建议、提案13件。

【思想建设】 选派九三学社市委社员参加九三学社中央、省委和中共市委统战部举办理论研究主题活动及理论培训班。撰写《社会转型背景下九三学社思想建设面临的问题及解决途径》中标市委统战理论研究课题。参加九三学社河北省委思想建设与理论研究课题竞标活动，九三学社市委申报《谈谈社务工作中的继承传统与开拓创新》等10项课题，其中《九三学社成立与抗战胜利》等4项课题中标。撰写《九三学社的民主与科学精神述论》等12篇理论研究成果入选九三学社省委编印“思想建设与理论研究成果汇编”。撰写《浅析民主党派在协商民主中的地位和作用》等4篇理论成果获得九三学社省委二、三等奖。参加第二届九三学社中央“坚持和发展中国特色社会主义论坛”活动，提交《让诚实守信成为我们的生活态度》等3篇研究成果，其中《社交网络化时代的理性思维方式及其价值》入选九三学社中央编撰论坛文集。参加九三学社中央“法治精神与规则意识研讨会”，提交《从公共交通谈规则意识》等3篇论文，其中《培育法治精神和规则意识的路径》选作九三学社中央2015年11月在西安市举办“法治精神与规则意识研讨会”口头交流。参加庆祝九三学社创建70周年征文活动，报送《支社往事》等文稿10余篇；利用《石家庄社讯》平台专栏，刊登《我的九三情结》等文章7篇；报送九三学社省委主办《九三冀刊》“纪念九三学社创建70周年”专栏《我为什么加入九三学社》等文章3篇。

【组织建设】 注重吸收政治素质高、参政议政能力强、有代表性新生力量加入九三学社组织。2015年九三学社市委新发展社员33名。其中，男17名、女16名；博士10名、硕士15名；高级职称13名，占发展人数40%，中级职称18名，占发展人数55%；平均年龄38岁。根据石家庄市部分行政区划调整，九三学社市委撤销桥东区支社，新增鹿泉区、栾城区、藁城区3个区基层组织；原桥东区社员按照市区规划重新划分；8月21日，九三学社鹿泉区支社成立。开展基层组织换届，召开九三学社市委十届十次主委会议、十届五次常委会议和十届五次全委会议，修改完善换届制度和规定，印发《九三学社石家庄市委员会关于2015年基层组织换届工作意见》。以团结、求实、进取为核心，将一批政治素质好、德才兼备、有一定代表性并热心社务工作骨干补实到基层组织领导班子，顺利实现新老班子交接。选派基层负责人参加省、市社会主义学院培训，学习中央、省委统战工作会议精神，组织参观重庆特园中国民主党派历史陈列馆，深化理解“坚持中国特色社会主义政治发展道路”“社会主义核心价值观”教育活动，培养自觉接受中国共产党领导的信念和决心。

【参政议政】 参加全国政协会议，全国政协委员、九三学社市委主委王长华提出《依法科学监管高校专项经费》。省人民代表大会、省政协会议采用九三学社社员提供大会发言4篇，其中《关于京津冀协同发展背景下河北省主导产业发展的建议》得到中共河北省委副书记、省长张庆伟等省领批示，《河北省产业集群可持续发展的对策建议》等建议作为集体提案立案，九三学社市委副主委栾文楼主笔《关于加快城乡绿化步伐 进一步改善河北生态环境的建议》列为2015年省政协十一届三次会议1号提案。九三学社代表和委员提交个人建议、提案13件，其中九三学社市委副主委栾文楼撰写《关于加强张北县百里坝头地质遗迹保护的建议》提案获得省长张庆伟批示。3名社员增补为九三学社省委专门委员会成员，2名社员增任九三学社省委专委会秘书长。开展调查研究，组织九三学社工业企业界社员围绕“工业转型升级”主题与市工业和信息化局座谈。安排专门委员会委员及骨干社员30余人研究参政议政事项，确定“提升农业综合生产能力、加强行政权力监督”等课题。组织九三学社高校教师召开“高校毕业生创业就业”专题研讨会，撰写调研成果近20篇。

【社会服务】 参加农业科技下乡活动，九三学社市委农业界专家针对小麦后期管理及玉米种植管理问题作技术指导，宣传普及农业管理先进技术，帮助农民科技致富。举办义诊咨询活动，组织医卫界内科、中医科、外科、妇科等科室专家到井陉县、平山县等地，为村民义务测量血压和血糖，诊治疾病，开具处方，宣传普及“常见疾病防控”基本知识，发放医疗保健材料，受诊群众500余人。开展法律咨询服务，组织九三学社市委法律界专家进社区、进校园举办义务法律咨询活动，普及法律知识，解答赡养、抚养、家庭财产分割等民事纠纷问题，接受咨询服务100余人。

（姚建强）

石家庄市工商业联合会

【概况】 2015年，市工商业联合会（简称市工商联）贯彻落实习近平总书记系列重要讲话、中共十八届五中全会和省委统战工作会议精神，加强思想建设、组织建设，提高参政议政能力，组织开展各项社会服务活动。围绕京津冀协同发展主题，发挥工商联、商会组织优势，采取项目合作、人才交流、资金支持等方式，推动全市非公经济发展。支持市委、市政府承办“首届世界冀商大会”；参与全国总工会、全国工商联发起举办京津冀民营企业大型招聘会。发挥市工商联人才交流服务中心作用，开通市工商联人才网，向民营企业提供人力资源服务。构建金融服务网络平台，促进银企精准对接，解决企业融资难问题。2015年市工商联采用互联网、电子商务形式，线上与100多家国内外金融机构达成合作；线下组建专业金融服务团队覆盖21个县级工商联、71家商会，联络93个金融服务分中心和110名联络员，市工商联金融服务中心帮助企业直接融资近20亿元。重视非公经济人士思想教育，举行以守法诚信为重点非公经济人士理想信念教育实践活动，开办“民营企业家讲坛”，举办“互联网金融与中小企业发展”“企业与员工共同成长的三种方式”“经营者利润管控与财务风险防范”“客户关系管理”“集团管控”“政府与社会资本合作”等培训10余次，参训民营企业家2100余人次。2015年市工商联新成立直属商会6家，直属商会累计达到71家，完成登记注册18家。至2015年末，市工商联会员总数达到3万余家，其中企业会员2万家，团体会员388家，直属会员356家。

【非公经济服务】 围绕京津冀协同发展主题，发挥工商联、商会组织优势，采取项目合作、人才交流、资金支持等方式，推动全市非公经济发展。支持市委、市政府承办“首届世界冀商大会”。7月6日，由河北省委统战部、省工商联主办，石家庄市、保定市、沧州市政府承办首届世界冀商大会在石家庄市举行。会议围绕“宏图共冀、创新发展”主题，举办了开幕式、主题会议、专题论坛、投资推介及考察等系列活动。20多个国家和地区700余名知名冀商代表参会，其中海外冀商115名、省外冀商315名、省内冀商160名；河北异地商会64家。参与举办“京津冀民营企业大型招聘会”。3月1日，由全国总工会、全国工商联发起举办“京津冀民营企业大型招聘会”在河北主场举行，市工商联组织天山集团、神威药业、石家庄四药集团、阳煤正元化工等200多家民营企业，提供管理、工程技术、文秘、会计、销售等岗位7000多个，吸引1万余名求职者应聘，现场达成就业意向3200多个。发挥市工商联人才交流服务中心作用，开通市工商联人才网，向民营企业提供人力资源服务。构建金融服务网络平台，促进银企精准对接，解决企业融资难问题；改变原有“快餐式”银企对接活动方式，发掘“市工商联金融服务中心”优势和潜能，建立线上线下一体化金融服务网络平台。完善企业信息数据库、国内外投资人库、金融产品数据库，以网站、微信、手机APP等形式向企业发布产品和服务信息，依据企业需求制定融资方案。线上与100多家国内外金融机构达成合作；线下组建专业金融服务团队，覆盖21个县级工商联、71家商会，联络93个金融服务分中心和110名联络员。与22家驻石家庄金融机构建立合作关系，聘请近50名金融机构信贷员为市工商联特约信贷员。全年“市工商联金融服务中心”帮助企业直接融资近20亿元，得到会员企业和金融机构普遍认可。组织150多家民营企业参加“5·18中国·廊坊国际经济贸易洽谈会”“中国·石家庄（正定）国际小商品博览会”“石家庄国际经济贸易洽谈会”等经贸活动；促成商会企业与浙江省、陕西省、青海省等地企业项目对接；选派200多家企业到鹿泉区、井陉矿区、深泽县开展“园区行”活动，召开项目推介会，考察各地招商引资优惠政策，促进企业和园区互利双赢。

【非公经济人士思想教育】 2015年4～5月，市工商联分2批组织企业家参加省委党校举办全省企业家培训，以培训班、座谈会等形式，引导非公经济人士贯彻落实中共十八届五中全会精神，研究探讨新形势下民营企业转型升级和创新发展。开展理想信念教育实践活动，按照全国工商联部署安排，市工商联在全市民营企业组织举行以守法诚信为重点非公经济人士理想信念教育实践活动，召开非公经济人士守法诚信座谈会、选树诚信守法模范。提升民营企业家综合素质，开办“民营企业家讲坛”。市工商联依托“企业家大讲坛”，挖掘和利用社会资源，推进实施“民营企业家素质工程”。全年市工商联举办“互联网金融与中小企业发展”“企业与员工共同成长的三种方式”“经营者利润管控与财务风险防范”“客户关系管理”“集团管控”“政府与社会资本合作”等培训10余次，参训民营企业家2100余人次。引导民营企业支持慈善事业，举办“春雨行动——光彩手拉手”帮扶活动，促成民营企业与6000户贫困家庭实现结对帮扶。

【组织建设】 全年市工商联新成立直属商会6家，直属商会累计达到71家，完成登记注册18家。至2015年末，市工商联会员总数达到3万余家，其中企业会员2万家，团体会员388家，直属会员356家。加强商会组织建设，开展商会管理达标年活动，制定印发《商会规范化管理15条》，明确商会日常管理量化评判办法，帮助商会理清建会、办会思路，指明商会发展方向。推进县级工商联组织发展，落实河北省工商联《关于解决县级工商联建设中突出问题的实施方案》，分实际情况，协助县级工商联解决人员编制、办公条件、工作经费等问题。2015年长安区、正定县、鹿泉区、新华区、井陉县5家工商联被省工商联命名为全省“五好”县级工商联建设示范点，正定县、鹿泉区、新华区工商联推荐报送全国“五好”县级工商联建设示范点。

【参政议政】 制定印发《调研课题招标方案》，确定调研课题和完成单位各13个。2015年9月底，13个招标课题全部完成并报送省工商联、市政协及市委统战部。其中，由市工商联撰写《石家庄市非公有制经济发展中存在的问题与对策》在河北省社会主义学院学报2015年第2期刊发；《石家庄市非公经济发展情况报告》编入《河北省政协十一届十三次常委会发言汇编》。围绕京津冀协同发展、“两个环境”建设、中小企业科技创新、大众创业等课题，选派人员到天津市、廊坊市等地交流学习，以召开专题座谈会、问卷调查等方式，开展调研活动。2015年市工商联参加市政协第十二届三次会议提交大会发言及集体提案3件。其中，《加快技术创新 促进我市中小企业转型升级》集体发言获得省委常委、市委书记孙瑞彬批示；《加快实施电子商务人才工程 积极创建国家电子商务示范城市的建议》等2个提案获评市政协优秀提案。参加优化发展环境民主评议，推荐3位市政协委员担任中共石家庄市委社情民意联络员，推荐500名企业家担任市级“民主评议监督员”。

（陈军委）

社会团体

【社会团体领导成员】

总工会

主　席：王俊英（9月免）
　　　　李锡海（4月任）
副主席：宋成武（9月任）
　　　　左建停（9月任）
　　　　郭乃杰（9月免）

共青团石家庄市委员会

书　记：王涛　（3月免）
　　　　尚秀伟（3月任）
副书记：魏洪涛　陈宏锋
　　　　袁照华　王宏

妇女联合会

主　席：崔芸
副主席：苏彦英　马玉玲
　　　　姜红

科学技术学会

主　席：陈健敏
副主席：羊文庆　冯卫和
　　　　刘保军（12月任）
秘书长：董升

文学艺术界联合会

主席、党组副书记：周喜俊
党组书记、副主席：邵平
副主席：肖建科（兼秘书长）
　　　　张桂珍

归国华侨联合会

党组书记、主席：王强
党组副书记、副主席：许立
副主席：胡为民

社会科学界联合会（与社会科学院、讲师团合并）

党组书记、院长（主席、主任）：
　　马建彬（8月免）
　　闫国文（8月任）
副院长（副主任）：赵惠娟
副院长（副主席、副主任）：
　　李贞年

残疾人联合会

理 事 长：尚建斌
副理事长：张爱艳　安永卫

黄埔军校同学会

名誉会长：陈建中　孟昭夫
会　　长：张连枝
副 会 长：王敬之　徐丙生
秘 书 长：邱振贵（兼）

台湾同胞联谊会

会　　长：廖海鹰
副 会 长：王爱鸽　陈瑛
秘 书 长：游艳红

消费者协会

名誉会长：张承禄　张殿奎
　　　　　赵长栓
会　　长：路国庆
副 会 长：李景祯　汤化敏
　　　　　卢金保　贾利民
　　　　　夏玉颖　栗绪楼
　　　　　王占云
秘 书 长：许毅敏
副秘书长：陈磊

工业经济联合会

名誉会长：沈志峰　方秉钧
　　　　　陈启明
顾　　问：王同林　周世俊
　　　　　彭造岭
会　　长：杨耀波
常务副会长：谢艳华
副 会 长：程宝怀　王习文
　　　　　左喜书　张昌荣
　　　　　王建良　杨成桂
　　　　　于锡庆　吴宝河
　　　　　王炳熙　张征
　　　　　李怀斌　姚振春
　　　　　唐秀珍
党组书记、副秘书长：谢艳华
秘 书 长：任保山
副秘书长：高国欣

红十字会

会　长：张业
常务副会长、党组书记：
　　　王鹏飞
副会长：崔胜明　张玉安
秘书长：郝瑞起

石家庄市总工会

【概况】 2015年，市总工会举办工种职工技能竞赛15个，带动技术练兵超过30万人，取得职工发明创造418项，获得专利255项；组建成立职工创新工作室620家，创出经济效益3.5亿元。推荐评选全国劳模10名、全国先进工作者4名，河北省五一劳动奖章获得者20名、河北省五一劳动奖状获得单位9个、河北省工人先锋号21个。开展工会新闻宣传，全年市总工会在各级新闻媒体报道宣传稿件209篇，其中中央级新闻媒体53篇次。提高工人素质，投资300万元实施职工大学维修改造；以社会主义核心价值观为核心，深化职工道德教育，开展“中国梦·劳动美”主题教育活动、“石家庄市职工经典诵读大赛”，增强职工凝聚力和自豪感。以“引领、善行、筑梦”为主题，弘扬劳模精神，开展劳动模范大讲堂、劳模结对帮扶、省会劳模志愿服务队“三进”活动，全年600余名劳动模范提出“金点子”723项，杨普、冯志宏2名劳动模范登上“燕赵讲坛”主讲。新发展农民工会员11万人，农民工会员总数达到79万人，基层工会组织总数达到19214个，会员总数达到180万人。5月12日，市总工会十七届十次全委会议举行，市人大常委会副主任李锡海当选市总工会主席。12月3～4日，市总工会第十八次代表大会举行。全年职工法律援助团受理援助案件36起，涉及职工260人；调解庭受理劳动争议案件12起。开展农民工维权专项行动，接待农民工来电来访82件，涉及987人，挽回经济损失80多万元。推进厂务公开和职工代表大会管理体系建设，全年1787家企事业单位达到职工代表大会规范化建设标准，108家大中型企业建立厂务公开和职工代表大会管理体系。至2015年末，全市工资集体协商建制企业达到16542家，建制率86%。举办“职工互助活动”，全市41万职工以“职工互助活动”方式，募集资金2085.5万元，救助3307人，发放救助金1709万元。

【服务经济建设】 围绕京津冀协同发展、园区工程建设、节能减排等重点领域、重点项目，开展“当好转型升级主力军，打好跨越赶超攻坚战”系列劳动竞赛，全年劳动竞赛覆盖面达到85%，职工参与率达到80%。市纺织工会劳动竞赛从班组抓起，打造“车间—子公司—公司—全系统”金字塔式竞赛模式，以竞赛方式激励职工学习和创新；市轨道交通工会劳动竞赛以保安全、保质量、保工期、保效益为目标，加快推进工程建设进度，尽最大力量早日实现占道“还路于民”。推行以培训、练兵、比赛、晋升为主要内容“四位一体”工作模式，以经济技术创新助推职工队伍素质提升，全年市总工会举办工种职工技能竞赛15个，带动技术练兵超过30万人，其中，1000余名职工晋升技术等级，推广先进操作法1220项，职工发明创造418项，获得专利255项。打造职工创新战场，建立职工创新工作室620家，其中市级管理标准62家，创出经济效益3.5亿元。2015年11月，市总工会、市科学技术和知识产权局、市职工技术协会共同命名第六批市级职工创新工作室12家。分别为：石家庄科林电气股份有限公司苏彦斌创新工作室、国家电网平山县供电公司星火创新工作室、河北华荣制药有限公司蒲公英创新工作室、国家电网行唐县供电公司仇立创新工作室、华北制药河北华民药业有限公司韩世杰创新工作室、国家电网高邑县供电公司赵国强创新工作室、河北华电石家庄鹿华热电有限公司高衍建创新工作室、国家电网河北省电力公司石家庄供电分公司传承创新工作室、河北新化股份有限公司韩建明创新工作室、国家电网赵县供电公司周兆辉创新工作室、中国民生银行石家庄分行李娜工作室、石家庄光明渔港饮食有限公司周强创新工作室。

（王海）

【劳动模范和先进工作者】 全年14人获得全国劳动模范、全国先进工作者称号，其中全国劳动模范10名、全国先进工作者4名。全国劳动模范为：华北制药集团有限责任公司金坦生物技术股份有限公司首席技师齐名；国家电网河北省石家庄供电分公司变电检修室检修一班班长、助理工程师单东阳；石家庄常山纺织股份有限公司恒盛分公司动力车间主任、工程师葛文军；石家庄君乐宝乳业有限公司总经理魏立华；河北天山实业集团有限公司董事长、工程师、经济师吴振山；石家庄神威药业集团有限公司副总裁、党委副书记、经济师信蕴霞；正定县正定镇塔元庄村党支部书记尹小平；石家庄市藁城区岗上镇杜村党支部书记、村主任高素娥；新乐市新农红薯种植专业合作社理事长贾拴成；井陉县神农核桃专业合作社理事长冀泽海。4名全国先进工作者为：市城市管理委员会党组书记、主任卢建新；市第三医院院长、主任医师李锋；市第一中学语文教研室副主任、宣传处主任、中学高级教师马瑞华；市民政局优抚处副处长鲍婕（参见《石家庄年鉴2016》“人物”）。20人获得河北省五一劳动奖章称号，9个单位获得河北省五一劳动奖状称号，21个班组荣获得河北省“工人先锋号”称号。

（李召冬）

【工会组织建设】 5月12日，市总工会十七届十次全委会议举行，市人大常委会副主任李锡海当选市总工会主席。12月3～4日，市总工会第十八次代表大会举行。李锡海代表市总工会第十七届委员会作《高举旗帜 改革创新 团结带领全市广大职工在建设幸福石家庄中发挥主力军作用》工作报告。会议选举李锡海为市总工会第十八届委员会主席，高翠君为常务副主席，宋成武、左建停、温富才（兼职）、刘春东（兼职）、李天征（兼职）、姜红（兼职）为副主席，高威为秘书长，薛二红为经费审查委员会主任。开展推进农民工入会集中行动，将农民工入会目标任务纳入工会基层组织建设年度考核，没有完成任务工会基层组织实行“一票否决”制度。平山县总工会重点推进建筑、物流、农村专业合作社等区域农民工集中入会，新建基层工会37家。至2015年末，全市新发展农民工会员11万人，农民工会员总数达到79万人，基层工会组织总数达到19214个，会员总数达到180万人。开展县级工会组织规范化建设活动，明确市总工会三年内所属21个县级总工会和高新区总工会组织建设总体目标100%达标，新乐市、灵寿县、元氏县、无极县、栾城区、长安区、井陉矿区7家县级工会接受河北省总工会达标验收任务。2015年高新区总工会主席于云川获得“全国工会工作者标兵”称号。

【创建和谐劳动关系】 拓展工会维权新途径，首创全国劳动争议案件陪裁员、陪审员制度。发挥“两庭一团”（职工劳动争议仲裁庭、职工劳动争议调解庭和职工法律援助团）作用，全年职工法律援助团受理援助案件36起，涉及职工260人；调解庭受理劳动争议案件12起，棉七职工劳动纠纷疑难案等11起案件立案仲裁。开展农民工维权专项行动，建立人力资源和社会保障、法院、公安等部门维权协调指导小组，以职工法律援助团为依托，接待农民工来电来访82件，涉及987人，挽回经济损失80多万元。畅通职工诉求渠道，全年“12351”职工服务热线接听职工咨询、求助电话476个。开展多种形式职工劳动法律知识竞赛活动，参加答题职工超过100万人。以非公企业和区域性（行业性）职工代表大会规范化建设为重点，结合“公开解难题、民主促发展”主题，推进厂务公开和职工代表大会管理体系建设，全年1787家企事业单位达到职工代表大会规范化建设标准，108家大中型企业建立厂务公开和职工代表大会管理体系。维护职工合法权益，参与市动力厂、珍极集团等9家企业破产和改制。推进和谐劳动关系创建活动，5家企事业单位“晋级”省AAA级劳动关系单位。提升工资集体协商质量，推动将工人工资集体协商纳入党政综合目标考核体系；印发《工资集体协商质量提升五年计划》《指导员参与协商指导意见》，选树90个行业、个体典型案例编印成册，作为工资集体协商样板在全市推广。至2015年末，全市工资集体协商建制企业达到16542家，建制率86%。

（王海）

【3起农民工维权典型案例】 6月10日，市总工会发布3起农民工维权典型案例。1.2015年5月初，平山县农民工焦某和妻子一起拿着工伤认定决定书、诊断证明等书面材料，向市总工会反映工伤待遇不落实问题。焦某于2012年7月到某服务公司工作，双方签订劳动合同，期限至2014年12月31日。后该公司派遣焦某到某铝合金公司做清铲工作，并为其缴纳了工伤保险费。期间，焦某在装卸设备时右手被叉车挤伤，市人力资源和社会保障局认定为工伤，市劳动鉴定委员会鉴定为十级伤残。到2015年4月，焦某没有享受到工伤待遇，还垫付工伤复查费和鉴定费924元。市总工会启动职工劳动争议调解程序，分别与服务公司、铝合金公司负责人联系，了解案情。5月28日，市职工劳动争议调解委员会开庭调解焦某工伤待遇一案。在调解员主持下，焦某与2家单位当庭自愿达成调解协议：服务公司为焦某向市工伤保险经办机构申报一次性伤残补助金、医疗补助金；服务公司为焦某报销工伤复查费和鉴定费924元。服务公司与铝合金公司共支付焦某就业补助金14551元，经济补偿金和待岗生活费5000元等。2.平山县农民工崔某于2013年10月到某服务公司工作，双方签订劳动合同，期限至2014年12月31日。后服务公司派遣崔某到某铝合金公司工作，并为其缴纳工伤保险费。2014年8月16日，崔某在上班途中发生交通事故，市人力资源和社会保障局认定为工伤，无伤残等级。崔某认为自己受的是工伤，单位应该补偿。经市总工会法律部人员多次研究案件后认为：崔某工伤没有伤残等级，但应该有待岗生活费和经济补偿金，决定启动职工劳动争议调解程序。5月28日，市职工劳动争议调解委员会开庭调解崔某工伤补偿一案。经调解，双方自愿达成协议：双方解除劳动关系和工伤关系；由服务公司和铝合金公司共同支付崔某经济补偿金和待岗生活费共计2000元。各自履行完协议相应义务后，申请人与被申请人、第三人不再存有任何劳动和经济纠纷。3.灵寿县孙某、刘某等31名农民工于2013年7～9月期间受雇杨某，在杨某承包的工地干活，并约定工资支付标准。工程完工后，孙某等人多次向杨某讨要工钱，杨某以各种借口不予支付。2014年底，孙某等到市总工会求助。经市总工会调查了解，杨某的上级包工头许某早已将全部工程款包括人工费支付给杨某，杨某对拖欠31人共计53575.5元工资不否认，但以该工程赔钱、没钱支付为由不支付。调解无效后，经31人同意，市总工会指派专人担任代理，并与法律援助团律师一起帮助农民工进行案件诉讼，2015年3月11日向灵寿县法院提起民事诉讼。4月24日，灵寿县法院开庭审理做出判决，判杨某支付孙某等31名农民工工资共计53575.5元，并承担案件受理费1139元。

（戴丽丽）

【帮扶救助】 开展就业援助行动，举办“民营企业招聘周”“千企万岗进校园”等各类招聘会9场次，邀请招聘企业1000余家，提供岗位2.1万个。承办全国总工会京津冀协同发展大型求职招聘会，吸引省内外600余家企业进场招聘，提供就业岗位7.3万个，达成就业意向3.4万个。推进县级职工服务中心建设，确定藁城区、长安区、元氏县为示范型县级职工服务中心重点支持县区，提供资金170万元，帮助3个县区率先达到河北省总工会验收标准。组织41万职工参加“职工互助活动”，全市募集资金2085.5万元，救助困难职工3307人，发放救助金1709万元。科学有效使用职工捐款，在全省首创成立职工互助活动医疗救助专家小组，实现大病认定救助专家鉴定。开展“金秋助学扶困育才”行动，救助考取研究生、大中专院校、高中困难职工子女208名，发放助学金47.8万元，发放生活救助金15.5万元。举办“春雨行动——精准帮扶”活动和“送温暖工程”活动，新增“春雨行动”特困职工900户；2015年元旦和春节期间，市总工会筹集资金788万元，用于生活救助、走访慰问、农民工维权服务等送温暖活动。

（王海）

中国共产主义青年团石家庄市委员会

【概况】 2015年，共青团石家庄市委（简称共青团市委）围绕服务大局、服务青年，把握自我革新、从严治团主题，树立品牌意识、规划意识、主动意识、争先意识、落实意识，组织开展青少年思想教育、青春建功实践活动、青年志愿服务活动，加强青少年保护和共青团组织建设。开展“我的中国梦”“中国梦·幸福城”“我们是共产主义接班人”“奋斗的青春最美丽”“勿忘历史·圆梦中华”“青春正能量·有梦有坚持”等主题教育活动，引导青年践行社会主义核心价值观，帮助青年树立走中国特色社会主义道路理想信念。推进青年创新创业，实施青年创新创效示范行动、大学生创新创业计划竞赛、青春创业大讲堂、青年创新创业实践基地、“365合伙人计划”、青春创业联盟、寻找青年创新创业榜样等8项重点实践活动，建立市级创业孵化基地25家，聘请人力资源和社会保障、科技等部门负责人和青年创业典型等130人组建成立石家庄市青年创新创业导师团。至2015年末，共青团石家庄市委联系和帮扶中小型科技企业90家，举办青春致富大讲堂382场，见习基地青年对接845人，发放城市小额贷款4567万、农村小额贷款1.5亿元，培训创业就业人员2500人，培育创新创效项目178项。推动青年志愿服务专业化、项目化、固定化、常态化、规范化发展，重点打造助老、医疗卫生（助残）、法律援助、心理咨询、教育辅导（外语）、科学普及、文化宣传、生态环保、家电维修、美发10支青年志愿者专业服务队。至2015年底，全市共有注册青年志愿者36万余人、志愿者团体657个。帮助青年牵手婚姻，引导婚龄青年加入绿色环保、爱护环境、移风易俗、婚事新办行列。9月29日，举办第七届石家庄青年公益集体婚礼，50对青年男女参加婚礼仪式；共青团市委、市总工会、河北新闻网等单位联合举行“牵手兵哥哥 情定‘好运来’——2015石家庄市首届军民相亲会”，120多人参加；共青团市委、市邮政公司联合举行“遇鉴爱·森林城”石家庄首届大型公益单身青年联谊会，来自公安、部队、电力、金融、高校、医院等青年文明号系统400余名青年参加，40余对青年男女幸福牵手。全年国家级媒体5次、省级媒体365次、市级媒体649次宣传报道共青团市委工作。10月24日，《中国青年报》头版刊发《石家庄团组织聚力打造青年“众创空间”》；5月4日，《石家庄日报》整版刊发《用梦想激活青年创新创业细胞》。5家单位获得2013～2014年度全国青年文明号称号，2人获得第19届“中国青年五四奖章”。4月27日，共青团中央授予石家庄市国药乐仁堂连锁公司总店调剂部、中国邮政储蓄银行石家庄市裕华东路支行、市数字化城市管理监督指挥中心、市公安局法制支队行政复议应诉科、市中医院客户服务部5家单位2013～2014年度全国青年文明号称号。5月3日，共青团中央、中华全国青年联合会授予包括石家庄常山纺织股份公司恒盛分公司织造车间技术员杨普（女），中国电子科技集团公司第五十四研究所卫星通信与广播电视专业部七室副主任、党支部书记、高级工程师李冬浩2人（全国25人）第19届“中国青年五四奖章”。2015年共青团石家庄市委残疾人日间照料中心青年志愿者服务站项目获得第二届中国青年志愿服务项目大赛金奖；石家庄市长安区跃进街道办事处“五青”区域化团建工作模式全国推广；撰写《快速发展青少年事务社工，切实保障青少年权益》调研文章被共青团中央评为2015年“面对面”活动全国一类报告。

【青少年思想教育】 开展“我的中国梦”“中国梦·幸福城”“我们是共产主义接班人”主题教育活动，召开少先队“相约中国梦 点亮幸福城”主题队会3000余场次，参与少先队员70余万人，撰写“中国梦”手抄报书法等作品10万余幅。举办“告别金色童年，迈入青春门”离队仪式、“五四”集体入团仪式、“与法相伴，与梦同行”第二十一届成人节宣誓仪式、“清明祭英烈”等仪式教育活动，保护青年人健康成长。引导团员青年践行社会主义核心价值观，开展“奋斗、青春、责任、成长”主题教育活动，召开“奋斗的青春最美丽”“勿忘历史·圆梦中华”“青春正能量·有梦有坚持”“践行社会主义核心价值观·争做向上向善好青年”等青春故事分享会活动400余场，覆盖青年60万人；邀请“全国向上向善好青年”分享团走进石家庄，在石家庄铁道大学、长安区和平时光社区、石家庄循环化工园区分别举办巡回分享会。举行石家庄市纪念五四运动96周年暨优秀青年座谈会、庆“六一”少年儿童创新科技成果展、“领巾大、责任大”纪念少先队建队65周年活动，向全市团员青年发出《弘扬五四精神 争做时代先锋》倡议，帮助青少年树立走中国特色社会主义道路理想信念。贯彻落实《共青团河北省委关于在全省深入推进“学习贯彻习近平总书记系列重要讲话精神”青年读书班的通知》要求，举办市级青年读书班8期，参加人员1200余人次，到县（市、区）宣讲22次，培训人员覆盖各县（市、区）团委领导班子，直属高校、企业团委领导班子，乡镇（街道）团委书记，部分新兴行业（协会）负责人，部分青年社会组织负责人等。各县（市、区）举办青年读书班130场，参加人员15875人次；乡镇（街道）举办青年读书班392场，参加人员14359人次；市属企业举办青年读书班56场，参加人员8500人次；市属高校举办青年读书班107场，参加人员22500人次；新兴行业群体举办读书班11场，参加人员1000余人次。利用“石家庄共青团”微博、微信等媒体，围绕党政中心工作，开展“争做向上向善好青年，争做文明守法好网民”“为青春加油”“关爱你的肺，远离吸烟”“世界环境日”“让读书成为一种习惯”等微博主题活动。其中，“石家庄共青团”微博粉丝量达到243万，发布微博6万余条，获得“2015年度河北十大政务机构微博”第一名；微信公众号关注人群10万人；组建青年网络文明志愿者队伍4.5万人；“争做向上向善好青年，争做文明守法好网民”活动阅读量达到10万人次，转发2000余人次。9月10日，共青团市委“青年之声·石家庄”互动平台开通，成立“思想引领、成长服务、健康服务、创业就业服务、社会组织、维权服务、爱心传递、志愿服务、心理辅导、婚恋服务”十大联盟，聘请专家2599人（包括专职律师41名、心理咨询师54名），帮助青年解答新时期各种问题。建立“青年之声”“青年中心”线上线下互动模式，举办“面对面·话成长”沙龙和石家庄“青年之声”红色大讲堂活动，开展贫困青少年救助、救助“小姨妈妈”宋美渊、“青年之声·石家庄”心理辅导走进高校等特色活动。

【青春建功实践活动】 整合资源，推进青年创新创业，实施青年创新创效示范行动、大学生创新创业计划竞赛、青春创业大讲堂、青年创新创业实践基地、“365合伙人计划”、青春创业联盟、寻找青年创新创业榜样等8项重点实践活动，建立方大科技园、市科技创新中心、青年“众创空间”等25家市级创业孵化基地。聘请人力资源和社会保障、科技等部门负责人和青年创业典型等130人，组建成立石家庄市青年创新创业导师团。以京津冀协同发展和规划纲要实施为契机，联合市科技局、北大科技园等单位举办“创启未来”石家庄创新创业大赛，与市人力资源和社会保障局启动省会首届搜才杯大学生创业创新大赛。组织13个科技型青年创业项目参加河北青年创业先锋汇创业项目展示，7个项目获得表彰。至2015年末，共青团石家庄市委联系和帮扶中小型科技企业90家，举办青春致富大讲堂382场，见习基地青年对接845人，发放城市小额贷款4567万、农村小额贷款1.5亿元，培训创业就业人员2500人，培育创新创效项目178项。开展路演活动50多期，达成股权投资协议50多个项目、1.2亿元。实施“365合伙人”创业就业计划，优化项目，拓展与金融机构合作，推出青年专属信贷产品和金融服务，初步构建起“融资+融智”平台模式，全程呵护青年创业就业。鼓励农村青年利用电子商务等现代商业模式拓宽创业致富渠道，印发《“农村青年电商培育工程”示范培训班方案》，联合慧聪网、淘宝大学等机构在全市范围开展电子商务公开课培训活动，在鹿泉区、灵寿县等县区新建青年就业创业见习基地7个。2015年共青团石家庄市委组织电子商务培训活动28场，举办电子商务培训班12期；建立市县青年电商创业导师团，吸纳导师52名、培训青年5000余人次；培养农村青年创业致富“领头雁”1280名。中国石油河北销售公司、石家庄车辆厂、中铁十七局3家青年集体举办创新创优创效成果展示；市电信金融、商贸流通、行政政法等30多个行业700多家青年文明号集体围绕技术创新、管理创新、服务创新、营销创新等内容，开展创新创优创效宣传活动；中铁十七局三公司、中建二局北京公司等大中型企业在省会地铁工程、华润万象城等重点项目建设一线开展青年职工科技创新创效、青年突击队创建、青年安全生产示范岗创建活动。助力招商引资，开展“青联委员县区行”“青春助力新发展、转型升级我当先”活动。围绕“百村帮扶 青春勇助”主题，开展文明新风引领、植绿护绿、文化墙绘制、青年示范村（街）创建、农村书屋打造、青年创业帮扶“六大工程”。2015年共青团石家庄市委在全市10个重点村绘制文化墙1.1万余平方米，其中青年志愿者绘制耿村文化长廊成为全国首个3D夜光文化墙；创建文明示范街8条；建立青年林270余亩，植树22.5万余株，参加植树青年2.6万名。开展“守望家乡·青春建功”农村青年服务月活动，举办乡村好青年分享会20场，交友联谊会8场，文化赶集活动13场，参与青年6507人，联系走访青年1636人。

【青年志愿服务】 依托全市10个残疾人日间照料中心青年志愿者服务站，组织医学类高校青年志愿者定期开展助残志愿服务，河北医科大学、河北中医学院青年志愿者到义东社区、建华家园等20余个社区，开展残疾人中医按摩、心理抚慰、康复训练等服务。12月1～3日，由共青团中央、中央精神文明办公室、国家民政部等单位共同主办的第二届中国青年志愿服务项目大赛暨志愿服务交流会在重庆市举行，共青团石家庄市委“残疾人日间照料中心青年志愿者服务站项目”经过现场展示、项目路演、专家评审等环节，最终从500个项目中胜出，获得大赛金奖，这也是河北省获得唯一金奖项目。至2015年末，全市共有残疾青少年75232人，结对人数68544，结对率91.11%，结对志愿者人数83011人，结对志愿服务组织364个，新增助残服务阵地45处。依托社区71家“青年志愿者服务站”、50家“青少年社区服务中心”，安排青年志愿服务者每天下午下课时间、暑期课余时间开展社区小课堂等志愿服务活动。至2015年底，全市青年志愿者服务结对学校299所，结对农民工子女58435人，结对志愿者60671人，结对青年志愿者组织275个，新建服务阵地33处。围绕全市重大活动，开展青年志愿者服务，全年组织青年志愿者主要参加首届世界冀商大会、石家庄爱飞客飞行大会暨通用航空展青年志愿者动员大会、第十四届冀台经济合作洽谈会暨2015年石家庄国际经济贸易洽谈会等。推动青年志愿服务专业化、项目化、固定化、常态化、规范化发展，重点打造助老、医疗卫生（助残）、法律援助、心理咨询、教育辅导（外语）、科学普及、文化宣传、生态环保、家电维修、美发10支青年志愿者专业服务队。至2015年底，全市共有注册青年志愿者36万余人、志愿者团体657个。

【青少年权益保护】 开展“春雨行动·希望助学”志愿服务活动。全年筹资937.2万元，资助大中小学生854人，援建希望小学1所，希望工程图书室20个、希望工程快乐体育园地6个、希望厨房1个，希望工程音乐教室1个，希望工程美术教室2个，希望浴室1个。发放大学生助学金180万余元，帮助困难大学生326人。1月15日，共青团市委、市希望工程办公室共同启动“爱心助学·找零捐赠”活动，在省会商场、超市、宾馆、饭店等公共场所设置标有“希望工程”字样捐款箱41个，号召消费者自愿将消费过程中找兑的零钱捐献“希望工程”。加强希望工程品牌建设，筹备成立市青少年发展基金会。投资10万元在正定县南楼乡建立石家庄市第一个关爱留守儿童“青苗幸福站”。举办“六一我们来了”关爱活动，带领百名留守儿童体验城市生活。开展“青系暖冬，情暖燕赵”大型公益活动，到行唐县、深泽县、灵寿县、井陉县等10个县，为村民和孩子发放价值70万元过冬棉衣。开展援疆援藏活动，向新疆库尔勒地区大学生捐赠助学金5万元，与库尔勒地区43所学校结成“手拉手”学校，两地少先队员结对7192对，来往书信、寄送小礼物3万余封，拍摄互动微视频100余部；与西藏学校“手拉手”活动实现初步对接。以青年志愿者服务站、青少年社区服务中心、“12355”青少年服务平台、法育基地、“青苗幸福站”等阵地为依托，重点为青少年提供法律服务、心理疏导、爱心助学、校外教育等帮助。启动承接共青团中央服刑人员未成年子女“阳光成长驿站”社工项目。3月26日，共青团石家庄市委承接共青团中央服刑人员未成年子女“阳光驿站”社工项目在市少年儿童保护中心启动。该项目采取一对一个案跟进服务方式，运用问卷调查法、访谈法、观察法等专业方法和技巧，治疗、帮助和解决服刑人员未成年子女在成长过程中遇到的问题。2015年5月，共青团石家庄市委、石家庄德政社会工作服务中心联合启动“阳光成长驿站——服刑人员未成年子女关爱计划”，采取公益众筹方式，为服刑人员未成年子女建造“阳光小屋”，组织社工、共青团干部、青年志愿者深入社区和市少年儿童保护中心，通过开展心理咨询、亲子活动、“我是强者”夏令营活动、“蒲公英志愿团”活动等，促进孩子阳光成长。2015年7月，共青团石家庄市委“阳光成长驿站——服刑人员未成年子女关爱计划”项目，从1323个参赛项目胜出，入围第四届中国公益慈善大赛百强，这也是河北省唯一入围项目。第四届中国公益慈善项目大赛由中国公益慈善项目交流展示会组委会主办，是现阶段国内最高级别公益慈善项目创投大赛，申报地域覆盖30个省、市、自治区及港澳台地区。共青团石家庄市委“阳光成长驿站——服刑人员未成年子女关爱计划”项目采取“社工+团干+青年志愿者”模式，通过个案工作、小组活动、社区活动工作方法，主要摸索专门针对服刑人员未成年子女健康成长有效模式。中考高考前开展“轻松备考·12355与你同行”阳光行动，选派“12355”服务台心理咨询师、教育专家组成中考高考心理援助专家志愿讲师团，到学校为考生提供心理疏导、减压等服务。全年“阳光成长驿站”社工项目举办专题辅导讲座21场，惠及学生5千余人；“12355”服务台接听考前咨询电话407个。

【共青团组织建设】 建立青年中心，市青年中心位于市青少年宫一楼大厅，面积500平方米；21个县（市、区）和高新区青年中心建成率100%；260个乡镇（街道办事处）建成青年中心145个，建成率56%。推进基层共青团组织建设，2015年全市52个街道办事处团工委开展活动379场，联系青年社会组织337个，参与活动青年1.5万余名。5月6日，河北省城市街道区域化团建工作培训会在石家庄市召开，共青团石家庄市委在会上作典型发言，与会代表参观了石家庄市胜北街道区域青年工作阵地、青年志愿者文化长廊等。长安区跃进街道办事处区域化团建工作案例入选《全国城市街道区域化团建指导手册》，向全国推广。长安区跃进路街道办事处区域化团建工作做法概括为“五青”，即青春不艰难——创业就业、青春不迷惘——思想引领、青春不虚度——社会服务、青春不彷徨——婚恋交友、青春不困惑——维权助困。组织辖区企业、学校、市场、商户、机关、社区等18个成员单位成立“区域青年工作共建委员会”，采取“区域共建、共享资源、项目运作”模式，凝聚和服务区域青年人。创业就业，成立石家庄市第一个街道创业就业指导站，建立共建单位用工信息咨询台，举办就业培训等活动；思想引领，以“中国梦”为主题，开展“感受非遗魅力，传承中华文化”“最美青工评选”等主题活动，弘扬正能量；社会服务，整合辖区专业志愿者队伍，在街道全部8个社区建立助残、教育、环保、社会公益、消防安全、法律教育等志愿者团队，发挥青年特长，服务全区居民；婚恋交友，将辖区单位和社区团组织结成帮扶对子，组织大龄青年采取“驴友”会、做游戏等形式，开展婚恋交友活动；维权助困，吸纳辖区专家、人大代表、政协委员等方面人才，举办专题讲座、打通青年反映诉求新渠道。印发《共青团石家庄市委关于广泛开展“百县千乡”分类示范创建活动的方案》，确定鹿泉区为石家庄市农村区域化团建试点县。全年邀请专家学者、优秀团干部为基层农村共青团组织举办培训、分享会20场，参与活动青年团员1500余人。重视非公企业共青团队伍建设，新建非公企业共青团组织283家。开展少年儿童理想信念教育活动，创新少先队工作载体，建立少年儿童和少先队工作保障机制，配齐21个县（市、区）少先队总辅导员，召开市级辅导员培训8次，县区级辅导员培训10次。开通注册志愿者信息平台账号，明确县（市、区）团员注册信息平台网站负责人。重视共青团干部培养，印发《团干部如何健康成长大讨论活动》方案，邀请市委党校专家作习近平治国理政和从严治党专题辅导，市红色专家王律讲解石家庄市共青团历史，原共青团石家庄市委书记王涛、南车集团石家庄车辆厂党委副书记贾海林讲党课、分享成长经历和感悟。

（李继锋）

石家庄市妇女联合会

【概况】 2015年，市妇联围绕打造妇女可信赖和依靠“坚强阵地”“温暖之家”，组织开展创业创新巾帼行动，搭建“互联网+”平台，发挥互联网和女带头人优势，组建成立河北省首个互联网+巾帼创业创新联盟、首家巾帼创客空间、巾帼电商平台。依托4400多个“妇女之家”，动员参与寻找“最美家庭”活动10万余户，涌现出“最美家庭”8000余户，评出市级“最美家庭”100户。开展以“五美”（庭院美、家庭美、厨厕美、身心美、村庄美）为主要内容美丽庭院创建活动，打造美丽庭院中心示范户4.3万个、精品示范户1万个，60万农村妇女参与美丽庭院创建活动，建立妇女讲习所368个，培训妇女5万余人。关爱贫困妇女，设置“两癌”（宫颈癌和乳腺癌）项目试点县8个，免费检查农村妇女5.5万余名，向65名农村贫困“两癌”妇女发放救助金48.5万元。2015年市妇联获得“全国巾帼建功先进集体”称号，石家庄市7个单位获得“全国巾帼文明岗”称号，4名个人获得“全国巾帼建功标兵”称号。

【创业创新巾帼行动】 响应“大众创业 万众创新”号召，引领妇女参与创业创新巾帼行动。搭建“互联网+”平台，发挥互联网和女带头人优势，组建成立河北省首个互联网+巾帼创业创新联盟、首家巾帼创客空间、巾帼电商平台。9月22日，市妇联互联网+巾帼创业创新联盟成立，并举行首期电商人才培训班。互联网+巾帼创业创新联盟由52名巾帼现代农业科技示范基地、科技型中小企业、手工编织企业、电商企业女性法人组成，主要将传统农业、手工业、科技企业集合起来，与电商企业搭建对接平台，从创业场所、起步资金、辅导育成、市场开拓、权益保护等方面完善服务，帮助企业借助互联网和大数据技术，实现抱团发展、科技致富。全年市妇联举办互联网+巾帼创业创新联盟、巾帼创客空间、巾帼电商平台人才培训班2期。发展家庭手工业，实施巧手创富工程，培育形成布艺、剪纸、宫灯等1370个家庭手工业示范乡、村、户，从业妇女12.5万人，实现产值17亿元。做强“庄嫂”品牌，在市妇女儿童活动中心建立巾帼家政服务员培训输出基地，精心设计课程、严格规范管理；将市妇女儿童活动中心确定为市职业技能定点培训机构，颁发专业资格证书1769人。

【寻找“最美家庭”】 2014年3月，按照全国妇联和省妇联部署，石家庄市各级妇联组织启动“寻找最美家庭”活动，以4400多个“妇女之家”为依托，经过宣传发动、广泛寻找、层层推荐、筛选评比等环节，动员直接参与寻找“最美家庭”活动10万余户，晒出家庭照片10万余幅，征集家风家训2万余条，涌现出“最美家庭”8000余户，评出市级“最美家庭”100户，营造了谈家风、议家训、讲故事、晒幸福、展文明的良好社会氛围。“寻找最美家庭”活动中，《石家庄日报》、石家庄电视台、石家庄广播电台及微博、微信等媒体专门开设“走进最美家庭”版块、“家庭故事汇”栏目，刊发（播）“最美家庭”故事20余期，向社会推出“最美家庭”典型100个。5月12日，由市妇联主办“2015年度石家庄市最美家庭颁奖礼”在石家庄广播电视台举行。12月18日，省会精神文明办公室、市妇联联合启动“做文明石家庄人——最美家庭故事传递”活动，举办“最美家庭”故事会巡讲100场、家庭教育公益讲座260场。

【美丽庭院创建】 围绕妇女参与、妇女受益理念，开展以“五美”（庭院美、家庭美、厨厕美、身心美、村庄美）为主要内容美丽庭院创建活动。打造美丽庭院示范户，按照“一所三化”目标（“一所”即建设“美丽庭院”妇女讲习所，“三化”即打造成片化的精品示范村户、搭建常态化的参与平台、融入多元化的创建内涵），采取宣传发动、示范创建、村级落地、督导交流等环节和方式，全市打造美丽庭院中心示范户4.3万个、精品示范户1万个，60万农村妇女参与美丽庭院创建活动，涌现出藁城区杜村、栾城区柳林屯等一批省级美丽乡村，形成成方连片美丽庭院示范户、示范带、示范村。打造妇女讲习所，立足“人美”核心，新建集宣传教育、示范引领、实践养成为一体妇女讲习所368个，培训妇女5万余人；落实“10+4+N”每月一课、示范户现场教学、开展晒家风家训和志愿服务活动、“舞间十分钟”等5个服务项目内容，组建市级讲师团、县级讲师分团，举办培训活动2700余场；《中国妇女报》头版头条以《农村妇女讲习所，催生乡村美丽蜕变》为题给予报道。2015年妇女讲习所六种模式即“正定县塔元庄村与慧聪网结成对子互促创建模式、栾城区区级讲师团一村带六村辐射创建模式、高邑县结合‘促创互助组’助推创建模式、裕华区东京北村知识问答示范户现身说法文艺演出模式、鹿泉区西良政村传统文化宣讲模式、藁城区小手拉大手创建模式”。打造巾帼志愿服务队，启动“邻里守望·姐妹相助”巾帼主题志愿服务，组织4万余名志愿者开展依法维权、创业帮扶、家庭教育、素质提升等志愿服务活动，培育形成“五朵金花”“七彩阳光”“爱心帮帮团”等志愿服务品牌。

【维护妇女合法权益】 采取抓宣传、抓案件、抓培训方式，提升妇女维权本领。开展普法宣传活动，利用“三八”维权周、“11·25”国际反家庭暴力日等节点，开展男女平等基本国策、依法治国、妇女维权等主题宣传教育；组织巾帼讲师团、婚姻家庭志愿服务团深入农村、社区举行法治教育，引导妇女尊法、学法、守法、用法；精心编写《婚姻家庭常见案例100例》，并将《婚姻家庭常见案例100例》发放到基层妇联组织和妇女手中，收到以案说法效果。试点公权力介入家暴，向1名施暴者发出河北省首份家暴告诫书；《中国妇女报》以《公权力介入家暴，石家庄试点破题》作专题报道。组建市“木兰有约”讲师团，培训妇女维权骨干320名。开展平安家庭创建活动，举行“建法治河北·创平安家庭·巾帼在行动——万家联动石家庄对接仪式”，成功与市女法官协会、市女检察官协会、市女律师协会有效对接。

【关爱妇女儿童】 关爱贫困妇女，实施农村妇女“两癌”(宫颈癌和乳腺癌)检查项目和贫困“两癌”妇女救助项目，设置项目试点县8个，免费检查农村妇女5.5万余名，向65名农村贫困“两癌”妇女发放救助金48.5万元；组建成立“健康关爱巾帼志愿服务队”“彩虹桥妇女健康家园”，帮助“两癌”妇女坚定生活信心，重塑美好人生。启动“抗战老妈妈群体”关爱活动，为80名贫困“抗战老妈妈”送去慰问金12万元，确定1000余名“抗战老妈妈”纳入社会保障体系。关爱困境儿童，实施“春蕾计划”“为孤残送温暖”“危重儿童救助”等项目，全年救助困境儿童20.8万名。执行国务院妇女儿童工作委员会和联合国儿童基金会“以社区为基础的儿童保护服务体系与网络”项目，新建29所市级示范性儿童友好家园。开展新生儿出生缺陷防治，全市新生儿出生缺陷发生率下降至万分之74.16。

(杨志国)

石家庄市科学技术协会

【概况】 2015年，市科学技术协会(简称市科协)围绕“互联网+科普”理念，提升科普质量效益和基层服务水平，邀请科技专家到3502工厂等7家企业，举办安全生产、技术创新等科普讲座；围绕《中国制造2025》，聘请中国机械工业联合会专家委员会委员、中国工程院制造业研究室主任屈贤明作专题报告会；推广《专利信息软件》，指导60余家企业安装、调试和应用，组织企业申报专利18项，其中发明专利6项。2015年市科协、井陉矿区科协获评“河北省服务企业科技创新示范单位”。开展科普学术交流，全年10个学会申报能力提升计划项目10项，主要内容包括综合性重大学术活动、系列科普作品创作、科技成果转化等。新建7家院士工作站、17家科协组织。市科普中心依据开放教育特点，实行成绩网上管理、学习网上辅导，全年60人通过毕业论文，专、本科72位学员办理毕业手续，9位学员办理学位手续。市老科学技术工作者协会撰写建言献策科研课题、调研报告及建议文章100余篇，上报河北省29篇，入选河北省成果文集19篇，获评优秀成果奖10篇；帮助元氏县、平山县、井陉县农村勘测井位60眼，成井率97%，减少盲目投资100万元。至2015年底，市科协机关在职人员31人；下辖事业单位2个，分别为市科学普及中心、市科技咨询服务中心，工作人员27人。拥有市级学会、协会、研究会32个，会员1.8万人；企(事)业科协、院校科协56个，会员4800余人；县(市、区)科协21个，工作人员104人；乡镇、街道科协307个，工作人员8549人；农业技术协会467个，工作人员65900余人。2015年市科协获得河北省青少年创新大赛优秀组织奖、省机器人大赛优秀组织奖、市级文明单位、市普法先进单位、市级优秀驻村工作组、市节能减排先进单位称号。

【重点科普项目】 9月18日，由市科协、市教育局、市科技局、市工业和信息化局、灵寿县委、灵寿县政府主办的2015年石家庄市全国科普日活动主场活动在灵寿县文体广场举行。主题为“科技成就梦想，拥抱智慧生活”，参会人员300余人，主场活动包括文艺演出、科普展览、科普咨询、乐高机器人制作、流动科技馆展览、车载天象厅、创新成果展、科普惠农成果展、科普资料发放等。2015年市科协获得中国科协“全国科普日优秀组织单位”称号；长安区科协、桥西区科协、新乐市科协获得“全国科普日特色活动组织单位”称号。实施基层科普行动计划，助推科普均衡发展。藁城区葡萄协会、赞皇县养蜂协会、裕华区凤凰社区等21个农业技术协会（基地、社区、个人）获得中国科协、国家财政部基层科普行动计划表彰奖补；无极县郝庄乡食用菌协会、平山县山炮种植基地、高邑县植保协会崔旭红等21个农业技术协会（基地、社区、个人）获得河北省科协表彰，奖补资金549万元。命名正定科技馆、石家庄经济学院地球博物馆等5家为全国科普教育基地。鹿泉区科协建设农村科普惠农服务站3个，开展线上线下技术服务；赵县科协扶持旭海无公害蔬菜基地，打造动物科普园、采摘科普游品牌；正定县科协组建远程教育网络平台，举办线上科普活动。科学素质提升工程。扩大全民科学素质教育阵地，命名市委党校为领导干部和公务员科学素质教育基地，全年开班21期，培训各级领导干部、公务员3100余人。实施科学素质提升工程，2015年市科协在各县（市、区）举办科普讲座、培训、巡展77场（次），县（市、区）科协开展“科普大讲堂、阳光培训”等重点科普活动760余次，发放科普图书60余万册。举办科学素质提升工程进农村活动，紧贴农时农事，开展产前培训，解决农业生产问题。举办科学素质提升工程进社区活动，开展医疗健康、家庭教育、节能环保等讲座和再就业技能、职场礼仪等培训。全年科普大篷车进社区、进农村、进学校巡展20台次，受益群众数万人。推进社区科技馆建设，市科协资助桥西区、新华区科协新建和完善社区科技馆10家。

【科普宣传】 围绕“互联网＋科普”主题，组织构建“专家智库支持、互联网支撑”科普宣传新模式。与河北人民广播电台合办“广播电台谈科普”节目52期；与河北电视台都市频道合办“科普生活大调查”节目104期，其中“专家揭秘花卉市场的猫腻”在全国32家电视台转播；利用公交车、机场电子显示终端，播放“科普伴您行”系列科普短片104期。赵县科协围绕地方特色，组织编写《赵县雪花梨文化》。发挥新媒体作用，建立微信公众号“科普石家庄”，自5月15日运行至2015年底，发布各类科普信息、视频600余条，累计关注人数1万余人。建立“石家庄科协”APP，2015年8月底正式上线，设有“科普工作”“科普视窗”“创客空间”“快乐科普”栏目，其中“快乐科普”栏目以HTML5+AJAX技术为支撑、建成面向各类人群的移动端科普益智游戏社区，单人版、双人对抗游戏正式上线。及时更新市科协网站科普信息，2015年网站点击量突破200万人次；至2015年末，市科协自有电子科普大屏和终端显示设备覆盖全市8区2县。创新科普作品形式，制作科普动漫、科普微视频、科普微电影、科普微讲堂、科普沙画短片、科普简笔画短片。科普动漫：围绕食品安全、雾霾知识等内容，联合石家庄信息工程职业学院等单位，制作3分钟方言版《科普一家人》《青少年好奇乐园》系列科普动漫265集。科普微视频：与市生物学会联合，将日常生活常识以科普情景连续剧形式，拍摄制作4～6分钟微视频《拆解科学》两季24集。科普微电影：与市评剧团联合制作4分钟真人拍摄短片《家用制冷知识系列》《蔬菜药食两用系列》20集。科普微讲堂：以外景采访、演播室主持、图片、图表、动画等形式，将专家讲座、讲解变得生动易懂、有趣，每集6分钟，制作完成《情绪与健康》专题片3集。科普沙画短片：以预防医学、医学科普知识等为内容，以沙画形式制作3分钟短片《石门科普沙》30集。科普简笔画短片：将气象、安全用电、家庭养花、智慧城市等科普知识，以简笔画漫画形式制作3分钟短片《社长嘚啵嘚》32集，12月10日在“优酷”正式上线，上线第13天点击突破5万次，第16天突破10万次，至2015年末总点击量达到60万次。

【青少年科技活动】 3月28日，第30届河北省青少年科技创新大赛闭幕式暨颁奖典礼在石家庄市举行，石家庄市8个项目获奖，居全省第一。7月20～25日，第十五届中国青少年机器人竞赛在内蒙古自治区鄂尔多斯市第一中学举行，竞赛主题为“激情创造，快乐成长”，竞赛内容包括机器人创意比赛、机器人综合技能比赛、机器人足球比赛、机器人 FLL 工程挑战赛、机器人 VEX 工程挑战赛五项分赛，石家庄市 7 个队获奖，居河北省第一。7 月 20 日至 10 月 31 日，市科协、市委宣传部、省会精神文明办公室、市教育局、市科技局、共青团市委六部门联合在互联网举办石家庄市首届“互联网 + 青少年科普知识竞赛”。参赛年龄为未满 18 周岁青少年，分小学组、中学组，设置特等奖 10 名、一等奖 50 名、二等奖 100 名、优秀班主任 50 名。首届“互联网 + 青少年科普知识竞赛”活动从中国科技馆抽取涉及 16 个专业（行业）4200 多道题，制作竞赛网上答题系统。全市 31055 名学生参加竞赛活动，覆盖 19 个县（市、区）、260 多所学校。开展“青少年科普山区行”活动，涵盖 8 个山区县，重点为深山区学校做 6 件实事：送一批科技活动器材（资源箱），送一批科普书籍，送科普大篷车进校园，送专家科普讲座，开展科技辅导员培训，培育一所科普示范校。

（韩建辉　刘瑞涛）

【肝病治疗科普推广】 举办国际肝病治疗方法新进展学术研讨会。12 月 4 ～ 6 日，由吴阶平医学基金会肝病医学部、市科学技术协会主办，市医学会、市第五医院、市中医药学会肝病委员会承办的《国际肝病治疗方法新进展学术研讨会》在太行国宾馆举行。来自省内外多家医院及石家庄市部分大专院校在内 110 余家单位 600 余人参会。市第五医院依托国家级继续教育项目“慢性病毒性肝炎抗病毒治疗新进展”，邀请美国肝脏病学会委员潘启安教授、美国临床病理学会委员高振强教授及中华医学会肝病分会主任委员段钟平等 11 位国内外知名专家，围绕国内外病毒性肝炎、肝衰竭、肝硬化并发症、自身免疫性肝病、肝癌的治疗方法等内容作讲解，并解读中华医学会感染病学分会和肝病学分会最新颁布乙型肝炎、丙型肝炎等重要临床指南。组建成立全国中医脂肪肝科普基地。12 月 16 日，全国中医脂肪肝科普宣传教育基地——“肝兄弟”脂肪肝连锁诊疗机构揭牌暨开诊仪式在石家庄河北中医肝病医院举行，填补了河北省脂肪肝专病诊疗空白。“肝兄弟”是中国科学技术协会、中华中医药学会批准的“全国中医脂肪肝科普宣传教育基地”，是河北首家脂肪肝专业诊疗机构，是经国家商标局注册唯一全国连锁机构，集预防、诊断、治疗、康复、宣传教育、科研为一体，汇集中西医专家团队、融合中医药精髓与西医尖端成果，创立的脂肪肝诊断、治疗及康复一站式服务体系；首家引进肝脏脂肪定量检测系统，采用量化检测准确判断病情，量身定制康复方案；以“抑制脂肪堆积，促进脂肪代谢”为治疗原则，兼顾养肝、护肝、柔肝等保健方法，精准诊断和治疗脂肪肝、酒精肝、肥胖症等相关疾病，帮助患者重获健康。

（金鹏　刘敏）

石家庄市文学艺术界联合会

【概况】 2015 年，市文学艺术界联合会（简称市文联）坚持“二为”方向、“双百”方针和“三贴近”原则，围绕“以人民为中心”工作导向和“深入生活、扎根人民”理念，以文艺志愿服务为载体，以育人才、出精品为目标，吃苦奉献，开拓创新，注重开展精品创作、人才培养和队伍建设。全年市文联出版文艺类图书近 100 部；签约河北文学院作家 5 人，占全省入选总人数 25%；举办各类文艺展演和惠民活动 1200 余场次；评选第十三届石家庄市文艺繁荣奖获奖作品 49 件，其中特别奖 12 件、繁荣奖 37 件。3 月 10 日，市文联九届三次全委会暨 2015 年工作会在石家庄市河北省军区招待所五楼报告厅举行。市文联主席周喜俊作《坚持以人民为中心工作导向 扎实推进文艺事业绿色崛起》报告；会议宣读了《石家庄文艺界深入生活、扎根人民倡议书》。10 月 15 ～ 17 日，市文联在正定县召开“深入生活、扎根人民”创作会议。省文联副主席、市文联主席周喜俊作题为《创作更多无愧于时代的精品力作》工作报告。会议邀请中国文艺评论家协会主席仲呈祥、《求是》杂志社原副总编辑刘润为、河北师范大学文学院教授郭宝亮、河北省著名文艺评论家封秋昌为 120 余名文艺工作者作讲座；公布 2015 ～ 2016 年石家庄市青年文艺创作人才扶持计划入选项目。至 2015 年底，市文联设有办公室、宣传创作部、通联部、编辑部 4 个部室；下辖作家协会、书法家协会、美术家协会、摄影家协会、民间文艺家协会、音乐家协会、舞蹈家协会、影视家协会、戏剧家协会、曲艺家协会 10 个协会。

【精品创作】 体验社会基层生活，开展纪实文学和小说作品创作。作家程雪莉以平山县为生活点，走访平山团老战士及其亲属和烈士后代160多人，创作长篇纪实文学《寻找平山团》，由作家出版社、花山出版社联合出版，中国国际展览中心举行首发式。作家康志刚以正定县牛家庄农村面貌改造提升为生活点，创作长篇小说《滹沱河人家》。作家杨辉素深入市少年儿童保护中心体验生活，创作长篇小说《星星不流泪》。作家唐慧琴以家乡生活为素材，创作长篇小说《闵镇》。举办集体采风活动，有计划地开展指导性和影响力创作活动。以市美术家协会主席陈承齐为代表，组织多位画家到全国各地深入生活采风，创作油画《征途》等作品入选国家级展览。市作家协会选派创作人员深入赵县、灵寿县、平山县等地采风，创作一批反映石家庄生活文学作品，其中以平山葫芦峪为素材，创作报告文学《绿色崛起的希望之光》被《农民日报》作为2015年全国“两会”赠阅报纸整版刊登。市摄影家协会举行“聚焦地铁建设，留存永恒瞬间”活动，11名主席团成员轮流带队，分批至地铁建设一线，拍摄大量优秀作品，7次在石光摄影网作在线影展。市影视家协会以电影《白毛女》编剧、平山籍老作家杨润身一生坚守崇高信仰的创作实践为素材，策划拍摄纪录片《沃土》等。2015年市文联在《十月》《中国作家》《人民日报》《光明日报》等刊物、报纸发表作品34件，其中，中篇小说《班车》获得第二届《十月》青年作家奖；河北梆子《子弟兵的母亲》在中央电视台戏剧频道播出；国画《高天流云》、楷书《琵琶行》等60件作品入选国家级、省级展赛。展示作家创作成就，选取优秀作品编印《石家庄市文联十年文萃丛书》八卷本。

【文艺服务】 8月25～27日，由市委宣传部、省音乐家协会、市文联、市教育局、市总工会、石家庄警备区政治部、市广播电视台7家单位共同举办“纪念抗日战胜利70周年暨第十五届省会合唱艺术节”决赛在市青少年宫举行。以合唱艺术形式，纪念抗战胜利、讴歌民族英雄，弘扬“不忘国耻、缅怀先烈、团结奋进、振兴中华”爱国主义精神；全市各行各业37支合唱团参赛，社会各界群众500余人观看颁奖仪式和演出。举办“纪念抗战胜利70周年”展览活动，市书法家协会举行书法作品展览10天，精选各种书体作品200余幅；市作家协会、音乐家协会举行主题征文、征歌活动，征集作品300余件，分别在《太行文学》《乐友》杂志开设专栏选登；市美术家协会创作抗战题材优秀作品80余幅，其中油画《万人坑》《自卫队员》等40幅作品入选“河北省纪念抗日战争胜利70周年美展”“京津冀纪念抗日战争胜利70周年美展”。举办文艺讲座、培训和辅导，主动面向基层，为人民群众提供优质精神食粮和文化服务。2015年市文联主席周喜俊在栾城区为文艺爱好者讲授《生活与创作》；市书法家协会到井陉县举行“文化下基层，万福送百姓”活动；市摄影家协会到赞皇县、正定县等地为老百姓拍摄全家福；市美术家协会到平山县、晋州市等地设立文艺志愿者服务点，定期举办笔会和名家作品基层巡展；市曲艺家协会立足栾城故事创作基地，开展故事演讲比赛和创作沙龙活动。至2015年末，市文联在青园街社区、西兆通、正定六中、十七中、赵陵铺、党家庄、天苑、平北等社区举办文学、书法、戏剧、舞蹈、摄影等公益讲座近100场；在新华区文体局、武警士官学校、友谊社区学校等机关、部队、社区举办合唱艺术辅导20余次。

【第十三届文艺繁荣奖获奖作品】 4月26日，市文联公布第十三届石家庄市文艺繁荣奖获奖作品。此届评奖作品评审年限为2012年1月1日至2013年12月31日，共评出获奖作品49件，其中特别奖12件、繁荣奖37件。

表 13　　第十三届石家庄市文艺繁荣奖获奖作品一览表

特别奖（12 件）

序号	作品	作者	推荐单位
1	长篇小说《当家的男人》	周喜俊	市作家协会
2	中篇小说《拴马草》	唐慧琴	新乐市文联
3	组诗《干净的村庄》	白庆国	新乐市文联
4	歌曲《难忘太行那首歌》	王刚　刘新圈	市音乐家协会
5	歌曲《梦回马兰》	武惠安	市音乐家协会
6	歌曲《太行谣》	王习梅　王伟华	市音乐家协会
7	数来宝《河北好人数不清》	高露歌　高树槐	市曲艺家协会
8	电视纪录片《没有共产党就没有新中国》	石家庄广播电视台	市电影电视艺术家协会
9	电视纪录片《璀璨时空——石家庄历史文化影像志》	石家庄广播电视台	市电影电视艺术家协会
10	小品《讨薪》	郭纳新　李佳	深泽县文联
11	河北梆子《白毛女》	平山县河北梆子剧团	平山县文联
12	民间文艺《桃林坪花脸社火》	井陉县民间文艺家协会	井陉县文联

繁荣奖（37 件）

序号	作品	作者	报送单位
1	短篇小说《梦死》	王梅芳	栾城区文联
2	诗歌《读书》(外三首)	孟醒石	市作家协会
3	散文《体味毛姆》	刘世芬	市作家协会
4	诗歌《三月断想》(二首)	邢建军	平山县文联
5	散文《孙犁与邢海潮》	赵长青	赵县文联
6	传记文学《正说岳飞》	冯建林　周俊玲	赞皇县文联
7	诗集《安放》	赵鹏飞	井陉县文联
8	散文《旧的》	霍静梅	井陉矿区区委宣传部
9	长篇小说《双规奇局》	刘千生	井陉矿区区委宣传部
10	草书《毛泽东诗词数首》	王利	井陉矿区区委宣传部
11	行草《菜根谭》杂抄	刘晓军	正定县文联
12	草书《草书歌》	霍威	井陉县文联
13	草书《饮酒》	史二柱	井陉县文联
14	篆书《文心雕龙》萃语	崔宏波	正定县文联

（续表）

序号	作品	作者	报送单位
15	草书《归云图》	李玉波	市书法家协会
16	国画《春风花草香之二》	周娜	晋州市文联
17	国画《夏日荷塘》	段朝林	市美术家协会
18	国画《瓜香十里醉人心》	魏惠娟	
19	国画《老记忆》	尹一峰	井陉县文联
20	国画《苦行僧》	温海峰	井陉矿区区委宣传部
21	摄影《谁持彩带当空舞》	张翼	市摄影家协会
22	歌曲《红旗红》	易军　胡东青	市音乐家协会
23	歌曲《大爱如歌》	许雪岭　尹宝兴	栾城区文联
24	歌曲《国槐情》	张月良	市音乐家协会
25	歌曲《山里的孩子爱大山》	何新文　陈默	
26	歌曲《林则徐赞》	马佶	井陉县文联
27	歌曲《一路花开》	李树和	市音乐家协会
28	电视纪录片《城市的味道——醇厚（石家庄）》	石家庄广播电视台	市电影电视艺术家协会
29	河北梆子《黎明前的星光》	市梆子剧团	市戏剧家协会
30	评剧《哑女传奇》	市评剧院一团	
31	铁板雕刻《央金和她的女儿》	郭海博　郭海龙	市民间文艺家协会
32	剪纸《家》	张瑞玲	行唐县文联
33	舞蹈《宫灯妞妞》	王虹钧　王娜	市舞蹈家协会
34	舞蹈《老照片》	封烨　刘建华	
35	评论集《走近“人镜”》	朱元庆　田振庄	晋州市文联
36	文艺评论集《耿村民间故事》	樊更喜	市民间文艺家协会
37	文艺评论《河北地方戏的生态保护与发展路径研究——以深泽坠子戏为例》	史中朝	市戏剧家协会

（陈广山）

石家庄市归国华侨联合会

【概况】 2015年，市归国华侨联合会（简称市侨联）坚持以人为本、为侨服务宗旨，团结归侨侨眷，密切联系海外侨胞，倾心构建侨胞之家。服务经济建设发展，挖掘县域资源，选报8个县（市）参评中国侨联文化交流基地，其中平山县西柏坡纪念馆获得“中国华侨国际文化交流基地”称号。引导侨企参加国家、省、市品牌经贸活动，推荐7位侨界企业家成为河北省侨联华商会会员。拓展联络联谊空间，开展“建设幸福城 青春勇担当”“中秋国庆凝侨心 同心共建幸福城”“尊师重教 相约教师节”等主题活动，接待11个国家和地区来访侨团、侨领100余人次，聘请6位海外侨领和行业领军人士为“海外顾问”。提高参政议政能力，组织市侨界人大代表和政协委员提交提案议案、批评建议、社情民意70余件；编辑出版《石家庄侨联》刊物4期。走访慰问贫困、病难归侨侨眷56户230人次，发放慰问金、慰问品4万余元。2015年市侨联2名委员获评市管拔尖人才，2名侨联委员获得二等功奖励。

【服务经济建设】 围绕县域发展，引导侨务资源向县域聚集。以申报中国侨联文化交流基地为契机，挖掘县域资源，推介县域文化品牌，选报8个县市参评中国侨联文化交流基地，其中平山县西柏坡纪念馆获得“中国华侨国际文化交流基地”称号。瞄准县域产业定位，培育扶持侨企在县区投资建厂，助力符合县域产业规划侨商在当地落户，促成天津昌固节能屋面集成系统科技有限公司落户鹿泉区。发挥桥梁纽带作用，拓宽侨企发展渠道。以“中国侨联第17届海外高层次人才为国服务团”“河北省首届冀商大会”“石家庄国际经济贸易洽谈会”为平台，主动与北京市、上海市、天津市等地侨联对接，为侨商到石家庄寻找商机、投资兴业铺路；开展侨企调研摸底活动，搭建侨企合作平台，引导侨企参加国家、省、市品牌经贸活动，推荐7位侨界企业家成为河北省侨联华商会会员，促成渝乡辣婆婆餐饮管理有限公司与京津冀残疾青年创业孵化园合作。2015年东旭集团获得福布斯2015年“中国上市潜力企业百强”；河北盛德利印铁制罐有限公司在高邑县投资5亿元建设河北盛益饮品有限公司投产运营；河北博伦特药业有限公司投入2689万元建设二期项目动工。

【拓展联络联谊空间】 围绕侨界特点和侨界群众需求，开展“建设幸福城 青春勇担当”“中秋国庆凝侨心 同心共建幸福城”“尊师重教 相约教师节”等主题活动，组织拍摄侨界形象宣传专题片。开通“QQ群”“微信群”网络互动平台，打造“指尖上的侨务”，实现线上线下时时交流，密切侨联委员、侨界群众关系。2015年市侨联2名委员获评市管拔尖人才，2名侨联委员获得二等功奖励。采取侨界上下联动、区域互动方式，拓展联络空间。2015年市侨联3次与来访兄弟侨联举办座谈交流会议，6次选派人员到沿海省市考察学习，主动加强与“长三角”“珠三角”和京津城市侨联联络合作。市侨联领导参加河北省侨联考察团出访东南亚及澳大利亚、新西兰、日本、韩国等国家和地区，出席“第十三届世界华商大会”，与住在国侨社侨团建立联系。利用参加中国侨联广州年会、海外侨界高层次人才为国服务团等时机，组织与港澳侨界人士、海外侨界人才座谈，拉近港澳侨界人士、海外侨胞与省会石家庄距离。全年市侨联接待11个国家和地区来访侨团、侨领100余人次，聘请6位海外侨领和行业领军人士为“海外顾问”。

【参政议政】 组织人大代表、政协委员围绕“大局所向、民生所需、侨界所能”开展调查研究和建言献策活动。全年市侨界人大代表、政协委员提交提案议案、批评建议、社情民意70余件。其中，围绕企业融资难问题，市政协委员代玉红提出《关于做强金融总部 推动省会经济发展》《优化省会环境，缓解中小企业融资难题》2份提案获得市委、市政府主要领导批示；围绕民生问题、大气治理、城市管理等内容，市侨界人大代表戴广忠提出“建立石家庄市公园绿地面积红线保护制度”、杜锁平提出“规范机动车收费和交通管理”等7条建议，市政协委员王培宏提出“借鉴国外治理雾霾经验强化绿色出行的建议”得到政府部门采纳和回复。

【为侨服务】 贯彻落实中共中央办公厅《关于加强和改进新形势下侨联工作的意见》要求，深入28家侨界企业了解情况和问题，帮助河北中智电池有限公司搭建融资平台，石家庄市百博贸易有限公司联系高新区部门，解决企业厂址扩大规模问题等。走访慰问贫困、病难归侨侨眷56户230人次，发放慰问金、慰问品4万余元；建立和完善归侨侨眷联络档案400余份；受理涉及知识产权、欠款纠纷、医疗赔偿等侨界来信来访21件次，均做到事事有回音、件件有答复。重视基层侨联组织建设，采取举办全市基层侨联组织推进会、全市基层侨联组织学习培训会等形式，推进基层侨联建设；栾城区侨联在无专职编制情况下，探索走出一条兼职做好侨联工作新方法；高邑县举办侨情调研活动，改选侨联组织；河北医科大学率先在省会高校成立归国学者联谊会。

（李志刚）

石家庄市社会科学界联合会

【概况】 2015年，市社会科学界联合会（简称市社科联，2010年市社科联与市社会主义学院、讲师团合并）贯彻落实习近平总书记系列重要讲话和中共十八届五中全会、河北省委八届十二次全会精神，按照市委决策部署，深入开展理论宣讲、政策宣传和社会科学研究。举办市委十八届五中全会精神和解放思想大讨论专题宣讲活动30场；精心组织“燕赵社区大讲堂”讲课近100场；制作《理论之窗》电视节目24期；编辑出版《石家庄社会科学》6期，《中心组学习参考》24期，《时事形势理论报告选》6期。开展社会科学研究，争取立项课题24项；撰写发表理论文章48篇。编制《理论之窗·2014》印刷出版。参加国家、省、市各类理论研讨会、学术交流会7次。“燕赵讲坛”以贴近实际、贴近生活、贴近群众为原则，以培养自尊自信、理性平和、健康向上社会心态为宗旨，坚持正确价值导向，科学设置讲座内容，突出主流方向，适当照顾群众多样化需求，达到“增知识、长见识、解疑团、明事理”作用。全年“燕赵讲坛”举办讲座50场，主讲内容辑录出版。推进社会科学应用，建立社会科学创新基地7个，遴选首批入选智库专家126名，3项智库专家课题实现应用转化。

【社会科学理论宣传】 围绕习近平总书记系列重要讲话和中共十八届四中全会、五中全会及河北省委八届十二次全会精神，针对干部群众关心热点、难点问题，组织人员举行多层次培训，研讨和把握精神内容，圈定重点、热点，拟定备课题目、编撰宣讲提纲，开展多种形式理论宣传活动。举办市委十八届五中全会精神和解放思想大讨论专题宣讲活动，讲课30场。精心选派师资力量参加燕赵社区大讲堂活动，讲课近100场。制作《理论之窗》电视节目24期。支持市委宣传部举办全市理论宣传骨干及“燕赵社区大讲堂”师资培训班1次。利用《石家庄社会科学》《中心组学习参考》《时事形势理论报告选》3个刊物和市社科网、“燕赵讲坛”2个网站，向全市提供丰富的理论学习资料，拓展党和国家方针政策宣传广度及深度。全年编辑出版《石家庄社会科学》6期，《中心组学习参考》24期，《时事形势理论报告选》6期。

【社会科学理论研究】 根据党委、政府要求，开展基层调研活动，搜集社情民意，了解基层状况，围绕解决难题问题，撰写对策成果，为各级领导提供决策参考。2015年市社会主义科学院（简称市社科院）争取立项课题24项，其中，国家级课题2项、省级课题15项、市级课题7项；撰写发表理论文章48篇，其中，省级23篇、市级25篇。省社会科学规划课题《京津冀挽起一带一路》专著、《2014-2015年石家庄市文化改革发展蓝皮书》出版；调研报告《以德育人 以德修身 以德兴企——石家庄君乐宝乳业有限公司以〈弟子规〉德行文化推动社会主义核心价值观在企业落地生根》《灵寿“最美县委大院”：践行“两个务必”的时代典范》分别获得中共中央宣传部、中国思想政治工作研究会“2014年度思想政治工作研究成果”二、三等奖；调研报告《石家庄城市街道社区党建工作模式创新研究》获得河北省委组织部、河北省党建研究会“2014年度党建研究课题”一等奖。编制《理论之窗·2014》印刷出版。参加国家、省、市各类理论研讨会、学术交流会7次。

【社会科学应用】 建立社会科学创新基地，将市社科联负责社会科学普及基地、市社科院负责社会科学调研基地、市讲师团负责理论宣讲站整合组建“社会科学创新基地”，年末全市建成社会科学创新基地7个。举办石家庄市第十三届社会科学普及周活动，围绕“依法开展社会科学普及、推进法治石家庄建设”主题，策划推出讲座、咨询、研讨、座谈、展览等60多项各具特色社会科学普及活动，多层次、多角度宣传党的十八届五中全会和省委八届十二次全会精神，引导人民树立法治思维，增强法治意识，提高法治素养。全年20多个学术团体、50多位专家学者参与社会科学宣传活动，制作展示展牌16块，发放各类宣传材料3000余份。开展社会科学普及“进农村、进社区、进企业、进机关、进校园”活动，根据不同群体，区别不同对象，做到内容有侧重，形式有区别，达到创新，务实效果。启动石家庄市新型智库建设工程，制定方案，开展智库专家征集入库和遴选活动，首批入选智库专家126名；将重点研究项目委托智库专家，构建联合研究、协作攻关平台，全年3项智库专家课题实现应用转化。

（刘献国）

石家庄市残疾人联合会

【概况】 2015年，市残疾人联合会（简称市残联）以保障、改善残疾人生活为主题，印发出台《关于加快推进残疾人小康进程的实施意见》（石政发〔2015〕59号），落实残疾人康复、教育、社会保障、就业创业、参与社会生活及残疾人服务、残疾人小康进程保障措施等制度要求。提升志愿者助残知识和技能水平，举办助残志愿者培训班，培训县（市、区）和乡镇（街道）残联工作人员、优秀志愿者组织负责人、优秀志愿者100余人。建立残疾人文化活动站点32个，其中省级优秀站点4个、市级优秀站点17个。举办残疾人健身指导员培训班，培训指导员90余人。发放贫困重度残疾人生活补贴2.2万余人、残疾人护理补贴1.2万余人。实施国家“七彩梦行动计划”“彩票公益金”等救助项目，资助机构2个、残疾学前儿童80名，康复救助残疾人5000余名。落实国家、河北省“阳光家园计划”要求，为5个托养机构近300名残疾人寄宿托养服务、1300名残疾人居家托养服务给予补贴。落实重度残疾人参加城乡居民社会养老保险个人缴费全部由政府代缴、依靠他人供养残疾人单独纳入低保2项惠残政策。争取残疾人到户贷款650万元、贴息45.5万元，帮助6个县市130余名残疾人实现创收。筹资128万元，组织20个经济组织和单位建立市级残疾人扶贫基地，安置、辐射带动残疾人300余名。组织残疾人参加职业技能培训5000余名；城镇新增残疾人就业1800余人，农村残疾人从业3.2万余人；扶持残疾人创业150人，开发残疾人公益岗位50人；培训盲人按摩人员1000余人次，就业200人。扶持农村贫困残疾人2万名，稳定脱贫1万名；200户残疾人家庭实施无障碍改造。开展特殊教育资助活动，支持国家、河北省“通向明天——交通银行残疾青少年助学计划”，推荐“特教园丁奖”候选人1名、资助机构1所。按照国家、河北省、石家庄市关于残疾人参加普通高等学校招生全国统一考试管理有关规定，帮助13名残疾人申请考试便利。争取38万余元资金，资助26名贫困残疾人本科学生、62名贫困残疾人家庭子女本科学生、22名贫困残疾人专科学生、40名贫困残疾人家庭子女专科学生。关爱残疾人生活，举办“全国助残日”“爱耳日”“爱眼日”“世界自闭症日”“国际残疾人日”等节日活动。完善市按摩医院基础设施和医疗设备，补充医疗队伍，全年接诊患者3000余人次。严格残疾人证核发工作，印发《关于切实加强残疾人证管理工作的通知》，组织开展残疾评定复检，在市残疾人证加盖防伪标志。至2015年末，全市共有残疾人75.1万人，新发放残疾人证15362个。2015年省会助残车队获得中国残联、共青团中央、中国志愿服务联合会“全国志愿助残阳光基地”称号；市公交总公司、市财政局获得省残疾人工作委员会“河北省扶残助残先进集体”称号；市肢残人协会、永安精神病医院、市残疾人劳动就业服务中心获得省残疾人工作委员会“河北省残疾人之家”称号；石家庄藏诺生物股份有限公司、裕华区启智学校获得省残疾人工作委员会“河北省爱心企业”称号；市残疾人康复指导中心获得省精神文明委员会“河北省文明行业创建标兵”称号；8个单位被共青团省委、省残联认定为“河北省阳光助残志愿服务实践基地”，10人被认定为“河北省阳光助残志愿服务项目专员”。

【爱心助残活动】 “爱耳日”宣传活动。3月3日，第十六次全国“爱耳日”宣传活动在白求恩国际和平医院多功能厅举行。主题为“安全用耳，保护听力”。市区残疾人代表、基层残疾人工作者代表、社会爱心助残单位300余人参加活动，主要宣传非职业性噪声对听力健康损害，普及安全用耳知识，推动建设健康聆听环境。2015年石家庄市共有听力残疾人18.2万，占全市残疾人总数24.26%。残疾人大型公益相亲交友联谊会。3月22日，省肢残人协会、省盲人协会、市肢残人协会、中国报恩网联合主办残疾人公益相亲交友联谊会在凯旋金悦大酒店举行。参加活动残疾人220名，其中男生184名、女生36名。活动设有才艺展示、抽奖、互动小游戏、成功残疾人夫妻分享爱情感受等环节，成功牵手残疾人4对。第五届“残疾人健身周”主题活动。8月4日，市残联在四中路小学举行第五届“残疾人健身周”主题活动，参加残疾人200余人，主要引导残疾人走出家门，参与运动，鼓励残疾人树立体育健身理念，养成健身习惯，享受健康生活。特奥足球周活动。10月12～18日，市残联举办特奥足球周活动，分别在石纺社区、四中路小学组织特奥运动员开展健康评测、特奥家庭亲子论坛、足球知识讲座、足球技术培训、特奥融合足球赛等系列活动，参与人员260余人，其中特奥运动员代表100余人。“全国助残日”活动。5月17日是第25个全国助残日。2015年全国助残日主题为“关注孤独症儿童，走向美好未来”。“全国助残日”期间，全市举行盲人按摩义诊、“中途之家”伤友及家属一日游、“助残车队”助残行、孤独症儿童参加农疗活动、法律援助知识讲座、看望孤独症儿童、第四届残疾人艺术会演、“盲人电影”体验活动、残疾人政策法规知识宣传、残疾人就业洽谈会十项系列活动，辐射影响5万余人。5月15日，市委副书记司存喜、副市长刘文鹏到市第八医院儿童康复科看望正在接受治疗孤独症儿童。5月16日，市残联在市群众艺术馆举办第二十五个“全国助残日”暨石家庄第四届残疾人艺术会演。参演12个优秀节目从各县（市、区）残联提供的63个参评节目中选出，有声乐、器乐、舞蹈、小品及智障综合类等节目。其中，市特教学校听障残疾学生表演的舞蹈《梅花引》，正定县特教学校表演的情景剧《给我一分钟听力》，市第八医院推荐诗朗诵《爱的寄语》等获得观众好评。

【残疾人康复救助】 实施“七彩梦行动计划”、河北省贫困残疾儿童康复救助项目，完成贫困重度聋儿“人工耳蜗”康复救助42名、聋儿“助听器”康复救助162名、孤独症儿童康复救助198名，向342名脑瘫儿童、568名智力残疾儿童提供康复训练补贴，向930名残疾儿童免费提供辅助器具。免费为贫困肢残者安装大腿假肢50例、小腿假肢100例。落实国家“彩金”救助项目，为400名贫困精神病患者给予服药补贴，为80名贫困重度精神病患者给予住院补贴；为45名贫困成年听力残疾人购置适配助听器。开展辅具车进户服务，提供上门适配服务1027人次；免费配发辅助器具3360余件。举办盲人定向行走师资、社区康复协调员、辅助器具工作人员及孤独症儿童家长、脑瘫儿童家长培训5期，培训人员500余人。

【残疾人就业培训】 创新残疾人就业培训方式，抓好“日间照料中心、按摩培训中心、农疗中心、创业孵化基地”“三个中心一个基地”建设和运行。新建残疾人日间照料中心20个，每个机构配有专业服务人员、无障碍设施设备、医疗康复设备、日常家庭生活模拟环境、娱乐活动场所和器材、职业康复训练项目等。至2015年底，全市共有市级日间照料中心1个、县级日间照料中心30个，累计提供托养服务1000余人次。按摩培训中心开设脑瘫按摩、保健按摩、小儿推拿按摩3个培训项目，全年举办5期，培训残疾人1000人次。结合农疗中心功能定位，组织精神、智力残疾人2000余人次参加农疗活动，提高认知能力，巩固过渡性就业残障人员治疗效果。创业孵化基地以肢体、言语、听力残疾人为对象，组织孵化残疾人创业人才，扶持残疾人就业创业，全年举办书法、绘画、装裱、美容美甲、手工钩编等培训，参加培训残疾人200余人次。2015年市残联依托“日间照料中心、按摩培训中心、农疗中心、创业孵化基地”4个平台，支持残疾人自主创业300余名，实现残疾人就业2000余名。举行残疾人就业洽谈会、残疾人大学生就业洽谈会，进场求职残疾人2300余名。5月17日，石家庄市在河北省人才市场举办残疾人就业洽谈会。参会单位108家，其中，招聘企业102家，创业项目6家；参会单位提供网络推广、软件开发、服装缝纫、电话客服等1400余个岗位；进场求职残疾人1600人次，达成初步就业意向率62.3%。组织残疾人参加2015京津冀残疾人就业服务协作系列活动，1000余名残疾人、2名残疾人创业领军人物、7家优秀残疾人创业企业参加，推选4个残疾人创业优秀成果、10个适合残疾人创业项目。举办残疾人就业援助月活动，全市各级残联组织走访残疾人和失业残疾家庭1529户，登记认定未就业残疾人1476人，组织残疾人招聘会27场，帮助残疾人实现就业425名，其中社会用人单位按比例吸纳残疾人就业157名。组织残疾人参加第五届全国残疾人职业技能竞赛，石家庄市选手吴新会、李建会分别获得电子装配与测试项目第一名、第二名；唐东辉、张玉涛分别获得美发项目第三名、第五名；刘钊、侯烈源获评优秀技能奖选手。

【残疾人法律救助】 2015年6月，市残联举办残疾人“法律援助月”活动，组织2所法学院校老师、学生，2所律师事务所律师及公、检、法、司、民政、人力资源和社会保障、教育、卫生计生等部门200余人，开展“进社区、进家庭、进企业、进学校”法律宣传、咨询、研讨、讲解和评选“维权示范岗”活动。建成残疾人法律救助站21个，形成市、县、乡、村四级残疾人维权网络，统一规范登记制度、建档制度、上报制度。举办基层残疾人维权干部培训班，培训基层残疾人维权干部70余人。至2015年末，全市残疾人法律援助志愿者队伍达到6000余人，其中法学教授、知名律师、优秀教师600余人；办理法律援助案件242件；解决信访案件477件，有效维护残疾人合法权益。

【全国第九届残疾人运动会暨第六届特殊奥林匹克运动会】 9月12～19日，由中国残疾人联合会、国家体育总局主办，四川省政府承办的全国第九届残疾人运动会暨第六届特殊奥林匹克运动会在四川省成都市、眉山市等4个赛区举行。来自全国35个代表团、2300多名残疾人运动员参加12个大项644个小项比赛。石家庄市选派27名残疾人优秀运动员参加田径、游泳、羽毛球、射击、射箭、轮椅篮球、坐地排球、盲人门球、冰壶球、轮椅冰球10个大项62个小项比赛。其中，全国第九届残疾人运动会获得21枚金牌、13枚银牌、9枚铜牌，超世界纪录4项，破全国纪录6项；第六届特殊奥林匹克运动会获得4枚金牌、2枚银牌、1枚铜牌。金牌数、奖牌数均居河北省第一。

（董凯凯）

石家庄市黄埔军校同学会

【概况】 2015年，市黄埔军校同学会（简称市黄埔同学会）贯彻落实习近平总书记系列重要讲话、中共十八届五中全会和省委统战工作会议精神，组织会员多层次、多渠道、多形式加强与台湾、香港、澳门及海外黄埔同学沟通联络，全力促进祖国统一。关心关爱黄埔同学会黄埔老学长生活，开展城市低于低保标准同学、农村生活困难同学定期走访活动。每逢重大节日，深入黄埔同学家中，以面对面慰问形式，了解黄埔老学长身体和生活情况，听取意见建议，让黄埔老人真切感受到党的关爱。重视做好黄埔同学会黄埔老学长后代和亲属联络联谊，举办黄埔军校子弟和亲属座谈联谊会，凝聚爱国统一战线力量，继承和发扬黄埔前辈优良传统。

【编辑出版《黄埔记忆——纪念抗日战争胜利70周年特辑》】 围绕纪念抗日战争胜利70周年，展示全市黄埔同学会黄埔老学长英勇事迹，搜集抗战历史图片，邀请市黄埔同学会黄埔老学长撰写回忆文章。汇总、整理、精选360幅图片和35篇回忆文章，编辑出版《黄埔记忆——纪念抗日战争胜利70周年特辑》。以图片形式揭露日本侵华历史和日军侵华暴行，以回忆文章形式诉说抗日战争浴血奋战的光荣历史，真实再现了烽火连天的抗战岁月。

【抗战老兵墓区“黄埔园”】 元氏县神岩山公墓在抗日战争胜利70周年之际，得知部分逝世抗战老兵骨灰寄存或放置家中，尚未入土，部分在外河北籍抗战老兵骨灰没有回归故里，决定提供墓位100个，设立抗战老兵墓区，无偿捐献给抗战老兵英烈。经市黄埔同学会与元氏县神岩山公墓多次沟通协商，确定在抗战老兵墓区专门为市黄埔同学会抗战老兵提供免费墓位30个，供永久使用。8月31日，抗战老兵集体安葬仪式在元氏县神岩山公墓举行，8名黄埔同学会抗战老兵落葬于此，供世人缅怀。每个墓碑刻有老兵和配偶姓氏、生卒时间、部队番号及主要抗战事迹。

（王连重）

石家庄市台湾同胞联谊会

【概况】 2015年，市台湾同胞联谊会（简称市台联）贯彻落实习近平总书记系列重要讲话、中共十八届五中全会和省委统战工作会议精神，围绕两岸关系和平发展主题，坚定政治信念，加强对台工作，拓展交流交往活动，促进祖国和平统一。关怀台胞生活，利用春节、“三八”妇女节、五四青年节、端午节、中秋节等节日，举办茶话会、座谈会、踏春、欣赏牡丹、登黑山大峡谷等活动，加强台胞感情交流。2月10日、9月24日，市委统战部、市台联领导在春节、中秋节2次走访看望驻石家庄老台胞和部分台胞遗孀。重视各地台联沟通联络。4月17～19日，江苏省台联副会长、青年委员会主任李鹭扬带领江苏省南京市、无锡市等9个市青年台胞骨干到石家庄市交流学习，参观革命圣地西柏坡，与河北省台联及驻石家庄青年台胞交流座谈；11月20～22日，重庆市台联副会长骆亚非到石家庄市交流学习。开展植树活动。3月20日、10月22日，市台联台胞代表及侨界政协委员、部分黄埔同学会成员代表共同到小壁林区开展“统一林”植树活动。10月30日，市台联组织老台胞赴小壁林区开展重阳节活动，重温种植“统一林”记忆，观赏象征海峡两岸交融之光“火炬”“荷兰桧柏”等树苗。8月29日，市台联副会长陈瑛在河北省台联八届四次理事会当选河北省台联八届四次理事会副会长（驻会）。

【石台交流】 1月2～9日，市台联组织台胞参加省台联举办第三代青年台胞首次赴台返乡谒祖活动。在台湾期间，台胞们寻找机会与岛内亲人见面，部分台湾亲人深夜造访，与大陆亲人相见，亲情场面感人；参观台湾高校铭传大学、中山大学。2月1日，省、市台联联合举行2015年全国台联台胞青年冬令营河北分营活动，来自台湾铭传大学、台湾大学、东海大学、逢甲大学等高校95名学生参加，队员们参观了中华三祖堂、大境门、鸡鸣驿、蔚县剪纸博物馆等，并与河北北方学院座谈交流。5月27日，由教授林德昌带领的台湾中山大学中国与亚太区域研究所参访团到石家庄市交流考察，参观石家庄国祥运输设备有限公司、统一企业有限公司、国际贸易城。6月16日，台湾环球胜肽股份有限公司农业投资参访团到石家庄市访问交流，考察石家庄市农业科技投资环境，与藁城区、元氏县商谈合作事宜。9月7～11日，台湾中华文化教育交流协会会长巫倩怡到石家庄市访问交流，参观石家庄市容市貌、河北习三内画博物馆，与河北师范大学达成初步合作意向。9月21～22日，台湾医疗质量促进联盟理事长连瑞猛、养生保健协会秘书长李春兴、胜昌制药厂股份有限公司顾问周良颖、络病学会理事长黄淑珍等50余位中医药专家学者到石家庄市参加第三届冀港澳台中华传统医药文化发展大会。10月17～21日，台湾地区台东市市长张国洲带领台湾经贸文化参访团到石家庄市访问考察。

【重要活动】 选派台胞参加培训学习。4月16日，市台联推荐驻石家庄台胞史晓英、刘晓阳参加福建省漳州市闽南师范大学举行2015年全国台联系统处级干部暨优秀中青年台胞培训班，内容包括两岸关系形势、台湾少数民族、中美关系中台湾问题等，来自全国29个省、市81名优秀中青年台胞、台联干部参加培训学习。5月15日，市台联组织驻石家庄台胞参加由北京市台联、天津市台联、河北省台联共同在北京举办“2015年京津冀台联台籍中青年培训班”。培育国家民族认同，塑造民族精神。6月12日，围绕中国人民抗日战争胜利、台湾光复70周年主题，市台联选派22名驻石家庄台胞到北京台湾会馆，参观“台湾爱国历史的证言和证物——甲午（1894）·乙未（1895）120周年图片展”。10月31日，市台联组织驻石家庄台胞参观河北省博物院举办“中华三祖文化展”，学习和了解中华三祖文化魅力及中华儿女同宗同脉渊源。做好台胞台属服务。6月16日，市台联举行驻石家庄青年台胞座谈会，组建成立爱心团队，向驻石家庄老台胞、未成年台胞、台胞遗属及其他有特殊困难需要帮助台胞服务。9月21～22日，第三届冀港澳台中华传统医药文化发展大会在石家庄市举行。会议期间，市台联组织驻石家庄台胞参加由全国知名中医骨伤科专家王金榜主讲《运动养生与颈腰椎健康》、澳门卫生局顾问高级技术员尤淑瑞主讲《平衡膳食、延年益寿——长者的健康饮食》健康讲座。

（游艳红）

石家庄市消费者协会

【概况】 2015年，市消费者协会（简称市消协）贯彻落实《消费者权益保护法》要求，围绕“携手共治 畅享消费”主题，开展消费者维权活动。重视消费维权宣传，与《河北法制报》合作，创办消费维权专栏；与《燕赵晚报》联合开展消费维权热线电话，受理消费者投诉，接受消费者咨询，引导消费者理性、文明消费。“3·15”国际消费者权益日活动期间，在《河北青年报》《石家庄日报》《燕赵晚报》及石家庄广播电台、长城网等省市新闻媒体公布《2015年石家庄市区纪念3·15国际消费者权益日活动地点》《石家庄市消费者协会2014年受理消费者投诉情况分析》《石家庄市消费者协会2015年消费维权工作安排》，发布消费警示和提示，曝光侵害消费者权益典型案件，全年发布各类信息50余条。在省消协主办《燕赵消费》刊登石家庄市消协工作动态、典型案件、经验文章等20余份。围绕“加强组织保障、部门协调联动、推进社会共治、完善自律机制”总体思路，以构建“大消保”格局为主线，以案件查处为抓手，加大流通领域商品质量和服务领域监管力度，全年市工商和市场监管系统及各级消协组织累计为消费者挽回经济损失2805万元。开展流通领域商品质量抽检，抽查儿童服装、装饰装修材料等产品质量10大类1323个批次，立案查处不合格商品案件127件。举行重点区域和重点商品专项执法检查，以校园周边为重点，开展校园净化专项行动，查扣不良文具、玩具395件，检查网吧、娱乐场所325户次。针对部分地区存在经营假冒日化用品问题，实施为期1个月集中清理行动，查扣侵犯“蓝月亮”注册商标专用权商品435件。方便消费者投诉，将电子商务企业“美团网”纳入“12315消费维权直通车”成员单位。强化社会监督，举办消费教育、消费调查、消费体察、消费评议活动，提高消费者监督意识，拓宽消费维权途径。2015年市消协系统业务部门受理消费者投诉1641件，解决1499件，有效解决率91.3%；涉案金额2117万元，为消费者挽回经济损失850万余元。2015年市工商局“12315”指挥中心接听消费来电45793个，受理消费投诉9228件，调解成功率98.93%，为消费者挽回经济损失1082万余元。“3·15”国际消费者权益日活动期间，市消协系统接待消费者咨询4300件，接受消费者投诉294件。2015年市消协被中国消费者协会评为“2014～2015年度全国消协组织先进集体”；许毅敏获评“全国消协组织先进个人”称号。

（李志英）

【3·15国际消费者权益日活动】 3月6日，市政府召开保护消费者合法权益办公会议，专门研究石家庄市2015年纪念“3·15国际消费者权益日”活动方案，听取保护消费者合法权益成员单位2014年工作情况及2015年工作安排汇报。3月13日，全市举行纪念“3·15”国际消费者权益日活动新闻发布暨诚信经营誓师大会。市工商局、市卫生计生委、市物价局、市质监局、市食品药品监督管理局和各县（市、区）主管局长、消保科长、“12315”指挥中心主任、消协秘书长、先进企业负责人以及省市新闻单位记者170人参加会议。发布2014年度侵害消费者合法权益典型案例；表彰98家保护消费者合法权益先进单位、102名先进工作者。开展消费维权宣传咨询服务活动。3月14日，市消协与长安区消协在红星美凯龙和平商场联合举行“在阳光下消费，在阳光下奔跑”暨纪念“3·15国际消费者权益日”咨询服务活动。3月15日，市消协、区消协工作人员分别在益友百货、太和商城、乐泰商城、国美电器建设大街店联合设置消费维权宣传咨询点，宣传《消费者权益保护法》，要求经营者作为消费维权第一责任人，诚信经营，向消费者提供安全、优质的商品，为消费者营造良好的消费环境。参加市纪委在石家庄广播电台新闻882栏目举办行风热线，向消费者宣传科学消费、健康消费，发布消费提示，接受消费投放，帮助消费者解决烦恼问题。“3·15”国际消费者权益日活动期间，市消协系统接待消费者咨询4300件，接受消费者投诉294件，发放《石家庄2015年3·15消费维权专刊》《消费者权益保护法》等宣传材料18万余份。

【消费维权行动】 消费教育专项行动。2015年市消协与金吉列出国留学石家庄分公司联合举办出国留学消费教育大讲堂活动3期，为全市计划出国留学学生提供一个放心交流平台。5月28日，市消协与长安区消协在河纺社区联合举行宣传《消费者权益保护法》活动，发放《消费者权益保护法》《健康消费教育指导手册》《石家庄市出国留学消费教育指导手册》1000余册，接受咨询30余人次，受理投诉2起。9月12日，市消协、市工商局联合在桥西区竹溪园社区开展“创建文明城 党员在行动”暨宣传《消费者权益保护法》活动，接受消费者咨询100余人次，受理消费者投诉5起，发放《消费者权益保护法》300册、《消费者权益保护法》解析100册、《2015年石家庄3·15消费专刊》150册、《健康消费教育指南手册》100册、《出国留学消费教育指导手册》100册，发布消费警示、提示6条。9月18日，市消协、长安区消协在正东路小学举行消费教育进校园活动。正东路小学是河北省第一家“小消费者协会”，也是石家庄市第一个“3·15青少年维权岗”。此次活动围绕科学消费、食品安全、消费维权常识制作《小学生食品安全消费教育课堂》课件，由陈磊以视频、实物结合形式在教室给小学生讲授食品安全、鉴别真假食品、为小学生解答消费生活法律问题，帮助小学生知会“买前识真假，买后懂维权”常识，引导小学生树立文明、健康、科学消费、有需消费意识。以食品消费热点问题、创建食品安全放心城市为主题，向小学生发放《食品安全调查问卷》《食品安全小常识》《儿童购买食品小提示》等法律法规书籍和消费提示宣传页。60多名师生参与消费知识课堂活动。正东路小学校长赵兰英表示：继续将消费教育作为小学开学第一课，以发扬“3·15青少年维权岗”精神，用小小维权员实际行动向社会做好消费维权宣传，形成“一个学校教育一批学生，一个孩子带动一个家庭”消费维权社会效应。消费调查专项行动。汽车销售市场消费调查。3月26～28日，针对“3·15”国际消费者权益日活动期间消费者投诉华信汽车销售商在销售汽车时只交付车辆未给合格证问题，市消协在市区采取明察暗访方式，开展汽车销售市场调查，了解和掌握长安福特、北京现代、别克、江铃等销售商汽车销售状况，向有关部门提出加强汽车行业清理整顿建议。银行业消费状况问卷调查。2015年6月初，市消协制定银行业消费状况问卷调查活动方案和问卷内容，6月15日开始，8月15日结束，2个月时间累计发放调查问卷4800份，其中县（市、区）消协发放调查问卷200份。宽带服务问卷调查。市消协以电信、移动、联通、铁通、广电企业所属宽带网络稳定性、收费价格、报修、实际网速与标称网速是否一致、满意度等为内容，2015年6月下旬开始，2015年8月底结束，举行宽带服务问卷调查，收回有效问卷600份。食品安全城市创建试点工作消费者满意度问卷调查。2015年8月，市消协根据中国消费者协会安排部署，组织举行食品安全城市创建试点工作消费者满意度调查问卷活动，石家庄市为调查活动15个试点城市之一。消费体察专项行动。组织市消协工作人员、消费维权成员在北国商城、东购广场、新百广场、建华商场、勒泰中心、万达广场等10个商业场所以明察暗访形式开展消费体察活动，整理各商场明察暗访发现问题，及时与商场负责人沟通，提出限期改正意见。消费评议专项行动。印发《关于进一步加强消费评议工作的意见》，帮助企业发现消费问题，及时纠正错误和漏洞。2015年晋州市消协举行食品行业消费评议；深泽县消协举行通信行业消费评议；赵县消协举行公共服务行业消费评议；赞皇县消协举行电力行业消费评议；无极县消协举行银行业消费评议活动。

【消费投诉】 全年市消协系统业务部门受理消费者投诉1641件，解决1499件，有效解决率91.3%；涉案金额2117万元，为消费者挽回经济损失850万余元。2015年市工商局“12315”指挥中心接听消费来电45793个，受理消费投诉9228件，调解成功率98.93%，为消费者挽回经济损失1082万余元；受理举报案件2084件，接受意见和建议18件。消费投诉主要问题集中在售后服务、合同违约、产品质量、广告宣传4个方面。交通工具类投诉同比增长8.12%，位居商品类投诉第一，主要表现为定金退还难、不履行服务承诺、收费项目多价格高、强制上保险、不提供合格证、推诿“三包”服务、售后维修不到位、维修次数多故障难解决、质量争议等。服务类投诉前5位为：电信服务、制作保养和修理服务、美容美发及洗浴服务、互联网服务、文化娱乐服务，分别占服务类投诉总量20.05%、13.65%、12.15%、11.68%、9.74%，其中电信及互联网服务问题普遍，占所有投诉总量9.27%。电信服务消费主要问题：不合理扣除话费或网络流量、擅自增加收费服务、安装不及时、故障保修未修理、合约机“三包”售后不到位等问题、未按约定提供商品、业务退订引争议等。发挥消费纠纷调解委会作用，妥善办理消费群体投诉华信汽车4S店案件，选派法律专家到广州日产乘用车公司开展调解，解决24位消费者汽车合格证问题。

（李哲）

石家庄市工业经济联合会

【概况】 2015年，市工业经济联合会（经济团体联合会，简称市工经联或经团联）贯彻落实习近平总书记系列重要讲话、中共十八届五中全会和省委八届十二次全会精神，服务经济发展大局，规范行业协会发展，开展调查研究活动。指导10余家行业协会开展季度、年度行业统计与分析，编发经济运行分析22期。举办银企对接活动，市商业联合会、市商贸流通服务中心联合协调11家银行及5家典当行、3家投资公司，与200余家商业企业举行融资洽谈，促成74家企业融资1.12亿元。开展入企帮扶活动，按照市委市政府统一部署，采取一企一策方式，自8月13日开始，到井陉县、平山县等地联系分包企业11家；研究制定入企帮扶计划，创新思路补充调查内容19项，涉及发展战略、产品营销与市场分布、产品结构调整、资金状况、企业文化建设、研发与技改投资、综合创新等；协调邮政储蓄银行、兴业银行、廊坊银行与井陉县鸿翔碳素有限公司、石家庄华莹玻璃制品有限公司2家企业开展银企对接活动4次，促成井陉县鸿翔碳素有限公司与廊坊银行达成2000万元融资意向。参与“百强排序”活动，2015年市工经联（经团联）组织全市近40家企业参加河北省百强企业评选，河北敬业企业集团有限责任公司、河北省物流产业集团有限公司、石家庄北国人百集团有限责任公司、河北建设集团有限公司、河北建工集团有限责任公司5家企业入选中国企业500强。

【服务经济发展】 发挥行业协会组织优势，指导市装备制造等10余家行业协会开展季度、年度行业统计与分析，编发经济运行分析22期，为市政府和经济管理部门加强行业管理提供依据。引导行业协会参与招商引资活动，助力经济发展。市医药行业协会参与主办第十二届河北秋季医疗器械博览会，为医疗器械生产、经营单位和各级医疗机构搭建合作交流平台；市商业联合会举办2015年全国（石家庄）年货购物节、金秋购物节等行业性会展，并按照市政府要求，邀请部分重要客商参加2015中国·石家庄（正定）国际小商品博览会、京津冀商贸经济发展战略论坛等。举办银企对接活动，帮助企业解决融资难问题。市商业联合会、市商贸流通服务中心联合协调中国银行、农业银行、工商银行、建设银行、交通银行等11家银行及5家典当行、3家投资公司，与200余家商业企业举行融资洽谈，促成74家企业融资1.12亿元；市企业家协会成立资产管理部，为企业新三板上市提供全方位业务指导、金融服务和智力支持，并与北京颐富海资产管理有限公司签署战略合作框架协议，共同为中小企业上市提供综合服务。开展“精准服务促发展”活动，市企业家协会举行石家庄市企业、企业家咨询服务日活动，向会员企业提供政策解读、政企对接等服务；市商业联合会组织南三条、新华集贸中心、太和集团等15家大型市场及优秀商户代表40余人，参加2015年中国市场大会，66家企业、个人获授荣誉称号。参与“百强排序”活动，发挥标杆引领作用。2015年河北省百强企业评选工作启动后，市工经联（经团联）组织石家庄四药、北人集团、国网河北省电力公司等近40家企业参加河北省百强企业评选，河北敬业企业集团有限责任公司、河北省物流产业集团有限公司、石家庄北国人百集团有限责任公司、河北建设集团有限公司、河北建工集团有限责任公司5家企业入选中国企业500强。

【调查研究】 以转型升级、绿色发展为主题，深入全市重点行业企业调研，听取装备制造等行业企业意见和建议，联合市装备制造行业协会撰写《加快高效节能电机推广应用，促进石家庄市节能减排和环保产业绿色崛起》调研报告，在市委《决策》杂志2015年第5期刊发。以“大众创业，万众创新”为主题，撰写《关于石家庄市推进大众创业、万众创新的几点建议》调研报告，从完善政策体系、发挥实体企业积极性等角度，提出意见和建议。结合入企帮扶活动，走访调研11家帮扶企业，专题研讨中小企业融资难问题，撰写形成《充分发挥行业协会作用，切实解决中小企业融资问题的意见》。发挥人大代表、政协委员作用，市人大代表谢艳华深入各行业协会征求意见，向市人民代表大会提出“加快行业协会发展的意见建议”；市政协委员高国欣、韩增梅、姜茂辉到会员企业开展专题调研活动，提出“促进中小企业发展”建言。

【行业协会建设】 扩大行业协会成员力量，组建成立市隆尧商会。指导市建筑、食品生产加工、工程勘察设计咨询、茶业、质量监督检验5家行业协会召开会员代表大会，举行换届选举。开展行业自律活动，利用行业协会组织在诚信建设引领作用，指导相关行业协会制定行规行约，落实行业自律要求，起草建立行业发展规范性文件。帮助县级工经联（经团联）完善运行机制，规范区域性特色产业社会组织发展，创新服务模式。根据《社团登记管理条例》和民政部门行业协会年检要求，实施所属经济类行业协会年检初审，结合发现问题，提出整改意见；严格财务管理制度，聘请专业会计事务所，开展行业协会年度财务检查，实现财务监管全覆盖。

（张书清）

石家庄市红十字会

【概况】 2015年，市红十字会募集款物价值1046.34万元，其中市本级募捐款物727.88万元，争取上级款物318.46万元；支出1128.84万元，其中支出2014年结余款物82.5万元；直接救助困难群众3565名；普及红十字初级应急救护知识和技能16013人。提升红十字业务能力，举办全市红十字灾害管理系统应用培训班、遗体器官捐献培训班，选派人员参加中国红十字总会博爱家园、生命安全教育、灾害管理系统应用、新闻业务传播等专项培训。按照中国红十字总会“两公开、两透明”规定，加强募集和接收款物管理，做到救助程序公正、救助条件公平、救助结果公开，定期向社会公布捐赠款物使用情况，及时向捐赠者反馈接收和使用信息，主动接受社会监督。加强红十字学校建设，参加纪念中国红十字会建会110周年全国青少年红十字运动和防灾减灾知识竞赛活动，市第22中学、市第40中学、鹿泉区第二实验小学获得最佳组织一等奖。《中国红十字报》总结鹿泉区第二实验小学、高邑县东关小学、长安区和平东路小学红十字学校试点建设经验，以“红十字相伴成长路”为题作头版报道。正定中学实施生命健康安全体验教室建设，《中国红十字报》以“学校里的青春加油站”为题作头版报道。至2015年末，全市建成红十字学校22所。推进“红十字博爱家园”建设，全市5个社区新建红十字社区博爱服务站、红十字书屋。提升红十字会宣传效果，利用世界红十字日、献血日、艾滋病日等时机，市县两级红十字会举办宣传纪念活动50余次，发放宣传资料10万余份；获得新闻媒体报道69篇，其中国家级媒体报道19篇、省级媒体报道24篇。

【筹资募捐】 推行“博爱一日捐”为主筹资工作机制，按照省、市政府关于开展“博爱一日捐”活动通知要求，采取寄发信函、分片调度、机关指导方式推进“博爱一日捐”活动，全年“博爱一日捐”活动募捐资金449.43万元。开展项目合作。联合17家医疗会员单位，举行2015年全市红十字救助贫困大病患者活动，募集善款110.1万元，确定救助18个病种。筹集资金50万元，与市妇联、第四医院开展救助贫困妇女“两癌”患者项目。筹集资金70万元，与市计划生育协会开展计生家庭困难救助。与市第八医院、石家庄电视台乡村服务社联合启动“春暖解锁公益行动”，探索建立宣传、筹资、救助“三位一体”红十字公益项目运行新模式。争取上级项目支持。2015年市红十字会争取中国红十字总会中央专项彩票公益金80万元，支持石家庄市失能老人养老服务项目。帮助先心病、白血病患儿困难家庭，申报“小天使基金”“天使阳光基金”获得支持资金134万元。争取中国红十字总会红十字生命健康安全教育项目、生命安全体验教室建设落户石家庄市，投入资金45万元。

【备灾救灾、社会救助、救护培训】 备灾救灾：制作市红十字会应急救援演练教学片，规范市、县两级红十字会及各应急救援队救援流程、工作标准。投入资金28.91万元，增加应对处置突发事件物资储备。至2015年底，市红十字会累计筹集备灾资金达450万元。社会救助：筹集资金21.4万元，开展春节前“红十字博爱送万家活动”，受益家庭3219户、受益群众6651人。启动“2015年度红十字救助贫困大病患者项目”，救助贫困患者1019人，发放救助资金226.49万元。救助因病致贫家庭301人，发放救助资金40.29万元。利用中国红十字基金会“小天使基金”“天使阳光基金”救助44人，发放救助资金134万元。救助“卖粽救女”杨铁雷等11个困难家庭，发放救助资金7.7万元。救护培训：建成核心师资32名、市属高校常备师资164名高素质、专业化、较稳定的志愿服务师资队伍。举行红十字救护公益普及培训50场，培训人数4937人；石家庄信息工程职业学院、石家庄职业技术学院开展在校大学生应急救护普及培训，覆盖新生8836人。参加河北省第三届红十字应急救护技能大赛，石家庄市夺得大赛第一名。

【无偿献血、造血干细胞捐献、器官捐献】 2015年石家庄市17.25万人次参与无偿献血，献血总量达到59.55吨，有效确保省会临床用血需求。334家单位组织团体无偿献血，献血总量880万毫升，占采血总量15.2%，其中，超过三分之一采血量来自献血3次以上固定献血者。高标准完成河北省下达2500例造血干细胞采样任务，至2015年末，全市累计入库造血干细胞采样4.1万人，占全省库容量三分之一。2015年石家庄市成功捐献造血干细胞10人，占全省实施捐献人数20%；累计成功捐献58人。2015年石家庄市成功实现捐献器官11人，捐献大器官31个，占全省实现捐献总人数39%；至2015年底，石家庄市累计成功实施器官捐献15人，捐献大器官41个；登记志愿捐献遗体1535人，累计实现捐献遗体88例。

（郝瑞起　戎怡）

法 治

Governed by Law

法治政府建设

【概况】 2015年，全市以法治政府建设为目标，部署安排行政立法、行政审批制度改革、行政执法监督、规范性文件管理和行政复议、行政应诉、行政调解等7个方面22项重点工作。围绕全面深化改革和全面推进依法治市目标，将促进经济发展方式转变、强化市场监管、防治环境污染、保障食品安全等制度建设作为重点，起草地方性法规议案3件，制定市政府规章3件。开展政府规章清理，集中清理市政府现行有效政府规章90件，确定应予废止政府规章2件，列入修改计划12件，继续保留76件。开展规范性文件清理，集中清理2014年底前有效行政规范性文件。至2015年底，市本级政府确定应予保留文件98件，列入修订计划7件，宣布废止1件；市政府各部门确定保留规范性文件111件，修订11件，废止或失效41件。

【依法行政】 全年市政府将依法行政、建设法治政府作为依法治市重中之重，大力推进政府事权规范化、法制化运作。按照河北省委《关于贯彻落实党的十八届四中全会精神全面推进法治河北建设的实施意见》要求，印发《石家庄市人民政府关于全面推进依法行政加快建设法治政府的实施意见》(石政发〔2015〕30号)，明确法治政府建设工作目标、具体任务和落实措施。突出重点，重抓落实。2015年初，《石家庄市2015年度依法行政工作安排意见》(石政办函〔2015〕57号)印发，部署安排行政立法、行政审批制度改革、行政执法监督、规范性文件管理和行政复议、行政应诉、行政调解等7个方面22项重点工作。开展评议考核。2015年全市将依法行政工作纳入各级各部门领导班子和领导干部年度综合考评内容，由市依法行政领导小组牵头，制定完善考核内容和标准，邀请市委考核办公室及市人大、市政协机构参加，主要评议考核各县(市、区)区人民政府和市政府各部门2014年度依法行政工作，并对工作突出单位通报表彰。将学法普法作为提高领导干部法治思维和法治能力的重要举措，印发《关于进一步健全政府系统领导干部学法制度的通知》(石政函〔2015〕30号)，明确各级各部门领导干部学法的重要意义、主要内容和方式方法。开展市政府常务会学法活动，修订完善市政府领导干部学法制度，制定年度学法计划。2015年市政府领导在政府常务会前，集中学习了《食品安全法》《环境保护法》《立法法》等法律法规知识；贯彻落实中共十八届四中全会精神，邀请专家围绕“依法行政”新形势、新理念、新要求、新举措作辅导讲解；新修改行政诉讼法和法院立案登记制改革实施后，市政府常务会专门举行“立案登记制度改革与依法行政”专题学习。加强培训，与中国政法大学联合，举办“新常态下法治政府建设”专题培训班，安排各县(市、区)政府和市政府各部门法制机构负责人参加学习培训。

【法制保障】 围绕全面深化改革和全面推进依法治市目标，发挥立法引领和推动作用，将促进经济发展方式转变、强化市场监管、防治环境污染、保障食品安全等制度建设作为重点，印发出台《市政府2015年立法工作安排意见》。2015年市政府法制部门向市人大常委会报送地方性法规议案3件，制定市政府规章3件。重点领域立法。围绕环境保护、治理大气污染，向市人大常委会提交《大气污染防治条例（修订草案）》；转变经济发展方式、推动生态文明建设，向市人大常委会提交《石家庄市绿色低碳发展促进条例（草案）》；强化市场监管、规范市场行为，向市人大常委会提交《石家庄市肉品管理条例（修订草案）》，修订完善《石家庄市市级储备粮管理办法》（市政府189号令）；加强公共服务、保障改善民生，制定出台《石家庄市城市公共汽车客运管理办法》（市政府190号令）；加强安全生产，制定出台《石家庄市电梯安全监督管理办法》（市政府191号令）。推进科学立法。以问题为导向，按照突出重点、保证急需、统筹兼顾原则，由政府法制部门牵头，组织调研、审修和论证。部门起草法规规章草案，均做到政府法制部门提前参与调研，实施立法指导，从源头防止部门立法倾向，有效遏制部门利益法制化。树立公平正义、立法为民理念，以规范、限制、约束公权力为着力点，突出保障行政管理相对人合法权益，下大力将权力关进制度笼子里。广泛开展民主立法，凡涉及公民、法人和其他组织合法权益、切身利益的法规规章，均通过报纸、网站等媒体向社会公开征求意见。加强立法协商，注重发挥政协委员、专家学者在政府立法中的作用，2015年市法制部门在审修、论证《市大气污染防治条例（修订草案）》《绿色低碳发展促进条例（草案）》过程中，会同市政协，邀请从事大气、环保、经济、法律工作10余名政协委员和专家学者举行立法协商，听取意见建议。开展政府规章清理，集中清理市政府现行有效政府规章90件，确定应予废止政府规章2件，列入修改计划12件，继续保留76件。

【依法决策】 推进行政决策科学化、民主化、法治化。推行政府法律顾问制度，提高各级行政机关依法决策能力，保证法律顾问在制定重大行政决策、推进依法行政中发挥积极作用。7月1日，市政府印发《关于全面推行政府法律顾问制度的实施意见》（石政发〔2015〕31号），明确规范各级行政机关建立健全法律顾问队伍及法律顾问的基本条件、权利义务、服务范围、工作方式等。2015年11月，市政府在原有17名法律专家咨询委员会成员基础上，又专门聘请5名政府法律顾问，并制定《石家庄市政府法律顾问工作规则》。至2015年底，全市县（市、区）政府和市政府各部门普遍建立以政府法制机构人员为主体、吸收专家和律师参加的法律顾问队伍。加强行政决策合法性审查。注重发挥政府法制机构参谋、助手、法律顾问作用，将法制机构合法性审查意见作为市政府领导做出决策前置条件。2015年市政府出台《大气污染防治考核办法》《禁止露天炭火烧烤管理办法》等80余项重大行政决策、市政府与相关单位签订重大项目建设合同全部经过法制部门合法性审查。加强规范性文件管理，执行规范性文件“三统一”制度，严格县（市、区）政府和市政府各部门规范性文件法律审查，2015年全市备案审查县（市、区）政府规范性文件13件，前置审查市直部门规范性文件27件，向河北省政府法制办公室报送市政府及办公厅规范性文件备案52件。开展规范性文件清理，采取部门清理提建议、法制机构审查把关形式，集中清理2014年底前有效行政规范性文件。至2015年底，市本级政府确定应予保留文件98件，列入修订计划7件，宣布废止1件；市政府各部门确定保留规范性文件111件，修订11件，废止或失效41件；清理结果在市政府门户网站等媒体对外公布。

【行政执法】 深化行政执法体制改革，市、县政府完成城市管理领域相对集中行政处罚权改革，城市管理综合执法局职能划转基本到位；按照河北省政府法制办公室要求，推进和安排部署相对集中行政处罚权工作向乡镇延伸。推进综合执法，精简市农业、卫生、土地、规划等部门执法队伍，整合执法力量，提升综合执法效能。2015年市畜牧行政执法综合支队被命名为全国农业综合执法示范窗口，这也是河北省唯一受表彰的地市级畜牧行政综合执法机构。完善“两法衔接”机制，利用“两法衔接”网络平台，实现行政执法和刑事司法全面衔接。2015年全市行政执法机关上传各类行政执法信息27983件，移送涉嫌犯罪案件769件，公安机关立案693件，检察机关建议移送55件，监督公安立案18件，提起公诉432件，法院判决223件，较好解决了行政执法机关有案不查、有案不立、违法不究及执法不公、不作为、乱作为等问题。加强重点领域执法，将大气污染防治放在突出位置，加大环保执法力度，狠抓压煤、抑尘、控车、迁企、减排、增绿六大治污举措落实，制定出台大气污染防治工作问责暂行办法，启动大气污染防治网格化监控预警系统建设。2015年石家庄市城市空气质量一级天数、优良天数分别达到31天、173天，同比增加19天、59天，城市环境空气质量综合指数8.70，同比下降20.0%，六项污染物浓度全面下降。重视水生态安全，加强水源地保护，加大市域主要河流污染治理力度，巩固洨河、汪洋沟综合整治效果，突出抓好滹沱河市区以东段综合整治，2015年末市域内主要河流水质明显改善。开展农业执法“绿剑”护农行动，检查农资、农产品生产经营单位近5000个，发现各类问题125起，责令改正50起，实施行政处罚75起。狠抓安全生产、食品药品安全、消防安全、交通安全及人员密集场所安全等公共安全领域执法，保障市民生命财产安全，为全市发展创造安全稳定的社会环境。强化行政执法监督，畅通监督渠道，依托市政府电子政务网络，建立覆盖全市各执法部门行政执法监督信息平台，公众可随时通过平台查询了解各行政执法部门的法定职责、执法程序、处罚标准等信息，投诉举报行政执法人员违法行为。开展案卷评查，采取随机抽取、现场检查、当场点评方式，组织评查全市执法部门2015年上半年已结案行政处罚案卷，查阅各类行政处罚案卷116卷，通报点评发现适用法律不准确、事实不清、证据不足、处罚程序不完善、文书制作不规范及自由裁量权使用不恰当等问题。加强行政执法人员培训，落实行政执法人员资格管理制度，全年组织707名新进入行政执法岗位人员参加公共法律法规知识培训，全市5916名在职行政执法人员参加法律知识考试，年检审核全部执法证件。开展行政执法过错责任追究，按照河北省政府法制办公室《行政执法监督通知书》要求，依据《石家庄市行政执法过错责任追究实施办法》，责任追究14个行政执法部门31名行政执法人员。

【化解矛盾纠纷】 发挥行政复议、行政诉讼、行政调解化解矛盾纠纷作用，维护公民、法人和其他组织合法权益，全力创建平安省会。行政复议案件：严格执行《行政复议法》及其实施条例，落实“以人为本、复议为民”要求，做到定纷止争、案结事了。2015年市政府本级办结行政复议案件371件，其中，维持原具体行政行为191件，撤销原具体行政行为66件，责令履行4件，驳回21件，因调解申请人撤回行政复议申请而终止44件，其他处理45件。坚持依法公正办理行政复议案件，针对违法或者不当行政行为，该撤销的坚决予以撤销，全年行政复议案件撤销率达到18%；将调解、和解贯穿到办理行政复议案件全过程，2015年在已办结行政复议案件中，有12%的案件通过及时调解、和解，有效化解矛盾纠纷；针对情况复杂、争议较大案件，采用听证方式当面审查，听取各方意见，由集体会审作出复议决定，全年举行行政复议听证会3次，集体会审行政复议案件8次。行政诉讼案件：严格执行《行政诉讼法》及其规定，推进行政机关负责人出庭应诉，密切配合人民法院行政审判活动，支持人民法院依法独立行使审判权，重视人民法院司法建议，尊重并自觉履行人民法院生效判决和裁定。2015年市政府本级办理行政应诉和行政复议答复案件105件，以案件类型分，涉及土地类51件，公安15件，征地类10件，房屋征收9件，规划建设7件，信息公开4件，工伤认定4件，其他类型5件。至2015年12月底，市本级行政复议答复和一审案件结案39件，其中，驳回诉求20件，驳回起诉8件，确认违法1件，撤销1件，驳回赔偿请求1件，撤诉3件；复议维持3件，驳回2件。行政调解：全年市政府各部门开展矛盾纠纷调解13700余件，调解成功率在80%以上。创新调解方式方法，市卫生计生委建立以“三调解一保险”为基础医疗风险分担机制，制定《行政调解细则》，明确责任主体、阶段时限和操作程序等要素，化解大量医疗、计生领域矛盾纠纷；市人力资源和社会保障局建立健全劳动人事争议调解处理协调机制，推进乡镇、街道社会保障中心调解组织建设，有效提高基层预防解决争议能力；市公安局探索排查调解体系建设，在全市899个警务室成立矛盾纠纷调处室，形成案件回访排查机制和重点部位、重点人群排查工作机制。

（刘军）

社会治安综合治理

【概况】 2015年，全市以平安建设、法治建设为目标，统筹运用法治思维、法治方式，改善和优化生态环境、发展环境，全力为转型升级、跨越赶超、建设幸福石家庄创造良好的社会环境。印发《2015年全市政法工作任务分工意见》，确定每项任务牵头领导、牵头单位（处室）、主要责任单位及完成时限。制定出台《市委政法委员会全体委员会议议事规则（试行）》，规范议事方式、议事内容、决策程序及决议实施和监督办法。围绕经济建设，做好京津冀协同发展服务。市政法部门深入基层政法单位、政府部门及京津冀协同发展重点项目和企业，开展服务经济调研活动，并利用一周时间，在电视台、广播电台、报纸、网站等媒体平台向社会广泛征集政法部门服务京津冀协同发展意见建议，收到群众来信、来电、来函45件次，归纳整理意见建议11条。制定《全市政法机关服务京津冀协同发展的实施意见》，确立4方面27条服务举措；邀请各级人大代表、政协委员及驻石家庄企业代表、知名律师代表参加征求意见座谈会，收集整理意见建议36条，修改内容148处。开展企业周边治安整治专项行动，为企业生产经营创造良好治安环境。加大专利商标、文化创意等知识产权司法保护力度，审结各类知识产权案件493件。治理非法集资，采取区分高利贷与保护合法债权并重原则，审理非法集资刑事犯罪案件71件190人，并发布河北省首份《非法集资案件刑事审判白皮书》。服务生态环境治理，立案侦查涉嫌环境保护领域职务犯罪5件20人，依法批准逮捕破坏市场经济秩序犯罪513件737人。助力法律服务工作者与企业对接，市区500人以上、县（市、区）200人以上大中型企业全部聘请法律顾问，促进了市场主体依法经营。维护社会安全稳定，2015年市政法部门以维护政治安全、社会稳定为头等大事，做好敏感期维护稳定工作，召开调度会42次，制定预案23个，开展督导检查6次，完成全国“两会”（全国人民代表大会、全国政治协商会议）、纪念抗日战争胜利70周年等重大安全保卫任务，没有发生影响政治稳定重大事件。至2015年末，全市矛盾纠纷化解率达到96.4%，进京非法上访同比下降19.2%，“零发案”小区达到563个，群众安全感提升。依法妥善处置群体性事件，2015年市政法部门瞄准传统利益诉求群体维权、出租车行业不稳定问题、非法集资引发涉及稳定事件等矛盾风险多发易发领域，组织集中排查4次，排查隐患375起，均做到挂牌督办，限期解决。至2015年末，市政法部门参与处置群体性事件125起，同比下降27.7%。防范敌对势力渗透破坏，依法处置5起渗透破坏活动。2015年市政法部门准确定性、科学研判，依法阻止非法宗教组织“净宗学会”打着合法幌子，以举行“万人公益讲座”形式，开展意识形态渗透策划活动。做好情报信息处理，全年市政法部门收集情报信息1400余条，发文287件，落实省市领导批示198件，落实率、反馈率均达100%。加强应急处置机制建设，制定印发《关于进一步加强县乡两级处置机制建设的意见》，修订考核办法，开展专项督导，规范县乡两级应急队伍管理。重视政法队伍建设，印发《2015年全市政法干部教育培训工作安排意见》，举办培训班165期，培训干警41302人次。从严治警，开展明察暗访活动3次，自查案件10件，移送司法部门追究刑事责任2件2人，查处政法干警违纪违法案件135件，给予党政纪处分72人。开展特困干警帮扶活动，确定特困干警334人，落实资助金210万元。

【平安建设】 打造全天候治安防控体系。2015年全市以系统治理、依法治理、综合治理、源头治理为手段，组织建立点线面结合、网上网下结合、人防物防技防结合、打防管控结合立体化治安防控体系，有效遏制各类违法犯罪案件发生。创建市区综合警务服务站、县（市）城乡一体化治安巡控队伍、与驻地武警武装联勤建设三轨并行防控机制，2015年全市组建巡控及应急处突大队17支，巡控中队180支，巡控力量达到1.5万名。依托社区和农村警务，构筑社区和农村防控网，提升治安防控社会化程度。构筑重点单位防控网，全市县级以上治安保卫重点单位全部建立保卫组织。加大技防设施经费投入，重要部位及易发案部位技防设施均接入公安机关监控管理平台，实现全覆盖。2015年石家庄市整合市区单位监控点5616个，在县域新建监控点位12875个；至2015年底，全市行政机关、校园、超市等单位累计安装视频监控摄像机12万余个。2015年全市发现处置各类突发事件313起、预防和破获各类治安刑事案件4869起，服务群众3.1万余次。开展“六无”（无严重刑事犯罪、无群体上访、无安全事故、无邪教组织活动、无个人极端事件、无重点人员漏管失控）基层平安创建活动及平安社区、平安单位、平安家庭创建活动，取得了显著成效。开展矛盾纠纷排查化解，探索建立“大排查、大调处、大帮扶”一体化化解社会矛盾新机制，完善“日排查、周调度、月汇总、季分析”制度，推进行业性、专业性调解委员会建设，打造品牌调解室。2015年全市排查各类矛盾纠纷8105件，调处解决7780件，化解率96.4%。其中，4个调委会被国家司法部授予全国模范调委会荣誉称号，12名调解员被评为全国模范调解员；10名调解员被河北省评为省级优秀调解员，2个调解室被评为河北省优秀调解室。落实农村“四个覆盖”（基层党组织、群众自治组织、经济合作组织、综合治理维稳组织覆盖）要求，在全市农村开展“抓规范促深化、抓典型促提升、抓责任促落实”为主要内容“三抓三促”活动，提升农村社会治理水平，维护农村社会和谐稳定。做好铁路护路联防，石家庄市域建有国家铁路干线6条，途经14个县（市、区）、77个乡镇（街道）、319个村（居），铁路线总长500余千米。2015年市政法部门以铁路沿线村（居）护路工作站建设为切入点，采取抓源头、聚合力、建机制方式，全面夯实护路联防基础，将基层护路工作由阶段性任务转变为常态性工作。至2015年末，全市铁路沿线村（居）护路工作站化解涉路矛盾纠纷115起，排除涉路安全隐患400余个，解决重大涉路矛盾纠纷18起，取缔非法占用铁路场地经营场所5处，清理渣土垃圾3万余立方米，拆除违章建筑物1460平方米，整治废旧收购站点和流动人口聚居点87个。2015年石家庄市开展铁路护路工作站星级创建活动做法被全国宣传推广。推进青少年法制教育基地建设，全市各级政法部门投资1亿多元，在市本级和17个县（市）分别建立青少年法制教育基地。加强肇事肇祸等严重精神障碍患者服务管理，开展为期4个月肇事肇祸等严重精神障碍患者专项排查行动，新排查严重精神障碍患者5025名，全部落实监护责任和救治措施。

【法治建设】 推进依法治市。贯彻落实《全面推进法治河北建设的实施意见》（冀发〔2015〕5号），按照石家庄市委统一部署，市委政法委牵头立法、司法、执法部门共同研究制定贯彻落实方案，并会同市委办公厅起草印发《关于进一步贯彻落实冀发〔2015〕5号文件精神的通知》。开展“12·4”普法宣传活动，落实“谁执法、谁普法”责任制，率先在全省建立“石家庄市普法依法治理动态管理宣传体系”，顺利通过河北省“六五”普法验收。提升法律服务水平，2015年全市21个县（市、区）政府、288个乡镇（街道）全部建立和实施法律顾问制度，明确法律服务相关经费列入财政预算。至2015年底，全市投入资金929万元，组建法律服务志愿者队伍3000人，提供法律咨询2.6万余人次，参与化解基层矛盾纠纷6000多件，为政府、企业提供司法建议超1.7万条。提升司法执法质量。落实依法监督、集体监督、事后监督职能，立项督办、转办案件40起，办结23起，协调办理案件28起，重点敏感案件实施全程动态监督措施，有效规范了执法办案行为。评查重点涉法涉诉信访案件，集中开展执法检查活动，抽查案件1089起，发现问题116个。开展刑事诉讼涉案件财物集中清理活动，围绕案件底数、扣押冻结数和处理数，全面清理公安、检察、审判系统涉案财物，指导各级政法部门完善涉案财物管理制度。推进政法机关司法公开深度和广度，出台《深入推进司法公开工作计划》，组织政法部门开展政法“开放月”和“开放周”活动。开展“涉法涉诉信访工作改革深化年”活动，围绕解决执法办案突出问题，调整市涉法涉诉接访服务中心运行模式，有效提高接访处访效率。2015年市涉法涉诉中心接待来访2612人次，承办案件509件，办结506件，结案率 99.4%，其中河北省交办案件 158 起全部按期办结。推进司法体制改革，研究制定 2015 年全市深化司法体制和社会治理体制改革工作要点，印发《关于推进快速办理轻微刑事案件工作的暂行规定》。2015 年市检察系统办理轻微刑事案件 134 件 132 人；市法院系统适用轻刑快判程序审理刑事案件 482 件。开展司法救助，市委政法部门、市财政局联合印发《市级司法救助资金管理办法》。2015 年全市司法救助实现市县两级全覆盖，司法救助争取省级资金 340 万元，救助 65 人；安排市级资金 100 万元，救助 29 人；安排县级资金 682.5 万元，救助 313 人。维护律师权益，修订《石家庄市律师协会惩戒规则》，在市司法行政机关成立律师维权委员会、行业规则委员会、奖惩和执业纠纷调处委员会。实施立案登记制度改革，2015 年全市审判系统当场立案率均达 90% 以上。

（刘志强）

公　安

【概况】 2015 年，全市公安部门围绕创建“社会最平安、群众最满意”省会公安品牌，以“六大警务理念”（风险管控是首责的责任理念、群众满意是关键的评判理念、信息化是制高点的建设理念、服务大局谋长远的发展理念、精细精益保落实的管理理念、红线底线不可越的法治理念）为指导思想和行动指南，推进形成以集约合成、高效运转为特征“四大警务机制”（合成研判机制、合成指挥机制、合成防范机制、合成打击机制）和符合实战“五大警务布局”（做优机关、做强专业队、做实派出所、做精社区警务、做好警务服务站）。打造“忠诚公安、责任公安、智慧公安、民意公安、法治公安、活力公安”，开展“四项建设”。基础信息化建设：率先在全国完成全国标准地址示范城市建设任务，建成覆盖 17 个县（市）、283 个基层所队视频会议系统，汇集公安业务信息 106 类 30 亿条、社会信息 4 类 14 亿条。警务实战化建设：落实情报指挥一体化、打击防控一体化、人员装备一体化、训练实战一体化、网上网下一体化要求，建立早交班例会制度，2015 年全市治安维稳形势实行日汇总、日研判、日通报制度，有效提高治安维稳工作科学性、针对性、时效性；完成 46 个装备建设项目，市、县两级公安机关全部建立应急物资储备库，2015 年市公安局被财政部评为全国政府采购先进单位，市公安局警务保障处谷改会被公安部评为“朱爱民式警务保障好民警”。执法规范化建设：建立刑事办案“两统一”工作机制，在市、县两级公安部门成立案件管理中心，设立手机“智慧城市”和微信平台，开展执法突出问题专项治理，2015 年全市新发涉警信访案件同比下降 35.3%。队伍正规化建设：完成县以下公安部门公务员职务与职级并行，开展“百姓心中好民警”宣传推介活动，培养树立“全国公安机关爱民模范”李志辉等先进典型，建立形成功臣模范休养、民警休假、走访慰问、特困补助 4 项机制。实施户籍制度改革，搭建微信网络和身份证满意拍平台。推进出入境管理制度改革，打造自助化服务模式，简化办证手续。“110”综合警务服务站履行治安巡控、110 接处警、交通管理、窗口服务、接受求助、法制宣传 6 项职能，落实有警出警、无警巡逻、屯警街头管理，做到“零距离服务群众，全时空打击违法犯罪”。至 2015 年末，市公安部门在市区重点部位和治安复杂区域建设“110”综合警务服务站 110 个，“省会 110”受理群众报警 209 万起，全部妥善处理。加强警察队伍建设，培养树立忠诚廉洁善战形象，举办“秉公执法人民公安为人民”主题教育活动。从严治警，查处公安人员违法违纪案件 16 起 34 人。提升综合素质和业务能力，开展“春季大练兵”和武器使用专项训练，建立“石家庄公安微课程”，组织基层所长和警校教官到上海跟班学习。2015 年市公安局副局长刘生吉、刑警支队刘海滨被公安部聘为侦破爆炸、投毒、放火案件专家；市公安局情报中心王劲超被公安部聘为首批全国公安综合情报专家；市公安局电子物证鉴定中心通过国家认定。2015 年市公安部门共有 217 个集体、2123 名个人立功受奖。其中，市公安局控申处、无极县公安局信访科被公安部评为“全国公安信访窗口示范单位”；市公安局经侦支队王立勇被公安部评为全国公安经侦系统十大情报导侦能手；灵寿县公安局赵兰江获得公安部通报表彰。12月28日，由市公安局、石家庄广播电视台联合主办“忠诚的足迹”——2015省会“百姓心中好民警”特别节目在市广电中心评选揭晓，方志可、洪敦尚、刘海滨、闫利民、石书文、张建超、刘虎辰、王亚洲、赵雪娟、郭志红10人获评为2015年度省会“百姓心中好民警”称号；因公牺牲灵寿县公安局情报中心主任马喜林被推选追加为特别提名“百姓心中好民警”称号。

【安全保卫】 围绕恐怖分子“进不来、藏不住、干不成、跑不掉”目标，健全反恐工作机制，遏制暴恐活动渗透蔓延势头；建立有奖举报制度，制定《石家庄市群众举报暴力恐怖犯罪线索奖励办法》。加强应急力量建设，配备通信电台装备，建立快速有效指挥通信平台，简化指挥层级，缩短响应时间；举行反恐实战演练，提升应急反应能力。2015年市公安部门以维护政治安全和、社会稳定为重点，严密管控危机和风险，较好完成中国人民抗日战争胜利70周年纪念日“9·3”阅兵，河北省、石家庄市“两会”安全保卫，89次等级警卫等重大任务，均做到绝对安全、万无一失。打击邪教组织，落实常态化、不间断矛盾纠纷排查机制。2015年全市899个警务室建立矛盾纠纷调处室，组织社区（驻村）民警900余名开展矛盾纠纷及问题隐患排查，排查发现各类矛盾纠纷13708起，调处10011起，依法妥善处置各类群体性事件580起。加强互联网监督管理，落实网上巡查措施，发现处置有害信息6.4万条；严打互联网违法犯罪，破获涉网案件1846起，其中公安部督办案件6起；严打网络谣言，查处传播各类谣言行为42起；重视做好互联网反制力量建设，组织68家党政机关、行业主管部门和重点企业建立全市网络安全与信息安全通报机制。实施信访风险评估机制，搭建信访网络受理平台，畅通信访渠道，2015年市公安部门视频接访86人次，受理各类信访邮件382件。开展集中化解信访案件攻坚行动，88起信访案件全部办结。2015年市公安部门新发信访案件同比下降18.4%，接转公安部移交信访案件同比下降86.5%。

【刑事侦查】 开展“春季攻势”“雷霆行动”“固防安民”等专项行动，破获无极“2013·8·13”特大杀人案等重特大案件，命案侦破率首次达到100%，涉恶案件破案率同比提升28.9%。案件侦办效率提高，全年破获侵财案件8618起，成功破获“4·21”“6·16”等153起电信网络诈骗案件；破获毒品案件325起，其中公安部督办案件5起，缴获各类毒品50余千克，获得公安部、省公安厅多次表彰；查处涉黄赌案件196起，2015年市公安局被公安部评为“打黄赌铲源头”工作实绩突出单位；破获食品药品农资案件418起，其中2起案件入围公安部典型案件；破获公安部督办、河北省督办重大环境污染案件4起，查处涉污企业、窝点1734家。加大逃犯抓捕力度，全年抓获各类逃犯3591名，其中“猎狐2015”专项行动缉捕劝返境外经济逃犯6名，抓获数量位列全省第一，并首次在全国从欧洲国家成功引渡回经济犯罪嫌疑人1名。

【治安管理】 加强10个治安乱点区域、200个老旧小区综合治理，市区创建“零发案”小区563个。提高技术防范覆盖水平，主城区新建视频监控3087个，2015年末各县（市）接入县级平台视频监控达到13750个，接入市级平台达到7679个。推广电动车防盗系统，盗窃电动车案件同比下降32.3%。落实群防群治方针，实施“哨兵工程”，2015年全市“哨兵”达到3.7万名，利用“哨兵”直接破案200余起。整合社会治安防控力量，组建保安、巡防、流管、楼院长、社会治安志愿者等专（兼）职安防巡逻队伍136支。加强危爆物品安全管理，开展“缉枪治爆”专项行动，查处涉枪涉爆案件733起，打击处理742人，抓获省级以上督办逃犯9人，缴获枪支3473把、子弹11.4万发、雷管1646枚及危险化学品20余吨。

（冯朝勇）

【交通管理】 实行重点车辆信息化管理和动态监管，推进乡镇交通管理站、劝导站、安全员建设。整治重点隐患路段，严查交通违法行为。2015年全市拥有小型汽车162.74万辆、道路运输车辆32.09万辆；新增驾驶员27.33万人，年末驾驶员总数累计达到266.82万人；处理道路交通违章292.69万起，其中吊销驾驶证1580个。至2015年末，全市发生一般程序道路交通事故454起，同比下降0.2%；交通事故造成人员死亡279人、受伤333人。

新增道路电子警察120处。单行道违反禁令标志抓拍19处：北人字街（平安大街—休门街）；北后街（北荣街—北大街）；兴凯路（北荣街—北大街）；沿西街（丰收路—石纺路）；沿东街（丰收路—石纺路）；东岗路（育才街—富强大街）；育才街（槐安东路—东岗路）；塔南路（京广东街-新胜利大街）路段；汇华路（京广东街-新胜利大街）路段；原中华大街（宁安路至兴凯路），北向南；礼让街（工农路—裕华路），北向南；革新南街（维明大街—革新街），西向东；革新中街（维明大街—革新街），东向西；革新北街（维明大街—革新街），西向东；华新路（胜利大街—工人街），东向西；铁院北路（胜利大街—柳阳路），西向东；华清街（裕华路—槐中路），南向北；龙腾路（建通街—石栾路），东向西；鸭绿江道（天山大街—珠峰大街），西向东。机动车闯红灯抓拍5处：石获北路（大郭村口）；建通街与仓丰路交叉口4个方向；建通街与南二环桥下，南向北、北向南；新石中路与维明街交叉口，南向北；和平路与友谊大街口，西向东。网格区内违法停车抓拍11处：平安大街裕华路南国税局门口；平安大街东风路南工商银行门口；维明街河北省委东门；新华路康乐街西石家庄市水务局门口；青园街亚太大酒店门口；合作路与友谊大街省统计局门口；东岗路56号河北省电力公司职业技术培训中心门口；和平路与泰华街交口西南角河北省工业和信息化厅门口；育才街槐北路交口南临河北宾馆门口；中华南大街476号石家庄市公安交通管理局门口；河北省军区门口。禁左路口抓拍18处：时光街与福凯路南口（7:00～8:30，17:00～19:00）；市庄路与火车站北站口北出口；友谊大街与飞翼路西口；柳阳路与铁院北路北口；塔南路与汇通路东口；和平路与白佛西街南口；西兆通与307国道北口（7:00～19:00）；长征街栗中路，南向北；西三庄与钟旺路，北向南；西三庄与同安路，南向北；和平路与变电街，北向南；合作路新合街，南向北；北新街与市庄路，南向北；北荣街与北后街，东向西、北向南；联盟路与高东街，北向南；工农路与维明街，东向西；新华路与青年街，西向东；新华路与华安街，东向西、北向南。违停抓拍6处：汇吉路（京广东街—新胜利大街）路段；京广东街（汇华南路—利射北路）路段；京广西街（新石南路—新石中路）路段；汇华路（京广东街—新胜利大街）路段；利射北路（京广东街—新胜利大街）路段；西二环西侧辅路（新华路—中山路）路段。违反禁令标志抓拍3处：西二环与玉村南路，西向东；新华西路车管所东行15米；育才街市第43中学东门、富强大街市第43中学西门。测速抓拍6处：市区西三环31千米+300米处，双向测速，大型车限速值60千米/小时、小型车限速值80千米/小时。井陉矿区测速抓拍，限制机动车最高时速60千米/小时：贾凤路贾庄中学路段，南北双向；贾凤路张家井二工地路段，南北双向；平涉路清凉湾湿地公园路段，东西双向；平涉路恒兴热电有限公司路段，南北双向；凤中路白彪村路段，东西双向。违法越轧震荡带抓拍20处：西二环主路由南向北方向，工农路出口处；西二环主路由南向北方向，和平西路出口处；南二环主路由西向东方向，红旗大街出口处；南二环主路由东向西方向，红旗大街出口处；南二环主路由东向西方向，石铜路出口处；北二环主路由东向西方向，胜利北街（往南）出口处；北二环主路由东向西方向，铁道大学出口处；北二环主路由东向西方向，京广铁路桥下处；北二环主路由西向东方向，胜利北街（往南）出口处；北二环主路由西向东方向，胜利北街（往北）出口处；槐安路主路由东向西方向，翟营大街出口处；槐安路主路由东向西方向，中华南大街出口处；槐安路主路由东向西方向，师范街出口处；槐安路主路由西往东方向，中华南大街出口处；槐安路主路由西向东方向，建华南大街出口处；和平路主路由东向西方向，平安大街出口处；和平路主路由东向西方向，中华大街出口处；和平路主路由西向东方向，平安大街出口处；南二环辅路由东向西方向，红旗大街东口；南二环辅路由东向西方向，石铜路东口。二环路高架桥上限行时段（7:00～12:00，14:00～19:00）货车限行抓拍15处：南二环红旗大街桥上；南二环石铜路桥上；北二环（西三庄街—文苑街）桥上；北二环红星街桥上；北二环体育大街桥上；北二环建华大街桥上；北二环谈固大街桥上；北二环中华大街桥上；东二环和平路桥上；东二环中山路桥上；南二环（建华大街—谈固大街）桥上；南二环（体育大街—裕翔街）桥上；南二环建设大街桥上；西二环（建国路—合作路）桥上；西二环蓝天桥桥上。灵寿县新增电子警察6处。均为电子测速设备，限制机动车最高时速70千米/小时：207国道（锡海线）777千米850米；201省道县道（正南线）34千米570米；201省道（正南线）67千米429米；201省道（正南线）89千米248米；051县道（灵黑线）与南堤下桥交会处东30米；051县道（灵黑线）与慈右渠交会处西82米。赵县新增电子警察11处。抓拍闯红灯、逆行、不按规定驶入导向车道、压线行驶、重型、中型货车闯禁行行为3处：青石线（308国道）与赵元路交叉口；青石线（308国道）与石塔路交叉口；青石线（308国道）与西外环路交叉口。抓拍闯红灯、逆行、不按规定驶入导向车道、违法标识标线行为6处：青石线（308国道）与柏林大街交叉口；青石线（308国道）与新南路交叉口；青石线（308国道）与石桥大街交叉口；青石线（308国道）与北外环路交叉口；机场路与国柏路交叉口；机场路与新南路交叉口。机动车违反禁止左转2处：永通路与贡院街交叉口，由东向西禁止左转（限时7:30～19:30）；永通路与石桥大街交叉口，由南向北禁止左转（限时7:30～19:30）。

道路通行调整72处。设置单行道路段16条：礼让街（工农路—裕华路），允许车辆由南向北行驶；革新南街（全程），允许车辆由东向西行驶；革新中街（全程），允许车辆由西向东行驶；革新北街（全程），允许车辆由东向西行驶；华新路（胜利北街—工人街），允许车辆由西向东行驶；铁院北路（胜利北街—柳阳街），允许车辆由东向西行驶；华清街（裕华路—槐中路南100米），允许车辆由北向南行驶；龙腾路（建通街与石栾路之间），允许车辆由西向东行驶；鸭绿江道（天山大街—珠峰大街），允许车辆由东向西行驶；北人字街（平安大街—休门街），允许车辆由西向东行驶；北后街（北荣街—北大街），允许车辆由东向西行驶；兴凯路（北荣街—北大街），允许车辆由西向东行驶，北后街→北荣街→兴凯路→北大街→北后街，形成小循环；沿西街（丰收路—石纺路），允许车辆由南向北行驶；沿东街（丰收路—石纺路），允许车辆由北向南行驶，沿西街→石纺路→沿东街→丰收路→沿西街，形成小循环；东岗路（育才街—富强大街），允许车辆由东向西行驶；育才街（槐安东路—东岗路），允许车辆由北向南行驶，东岗路→富强大街→槐安东路→育才街→东岗路，形成小循环。禁止左转路口17处：休门街—北人字街南口；兴凯路—北大街南口；沿西街—石纺路东口；沿东街—丰收路西口；东岗路—富强大街北口；自强路—南小街东口；裕华西路—城角街东口；市庄路—九中街东口；宁安路—北安街西口；平安北大街—正东路南口；时光街与福凯路南口高峰时段（7:00～8:30，17:00～19:00）；市庄路与火车北站出站口北口；友谊大街与飞翼路西口；柳阳路与铁院北路北口；7420厂门前；和平路与白佛西街南口；西兆通与307国道北口。禁止右转路口12处：休门街—北人字街北口；北荣街—北后街南口；兴凯路—北大街北口；沿西街—石纺路西口；沿东街—丰收路东口；富强大街—东岗路南口；东岗路—育才街东口；裕华路—城角街西口；自强路—南小街西口；市庄路—九中街西口；宁安路—北安街东口；平安南大街—正东路北口。禁止直行路口7处：北人字街—休门街东口；沿西街—石纺路北口；东岗路—富强大街西口；育才街—东岗路南口；南小街—自强路北口；九中街—市庄路北口；翔翼路—西三庄街西口。快速路匝道口新增震动标线20处（主路18处、辅路2处）：西二环主路，南向北，工农路出口处；西二环主路，南向北，和平西路出口处；南二环主路，西向东，红旗大街出口处；南二环主路，东向西，红旗大街出口处；南二环主路，东向西，石铜路出口处；北二环主路，东向西，胜利北街出口处；北二环主路，东向西，铁道大学出口处；北二环主路，东向西，京广铁路下桥处；北二环主路，西向东，胜利北街（往南）出口处；北二环主路，东向西，胜利北街（往北）出口处；槐安路主路，东向西，翟营大街出口处；槐安路主路，东向西，中华南大街出口处；槐安路主路，东向西，师范街出口处；槐安路主路，西向东，中华南大街出口处；槐安路主路，西向东，建华南大街出口处；和平路主路，东向西，平安大街出口处；和平路主路，东向西，中华大街出口处；和平路主路，西向东，平安大街出口处；南二环辅路，东向西，红旗大街东口；南二环辅路东向西，石铜路东口。

互联网交通安全综合服务管理平台试运行。12月1日，全市互联网交通安全综合服务管理平台上线试运行。市民携带身份证到公安交通管理部门注册后，可直接办理驾驶证考试预约、办牌办证、违法处理和罚款缴纳、道路出行、信息查询、告知提示、信息公开、重点对象管理、交通安全宣传、业务咨询10大类130多项服务和业务。其中，在线办理交通管理业务24项。第一批上线业务12项，机动车业务（5项）：补领机动车行驶证、补领检验合格标志、变更车主联系方式、换领机动车号牌、换领机动车行驶证；驾驶证业务（7项）：遗失补证、变更驾驶人联系方式、提交驾驶证照片、损毁换证、延期换证、延期提交身体条件证明、延期审验。第二批上线业务12项，机动车业务（4项）：预选机动车号牌、预选号牌申诉、补领机动车号牌、申领机动车临时号牌；驾驶证业务（6项）：考试预约、取消考试预约、驾驶人体检（到医院办理）、提交身体条件证明（到医院办理）、期满换领驾驶证、超龄换领驾驶证；违法处理（2项）：电子监控处理、罚款缴纳。

（市公安交通管理局）

【消防安全】 出台《消防安全责任制落实办法》《消防安全责任制考评办法》，建立“交叉式执法、会诊式检查、台账式督察”“10+1”行业部门联动执法机制，有效解决消防责任落实难、消防法规落实难问题。整改消防隐患，开展三大市场、消防通道、九小场所等部位集中整治行动，实现火灾事故同比下降38.9%。至2015年末，全市共发生火灾报警1153起，有效处置率达到100%；火灾造成死亡4人，重伤12人，财产经济损失3933.59万元。

（市公安消防支队）

检 察

【概况】 2015年，全市检察系统围绕“五检”（政治建检、业务立检、公信树检、素质兴检、科技强检）总体工作布局，把握“听党话、惩贪腐、树检威、重民生”主线，突出做好“服务大局、执法办案、科技强检、规范司法、队伍建设”5项工作。加强案件办理，批准逮捕犯罪嫌疑人4594件6257人，提起公诉6217件9385人。立案查办贪污贿赂犯罪案件208件295人，其中大案176件236人、要案31人（厅级4人、处级27人）；立案侦查渎职侵权犯罪案件70件142人，其中重特大案件84人、要案11人。开展立案监督和侦查活动监督，监督侦查机关应当立案而不立案199件，不应当立案而立案116件；审查减刑、假释、暂予监外执行4500人，提出书面纠正203人。落实检察政务公开，按照“一站式”“一键通”标准，市检察院及22个基层检察院全部完成检务公开大厅新建改建任务，新增检务公开大厅建设面积5300平方米，新购置LED电子显示屏30块、电子触摸屏45台、高速扫描仪等设备115台，建成互联网、电话、触摸屏和案件管理岗位查询“四位一体”查询机制。2015年市检察系统接受案件程序性信息查询9414次，发布重要案件信息924条，公开法律文书2133件，接受案件信息查询1463次，召开新闻发布会48次，接待辩护人、诉讼代理人阅卷578人次。举行新闻发布会3次，组织检察开放周活动70场次；市检察系统门户网站发布信息4023条，微博发布信息13366条，新增粉丝6813人，微信发帖9091条，新增粉丝5011人。与《石家庄日报》联合开辟检务公开专栏，打造全覆盖、无盲点“阳光检务”平台。开展“科技强检”活动，围绕“着眼实战、建用并举、以用为主”建设方针，以争创“全国科技强检示范院”为引领，完成侦查信息一体化、云龙电子数据协作网络、职务犯罪信息查询平台、科技用房、警务区升级改造“五大建设”任务，建成信息查询、海量数据分析、电子数据恢复、电子物证提取、审讯监控、案件评查、远程视频、综合管理等“八大系统”。2015年市检察院及22个基层检察院全部完成侦查指挥技术中心建设并投入使用；新建侦查信息指挥中心23个；新建技术信息中心6150平方米，新建各种检察实验室75间；改造升级办案区5771平方米，新建、改建讯（询）问室93间；新购置检察技术装备47种225件。加强检察队伍建设，围绕“听党话、惩贪腐、树检威、重民生”主线和“高标准、快节奏、重落实、争一流”工作要求，推行“政治建检、公信树检、素质兴检”措施，落实检察人员八小时外行为禁令及检察人员与当事人、律师、特殊关系人、中介组织接触交往行为等规定。2015年全市检察系统43个单位、102名个人受到市级以上表彰；立案调查违规违纪检察人员36人，给予党纪政纪处分4人。10月9日，最高人民检察院检察长曹建明到石家庄市考察调研，认可和肯定全市检察系统“两法衔接”（刑事司法与行政执法衔接）工作、执法规范化建设、信息化建设及开展“两提升、一注重”（提升办案质量、提升办案效率、注重办案效果）活动做法。

【案件办理】 服务经济发展，印发出台《关于充分发挥检察职能服务保障省会经济和京津冀协同发展的指导意见》。发挥批捕、起诉职能，打击严重影响社会稳定和人民群众安全感黑恶势力犯罪及严重暴力犯罪、多发性侵害财产犯罪。2015年市检察系统批准逮捕犯罪嫌疑人4594件6257人，提起公诉6217件9385人。采取适时介入、引导侦查、补强证据、强化出庭等措施，成功办理郗鹏斌12人团伙贩毒案，孙圣安等10人拐卖妇女案，屈伟等10人抢劫、盗窃案，王金超等8人贩卖毒品案等全国、全省具有重大影响案件。执行宽严相济刑事政策，落实轻微刑事犯罪依法慎捕慎诉办法，全年执行不予批准逮捕1107人，决定不起诉288人。维护和促进市场经济秩序，加大走私、偷税骗税、金融诈骗、侵犯知识产权及生产、销售、假冒伪劣产品等严重破坏市场经济秩序犯罪打击力度。2015年市检察系统依法批准逮捕破坏市场经济秩序犯罪案件566件803人，提起公诉535件1120人。其中，包括涉案金额高达13亿、受害群众数万人“河北丰众农业科技有限公司集资诈骗案”，李刚虚开增值税发票案等严重影响市场经济秩序案件。围绕农村“两委”（村党支部委员会、村民委员会）换届，在全市检察系统开展查办农民群众身边贪污贿赂犯罪专项工作和“涉农检察宣传月”活动，立案侦查涉农领域贪污贿赂犯罪77人。按照“减少存量、杜绝增量”要求，开展涉检信访积案清理，4件省市重点督办信访案件全部化解。落实领导包案、检察长接访等制度，全年市检察系统接待群众来信来访1300人次，两级检察院检察长接访600人次，有效化解一批涉及群众利益信访案件，实现抗战胜利70周年纪念活动期间进京非访零指标。开展生态环境保护专项行动，依法严厉打击严重破坏水资源、土地资源、矿产资源和生态环境刑事犯罪，突出查办发生在行政审批、行政许可、行政管理环节索贿受贿案件和不作为、乱作为等失职渎职案件。2015年市检察系统批捕破坏生态环境案件61件101人，提起公诉110件207人，立案侦查涉嫌环境保护领域职务犯罪5件20人。

【查办和预防职务犯罪】 开展为期一年提升办案质量、提升办案效率、注重办案效果“两提升、一注重”活动，推进查办职务犯罪由数量规模型向质量效果型转变。坚持执法考虑发展、办案想到稳定原则，准确把握改革失误与失职渎职界限，依法惩治犯罪者，支持改革者，保护创业者。慎重选择办案时机和方式方法，慎重使用强制措施，不轻易查封企业账册，不阻断企业正常生产经营，做到创新优化环境与打击犯罪相结合，实现法律效果、社会效果、政治效果相统一。2015年市检察系统立案查办贪污贿赂犯罪案件208件295人，其中大案176件236人、要案31人（厅级4人、处级27人）；立案侦查渎职侵权犯罪案件70件142人，其中重特大案件84人、要案11人。依法查处河北省民政厅原厅长古怀璞受贿案、河北省清河县原县委书记冀东书贪污行贿案、秦皇岛市原副市长张学军受贿案、石家庄市房管局原副局长白彦德受贿案等全国、全省具有重大影响案件，推进邢台市原市委书记王爱民案件快结、巨鹿县原县委书记王志伟案件终结，还查处石家庄市区三教堂村原党支部书记曹新民贪污650万元等“小官巨贪”案件。重视职务犯罪预防，组织开展城市建设和房地产开发市场专项检察，举办“服务园区建设、保障安全投资、促进企业发展”活动，做好轨道交通、南水北调等重点项目职务犯罪预防服务。2015年市检察部门组织全市政法、环保、民政等领域开展职务犯罪专项预防、行业预防、系统预防活动56次；运用年度报告、专题报告和检察建议等方式，向党委、政府及有关单位提出完善管理意见建议46件；开展职务犯罪预防进机关、进企业、进农村、进学校、进社区、进军营“六进”宣讲活动，举办警示教育171次、预防宣传245次，受教育人员1.11万人次，发放宣传材料1万余份；接受行贿犯罪档案查询20828次。

【诉讼监督】 围绕公平正义和防止冤假错案发生目标，加强检察系统立案监督和侦查活动监督，2015年市检察系统监督侦查机关应当立案而不立案199件，不应当立案而立案116件。注重“在逃人员”“另案处理人员”监督，纠正漏捕266人，纠正漏诉309人，向侦查机关提出书面纠正意见631件，向审判机关提出书面纠正意见329件。加强刑事审判监督，依法提出刑事抗诉78件；贯彻宽严相济刑事政策，依法执行轻微刑事案件不批准逮捕915人，不起诉226人。加强刑罚执行监督，开展减刑、假释、暂予监外执行专项监督活动，严格规范“有权人”“有钱人”减刑、假释、暂予监外执行，2015年市检察系统审查减刑、假释、暂予监外执行4500人，提出书面纠正203人。严格把握特赦政策，审查符合特赦条件罪犯336人。开展社区矫正人员脱管、漏管专项检察活动，向社区矫正执行机关发送书面检察建议和纠正违法338件。实施民事、行政审判和执行活动监督，办理民事行政诉讼监督案件292件，提出抗诉6件，提请河北省检察院抗诉37件，提出执行监督和纠正程序违法检察建议132件。加强行政执法监督，利用“两法衔接”信息共享平台，完善执法信息录入功能，规范案件移送标准和证据标准，2015年市检察系统审查行政执法机关传送行政处罚案件2.72万件，监督行政机关向公安机关移送案件55件，监督公安机关立案18件，有效防止有案不移、有案不立、以罚代刑等问题，依法促进了政府行政部门高效廉洁行政。

【规范检察执法】 集中开展规范检察系统司法行为专项整治，采取学习教育、对照检查、建章立制方式，规范检察机关办案执法程序。开展2014～2015年案件评查，落实全覆盖、无遗漏要求，引进案件评查软件，加强案件管理和流程监控，建立问题台账，做到分类定性处理，2015年市检察系统评查案件1481件，纠正瑕疵案件693件。规范涉案财物管理，建立统一标准涉案财物保管室。保障律师执业权利，设立律师电子阅卷室，解决律师阅卷难、见面难问题。自觉接受人大常委会、政协部门和社会各界监督，做到半年向人大常委会汇报一次总体工作或专项工作，日常工作以《检察工作简报》形式向市委、市政府、人大常委会、政协四大班子报送。2015年市检察部门向各级人大常委会报告工作46次，接受市人大代表集体视察2次，邀请各级人大代表、政协委员、媒体记者和群众代表到检察机关现场观摩、听取汇报、征求意见704人次，办理人大代表意见建议2件，代表满意度100%。落实人民监督员制度，人民监督员评议案件27件。

石家庄市人民检察院

检 察 长：侯建华（5月免）
陈晓明（5月代，9月任）

副检察长：陈晓明（5月任）
何军恒 曹爱国
兰志伟（女，11月免）
李彦平（女）
臧玉平 崔少波

冀中南地区检察院检察长：
李芳栋

纪检组长：李占存

政治部主任：王国政

反渎职侵权局局长：任志晓

（边卫宁 安庆胜）

审 判

【概况】 2015年，全市法院系统受理各类案件128132件，同比上升27.93%；审执结109025件，同比上升32.02%。其中，市中级法院受理20432件，同比上升19.49%，审执结18243件，同比上升27.21%。2015年市法院系统审理刑事案件7824件，判处罪犯10444人；审理民事案件72456件、商事案件35718件、行政案件1575件；执结案件21920件，标的额130.79亿元。2015年全市法院系统42个集体、119名个人受到国家及省市以上表彰。其中，晋州市法院执行局被最高人民法院授予“全国法院先进集体”；晋州市法院、裕华区法院槐底法庭申报“集体一等功”；市中级法院获评“省级文明单位”“涉军维权先进单位”“全省法院信息工作优胜单位”；涌现出“河北省2015年度十大法治人物”“全省法院邹碧华式先进人物”纪兰生，“全国优秀法官”杨占栓，“全国法院办案标兵”赵晓渝，“全国法院司法警察先进个人”韩红宾等先进典型。2015年市中级法院刑事审判一庭审判员邸亮审理大名县原县委书记边飞受贿案，桥西区法院民事审判一庭副庭长曹利伟审理赵某诉刘某机动车交通事故责任纠纷案获评“2015年度推动河北法治进程十大案件”。

【刑事审判】 全年审理各类刑事案件7824件，判处罪犯10444人。其中，审理黑社会性质组织、杀人、绑架、抢劫等严重暴力犯罪及盗窃、抢夺、诈骗等多发性侵财犯罪案件1744件2561人；审理贪污、贿赂、渎职等职务犯罪案件180件305人。审判完成廊坊市原市委常委、政法委书记肖双胜，大名县原县委书记边飞（副厅级）受贿案等重大案件任务。依法打击金融领域犯罪，全年审理非法集资犯罪案件105件276人，并发布河北省首份《非法集资案件刑事审判白皮书》，帮助社会公众辨别和抵制非法集资行为。

【民商事审判】 全年审理各类民事案件72456件，其中审理婚姻家庭、继承抚养、侵权赔偿、交通事故、劳动争议及教育、医疗、住房、消费等案件33608件。注重维护国防利益和军人军属合法权益，依法审理涉军案件73件，开展送法进军营活动31次。全年依法审理商事案件35718件，标的额195.17亿元。其中，审理企业破产、清算重组、股权转让案件244件；审理知识产权案件556件。市中级法院与市知识产权局、市版权局、市仲裁委员会联合建立知识产权案件诉讼调解对接机制。举办“为企业发展司法把脉”“企业直通车”活动，派遣法院工作人员深入企业862人次，提出司法建议176条。

【行政审判】 执行新行政诉讼法，依法履行司法审查职能。2015年全市法院审理行政案件1575件，执结非诉行政执行案件2194件。落实行政机关负责人出庭应诉制度，派遣法院工作人员到行政机关开展法治讲座29场，培训3120人次。深化行政审判、行政执法、行政复议联席会议制度，协商推进行政纠纷有效解决。连续两年发布《行政审判白皮书》，及时反馈行政执法突出问题，支持政府依法行政。

【审判执行】 实施立案、审判、执行协调配合及主动执行机制，落实被执行财产预先查控措施。建立京津冀法院案件审理协同执行机制，推进查封、冻结等措施达到“同城效应”。拓宽执行拍卖渠道，入驻“淘宝网”拍卖平台，成功拍卖145案，成交额1.3亿元。加强执行指挥中心和司法查控系统建设，落实成员单位信息共享和执行联动办法，合力打击规避执行行为。2015年全市法院系统查控被执行人动向和财产信息24.8万次，曝光失信被执行人信息9232条，限制出境和高消费522人次，以涉嫌拒执罪移送公安机关198人。至2015年底，市法院系统完成执结案件21920件，标的额130.79亿元，较好维护了申请人合法权益和法律权威。

【审判改革】 落实立案审查制向登记制转变。5月1日，全市法院系统立案登记制实施。立案登记制改革主要内容包括：一律接受诉状、当场登记立案；当事人向一审法院提起民事起诉、行政起诉、刑事自诉和执行申请、国家赔偿申请等初始案件，符合诉讼法规定的，一律接收诉状，当场登记立案。一次性全面告知和补正；当事人提交的诉状、申请和相关材料不符合形式要件的，应及时释明，并以书面形式一次性全面告知应当补正的材料和期限。禁止不收材料、不予答复、不出具法律文书；起诉、申请不符合法律规定的，应依法裁决不予受理或者不予立案，并载明理由。加强立案监督，强化责任追究；不接受诉状、不出具书面凭证、不一次性全面告知当事人补正诉状或有关材料，或者有案不立、拖延立案、人为控制立案、“年底不立案”、干扰依法立案、不立案又不出裁定或者决定等违法行为，依法依纪严肃追究有关责任人员和主管领导的责任；当事人可向受诉人民法院或者上级人民法院投诉。2015年全市法院系统当场立案率达到95.67%。以桥西区法院试点为基础，召开全市法院系统民事审判繁简分流工作改革现场会和商事审判庭审简化改革现场会，采取以点带面方式，推进民事案件繁简分流、简易程序规范化、要素式裁判文书、小额速裁和简化商事案件庭审改革。2015市法院系统民商事案件简易程序适用率达到69.28%，当庭宣判率达到38.90%。全面推广刑事案件轻刑快判和刑事审判规范化要求，2015年市中级法院在新华区法院召开全市法院系统“轻刑快判”工作现场会、在长安区法院召开全市法院系统刑事审判规范化现场会。

【审判公开】 推进信息技术与审判业务融合，研发启用市法院系统协同办公平台及审判风险管理、庭审智能巡查等系统，完成审判流程系统与数字法庭、远程接访、掌上办案对接。创新互联网＋审判公开，建成市中级法院、16个基层法院庭审直播平台。8月26日，市中级人民法院首次借助新浪官方微博，全程视频直播高某某诉石家庄某通讯科技有限公司建设工程施工合同纠纷案庭审过程，吸引3.5万人次点击观看。这是河北省首家法庭运用微博视频直播庭审。2015年市法院系统公开审判流程信息104603条、执行信息13236条、裁判文书44720份、直播庭审6254场。

【审判管理】 围绕规范审判行为、促进审判公正要求，组织构建全程动态监管机制。制定《案件质量评查办法》《关于规范二审案件发回重审的实施意见》《关于着力解决超审限问题的实施意见》等制度，修订《审判绩效考核办法》，细化法官办案质量、效率、效果指标，构建审理者裁判、裁判者负责公正司法格局。出台关于依法办理保险合同案件、宅基地纠纷、交通事故、酒驾案件等9个指导意见，统一法律适用标准和裁判尺度。把每个办案节点、卷宗材料以及庭审、执行等信息录入审判流程管理系统，实现了审判活动由静态管理向动态管理的转变。建立热点、疑难案件研讨制度，成立专家咨询委员会，召开专家论证会、律师座谈会等，解决司法疑难问题28个。2015年市中级法院审限内结案率达到99.58%，市中级法院及晋州市、井陉矿区、赞皇县、井陉县、深泽县、行唐县6个基层法院结案率保持在90%以上。

石家庄市中级人民法院

院　　长：崔存利
副 院 长：尹新民　万会峰
　　　　　张保江
　　　　　张瑞明（女）
　　　　　李增益　苏风雷
　　　　　李惊涛
纪检组长：李耀江
政治部主任：王政光
执行局局长：钱建军
办公室主任：王海强

（路银良）

司法行政

【概况】 2015年，全市司法行政系统以建设法治国家、法治政府、法治社会为目标，围绕司法秩序建设、人员教育培训及从严治警，推动健全司法服务体系，全力营造良好的法治秩序和平安稳定的社会环境。严格国家司法考试制度，实现考务、试卷安全保密“零事故”，考试组织、实施“零失误”，服务考生“零投诉”目标。2015年全市组织安排司法考试1次，设置考场167个，参加司法考试4990人，通过773人，通过率15.49%。落实强制隔离戒毒措施，编制规章制度20余万字。5月27日，市第二强制隔离戒毒所正式收治强制隔离戒毒人员，全年累计收治戒毒人员106人。开展法律援助，新设法律援助工作站135个，至2015年末，全市法律援助工作站达到597个；法律援助机构解答咨询93358人次，接待来访33837人次，办理法律援助案件6999件。加强队伍纪律建设，11月27日，召开全市司法行政系统警示教育大会，以司法行政系统业务领域典型案例为戒，部署落实从严治警工作。2015年市司法行政系统受到党政纪处理5人，其中处分司法警察2人，开除3人（2人为司法警察，1人为其他工作人员）。2015年全市司法行政系统办理公证案件116207件，同比增长5.64%；办理司法鉴定案件6267件，其中刑事类2114件、民事类4153件；调解纠纷56233件，调解成功54876件，调解成功率97.6%。

【人民调解】 市司法部门、市社会管理综合治理办公室、市法院联合印发人民调解工作实施意见，共同推动建立诉讼调解对接机制。创新调解组织形式，开办个人调解室55家，同比增加45家。市司法部门、石家庄电视台联合举办为期8个月人民调解员大赛，21个县（市、区）600余名基层调解员参加比赛，大赛设立县（市、区）争霸赛、半决赛、决赛3个阶段，录制现场调解视频24场。12月18日，石家庄市第二届金牌调解员大赛决赛在市广播电视台举行，参加决赛10名选手以“非常任务——以情动人”“非常考验——以法为据”“超级辩论——以理服人”“超级调解——以和为贵”4个环节作比拼，最终裕华区“和事佬”景春玲获得大赛总冠军，晋级总决赛十强选手全部被命名为“金牌调解员”。组织5万余名人民调解员参加统一考试，以考试形式促进人民调解员更好掌握法律及专业知识，提升业务水平。加强矛盾纠纷排查调解处理，2015年全市司法行政系统累计调解纠纷56233件，调解成功54876件，调解成功率97.6%。加强基层司法所规范化建设，全市司法所基本落实双重管理体制。2015年晋州市总十庄司法所被司法部评为全国模范司法所；元氏县东张乡司法所、井陉矿区凤山司法所获评全国先进司法所；刘永刚（鹿泉区宜安镇司法所长）、韩英刚（栾城区城关镇司法所长）、肖静（正定县南牛乡司法所长）3人获评全国模范司法所长。

【社区矫正】 全年接收社区矫正人员3430人，累计在册社区矫正人员6009人；再犯罪10人，再犯罪率0.1%，低于全国0.2%平均水平。开展新入社区矫正人员集中教育活动，举办培训16期，参加人员2355人次。较好完成全市205名社区服刑人员特赦工作，受到河北省司法厅通报表扬3次。加大安置帮教衔接力度，至2015年末，全市刑满释放人员在册11243人，再犯罪1人，帮教率99.8%，安置率达95%以上。

【法治宣传】 “六五”期间普法验收完成，得到河北省检查验收组肯定评价。落实各地、各部门普法宣传职责，实施“谁执法、谁普法”责任制，率先在全省建立普法宣传动态管理体系，推行分类分种计分考核，收集确认各地、各部门报送普法宣传材料1.6万多件。开设普法阵地，推广普法公众微信号，2015年普法公众微信号市活跃度位列全国司法行政系统第9名；市县两级全部建立普法微博，2015年市普法微博发布法律指导信息2800余条，微博粉丝达到72万余人。利用省市媒体，开办律师热线专栏，普及法律知识130余期；完善市司法部门在媒体主办联办“法治公益广告”“律师在线”“调和”“帮大哥”“看法”等普法宣传栏目，营造法治宣传效果。市直部门广泛开展“月月有主题”法治宣传活动，2015年全市党政群机关部门、企事业单位举办集中法律宣传活动180多场次，出动宣传车200余辆，摆放宣传展牌1200多块，发放宣传材料200余万份。利用公共文化场所宣传法律知识，“12·4”宪法宣传日期间，省市261家单位集中举行法治宣传活动，接受群众咨询5万余人，发放资料20万余份。

【律师服务】 服务政府依法决策。2015年市、县、乡三级政府及主要部门政府法律顾问实现全覆盖，政府法律顾问提供法律服务咨询2250次，出具法律意见书192件，参与和处置信访案件1573件（次）。服务经济社会发展。组织律师服务全市重点项目、重点工程建设，提供各类法律咨询服务3060余次，起草以及审查合同1500余份，出具法律意见书600余份。服务社会民生。法律服务公示和一村（居）一法律顾问实现全覆盖。2015年全市村（居）法律顾问为基层举办法律知识讲座580场次，参加村（居）民重大会议430余次，提供义务法律咨询服务14462人次，出具法律意见书641件，参与矛盾纠纷调解处理4556件。保障律师执业权利，规范律师执业行为。2015年市直政法部门联合开展调研活动，研究出台石家庄市保障律师执业权利、规范律师执业行为、建立联席会议制度3个具体意见。2015年全市新增律师348人，年末全市共有律师2506人。

【法律援助】 扩大法律援助范围，免除农民工等11类人群经济状况审查。缩短食品药品安全、就业、就医、就学等民生权益保护案件审批时限，将审查时限由5天缩减至2～3天。扩展社区、工会、看守所等法律援助站点，新设法律援助工作站135个，至2015年末，全市法律援助工作站达到597个。2015年全市法律援助机构解答咨询93358人次，接待来访33837人次；向困难群众提供法律援助6999件，同比增长19.8%。开展农民工法律援助专项行动，追回农民工工资及赔偿款588.71万元，受益农民工5000余人。

【社会公证】 2015年全市重点项目、重点工程建设公证办证12万件，同比增长10%。组织市直司法行政系统4个公证处108名人员，连续工作3个昼夜，为市区地下商城177家商铺物品实施保全公证，有效稳定受损商户情绪，得到政府和商户肯定。至2015年底，全市共有公证机构21个，其中，市直公证机构4个、县级公证机构17个。2015年全市办理公证案件116207件，同比增长5.64%，其中，市直公证机构办理97480件，县（市）公证机构办理18727件。

【司法鉴定】 加强执业监管和集中整顿，推进机构认证认可和能力验证，实行可行性准入和凡进必考制度，实现无假鉴错鉴事件发生。围绕“公正、透明、规范、质量”关口，开展司法鉴定规范化管理。实施质量监督，明确司法鉴定重点部位、鉴定实施程序、责任追究、执业公开、投诉处理等具体要求，组织17个鉴定机构参加国家级司法鉴定能力验证。摸底调研部分鉴定机构管理模式，了解公安、检察交叉管理情况，开展多种渠道协调沟通，拓展业务范围，理顺管理体制。2015年全市办理司法鉴定案件6267件，其中刑事类2114件、民事类4153件，无1例错鉴、假鉴问题；新增司法鉴定机构1个（石家庄冀通司法鉴定中心），至2015年末，全市共有司法鉴定机构18个。

（关强）

军 事

Military Affairs

石家庄警备区

【概况】 2015年，石家庄警备区贯彻落实习近平主席系列重要讲话精神和河北省军区党委决策部署，以坚定信念铸军魂、着眼使命强战备、持之以恒打基础、固强补弱促提升为思路，较好完成年度工作任务。严格党组织建设，围绕“依法从严治军，严肃党纪军纪”主题，开展团级单位党委书记集训。加强党委班子和领导干部管理，以“八个方面专项清理整治”为抓手，在师团两级党委机关深入开展“三严三实”专题教育整顿活动，突出落实民主生活会各个环节步骤，夯实严、实作风。严格干部调整使用，坚持逢晋必考、择优选用原则，选拔机关干部实行能力素质考试和委员实名推荐选拔，选人用人做到透明规范；推进干部能力素质建设，安排机关、基层干部双向代职，落实干部履职尽责讲评制度，实行专武干部军政素质培训考核，有效激发干部干事创业热情。2015年石家庄警备区被河北省军区表彰为“战备工作与军事训练先进单位”“安全和装备管理先进单位”。

【思想政治】 学习贯彻习近平主席系列重要讲话和全军政治工作会议精神，始终将听党指挥作为部队建设首要任务，多次组织专题培训和理论轮训，重视学习实效。严格落实党委中心组理论学习制度，每周开设机关理论学习夜校，集中宣讲中共十八届五中全会和军委改革工作会议精神。开展“学习践行强军目标，做新一代革命军人”主题教育活动，组织“革命军人好样子”大讨论，坚定官兵听党指挥信念。结合纪念中国人民抗日战争暨世界反法西斯战争胜利70周年，举办系列纪念活动，激发官兵献身强军实践政治热情。推进党风廉政建设，组织党员干部观看警示教育片，学习贯彻《中国共产党廉洁自律准则》《中国共产党纪律处分条例》，开展“学习通报精神，严守法规纪律”主题党日活动，清理涉郭伯雄、徐才厚违法乱纪扰军信息清理，增强党员干部党性观念、法纪意识。针对国防和军队改革启动实施，跟进开展教育引导，突出抓好意识形态宣传，始终保持部队集中统一和纯洁稳定。

【战备训练】 修订完善战备方案，升级改造通信指挥车和作战值班监控系统，调整充实战备器材，开展“战备值班规范月”活动，日常战备制度全面落实。突出业务技能训练，依托视频系统组织现役干部和专武部长开展军事业务集训。狠抓首长机关和人武部基础训练，采取领导带头、全员参训，强化训练、集中普考方式，逐人建立训练档案，全力提高干部军事素质。2015年石家庄警备区首长机关参加河北省军区半年基础训练考核取得优异成绩；桥西区、藁城区人民武装部（简称人武部）在河北省军区抽考名列前茅。开展冬季适应性训练，科学选定行军路线，周密组织科目演练，从严锤炼部队野外生存和实战能力。重视民兵应急力量建设，结合民兵整组和考察帮建，全市应急分队逐一拉动检验，有效提升遂行任务能力。

【基层建设】 学习贯彻河北省军区基层建设工作会议精神，连续三年组织基层人武部开展全面建设考评和人武部正规化、基层武装部及民兵营（连）部规范化建设达标验收，增强各单位树立争先创优意识。严格落实河北省军区新一轮“三年重点帮建”要求，警备区党委常委分片包干团级单位，各基层单位基础设施建设大幅改善。2015年桥西区人武部率先实现独立营院办公，人武部正规化建设迈上新台阶。准确把握新形势下武装工作特点规律，在全市47所院校设立武装机构，并召开武装工作和征兵工作现场观摩会，规范院校武装工作建设。

【国防动员】 完善国防动员体系沟通联络机制，指导各单位开展潜力调查和数据会审，增强国防动员能力。贯彻军民深度融合发展战略，完成河北省国防动员领导干部集训参观保障任务。依托中国电子集团第十三研究所组建民兵光电伪装干扰分队，抓好民兵整组工作；围绕应急力量“建、训、教、用、管、保”一体化建设、高校设立武装机构和开展兵役登记情况举办研讨交流会。破解“当兵冷、征兵难”问题，联合市政府出台《关于进一步鼓励大学生参军入伍的实施意见》，采取发放一次性奖励、退役解决石家庄市户口、补贴高校征兵工作经费等激励措施，调动适龄青年报名参军积极性，2015年石家庄市大学生参军比例达到41%，兵员质量提升。

兵役登记公告。2015年4月，市政府征兵办公室发布《石家庄市2015年兵役登记公告》。明确2015年度全市征兵登记对象、登记程序等要求。登记对象：凡石家庄市户籍或在石家庄市普通高等学校全日制就读的男性青年，截至2015年12月31日，初中及以下文化程度18～20周岁（1995年1月1日至1997年12月31日之间出生），高中文化程度18～21周岁（1995年1月1日至1997年12月31日之间出生），普通高等学校在校生18～22周岁（1993年1月1日至1997年12月31日之间出生），大专文化程度18～23周岁（1992年1月1日至1997年12月31日之间出生），本科及以上文化程度18～24周岁（1991年1月1日至1997年12月31日之间出生），不分民族、职业、家庭出身、宗教信仰和教育程度，均应依法履行兵役登记义务。根据本人意愿，年满17周岁（1998年12月31日之前出生）高中（含中专、职业高中、技校）应届毕业生也可参加兵役登记。登记程序：6月30日前，适龄公民及时登录“全国征兵网”（网址：http://www.gfbzb.gov.cn）进行网上兵役登记；无法上网的，联系乡（镇、办事处、高等院校）兵役登记站，由工作人员协助上网登记。接到县级人民政府征兵办公室通过征兵网批量发送短信，或乡（镇、街道）武装部逐一通知初审初检后，携带上网打印的《男性公民兵役登记/应征报名表》到户口所在地乡（镇、街道）武装部现场确认，提交《登记表》，参加初审初检，并领取《兵役登记证》；普通高等学校应届毕业生、在校生可不参加初审初检。8月5日前，已完成兵役登记适龄公民登录“全国征兵网”应征报名。全日制高校在校生、应届毕业生可在高校地应征，也可在生源地应征。

征兵工作会议。6月19日，全市征兵工作会议召开。会议提出：各级党委政府和兵役机关，要始终站在加强国防和军队现代化建设的高度，认清职责任务，切实把征兵形势分析透、把面临的困难估计足、把措施办法制定实，把各项工作做到位，确保按时、保质、保量完成2015年征兵任务。市征兵工作领导小组组长、市长王亮，市征兵工作领导小组副组长、市委常委、警备区司令员鲍际国等出席会议并讲话。

大学生入伍鼓励政策。2015年7月，市政府、石家庄警备区出台《关于进一步鼓励大学生参军入伍的实施意见》。主要内容包括：1.鼓励政策。全程优先征集。县（市）区兵役机关为大学生参军入伍开辟“绿色通道”，应征时优先体检政考、优先审批定兵、优先在县（市）区范围内安排兵种去向。发放一次性入伍奖励。对参军入伍的普通高等学校大学生发放一次性奖励金，其中，研究生、本科、专科生（含毕业生、在校生）分别为8000元、5000元、3000元，被高等学校当年录取的高中毕业生参照相应学历在校生标准发放。奖励金由批准入伍的县（市）区民政部门在发放第一年义务兵家庭优待金时一次性发放到位。给予返乡返校应征大学生经济补助。征兵期间，符合“入学前户籍在石家庄市，在石家庄市外就读返乡应征的大学生或者入学前户籍不在石家庄市，从入学前户籍地返校应征的大学生”条件之一的，由兵役机关参照军队义务兵差旅费标准报销1次往返路费，并给予每人300元生活补贴。2.优待政策。拓宽退役大学生士兵安置渠道。根据全市每年事业单位招聘计划，协调市直单位和各县（市）区，拿出一定数量岗位，定向招聘大学生退役士兵，定向招聘数量不低于当年列入人员范围大学生退役士兵人数的10%。结合每年市属国有企业招聘，拿出一定数量的岗位定向招聘退役大学生士兵，招聘数量不低于当年列入人员范围退役大学生士兵人数的15%～20%。退役大学生士兵服役视为基层工作经历，服役时间计算工龄。实施非石家庄籍在校大学生和应届毕业生特殊优待政策。对从石家庄市入伍的非石家庄籍全日制在校大学生士兵，复学后完成学业且被石家庄市用人单位接收的，可办理石家庄市市区落户手续。驻石家庄高校非石家庄籍的应届毕业生可直接在石家庄市入伍，退役后被石家庄市用人单位接收的，可办理石家庄市市区落户手续。2015年石家庄市在全国大学生征兵工作座谈会上作经验介绍，桥西区、井陉矿区、平山县被河北省征兵办公室表彰为“征兵工作先进单位”。

【安全管理】 贯彻依法治军、从严治军要求，开展“学法规、用法规、守法规”活动，严密组织隐患排查和明察暗访，做好安全工作末端落实。加强安防设施建设，升级改造机关营区、市民兵武器装备仓库监控和门禁系统，统一定制保密机柜和安装文件远程递送系统。开展燃爆危险品清查、枪弹收缴、因私出国（境）证件和社团组织清理整治活动，常委分工督导落实，做到清理清查见边见底见效。严格抓好车辆管理使用，依托北斗定位系统实时监控，公务用车全面规范。高标准完成侵华日军遗留化学武器销毁作业保障任务，得到河北省军区和上级业务部门好评。2015年市民兵武器装备仓库圆满完成旧杂式弹药清理销毁、实弹射击保障及原北京军区、河北省军区民兵武器装备仓库规范化建设试点观摩任务，被河北省军区表彰为“全面建设先进基层单位”。至2015年末，石家庄警备区连续15年实现安全管理“双无”目标。

【后勤保障】 开展违规住房清理整治，严格工程建设监督检查，规范房地产租赁秩序，协调完善土地置换手续，稳步推进机关营区及小散远点基础设施建设。落实警备区党委理财要求，加强预算审核和经费审批，举办财务干部集中培训，清查固定资产，规范财经秩序。严格执行《军队领导干部经济责任审计实施办法》，实施离任领导干部经济责任审计。开展财务清查，严查财务管理漏洞，督促落实问题整改措施。制定下发《团级单位物资集中采购管理办法》，严格执行物资采购规定。推进职工和物业管理改革，制定《职工管理暂行规定》和《职工年度考核实施细则》，实行归口管理，优化岗位编配，实施绩效考核。

【双拥共建】 以争创“全国双拥模范城”八连冠为契机，协调驻军和民兵预备役人员参加省会重点工程、“两个环境”建设、抢险救灾和反恐维稳行动及扶贫帮困、助学兴教、义务巡诊等活动，赢得驻地党委政府和人民群众高度赞誉。召开驻石家庄部队扶贫工作观摩推进会，加大扶贫攻坚力度。贯彻落实河北省委议军会议精神，协调地方党委政府为部队官兵办实事、解难题，印发出台《石家庄市军人随军家属就业安置暂行办法》，随军家属就业走向制度化轨道。做好涉军维权工作，督导市县两级法院审结涉军案件71件，接待军人军属来信来访150余次，提供法律咨询近200余人次，挽回经济损失100余万元，有效维护驻军和军人军属合法权益。2015年石家庄警备区政治部、行唐县人武部被河北省军区政治部、省政法委表彰为“涉军维权工作先进单位”。

（孔文浩　张立广）

武警石家庄市支队

【概况】 中国人民武装警察部队河北省总队石家庄市支队（简称石家庄支队）于1983年2月6日成立，2005年6月1日由原第八支队和原石家庄市支队合并组建。主要担负省、市等重要目标警卫和守卫、市辖看守所看守、临时押解押运、城市武装巡逻和处置突发事件任务。编制等级旅级。2015年，石家庄支队坚持以强军目标为统领，按照武警总部、武警总队党委总体工作思路，科学谋划，突出重点，改进作风，狠抓落实，较好完成各项任务。3月1～19日，石家庄支队执行全国“两会”期间防控任务，高标准完成京昆高速冀晋主线井陉警务服务站和307国道石家庄市井陉天长警务服务站卡点警戒勤务。3月21日至10月25日，支队配合石家庄市公安局完成2015年全国足球超级联赛石家庄赛区15场比赛安全保卫任务。6月26日，支队组织新发展党员到革命圣地西柏坡，回顾中国共产党光荣历史并举行宣誓仪式。9月2日，河北省委常委、秘书长、统战部部长范照兵在武警河北总队政委魏智威、政治部副主任宋胜昔、石家庄支队长陈涛陪同下，看望担负河北省委、省政府机关警卫任务四中队满服役期退伍老兵。9月30日，支队圆满完成华北军区烈士陵园公祭仪式现场礼宾及敬献花篮任务。12月23日，担负河北省政府机关警卫任务新组建五中队进驻新营区。

【思想政治】 围绕举旗铸魂目标，深化政治理论灌输。采用支队党委机关先行一步、机关基层统分结合、党委常委下基层宣讲等形式，组织学习习近平主席系列重要讲话和中共十八届三中、四中、五中全会及“四个全面”、古田政工会议精神，将党的创新理论内化于心、外化于行、固化于制。开展主题教育活动，搞好“一课三讲”，增强教育效果，培养出一批“四会”优秀教员。思想工作抓经常。针对意识形态领域出现新情况新问题和网络信息给官兵思想带来的冲击影响，在普遍教育基础上，将发现和解决官兵隐性思想问题作为重点，做好谈心、思想分析、个别人排查转化、思想骨干培训、政治考核等制度落实，细化一人一事思想工作。先进文化育兵心。开展“新一代革命军人样子”大讨论、“强军战歌”歌咏比赛和“强军故事会”宣讲等活动，将官兵思想凝聚到强军目标。结合纪念抗战胜利70周年，组织官兵参观西柏坡纪念馆、华北烈士陵园、正定塔元庄村，邀请正定县退休老领导授课辅导，让官兵在缅怀革命先烈丰功伟绩、感受改革开放巨大成就中坚定理想信念。

【训练执勤】 贯彻落实“能打胜仗”核心要求，开展实战化训练。建立“党委统揽抓训、定期分析形势、每周统一计划、每月普查抽考、实行重奖重罚”等制度，设立5万元训练奖励基金，大张旗鼓表彰训练标兵，激发部队训练热情。紧贴任务定科目、研战法、练指挥、练协同，开展全科目教练员、冬季大练兵、战训法集训等训练活动，官兵战术素养提升。确保固定目标安全。按照执勤工作思路，发挥“三共、三个一遍”等载体功能，严密组织“勤务鉴定、专勤专训、隐患排查”等活动。正定中队实行正规化执勤试点，常委多次带队现地突击查勤，达到检查督导24小时网络覆盖，应急备勤力量拉动常态化；4个中队看守所新建，栾城中队押犯回迁上勤，七中队四排撤勤归建。2015年石家庄支队《有效推进备勤信息化经验做法》被武警总队转发。成功处置上访人员自焚、翻越警卫目标围墙、押犯企图脱逃等执勤险情9起，连续14年实现固定执勤目标绝对安全。保持良好战备状态。落实战备要求，筹集资金2000余万元，为部队配发防火装备器材和反恐装备，率先在河北省总队购置反恐车辆，部队应急处突能力提高。采取不设预案、红蓝对抗方式，3次将应急力量拉到陌生地域组织临机情况处置演练，部队遂行任务能力提升。机动分队常态化全要素备勤，时刻保持零秒待发战备状态，遇有情况确保不经准备闻令即动参与情况处置。较好完成临时勤务。井陉两卡点勤务科学部署，严密组勤，协助检查过往人员3万余人次，车辆2千余台次，查获毒品114克，仿真枪1支，抓获吸毒人员84名，网上逃犯10人。顺利完成跨县域和跨省际押解、押运勤务及省市清明节、烈士纪念日华北烈士陵园公祭、15场全国足球超级联赛石家庄赛区安保等任务。坚持“屯摆结合、车步结合、点面结合”要求，与公安部门密切协同，常态担负省会10个警务站、火车站及乘车武装巡逻勤务，妥善处置酗酒滋事、打架斗殴、抢劫、打砸出租车、群众求助等事件259起，抓获犯罪嫌疑人35名。

【行政管理】 贯彻落实安全基本工作规范。坚持“两个稳定”一起抓、“两个安全”一起谋要求，依法依规加强部队管理。开展“学法规、用法规、守法规”活动，做到日有安全揭牌仪式和警示教育，周有小结讲评、理论抽考，季有考核评比、体会交流，官兵条令意识、正规意识和安全意识增强。按照条令条例依法施管、从严施管，从官兵一言一行、穿衣戴帽、起床作息入手，规范一日生活和官兵举止，部队四个秩序正规化，官兵依法履职氛围初步形成。守好安全底线。开展“百日安全竞赛活动”，坚持把安全作为部队建设发展不可突破的底线，做到上级安全要求第一时间学习，部队首长安全指示第一时间落实，部队安全问题第一时间解决，实现部队内部高度稳定。采取普查、抽查、巡查、监查、复查等方法，组织3批次全方位隐患排查治理，极大降低内部安全风险。严格正规化管理。依据条令条例规定要求，加强内务建设，提升部队正规化管理水平。2015年初，借助九中队营房新建搬迁时机，围绕基层中队日常管理问题提出再明确、再细化、再规范要求，较好树立了部队正规化建设样板。

【基层建设】 注重《基层建设纲要》学习。采取支队集中组织学一遍，官兵个人自学理解一遍，军报评论员文章通读一遍，《应知应会》内容背记一遍，“两会”蹲点工作组在基层串讲一遍，学习体会交流一遍，每周利用交班会对《基层建设纲要》内容抽考一遍的“七个一遍”方法，实现官兵系统掌握《基层建设纲要》基本内容。注重培训提高。贯彻落实武警三级党委扩大会议精神，分机关、基层干部两个层面，围绕如何谋划年度工作等开展集中培训；组织全员参加河北省总队“四级”主官《基层建设纲要》集训，帮助各级干部理清思路、明确方向，培养干部成为按纲建队明白人。注重搞好帮带。全年安排5批次部门副职以上领导带领机关干部到基层中队蹲点帮建、下连当兵、蹲连住班任务，采取重点帮建与长期帮扶相结合方法，有效提升部队整体建设水平。

【后勤保障】 狠抓现代后勤建设，聚焦能打胜仗、能力建设更加有力要求，紧贴形势和任务，完善后勤保障方案，与周边县（市、区）20余家企事业单位签订筹供协议。采取实案组训、实地驻训、实兵合训方法，开展后勤应急保障实战化训练，高标准完成各项活动保障任务。关注官兵生活，做到务实服务。全年坚持日常巡诊每季度覆盖一遍，远程医疗系统全天候开放，送诊服务热线24小时畅通，有效解决基层官兵看病难问题。开展“伙食管理规范年”活动，改善饭菜营养和搭配，提升伙食质量，防止变质和浪费。开展“送技术、送服务”活动，为十二、十三和赵县中队维修营房、更换营具炊具，改善官兵生活条件。协调地方政府和单位，实施五中队、平山中队、新乐中队3个单位营房新建，解决了困扰辛集中队多年的吃水难问题。经费管理注重质量效益和规范，预算管理落实经费投向、投量做到定单位、定项目、定数额，逐项精打细算，杜绝“乱开口子、乱上项目”问题；经费使用从严控制行政性消耗开支，严格落实大宗物资、办公用品集中采购。

（王翔宇）

人民防空

【概况】 2015年，市人民防空（简称人防）贯彻落实中共中央、国务院、中央军委《关于深入推进人民防空改革发展若干问题的决定》（中发〔2014〕15号）和河北省委《关于深入推进人民防空改革发展的实施意见》（冀发〔2015〕18号），以军事斗争准备为核心，按照“长期准备，重点建设，平战结合”建设方针和新时期人防“战时防空、平时服务、应急支援”要求，较好完成各项人防建设任务。全年批准建设防空地下室项目近100个，新增开发利用人防工程20余万平方米，开发利用人防工程面积237.4万平方米。石家庄所辖县（市、区）人防指挥专网网络建设全面完成。7月7日上午，石家庄市举行第九次防空警报试鸣活动，此次防空警报试鸣，不带战术背景，主要是教育市民熟悉警报信号特点和规律，增强防空意识和国防意识。2015年市人民防空办公室被国家人民防空办公室评为“新闻报道先进单位”，被石家庄市委、市政府评为“节能减排达标先进单位”。

【人防工程】 国家人民防空办公室下达市人民防空办公室课题研究任务完成；《石家庄市地下空间规划

管理协作机制研究》通过河北省人民防空办公室、省住房和城乡建设厅联合专家评审，并上报国家人民防空办公室。加强人防工程维护管理，制定印发《关于做好2015年人防工程防汛工作的通知》《关于开展人防工程打非治违专项行动的通知》《关于做好人防工程冬季火灾防控及安全生产工作的通知》《关于加强人防工程维护管理的通知》。严格人防工程标识牌悬挂，做到随竣工、随挂牌。按照市政府办公厅《关于年底前完成全市人防工程安全隐患大排查》通知要求，自9月1日至12月31日，开展1984年以前竣工的早期人防工程、市内已开发利用各类人防工程、2000年以来经批准报废回填处理人防工程隐患排查。加强人防工程防护施工重要节点监督，摸底排查2010年以来审批人防工程项目，摸清石家庄市未竣工验收人防工程建设情况。至2015年底，全市新增人防工程开发利用面积20余万平方米，开发利用人防工程面积237.4万平方米。

【组织指挥】 完善人防组织指挥体系，修订《石家庄市防空袭预案》，合理编组和训练人防专业队伍，开展全市重要经济目标摸底调查和定级分类，初步确定30个重要经济目标为人防重要经济目标，其中赞皇县某处、行唐县某处2个人防疏散基地配备基本设施。所辖县（市、区）人防指挥专网网络建设完成。走访30多家专业队组建单位及拟组建单位，在各级各类专业队实施结构调整，2015年全市整组常备队、新型专业队、直属专业队和人防应急专业队5150余人。提升人防专业队训练水平，结合警报试鸣，组织市人防直属通信、破拆救援、伪装设障、防化侦测4支专业队近500人次开展拉动演练和点验；全市21个县（市、区）举办群众、机关、厂矿、学校疏散掩蔽演练。落实8个通信要素训练内容，全年完成训练100余次，重点做好县级人防通信执勤保障训练。

【宣传教育】 订阅杂志，发放《防空防灾应急知识读本》《防空防灾应急知识画册》。落实人防宣传教育“五员”建设，在机关设立人防联络员，在学校设立人防辅导员，在社区设立人防宣传员，在企业设立人防组织员，在人防系统设立网络协管员，新建示范学校4个、示范社区4个。发挥各类媒体宣传作用，在公交站候车亭设置人防知识展牌，利用公共交通车载LED屏、临街大型电子屏播放人防宣传字幕，与石家庄广播电视台生活频道合作播出《人防在身边》栏目。

（戚阿东　武西鸿）

农 业

Agriculture

概 述

2015年，全市农林牧渔业总产值804.3亿元，同比增长2.08%。其中，农业产值439.7亿元，占农林牧渔业总产值54.7%；林业产值16.0亿元，占农林牧渔业总产值2.0%；牧业产值309.3亿元，占农林牧渔业总产值38.5%；渔业产值5.3亿元，占农林牧渔业总产值0.7%；农林牧渔服务业产值34.1亿元，占农林牧渔业总产值4.2%。全年农作物播种面积90.1万公顷；粮食播种面积67.7万公顷，同比减少0.3万公顷；粮食总产量450.0万吨。其中，小麦播种面积32.9万公顷，总产量226.9万吨，亩产460.0千克；玉米播种面积30.6万公顷，总产量210.6万吨，亩产459.6千克。谷子播种面积8052公顷，总产量1.6万吨；豆类作物播种面积1.4万公顷，总产量2.2万吨；薯类作物播种面积1.9万公顷，总产量42.2万吨；油料作物播种面积5.3万公顷，总产量17.3万吨，其中花生播种面积4.7万公顷，总产量15.9万吨；棉花播种面积3762公顷，总产量3283吨。蔬菜及食用菌播种面积15.2万公顷，总产量1228.6万吨。西瓜播种面积7351公顷，总产量42.0万吨。果园面积14.7万公顷，其中苹果园1.1万公顷、梨园3.8万公顷、桃园2783公顷、葡萄园4720公顷、红枣7.8万公顷；核桃种植面积5.2万公顷；花椒种植面积4455公顷。园林水果总产量（不含果用瓜）228.8万吨，其中苹果产量24.7万吨、梨产量150.3万吨（雪花梨44.1万吨、鸭梨50.9万吨）、桃产量5.9万吨、葡萄产量13.3万吨、红枣产量28.1万吨；食用坚果产量5.9万吨，其中核桃5.2万吨；花椒产量4286吨。至2015年末，全市牛存栏74.1万头，其中奶牛37.2万头；驴存栏2.9万头；猪存栏316.2万头；羊存栏108.0万只；家禽存栏10392.5万只，其中鸡存栏9378.1万只。肉类总产量69.7万吨，其中，猪肉40.5万吨、牛肉8.8万吨、羊肉2.0万吨、家禽肉17.1万吨、驴肉2801吨。奶类产量116.4万吨。其中牛奶产量116.2万吨。禽蛋产量93.3万吨，其中鸡蛋产量92.4万吨。蜂蜜产量3112吨。水产品养殖面积1.5万公顷，总产量3.4万吨。当年造林面积4.8万公顷，其中当年人工造林面积3.9万公顷；当年零星（四旁）植树1699.5万株；封山育林面积6.6万公顷；森林抚育面积11.1万公顷。食用坚果产量5.9万吨，其中核桃5.2万吨。商品材产量3.1万立方米。2015年全市除险加固小病险水库35座，治理中小河道8条：周汉河藁城市段、汪洋沟藁城市段、冶河平山县城段、洨河赵县段、槐河赵县段、汪洋沟赵县段、槐河高邑段、磁河深泽县段，整治河道堤防21.5千米，治理水土流失面积210平方千米，新增及恢复改善灌溉面积92.5万亩，发展节水灌溉面积53万亩，建设农村饮水安全工程430处，解决471个村、52.43万人饮水安全问题。2015年全市农业机械总动力1840万千瓦，主要农作物综合机械化水平达到85.5%，同比提高1.4个百分点；小麦生产基本实现全程机械化，玉米机收率达到82%；新增大型农业机械3192台。2015年全市农业综合开发项目投入资金31154.63万元。其中，土地治理项目20个，投资资金21227.63万元；产业化经营项目24个，投资资金9927万元。至2015年底，土地治理项目完成整体工程80%；产业化项目完成建设任务16个。农业产业化经营率达到65.7%，同比提高0.8个百分点。

种 植 业

【概况】 2015年，全市实现农业产值439.7亿元，占农林牧渔业总产值54.7%。农作物播种面积90.1万公顷；粮食播种面积67.7万公顷，同比减少0.3万公顷；粮食总产量450.0万吨。其中，小麦播种面积32.9万公顷，总产量226.9万吨，亩产460.0千克，亩产创下历史最好水平；玉米播种面积30.6万公顷，总产量210.6万吨，亩产459.6千克，亩产同比增长4千克。豆类作物播种面积1.4万公顷，总产量2.2万吨；薯类作物播种面积1.9万公顷，总产量42.2万吨；油料作物播种面积5.3万公顷，总产量17.3万吨；棉花播种面积3762公顷，总产量3283吨。蔬菜及食用菌播种面积15.2万公顷，总产量1228.6万吨。西瓜播种面积7351公顷，总产量42.0万吨。瓜菜播种面积16.2万公顷，总产量1282.9万吨，其中设施蔬菜播种面积8.6万公顷，占到瓜菜播种面积的53%。围绕"服务省会、繁荣农村、提升农业、富裕农民、优化生态、拓展功能"思想和"一环两带三大板块"总体布局，印发《都市休闲农业发展指导意见》。2015年全市建成百亩以上农业园区191个，总面积69万亩，其中千亩以上园区97个，建设总投资80.2亿元，总产值74.8亿元。重视种植业污染治理，以测土配方施肥和有机肥应用为重点，减少化肥过量投入，提高肥料利用率。突出抓好藁城区、赵县粮食绿色增产模式攻关试点，加快控肥、控药、控水等节本增效技术推广。综合运用绿色植保技术，实施农药统防统治，减少农药投入量。2015年全市建设测土配方施肥万亩示范方25个，示范推广1050万亩次，节省化肥投入2.1万吨，节肥3.2%；绿色植保防控推广面积420万亩次，农药投入量减少5.3%；蔬菜生产推广"节水、节肥、节药"等标准化生产技术2.3万亩；建立农业清洁生产示范点7个；市农业部门建设户用沼气8400户、大中型沼气工程6处，农作物秸秆利用率达到96%以上。加强农村土地流转管理，农村土地承包经营权确权登记全面铺开，全年确权登记面积430.6万亩，占承包耕地总面积66.5%。建立市、县、乡农村土地流转管理服务机构，推广应用河北省统一的农村土地流转管理网络，推进形成土地流转依法、自愿、公平、公开、公正交易的市场环境。至2015年末，全市土地承包经营权流转总面积195.3万亩，占家庭承包耕地总面积30.2%。

【粮食生产】 2015年全市粮食播种面积67.7万公顷，同比减少0.3万公顷；粮食总产量450.0万吨。其中，小麦播种面积32.9万公顷，总产量226.9万吨，亩产460.0千克，亩产创下历史最好水平；玉米播种面积30.6万公顷，总产量210.6万吨，亩产459.6千克，亩产同比增长4千克。粮食生产实现"十二连丰"。谷子播种面积8052公顷，总产量1.6万吨；豆类作物播种面积1.4万公顷，总产量2.2万吨；薯类作物播种面积1.9万公顷，总产量42.2万吨；油料作物播种面积5.3万公顷，总产量17.3万吨，其中花生播种面积4.7万公顷，总产量15.9万吨；棉花播种面积3762公顷，总产量3283吨。全年建设小麦、玉米万亩高产创建示范片101个，全部做到人员、技术、标牌"三落实"和品种、测土配方施肥、种植形式、肥水管理、病虫防治、农机作业"六统一"要求，示范片小麦、玉米平均亩产分别比全市平均亩产增加30.6%和38.5%。5县（市、区）入选河北省新增千亿斤粮食生产能力规划。10月27日，河北省发展改革委批复同意石家庄市赵县、藁城区、元氏县、晋州市、行唐县5个县（市、区）2015年新增千亿斤粮食生产能力规划田间工程建设项目实施方案，总投资8250万元，建设内容包括田建工程、地力建设、配套设施等，建设年限均为1年，其中行唐县、晋州市总投资最高，均为3000万元，建设地点为当地9个乡镇及22个村。

（许瑞忠）

【蔬菜生产】 2015年全市蔬菜及食用菌播种面积15.2万公顷，总产量1228.6万吨（市统计局数据）。2015年全市瓜菜播种面积16.2万公顷，总产量1282.9万吨，其中设施蔬菜播种面积8.6万公顷，占到瓜菜播种面积53%（市农业局数据）。至2015年底，全市共有市级以上蔬菜标准园35个，其中农业部蔬菜标准园3个、省级现代蔬菜产业园12个、市级蔬菜标准园20个，总规模超过1万亩；蔬菜项目园区全面推行标准化生产，建立质量追溯体系，良种覆盖率100%，关键技术普及率达到90%以上。第三届中国蔬菜产业大会。5月15～16日，2015年中国蔬菜产业大会暨创新发布大会在石家庄举行。农业部总农艺师孙中华、中国蔬菜协会会长薛亮及来自全国31个省区市从事蔬菜生产、加工、科研、技术推广、农资企业等代表800余人参加。大会以“创新引领未来”为主题，召开蔬菜种苗、水肥一体化、绿色防控、机械化4个创新发布会议。会议期间，与会代表参观了石家庄市藁城区蔬菜生产现场。藁城是国家无公害蔬菜示范区和河北省蔬菜产业发展示范区，2015年藁城区瓜菜播种面积55万亩、总产量295万吨，其中设施蔬菜面积29万亩，占瓜菜播种面积52.7%；拥有千亩蔬菜标准园19个，发展集约化育苗场8家，年育苗能力5亿株，覆盖面积10万亩。灵寿县开工建设中国最大食用菌产业园区。2015年7月，由河北灵济食用菌有限公司、北京金珠满江农业公司共同投资建设的灵寿县食用菌万亩产业园举行开工奠基仪式。总投资18亿元；建设总面积1.24万亩，带动辐射区5万亩；规划建成集食用菌种植、生产、加工、交易、物流仓储为一体的中国最大食用菌产业园区，初期目标提供就业岗位800个，带动500农户实现增收，实现年销售收入5000万元，年利税550万元。至2015年12月底，园区建设标准化大棚50个，黑鸡枞日产量达到5000千克以上，深加工产品品种达到5个。

（许瑞忠　岳金宏　刘立芳　侯泽奇）

【《都市休闲农业发展指导意见》】

2015年5月，市农业局出台《都市休闲农业发展指导意见》。主要内容：以“服务省会、繁荣农村、提升农业、富裕农民、优化生态、拓展功能”为指导思想，按照“一环两带三大板块”总体布局，以建设集高效、生态、安全、观光、休闲、旅游、科技展示等为一体的都市休闲农业示范园区为带动，推进一、二、三产业深度融合、互动发展，构建布局科学、规模适度、优势集中、效益显著的都市休闲农业新体系。一环：以特色蔬菜、特色水果和花卉采摘、观赏、农事体验为主要内容，构建环城都市休闲农业观光园；依托创建国家森林城市，中心城区绿化提升、环省会生态绿化、环省会经济林、绿色通道等生态绿化工程，发展林下经济，营造城市“绿肺”；在市区二环路与三环路之间建设一批特色种植、休闲采摘、农事体验于一体的都市休闲农业园区，各类都市休闲农业园区达到10个。两带：滹沱河特色农业开发带，依托滹沱河汊河风景区、黄金沙滩、小壁林场、紫藤葡萄庄园、紫海香田薰衣草庄园等，突出抓好2～3个重点都市休闲农业园区，各类都市休闲农业园区达到5～7个；以鹿泉区59平方千米滹沱河滩区为重点，整体规划；以花卉苗木为基础，以彩色田园风光为主调，规划设计花卉苗木观光园、鱼家傲垂钓园、轻松时尚休闲庄园、农耕体验园、采摘观光园、植物工厂、农业创意园、蔬菜大庄园等彩色田园项目，一园一创意，一园一景色，一园一产业，建设集种植、展示、体验、游憩、文化创意等多功能为一体的轻松、时尚彩色休闲观光农业区，打造规模化、特色化、田园化休闲度假区。西部山前生态农业开发带，西部沿太行山区域，主要涉及鹿泉区、元氏县、井陉县部分乡镇；以山为特色，依托西部山前区域综合开发和绿化美化，利用区域自然风光、自然景观和民风民俗，深度开发农业生态、生活功能；发展集生态旅游、农事体验、餐饮娱乐等为一体的休闲农庄和农家乐，构建西部生态农业开发带；依托西山森林公园、山前大道农家乐等，农业与旅游业紧密结合，满足与适应市民走出城市、回归自然，享受宁静安逸生活的心理和多层次、多元化消费需求；规范建设10家特色休闲农庄，沿西部山前大道两侧建成果品采摘、观光带。三大农业板块：西北部现代生态农业板块，以生态观光和农业会展为主题，以生态绿化、生态采摘、垂钓观鸟、田园度假和农业总部基地、农业会展中心等为主要建设项目，打造西北部现代生态农业示范区和农产品物流核心区；东北部现代园区农业板块，以产业园区为主题，以优质粮食、高效农业、精品果蔬、特色养殖以及现代农业示范展示、休闲度假、观光采摘、农事体验等为主要项目，打造省会“菜篮子”产品重要供给区和现代农业核心示范区；东南部现代设施农业板块，融合栾城区三苏文化，沿太行大街（栾城段）和衡井路，以高品质精品蔬果为主打，以文化创意为核心，整合都市休闲农业园，将文化艺术活动、农业技术、农副产品和农耕活动有机结合，建设以休闲采摘、民俗体验为特色集农业生产、文化体验、休闲娱乐为一体的环城游憩休闲农业精品带。2015年全市计划建设各类都市休闲农业园区60个以上，创建省级休闲农业示范县1～2个，国家级休闲农业星级企业1～2家，打造都市休闲农业旅游线路1～2条。

（岳金宏）

【农业园区和家庭农场】 围绕“京津冀生态型都市农业”主题和“将石家庄打造成为全国重要的粮食和农副产品生产基地、北方生态型现代农业示范区、区域农业科技装备研发展示中心、全国现代农业金融改革创新试点、华北地区农业企业总部基地”总体目标，以“规划引领、市场运作、项目支撑”为抓手，加强政策和资金支持，打造都市农业，推进一、二、三产业融合发展和现代农业园区建设。2015年石家庄市被农业部认定为第三批国家现代农业示范区整体推进市，成为全国3个入选国家现代农业示范区省会城市之一。元氏县、栾城区被评定为休闲农业与乡村旅游示范县；栾城弘顺农业科技园区、藁城高科技园区、灵寿现代农业园区3个园区获认为省级现代农业园区；平山葫芦峪等32个园区获认市级现代农业园区。至2015年底，全市建成市级以上蔬菜标准园35个，其中农业部蔬菜标准园3个、省级现代蔬菜产业园12个、市级蔬菜标准园20个，总规模超过1万亩；建成百亩以上农业园区191个，总面积69万亩，辐射带动面积224万亩，其中千亩以上园区97个；农业园区建设总投资80.2亿元，总产值74.8亿元。重视发展新型农业经营主体。以发展农机、植保、田间管理、劳务服务等新型农民合作社和生产有规模、产品有品牌、经营有场地、设施有配套、管理有制度“五有”家庭农场为重点，引导新型农业经营主体向规范化、标准化、规模化、制度化轨道发展。加大政策和资金支持力度，利用市级财政1500万元风险准备金，撬动银行资本2.25亿元扶持新型经营主体建设，培育和形成一批示范场、示范社典型。至2015年末，全市拥有家庭农场1080家，其中市级示范性家庭农场102家；建立实体农民合作社3187家，其中市级以上农民合作社示范社148家。

【农产品质量安全监管】 农业投入品监管。在全市范围内，针对53种高毒、高残留农药实施全链条监管。按照属地管理原则，落实市与县、县与监管对象，层层签订农业执法和守法经营责任状，农药经营门市全部划片包店，明确监管责任人，建立“两账一卡”制度。2015年全市检查生产经营企业2880个次，并对举报和抽样检测出假劣农药案件全部依法查处。农业标准化生产。严格执行农药安全使用规定，重点推广10项无公害蔬菜标准化生产技术。2015年全市推广农业标准化生产技术230万亩；新认定无公害生产基地16个，认定面积12万亩，认证产品32个。至2015年末，全市农业绿色食品企业达到56家，品种171个，国家级农业绿色食品基地2个，农业有机食品示范基地1个。农产品质量检测。2015年国家农业部实施例行抽检4次，其中抽检基地平均合格率99.55%；省级抽检13次，平均合格率100%；市级抽检蔬菜样品5004个，平均合格率99.68%。2015年全市建成农产品质量安全监管指挥平台监测点224个；完成农产品定性抽检、自检样品359651个，平均合格率100%。农产品质量追溯。全年针对各级抽样检测中出现的不合格农业产品，全部开展源头追溯，查明原因，制定整改措施，有效杜绝质量安全问题。组织部、省、市级现代蔬菜产业园及蔬菜标准园开展质量追溯试点建设，建立农产品产地二维码信息，新增可追溯点35个。

【农业综合执法】 2015年全市农业综合执法重点实施“春雷护农”行动，共出动执法人员4559人次，执法车辆1068车次，印发宣传材料3万余份（张），培训执法和农资生产经营人员3221人次；检查农资、农产品生产经营单位3639个次，农资生产企业208家次，发现问题232起，其中责令改正120起，立案114起；协助河北省土壤肥料总站肥料抽检样品18个，现场检查河北省粮油作物所、市农林科学研究院等单位小麦转基因中间试验10个；协助公安部门捣毁生产销售伪劣农药窝点2个，查处假种子生产案件1起。2015年5月，石家庄市高邑县、栾城区农业行政综合执法大队获批全国农业综合执法规范化建设示范单位。

（许瑞忠）

畜牧·水产业

【概况】 2015年，全市牧业产值309.3亿元，占农林牧渔业总产值38.5%；渔业产值5.3亿元，占农林牧渔业总产值0.7%。至2015年末，全市牛存栏74.1万头，其中奶牛37.2万头；驴存栏2.9万头；猪存栏316.2万头；羊存栏108.0万只；家禽存栏10392.5万只，其中鸡存栏9378.1万只。肉类总产量69.7万吨，其中，猪肉40.5万吨、牛肉8.8万吨、羊肉2.0万吨、家禽肉17.1万吨、驴肉2801吨。奶类产量116.4万吨，其中牛奶产量116.2万吨；禽蛋产量93.3万吨，其中鸡蛋产量92.4万吨；蜂蜜产量3112吨。水产品养殖面积1.5万公顷，总产量3.4万吨。围绕改革创新、稳中求进、扩量提质增效思路，以推进现代牧渔业发展、重大动物疫病防控、牧渔产品质量安全监管、牧渔执法规范化建设“四件大事”和信贷保险支持畜牧业发展、养殖档案规范化管理、畜禽粪污资源化利用、优质奶源基地建设、牧渔产品质量监测提效、兽药生产经营使用安全监管、病死动物无害化处理体系建设、基层所站履职能力提升“八大项目”为重点，稳步推进牧渔业平稳健康发展。重视畜牧业良种繁殖。河北双鸽美丹、河北天和肉牛分别入选国家生猪核心育种场、国家肉牛核心育种场；河北飞龙获评农业部第一批国家肉鸡良种扩繁推广基地，太行柴鸡通过国家畜禽遗传资源现场鉴定，年末全市猪、鸡、奶牛三大产业良种覆盖率分别达到98%、98%和100%。围绕生鲜乳质量安全核心，以转变奶业生产方式、提高奶牛生产能力和养殖效益为目标，开展奶源基地建设。2015年全市乳粉用奶牛场建设项目获得河北省财政批复36家、申报发展改革项目20家，共计批复56家，大多数动工建设，其中5家基本完工。至2015年底，全市累计138家乳粉用奶牛场标准化改造完毕。其他非生产乳粉用奶牛场受乳品价格引导及乳粉用奶牛场建设项目影响带动，68家动工改造提升，其中蒙牛14家、伊利45家、光明5家、旺旺4家。畜牧水产业产业化经营水平提升。至2015年末，全市畜牧水产业产业化龙头企业达到105家，年产值达到170亿元，生猪、蛋鸡、奶业三大优势产业产业化经营率分别达到70%、65%和100%，形成以君乐宝乳业等企业为龙头九大畜牧产业链条。开展对外交流，3月19日，比利时东佛兰德省副省长韦斯内克率领政府及企业代表团20人到平山县华润五丰（西柏坡）蛋鸡养殖基地参观访问。2015年全市备案养殖场达到1919家，比2010年增长28%，建成县级以上示范场876家，渔业标准化养殖示范区5个、健康养殖示范场18个。备案规模养殖场全部建立养殖档案，示范场规范化填写率达到90%以上。畜禽养殖场建设粪污处理工程653家。2015年市畜牧水产局刘松雁获授“石家庄市青年五四奖章”，杨洋获得“石家庄市青年五四奖章”提名奖。

【畜牧水产养殖】 蛋鸡养殖。11月8～9日，第三届全省蛋鸡产业发展大会在石家庄市召开。邀请国家、省蛋鸡产业体系知名专家学者作蛋鸡养殖技术讲座，石家庄市各县（市、区）种畜禽场、蛋鸡养殖场户及相关部门单位300余人参加，栾城圣火机械厂研制的小型自动喂料机等机械设备到会参展。实施渔业增殖放流项目。12月3日，市畜牧水产部门在黄壁庄水库开展国家级增殖放流项目，10时开始，24时结束，14个小时放流草鱼、花鲢、白鲢3个品种，共46万尾鱼苗，累计投入资金21万元。

【动物疫病防控】 建立兽医行政管理、行政执法、技术支撑3个动物疫病防控体系和市、县、乡、村四级动物防疫网络。市级兽医实验室达到P2标准，县级兽医实验室全部通过农业部达标考核验收，基层所（站）基本达到规范化要求。4种重大动物疫病群体免疫密度常年保持90%以上，免疫合格率常年保

2015 年 9 月 9 日，石家庄市突发重大动物疫情应急演练在新乐市举行

持 80% 以上。举办疫病防控技术培训。10 月 27 日，市畜牧技术推广站举办肉鸡健康养殖暨饲料配制及疫病防控技术培训会。200 余人参加培训。主要培训内容包括肉鸡疾病发生与防治、肉鸡饲料中矿物元素营养研究进展、酶制剂应用技术等。推进畜禽粪污综合利用，4 月 27 ～ 28 日，国家农业部畜牧业司畜牧处领导到灵寿县、鹿泉区、晋州市调研畜禽粪污综合利用情况，石家庄市做法得到肯定。7 月 27 ～ 28 日，全省畜禽养殖粪污防治暨养殖档案管理培训班在石家庄市举行。培训人员参观鹿泉区大晔奶牛养殖场、圆润德养殖有限公司和会元蛋鸡养殖场，考察储粪池、污水池、干湿分离设施、鸡粪初级发酵设施等废弃物处理利用设施和治理模式，观看石家庄市畜禽规模养殖场粪污防治等视频资料；河北省畜牧站专家讲解《河北省畜禽养殖场（区）养殖档案》《农业部关于打好农业面源污染防治攻坚战的实施意见》《水污染防治行动计划》等法律法规，介绍规模养殖场粪污处理模式；石家庄市、新乐市分别作典型发言。严格动物诊疗废弃物处置管理。6 月 17 日，石家庄市召开 2015 年动物诊疗机构负责人培训暨医疗废弃物处置签约会议。83 人参加会议。主要讲解培训动物诊疗机构诊疗许可、执业兽医注册、动物诊疗活动年度报告、病死动物无害化处理及《动物诊疗管理办法》《执业兽医管理办法》等；医疗废弃物处置中心与动物诊疗机构现场签订《医疗废弃物委托处置合同》。开展重大动物疫情应急演练，9 月 9 日，市防治重大动物疫病指挥部在新乐市举行 2015 年石家庄市突发重大动物疫情应急演练暨秋防动员会，完善预案措施，增强处置突发重大动物疫情能力。2015 年全市未发生区域性重大动物疫情，人畜共患病、常见动物疫病得到有效控制。

【牧渔产品质量安全监管】 建立市、县、乡牧渔产品质量安全监管监测体系。市畜产品质量监测中心（市兽药监察所）通过河北省实验室资质复审认定。12 月 25 ～ 27 日，根据河北省质量技术监督局安排，省实验室资质认定评审专家组现场考核评审市畜产品质量监测中心（市兽药监察所）实验室资质复评认定。评审组采取现场查看《质量手册》《程序文件》《作业指导书》和质量体系运行记录、培训考核记录等资料形式，抽查 100 份仪器设备档案、检验报告及相关原始记录，以座谈会形式现场考核授权签字人、抽样检测技术人员，并采取比对、样品复测、盲样考核、见证实验等方式现场检测考核 8 人、30 个认证参数。评审组确认：市畜产品质量监测中心（市兽药监察所）参加考核项目合格，质量管理体系运行有效，符合《实验室资质认定评审准则》要求，申请承检 5 类产品、167 个参数具备相关标准规定的检测能力，同意通过实验室资质复评认定。2015 年市畜产品质量监测中心（市兽药监察所）通过认证项目达到 206 个，成为河北省首家通过国家农业部和省质量技术监督局“双认证”市级畜产品检测机构，获得农业部无公害农产品检测机构资质。建成藁城区、鹿泉区、栾城区、行唐县 4 个区域中心站，县级检测机构实现全覆盖。加强街头零售生鲜乳摊点和奶吧运输环节生鲜乳质量安全风险监测，2015 年石家庄市在裕华区、桥西区、新华区 20 个散奶流动摊点、2 个鲜奶自动售卖机和 1 家奶吧实施风险预警抽样检测，抽取样品 23 批，分别检测总抗生素、三聚氰胺、碱类物质、黄曲霉毒素 M1 和冰点等项目。其中，3 批次样品冰点不合格；1 批次样品总抗生素不合格；8 批次样品检出黄曲霉M1，低于国家规定限量值；2批次样品检出微量三聚氰胺，低于国家规定限量值。市、县两级定点屠宰管理职能交接完毕。2015年全市检测样品10万批次以上，实现检测全覆盖，抽检合格率达到99%以上，未发生重大牧渔产品质量安全事故。推进牧渔执法规范化建设，市县两级执法机构基本达到“六大规范、二十八项统一”要求，执法队伍素质能力和办案数量质量大幅提高。2015年4月，市畜牧行政执法支队被命名为全国农业综合执法示范窗口，这也是河北省唯一受到表彰的地市级畜牧行政综合执法机构。开展饲料质量安全执法培训。3月12日，市畜牧水产局在市区敬业大酒店举办全市饲料质量安全执法培训班，邀请河北省畜牧兽医局主管饲料专家授课，主要解读7月1日国家农业部颁布实施的《饲料质量安全管理规范》，介绍实际执法中检查方法、检查重点及有关安全生产设施设备等。加强执法检查，严厉打击假劣兽药饲料制售行为。8月14日，市执法支队在石家庄龙腾环保有限公司集中销毁假劣兽药饲料及包装材料35吨，均为近年来市畜牧水产部门在案件查办过程中依法没收物品。

【良繁体系建设】 依托种猪拍卖会，加快优良品种推广。4月27～28日，河北省第十届种猪拍卖会在灵寿县举行，邀请河北农业大学教授左玉柱、华中农业大学教授何启盖等专家举办专题讲座。石家庄市河北双鸽美丹畜牧科技有限公司、河北浩森畜牧养殖有限公司2家种猪企业参加河北省第十批种猪生产性能测定，送测种猪33头，测定合格30头，其中河北浩森畜牧养殖有限公司2头种公猪获奖。河北省第十届种猪拍卖会拍卖优良种公猪16头，石家庄市拍得9头，其中805号杜洛克冠军种猪被石家庄兆江猪人工授精服务有限公司以4.85万元竞标成功。石家庄市在第十届种猪拍卖会共购买投标种公猪27头，占全省26%。举办牛受精技术选拔比赛。6月10日，市畜牧水产局、市人力资源和社会保障局联合在正定县举行全市首届牛人工授精技术大比武决赛暨参加省决赛选拔赛，邀请省畜牧良种工作站、河北农业大学5位人工授精技术专家担任评委。20名选手参加。比武内容分为理论考试、实践考试两个部分。经综合评定，鹿泉区农业畜牧局获得团体一等奖，正定县、行唐县分获团体二等奖，无极县、平山县、新乐市分获团体三等奖。石家庄天泉良种奶牛养殖有限公司陈龙获得个人奖第一名，正定县赵国庆、新乐市刘玉分别获得个人奖第二名、第三名，3名选手获授“石家庄市技术能手”称号。石家庄双鸽食品有限责任公司入选国家生猪核心育种场名单。2015年9月，农业部下发2015年国家生猪核心育种场名单，包括石家庄双鸽食品有限责任公司全国22家企业入选。此次评选由全国生猪遗传改良计划工作领导小组派遣专家，从现场管理、数据审核、技术人员、硬件设施、育种体系等方面现场审核、系统评估，石家庄双鸽食品有限责任公司良种猪繁育基地以97分通过现场验收。石家庄双鸽食品有限责任公司是集生猪良种繁育、屠宰分割、肉制品深加工、冷冻冷藏、连锁销售为一体的全产业链企业，2008年该公司在全国首家引进英国长白、大白、杜洛克优良原种猪建设良种猪繁育基地三级繁育体系，包括核心育种场、纯种扩繁场、二元扩繁场，基地占地1000多亩，设有育种技术中心，育种核

2015年6月10日，石家庄市举行首届牛人工授精技术大比武

心群存栏规模达 1600 头。

【畜牧饲料管理】 参加河北省饲料工业发展峰会。3 月 17 ～ 19 日，由河北省饲料工业协会主办河北省饲料工业发展峰会在石家庄市召开。主题为“惊回首，抢未来，强企路”。石家庄市 220 家饲料生产、加工、销售企业及各县（市、区）饲料主管部门 250 余人参加会议，重点听取《饲料质量安全管理规范》解读。2 个国家级秸秆养牛示范县项目通过省级验收。6 月 11 ～ 12 日，由河北省农业开发办公室、省畜牧兽医局 4 人组成验收组，到行唐县、栾城区考核验收石家庄市承担 2013 年度国家级秸秆养牛示范县项目，现场检查行唐县旭利奶牛养殖专业合作社、三龙奶牛养殖专业合作社和栾城区奶牛良种场、富康奶牛养殖专业合作社 4 个奶牛场（合作社）青贮池、草料库及青贮设备等，听取企业负责人情况汇报，查阅财务账目及文档记录，确认行唐县、栾城县 2 个国家级秸秆养牛示范县项目通过验收。青贮玉米技术推广。8 月 5 日，河北省畜牧兽医局、市畜牧水产局联合在市区北方大厦举办青贮玉米技术推广培训班。260 人参加。主要培训内容：讲解青贮专用玉米种植、全株玉米青贮加工与科学饲喂技术、全株玉米青贮专用添加剂开发与应用、青贮专用玉米种植、全株玉米青贮加工质量安全控制及科学饲喂技术集成应用等。

【技能竞赛及比武活动】 全年市畜牧水产部门组织市级技能竞赛 2 次、市级技术比武 1 次；参加省级技术比武 1 次。6 月 3 日，石家庄市举办全市畜牧水产系统兽医实验室技能竞赛。邀请河北省疫控中心专家担任评委，设置操作技能、理论知识、现场问答 3 项竞赛内容。17 个县（市、区）及市疫控中心 34 名兽医实验室技术人员参加。正定县、行唐县、新乐市代表队获得团体一等奖，正定县马国红、新乐市刘玉花、行唐县薛保强获得个人一等奖。10 月 30 日，市畜牧水产局、市总工会联合举行石家庄市动物检疫技能竞赛。采用循环串联方式，每名选手均连续不断参加笔试、电子出证、现场问答、屠宰检疫操作 4 个环节比赛。首次将电子出证列入竞赛内容；现场问答环节，新设定通过幻灯片形式看图识病。经综合评判，最终评选团体一等奖 3 名、二等奖 6 名、三等奖 14 名，个人一等奖 3 名、二等奖 6 名、三等奖 9 名。其中，石家庄市新华区动监所、桥西区动监所、正定县动监所 3 个单位获得团体一等奖；陈二红、褚素欣、王晓佳 3 人获得个人一等奖。6 月 26 日，市畜牧水产局在市区北方大厦举办全市畜产品质量安全检测技术大比武。这也是石家庄市连续第四年举办该项活动。邀请河北省畜产品监测中心专家、市畜牧水产局专家共同组成评委会。比武以鸡肉中氟喹诺酮类药物（恩诺沙星）残留为样本，采取酶联免疫吸附法检测。经逐项评判打分，栾城区陈磊、新乐市丁倩、鹿泉区杜茂分别获得个人前三名，新乐市农业畜牧局、栾城区畜牧兽医局、鹿泉区农业畜牧局获得团体一等奖。8 月 25 ～ 27 日，河北省畜牧兽医局在石家庄唐宁汇酒店举行第四届全省畜产品质量安全基层检测技术人员大比武。内容分为理论知识考试、现场检测技术操作两个部分。经过角逐，石家庄市获得团体一等奖，这也是石家庄市连续第 4 次获得该奖项。

（谢峰　王荣申　赵志辉　戴建卫　尹华丁）

2015 年 6 月 26 日，石家庄市举行畜产品质量安全检测技能大比武

林 业

【概况】 2015年，全市林业系统贯彻落实中共中央、国务院《关于加快推进生态文明建设的意见》(中发〔2015〕12号)要求，围绕“推进生态文明建设，建设幸福美丽石家庄”发展目标和“既要金山银山，也要绿水青山，绿水青山就是金山银山”发展理念，组织开展植树造林活动，实施造林绿化建设工程，加强森林资源保护，促进绿色发展和生态林业建设。2015年全市林业产值16.0亿元，占农林牧渔业总产值2.0%；林业产业总产值累计达到208.13亿元。果园面积14.7万公顷，其中苹果园1.1万公顷、梨园3.8万公顷、桃园2783公顷、葡萄园4720公顷、红枣7.8万公顷；核桃种植面积5.2万公顷；花椒种植面积4455公顷。园林水果总产量(不含果用瓜)228.8万吨，其中苹果产量24.7万吨、梨产量150.3万吨(雪花梨44.1万吨、鸭梨50.9万吨)、桃产量5.9万吨、葡萄产量13.3万吨、红枣产量28.1万吨；食用坚果产量5.9万吨，其中核桃5.2万吨；花椒产量4286吨。当年造林面积4.8万公顷，其中当年人工造林面积3.9万公顷；当年零星(四旁)植树1699.5万株；封山育林面积6.6万公顷；森林抚育面积11.1万公顷。花卉种植面积4.72万亩，年产切花切叶1254.1万枝，盆栽植物1201.89万盆，观赏苗木1647.65万株。育苗面积8.25万亩，当年苗木产量1.25亿株。商品材总产量3.1万立方米，其中原木2.2万立方米、薪材8649立方米。生产人造板196.65万立方米。重点实施中央及省级太行山绿化工程、中央三北防护林工程、省级地下水超采综合治理造林项目、市级环省会经济林闭合工程、市级太行山生态绿化工程等造林绿化工程，完成造林绿化面积71.39万亩，森林覆盖率由2014年36%提升至37.2%。扩大森林保险覆盖面，赞皇县、灵寿县2县投保面积38.09万亩，投保金额22851.57万元，保险费总额89.12万元。开展林业有害生物防治，完成防治面积71.37万亩，其中美国白蛾防治面积19.86万亩。严格森林防火管理，全年监测到林火热点4起，其中井陉县2起、灵寿县1起、赞皇县1起，森林火灾受害率控制在责任目标0.3‰以内。4月23日，国家发展改革委、国家林业局等11个部委联合印发《关于生态保护与建设示范区名单的通知》(发改农经〔2015〕822号)，赞皇县成为石家庄市唯一县，纳入国家级生态保护与建设示范区。7月18日，平山县在首届“全国生态文明建设高峰论坛暨城市与景区成果发布会”上，获得“全国十佳生态休闲旅游城市”称号，驼梁景区获得“全国十佳生态旅游示范景区”称号。11月19～20日，石家庄赞皇县许亭乡许亭村在福建省漳州市举行“第七届中国生态文化高峰论坛暨全国生态文化村授牌仪式”上，获得“全国生态文化村”称号，成为继石家庄晋州市周家庄后第二个“全国生态文化村”。11月24日，国家林业局正式批准石家庄市为“国家森林城市”。至2015年末，全市林业系统拥有在岗职工1619人，其中企业单位79人、事业单位1259人、机关单位281人；离退休人员657人。2015年全市林业建设完成投资10.46亿元，其中，财政投资9.14亿元(中央财政1.05亿元、省级财政0.9亿元、市级财政3.01亿元、县级财政4.18亿元)，国内贷款0.03亿元，自筹资金1.29亿元；森林旅游与休闲产业年接待旅游人数790.2万人次，旅游收入19.4亿元。

【造林绿化】 义务植树。以植树节、植树月活动为契机，结合重点造林工程选定义务植树点，开展全民义务植树活动。3月12日，市委、市政府、市政协、市人大常委会(简称市四大班子)及石家庄警备区领导，市四大办公厅机关工作人员160多人，驻石家庄部队官兵300多人，市林业局干部职工200多人，正定新区干部群众350余人，共计1000多人在正定新区园博园南侧参加义务植树活动，栽植白蜡等树木6000余株。3月23日是中共中央离开西柏坡进京“赶考日”，河北省四大班子领导、省林业厅机关工作人员、驻石家庄部队、平山县机关干部群众共计1000多人，在平山县西柏坡镇霍家沟村参加植树活动，栽种树木5000余株。至2015年末，全市共有520多万人次参加义务植树活动，栽植树木1500多万株。造林绿化生态建设工程。补植补造2013年建设市辖区内高速公路、国道、省道两侧绿化林带、2014年秋冬季栽植京港澳高速公路和京石高铁两侧绿化林带、石津干渠北侧绿化林带；实施退耕还林成果巩固项目，完成林业产业基地任务4.5万亩、抚育经营4万亩、补植补造1.9万亩；实施市级“双百万亩”封山育林示范工程，举办护林员队伍管理和技术培训；开展农村面貌改造提升村庄绿化行动，涉及18个县（市、区）1800个村庄，其中列入省级农村面貌改造提升重点村411个、省级重点片区2个、市级重点片区4个，栽植苗木253万株，新增绿地4.1万平方米；推进中央财政森林抚育补贴试点建设，完成任务5.4万亩，其中国有林2.2万亩、非国有林3.2万亩；加强生态公益林管理，全市123.31万亩生态公益林管护良好。至2015年底，全市完成造林绿化面积71.39万亩。其中，中央和省级太行山绿化工程造林绿化10.43万亩；中央财政造林补贴试点工程人工造林2.68万亩；中央基建防沙治沙工程人工造林0.3万亩；中央基建三北防护林五期工程人工造林4.06万亩；地下水超采综合治理试点林业项目人工造林1.11万亩；市级太行山生态绿化工程人工造林22.34万亩；市级环省会经济林闭合工程人工造林9.87万亩；省会周边“一山两库三河”绿化工程、通道绿化、农田林网等造林绿化工程20.6万亩。秋冬季造林绿化。2015年秋冬季全市造林绿化任务造林60万亩，植树1897万株。其中，环省会经济林8万亩，植树448万株；太行山生态绿化工程50万亩（人工造林20万亩、封山育林30万亩），植树1100万株；地下水超采造林绿化1万亩，植树55万株；三北防护林工程1万亩，植树74万株。至2015年末，全市秋冬季造林任务完成，共造林62.59万亩，占计划任务104.32%。环省会经济林建设工程。2013年石家庄市委、市政府启动30万亩环省会经济林建设工程，建设区域为省会主城区与藁城区、鹿泉区、正定县、栾城区4个组团县（区）城区之间可利用地、滩涂地、沟渠两侧等区域，主要栽植核桃、苹果、梨、杏、桃、樱桃等树种。苗木费市级补助标准每亩550元（每亩55棵、每棵苗木费10元），建设补助费市级标准每年每亩800元，建设补助不足部分由相关县（区）分担。2013～2014年石家庄市栽植环省会经济林20.4万亩，全部验收合格。2015年市委、市政府决定实施环省会经济林闭合工程，并将经济林建设补助期由3年延长至5年。2015年春季，石家庄市实施以滹沱河上游段（黄壁庄水库至中华大街）两侧建设以核桃为主1000米宽两岸绿化工程，规划任务5000亩。2015年秋冬季，石家庄市实施环省会经济林带闭合工程，主要沿省会三环路向外扩展，北至北绕城高速，西至山前大道、青银高速，南至衡井线，东至新赵线区域内，除城镇、村庄、道路、河流及规划建设用地外，全部纳入环省会经济林带绿化范围，规划任务8万亩。至2015年底，石家庄市环省会经济林带栽植树苗9.87万亩，超计划完成任务目标；植树448万株，形成环绕省会主城区30余万亩经济林带。其中，栾城区建成窦妪镇万亩樱桃基地、柳林屯乡万亩核桃片区，冶河镇谋划发展万亩高效名优果品区，建成红色之恋红肉苹果、玉露香梨、乌克兰樱桃、圣诞果、优种葡萄等高标准名优果品基地；正定县由107国道向西沿堤顶路至西边县界与阳曲线公路之间，形成闭合高标准经济林带；藁城区建成表灵村2500亩高标准经济林基地，岗上村1500亩油用牡丹立体种植基地。太行山生态绿化工程。2015年10月，石家庄市出台《太行山生态绿化工程实施方案》。主要内容：石家庄市太行山生态绿化建设工程涉及平山县、灵寿县、井陉县、赞皇县、元氏县、行唐县、鹿泉区和井陉矿区8个县（区）。规划造林300万亩，其中浅山丘陵区、岗坡次地人工造林150万亩，深山区封山育林150万亩，规划3年实现太行山区绿化全覆盖。2015年秋冬季绿化任务50万亩，其中人工造林任务20万亩、封山育林30万亩；2016年绿化任务180万亩，其中人工造林60万亩、封山育林120万亩；2017年、2018年人工造林任务分别为50万亩、20万亩。市级预算总投资9亿元，各县（区）依据当地实际将太行山生态绿化工程投资列入本级财政预算。组建成立市委书记任政委、市长任总指挥长，林业、财政、国土等10个市直部门主要负责人及山区8县（区）书记、县（区）长为成员石家庄市太行山生态绿化工程建设指挥部。2015年秋冬季太行山生态绿化工程完成造林54.34万亩，其中人工造林22.34万亩、封山育林32万亩，完成计划任务108.7%。

【石家庄获批国家森林城市】 2009年12月30日，石家庄市委、市政府正式提出“创建国家森林城市，建设幸福石家庄”战略目标。2010年5月16日，市政府印发《石家庄市创建国家森林城市实施方案》（石政函〔2010〕41号），成立石家庄市创建国家森林城市工作领导小组，明确11项工作任务。2012年3月14日，省委常委、市委书记孙瑞彬在《中国绿色时报》发表题为“创建国家森林城市、打造绿色生态石家庄”署名文章。2012年12月31日，市政府印发《石家庄森林城市建设总体规划》（石政函〔2012〕88号），明确“构筑京津南部生态屏障、建设京津冀第三极”发展定位和“依山傍水锦绣地，林茂果丰森林城，幸福美丽石家庄”创建国家森林城市理念，并将石家庄森林城市建设规划布局分为核心区、拓展区2个层次，其中核心区确定“一轴两翼，三环九射，七核百点”规划布局，拓展区提出“一带、一屏、三网、十块、多点”框架格局。实施以林业重点工程建设为主线，主城区绿化以“增加绿量、丰富多彩、精细管理、提升品质”为原则，采取“规划建绿、破硬增绿、见缝插绿、拆墙透绿、立体绿化”等方式，建成公园76个、街头绿地230块、省级园林单位59个、园林小区18个、园林街道15条，形成以街道、河系绿化为网络，以庭院单位和居住区绿化为依托，以公园广场建设为亮点城市绿化新格局；环城绿化，2010年实施三环路两侧各50米宽绿化林带建设工程，2011年启动实施市区西部大型西山森林公园建设工程，2012年启动实施市区北部滹沱河百里绿色长廊建设工程，2013年启动实施环绕市区一圈30万亩环省会经济林建设工程，2014年主城区外围实施环城水系两岸绿化林带建设工程。2010～2014年，全市实施西部平山县、赞皇县等8县（区）太行山生态绿化工程，东部赵县、藁城区等8县（市、区）现代林果基地及农田林网绿化工程，北部正定县、新乐市等4县（市）磁河、大沙河两岸绿化工程，南部栾城区、高邑县、元氏县3县（区）苗木花卉基地建设工程，藁城区、正定县、新乐市等县（市、区）实施三北防护林工程，全市地域7条高速公路、3条高速铁路、4条国道、33条省道两侧各建设30～50米宽高标准绿化林带，农村村庄实施“美丽乡村”建设绿化工程。建成“全国生态科普基地”4个、“全国生态文化村”2个、“省会生态科普教育基地”16处、“省会生态文明教育示范基地”22个、“生态科普馆”3处、生态文明教育长廊3处，培育形成赵州梨花节、赞皇大枣节和晋州周家庄“人民公社”果品采摘为代表休闲观光等生态文化精品。2010～2014年，全市累计投资130多亿元，造林绿化260多万亩，林地面积达到760万亩，森林覆盖率达到36%，经济林面积380万亩，果品产量265万吨，林业产业总产值203亿元；建成区绿地面积8511.42公顷，绿化覆盖率达到44.58%，人均公园绿地面积15.19平方米，各项指标全部达到或超过《国家森林城市评价指标LY/T2004-2012》规定五大类40项指标要求。

2015年1月9～15日，石家庄市分别向河北省林业厅、国家林业局上报《关于转报国家森林城市验收申请的函》《关于申请验收国家森林城市的请示》，并向国家林业局汇报创建国家森林城市情况。4月3日，市长王亮在《中国绿色时报》发表题为“满园春色，石家庄阔步迈向国家森林城市”署名文章。4月27日，河北省林业厅厅长王海洋、石家庄市长王亮到北京就石家庄市林业暨创建国家森林城市工作向国家林业局局长赵树丛作详细汇报。7月13日，石家庄市向河北省林业厅上报《关于申请批准国家森林城市称号的函》（石政函〔2015〕63号）；7月15日，河北省林业厅向国家林业局上报《关于石家庄市人民政府申报国家森林城市称号的请示》（冀林呈〔2015〕84号）；7月20日，石家庄市创建“国家森林城市”全部申报资料上报国家林业局。9月11～13日，国家林业局领导及3名专家组成国家森林城市评审专家考核组到石家庄市核查创建国家森林城市指标完成情况。10月12～16日，国家林业局公示2015年国家森林城市拟批准名单，包括石家庄市在内21个城市入选，其中石家庄市为河北省唯一入选城市。11月24日，“2015中国森林城市建设座谈会”在安徽省宣城市举行，国家林业局正式授予包括石家庄市在内21个城市“国家森林城市”称号，市长邢国辉代表石家庄市接受牌匾，并在大会上作典型发言。

【果品产业】 全年果园面积14.7万公顷，其中苹果园1.1万公顷、梨园3.8万公顷、桃园2783公顷、葡萄园4720公顷、红枣7.8万公顷；核桃种植面积5.2万公顷；花椒种植面积4455公顷。园林水果总产量（不含果用瓜）228.8万吨，其中苹果产量24.7万吨、梨产量150.3万吨（雪花梨44.1万吨、鸭梨50.9万吨）、桃产量5.9万吨、葡萄产量13.3万吨、红枣产量28.1万吨；食用坚果产量5.9万吨，其中核桃5.2万吨；花椒产量4286吨。主要果品及其主产地：苹果产量超过1.5万吨主产地6个，其中，深泽县苹果种植2117公顷、产量7.0万吨，藁城区苹果种植1654公顷、产量4.4万吨，井陉县苹果种植1116公顷、产量4.2万吨，平山县苹果种植2228公顷、产量2.0万吨，晋州市苹果种植545公顷、产量2.0万吨，鹿泉区苹果种植585公顷、产量1.6万吨。梨产量超15万吨主产地3个，其中，晋州市梨种植12055公顷、产量62.1万吨，赵县梨种植16667公顷、产量62.0万吨，藁城区梨种植5704公顷、产量17.8万吨。桃产量超过5000吨主产地4个，其中，晋州市桃种植589公顷、产量2.4万吨，正定县桃种植427公顷、产量1.1万吨，藁城区桃种植203公顷、产量6940吨，平山县桃种植496公顷、产量6400吨。葡萄产量超过1.25万吨主产地3个，其中，晋州市葡萄种植2873公顷、产量8.8万吨，深泽县葡萄种植633公顷、产量1.7万吨，鹿泉区葡萄种植523公顷、产量1.5万吨。红枣产量超过10万吨主产地2个，其中，赞皇县红枣种植3.0万公顷、产量13.5万吨，行唐县红枣种植4.0万公顷、产量12.3万吨。核桃产量超过5000吨主产地4个，其中，赞皇县核桃种植1.8万公顷、产量1.8万吨，平山县核桃种植1.4万公顷、产量1.4万吨，元氏县核桃种植7000公顷、产量7000吨，灵寿县核桃种植6980公顷、产量6980吨。花椒主产地平山县，种植4122公顷、产量390吨。林业果品形成以梨、大枣、核桃三大特色主导产业为主体，名优苹果、桃、樱桃、葡萄等区域性特色果品为补充产业新格局。传统果品赵县雪花梨、晋州市鸭梨、元氏县大红袍柿子、赞皇县大枣、行唐县婆枣、元氏县石榴、平山县花椒和绵核桃优势明显；名优果品薄皮核桃、皇冠梨、中华寿桃、甜樱桃快速发展，初具规模。新注册果品企业28家、农民合作组织66家。至2015年末，全市建成行唐县、赞皇县、灵寿县等县116万亩大枣生产基地，赞皇县、元氏县、平山县等县143万亩核桃生产基地，赵县、晋州市等县市57万亩梨生产基地，井陉县、井陉矿区等县区17万亩苹果生产基地，晋州市、深泽县、鹿泉区等县（市、区）7万亩葡萄生产基地；拥有采摘观光果园200家，其中省级观光采摘果园87家；果品储藏冷库达到3145座，储藏能力8亿千克；果品加工企业304家；在河北省商检局注册梨出口果园20多个，建成自动选果线48条，选果能力达到21万吨。果品质量安全。以科技为支撑，以产业化发展为载体，推行果树标准化种植，建成果树标准化示范园区130个。加强果品生产、储藏、销售、消费全过程质量安全监管，宣传《食品安全法》《农产品质量安全法》，提高果农无公害生产意识。严格果品生产源头监控，严禁使用高毒、高残留违禁农药，杜绝源头污染。推广无公害标准化技术，应用粘虫胶、灭蛾器、性诱剂、生物农药等病虫害防治新技术，建设生态型果园。开展无公害果品产地认证，认定无公害果品生产基地160万亩。推广果树无公害标准化技术220万亩，年末全市优质果品率达到88%以上，精品果品率达到25%以上。组织果品储藏销售环节抽检，定量检测果品600个，定性检测果品1万个。其中，以苹果、枣、库存梨为重点，抽检检测井陉县、行唐县、晋州市3个果品生产重点县市农药残留48批次。围绕出现樱桃蝇虫、柑桔实蝇问题，开展果品质量安全清查整治行动，及时发现和消除果品安全隐患，有效遏制问题果品流入市场。采取申报、筛选方式，确定15个具有规模、管理标准高、辐射带动力强果树基地为“2015年果树质量安全追溯点”。8月7日，赵县出口鲜梨质量安全示范区通过省级验收，梨果出口实现所有口岸免检通行，出口范围扩大至俄罗斯、东南亚、美国、日本、智利、以色列等国家和地区。2县市晋升国家级出口食品质量安全示范区。10月22日，国家质检总局公告（2015年第127号），批准236个示范区为2015年国家级出口食品农产品质量安全示范区，石家庄市2个县市入选，分别是赵县、晋州市，其中赵县出口产品为鲜梨及其制品，晋州市出口产品为鲜梨。9月26～28日，第十九届中国（廊坊）农产品交易会在河北省廊坊市举行，石家庄市在此次交易会期间参加“京津冀名优果品擂台赛”，选送参赛产品94个，获得奖项76个，其中果王10项、金奖25项、银奖16项、铜奖19项、名优产品6项，总获奖率80.85%，参赛果品获奖总数，获得果王、金奖、银奖、铜奖数量、获奖率均居河北省第一名。

【核桃、板栗、枣种质资源调查】 2015年6～10月，根据河北省林木种苗管理站《关于开展核桃、板栗、枣种质资源调查的通知》（冀林种苗〔2015〕5号）安排，全市开展核桃、板栗、枣种质资源调查。调查结果为：核桃主栽面积63097.08公顷，产量3216万千克；主要分布区域为赞皇县25095.7公顷、灵寿县13000公顷、平山县5390.31公顷、藁城区4000公顷、鹿泉区3393.87公顷、晋州市3040公顷、正定县2736公顷、元氏县2336公顷；主栽品种11个，即辽系、清香、西岭、香玲、绿领、河北核桃、实生核桃（原有旧核桃树）、赞美、珍珠香、核桃楸、南将石狮子头，树龄1～30年不等；优株7545株，麻核桃优株1700株；核桃（河北核桃、核桃楸）古树名木15株，古树群落1个，树龄100～500年不等；新引进和新选育品种3个，分别为丰辉、新新2号、清脆。板栗主栽面积5464.04公顷，产量1883万千克；主要分布区域为灵寿县4200公顷、赞皇县1100公顷、平山县164.04公顷；主栽品种7个，即大板红、燕山早丰、京东、大叶青、燕山短板、燕魁、东陵明珠，树龄1～44年不等。枣树主栽面积32636.8公顷，产量1834万千克；主要分布区域为赞皇县27180公顷、行唐县2020公顷、元氏县2000公顷、鹿泉区1130.6公顷；枣树具有2500多年栽植历史，主栽品种7个，即婆枣、赞皇大枣、冬枣、梨枣、行唐大枣、赞皇麻枣、刺酸枣；优株3株；枣（酸枣）古树名木10株，古树群落2个，树龄100～500年不等；新引进和新选育品种10个，即颖秀、颖玉、曙光、红珍珠、冬枣、京枣39号、月光、早脆王、雨娇、赞硕。

【花卉产业】 全年花卉种植面积4.72万亩，其中温控温室面积24.64万平方米、日光温室面积289.03万平方米；花卉产值3.4亿元；年产切花切叶1254.1万枝、盆栽植物1201.89万盆、观赏苗木1647.645万株；花卉市场39个，花木生产企业186个，花农1366户，花卉从业人员达到1.25万人。2月8日至3月8日，省市花卉协会在市区西三教花卉市场、植物园花卉市场、河北汇春、北城花卉市场联合举办石家庄市迎春花展，吸引来自石家庄及山东、福建、东北三省等400多家省市花商参展，集中展销绿植、凤梨、红掌、仙客来、君子兰、蝴蝶兰、盆景、绢花、根雕、假山奇石、观赏鱼等花卉及其产业品种。春节期间，河北汇春·肖家营花卉休闲观光基地举行“2015迎春牡丹节”，展示二桥、贵妃插翠、霓虹焕彩、乌金耀辉等牡丹品种27个。4月23日，市花卉协会组织花卉企业赴上海参加第十七届中国国际花卉园艺展览会。投资500万元，筹建“2016唐山世界园艺博览会”石家庄展园，该园以“太行山下、石门故事”为主题，采取景观小品、雕塑、景墙等形式，较好展现革命圣地西柏坡、巍巍太行山、石门名胜等地域符号及石家庄地域特色景观。

【林业科技推广】 围绕“推广一项技术，带动一个产业，致富一方百姓”工作思路，采取科技赶大集、专题技术讲座、发放科技图书、赠送新型生产资料等形式，深入林场、苗圃、果园、农户和田间地头，举办技术咨询、培训、示范等林业科技服务活动。1月13日，派遣林果技术专家参加在灵寿县举行全市文化科技卫生“三下乡”活动，展出宣传牌6块，发放技术资料1800余份，接受群众咨询150人次。3月11日，全市在鹿泉区白鹿泉乡荷莲峪村举办核桃管理技术培训，邀请河北农业大学教授、著名核桃专家张志华现场讲授核桃管理技术。4月3日，全市观光果业发展论坛会议在佐美庄园举行，主要探讨果品观光采摘业发展方向和对策。5月15日，市林业局组织林业站、森防站等技术人员参加在栾城区举办“石家庄市科技周”活动，发放林果新品种介绍及大枣、苹果、核桃、梨、花卉等栽培技术手册、明白纸10余种1万余份、科技图书2000册，现场向林果农提供技术咨询，解答果树管理、病虫害防治、盆栽花卉等问题60余人次。参加“林业科技惠民行动”，选派林业科技特派员54人，其中省级特派员32人、市级特派员23人，帮助基层单位和林果农解决技术、信息、经营、管理、政策问题。根据《边远贫困地区、边疆民族地区和革命老区人才支持计划科技人员专项计划实施方案》，选派农业推广研究员张力栓、张英、徐立新和高级农艺师赵彦斌、牛亚峰、杨慧娟6名林果技术专家为首批“三区”人才支持计划科技人员，派驻到灵寿县凤凰楼、慈峪村、东金山村及平山县南策城村、永恒核桃专业合作社开展技术指导活动，举办现场技术培训23次，课堂PPT课件培训3次，培训果农320人次；2015年8月，市林业部门组织灵寿县凤凰楼村核桃种植户30人，到元氏县西岭底核桃专业村学习核桃管理关键技术。推进林业科技成果向生产转化，建设矮化密植梨栽培技术、皂角改良技术、林下经济造林模式及核桃、枣、葡萄、苹果、梨高效培育技术等省市标准化生产示范点10个；开展《软籽石榴引种示范》《樱桃栽培技术示范》等示范点建设，推广新技术12项、新品种8个，建立科技示范点102个。重点实施晋州鸭梨标准化栽培技术、赞皇核桃高效芽接技术、深泽优质大粒无核葡萄栽培技术、平山核桃标准化栽培技术、藁城杨树根蘖苗繁殖技术国家级推广项目5个；重点推广树体高光效改造、增施有机肥、省力栽培、肥水一体化、病虫生物防治等先进适用技术，新增高标准生产基地25.92万亩。至2015年末，全市果树标准化技术推广面积达到235万亩；精品园70万亩；发展现代果品示范区16个，示范园区总规模达到5000余亩。

【森林资源管理】 保护森林资源，打击涉林违法犯罪活动。3月1日至5月31日，以打击破坏野生动物资源违法犯罪活动为主要内容，开展“金网2015·1号行动”，清查清理野生动物驯养繁殖场所31处，清理野生动物加工经营场所31处，检查野生动物活动区域68处，办理刑事案件2起，刑事拘留2人，收缴国家二级保护动物变色龙2只，收缴盔犀鸟头骨制品3件，解救野生动物9只。3月1日至5月31日，以打击非法采挖、运输苗木、崖柏为主要内容，开展“金剑2015·1号行动”，办理刑事案件2起、行政案件13起，打掉以滥伐为主要手段犯罪团伙1个。4月16日至9月30日，以打击破坏林地资源违法犯罪活动为主要内容，开展“金盾2015·1号行动”，刑事立案7起，破案7起，抓获犯罪嫌疑人10人；受理行政案件313起，查处313起，行政处罚320人；查处河北省林业局挂牌督办案件21起，破案21起。8月18日至9月30日，以打击违法放牧、盗伐滥伐、乱伐乱挖林木活动为主要内容，开展“金剑2015·2号行动”，查处案件2起。9月30日至11月30日，以打击破坏森林和野生动物资源违法犯罪活动为主要内容，开展“金网2015·2号行动”，查处行政案件11起，处罚11人。开展林区禁种铲毒专项行动，深入林区全面排查，未发现毒品种植现象。2015年4～10月，开展保护森林资源监督检查专项行动，排查违法违规线索356条，发现疑似非法占用林地627.46公顷，全部做到依法查处，其中重点查处列入河北省林业厅挂牌督办案件4起。加强野生动植物保护宣传，做好野生动植物保护和救护工作。3月1日，市林业局、市工商行政管理局集中开展打击破坏陆生野生动物资源违法犯罪专项行动；3月3日第二个“世界野生动植物日”，石家庄市在市区水上公园举行“和谐燕赵·和平家园”主题宣传活动；4月6～12日，以“关注候鸟保护、守护绿色家园”主题，举办爱鸟周活动；11月10日，以“保护野生动物，实现永续发展”为主题，市林业局在河北科技大学生活广场举行2015年保护野生动物宣传月活动启动仪式，参加人员1000余人。2015年全市组织、协调救助野生动物100多只，其中包括大鸨、猫头鹰、松雀鹰、丘鹬、夜鹭、草鹭、刺猬、啄木鸟、黄鼠狼、蓝孔雀等。推进林权制度改革，2015年全市列入林权制度改革集体林地面积633.33万亩，确权明晰林业产权617.49万亩，产权明晰率97.5%；发放林权证50015本，发证面积587.23万亩，发证率95.1%。

【林业有害生物防治】 开展林业有害生物普查，监测林业有害生物1551种，其中害虫1285种、病害183种、有害植物83种；制作林业有害生物标本1822件，其中害虫1671种、病害88种、有害植物63种；拍摄照片5320幅。开展林业灾情预报监测，设立测报站（点）260个、美国白蛾监测点651个，编制测报人员483名、查防员3148名，在主要林木分布区扶持组建林业有害生物防治专业队423支，发布虫情预测预报76期2万余份。做好虫害防治物资储备，购置灭幼脲3号、阿维菌素、高效氯氰菊酯、森得保、苦·烟乳油等农药50吨，新购高压喷雾器22台；累计配备高射喷药机械437台、车载打药机18台、高枝剪2000余把。以产地和调运检疫为关口，严防外来林业有害生物入侵，2015年全市当年种苗产地检疫率达97.3%。开展美国白蛾防治，2015年全市美国白蛾发生面积19.86万亩，涉及正定县、新乐市、行唐县、灵寿县、平山县、鹿泉区、藁城区、深泽县、无极县、高邑县、元氏县、井陉县、桥西区、长安区、新华区、裕华区等16个县（市、区）及高新区96个乡镇（街道办事处）678个村（小区、街道），防治作业42.67万亩次，剪除网幕1.5万多个，诱杀成虫8500余只，释放周氏啮小蜂4.5亿只，有效控制美国白蛾危害严重局势。5月25日至6月2日，利用小松鼠、贝尔直升机在平山县、鹿泉区、正定县、新乐市、无极县、深泽县、晋州市、藁城区、高邑县等县（市、区）高速公路绿化带、滹沱河防护林等重点生态区域实施喷药防治作业，防止美国白蛾和杨扇舟蛾发生危害，飞机防治作业248架次，喷洒无公害农药6.8吨，防治面积17万亩。2015年全市林业有害生物发生面积71.37万亩，其中美国白蛾19.86万亩、杨扇舟蛾11.7万亩、红脂大小蠹3.13万亩、松毛虫9万亩、松阿扁叶蜂8.1万亩，其他病虫害发生面积19.58万亩，属于正常偏轻发生年份；林业有害生物监测覆盖率100%，测报准确率90.1%；林业无公害防治面积63.98万亩，无公害防治率89.65%；无成灾面积，成灾率0‰。

【森林防火】 森林消防扑火队伍建设。新增行唐县专业扑火队伍1支、70人。至2015年末，全市森林消防扑火市、县两级专业扑火队伍达到9支、队员1180人；应急森林消防队伍3支、队员350人；乡镇级专业扑火队伍18支、队员310人，其中平山县16支、210人，鹿泉区2支、100人；乡镇级半专业扑火队伍70支、队员1050人。护林员1080人。灭火装备配备。市级扑火队装备运兵车11辆，小型消防水罐车2辆，机具运输车、指挥车及其他车10辆，风力灭火机70台，高压细水雾灭火机29台，割灌机5台，油锯20台，二号灭火工具200把，铁锹70把，SLM80型肩扛式森林灭火弹发射器3台（装备炮弹60枚），各种型号灭火弹800枚，往复式水枪10台，高压水泵10台，远程水泵2台，对讲机30部，中继台3套，烟面罩110个，强光手电120把；山区8县8支扑火队装备运兵车53辆，消防水罐车13辆，风力灭火机886台，高压细水雾灭火机169台，割灌机241台，油锯498台，二号灭火工具6600把，各种型号灭火弹3650枚，高压水泵32台，对讲机242部，中继台11套，车载台8套，GPS定位仪28部，望远镜65架，强光手电220把。扑火技术理论学习与训练。市森林消防队组织队员学习扑火技术理论知识，收看扑火知识讲座与演练视频，掌握森林火灾扑救知识；开展技能体能训练，包括灭火装备操作、消防车辆驾驶等技能训练及轻装越野、徒手或负重爬山、跑步、俯卧撑、打球、打拳等体能训练，提高队员快速反应能力和灭火能力。11月12日，全市森林消防实战演练在元氏县举行，石家庄市及平山县、井陉县、元氏县、灵寿县、鹿泉区6支消防大队参加，演练内容包括水罐消防车及高压水泵串联变并联供水灭火、高压细水雾灭火、肩扛式森林灭火炮灭火3个科目。森林防火宣传。以山区8县（区）88个乡镇1700个行政村和33个防火重点单位为主，在高速路口、景区景点、各交通干线道路沿线设立防火警示牌、悬挂横幅、张贴标语，安排防火宣传车深入林区宣传2.5万台次，发送手机短信153万条，乡镇以上召开动员会300余次，举办培训班70余期，组织防火知识竞赛10场次，布置防火宣传栏1500期，广播电视宣传20小时以上，报刊网络报道150余条，发放防火宣传单30余万张、防火手册7万本、森林防火年画（图片）28万张，张贴悬挂横幅标语2万余条，新设和刷新防火宣传牌3000块。创新火灾预防监管思路。“元旦”“春节”“清明”“五一”等重要时间节点及高火险天气期间，实行市级巡回督导，县（区）领导到点督导，乡镇领导驻点防守，村组干部全员到位坚守，形成重点部位有人查、进出路口有人守、坟山墓场有人管的森林防火防控网络。摸排、登记造册坟山墓地和智障等特殊群体，指定管护、监护人员，明确监管责任和包保措施，相对集中坟山墓场建造集中祭祀点，坟墓较为分散地方设立流动祭祀箱，进山路口设立临时鲜花兑换点，减少野外用火。市森林防火指挥部成员单位通力合作，全力支持森林防火。市气象部门在防火期坚持每天播发森林火险等级预报，及时发布天气预报和森林火险趋势分析信息；市教育部门组织中小学校开展“小手牵大手”森林防火宣传教育活动；市旅游部门严格做好山区旅游景点防火管理及游客森林防火宣传。严查违法用火行为。2月1日至5月31日，以打击野外违法用火为主要内容，开展“金钱2015·1号行动”，查处行政案件45起，行政拘留23人。2015年全市监测到林火热点4起，其中井陉县2起、灵寿县1起、赞皇县1起，没有发生持续8小时以上或受害森林面积1公顷以上森林火灾，没有发生人员伤亡事故，森林火灾受害率控制在河北省考核责任目标0.3‰以内。

（张爱明）

水 务

【概况】 2015年，全市水务系统谋划水利建设项目6大类700余个，年度水利投资额达到17.9亿元。实施35座病险水库除险加固工程，治理中小河流8条，治理水土流失面积210平方千米。城乡供水能力提升，市区西北水厂率先建成通水，向市区供引江水2762万吨；17座县级水厂具备通水条件，市区东北水厂、良村水厂、东南水厂、高新区水厂正在建设施工；市区100个老旧小区供水设施改造完毕；建设农村饮水安全工程430处，解决471个村、52.43万人饮水安全问题。开展农田水利建设，新修防渗渠道373千米，新建、维修小型水源工程10909项，新增、恢复改善灌溉面积92.5万亩，发展节水灌溉面积53万亩，农田灌溉水有效利用系数达到0.689。开展大中型灌区配套改造，实施槐南、八一两个中型灌区节水配套改造项目建设，完成投资2940万元，建成干支渠防渗工程17.5千米，恢复改善灌溉面积6万亩。实施槐北渠恢复工程、引岗渠抗旱应急水源工程项目建设，2015年全市灌区累计引水37627万立方米，灌溉168.3万亩次，向八一、市区等生态供水4617万立方米。推进节水型社会建设，指导54家单位（企业）开展节水型试点，2015年全市工业节水型示范单位增加到152家，其中33家企业达到省级节水型企业标准，赵县华泰纸业命名为“国家第一批节水标杆企业”；以岭药业等15家高耗水企业开展水平衡测试，工业水重复利用率达到85%，万元工业增加值取水量下降至13.8立方米，全市用水总量控制在30.27亿立方米以内。加强污水处理，桥西、桥东污水处理厂出水指标均达到国家一级A排放标准，出水达标合格率100%；西北污水处理厂出水指标达到国家二级排放标准，出水达标合格率100%，经后续湿地处理后达到国家一级A排放标准；中水回用率由2014年25%提高到50%。废污水排放量。2015年全市废污水总排放量4.08亿吨。其中，工业废水排放量1.55亿吨，占总排放量38.0%；生活废污水排放量2.53亿吨，占总排放量62.0%。处理废污水量4.02亿吨，占总排放量98.5%。地表水水质。2015年全市地表水总监测河段长度608.2千米，其中全年河干165.0千米。有水监测河段443.2千米，水质劣Ⅴ类河段227.8千米，占有水河段51.4%；监测水质Ⅳ类河段7.0千米，占有水河段1.6%；监测水质Ⅲ类及以下河段208.4千米，占有水河段47.0%。加强基层水利服务体系建设，市财政划拨基层水利服务体系建设资金100万元，在12个县（市、区）打造标准化基层水利服务站15个。推进水务集团有限责任公司建设，2015年石家庄水务集团与兴业银行、浦发银行、中信银行等驻石家庄金融机构接触、洽谈，开展股权、债权融资业务，并以贷款、交银租赁等方式获得融资14亿元；争取国家发展改革委第三、四批低息专项建设基金，年末资金到位9000万元。9月21日，石家庄水务集团有限责任公司获得联合资信评估有限公司综合评信AA信用评级，这也是水务集团第二次获得相同评级。

（王潇潇）

【农田水利】 2015年11月，市农田水利基本建设指挥部印发《石家庄市2015～2016年度农田水利基本建设实施方案》。主要内容：今冬明春，全市投资16.32亿元，新增恢复改善灌溉面积68万亩，发展节水灌溉面积30万亩，解决20万人饮水不安全问题。实施和推进农农田水利建设“八大工程”：灌区综合整治，重点抓好槐北、槐南、八一、滹北、磁右等中型灌区节水改造工程项目建设，计划完成干支渠防渗99千米；农村饮水安全工程建设，推进规划内农村饮水安全工程项目、农村面貌改造提升村饮水工程项目建设，解决20万人饮水不安全问题；高效节水灌溉工程，结合中低产田改造项目、高标准农田建设项目、土地整理项目、小型农田水利设施项目及地下水超采综合治理项目等，实施农田水利设施节水改造，计划发展节水灌溉面积30万亩；“五小”水利工程建设，新建维修“五小”水利及机井工程9086处；病险水库维修加固工程，重点做好23座小型水库维修加固工程项目建设；中小河流重要河段治理工程，重点实施槐河、老磁河、周汉河等主要中小河流治理项目建设，计划加固堤防42千米，疏浚河道25千米；水土保持工程建设，完成治理水土流失面积160平方千米；完善农田水利管理机制，深化农业水价综合改革试点工作，加快推进小型农田水利设施产权制度改革和创新运行管护机制试点，健全完善基层水利服务机构、专业化服务队伍和农民用水合作组织“三位一体”服务体系建设。以规划为引领，以项目为载体，以制度为保障，整合各级各部门农田水利建设资金，实施“四大体系”“八大工程”建设。至2015年底，全市农田水利基本建设累计完成投资21.4亿元，投工473万个，完成工程量4148万立方米。其中，新修防渗渠道373千米，新建、维修小型水源工程10909项，新增及恢复改善灌溉面积92.5万亩，发展节水灌溉面积53万亩，农业灌溉水有效利用系数达到0.689。2015年行唐县、井陉县、高邑县、正定县省级以上农田水利建设资金项目，赵县、赞皇县、新乐市、灵寿县、平山县小型农田水利重点县项目，井陉矿区、高邑县小型农田水利设施补助项目等17个项目，完成投资3.4亿元，发展节水灌溉面积30万亩。其中，灵寿县小型农田水利重点县项目省级绩效考核获评优秀，获得奖励资金100万元。2015年全市农田水利设施维修养护资金项目涉及除井陉矿区外16个县（市、区），至2015年12月末，完成投资1712万元，占总任务量83%。

（王潇潇　岳金宏）

【南水北调工程】 2015年初，市南水北调工程办公室召开专题会议，逐条逐县逐项梳理16条管线节点问题，落实领导分包责任制和驻线驻县驻点盯人盯事措施，提出限期解决要求。12月8日，市长邢国辉出面约谈部分县（市、区）政府主要领导。至2015年末，市南水北调工程有效解决桥西石铜路汽修厂、红旗大街河北工院、正定木庄村、元氏管理所、鹿泉台头泵站、新华于底泵站、裕华裕翔街、晋州泵站及高新区管线征迁等重难点征迁50余项问题，迁建各类设施1000多处，顺利扫清工程建设障碍。2015年市南水北调工程176千米管道建设贯通174千米，占总任务量98%；规划建设水厂24座，其中市区西南水厂、正定新区水厂缓建，实际建设水厂22座，县级17座、市区5座。2015年2月，市区西北水厂率先在全省实现供水，日均供水量8～10万吨，有效缓解市区供水压力。2015年底，赞皇县、栾城区、晋州市、深泽县、藁城区、新乐市、无极县、赵县、高邑县、元氏县、正定县、鹿泉区等县（市、区）16座水厂基本建成并具备试通水条件；鹿泉城区水厂、市区东北水厂、良村水厂、东南水厂和高新区水厂正在施工建设。

【防汛抗旱】 防汛管理和工程建设。健全组织机构。市、县、乡三级防汛抗旱指挥部成员汛前全部调整到位，落实行政领导、水利部门和技术人员“三位一体”防汛责任制；市水务部门抽调骨干力量组成水库、河道、交通、物资等19个防汛工作组，明确防汛职责和任务。完善防汛预案。修订防汛抗旱、水库防洪抢险、山洪灾害防御、城市防洪等应急预案，制定2015年地质灾害防治方案，建立三级群测群防网络；落实大中型水库及城区防汛抢险操作规程，做到一库一表、一河一图、一处一卡（水库防洪调度操作规程表、河道洪水调度图、山洪灾害避险明白卡）。加强防汛工程建设。全年投资2.68亿元，实施60座病险水库、11条中小河流、17项应急度汛工程、1条山洪沟、8个山区县县级非工程措施补充完善项目建设。开展安全隐患排查。2015年4月开始，各县（市、区）和市属工程管理单位抽调技术力量，成立汛前检查小组，督导检查各类水利工程存在安全问题，重点检查工程隐患、薄弱环节、物资储备、抢险队伍组建、河道清障、通讯预警设施等；采取县（市、区）自查，市水务部门检查组抽查方式，整改隐患问题，落实责任人，明确完成时限。维护通信设施。重点检修维护山洪灾害非工程措施项目系统、大中型水库视频监控、防汛抗旱指挥系统及各县（市、区）、大中型水库有线电话、超短波电台、卫星电话、216座小型水库对讲机等防汛专用通信设施，做到信息联络畅通。备足防汛物资。2015年全市登记造册储号备物资50余个品种，价值6700多万元；市本级储备防汛物资主要有铅丝、编织袋、橡皮舟、冲锋舟、救生衣、救生圈、照明设备等28个品种，价值641.82万元；组建群众应急抢险常备队伍520支6.6万余人，预备队419支13.9万余人。开展防汛演练。7月24日，石家庄市和井陉县防汛抗旱指挥部办公室在井陉县测鱼镇朱会村峪沟水库联合举行2015年防汛抢险避险演练，模拟甘陶河支流流域连降暴雨，依据汛情实施井陉县测鱼镇朱会村村民转移和物资支援，演练内容包括水雨情监测、预警预报、信息发布、人员疏散、抢险救灾、群众转移、营救群众、安置灾民等。抗旱服务。以饮水安全为重点，组织人员深入旱区摸底排查农村人畜饮水困难情况，帮助群众找水、引水、提水；7个山区县及高邑县建立临时取水点26处，安排调集拉运水车辆36辆，有效确保群众基本生活用水。调度水源，保障灌溉用水。2015年全市自春灌开始，投入机电井13万眼，灌区引水2.6亿立方米，抗旱灌溉农田645万亩、2423万亩次。加大资金投入，实施抗旱水源工程建设。市财政安排资金1000万元，优先实施工期短、效益好小型引、提、蓄水工程，组织开展水源工程清淤扩容、整修配套建设，修建塘坝、水池、水窖、截潜流、大口井等小型抗旱水源工程864余处，新建扬水站点309处，新打机井6360眼，维护机井9432万眼；投资19340万元，实施引江应急供水配套工程建设。发挥基层水务组织职能，开展抗旱服务活动。2015年县级抗旱服务站组织抗旱服务小分队30余支，储备移动抗旱设备2170台套、输水管带32.3万米、应急拉运水车43辆、打洗井设备30台套；抗旱服务站打井228眼，维修机井1335眼，维修机泵2606台套，浇地3.01万亩次，浇果树2.15万株。部门协调，统筹安排抗旱工作。加密水务、农业部门土壤墒情监测，及时发布监测信息，指导农民科学抗旱；市气象部门提供气候预测预警服务，适时实施增雨作业，2015年全市组织大范围人工增雨（雪）作业15次。

【水资源管理】 围绕取水管控、供水安全、用水效率及效益提升、护水洁水4项主题，落实最严格水资源管理制度，提高水资源可持续利用和水环境可持续承载能力。取水管控。以全市水资源政务办公网络和门户网站为基础，划拨专项资金，实施水资源监控系统升级和设备维护，确保系统服务正常运行。市水务局、市发展改革委联合下达年度用水计划指标，落实层层分解要求，主城区计划用水指标下达至各用水单位，采取年度考核与季度考核相结合办法，超计划用水征收累进加价水资源费。市政供水管网覆盖范围以内除应急供水，管网覆盖范围以外除生活用水，新井开凿审批全部冻结；城镇市政供水满足用水需要区域分期分批关停自备井，转接公共供水。2015年全市关停自备井429眼，开展水资源论证建设项目26个。供水安全。水源地一级保护区内设置警示标志、安装限制通过卡口、实施重点区段围网、取缔网箱养鱼和排污口、打击非法倾倒垃圾和采砂吸铁行为、关停违规建设项目。利用老旧小区道路改造契机，设法解决小区水压不足、供水设施老损等问题，100个老旧小区供水设施改造任务完工。市供水公司严密做好源水、进厂水、出厂水、入网水等环节水质监测，保障城市供水安全；县级供水部门加大资金投入，更新改造城镇供水管网，完善水质检测手段，确保饮用水达到合格标准。2015年石家庄城市供水水质达标率达到100%。用水效率及效益提升。稳步推进节水型社会建设，指导54家单位（企业）开展节水型试点。2015年全市工业节水型示范单位增加到152家，其中33家企业达到省级节水型企业标准，赵县华泰纸业命名为“国家第一批节水标杆企业”；以岭药业等15家高耗水企业水平衡测试完毕，工业水重复利用率达到85%，万元工业增加值取水量下降至13.8立方米，全市用水总量控制在30.27亿立方米以内。科学配置水资源，主城区地表水厂用足岗南、黄壁庄水库1.32亿立方米配水指标；利用南水北调工程，引进长江水源，年末市政供水地表水比例调整至70%。推动再生水利用，市污水公司中水分公司（2014年4月成立）由单一向裕华热电厂提供中水，扩大到向良村热电、三友能源、民心河等单位提供中水，每日供应中水由2万多吨提高到27万吨左右。2015年中水收入超过1000万元，实现历史性突破。12月3日，市区塔坛国际商贸城热泵项目合同正式签约，规划日供应中水20万吨。护水洁水。编制完成《石家庄市水资源保护规划》《石家庄市水功能区监督管理办法》初稿，提交市政府审批；确定各水功能区限制纳污考核监测断面及立标确界，定期监测断面水质，及时通报情况；开展全市入河排污口登记造册，主要河流沿线及其支流、渠道两岸建立定期巡查机制，非法排污口实施封堵，实行水污染源事件报告制度。2015年全市封堵非法排污口改接市政管网5个，全部进入污水处理厂处理。

【生态水利工程】 围绕“山、水、林、田、路”综合治理思路，推进实施国家水土保持重点建设工程、中央预算内水土保持重点建设工程、河北省水土保持重点工程项目建设，较好完成河北省下达生态水利工程任务。2015年全市治理水土流失面积210平方千米，总投资10189万元，超额完成年度目标任务。其中，中央投资6388万元，省级投资1391万元，市级投资484万元，县级投资88万元，群众自筹资金1838万元；工程建设内容包括水平梯田1210公顷、水保林2682公顷、经济林5044公顷、封育治理11385公顷，新建大口井25眼、机井5眼、扬水站64座、蓄水池105座、水窖10个、谷坊坝727道、护村护地坝3495米、铺设管道及渠道13584米、作业路91千米、宣传碑52座。加强污水处理，至2015年底，桥西、桥东污水处理厂出水均达到国家一级A排放标准，出水达标合格率100%；西北污水处理厂出水达到国家二级排放标准，出水达标合格率100%，经后续湿地处理后达到国家一级A排放标准。各污水处理厂处理后污泥平均含水率不大于80%，全部得到妥善处置，未发生环境影响事件。中水回用率达到50%，完成年初制定中水回用任务。

【民生水利工程】 全年病险水库除险加固工程投资完成5352万元，除险加固小型水库35座，分别是井陉县北陉、胡仁、金柱、庙岩水库，行唐县董家庄、上北庄、西彩庄水库，灵寿县北白石、护驾町、宅里、祁林院水库，鹿泉区杜庄、黄峪、岭底、南庄水库，平山县鹿台、东庄、两岔、南盘石、上卸甲河、石盆沟水库，元氏县北佐、南沙滩、山东、武家沟水库，赞皇县北羊角、程阳沟、胡家庵、槐疙瘩、行乐北沟、南音寺、清泉、上桃坡、大北掌、白壁村边水库。中小河流治理投资完成20143万元，周汉河藁城区段、汪洋沟藁城区段、冶河平山县城段、洨河赵县段、槐河赵县段、汪洋沟赵县段、槐河高邑段、磁河深泽县段治理工程8条中小河流主体竣工。农村人口饮水安全工程投资完成2.47亿元，新建单村供水工程272处、联村水厂4处、扩户44处，解决336个村、44.68万农村居民饮水安全问题；建设农村学校工程143处，解决143所学校、7.75万农村学校师生饮水安全问题。其中，井陉县单村供水工程28处，解决28个村、3万人饮水安全问题；灵寿县单村供水工程26处，扩户1处，农村学校工程13处，解决27个村、3万农村居民及13所农村学校、1.06万农村学校师生饮水安全问题；行唐县单村供水工程18处，扩户4处，农村学校工程4处，解决22个村、3.04万农村居民及4所农村学校、0.49万农村学校师生饮水安全问题；鹿泉区单村供水工程13处，解决13个村、1.38万农村居民饮水安全问题；元氏县单村供水工程4处，联村水厂1处，扩户4处，农村学校工程6处，解决10个村、2.61万农村居民及6所农村学校、0.5万农村学校师生饮水安全问题；赞皇县单村供水工程35处，农村学校工程28处，解决35个村、3.47万农村居民及28所农村学校、1万农村学校师生饮水安全问题；井陉矿区单村供水工程6处，农村学校工程1处，解决6个村、0.75万农村居民及1所农村学校、0.08万农村学校师生饮水安全问题；高邑县单村供水工程14处，扩户4处，解决18个村、3.11万农村居民饮水安全问题；正定县单村供水工程2处，联村水厂1处，扩户8处，解决10个村、1.67万农村居民饮水安全问题；晋州市单村供水工程11处，扩户3处，农村学校工程3处，解决14个村、2.5万农村居民及3所农村学校、0.6万农村学校师生饮水安全问题；藁城区单村供水工程36处，农村学校工程12处，解决36个村、5.34万农村居民及12所农村学校、1万农村学校师生饮水安全问题；赵县单村供水工程8处，联村水厂1处，扩户6处，农村学校工程42处，解决18个村、3.16万农村居民及42所农村学校、1万农村学校师生饮水安全问题；无极县联村集中供水工程1处，扩户6处，解决20个村、4.05万农村居民饮水安全问题；栾城区单村供水工程26处，扩户4处，农村学校工程19处，解决30个村、3.72万农村居民及19所农村学校、1.37万农村学校师生饮水安全问题；新乐市单村供水工程10处，农村学校工程6处，解决10个村、1.8万农村居民及6所农村学校、0.48万农村学校师生饮水安全问题；深泽县扩户4处，农村学校工程2处，解决4个村、0.1万农村居民及2所农村学校、0.02万农村学校师生饮水安全问题；平山县单村供水工程35处，农村学校工程7处，解决35个村、1.98万农村居民及7所农村学校、0.15万农村学校师生饮水安全问题。2015年全市整治河道堤防21.5千米；实施中央、省级河道维修养护项目7项，完成投资204.03万元；实施水利闸桥项目36项，完成投资1434万元，其中省级补助资金1025万元；完成河道划界树桩1380千米，包括1条省级河道、6条市级河道、15条县级河道。2015年全市争取水库移民后期扶持资金19983.06万元，其中直补资金11200.74万元，项目资金8782.32万元，完成后扶项目363个，完成投资7277.48万元，库区面貌及移民生产生活条件大幅改善，库区和移民安置区保持和谐稳定局面。

【水务行政执法】 设立24小时举报电话，受理群众投诉。2015年市水务部门受理各类举报投诉59件，按时办结率100%，答复率100%。市水务局、市公安局密切协作，建立打击非法采沙联动机制，在全市重点河段、重点区域开展非法采沙行为联合执法行动6次；所辖县市由政府组织水务、公安、交通及沿河乡镇开展联合执法50余次。开展市区供水监察，依据水务事件违法线索，调查处理“京海名筑项目”“恒大御景半岛小区”等非法取水案件50起，涉及违规用水楼盘38家，自备水源井非法取水12起。其中，限期整改46起；查处4起，罚款26万元。开展河道巡查督导，向治理河道效果不佳县市，依法下发《水行政执法监督书》，责令立即整改并追踪处理进展和结果。2015年市水政监察支队出动执法人员1400余人、车辆430余次，较好完成重大活动河道巡查任务。

（王潇潇）

农业机械

【概况】 2015年，全市新增大型农业机械3192台，农业机械总动力达到1840万千瓦；小麦生产基本实现全程机械化；玉米机收率达到82%，同比提高6.8百分点；主要农作物耕种收机械化综合水平达到85.5%，同比提高1.4个百分点。围绕落实农机购置补贴政策，全力推广高效、节能、环保、适用型农业机械。小麦高产创建示范片实现统防统治农机全覆盖。加强秸秆综合利用，全市拥有秸秆利用机具81155台（套），其中，小麦联合收获机18503台，切抛机13500台，还田机21314台，玉米联合收获机7632台，大型自走式青贮饲料收获机568台，打捆机802台，饲料加工机械18836台；2015年全市秸秆综合利用率达到96%。开展土地深松作业，2015年全市农机土地深松面积186.4万亩，其中补贴任务133

万亩，示范任务53.4万亩；推广夏玉米深松施肥免耕精量播种作业面积41.5万亩。4月8日，国家农业部部长韩长赋到藁城区北孟村现场观看无人植保机防治麦田杂草作业。

【秸秆综合利用】 以鹿泉区作为试点单位，利用省级支持资金，开展秸秆收储运体系建设。推进农作物秸秆机械化处理质量和效益，实现秸秆利用由就地还田向基料化、饲料化、原料化、肥料化、燃料化多方向发展。2015年全市共有秸秆利用机具81155台（套），其中，小麦联合收获机18503台，切抛机13500台，还田机21314台，玉米联合收获机7632台，大型自走式青贮饲料收获机568台，打捆机802台，饲料加工机械18836台。2015年全市秸秆综合利用率达到96%，其中，利用机械直接还田处理秸秆467万吨，占总量56%；青贮302万吨，占总量38%；能源化利用8万吨，占总量1%；基料化利用8万吨，占总量1%。

【土地深松作业】 实行县长负责制，落实“成方连片、整体推进，完善机制、市场运作，定额补贴、先建后补，公开公正、严格监督”运行机制。2015年全市农机深松面积186.4万亩，其中补贴任务133万亩，示范任务53.4万亩。推广夏玉米深松施肥免耕精量播种复式作业技术模式，提升夏季深松作业增产增收潜力，完成夏玉米深松施肥免耕精量播种作业面积41.5万亩。推广应用农机深松作业远程智能监测技术，藁城区采用互联网+北斗卫星导航定位技术试点，安装监控设备156套；以政府购买服务模式，加强深松作业监管，有效保证深松面积和质量真实性、准确性。

2015年10月10日，全国农作物秸秆综合利用暨农机深松整地作业现场会在石家庄市召开，与会人员现场观摩农机作业

【农机管理】 全年核发拖拉机牌照1950套，年检拖拉机2540台，核发拖拉机驾驶证445个；核发联合收割机牌照2100套，年检联合收割机3000台，核发联合收割机驾驶证870个；核发跨区作业证3680个。开展农机生产隐患排查，检查农业机械5540台，纠正违章86起，排查事故隐患18起，复训驾驶人员2300人。开展农机安全生产教育，制作宣传板60个，条幅260条，发放宣传资料5.1万份。

（许瑞忠）

农业综合开发

【概况】 2015年，全市农业综合开发系统围绕市委、市政府西部山区综合开发战略部署和“强规范、重绩效”总体要求，突出粮食生产核心区、农业优势特色产业聚集区、现代农业综合开发示范区、高效农业节水推广区和生态环境改善保护区五大建设重点，推进开发项目由大向精、由量向质转变。2015年全市农业综合开发土地治理项目新增和改善灌溉面积17.04万亩，新增节水灌溉面积17.13万亩，增加农田林网防护面积15.69万亩，扩大良种种植面积9.62万亩，控制水土流失面积30.95平方千米。2015

年全市农业综合开发项目区新增优质农产品种植面积12.38万亩、粮食2369.75万千克；直接受益农户12865户、人口46.37万人，直接受益农民增加纯收入1.68亿元。以高效利用水资源为目标，推广农业灌溉新型节水模式，地处平原县推广自走式、平移式、指针式、卷盘式水肥一体灌溉模式；地处山区县推广自压式小管出流、滴灌模式。藁城区5000亩、赵县1000亩高效综合节水示范点成为农业节水灌溉新亮点。

表14　2015年石家庄市农业综合开发土地治理项目任务投资一览表

项目类别	县（区）	治理面积（万亩）	投资（万元）									
			投资总额	财政投资					群众自筹	监理费	管理费	管护费
				合计	中央级	省级	市级	县级				
高标准农田建设项目	藁城区	2	3012	2849	2035	651	163		163			
	元氏县	2	2641	2600	1857	743			41	35.54	32.4	25.83
	赵　县	2	2688	2650	1893	757			38	35.8	32.67	25.32
	晋州市	0.85	1127	1099	785	314			28	11.77	25.49	10.91
	行唐县	0.8	1052	1037	741	296			15	13.52	24.7	9.8
	鹿泉区	0.65	806	797	569	182	46		9	10.42	21.26	7.51
	高邑县	0.5	656	650	465	148		37	6	8.48	19.15	6.5
	无极县	0.69	762	728	520	208			34	8.81	20.28	6.85
	栾城区	0.76	940	916	654	209	53		24	12.1	22.96	8.64
	正定县	0.77	970	955	682	218	55		15	8	24	9.5
	深泽县	0.76	771	760	543	217			11	9.93	20.73	7.15
	灵寿县	0.62	812	797	569	228			15	7.09	21.31	7.54
	新乐市	0.9	885	876	626	250			9	9.2	22.42	8.54
	赞皇县	0.3	405	390	213	177			15	4.19	5.85	3.9
	小　计	13.6	17527	17104	12152	4598	317	37	423	192.85	317.64	166.39
生态综合治理	赞皇县	0.56	632	608	500	108			24	6.24	18.59	6.08
	平山县	0.61	668.98	667	476	191			1.98	8.78	20	6.67
	井陉县	0.6	653	651	465	149	37		2	9.45	19.7	6.5
	赞皇县	0.6	645	630	450	180			15			
	井陉县	0.5	551.65	550	393	126	31		1.65			
	行唐县	0.5	550	550	393	157						
	小　计	3.37	3700.63	3656	2677	911	68	0	44.63	24.47	58.29	19.25
合　计		16.97	21227.63	20760	14829	5509	385	37	467.63	217.32	375.93	185.64

表 15　2015 年石家庄市农业综合开发产业化经营财政补助及贴息项目汇总表

项目类别	序号	项目名称	项目单位名称	建设地点	项目总投资（万元）							
					合计	财政资金				自筹资金	银行贷款	贴息
						小计	中央财政投资	地方财政配套				
								小计	省级			
产业化经营项目	1	赵县900万千克速冻食品加工扩建项目	河北钮康恩食品有限公司	赵县工业园区	1073	401	286	115	115	672		
	2	晋州市2000万千克果品深加工改建项目	河北鹏达食品有限公司	晋州纺织工业园区	755	280	200	80	80	475		
	3	鹿泉区年增加冷冻冷藏1000万千克农产品冷库改建项目	石家庄金凤冷链物流园经营开发有限公司	铜冶镇北铜冶村	610	280	200	80	64	330		
	4	平山县年增产1.24万千克蓝莓种植基地改扩建项目	平山县泉德种植专业合作社	平山镇胜佛村	236	98	70	28	28	138		
	5	鹿泉区年产20万千克干核桃初加工新建项目	鹿泉区鹿峰核桃种植专业合作社	白鹿泉乡西胡申村	158	98	70	28	23	60		
	6	行唐县100头标准化奶牛养殖基地改建项目	行唐县旺源奶牛养殖专业合作社	独羊岗乡东叉村	307	182	130	52	52	125		
	7	赞皇县400亩樱桃种植基地扩建项目	赞皇县福源樱桃专业合作社	土门乡龙堂院村	250	140	100	40	40	110		
	8	藁城区300万株育苗温室扩建项目	藁城区农昌种植服务专业合作社	贾市庄镇贯庄村	231	140	100	40	32	91		
	9	赵县年出栏2004头商品羊养殖基地扩建项目	赵县玉良养殖专业合作社	沙河店镇丁村	251	140	100	40	40	111		
	10	晋州市年出栏2800头商品猪养殖基地扩建项目	晋州市鑫来养殖专业合作社	马于镇吕家庄村	237	140	100	40	40	97		
	11	藁城区年存栏440头奶牛养殖小区扩建项目	藁城区河牧奶牛养殖服务专业合作社	梅花镇许家庄村	218	140	100	40	32	78		
	12	行唐县1500头生猪标准化养殖扩建项目	行唐县弘泽养殖专业合作社	南桥镇北龙岗村	265	168	120	48	48	97		
	13	平山县年增产28万千克核桃种植基地扩建项目	平山映山红农业专业合作社	蛟潭庄镇踏马村	190	98	70	28	28	92		
	14	藁城区年出栏500头肉牛标准化养殖基地扩建项目	藁城区杨家寨养殖专业合作社	南营镇杨家寨村	260	140	100	40	32	120		
	15	行唐县290头标准化肉牛养殖基地扩建项目	行唐旭丰肉牛养殖专业合作社	独羊岗乡北差取村	170	98	70	28	28	72		
	16	鹿泉区300头高产奶牛核心群繁育示范基地改建项目	石家庄天泉良种奶牛有限公司	上庄镇韩庄村	629	294	210	84	68	335		
	17	灵寿县100头奶牛养殖基地扩建项目	灵寿县中荷奶牛养殖专业合作社	南寨乡青廉村	191	119	85	34	34	72		
	18	赞皇县46000只太行鸡养殖基地扩建项目	赞皇县勤发农牧专业合作社	许亭乡幸福庄村	224	140	100	40	40	84		

（续表）

项目类别	序号	项目名称	项目单位名称	建设地点	项目总投资（万元）							
					合计	财政资金				自筹资金	银行贷款	贴息
						小计	中央财政投资	地方财政配套				
								小计	省级			
试点项目	1	晋州市1000万千克果品气调储藏保鲜扩建一县一特产业发展项目	河北省晋州市长城经贸有限公司、晋州市长城果品专业合作社	纺织园区、马于镇吕家庄、周家庄十队	1349	560	400	160	160	789		
设施蔬菜项目	1	元氏县100亩设施蔬菜种植基地新建项目	元氏县轩鑫农业生态园有限公司	殷村镇南吴会村	549	261	186	75	75	288		
	2	赵县100亩设施蔬菜种植基地新建项目	赵县福地农产品种植专业合作社	新寨镇范村	442	261	186	75	75	181		
	3	平山县100亩设施蔬菜种植基地扩建项目	平山县南庄寿康蔬菜专业合作社	两河乡两河村	485	280	200	80	80	205		
	4	藁城区100亩设施蔬菜种植基地新建项目	石家庄肥晶国农业科技有限公司	廉州镇城子村	573	261	186	75	60	312		
贷款贴息项目	1	鹿泉区禽肉类产品深加工5000万元固定资产贷款贴息项目	石家庄洛杉奇食品有限公司		274	274	274				5000	274
总计24个项目					9927	4993	3643	1350	1274	4934	5000	274

【新立项目】 2015年全市农业综合开发项目包括土地治理、产业化经营两大类，涉及16个县（市、区），资金投入总额31154.63万元，其中各级财政资金25753万元，群众自筹资金5401.63万元。土地治理项目20个，总投资额21227.63万元，其中各级财政资金20760万元，群众自筹467.63万元；开发总规模16.97万亩，其中高标准农田建设项目14个13.6万亩，生态综合治理项目6个3.37万亩。产业化经营项目24个，其中财政补助项目18个，设施蔬菜项目4个，试点项目1个，中央财政贷款贴息项目1个，总投资额9927万元，其中各级财政资金4993万元，项目承建单位自筹资金4934万元。至2015年底，全市土地治理项目完成整体工程80%；产业化项目完成建设任务16个，占计划66.7%。

【续建项目】 至2015年5月，全市2014年度农业开发项目建设任务全部完成并通过省级验收。土地治理项目铺设地下防渗管道158.58千米；砌衬地上渠道77.85千米，建排灌站18座，新打及修复配套机井2013眼，建微灌2941亩，小型蓄水工程59座；项目区新开和整修田间道路85.15千米，改良土壤面积1.3万亩，营造农田防护林1.38万亩；举办科技培训1.18万人次，购置仪器23台，示范推广面积9.2万亩。产业化经营项目完成土建工程11.21万平方米；建设设施蔬菜基地1312亩，标准化果品种植基地550亩；购置仪器设备2871台（套）；新增奶牛存栏300头、商品猪出栏1.74万头；新增农产品加工能力5000万千克、果菜生产能力979.2万千克。

石家庄市农业综合开发办公室

主　任：彭占良（11月免）

　　　　顾玉平（11月任）

副主任：戚忠奎

（刘利波）

农业科技

【概况】 2015年，全市引进农业新技术62项、农业新品种54个，组建利益共同体18家。举办农业先进实用技术现场指导、咨询320余场次，直接培训农民总人数3600余人，辐射带动农民6000余人，发放科普资料9500份。选派10名知名专家和专业技术人才到农业科技园区和扶贫村，17名科技人才到4个国家扶贫开发重点县开展农业科技服务。采取服务为主转向创新创业为主方式，支持大学生村官特派员创新创业行动。实施国家粮食丰产科技工程项目，藁城区高产攻关田“石新633”亩产710.3千克，创下河北省粮食丰产科技工程14个示范县最高单产记录。河北石家庄国家农业科技园区获得批准，填补石家庄市无国家级农业科技园区空白。组建成立农业科技园区协同创新战略联盟，申报省级农业科技园区4家。至2015年末，石家庄市建有国家、省、市农业科技园区引进新技术112项，开发新产品38个，引进人才35人，取得新技术、新品种170个，实现销售收入3376万元。2015年栾城区、行唐县、平山县、无极县、赵县承担国家科技富民强县专项通过国家科技部验收，元氏县、赞皇县、高邑县国家科技富民强县专项通过国家科技部中期评估；赵县、正定县、藁城区实施“粮食丰产科技工程”项目；市农林科学院“石麦22”示范田亩产达到721.8千克，获评全国三农科技服务金桥奖先进集体。

【粮食丰产科技工程】 以赵县、正定县、藁城区3个示范县区为重点，开展高产优质、节本增效、防灾减灾等技术集成创新与示范活动。赵县高产攻关田“鲁研502”亩产645.05千克，“石新633”亩产650.02千克，核心区平均亩产620.51千克；正定县高产攻关田亩产652.9千米，核心区亩产607.0千克；藁城区高产攻关田“石新828”亩产621.9千克，“石麦18”亩产624.7千克，“石新633”亩产710.3千克，创下河北省粮食丰产科技工程14个示范县最高单产记录。

【科技富民强县专项】 2015年栾城区、行唐县、平山县、无极县、赵县承担国家科技富民强县专项通过国家科技部验收，高邑县、赞皇县、元氏县承担国家科技富民强县专项通过中期评估。国家科技富民强县专项带动县域特色支柱产业快速发展，农民收入增加。行唐县发展奶牛养殖，年末奶牛存栏9.05万头，牛奶总产量33.52万吨，覆盖农户1万人；培育“旺仔”“旺旺”“君乐宝”乳业3个品牌；奶业新增产值1.7亿元，总产值累计达到11.04亿元；新增财政收入6112万元，奶农年人均增收4028元。无极县实施“蔬菜产业优质高效技术集成转化与推广”项目，引进黄瓜、韭菜、番茄、甜椒等设施蔬菜新品种61个，筛选适宜当地栽培优良品种20个，良种覆盖率达到100%；蔬菜总产量86.0万吨，总产值12.0亿元，菜农增收2.8亿元。平山县实施“核桃省力化技术集成与示范推广”项目，全县核桃总产量1.35万吨，总产值9.87亿元，其中项目区农民人均增收2518.4元，人均核桃产业收入4388.4元。栾城县实施生猪养殖项目，生猪产业增加纯收入1.8亿元、财政收入1120万元、生猪养殖就业岗位3800个、相关产业从业人员2.51万人，从事生猪产业农户人均纯收入增加3149元。赵县实施“雪花梨产业关键技术集成与示范”项目，研究集成雪花梨安全优质高效栽培技术，推广《赵县雪花梨标准化示范区生产操作规程》《“赵州桥”牌雪花梨绿色食品生产操作规程》，培育科技型龙头企业3个，国家级驰名商标1个、省级2个，梨果深加工及相关产业增加销售收入5.6亿元。

【农业科技成果转化资金项目】 2015年河北省农业科技成果转化资金项目重点在农业科技园区实施，石家庄市为2013年以来4个省级以上农业科技园区6个项目获得省级农业科技成果转化资金支持，落实资金200万元。依托实施农业科技成果转化资金项目，全市建立示范基地52个，实现销售收入7439.61万元，净利润1376.31万元，上缴利税443.63万元，新增就业岗位65

个，带动农民900余人，培训农民和专业技术人员3300余人次，转化一批技术水平高、市场竞争力强新技术、新产品。

【农业科技计划项目】 市级科技计划项目。2015年市本级实施“现代农业科技支撑专项”项目39项，安排经费957万元；选育小麦、玉米、棉花等新品种（系）36个，其中18个品种通过省级审定。产业关键技术创新。围绕动植物安全高效种养、农产品加工增值、农业信息化机械化、农业资源综合利用等，开展产业关键技术和产品研究开发及示范应用；引进新品种61个，开发新产品17项，申请专利8项，制定标准和技术规程（规范）11项，发表论文20篇，取得经济效益3.12亿元。农业生态环境课题研究。实施“石家庄重要沿水库地区农业面源污染立体防控技术”“规模化养鸡场全封闭粪污无害化生物处理”“优良彩叶绿化苗木引种”等农业生态环境课题研究，为全市农业面源污染治理及废弃物综合利用提供科技支撑；争取省以上指令计划项目43项，落实资金1870万元。

（孙乃瑞）

【农业科技园区】 首个国家农业科技园区获批。2月27日，科技部公布第六批国家农业科技园区名单，包括河北石家庄国家农业科技园区在内41个园区入选，填补石家庄市空白。河北石家庄国家农业科技园区为一园多区布局，核心区是藁城农业科技园区。在此基础上，建设创新创业服务区、粮食加工物流区、优质麦良种繁育基地、智慧设施蔬菜展示区、环省会现代都市农业展示区，规划面积4.65万亩。园区示范区立足优质小麦、设施蔬菜、农机装备等产业优势，占地120万亩，覆盖石家庄市8个县（市、区）。规划入驻企业17家，其中省级重点农业产业化龙头企业2家，总投资21亿元。新增省级农业科技园区4家。2015年赞皇农业科技园区、灵寿农业科技园区、行唐农业科技园区、慧聪塔元农业科技园区新认定为省级农业科技园区。至2015年底，全市共有国家级农业科技园区1家，省级农业科技园区12家。推进农业科技园区提档升级。成立市农业科技园区协同创新战略联盟，促进园区资源整合及协同创新；选派10名农业科技特派员到农业科技园区开展科技服务及创新创业活动；引导园区对接京津农业科技资源，深化全方位合作。至2015年末，全市建有国家、省、市三级农业科技园区累计引进新技术112项，开发新产品38个，引进人才35人，取得新技术、新品种170个，实现销售收入3376万元。

（孙乃瑞　李云萍）

【京石现代农业领域科技合作】 围绕京津冀协同发展战略，与北京市科学技术委员会加强联系与对接，打造京石现代农业领域科技合作平台；共建技术转移工作站，集成北京先进农业技术成果，在石家庄市开展展示及推广应用活动；以农业产业链发展为重点，共建创新创业示范基地，共同打造师资团队，举办实用技术培训和技术人才培养。引导农业园区对接京津科技资源。组织藁城区、赵县等农业科技园区与北京国家现代农业科技城（简称北京农科城）、北京农林科学院等京津科研院所、高校、企业对接，转化种业、现代农业装备、信息技术等重要科技成果。推进联盟对接首都科技资源。组织石家庄市现代农作物种业、有机与生物肥料等产业技术创新战略联盟与北京籽种联盟、现代农业科技创新服务联盟、生物肥料联盟等开展技术对接与科技合作，引导北流人才、技术、项目等创新资源向石家庄转移。

【农业科技服务】 农业科技服务体系建设。完善农村科技综合服务系统，实施中国电信、中国移动、中国联通3家网络线路技术并联项目，设置专家座席和远程服务专家7个，开发完成农业专家检索系统、农业科技成果展示系统，收录农业科技成果400多项，收集专家500多名，提供专家咨询和技术服务信息1684条。农业科技特派员创新创业。全年引进农业新技术62项、农业新品种54个，组建利益共同体18家。开展先进实用技术现场指导、咨询320余场次，直接培训农民总人数3600余人，辐射带动农民6000余人，发放科普资料9500份，做到“领着农民干、做给农民看、带着农民赚”要求。推进农业科技特派员工作与园区工作有效结合，选派10名省市高校、科研院所、农业部门知名专家和专业技术人才到省、市级农业科技园区及扶贫村，开展农业科技创新创业和科技服务活动。将大学生村官纳入市科技特派员队伍，支持和引导大学生村官参与创新创业活动。2015年“优质苹果示范园建设后补助”“家庭农场高效种植模式示范后补助”等4个项目获得河北省大学生村官特派员创新创业后补助专项支持；石家庄市重点支持“元氏县生态猪养殖产业法人科技特派员创新创业奖励性后补助”等4个项目，安排专项资金50万元。通报表彰2014年度农业科技特派员工作表现突出10家选派单位、35名科技特派员、6个法人科技特派员、14名管理个人。科技扶贫。选派农业科技人才，提升贫困地区人才支撑能力。2015年石家庄市为赞皇县、灵寿县、行唐县、平山县4个国家扶贫开发重点县选派科技人才17人，培养4县本土科技人员4人。农民科技培训。加强农村实用技术培训，举办小麦田间管理、生猪健康养殖、果树管理、特种动物养殖、设施蔬菜、食用菌、奶牛养殖等培训班。依托农业科技园区、农业科技型企业、农业科技特派员等方式，培养技术能手、经营能人和乡村科技带头人；结合实施科技富民强县专项、粮食丰产科技工程等各级各类项目，开展有针对性的、多种形式科技培训。2015年通过农业科技培训途径，引进和推广农业适用技术120多项，示范推广农作物新品种116个，培训农民120万人次。

【农业科研及推广】 农业科研。2015年市农林科学院承担课题80项，其中承担部级项目15项、省级项目21项；“优质高产抗逆广适大豆新品种石豆1号和石豆4号的选育及应用”获得中华农业科技奖；4个品种（成果）通过审（鉴）定，获得国家发明专利5项。2015年“全国小麦节水高产育种学术研讨会”“全国抗旱转基因小麦观摩研讨会”在市农林科学院召开。“石麦22”示范田亩产721.8千克。5月17日，来自国内知名小麦专家到市农林科学院小麦试验田，对该院选育小麦节水高产品种“石麦22”“石麦19”“石麦18”“石优20”田间测产。经过测算，辛集马兰试验站“石麦22”示范田，不浇一水，平均亩产569.1千克，浇一水节水样板示范田，平均亩产624.4千克，浇两水示范田，平均亩产721.8千克；早熟、抗旱优质小麦新品“石优20”浇一水节水样板示范田，平均亩产612.7千克。赵县试验站“石麦18”浇两水示范田，平均亩产704千克，“石麦19号”一水不浇，平均亩产553.1千克。栾城示范田“石麦19号”浇一水，平均亩产609.3千克，浇两水平均亩产716.5千克。各专家院士在考察石家庄市各地小麦长势并分析测产结果后认为，市农林科学院培育的小麦品种，节水性强，产量很高，值得在北方地区推广。农业科技推广。2015年全市16个农业科技（也称农技）推广补助项目县开展云平台建设，成为继“三电一厅”、新农村大喇叭工程后农技推广又一创新。农业科技创新示范基地建设和水肥一体化技术推广应用取得良好示范效应，河北省现代农业科技集成与创新示范基地建设会议期间，参会人员现场参观石家庄市藁城系井区域站；河北省水肥一体化技术培训班期间，参会人员现场观摩藁城北孟示范区。谋划启动海南种植鉴定及应急加代基地建设，建成县级以上新品种示范园30个；藁城区、正定县、栾城区、新乐市建成农业物联网应用示范园区7个，覆盖温室181个。至2015年末，全市主要农作物良种覆盖率达到98%以上。

（孙乃瑞）

工　业

Industry

概　述

2015年，全市工业生产面对产能过剩、压煤减排不利因素，积极落实稳增长、促改革、调结构、惠民生政策，全力推进工业转型升级、跨越赶超和绿色崛起。至2015年底，全市拥有规模以上工业企业2434家，同比增加139家，增长6.1%；年从业人员平均人数61.2万人；总资产5499.3亿元，资产负债率45.9%；总产值8518.8亿元。其中，国有及国有控股企业94家，年从业人员平均人数10万人；总资产1763.6亿元，资产负债率57.3%。规模以上工业企业实现增加值1897.1亿元，同比增长6.0%。其中，轻工业实现增加值878.2亿元，增长4.9%；重工业实现增加值1018.8亿元，增长7.1%；轻重工业比重为46 ∶ 54。七大主导行业实现增加值1586.6亿元，同比增长6.4%。其中，钢铁行业实现增加值144.7亿元，下降2.0%；装备制造业实现增加值318.2亿元，增长5.4%；石化行业实现增加值313.3亿元，增长12.8%；医药制造业实现增加值131.6亿元，增长2.5%；建材行业实现增加值138.5亿元，增长7.7%；食品行业实现增加值245.3亿元，增长4.6%；纺织行业实现增加值295.0亿元，增长9.5%。六大高耗能行业实现增加值648.5亿元，同比增长5.3%。全年规模以上工业企业主营业务收入8642.8亿元，同比增长5.6%；实现利润727.1亿元，同比增长8.7%；实现利税1064.7亿元，同比增长13.2%。亏损企业137家，亏损面6%。

工业效益及企业分类。2015年全市工业企业经济效益7项评价指标均好于全省、全国水平。其中，3项指标居全省第1位，好于全省、全国30%以上，分别是主营业务收入利润率8.35%、每百元资产实现主营业务收入166.9元、应收账款平均回收期16天；其他4项指标也明显好于全省水平，分别是产成品存货周转天数9.5天（全省第2位）、人均主营业务收入139.8万元/人（全省第3位）、资产负债率45.9%（全省第2位）、每百元主营业务收入成本84.1元（全省第2位）。工业结构优化，总体趋势向质量效益型转变。2015年全市装备制造、医药、电子3个高端制造行业增加值占全市比重分别为16.8%、6.9%和1.7%，均较2014年小幅提升。六大高耗能行业增加值占全市比重34.2%，较2014年继续回落。工业企业分类。2015年全市2434家规模以上工业企业中，按规模划分，大型企业55家，中型企业360家，小型企业1848家；按经济类型划分，国有企业21家，集体企业20家，股份合作企业2家，联营企业2家，有限责任公司367家，股份有限公司90家，私营企业1700家，港澳台资投资企业31家，外商投资企业48家。

工业产业集群。2015年石家庄市东、中、西部3个区域分别完成工业增加值674.6亿元、971.7亿元和250.8亿元，占全市比重35.6%、51.2%和13.2%，同比增长7.5%、5.8%和4.5%；实现利润总额分别为262.6亿元、373.3亿元和76亿元，占全市比重36.7%、52.2%和10.6%，同比增长11.0%、6.8%和3.3%；实现利税总额分别为337.6亿元、620亿元和95.8亿元，同比增长9.7%、18.3%和−0.4%。东部地区依托传统产业优势，重点发展皮革、纺织、洗涤、建陶等产业，主要有：无极县的皮革、晋州市的纺织、深泽县的洗涤、高邑县的建陶、赵县的淀粉产业等；中部地区依托区位优势，重点发展医药、电子信息、板材家具等产业，主要有：

高新区和栾城区的医药、正定县的板材、藁城区的宫灯、鹿泉区的电子信息产业等；西部山区依靠丰富矿产资源，重点发展石材、钙镁等产业，主要有：井陉县的钙镁、灵寿县的石材、井陉矿区的煤炭深加工产业等。21个县（市、区）及高新区中，工业增加值总量达到100亿元以上有5个县（市、区），依次为：藁城区375.6亿元、鹿泉区165.3亿元、晋州市147.2亿元、高新区116.7亿元、赵县106.8亿元。

工业产品和行业结构。2015年全市主要工业产品有3600余种，根据市统计局工业产品目录统计，全市122个工业产品（大品种）中，64种产品产量实现增长，其中19种产品产量增长超过20%（参见《石家庄年鉴2016》"市情概览"）。2015年全市工业行业共有38个大类（41个国民经济工业行业，石家庄市无石油及天然气开采业、开采辅助活动、其他采矿业3个门类），占全市工业增加值超过4%的有10个，依次是：化学原料及化学制品制造业，占规模以上工业增加值11.6%；纺织业，占8.6%；非金属矿物制品业，占7.2%；医药制造业，占6.9%；农副食品加工业，占6.5%；黑色金属冶炼及压延加工业，占6.5%；电力、热力生产和供应业，占5.3%；电气机械和器材制造业，占4.2%；皮革毛皮羽毛绒及其制品业，占4.2%；金属制品业，占4%。2015年全市10个主要工业行业实现工业增加值占全市38个国民经济行业65%。

表16　2015年石家庄市规模以上工业主要指标分行业比重构成表

行业名称	工业增加值			主营业务收入			利润		
	完成额（亿元）	增速（±%）	占全市比重（%）	完成额（亿元）	增速（±%）	占全市比重（%）	完成额（亿元）	增速（±%）	占全市比重（%）
医药	131.6	2.5	6.9	643.8	-3.9	7.5	57.7	21.1	8.1
纺织服装皮革	295.0	9.5	15.6	1407.9	11.2	16.5	113.6	11.4	15.9
石油化工	313.3	12.8	16.5	1566.4	12.0	18.3	94.8	11.4	13.3
装备制造	318.2	5.4	16.8	1443.4	5.4	16.9	137.1	5.3	19.2
电子	31.6	15.5	1.7	152.5	25.8	1.8	24.7	26.5	3.5
食品	245.3	4.6	12.9	1013.4	6.2	11.8	87.6	3.4	12.3
小口径轻工	126.2	4.7	6.6	540.1	7.1	6.3	55.3	4.4	7.7
热力电力燃气水的生产和供应	110.3	-1.6	5.8	391.5	-6.3	4.6	51.3	9.3	7.2
冶金	152.4	-2.0	8.0	704.9	-3.1	8.2	41.5	-3.6	5.8
建材	138.5	7.7	7.3	544.4	6.0	6.4	46.2	-1.0	6.5
煤炭开采洗选	34.7	11.2	1.8	149.1	-5.5	1.7	5.0	11.4	0.7
合计	1897.0	6.0	100.0	8557.5	5.6	100.0	714.8	7.8	100.0

工业企业拥有中国驰名商标40件。至2015末，石家庄市拥有河北省著名商标600多件；拥有中国驰名商标43件，其中工业企业拥有中国驰名商标40件，分别是：华北制药集团有限责任公司"华北"商标、神威药业有限公司"神威"商标及图形、统万珍极食品有限公司"珍极"商标、石家庄制药集团有限公司"石药"商标、河北苹乐面粉机械有限公司"苹乐"商标、石家庄博深工具集团有限公司"博

深”商标、河北胖太太服饰有限公司“胖太太”商标及图、河北曼都珊珠宝首饰有限公司“曼都珊”商标、石家庄以岭药业股份有限公司“以岭”商标及图、河北远征药业有限公司“远征”商标及图、石家庄工大化工设备有限公司“工大”商标及图、石家庄光晋阀门有限公司“JS”商标、河北农哈哈机械有限公司“农哈哈”商标及图、际华三五零二职业服装有限公司“3502”商标、石家庄四药有限公司“石门”商标及图、石药集团欧意药业有限公司“欧意”商标、神威药业有限公司“五福”商标、石家庄华莹玻璃制品有限公司“华莹”商标、石家庄君乐宝乳业有限公司“君乐宝”商标、河北沃尔旺食品饮料有限公司“沃尔旺”商标、石药集团公司“果维康”商标、石家庄双鸽食品有限责任公司“SHG”商标及图、河北鑫利粮油有限公司“創鑫”商标及图、河北冀辰实业集团有限公司“冀辰”商标及图、石家庄金太阳生物有机肥有限公司“地欣 DIXIN”商标、石药集团有限公司“恩必普”商标、石家庄市原火陶瓷有限责任公司“原火”商标、神威药业集团有限公司“神苗”商标及图、石家庄威纳邦日化有限公司“威纳邦 wilubo”商标、石家庄新宇三阳实业有限公司“文挚”商标、晋州市私营企业协会“晋州鸭梨”商标、石家庄洛杉奇食品有限公司“金凤牌”商标及图、鹿泉金隅鼎鑫水泥有限公司“鼎鑫 ZENITH”商标及图、河北敬业集团有限公司“敬业”商标、石家庄藏诺生物股份有限公司“藏诺”商标、河北科星药业有限公司“河欣 HEXIN”商标及图、河北立信化工有限公司“立信”商标及图、石家庄工业泵厂有限公司“SGB”商标、河北兴柏生物科技有限公司“兴柏”商标及图、河北口香传食品有限公司“口香传 KOUXIANGCHUAN”商标。

规模以下工业企业效益转好。2015年全市规模以下工业企业实现主营业务收入311.20亿元，同比增长6.1%；上缴税金9.26亿元，同比增长5.6%；实现营业利润26.22亿元，同比增长17.3%。2015年全市规模以下工业增长最快行业是计算机、通信和其他电子设备制造业，主营业务收入4.21亿元，同比增长71.9%；其次是黑色金属冶炼和压延加工业，主营业务收入4.81亿元，同比增长43.3%；第三是皮革、毛皮、羽毛及其制品和制鞋业，主营业务收入41.32亿元，同比增长22.4%。2015年全市规模以下工业企业主营业务成本250.39亿元，占主营业务收入80.5%，所占比重较高，主要原因是：用工成本增加快、原材料成本上升快。2015年全市规模以下工业企业生产存在主要问题：市场需求不足、业务生产成本较高、部分企业资金紧张、企业享受政策支持较少。

中小企业发展。解决中小企业融资难题，设立虹桥股权投资基金。2015年市政府出资1000万元作为引导资金，采取有限合伙企业形式，与企业共同设立10亿元虹桥股权投资基金，以短期投资方式为全市中小企业提供短期资金周转。至2015年底，全市共有融资性担保机构165家，注册资本金290.5亿元，担保笔数6186笔，担保金额263亿元。石家庄宝德中小企业担保服务有限公司获得省级中小企业发展专项资金220万元。2015年8月，石家庄宝德投资集团旗下石家庄宝德中小企业担保服务有限公司获得2015年省级中小企业发展专项资金220万元。此次获得专项资金是根据《省级中小企业信用担保资金管理办法》，由河北省财政厅、省工业和信息化厅发布，第三方中介机构审核评定；省级财政预算安排主要用于支持中小企业专业化发展、改善中小企业发展环境等。石家庄宝德投资集团前身是石家庄宝德中小企业担保服务有限公司，成立于2002年，是河北省成立最早的担保机构之一，注册资本金8亿元。2014年5月，经石家庄市政府批准，石家庄宝德投资集团以国有独资投资企业形式组建成立，旗下拥有石家庄宝德中小企业担保服务有限公司等子公司。至2015年末，石家庄宝德中小企业担保服务有限公司累计扶持中小企业1000余家，担保总额超200亿元。

南部工业区建设。石家庄南部工业区位于高邑县、元氏县、赞皇县3县境内。工业区规划面积48.22平方千米，起步区面积13平方千米，建成区面积8.7平方千米。重点发展新型建材、精细化工、新材料、轻工机械四大主导产业。2011年9月，南部工业区建成元氏县滨河大道，高邑县恒泰路、北高路、工业南路，赞皇县山前工业大道5条道路工程，工程总里程36千米，全部完工投入使用。2014年南部工业区列入京津冀协同发展规划重点发展平台。到2015年末，南部工业区建成道路16条，全长68.46千米，骨干交通基本形成；工业区内拥有220千伏变电站2座、110千伏变电站6座、35千伏变电站2座；建成污水处理厂4座。2015年石家庄南部工业区拥有规模以上企业57家，其中，建成投产企业34家，主营业务收入超亿元以上企业12家，主要骨干企业有北京金隅水泥、诚信化工、九天医药、天山工业园、宏升管业、浩锐陶瓷、力马燃气、力龙陶瓷等。2015年南部工业区固定资产投资完成33.84亿元，主营业务收入65.78亿元，实现工业增加值10.85亿元、利税7.13亿元。

工业企业获得荣誉和奖项。4家企业获评省级诚信守法示范企业，分别是石药集团有限责任公司、石家庄北国人百集团有限责任公司、河北敬业集团、河北博纳德能源科技有限公司。7家企业入选省工业品牌培育试点，分别为石药集团有限责任公司、河北诚信有限责任公司、石家庄洛杉奇食品有限公司、河北四方通信设备有限公司、石家庄市五龙体育器材有限公司、石家庄华通线缆有限公司、石家庄方大包装材料有限公司。工业企业获得河北省工业设计奖17项。2015年11月，2015年度河北省工业设计奖终评展示活动公布结果，石家庄市企业获得2015年度河北省工业设计奖17项，其中金奖3项。3项金奖分别为：安瑞科气体机械有限公司"低温LNG运输车"、石家庄纽伦制动技术有限公司"龙门二元块式制动器"、赵县金利机械有限公司"自走式玉米收获机"。

（市工业和信息化局）

医药工业

【概况】 2015年，全市医药工业受原材料及人工成本上升、国家政策性降价、原料药过度竞争等因素影响，主营业务收入增长放缓；医药企业结合实际，实施转型和创新驱动策略，开展创新药物研发和技术创新活动，实现利润、利税逆市上扬，增长幅度均超过20%，大幅高于其他工业行业水平。至2015年末，全市医药行业共有规模以上企业94家，完成工业增加值131.6亿元，同比增长2.46%；主营业务收入643.77亿元，同比下降3.92%；实现利润57.7亿元，同比增长21.13%；实现利税81.24亿元，同比增长20.15%。2015年华北制药、石药集团、神威药业、以岭药业、石家庄四药、常山生化6家重点企业主营业务收入458.54亿元，占规模以上医药企业总收入71.2%；利润40.44亿元，占规模以上医药企业利润70.0%；利税59.29亿元，占规模以上医药企业利税73.0%。2015年全市化学药品原药生产16.87万吨，同比下降15.5%；中成药生产2万吨，同比增长15.2%。2月4日，石家庄四药有限公司与河北翰林生物科技有限公司股东签订协议，确定由石家庄四药有限公司出资，获得河北翰林生物科技有限公司50%股权，河北翰林生物科技公司重新组建合营公司，新合营公司主要从事生物技术及产品等高新科技研究与开发。

表17　　2015年石家庄市医药行业重点企业情况一览表

企业名称	主营业务（亿元）	增减（±%）	利润（亿元）	增减（±%）	利税（亿元）	增减（±%）
华北制药	152.29	-23	2	98	4.3	39.9
石药集团	210.57	4.07	20	52.85	28.36	43.36
神威药业	30.05	-14.77	8	-9.32	10.91	-7.72
以岭药业	26.9	6.78	4.12	40.41	7.08	28.81

（续表）

企业名称	主营业务（亿元）	增减（±%）	利润（亿元）	增减（±%）	利税（亿元）	增减（±%）
石家庄四药	29.34	-0.34	4.55	-6.55	6.4	7.16
常山生化	9.39	11.07	1.77	12.99	2.24	15.78

（马海荣）

【4家医药企业入选中国医药工业百强】 7月12日，2015年第32届全国医药工业信息年会在四川省成都市举行。石家庄市4家医药企业在此次大会入选2014年度中国医药工业百强榜。4家医药企业分别为：石药集团有限责任公司、华北制药集团有限责任公司、石家庄以岭药业股份有限公司、神威药业集团有限公司。中国医药工业百强企业榜以反映国家医药工业经济运行状况官方资料为依据，在工业企业法人单位基础上，由医药工业主营业务收入排序前100位企业构成。2014年石药集团（含非上市公司）实现不含税销售收入203亿元，同比增长13%，位居榜单第12名；实现利税21亿元、利润13亿元，同比增长55%和40.6%，各项经营指标位居国内制药行业前列，成为河北省首家销售收入突破200亿元、利税突破20亿元制药企业。华北制药集团有限责任公司位列榜单第22名；石家庄以岭药业股份有限公司位列榜单第72名；神威药业集团有限公司位列榜单第87名。

（范玉蕾）

【首家河北省藏医药产业园落户高新区】 10月18日，首家河北省藏医药产业园在高新区落成。该产业园由石家庄藏诺生物股份有限公司建设，占地80亩，集藏药研发、生产制造、旅游参观、临床调理、藏医文化展示等功能于一体。产业园一期建成5条藏药生产线及新型藏药研发中心、河北省藏医药科技馆等配套设施；产业园二期规划面积8万多平方米，规划设计建筑包括丙类仓库虫草口服液生产线、丸剂车间丸剂生产线、工程技术中心、藏医院、展馆商业中心和研发中心。规划藏医药产业园投产后，年产藏药胶囊5亿粒、片剂2亿粒、丸剂5亿粒。

（王丽强）

【石药集团有限责任公司】 石药集团有限责任公司（简称石药集团）是中国医药行业龙头企业之一，总资产200亿元，员工1.8万人。2015年石药集团主营业务收入210.57亿元，同比增长4.07%；利润20亿元，同比增长52.85%；利税28.36亿元，同比增长43.36%；税金13.8亿元，同比增长23.4%；上市公司市值达到450亿港元；拥有研发人员1500多人，其中中央药物研究院工作科研人员700人，国家"千人计划"专家2人。2015年石药集团获评"国家技术创新示范企业""2015卓越竞争力上市企业股东回报奖""河北省政府质量奖"，"石药集团药物研发创新体系建设"获得国家科学技术进步企业技术创新工程奖和"国家科技进步二等奖"，"盐酸多柔比星脂质体注射液的研制"获得河北省科技进步一等奖。2015年石药集团参加全球投资界权威刊物《机构投资者》（Institutional Investor）举办"2015全亚洲最佳管理团队"评选活动，获评"亚洲最佳荣誉公司"。2015年石药集团取得6个药品生产批件、20个产品临床批件；开展新药研发项目180个，其中一类新药25个，国内首创新药品种34个，新型给药系统制剂14个，国际注册产品17个，涉及心脑血管、精神神经、内分泌、抗肿瘤等七大领域。2015年石药集团恩必普、玄宁、欧来宁、多美素、津优力等创新药销售良好，其中恩必普作为国家一类新药，单品种年销售突破20亿元。至2015年底，石药集团88条生产线（产品）一次性通过新版GMP认证，取得16张CEP证书和33个DMF登记号，5个产品通过欧盟或其成员国现场检查，21个产品通过美国FDA现场检查，是国内通过美国FDA认证"品种最多、剂型最全"的制药企业；盐酸曲马多片、盐酸二甲双胍缓释片、盐酸多奈哌齐片、苯佐那酯软胶囊4个品种获得美国销售批准文号，其中盐酸曲马多片剂，在美国市场占有率达到同类药品50%。2015年石药集团一类新药丁苯酞在美国进入二期临床试验，在美国临床试验新药达到3个。石药集团主要药产品，恩必普：是中国脑血管病治疗领域第一个拥有自主知识产权的国家级一类新药，是中国第三个原研药，销售专利面向发达国家转让。恩必普具有独特的双重作用机制，重构脑血循环、增加缺血区灌注；保护线粒体，减少神经细胞死亡。经Ⅰ至Ⅳ期临床试验证明，恩必普疗效确切，总有效率达到78.2%，被列入《中国脑血管病防治指南》《国家医保目录》《军队合理医疗用品目录》《中国急性缺血性脑卒中诊治指南2014》推荐用药。玄宁（产品名：马来酸左旋氨氯地平片）：是国家“十二五”规划重大新药创制产品，主要用于治疗高血压和心绞痛，降压质量高，可保护心脑肾，获得国家技术发明奖二等奖和发明展览会金奖等大奖，与进口药络活喜相比，剂量减半、疗效相同，特别是水肿等不良反应明显低于络活喜。欧来宁（产品名：奥拉西坦）：有胶囊和粉针2个剂型。欧来宁奥拉西坦胶囊为国家二类新药，适用于轻中度血管性痴呆、老年痴呆以及脑外伤等症引起的记忆与智能障碍；欧来宁粉针为国内独家冻干粉针剂型，适用于脑损伤及其引起的神经功能缺失、记忆与智能障碍等症的治疗。津优力（PEG-G-CSF）：是国家一类新药，十二五规划“重大新药创制”项目。采用独特的PFG化技术，实现中性粒细胞代谢自我调解机制，按需动员、平稳升白、作用持久、保护骨髓的作用。津优力与其他G-CSF相比，能够降低51%的3～4度粒缺发生率、60%的抗生素使用率和73%的住院率，每个化疗周期仅需注射一次，避免反复注射和监测血象给患者带来痛苦。多美素（盐酸多柔比星脂质体注射液）：是新型蒽环类靶向药物，将传统多柔比星包裹在磷脂双分子层内，再经PEG修饰，形成隐匿性脂质体。药物通过肿瘤新生血管，富集在肿瘤组织，发挥靶向作用，减少抗肿瘤药物分配到正常组织，降低诸如脱发、恶心、呕吐、中性粒细胞减少发生率等毒性反应，特别是心脏损伤发生率与多柔比星相比，降低40%左右。诺利宁（甲磺酸伊马替尼片）：是首个获得批准的小分子靶向抗癌药，是费城染色体阳性慢性髓性白血病（Ph+CML）及急性淋巴细胞白血病（ALL）患者一线首选药物。诺利宁在生产中采用独有干法制粒工艺，获得国家专利授权（ZL 2011 10246860.X）。

（范玉蕾）

【华北制药集团有限责任公司】 2015年6月，华北制药集团有限责任公司（简称华北制药）金坦生物技术股份有限公司申报的重组人促红素注射液（CHO细胞）0.5ml：12000IU大规格产品获得国家食品药品监督管理总局核发产品批准文号，这是该公司首个获批大规格促红素产品。该产品在原肾性贫血适应症基础上，获批增加用于治疗肿瘤性贫血新适应症（非骨髓恶性肿瘤化疗引起的贫血）。肿瘤化疗引起的贫血是指肿瘤患者在疾病化疗治疗过程中发生的贫血，促红素能有效治疗肿瘤贫血，明显减少因贫血导致的输血需求，可改善肿瘤患者生活质量。重组人促红素注射液（CHO细胞）是最早用于临床的重组基因工程药物之一，是国家二类新药，主要用于防治肾性贫血、肿瘤性贫血等，是治疗各类贫血的特效药物。

（范玉蕾 郑晓娜）

【以岭药业股份有限公司】 2015年以岭药业以中药生产、国际制药、健康产业三大业务板块为核心，发展成为集国内国际、线上线下、药品、健康产品科研、生产、销售于一体现代企业，生产西药制剂取得欧盟GMP证书，医药产品销往美国、英国、新西兰及欧盟等国家和地区。至2015年末，以岭药业营业总收入26.9亿元，同比增长6.78%；利润4.12亿元，同比增长40.41%；利税7.08亿元，同比增长28.81%。入选中国医药上市公司20强。4月15日，由全国工商联医药业商会主办的“2014中国医药行业最具影响力榜单发布会暨2015中国医药健康产业发展论坛”在福建省厦门市闭幕。以岭药业在此大会上获得“中国医药上市公司20强”奖项，这是石家庄市唯一获得此奖项医药企业。“中国医药上市公司20强”评奖范围为2014年销售额亿元以上民营、公有、外企、合资企业等医药上市公司，以三年（2012～2014年）企业营业额复合增长率为核心排名标准，辅助参考企业商业模式、创新能力、核心团队、品牌影响力与行业地位等。2014年以岭药业实现营业总收入292115.73万元，同比增长17.31%；实现净利润35449.52万元，同比长45.11%。

（范玉蕾）

纺织工业

【概况】 2015年，全市纺织服装皮革行业共有规模以上企业418家，其中，纺织业252家，纺织服装服饰业64家，皮革、毛皮、羽毛及制品和制鞋业81家，化纤制造业21家；主营业务收入1407.89亿元，同比增长11.18%；工业增加值295.03亿元，同比增长9.4%；实现利润113.58亿元，同比增长11.41%；实现利税145.94亿元，同比增长9.99%。全年规模以上纺织服装皮革行业企业生产纱65.45万吨，同比增长9.5%；生产布40.50亿米，同比增长11.2%；生产皮革服装52万件，同比增长13%；生产皮鞋364万双，同比增长21.3%。

【常山纺织股份有限公司】 石家庄常山纺织股份有限公司（简称常山股份）成立于1998年12月29日，是一家集生产、科研、贸易为一体大型纺织上市公司。2000年7月24日，常山股份1亿A股在深圳证券交易所发行上市，募集资金净额5.98亿元。2015年常山股份总股本达到12.71亿股，总市值258.6亿元，旗下拥有8家大型棉纺织分（子）公司及原料公司、进出口贸易公司、房地产开发公司等，在职员工2万人。常山股份整体装备水平达到国内领先水平，拥有生产纱锭80万枚，织机1.2万台，其中无梭织机2400台；年产棉纱10万吨，坯布3亿米。可生产各种支数卡摩纺、高档针织纱、色织纱、OE纱等纱线以及各种幅宽纯棉、涤棉坯布面料，产品涉及环保型、功能型、休闲弹力、高支高密和大小提花等十大系列2000多个面料品种，新产品连年入围中国流行面料。2015年常山股份与北明软件并购重组获得中国证监会批复同意，常山股份通过发行股份形式，收购北明软件股份有限公司100%股权。北明软件是国家规划布局内重点软件企业，是国内一流IT解决方案提供商，业务范围覆盖金融、电力、能源、政府、公共事业、互联网及运营商、制造业等领域。常山股份与北明软件并购重组后，形成软件和纺织共同发展双主营业务结构，企业效益大幅度提高。至2015年底，常山股份主营业务收入88.74亿元，同比增长35.99%；工业总产值10.09亿元，同比下降4.5%；实现利润2.88亿元，同比增长1171.41%；实现利税3.73亿元，同比增长365.39%。

【纺织机械有限公司】 石家庄纺织机械有限公司（简称石纺机）前身为石家庄纺织机械厂，始建于1958年。2004年11月5日，石家庄纺织机械有限公司重新组建成立，是一家专业研发、制造和销售产业用纺织品特种织机高新技术企业，也是国家重点骨干纺织机械企业。石纺机公司占地面积8万平方米，是中国最大的产业用纺织品特种织机制造基地。该公司拥有宽重型聚酯网织机、工业矿业用多层带类织机、超宽幅土工布织机、产业用纺织品喷气织机等四大系列上百个品种，产品广泛用于织造造纸网、环保滤网、压榨网、输送带芯、粉状物输送带、刹车带、地毯、土工布、骨架材料等产业纺织品，其中特种织机、棉纺织机系列产品获得“河北省科学技术发明奖”“石家庄市技术进步奖”，“CXW宽重型织机”“GA727整体输送带芯织机”“SGA21型喷气织机” 等6种产品列入“国家重点新产品计划”“国家科技支撑计划（国家攻关计划）”“石家庄市重大科技项目”。石纺机产品占有国内同类产品市场份额85%以上，还出口到南亚、南美洲等地区。2015年石纺机公司共有职工600余人，其中各类专业技术人员120余人；实现销售收入3000多万元。

（田进辉）

石油化工业

【概况】 2015年，全市石油化工行业共有规模以上企业397家；主营业务收入1566.35亿元，同比增长11.96%；实现利润94.78亿元，同比增长11.41%；利税213.3亿元，同比增长52.4%；全行业生产增量占全市工业生产增量16.51%。全市石油化工行业主要分为石油化工、化学原料、农用化学物质和橡胶制品四大类。至2015年末，全市拥有石油加工、炼焦加工业企业13家，化学原料和化学制品制造业企业295家，橡胶和塑料制品业企业89家。主要产品大类有原油加工、纯碱、精甲醇、合成氨、农用化学肥料、农药、涂料、化学试剂等。全年主要工业产量为精甲醇14.2万吨、纯碱106万吨、合成氨89.4万吨、农用化学肥料73.25万吨、农用化学原药0.95万吨、涂料24.97万吨、合成洗涤剂14.46万吨。实施化工企业退城入园政策，印发《关于中心城区工业企业搬迁改造和产业升级的实施意见》，确定列入《石家庄市大气污染防治攻坚行动方案（2013～2017年）》中心城区污染工业企业，2017年底前全部搬出中心城区或转型；其他搬迁工业企业，逐步向市域工业园区转移，实现产业集群式发展。2005年石家庄市规划建设石家庄循环化工园区，确定循环化工园区为石家庄中心城区搬迁化工企业重要承接地。投资1.5亿元，建设循环化工园区公用管廊，做到项目生产装置封闭性连接；落实项目间原料、产品互供集中调度政策，有效降低能源消耗和废物排放。至2015年末，原位于石家庄市区的晋煤金石化肥、河北威远生物化工、石家庄焦化厂、河北东华化工集团等企业相继搬迁入园。2015年循环化工园区入驻企业工艺技术、装备水平基本达到国内领先，其中，石家庄焦化厂引进日本旭化成环已烯生产环已酮技术，产品生产率由80%提高到99%，废气排放量下降98%；石炼化公司800万吨炼油扩能改造项目采用全加氢清洁生产技术，燃油指标达到国内领先水平；盈德公用气体岛项目采用国家鼓励水煤浆加压汽化技术，气体净化度、硫黄回收率提高，环境污染极小（参见《石家庄年鉴2016》“特色园区”）。

【化工医药研发检测公共服务平台通过验收】 2015年2月，石家庄生产力促进中心承担市化工医药研发检测公共服务平台建设项目通过河北省专家组验收。验收活动由河北省科技厅组织，专家组成员包括河北省科学院、河北师范大学、河北省化工研究院等高校和科研院所相关领域专家。市化工医药研发检测公共服务平台项目为河北省科技支撑计划项目，是在石家庄生产力促进中心建设石家庄生物产业基地技术服务中心基础上建成，投资近100万元，购置先进仪器11台套，并整合相关单位医药化工研发、检测仪器，总面积2700平方米，固定技术人员40余人，是一个国内先进研发检测水平公共服务平台。该平台通过美国FDA实验室检测认证、中国合格评定国家认可委员会（CNAS）现场评审、加拿大卫生部（Health Canada）认证。至2015年末，市化工医药研发检测公共服务平台累计服务企业近5000家（次），主要为化工医药产业企业提供优质技术创新硬件支撑、产品检测和FDA认证服务。

【白龙化工股份有限公司】 石家庄白龙化工股份有限公司是1997年12月由市化工二厂（1959年建厂）改制设立的股份制企业。主要产品有苯酐、顺酐、增塑剂，广泛用于增塑剂、油漆、塑料、染料、医药、糖精、玻璃钢制品等行业。注册商标为“白龙”牌。“白龙”商标为河北省著名商标，“白龙”牌苯酐为河北省名牌产品，顺酐为河北省优质新产品。2014年公司由原址石家庄市谈固北大街61号整体搬迁至石家庄循环化工园区石炼中街8号，2015年7月搬迁改造优化升级项目完成，累计投资3.5亿元，占地200亩。至2015年末，白龙化工股份有限公司注册资本4835.54万元，其中国有股份2110万元，占43.64%；总资产4.6亿元；职工580人。2015年公司围绕“创新发展、协调发展、绿色发展”理念，通过强化管理和科技创新，实现销售收入61109万元、利润101万元。

（牛永智）

装备制造业

【概况】 2015年，全市装备制造业面对市场需求不足、产品价格下降、成本居高不下、订单减少、效益下滑等困难，产值实现温和增长。行业运行突出表现为：一季度增幅下滑严重、形势超出预计，二季度增幅减缓、市场乏力，三季度运行短暂回升后又有下滑，四季度缓慢回暖。全年装备制造业共有规模以上企业511家；从业人员12.3万人；总资产835.22亿元，同比增长16.83%；工业总产值1497.68亿元，同比增长6.05%，高于全省同行业0.1个百分点；工业增加值318.18亿元，同比增长5.48%，占全市工业增加值比重16.77%，低于全省同行业1.51个百分点；主营业务收入1443.44亿元，同比增长5.40%，高于全省同行业1.14个百分点，总量居全省同行业第四位；实现利润137.12亿元，同比增长5.26%，低于全省同行业4.92个百分点，总量居全省同行业第二位；实现利税179.22亿元，同比增长4.87%，低于全省同行业1.94个百分点，总量居全省同行业第三位。全年累计亏损企业36家，同比增长9.09%，亏损面7.05%；累计亏损额3.45亿元，同比增长21.56%，高于全省同行业58.71个百分点，亏损额居全省同行业第六位。装备制造业完成工业增加值比重居工业行业首位。2015年全市装备制造业中，工业增加值增长最快的是铁路、船舶、航空航天和其他运输设备制造业，工业增加值完成1.18亿元，同比增长20.96%；工业增加值相对偏弱的是汽车制造业，工业增加值完成17.70亿元，同比增长3.11%。主要产品生产。2015年全市装备制造业入统产品40种，24种主要产品产量同比出现下滑现象，占比60%；15种产品产量保持增长，占比37.5%；增速20%以上10种，占比25%；增速10%以上14种，占比35%。增速20%以上10种产品产量为：气体压缩机45798台，同比增长952.10%；中型拖拉机272台，同比增长300%；光缆1332976芯千米，同比增长89.24%；变压器278884千伏安，同比增长54.49%；塑料加工专用设备127台，同比增长33.86%；家用电风扇2696828台，同比增长33.22%；粉末冶金件72吨，同比增长30.03%；饲料生产专用设备5507台，同比增长25.39%；环境监测专用仪器仪表113160台，同比增长24.52%；灯具及照明装置437732套，同比增长20.29%。增速0～10%产品为：钢丝、电饭锅、电力电缆、农产品初加工机械、阀门。负增长0～10%产品为：钢结构、机械化农业及园艺机具（玉米收获机械）、矿山专用设备、金属紧固件、摩托车。负增长10%～20%产品为：表、金属成形机床、泵、电动机、石油钻井设备、房间空气调节器、环境污染防治专用设备。负增长20%～96%产品为：滚动轴承同比下降22.23%，小型拖拉机下降24.72%，风机下降24.90%，金属冶炼设备下降26.86%，液压元件下降31.99%，齿轮下降33.93%，通信及电子网络用电缆下降38.37%，炼油、化工生产专用设备下降43.47%，金属密封件下降54.12%，改装汽车下降60.13%，铅酸蓄电池下降96.64%。装备制造业八大类产品销售产值增长，主要表现为“两快、四稳”。“两快”是专业设备制造业，同比增长12.35%；铁路、船舶、航空航天和其他运输设备制造业，同比增长19.51%。“四稳”是金属制品业、通用设备制造业、专业设备制造业、电气机械和器材制造业，合计占比重90.64%，均保持平稳或较快增长，带动全市装备制造业销售产值稳定实现增长6.03%。装备制造业八大类产品利润表现为“五增、三降”。“五增”是金属制品业，通用设备制造业，专用设备制造业，铁路、船舶、航空航天和其他运输设备制造业，电气机械和器材制造业；“三降”是汽车制造业，仪器仪表制造业，金属制品、机械和设备修理业。2015年全市金属制品业入统企业120家，完成工业增加值75.18亿元，同比增长4.34%；实现主营业务收入339.02

亿元、利润31.41亿元、利税41.29亿元，同比分别增长1.60%、6.05%和4.28%；亏损企业10家，同比增加4家，亏损额1952万元，同比减亏755万元。全市通用设备制造业入统企业117家，完成工业增加值72.07亿元，同比增长6.29%；实现主营业务收入291.72亿元、利润25.88亿元、利税34.14亿元，同比分别增长7.29%、8.66%和8.75%；亏损企业6家，同比减少5家，亏损额1.46亿元，同比减亏2729万元。全市专用设备制造业入统企业99家，完成工业增加值53.68亿元，同比增长7.52%；实现主营业务收入240.11亿元、利润22.38亿元、利税29.75亿元，同比分别增长11.66%、10.40%和11.52%；亏损企业13家，同比增加5家亏损额5247万元，同比增亏1391万元。全市铁路、船舶、航空航天和其他运输设备制造业入统企业10家，完成工业增加值10.96亿元，同比增长26.96%；实现主营业务收入36.32亿元，同比下降3.41%；实现利润5.24亿元、利税5.96亿元，同比分别增长27.27%和13.29%；亏损企业1家（2014年无亏损企业），亏损额7939万元。全市电气机械及器材制造业入统企业119家，完成工业增加值86.35亿元，同比增长3.76%；实现主营业务收入432.87亿元、利润44.06亿元、利税56.06亿元，同比分别增长3.76%、4.47%和4.32%；亏损企业4家，同比减少40家，亏损额4255万元，同比增亏1236万元。全市汽车制造业入统企业32家，完成工业增加值17.70亿元，同比增长3.11%；实现主营业务收入75.31亿元、利润6.15亿元、利税9.29亿元，同比分别下降2.01%、23.96%和17.43%；亏损企业1家，同比减少2家，亏损额288万元，同比减亏2659万元。全市仪器仪表制造业入统企业12家，完成工业增加值4.07亿元，同比增长5.93%；实现主营业务收入11.01亿元，同比增长2.82%；实现利润1.30亿元、利税1.82亿元，同比分别下降3.91%和10.05%；亏损企业1家（2014年无亏损企业），亏损额232万元。全市金属制品、机械和设备修理业入统企业2家，完成工业增加值3.99亿元，同比下降13.37%；实现主营业务收入17.08亿元，同比增长20.99%；实现利润7061万元、利税9242万元，同比分别下降15.84%和5.26%；无亏损企业。

（苏志炜　刘智卓）

【新能源汽车发展和推广应用实施意见】 5月22日，石家庄市出台《加快新能源汽车发展和推广应用的实施意见》（石政发〔2015〕10号）。主要内容：落实“新能源汽车在城市公交与公务、公用车领域优先实施，在私人用车领域着力推广”战略，抓好配套政策软环境、基础设施硬环境建设，以大规模示范应用带动产业跨越式发展，最终形成产业链完整、创新能力强、发展势头良好的新能源汽车产业，促进大气环境质量显著改善。新能源汽车纳入全市各级政府采购范围，党政机关、事业单位、社会团体和国有及国有控股、参股企业新购车辆（包括邮政、园林、环保、公安等业务用车）优先购买新能源汽车，新增或更新的车辆中新能源汽车比例不低于30%并逐年提高，淘汰置换的黄标公交车全部采用新能源汽车。支持发展新能源汽车产业，培育壮大新能源汽车生产企业。支持南车石家庄车辆有限公司、石家庄中博汽车有限公司、河北长鹿客车厂、石家庄双环汽车有限公司、河北新宇宙电动车有限公司等重点企业通过扩能重组等方式加快发展，尽快获得国家新能源汽车产品公告资质；支持中国南车、珠海银隆等新能源汽车龙头企业在石家庄市建设研发基地。促进新能源汽车产业聚集发展。调整新能源汽车产业布局，引导关联产业向石家庄装备制造产业园区和正定汽车产业园区聚集，壮大新能源汽车产业集群。加快电池、电机、电控等关键零部件及车辆维护保养服务等相关产业发展。落实国家、省、市鼓励企业科技创新的有关政策措施，支持企业围绕提高动力电池能量密度、充放电循环寿命和安全性能等关键技术，通过原始创新、集成创新和引进消化吸收再创新，逐步提高新能源汽车零部件产品质量和本地化配套能力。给予购买新能源汽车用户补贴。推广阶段（2014～2015年），全市对新能源公交车和公共服务领域用新能源汽车（公共服务领域用新能源汽车种类由河北省新能源汽车推广应用部门联席会议研究确定），在享受中央、省财政补贴的同时，市财政按照中央财政补贴标准1∶1的比例对购车用户给予补贴，中央财政和地方财政补贴总额不超过购车价款；其他领域用新能源汽车按照中央财政补贴标准1 ：0.5的比例对购车用户给予补贴，中央财政和地方财政补贴总额不超过购车价格的60%。国家规定，更新新能源公交客车免征车辆购置税。河北省规定，推广阶段（2014～2015年）在全市购置注册的所有新能源汽车免征车牌费；享受省财政补贴的新能源汽车在省内高速公路及其他收费公路行驶免收车辆通行费。对使用《节约能源使用新能源车辆（船舶）减免车船税的车型（船型）目录》中所列举的新能源汽车，免征车船税。对于《不属于车船税征收范围的纯电动燃料电池乘用车车型目录》的纯电动乘用车和燃料电池乘用车，不征收车船税。鼓励金融机构加大对新能源汽车推广应用的贷款支持；鼓励各类投融资公司以股权投资、融资租赁等形式参加全市新能源汽车的推广应用工作。石家庄市要为新能源汽车发放、装贴特殊标识，提高新能源汽车使用环节相关优惠政策措施的可操作性；对新能源汽车实施不限购、不限号行驶政策；开放新能源汽车办证、年检“绿色通道”，优先办理车辆登记、年检等业务，直接发放机动车污染排放环保标志。科学配置汽车充电站、换电站和充电桩。将新能源汽车充换电设施建设纳入城市专项规划；根据新能源汽车的发展和市场使用情况科学合理配置充电站、换电站和充电桩；充电站、换电站、充电桩的建设要充分利用综合枢纽站、公交枢纽站、公交停保站、公交首末站、出租车服务区、社会车辆停车场以及变电站等设施用地。在市区综合客运枢纽建设充电站；在推广应用新能源汽车的政府机关、企事业单位以及市区、高新区、正定新区的环卫、邮政、电力用车集中停放地建设充电桩；在市区、高新区、正定新区等地建换电站。鼓励在商业建筑（超市、商场等）停车场、社会停车场（库）、高速公路服务区、输变电设施等场所建设公用充换电设施；在新规划建设的住宅小区或配电网条件具备的小区，鼓励私人用户在小区（住宅）停车场地建设自用充电设施；鼓励在单位（私人）用户办公场所停车场地和公交、环卫等特定行业停车场地建设专用充电设施。鼓励专业运营商投资建设、运营新能源汽车充（换）电设施建设，投资建设新能源汽车充（换）电设施的单位，市财政给予设备投资总额5%的补助，单个设施补助最高不超过100万元。

（市政府文件摘录）

【装备制造产业园】 2015年装备制造产业园主营业务收入156.82亿元，同比增长12%；完成工业增加值37.63亿元，同比增长15%；实现税收5.68亿元，同比增长12.03%；固定资产投资59.54亿元，同比增长12.34%。新开工项目11个，总投资51亿元；新开工项目为：中冶中试基地、潘城军民融合创新科技园、《河北日报》项目、人工增雨、精泰电气项目、天龙环保、润丰物流二期、灵达热电一期技改项目、东华舰危险工艺自动化技改项目、杰克化工螯合剂产品技改项目、恒谊化工丁基胶塞项目。在建项目11个，分别为：中车轨道交通、安瑞科二期、石煤机二期、顺邦物流、汇邦工程机械（三一重工）、蓝岛新型建材、德威农业科技、怀特建材、德明丝网、奥祥医药、郑氏塑料。试生产项目5个，分别为：圣弘粮食机械、宝临电气、西屋电气、一诺电气、东华舰危险工艺自动化技改项目。2015年河北省批复装备制造产业园土地指标123亩，其中62亩土地手续办理完毕。实施园区面貌改造提升工程，道路管网工程完成长4000米雨、污水旧网改造，实现园区雨污分流。南车路、顺翔街初步绿化完毕；南车路、灵达路、顺翔街3条道路亮化开工；裕翔南大街一期绿化竣工，机动车、非机动车分隔带绿化及两侧人行道种植树木工程完成，共栽植法桐1500棵、白皮松520棵、碧桃350棵、冬青20万株；裕翔南大街二期绿化招标启动。110千伏变电站工程正在建设。中航通飞华北基地。项目二期停机坪建成投用。通用航空机场开通石家庄栾城区至秦皇岛、承德两条航线，省内其他市区航线正在申请。中车产业园。2014年12月30日，中国南车与中国北车发布重组公告，由中国南车吸收合并中国北车；2015年6月8日，中国南车与中国北车合并完成，改名为中国中车股份有限公司（简称中国中车）。原南车石家庄车辆有限公司是原中国南车股份有限公司全资子公司，始建于1905年，前身为“石家庄车辆厂”。2014年12月1日，原南车石家庄车辆有限公司整体搬迁正式启动，搬迁地址位于栾城区装备制造基地；2015年3月，公司生产全面恢复。2015年石家庄中车产业园轨道交通项目厂房建成，正在安装调试设备。企业中标石家庄地铁三号线。规划2016年初第一列“石家庄造”地铁样车交付使用，全部投产后，年新造地铁车辆150辆、低地板有轨电车90辆，全面满足石家庄地铁建设需要。新能源汽车项目重点发展微循环电动车辆、新能源公交、纯电动大巴等产品，打造中国中车新能源汽车北方制造基地。至2015年末，中国中车石家庄车辆有限公司发展成为集铁路货车造修、城市轨道地铁总装及零部件制造、新能源汽车与工程机械研发制造等产业于一体现代大型企业。7月3日，河北省政府与中车集团签订战略合作协议。中车石家庄公司与南车株洲所、石家庄双环汽车公司正在洽谈项目合作事宜。浙商产业园。浙商产业园一期工程一诺电气、西屋电气、郑氏塑料3家企业4个车间完工，一诺电气、西屋电气开始试生产，郑氏塑料库房主体完工；宝临电气3个车间开始生产，办公楼正在建设；耀峰医药项目圈建围墙，正在实施迁建项目。浙商产业园二期总占地300余亩，规划入驻综合服务大楼（中技所孵化器）、康普斯永磁电机项目、华叶塑业项目、北洋水处理设备项目、耐恒钢材项目、科翼减速机项目、雷格环保项目、盛世达金属构件项目等。

（师小红　张贺明）

【中航通飞华北飞机工业有限公司】

中航通飞华北飞机工业有限公司（简称中航通飞华北公司）栾城机场获得使用许可。2015年1月，中航通飞华北公司石家庄栾城机场使用许可暨石家庄爱飞客航空俱乐部运营合格证颁证仪式在栾城区举行。石家庄栾城机场使用许可证由中国民航华北地区管理局颁发，拥有4块空域1345平方千米，为2B级机场，并以中国空军批复起降点和民航通航机场双重身份投入使用。栾城机场获得使用许可证后，为中航通飞华北公司打造集研发制造、试飞交付、客户支持、通航运营与服务为一体的综合示范基地创造出最核心基础条件，标志中航通飞华北公司能力建设取得重大进展。

中美合资首架空中国王350飞机下线。9月18日，由中航工业通飞华北公司和美国德事隆集团合资生产首架空中国王350飞机下线交付仪式在石家庄市栾城机场举行。2015年4月，中航工业通飞华北公司和美国德事隆集团签署协议，商定以双方合作形式向中国市场引进空中国王350飞机，并签署3架飞机订单。空中国王350属涡桨飞机，安装普惠公司发动机、福勒襟翼和双轮胎主起落架，具备良好短距离起降性能，可在短至1000米跑道上以最大重量起降；采用双套中央俱乐部式豪华客舱，可搭乘8名乘客；最大起飞重量6.8吨，最大航程2800千米。

石家庄爱飞客飞行大会暨通用航空展。9月18～20日，由石家庄市政府、中航工业通飞公司、中国贸易促进会河北省分会共同主办的“2015石家庄爱飞客飞行大会暨通用航空展”在石家庄栾城区通用航空产业基地举行。河北省委书记赵克志，省委副书记、省长张庆伟，中航工业集团公司董事长林左鸣及省委常委、市委书记孙瑞彬，市委副书记、市长邢国辉等领导出席开幕式。来自美国、瑞典、意大利、英国等国家及国内近百家通用飞机制造商、通航企业和相关机构参加大会，展出高性能飞机、中短途通勤飞机、特种飞机、教练机、水陆两栖飞机、直升机、固定翼飞机、新燃料飞机、世界顶级私人飞机、动力伞等主流通用航空飞行器101架，累计进场参观人数超过10万人；签约成交通用飞机16架，总金额超1亿元。飞行大会和通用航空展期间，石家庄市政府与中航通飞有限公司签订深化通用航空产业发展战略合作协议，中航通飞华北公司与河北省交通厅、石家庄市政府、承德市政府签订开展通勤航空业务战略合作协议，栾城区政府与宏泰集团签订石家庄通用航空产业基地及航空市镇协议；还举办了飞行表演、飞行模拟器体验、爱飞客之夜、航空绘画作品展、“时尚引领飞行”高峰论坛暨《魅力爱飞客》新书首发仪式、“通用航空产业助力京津冀协同发展”主题论坛等活动。

（范玉蕾　吴温）

【河北跃迪集团有限公司组建成立】

1月14日，河北新宇宙电动车有限公司以石家庄基地为中心，联合河北聚乾电动车有限公司，收购陕西商洛客车厂，共同组建河北跃迪集团有限公司。河北新宇宙电动车有限公司于2010年开始建设，总投资10.6亿元，占地350.8亩，具备汽车冲压、焊装、涂装、总装四大生产工艺及配套检测设备，年产3万辆新能源汽车，是中国国内最大的电动警务用车生产基地。河北跃迪集团有限公司组建成立后，规划生产6米、8米、10米、12米纯电动大中型客车，并投入资金扩大民用电动轿车生产线，新建电动轿车冲压线、悬点焊接线、涂装电泳线、喷漆线、总装配线和全自动汽车检测线。2015年河北跃迪集团有限公司在一期工程年产3万辆电动汽车规模基础上，开始建设年产10万辆电动汽车二期工程，扩大生产新型电动轿车、专用警用车和专用民用车。

【非金属防弹头盔首次出口非洲】 4月8日，经石家庄检验检疫局检验合格，安泰富源安全设备制造有限公司生产的非金属防弹头盔启运埃塞俄比亚，这是石家庄市此类产品首次出口非洲。安泰富源安全设备制造有限公司是一家集研发、生产为一体的国家高新技术生产型企业，主要生产防弹防暴、搜爆排爆等防护系列产品。此次出口的非金属防弹头盔选用凯夫拉材料制成，带有泡沫缓冲垫，具有耐腐蚀、耐紫外线光照、防水、防弹等多种性能，生产样品由中国兵器工业非金属材料理化检测中心检测，产品规格、尺寸、标识等符合生产流程和检验标准。

【石家庄煤矿机械有限责任公司】 石家庄煤矿机械有限责任公司（简称石煤机公司）是2007年2月成立的冀中能源机械装备公司4家分公司之一（另3家分公司分别为石家庄工业泵厂有限公司、冀中能源机械装备有限公司邢台机械厂、邯郸通方机械制造有限公司）。2015年11月，石煤机公司申请认证总质量16吨和7吨清扫类环卫车辆产品，通过中国质量认证中心节能产品认证检查，标志该公司两大车型单元产品获得中国节能产品认证证书，纳入中国“节能产品政府采购清单”。石煤机公司环卫车类产品包括道路清扫类、垃圾处理类、洒水抑尘类等三大系列，涵盖洗扫车、扫路车、真空吸尘车、多功能抑尘车共9种型号产品。2015年冀中装备集团石煤机公司设计研制煤及非煤新产品30种，其中23种矿用新产品取得“矿用产品安全标志证书”。

（苏志炜　刘智卓）

电子信息工业

【概况】 2015年，全市电子信息行业入统企业199家，其中制造业企业44家、软件和信息技术服务业企业155家；主营业务收入239.56亿元，同比增长5.84%；利润总额33.44亿元，同比增长18.91%；利税39.2亿元，同比增长14.47%。电子信息产品制造业主营业务收入166.87亿元，同比增长5.03%；利润总额25.67亿元，同比增长17.44%；利税29.3亿元，同比增长13.3%。软件和信息技术服务业主营业务收入72.69亿元，同比增长7.75%；利润总额7.77亿元，同比增长24.04%；利税9.9亿元，同比增长18.08%。落实电子信息产业政策。向阳电子申报2014年国家电子发展基金支持项目省级配套资金，获得资金支持60万元；汉佳电子等9家通过CMM认证企业申报省级补助资金，累计获得资金支持360万元。推进电子信息行业合作发展。2015年河北汇金机电股份有限公司、中国科学院半导体研究所共同成立电子信息技术联合研究中心。2015年6月，浪潮集团在石家庄市成立河北浪潮信息技术有限公司；12月23日，市长邢国辉在亚太大酒店会见浪潮集团执行总裁张磊。浪潮集团是中国领先的云计算整体解决方案供应商和云服务商，拥有浪潮信息、浪潮软件、浪潮国际三家上市公司，业务涵盖系统与技术、软件与服务、半导体三大产业群组，位列2015年中国电子信息产业百强第9位。电子信息产业创新能力增强，建有1个国家级工程研究中心、1个国家级工程实验室、1个国家地方联合实验室、1个国家级企业技术中心、1个国家重点实验室、8个省级工程实验室、5个省级工程技术研究中心和6个省级企业技术中心。信息产业基地推进产业聚集，拓宽延长产业链建设；依托中国电子科技集团54所、13所电子信息产业优势，重点发展通信系统、半导体照明、卫星导航、专用集成电路等产业；光谷科技园一期入驻企业16家，其中，神玥软件、精诚通信、阳天通讯3个项目竣工投产，立明电子、德海科技等8个项目正在内外装修，天林电子、博信二期项目主体施工，13所半导体检测中心项目竣工。高新区光电产业园围绕打造光电显示产业链，重点发展TFT-LCD液晶玻璃基板生产线成套设备和TFT-LCD玻璃基板。至2015年末，全市通过CMM/CMMI认证企业16家，占全省47%；拥有中国电子科技集团公司（简称中电科）54所、中电科13所、东旭集团、诚志永华、四方通信等一批行业领域处于领先地位或具有重要影响力优势企业和单位；初步形成高新技术产业开发区、石家庄信息产业基地两大产业集聚地和以通信设备、半导体照明、平板显示、电力电子、电子专用仪器、软件和信息技术服务为主导产业体系。

（任晓冬）

【云计算发展实施意见】 10月30日，市政府印发《关于促进云计算创新发展培育信息产业新业态的实施意见》（石政发〔2015〕49号）。主要内容：发展思路：围绕转型升级、跨越赶超，建设幸福石家庄总体目标，以京津冀协同发展为契机，坚持“市场主导、统筹协调、深化应用、创新驱动、保障安全”基本原则，立足现有产业和应用基础，将产业发展平台做优，应用示范项目做好，创新服务模式，培育骨干企业，激发市场需求，实施云计算产业规模和应用水平提升。发展目标：到“十三五”规划末，云计算基础设施建设基本完善，云计算数据中心布局基本能够满足现有需求和升级拓展需要。云计算基础数据开始服务社会事务管理、重点领域和重点行业，产业链条得到完善，信息产业新经济增长点格局基本形成。到2020年，云计算在重点领域应用开始深化，社会应用开始普及，基础设施满足云计算产业未来发展需求，在建及拟建成数据中心正常运行，为全市云计算需求提供基础平台和技术支持；云计算安全监管体系健全。实施云计算产业园建设七大重点工程：云计算产业园建设、网络基础设施建设、信息产业新业态建设、云计算创新能力建设、云计算应用示范、云计算安全保障建设、建立较完备云计算产业重点项目库。

（市政府文件）

【中电科54所】 中国电子科技集团公司是国内电子信息领域专业覆盖面最宽、综合性最强骨干研究所，具有武器装备科研生产及质量体系方面重要资质，是国家授权电子工程专业承包壹级资质单位、电子工程甲级设计单位。中电科54所位于石家庄市中山西路589号，工作区占地面积960亩，从业人员8600余人，其中科技人员5400余人。中电科54所具有完善的科技创新体系和优越的科研生产基础设施，建有北京研发中心和省内规模最大的博士后工作站，拥有通信软件与专用集成电路设计国家工程研究中心，国家通信导航设备质量检验中心（含国家级商检实验室），国内首家卫星导航产品认证中心3个国家级研究开发和检验认证中心。2015年中电科54所获得专利授权215项，其中发明专利授权165项；获得中国电子科技集团公司科技成果奖12项；营业收入超百亿元，成功签订宽带卫星射频系统、国家天文台贵州500米天线等国家重大项目合同任务；轨道交通通信中标项目超过10亿元，地铁用户城市达到30个，成为中国轨道交通通信领域最大通信系统建设和服务提供商。

【东旭光电成立10亿元产业基金】 2015年玻璃基板龙头企业东旭光电与Pieper公司（德国公司）签署《中德技术桥项目开发及合作战略框架协议》。双方商定共同投资成立1家合资公司。具体合作方式：中国境内由东旭光电牵头出资设立投资管理平台，并通过该平台发起设立高端智能装备产业基金；投资管理平台主要负责产业基金日常经营管理，包括投资项目筛选、立项、尽职调查等；产业基金主要为德国公司高端智能装备或其他符合东旭光电战略发展需要领域，开展投资、并购等业务；基金规模不低于10亿元；德国境内，由德国公司配合东旭光电，寻找优质投资标的，包括玻璃基板、高端智能装备、半导体材料等领域及上下游产业链。

（任晓冬）

食品工业

【概况】 2015年，全市食品工业拥有规模以上企业240家，其中农副食品加工业154家，食品制造业55家，酒、饮料和精制茶制造业30家，烟草制品业1家。全年食品工业主营业务收入1013.41亿元，同比增长6.25%，是继石家庄市纺织服装、石油化工、装备制造业后，又一个突破千亿元行业；完成增加值245.28亿元，同比增长4.59%，占工业增加值比重12.93%；实现利润87.57亿元，同比增长3.38%；实现利税152.55亿元，同比增长3.17%。农副食品加工业主营业务收入637.78亿元，同比增长3.77%；实现利润52.15亿元，同比增长6.73%。2015年石家庄君乐宝乳业、河北三元食品有限公司、双鸽食品、洛杉奇食品、益海（石家庄）粮油等食品企业保持较好发展势头，其中，石家庄君乐宝乳业主营业务收入51.24亿元，同比增长19%，突破50亿元大关；位于新乐市河北三元食品有限公司年产乳粉4万吨、液态奶25万吨搬迁改造项目主体工程竣工，项目占地600亩，总投资18亿元。

（魏俊杰）

【君乐宝乳业】 2015年石家庄君乐宝乳业主营业务收入51.24亿元，同比增长19%，突破50亿元大关；实现利税3.94亿元，同比增长30.8%。液态奶工厂全线通过欧盟BRC认证。2015年3月，石家庄君乐宝乳业有限公司旗下液态奶工厂全部通过欧盟BRC食品安全全球标准认证。BRC食品安全全球标准是针对食品安全生产管理运行体系综合认证，包括HACCP体系、质量管理体系、工厂环境、产品控制、加工过程控制等7个方面，涵盖工厂整个生产链条上从原料到成品全线标准，是国际公认的食品规范。自建牧场投入运营。2015年4月，君乐宝乳业在鹿泉区自建大型生态牧场——河北乐源牧业投入运营生产。该牧场建设泌乳牛舍3.57万平方米，青年牛舍1.79万平方米，青贮窖1.28万平方米，转盘式挤奶厅3828平方米，并通过河北省生产乳粉用标准化奶牛场建设项目验收；引进国外优质奶牛种源，建有配套饲料加工车间、粪污处理等现代设施，奶牛存栏2500头，其中泌乳牛1600头，日产优质奶源45吨；采用全混合日粮（TMR）、自动恒温饮水、全株青贮、自动清粪器、粪污无害化处理等先进设施设备和管理手段，奶牛单产8.1吨，乳脂率3.9%以上，乳蛋白3.2%以上。君乐宝奶粉上市一年销售3亿多元。2014年4月12日君乐宝奶粉开始上市，至2015年4月12日，君乐宝奶粉上市一年时间，累计销售额突破3亿元，获得50万消费者信赖。君乐宝奶粉生产过程：自建优质牧场＋全球优选原辅料＋专为中国宝宝设计的配方＋先进生产工艺＋四重检测；原奶全部来自大型现代化自建标准牧场，经国际权威检测检验机构瑞士公证行SGS检测证实，君乐宝奶源核心指标优于欧盟标准，原奶物理指标包括菌落指数、体细胞等卫生指标对外公开；原辅料在全球优选一流供应商，由以爱尔兰Kerry集团为代表主要供应商提供，各主要供应商均通过BRC认证；联合中国营养学会，研制出最适合中国宝宝科学配方；生产工艺首创四重检测体系，包括企业自检、国家及行业检验、国际第三方权威机构独立检验及社会大众监督。破解洋奶粉“高价有理”戏法，颠覆业界销售常规，采用互联网思维做奶粉，实施“网络直营销售＋电话直营销售”电商直营模式，省去中间销售环节费用与利润，减少运营成本，以厂价直供形式送奶粉到消费者家中，君乐宝奶粉首罐产品定价每罐130元，腰斩主流价格，刺破洋奶粉价格泡沫，成功推倒中国奶粉降价潮第一张多米诺骨牌。君乐宝奶粉获得首个全球食品安全标准（BRC）A+认证。7月22日，君乐宝乳业在北京发布，君乐宝奶粉率先通过全球食品安全标准（BRC）A+认证，成为全球第一家获得A+顶级认证的婴幼儿奶粉企业。BRC全球食品技术标准（BRC Food Technical Standard），是国际公认的食品规范，广泛应用于美国和包括英国在内欧盟地区。A+认证是BRC顶级认证，即A级认证是预约通知审核；最高级A+级认证，要求企业在不确定突击审核中，始终达到相应严苛指标。通过BRC认证，标志君乐宝奶粉获得欧盟市场准入品质通行证。君乐宝乳业获多项荣誉。5月6～8日，第十六届中国国际食品和饮料展览会（SIAL CHINA 2015）在上海新国际博览中心举行，石家庄君乐宝乳业旗下小小鲁班儿童成长配方奶粉、每日活菌褐色活性乳酸菌－美粒装、纯享益生菌风味发酵乳、乐畅益生菌风味发酵乳4款产品在大会上获得“2015 SIAL 创新奖”，这是君乐宝乳业产品第四次在SIAL大会获奖。8月10～12日，中国乳制品工业协会第二十一次年会暨第十五次乳品技术精品展示会在北京国家会议中心举行。君乐宝乳业总裁魏立华获得2015年度杰出企业家奖；君乐宝乳业获得优秀企业奖；君乐宝乳业“国产功能性乳酸菌生产关键技术集成及产业化应用示范”项目，获得技术进步奖；君乐宝乳业旗下纯享益生菌风味发酵乳、君乐宝白金装婴幼儿配方奶粉、开啡尔巴氏杀菌热处理风味发酵乳3款产品，获得优秀新产品奖。

（魏俊杰　范玉蕾　吴温）

【制酒厂】 石家庄市制酒厂有限公司（简称市制酒厂）位于石家庄市区北二环西路19号，占地面积6万平方米，总资产3000余万元，拥有职工300余人，其中工程技术人员近100人。主要产品有冀窖系列、第一庄牌高中档浓香型白酒和赵州桥牌石家庄大曲酒、黄酒，白酒年产能力1万吨，黄酒年产能力100吨。1948年1月，市制酒厂由第一届石家庄市政府收购5家老烧坊组建，是第一批全市公营企业唯一酿酒厂，称为“公营石家庄酿酒厂”，首张《营业证》由第一任石家庄市市长柯庆施签名，印有“石家庄市人民政府”印章，颁证时间为“中华民国三十八年三月九日”。中华人民共和国开国大典选用“红星牌”二锅头原是石家庄市制酒厂品牌，是由该厂1949年初遵照华北人民政府指示支援给北京，并派员组建红星酿酒总厂前身——北京酿酒实验厂生产。2015年市制酒厂赵州桥牌41度石家庄大曲（银醇柔）、赵州桥牌42度陈酿两款产品获得“河北特产食品”称号，市制酒厂获得“河北特产食品”品牌企业称号。9月9～12日，市制酒厂携带包括冀窖、天庄、第一庄、赵州桥牌四大系列10余款产品参加由国家商务部和贵州省政府主办第五届中国（贵州）国际酒类博览会，“冀窖”系列白酒产品获得较高评价。

（魏俊杰）

轻　工　业

【概况】 2015年，全市轻工行业共有规模以上企业179家，其中，木材加工33家，家具制造28家，印刷业44家，造纸40家，工艺品24家，废弃资源综合利用业4家，其他6家。全年规模以上轻工企业主营业务收入540.14亿元，同比增长7.13%；完成工业增加值126.15亿元，同比增长4.74%，占全市工业增加值比重6.52%；实现利润55.32亿元，同比增长4.44%；实现利税71.82亿元，同比增长5.52%。2015年全市轻工行业主营业务收入和工业增加值平稳增长、增速放缓，利润、利税受节能降耗、产品结构调整和房地产市场影响，增幅较2014年下降。家具制造业生产69.38万件，同比下降2.3%；主营业务收入66.66亿元，同比增长10.92%；实现利润5.76亿元，同比增长9.57%；家具制造业采用绿色环保性材料和新技术，科技、文化含量提高，向精细化、规模化、品牌化发展；主要家具制造业基地有正定三河板式家具基地、东明家具基地等。纸制品生产91.59万吨，同比增长9.8%；主营业务收入122.9亿元，同比增长2.95%。塑料制品生产70.71万吨，同比增长14.1%；塑料制品在农用、包装、建筑及医用、交通和电子等行业刚性需求增长，用量保持平稳上升。

（张凤银）

【藁城宫灯】 12月24日，藁城区梅花镇屯头村屯头宫灯博物馆开业。屯头宫灯博物馆总投资500万元，占地建筑面积2000平方米，内部展厅面积1200平方米。展厅以历史时间为序，分设4个不同主题，包括宫灯的历史文化、产业发展及制作过程。2015年藁城区按照人均5元标准，由区财政安排400万元专项资金用于支持文化事业、文化产业发展；投入2000余万元，实施屯头宫灯文化一条街工程，建成集宫灯生产、产品销售、参观旅游等功能于一体的宫灯产业集聚区。藁城宫灯产品丰富多样，拥有纸雕、塑纸、木雕等18个系列200多个品种，其中“中国民间纸雕彩灯”获得9项国家专利，并被确定为2008年北京奥运会、2010年上海世界博览会、2014年南京青年奥林匹克运动会特许商品。至2015年末，藁城区宫灯生产企业和加工户达到1100余家，从业人员5万多人，年产量8000万对，总产值10亿元，占全国宫灯总产量80%以上。

（侯天仪）

【河北华泰纸业有限公司】 2015年3月，国家工业和信息化部、水利部、全国节水办公室公布第一批国家节水标杆企业，包括赵县河北华泰纸业有限公司（简称华泰纸业）12家企业入选，这也是河北省唯一入选企业。河北华泰纸业是石家庄市最大的造纸企业，以生产高档胶印新闻纸为主，原料为100%废纸，年生产能力30万吨。其中，生产新闻纸单位产品取水量低至每吨12立方米，确定为同行业标杆指标。华泰纸业投资9682万元建成日处理能力2.4万立方米废水处理厂，采用“混凝沉淀+活性污泥生物处理+化学氧化”三级废水处理工艺，满足污染物排放总量控制要求；车间生产线造纸机烘干部等设备配有冷却水系统，排水全部回收至冷却水罐，再回用生产线，水重复利用率达到90.79%。华泰纸业高档胶印新闻纸生产技术为国内首创，属国际领先水平，产品销量在河北省新闻纸行业排名第1位，在全国排名第5位。

（侯天仪　徐哲普　王伟伟）

电力工业

【概况】 2015年，石家庄市共有省调和地调发电企业46家，装机总容量9285.25兆瓦。其中，火力发电厂18家，装机容量7828兆瓦；水力发电厂4家，装机容量49.15兆瓦；光伏发电厂9家，装机容量222.1兆瓦；生物质能电厂、抽水蓄能电厂等其他电厂15家，装机容量1186兆瓦。全市电厂中省调直调电厂19家（火电8家、水电2家、抽水蓄能1家、光伏电厂8家），总容量8818兆瓦，火电、水电机组共36台，装机容量8568.4兆瓦；地调直调电厂和企业自备电厂27家（火电10家、水电2家、光伏电厂1家、其他14家），总容量467.25兆瓦，火电、水电机组共58台，装机容量466.75兆瓦。2015年全市全社会累计用电量415.7亿千瓦时，同比下降1.28%。第一产业用电量12.9亿千瓦时，同比下降2.46%；第二产业用电量276.2亿千瓦时，同比下降4.4%，其中工业用电量271.5亿千瓦时，同比下降4.38%；第三产业用电量73.5千瓦时，同比增长10.29%。全年石家庄电网供应最大负荷7321.4兆瓦，同比下降2.02%；网供平均最大负荷5395.4兆瓦，同比下降1.85%；网供最小负荷2241.5兆瓦，同比下降9.39%。

【电网建设】 至2015年底，石家庄电网建设220千伏变电站41座，变压器98台，总容量14123兆伏安，同比增长3.75%。其中，220千伏石家庄供电公司属变电站36座，变压器80台，总容量13320兆伏安，同比增长4.23%；220千伏客户变电站5座（钢厂站、井牵站、高牵站、正牵站、石牵站），变压器18台，总容量803兆伏安，同比下降3.60%。建设110千伏变电站180座，变压器373台，总容量16125兆伏安，同比增长2.94%。其中，石家庄供电公司属变电站147座，变压器290台，总容量13084兆伏安，同比增长3.49%；客户变电站33座（其中电铁牵引站10座），变压器83台，总容量3041兆伏安，同比增长0.66%。建设35千伏变电站305座，变压器618台，总容量5249.75兆伏安，同比增长2.43%。其中，石家庄供电公司属变电站210座，变压器417台，总容量3822.3兆伏安，同比增长3.43%；客户变电站95座，变压器201台，总容量1427.675兆伏安，同比下降0.17%。建设220千伏输电线路111条，总长度2190.05千米，同比增长1.08%。建设110千伏输电线路274条（不包括T接线），总长度3523.06千米，同比增长1.90%。建设35千伏输电线路417条（不包括T接线），总长度3372.07千米，同比增长3.87%。

【农村电网】 石家庄农村电网点多、线长、面广，供电面积占总区域97%，服务人口占供电人口76%；农村电力需求持续增长，居民生活用电量年均增速在5.9%左右。2015年7月，石家庄市成立农村电网改造升级及配网建设工作领导小组，组织建立横向协同、纵向贯通综合协调机制；制订精准投资计划，科学编制节点网络，统筹推进农村电网项目。2015年石家庄市安排新建改造35千伏变电站3座，变压器3台、容量4万千伏安，35千伏线路8.4千米；10千伏配变4337台、容量79.63万千伏安，线路3154.46千米；0.4千伏线路11649.44千米。规划至2016年7月底，石家庄市全面完成2015年农村电网改造升级投资和工程建设任务。2015年石家庄市争取到国家新增农村电网改造升级工程投资8.13亿元，加上2015年初石家庄供电公司安排配网投资资金，总投资达到18.66亿元，是2014年1.76倍，是2013年3.46倍，单项工程5752项，创下历年新高，投资覆盖8区14个县（市）。提升农村配电网智能化水平，安排专项资金15.49亿，推广智能电表402万块。

【电力保障】 迎峰度夏“5·30”工程。2015年2月，石家庄迎峰度夏“5·30”工程启动，该工程涵盖182个项目，总投资2.86亿元，主要包括城区配网改造、县域配网改造、小区配套建设等4项内容。其中，县域配网改造工程，重视运维管理和改造，举办配网跳闸投诉治理专题分析会，围绕网架、设备、运维等，选取典型县公司开展配网综合诊断分析。线路设备巡查。3月30日起，石家庄各县（市）供电公司人员携带红外测温设备，实施线路4.88千米主干线、13.16千米分支线、81台10千伏变台特巡检查，结合历史数据，开展诊断分析，查找问题隐患及设备缺陷，重点治理全线路跌落保险、裸露及老旧引流线、破损绝缘子等9项问题。

（汪永山）

【光伏发电项目】 2015年6月，石家庄市第一批入选河北省光伏发电备案项目3个，分别为平山县30兆瓦光伏电站（扶贫电站10兆瓦、商业电站20兆瓦），平山县宏济20兆瓦光伏电站项目（扶贫电站5兆瓦、商业电站15兆瓦），井陉县威州镇20兆瓦光伏发电项目。2015年10月，石家庄市第二批入选河北省光伏发电备案项目6个，分别为井陉县华能上安电厂灰场17兆瓦光伏电站项目，井陉县30兆瓦地面电站光伏电站项目一期工程，藁城区九门回族乡10兆瓦光伏农业大棚发电项目，行唐县北河乡50兆瓦光伏发电项目一期工程，平山县寨北乡指角沟村20兆瓦分布式光伏发电项目，栾城区秋实庄园60兆瓦（一期20兆瓦）太阳能并网发电项目。2015年11月，河北省发展改革委补充下达河北省第二批光伏发电项目建设计划。其中，井陉县2个光伏电站项目入选，分别为井陉亿阳光伏科技有限公司秀林镇30兆瓦地面电站光伏电站项目一期工程、华能国际电力股份有限公司上安镇河北分公司华能上安电厂灰场17兆瓦光伏电站项目。至2015年末，井陉县共有7个光伏电站获得河北省批复，规划全部建成后，电站容量达到178兆瓦。

（省发展改革委文件）

冶金工业

【概况】 2015年，全市冶金行业共有规模以上企业108家，同比减少18家。全行业主营业务收入704.93亿元，同比增长3.07%；实现利润41.54亿元，同比增长3.59%；实现利税53.36亿元，同比增长4.36%。冶金行业占全市工业生产增加值8.03%。石家庄市冶金行业主要分为黑色金属冶炼和压延加工、有色金属冶炼和压延加工两大类。至2015年末，全市共有黑色金属冶炼和压延加工企业73家，有色金属冶炼和压延加工企业18家。主要冶金产品大类有生铁、粗钢、钢材、铝、黄金。2015年全市冶金行业主要产量为生铁1313.88万吨、粗钢1298.63万吨、钢材1260.48万吨。

（牛永智）

【石钢公司】 5月10日，市长王亮到井陉矿区调研河北钢铁集团石钢公司（简称石钢公司）环保搬迁产品升级改造项目，考察石钢公司新搬迁厂址，听取搬迁整体进展情况，了解存在问题，要求石钢公司搬迁升级改造按期开工、达产达效。2015年7月，石钢公司2项河北省钢铁产业技术升级项目“汽车用涨断连杆非调质钢的研发”“连铸坯激光视觉定重切割技术研发与应用”通过省科技厅专家组验收。理化检测中心通过国家实验室复评审。2015年石钢公司理化检测中心通过国家实验室复评审。国家合格评定委员会审核专家组认为：石钢公司理化检测中心依据检测和校准实验室认可准则CNAS-CL01:2006及其在相关领域应用说明（CNAS-CL10:2012及CNAS-CL19:2010），结合实验室特点建立4个层次文件管理体系，总体构架合理，管理职责描述基本全面、层次清晰，具有可操作性；编写的质量手册和程序文件，能够支撑认可准则25个要素及化学检测领域应用说明、金属材料检测领域说明。石钢公司理化检测中心复评审周期内参加能力验证活动12次，取得参数34个，均达到满意结果。成功生产高标准石油套管钢。2015年7月，河北钢铁集团石钢京诚公司成功生产3个浇次、29炉高标准石油套管钢25Mn2VN，产品成分合格率100%，此举标志石钢京诚公司基本具备生产高标准石油套管钢能力。高标准石油套管钢生产难点是产品成分要求苛刻，控制产品P含量≤0.012%，S含量≤0.002%，N含量150毫克/千克至220毫克/千克。

（牛永智 任亚东 魏巍）

【敬业集团】 10月30日，市企业联合会、企业家协会发布2015石家庄市百强企业名单排位：河北敬业集团第1位，年营业收入（均为2014年数据）567亿元，同比增长63亿元，增幅12.5%，名列全国500强第225位，较2014年提升13位次。螺纹钢通过澳标英标认证。2015年河北敬业集团启动螺纹钢英标CARES、韩标KS、澳标ACRS、马标SIRM、印标BIS、泰标TISI认证。至2015年末，河北敬业集团分别取得螺纹钢韩标KS、澳标ACRS、英标CARES认证证书。其中，英标CARES认证成为国内规格最全企业，也是国内唯一拥有英标CARES认证B500C盘螺8～10毫米生产资质企业。2015年河北敬业集团认证澳标ACRS、英标CARES产品牌号规格分别为，澳标500N：盘螺12米、直螺12～36毫米；英标：460B直螺10～40毫米；B500B、B500C盘螺8～10毫米、直螺10～40毫克。3项产品获得新技术证书。2015年11月，敬业集团钢结构公司开发的大型桥梁用焊接变截面梁、大型建筑用焊接十字柱、轴类钢管对焊件3项产品，获得河北省工业新产品新技术证书。2015年敬业集团钢结构公司还取得轻型钢结构工程设计专项乙级资质证书，可自行设计承制包含网架、网壳跨度＜60米、单层钢架跨度单跨＜30米、单跨跨度＜30米的空间桁架等各类钢结构工程，实现工程设计、制作、安装一体化生产经营。污水零排放项目试运行。5月31日，敬业集团污水零排放项目建设竣工，开始进入试运行。该项目反渗透处理系统采用世界最先进的美国陶氏RO膜，日处理污水3.6万立方米，日减少新水使用量3.1万立方米。敬业集团污水零排放项目建有调节池、高效沉淀池、V型滤池、反渗透处理等设施，处理后污水达到软水指标要求，主要用于各厂软水站、除盐水站，处理过程产生的高盐浓水全部用于高炉冲渣、炼钢焖渣，彻底解决了敬业集团污水排放问题，实现了一滴污水不外排和水资源全部循环利用。敬业集团污水零排放项目于2014年9月1日开工建设，工程总投资1.17亿元，占地1.4万平方米，由中冶赛迪工程技术股份有限公司承包建设。

（牛永智 范玉蕾 王瑞涛 郭志杰）

建材工业

【概况】 2015年，全市建材行业共有规模以上企业222家，同比减少7家。全行业主营业务收入544.36亿元，同比下降5.97%；实现利润46.22亿元，同比下降1.0%；实现利税58.56亿元，同比下降3.17%。建材行业占全市工业生产增加值7.3%。全市建材行业主要分为非金属矿物采选业和制品业两大类。2015年全市共有规模以上采选业生产企业9家，制品业生产企业213家。主要产品大类有水泥熟料、水泥、商品混凝土、建筑陶瓷、平板玻璃、建筑板材、石墨及碳素制品等。2015年全市建材行业主要工业产量为水泥熟料1033.48万吨、水泥2327.15万吨、建筑陶瓷2.29亿平方米、平板玻璃1051.71万重量箱、建筑板材514.68万平方米。

【卓达新型材料科技产业园开工】 2015年3月，卓达新型材料科技产业园在石家庄鹿泉区宜安镇开工建设。卓达新型建材具有低碳环保、节能减排优势，可全面取代水泥等建材优良特性。项目总体规划占地1000亩，建设20条外墙板冷压线，年产绿色整体房屋1.12亿平方米。其中，项目一期占地600亩，规划建设12条外墙板冷压线，年产绿色整体房屋6720万平方米，吸纳农民就业18万人。

【原火陶瓷有限责任公司】 原火陶瓷有限责任公司厂址位于井陉县秀林镇，前身是井陉县第一陶瓷厂，始建于1956年2月，占地面积12万平方米。1971年7月，原火陶瓷有限责任公司获得河北省标准计量局颁发“采用国际标准认可证书”；2003年公司通过IS09000质量体系认证，获得“中国质量认证注册企业证书”。2015年公司拥有员工1750余名，下设12个职能部室，9个生产车间；固定资产2564万元，注册资金125.7万元；总产值3000余万元，销售收入2500万元，实现利税353万元；年产各种日用陶瓷3000余万件。该公司曾获得市级文明企业、信誉优良企业、省级重合同守信用企业、省级计量安全合格企业、省级企业管理基础工作达标企业等称号，2015年公司生产中、高档白砂锅各项性能指标均达到国际标准。

【金隅鼎鑫水泥有限公司】 河北金隅鼎鑫水泥有限公司（简称金隅鼎鑫公司）厂址位于石家庄市鹿泉区宜安镇，是一家年产水泥、熟料1000万吨国有大型现代化水泥生产企业，由上海证券交易所A股和香港证券交易所H股上市国内最大综合性建材制造商——北京金隅集团（股份）公司全资控股，是金隅水泥板块旗舰企业。金隅鼎鑫公司总资产50亿元，年营业收入30亿元，是石家庄市产能最大水泥生产企业，年水泥生产量占全市水泥行业近40%。2015年金隅鼎鑫公司拥有职工2000余人；年熟料生产能力750万吨，优质高标号水泥产能1000万吨，年产混凝土90万立方米，砂石骨料200万吨；设有3个生产分公司、1个矿山公司、1个临港金隅子公司，2条日产2000吨和3条日产4000吨新型干法熟料水泥生产线，其中1条采用国内自主研发节能技术、日产4000吨二档短窑水泥熟料生产线获批国内唯一国家级节能减排示范生产线；全部5条水泥生产线氮氧化物排放值均在2015年7月1日执行国家特别限值排放标准前达标，排放指标一次性通过国家工业和信息化部行业准入标准。至2015年末，金隅鼎鑫水泥公司生产设施脱硝改造完工，改造后水泥脱硝效率达到70%。金隅鼎鑫公司获得“中国大型水泥集团环保标杆企业”“全国水泥产业节能减排先进典型企业”称号，并被河北省发展改革委评定为建材行业唯一能效领跑企业。金隅鼎鑫公司采用两档短窑节能技术、创新型纯低温余热发电技术等国内最新研究成果和多项国家专利技术，工艺领先、装备精良、质量稳定、节能环保技术先进，生产“鼎鑫”牌水泥系列产品获评“国家免检产品”“中国驰名商标”“河北省名牌产品”“河北省著名商标”。

（牛永智）

城乡建设

Urban and Rural Construction

概 述

2015年，全市围绕"转型升级、跨越赶超，建设幸福石家庄"目标，以生态宜居为主线，以城镇建设上水平、出品位为主题，对标国内先进城市，实施城乡生态环境建设，改善城乡基础和公共配套设施，狠抓城市精细化管理，实现城乡面貌显著改善，生态环境持续好转。按照"优化城市布局，完善城市功能，塑造城市特色，提升城市品位"思路，启动《石家庄市都市区空间战略规划》《石家庄总体城市设计》《都市区综合交通战略规划》《石家庄综合管线规划》《石家庄都市区海绵城市规划》编制，完成《滹沱河北岸地区发展战略规划》《中心城区周边绿色隔离空间专项规划和隔离空间村庄建设控制规划》，正定新区核心区城市设计及正定新区图书馆、科技馆、青少年宫、大剧院等大型场馆选址规划和概念方案设计，老火车站区域、新客站区域、正定新区3个标志性区域控制性详细规划和城市设计等。全年市城乡规划委员会召开规划会议5次，审议项目38个，受理报建项目1073件，结案项目486件。城市地下管线普查探测管线6883千米。井陉县、平山县完成历史文化名村保护规划报批；大坪村、大庄村、吕家村、梁家村历史文化名镇名村保护规划上报河北省政府；59个村落申报国家级传统村落，63个村落申报省级传统村落。2015年市规划馆接待参观人员4.5万人次，接待参观团体147个。

推进城市基础设施建设，完善提升主干道路系统和城市道路网络连通性、可达性，实施市区南二环东延西拓、和平路高架西延、体育大街南延等道路工程及裕华路西延、槐安路友谊大街匝道、建设大街、新胜利大街、仓丰路、天山大街北展等市区主干道升级改造工程项目。开展国家新型城镇化建设综合试点，年末全市常住人口城镇化率达到58%。实施200个老旧小区综合环境整治，解决100个老旧小区无市场化物业公司管理问题。提升供热能力，新增供热面积823万平方米，年末全市累计供热面积达到1.48亿平方米。维护燃气运营安全，免费更换居民燃气用户超期服役表24059块，改造市区老旧天然气管线长度72.7千米。至2015年末，石家庄市区（长安区、裕华区、桥西区、新华区）使用天然气居民用户114.37万户，非居民用户1373户；使用液化气居民用户12.08万户，非居民用户5052户；燃气普及率100%。开展县城建设上水平工作，谋划实施重大工程项目325个，完成投资156.3亿元；建设特色街区和精品建筑29个，完成投资7.6亿元；打造高标准样板街道56条，新建或改造提升道路112条；县城污水处理率达到81%以上，生活垃圾无害化处理率达到90%以上。2015年高邑县获批"国家级园林县城"，行唐县通过省级园林专家组验收。

规范建筑业发展。2015年石家庄市共有建筑施工企业1755家；建筑业从业人员18.61万人，同比下降14.61%；建筑业完成总产值1093.37亿元（不包括外地进入石家庄施工企业产值），同比下降3.67%；实现增加值101.27亿元，同比下降12.03%；利润总额33.85亿元，同比增长15.29%；实缴税金40.09亿元，同比下降3.77%。建筑业施工总建筑面积6758万平方米，同比下降16.11%。其中，新开施工面积1880万平方米，同比下降27.72%；住宅施工面积3989万平方米，同比下降19.09%；住宅新开工面积746万平方米，同比下降

45.82%。至2015年末，全市建筑市场累计完成招标工程1105项，中标价额85.74亿元。2015年全市建筑业有93家施工企业在省外施工，实现总产值285.45亿元，同比下降14.57%；省外工程数量1623个，同比增长14.86%。7家建筑企业开拓海外市场，实现出国施工产值3.78亿元，同比下降71.12%。2015年外地进入石家庄市施工企业69家，在建项目175个，总建筑面积1489.2万平方米，总造价212.3亿元。

保障性安居工程和房地产业。2015年石家庄市开工保障性安居工程住房2.67万套，完成年度责任目标108%；基本建成项目2.75万套，完成年度责任目标125%；2012年前开工公共租赁住房项目累计分配4.96万套，达到国家住房和城乡建设部及河北省保障性安居工程领导小组办公室（简称安居工程办公室）提出2012年及以前公共租赁住房项目分配入住率达到90%要求；新增廉租住房补贴家庭2372户，完成年度责任目标158%。2015年石家庄市区公共保障房公开摇号分配3次，配租公共保障房11762户。至2015年底，石家庄市区公共保障房在保家庭达到30676户，累计发放租赁补贴2.51亿元，累计减免租金1.56亿元；市区分配公共保障房27个小区30406套，面积147.55万平方米。实施农村危房改造工程，2015年市住房和城乡建设局改造全市农村危房户4268户，其中新建2319户、维修加固1949户；农村环境面貌提升1148户，其中新建475户、维修673户。2015年石家庄市房地产业商品房上市量下降明显，二手房市场交易活跃，商品房成交量基本平稳，商业办公类库存压力严峻。2015年石家庄市发放商品房预售许可证104个，同比下降31.58%，商品房批准预售面积368.10万平方米，同比下降54.33%。其中，商品住房230.42万平方米，同比下降59.29%；商业办公类用房93.97万平方米，同比下降46.91%。2015年石家庄市商品房成交面积652.49万平方米，同比下降2.85%；成交数量65047套，同比增长3.65%；成交金额511.67亿元，同比增长6.21%；成交均价7842元/平方米，同比增长9.32%。2015年石家庄市区二手房成交面积234.74万平方米，同比增长35.95%；成交数量26722套，同比增长31.32%；成交金额127.99亿元，同比增长38.87%；成交均价5452元/平方米，同比增长2.15%。其中，二手住房成交面积228.91万平方米，同比增长34.94%；成交数量26255套，同比增长31.11%；成交金额123.05亿元，同比增长37.52%；成交均价5376元/平方米，同比增长1.91%。至2015年末，全市共有房地产开发企业1631家，其中一级资质8家、二级资质76家、三级资质173家、四级资质314家、暂定级资质1060家。2015年全市归集住房公积金68.17亿元，同比增长17.43%；发放住房公积金个人贷款45.61亿元，同比增长16.29%；实现增值收益6.24亿元，同比增长52.57%。

城市管理。贯彻落实省会建设管理“上水平、出品位”总要求及创建人民满意城管目标，实施“洗路降尘”行动，二环路内主次干道机械化清扫率达到80%以上，长效保洁覆盖率达到100%。重点治理渣土乱象、露天烧烤、占道经营、广告不规范问题，出台《石家庄市治理露天炭火烧烤管理办法》，拆除不达标工地围挡广告316处38万平方米。至2015年末，石家庄市区拆除私搭乱建设施面积5000多平方米；清理规范流动商贩、占道经营、店外摆放、占道灯箱、占压人行道等违章行为320处，暂扣各类经营器具89件；清理积存垃圾4300多立方米。维护市政设施，城区主干道亮灯率达到98%，道路完好率保持在92%以上。数字城管平台实现“8区1县”数字城管全覆盖（主城四区、高新区、藁城区、鹿泉区、栾城区、正定县），全年数字城管受理上报各类城市管理问题132万件，结案率达到97%。

园林绿化。围绕“丰富色彩、增加绿量、提升品质”思路，实施“道路绿化”“公园提升”“水系完善”“社会绿化”“县城提质”城镇园林绿化五大工程，全力建设多层次、多色彩园林绿化精品工程。绿化改造维明大街、体育大街、红旗大街等12条（段）主次干道；实施新城大道（东北二环至滹沱河）两侧宽30米、长7千米绿化带及东北二环桥区绿化，建成通往正定新区景观大道21.8千米；改造提升区属道路景观100余条；升级改造市管公园广场22座、区管公园25座；建成街旁游园17座。2015年9月，国家住房和城乡建设部公布国家园林城市复查结果，石家庄市顺利通过复查，这是石家庄市被命名为“国家园林城市”后第二次通过复查。2015年市区累计新建提升绿地865万平方米，其中新建绿地590万平方米。至2015年底，全市建成区绿地面积达到8773.33公顷，绿地率40.62%，绿化覆盖率44.71%，人均公园绿地面积15.2平方米。

城乡规划

【概况】 2015年，市城乡规划部门抓住京津冀协同发展和行政区划调整重大历史机遇，以生态宜居为主线，以城镇建设上水平、出品位为主题，对标国内先进城市，加强城市发展顶层设计，提升规划精细化管理水平，发挥城市规划引领、服务、保障作用。完善规划法规体系。印发《石家庄市城乡规划管理技术规定》《石家庄市城乡规划管理程序规定》，明确规划管理主体、职责权限、工作程序、法定依据及办理条件、办理时限等；方便正确理解和执行《石家庄市城乡规划管理技术规定》《石家庄市城乡规划管理程序规定》条文，制定两个规定说明及配套解读文件。专题研究规划管理有关容积率、公建配套、建筑间距、退道路红线、地下空间、市政设施等内容，确定和建立较强科学性和可操作性管理办法。修订《石家庄市城乡规划局日照计算技术规定》，统一全市建设项目日照计算方式。围绕“优化城市布局，完善城市功能，塑造城市特色，提升城市品位”思路，启动《石家庄市都市区空间战略规划》《石家庄总体城市设计》《都市区综合交通战略规划》《石家庄综合管线规划》《石家庄都市区海绵城市规划》编制，完成《滹沱河北岸地区发展战略规划》《中心城区周边绿色隔离空间专项规划和隔离空间村庄建设控制规划》，正定新区核心区城市设计及正定新区图书馆、科技馆、青少年宫、大剧院等大型场馆选址规划和概念方案设计，老火车站区域、新客站区域、正定新区3个标志性区域控制性详细规划和城市设计等，获得河北省优秀城乡规划设计一等奖7项、二等奖6项、三等奖7项。全年市城乡规划委员会召开规划会议5次，审议项目38个，受理报建项目1073件，结案项目486件。开展城市地下管线普查和综合交通调查，外业工作基本完成，探测管线6883千米。加强县（市、区）规划督导力度，指导完成411个省级农村面貌改造提升规划、两个重点片区（正定片区、平山西柏坡片区）美丽乡村总体规划、8个历史文化名镇名村面貌提升改造方案设计，全部交付村庄实施建设。开展历史文化名城名镇名村保护。井陉县、平山县完成历史文化名村保护规划报批；大坪村、大庄村、吕家村、梁家村历史文化名镇名村保护规划上报河北省政府。按照国家和河北省要求，组织开展全市传统村落上报和资料补充调查，59个村落申报国家级传统村落，63个村落申报省级传统村落。2015年市规划部门通过政府信息公开平台主动公开政府信息57条，通过市规划局网站主动公开政府信息3812条，办理依法申请政府信息公开141件；办理市人大代表建议23件、政协委员提案35件，按时答复率100%。全年市规划馆接待参观人员4.5万人次，接待参观团体147个。

【城乡规划会议】 1月30日，市长、市城乡规划委员会主任王亮主持召开城乡规划委员会第二十次会议。副市长、市城乡规划委员会副主任李雪荣及市城乡规划委员会成员单位负责人参加会议。会议审议并原则通过石家庄市中心城区控制性详细规划动态维护、石家庄建筑间距及建筑退道路红线细则、常山集团第四棉纺厂地块规划、石家庄都市区空间协调规划管控方案、《石家庄市容积率指标管理规定》实施后历史遗留项目。会议提出，近十年来石家庄市高层建筑在城市建设中越来越多，出现大量新建高层建筑间距较小，相互遮挡情况较严重，城市道路两侧建筑退红线参差不齐，导致城市整体形象不佳。综合城市现状，石家庄市决定针对建筑间距和建筑退线指标管理规定作出修订，是对2014年6月1日颁布实施《石家庄市城乡规划条例》的深化和完善，也是满足市政管线接驳、城市防灾救灾通道、未来城市道路拓宽预留的需要。建设间距重点解决地块内部建筑间距、建筑退地界两大内容，具体细化为建筑退让地界、日照间距系数修订、地下建筑退距要求等；建筑退红线重点解决建筑贴现率、建筑退不同等级道路间距两大内容。审议都市区协调规划管控方案主要是更好推动都市区城乡可持续发展，保障“一河两岸三组团”城市结构顺利实施，重点研究都市区城市（园区）增长边界、生态控制线、村庄发展指引、区域性基础设施廊道等内容，合理划定城市增长边界，保障城镇有序建设，划定生态红线，严格保护水源保护区、风景区、河流生态走廊、基础农田等各类生态用地，分类引导村庄发展，严格控制中心城区与组团县（区）道路沿线建设，合理预留区域性走廊，保障城乡空间合理开发。

4月7日，市长、市城乡规划委员会主任王亮主持召开城乡规划委员会第二十一次会议。副市长、市城乡规划委员会副主任李雪荣及市城乡规划委员会成员单位负责人参加会议。会议审议并原则通过石家庄市西部生态景观带概念规划、正定隆兴寺历史文化街区、开元寺历史文化街区、燕赵南大街历史风貌区修建性详细规划方案、天山科技工业园科技孵化器电子生产加工区D座规划方案、河北医科大学第一医院新建医技病房楼项目规划方案、石家庄华润中心项目规划方案、棉七厂区商业办公区项目规划方案、时光城项目规划方案、冀宏项目规划方案、紫晶悦城北区项目规划方案等。会议提出，石家庄市西部生态景观带概念规划以生态文明建设为主题，规划建设西部山区8430平方千米景观生态格局，范围包括南水北调线以西全部区域，涉及鹿泉区、平山县、井陉县等11个区县，涵盖西柏坡、驼梁、五岳寨、苍岩山、嶂石岩、清凉山等风景区。规划目的是通过科学分析，确定西部整体生态格局，改变区县规划在生态环境保护上分散状态，从整体上优化区域环境保护；遵照“构建三重生态屏障，打通五条山水脉络”总体思路，突出西部山区生态屏障功能，加强生态保育和生态修复，强化生态景观格局管控，推进生态、景观、产业协调发展，打造西部休闲区；以西部生态景观带970平方千米为重点 ，围绕“清新石城、美丽西山、绿色产业”战略，突出生态、景观、旅游、产业发展引导与综合协调，确保城市生态安全，打造省会西花园。隆兴寺历史文化街区、开元寺历史文化街区、燕赵南大街历史风貌区修建性详细规划方案以“保护为根本、小规模渐进式、合理展示利用和改善居民生活”为原则，在文物保护基础上，加强遗产环境整体性和历史文化资源展示，提升参观浏览及居民生活环境品质。

6月4日，市长、市城乡规划委员会主任王亮主持召开市城乡规划委员会第二十二次会议。市委常委、常务副市长、市城乡规划委员会副主任刘晓军，副市长、市城乡规划委员会副主任姜阳及市城乡规划委员会成员单位负责人参加会议。会议审议并原则通过石家庄市中心城区房地产市场专项整治项目控制性详细规划动态维护方案（52个）、石家庄市中心城区部分街坊控制性详细规划动态维护方案、彭村区域旧城改造规划要点、河北四方通信规划设计条件、和平路西二环至鹿泉段改建工程、裕华路西延道路工程设计方案、恒润时代广场规划方案、安元嘉里规划方案、石家庄轨道交通近期重点设计方案等。和平西路西二环至鹿泉段改建工程东起主城区西二环路与和平西路立交桥西桥头（立交桥不在项目范围），沿和平西路向西至鹿泉区，止于鹿泉区石柏大街，路线全长8.463千米。此次规划设计西二环至西三环段采用城市快速路标准，和平西路主线延续西二环内主线高架桥，向西连续高架至南水北调干渠东侧落地，与植物园路交叉处设置部分互通立交；向西下穿货运外迁铁路桥后连续上跨大宋线铁路、西三环及昌盛大街后落地；继续向西采用城市主干路标准，下穿京昆高速和S232跨和平西路桥梁后止于石柏大街，与石柏大街交口设置部分互通立交。裕华路西延工程（苑东街—环城水系西）东起苑东街，向西延伸依次与苑西街、吉恒街相交，下穿石太铁路后与西三环辅路平面交叉，后往西穿过西三环主线连续跨越南水北调干渠及环城水系，止于环城水系西侧桥头，路线全长2千米。

7月10日，市长、市城乡规划委员会主任王亮主持召开城乡规委会第二十三次会议。副市长、市城乡规划委员会副主任姜阳及市城乡规划委员会成员单位负责人参加会议。会议审议并原则通过石家庄市城市排水（雨水）防涝综合规划、正定新区天山壹方中心、正定天山熙湖、东环广场、河北道桥检测车间方案、河北方亿科技园C区、石家庄市中心城区控制性详细规划动态维护等城市建设项目规划。会议提出，石家庄市城市排水（雨水）防涝综合规划涵盖市中心城区、正定、栾城、藁城、鹿泉都市区四组团和城郊4镇。按照“尊重现状，因地制宜；统筹考虑，结合实际；技术先进，方案可行；主干优先，系统改善”的原则，管网按照中心城区一般地区管网3年一遇，重要地区5年一遇标准，内涝防治标准50年一遇进行规划。规划新建6条河道，优先解决城市排水出路问题，最终形成16大雨水分区；新建、改建雨水干管707千米，科学构建雨水转输系统，形成173个雨水子分区；针对超标准降雨形成的内涝风险区，确定通过泵站提升改造及雨水调蓄设施建设等措施重点解决。

12月13日，市长、市城乡规划委员会主任邢国辉主持召开城乡规划委员会第二十四次会议。市委副书记、市城乡规划委员会副主任张泽峰，副市长、市城乡规划委员会副主任姜阳及市城乡规划委员会全体委员参加会议。市委常委、纪委书记刘明轩，副市长王韶华列席会议。会议审议并原则通过石家庄市城乡规划委员会议事规则、正定县城乡总体规划、石家庄综合保税区总体规划调整和保税区及周边地区控制性详细规划方案、石家庄高新区总体发展战略规划和控制性详细规划修编方案、石家庄市东南片区城市设计和重点地区控制性详细规划方案、石家庄北站城市设计方案、石家庄市新客站区域城市设计方案、石家庄市老火车站周边区域城市设计方案等城市建设项目规划。其中，新客站区域提出科学合理编制功能定位、空间布局、路网组织等；老火车站周边地区提出围绕城市核心公共空间，分别设置休闲商业、文化展示、金融办公、商业商务、综合居住等功能片区；北站地区设计方案提出针对性交通策略、功能策略和空间策略，解决北站面临的道路流线混杂、布局无序、形象不佳缺少特色问题。

【规划审批】 全年市城乡规划委员会召开规划会议5次，审议项目38个。其中，审议总体规划3个、专项规划1个、详细规划10个、管理标准2个、市政工程4个、城市设计4个、房地产开发项目12个、公共项目2个。2015年市城乡规划部门接待群众咨询1350人次，受理报建项目1073个。规划部门用地处受理报建项目523个，发放《建设项目选址意见书》20个，发放《建设用地规划许可证》70个，批准用地面积386.24万平方米，发放规划条件105个；建管处受理报建项目252个，发放《建设工程规划许可证》102个，批准总建筑面积585.81万平方米（含地下建筑211.87万平方米），其中居住面积550.56万平方米（含地下建筑126.12万平方米）、商业面积228.0万平方米（含地下建筑77.42万平方米）；市政处受理报建项目371个，发放《建设工程规划许可证》（市政类）114个，市政工程方案195个；检查处受理报建项目75个，发放《竣工验收合格函》75个。

【规划编制】 结合京津冀协同发展和行政区划调整契机，开展总体规划修编前期研究，制定总体规划修编实施方案。启动《石家庄市都市区空间战略规划》《石家庄总体城市设计》《都市区综合交通战略规划》《石家庄综合管线规划》《石家庄都市区海绵城市规划》编制，为城市总体规划修编奠定基础。确定滹沱河北岸为省会城市建设重点方向，加快滹沱河北岸区域功能整合，邀请中国城市规划设计研究院编制完成《滹沱河北岸地区发展战略规划》，推进正定新区、正定古城、综合保税区一体化建设。完善正定新区功能，邀请天津华汇设计公司黄文亮编制正定新区核心区城市设计及正定新区图书馆、科技馆、青少年宫等大型场馆选址规划，选定各场馆规划大师，拟定规划要点，完成各场馆概念方案设计。加强城市设计，提升城市功能，编制《新客站近期开发区域修建性详细规划》《老火车站、解放广场及周边区域修建性详细规划》《中山路商业街景观提升规划》《东南片区城市设计和控制性详细规划》《西南分区城市设计和控制性详细规划》。围绕“水绿结合、城河共融、服务民生、便捷交通”理念，委托中国城市规划设计研究院高标准编制完成滹沱河16千米蓄水段《滹沱河景观提升规划》，再现太阳照在滹沱河上自然风光，形成滹沱河生态风景画廊。编制《都市区红线规划》《交通与土地利用研究》《中水、给水规划》，推进生态环境改善，提高城市承载力。

【规划管理】 围绕老城优化、宜

居舒适思路，疏解老城区职能，引导制造业向工业园区和产业基地搬迁。参照上海市、深圳市等地先进经验，制定新的容积率管理规定，确定石家庄市区二环内居住容积率最高不超过2.8，二环外不超过2.5，推动城市建设由“改面貌”向“出品质”转变。依据城市建设发展新阶段新要求，修改175个地块控制性详细规划动态维护程序，满足城市建设需要。严格按照河北省住房和城乡建设厅9步验线要求，实施建设工程批后监查管理，建立执法信息化平台，落实批后管理巡查和现场核验的数据、照片等信息即时上传，系统即时分类显示，数据录入自动生成各类汇总表单要求，达到信息数据全面、规范、真实、完整、及时、准确目标，实现规划管理无缝隙衔接。2015年全市跟踪监管批后管理建设项目452个，楼栋2571个，建设面积5163.89万平方米；规划验收项目105个，建筑面积1384.39万平方米。全年未发生新违法建设案件，实现规划管理“零违法”。

【城乡规划统筹】 加强都市区城乡规划集中统一管理，提高四组团区（县）规划管理水平，印发《关于加强四组团区（县）统筹规划管理的通知》，优化事权分配，强化市规划委员会顶层决策机制；四组团区（县）规划管理执行市规划局统一规划、法规、标准体系，统一规划管理平台办理；明确四组团规划部门建立和完善业务会集体讨论制度；严格控制性规划在审批管理中地位和作用；督促四组团规划部门加大违法建设查处力度。围绕2020年美丽乡村建设全覆盖目标要求，组织设计单位完成市级美丽乡村建设全域规划，并督导各县（市、区）完成县级美丽乡村建设全域规划。推进农村面貌改造提升，编制完成411个省级农村面貌改造提升规划、两个重点片区（正定片区、平山西柏坡片区）美丽乡村总体规划、8个历史文化名镇名村面貌提升改造方案设计，全部交付村庄实施建设。

【地下管线普查】 按照国家、河北省关于地下管线普查要求，石家庄市于2015年3月正式启动地下管线普查工作探测作业。地下管线普查区域包括市区西三环—石太高速公路—友谊大街—滹沱河—京珠高速公路—市区南三环路围合区域，并延伸勘测主要对外公路下市政管线和长输管线，普查面积300平方千米。利用管线探测仪、管线探地雷达、GPS、全站仪等先进设备及现代先进勘测技术实施管线探测，建立专业数据收集查错系统编绘外业数据。至2015年底，地下管线普查外业探测完毕，探测各类管线长度9500千米。其中，给水管线743千米、排水管线2103千米、供电管线841千米、燃气管线567千米、供热管线660千米、通信管线3725千米、广播电视管线595千米、人防工程管线245千米、综合管沟（包含横过路）10千米、其他管线10千米。

（刘智国　张跃彬）

城乡基础设施建设

【概况】 2015年，市住房和城乡建设系统围绕“一河两岸三组团”城市发展格局，以建设国家新型城镇化试点城市为契机，以“主城出品位、组团提标准、新区见形象、县城求突破”为目标，加大城市基础设施建设，完善提升主干道路系统和城市道路网络连通性、可达性，实施市区南二环东延西拓、和平路高架西延、体育大街南延等道路工程及裕华路西延、槐安路友谊大街匝道、建设大街、新胜利大街、仓丰路、天山大街北展等市区主干道升级改造工程项目。开展国家新型城镇化建设综合试点，组建石家庄市国家新型城镇化建设综合试点工作领导小组；至2015年末，全市常住人口城镇化率达到58%。加大老旧小区改造力度，实施200个老旧小区综合环境整治，解决100个老旧小区无市场化物业公司管理问题。提升供热能力，新增供热面积823万平方米，年末全市累计供热面积达到1.48亿平方米。维护燃气运营安全，免费更换居民燃气用户超期服役表24059块，更换老旧铸铁管线7.49千米；改造市区老旧天然气支线管网10条，涉及管线长度72.7千米。开展县城建设上水平工作，制定印发《石家庄市全面提升县城建设层次和水平工作实施方案》。各县（市）围绕“城乡规划管理、环境容貌整治、精品街道打造、县城精细化管理、基础设施建设、园林绿化建设、住房建设改造、投融资平台建设、产业园区、工程质量管理”十大攻坚行动，谋划实施重大工程项目325个，完成投资156.3亿元；建设特色街区和精品建筑29个，完成投资7.6亿元；打造高标准样板街道56条，新建或改造提升道路112条；县城污水处理率达到81%以上，生活垃圾无害化处理率达到90%以上。2015年高邑县获批“国家级园林县城”，行唐县通过省级园林专家组验收。加强建筑工地扬尘治理，落实《石家庄市建设工程施工现场扬尘污染防治办法》《石家庄市建设工程施工现场扬尘管理标准（试行）》，借鉴北京市经验，印发《严管建设施工扬尘十二条》。以12个样板工地、示范工程为标杆，推广使用先进抑尘技术，全面整治施工工地743个。制定出台《石家庄市建设工程施工现场扬尘污染防治工作考核办法》《石家庄市建设工程全过程无尘化施工管理实施办法（试行）》，考核排名县（市、区）政府扬尘治理工作，采取“首位重奖，末尾约谈”、媒体曝光、远程监控、网格化管理等措施和方式，营造齐抓共管氛围，实现“要我治理”向“我要治理”转变。落实建筑拆除作业现场严格封闭围挡，使用专用喷淋洒水设备压尘，遇四级以上大风或市政府发布空气质量预警时，必须采取抑尘措施要求。执行《石家庄市建设工程全过程无尘化施工管理实施办法（试行）》关于施工现场围挡设置、土方清运、材料堆放、洒水清扫、建筑拆除作业等规定，凡不按建筑工地扬尘治理规定作业，一律依法停工整改，顶格处罚。2015年全市在建工地考核全部达标。实施住房和城乡建设局机构改革。根据《中共河北省委办公厅、河北省人民政府办公厅关于印发〈石家庄市人民政府职能转变和机构改革方案〉的通知》（冀办字〔2015〕7号）文件要求，设立石家庄市住房和城乡建设局，确定为市政府工作部门。6月30日，市政府印发《石家庄市住房和城乡建设局主要职责内设机构和人员编制规定》，明确将原市建设局职责、原市住房保障和房产管理局职责，划入市住房和城乡建房局；将原市住房保障和房产管理局指导房屋产权登记职责划入市国土资源局（市地理信息局）。

（市住房和城乡建设局）

【城市道路设施建设】 以拉开城市框架为思路，推进主城区与藁城区、鹿泉区、栾城区、正定县之间城市快速路连接线建设，完善提升主干道路系统和城市道路网络连通性、可达性，实施市区南二环东延西拓、和平路高架西延、体育大街南延等道路工程及裕华路西延、槐安路友谊大街匝道、建设大街、新胜利大街、仓丰路、天山大街北展等市区主干道升级改造工程项目。增密主城区支路网，打通断头路，提升道路承载能力，建设和改造方北路、育新路、育才街、民族路、市庄路、天同街等道路工程。新胜利大街南二环至仓丰路段通车。6月10日，新胜利大街道路工程项目开工建设；2015年9月中旬，该工程雨、污水排水系统完工；2015年10月底，新胜利大街道路工程南二环至仓丰路段通车。新胜利大街道路工程北起和平路以北200米处，南至仓丰路，道路总长7640米，其中南二环至仓丰路为双向6车道，南二环至和平路为双向8车道；该工程由石家庄

2015年7月7日，省委常委、市委书记孙瑞彬（右一）到体育大街泵站指导城区基础设施建设

市城市建设投资控股集团有限公司负责建设，设计单位为上海市政工程设计研究总院（集团）有限公司，监理单位为河北中原工程项目管理有限公司，施工单位为石家庄市市政建设总公司。新胜利大街南二环至仓丰路段道路工程全长1400米，总投资3800万元；采用沥青混凝土路面，道路两侧各设置人行道和非机动车道；排水系统采用雨、污水分流设计，道路中心线东侧和西侧各建有一道雨水管线和污水管线。打造火车新客站亮点，推进火车站东广场及周边路网连接贯通，高标准实施以新客站为中心7.9平方千米核心区商圈建设。

（孙博文）

【国家新型城镇化建设综合试点】 2014年12月29日，石家庄市列入国家新型城镇化建设综合试点城市。以此为契机，市机构编制委员会办公室批准在市住房和城乡建设局设立城镇化办公室，加挂国家新型城镇化综合试点工作办公室牌子，试点工作办公室设主任1名，副主任2名。以市住房和城乡建设局为主，组建国家新型城镇化建设综合试点工作领导小组办公室，明确成员单位和联络员，建立健全协调调度机制，有序推进全市城镇化建设。制定印发《石家庄市国家新型城镇化综合试点工作方案要点》，分解主要任务，明确落实部门、完成时限和责任人。2015年石家庄市国家新型城镇化综合试点工作情况：农业转移人口市民化进程变快。全市改革户籍制度，探索建立农业转移人口市民化成本分担机制，促进基本公共服务均等化；至2015年末，全市常住人口城镇化率达到58%。建立多元化可持续投融资机制。2015年全市争取省级代石家庄市发行地方政府债券75.1亿元，大幅降低债务成本；围绕新型城镇化、社会公共事业等7个领域，筛选和储备一大批PPP项目，其中正定新区综合管廊项目入选财政部30个国家PPP示范项目，与社会资本合作方签订意向协议；加大支持小微企业力度，2015年全市中小微企业贷款余额占全部企业贷款比重超过65%。优化调整市区建设和管理。石家庄市部分行政区划调整后，及时从城市建设角度，将藁城区、鹿泉区、栾城区纳入城区范畴，面积比原来增加4.7倍；立足新的空间格局，出台加快组团区产业聚集政策，印发《关于建立重大项目区域布局协调机制的意见》，明确中部主城区、东部产业区、西部生态区功能城市发展定位。以交通、生态环境、产业对接“三个领域”为率先突破目标，采取压煤、抑尘、控车、减排、迁企、增绿等措施，改善城市环境，推动绿色发展。探索“互联网+”与智慧城市建设融合发展方式，组建运行社会保障业务专网应用、医疗保险异地就医、远程教育、公交智能应用等社会民生便民设施和智慧城市系统。

【国家园林城市复查】 2007年石家庄市被国家住房和城乡建设部命名为“国家园林城市”，2010年石家庄市通过国家住房和城乡建设部国家园林城市复查。2015年4月，国家住房和城乡建设部组织园林城市复查专家组到石家庄市复查，重点考查城市园林绿化组织领导、城市绿地系统规划实施、城市绿线管理情况、城市园林绿化建设管理情况、城市绿地及生态环境保护、市政基础设施建设运行及城市公园会所清理整治等。2010～2014年，石家庄市累计完成园林绿化建设投资79.1亿元，建成区新增绿地1548公顷，总面积达到8511.4公顷；新植乔灌木2000余万株；绿地率增至40.5%，绿化覆盖率达到44.6%，人均公园绿地面积15.2平方米。2015年9月，国家住房和城乡建设部公布复查结果，认定石家庄市通过国家园林城市复查。

【县城建设】 以县城建设上水平为重点，制定印发《石家庄市全面提升县城建设层次和水平工作实施方案》。推进新型城镇化进程，加快县城扩容提质速度，全力打造一批“净、绿、亮、美”生态新县城。开展“城乡规划管理、环境容貌整治、精品街道打造、县城精细化管理、基础设施建设、园林绿化建设、住房建设改造、投融资平台建设、产业园区、工程质量管理”十大攻坚行动，谋划实施重大工程项目325个，完成投资156.3亿元。所辖县（市）组织开展拆违拆陋、园林绿化、卫生整治、环境容貌、迎宾景观大道、标志性街道、样板街道、数字化城管平台等重大项目建设工程，基本达到城区卫生干净整洁，绿化面积增加，县城框架拉开，基础设施日渐完善，承载能力提升。2015年石家庄各县（市）谋划建设特色街区和精品建筑29个，完成投资7.6亿元，其中，14个项目投入使用，8个项目主体完工，7个项目正在建设。组织县（市）开展迎宾景观大道和标志性街道建设，高标准完成56条样板街道集中整治，新建或改造提升道路112条。至2015年末，石家庄各县（市）建成水处理厂16座，日处理能力达到67.5万吨，污水处理基本达到一级A标准，污水处理率达到81%以上；清运各类垃圾28.58万吨，生活垃圾无害化处理率达到90%以上；规范广告牌匾3680块，清理乱贴乱画小广告37.5万处；种植乔木67.5万株，灌木246万株，新增绿地面积152.2万平方米；每县（市）基本建成至少1个10公顷以上综合性公园，3条以上绿化精品道路、16千米以上绿道绿廊。2015年高邑县城获批“国家级园林县城”，行唐县城通过省级园林专家组验收。

（耿朋涛）

【热源热网建设】 2015年全市新增供热面积823万平方米，年末累计供热面积达到1.48亿平方米。落实供热企业主体责任，完成涉及1909个换热站、1.16亿平方米供热区域“一管到户”任务，有效解决多年群众反映强烈“物业捆绑收费”顽疾。升级改造462个老旧小区二次管网和换热站设施。围绕缓解热源问题，推进西柏坡电厂废热入市工程，通过公开招标方式确定石家庄西岭供热公司为西柏坡电厂废热入市项目投资主体，完成立项、设计、手续审批等前期工作并开工建设。西柏坡电厂1、2、3、4号机组改造完工，具备向市区供热能力1400万平方米；建设长输管线总长27千米，开挖22千米，安装管道19.5千米；首站及2号泵站车间基础施工完成，市内输配线部分路段建设任务完毕。西岭供热公司新建16台20吨天然气锅炉，实现热电三厂533万平方米供热面积热源替代。热电二厂实施北厂循环水改造、“汽改水”、调整管网水力平衡、压减非居民用户等措施，完成热电二厂南厂300万平方米供热面积热源替代。以“煤改气”和电供热方式，置换替代北焦、北苑、神学院供热站7台锅炉、48蒸吨、49万平方米供热面积。采取热电联产集中供热、中水源热泵供热、天然气锅炉及新建2个煤粉调峰供热站方式，解决全市65个项目、823万平方米新增供热需求。推进热源互通备用，实现鹿华电厂与裕华电厂供热管网联通。

良村热电二期热电联产项目、石家庄综合保税区热电联产规划（2015-2030年）获得河北省核准、批复。石家庄良村热电有限公司二期热电联产项目，总投资5.9亿元，建设规模2台2.5万千瓦国产背压式供热机组，配2台220吨/小时高温高压煤粉炉。该项目按照国家和河北省环保要求配套建设环保设施，实施超低排放，规划2017年底前建成投运，形成300吨/小时供汽能力，满足省会东部工业供热需求。石家庄综合保税区热电联产规划（2015-2030年），项目范围为石家庄综合保税区和正定县生态产业园区。规划编制年限为2015～2020年，现状年份为2014年，近期为2015～2017年，中期为2018～2020年，远期为2021～2030年。规划近期在正定生态产业园建设北郊热电厂2台9F级燃气—蒸汽联合循环机组，为正定生态产业园和石家庄综合保税区供热，供采暖面积800万平方米、工业蒸汽100吨/小时；中期规划在北郊热电厂厂区建设1台116兆瓦热水锅炉，满足正定生态产业园和石家庄综合保税区新增热负荷需求；远期规划在北郊热电厂扩建2台9F级燃气—蒸汽联合循环机组和2台116兆瓦热水锅炉。

君乐宝泛能站举行通气点火仪式。12月18日，君乐宝泛能站通气点火仪式在鹿泉绿岛经济开发区举行。这是石家庄新奥燃气集团与君乐宝乳业签订华北地区第一个工业泛能站项目。因传统能源供应在用能安全性、稳定性、经济性上存在不足，经多次调研和论证，在比较生物质能源供热、高效煤粉锅炉供热、天然气清洁能源后，鹿泉绿岛经济开发区最终确定引进石家庄新奥集团建设工业泛能站，由燃气发电机作为分布式泛能站发电设备，建设分布式能源站，做到能源设施互联互通和微网平台智能调度优化，达到能源供需、能源结构、利用方式、供应模式“自我平衡、协同平衡、总体平衡”，推进区域能源体系优化升级。鹿泉绿岛经济开发区泛能微网项目一期君乐宝工业泛能站项目，总投资8000余万元，规划建设1台5500千瓦燃气轮机发电机组和1台11.5吨余热蒸汽锅炉、泛能能效控制平台、君乐宝并网供电专线及配套设备设施，计划2016年9月建成运行，达产后年蒸汽供应量

29万吨，电供应量4000万度。

（耿朋涛　汪永山　吴温）

【燃气经营管理】　2015年市区（长安区、裕华区、桥西区、新华区）使用天然气居民用户114.37万户，非居民用户1373户；使用液化气居民用户12.08万户，非居民用户5052户。2015年市区（长安区、裕华区、桥西区、新华区）新批准燃气企业2家（省级气源单位），年末市区建有CNG加气站40个，LNG加气站1个，点式供气站8个，液化气灌装站10个，配送站15个，燃气普及率100%。加大燃气运营安全管理，督导燃气经营企业免费为居民更换超期服役表24059块，更换老旧铸铁管线7.49千米，铺设警示标识758个。化解安全事故隐患苗头，谋划和启动液化气总公司储灌厂搬迁，制定277处座占压燃气管线隐患设施拆除方案。改造市区老旧天然气支线管网10条，涉及管线长度72.7千米。至2015年末，市燃气监督管理站检查市区燃气经营企业及下属场站4次，抽查40余次，排查隐患1050处，填写各类检查记录180余份，下发责令整改通知书14份，查封LNG场站5座，取缔非法经营液化气站点4处，责令停业整顿燃气供应场站7座，行政处罚严重违规企业2家。

（梁晴）

建　筑　业

【概况】　2015年，石家庄市共有建筑施工企业1755家。其中，施工总承包企业460家：特级2家，一级企业51家，二级企业145家，三级企业262家；专业承包企业961家：一级企业73家，二级企业138家，三级企业705家，不分等级企业45家；劳务分包企业334家：一级企业122家，二级企业168家，不分等级企业44家。建筑业从业人员18.61万人，同比下降14.61%。2015年全市建筑业总产值1093.37亿元（不包括外地进入石家庄施工企业产值），同比下降3.67%；实现增加值101.27亿元，同比下降12.03%；实现利润总额33.85亿元，同比增长15.29%；产值利润率3.10%，同比提高0.51个百分点；实缴税金40.09亿元，同比下降3.77%；劳动生产率58.73万元/人，同比增长12.81%。2015年全市建筑业拖欠工程款142.50亿元，同比增长1.04%；拖欠工程款占总产值13.05%，同比提高0.63个百分点。建筑业施工总建筑面积6758万平方米，同比下降16.11%。其中，新开施工面积1880万平方米，同比下降27.72%；住宅施工面积3989万平方米，同比下降19.09%；住宅新开工面积746万平方米，同比下降45.82%。房屋建筑竣工面积1329万平方米，同比下降23.66%；住宅竣工面积833万平方米，同比增长7.07%，其中市区住宅竣工面积323万平方米，同比下降5.83%。2015年全市建筑业有93家施工企业在省外施工，同比减少2家；实现总产值285.45亿元，同比下降14.57%；省外施工实现增加值45.06亿元，同比下降1.96%；省外工程数量1623个，同比增长14.86%。石家庄建筑业在外埠市场遍布全国各地，主要工作量集中在山西、天津、北京、新疆、山东、河南等省（市、自治区）。7家建筑企业开拓海外市场，同比减少3家；实现出国施工产值3.78亿元，同比下降71.12%。主要企业出国施工产值为：中铁十七局集团第三工程有限公司13127万元，河北省第四建筑工程有限公司10183.9万元，河北建工集团有限责任公司4463.5万元，河北省水利工程局4006.6万元，中建路桥集团有限公司3829.7万元，河北省安装工程有限公司2141.8万元，河北中核岩土工程有限责任公司80万元。2015年外地进入石家庄市施工企业69家，在建项目175个，总建筑面积1489.2万平方米，总造价212.3亿元。

（赵俊武　韩彦红）

【工程质量和安全管理】　落实建筑业工程质量管理要求，开展“全国工程质量治理两年行动”，推进质量监督标准化、信息化建设，建立责任主体质量承诺制及“两书两牌一档案”制度；采取巡查暗访、随机抽查和专项检查方式，强化审图机构监管，规范工程造价行为，突出治理偷工减料、以劣充好、不按图纸标准施工等行为；实行施工企业质量保证体系动态监管，落实工程质量终身负责制。2015年全市建筑业办结各类许可6040项；监督单体工程3217项，面积5352.44万平方米；签署授权书、承诺书工程643项，设立永久性标牌工程190项，建立监理质量信用档案工程190项。加强建筑业安全生产管理，制定《安全生产管理委员会工作制度》，落实"党政同责、一岗双责"要求。组建16个督导检查组，采取巡查、抽查、专项检查方式，重点检查建筑工地、施工设备、危旧住房等。全年建筑行业登记检查记录1479份，下发隐患整改通知书1021份，停工指令书166份，监管工程均未发生安全生产事故。

（任春歌　郭静溢）

【建筑市场招投标】　围绕"政府规范市场，公开公平竞争"思路，改革建筑市场招投标方式，开通网上招投标管理系统，实行投标文件电子文档制度，做到网上审核、网上备案、网上办公。引入市场竞争机制，落实评选制度，择优选择招标代理机构。建立招投标监管与合同跟踪管理、工程造价、绿色建筑节能行业监管协调联动机制，严格巡查监督、跟踪问效、违规查办管理制度，维护中标结果严肃性、法定性。至2015年末，全市建筑市场累计完成招标工程1105项，中标价额85.74亿元。其中，土建招标338项，中标价额46.3亿元；市政工程招标339项，中标价额35.1亿元；设备采购招标59项，中标价额2.52亿元；装饰装修招标73项，中标价额1.83亿元；勘察设计招标134项；监理招标160项。

【勘察设计】　开放勘察设计市场，将入市承揽企业由备案制修改为登记制，做到无障碍进入。提升城市建筑设计作品质量，全市重大项目设计任务，鼓励由国家级设计单位实施方案设计。2015年石家庄市吸引10余家北京市、上海市、广州市高水平设计单位进入勘察设计市场，参与城市规划设计任务；聘请清华大学等单位设计大师到石家庄市举办学术交流及讲座20余场次。全年审查施工图项目415项，建筑面积756万平方米，投资额141亿元；审查纠正各类问题8427条，其中纠正强制性条文469条。开展勘察设计成果创优活动，获得优秀设计一等奖29项，优秀设计二等奖18项，优秀设计优秀奖10项；优秀勘察一等奖22项，优秀勘察二等奖10项，优秀勘察优秀奖6项；优秀工程建设标准设计一等奖4项，优秀工程建设标准设计二等奖1项。

【建筑劳务市场管理】　推行农民工工资预储金管理制度。1月25日，市住房和城乡建设局印发《石家庄市房屋建筑和市政基础设施工程建设领域农民工工资预储金管理实施细则》。主要内容：建设单位在申领施工许可证前，须将建设工程施工合同总价比例20%预储金一次性全部划转到预储金账户，用于支付农民工工资。适用范围：市区（不含藁城区、鹿泉区、栾城区）房屋建筑和市政基础设施工程建设领域农民工工资发放管理，已办理施工许可项目，继续执行农民工工资保证金政策直至竣工验收备案。开展"2015关爱农民工、维权在行动"活动，落实治理欠薪七项规章制度，形成石家庄市独具特色"三金""三机制""一入罪"管理格局。2015年全市建筑市场办理劳务分包合同备案项目86个；办理预储金项目（标段）劳务备案手续15个，涉及建设资金2.6亿元；受理建设行业拖欠农民工工资投诉18起，解决拖欠工资586.67万元。2015年12月，国务院农民工工作领导小组授予石家庄市建设工程劳务管理中心等100个单位"全国农民工工作先进集体"称号。

（赵俊武）

【建筑科技与节能】　将建筑节能、绿色建筑、住宅产业现代化纳入建设管理程序，实行建筑节能设计、施工图审查、建筑竣工备案等环节闭合管理，从审图关及设计源头引领建筑业发展方向，落实建筑节能法规政策、技术标准和规范。印发《关于进一步做好混凝土搅拌站绿色生产工作的通知》，开展建筑业绿色生产达标验收活动。推进新能源、新材料、新技术推广利用及可再生能源建筑应用，实施既有居住建筑供热计量及节能改造，执行65%居住建筑节能标准。PC新型住宅产业化基地落户石家庄。1月30日，市政府与中国建筑材料集团有限公司签订战略合作框架协议，双方商定建设PC（预制建筑）新型住宅产业化基地和蟠龙湖生态养老产业项目。PC新型住宅产业化基地项目选址元氏县经济开发区，规划投资50亿元，主要打造以石家庄市为中心、辐射周边省市新型房屋建材基地。2015年全市办理节能专项验收备案276项，面积408万平方米；新建建筑节能标准执行率达到100%；既有居住建筑供热计量及节能改造完成108.55万平方米，供热计量比例达到20.8%，超额完成河北省下达104万平方米目标任务。创建绿色建筑项目96个，面积260.5万平方米。推广太阳能热水系统、建筑一体化技术和太阳能光伏发电系统技术，可再生能源建筑应用面积达到2168万平方米。2015年全市8个项目获得国家住房和城乡建设部颁发绿色建筑标识，面积57.24万平方米。

（王文）

【城建档案管理】 落实城建档案法规，开展城建档案执法检查。加强建设工程电子档案和声像档案管理，与江西省南昌市建立城建档案异地备份关系，22万张库存档案数字化扫描完毕。《轨道交通工程资料管理规程》（机电设备篇）编写完成。2015年全市城建档案管理部门现场指导工程60个，完成建设工程城建档案预验收项目88个，出具预验收合格书75个，接收、审核各类档案7400余卷，提供档案查询利用500余人次、215卷宗，调档1066卷。

（沈畇）

【建筑业诚信企业】 2016年3月，经石家庄市建筑业企业诚信评价领导小组评审公示，69家建筑施工企业、10家预拌混凝土企业、5家建筑门窗企业、6家工程监理企业、5家招标代理企业获评为2014～2015年度石家庄市建筑业诚信企业。

表18　2014～2015年度石家庄市建筑业诚信企业名单

一、建筑施工诚信企业（69家）

序号	企业名称	序号	企业名称
1	石家庄一建建设集团有限公司	18	石家庄市通力建筑装饰工程有限公司
2	河北省第二建筑工程有限公司	19	河北旭隆建设有限公司
3	金秋建设集团有限公司	20	石家庄新世纪建筑装饰工程有限公司
4	京鑫建设集团有限公司	21	河北中原环保装饰有限公司
5	河北恒山建设集团有限公司	22	石家庄市佳美建筑装饰有限公司
6	河北中瑞建设集团有限公司	23	河北华菲装饰设计工程有限公司
7	河北天森建工集团有限公司	24	河北大吉装饰工程有限公司
8	石家庄市住宅开发建设公司	25	石家庄市宝城建筑装饰工程有限公司
9	石家庄中诚建筑集团有限公司	26	石家庄鹏远装饰工程有限公司
10	河北宏远建筑安装有限公司	27	石家庄鑫宝锐建筑工程有限公司
11	河北中建工程有限公司	28	河北中科威德环境工程有限公司
12	石家庄市大业建筑工程有限公司	29	石家庄泛安科技开发有限公司
13	河北辰光鹏晖建筑工程有限公司	30	河北金辉交通工程有限公司
14	河北华信投资集团有限公司	31	河北科力交通设施有限公司
15	天俱时工程科技集团有限公司	32	河北坦途路桥工程有限公司
16	河北诚业建工集团有限责任公司	33	河北金潮建筑工程有限公司
17	石家庄常宏建筑装饰工程有限公司	34	河北达辉建筑工程有限公司

（续表）

序号	企业名称	序号	企业名称
35	河北嘉恒建筑工程有限公司	53	河北中地志诚土木工程有限公司
36	石家庄联建建筑工程有限公司	54	河北卓远土木工程有限公司
37	河北中鸣建筑工程有限公司	55	河北宇安消防工程有限公司
38	河北柏雅建筑工程有限公司	56	河北四维消防工程有限公司
39	河北冀震建筑工程有限公司	57	河北杰安建筑安装工程有限公司
40	河北诚润环保工程有限公司	58	河北浦仁安全技术工程有限公司
41	河北冀正建筑安装工程有限公司	59	河北硕邦建筑工程有限公司
42	南通市达欣工程股份有限公司	60	河北冀创建筑加固工程有限公司
43	南通建工集团股份有限公司	61	石家庄翼润加固工程有限公司
44	浙江宝业建设集团有限公司	62	河北惠华电子科技有限公司
45	江苏南通二建集团有限公司	63	河北翔宇通信有限公司
46	南通中厦建筑工程总承包有限公司	64	河北蓝天通信有限责任公司
47	石家庄春龙建筑工程有限公司	65	石家庄市盛达电信工程有限公司
48	晋州市冀中建筑工程有限公司	66	河北旭隆园林工程有限公司
49	河北通泰建设有限公司	67	河北燕贺园林古建筑工程有限公司
50	河北建太汇行土木工程有限公司	68	石家庄泽亨水利建筑安装有限公司
51	河北地矿建设工程集团公司	69	河北凯舟电力工程有限公司
52	河北昊锐基础工程有限公司		

二、预拌混凝土诚信企业（10家）

序号	企业名称	序号	企业名称
1	石家庄市利民预制构件有限公司	6	河北大山建材有限公司
2	石家庄冀铁混凝土制品中心	7	河北众诚新型建材有限公司
3	石家庄凯嘉预拌混凝土有限公司	8	石家庄市玉源预拌混凝土有限公司
4	石家庄市胜利混凝土有限公司	9	河北福威建材科技有限公司
5	石家庄恒业预拌混凝土有限公司	10	河北民安预拌混凝土有限公司

三、建筑门窗诚信企业（5家）

序号	企业名称	序号	企业名称
1	石家庄盛和建筑装饰有限公司	4	河北可利幕墙有限公司
2	河北海溢建筑装饰工程有限公司	5	石家庄亿润达建筑材料有限公司
3	石家庄冀铁装修装饰有限公司		

四、工程监理诚信企业（6家）

序号	企业名称	序号	企业名称
1	河北燕赵工程建设监理有限公司	4	河北博大工程项目管理有限公司
2	石家庄汇通工程建设监理有限公司	5	河北华腾项目管理有限公司
3	河北省冀咨工程监理有限责任公司	6	河北裕华工程项目管理有限责任公司

五、招标代理诚信企业（5家）

序号	企业名称	序号	企业名称
1	河北燕赵工程建设监理有限公司	4	河北中机咨询有限公司
2	河北筑城工程招标咨询有限公司	5	河北泰达招标代理有限公司
3	中交远洲招标咨询有限公司		

【建筑业先进企业】 2016年3月，经石家庄市建筑业先进企业评委会评审公示，60家建筑施工企业、19家预拌混凝土企业、5家建筑门窗企业、10家工程监理企业、9家招标代理企业获评为2015年度石家庄市建筑业先进企业。

表19　　2015年度石家庄市建筑业先进企业名单

一、建筑施工先进企业（60家）

序号	企业名称	序号	企业名称
1	河北建工集团有限责任公司	15	河北神兴建筑工程有限公司
2	河北省第二建筑工程有限公司	16	河北中建工程有限公司
3	石家庄一建建设集团有限公司	17	河北华信投资集团有限公司
4	京鑫建设集团有限公司	18	河北双维集团有限公司
5	金秋建设集团有限公司	19	河北冀正建筑安装工程有限公司
6	石家庄建设集团有限公司	20	河北冀震建筑工程有限公司
7	河北天森建工集团有限公司	21	中建一局集团第六建筑有限公司
8	河北中瑞建设集团有限公司	22	江苏南通三建集团有限公司石家庄分公司
9	河北恒山建设集团有限公司	23	江苏南通二建集团有限公司
10	中石化工建设有限公司	24	浙江宝业建设集团有限公司
11	河北宏远建筑安装有限公司	25	南通市达欣工程股份有限公司
12	河北科工建筑工程集团有限公司	26	浙江城建建设集团有限公司
13	河北天山实业集团建筑工程有限公司	27	河南鸿宸建设有限公司
14	石家庄市住宅开发建设公司	28	河北诚业建工集团有限责任公司

（续表）

序号	企业名称	序号	企业名称
29	河北中创安装有限公司	45	河北翔宇通信有限公司
30	天俱时工程科技集团有限公司	46	河北百富勤智能工程有限公司
31	石家庄常宏建筑装饰工程有限公司	47	河北华菲装饰设计工程有限公司
32	石家庄市通力建筑装饰工程有限公司	48	河北鹏力建安装饰工程有限公司
33	河北大吉装饰工程有限公司	49	石家庄市宝城建筑装饰工程有限公司
34	河北中北建筑装饰工程有限公司	50	河北金辉交通工程有限公司
35	河北中原环保装饰有限公司	51	石家庄远景建筑劳务分包有限公司
36	中佳勘察设计有限公司	52	河北惠华电子科技有限公司
37	河北中鸣建筑工程有限公司	53	河北诚润环保工程有限公司
38	河北蓝天通信有限责任公司	54	河北凯舟电力工程有限公司
39	河北博锐特工程有限公司	55	河北省水利工程局
40	河北嘉恒建筑工程有限公司	56	河北铁建工程有限公司
41	石家庄联建建筑工程有限公司	57	河北盛淼安全技术工程有限公司
42	河北皇安建工集团有限公司	58	河北建太汇行土木工程有限公司
43	石家庄春龙建筑工程有限公司	59	河北燕贺园林古建筑工程有限公司
44	河北蓝天建筑科技有限公司	60	河北硕邦建筑工程有限公司

二、预拌混凝土先进企业（19家）

序号	企业名称	序号	企业名称
1	正定县恒通混凝土有限公司	11	河北众诚新型建材有限公司
2	石家庄市利民预制构件有限公司	12	石家庄金隅旭成混凝土有限公司
3	石家庄冀铁混凝土制品中心	13	河北长泰预拌混凝土有限公司
4	石家庄凯嘉预拌混凝土有限公司	14	石家庄市玉源预拌混凝土有限公司
5	河北天山实业集团建筑工程有限公司（搅拌站）	15	石家庄市福牛预拌混凝土有限公司
6	河北贮昊混凝土有限公司	16	河北福威建材科技有限公司
7	石家庄市胜利混凝土有限公司	17	石家庄三楷预拌混凝土有限公司
8	河北益百预拌混凝土有限公司	18	河北民安预拌混凝土有限公司
9	石家庄恒业预拌混凝土有限公司	19	河北骏驰混凝土有限公司
10	河北大山建材有限公司		

三、建筑门窗先进企业（5家）

序号	企业名称	序号	企业名称
1	石家庄四站铝合金装饰工程处	4	石家庄冀铁装修装饰有限公司
2	石家庄盛和建筑装饰有限公司	5	河北可利幕墙有限公司
3	河北天山门窗工程有限公司		

四、工程监理先进企业（10家）

序号	企业名称	序号	企业名称
1	河北方舟工程项目管理有限公司	6	河北金正科信建设工程项目管理有限公司
2	河北三元建设监理有限责任公司	7	石家庄东方工程监理有限公司
3	河北顺诚工程建设项目管理有限公司	8	河北博大工程项目管理有限公司
4	河北冀科工程项目管理有限公司	9	河北九润工程项目管理有限责任公司
5	河北省冀咨工程监理有限责任公司	10	河北燕赵工程建设监理有限公司

五、招标代理先进企业（9家）

		序号	企业名称
1	河北中原工程项目管理有限公司	6	河北宏信招标有限公司
2	河北安达投资咨询有限公司	7	河北华腾项目管理有限公司
3	河北燕赵工程建设监理有限公司	8	河北省成套招标有限公司
4	河北中机咨询有限公司	9	河北泰达招标代理有限公司
5	河北筑城工程招标咨询有限公司		

（市建筑协会）

住房保障和房地产业

【概况】 2015年，石家庄市开工保障性安居工程住房2.67万套，完成年度责任目标108%；基本建成项目2.75万套，完成年度责任目标125%；2012年前开工公共租赁住房项目累计分配4.96万套，达到国家住房和城乡建设部及河北省保障性安居工程领导小组办公室提出的2012年及以前公共租赁住房项目分配入住率达到90%要求；新增廉租住房补贴家庭2372户，完成年度责任目标158%。2015年石家庄市区3次扩大公共保障房政策申请范围；公共保障房公开摇号分配3次，配租公共保障房11762户。至2015年底，石家庄市区公共保障房在保家庭达到30676户，累计发放租赁补贴2.51亿元，累计减免租金1.56亿元；市区分配公共保障房27个小区30406套，面积147.55万平方米。实施农村危房改造工程，2015年市住房和城乡建设局改造全市农村危房户4268户，其中新建2319户、维修加固1949户；农村环境面貌提升1148户，其中新建475户、维修673户。2015年石家庄市房地产业商品房上市量下降明显，二手房市场交易活跃，商品房成交量基本平稳，商业办公类库存压力严峻。全年发放所有权证70854本，所有权登记总面积1482.69万平方米。至2015年12月底，全市累计登记房屋总面积12337.01万平方米，其中住宅面积8279.57万平方米、非住宅4057.44万平方米。从购买人群看，石家庄市居民占到84%，全市房地产市场主要以刚性、改性需求为主，投资性、投机性成分较少。2015年石家庄市发放商品房预售许可证104个，同比下降31.58%，商品房批准预售面积368.10万平方米，同比下降54.33%。其中，商品住房230.42万平方米，同比下降59.29%；商业办公类用房93.97万平方米，同比下降46.91%。2015年石家庄市商品房成交面积652.49万平方米，同比下降2.85%；成交数量65047套，同比增长3.65%；成交金额511.67亿元，同比增长6.21%；成交均价7842元/平方米，同比增长9.32%。2015年石家庄市区二手房成交面积234.74万平方米，同比增长35.95%；成交数量26722套，同比增长31.32%；成交金额127.99亿元，同比增长38.87%；成交均价5452元/平方米，同比增长2.15%。其中，二手住房成交面积228.91万平方米，同比增长34.94%；成交数量26255套，同比增长31.11%；成交金额123.05亿元，同比增长37.52%；成交均价5376元/平方米，同比增长1.91%。至2015年末，全市共有房地产开发企业1631家，其中一级资质8家、二级资质76家、三级资质173家、四级资质314家、暂定级资质1060家，房地产开发企业申办资质数量整体呈上涨趋势。全年四级和暂定级房地产开发企业申请资质核定981件，通过864件；注销过期房地产开发企业资质证书337个。实施住宅专项维修资金检查。根据《住宅专项维修资金管理办法》（国家建设部、财政部令第165号）及《河北省住宅专项维修资金管理实施细则》，4月21日，原市住房保障和房产管理局组织开展2014年度全市住宅专项维修资金检查。检查目的：确保住宅专项维修资金（简称维修资金）专户管理、专款专用，维护广大业主合法权益。检查对象：2014年度全市所有维修资金支用单位。检查内容包括5个方面，即维修资金支用金额账目设立情况（看是否单独设账，专款专用，有无明细账，是否存在现金付款、资金打包使用等现象），工程施工、竣工验收及维修资金实际使用情况（看是否按合同约定内容条件施工，有无偷工减料面子工程，有无违背业主共同意愿行为），质保金留存情况（看是否按合同约定留存，为后期保修排除隐患），施工合同履行情况，申请单位有无从维修资金中提取管理费用及挪用、套取维修资金违规行为。石家庄房屋登记交易中心更名为市房产交易中心。根据市机构编制委员会《关于石家庄房屋登记交易中心更名及设立市不动产登记中心等事宜的批复》(石机编〔2015〕48号），石家庄房屋登记交易中心房屋（产）登记职能剥离，更名为市房产交易中心，编入市住房和城乡建设局所属事业单位，规格正县级，经费形式为财政性资金基本保证，主要职责是负责商品房、二手房交易工作；房屋登记职责划入市不动产登记中心。2015年石家庄住房开发建设集团有限责任公司围绕“项目引领、改革提速、业态创新、上市扩张”总体思路，推进住房开发建设经营发展。全年石家庄住房开发集团有限责任公司在建保障房61.5万平方米、8878套；管理保障房23383套，租金收入5129万元；为全市公共保障房融资37.6亿元，取得棚改项目授信200.71亿元，发放贷款102.84亿元；实现商业房产和物业经营总收入13076万元。

（赵俊武　李红强　赵山）

【公共保障房政策】 城镇低收入住房保障家庭采取发放廉租住房货币补贴或廉租住房实物配租方式予以保障；城镇中等偏下收入家庭、新就业职工、外来务工人员三类住房保障家庭采取公共租赁住房实物配租方式予以保障。至2015年末，全市建成实物分配与货币补贴相结合，多层次、宽范围、无缝隙住房保障体系，住房保障家庭基本实现应保尽保。探索公共保障房分配实施“集中申请、定向配租”模式，即需求量较大、申报人员组成简单、流动性小的企事业单位，由单位统一组织集中申报，市安居工程办公室按照定向配租小区配租比例，将一定房源定向配租给集中申报单位；配租合同与定向配租单位统一签订，房源由单位统一担保、统一分配、统一管理。公共租赁住房申报材料实现简化和规范，原需要申请人提供单位营业执照或组织机构代码，出示劳动聘用合同、合同样本，均予取消，仅需要单位提供在职证明即可，且证明由住房保障部门提供标准样本。公共租赁住房（简称公租房）申请门槛降低。城镇中等偏下收入家庭人均可支配收入标准放宽，调整为3260元。城镇中等偏下收入家庭符合以下条件可申请：申请人具有市区常住户口，且在当地城镇实际居住；家庭人均年收入低于上年度当地城镇居民人均可支配收入的1.5倍；申请人已办理正式退休手续的不再受收入限制；申请人家庭在市内四区及高新区人均住房建筑面积在15平方米以下，且家庭住房总建筑面积在50平方米以下、1人户在30平方米以下。新就业职工毕业期限改为未满8年。新就业职工符合以下条件可申请：具有市区常住户口或持有市区居住证；持有大中专院校毕业证，毕业未满8年；收入稳定且与用人单位签订劳动（聘用）合同；申请人家庭在市内四区及高新区人均住房建筑面积在15平方米以下，且家庭住房总建筑面积在50平方米以下、1人户在30平方米以下。外来务工人员取消收入限制。外来务工人员符合以下条件可申请：持有市区居住证；收入稳定且与用工单位签订劳动（聘用）合同；在市区缴纳社会保险；申请人家庭在市内四区及高新区人均住房建筑面积在15平方米以下，且家庭住房总建筑面积在50平方米以下、1人户在30平方米以下。单身申请人须达到法定结婚年龄。单身申请人须达到法定结婚年龄方可申请。单身申请人父母在石家庄市房产数量大于子女数、父母在石家庄市有单套及以上非普通住宅（建筑面积140平方米以上）、家庭房产总面积除以申请人父母及与其同住子女的总人数大于等于30平方米的不得申请。

（苑志杰　宋钧）

【保障性安居工程】　以解决城市低收入家庭住房困难作为政府公共服务重要职责和改善民生重要内容，建立目标管理责任制，做到应保尽保。3次扩大保障房范围。2015年3月，全市将城镇低收入家庭界定标准由1685元/月提高到1738元/月、城镇中等偏下收入家庭收入界定标准由2106元/月提高到2173元/月。2015年6月，全市将城镇中等偏下收入家庭人均年收入由原来上年度当地城镇居民人均可支配收入的1倍上调为1.5倍，即由2173元/月提高到3260元/月；取消办理正式退休手续家庭收入限制；新就业职工毕业年限延长至8年，单身申请人申请年龄放宽至法定结婚年龄。2015年10月，全市取消外来务工人员社保缴纳限制条件，将外来务工人员和新就业职工单身申请人年龄放宽至满18周岁。2015年河北省政府下达石家庄市保障性安居工程任务为：新开工24670套；基本建成2.2万套；分配入住2万套；新增廉租住房租赁补贴1500户。2015年石家庄市开工保障性安居工程住房2.67万套，完成年度责任目标108%；基本建成项目2.75万套，完成年度责任目标125%；2012年前开工公共租赁住房项目累计分配4.96万套，达到国家住房和城乡建设部及河北省保障性安居工程领导小组办公室（简称安居工程办公室）提出2012年及以前公共租赁住房项目分配入住率达到90%要求；新增廉租住房补贴家庭2372户，完成年度责任目标158%。至2015年底，石家庄市区公共保障房在保家庭达到30676户，累计发放租赁补贴2.51亿元，累计减免租金1.56亿元；市区分配公共保障房27个小区30406套，面积147.55万平方米。

（苑志杰）

【3次分配公共保障房11762户】　2015年石家庄市区公共保障房公开摇号分配3次，配租公共保障房11762户。6月30日，2015年石家庄市区首批公共保障房分配在建设大街与和平路交叉口东北角和华家园举行。此次分配面向市内长安区、裕华区、桥西区、新华区及高新区，共有房源2278套，分布于市内15个公共保障房小区，最终1294户保障家庭摇号配租成功，其中长安区448套、桥西区398套、裕华区193套、新华区253套、高新区2套。9月15日，2015年市区第二批公共保障房公开摇号分配，2196户家庭配租成功。此次分配公共保障房分布于9个小区，共2864套，分别为和华家园456套、东安小区1931套、红河小区143套、珍集嘉苑31套、金碧雅苑47套、骏景家园39套、健达花园79套、紫御府67套、蓝山印象71套。月租金标准分别为：和华家园、健达花园14元/平方米，东安小区、红河小区、金碧雅苑、骏景家园8元/平方米，蓝山印象、紫御府12元/平方米，珍集

2015年9月15日，石家庄市区第二批公共保障房公开摇号分配仪式在和华家园举行

2015年11月30日，石家庄市区第三批公共保障房公开摇号分配仪式在市人民会堂举行

嘉苑16元/平方米。10月26日，2015年石家庄市区第三批公共保障房分配开始申请。该批房源分布市内6个住宅小区，分别是裕华区建设的文河小区，桥西区建设的红河小区二期、东安小区一期，新华区建设的秀河小区（依水佳苑），市本级建设的秀河家园二期及配建项目汇君城；月租金标准最高每平方米8元，最低每平方米6元。第三次公共保障房受理范围包括：享受廉租住房保障的低收入住房困难家庭；享受公共租赁住房保障的外来务工人员、新就业职工、城镇中等偏下收入住房困难家庭。第三次公共保障房受理报名申请家庭12673户，最终符合保障家庭12009户，其中廉租住房保障家庭774户，公共租赁住房保障家庭11235户。11月30日，2015年石家庄市区第三批公共保障房公开摇号分配，8272户住房困难家庭配租成功。第三批公共保障房分配是石家庄市规模最大一次保障房分配，也是第一次廉租住房和公共租赁住房两种不同保障类型同时分配。

（苑志杰　宋钧）

【棚户区改造】 2015年河北省下达石家庄市棚户区改造任务18170套，全部开工。2008年石家庄市启动棚户区改造任务，主要针对房屋质量差、基础设施不配套、交通不畅、消防隐患大、环境脏乱差、不再适宜居住的集中连片平房和简易、危陋楼房区，采取政府主导、社会参与方式实施改造。印发《关于进一步加强棚户区改造工作的通知》；编制《石家庄市2015-2017年城镇棚户区改造实施方案和2018-2020年城镇棚户区改造规划》《2015-2017年配套基础设施建设计划》；谋划起草《关于进一步做好城镇棚户区和城乡危房改造及配套基础设施建设有关工作的意见》《石家庄市关于鼓励货币化安置的办法》。2015年石家庄市棚户区改造安置住房实行原地和异地建设相结合办法，以原地安置为主，优先考虑就近安置；异地安置考虑居民就业、就医、就学、出行等需要，在土地利用总体规划和城市总体规划确定建设用地范围内，安排在交通便利、配套设施齐全地段；以货币补偿、政府组织棚户区改造居民自主选购商品住房、政府购买存量商品住房为安置房方式，提倡推行棚户区改造货币化安置。至2015年底，全市棚户区改造开工2.01万套，超额完成河北省下达任务目标；实施国有土地房屋征收项目6个，腾地292.5亩；城中村拆迁12个，拆迁46.56万平方米、腾地1108亩；签订贷款合同152.9亿元，发放贷款98.54亿元。

（李朝阳　宋钧）

【商品房市场】 2015年石家庄市发放商品房预售许可证104个，同比下降31.58%，商品房批准预售面积368.10万平方米，同比下降54.33%。其中，商品住房230.42万平方米，同比下降59.29%；商业办公类用房93.97万平方米，同比下降46.91%。2015年石家庄市商品房成交面积652.49万平方米，同比下降2.85%；成交数量65047套，同比增长3.65%；成交金额511.67亿元，同比增长6.21%；成交均价7842元/平方米，同比增长9.32%。其中，商品住房成交面积527.17万平方米，同比下降4.55%；成交数量47093套，同比下降4.53%；成交金额387.02亿元，同比增长9.31%；成交均价7341元/平方米，同比增长14.53%。至2015年底，石家庄市区商品房累计可售面积750万平方米，同比下降27.92%。其中，商品住房225万平方米，同比下降56.91%；商业办公类用房457万平方米，同比下降3.10%。2015年全市完成房产抵押登记1382.04万平方米，担保金额797.33亿元。其中，单位抵押724.74万平方米，担保金额436.99亿元；个人抵押657.30万平方米，担保金额360.34亿元。

2015年石家庄市区商品房成交均价

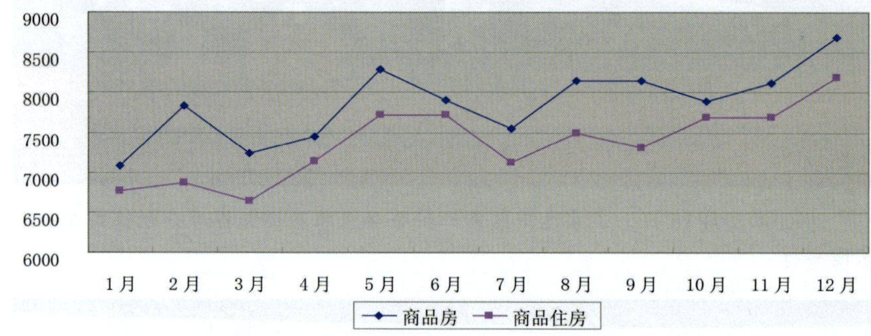

2015年石家庄市区住房现实成交均价

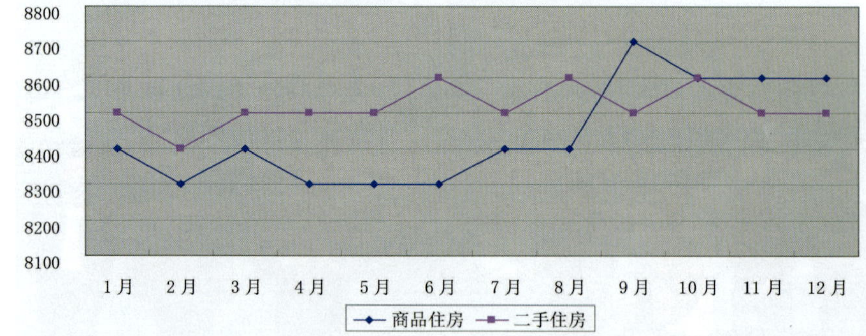

表20　　2013～2015年石家庄市区商品房成交情况一览表

年度	数量（套）	同比（±%）	面积（万平方米）	同比（±%）	金额（亿元）	同比（±%）	均价（元/平方米）	同比（±%）
2013年	44667	24.26	476.92	15.38	320.03	15.10	6710	-2.95
2014年	62759	40.50	671.61	40.82	481.76	50.54	7173	6.90
2015年	65047	3.65	652.49	-2.85	511.67	6.21	7842	9.32

表 21　　2013～2015 年石家庄市区商品住房成交情况一览表

年度	数量（套）	同比（±%）	面积（万平方米）	同比（±%）	金额（亿元）	同比（±%）	均价（元/平方米）	同比（±%）
2013 年	30225	14.95	362.28	14.07	228.84	15.76	6317	1.48
2014 年	49328	63.20	552.32	52.46	354.05	54.71	6410	1.48
2015 年	47093	-4.53	527.17	-4.55	387.02	9.31	7341	14.53

（史晓强　段玉）

【二手房市场】　2015 年石家庄市区二手房成交面积 234.74 万平方米，同比增长 35.95%；成交数量 26722 套，同比增长 31.32%；成交金额 127.99 亿元，同比增长 38.87%；成交均价 5452 元/平方米，同比增长 2.15%。其中，二手住房成交面积 228.91 万平方米，同比增长 34.94%；成交数量 26255 套，同比增长 31.11%；成交金额 123.05 亿元，同比增长 37.52%；成交均价 5376 元/平方米，同比增长 1.91%。3 月 31 日，石家庄市按照国家《关于调整个人住房转让营业税政策的通知》（财税〔2015〕39 号）要求，开始执行二手房交易营业税征收新政策：个人购买 2 年以上（含 2 年）普通住房对外销售免征营业税。至 2015 年末，石家庄市区房屋交易环节实现税收 14.3 亿元，同比增长 12.60%。

2015 年石家庄市区商品房库存对比图

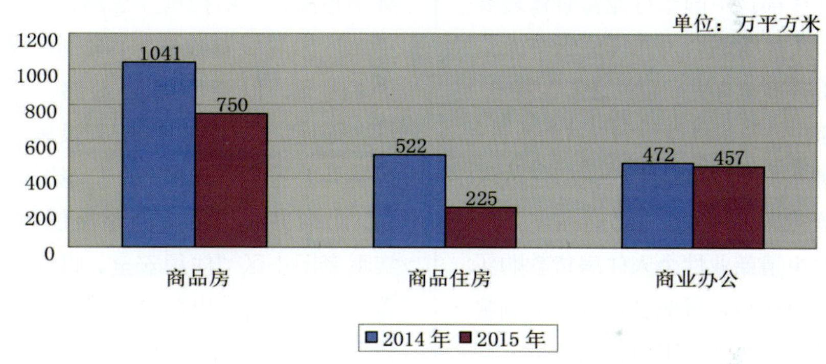

2015 年石家庄市区商品住房购买对象分类表

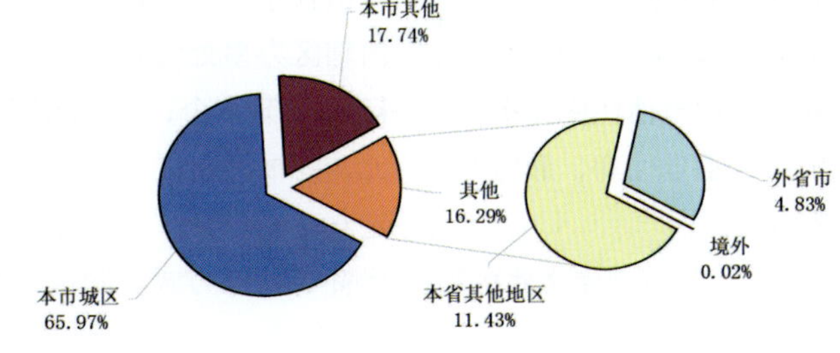

表 22　　2013～2015 年石家庄市区二手房成交情况一览表

年度	数量（套）	同比（±%）	面积（万平方米）	同比（±%）	金额（亿元）	同比（±%）	均价（元/平方米）	同比（±%）
2013 年	22489	39.68	201.05	51.30	107.94	58.27	5369	4.61
2014 年	20348	-9.52	172.67	-14.12	92.16	-14.61	5338	-0.58
2015 年	26722	31.32	234.74	35.95	127.99	38.87	5452	2.15

表 23 2013～2015 年石家庄市区二手住房成交情况一览表

年度	数量（套）	同比（±%）	面积（万平方米）	同比（±%）	金额（亿元）	同比（±%）	均价（元／平方米）	同比（±%）
2013 年	21805	38.74	183.71	47.36	97.82	54.23	5325	4.66
2014 年	20025	-8.16	169.64	-7.66	89.48	-8.52	5275	-0.93
2015 年	26255	31.11	228.91	34.94	123.05	37.52	5376	1.91

（王冲　段玉）

【住房贷款新政策】 3 月 30 日，根据中国人民银行、国家住房和城乡建设部、中国银行业监督管理委员会 3 部委联合发布《关于个人住房贷款政策有关问题的通知》规定，石家庄市开始执行住房贷款新政策：已拥有 1 套住房且相应购房贷款未结清的居民家庭，为改善居住条件再次申请商业性个人住房贷款购买普通自住房，最低首付款比例调整为不低于 40%。使用公积金贷款购买第一套普通自住房，最低首付款比例为 20%；拥有 1 套住房并已结清相应购房贷款的缴存职工家庭，为改善居住条件再次申请住房公积金委托贷款购买普通自住房，最低首付款比例为 30%。

（国家文件）

【住房物业管理】 按照“区级政府负总责、街道社区抓落实、两年集中整治、三年扫尾”思路，2015 年市、区两级财政按 1:1 比例，投资 2 亿元，以老旧小区道路、路灯、绿化、排水等公建配套设施改造提升为重点，完成 200 个老旧小区、1130 万平方米综合整治任务，实现老旧小区“住用安全、设施完善、功能齐备、出行方便、环境整洁”目标。市内 4 区解决 100 个老旧小区无市场化物业管理问题，其中引入市场化管理老旧小区 92 个、由辖区办事处管理 3 个、实行居民自治管理 5 个；补贴资金 1400 万元，并根据小区不同情况，分别确定 0.1～0.3 元／平方米·月或以奖代补等补贴方式。制定印发《石家庄市主城区老旧小区管理指导意见》（石政发〔2015〕38 号），引导老旧小区实施市场化物业管理，率先在全省创造性实施物业费“政府先补贴，后退出”机制，稳步推进老旧小区规范化管理。10 月 18 日，石家庄市举行首届“物业服务行业岗位技能大赛”，40 家企业 760 多名物业管理人员参赛，26 支专项队伍分别参加客服服务、环境保洁、工程维修、秩序维护和创新展示、才艺展示比赛，展示了石家庄市物业服务行业风采和服务技能，得到香港《文汇报》、河北省《燕赵都市报》、石家庄市《燕赵晚报》及网易、新华网等 50 余家媒体报道。

（刘素卿）

住房公积金管理

【概况】 2015 年，全市归集住房公积金 68.17 亿元，同比增长 17.43%；发放住房公积金个人贷款 45.61 亿元，同比增长 16.29%；实现增值收益 6.24 亿元，同比增长 52.57%。至 2015 年末，全市累计归集住房公积金 395.84 亿元，累计提取住房公积金 162.6 亿元，累计发放住房公积金个人贷款 110181 户 267.6 亿元，累计实现增值收益 21 亿元，住房公积金归集余额 233.24 亿元，住房公积金贷款余额 202.34 亿元。完善住房公积金管理制度，制定出台《石家庄住房公积金个人住房贷款管理办法》《关于住房公积金提取政策的补充规定》《资金存储管理规定》《住房公积金资金管理规定》《重要财务凭证管理规定》《资金核算业务规范》《固定资产管理规定》等规范性文件。调整管理模式，落实管运分离、统一核算要求，抽调业务骨干，梳理627项业务流程，明确岗位职责、操作规范和工作时限，建立分工明晰、沟通顺畅、相互配合、相互制约工作运行机制。提升办事效率，建设OA办公系统、视频会议系统，降低行政运行成本。加强监督，公开披露住房公积金信息，发布《石家庄住房公积金年度报告》，包括住房公积金管理机构概况、业务运行、财务数据、资产风险、效益分析等重要事项；接受财政、审计监督，定期聘请会计师事务所开展第三方账目审计，发现问题及时整改，全力防范资金风险。健全和完善责任追究制度、谈话制度、检查考核制度，聘任纪检监察员7名，下发警示提醒函3件，集体谈话7次。2015年石家庄住房公积金管理中心获评河北省文明单位、河北省住房公积金管理优秀单位。

【住房公积金政策】 提升住房公积金归集能力。落实“控高保低”政策，开展缴存基数、缴存比例年审，将最低缴存基数提高到全市社会职工平均工资60%，有效保证中低收入职工得到更多实惠。拓宽归集渠道，寻找增长空间，1000余名部队职工建立住房公积金制度，新增缴存单位753个，新增缴存职工41018人。开展住房公积金缴存执法检查，督促公积金缴存单位按时足额缴存住房公积金，部分未建制单位实施行政处罚，2015年全市153家单位为职工补缴住房公积金3.76亿元，较好维护职工合法权益。放宽提取条件。在原14种住房公积金提取条件基础上，新增加租房提取、90平方米以下首套多次提取、未婚子女购房父母提取、支付物业费提取等多种提取方式，缓解职工购房压力。2015年石家庄住房公积金中心提取住房公积金31.5亿元，同比提高18.24%。降低贷款门槛。住房公积金贷款额度提高，职工最高贷款额由40万元提高到60万元，人均贷款额从28万元上升到35万元。降低贷款首付比例，二套房最低首付款比例由30%降低至20%。降低贷款条件，职工连续缴存公积金6个月即可申请住房公积金贷款。增加贷款方式，开展异地贷款业务、银行组合贷款业务和商业银行贷款转公积金贷款业务，方便更多职工以住房公积金贷款形式改善居住条件。

【住房公积金监管】 以重点岗位、关键环节为核心，强化管理、堵塞漏洞，确保住房公积金资金安全。开展住房公积金个人贷款逾期催收，明确专人负责，制定详细清收方案。全年石家庄住房公积金中心清收个人贷款逾期526万元。至2015年底，石家庄住房公积金中心个人贷款逾期率0.01%，远低于国家、河北省规定标准。规范合作楼盘核准程序。制定出台《个人住房贷款合作楼盘核准管理规定》，合作项目要求必须五证齐全，主体封顶；项目审批流程更加严谨，建立县（市）管理部、个人贷款中心初审，信贷科复审，主管主任现场考察，石家庄住房公积金中心班子集体投票决定制度，尽最大可能消除风险隐患。确保贷款保证金安全。调整贷款保证金管理模式，县（市）贷款保证金一律划转石家庄住房公积金中心账户，统一管理，避免开发商阶段担保责任缺失。遏制骗取套取住房公积金现象。全年复审各类住房公积金业务档案5万余份，发现虚假合同18人次，追回伪造、编造证明材料职工15笔、165万元。

（底宪民）

城市管理

【概况】 2015年，市城市管理委员会（简称市城管委）贯彻落实省会建设管理“上水平、出品位”总要求及创建人民满意城管目标，实施“洗路降尘”行动，二环路内主次干道机械化清扫率达到80%以上，长效保洁覆盖率达到100%。重点治理渣土乱象、露天烧烤、占道经营、广告不规范问题。渣土运输采取“抓两头、控途中”管理措施，每晚由市城管委、市住房和城乡建设局、市公安交通管理局3个单位开展联合执法检查；出台《石家庄市治理露天炭火烧烤管理办法》，二环路内露天炭火烧烤得到遏制；占道经营按照属地管理职责，市内各区落实新的“门前三包”管理规定，取缔店外摆放、路边洗车、路边加工等违章占道行为，严格治理市场外溢和环境脏乱现象；户外广告对标天津市，修订户外广告设置导则，拆除不达标工地围挡广告316处38万平方米。至2015年末，石家庄市区拆除私搭乱建设施面积5000多平方米；清理规范流动商贩、占道经营、店外摆放、占道灯箱、占压人行道等违章行为320处，暂扣各类经营器具89件；清理积存垃圾4300多立方米。维护市政设施，全年疏通排水管道780千米，掏挖收检井6.9万座，维修收检井4300座；解决各类线照明线路故障4025次，城区主干道亮灯率达到98%；维修道路和便道30万平方米；检测桥梁452座次，处理桥梁被撞事故6起；冲洗隔音屏15万平方米；道路完好率保持在92%以上。完善数字城管平台建设，实现"8区1县"数字城管全覆盖（主城四区、高新区、藁城区、鹿泉区、栾城区、正定县），全年数字城管受理上报各类城市管理问题132万件，结案率达到97%。2015年市城管委获评"省级文明单位""平安建设先进集体""安全生产目标管理优秀单位"；市数字化城市管理监督指挥中心获评"全国青年文明号"。

【城区管理】 环卫保洁精细化管理。2015年6月开始，石家庄主城区长安区、桥西区、新华区、裕华区4区推行"以克论净，深度保洁"管理模式，并制定出台《"以克论净"绩效考核实施办法》，将城区道路划分为五类，对应提出每平方米尘土不超过5～20克五档考核标准，其中快车道灰土每平方米不得超过5克、慢车道不超过8克、便道不超过12克；市内四区划分1500个环卫作业网格，按照统一标准、统一分类、统一排名实施绩效考核；市财政每年列支经费1200万元，每月评选400个班组落实绩效奖励，调动和激发一线环卫工人积极性，提升道路保洁质量。道路扬尘治理。开展"洗路降尘"行动，建立"四季不同、科学有效"道路降尘长效机制，冬季采取建"暖棚"、改装真空吸尘车等措施，最大限度增加清扫车作业时间；市区二环路内主次干道机械化清扫率达到80%以上，减小二次扬尘污染。环境卫生综合整治。春季实施"洁城行动"，全面冲洗城区主次干道及桥下空间，清理白色污染，消除卫生死角，重点区域、重点时段实施巡回动态保洁，二环路内长效保洁覆盖率达到100%；秋季实施二环路外环境卫生整治会战，重点集中整治出入市口、早夜市、商业区、老旧小区、城中村等薄弱环节，清理积存垃圾，设立专业保洁队伍。重点治理渣土乱象、露天烧烤、占道经营、广告不规范问题。规范渣土运输。采取"抓两头、控途中"管理措施，强化市内区主体责任，加强工地源头管理；实施"三联单"制度，细化责任分工；加大夜查执法力度，每晚由市城管委、市住房和城乡建设局、市公安交通管理局3个单位一名县级干部轮流值班，开展联合执法检查，顶格处罚违法车辆。治理露天烧烤。2015年3月，全市在新华区召开现场观摩会，出台《石家庄市治理露天炭火烧烤管理办法》，刊发市政府《通告》2万份；组建成立5个督导组，由市城管委联合市环保、卫生、公安等部门组织开展集中整治活动，二环路内露天炭火烧烤得到遏制。整治占道经营。按照属地管理职责，市内各区落实新的"门前三包"管理规定，加大店外摆放、路边洗车、路边加工等违章占道执法力度，整治工农路、泰华街、红星街等早夜市，完善管理标准，严格治理市场外溢和环境脏乱现象。整治户外广告。对标天津市，修订户外广告设置导则，将工地围挡广告审批管理权下放到各区；按照创建文明城市目标要求打造"城市名片"，做到公益宣传内容不少于三分之二。2015年全市拆除不达标工地围挡广告316处38万平方米，有效提升城区广告牌匾规范程度、档次品质、宣传内容。二环路内外城市管理同城化。提升二环路外市容环境质量，消除城乡管理差异，实现管理同城化。2015年裕华区投入5000万元专项资金，开展二环路外城市管理水平提升攻坚战第一阶段容貌环境综合整治大会战，取得"六个提升"，即基础设施提升、环境卫生提升、街道景观提升、园林绿化提升、二环路外农村环境卫生提升、城市管理水平提升。至2015年末，石家庄市区拆除私搭乱建设施面积5000多平方米；清理规范流动商贩、占道经营、店外摆放、占道灯箱、占压人行道等违章行为320处，暂扣各类经营器具89件；清理积存垃圾4300多立方米。

【城市排水防涝综合规划编制】 4月25日，《石家庄市城市排水防涝综合规划》专家评审会举行，来自国家住房和城乡建设部、北京工业大学及北京城市规划设计研究院的国内知名专家参加评审。7月10日，《石家庄市城市排水防涝综合规划》通过市城乡规划委员会第23次会议审议，开始正式实施。2013年10月起，市城管委牵头，市排水管理处负责组织实施《石家庄市城市排水防涝综合规划》编制。该规划主要解决市区道路积水、管网提标、雨污分流、雨水回收利用及排水出路等问题，重点突出城市排水出路拓展，规划新开挖河道6条，包括高速公路西明渠、东部退水明渠等，以统筹方式解决城市排水问题；改变传统“快速排水”模式为“蓄、滞、渗、净、用、排”六位一体生态化、综合化排水措施，实现规划理念与海绵城市建设理念合理对接；首次提出在石家庄市建立城市排水管网、河道和地表耦合的水文、水力模型；科学分析石家庄市城市内涝风险，并以此为依据规划布局内涝防治措施，在技术方法上与国际接轨。

（田雅宾）

【市政工程项目】 雨污排水工程。推进石津干渠沿线雨污导排工程，解决市区北部70平方千米区域雨污水出路问题。实施市区排水设施改造工程。结合地铁建设，分胜利大街—西大街、友谊大街—西线民心河、西大街—建华大街3段跟进实施中山路雨污分流改造；总退水渠清淤护砌和水源街、西三庄街、建国路排水改造工程完工；胜利大街仓丰路地道桥区域排水改造工程完成总工程量80%；维明大街雨污分流工程动工。启动“海绵城市”建设。聘请专家举办海绵城市知识专题培训，编制《石家庄市海绵城市技术导则》《石家庄海绵城市建设图集》，开展国家试点城市申报。城区防汛管理。汛期到来前，实施排水管网疏通和清淤，全面检修泵站设施。全年有效应对6次强降雨过程，快速处置植物园路穿石太高速地道桥积水问题。至2015年末，石家庄主城区连续5年安全度汛。环卫设施项目建设。峡石沟垃圾填埋场封场工程完工；市城管委与新乐市、无极县签订主城区生活垃圾接收协议，较好解决主城区生活垃圾出路问题；餐厨垃圾处置中心项目顺利推进，基本达到试运行条件；完善和提升城区环卫设施整体承载功能，建设公厕25座，新增沿街对外开放公厕121座，建成二环路外生活垃圾转运站23座。市政设施维护。全年疏通排水管道780千米，掏挖收检井6.9万座，维修收检井4300座；冲洗隔音屏15万平方米。实施市区二环路内主次干道网裂、坑槽等破损严重路段修补维护，维修道路及便道30万平方米，道路完好率达到92%；巡视桥梁2.5万座次，检测桥梁452座次，维修桥面1万多平方米，处理桥梁被撞事故6起。购置雷达探测车，探测中山路等路面地下空洞，发现隐患问题及时排除险情。开展春节期间城市夜景亮化管理保障活动，综合整治市区主要街道两侧夜景和商业街区照明设施。市、区两级城管部门组织人员督导市区各产权单位，做好景观灯饰检修维护，并拉网式排查辖区内路灯、夜间景观等照明设施，向亮化显示不全、设置程序混乱、存在安全隐患夜景设施下发限时维修通知书，督导各产权单位整改到位；市城管委夜景照明管理处采取“查、修、换、装”等措施，检修、排查、维护管辖市区公益夜景照明设施；组建2支巡视抢修队伍，做好夜景设施巡查和维修。实施和平东路（二环路外段）等4条市民反映强烈路段路灯改造，完成太行大街等23条街道2700多个灯杆6800余盏照明设施移交。2015年市区解决各类路灯线路故障4025次，城区主干道亮灯率达到98%。及时处置市区建设大街与中山路交口路面塌陷等险情。连续36小时昼夜抢修，有效解除旧火车站地下人防工程华北眼镜城透水险情。

（田雅宾　靳晓磊）

【8区1县数字城管全覆盖】 石家庄市部分行政区划调整后，市城管部门加快数字城管平台建设，提高覆盖率。6月25日，全市在鹿泉区召开数字城管运行推进会；2015年7月，藁城区数字城管系统平台联网试运行，至此，石家庄市正式实现“八区一县”数字城管全覆盖（主城区4区、高新区、藁城区、鹿泉区、栾城区、正定县）。完善数字城管监督考评方式，制定出台新的《数字城管考核指标计分办法》和新的《市县区数字城管监督考评办法》。推广处置通应用，减少二级指挥中心传输环节，提高工作效率，年末主城区覆盖率达到75%。2015年石家庄数字城管系统受理各类问题140万件，结案率达96%以上。

【城管综合执法】 区级执法体制改革，配合市机构编制委员会办公室、市法制办公室推进藁城、鹿泉、栾城3个新区实行综合执法，挂牌成立城市管理综合执法局。违建停工业务指导，按照市违建集中整治办公室要求，成立5个督导组，督查各区停工情况，印发通报41期，通报违法施工问题80余处次。城管案件督办，全年市城管执法部门受理违法建设案件50宗，下发《行政执法监督通知书》31件，重点案件全部及时查处并做到回复。开展城管执法查处活动，2015年全市依法查处市政违章案件110起；拆除违法户外广告、处理各类违章445起，拆除294处2513块、面积4.7万平方米；开展毁绿占绿执法行动，查处园林绿化违章49起。

（田雅宾）

园林绿化

【概况】 2015年，市园林系统围绕“丰富色彩、增加绿量、提升品质”思路，实施“道路绿化”“公园提升”“水系完善”“社会绿化”“县城提质”城镇园林绿化五大工程，全力建设多层次、多色彩园林绿化精品工程。绿化改造维明大街、体育大街、红旗大街等12条（段）主次干道；实施新城大道（东北二环至滹沱河）两侧宽30米、长7千米绿化带及东北二环桥区绿化，建成通往正定新区景观大道21.8千米，种植乔灌木61万株，新建绿地136公顷；改造提升谈固大街、建华大街等100余条区属道路景观，种植乔灌木14万株，新建绿地120公顷，提升绿地2.7公顷；升级改造市管公园广场22座、区管公园25座；建成街旁游园17座；实施二环路沿线4个绿化基础较为薄弱桥区提升改造，种植乔灌木7.8万株，新建绿地19公顷，提升绿地6.28公顷；出入市口绿化提升工程种植乔灌木21万株，新建绿地6.48公顷，提升绿地5公顷；断带和夹缝地绿化，种植乔灌木17万株，新建绿地2.22公顷，提升绿地22.13公顷；太行大街绿化工程完成绿化80.3万平方米，栽植乔灌木48万株。鼓励支持义务植树活动，全年组织8万余人次在小壁林区和动物园南部山体义务植树40万株。推进县城绿化建设，2015年高邑县通过河北省住房和城乡建设厅组织国家园林城市初验；晋州市、正定县通过省级园林城市复查。至2015年末，石家庄各县（市）累计提升改造公园27座；新建道路绿化9条，道路绿化提升改造34条；累计栽植乔木39.7万株，灌木185.6万株，地被植物137.6万平方米。2015年9月，国家住房和城乡建设部公布国家园林城市复查结果，石家庄市顺利通过复查，这是石家庄市被命名为“国家园林城市”后第二次通过复查。2015年市区累计新建提升绿地865万平方米，其中新建绿地590万平方米。至2015年底，全市建成区绿地面积达到8773.33公顷，绿地率40.62%，绿化覆盖率44.71%，人均公园绿地面积15.2平方米。

【创建园林城市】 石家庄国家园林城市复查。2015年4月，国家住房和城乡建设部组织国家园林城市复查专家组到石家庄市复查，重点考查城市园林绿化组织领导、城市绿地系统规划实施、城市绿线管理、城市园林绿化建设管理、城市绿地及生态环境保护、市政基础设施建设运行及城市公园会所清理整治等，考查组实地检查了市区世纪公园、裕华西路、春江花月小区、石门公园、桥东污水处理厂、数字化城市管理指挥中心。2015年9月，国家住房和城乡建设部公布国家园林城市复查结果，石家庄市顺利通过复查，这是石家庄市被命名为“国家园林城市”后第二次通过复查。“国家园林城市”是国内重要城市品牌之一，是针对一座城市生态环境、生产和生活环境综合评价。2007年石家庄市被国家住房和城乡建设部命名为“国家园林城市”，2010年石家庄市通过复查再次获得认定。2010～2014年，石家庄市累计完成园林绿化建设投资79.1亿元，建成区新增绿地1548公顷，总面积达到8511.4公顷；新植乔灌木2000余万株；绿地率增至40.5%，绿化覆盖率达到44.6%，人均公园绿地面积15.2平方米。县城园林绿化。以创建园林城市为抓手，组织各县（市）开展县城增绿添彩和景观提升活动，实现城市绿量提升，基础设施逐步完善，园林管理水平提高。至2015

年末，石家庄各县（市）累计提升改造公园27座；新建道路绿化9条，道路绿化提升改造34条；累计栽植乔木39.7万株，灌木185.6万株，地被植物137.6万平方米。市园林部门多次组织人员到高邑县、晋州市、正定县、行唐县、灵寿县、赵县、无极县等县（市），督导检查园林城市创建和复查。2015年高邑县通过河北省住房和城乡建设厅组织国家园林城市初验；晋州市、正定县通过省级园林城市复查；行唐县完成总占地面积40.8万平方米玉龙公园、新公园、时雨公园、颍水公园4座公园建设。

【道路绿化建设】 重点道路绿化提升改造。采取行道树间隔破硬增绿、分车带绿化提升、立体绿化方式，绿化改造维明大街、体育大街、红旗大街等12条（段）主次干道。新建成新城大道（东北二环至滹沱河）实施两侧宽30米、长7千米绿化带及东北二环桥区绿化，建成通往正定新区景观大道；该工程全长21.8千米，种植乔灌木61万株，新建绿地136公顷，形成连接主城区和正定新区绿色长廊。改造提升谈固大街、建华大街等100余条区属道路景观，种植乔灌木14万株，新建绿地120公顷，提升绿地2.7公顷。采取房地产开发商代征绿地方式，建成北翟营、汇君城、保利花园等17座街旁游园。实施二环路沿线4个绿化基础较为薄弱桥区提升改造，种植乔灌木7.8万株，新建绿地19公顷，提升绿地6.28公顷。出入市口绿化提升工程，绿化整治建华北大街、石清路、植物园路、107国道、景源街等出入市口，种植乔灌木21万株，新建绿地6.48公顷，提升绿地5公顷。断带和夹缝地绿化，实施石太货运专线、石太高速公路之间断带和夹缝地绿化建设，增绿提质京港澳高速公路、石太高速公路两侧原建成“疏林草地”，种植乔灌木17万株，新建绿地2.22公顷，提升绿地22.13公顷，形成连接主城区和新城区绿色生态景观线。太行大街绿化工程。3月6日，太行大街绿化工程进场施工，南起衡井公路，北至滹沱河大桥南岸，全长21.8千米；绿化范围在原有绿化边界东西两侧各延伸50米，同时提升改造原有15米宽绿化带；绿化工程建设涉及栾城区、长安区、高新区3个区，总绿化面积122万平方米；至2015年底，该工程完成绿化80.3万平方米，栽植乔灌木48万株。特色景观带建设。以“增花添彩、丰富层次、增加美感、提升绿量”为原则，重点建设4条景观大道。石家庄主城区17条主次干道两侧大规模增植彩叶植物，并以裕华路、体育北大街绿化提升项目为重点，打造靓丽景观、层次分明绿化典范。开展出入市口绿化提升整治，主要种植红叶碧桃、金叶榆、金叶国槐等彩叶植物，形成色彩丰富、一街一景出入市口靓丽景观带。以“数量大、质量高、大组团、品种化”为原则，全年栽植各类花卉700余万株，“十一”国庆节期间重点打造裕华路精品一条街，在道路沿线重要节点部位设置立体花坛，营造强烈的视觉冲击力。

（李晓玲）

【公园广场建设与管理】 龙泉湖公园建设启动，该公园位于鹿泉区山前大道以东，青银高速公路以西，槐安路以南，南二环西延以北，占地面积360万平方米，规划工程投资概算4.36亿元，建成后为石家庄市最大综合性公园。新建滹沱河滨水生态公园，该公园位于滹沱河南岸、新城大道两侧，占地面积89.49公顷，其中西侧占地78.1公顷，东侧占地11.39公顷；公园建设以现状山体为基础，调整梳理地形，将新城大道西侧地形部分建成“凤”状，新城大道东侧山丘建成“绣球”状，取意为“凤嬉绣球”；至2015年底，滹沱河滨水生态公园正在地形梳理和绿化建设。体育公园建设，该公园位于市区体育大街以东、塔北路与南二环之间，占地面积14.5万平方米；项目建设以“全民健康”和“生态典范”为总体思路，主要打造亲民宜人、绿色健康区级综合公园。薰衣草庄园开园。2015年5月，位于滹沱河旁、河心岛对面薰衣草庄园——森林河趣那主题公园开园；森林河趣那主题公园位于张石高速公路连接线云龙大桥西侧、滹沱河南岸，公园占地面积1000多亩，园内种有油菜花、薰衣草、虞美人、矢车菊、马鞭草、郁金香、波斯菊等百余种鲜花，设有海上教堂、荷兰风车、地中海城堡、爱情小火车等具有异国风情造型，被称作石家庄的“小普罗旺斯”；公园还设有科普园，市民可亲自种植，体验田园特色。加强区属公园管理，2015年鹿泉区、藁城区、栾城区、正定县和高新区18座公园广场纳入市级统一管理，由市园林局组织行业指导并实施监督考核。实施公园广场改造，全年采取完善园林景观、提升服务水平、构建安保体系等方式，升级改造市管公园广场22座、区管公园25座。4月21日，《公园绿地经营项目管理办法》施行，有效期3年。主要内容：明确公园绿地是指向公众开放，以游憩为主要功能，兼具生态、美化、防灾等作用的城市绿地，包括公园、带状公园、街旁绿地和绿化广场等四大类；公园绿地内经营项目主要是指符合公园绿地规划和服务功能游乐设施，以及配套服务商业营利性项目。公园绿地经营项目必须符合国家政策、公园绿地性质和总体规划要求；满足公园绿地服务功能，面向大众开放，符合大众消费水平，安全、无噪音、无污染；禁止设立与公园服务功能无关项目，禁止设立私人会所。公园绿地经营项目实行分级管理，市园林绿化行政主管部门负责全市公园绿地经营项目行业管理；各级园林绿化行政主管部门负责所辖公园绿地经营项目规划审批和行政管理。《公园绿地经营项目管理办法》还明确公园绿地经营项目审定、经营管理和安全管理等规定要求。至2015年底，全市公园绿地经营项目清理整顿完毕，43项经营项目全部整改到位，实现还绿于民。

（李晓玲　靳晓磊　翟相哲）

【园林水系建设】 滹沱河生态绿廊工程进展顺利。滹沱河生态绿廊工程是石家庄市重点绿化工程，西起中华大街，东至太行大街朱河橡胶坝，全长16千米，主要实施两岸1千米范围内大规模园林绿化建设，涉及正定县、长安区、正定新区3个县区，规划建设总面积2982公顷，整体工程计划2016年5月底完工。该工程以“生态、景观、自然、节约”为原则，在所有未绿化区域小规格、大密度种植国槐、白蜡、杨树等乡土树种，改造提升防护林带，优化利用苗圃、果园，简易绿化城市留白区域。同时，选择主干道及观光路两侧可视范围内重点打造绿化景观节点，满足生态防护、郊野游览、滨河观赏、观果休闲、科普健身等多种功能，形成“低投入、低养护”型绿色生态景观长廊。至2015年底，滹沱河生态绿廊工程栽植乔木、灌木共计90多万株，栽植地被45.49万平方米；新增绿地面积150万平方米；重要节点景观效果显现，“滹沱河花海”成为省会旅游新亮点。环城水系西线景观提升，龙泉大桥南侧梁板场、南水北调夹缝地和鹿泉生活垃圾山等综合整治和绿化建设任务完工。民心河面貌改观，水质整体提升。民心河华曙泵站增设加氯装置；更新修复民心河沿线26座雨水闸门自动控制系统；民心河北线河道清淤改造和沿线绿化建设完毕，彻底解决民心河北线河道破损渗漏、设施设备老化、景观效果较差等问题，并将改造后民心河北线纳入统一管理范围。

【园林行业管理】 修订完善《石家庄市城市园林绿化管理条例》，印发《石家庄市公园绿地经营项目管理办法》《石家庄市城市绿化广场管理规定》，规范公园绿地经营项目管理和绿化广场秩序，提升公园公益属性。制定出台《园林绿化工程招投标管理规定》《园林科研项目管理办法》，加强园林绿化工程监管，提高招投标准入门槛，严控投标资格，增强园林绿化建设创新能力。2015年3月，由市园林局编纂《园林》系列丛书印刷出版，全套丛书14万字，包括《石家庄市城市道路绿地养护管理导则》《石家庄市园林绿化管理考核办法》《石家庄园林植物名录》《石家庄观花观叶植物名录》，还收录有全市常用植物应用、病虫害防治、精细化管护等实用技术。加强市内各区及园林管护单位监督考核，依据新修订《城市园林绿化管护考核办法》，引入末位淘汰、公开公示等机制。开展园林抗旱浇水行动，利用一切可用资源、设备和力量投入抗旱，最大限度减轻旱灾危害。建立和完善植物病虫害动态检测预警制度，市植物保护站联合各区建立市、区两级病虫害监测点；制定出台《石家庄市园林植物主要有害生物防治月历》，细化全年不同月份园林有害生物防控重点，较好避免病虫害大规模发生。开展单位小区庭院绿化，完成100余座单位小区庭院园林绿化达标任务和3.5万延米围栏立体绿化工程。2015年石家庄市获评省以上星级公园广场和游园13座，园林式单位9家，园林式小区5个，园林式街道1条，其中位于石家庄正定新区、占地1200亩河北省园博园获得2015年全省唯一五星级公园称号。

（李晓玲）

【市级园林式单位、小区、街道】 12月31日，市政府办公厅印发《关于命名市级园林式单位（小区、街道）的通知》(石政办函〔2015〕160号），公布2015年市政府命名市级园林式单位18个、市级园林式居住小区18个、市级园林式街道14条（段)。

表24

2015年石家庄市命名园林式单位名单

序号	单位名称	所属县（市、区）
1	河北腾泰房地产开发集团有限公司	新华区
2	河北中医学院	鹿泉区
3	河北四方通信设备有限公司	藁城区
4	石家庄凯泉杂质泵有限公司	正定县
5	新乐市人口和计划生育局	新乐市
6	河北省无极县人民检察院	无极县
7	无极县公路站	
8	中国农业银行股份有限公司无极县支行	
9	中共行唐县委	行唐县
10	行唐县交通运输局	
11	行唐县龙州中学	
12	行唐县人民政府	
13	行唐县第一中学	
14	行唐县城生活垃圾卫生填埋场	
15	行唐县玉城污水处理厂	
16	行唐县自来水公司	
17	赞皇县城区生活垃圾卫生填埋场	赞皇县
18	赞皇县环境保护局	

表25

2015年石家庄市命名园林式居住小区名单

序号	小区名称	所属县（市、区）
1	长安区紫晶悦城小区	长安区
2	长安区红珊湾小区	
3	桥西区东胜紫御府小区	桥西区
4	桥西区恒大华府小区	

（续表）

序号	小区名称	所属县（市、区）
5	新华区水墨紫庭小区	新华区
6	裕华区丽晶园小区	裕华区
7	裕华区海德园小区	
8	藁城区恒大绿洲小区	藁城区
9	正定县金河花园小区	正定县
10	中国人民解放军第六四一零工厂生活区	井陉县
11	无极县供电小区	无极县
12	深泽县北方明珠住宅小区	深泽县
13	深泽县嘉悦尚城住宅小区	
14	行唐县土管小区	行唐县
15	行唐县联通小区	
16	赵县森都花城小区	赵县
17	元氏县石家庄碧桂园项目示范区	元氏县
18	赞皇县盛世新城住宅小区	赞皇县

表 26　　2015 年石家庄市命名园林式街道名单

序号	街道名称及路段	管理部门或县（市、区）
1	槐安路（水电驾校至鹿泉界）	市园林局园林绿化管理处
2	裕华路（谈固大街至东二环）	
3	兴凯路（中华大街至水源街）	新华区
4	友谊大街（北二环至飞翼路）	
5	泰华街（新华路至和平路）	
6	建设大街（汇通路至南二环）	裕华区
7	和平西路（海山大街至西三环）	鹿泉区
8	开放路（幸福街至贸易街）	无极县
9	香港路（昌兴街至朝阳大桥）	行唐县
10	南环路东段（高速口至地标）	灵寿县
11	南环路西段（西环路至合村桥）	

（续表）

序号	街道名称及路段	管理部门或县（市、区）
12	海尔大道（青银高速路楼至自强路东延）	赵县
13	平棘大街（永通路至李春大道）	
14	亿博大街（千秋路至光武路）	高邑县

（市政府办公厅文件）

【中国第十届（武汉）国际园林博览会】 2015年9月至2016年4月，中国第十届（武汉）国际园林博览会在湖北省武汉市举行。主题为“生态园博，绿色生活”。石家庄市参展作品为柏坡园，历时半年建设完工。柏坡园依托石家庄市红色文化和民俗文化，主要展现太行山生态村落风貌、滹沱河水韵，并借助新农村园林与城市园林互补，营造新形势下大农村公园模式。柏坡园建筑由3处院落组成，仿照驻西柏坡领导人旧居样式建设，错落布置，各具特色，展示解放战争时期领导题词，设置农民生产场景和生活场景，配以地域代表树种及水系，较好展现石家庄地域特色村落风貌。

（靳晓磊）

环境保护

Environmental Protection

概　述

2015年，石家庄市城市空气质量一级天数、优良天数分别达到31天、173天，同比分别增加19天、59天；城市环境空气质量综合指数为8.70，同比下降20%。城市环境空气中可吸入颗粒物年平均浓度值为147微克/立方米，细颗粒物年均浓度值为89微克/立方米，二氧化硫年平均浓度值为47微克/立方米，二氧化氮年平均浓度值为51微克/立方米，一氧化碳日均值第95百分位浓度为4.3毫克/立方米，臭氧日最大8小时滑动平均第90百分位浓度为148微克/立方米，除二氧化硫、臭氧外其余4项污染物浓度均未达到国家二级标准。2015年全市化学需氧量、氨氮、二氧化硫、氮氧化物4项污染物排放总量较2014年分别下降3.3%、3.1 %、4.7%、12.6%。

水环境质量。2015年石家庄市域内地下水总硬度超标较重，污染物呈“点状”“片状”污染分布特征。饮用水源地包括岗南水库出口及市区5个地下水厂，饮用水源水质全部达标。岗南水库水质类别为Ⅰ类，黄壁庄水库水质类别为Ⅱ类，水质状况优。地表河流受城市工业废水和生活污水大量排放影响，各水体均受到不同程度污染，以氨氮、生化需氧量、总磷、化学需氧量等为主要污染物。2015年石家庄市河流水环境质量为：绵河—冶河水体水质属Ⅳ类，石津渠水体水质属Ⅱ类，洨河、滹沱河、汪洋沟水体属劣Ⅴ类水质。2015年市环境监测中心例行监测城市17眼地下水井中的13眼水井（其他4眼水井无水、未监测）、25项指标。受检地下水井中，5项指标出现超标，总硬度（73.3%），总大肠菌群（29.3%），硝酸盐氮（25.3%），溶解性总固体（10.7%），氯化物（10.7%），其余指标超标率为0%，超标区域主要分布在市区西南部和中南部。2015年石家庄市地下饮用水源水质全部达标，满足《地下水质量标准》（GB/T14848－1993）Ⅲ类标准要求。

声环境质量。2015年石家庄城市声源构成为日常生活、交通运输、工业生产、建筑施工及其他噪声，各种声源所占比例与2014年持平。2015年石家庄城市昼间道路交通噪声值为52.3 ~ 76.7分贝，平均等效声级为66.7分贝，超过70分贝路段（超标路段）长度占总路段长度7.52%；城市昼间区域环境噪声值为30.0 ~ 70.7分贝，平均等效声级为50.8分贝。影响城市声环境质量因素主要是交通噪声和生活噪声。按照石家庄市城市不同区域功能特点，将噪声功能区划为四类。监测结果表明，2015年石家庄市区4个季度四类功能区昼间噪声平均等效声级值均达标；1类功能区夜间噪声平均等效声级值第三季度超标；3类和4类功能区夜间噪声平均等效声级值第二、第四季度超标。2015年石家庄市区功能区噪声平均等效声级值与2014年基本持平，其中昼间等效声级值下降0.7分贝，夜间等效声级值上升0.7分贝，昼夜等效声级值上升0.2分贝。

污染源防治。2015年石家庄市工业固体废物产生总量为1604.9万吨，处置利用率为99.2%。2015年石家庄市区工业固体废弃物主要为粉煤灰、炉渣等无机固体废物，处置利用率为99.3%，其他固体废弃物基本达到妥善处理。加强重点污染源监测。2015年石家庄市重点污染源共有109家，分别为国控污染源、省控污染源、城镇污水处理厂、涉及重金属企业、养殖场。其中，国控重点污染源包括废水污染源36家，废气污染源19家，城镇污水处理厂25家，涉及重金属排放企业

10家：国控重金属企业5家、“重金属十二五规划”企业5家，养殖场1家；省控重点污染源包括废水污染源5家，废气污染源11家，城镇污水处理厂2家。2015年石家庄市废水污染企业监督性监测达标率为92.8%；废气污染企业监督性监测达标率为82.9%；城镇污水处理厂监督性监测达标率为75%；涉重金属企业废水企业达标率为81.7%，废气企业达标率为92.9%。

环境监管。2015年全市环境监管审批项目1938个，建设项目验收585个。其中，市级审批项目50个，占全市审批项目2.6%；建设项目完成验收578个，其中市环保部门完成验收项目38个，占验收项目6.6%。2015年石家庄市获得中央、省级环保专项补助资金7项，资金8.36亿元。2015年全市排查各类工业园区32个，检查国家级自然保护区1个（平山县驼梁自然保护区）；全市13个饮用水源保护区排查出违规项目459个，其中关停227个项目，取缔85个项目，整改企业114家，未处理企业33家。水质监测保护建成并正式运行国控大气自动监测站8个，省控大气自动监测站17个，市控大气自动监测站25个。采取“压煤、抑尘、控车、迁企、减排、增绿”雾霾治理措施，26家燃煤电力企业65台发电机组实施脱硫、脱硝、除尘超低排放升级改造，56家工业企业烟粉尘治理项目、55家58个工业挥发性有机物治理项目完工，276家餐饮服务经营场所安装油烟净化设施。严格车辆排放监管，全市497320辆机动车参加环保年检，发放环保标志918446枚。推进10个片区231个村庄环境连片治理，411个重点村垃圾无害化处理率达到70%。2015年全市处置突发环境事件3起；启动应急预警5次，其中“Ⅳ级蓝色预警”2次，“III级黄色预警”2次，“II级橙色预警”1次；采取临时污染减排措施1次。

（张晓北）

空气环境质量

【概况】 2015年石家庄市城市空气质量一级天数、优良天数分别达到31天、173天，同比分别增加19天、59天。2015年石家庄城市环境空气质量综合指数为8.70，同比下降20%，优于全省平均下降水平（12.4%），其中可吸入颗粒物、细颗粒物、二氧化硫、二氧化氮、一氧化碳和臭氧污染指数分别为2.07、2.54、0.87、1.35、1.08、0.92，PM2.5、PM10、二氧化硫浓度分别较2014年下降28.2%、28.6%、24.2%。主要污染物可吸入颗粒物、细颗粒物、二氧化硫、二氧化氮的年均值分别为147微克/立方米、89微克/立方米、47微克/立方米、51微克/立方米，一氧化碳日均值第95百分位浓度和臭氧日最大8小时滑动平均第90百分位浓度分别为4.3毫克/立方米、148微克/立方米。2015年石家庄城市空气199天首要污染物为PM2.5，67天首要污染物为PM10，32天首要污染物为NO_2，32天首要污染物为臭氧，3天首要污染物为PM10和PM2.5，1天首要污染物为PM10和臭氧。按照各项污染物分担率评价，PM10污染分担率为34.0%，PM2.5污染物分担率为20.6%，SO_2污染物分担率为12.6%，NO_2污染物分担率为20.7%，CO污染物分担率为17.5%，O_3-8h污染物分担率为15.1%。大气污染贡献最大为颗粒物（包括PM10和PM2.5），其次为NO_2。2015年石家庄城市大气污染

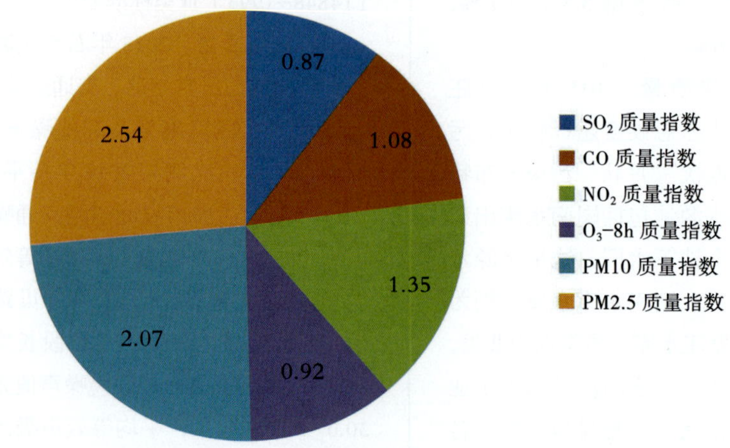

物浓度呈现“晨峰午谷”及“冬重夏轻”污染变化规律，一天中，污染物小时浓度值最高值常出现于清晨，最低浓度多出现在午后。全年石家庄城市总体环境空气质量状况明显好转，呈现由“煤烟型”污染向“复合型”污染转化趋势，主要大气污染物浓度时空分布特征显著。

【环境空气污染状况】 2015 年市环境监测中心例行监测石家庄城市空气中可吸入颗粒物、细颗粒物、二氧化硫、二氧化氮、一氧化碳、臭氧、硫酸盐化速率、降尘和降水等指标。监测结果表明，2015 年石家庄城市环境空气中可吸入颗粒物年平均浓度值为 147 微克 / 立方米，细颗粒物年均浓度值为 89 微克 / 立方米，二氧化硫年平均浓度值为 47 微克 / 立方米，二氧化氮年平均浓度值为 51 微克 / 立方米，一氧化碳日均值第 95 百分位浓度为 4.3 毫克 / 立方米，臭氧日最大 8 小时滑动平均第 90 百分位浓度为 148 微克 / 立方米，除二氧化硫、臭氧外其余 4 项污染物浓度均未达到国家二级标准。

表 27　**2015 年大气污染物监测数据统计表**

浓度单位：毫克 / 标立方米

项　目	浓度值范围	年均浓度	超标率（%）	二级标准
可吸入颗粒物	17-585	147	36.2	70
细颗粒物	6-420	89	46.7	35
二氧化硫	3-249	47	3.8	60
二氧化氮	9-161	51	14.0	40
二氧化碳	0.1-8.3	1.4	5.5	4.0
臭　氧	2-233	76	5.5	160
降　尘	1.12-19.88	7.32	1.51	19.0
硫酸盐化速率	0.085-1.785	0.505	40.15	0.5

可吸入颗粒物。2015 年石家庄城市环境空气中可吸入颗粒物年均值为 147 微克 / 立方米，未达到国家二级标准，全年日均值超标率为 36.2%。城区可吸入颗粒物污染程度由高到低的季节排序为：一季度 > 四季度 > 二季度 > 三季度。

细颗粒物。2015 年石家庄城市环境空气中细颗粒物年均值为 89 微克 / 立方米，未达到国家二级标准，全年日均值超标率为 46.7%。城区细颗粒物浓度由高到低的季节排序为：一季度 > 四季度 > 二季度 > 三季度。

二氧化硫。2015 年石家庄城市环境空气中二氧化硫年均值为 47 微克 / 立方米，达到国家二级标准，全年日均值超标率为 3.8%。城区二氧化硫污染程度由高到低的季节排序为：一季度 > 四季度 > 二季度 > 三季度。

二氧化氮。2015 年石家庄城市环境空气中二氧化氮年日均值为 51 微克 / 立方米，未达到国家二级标准，全年日均值超标率为 14.0%。城区二氧化氮污染程度由高到低的季度排序为：四季度 > 一季度 > 二季度 > 三季度。

一氧化碳。2015 年石家庄市城市环境空气中一氧化碳日均浓度范围为 0.1 毫克 / 立方米～ 8.3 毫克 / 立方米，超标率为 5.5%。城区一氧化碳污染程度按照日均值第 95 百分位浓度季节排序为：四季度 > 一季度 > 三季度 > 二季度。

臭氧。2015 年石家庄市城市环境空气中臭氧日最大 8 小时滑动平均浓度范围为 2 微克 / 立方米～ 233 微克 / 立方米，超标率为 5.5%。城区臭氧污染程度按照日最大 8 小时滑动平均第 90 百分位浓度季节排序为：三季度 > 二季度 > 一季度 > 四季度。

降尘。2015 年石家庄城市降尘年月均值为 7.32 吨 / 平方千米 · 30

天，降尘最大值出现在6月，监测值为19.88吨/平方千米·30天；全年4个季度降尘量由高到低的季节排序为：二季度>三季度>一季度>四季度。

硫酸盐化速率。2015年石家庄城市硫酸盐化速率月均值为0.505毫克SO_3/100平方厘米碱片·日；硫酸盐化速率最大值出现在1月，监测值为1.785吨/平方千米·30天；全年4个季度污染程度排序为：一季度>三季度>四季度>二季度。

【大气污染物时空变化】 2015年石家庄城市大气污染物浓度呈现“晨峰午谷”及“冬重夏轻”污染变化规律。一天中，污染物小时浓度值最高值常出现于清晨，最低浓度多出现在午后。全年石家庄城市总体环境空气质量状况明显好转，呈现由“煤烟型”污染向“复合型”污染转化趋势，主要大气污染物浓度时空分布特征显著。2015年石家庄市获取大气降水样品76个，酸雨样品为0个，酸雨频率0.0%，降水pH最小值为6.09，最大值为7.98。2015年石家庄城市环境空气质量在全国74个重点城市中排名第67位，好于保定、邢台、衡水、唐山、郑州、邯郸、济南等城市，差于廊坊、北京、天津等周边城市。2015年石家庄市在河北省11个设区市中城市环境空气质量排名第6位，好于保定、邢台、衡水、唐山、邯郸等城市。

大气污染物时间变化。2015年石家庄城市主要大气污染物浓度变化具有明显的季节特征，总体上呈现“采暖期重于非采暖期”和“冬重夏轻”污染特征。受采暖期燃煤量增大影响，采暖期空气中可吸入颗粒物、二氧化硫及二氧化氮、细颗粒物和一氧化碳浓度均大于非采暖期。可吸入颗粒物采暖期浓度（202微克/立方米）为非采暖期1.70倍，二氧化硫采暖期浓度（86微克/立方米）为非采暖期3.07倍，二氧化氮采暖期浓度（69微克/立方米）为非采暖期1.64倍，采暖期一氧化碳日均值第95百分位浓度（6.0毫克/立方米）为非采暖期3.53倍，细颗粒物采暖期浓度（136微克/立方米）为非采暖期2.09倍。受气候变化和气象因素影响，春、冬季尘污染严重，空气中可吸入颗粒物明显增高。冬春季（12月～次年5月）与夏秋季（6月～11月）相比，可吸入颗粒物、二氧化硫、二氧化氮、一氧化碳日均值第95百分位浓度和细颗粒物5项污染物分别高0.53倍、1.48倍、0.37倍、1.26倍和0.64倍。夏季是一年中空气污染最轻的季节，污染物降低幅度明显，臭氧情况相反，夏秋季比冬春季高0.21倍。

大气污染物空间分布特征。2015年石家庄城市大气污染物空间分布与污染源的分布情况、气象条件、建筑结构、城市布局及污染物的迁移扩散特征有密切关系。二氧化硫和二氧化氮空间分布，受工业污染源和生活污染源局部影响很大。

可吸入颗粒物污染程度空间分布为：西北水源>职工医院>高新区>世纪公园>西南高教>人民会堂>22中南校区。二氧化硫污染程度空间分布为：22中南校区>世纪公园>职工医院>人民会堂>高新区>西北水源>西南高教。二氧化氮污染程度空间分布为：22中南校区>世纪公园>人民会堂>职工医院>西北水源>高新区>西南高教。一氧化碳污染程度空间分布为：世纪公园>职工医院>高新区>西南高教>西北水源>22中南校区>人民会堂。臭氧污染程度空间分布为：西北水源>人民会堂>高新区>世纪公园>22中南校区>职工医院>西南高教。细颗粒物污染程度空间分布为：西北水源>世纪公园>人民会堂>高新区>职工医院>西南高教>22中南校区。

【县（市、区）空气质量】 2015年石家庄市内4区及高新区空气质量综合指数由好向差依次为：桥西区、长安区、高新区、裕华区、新华区。6项大气污染物中，PM2.5浓度由高到低依次为：新华区、裕华区、高新区、长安区、桥西区；PM10浓度由高到低依次为：新华区、高新区、桥西区（145微克/立方米）、裕华区（145微克/立方米）、长安区；二氧化硫浓度由高到低依次为：裕华区、长安区、桥西区、高新区、新华区。其中，新华区的PM2.5 、PM10两项指标为国控点位最高值；裕华区的二氧化硫、二氧化氮、一氧化氮3项指标为国控点位最高值。

2015年各县（市、区）省控点位空气综合指数较好的是：鹿泉区、赞皇县、平山县、新乐市、井陉县，在全省143个县（市、区）分别排名第83位、96位、100位、109位、111位；7个县（市、区）位列全省排名后20位，分别是：无极县（10.81）、赵县（10.81）、正定县、行唐县、元氏县、藁城区、晋州市，其中无极县、赵县在全省排名并列倒数第10位。2015年石家庄所辖各县（市、区）环境空气综合污染指数最大为赵县，可吸入颗粒物和细颗粒物污染最重为新乐市，二氧化硫污染最重为井陉矿区和藁城区，二氧化氮污染最重为井陉矿区，一氧化碳污染最重为无极县，臭氧污染最重为井陉县。6项大气污染物浓度较高的县（市、区）中，PM2.5浓度由高到低依次为：新乐市、行唐县、无极县、正定县、赵县（113微克/立方米）、灵寿县（113微克/立方米）；PM10浓度由高到低依次为：新乐市、行唐县、正定县、井陉县、灵寿县；二氧化硫浓度由高到低依次为：井陉矿区（75微克/立方米）、藁城区（75微克/立方米）、元氏县、赵县、高邑县。空气质量改善较快的县（市、区）为元氏县、井陉矿区、鹿泉区、高邑县、新乐市，晋州市空气质量改善较慢。

（张晓北）

【采暖期空气质量同比好转】 2015年采暖期（2014年11月15日至2015年3月15日），石家庄市一级优天气2天，二级良天气30天；达标天数32天，较2014年增加13天；重污染天数较2014年减少33天；优良率26.4%。根据监测结果，大气中6项主要污染物日均浓度较2014年均有下降，其中，PM10下降35.1%，PM2.5下降33.3%，二氧化硫下降29.0%，二氧化氮下降18.3%，一氧化碳下降10.1%，空气质量综合指数下降29.1%。2015年采暖期石家庄市硫氮浓度比值较2014年采暖期下降0.22。按照污染物分担率评价，2015年采暖期石家庄市PM10污染分担率37.6%（其中PM2.5污染物分担率23.7%），二氧化硫污染物分担率20.5%，二氧化氮污染物分担率21.1%，一氧化碳污染物分担率15.5%，8小时臭氧污染物分担率5.3%。通过粗细颗粒对比分析：2015年采暖期石家庄市细粗颗粒物浓度比值（PM2.5/ PM10）为0.63，较2014年同期下降0.02。

（靳晓磊）

水环境质量

【概况】 2015年石家庄市域内地下水总硬度超标较重，污染物呈“点状”“片状”污染分布特征。全市饮用水源地包括岗南水库出口及市区5个地下水厂，饮用水源水质全部达标。岗南水库水质类别为Ⅰ类，黄壁庄水库水质类别为Ⅱ类，水质状况优。全市地表河流受城市工业废水和生活污水大量排放影响，各水体均受到不同程度污染，以氨氮、生化需氧量、总磷、化学需氧量等为主要污染物。绵河—冶河水体水质属Ⅳ类，石津渠水体水质属Ⅱ类，洨河、滹沱河、汪洋沟水体属劣Ⅴ类水质。

【地下水环境质量】 2015年市环境监测中心例行监测城市17眼地下水井中的13眼水井、25项指标。受检地下水井中，5项指标出现超标，总硬度（73.3%），总大肠菌群（29.3%），硝酸盐氮（25.3%），溶解性总固体（10.7%），氯化物（10.7%），其余指标超标率为0%。采用《地下水环境质量标准》(GB/T14848–93）中推荐的地下水质量综合评价，开展石家庄市区地下水质评价及污染程度分级，监测数据显示，13眼水井没有水质优良、水质较好和水质极差的井，地下水质量良好井数4眼，占30.8%，地下水质量较差井数9眼，占69.2%。石家庄市地下水质超标为总硬度、总大肠菌群、硝酸盐氮、溶解性总固体、氯化物等，超标区域主要分布在市区西南部和中南部，超标井位分布呈“片状”和“点状”特征。2011～2015年期间，石家庄市地下水质量主要污染指标无显著变化趋势。

【城市饮用水源地水环境质量】 石家庄市地表饮用水源为岗南水库出口，按照《地表水环境质量评价办法（试行）》要求，2015年岗南水库出口水质类别为Ⅰ类，水质状况优，满足《地表水环境质量标准》（GB3838–2002）Ⅲ类标准要求。石家庄市地下饮用水源为市内5个水厂（第六水厂无水未检测，实测4个水厂），2015年地下饮用水源水质全部达标，满足《地下水质量标准》（GB/T14848-1993）Ⅲ类标准要求。

【河流水环境质量】 绵河—冶河。2015年绵河—冶河水体水质属Ⅳ类，水体综合污染指数为5.58，绵河—冶河各断面污染程度排序为岩峰＞地都＞平山桥。首要污染断面为岩峰，污染分担率占到41.15%；其次为地都断面，污染负荷为32.52%；平山桥断面污染较轻，污染负荷为26.33%。绵河—冶河水体主要污染指标及其污染分担率分别为氨氮20.74%、生化需氧量18.33%、氟化物12.19%等。

石津渠。2015年石津渠水体水质属Ⅱ类，水体综合污染指数为1.76。杜北断面为Ⅲ类水质，黄壁庄桥、兆通、运河桥断面均为Ⅱ类水质。

洨河。2015年洨河水体水质为劣Ⅴ类，水体综合污染指数为12.25。洨河各断面污染程度排序为大石桥＞石板桥＞总退水渠口。首要污染断面为大石桥，污染负荷为45.05%；其次为石板桥，污染负荷为28.88%；总退水渠断面污染负荷为26.07%。洨河水体主要污染指标依次为氨氮、总磷、生化需氧量，其污染分担率分别为24.76%、23.71%、15.83%。

滹沱河。2015年滹沱河水体水质为劣Ⅴ类，水体综合污染指数为28.61。滹沱河各断面污染程度排序为枣营＞固营桥＞张村桥＞下槐镇。首要污染断面为枣营，污染负荷为51.08%；下槐镇断面污染程度最轻，污染负荷为3.12%。滹沱河水体主要污染指标为氨氮、生化需氧量、化学需氧量，其污染分担率分别为47.03%、19.13%、12.14%。

汪洋沟。2015年汪洋沟水体水质为劣Ⅴ类，水体综合污染指数为20.03。水体中主要污染指标为氨氮、生化需氧量、化学需氧量，污染分担率分别占29.34%、26.26%、16.62%。

【湖库水环境质量】 2015年岗南水库水质监测自动站共报水质周报52期，测定结果（水温、pH、溶解氧、高锰酸盐指数、TOC、氨氮、电导率、浊度）评价指标均符合《地表水环境质量标准》（GB3878-2002）Ⅱ类标准。按照《地表水环境质量评价办法（试行）》评价，2015年岗南水库水质类别为Ⅰ类，水质状况优；黄壁庄水库水质类别为Ⅱ类，水质状况优。

（张晓北）

声环境质量

【概况】 2015年石家庄城市声源构成为日常生活、交通运输、工业生产、建筑施工及其他噪声，各种声源所占比例与2014年持平。2015年石家庄城市昼间道路交通噪声值为52.3～76.7分贝，平均等效声级为66.7分贝，超过70分贝路段（超标路段）长度占总路段长度7.52%；城市昼间区域环境噪声值为30.0～70.7分贝，平均等效声级为50.8分贝。影响城市声环境质量因素主要是交通噪声和生活噪声。按照石家庄市城市不同区域功能特点，将噪声功能区划为四类。监测结果表明，2015年石家庄市区4个季度四类功能区昼间噪声平均等效声级值均达标，夜间存在超标现象。其中，1类功能区夜间噪声平均等效声级值第三季度超标；3类和4类功能区夜间噪声平均等效声级值第二、第四季度超标。各监测点昼间平均等效声级值最大值为68.5分贝，与夜间比较，4类功能区噪声污染较重，平均等效声级值最大值为56.4分贝。2015年石家庄市区功能区噪声平均等效声级值与2014年基本持平，其中昼间等效声级值下降0.7分贝，夜间等效声级值上升0.7分贝，昼夜等效声级值上升0.2分贝。

表 28　　2015 年石家庄城市功能区噪声监测数据统计表

单位：dB（A）

季度＼分区	1 类区			2 类区			3 类区			4 类区		
	Ld	Ln	Ldn	Ld	Ln	Ldn	Ld	Ln	Ldn	Ld	Ln	Ldn
一季度	53.8	44.0	53.9	57.8	48.0	57.9	62.1	53.3	62.5	66.4	54.6	65.9
二季度	52.4	42.0	52.3	55.4	45.3	55.4	62.7	58.5	66.5	68.5	59.7	69.1
三季度	52.6	46.9	54.8	50.8	47.7	55.0	62.3	52.0	62.1	65.4	54.9	65.7
四季度	52.9	44.3	53.7	54.7	47.0	56.1	62.5	55.3	64.3	66.7	56.4	66.9
全　年	53.0	44.3	53.7	54.7	47.0	56.1	62.4	54.8	63.9	66.8	56.4	66.9
标准值	55.0	45.0		60.0	50.0		65.0	55.0		70.0	55.0	
测点数	3			3			2			4		

【道路交通噪声】　2015 年市环境监测中心在市区 8 条主干线，23 条次干线，37 条支路，其他道路 129 条，合计 197 个路段，总长 399.15 千米道路上布设 368 个道路交通噪声监测点位，监测结果显示，市区昼间道路交通噪声值为 52.3 ～ 76.7 分贝，平均等效声级为 66.7 分贝。统计显示，2015 年市区道路平均车流量为 1113 辆 / 小时，道路交通流量较 2014 年有所下降。2015 年与 2014 年相比，噪声超过 70 分贝干线长度由 27.24% 下降为 7.52%，昼间噪声声级值主要集中在 66 分贝～ 70 分贝，占道路总长度 64.44%。

【区域环境噪声】　2015 年石家庄城市昼间区域环境噪声值变化范围为 30.0 ～ 70.7 分贝，平均等效声级为 50.8 分贝。2015 年石家庄城市昼间区域环境噪声值集中分布于 46 ～ 55 分贝声级值段，暴露在不同等效声级下面积分布比例较 2014 年变化不大。

（张晓北）

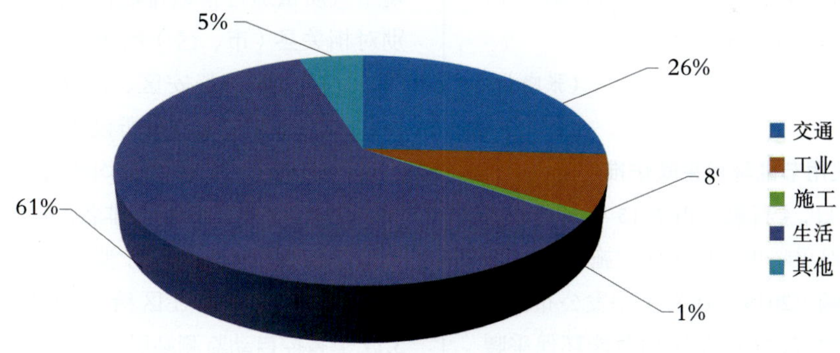

污染防治

【概况】　2015 年，石家庄市工业固体废物产生总量为 1604.9 万吨，处置利用率为 99.2%。市区工业固体废弃物主要为粉煤灰、炉渣等无机固体废物，处置利用率为 99.3%。加大环境污染防治力度，印发《石家庄市 2015 年民用节能环保采暖炉推广工作实施方案》《石家庄市环境空气质量奖惩办法（试行）》《大气污染防治攻坚行动 2015 年工作方案》《关于进一步推进排污权有偿使用和交易试点工作的实施意见》。开展重点污染源监测，2015 年石家庄市重点污染源共有 109 家，分别为国控污染源、省控污染源、城镇污水处理厂、涉及重金属企业、养殖场。其中，国控重点污染源包括废水污染源 36 家，废气污染源 19

家，城镇污水处理厂 25 家，涉及重金属排放企业 10 家，养殖场 1 家；省控重点污染源包括废水污染源 5 家，废气污染源 11 家，城镇污水处理厂 2 家。2015 年石家庄市废水污染企业监督性监测达标率为 92.8%；废气污染企业监督性监测达标率为 82.9%；城镇污水处理厂监督性监测达标率为 75%。严格排污管理与有偿使用，全年审核市批建设项目 64 个，新增化学需氧量 1766 吨，氨氮 171 吨，二氧化硫 585 吨，氮氧化物 1055 吨。2015 年全市新改、扩、建项目新增排污量均采取有偿方式取得，排污权交易 437 笔，收缴排污权交易出让金 4626.73 万元。其中，化学需氧量交易量 2256.38 吨，氨氮交易量 231.07 吨，二氧化硫交易量 2225.23 吨，氮氧化物交易量 3367.15 吨。2015 年全市征收排污费 11005 万元。

（张晓北）

【民用节能环保采暖炉推广】 4 月 13 日，《石家庄市 2015 年民用节能环保采暖炉推广工作实施方案》（石政函〔2015〕31 号）印发公布。主要内容：2015 年民用节能环保采暖炉推广范围扩大到全市所有县（市、区），全年计划推广节能环保采暖炉 10 万台以上。其中，鹿泉区、栾城区、藁城区、正定县“三区一县”为重点推广区域，合计推广 8 万台以上；晋州市、新乐市、井陉县、无极县、深泽县、行唐县、灵寿县、平山县、赵县、元氏县、高邑县、赞皇县、井陉矿区 13 个县（市）区为试验示范区域，合计推广 1.7 万台；长安区、桥西区、高新区 3 个区，在 2014 年推广基础上查漏补缺 3474 台。2015 年全市民用节能环保采暖炉推广使用继续采取政府补贴模式，根据农户选购型号实际价格核定补贴数额，由政府按照单台价格 80% 予以补贴（含省以上补贴），市、县两级按照 1 ∶ 1 比例负担，购炉农户负担 20%。其中，市财政安排采暖炉补贴资金 1.11 亿元。

【环境空气质量奖惩办法】 4 月 29 日，市政府发布《石家庄市环境空气质量奖惩办法（试行）》。主要内容：1. 根据中央、省、市大气污染防治工作有关规定，为强力推进大气污染防治工作，促进石家庄市环境空气质量逐年改善，市政府每季度根据国控自动监测站环境空气质量综合指数和省控自动监测站环境空气质量综合指数排名情况，分别对相关县（市、区）给予资金奖罚。2. 裕华区、长安区、新华区、桥西区、高新区 5 个区所设 7 个国控自动监测站，按季度平均环境空气质量综合指数由低到高排名，前 2 个自动监测站所在区给予奖励，后 2 个自动监测站所在区给予处罚。3.17 个省控自动监测站所在 17 个县（市、区），按各自自动监测站季度平均环境空气质量综合指数由低到高排名，前 5 名给予奖励，后 5 名给予处罚。4. 奖罚标准分别以 7 个国控自动监测站和 17 个省控自动监测站季度平均环境空气质量综合指数为基准（保留两位小数），每低 1 个数值奖励 300 万元，每高 1 个数值处罚 300 万元。5. 国、省控自动监测站季度平均空气质量综合指数比上年度同期不降反升的，取消奖励资格。6. 市环保局负责每季度国、省控自动监测站环境空气质量综合指数排名和奖罚数额计算，并对排名及奖罚情况向社会公布。市财政局负责统一通过年终财政结算，兑现县（市、区）处罚和奖励。7. 县（市、区）所获奖励资金，需统筹用于本地大气污染防治项目和大气监控能力提升建设。县（市、区）应加强奖励资金管理，提高资金使用效率，禁止挪作他用。8. 一个季度排名靠后受到处罚的，由市政府对地方政府（管委会）主要负责人约谈；连续 2 个及以上季度排名靠后受到处罚的，由纪检监察部门对地方政府（管委会）主要负责人诫勉谈话；对环境空气质量状况长期排名靠后的，依法依纪对有关领导及责任人实施问责。

【大气污染防治攻坚行动方案】 5 月 4 日，市政府印发《大气污染防治攻坚行动 2015 年工作方案》（石政函〔2015〕37 号）。主要内容：围绕深入推进“压煤、降尘、控车、迁企、减排、增绿”六大治理措施，重点开展“燃煤总量强力压减、燃煤电厂超低排放升级改造、挥发性有机物综合治理、实心黏土砖瓦窑关停取缔、重型卡车尾气治理、农村能源清洁利用、市区污染企业外迁、四尘深入治理、网格化精细管理、植树绿化提升”十大工程；PM2.5 年均浓度较 2014 年下降 6% 以上。燃煤总量强力压减工程：到 2015 年底，确保煤炭消费量比 2014 年净削减 270 万吨，比 2012 年净削减 970 万吨。燃煤电厂超低排放升级改造工程；2015 年底前，全部完成燃煤发电机组（含自备机组）除尘、脱硫、脱硝设施升级改造，达到超低排放限值要求。挥发性有机物综合治理工程：全面加大制药、石化、焦化等行业重点企业挥发性有机物治理力度，基本完成建成区制药行业治理任务。实心黏土砖瓦窑关停取缔工程：关停取缔全市342家实心黏土砖瓦窑。重型卡车尾气治理工程：营运类重型柴油车辆加装尾气处理装置；严格重型柴油车辆尾气排放检测，不达标车辆一律不发放环保合格标志。农村能源清洁利用工程：到2015年底，50%乡镇机关企事业单位完成清洁燃烧改造；到2017年，民用清洁高效燃煤炉具普及率达到80%以上。市区污染企业外迁工程：所有列入搬迁计划污染企业，都要启动实施搬迁改造计划，加快推进搬迁步伐。“四尘”深入治理工程：综合整治施工工地3000万平方米；到2015年底，市区主城区道路机械化清扫率不低于80%；“三河一沟”采沙场数量控制在22家以内；督导重点企业深入开展粉尘综合治理，降低无组织排放。网格化精细管理工程：完善网格化环境监管体系，加大环保网格化监管运行和履职情况督导力度。植树绿化提升工程：2015年造林绿化53万亩，植树5000多万株；市区新建提升绿地850万平方米，其中新建绿地570万平方米。

【《排污权有偿使用和交易试点实施意见》】 5月30日，市政府出台《关于进一步推进排污权有偿使用和交易试点工作的实施意见》（石政办发〔2015〕21号）。主要内容：7月1日前，全市钢铁、水泥、电力、玻璃4个重点行业完成现有排污单位的排污权初次核定；2015年年底前，4个重点行业现有排污单位实行排污权有偿使用，并完成所有行业现有排污单位的排污权初次核定；2016年年底前，所有行业现有排污单位全面推行排污权有偿使用；2017年年底前，完成排污权有偿使用和交易试点工作，基本建立排污权有偿使用和交易制度体系。环保部门要根据国家和地方污染物排放标准、污染物总量控制要求、核定技术规范（行业排污绩效）及企业产能等情况核定和分配初始排污权。初始排污权原则每5年核定1次。现有企业自核定初始排污权当年起计算，新（改、扩）建项目自试生产当年起计算。现有排污单位取得初始排污权，原则上采取定额出让方式；新建项目排污权和改建、扩建项目新增排污权，原则上通过公开拍卖方式取得。逐步建立排污权储备制度，通过回购储备排污权，并以公开竞价或协议出让方式出让储备的排污权，重点支持战略性新兴产业、重大科技示范等项目建设。排污单位对核定的排污权指标有异议的，可申请复核、行政复议；排污权交易时出现争议的，相关单位可向交易机构申请调解（排污权是指排污单位经核定、允许其排放污染物的种类和数量。排污权有偿使用和排污权交易是指在总量控制前提下，政府将排污权有偿出让给排污者，并允许排污权在二级市场上交易）。

（市政府文件）

【抗战胜利70周年纪念活动期间空气质量保障方案】 8月21日，市政府办公厅印发《关于印发中国人民抗日战争暨世界反法西斯战争胜利70周年纪念活动石家庄市空气质量保障方案的通知》。主要内容包括：控制时间为8月28日0时至9月4日24时，共8天。控制区域为全市行政区域。保障要求为全程启动企业停产、限产、施工工地停工和其他重点控制措施，重点控制烟粉尘、二氧化硫、氮氧化物和挥发性有机物等污染物。其中，预测北京及周边地区或石家庄市区域，可能发生重度以上污染天气（空气质量指数>200）和极端不利气象条件时，在实施重点控制措施基础上，启动实施重污染天气红色（Ⅰ级）应急减排措施。重点控制污染源分别为：工业源，包括火电、钢铁、焦化、水泥、玻璃等高架点源，以及制药、化工、印刷、工业涂装、家具、汽车制造、汽车修理等行业挥发性有机物污染源；扬尘源，包括建筑施工、道路施工、矿石开采、各种料堆、散体物料运输、裸露地面等；机动车尾气和油品挥发性有机物污染，包括机动车，加油站、储油库、油罐车；其他污染源，包括焚烧秸秆、垃圾、树叶、杂草，烧山、烧荒等，以及畜禽养殖和露天烧烤。燃煤污染减排：第一、二、三产业所涉燃煤设施，采取停产、检修或降低生产负荷、燃用低硫优质煤、加强污染治理设施运行管理等措施，减少排放污染物30%以上；未完成超低排放改造燃煤电厂或机组，降低生产负荷，减少排放污染物50%以上；未达到特别排放限值常年运行燃煤锅炉，暂停生产；未淘汰10蒸吨及以下锅炉、茶浴炉等燃煤设施，暂停使用。工业排放控制，全市所有钢铁、焦化、水泥、玻璃、陶瓷等高架点源，减少排放污染物50%以上。其中，石钢公司、鼎鑫水泥、曲寨水泥全部停止生产；河北敬业钢铁、赞皇金隅水泥、灵寿冀东水泥等，减少排放污染物60%以上；其他涉气企业减少排放污染物30%以上，工业企业涉及挥发性有机物排放工序暂停生产；排放不能稳定达标企业，全部停产。机动车污染控制，主城区、县（市）城区7:00～21:00时段实行机动车单双号限行（单号单日通行，双号双日通行，尾号是字母以最后一个数字为准，城市运行保障类车辆除外）；限行期间，实施城市公交车免费；运输土方、渣土、砂石料、混凝土、煤炭、焦炭等扬尘车辆、危险化学品运输车辆和低速载货汽车、三轮汽车、拖拉机，全部停运。扬尘面源污染控制，除重大民生抢险工程外，全市区域内土石方挖掘、拆除工程、渣土清运及市政道路工程等，一律停止施工作业（西柏坡电厂废热供暖工程除外，需采取高标准抑尘措施，实行24小时监管人员驻场监管），并采取洒水、覆盖等抑尘措施；其他施工场地的油漆、粉刷、打磨、切割、焊接等污染工序一律停止作业；增加建成区道路及城市外道路清扫保洁，根据天气状况适当增加冲洗作业频次；所有矿山、砂石料开采及加工、灰窑、砖瓦窑、洗煤厂等污染企业全部停工；煤炭、灰渣、砂石、灰土、矿粉等工业散体物料堆场停止使用；主城区及鹿泉区、栾城区、藁城区、正定县、正定新区、高新区、循环化工园区全域内和其他县（市、区）建成区严禁露天烧烤。

（靳晓磊）

【固体废物处理】 2015年石家庄市工业固体废物产生总量为1604.9万吨，处置利用率为99.2%。2015年石家庄市区工业固体废弃物主要为粉煤灰、炉渣等无机固体废物，处置利用率为99.3%，其他固体废弃物基本达到妥善处理。建立“石家庄市固体废物管理信息系统”，掌握全市固体废物产生的种类、性质、数量、贮存、转移、利用和处置等情况。开展二噁英监督性监测，完成7家废弃物焚烧、3家炼钢企业共计15套装置、1个飞灰样品监测。加大重点排污企业检查力度，增加涉危企业检查次数和频率。加强制药行业环境综合整治，采取约谈问题企业和所在地管理部门方式，开展制药行业调研性督查，并联合公安部门合力打击非法收集、转移、贮存和处置制药菌渣行为。2015年市环保部门检查石家庄绿色再生资源有限公司废弃电器电子产品回收处理现场13次，视频抽查110余小时，废弃电器电子产品拆解审核完毕。

表29　2015年石家庄市各类工业固体废弃物产生量

单位：万吨

类别	产生量	综合利用量	综合利用往年贮存量	处置量	处置往年贮存量	贮存量	倾倒丢弃量
一般工业固体废物	1604.9	1591.4	12.4	14.3	0	11.8	0
危险废物	12.1	1.5	0	10.6	0	0.1	0

【重点污染源监测】 2015年石家庄市重点污染源共有109家，分别为国控污染源、省控污染源、城镇污水处理厂、涉及重金属企业、养殖场。国控重点污染源包括：废水污染源36家；废气污染源19家；城镇污水处理厂25家；涉及重金属排放企业10家，其中国控重金属企业5家，“重金属十二五规划”企业5家；养殖场1家。省控重点污染源包括：废水污染源5家，废气污染源11家，城镇污水处理厂2家。2015年石家庄市废水污染企业监督性监测达标率为92.8%；废气污染企业监督性监测达标率为82.9%；城镇污水处理厂监督性监测达标率为75%；涉重金属企业废水企业达标率为81.7%，废气企业达标率为92.9%。

【排污管理与有偿使用】 全年审核

市批建设项目64个，新增化学需氧量1766吨，氨氮171吨，二氧化硫585吨，氮氧化物1055吨。减排重点工程完工649项。56家工业企业开展烟粉尘治理项目，淘汰10蒸吨及以下燃煤锅炉302台（含部分10蒸吨以上锅炉），开展排污权交易210笔，收缴出让金2720万元。加强排污企业管理，实行排污有偿使用。石家庄市排污权交易中心于2013年9月26日挂牌成立，2013年10月正式开始交易。按照环境资源有偿使用原则和河北省政府《关于印发河北省主要污染物排放权交易管理办法（试行）的通知》（冀政〔2010〕158号），市环保部、财政、物价等部门联合制定印发《石家庄市主要污染物排放权交易管理办法（试行）的通知》（石政发〔2013〕27号），确定全市涉及新增污染物建设项目实施排污权交易。2015年全市新改、扩、建项目新增排污量均采取有偿方式取得，排污权交易437笔，收缴排污权交易出让金4626.73万元。其中，化学需氧量交易量2256.38吨，氨氮交易量231.07吨，二氧化硫交易量2225.23吨，氮氧化物交易量3367.15吨。2015年全市征收排污费11005万元。2011～2015年石家庄市4次下放排污许可证权限，至2015年末，市环保部门管理发放排污许可证92家（包括新验收企业），占全市发证企业2.7%。

（张晓北）

环境监管

【概况】 2015年，全市环境监管审批项目1938个，建设项目验收585个。其中，市级审批项目50个，占全市审批项目2.6%；建设项目完成验收578个，其中市级环保部门完成验收项目38个，占验收项目6.6%。2015年石家庄市列入国控重点污染源名单企业95家，主要包括城镇污水处理厂25家，废水污染源36家，废气污染源19家，重金属企业5家，规模化畜禽养殖场（小区）1家，危险废物9家。除个别污染源因关停、停产或零排放等原因未监测外，其余污染源按照监测计划实施国控污染源监督性监测。2015年全市参与审核国控污染源自动监测设备805台，其中废水635台，废气170台；审核通过自动监测设备800台，其中废水631台，废气169台；自动监测设备审核通过率99.38%，其中废水通过率99.37%，废气通过率99.41%。加强水质监测保护，建成并正式运行国控大气自动监测站8个，省控大气自动监测站17个，市控大气自动监测站25个。采取“压煤、抑尘、控车、迁企、减排、增绿”雾霾治理措施，全年26家燃煤电力企业65台发电机组实施脱硫、脱硝、除尘超低排放升级改造，56家工业企业烟粉尘治理项目、55家58个工业挥发性有机物治理项目完工，276家餐饮服务经营场所安装油烟净化设施。严格环境监管，2015年全市排查各类工业园区32个，检查国家级自然保护区1个（平山县驼梁自然保护区）；全市13个饮用水源保护区排查出违规项目459个，其中，关停227个项目，取缔85个项目，整改114家，未处理33家。2015年全市处置突发环境事件3起；启动应急预警5次，其中“Ⅳ级蓝色预警”2次，“III级黄色预警”2次，“II级橙色预警”1次；采取临时污染减排措施1次。

【环境影响评价监测】 2015年全市环境监管审批项目1938个，建设项目验收585个。其中，市级审批项目50个，占全市审批项目2.6%；建设项目完成验收578个，其中市级环保部门完成验收项目38个，占验收项目6.6%。水质断面超标县（市、区）暂停建设项目环评审批。4月20日，赵县、藁城区、无极县、晋州市、深泽县、栾城区、正定新区、循环化工园区等县（市、区）因水质断面超标，暂停建设项目环评审批。2015年石家庄市列入国控重点污染源名单企业95家，主要包括城镇污水处理厂25家，废水污染源36家，废气污染源19家，重金属企业5家，规模化畜禽养殖场（小区）1家，危险废物9家。除个别污染源因关停、停产或零排放等原因未监测外，其余污染源按照监测计划实施国控污染源监督性监测。组建成立国家重点监控企业污染源自动监测数据有效性审核领导小组及办事机构，负责协调全市在线监测数据有效性审核；采取集中审核会、组织企业自动监测数据有效性评审方法，确定评审结论和评审结果；企业评审通过后，及时发放有效性审核合格标志。2015 年全市参与审核国控污染源自动监测设备 805 台，其中废水 635 台，废气 170 台；审核通过自动监测设备 800 台，其中废水 631 台，废气 169 台；自动监测设备审核通过率 99.38%，其中废水通过率 99.37%，废气通过率 99.41%。

【水质监测保护】 2015 年石家庄市建成并正式运行国控大气自动监测站 8 个，省控大气自动监测站 17 个，市控大气自动监测站 25 个，可提供实时空气质量监测数据。2015 年全市建成并正式运行市控河流水质自动监测站 22 个，国控河流水质自动监测站 2 个，国控水库水质自动监测站 1 个；2 个河流水质自动监测站正在建设，9 个河流水质自动监测站选址确定。岗南水库上游滹沱河、黄壁庄水库上游冶河和黄壁庄水库出水口建设 3 座生物预警监测站完工，试运行稳定，有效防范上游山西省来水污染环境风险。完善饮用水安全保护措施，桥东、桥西、滹沱河 3 个污水处理厂实施月审核制度，根据污水处理厂运营情况拨付相应污水处理费，督促污水处理厂严格规范运行管理。实施水环境监管月通报制度，每月分析市域河流水环境质量，及时确定监管重点。2015 年岗南水库、黄壁庄水库主要水质指标稳定保持在国家地表水Ⅱ类水质标准，地下饮用水水源地水质达标率 100%。滹沱河、洨河、汪洋沟等重点河段沿线各水质自动监测站稳定运行，洨河 2014 年起达标排放，汪洋沟 2015 年 6 月达标排放，汪洋沟、滹沱河出境断面水质获得明显改善。

（张晓北）

【水质监测智能化生物毒性预警系统】 2015 年初，石家庄市在岗南水库来水的滹沱河、黄壁庄水库来水的冶河和黄壁庄水库副坝取水口，建成 3 座生物综合毒性智能化超级水质预警监测站，实现生物毒性预警和理化监测指标相结合，达到实时监测预警、快速反应目的，解决了水污染事件发生到采取应急措施需要时间长问题。主要做法：将监测河流水抽取到集成系统，首先流过小鱼所在设备，然后进入其他理化指标专项检测设备，检测 17 种理化指标参数，同步检测常规 5 项参数（pH、温度、浊度、溶解氧、电导率）、高锰酸盐指数、总磷、总氮、氨氮等化学污染物和多种重金属污染物指标。若小鱼变化多个曲线图在 20 分钟内显示异常，监控小鱼的生物传感器会及时报警，报警后，理化指标检测设备进入同步检测程序，检测 17 种理化指标是否存在异常指标。选取身长 3 厘米左右、通体透明青鳉鱼小鱼作“水质检测员”，放在若干个直径 5 厘米、容积 150 毫升的容器里游动，容器上下用橡胶管连接，容器上方设置小鱼心电图变化显示屏。容器里面的水是实时抽进的监测河流水，当小鱼感受到水中有污染、毒性物质后，会产生回避行为。小鱼回避行为最初表现异常兴奋、游动加速，通过安装在容器内监测水纹波动的行为传感器，可捕捉到反映行为，并用电信号反映到监测系统曲线图上。青鳉鱼俗称“稻田鱼”，个头小，对水质、环境变化特别敏感，对不同量化学毒性有不同行为响应，是国际知名的医学用鱼。青鳉鱼对杀虫剂等有机污染物响应敏感，最长无人值守时间可达 3 个月以上；避免小鱼对水源产生适应性，保持生物对毒物敏感性，监测人员每个月更换一批小鱼，被换下青鳉鱼“轮休再上岗”或“退役”。青鳉鱼生物传感技术应用，最明显的好处是发现水体污染“快”，可 24 小时提供最为直观的“综合毒性”预警。

（靳晓磊）

【雾霾治理】 组建成立河北省规模最大、技术等级最高大气污染防治专家咨询委员会，围绕石家庄市大气污染防治战略性、全局性问题开展调查研究，提供咨询意见和建议。启动实施大气源清单编制，初步完成以 2013 年为基准年，涵盖全市所有县（市、区），包括固定燃烧源、工艺过程源、道路移动源等 10 类排放源和 PM2.5 等 10 种污染物清单编制工作。2015 年 11 月初，市大气污染防治网格化监控预警及决策支持系统开始试运行。强化实施“压煤、抑尘、控车、迁企、减排、增绿”措施，将相关市直部门和各县（市、区）大气污染防治工作列入全市年终考核。2015 年全市 26 家燃煤电力企业 65 台发电机组实施脱硫、脱硝、除尘超低排放升级改造，减少二氧化硫排放量 1.5 万吨，氮氧化物排放量3.9万吨；56家工业企业烟粉尘治理项目、55家58个工业挥发性有机物治理项目完工；实施调查摸底制药、焦化等7个重点行业，涉及企业132家，均建立电子档案。推进市区及县城建成区餐饮企业安装油烟净化装置，276家餐饮服务经营场所安装油烟净化设施，督促排查695家未安装油烟净化设施企业启动安装。

【环境监察】 2015年全市排查各类工业园区32个，检查国家级自然保护区1个（平山县驼梁自然保护区）；全市13个饮用水源保护区排查出违规项目459个，其中，关停227个项目，取缔85个项目，整改114家，未处理33家（主要涉及13个自然村、5所学校、7家老旧企业、5个库房和3个其他项目）。梳理环境治理“土政策”，深泽县废除制定“宁静日”制度。查处环境违法问题456个，罚款2148.69万元；288家企业实施限产停产；43家存在环境违法问题企业开展约谈；852家不符合产业政策企业实施强制取缔。审批危险废物转移计划企业690家，核发转移联单7372份。建立环境污染强制责任保险制度，90家企业首次开展环境污染强制责任保险试点，包括2015年国有企业涉重金属、重污染高风险、近3年发生过环境污染事故及位于环境敏感区70家企业。审核环境影响评价文件36个，核发、延续、变更《辐射安全许可证》29个。首次启动实施河北省大气类首起按日计罚、查封扣押等环境案件新政策，全年连续按日计罚环境案件共处罚金177万元。

【环境应急管理】 制定印发《2015年石家庄市环境应急管理工作要点》《企事业单位突发环境事件应急预案备案管理工作方案》，举办全市环境应急管理岗位培训班。参与处置突发环境事件3起，分别为2月17日晋州市盛景小区南侧公路下水道井口黄色不明刺激性气体调查与处置；4月21日长安区华清街富华园小区不明刺激性气体调查与处置；6月15日裕华区润丰物流园内发生三氯化氧磷泄漏调查与处置。编写上报《石家庄市环境保护局关于实施最高一级重污染天气应急减排措施的报告》15期，下发预警通知9个，以市环保局网络、短信平台、手机短信及电话、传真形式发送、收集、汇总各类信息4065条（件）。2015年全市启动应急预警5次，其中，“Ⅳ级蓝色预警”2次，“III级黄色预警”2次，“II级橙色预警”1次。采取临时污染减排措施1次。

（张晓北）

交通运输·邮政

Transportation & Postal Service

铁 路

【概况】 2015年，石家庄市域共有京广、石太、石德、石太客运专线、京广高铁（安阳至涿州段）5条铁路干线和新井、凤山2条支线，干线铁路分别起止京广铁路207.9千米（寨西店承安铺间）至321.3千米（高邑鸭鸽营间），石太铁路石家庄至70.1千米（南峪娘子关间），石德铁路石家庄至85.25千米（束新王家井间），石太客运专线石家庄北站至59.97千米（井陉北阳泉北间）。全辖合计营业里程328.7千米，新井、凤山2条支线总长18.1千米；共设车站27个。京广高铁57.04千米至452.40千米，北与杜家坎线路所衔接，南与安阳东站衔接。石家庄站管辖高铁沿线中间站8个，分别为是京广高铁涿州东、高碑店东、保定东、定州东、正定机场、高邑西、邢台东、邯郸东。12月28日，津保铁路正式开通运营，缩短石家庄与天津、秦皇岛、唐山等城市铁路运行距离，其中石家庄至天津实现客运90分钟通达运行。至2015年末，北京铁路局在石家庄派出机构有石家庄铁路办事处；驻石家庄主要运输单位有石家庄站、石家庄南站、石家庄客运段、石家庄电力机务段、石家庄工务段、石家庄供电段、石家庄电务段、石家庄车辆段、石家庄货运中心；非生产单位有石家庄职工培训基地、石家庄工程项目管理部、石家庄建筑段、石家庄铁路疾病预防控制所。石家庄站位于京广高铁、京广、石德、石太、石太客运专线交汇点，车站等级为特等站，业务性质为客运站。2015年石家庄站（含石家庄新客站、石家庄北站及下辖8个高铁站）发送旅客3267.19万人，实现运输收入35.41亿元。石家庄南站位于京广、石德、石太3条干线交汇点，主要担负南北京广、石德、石太4个方向货物列车到发和运输组织工作。2015年石家庄南站发送货物400.84万吨，日均装车189车。石家庄客运段担当旅客列车客运乘务任务。石家庄电力机务段担当石太线石家庄至太原北，石德线石家庄至德州（长庄），京广线石家庄至北京，京九线衡水至阜阳、衡水至南仓，京沪线德州至徐州，石太客运专线石家庄至太原7个区段客货列车机车值乘任务及石家庄、阳泉、衡水、保定4个区域调车机、调度机、小运转机车值乘任务。石家庄工务段主要担负京广线、石太线、

2015年1月9日，副市长李雪荣（前排右二）到新建石家庄火车站督导检查春运工作

石太客运专线、石德线桥梁、隧道等设备大、中维修及保养任务。石家庄供电段担负京广线、京广高铁、石太客专、邯长线牵引供电和生产生活供水电任务；沙午线、马磁线供水、供电及设备更新、改造、维修养护任务。石家庄电务段担负京广线、京九线、石德线、石太线、邯长线、石太客运专线、京广高速线和石家庄西环线、沙午、马磁等20条支（矿）线共计1708.823千米信号设备维修维护任务。石家庄车辆段主要担负京广、京九、石德、石太、邯长、邯济等铁路干线及合资铁路朔黄线货物列车定期检修及日常维修任务。石家庄建筑段承担京广线、京九线、石太线、石德线、邯长线5条干线，保满线、满神线、沙午线、马磁线、新井、凤山、白荫7条支线房建设备，京广高铁、石太客专2条高速铁路区间四电房屋维修与管理，管内150个车站冬季供暖和设备运行管理，280个住宅小区房屋出售及办证、收费工作。石家庄货运中心业务管辖西起石太线赛鱼站，东至石德线八里庄站，京九线北自霸州站，南至清河城站，区域跨及723千米；货源吸引区覆盖晋、冀、鲁3省，担负晋煤外运、电煤输送和军运、粮食、油料等重点物资及其他零散货物运输任务，在华北运输市场占据重要地位。2015年石家庄货运中心装车68868车、4022774吨。石家庄铁路疾病预防控制所为北京铁路局直属单位，承担辖区疾病预防控制、卫生监督和健康体检工作。

（王洁英）

【铁路旅客运输】 2015年石家庄站（含石家庄新客站、石家庄北站及下辖8个高铁站）发送旅客3267.19万人，同比增长1.17%；实现运输收入35.41亿元，同比增长8.59%。2月4日至3月15日，为期40天春运期间，石家庄站发送旅客317.35万人次，同比增长4.21%。春运期间以学生客流、务工客流、探亲客流、旅游客流为主。因大部分院校在进入春运期前陆续放假，节前学生客流平稳；进入春运期后，以探亲、民工返乡客流为主；正月初七（2月25日）迎来节后第一个探亲返程客流高峰，主要以管内客流、长途旅游客流为主；正月十五（3月5日）过后，客流逐渐增多，以探亲返程客流、学生客流、务工客流为主，最高峰日为3月7日，发送旅客11.43万人次。7月1日至8月31日，为期62天暑运期间，石家庄站发送旅客587万人，同比增长0.03%。其中高峰日为7月6日，全站单日旅客发送量达到10.45万人。暑运期间客流特点为：7月初、8月底学生客流较为集中，中短途客流较大；7月中下旬至8月中上旬客流平稳，与日常相比直通客流增大，旅游客流小幅上涨，来去方向主要集中在哈尔滨、张家口、秦皇岛、大连、桂林、张家界、烟台、青岛、承德、太原等地。10月1～7日，"十一"国庆黄金周期间，石家庄站发送旅客77.12万人。

（常方圆　曹周旋　张辉　王洁英）

【列车运行图调整】 3月20日零时起，石家庄火车站列车运行图调整，涉及京广高铁6对、普速列车3对。新增动车组列车4对：北京西—武汉G585/586次；北京西—贵阳北高铁动卧列车1对，车次为D915/916次；北京西—深圳北高铁动卧列车1对，车次为D909/910次；北京西—南宁高铁动卧列车1对，车次为D927/928次。停运高峰线动车组列车2对：北京西—运城北G4601/4602次，北京西—郑州东G4567/4568次。调整普速旅客列车3对：北京西—成都东Z95/96次停运；南昌—包头K1276/1275次改为南昌西始发终到；天津—邯郸4481/4482次，恢复为图定区段天津—涉县间开行。

（宋钧）

【石家庄北站开通行包托运】 7月20日，石家庄北站开始办理行包托运业务，涉及旅客列车10趟。分别为：由济南开往乌鲁木齐南方向K1337次，由乌鲁木齐南开往济南方向K1338次；由太原开往青岛方向K884次，由青岛开往太原方向K883次；由成都开往天津方向K258次，由天津开往成都方向K257次；由张家口南开往石家庄北Y515次，由石家庄北开往张家口南方向Y516次；由阳泉开往石家庄北4466次，由石家庄北开往阳泉方向4465次。

（宋钧　曹周旋　张辉）

【石家庄东站工程】 石家庄东站紧邻和平东路，位于秦岭大街与和平东路（307国道）交汇处至天桂街与和平东路（307国道）交汇处之间，沿和平东路（307国道）北侧建设。2015年8月中旬，因石济客运专线和石家庄东站施工占用部分路面，长3.2千米和平东路南移50～100米后改建，改建后和平东路在此形成一个弧度，该弧度即为石家庄东站预留位置。2014年9月石家庄东站工程开工建设。2015年4月石济铁路客运专线有限公司组织四电系统集成招标完成。8月20日，中国铁路总公司批准《关于新建石家庄至济南铁路客运专线石家庄东站、辛集站站房工程Ⅰ类变更设计的批复》，石家庄东站站房面积由3000平方米变更为1.2万平方米。建设单位：北京铁路局石济客专引入石家庄枢纽工程建设指挥部。设计单位：铁道第三勘察设计院集团有限公司。施工单位：中铁六局集团有限公司（站前工程）、中铁电气化集团有限公司、中国铁路通信信号股份有限公司联合体。监理单位：北京铁建工程监理有限公司。至2015年底，石家庄至济南铁路客运专线全线完成投资21.93亿元，良村站改造完工；建设过程中施工安全、工程质量、施工进度、环境保护均处于可控状态；全线控制工程跨工业站特大桥、跨307国道特大桥工程稳步推进，安全质量及进度可控。

（王洁英）

【正定火车站恢复客运业务】 正定火车站位于正定县城关镇，始建于1902年。自2005年起，因城市公共交通快速发展，正定火车站客运量逐年萎缩，2011年停止客运业务办理。2012～2014年，国家京津冀协同发展战略和石家庄市“一河两岸”大格局建设快速推进，正定县迎来发展机遇，正定火车站毗邻107国道和正定小商品市场，位置优势显现。2015年4月开始，围绕高起点规划、高标准建设、多功能定位和人性化设计原则，正定火车站候车室、站台及站前广场实施升级改造。7月1日，正定火车站正式恢复客运业务。开行旅客列车6列，包括2趟动车、1趟特快和3趟普快列车，主要往返于石家庄、秦皇岛、邯郸、天津方向，分别为：石家庄—秦皇岛D6602次，秦皇岛—石家庄D6605次；石家庄—秦皇岛T5682次；秦皇岛—邯郸K7725次，天津—邯郸K7745次，石家庄—承德K7742次。2015年8月，正定火车站客运列车运行图调整，在原有6趟列车停靠基础上，新增4趟列车，分别为：承德—石家庄K7741次，邯郸—承德Y512次，邯郸—张家口南K7738次，张家口南—邯郸K7731次。其中，邯郸—张家口南K7738次、张家口南—邯郸K7731次自8月1日起办理客运业务；承德—石家庄K7741次8月2日起办理客运业务；邯郸—承德Y512次8月20日起办理客运业务。

（宋钧　张翼飞）

公　路

【概况】 2015年，全市公路通车总里程累计达到1.89万千米，同比增加888.02千米；路网密度达到119.02千米/百平方千米，同比增加5.62千米/百平方千米。其中，高速公路8条611.09千米，国道9条417.81千米，省道37条1435.56千米，县道43条1570.53千米，乡道5015.35千米，村道9542.21千米，专用公路269.82千米。桥梁3992座23.4万延米，永久性桥梁3985座23.38万延米，桥梁永久率达99%。2015年全市公路建设完成投资74.88亿元，建成公路通车总里程888.02千米。高速公路建设完成投资39.75亿元，建设里程123.5千米。干线公路及城市出口路建设完成投资18亿元。农村公路建设完成投资12.93亿元，建设及改造里程2047.7千米。11月25日，太行山高速公路开工；12月22日，京昆高速河北省石家庄至冀晋界公路项目正式通车。2015年全市公路养护完成投资6.08亿元，公路干线大中修33项355.2千米，桥梁加固30座1828.9延米；公路绿化完成投资2844万元，栽植各类树木47.64万株。2015年全市道路运输完成旅客总运量5811.45万人、周转量30.7亿人千米，同比分别减少5.95%和10.18%；完成货物总运量2.8亿吨、周转量1148.07亿吨千米，同比分别增长15.9%和12.04%。

【公路建设】 2015年全市公路建设完成投资74.88亿元，建成公路通车总里程888.02千米。高速公路建设完成投资39.75亿元，建设里程123.5千米。京昆石太高速建成通车52千米；南绕城高速全面开工；西阜、平赞、津石、石衡4条高速公路打捆招标，并确定投资方。干线公路及城市出口路建设完成投资18亿元，主要工程项目：308国道大修、东三环高架工程建成完工；南二环西延，107国道石保界至正定段，石环公路辅道良村至西古城段改建，307国道天山大街工程以东至太行大街段，京港澳高速新乐、正定机场、无极、栾城连接线等重点工程项目开工。农村公路建设完成投资12.93亿元，建设及改造里程2047.7千米。其中，县乡路改造完成里程452.7千米，投资6.37亿元；乡村路改造完成里程1048.8千米，投资3.95亿元；农村面貌提升完成里程396.2千米，投资1.43亿元；公路安保工程8项，处置隐患里程72.26千米，投资485万元；危桥改造工程28项1792.2延米，投资6878万元。农村公路实施“田路分家”管理，县级公路完成率100%，乡村公路完成率84.4%。

（张龙）

【太行山高速公路开工】 11月25日，太行山高速公路开工。河北省委书记赵克志，省长张庆伟，省政协主席付志方，省委常委、市委书记孙瑞彬等省市领导出席开工动员大会。太行山高速公路是纵贯河北省太行山区、连接京冀豫3省市一条交通大动脉，也是列入《京津冀协同发展交通一体化规划》重点工程。太行山高速公路北连北京市门头沟，南接河南省林州，河北省境内依次穿过张家口、保定、石家庄、邢台、邯郸5个设区市，途经17个县区，全长680千米，规划2018年全线建成通车。太行山高速公路在石家庄市境内由3段组成，由北向南依次是西阜高速公路（西柏坡枢纽互通至阜平高速公路石家庄段）、西柏坡高速公路（京昆高速公路石太北线至西柏坡枢纽互通，已建成通车）、平赞高速公路（京昆高速公路石太北线至赞皇）。其中，西阜高速公路主线全长34千米，起点位于平山县苏家庄乡南侧与西柏坡高速公路交叉处，终点位于灵寿县土岭村石家庄保定市界，采用双向4车道高速公路标准，设计速度80千米/小时；该项目连接西柏坡、驼梁、五岳寨、城南庄等旅游景点，是石家庄市与五台山联系的便捷高速通道。平赞高速公路主线长85.25千米，起自京昆高速公路石太北线小作东，经井陉矿区、井陉县、元氏县、赞皇县，止于石家庄邢台市界；支线长23.78千米，起自石家庄西南环枢纽互通，向西南下穿石武高铁，经鹿泉区、元氏县，在元氏县北正乡与主线相接；全线设4条连接线，总长41.28千米；该项目北与西柏坡高速公路、西阜高速公路衔接，南与太行山高速公路邢台段、邯郸段相接，规划建成后，形成一条贯穿河北省中南部太行山区省际快速通道，也是赞皇县境内第一条高速公路。

（王玉亮　赵建）

【京昆高速石家庄至冀晋界通车】 12月22日，京昆高速河北省石家庄至冀晋界公路项目正式通车。全线采用双向6车道设计，平原区段设计时速每小时120千米，山区设计时速每小时100千米。设有5个收费站，从东至西依次为李村收费站、南防口收费站、井陉矿区收费站、大理岩收费站、主线收费站。起点位于曲阳桥互通，与京昆高速和石家庄北绕城高速公路相接，经石家

2015年11月9日，副市长姜阳（前排左四）调度京昆高速公路石太段工程建设

庄市正定县、鹿泉区、井陉县、井陉矿区，接山西省京昆高速公路山西省界平定至阳曲段，主线全长65千米。其中，北胡庄至南西焦段于2011年10月作为西柏坡高速一期先行通车，与京昆高速共线段13千米；剩余新建为曲阳桥至北胡庄段、南西焦到冀晋界段，2013年7月正式开工，全长52.04千米，总投资70.2亿元。2015年4月18日，全长3224米京昆高速公路LJ-11标辛庄隧道双线贯通，这是京昆高速冀晋段最长公路隧道，也是石家庄市最长公路隧道。京昆高速冀晋段辛庄隧道由河北燕峰路桥集团承建，进口位于井陉县南峪镇常坪村，出口位于辛庄乡小峪村，设计为分离式单洞3车道隧道，分左、右两线，其中右线长1615米、左线长1609米，净宽14.5米、净高5米。隧道右线自2013年12月25日开始进洞施工，2015年1月10日贯通；左线自2013年12月22日开始进洞施工。京昆高速河北省石家庄至冀晋界公路于2012年8月31日由国家发改委批复建设，是国家高速公路网中北京至昆明高速公路（G5）的重要组成部分，是太行山高速公路重要路段，是首条连通河北省与山西省双向6车道省际高速路，也是山西中部、陕西北部、宁夏北部物资运输出港最便捷的高速通道。京昆高速河北省石家庄至冀晋界公路项目建成通车后，京昆高速和青银高速在石家庄与太原之间分线通行，有效缓解青银高速石太段交通压力。

【公路养护绿化】 全年公路养护完成投资6.08亿元。加强大中修、桥梁维修加固、安保、绿化、标志整治等工程维护管理，公路干线大中修33项355.2千米，桥梁加固30座1828.9延米，工程优良率均达100%，干线公路技术状况指标达到85.8，好于全省平均水平。公路绿化完成投资2844万元。以高速公路、国省干线、出入市口道路为重点，推进绿色廊道建设，共栽植各类树木47.64万株，干线公路适宜路段全部实行路基标准化和绿色覆盖。

【运输市场管理】 2015年全市道路运输完成旅客总运量5811.45万人、周转量30.7亿人千米，同比分别减少5.95%和10.18%；完成货物总运量2.8亿吨、周转量1148.07亿吨千米，同比分别增长15.9%和12.04%。开展运输市场专项整治行动。以班线客运、旅游客运和危险品运输为重点，强化市场稽查，查扣各类违章车辆280辆，注销不达标企业72家、挂靠车辆1.8万辆。加大出租汽车行业管理，突出做好矛盾隐患排查、建立信息员制度和市场稽查，共查处异地营运车辆119辆、“黑车”103辆。稳妥推进营运黄标车淘汰工作，注销营运黄标车266辆。落实货物运输源头治超制度。开展公路超限检测站标准化建设和规范化管理，建成23个超限检测站和8个不停车检测系统。采取属地管理及县县联合、市县联合、县区联合相结合方式，实行24小时不间断治超措施。全年检测货运车辆48.79万辆，查处超限车辆9448辆，卸载货物22.5万吨，超限超载率下降到2%以下，55吨以上严重超载货运车辆明显减少。开展公路路域环境治理，清理乱搭乱建、乱挖乱设、乱摆乱占等违法行为。全年清理垃圾2252处4298立方米，清除非交通标志8355块，清理摊点9674处3.01万平方米；清理堆放物料2805处1.69万平方米；拆除违章建筑57处684平方米。

（张龙）

民用航空

【概况】 2015年，河北机场管理集团有限公司（简称河北机场集团）旅客吞吐量累计达到634.88万人次，同比增长6.8%。其中，石家庄机场旅客吞吐量598.54万人次，同比增长6.9%；秦皇岛机场旅客吞吐量15.56万人次，同比减少22.7%；张家口机场旅客吞吐量20.78万人次，同比增长44.1%。2015年河北机场集团货邮吞吐量累计达到45088.2吨，同比减少2.6%。其中，石家庄机场货邮吞吐量44693.9吨，同比减少1.9%；秦皇岛机场货邮吞吐量330.4吨，同比减少52.5%；张家口机场货邮吞吐量63.9吨，同比增长134.9%。2015年河北机场集团保障飞机起降6.21万架次，同比增长0.7%。其中，石家庄机场保障飞机起降 5.67 万架次，同比增长 0.9%；秦皇岛机场保障飞机起降 2736 架次；同比减少 16.3%；张家口机场保障飞机起降 2678 架次，同比增长 18.8%。2015 年河北机场集团保障航班运输起降 5.66 万架次，同比减少 0.2%。其中，石家庄机场保障航班运输起降 5.13 万架次，同比增长 0.1%；秦皇岛机场保障航班运输起降 2660 架次，同比减少 17.7%；张家口机场保障航班运输起降 2668 架次，同比增长 18.6%。2015 年石家庄机场开通国际（地区）航线 18 条，运营航空公司 26 家，通航城市 69 个，全部运营航线达到 90 条。2015 年河北机场集团首次获得“全国文明单位”荣誉称号，并连续 6 年获评全国“安康杯”优胜企业。

（刘佳）

【首都机场集团公司托管河北机场集团】 5 月 20 日，河北省国资委与首都机场集团公司签订《河北机场管理集团有限公司委托首都机场集团公司管理协议书》，自此河北机场集团公司正式纳入首都机场集团公司管理，实施一体化运营。中国民航局局长李家祥、河北省省长张庆伟及河北省国资委主任王昌、首都机场集团公司总经理刘雪松等领导参加签约仪式。河北机场集团公司纳入首都机场集团公司管理运营是京津冀一体化和京津冀民航协同发展的重要成果，按照协议内容，首都机场集团公司发挥专业化管理和统筹运营优势，扶持河北机场集团公司建设与发展；双方支持设立京津冀民航协同发展基金，培育发展石家庄正定国际机场（简称石家庄机场）为枢纽机场；打造航空快件集散及低成本航空，推进河北机场集团公司支线机场发展；共同加快综合交通枢纽建设，形成布局合理、衔接顺畅、能力充分、便捷高效和以主要机场为枢纽节点的综合交通体系。

（马瑞琦　高亚梅　杨兰军）

【机场突发急性传染病防控应急演练】 12 月 1 日，河北省卫生计生委在石家庄机场举行突发急性传染病防控应急演练。这是河北省第一次以机场为主体举行疾病防控应急演练，也是石家庄机场与地方医疗部门首次联合举办疾病防控应急演练。河北省卫生计生委副主任江建明、河北省应急管理办公室副主任张平、河北机场集团副总经理罗晓广、河北省卫生计生委应急管理办公室主任李建法、河北省疾控中心主任崔哲及河北省 11 个设区市卫生计生委负责人观摩演练。演练模拟场景：由某地飞往石家庄 NS1234 航班在降落前 30 分钟，乘务长申报航班上有 1 名旅客出现咳嗽、高热等症状，经机组人员初步询问后得知，该名旅客近期内有中东地区旅行史，判断认为不能排除禽流感、甲型 H1N1 流感等重点关注传染病及中东呼吸综合征。石家庄机场接报后，立即启动《石家庄机场突发公共卫生事件应急处置预案》，组建登机检疫检查组、流行病学调查组、样本采集组、快速筛查组、防疫消毒组 5 个应急小组。演练过程中，5 个小组密切配合，有序完成演练任务内容。

（张毓）

【河北省民航业技能比武大赛】 11 月 30 日至 12 月 1 日，由河北省总工会、河北省人力资源和社会保障厅、河北省科学技术厅、河北省工业和信息化厅、河北省共青团委员会联合举办，河北机场集团承办的河北省民航业技能比武大赛在石家庄机场举行。此次比赛是 2015 年中国技能大赛——河北省职工职业技能大赛重要组成部分，也是河北省职工职业技能大赛首次举办民航业技能比武。共有来自河北机场集团、石家庄机场、秦皇岛机场、张家口机场、唐山机场、邯郸机场 6 支代表队 19 名选手参赛。比赛分设理论考核、实际操作两部分，两项占比权重为 3∶7，实际操作比赛包括人身检查、交通运输行李开箱（包）检查、X 射线机图像识别 3 项内容。最终石家庄机场、河北机场集团、邯郸机场代表队分别获得团体比赛前三名；石家庄机场代表队李学睿、河北机场集团代表队颜玉庆、石家庄机场代表队李艳丽分别获得个人全能前三名。

（张红昱）

【安 -225、安 -124 降落石家庄机场】 12 月 19 日，世界第二大运输机安 -124 降落石家庄机场；50 分钟后，世界第一大运输机安 -225 第 9 次飞抵石家庄机场。这也是世界第一和第二大运输机首次在国内同时降落一个机场，较好检验了石家庄机场综合保障能力。安 -124、安 -225 分别运载 90 吨、180 吨设备飞抵石家庄机场，装载货物均来自德国奔驰汽车公司用于整车生产模具，加上 12 月 14 日安 -225 运送180吨设备，全部460余吨设备运送完毕。安-124、安-225飞行路线：从德国莱比锡启运，途径土库曼斯坦、哈萨克斯坦技术经停后飞抵石家庄机场。安-225起飞全重640吨，可运载超大型货物，机舱载重量达到250吨；安-124起飞全重392吨，最大装载货物量120吨。安-124、安-225均由乌克兰安东诺夫航空公司运营。

（张毓）

【航空运输服务】 4月1日，石家庄机场至唐山、秦皇岛、张家口3条省内航线首次推出航空月票。5月11日至6月10日，石家庄机场开展“服务质量提升月”活动，重点围绕提升机场服务质量、提高全员服务意识和职业素养内容，研究制定服务质量管理制度标准，细化和完善旅客服务、安保服务、商业服务、后勤保障服务等核心服务产品，总结推出精品服务差异化、特色服务常规化和常规服务亮点化项目。邢台城市候机楼新址启用。6月1日，石家庄国际机场邢台城市候机楼新址正式启用，新址为邢台市守敬路486号（团结路与守敬北路交叉口北行30米路西）。石家庄机场邢台旅客直通车邢台发车时间为：6:30、9:30、11:30、13:30、15:30、17:30；机场发车时间为：10:30、13:30、15:00、17:00、20:00、22:00。机场乘车地点：石家庄国际机场T2航站楼一楼出港大厅门口。石家庄机场邢台城市候机楼主要向邢台市民提供机票预定、购买、变更、办理登机手续、旅游信息、收发航空货物、一站式空港旅客直通车往返机场接送服务。鹿泉旅客直通车开通。8月6日，石家庄机场开通至鹿泉区旅客直通车，这是石家庄机场在冀中南地区开通第13条旅客直通车线路。石家庄机场至鹿泉旅客直通车每天4班对开，首发站为鹿泉上庄镇国源朗怡酒店，发车时间为：5:00、8:00、12:30、15:00；第二站鹿泉宾馆，发车时间为5:30、8:30、13:00、15:30。石家庄机场发车时间为10:30、13:00、17:30、20:00。全程运行时间约90分钟，票价30元。石家庄机场开通其他12条旅客直通车线路分别为保定、邢台、邯郸、沧州、衡水、白沟、定州、安国、高阳、辛集、安平、深州。

（石欣 秦雅南 吴温 刘静华）

【新增2架客运飞机】 8月16日，河北航空新增1架波音737-800飞机。该机于8月13日在美国波音西雅图生产线交付，客舱设置座位170个，其中头等舱8个、经济舱162个；8月18日，新增波音737-800飞机正式投入运行。10月19日，河北航空新增1架E190型飞机。该机于10月15日在巴西航空工业公司圣保罗生产线交付，注册号为B-3383；10月21日，新增E190型飞机正式投入运行，执飞石家庄—合肥—桂林航线。至2015年末，河北航空机队规模达到14架，石家庄机场驻场飞机增加到20架。

（玉洋 马壮 张毓）

【航线运营】 2015年石家庄机场开通国际（地区）航线18条，运营航空公司26家，通航城市69个，全部运营航线达到90条。1月5日，大庆—石家庄—三亚航线开通。1月17日，石家庄机场首次开通直飞柬埔寨旅游包机——石家庄至暹粒航线，首航客座率达99.44%；该航线由柬埔寨天空吴哥航空公司执飞，这是该航空公司首次加盟河北航空市场。石家庄飞往暹粒用时5小时，1月17日运行至3月底结束，共执飞14架次，航班执飞日期为1月17日、23日、28日；2月2日、7日、12日、17日、22日、28日；3月4日、9日、14日、19日、24日。5月15日，石家庄机场开通鄂尔多斯—石家庄—南昌航线。5月27日，石家庄机场至日本静冈航班开通，这是石家庄机场开通首条日本国际航线。6月15日，石家庄至日本大阪国际航线正式首航，这是石家庄机场继日本静冈航线后开通的第二条飞往日本国际航线，由首都航空公司执飞。6月30日，石家庄机场新开呼和浩特—石家庄—日本名古屋航线，其中名古屋航线为石家庄机场首次开通，该航线由春秋航空执飞。9月5日，石家庄机场开通九寨直飞航线，这是石家庄机场开通首条高原旅游航线，改变原旅客到九寨沟旅游通过成都市中转途径，实现河北省旅客乘飞机直接到达九寨沟景区，节省旅客时间3个多小时；该航线由西部航空公司执飞，每天一班，执飞机型为享有“高原王子”美誉空中客车A319飞机。西部航空也是继春秋航空、中国联合航空后，第三家在石家庄机场开通航线的低成本航空公司。9月11日，长龙航空公司空客A320飞机执飞杭州—石家庄—兰州航线首航，这是长龙航空公司首次加盟河北民航。至此，石家庄往返杭州航班每日最多达到8班，石家庄往返兰州航班每日达到2班。2015年9月，石家庄机场开通塞班（美国太平洋岛屿）航线。10月25日，石家庄机场开通石家庄—兰州—拉萨航线，这是石家庄首次开通拉萨“空中通道”，填补河北省没有入藏航班空白；该航线由首次在石家庄机场运营西藏航空公司空客A319飞机执飞，每周4班。11月16日，石家庄至越南岘港航线开通，这是石家庄机场开通首条直飞越南航线；由越南国家航空公司空中客车A321机型执飞，每周一班。12月15日，石家庄至越南芽庄旅游航线开通，这是石家庄机场开通第二条越南直飞旅游航线。

河北机场管理集团有限公司

总 经 理：张彦杰

副总经理：邢东方　李宁

高永超　马越

全双占

罗晓广（兼石家庄国际机场分公司总经理）

纪委书记：高立新

工会主席：张海山

（刘佳）

城市轨道交通

【概况】 2015年，石家庄轨道交通项目建设完成投资66.8亿元，累计完成投资134亿元，未发生1起安全质量责任事故。石家庄市轨道交通线网总体规划总长241.7千米，由6条线组成“大放射、小方格”布局，共设车站160座。至2015年底，在建工程为1号线一期工程和3号线一期首开段工程，全长30.3千米。其中，1号线一期工程西起桥西区西王，东至长安区西兆通综合维修基地，全长约23.9千米，设站20座；3号线一期工程首开段为6站5区间，沿中华大街敷设，从小灰楼站至石家庄站，全长6.4千米。1月8日，《石家庄市城市轨道交通2号线一期工程环境影响报告书》获得河北省环境保护厅批复（冀〔2015〕15号）。1月22日，《石家庄市城市轨道交通1号线一期工程和3号线一期工程车辆采购项目》招标结果公示结束，唐山轨道客车有限责任公司中标1号线一期工程车辆（25列/150辆）采购项目，南车青岛四方机车车辆股份有限公司中标3号线一期工程车辆（20列/120辆）采购项目。3月24日，轨道交通1号线张营停车场系统设备安装工程接触网第一杆立杆，1号线工程从主体结构施工阶段步入设备安装阶段。6月23日，轨道交通1号线张营停车场开始铺轨，标志1号线一期工程铺轨施工正式启动。12月10日，轨道交通1号线一期工程、3号线一期工程首开段实现“洞通”，较原计划提前一个月时间完工。2015年市轨道交通项目建设办公室被市委、市政府授予市级文明单位称号；地铁建设工人获评“2015年度感动省城十大人物”英雄群体。

【规划调整】 12月31日，国家发展改革委正式批复《石家庄市城市轨道交通近期建设规划调整方案（2012～2021年）》（发改基础〔2015〕3151号）。批复内容为：新增1号线二期工程和3号线二期工程，线路长度20.8千米；1号线二期工程自洨河大道站至东洋站，线路长12.7千米，设站7座，投资77.31亿元，规划建设期为2017～2020年；3号线二期工程自三教堂站至北乐乡站，线路长8.1千米，设站5座，投资54.65亿元，规划建设期为2018～2021年；采用A型车6辆编组，最高运行时速80千米。

【工程建设】 3月24日，轨道交通1号线张营停车场系统设备安装工程接触网第一杆立杆，1号线工程从主体结构施工阶段步入设备安装阶段。4月21日，地铁1号线石家庄东站主体封顶，属地下两层岛式车站，总长225米，宽22米，跨307国道，分两期建设。6月23日，轨道交通1号线张营停车场开始铺轨，石家庄地铁1号线一期工程铺轨施工正式启动。8月22日，北宋站正线铺轨开始。10月12日，地铁1号线石家庄东站至南村站盾构区间右线贯通。至此，石家庄地铁1号线一期工程隧道所有盾构施工完成。11月27日，地铁3号线一期工程首开段区间（槐安桥站至西三教站）隧道全线贯通。12月10日，地铁1号线一期工程和3号线一期首开段工程实现“洞通”，较原计划提前一个月时间，自此石家庄轨道交通项目建设主体工程完工，地铁建设转入铺轨、装饰装修和机电设备安装阶段。轨道交通附属设施项目。2015年石家庄轨道交通1号线一期工程和3号线一期工程首开段实现25座车站主体封顶、26个区间隧道全部贯通；141个附属工程开工建设；21个车站除轨道排水井围挡外，主干道路面围挡均撤围缩围、还路于民；设备安装、装饰装修启动，其中常规设备、系统设备安装超过50%；洨河大道、火炬广场2座“样板站”装修工程过半；和平变电站、海世界变电站2座110千伏主变电站开工建设；西兆通车辆段、张营停车场主体建设收尾；小灰楼等7个铺轨基地建成铺轨；市城市轨道交通线网运营指挥中心（OCC）项目办公楼主体封顶。至2015年末，石家庄轨道交通首开工程管线迁改及回填33千米，房屋征迁2.5万平方米，绿地及植物迁移乔木900余株、绿地0.3万平方米。新开工程项目。轨道交通3号线一期工程“两边段”围护结构施工图设计完成80%以上，管线迁改、房屋征收启动。2015年7月，轨道交通2号线一期工程可研报告获得河北省发展改革委批复，开始初步设计。2015年12月底，石家庄轨道交通1号线二期工程正定新区段、3号线二期工程高新区段《建设规划调整》获得国家发展改革委批复，进入设计招标；人民广场站2号线、留村站6号线换乘区域预留工程开工建设；正定新区行政中心至会展中心站“两站一区间”车站主体全部封顶，区间隧道建设进度超过50%；新客站2号线预留工程主体结构基本完工。

【1号线一期工程110千伏输变电新建工程】 1月28日，1号线一期工程110千米输变电新建工程（海世界站、和平变电站）初步设计通过专家审查；4月1日，概算审查获得市发展改革委正式批复，批复项包括建设规模、主要建设内容、工程概算3个方面。4月21日，市城乡规划局核准发放《轨道交通1号线和平110千米地铁站输变电工程建设用地规划许可证》。5月25日，石家庄轨道交通1号线海世界变电站工程项目正式启动施工。和平变电站、海世界变电站主要用于轨道交通1号线运营电力输送。和平输变电工程位于谊北路南、友林街东，总用地面积2150.01平方米，其中道路地346.66平方米、供电用地1803.35平方米。海世界变电站项目位于长江大道以南，京港澳高速以东，长安区白佛村地界，施工总面积8181.3平方米。

【轨道交通线网运营指挥中心（OCC）封顶】 3月27日，石家庄市城市轨道交通线网运营指挥中心（OCC）项目可行性研究报告获得市发展改革委批复同意（石发改投资〔2015〕196号）。该项目选址长江大道和秦岭大街交叉口西北，南邻长江大道，东接秦岭大街，西邻华山街，北侧为广汇雪弗兰4S店，总建筑面积72460米，其中地上建筑面积50000平方米，地下建筑面积22460平方米。4月28日，《石家庄市城市轨道交通线网运营指挥中心初步设计专家评审会》在石家庄市召开，参会专家研究审查了城市轨道交通线网运营指挥中心（OCC）项目建筑、工艺等专业技术方案、概算编制及设计思路，提出指导性意见。12月8日，市城市轨道交通线网运营指挥中心（OCC）项目主体结构封顶。

（卢扬逸）

【京津冀轨道交通创新中心挂牌】 12月10日，京津冀轨道交通一体化与土地利用协调发展决策咨询高层论坛在石家庄铁道大学举行，京津冀轨道交通创新中心在此次论坛揭牌成立。京津冀轨道交通创新中心由中国土木工程学会轨道交通技术工作委员会、京津冀城际铁路投资有限公司、石家庄市轨道交通有限责任公司、石家庄铁道大学等十家产、学、研、用单位联合倡议发起成立。中心项目主要由多名国内外轨道交通领域著名科学家、工程院院士及轨道交通领域知名专家参与实施。主要任务是开展轨道交通一体化理论创新、技术创新、政策建议方面研究与实践，联合开展国家、地方及企业重点科技项目研发，打造京津冀轨道交通发展的政策建议和技术支撑平台。

（李云萍　张建新）

【安全质量管理】 制定安全零容忍、质量零缺陷、隐患零拖延、环境零污染“四零目标”，做到体制完善、人员到位，制度完善、检查到位，预案完善、演练到位，资料完善、查存到位，整改完善、处罚到位要求。加强施工工地管理，落实施工现场管理“十措施”、渣土运输“一照三单”等制度，采取超常规举措，不拖累全市大气污染治理后腿；围挡宣传突出石家庄创建文明城市和“国家级森林城市”内容。首开工程各标段组织开展“打好三个硬仗（事故隐患大排查、现场管理大整治、沿线管线大普查）、建立三本台账（日自查、月互查、季抽查）、施行四级处罚、全民举报有奖”活动。广泛推行“三种模式”（开工前“航空式安检”模式、施工中“责任田管理”模式、督导时“连环重叠检查”模式），形成“质量安全无小事、人人都是责任者”安全氛围。11 月 27 日，“2015 年城市轨道交通工程质量安全联络员会议（北片区）”在西安市举行，来自北京、西安、青岛、石家庄 4 个城市地铁公司安全联络员代表就城市轨道交通工程质量安全管理和风险防控作交流发言。2015 年石家庄地铁建设工程顺利通过国家住房和城乡建设部质量安全检查，未发生任何质量安全责任事故。

【轨道交通运营】 2015 年 1 月，市轨道交通公司与深圳地铁集团有限公司签订《石家庄市城市轨道交通 1 号线一期工程和 3 号线一期工程运营人员培训服务合同》。加强运营人员培训，组织运营专业人员全过程参与工程建设，熟悉轨道交通环境。联系全国 8 所专业院校培养订单班学生 1600 余名，严格执行“末位淘汰”考核制度。邀请轨道交通公司主管领导、业内专家举办讲座 45 场次。至 2015 年末，市轨道交通运营分公司组织架构基本确定，编制规章制度 160 多项，11 个部门 420 名专业人员到岗到位，其中委托外出培训 189 人次。

（卢扬逸）

城市公共交通

【概况】 2015 年，市公交总公司围绕“公交都市”建设，全力提升行业管理服务水平，深化推进“智能公交、绿色公交、安全公交、文化公交、和谐公交”硬件设施和软件建设，较好完成各项工作任务，获得“全国交通运输行业文明单位”“省级扶残助残先进集体”“省级阳光理政先进单位”“石家庄市安全生产先进单位”称号。至 2015 年末，市公交总公司拥有公交车辆 4403 辆，运营线路 229 条，下辖运营公司 10 个，直属单位 5 个；在册职工 13463 人；公交行驶里程 1.89 亿千米；运营乘客 5.87 亿人次，日均运客 160 万人次；实现总收入 5.7 亿元。市政府启动重度污染天气 I 级应急预案和纪念抗日战争胜利 70 周年活动期间，执行免费乘坐公交车政策，两次共计免费 13 天，运送乘客 4430 万人次。

【公交线路开通及调整】 全年新开辟公交线路 9 条，其中，市区新开辟 2 条：摆渡车、91 路；四组团区县新开辟 7 条：藁城区 1 条、鹿泉区 3 条、栾城区 2 条、正定县 1 条。撤销线路 2 条，合并线路 1 条，优化调整公交线路 46 条。至 2015 年底，全市共有公交运营线路 229 条，其中市区 117 条，四组团区县 112 条；线路总长 3802 千米。

【城市公交设施建设】 投资 1.63 亿元，购置天然气公交车 110 辆、纯电动公交车 100 辆。淘汰黄标车 261 辆。至 2015 年末，全市共有公交车 4403 辆，其中，天然气公交车 3611 辆（包括 22 辆气电混合动力车），占总车数 82%；天然气空调车 1469 辆（包含 22 辆气电混合动力车），柴油空调车 78 辆，纯电动空调车 388 辆，空调车占到总车数 44%。建设港湾式站台 22 座、公交候车亭 194 座；维修损坏站牌 8324 块；迁移站架 26 个。推进公交信息化建设，拓展“掌上公交”服务，年末独立用户达到 60 万，日均访问量达到 25 万人次。3000 辆公交车车载 WiFi 系统免费投入使用，覆盖公交线路 170 多条。京津冀交通一卡通互联互通公交 IC 卡系统启用，2015 年市内 152 条线路 2500 多部车载机升级改造完毕，12 月 25 日河北交通一卡通开始向市民发卡试运行，市民持卡可在石家庄、张家口、廊坊、保定、北京、天津6座城市乘坐公交车出行。

（张龙）

邮　政

【概况】 2015年，原河北省邮政公司石家庄市分公司根据《中国邮政集团公司关于实施法人体制调整有关事项的通知》(中国邮政〔2015〕86号)和《关于全力推进全省邮政子改分工作的通知》(冀邮政〔2015〕101号)文件要求，2015年5月5日河北省邮政公司石家庄市分公司更名为中国邮政集团公司石家庄市分公司。2015年中国邮政集团公司石家庄市分公司重点支持发展金融、快递包裹、电子商务等高收益业务，企业收入结构明显改善。其中，金融业务完成收入51388万元，余额达到2404180万元；快递包裹开拓省会市区及重点县域特色市场，累计收寄量351.9万件，收入5854万元。至2015年末，公司累计实现收入80464万元，完成河北省邮政公司下达计划102.63%，规模位居河北省首位。2015年市邮政分公司获评全国"安康杯"竞赛优胜单位、河北省邮政企业管理现代化创新成果一等奖，市公司及18个县市分公司均建立和获评河北省AAA级劳动关系和谐单位。

【经营发展】 全年重点支持发展金融、快递包裹、电子商务等高收益业务，压缩分销、函件等低效业务，企业收入结构明显改善，收入质量提高。金融业务转变发展模式、推进网点转型、开展旺季金融促销活动，全年业务收入完成51388万元，余额达到2404180万元；快递包裹业务分析淘宝、天猫等电商平台商家数据，大力开拓省会市区及重点县域特色市场，全年收寄量达到351.9万件，收入完成5854万元；电子商务业务收入完成5821万元，其中车险业务实现保费2795万元，收入887万元，规模、进度和增幅均居全省行业首位。11月1日，根据河北省邮政管理局印发《集中开展寄递渠道清理整顿专项行动的工作方案》要求，石家庄市全面实行邮件快件实名收寄。

【平台建设】 城市平台线下实体网络基本搭建，邮政局所、便民服务站等邮政渠道社区覆盖率达到100%；线上平台邮政送吧基本功能全部上线；城市人工自提点建成624个。农村平台设立"村邮乐店"2798家，邮政渠道行政村覆盖率达到64.75%，服务覆盖率达到100%，活跃度达到99.17%；邮掌柜系统建成线上区域特色农产品集中展示区"石家庄馆"和"赞皇馆"；与河北省电视台合作洽谈农村平台品牌推广和跨界整合。邮政农村电商确立与政府合作方向，与市农业局、市商务局、市扶贫开发办公室就促进农产品返城、精准扶贫等达成推进意见。与赞皇县政府签订农村电商合作框架协议，商定在县级服务中心、村级电商实体点、县乡村三级配送环节开展合作。投递服务平台整合投递队伍资源，调整作业组织模式，促进服务平台向服务经营型转型，2015年市邮政分公司小包和约投投递量同比均分别增长120%以上，投递质量未降反升；小包揽收量较2014年增加53.64万件，增幅达81.11%。

（王健　张海霞）

【河北博物院首次发行邮政明信片门票】 5月17日(5月18日是第39个国际博物馆日)，中国邮政集团公司石家庄分公司为河北博物院开通邮政服务，首次发行河北博物院明信片门票。河北博物院在南广场设置邮政信筒，参观河北博物院游客可将图案为燕赵文物珍宝的明信片、纪念封等邮品加盖河北博物院专用纪念戳后投入邮筒。5月17日，中国邮政集团公司石家庄分公司还发行了《中山靖王墓文物》主题邮折和极限封各一套，收录2000年国家邮政局发行"中山靖王墓文物"特种纪念邮票，其中4件国宝级珍品在河北博物院馆藏。

（翟相哲）

【企业管理】 以务实高效为原则，

加强管控、规范流程，推进管理规范化、集中化、精细化、信息化。规范机构设置，撤销四级机构 4 个，组建同城配送项目组、集中采购中心、城市和农村平台建设推进小组 4 个临时机构；整合包裹、函件专业及县市分公司专业部室。制定印发《绩效考核办法》《招标采购管理办法》等 40 余个管理制度，严格成本集中管控，全年节约费用 600 万元；实施劳动用工优化集中管理，择优转招劳务工为合同工 664 人，清退 80 人，新增承揽备案人员 208 人；转入金融岗位调配人员 88 人。加强干部管理和集中培训，中层干部年度考核率 100%。落实资金精细化管理规定，加大用户欠费、往来账款清理及资金考核力度，资金运营质量效益提高。利用信息技术打造以财务为核心综合管理系统，实现金融、电子商务等不同专业积分融合、全区通存通兑、预算自动管控、库存商品进销存管理等功能，建成自主开发金融业务自动填单系统、金融网点柜面主动营销辅助系统、集中采购系统、叫号机联网改造等经营管理系统，并在河北省推广使用。

中国邮政集团公司石家庄市分公司
总 经 理：胡树军
副总经理：赵淑芳　惠志林
　　　　　鲍振钢（1 月任）

（王健　张海霞）

信息产业

Information Industry

概　述

2015年，全市信息产业围绕"中国制造2025""互联网＋"发展战略，加快信息化工业化深度融合，推进实施智慧城市、信息消费、信息惠民、电子商务和"宽带中国"等国家试点建设。至2015年末，全市电子信息产品制造业主营业务收入166.87亿元，同比增长5.03%；软件和信息技术服务业主营业务收入72.69亿元，同比增长7.75%；初步形成高新技术产业开发区、石家庄信息产业基地两大产业集聚地和以通信设备、半导体照明、平板显示、电力电子、电子专用仪器、软件和信息技术服务为主导产业体系。2015年全市光纤到户覆盖家庭累计达到513.3万户，固定宽带接入用户达到227.6万户，IPTV互联网电视用户达到35.03万户，移动电话用户达到1300.56万户。电子商务快速发展，建立形成河北钢铁交易中心、河北省供销社农产品大宗交易中心、河北慧聪现货电子交易中心3个大宗交易中心；正定板材、赵县雪花梨、移联网信等15个县域特色电商平台；北国如意购物网、国大爱购网、新华市场交易中心、太和网、以岭药业建康城等15个名优特色电商平台。2015年石家庄市利用市外电子商务平台经营企业或商户近5万家；电子商务交易额3063亿元，同比增长21.6%，占全省总量21.1%，其中网络零售额430亿元，同比增长41%（参见《石家庄年鉴2016》"国内外贸易·旅游"下"电子商务"）。

电子政务。围绕打造"总渠道、总窗口、总平台"门户网站要求和发挥政府网站信息公开第一平台作用，实施完成政府网站改版升级。全年利用市政府门户网站编辑报送《要闻》249期，信息条目2000余条，内容涉及"国家、省、市重大会议""重要文件""重要决策""重大事件"，为各级领导决策提供了大量翔实资料。2015年市政府门户网站"政务办公平台"下发公文450余件，编辑常务会议纪要14期，上报请示报告近600件；"政府信箱"收到公众留言19598条，有效留言条15077，处理答复14956条；市信息中心完成人民网"地方领导留言板"回复458条，其中公开答复260条。至2015年末，市政府门户网站设置各类办事指南985项，办事表格844项，业务查询69项，结果查阅27项，在线申报43项。2015年市政府门户网站"政民热线"栏目被中国电子政务理事会评为"2015年·政府网站精品栏目"；人民网"地方领导留言板"回复被评为"2015年全国网民留言办理工作先进单位"。

无线电管理。以管好频率、管好台站和维护好空中电波秩序为核心，开展"珍惜频谱资源、维护电波秩序"主题宣传和台站规范化管理专项活动，完善频率台站审批、电台执照核准及换发、台站数据录入及修改、台站日常监管等程序和流程。2015年全市建成无线电固定监测站19个，实施无线电铁塔维护2次、监测网维护66次，监测站点累计监测30243小时，检测各类发射设备246部；审批超短波台站481个，公网基站3243座；年检电台执照1217个，核发电台执照3322个，换发电台执照326个，监管通信网、电台1300余部。

电信。2015年中国移动石家庄分公司建设开通基站2606个，传输线路新建管道305.5千米，新建光缆6132.26千米，新建杆路564千米；城域网传输设备新增512套，新增汇聚环11个，新组建接入环51个，新建传输汇聚机房3座；小区宽带工程覆盖用户25.2万户；年末4G卡普及率达到71%。2015年中国联通石家庄市分公司适应市场变化和企业发展要求，推进实施LTE工程项目，实现校园、4A级以上景区、高铁、机场、高速公路全覆盖，年末网络人口覆盖率达95%，光纤网络人口覆盖率达97.64%。其中，IDC业务实现蓝汛、腾讯、汽车之家、奇虎360、搜狐、乐视等互联网巨头公司入驻，成功签约河北省农村信用合作社联合社灾备中心IDC等重大项目；ICT业务完成平山县西柏坡无线覆盖、省国资委移动办公软件开发、市人民医院综合布线等项目。2015年中国电信石家庄分公司在市区大型购物中心、超大写字楼、大型成熟社区网络实现全覆盖，市区、县城及主要交通干线实现连续覆盖、平原农村实现广覆盖。3G/LTE覆盖范围和深度扩大，4G用户市场占有量提升，年末全市电信宽带社区光纤覆盖率达到90.2%，光纤宽带用户占比达到70%。7月22日，中国电信石家庄市4G产品正式上市发售。

8月1日，中国移动公司石家庄分公司、中国联通石家庄市分公司取消京津冀手机语音通话长途费、漫游费。10月16～18日，由河北省贸易促进会、省工业和信息化厅、市政府联合主办的“2015河北国际信息产业周”在石家庄人民会堂举行。活动期间，组织举办了河北省信息产业与信息化“十二五”发展成果展，省工业园区、产业集群综合实力展，“互联网+”展，大数据、云计算展，通讯运营展，LED产业主题展，消费类电子产品展，游戏动漫展等。

城市信息化建设

【概况】 2015年，石家庄城市信息化建设快速发展，信息化工业化深度融合，信息技术在政府、企业、农村、社区领域广泛应用，智慧城市、信息消费、信息惠民、电子商务和“宽带中国”等国家试点建设稳步推进，电子政务和社会领域信息化发展迅速，信息化综合应用水平位居河北省前列。2015年全市电子信息产品制造业主营业务收入166.87亿元，同比增长5.03%；利润总额25.67亿元，同比增长17.44%；利税29.3亿元，同比增长13.3%。软件和信息技术服务业主营业务收入72.69亿元，同比增长7.75%；利润总额7.77亿元，同比增长24.04%；利税9.9亿元，同比增长18.08%。电子信息产业创新能力增强，建有1个国家级工程研究中心、1个国家级工程实验室、1个国家地方联合实验室、1个国家级企业技术中心、1个国家重点实验室、8个省级工程实验室、5个省级工程技术研究中心和6个省级企业技术中心。至2015年末，全市通过CMM/CMMI认证企业16家，占全省47%；拥有中国电子科技集团公司（简称中电科）54所、中电科13所、东旭集团、诚志永华、四方通信等一批行业领域处于领先地位或具有重要影响力优势企业和单位；初步形成高新技术产业开发区、石家庄信息产业基地两大产业集聚地和以通信设备、半导体照明、平板显示、电力电子、电子专用仪器、软件和信息技术服务为主导产业体系。

（李勇）

【信息化工业化融合】 培育信息化工业化融合示范企业。全年培育省级信息化工业化融合（简称两化融合）重点企业14家，总数达到87家，位居全省首位，其中拥有省级两化融合示范企业17家。石家庄科林电气股份有限公司“互联网+”分布式光伏发电监控运维平台入选2015年国家工业和信息化部互联网与工业融合创新试点项目。河北冀凯实业集团“全信息化精益智能管理系统”获得2015国家级管理现代化创新成果一等奖，这是河北省唯一获奖单位。2015年河北冀凯实业集团“全信息化精益智能管理系统”个性化定制应用全面展开，并在全省中小工业企业现场会推广，江苏防爆特装、晨光生物等省内外多家企业开始“复制”应用。推进信息化工业化融合服务体系建设。2015年石家庄市河北顺邦钢铁供应链公共服务平台（新钢铁网）等5个两化融合公共服务平台获得“河北省两化融合公共服务示范平台”；河北中机盛科信息技术有限公司获评首批“河北省信息化与工业化融合创新服务示范单位”，这也是全省唯一入选国家工业和信息化部首批推荐两化融合管理体系贯标咨询服务机构企业单位。鼓励企业开展两化融合管理体系贯标。2015年石家庄格力电器等6家企业入选国家工业和信息化部第二批两化融合贯标试点企业，加上2014年首批河北冀凯实业集团等6家企业，至2015年末，全市国家工业和信息化部两化融合贯标试点企业达12家，占河北省总数27%。推动企业参与两化融合整体性评估。全年240余家规模以上企业参加并通过中国两化融合咨询服务平台河北省两化融合评估系统；支持企业提交现实情况，帮助了解全国同行业两化融合整体发展水平，寻找两化融合水平差距，引导工业企业加大信息化投资。

【信息设施建设】 城市百兆光纤工程。落实国家工业和信息化部“宽带中国”2015专项行动部署动员电视电话会议要求，加快推进“宽带中国”示范城市建设项目。2015年3月，市联通公司举行“联通宽带开通十五周年暨百兆宽带产品发布会”。2015年9月，国家工业和信息化部将石家庄市列为全国宽带接入网业务开放试点城市（全国44个城市入选）。至2015年12月底，全市光纤到户覆盖家庭累计513.3万户，固定宽带接入用户227.6万户，IPTV互联网电视用户达到35.03万户。无线宽带网络推广应用。印发《关于加快公用移动基础设施建设的通知》。2015年3月，市政府与中国铁塔股份有限公司河北分公司签署战略合作协议，双方商定利用石家庄市区位、市场、智慧城市、交通通信及原材料产业发展优势和“河北铁塔”技术、市场等优势，提升石家庄市移动通信基础设施建设水平，实现互惠互利，双赢发展。至2015年12月底，全市移动电话用户数累计1300.56万户。其中，3G移动电话用户273.24万户；3G/LTE移动电话用户617.64万户；建成移动基站24706个，其中4G基站11452个。

【北斗卫星导航应用】 2015年石家庄市中电科卫星导航运营服务有限公司基于北斗智慧家庭民生关爱区域应用示范、天地通大恒控股股份有限公司北斗海量位置数据云计算公共服务平台2个项目入选2015年国家工业和信息化部60个信息消费创新应用示范项目，这也是河北省唯一入选项目城市。中电科卫星导航运营公司智慧家庭民生关爱区域应用示范项目，主要包括智能位置服务数据采集系统、智能位置服务智能分析系统等，平台融合电信网、互联网和广电网，无缝定位系统采用北斗卫星导航构建，支持千万级用户，实现多行业数据采集，提供智能位置服务聚集与交付、多级服务运营支撑。其中，“平安校园”项目在市内5区36所中小学发放平安校园终端1.5万部，开始在全国代理运营和业务推广；“老人关爱”项目在市内24个社区和11个单位发放老人关爱终端设备1万部，并成功升级和拓展为“E暖家”智慧家居产品系列，涵盖居家养老各方面服务。天地通大恒控股股份有限公司北斗海量位置数据云计算公共服务平台，综合利用互联网技术、计算机海量运算技术、地理信息技术、卫星定位技术、数据库技术等，对位置数据集中进行存储、分发、解析、运算，实现车辆行驶数据、油量数据、驾驶员操作习惯、行车安全和监控等全方位管理，向行业用户和个人用户提供人、车、船等实时位置、历史位置和交互位置数据服务。至2015年底，天地通大恒控股股份有限公司北斗海量位置数据云计算公共服务平台服务企业5000家以上，企业及个人用户数量超过20万户。

【智慧城市建设】 2015年10月，石家庄市组建成立促进智慧城市健康发展领导小组，统筹负责全市智慧城市建设，领导小组办公室设在市发展改革委。智能公交服务。建成公交智能调度系统，采用5个调度中心、40个调度平台智能调度223条公交线路；4082部营运车辆全部实现GPS卫星定位和自动排班发车。安装公交车载LED信息发布屏1500块。建成“掌上公交”公共服务平台，独立用户下载量达到50万户，日均访问量20万人次。100%公交车使用手机公交一卡通系统刷卡乘车。启动公交车载WiFi系统建设，各项指标技术测试完毕，开始试运营。智慧医疗。建立市级区域卫生计生信息平台，采集、存储、推送和挖掘各医疗卫生机构经营管理信息和全市居民健康数据；建设全市卫生计生信息专用网络，联接包括4家省级医院、8家市级医院等机构800余家，初步形成以市级区域卫生信息平台为核心，以省市大型医疗机构为龙头，以县级信息平台和县级医院为枢纽，以乡镇卫生院和村卫生室为底端人口健康信息服务体系；推进居民健康卡发行与应用，与中国建设银行、中国交通银行、中国农村信用社联合社等8家国有及股份制银行签署合作协议，融资2亿元，在鹿泉区、栾城区、藁城区、井陉县开展居民健康卡试点，至2015年末，制作发放居民健康卡200万张。数字城管。市区数字城管系统实现主城区全覆盖，市内五区均完成与市数字城管监督指挥中心联网运行，年末主城区二环路以内城市管理事件处置结案率达到99.6%。智慧社区。2015年汉佳公司建设“智慧社区”综合服务平台示范项目注册用户数达到1300人，试点项目正在新华区大郭村，裕华区海天阳光园、润园3个社区开展社区管理数据信息采集，共采集居民档案基础信息500户。“52社区”O2O电子商务平台进入推广应用阶段，与天元集团达成建设100余家连锁便利店合作意向，其中20家便利店推广运用。

（刘立强）

【2014年度石家庄市互联网发展报告】 2015年8月，市互联网信息办公室正式发布《2014年度石家庄市互联网发展报告》。主要内容：2014年石家庄市互联网网民结构领先河北省和全国平均水平；网络应用呈现娱乐化向商务化转变倾向；网民互联网分享、评论意愿强烈，互联网信任度和依赖性较高。2014年石家庄市网民规模达到554万人，渗透率55.3%，高于河北省6.2个百分点，高于全国平均水平7.4个百分点。2013～2014年石家庄市网民规模增长幅度达到4.9%。2014年石家庄市手机网民规模达到477万，手机网民占整体网民比例86.1%，高于河北省3个百分点，高于全国平均水平0.3个百分点。2014年中国网民人均周上网时长26.1小时，较2013年底增加1.1个小时；2014年石家庄网民人均周上网时长略高于全国平均水平，达27.9小时。网民中、高等收入群体规模占比高。至2014年12月，石家庄市网民月均收入在2001～3000元和3001～5000元区间群体占比最高，分别为24.4%和25.9%，分别高出河北省0.3和5.3个百分点，分别高出全国平均水平5.6和5.7个百分点。2014年石家庄市互联网应用呈现商务化应用倾向，网络购物、团购、旅行预订、网上支付等商务类应用使用率领先河北省7个百分点以上；网络团购使用率领先河北省15.7个百分点，领先全国5.4个百分点。

（王更）

电子政务

【概况】 2015年，市信息中心围绕打造“总渠道、总窗口、总平台”门户网站要求，实施完成政府网站改版升级，有效发挥了政府网站信息公开第一平台作用。全年利用市政府门户网站编辑报送《要闻》249期，信息条目2000余条，内容涉及“国家、省、市重大会议”“重要文件”“重要决策”“重大事件”，为各级领导决策提供了大量翔实资料。2015年市政府门户网站“政务办公平台”下发公文450余件，编辑常务会议纪要14期，上报请示报告近600件；“政府信箱”收到公众留言19598条，有效留言条15077，处理答复14956条；市信息中心完成人民网“地方领导留言板”回复458条，其中公开答复260条，网民关注的社保医保、能源改造、交通出行、停车收费、道路维修、供暖等民生问题均得到满意答复。至2015年末，市政府门户网站设置各类办事指南985项，办事表格844项，业务查询69项，结果查阅27项，在线申报43项。开展政府网站普查整改，全年河北省运行政府网站1988个，合格率89.94%，其中石家庄市合格率100%。2015年市政府门户网站“政民热线”栏目被中国电子政务理事会评为“2015年·政府网站精品栏目”；人民网“地方领导留言板”回复被评为“2015年全国网民留言办理工作先进单位”。

（姚喜中）

【政府网站信息内容建设实施意见】 7月16日，市政府办公厅印发《关于加强政府网站信息内容建设的实施意见》（石政办发〔2015〕33

号）。主要内容：规范政府网站信息内容发布，强化政府信息公开与政务公开，加强重要政策解读，做好社会热点回应，提高互动交流处理回复质量，增强政府网站服务能力，提升市政府门户网站外语版维护水平；完善政府网站信息内容建设管理体制，建立指导协调机制、外语网站信息保障机制、协同联动机制、服务信息开发与服务应用协作机制；建立重要会议活动信息公开、行政执法信息公开、人大代表建议和政协提案办理结果公开工作制度，重大应急、突发事件信息发布制度和社会热点回应制度及政府网站互动交流制度、信息发布制度、年度考核评估制度、日常更新维护监测制度，制定市、县两级政府网站建设管理指导规范。推进政府网站集约化建设，建设市政府网站技术平台和统一信息公开平台。

（市政府办公厅文件）

【网站群管理】 网站信息维护。全年网站信息维护及时准确，格式规范，政务要闻报道均做到每天早晨8点前更新完毕。2015年市政府门户网站新建栏目451个，维护信息22100多条，上传图片947张、附件563个。其中，政务信息、专题信息、政策文件被人民网、新华网及《燕赵都市报》转载。围绕市委、市政府重大决策部署和公众关心热点问题，组织设置市人民代表大会、市政协会议、保障性住房建设、“三严三实”专题教育、“解放思想大讨论”等20多个特色专题栏目，较好反映了市委、市政府中心工作，传递了市委、市政府决策部署。高质量、高标准完成河北省政府门户网站石家庄要闻栏目信息维护，全年维护动态要闻信息7100条，其中省政府网站“公众留言”互动栏目，做到及时回复，内容清楚具体。网站设施建设。市政府门户网站群升级改造项目一期工程完工，基本达到预期设计目标，12月23日通过网络专家验收。市政府网站改版升级工作及市政府网站群整体升级改造项目二期工程启动实施，正在专家评估和项目招标。指导县（市、区）、市政府各部门开展网站改版及日常维护管理。2015年新建市科学技术协网站、市精神文明办公室网站，市工商局、市政府研究室、市统计局、市审计局、市卫生计生委、市财政局等部门网站全面改版，市社会就业保障局、市医保中心及市委政法委正在网站改版，其他各部门网站栏目均有不同程度调整。

【网络运行维护】 定期审查网络设备配置及策略，根据需要随时做出必要修改和调整，网络中断或接到故障申报均能及时解决。落实政府网站管理要求，由市信息中心组织清查市政府各部门单位网站域名，全面关停不符合开办gov.cn域名网站，没有备案网站重新登记备案。重要时期网络安全保障。严格做好“纪念抗战胜利70周年大阅兵”“第二届世界互联网大会”及市人民代表大会、市政协会议期间网络与信息安全入侵监控、隐患排查和漏洞防护，周密防范网络突发故障及攻击事件，实现网络信息安全。政务专网至县（市、区）网络线路升级改造完工。升级改造后网络架构采用点对点组网模式，以市信息中心为中心端，各县（市、区）区为分支端；中心端及分支端由运营商安装相应光端机及板卡，连接以太网口路由器等设备；点对点MSTP线路带宽由2M扩容至10M，较好解决了带宽过窄造成网络业务高峰期时拥塞问题。政务外网联网项目。2015年11月，根据国家、省、市统一部署安排，实施各级发展改革部门联通国家电子政务外网项目，并于2015年底前开通3年滚动投资计划项目填报和网上并联审批业务。政务网络安全设备招标。落实风险最大、最薄弱网络安全招标建设要求，完善WEB防护、流量管理、漏洞扫描、网页防篡改等功能，有效加固网络出口安全防护及政府门户网站群防护。

【政民网络交流】 2015年市政府门户网站“政府信箱”收到公众留言19598条，有效留言15077条，处理答复14956条，处理答复率99.2%。其中，群众反映的意见和问题，做到件件有答复，事事有回音，帮助解决大量问题；200多件长期积压遗留问题，通过政府网站得到解决。开展网上听政活动。2015年政府网站开展意见征集72期，接收社会公众意见建议2500多条。政府信息公开平台作用显现，各级各部门利用政府门户网站信息公开平台，及时发布政府文件、工作动态等信息，主动公开数量增多，信息内容丰富，有效发挥了政府网站信息公开第一平台作用。

【政务办公平台】 政务办公平台主要包括公文管理、通知管理、信息采编、专送传阅、建议提案管理、短信平台、信息管理等功能。2015年市政府政务办公平台利用公文管理功能下发公文450余件，常务会议纪要14期，上报请示报告近600件；利用通知管理功能下发通知5700余件；利用信息采编功能编排县（市、区）政府、市政府各部门上报信息6000余条，合成期刊84期；利用专送传阅功能传阅信息7500余条；建议提案管理完成网上交办、接收承办事项433件；数据资料库新增加数据6000余条；短信平台发送会议通知短信提醒30万条。2015年县级政务办公平台应用主要有鹿泉区、新乐市、赞皇县。其中，鹿泉区下发公文384件，通知9214件，专送9244条，信息采编合成期刊58期；新乐市下发公文439件，通知716件，专送400条，信息采编128条；赞皇县下发公文90件，通知888件，专送67条，信息采编246条。

石家庄市信息中心

主　　任：范宪林

副 主 任：黄德伟　王梅林

总工程师：于惠

（姚喜中）

无线电管理

【概况】 2015年，石家庄无线电管理局以管好频率、管好台站和维护好空中电波秩序为核心，开展"珍惜频谱资源、维护电波秩序"主题宣传和台站规范化管理专项活动，完善频率台站审批、电台执照核准及换发、台站数据录入及修改、台站日常监管等程序和流程。2015年无线电管理部门在刊物、网站发表文章10余篇次，并成功举办第一届"无线电杯"五人制足球友谊赛；开展无线电管理宣传进社区、进学校活动，累计宣传受众超过800万人。加强无线电设施设备监测管理，2015年全市建成无线电固定监测站19个，实施无线电铁塔维护2次、监测网维护66次，监测站点累计监测30243小时，检测各类发射设备246部。至2015年末，石家庄无线电管理部门审批超短波台站481个，公网基站3243座；年检电台执照1217个，核发电台执照3322个，换发电台执照326个，监管通信网、电台1300余部。

【无线电监测管理】 落实无线电台站管理制度，完善频率台站审批、电台执照核准及换发、台站数据录入及修改、台站日常监管等程序和流程。全年受理项目行政许可事项18起；审批超短波台站481个，公网基站3243座；年检电台执照1217个，核发电台执照3322个，换发电台执照326个，监管通信网、电台1300余部；收取频占费84.84万元，涉及用户132家；清理450-470MHz频段台站2个。加强无线电设施管理，优化无线电监测体系。至2015年底，全市建成无线电固定监测站19个，辖区监测实现全覆盖；实施无线电铁塔维护2次，监测网维护66次；各监测站点累计监测30243小时；检测各类发射设备246部。

【无线电安全保障】 全年开展无线电行业行政执法检查70次，办结行政处罚案卷62卷，查处违章电台设备21台，行政罚款6.7万元。顺利完成全国人大和政协两会、高考、公务员考试等重大活动无线电安全保障任务，其中考试保障18次，共计出动人员190人次，监测车辆18台次，监测设备56台套，监测考点120个。

河北省石家庄无线电管理局

局　长：李卫东

副局长：姚彬　（女）

　　　　李二根

（阎少文）

电　信

中国移动通信集团石家庄分公司

【概况】　2015年，中国移动石家庄分公司加速4G客户转化，主打推出“低端4G手机”“明星机”“4G跃千万”系列活动，4G卡普及率达到71%，4G套餐渗透率达到14.6%。加强市场营销，拓展市场增长空间，全年宽带活跃客户净增5.77万户。2015年公司在教育行业构建“专线+”服务，推动“和校园”产品转型升级，共向300余所院校提供平安校园服务系统；在政府、金融、公检法司、聚类等重点行业拓展大中型项目34个，其中年收益10万元以上大项目达到18个。提升社会渠道终端销售份额，全年拓展终端销售渠道172个，44个自营厅关厅及迁址重建，虚库清理266个。加强网络建设，2015年石家庄公司建设开通基站2606个，传输线路新建管道305.5千米，新建光缆6132.26千米，新建杆路564千米；城域网传输设备新增512套，新增汇聚环11个，新组建接入环51个，新建传输汇聚机房3座；小区宽带工程覆盖用户25.2万户。2015年中国移动石家庄分公司获评全国精神文明单位。

【4G网络推广】　协调推进LTE一期、二期工程疑难站址及LTE三期建设。全年建设开通4G站点（含高铁）2556个，2条高铁（京广高铁、石太高铁）覆盖专项保障项目206个站点全线开通。加速4G客户转化，主打推出“低端4G手机”“明星机”“4G跃千万”系列活动及常态化4G进政府机关、企业活动，年末中国移动在全市4G卡普及率达到71%，4G套餐渗透率达到14.6%。以提升流量收入与DOU增涨为核心点，采取精准营销推送、全网统一套餐迁移等方式，开展流量经营业务。成立专线综资和网管联合办公小组，加快专线验收、交维进度。集客专线数据梳理整合完成，组织制定专线销户流程，实现集客专线数据一致性及网络资源明确化。利用7×24小时监控平台，落实专线故障处理统一受理、统一调度制度；2015年中国移动石家庄公司2A级别以上专线维护达到专职化，保证40分钟内到达故障现场，两项做法及经验在全省推广。

【市场营销】　拓展市场增长空间。以提高客户净增份额为中心，优化“建设、发展、服务”3个环节，精耕“自建、铁通、校园、农村”四大细分市场，落地推广“光宽带”品牌产品，扩大宽带市场规模。采取迅速占领竞争对手宽带盲区方式，推进宽带市场由市区向农村倾斜，业务快速发展，全年宽带活跃客户净增5.77万户。围绕“促纳收、提感知”目标，以拳头型重点产品为根基，以全业务协同管理体系为抓手，促进信息化及全业务收入提升。2015年公司在教育行业树立构建“专线+”服务思路，推动“和校园”产品转型升级，共向300余所院校提供平安校园服务系统；借助“教育信息化成果汇报展示会”区县巡展活动，主动向客户呈现综合产品及服务方案。2015年公司在政府、金融、公检法司等重点行业拓展大中型项目34个，其中年收益10万元以上大项目达到18个。政企宽带商用和渠道转型。大力提升社会渠道终端销售份额，全年拓展终端销售渠道172个，渠道布局实现优化，44个自营厅关厅及迁址重建，虚库清理266个。社会渠道配发居民二代身份证识别设备、NFC手机，有效规范社会渠道入网实名制管理。搭建横纵互动体系，加强服务工作落实。量化服务蓝图各触点、各环节质量评估，优化流程，实现营业厅服务从前台到后台无缝隙传递。助力推进营销活动，营业一线组织开展“惊喜服务建设”、服务营销巅峰PK赛等活动。

【网络建设】　全年建设开通基站2606个，传输线路新建管道305.5千米，新建光缆6132.26千米，新建杆路564千米；城域网传输设备新增512套，新增汇聚环11个，新组建接入环51个，新建传输汇聚机房3座；小区宽带工程2015年覆盖用户25.2万户，建设开通集客专线1800条。与铁塔公司对接，完成铁塔相关资产清查、评估、交接。提升网络系统容灾能力，分布式HSS成功替换传统HLR。开展VoLTE网络建设，启动VoLTE联网测试。以保证客户"强驻留""易回流"为思路，持续做好2G/3G /4G分流业务。启动PTN网络QOS（带宽保障）功能部署，实现PTN业务分级别带宽保障，业务质量提升，PTN资源利用率达到最大化，全年8200余条LTE及集客专线QOS部署完毕。提高县区骨干光缆传输系统安全性，增加OLP设置，有效发挥系统自动切换保护作用。

【公司管理】 建立公司管理提升长效机制，做到月月有提升项目，每季有项目反馈。编制2014版《规章制度汇编》电子书，开展制度流程信息化平台初始数据收集整理，公司制度流程规范化、标准化管理水平提升。加强质量管理，顺利通过质量管理体系外审认证。重视涉税操作合法合规性，多维度分析各项增值税管理指标。推进物资横向集中，开展库区整顿、工程物资自查自纠，规范工程物资管理流程。提升管理效益，办公设备故障申告手机APP上线，降低设备故障维护时长；搭建本地数据决策平台，提升数据需求响应速度；开发目标客户流量套餐匹配改善监控项目，缓解人工压力。创新提升资本运营效益与效能。优化预算资源配置模式，实现运营支出预算管理责权对等。开展生产经营创新，全年石家庄公司1项成果获得中国移动集团公司QC成果奖，3项成果获得省级奖项；整理、借鉴引进中国移动集团公司及省公司优秀QC成果、管理创新成果5项。开展渠道维度成本管理、悬账清理、存货精细化管理及存货自查，落实低成本高效率运营战略。重视风险防控，开展电信业"营改增"专项自查、营收资金稽核专项检查和统计自查，建立资金安全长效防治机制。加强采购项目监督，全年现场监督招投标30次，书面监督项目41次，抽查40次。激发人员活力，采用"外聘+内训+自学"形式，举办业务培训254期次，培训学员8610人次。参与中国移动集团《支撑移动互联网业务营销方案的系统实现方案研究》重点课题结题。2015年石家庄公司提交专利5篇，全部通过河北省移动公司审批，并送交中国移动集团公司评审。

中国移动通信集团
河北有限公司石家庄分公司
总经理、党委书记：贾东启
副总经理：吉雨顺　郭新
冯亮

（韩容）

中国联合网络通信有限公司石家庄市分公司

【概况】 2015年，中国联通石家庄市分公司适应市场变化和企业发展要求，重视网络建设，推进实施LTE工程项目，实现校园、4A级以上景区、高铁、机场、高速公路全覆盖，年末网络人口覆盖率达到95%，光纤网络人口覆盖率达到97.64%。加强市场营销，提升4G网络产品市场份额，推进智慧医疗、智慧交通、智慧工地、企业助手、家校通等重点行业应用产品发展，新建院校实体渠道16个。规范运营管理，IDC业务实现蓝汛、腾讯、汽车之家、奇虎360、搜狐、乐视等互联网巨头公司入驻，成功签约河北省农村信用合作社联合社灾备中心IDC等重大项目；ICT业务完成平山县西柏坡无线覆盖、省国资委移动办公软件开发、市人民医院综合布线等项目。提升员工队伍活力，实施"结构优化、多元激励、卓越人才"三大工程，推行应用积分制考核，优化用工与管理。2015年国家安监局、全国总工会授予中国联通石家庄市分公司"全国安康杯竞赛优胜企业"称号。

【网络建设】 打造无线、宽带精品网络，提高网络传送支撑能力。推进LTE工程建设，实现校园、4A级以上景区、高铁、机场、高速公路全覆盖。其中，市区、县城实现连续覆盖；乡镇实现点覆盖；年末人口覆盖率达到95%。投资5.85亿元，实施"全光纤网络城市"建设，全年建设光纤端口180万个，退网端局54个，退网模块点及接入网1635个。至2015年底，石家庄市5244个小区、4360个行政村全部实现联通网络"光纤到村""光纤入户"，光纤网络人口覆盖率达到97.64%，成为河北省最大"全光纤网络城市"。

（王敬）

【掌沃生活APP客户端发布】 4月24日，中国联通石家庄市分公司在市区广安街营业厅举办“掌沃生活”APP产品发布会。“掌沃生活”APP是一款免费便民，以信息发布、信息查询、信息推送为主要服务功能的手机APP，也是一个拥有开放平台、统一接口、单点登录，满足多样查询需要的便民产品，有效整合各级政府、公共事业单位及企业信息数据，通过高速稳定的无线网络，为用户随时随地自主查询提供畅通无阻的绿色通道。2015年“掌沃生活”APP通过手机联通号码注册，可查询养老保险、医疗保险、失业保险、工伤保险、生育保险、车辆违章、房产预售等便民信息。

（王巍）

【市场营销】 以4G网络为引领，优化产品结构，推进迁转力度，提升市场份额。采取合约惠机方式，拓展终端增量和存量市场，推进移动业务稳步提升。开展光纤用户转化，加强宽带存量用户营销，做好宽带提速、IPTV、智慧沃家业务推介。以IPTV等应用为切入点，突出“春雷行动”主题，举行IPTV专项营销活动，多渠道发展高质量用户，重点发展酒店类IPTV，提升FTTH用户中IPTV占比。以智慧沃家产品为核心，推进单一产品向家庭互联网体验转变。拓展集团客户市场，围绕智慧城市建设，推进智慧医疗、智慧交通、智慧工地、企业助手、沃税通、农机通、家校通、电子学生证、3GVPDN等重点行业应用产品在政府、企业、校园等领域快速发展。举办大中专院校迎新生活动，新建院校实体渠道16个。

【运营管理】 规范产品创新全过程管理，建立需求分析、技术交流、产品规划、软硬件选择、产品验收等全程管控措施。加快IDC业务发展，蓝汛、腾讯、汽车之家、奇虎360、搜狐、乐视等互联网巨头公司入驻，成功签约河北省农村信用合作社联合社灾备中心IDC等重大项目。确立ICT核心业务定位，完成平山县西柏坡无线覆盖、省国资委移动办公软件开发、市人民医院综合布线等项目。适应市场形势，开展体制机制、运营模式等改革。围绕“总量控制、切块下达”原则，实施运营体系集中化、专业化、扁平化管理。控制系统设备综合造价，推进共建共享，节约资源投资。开展资金清理和重点项目稽核，严格实名制及黑卡管理，落实财务、审计、法律、风险管理等防范措施。提升员工队伍活力，实施“结构优化、多元激励、卓越人才”三大工程；鼓励员工参加培训，提高自身能力和业绩；执行分专业线、分区域薪酬切块配置；深化4条专业线穿透管理体系，加快应用积分制考核，优化用工与管理，推动员工向一线倾斜。

【客户服务】 围绕“全面提升客户感知”总体发展目标，在营业窗口、社区安装维修、工单管控3个渠道开展“亮品牌，树形象”活动。采取4G业务三明白、网厅服务沃知道、手厅应用扫一扫、排队时长八分钟、业务受理零差错、服务态度零投诉等措施，改善营业厅4G客户感知服务，缩短排队时长，有效提升客户满意度。开展“两升两降”“480”等活动，承诺8小时内装移机、4小时内修故障、接单后15分钟内与用户预约。提高投诉处理及时率，实行7×24小时在线服务；建立宽带专家网站，提供在线测速、远程指导、在线IPTV及宽带营销、障碍申告、宽带密码修改、上网明细查询、社区交流等服务内容。至2015年12月底，公司网站访问量累计达到30万次，每日IP访问量超过1000次，形成统一、便捷一体化服务营销模式。

中国联合网络通信有限公司
石家庄市分公司

总经理、党委书记：许杰
副总经理、党委副书记、
纪委书记：刘江峰
副总经理：李霞　王雁
何伟　王力
张发斌

（王敬）

中国电信石家庄分公司

【概况】 2015年，中国电信石家庄分公司主动适应信息通信产业大变革、大融合发展趋势，深化企业改革，优化公司结构，推进战略转型。加强产品营销，采取主动上门服务方式，开展走出去营销；延伸服务内容，发展异业合作；推行营销末梢划小核算，因地制宜提升社区、乡村销售末端发展。7月22日，中国电信石家庄市4G产品正式上市发售。2015年中国电信石家庄分公司“翼支付”业务扩大，中国石油、中国石化、北人集团等大公司入选重要合作商。推进网络设施建设，扩大3G/LTE覆盖范围和深度，提升4G用户市场占有量，年末全市电信宽带社区光纤覆盖率达到90.2%，光纤宽带用户占比达到70%。2015年中国电信网络在石家庄市区大型购物中心、超大写字楼、大型成熟社区网络实现全覆盖，市区、县城及主要交通干线实现连续覆盖、平原农村实现广覆盖。开展应急通信业务保障，全年公司为政府、社会团体、大客户等提供各类应急通信保障50余次。

【产品营销】 推进移动网、固定网业务协同发展，并以两网为基础，拓展增值业务与信息化应用范围。2015年中国电信确定石家庄市为全国首批16个4G商用试点城市之一，7月22日中国电信石家庄市4G产品正式上市发售。以“低门槛、大流量、可分享、可自选”为选择内容，打造不同消费群体套餐业务内容，允许用户自己组合套餐，将主动权交给用户；配合4G产品上市，联合手机厂商推出多款4G智能手机供用户选择。加大“翼支付”业务推广力度，以开放合作态度，主动寻求对外合作伙伴，线下合作网点数持续增长，合作商家包括中国石油、中国石化、北人集团等公司，涵盖大众衣食住行；全年促销活动参与用户规模与交易额连创新高，其中“翼支付加油省三毛”深受客户喜爱。面向大量两地通信需求用户，推出国内一卡双号业务，方便外地打工者和高校学生等流动人群。以不同行业客户为对象，提供各种行业应用解决方案，将信息化应用嵌入客户生产、服务、业务处理等流程，采用量身定制方式满足用户多样化需求。

【网络运营】 围绕网络通信服务可靠、稳定、快速要求，推进实施网络基础设施建设。加大农村、山区投资建设力度，提升网络覆盖广度和深度；坚持建设与维护优化并重，提升网络通信安全性与可靠性。以3G/LTE网络建设及区域网络补盲为重点，扩大3G/LTE覆盖范围和深度，提升4G用户服务感知。实施宽带提速和光纤改造项目，开展光纤宽带二次覆盖，年末全市电信宽带社区光纤覆盖率达到90.2%，光纤宽带用户占比达到70%，公司网络具备向用户提供50M/100M高带宽服务功能。2015年中国电信网络在石家庄市区大型购物中心、超大写字楼、大型成熟社区网络实现全覆盖，市区、县城及主要交通干线实现连续覆盖、平原农村实现广覆盖。开展LTE实验网联合优化攻坚行动，网络平均下载速率提升10%。加强通信工程建设安全生产管理，定制工程质量管理系统上线运行；开展通信机房、线路安全隐患专项排查整改，做好应急通信业务保障。2015年公司运行维护团队义务为政府、社会团体、大客户等提供各类应急通信保障50余次，其中，2015年7月参加张家口市张北草原音乐节通信保障，2015年10月参加保定市军地演练保障。

【客户服务】 面向客户感知，采取多渠道并举途径，形成便捷、高效的客户服务体系。改善服务质量，增加服务举措，提升服务客户便利性，推行服务差异化、精细化。推广运用“10000”号码受理和网上营业厅、掌上营业厅、自助营业厅、“石家庄电信天翼俱乐部”微信公众号等电子化服务模式，实现线上线下渠道协同管理，有效提升用户使用电信业务方便性。公司行业客户、重点客户采用组建专属支撑保障团队模式，推行“一站式”服务。2015年中国电信在石家庄市区二环路内24小时修障率达到99%，有理由越级投诉率实现零发生。

中国电信股份有限公司
石家庄分公司

总 经 理：陈永彬
党委书记：马巨福
副总经理：李秋莉　贾庆军
　　　　　刘进富　郭金萍

（中国电信石家庄分公司）

国内外贸易·旅游

Domestic and Foreign Trade & Tourism

商贸流通

【概况】 2015年，全市实现社会消费品零售总额2437.3亿元，同比增长9.8%。其中，城镇消费品零售额增长9.6%，乡村消费品零售额增长11.2%；限额以上批发和零售企业（单位）商品零售额中，粮油食品类增长9.7%，饮料类增长14.0%，烟酒类增长4.9%，服装鞋帽针纺织品类下降1.7%，化妆品类增长5.0%，金银珠宝类下降5.4%，日用品类增长9.0%，家用电器及音像器材类下降3.5%，中西药品类增长12.5%，文化办公用品类下降15.4%，建筑及装潢材料类下降23.5%，石油及制品类增长6.1%，汽车类下降1.1%。总投资1775亿元、78个重点商贸项目，完成投资358.6亿元。年末全市商业网点达到20.1万个，其中市区7.4万个；面积5000平方米以上大型商业网点达到224家，建筑面积1277万平方米。大型商贸企业经营稳步发展，2015年石家庄北国商城销售35.9亿元，北国先天下销售23.5亿元，新百广场销售25.9亿元，石家庄家乐福保龙仓销售7.0亿元，河北永辉超市销售1.78亿元。夜经济建设取得较好业绩，4月15日至10月31日，石家庄市67家延时服务企业实现夜间销售收入23.31亿元，同比增长21.69%。主动争取国家试点和政策，2015年石家庄市争取到国家物流标准化试点城市（中央财政支持5000万元）、全国公益性农产品批发市场建设试点和国家级电子商务进农村综合示范县（行唐县）3个试点，争取中央财政支持资金1.69亿元。

【重点商贸项目】 总投资1775亿元、78个重点商贸项目，完成投资358.6亿元。承接北京市场转移，2015年北京市到石家庄市乐城国际贸易城参访商家1.54万余人次，签约商家近2000家。按照《石家庄市2015年重点建设项目计划》，市内长安区、桥西区、新华区、裕华区4区共建重点商贸项目30个。至2015年末，30个重点商贸项目竣工项目10个，分别是：桥西区塔坛国际商贸城、嘉悦中心、中交财富中心，裕华区鑫科国际广场、宝翠园，新华区中储城市广场、金指数国际广场，长安区国际商贸城一期、北方家居博览中心、阿尔卡迪亚商务中心；开工建设11个，分别是：桥西区恒润时代广场、振西城市综合体、未来时间，裕华区银湖城综合体、塔冢商业综合体、吉汇大时代，新华区新合作城市广场一期、都泰广场、荣鼎天下，长安区瑞城商业中心、新合作大厦；前期谋划9个，分别是：桥西区石药集团公司总部经济、缤纷世界商业综合体、源创商务中心，裕华区石家庄智能公路港、方北集团城市综合体、中国电子四公司华北总部，新华区航空城产业园、华强都市娱乐体验基地，长安区中国地理信息与卫星导航产业基地。

【商业网点建设】 2015年全市共有商业网点20.1万个，其中市区7.4万个；面积5000平方米以上大型商业网点224家，建筑面积1277万平方米。其中，大型城市商业综合体12个，大型购物中心16家，百货店23家，超市48家，专业店19家，家居建材商店17家。2015年全市共有商品交易市场714个，年交易额1658亿元，其中交易额亿元以上市场54个；拥有“万村千乡”农家店总数3776个，覆盖全部乡镇和87%行政村。55家社区达到“省商业示范社区”标准，其中8家达到国家标准。建成早餐网点300多个，早餐车稳定保持在400辆左右。拥有金鼎百货店3家、达标百货店6家，国家级酒家11家，中华老字号企业4家。大型商贸企业经营稳步发展，2015年石家庄北国商城销售35.9亿元，北国先天下销售23.5亿元，新百广场销售25.9亿元，石家庄家乐福保龙仓销售7.0亿元，河北永辉超市销售1.78亿元。元旦小长假期间（2014年12月31日至2015年1月2日），石家庄市北人集团、银座广场、万达广场、勒泰广场、建华商场、国大连锁等9家大型商贸零售企业和市饮食服务集团、保定会馆、辣婆婆、海星餐饮、国大酒店、世纪大饭店6家餐饮企业实现销售收入4.67亿元，较2014年同期增长13.9%。其中，北国超市、家乐福保龙仓、永辉超市、天客隆超市所属42家大型综合超市实现销售额1.02亿元，同比增长25.2%；市饮食服务集团、保定会馆、辣婆婆、海星餐饮、国大酒店、世纪大饭店6家大型餐饮企业实现营业收入423.2万元，同比增长2.2%。北国商城西扩晋级大型城市综合体。4月30日，石家庄市重点商贸项目北国商城西扩项目完工，正式晋级城市综合体。北国商城西扩升级后，新北国商城总面积22万平方米，主营业务延续传统百货优势，新增餐饮和娱乐业态，独创超级百货+时尚购物中心化商业新模式，成为集美食、时尚、游乐、体验于一体大型商业综合体。2012年底，北国商城西扩破土动工，项目设计14层，其中地上10层、地下4层。地下4层至地下2层为立体停车场；地下1层至地上6层为“城市客厅”，涵盖服装服饰、家居家饰、精品超市、时尚茶歇等功能体验项目；7层至10层为“城市餐厅”，包括来自世界各地餐饮品味。7月12日，中国商业联合会授予新华集贸中心市场“华北品牌服装第一市”称号，这是河北省服装批发零售市场获得最高行业荣誉。6家企业获评全国诚信兴商双优示范单位。7月29日，首届全国商业诚信大会在西安市举行，200余家企业在此次会议获评“全国诚信兴商双优示范单位”，其中石家庄市企业6家。分别为：太和文化礼品城、太和日化城、河北拓朴建筑设计有限公司、石家庄双鸽食品有限公司、石家庄新航星洗涤设备有限公司、河北省蓓特丽洗涤用品开发有限公司。

【夜经济】 4月15日晚，2015年石家庄市“夜经济”在市区勒泰中心启动，至10月31日夜经济结束，石家庄市67家延时服务（营业至22时30分）企业实现夜间销售收入23.31亿元，同比增长21.69%。“十一”国庆黄金周期间，67家商贸服务延时企业夜间销售收入1.39亿元，占全天营业收入19.02%，同比增长13.5%。2015年石家庄市“夜经济”建设按照“巩固、创新、提升”思路，向特色化、集约化、品牌化、规模化发展，集中打造特色街区、城市综合体、文化娱乐等代表城市形象的品牌项目。重点打造勒泰中心等12个商圈和万达步行街等6条街区，促进中山路主商圈及怀特、万达、益友、益元等区域夜经济发展；合理配置“夜经济”区域格局，改变消费过于集中中山路沿线，新增形成洪顺曲艺社听相声、裕彤体育中心看球赛、天山海世界嬉水、叶子广场亲水休闲、石演大舞台看戏、万象天成下沉广场和红太阳剧场看演出文化娱乐业态，将原来以购物为主夜间消费改变为食、购、娱、游、健、文、美全方位发展消费格局。2015年裕华区政府、万达广场分别投入150万元，实施万达步行街及民心河东侧夜景亮化；石门新天地投资1亿多元，实施整体改造提升。首次将鹿泉区、藁城区、栾城区3个新城区纳入夜经济建设重点区域。举行“夜经济名片”评选。11月16日，由市夜经济建设工作领导小组办公室、市委对外宣传局、石家庄广播电视台和石家庄日报社共同举办，市商务局承办的省会“夜经济名片”评选揭晓仪式在勒泰中心举行，夜经济“十大名片”“十大名店”“十大名吃”“五大商街”等35个获奖项目名单正式公布。2015年“夜经济名片”评选活动参与企业100多家，报名参与评选项目140个，市民投票达60万人次。夜经济“十大名片”项目分别是：北国商城、勒泰中心、万达广场、先天下广场、天山海世界、石门新天地（石门1925）、洪顺曲艺社、国大36524、裕彤国际体育中心、叶子广场。夜经济“十大名店”项目分别是：新百广场、乐汇城、北国东尚、益友百货、银座东购、万象天成、海悦天地、家乐福保龙仓中华店、怀特商业广场、永辉超市民心广场店。夜经济“十大名吃”项目分别是：金凤扒鸡、渝乡辣婆婆水煮鱼、中和轩蒸饺、哈老太太石门牛肉罩火烧、石家庄饭店红星包子、东来顺涮羊肉、燕风楼红肠、国大36524鲜食味煎饼、光明渔港金毛狮子鱼、湘君府剁椒鱼头。夜经济“五大商街”项目分别是：联邦明珠地下商业街、万达金街、勒泰庄里街、育新商业街、新石中路夜市。

（市商务局）

【中国·石家庄（正定）国际小商品博览会】 4月26～28日，由河北省政府和中国商业联合会主办，市政府和省商务厅共同承办的2015中国·石家庄（正定）国际小商品博览会（简称正博会）在正定国际物流园举行。本届（第八届）正博会围绕打造“正定历史文化”品牌和“正博会”品牌，整合商贸流通、文化旅游资源，推行以游带商、以商兴市、以市促产策略，着力培育正定国际小商品城商贸品牌，构筑省会市场聚集带和商贸隆起带。共设1个主展馆和5个分展馆，1500个标准展位。主展馆面积1万平方米，设在正定国际物流园二、三层，主要展示展销小商品类商品；境外展区分设东盟、韩国等精品展，重点展示具有区域特色红木家具、家居用品、小家电、工艺品等；电商进农村示范县综合形象展区，展示展销地理标志农产品；国内精品展区，展示展销精品化小商品类产品。5个分会场即小商品城一期、二期、三期市场及三才家具市场、兴业家具市场，展示展销小商品类、红木类、家具辅料及家居建材类商品。正定小商品博览会期间，举办了首届河北县域电子商务展览会、第二届河北家具产业博览会、2015北方国际涂料展览会、第四届高远红木文化节等。其中，首届河北县域电子商务展览会规划展位面积5500平方米，参展商200多家，参展商品1万余种，主要设置有电商平台区、特色农产品区、地理标志产品区、跨境进口商品专区、电子商务配套服务区五大展示区，参展产品包括河北省名优特产品，涵盖特色农副产品、特色蔬菜、特色果品、家具、工艺礼品等，还组织召开“电子商务进农村综合示范县创新发展峰会”。2015中国·石家庄（正定）国际小商品博览会共有16个项目达成合作意向，投资总额165.7亿元，主要涉及新能源汽车、电子商务、生物医药、板材家具、文化产业等领域。6个项目来自北京企业，分别是北京精进电动科技有限公司的新能源汽车电驱动系统产业化项目，北京合力清源科技有限公司的农业废弃物能源化利用项目，北京碧水源科技股份有限公司的污水处理项目和美丽乡村建设项目，北京旷烨投资股份有限公司的高新区开发和企业孵化器项目，中国通用咨询投资有限公司的咨询投资战略合作项目，北京易华录信息技术股份有限公司的智慧城市建设项目。签约项目中，投资金额最大项目是河北影视集团在正定建设金棕榈影视商贸基地项目，投资总额60亿元，拟占地面积1200亩；该项目依托高科技手段，以中华文化为核心，打造四季皆宜的影视创意、制作、交易基地；河北影视集团总部、正定广播电视中心、影视商贸大厦和影视制作基地规划入驻；还建设金棕榈影视基地中心广场、现代生活游乐场和金棕榈汽车英语，形成一个文化综合体品牌工程。本届正博会签约项目还有：上海红星美凯龙公司拟投资12亿元在正定建设全球家居生活广场；河北一然生物科技有限公司将投资10.8亿元，在正定高新区建设一然生物微生物活菌制剂项目；石家庄百博贸易投资1.1亿元，在正定新城铺镇建设葡萄酒用软木塞深加工项目等。

【河北·石家庄（正定）北方茶博览会】 9月3～6日，由石家庄市政府、中国国际茶文化研究会、中国茶叶流通协会联合主办，正定县政府承办，正定县市场管理服务中心、河北正华实业集团有限公司、北方茶城股份有限公司具体执办的2015河北·石家庄（正定）北方茶博览会（简称北方茶博会）在正定小商品市场中心广场举行。本届茶博会主题为“禅·茶·雅”。300多家茶企业代表团参展，近1000家采购商到会采购；贵州省贵阳市、安徽省金寨县、浙江省新昌县和嵊州市等多个政府组团在茶博会宣传推介当地特色茶产品、知名品牌。本届茶博会为第七届，设有2个展区，总面积1.5万平方米。正定小商品市场中心广场为第一展区，设主、副2个展馆，主展馆为精装展位，全部来自全国各地知名茶企、茶品牌，副展馆主要以茶具、文玩、字画、玉石等为主，烘托茶博会氛围，增添新内涵；中国北方茶城为第二展区，主要为入驻茶城商户商品提供展销展示平台。茶博会期间，正定临济寺举行了“千人茶会”及河北禅茶文化交流活动，展现了千年佛城悠久历史文化底蕴，宣扬了北禅茶文化品牌。第七届北方茶博会吸引12万余人次到正定小商品城参观、品茗、采购，交易签约总额5.98亿元。其中，现场签约324单，金额6260万元，达成合作意向36家，金额3220万元。

（焦莉莉）

【肉菜流通追溯】 2015年4月，市政府办公厅印发《肉类蔬菜流通追溯体系建设及运行维护管理办法（试行）》。主要内容包括：肉类蔬菜流通追溯信息依照程序向全社会公开，公布介质为流通节点企业查询机、网站等，消费者可凭追溯码在现场查询和网站查询追溯信息。石家庄市肉类蔬菜流通追溯体系由3个层次构成，第一层次为市级肉菜流通追溯管理平台，第二层次为县（市、区）级肉菜流通追溯管理平台，第三层次是由市场主办者和经营者构成流通节点子系统。流通节点是肉类蔬菜流通追溯体系基础单位和肉菜消费安全责任主体，纳入追溯体系的企业、市场或单位，要做好本节点日常使用、运行维护管理，还要完成节点所有经营者信息、数据采集及肉类蔬菜流通服务卡发放、变更等工作；加强节点内经营者日常管理，指导遵守系统操作规程，正确使用追溯设施，推进提高节点追溯信息准确性和完整性；做好追溯体系建设宣传，提高经营者、消费者认识肉类蔬菜流通追溯体系，增强全民安全消费理念。至2015年底，经过两年多建设，石家庄市肉类蔬菜流通追溯体系已覆盖全市37家标准化菜市场和各大超市，形成从批发到零售终端全过程流通体系追溯信息链条。

【储备猪肉投放】 市级储备猪肉投放市场。8月6～9日，全市向市场投放市级储备生猪肉403.4吨，较安排计划增加销售3.4吨，并以每千克低于市场批发价2元价格销售。403.4吨生鲜猪肉由河北凯隆达食品有限公司、石家庄双鸽食品有限公司2家储备企业和北国超市、家乐福保龙仓超市、永辉超市3家大型超市组织实施，在26家北国超市、5家家乐福保龙仓超市、7家永辉超市及9个双鸽连锁店、11个福来氏连锁店设立市级储备肉销售专柜，统一悬挂、张贴“石家庄市市级储备肉惠民销售点”标识。10月2～7日，“十一”国庆黄金周期间，石家庄市再次启动市级猪肉惠民补贴销售，全市38家惠民肉投放门店销售生猪肉132吨，销售价格每千克低于承办企业当日同品种猪肉价格2元以上。省级储备猪肉投放市场。9月23日至10月2日，石家庄市举行省级猪肉惠民补贴销售活动。根据河北省商务厅《关于开展省级猪肉惠民补贴销售保障市场供应工作的通知》要求，省财政安排专项补贴资金，在各设区市主城区以低于同期市场价格销售鲜猪肉；销售价格由各设区市商务局结合当地实际确定，原则上每千克应低于承办企业当日同品种猪肉价格2元以上。石家庄市组织北国超市、家乐福保龙仓、永辉超市等企业所属大型超市38家门店作为惠民补贴销售点，每个销售点设立储备肉销售专柜，统一悬挂、张贴“河北省省级猪肉补贴销售点”标识。

【公益性农产品批发市场】 2015年9月，石家庄市依托石家庄北方农产品中心批发市场申报全国公益性农产品批发市场建设试点获得国家商务部、财政部批准，给予中央财政1亿元专项资金支持。2014年国家商务部启动公益性农产品批发市场建设试点，主要目的是发挥农产品批发市场公益属性，在投资保障、运营管理、政府监管方面建立长效机制，增强政府在应对突发事件和市场异常波动时的宏观调控能力和民生保障能力；开展跨区域农产品流通基础设施建设，打造全国农产品流通骨干网。按照河北省商务厅、财政厅印发《河北省公益性农产品批发市场建设试点实施方案》，石家庄市以石家庄国控投资集团有限责任公司（简称石家庄国控集团）作为市政府出资人代表，利用中央财政1亿元专项资金以“金股（一种股权创新，金股权利主要体现在否决权）”形式入股石家庄北方农产品中心批发市场；专项资金主要用于市场公益性设施完善和保障公益性机制运行；石家庄国控集团作为市政府出资人，在市场搬迁、公司上市及变更属性等重要事项具有一票否决权。石家庄北方农产品中心批发市场位于鹿泉区，是市政府规划的西北部农产品物流批发基地，也是市重点农产品物流项目，市场占地374亩，建筑面积4.5万平方米，年交易额超10亿元，市场辐射京津及周边10余个省、自治区。规划改造扩建后，市场总建筑面积达到26万平方米，其中新增农产品交易面积11.9万平方米。

（市商务局）

【北国人百集团有限责任公司】 石家庄北国人百集团有限责任公司（简称北人集团）是经石家庄市政府批准，于2000年3月21日由石家庄北国商城和石家庄人百集团有限责任公司合并注册成立的国有独资商贸企业。2008年3月北人集团完成国有企业股份改制，成为一家跨区域、多业态大型连锁商业企业集团。北人集团旗下有北国商城股份有限公司、石家庄饮食公司、石家庄国际博览中心、针纺织品公司、华远公司等6家下属企业，主要涉及百货连锁、超市连锁、家电连锁、珠宝连锁、餐饮娱乐、租赁会展、仓储配送等行业，经营网点遍布河北、山东、山西、河南、北京、天津和内蒙古等7省（市、区）25座城市。北人集团是河北省商贸流通领域龙头企业，曾获得“全国商业服务业年度十佳企业”“全国和谐商业企业”“全国商业服务业顾客满意企业”“全国五一劳动奖状”等称号，连续6次入选“中国企业500强”，2015年排名列第383位，较2014年提升3位次。至2015年底，北人集团总经营面积170万平方米，员工总数5万余人，资产总额97.4亿元；年销售收入328亿元，同比增长2%；实现利税总额12.45亿元，同比增长5.24%，其中上缴税金7.26亿元。11月18日，建筑面积4万平方米，平山县首家集百货、超市、家电、珠宝、餐饮娱乐五大业态于一体城市综合购物中心——平山北国商城正式开业。

（北人集团）

【饮食有限责任公司】 石家庄饮食有限责任公司前身为石家庄饮食集团公司，主要经营大型餐饮、住宿、餐饮管理、照相、器材销售。2011年9月，北人集团以控股形式改制石家庄饮食集团公司，2012年12月21日注册成立石家庄饮食有限责任公司，注册资本1565.2万元。2015年石家庄饮食有限责任公司共有在册职工800余人，其中在岗职工480人、内退职工282人；离退休职工2768人，其中离休21人、退休2747人；经营分公司10家，其中餐饮业6家、照相2家、其他业态2家。围绕健康、绿色、养生主题，引进创新经营品种300多个。发挥品牌优势，开发新的经济增长点，2015年燕风楼开设外卖分店5家，每天向12家北国超市配送红肠、小肚、蒜肠、腊肠等精肉业务；燕风楼中华店新添半成品快捷菜和百度外卖。利用微信、微博等网络平台，开展线上线下营销；重视客户评价意见，改进服务质量，提升消费群体吸引力，全年燕风楼、釜洋斋网上团购保持旺销势头。石家庄饭店与中国冀商网合作，参加石家庄萌宝大赛，收获关注微博3万条，较好宣传了“红星包子”品牌。2015年石家庄饮食有限责任公司实现营业额10952万元，较好完成股东大会提出“人均劳动效益同比增长10%、在岗职工人均工资提高8%以上”两项经营指标；所属经营企业餐饮主营店燕风楼营业额同比增长5.2%，燕风楼中华店营业额同比增长8.4%；中和轩饭庄营业额同比增长6.1%；石家庄饭店营业额同比增长15.3%；釜洋斋营业额同比增长8.3%；中和轩饭庄蒸饺、石家庄饭店红星包子、燕风楼红肠获评石家庄“十大名吃”。

（姚玉民）

【国大集团有限责任公司】 石家庄国大集团有限责任公司（简称国大集团）成立于1997年3月，是经石家庄市国有资产监督管理委员会批准的国有资产授权经营公司，经营范围包括酒店餐饮、便利店连锁经营、食品加工销售等，参控股子公司5家。该公司以多元化、集团化、规模化、国际化为发展战略，以展示国际品质、服务现代生活为经营理念，以挑战自我、追求卓越为企业精神，曾获得全国五一劳动奖状、全国酒店业五十强、中国500家最大服务企业等荣誉称号。2015年旗下国大酒店经营分公司采取“深耕河北、挺进京津、辐射周边”发展策略，在河北省5市举办招商加盟会，拓展连锁加盟业务；新增连锁酒店60多家，连锁酒店总数累计达到200家，酒店遍布冀、京、鲁、豫、晋5省（市）15市30多个县，成为河北省最大的快捷酒店连锁企业。至2015年末，国大集团公司营业收入41499.4万元，实现利润452.2万元。

（胡振菊）

【天元发展有限责任公司】 石家庄天元发展有限责任公司（简称天元公司）于2004年改制成立，2015年天元公司发展成为以超市（便利店）、时尚服饰商场、商务酒店经营为主业，兼营商业地产开发、物业管理、食品代理等多业态公司。至2015年末，天元公司拥有5家子公司、1家分公司、3家参股公司，公司名称分别为河北天元名品物业管理有限责任公司、天元兴达物业服务有限责任公司、天元圣达食品经销有限责任公司、天元商务酒店管理有限公司、天元博隆房地产开发有限责任公司、天元超市（便利店）连锁分公司、石家庄天元名品商业管理有限公司、石家庄市海城房地产公司和天荟商贸公司。2015年天元公司面对经济下行压力和商圈环境复杂多变形势，优化资源配置，加大成本管控，实现旗下房地产、酒店、超市、服饰城、销售、物业六大业态基本完成年初制订经济指标与管理目标。

（毛延锋）

电子商务

【概况】 2015年全市电子商务（简称电商）交易额达到3063亿元，同比增长21.6%，占全省总量21.1%。其中，网络零售额430亿元，同比增长41%；新增工商注册电商企业364家，同比增长69%，累计达到892家；电子商务基地公共服务平台入驻企业345家，上线产品2万余种。至2015年末，石家庄市利用市外电子商务平台经营企业或商户达到近5万家；建立形成河北钢铁交易中心、河北省供销社农产品大宗交易中心、河北慧聪现货电子交易中心3个大宗交易中心；正定板材、赵县雪花梨、移联网信等15个县域特色电商平台；北国如意购物网、国大爱购网、新华市场交易中心、太和网、以岭药业建康城等15个名优特色电商平台。推进电商升级换代，研究提出经国家电商实验室组织国内一流专家和单位论证的电商公共服务生态系统理论，安排市商务部门协调中国银联等单位成立投资运营集团，注册“中国梦网”域名，初步建立覆盖17个省近30万家线下门店。加快商务云中心建设，2015年商务云中心已向石家庄本地22家企业提供免费计算资源，向中小商贸流通企业公共服务平台、国家电子商务示范基地公共服务平台、城市共同配送公共服务平台3个国家试点项目提供基础资源服务。作为全国5个开展电子商务与物流快递协同发展试点城市之一，2015年石家庄市完成智能自提柜、标准化服务点、城市分拨中心、公共服务平台等试点任务，初步建起城市电商物流快递协同体系。推动电商项目建设，河北慧聪塔元庄基地、聚赢电商产业园、财富大厦金融电商示范中心等10大基地及移联网信、以岭健康城、慧聪河北大宗商品交易中心等10大电商平台建设顺利，美团网等境内外知名电商企业成功入驻，玛特科技5A创业俱乐部、新华区互联网+大厦、点点乐等新模式电商出现。9月1日，河北365集团举办中国·石家庄互联网+金融创新论坛第三次会议，正式启动365产业电商平台，君乐宝、洛杉奇、河北枣能元、河北华洋饮品4家企业与河北365集团、普道财富（原普道投资）集团、21世纪中国城跨境电商平台签订战略合作协议，正式入驻365产业电商平台。10月21日，由河北365集团运营鹿泉区电商公共服务平台正式启用。利用电子商务，促进传统商贸企业转型升级，2015年石家庄市将勒泰中心列为运用现代信息技术改造提升传统服务业示范单位，打造线上线下相结合新型智慧商城，2015年勒泰中心销售额同比增长16.7%。

（市商务局）

【电子商务交易平台】 至2015年底，全市电子商务建立形成河北钢铁交易中心、河北省供销社农产品大宗交易中心、河北慧聪现货电子交易中心3个大宗交易中心；正定板材、赵县雪花梨、移联网信等15个县域特色电商平台；北国如意购物网、国大爱购网、新华市场交易中心、太和网、以岭药业建康城等15个名优特色电商平台；产生玛特科技5A创业咖啡俱乐部、东方凯誉企业公共服务平台、点点乐等电商新模式和新服务方式；君乐宝乳业、双鸽集团、石药集团等工业企业开始进入电商领域。2015年4月，河北慧聪网打造河北商品现货电子交易中心上线运营，至2015年末，实现交易额超过20亿元。依托云计算技术和国家电子商务与物流快递协同发展试点项目，整合快递、电商资源，建设具备运力调整、交通引导、供给调节和市场服务功能的电子商务物流快递公共服务平台，向全市各行业提供物流信息、业务交易、服务解决方案和增值服务。推动建设P2P网贷平台。P2P网贷平台是一种创新型互联网金融业务，采用数据挖掘和分析方式，提前发现潜在客户和客户潜在需求，开发满足客户需求的金融产品和服务，主动式向客户提供信息服务，在小微企业贷款和消费贷款方面表现突出。2015年石家庄市主要P2P网贷平台有“融投贷”，2013年11月由河北省青年创业促进会发起，河北安凯投资有限公司运营，主要服务对象为中小微企业和个人；注册资本金3000万元，地址位于石家庄市桥西区南二环西路35号双维大厦4楼。2014年4月28日，融投贷平台上线正式运营；2015年3月26日，平台交易规模突破1亿元；5月28日，率先在河北省获得商标注册证；7月22日，融投贷自主研发系统获得国家版权局颁发《计算机软件著作权登记证书》，安全性、稳定性、延展性达到河北省先进水平；9月17日，融投贷通过河北省科技型中小企业认证，成为河北省首批获得认证互联网金融企业。至2015年底，融投贷P2P网贷平台服务项目200多个。支付宝用户人均支付3.79万元。2015年支付宝全民账单数据显示：河北省支付宝用户人均支付2.85万元，在全国各省市排名第25位；支付宝河北省用户人均支付各设区城市排名依次为廊坊、石家庄、保定、秦皇岛、唐山、沧州、衡水、张家口、邯郸、承德、邢台。其中，石家庄市支付宝用户人均支付3.79万元，在河北省各设区城市支付数据排名第2位。2015年支付宝保定市用户人均支付位居河北省第1位，同比增长72%；石家庄位列第2名，同比增长68%。动漫游戏等新兴文化业态发展迅速。制定印发《关于扶持我市动漫产业发展的意见》《石家庄市文化产业发展引导资金使用管理办法》等政策，提升动漫企业创新能力，组织推荐动漫企业参与国家动漫企业认定。2015年全市12家企业被国家文化部认定为动漫企业，其中2家动漫企业被认定为河北省文化产业示范基地。推动建设石家庄国家动漫产业发展基地创业孵化园，无偿向入驻企业提供办公场地、网络、水、暖等服务，至2015年底，全市共有30余家企业入驻孵化园。

（宋月娇）

【河北移动集团公司与国大365集团公司签署战略合作协议】 1月22日，河北移动集团公司与国大365集团公司签署战略合作协议，双方商定共同推进“智慧乡村”“京津冀城乡一体化O2O电子商务平台”建设。河北移动集团公司利用自身技术、资源优势为国大365集团公司提供集团V网、专线服务和移动办公服务，在网点热点区域开展无线宽带（WLAN）业务合作，为购物顾客提供无线网络服务；围绕推进河北省“智慧乡村”建设目标，河北移动集团向国大365集团公司推出定制“好乡亲365智能手机”，选择适合农村消费者机型，研发内置“365好乡亲”APP平台，实现农村客户一键上网订购365商品。国大365集团公司利用品牌和渠道优势开展移动业务装机入网、话费代缴等业务。

（宋月娇）

【营造电子商务创业环境】 率先在全省试行“电子商务秘书企业”试点，降低电子商务企业准入门槛。2014年11月，石家庄市建成工商网络监管平台，至2015年底，工商网络平台数据库录入网络企业20000余家、网店17000余家。以构建“众创空间”为载体，推动实施大众创业、万众创新举措（参见《石家庄年鉴2016》“工业科技与发展高新技术产业”下“众创空间”）。至2015年末，全市拥有慧创空间、飞翔创客空间、时光空间、云创空间、5A创业俱乐部等众创空间30余家，场地面积3万余平方米，汇聚各类创业创新团队或企业525个、创业导师200余名；省级众创空间7家（全省20家），省重点培育众创空间2家（全省10家）；中关村与新华区合作建设中关村石家庄创业大街启动，腾讯创业基地（众创空间）2015年12月落户石家庄市。提升各领域、各行业重视认识“互联网+”发展，大力营造信息消费氛围。2015年11月，市政府邀请中国科学院院士刘韵洁举办“互联网+助力智慧城市建设”讲座，市委、市政府、人大常委会、政协市四大班子领导及市直部门、各县（市、区）、重点企业主要负责人 1000 人参加讲座活动。

（刘立强）

【国际贸易城“乐城购”上线】 2015 年 6 月，省市重点建设项目——石家庄国际贸易城“乐城购”上线。乐城·国际贸易城商户可通过电脑、手机、IPAD 等移动电子设备在“乐城购”电商交易平台开展体验、博览和交易活动。“乐城购”是集 B2C、B2B、O2O 三种模式合一综合性电商交易平台，采用“实体店 + 电商店 + 工厂店”一铺三店形式，整合全产业链、全服务链，形成跨行业、跨产业、跨区域系统性电商交易平台，具有物流配送、仓储、产业链整合、客服等独特优势，帮助商户拓展新的销售渠道，实现多渠道赚钱，并向商户开放平台数据，为商户提供市场分析和预测。

（崔爽）

【燕赵晚报小区管家 APP 运营】 9 月 20 日，由石家庄报业传媒集团与深圳市齐家互联网科技有限公司联合打造的智能社区管理平台——燕赵晚报·小区管家 APP 正式上线运营。主要设置有社区管家、生活管家、健康管家、智能管家 4 个板块，提供智能化物业服务和实时在线社区 O2O 服务。居民利用该软件，可即时接收物业部门小区通知、账单信息，实现在线联系物业、报修，交水费、电费、物业费；第一时间获得街道办事处、居委会及相关职能部门发布的治安预警、消防提示、就学资讯、就业信息、低保标准等政策；方便联系钟点工、保姆、月嫂、维修师傅；快捷搜索小区附近医院、派出所、花店、餐厅；实现家庭远程监控、电器开关；还可利用智能手环实现老年人及儿童的定位、血压检测、语音通话等功能。

（焦莉莉）

【中关村互联网金融服务中心河北中心落户桥西区】 12 月 1 日，桥西区政府与中关村互联网金融服务中心签订协议，商定共同建设中关村互联网金融服务中心河北中心项目，搭建首家全省互联网金融服务平台。中关村互联网金融服务中心位于北京海淀区中关村互联网金融中心大厦，由海淀区国有资产投资经营有限公司、中投国泰投资有限公司、国培机构等金融机构联合发起，是全国首家互联网金融行业服务平台，入驻具有较强影响力互联网金融企业 35 家。中关村互联网金融服务中心河北中心项目落户桥西区槐安路与城角街西北角振兴商贸广场 A 座，初步确定 20 家优质企业首批入驻，业务范围涵盖 P2P、众筹、第三方支付、供应链金融服务等领域。

（焦莉莉 黄蕙 王亚辉）

【农村电子商务】 国家级电商进农村综合示范县正定县。2015 年首批国家级电商进农村综合示范县正定县围绕目标任务，将建设农村电商服务中心、物流中心、管理平台、村级网点和宣传培训作为重点，宣传“互联网 +”功能作用，形成农村运用电子商务、建设美丽乡村浓厚氛围。2015 年正定县申报承建“一村一店”村级网点运营企业 8 家，174 个村报名申请承办服务网点 530 家。经过考核评审，河北瑞天、正定县邮政局、国大 36524 中标为运营企业，并从 50 个村确定 45 家农家店为“一村一店”村级服务网点。2015 年 9 月，正定县专门组织 45 名“一村一店”店主举办电子商务进农村工作培训班。首个村级电商服务网点开通。4 月 19 日，全市首家由政府投资建设村级电商服务网点——正定县吴兴村服务站正式开通运营，标志正定县电子商务进农村综合示范工作全面铺开。吴兴村服务站由正定县政府投资 2 万元建设，设置房屋 1 间，占地 30 多平方米，计算机、触摸屏设施、电视等硬件俱全，主要向吴兴村 8000 名村民提供电子商务服务，包括收发快递、充值缴费、网上订购火车票及网上代买、代卖服务，较好解决了农村电子商务“最后一公里”问题。行唐县被确定为电子商务进农村国家级综合示范县。2015 年 7 月，行唐县被国家商务部确定为 2015 年度电子商务进农村国家级综合示范县。这是继正定县后，石家庄市获批第二个县。电子商务进农村示范县建设任务：完善农村电子商务物流服务体系，健全农村电子商务服务支撑体系，推广电子商务在农村应用范围，改善农村电子商务发展环境，培育一批电商企业和人才。按照 2015 年河北省电子商务进农村工作规划，正定县、行唐县作为示范县（市）至少建设 1 个县级电商配送中心，每个行政村（500 人以上）建设 1 个电子商务网店，电子商务交易额在 2015 年基础上年均增长 30% 以上；整合建立专业化农村电子商务产业园区（基地），支持县级电商服务中心人驻；整合电商园区资源，构建农村电子商务发展新生态圈，实现农村电子商务集群式发展；做好人才培养，升级农村电商园区和服务网点，年培训电商农民人数不少于1000人次。2015年行唐县电子商务公共服务中心线上对接河北省农产品电子商务交易网及阿里巴巴、京东等第三方电商平台，打造“农产品进城，工业品下乡”双向流通体系，建成1个县级、4个乡镇级仓储物流配送中心，完成5个样板村基础设施配备。栾城区神农福地、农林高科技园区农业物联网典型示范工程投资400万元建设控制系统开始运行，农产品超市对接网上销售占到62%；网通星火科技“12396”信息服务体系示范站建成7个。赵州雪花梨·中国网年销售雪花梨1万吨。赞皇县叁两银食品旗舰店、原村官方旗舰店、蕊源蜂业O2O成为当地电子商务应用标杆。新乐市180多家企业开展电热毯、石雕、汽车脚垫等特色工业产品网上销售，年交易额6亿多元。

（宋月娇　焦莉莉）

服务外包业

【概况】 2015年石家庄市在国家商务部服务外包管理信息系统注册企业166家，其中新增注册企业35家。至2015年末，全市服务外包业签约合同金额6926.58万美元，同比增长36.4%；实现服务外包收入1.8亿元，同比增长13%。其中，在岸服务外包合同签约额4816.67万美元，在岸执行额2201.23万美元；离岸外包合同签约额2109.91万美金，离岸外包执行额564.84万美元。推进服务外包项目建设，美团网全国后台基地A、B点办公地启动，国家软件基地二期扩建项目开槽，鹿泉数字产业谷与北京大型企业达成多项合作意向，在路上（北京）航空服务有限公司、中讯软件集团股份有限公司所建石家庄项目正在洽谈。加快创建国家和省级服务外包示范城市建设，中国服务外包示范城市推荐申请由省政府递交国务院，省级服务外包示范城市申报材料报送省商务厅及省级相关部门。出台印发《石家庄市人民政府关于加快发展服务贸易的实施意见》《石家庄市人民政府关于加快服务外包产业发展的若干意见》。发挥市服务外包协会（2014年12月23日成立）作用，组织服务外包人才培养校企联盟举办首次服务外包企业进校园活动。探索研究石家庄市建立中国（正定）自由贸易试验区可行性，《石家庄市人民政府关于上报建立中国（天津）自由贸易试验区正定片区总体方案的请示》报送省政府。

【服务外包产业政策】 6月17日，市政府印发《关于加快服务外包产业发展的若干意见》（石政发〔2015〕26号）。主要内容：2015～2019年全市服务外包产业规模实现年均增长25%以上，支持软件研发、医药研发、客户服务、影视动漫制作、数据处理等服务外包业态，重点支持1个园区申报国家级服务外包示范基地，扶持3个省级服务外包示范园区，重点培育10个市级服务外包产业基地、10个培训基地、5所省级服务外包示范学院，培育50家具有高增值服务能力的服务外包骨干企业。抢抓京津冀协同发展战略机遇，开展产业招商、园区招商、专题招商，重点利用国内外各种专业服务外包洽谈会推介石家庄，引进一批境外服务外包企业落户，形成各具特色的产业聚集区。依托石家庄商务云中心建设石家庄服务外包公共服务平台，为企业提供各类应用软件、网络平台、宽带接入、终端租赁等全方位的保障服务。支持服务外包企业拓展国内外市场，利用各种渠道建立境外营销中心和接包网络。加大服务外包人才培养力度，建设石家庄市服务外包人才校企联盟，采用学院式培训、第三方培训、企业内部培训等各种模式培训服务外包人才。发挥财政资金的杠杆引导作用，通过产业引导基金投入等市场化支持方式，引导社会资本加大对承接国际服务外包业务企业的投入，扩大服务出口。

（市商务局）

【河北省大数据互联网金融服务外包基地落户桥西区】 2015年12月，河北省商务厅授予桥西区“河北省大数据互联网金融服务外包基地”称号，这是继中关村互联网金融信息服务中心河北中心落户该区后取得又一成果。河北省大数据互联网金融服务外包基地主要吸引京津金融机构后台服务，构建区域性金融后台服务中心，向金融咨询和解决方案中后台数据处理、数据挖掘与分析等高端服务领域拓展。大数据互联网金融服务外包是利用现代信息技术为客户完成部分金融业务流程的一种新兴服务模式。2013～2015年石家庄市服务外包产业在岸外包执行额中，京津项目占比快速上升。

（焦莉莉）

对外贸易

【概况】 2015年全市（包含辛集市）对外贸易进出口总值121.5亿美元，同比下降15.3%。其中，进口总值48.3亿美元，下降26.3%；出口总值73.2亿美元，下降6.0%。私营企业出口47.6亿美元，同比下降7.0%，占出口总值比重65.0%；外商投资企业出口2.9亿美元，同比下降5.9%；国有企业出口8.8亿美元，下降11.3%。2015年石家庄市累计出口超千万美元企业113家，其中7家企业出口过亿美元，分别是石家庄制药集团、石家庄鸿锐集团、河北明迈特贸易有限公司、河北诚信有限责任公司、石家庄钢铁集团、河北敬业钢铁有限公司和华北制药集团；有出口实绩企业2594家，同比增长118家；新增对外贸易经营资质企业1060家，总数累计达到8850家。全年除医药品进口增长以外，其他大类产品进出口均出现下降。2015年全市服装及衣着附件出口110934万美元，同比下降7.6%，其中塑胶手套出口32864万美元，下降1.4%；医药品出口69340万美元，同比下降9.9%；钢材出口34791万美元，同比下降28%；机电产品出口139385万美元，同比下降7.9%；纺织纱线、织物及制品出口67311万美元，同比下降8%；高新技术产品出口29289万美元，同比下降14.3%；农产品出口22225万美元，同比下降9.5%。2015年全市主要进口产品中铁矿砂及其精矿进口额343308万美元，同比下降26%，增幅高于全省平均水平1.6个百分点，占全市进口额76.6%，受铁矿石进口均价下降40.6%影响，企业节省外汇开支234652万美元；高新技术产品进口17948万美元，同比下降7.3%；医药品进口3334万美元，同比增长19.5%；钢材进口298万美元，同比下降22.8%；机电产品进口32603万美元，同比下降29.7%；农产品进口18848万美元，同比下降39.8%。对韩国出口增长，对新兴市场出口活跃；铁矿石进口均价持续走低，进口下降趋势未见好转。2015年全市出口市场前5位依次是：欧盟、美国、东盟、俄罗斯和印度，出口额分别为126833万美元、97126万美元、67351万美元、36001万美元、34390万美元，出口增幅分别为：−12.1%、−0.7%、−15.2%、−3.8%、−6.3%。2015年石家庄市对韩国出口29495万美元，同比增长19.5%，主要出口产品为钢铁及其制品；对日本出口24132万美元，同比下降6%。2015年石家庄市对新兴市场出口活跃，其中，对土耳其出口11446万美元，同比增长20.6%，主要为钢铁产品带动增长；对沙特阿拉伯出口8849万美元，同比增长38%，主要出口产品为钢铁及其制品。2015年石家庄市主要进口市场为澳大利亚、巴西、南非、美国和欧盟，受铁矿石进口均价下降影响，全市进口总值持续低迷。2015年石家庄市从澳大利亚进口248702万美元，同比下降19.7%；从巴西进口70158万美元，同比下降33.4%；从南非进口26351万美元，同比下降28.5%；从美国进口22794万美元，同比下降39%；从欧盟进口20782万美元，同比下降32%。2015年石家庄市从东盟进口12924万美元，同比下降15.6%；从韩国进口7425万美元，同比下降5.1%；从日本进口5982万美元，同比下降42.3%；从乌克兰进口4553万美元，同比增长89.8%，进口产品主要为铁矿石。对外贸易主要方式为一般贸易。2015年全市一般贸易出口607670万美元，同比下降5%，占比93.1%；进口437522万美元，同比下降25.2%，占比97.6%。2015年全市加工贸易出口38124万美元，同比下降25.7%，占比5.8%；进口8411万美元，同比下降42.9%，占比1.9%。机电产品与其他大宗商品一样，进出口总量出现下降。2015年全市机电产品进出口总额171988万美元，同比下降13%，占全市进出口比重15.62%。其中，出口139385万美元，下降7.88%，占全市出口比重21.36%；进口32603万美元，下降29.72%，占全市进口比重7.27%。机电产品贸易顺差106782万美元。2015年石家庄进口生肉2656吨，货值920万美元，同比分别增长40.14%和42.59%，进口品种为冻牛肉、冻牛筋、冻猪肉，主要来自加拿大、新西兰、西班牙、澳大利亚等国家。2015年全市新增对外投资企业32家，同比增长6.67%；投资总额13.2亿美元，同比增长316.1%；中方投资额8.2亿美元，同比增长194.8%。加强外贸出口基地建设，建立和完善联系人、定期报送数据制度；推进外贸出口基地公共服务平台建设，鼓励外贸出口基地和示范企业举办团体培训、参展、对接活动，提升外贸企业国际市场竞争力。开拓国际会展市场，精心组织适合全市企业需求境外展会，2015年石家庄市组织企业参加斯洛文尼亚国际贸易博览会、美国纽约国际服装采购展等境外展会13个。

（市商务局　石家庄海关）

【落实外贸稳增长政策】 全年争取中央、省、市外贸出口专项补助资金4527.04万元，举办外贸出口基地团体培训、宣传活动1500余人次。组织协调中国银行、中国工商银行等8家金融机构与32家企业实施精准对接，签订贷款合同1.6亿元。引导10家出口外流企业回流，促成企业5家，回流资金4590万美元。解决481家重点精准帮扶企业问题90多个，协调河北钢铁集团、格力集团分别增加进出口额7亿美元和1亿美元。加快和协调外贸企业出口退税速度，一类企业做到即到即退，全年703家无实绩企业实现外贸零的突破。落实外贸扶持政策，2015年全市落实中央对外经济贸易发展资金2022.39万元、市级对外经济贸易扶持资金815.46万元；省级服务外包资金440.7万元；市级出口信用保险补贴662.19万元，惠及企业168家。

【进出口下降原因】 受国际市场疲软、国内经济下行大环境及本地企业实力不足因素影响，全市外贸企业订单明显减少。2015年全市铁矿砂及其精矿进口比重高达76.6%，进口量增长24.6%，受进口均价下降40.6%影响，铁矿砂及其精矿进口额同比下降26%，拉低全市进口额21.3个百分点、进出口额10个百分点。出口龙头企业偏少，2015年全市仅有河北明迈特贸易有限公司、石家庄钢铁有限责任公司、河北诚信有限责任公司3家企业位列河北省出口前30名，3家企业累计出口4.3亿美元，不及唐山钢铁集团出口9.1亿美元的一半。受天津危险化学品仓库爆炸影响，石家庄市化工产品出口受阻。受外地综合保税区、电子口岸、跨境电商快速发展及石家庄市退税指标少等政策因素影响，出现外贸出口企业外流现象。

【贸易便利化】 落实外贸备案登记“材料合格、当天办结、立等可取”承诺，新增外贸备案登记967件。境外投资服务做到提交材料一次告知，转报流程上墙公示，材料合格企业2个工作日内报主管领导审核，领导审核通过后2个工作日内转报河北省商务厅。《加工贸易合同批准证》做到即来即办，全年办理117件，变更89件。加强商务、国税、商检、海关、天津口岸办公室等部门协调联系，提升贸易便利化水平。推进外贸转型创新，跟踪省级跨境电子商务政策及河北省电子口岸建设进展，起草完成石家庄市《关于加快推进跨境电子商务发展的实施意见（初稿）》。

【对外投资】 2015年全市新增对外投资企业32家，超额完成全年20家任务目标；投资总额13.2亿美元，同比增长316.1%；中方投资额8.2亿美元，同比增长194.8%；投资企业个数和投资额均位列河北省11个设区市第一。新备案外派劳务人员60人，在外人数累计541人。协调70家企业参加河北省商务厅组织中国—白俄罗斯共建“中白工业园专题推介会”、河北省外事办公室举办“产能走向非洲对接活动”“中国—廊坊国际经济洽谈会”“中国—中东欧中小企业合作与发展对接洽谈活动”。妥善处置劳动纠纷，2015年处理裕鼎达公司劳动纠纷事件接访500多人次，处置较大劳务上访10起。

（市商务局）

招商引资

【概况】 2015年，全市实际利用外资11.4亿美元，同比增长11.6%。其中，外商直接投资9.0亿美元，增长9.8%。新批准设立外商投资企业34个，新增合同总金额39.3亿美元，同比增长1.3倍；合同外资额6.8亿美元，同比下降13.6%。引进外资项目19个，总投资34.7亿美元，协议外资29.8亿美元；引进内资项目58个，总投资693.15亿元，协议引资644.65亿元。制定赴日本、韩国、德国、美国、加拿大、澳大利亚、新西兰、新加坡及中国台湾地区招商计划，以小团组形式，举办境外对接会和专题活动周活动。组团出访匈牙利和捷克，与布达佩斯工商会、匈中社会关系发展基金会、捷克投资促进署、捷克管理协调委员会等商（协）会对接，洽谈合作及委托招商事宜，与布达佩斯工商会签订代理招商协议。适应信息招商形势，利用大数据信息聚集优点，挖掘网络招商信息资源，推动“石家庄招商网”平台建设。举办重点产业招商项目宣传和推介活动，组织21个县（市、区）及高新区、循环化工园区、综合保税区等单位上报涉及电子信息、现代服务业、节能环保等16类招商项目116项，总投资1180.96亿元，拟引资732.69亿元。其中，现代农业7项、电子信息5项、节能环保4项、轻工建材7项、生物医药7项、装备制造10项、循环化工5项、新材料5项、新能源汽车1项、文化创意4项、旅游13项、纺织服装2项、食品加工2项、现代服务业20项、基础设施21项、园区3项。编印《2015年石家庄重点招商项目册》，公开向各类招商引资活动及平台推介发放。5月18～21日，2015中国·廊坊国际经济贸易洽谈会在河北省廊坊市举行，石家庄市签约项目46项，总投资562.87亿元，拟引资531.45亿元。其中，外资项目17项，总投资30.6亿美元，拟利用外资26.5亿美元；内资项目29项，总投资371.15亿元，拟引资365.15亿元。10月18～19日，第十四届冀台经济合作洽谈会暨2015年石家庄国际经济贸易洽谈会在石家庄市举行，签约引进内外资项目42个，总投资504.12亿元，协议引资465.58亿元。其中，外资项目3项，总投资4.1亿美元，协议外资3.3亿美元；内资项目39项，投资额478.3亿元，协议引资444.79亿元。

【首批政府和社会资本合作项目】 5月18日，石家庄市对外发布首批49个政府和社会资本合作项目，涉及生态环保、交通设施、能源设施等七大领域，总投资880.1亿元。生态环保项目数量最多，11个项目总投资32.1亿元。其中，由市园林局负责、投资4.4997亿元的滹沱河生态绿廊项目，总建筑面积41600平方米，规划用地总面积3131.25公顷，绿化建设用地2369.5公顷，设有8处专类园和6个节点。由正定新区管委会负责的周汉河综合整治及污水处理工程项目，投资10亿元，包括应急饮水和综合整治两部分。应急饮水段，西起滹沱河1号水面，东至京珠高速公路，全长7.6千米。综合整治段西起现状京珠高速公路，东至规划污水处理厂，长7.2千米，主要河段平均宽度70米，水面平均宽度30米，两侧各设置20米园林绿化带。该项目包括工程饮水、河道扩挖工程、蓄水工程、生态景观工程。社会公共事业项目、农村面貌提升项目各7个，总投资分别为59.3亿元、1.6亿元。其中，正定新区成为投资热点。市卫生计生委负责的市第一医院正定新区分院项目，投资10亿元，总建筑面积16万平方米，规划床位1500张；总投资5800万元的正定新区第一中学项目，总建筑面积2万平方米；总投资6700万元的正定新区三里屯学校项目，总建筑面积3.4万平方米。交通设施项目、能源设施项目、新型城镇化项目、文化旅游项目各6个，总投资分别为461.7亿元、231.9亿元、75.4亿元和18.1亿元。其中，总投资129.6亿元的城市轨道交通2号线一期工程项目，北起西古城，南至嘉华，在市区内沿胜利北街—建设大街—胜利南街敷设，沿线串联了长途客运站、火车站、北国商城等重要客流集散点，线路全长16千米，全部为地下线路，设站15座；总投资148.5亿元的平赞高速公路项目，主线起自井陉县小作镇，与京昆高速公路石太北线相交，向南经井陉矿区东、井陉县城东、元氏县、赞皇县，在南峪村南到达终点邢台界，主线全长82千米，支线起自东营村南与青银高速公路相交处，向西南在元氏县北正乡与主线相接，长约24千米。

（市商务局）

【乐城国际贸易城】 承接北京大红门商户疏解功能，将石家庄乐城国际贸易城项目1号馆打造成为乐城大红门服装城，建筑面积17.3万平方米，设置铺位数2950个，建设独立商业广场2.8万平方米。2015年3月，石家庄市长安区政府与北京北展地区建设指挥部签署《产业疏解战略合作协议》，石家庄乐城国际贸易城与北京西城区负责产业疏解北展地区社会经济发展协会签署《战略合作协议》，正式将乐城国际贸易城纳入北京产业疏解核心地之一。石家庄乐城国际贸易城项目，总投资800亿元，体量相当8个大红门市场，项目主要定位为中国超大型商贸市场集群、北方最重要的现代化商品集散地。石家庄乐城国际贸易城项目配套有教育医疗区、居住区、文化艺术区；教育医疗区主要包括幼儿园、小学、中学、乐城商学院、职业学院、医院等，其中乐城商学院正在筹建，主要向传统零售、批发商户升级转型提供免费培训；居住区设置百万平方米高档小区，提供安居保障，区域内及周边配设医疗机构25家、中小学71所；文化艺术区设置有博物馆、美术馆、音乐厅、图书馆、艺术孵化区等。石家庄乐城国际贸易城一期开发建设面积1000万平方米，规划建成后容纳40万人经商和生活；全部项目建成后，规划乐城国际贸易城安家、兴业人口达到100万人。

（吴温）

【中国·廊坊国际经济贸易洽谈会】 5月18～21日，2015中国·廊坊国际经济贸易洽谈会（简称“5·18”廊坊经洽会）在河北省廊坊市举行。主题为“协同发展、绿色崛起”。省委常委、市委书记孙瑞彬，市长王亮，副市长张业出席开幕式、签约仪式等活动，并会见日本企业家、美国硅谷专家代表团和中东欧企业家代表团，与中东欧9个国家客商及美国4座城市建立友好往来关系。石家庄市47家企业参加新兴产业展、环保产业展和县域特色产业展。其中，新兴产业展，石家庄选取以岭药业、中航通飞华北公司、中电科13所等27家企业参展，涉及生物医药、装备制造和电子信息等主导产业；环保产业展，石家庄市选取先河环保、煜环环保等19家企业参展，涉及空气监测、土壤修复、污水处理等领域。经济贸易洽谈会期间，石家庄市组织各县（市、区）及园区、企业参加16项会议活动，突出与京津大型央企、行业领军企业和国内外500强企业实现产业对接、园区对接、项目对接，举办了“石家庄——美国城市市长和硅谷专家代表团对接会”“石家庄——中东欧项目合作恳谈会”等活动。其中，“石家庄——美国城市市长及硅谷专家代表团对接会”，围绕城市建设、经济发展、文化旅游等，全市15个县（市、区）负责人及30多家企业采取一对一和点对点方式，与美国城市市长和专家举行洽谈交流；“石家庄——中东欧项目合作恳谈会”，9个国家127家企业150名中东欧客商参与对接洽谈。石家庄市在2015中国·廊坊国际经济贸易洽谈会签约项目46项，总投资562.87亿元，拟引资531.45亿元。其中，外资项目17项，总投资30.6亿美元，拟利用外资26.5亿美元；内资项目29项，总投资371.15亿元，拟引资365.15亿元。签约新能源项目和现代服务业项目明显增多，占到签约项目总数60%。其中，中上汽车集团在高新区建设新能源客车生产基地、深混动力商用车生产基地、深混动力乘用车生产基地和中上超级电容华北试验中心，总投资50亿元，占地面积2000亩；还有灵寿县、井陉县新光伏发电项目，太阳能发电站项目、LNG清洁能源项目、石墨烯磷酸铁锂等项目。签约现代服务业项目以物流项目居多。其中，传化集团计划投资10亿元在裕华区建设“智能公路港”项目；台湾客商计划在鹿泉区建设冀台产业物流园项目，主要围绕中国台湾地区农业、工业产品销售在鹿泉区建设“自由贸易区”；迪卡侬运动商城第二家门店；河北纳贤投资有限公司在正定新区投资12亿元，建设河北国际人才港项目，打造总部基地，吸引海外留学人员归国创业。装备制造业项目主要有芯片设计制造、液晶技术、数字产业及新能源汽车科技产业基地项目。“互联网＋农业”成为签约项目一大亮点。河北慧聪电子商务有限公司与新农创投资有限公司共同投资30亿元，依托河北商品交易中心，合力打造“五大中心”和“一大基地”，即建设“河北农产品博览中心、京津冀（河北）安全农产品直采中心、互联物联网交易中心、农业科技服务中心、农业创业孵化中心”，在河北共同推进100个安全农产品标准化生产示范基地。5月18日，28个项目在石家庄市重点项目签约仪式签订合作意向。其中，外资项目4项，总投资3.72亿美元，拟利用外资1.82亿美元；内资项目24项，总投资285.85亿元，拟引资279.85亿元。5月19日，石家庄市在河北省重点合作项目签约仪式上签约项目4个。其中，外资项目2项，总投资18.67亿美元，拟利用外资18.67亿美元；内资项目2项，总投资20亿元，拟引资20亿元。4个省重点合作签约项目主要集中在现代服务业和电子信息业。现代物流业项目2个，分别为智能公路港和普洛斯藁城物流园。其中，智能公路港项目由国内500强企业传化集团投资，集合总部经济、电子商务、专业市场等多种业态，通过构建线下公路港实体平台网络等和线上信息化指挥体系，服务公路运输主体，推进车源与货源有效对接，项目位于裕华区，总投资10亿元；普洛斯藁城物流园项目由美国普洛斯公司投资，该公司是国际物流领域优秀设施提供商和服务商，计划在藁城区岗上镇建设占地500亩物流园项目，引入全球领先的物流仓储设施。另2个省重点合作项目是，北京中国铁路建设公司与河北出版传媒集团在正定新区投资10亿元的河北出版传媒创意中心项目，永明国际有限公司在高新区投资芯片制造产业园项目。其中，芯片制造产业园项目是外资项目，拟利用外资16.5亿美元，主要吸引带动产业链上下游集成电路设计和封装测试产业发展，项目建筑面积25万平方米，规划达产后年产值8亿美元。

（焦莉莉）

【第十九届中国东西部合作与投资贸易洽谈会】 5月20～26日，石家庄市组织高新区、井陉县参加在陕西省西安市举行的第十九届中国东西部合作与投资贸易洽谈会暨丝绸之路博览会。华药集团、欣意电缆、沃德思源等近20家企业参加河北省展区的装备制造、电子信息、节能环保、生物医药四大产业板块展览。河北省发展改革委在此次博览会举办了“京津冀协同发展机遇下河北合作说明会”，石家庄高新区介绍了园区发展概况、发展优势、发展方向和合作领域，40余名企业代表与西部河北商会会员企业举行交流对接，发布医药、电子信息、节能环保、旅游等合作项目15个；井陉县政府与四川省成都成发科能有限公司签约，规划在井陉县投资建设30万吨高强度耐磨件项目，总投资11.6亿元。

（吴温）

【第十四届冀台经济合作洽谈会暨石家庄国际经济贸易洽谈会】 10月18～19日，第十四届冀台经济合作洽谈会暨2015年石家庄国际经济贸易洽谈会在石家庄市举行。主题为“共享京津冀协同发展新机遇、共谱冀台经济合作新篇章”“协同发展、绿色崛起”。国务院台湾事务办公室经济局副局长袁野，台湾新党主席郁慕明，石家庄市长邢国辉出席开幕式。参会台商团组10个184人。2015年石家庄国际经济贸易洽谈会（简称石洽会）由河北省政府主办，石家庄市政府、河北省商务厅联合承办，并首次与“冀台经济合作洽谈会”合办。洽谈会期间，宣传和推介涉及生物医药、装备制造、电子信息、现代服务业、基础设施、现代农业、新能源等16个门类，总投资1180.96亿元、116个招商项目；举办了重点项目签约仪式、冀台众创专场和产业推介会。签约引进内外资项目42个，总投资504.12亿元，协议引资465.58亿元。其中，外资项目3项，均为现代服务业项目，总投资4.1亿美元，协议外资3.3亿美元，3个项目分别是：河北华丹有限公司与台湾擎安医疗集团拟在桥西区投资1.6亿美元建设高端医疗服务项目；普洛斯投资管理（中国）有限公司拟在正定新区投资2亿美元建设现代服务产业园项目；台湾复兴瑞展国际有限公司拟在新乐市投资5000万美元建设地下商业街项目。内资项目39项，投资额累计478.3亿元，协议引资444.79亿元。其中，与环渤海、长三角、珠三角等重点地区签约项目占90%以上，与北京合作项目15个，总投资198.3亿元，与广东合作项目8个，总投资157.1亿元，分别占签约项目总投资41.5%和32.8%；中国500强吉林化纤、民营500强中电电气等国家高新技术企业拟在石家庄市开展投资合作，涉及高端制造、生物科技、新能源及电子商务、医疗健康、金融服务、科技孵化器等领域。与北京企业签约有：北京大学科技园、北京首创及知名电商中国网库等；北京金珠满江与河北灵济公司联手，共同开发中国灵寿食用菌产业园项目，探索珍稀食用菌研发、生产、种植、深加工、销售为一体全产业链模式；中国网库与新华区签订“石家庄电商谷”项目合作意向，设立中国网库区域运营总部，建设100个以上单品电子商务总部，规划每年最少为50家大型企业、6000家中小企业提供电子商务外包服务。具有高附加值总部经济项目有：大唐国际电子商务科技产业园区项目，由大唐移动通信、广州虎辉照明科技等共同投资，在鹿泉经济开发区建设，规划项目建成后，成为指挥全国1000多个服务基站，支持国内、国际贸易的全国物流网络服务与结算中心；万银国际华北金融服务外包项目，由万银国际金融服务（上海）有限公司在正定新区投资建设，管理运营万银国际北京、天津、河北、山东、山西等分公司，引进金融业大中型企业200家入驻，拟规划建成华北金融服务外包总部。

（焦莉莉　戴丽丽）

供销合作商业

【概况】 2015年，市供销合作社（简称市供销社）系统贯彻落实《中共中央国务院关于深化供销合作社综合改革的决定》（中发〔2015〕11号），推进建立“供销合作社＋农民合作社联合社＋供销集团”三位一体新型合作运行机制，组建成立市供销农民合作社联合社、石家庄新合作供销集团及13个县级农民合作社联合社、8家县级供销集团或资产运营中心。至2015年末，市供销社系统新建基层社39家，总数达到205家，入社农户30.47万户，基层社空白乡镇全部消除。2015年基层社农民社员占到80%以上，一大批农村能人经民主选举成功担任基层社主任，其中灵寿县青同、高邑县大营等新型基层社做法在全国推广。谋划建设重点项目8个，完成总投资3.21亿元。拓展农业统筹保险服务范围，特色农业保险扩展到17个县（市、区）85家专业合作社，为农民提供风险保障6500万元以上。2015年市供销社系统商品购进总额124.46亿元，同比增长39.17%；销售总额136.72亿元，同比增长35.22%；农副产品购进38.06亿元，同比增长60%；消费品零售额54.46亿元，同比增长49.3%；农资销售22.35亿元，同比增长36.78%；实现利润1.53亿元，同比增长18.58%。4月16～17日，国务院副总理汪洋，全国供销合作总社主任王侠等领导到石家庄市专题调研供销社综合改革，对市供销社系统综合改革试点工作给予肯定。5月14日，中华全国供销合作总社监事会主任诸葛彩华带领调研组到石家庄市调研供销社综合改革，调研组考察了正定供销社塔元庄社区服务中心、瑞天超市及平山县葫芦峪现代农业开发公司，并对市供销社系统创新经营服务体系、推进基

2015年5月14日，中华全国供销合作总社监事会主任诸葛彩华（左二）带领调研组到石家庄市调研供销社综合改革

层社体制改革、提升为农服务水平取得成效给予肯定评价。2015 年市供销社通过复查，获评“全国文明单位”称号；正定县塔元庄社区综合服务中心被全国供销合作总社确定为示范点；栾城区南高、天亮农民合作社土地托管服务模式、元氏县一二三产业融合发展模式、高邑县大营镇供销社改造模式、藁城区神喻王科技示范园建设模式、灵寿县供销社组织体系创新模式等成功经验在全省推广；市供销社系统参加“兴合杯”2014～2015 中国合作经济年度成就奖评选活动，灵寿县青同镇供销合作社主任卜海燕获得“十大改革人物”称号，栾城区天亮种植专业合作社获得“50 佳合作社”称号；正定县城关供销合作社、无极县供销社、灵寿县供销社参加全国供销合作总社等单位联合举办的“寻找扁担传人”活动，获得“金扁担”奖。

【农村合作经营模式】 按照“供销合作社 + 农民合作社联合社 + 供销集团”三位一体组织模式，初步建立新型合作运行机制，2015 年石家庄市供销农民合作社联合社、石家庄新合作供销集团成立，所辖 17 个县（市、区）供销社成立县农民合作社联合社 13 家，组建县级供销集团或资产运营中心 8 家。推进农业合作服务规模化，采取典型引路、整体推进方式，复制栾城区南高、天亮农民合作社，平山县葫芦峪，藁城区神喻王等成功典型。推广平山县葫芦峪模式，加快浅山区农业开发，在灵寿县、行唐县、井陉矿区、鹿泉区等县（市、区）建设山区规模开发园区 5 个，开发荒山 5 万多亩。行唐县供销社围绕“供销合作社 + 农业公司 + 农户”模式，建设神树湾生态农业开发园，带动周边 19 个村、5750 户农户开发荒山、荒坡地 2.6 万亩，建成集优质苹果、樱桃种植及观光采摘、深加工于一体生态农业开发园。推广栾城区南高土地托管服务经验，开展农资、农机及科技、培训一体化服务，实施土地托管、流转服务 30 万亩。元氏县社推进土地托管、农产品加工、农产品销售一条龙服务，探索出一二三产业融合发展新路子。2015 年全市供销社系统带领成立农民合作社 3000 家，助农增收 15 亿元。实施新型农民社员素质提升工程，培训社员、职业农民 5 万人次。提升农村流通市场现代化，发展规范化连锁经营，2015 年全市供销社系统新建、规范各类配送中心 43 个，建设乡村供销社超市 200 家，累计总数达到 1200 家；规范建设农村社区综合服务中心 275 个。组织 100 家农民合作社开展农超对接（也就是农产品直接进超市），帮助农民推销农副产品价值 5500 万元，提供优质化肥 37 万吨。

【农村合作金融】 拓展农业统筹保险服务，全年市供销社系统特色农业保险扩展到 17 个县（市、区）85 家专业合作社，为农民提供风险保障 6500 万元以上。坚持社员制和封闭性原则，吸收社员股金 7600 万元，办理业务总额 7500 万元，有效解决农民社员生产流动资金不足问题。稳妥推进投资担保服务，无极县、深泽县、赞皇县等县级供销社建立河北省新合作投资担保有限公司办事处，开展贷款担保、融资租赁及经济合同担保、项目融资、投资管理、资产管理等业务。按照“政府推动、市场运作、规范建设、公平交易”思路，启动建设农村产权交易体系，推动农村产权交易。2015 年市供销社注册成立石家庄市农村产权交易中心，灵寿县、无极县、正定县、元氏县、井陉矿区等 11 个县（区）注册成立县级农村产权交易机构。其中，无极县农村产权交易有限公司为专业合作社和农户牵线搭桥，帮助办理流转、托管土地 3286 亩，涉及 4 个专业合作社、农户 856 家，总交易额 338.9 万元。

【重点项目建设】 全年谋划建设重点项目 8 个，完成总投资 3.21 亿元，新增用地指标 236 亩。其中，市供销社与中冶设备研究院合作，规划建设总投资 27 亿元、占地 1100 亩中冶设备产业园项目开工；总投资 5 亿元、占地 186 亩石家庄综合保税区纺纱及棉花国际贸易项目 12 月 30 日举行奠基仪式；石家庄国际棉花交易中心、北方农资化工物流中心、赵县新合作广场等重点项目建设顺利推进。推进利用电子商务平台开拓供销市场。2015 年市供销社系统组建河北中山日化、红满楼、晋州兴合电子商务等专业性、区域性电商平台 10 个，发展乡村电商服务站 200 多个，其中晋州市供销社发展农村电商服务站 102 家。2015 年城区供销社红满楼超市开通全市首家微信商城，发展会员 1 万多人，日访问量上万人次；打造红满楼手机APP电商平台，注册门店2500余家。

【企业生产经营】 以新体制、新机制、新内容为核心，推进农资、棉花、再生资源、食盐、日化等传统主营商品平稳经营。河北中山日化推进“直营连锁+分公司（含二级分销商）+新网工程惠农合作商+辐射乡镇、村”城乡一体化网络服务体系建设，从广度和深度提高城乡市场有效覆盖，直接服务客户1万余家。农资公司以“新网工程”建设体系为依托，发展农资超市300家、连锁店2900余个，网点遍布20个县市；经营网点实行统一连锁经营，统一配送、统一经销，农资物资下拨渠道畅通；创建农林服务中心，从技术角度向农民提供服务。第一棉麻总公司面对棉花需求持续萎缩，棉花现货价格大幅下跌形势，在传统棉花经营中侧重期货交易，采取高抛低吸策略，全年交易棉花2万吨，实现盈利30万元。回收公司针对再生资源市场持续低迷形势，采取自营、联营、合作经营方式，千方百计开拓市场，经营主要商品废钢4000余吨、板材2500吨、废纸16000余吨。盐业专营公司和盐业执法大队围绕食盐供应、食盐储备和市场监管，购进碘盐3.6万吨，保持储备量3000吨。推进企业转变经营结构，拓宽增收途径，创新发展多元经营，培育新的效益增长点。2015年第二棉麻有限公司在做好主营业务基础上，发展投资管理、消防设施检测、安全统筹保险等业务；土产公司围绕正定家居传统优势产业，在正定国际物流园搭建集展示博览、电子商务、物流配送、研发检测、金融链融资等功能为一体重点家具材料产业链运营平台；市供销社贸易中心采取多种手段，扩大好奇岛儿童乐园影响力，会员由2014年的500名增至800余名，日均客流量达到50人次，12月1日好奇岛儿童乐园创办的线上线下融合发展童真岛玩具城实体店和淘宝店正式上线营业。

石家庄市供销合作总社

党委副书记、理事会主任：

任建忠

党委副书记、理事会副主任：

任素江

党委副书记、监事会主任：

刘占海

理事会副主任：

卢书清　李玉民　敦建伟

监事会副主任：

丁根起　王彦生

纪委书记：

岳四群

（马朝信）

粮油购销

【概况】 2015年，全市粮食系统围绕确保粮食安全总体目标，贯彻落实国家《粮食流通管理条例》和《河北省粮食流通管理规定》，采取抓宏观调控推进保供稳价、抓项目建设推进产业链延伸、抓监督管理推进行业安全、抓行业优势推进服务民生方式，较好完成粮食供应保障和粮食储备。执行国家粮食收购储备政策，全年收购商品粮373万吨，其中小麦179万吨、玉米194万吨；完成县级粮食储备8.3万吨。做好军粮供应，实现军粮供应销售收入7579万元，毛利润1167万元，销售量25455吨。其中，向部队供应肉蛋奶菜3309吨，销售额2303万元，毛利润254万元。加强粮油监管，严肃查处涉粮行政执法案件36例，收缴金额0.58万元。2015年石家庄市粮食应急供应、监督检查、军民融合式应急综合保障工作在全省粮食流通工作会议上作典型发言。推进粮食系统企业改革，基本形成“一县一企、一企多点”格局；市粮食产业集团步入正轨，资产和经营规模壮大；市油脂公司与河北省油脂储备库整合重组，经河北省国资委和市政府批准，完成新公司注册；家家惠粮油食品服务中心开始探索混合所有制改革。

【购销储存】 贯彻执行国家粮食收购政策，指导粮食购销企业敞开收购农民余粮，不压级压价，即时结算售粮款。2015年全市收购商品粮373万吨，其中小麦179万吨、玉米194万吨。小麦最低价收购任务完成。为保护种粮农民利益，维护粮食市场稳定，石家庄市9月11日启动《2015年小麦最低收购价执行预案》，至9月30日结束，全市最低收购价共计收购小麦30113吨，质量全部为中等以上，较好实现国家预期调控目标。加强县级储备业务指导，2015年全市14个县（市、区）落实县级储备指导性计划，至2015年底，累计完成县级粮食储备8.3万吨。

【军粮供应】 推进军供应急保障基地建设，实现军粮供应由原来米面油单一供应向主副食（肉蛋奶）等综合保障、由日常供应向应急应战供应、由部队供应向军地融合供应转变。全年军粮供应实现销售收入7579万元，毛利润1167万元，销售量25455吨。其中，向部队供应肉蛋奶菜3309吨，销售额2303万元，毛利润254万元。2015年市粮食部门超额完成河北省下达军粮供应任务和调供计划，市军粮综合供应保障在全省12个列入考核市（含定州市）排名第一。每逢部队野营拉练、维护稳定和处理突发事件、抢险救灾及重大节日，坚持做好到部队走访慰问。开展电话预约、送粮上门活动，2015年市粮食部门为部队义务送粮率达98%以上。

【粮油监管】 实施并完成省、市两级储备粮油轮换监管，2015年全市省级储备小麦轮换计划75649吨，省级储备食用植物油轮换计划16480吨，市级储备粮轮换计划49500吨，市级储备食用植物油轮换计划3500吨。开展粮食库存检查，2015年市粮食部门检查粮食储存点69个，检查库存粮食44.9万吨，检查结果为粮食库存账实相符、储存安全。严肃查处涉粮案件，全年查办粮食行政执法案件36例，其中责令改正22例、警告7例、罚款7例，收缴处罚金5800元。开展粮食流通专项检查活动，主要包括粮食收购资格核查、粮食质量标准执行情况检查、粮食收购政策执行情况检查、粮食流通统计制度执行情况检查及统计数据质量检查等。2015年石家庄市在行政区域内采取12千米×12千米范围网格化区分，形成监测网格86块，其中夏、秋季实施小麦、玉米定点采样316份，检测质量、品质、卫生等指标，结果显示，均符合国家标准。完善粮食质量档案，利用电子信息手段，建立“石家庄粮食质量安全监管信息系统”，这也是河北省首家粮食质量监管软件系统。

【粮食设施建设】 开展危仓老库维修改造，2015年按照河北省财政厅、省粮食局安排部署，石家庄市研究出台危仓老库维修改造项目建设具体方案，并与相关县（市、区）政府签订承诺函和目标责任书。实施军粮应急供应仓储设施维修改造项目，安排资金2598.8万元，其中省级财政拨付石家庄市维修改造补助资金2079万元，占比80%，市、县（区）财政和企业筹集资金519.8万元，占比20%，并在秋粮上市前全面完成。

（翟入晴）

成品油供应

【概况】 2015年，中国石油化工股份有限公司石家庄石油分公司（简称中国石化石家庄分公司）面对市场需求下降、经济增长速度放缓、竞争加剧等不利局面，采取以市场为导向，以效益为中心举措，狠抓经营管理，较好完成各项任务。2015年中国石化石家庄分公司轻油销售总量91.39万吨，完成下达计划93%。其中，汽油销售49.9万吨，柴油销售41.5万吨；轻油零售82.19万吨，完成下达计划94%，直销批发9.2万吨，完成下达计划83.1%。销售天然气162.94万立方米，完成下达计划98%。非油品业务实现销售额2.25亿元，完成计划114.4%，毛利额2477万元，综合毛利率11%。成品油销售收入55.2亿元，差价收入3.39亿元，累计报表费用3.4亿元，实现考核利润1.87亿元，完成计划61%，其中吨油费用369元，较预算指标高出44元。开展安全隐患排查治理，排查安全隐患1140项；投资246万元，实施完成高邑县油库隐患治理项目和58座加油站水封井改造。开展油库、加油站安全生产（HSE）标准化建设，所辖2座油库、234座加油站全部达到安全生产“三级”标准。完善ISO9000质量管理体系，严把油品进货、出库、配送、销售等环节质量管控。高庄油库质检中心通过国家认证认可监督管理委员会（CNAS）评审，获授认可证书；政府机构检测油品质量合格率均达100%。2015年中国石油河北石家庄销售分公司（是中国石油天然气股份有限公司在石家庄区域设立集汽柴油、车用然气、车用润滑油、便利店商品销售与加油卡、电动汽车充电业务于一体的分支机构）在石家庄所辖区域共有加油站130余座，年销售成品油50多万吨，年营业额27亿元，拥有员工近1000人。

【油品供应】 贯彻落实河北省石油公司“把握重点、精准营销”经营理念，开展加油站运营能力评价，核查走访和建立档案220个，查找问题并制定对策1500余个。举行“多卖一吨油”销售竞赛活动，选树明星片区1个、明星加油站8座、销售标兵59人，有效激发一线员工销售积极性。重视客户开发和维护，以充值卡优惠促销为手段，开展进社区、进机关、进村镇“三进”现场销售活动，吸引客户，掌握和完善信息，促进油品销量增加。2015年石家庄石油分公司油品进货93.1万吨，其中，配置计划84.6万吨，自采乙醇8.5万吨。优化物流配送，采取最优运输线路、最短供应链方式，完成二次物流配送量78.02万吨，平均吨油运费36.5元。维护市场信誉，建立供应预案，做好及时调度，确保雾霾天气配送、“三夏”及秋收秋种用油、重点站点优惠促销用油供应。开拓销售网络，建立租赁站三级预警机制，续租和平西路第二、辛集库西、藁城汇峰等6座加油站，续签永青、青银服务区等3座合作经营加油站协议。办理和完善新建加油站经营手续，西柏坡高速鹿泉服务区、京港澳高速石家庄东服务区正常运营。推进加气站建设，辛集服务区LNG撬装站施工完毕，赵县二站、深泽门前站改建加油加气站列入储备项目；和平西路第一站等22座加油站提量改造完成。

（剧柏含）

【成品油调价】 全年根据国家“十个工作日一调整原则”及国家发展改革委、河北省物价局发布成品油价格调整公告要求，全市成品油调价19次，其中7次上调，12次下调。1月12日24时起，全市汽、柴油价格下调。调整后，汽、柴油标准品最高供应价格每吨分别为6995元和6040元，每吨分别降低180元和230元。其中，零售90号汽油和0号柴油（全国平均）每升分别降低0.13元和0.20元。按照成品油价格形成机制测算，此次汽、柴油价格每吨可分别降低395元和380元；1月12日，国家财政部、国家税务总局印发《关于继续提高成品油消费税的通知》规定，自1月13日零时起汽、柴油消费税单位税额每升分别提高0.12元和0.10元，折合每吨影响汽、柴油价格分别少降215元和150元。两个因素相抵，汽、柴油价格每吨分别降低180元和230元。1月26日24时起，汽、柴油价格下调。调整后，汽、柴油标准品最高供应价格每吨分别为6630元和5690元，每吨分别降低365元和350元。其中，零售90号汽油和0号柴油（全国平均）每升分别降低0.27元和0.30元。新的最高限价90号汽油每升5.21元，93号汽油5.62元，97号汽油5.94元；国四标准0号车用柴油最高限价每升5.22元，5号柴油5.12元，负10号柴油5.53元，负20号柴油5.80元，负35号柴油6.00元，负50号柴油6.16元。2月9日24时，汽、柴油价格上调。调整后，汽、柴油标准品最高供应价格每吨分别为6920元和5970元，每吨分别提高290元和280元。其中，零售90号汽油和0号柴油（全国平均）每升分别提高0.21元和0.24元。2月27日24时，汽、柴油价格上调。调整后，汽、柴油标准品最高供应价格每吨分别为7310元和6345元，每吨分别提高390元和375元。其中，90号汽油最高限价每升5.72元，93号汽油6.17元，97号汽油6.52元；国四标准0号柴油最高限价每升5.79元，5号柴油5.67元，负10号柴油6.13元，负20号柴油6.42元，负35号柴油6.66元，负50号柴油6.83元。3月26日24时，汽、柴油价格下调。调整后，汽、柴油标准品最高供应价格每吨分别为7070元和6115元，每吨分别降低240元和230元。其中，零售90号汽油和0号柴油（全国平均）每升分别降低0.18元和0.2元。4月10日24时，汽、柴油价格上调。调整后，汽、柴油标准品最高供应价格每吨分别为7190元和6230元，每吨分别提高120元和115元。其中，零售90号汽油和0号柴油（全国平均）每升分别提高

0.09元 和0.1元。4月24日24时，汽、柴油价格上调。调整后，汽、柴油标准品最高供应价格每吨分别为7490元和6515元，每吨分别提高300元和285元。其中，零售90号汽油和0号柴油（全国平均）每升分别提高0.22元和0.24元；90号汽油最高限价每升5.86元，93号汽油6.32元，97号汽油6.67元；国四标准0号柴油最高限价每升5.93元，5号柴油5.82元，负10号柴油6.29元，负20号柴油6.59元，负35号柴油6.82元，负50号柴油7.00元。5月11日24时，汽、柴油价格上调。调整后，汽、柴油标准品最高供应价格每吨分别为7745元和6760元，每吨分别提高255元和245元。其中，零售90号汽油和0号柴油（全国平均）每升分别提高0.19元和0.21元。6月8日24时，汽、柴油价格下调。调整后，汽、柴油标准品最高供应价格每吨分别为7635元和6655元，每吨分别降低110元和105元。其中，零售90号汽油和0号柴油（全国平均）每升分别降低0.08元 和0.09元。7月7日24时，汽、柴油价格下调。调整后，汽、柴油标准品最高供应价格每吨分别为7540元和6565元，每吨分别下调95元和90元。其中，零售90号汽油和0号柴油（全国平均）每升分别降低0.07元和0.08元。90号汽油最高限价每升5.89元，93号汽油每升6.36元，97号汽油每升6.72元；国四标准0号柴油最高限价每升5.98元，5号柴油每升5.86元，负10号柴油每升6.34元，负20号柴油每升6.64元，负35号柴油每升6.87元，负50号柴油7.05元。7月21日24时，汽、柴油价格下调。调整后，汽、柴油标准品最高供应价格每吨分别为7275元和6300元，汽、柴油价格每吨均降低265元。其中，零售90号汽油和0号柴油（全国平均）每升分别降低0.2元和0.23元90号汽油最高限价每升5.70元，93号汽油6.14元，97号汽油6.49元；国四标准0号柴油最高限价每升5.75元，5号柴油5.63元，负10号柴油6.09元，负20号柴油6.38元，负35号柴油6.61元，负50号柴油6.78元。8月4日24时，汽、柴油价格下调。调整后，汽、柴油标准品最高供应价格每吨分别为7055元和6085元，每吨分别降低220元和215元。其中，零售90号汽油和0号柴油（全国平均）每升分别降低0.16元和0.18元。8月18日24时，汽、柴油价格下调。调整后，汽、柴油标准品最高供应价格每吨分别为6845元和5880元，每吨分别降低210元和205元。其中，零售90号汽油和0号柴油（全国平均）每升分别降低0.16元和0.18元。9月1日24时，汽、柴油价格下调。调整后，汽、柴油标准品最高供应价格每吨分别为6720元和5760元，每吨分别降低125元和120元。其中，零售90号汽油和0号柴油（全国平均）每升分别降低0.09元 和0.1元。9月16日24时，汽、柴油价格上调。调整后，汽、柴油标准品最高供应价格每吨分别为6810元和5850元，汽、柴油价格每吨均提高90元。其中，零售90号汽油和0号柴油（全国平均）每升分别提高0.07元和0.08元。90号汽油最高限价每升5.35元，93号汽油5.77元，97号汽油6.09元；国四标准0号柴油最高限价每升5.36元，5号柴油5.25元，负10号柴油5.68元，负20号柴油5.95元，负35号柴油6.16元，负50号柴油6.32元。10月20日24时，汽、柴油价格上调。调整后，汽、柴油标准品最高供应价格每吨分别为6860元和5900元，汽、柴油价格每吨均提高50元。其中，零售90号汽油和0号柴油（全国平均）每升均提高0.04元。11月3日24时，汽、柴油价格下调。调整后，汽、柴油标准品最高供应价格每吨分别为6735元和5775元，汽、柴油价格每吨均降低125元。其中，零售90号汽油和0号柴油（全国平均）每升分别降低0.09元和0.11元。90号汽油最高限价每升5.29元，93号汽油5.71元，97号汽油6.03元；国四标准0号柴油最高限价每升5.30元，5号柴油5.19元，负10号柴油5.61元，负20号柴油5.88元，负35号柴油6.09元，负50号柴油6.25元。11月17日24时，汽、柴油价格下调。调整后，汽、柴油标准品最高供应价格每吨分别为6650元和5695元，每吨分别降低85元和80元。其中，零售90号汽油和0号柴油（全国平均）每升分别降低0.06元和0.07元。12月1日24时，汽、柴油价格下调。调整后，汽、柴油标准品最高供应价格每吨分别为6505元和5555元，每吨分别降低145元和140元。其中，零售90号汽油和0号柴油（全国平均）每升分别降低0.11元和0.12元。90号汽油由每升5.23元降至5.12元，93号汽油每升由5.64降至5.52元，97

号汽油每升由5.96元降至5.84元；国四标准0号柴油每升下调至5.11元，5号柴油每升下调至5.0元，负10号柴油每升下调至5.41元，负20号柴油每升下调至5.67元，负35号柴油每升下调至5.87元，负50号柴油每升下调至6.02元。

（国家发展改革委文件）

【非油品业务】 制定门店发展思路，建立加油站便利店“一店一策”基础信息，量身定做商品订货、销售等营销策略，实现门店经营大幅提高，2015年公司单店日均营业额在1000元以上达到159座，5000元至1万元达到29座，万元以上门店达到7座。举办“员工惠购嘉年华”“名品进万家”及尾气处理液、轮胎推介会、赖茅酒品鉴会等大型促销活动，全年重点商品实现营业额4216万元，完成年度计划138%。至2015年底，公司非油品业务营业额突破2亿元。

（剧柏含）

旅 游

【概况】 2015年，全市旅游业接待海内外游客6782.03万人次，同比增长17.01%；实现旅游业总收入590.49亿元，同比增长35.31%。“十一”国庆黄金周期间，全市接待游客375.2万人次，同比增长14.77%；实现旅游业收入17.02亿元，同比增长35.94%。印发《石家庄市人民政府关于促进旅游业改革发展的实施意见》，制订《石家庄市旅游业发展三年行动计划（2015-2017年）》，编制《石家庄市旅游业“十三五”发展规划》。2015年6月，石家庄市荣获“亚洲金旅奖·首批最富文化魅力旅游目的地”称号。全年新建、在建旅游项目88个，完成投资25.7亿元。推进城市综合体与旅游融合发展，扩大休闲旅游消费，授予勒泰中心“石家庄市国民旅游休闲示范单位”称号。依据《石家庄市旅游商品购物基地评定办法（试行）》，开展石家庄旅游购物点评估，设置“规模效益、旅游商品、购物环境、服务管理、旅游安全、加分项目”6个评价内容，评定确认“石家庄以岭健康城、藁城宫灯博物馆、平山战国中山国王陵陈列馆、赵县赵州桥旅游购物基地、晋州紫铜浮雕”为石家庄市首批旅游购物基地，并推荐60种石家庄特色旅游商品、非物质文化遗产产品、河北特色旅游商品入住旅游购物基地。客运北站旅游集散中心揭牌。6月19日，石家庄公路主枢纽客运北站旅游集散中心揭牌运营。这也是石家庄市首个客运旅游集散中心，是集旅游服务、旅游信息咨询、票务服务、交通集散、住宿餐饮等为一体的旅游服务机构，提供吃、住、行、游、购、玩等“一站式”服务。石家庄公路主枢纽客运北站旅游集散中心开通11条旅游专线，分别发往沕沕水、驼梁、五岳寨、娘子关、天桂山、藤龙山、西柏坡、白鹿温泉、王母山、佛光山、五台山。评定命名石家庄市星级农家乐55家。其中，五星级1家，为平山沕沕水宾馆；四星级10家，分别为赞皇如意农家、德馨大酒店、九峰楼宾馆、由晟大酒店、方圆大酒店，灵寿仙凤庄园、景玉宾馆，平山野河度假村，井陉苍岩山庄，元氏龙华山庄；三星级40家；二星级4家。55家星级农家乐中，其中42家被国家旅游局评定为中国乡村旅游金牌农家乐。至2015年底，全市拥有省级星级农家乡村酒店2家，市级星级农家乐62农。复核确定星级饭店62家，其中，五星级4家，四星级26家，三星级25家，二星级7家；绿色饭店35家，其中，国家金叶级绿色饭店5家，省级绿色饭店5家，市级绿色饭店25家。旅行社260家（出境组团社30家、一般组团社230家），旅行分社52家，服务网点540家。A级景区34处，其中，5A级景区1处、4A级景区27处、3A级景区4处、2A级景区2处。全国休闲农业与乡村旅游示范县1个，河北省休闲农业与乡村旅游示范县3个，工农业旅游示范点32个（国家级农业旅游示范点1个、省级农业旅游示范点15个，省级工业旅游示范点8个、市级工业旅游示范点10个）。2015年君乐宝工业旅游区评定为国家4A级旅游景区；石家庄以岭药业股份有限公司（以岭健康城）评定为“石家庄市工业旅游示范点”。至2015年末，全市培育形成鹿泉区工业旅游聚集区和藁城区工业旅游聚集区两大工业旅游片区。其中，8家省工业旅游示范点分别为：君乐宝乳业、中航通飞华北飞机工业有限公司、中粮可口可乐饮料（河北）有限公司、石家庄洛杉奇食品有限公司、敬业集团、青岛啤酒（石家庄）有限公司、石家庄米莎贝尔饮食食品有限公司、石家庄百年巧匠木制品有限公司。

（刘伟东）

【《关于促进旅游业改革发展的实施意见》】 2015年6月，市政府出台《关于促进旅游业改革发展的实施意见》。主要内容：明确全市旅游业发展定位，即构建“一个中心、三大片区、一条风景道、一条休闲带”空间格局，形成以中部主城区都市文化商务为中心，以西北部红色旅游片区、西南部山地生态旅游片区、东部平原乡村田园观光片区为支撑的三大片区，以太行山沿线自然山水为主体的太行山旅游风景廊道，以滹沱河沿岸景观为依托的水系景观休闲带。提出“建成全国一流的旅游目的地城市、区域性旅游集散中心城市和区域性旅游休闲胜地”总体目标，到2017年，全市接待国内外游客突破7000万人次，实现旅游总收入突破500亿元；到2020年，实现旅游总收入突破800亿元，旅游业占GDP比重达到10%以上。到2017年，所有农家乐经营户“改厕改厨”全部完成；到2020年，扶持30个重点旅游特色村镇，纳入全国“千万亿乡村旅游工程”，成功打造200家具有一定规模的星级“农家乐”，基本构建成石家庄乡村旅游精品体系框架。创建智慧旅游示范景区，建立景区无线网络（WiFi、Wlan）覆盖、手机APP、监控系统、电子售检票系统、门禁系统等，实现智慧化管理、人性化服务；到2017年，全市4A级以上景区、3星级以上酒店全部实现WiFi覆盖。构建以石家庄火车站旅游集散中心和河北省博物馆旅游集散中心为核心，以正定国际机场、石家庄北站、石家庄客运总站、白佛客运站、运河桥客运站、客运北站、西王客运站、南焦客运站为旅游集散分中心，以各县（市）区汽车客运站为旅游集散点的旅游集散中心体系；到2020年，全市四级旅游集散中心（点），形成从交通枢纽到集散中心（点），从集散中心（点）到旅游景区的旅游集散体系。

（市政府文件）

【旅游景区建设】 全年新建、在建旅游项目88个，完成投资25.7亿元。旅游景区计划建设旅游厕所56座，其中，改扩建旅游厕所22座，新建旅游厕所34座；累计完成投资1734.6万元，竣工并通过河北省旅游局验收38座。平山县启动西柏坡、天桂山、驼梁、西柏坡温泉城等五大聚集区建设，推进大吾生态谷、红崖山、沕沕水空中画廊、怀特天桂山度假中心等18个新兴旅游项目，规划总投资30多亿元。灵寿县漫山生态休闲服务区项目投资2.3亿元，建成4座星级旅游厕所、3处生态停车场、全长3千米景区车行路及4处水上景观、40余座景观水坝，景区景观水系面积达到1.8万平方米，绿化面积达到60万平方米；建筑面积1500平方米游客咨询服务中心完工，6月19日正式开放营业。井陉县西山翠谷投资200万元，实施停车场场地平整和简易道路建设工程。鹿泉区西部长青旅游休闲度假区投资1.2亿元，实施冰雪小镇、亦禾观光园、德明古镇、溪山综合服务楼等项目建设；鹿泉区君乐宝工业旅游区（优致牧场）项目完成投资5000万元，实施游客中心、旅游厕所、停车场、参观走廊等项目建设。西柏坡纪念馆投资200多万元，维护修缮西柏坡陈列展览馆系统设施，补充完善景区标识标牌，制作“中国梦、赶考行”“社会主义核心价值观”等宣传标语标牌。华北军区烈士陵园纪念碑广场周围绿化升级改造工程及雕塑园雕塑制作、安装完工，白求恩·印度援华医疗队纪念馆改变陈列布展。2015年7月，“2015全国生态文明建设高峰论坛暨城市与景区生态文明成果发布会”在北京举行，石家庄市平山县驼梁景区在此次会议上获评“全国十佳生态文明景区”，这是河北省唯一获此荣誉国家级4A级景区。

【休闲农业与乡村旅游】 开展全国及河北省休闲农业与乡村旅游示范县、示范点创建，平山县获得河北省休闲农业与乡村旅游示范县称号，鹿泉区紫藤庄园、灵寿县幸福小镇生态观光园获得河北省休闲农业与乡村旅游示范点称号。开展乡村旅游“百千万品牌”推介行动，其中，晋州市周家庄乡、灵寿县南营乡大地村获得“中国乡村旅游模范村”称号；5户获评“中国乡村旅游模范户”；42家农家乐获得“中国乡村

2015年4月2日，石家庄春季赏花踏青暨晋州第十届梨花节启动仪式在晋州市周家庄乡举行

旅游金牌农家乐”称号；34人获评“中国乡村旅游致富带头人”。启动美丽乡村休闲游示范创建工程，营造村在景中、人在画中、村景交融的美丽田园风光。主要发展以自然村落为主乡村旅游示范村，并以农民家庭为基本接待单位，采取“政府引导、多元投入、农户参与”方式，推进“吃农家饭、住农家院、干农家活、赏农家景、享农家乐、购农家物”为主要内容农家乐活动，引导游客增加停留、消费和游玩时间；按照整体环境优美、服务管理规范要求，加强乡村旅游基础设施和配套设施建设，挖掘旅游文化内涵，提升和完善旅游道路、旅游咨询、导游讲解、停车场、旅游厕所、旅游购物、标识标牌、文化娱乐等功能；探索发展油菜花、桃花、梨花、向日葵等环境优美、场面宏大、景色迷人、公众喜爱的农事景观，丰富休闲农业类型，培育休闲农业知名品牌，提升“吃、住、行、游、购、娱”要素全面发展。参加河北省旅游局、省扶贫开发办公室举办旅游规划扶贫公益行动，向平山县黄安村、沕沕水村、前大地村、北滚龙沟村等扶贫重点村提供公益性旅游开发咨询服务。启动平山县西柏坡村、前大地村，正定县塔元庄村，栾城区柳林屯村，鹿泉区山后张庄村，赞皇县嶂石岩村，井陉县大梁江村等13个“河北省乡村旅游示范村”乡村旅游开发规划编制，至2015年底，13个村规划初稿完成。2015年平山县北冶乡黄安村和沕沕水村、合河口乡前大地村、宅北乡北滚龙沟村，赞皇县黄北坪乡黄北坪村5个村庄确定为国家首批旅游扶贫试点村。推进赵县旭海庄园、鹿泉区紫藤西山庄园、灵寿县仙凤庄园、高新区佐美庄园、行唐县神树湾生态农业开发园区等乡村旅游重点项目建设。指导鹿泉区紫藤西山庄园举办第一届“紫藤杯”农家厨艺大赛。组织平山县、赞皇县、灵寿县、行唐县部分乡村旅游扶贫重点村村官赴秦皇岛市参加国家旅游局举办的2015年全国乡村旅游扶贫重点村村官培训班。举办全市农家乐从业人员培训班，讲授经营管理、市场营销、餐饮客房管理服务、接待礼仪、安全卫生等知识素养和实务技能。

【旅游宣传促销】 围绕“革命圣地、青翠太行、千年古郡、幸福新城”主题品牌，举办旅游宣传推介和营销活动。中央电视台CCTV-1《朝闻天下》栏目播放5秒钟石家庄旅游宣传片；香港《大公报》整版刊发《强力营销——多彩石家庄走向世界》；与《中国旅游报》《河北日报》《石家庄日报》《河北经济日报》《燕赵都市报》《燕赵晚报》《河北广播电视报》及河北交通电视频道、河北收视指南、河北电台旅游文化广播等媒体合作，宣传石家庄旅游文化活动；利用石家庄旅游网、石家庄旅游新浪微博和腾讯微博、《石家庄旅游》内刊、石家庄旅游微信，推送旅游信息，搭建旅游业界联系沟通桥梁。2015年市旅游局《石家庄旅游》内刊获评“河北省省会优秀出版物”“河北省省会精品内资出版物”，市旅游局新浪微博获评“河北最佳服务民生政务微博”。6月26～28日，第十二届北京国际旅游博览会在国家会议中心举行，石家庄市正定县、藁城区、平山县、赵县等地旅游景区、旅游企业负责人组织包括藁城工艺纸雕宫灯、晋州紫铜浮雕、西柏坡内画、无极剪纸等石家庄特色旅游产品及千手观音舞蹈表演参展。赴日本东京市、大阪市、名古屋市，举办“名桥、古寺”为主题旅游推介活动；赴山东省济南市、青岛市、德州市，山西省太原市、阳泉市、晋中市举办“红色西柏坡 多彩石家庄”旅游推介活动；赴天津市参加2015中国北方旅游交易会。与北京铁路局合作，开展京津冀地区居民跨区旅游休闲活动，继续开行石家庄·西柏坡号、石家庄·正定号旅游专列。修订完善《关于对旅行社招徕游客的奖励办法》，调动和提高旅行社组团到石家庄旅游积极性。

【旅游主题活动】 精心策划“春赏花、夏避暑、秋采摘、冬养生”四季系列旅游产品，组织旅游景区出台门票打折、免费等优惠措施。春节期间，市旅游局联合北京、天津、河北、河南、山西、山东6省（市）15市旅游部门在藁城国御温泉度假小镇举办以“养生温泉、激情冰雪”为主题冬季旅游惠民活动启动仪式，参加景区近100家。4月2日，2015石家庄春季赏花踏青暨晋州第十届梨花节启动仪式在晋州市周家庄乡举行，多家景区推出门票、套票优惠政策。5月15日，“5·19中国旅游日石家庄景区旅游惠民”发布会举行，23家景区发布5月19日旅游惠民措施。其中，平山县的驼梁、藤龙山、紫云山、黑山关景区，藁城区的宫灯博物馆、现代农业观光园，新乐市的伏羲台，灵寿县的五岳寨、秋山，鹿泉区的抱犊寨、西部长青旅游度假区、双凤山、西山紫藤葡萄庄园，井陉县的秦皇古道、仙台山等18家景区实行免门票大优惠；苍岩山实行门票半价；东方巨龟苑、嶂石岩、藁城冰雕极地大世界、国御温泉度假小镇四大景区实行票价打折优惠，门票分别为每人10元、20元、48元、88元。7月8日，市旅游局、市教育局联合举行“幸福园丁·多彩假期”敬教惠师快乐之旅活动启动仪式，专门向教师队伍推出景区门票免票或优惠政策。9月25日晚，市旅游局组织全市旅游企业启动“迎双节”百万市民游省会旅游惠民活动，推出石家庄七大主题42条精品旅游线路。9·27世界旅游日当天，东方巨龟苑、抱犊寨、国御温泉等30多家A级以上景区、工农业旅游示范点推出门票6折等优惠措施，灵寿五岳寨和漫山花溪谷景区中秋节当天免费开放。12月27日，市旅游局联合京、津、冀、晋、鲁、豫、蒙七省（区、市）24市旅游部门，在石家庄以岭健康城共同启动冬季旅游惠民活动。此次活动以“健康养生 温泉冰雪”为主题，时间从2015年12月27日起至2016年2月底。活动期间，京、津、冀、晋、鲁、豫、蒙七省（区、市）25市市民凭有效证件，在石家庄、邢台、沧州、廊坊、秦皇岛、唐山、定州、辛集、北京密云、天津蓟县、包头、郑州、安阳、开封、新乡、德州、太原、阳泉等25个城市近百家景区游览观光，享受门票打折或免费等优惠。各县（市、区）旅游部门利用旅游黄金季、黄金周、小长假期间，组织举办多项旅游节庆活动。主要有：赞皇县旅游推介暨旅游商品展销会及雄浑壮美嶂石岩——千年古县赞皇全国摄影大展获奖作品展示活动；鹿泉区2015“大美天成，山水鹿泉”旅游推介会暨君乐宝“见证欧盟品质”工业游主题月活动；藁城区第十一届梨花节暨首届宫灯文化旅游节，精选推出“赏宫灯、观梨花、摘果蔬、喝青岛啤酒、饮可口可乐、享冰雕温泉”等特色旅游产品；栾城区第十三届草莓采摘节和2015石家庄爱飞客飞行大会暨通用航空展等系列活动；平山县2015平山红叶温泉旅游节和冰雪文化旅游节等系列活动；灵寿县

2015年12月27日，市旅游局联合京、津、冀、晋、鲁、豫、蒙七省（区、市）24市旅游部门，在石家庄以岭健康城共同启动冬季旅游惠民活动

2015RW50 五岳寨国际越野挑战赛。（刘伟东）

【中国旅游城市新媒体营销联盟峰会暨第二届石家庄旅游交易会】 5月8～10日，由国家旅游局、河北省旅游局、石家庄市政府为指导单位，市旅游局、市旅游协会主办的中国旅游城市新媒体营销联盟石家庄峰会暨第二届石家庄旅游交易会在解放广场举行。来自北京、上海、天津等20多个省（区、市）、中国香港、中国澳门及韩国、日本、柬埔寨等国家和地区涉旅单位参展，涵盖境内外旅游管理机构、旅游协会，旅游景（区）点、旅游度假区、旅行社、旅游商品批发商，航空公司、旅游车船公司、旅游文化演艺单位、旅游开发咨询研究机构等。展出面积6500平方米，设立特装展位17个、标准展位60个。其中，主展厅位于解放广场3号厅，设有特色旅游商品区、旅行社展示展销区，景区（点）及旅游机构特装展示区、公共服务区，地方特色展演区，旅游人才交流展区，展出面积3500平方米；广场展出面积3000平方米，集中展出房车、摩托、游艇等旅游装备。旅游交易会期间，举办了中国旅游城市新媒体营销联盟石家庄峰会、旅游项目签约会、总结会、旅游文化展演、旅游专题推介会等旅游主题活动，达成互送游客、旅游包机、旅游项目投资、旅游服务保障等特色合作协议100余份，签约旅游投资项目9个，其中柬埔寨暹粒省与石家庄市签署友好旅游城市协议，成为石家庄市与境外缔结的第一个友好旅游城市。5月8日，中国旅游城市新媒体营销联盟石家庄峰会举行。中国旅游城市新媒体营销联盟会员城市代表、新媒体和旅游信息专家、旅游达人、省会各县（市、区）主管领导和旅游部门负责人参加。本届峰会秉承中国旅游城市新媒体营销联盟“合作创新、智慧营销”核心理念，围绕“新媒体、新常态、新旅游、新天地”主题，探讨构建“互联网＋旅游”新媒体营销模式，创新完善旅游城市间联合营销长效合作机制，交流分享新媒体旅游营销经验，加强旅游城市联盟之间互联互通，推进旅游营销合作联盟化、信息化、专业化，会议发布《中国旅游城市新媒体营销联盟石家庄宣言》。

2015年5月8～10日，中国旅游城市新媒体营销联盟石家庄峰会暨第二届石家庄旅游交易会举行

【京津冀自驾游精品线路】 10月23～25日，2015中国（廊坊）国际自驾车旅行大会在河北省廊坊市举行，河北省旅游部门在此次会议推出京津冀地区10条自驾游精品线路，石家庄市入选3条。分别为：追历史印记，寻古迹遗风——冀南慢品2日游，主要景点：石家庄—内丘邢窑遗址—沙河王硇村—邯郸武灵丛台—永年广府古城—赵县赵州桥—石家庄；特色美食：南宫熏菜、邢台道口烧鸡、黑家水饺、永年酥鱼；特色商品：邢枣仁、河北血杞、丛台酒、赵县雪花梨。车行西山，自由心间——石家庄西山休闲2日游，主要景点：石家庄—君乐宝酸奶文化景区—山前大道（狮身人面像）—鹿泉食草堂—紫海香田薰衣草庄园—石家庄沙湖湿地露营地—灵寿秋山；特色美食：锅贴饼子、榆钱饭、囫囵面、六街缸炉烧饼；特色商品：食草堂皮具等。享自由，品芬芳——河北高速沿线4日游，主要景点：北京—满城汉墓—定州塔—正定园博园—叶子广场（卡尔文汽车营地）—赵县赵州桥—柏乡汉牡丹园—永年广府古城—清河羊绒制品市场—衡水湖（国际汽车露营地）—武强周窝音乐小镇—高碑店白沟箱包交易城—北

京；特色美食：定州清风店小驴肉、定州焖子、正定八大碗、广府缯肘、衡水湖全鱼宴、清河八大碗；特色商品：定州鸭梨、石家庄金凤扒鸡、衡水湖鸭蛋、清河武松家系列酒。

（翟相哲）

【旅游行业管理】 开展旅游市场综合整治，重点开展“零负团费”“挂靠承包”及无资质经营、欺诈和强迫游客消费、兜售假冒伪劣旅游纪念品等违法违规行为专项整治。组建成立市旅游质量工作领导小组，实施旅游行业专项整治行动5项，出动人员600余人次，行政处罚2起，下达整改通知书33份。办理旅游行业投诉、咨询893起，其中投诉391起、咨询502起，多数通过电话沟通及时得到解决；书面受理投诉46起，结案率100%。修订完善《石家庄市旅游突发公共事件应急预案》《旅游景区突发事件应急预案》，与各县（市、区）旅游局签订《安全生产目标管理责任书》《消防安全责任书》《社会管理综合治理责任书》，突出旅游企业安全生产主体责任。在石家庄旅游网公布全市27家4A级以上景区最大承载量和瞬时承载量。节日及重大活动前，组织开展安全生产大检查，加大旅游饭店、景区（点）、旅行社、旅游车（船）公司等安全监督检查力度，及时整改安全隐患。围绕旅行社标准化建设，开展旅行社等级评定和创建工作，2015年河北中旅、河北国旅、河北康辉国旅、河北东方国旅、河北航空天鹅国旅5家旅行社获评4A级旅行社，石家庄春秋国际旅行社获评3A级旅行社。落实《旅行社条例》，推进旅行社责任险统保示范项目，旅行社投保率达100%。256家旅行社统计调查年报网上填报完成。2015年全市注册旅行社10家，备案分社6家，备案服务网点90家，注销分社3家 、服务网点48家，旅行社变更法人、投资人、地址等事项40家，分社变更事项6家，服务网点变更70家。2015年全市新评五星级旅游饭店1家（辛集市皮都国际酒店），四星级旅游饭店1家（元氏元龙大酒店）；开展星级饭店复核复评，评定复核四星级饭店9家；取消东方龙大酒店三星级旅游饭店，凯旋门大酒店、同祥大酒店四星级旅游饭店评定。

（刘伟东）

金　融

Finance

概　述

2015年，全市围绕打造区域性金融中心目标，深化投融资体制改革，引进多元化市场主体，优化金融发展环境。贯彻货币政策，扩大信贷规模。坚持银企对接机制。2015年初，全市召开金融座谈会暨银企对接会，集中推介729个项目，资金需求1540.39亿元。2015年市政府与国家开发银行签署总额800亿元战略合作协议，同时协商推进河北省农业发展银行、省邮政储蓄银行与市政府开展金融战略合作。坚持金融运行分析机制。每月、每季度定期研究石家庄金融运行态势，及时发现问题，分析原因，提出应对措施。坚持重点项目调度机制。针对市领导关注和批示威纳邦、君乐宝、四方通信、新宇宙电动车等重点项目和企业融资问题举行专题对接会，开展进出口企业及外贸企业专题银企对接和上门服务活动，组织金融机构与石家庄循环化工园区企业对接，解决企业重点项目资金筹措问题。至2015年末，全市金融机构本外币各项贷款余额6185.54亿元，比年初增加957.47亿元，较2014年末增长18.31%，提升5.91个百分点，位居全省第一位。2015年12月末，全市本外币存量存贷比为62.65%，比2014年末提高6.94个百分点。2015年，全市本外币增量存贷比为160.69%，比2014年提高49.25个百分点。发展资本市场，提高直接融资比重。2015年市金融工作办公室联合沪深证券交易所、石家庄股权交易所等证券机构共同举行调研活动，多次会诊重点企业，帮助解决企业上市过程中实际困难与问题，企业上市呈现公开市场、场外市场同步发展良好局面。2015年，全市42家企业在多层次资本市场挂牌上市，其中香港1家、创业板1家、新三板26家，天津股权交易所2家，石家庄股权交易所12家；发行各类债券242亿元，其中，短期融资券141.5亿元，中期票据59亿元，企业债11.5亿元，公司债30亿元。发展保险市场，增强保障功能。2015年1～11月，全市保险行业保费收入194.2亿元，同比增长25.9%，位居全省第一位。支持政策性农业保险服务，推行食品责任保险、环境污染责任保险等新兴保险业务。2015年1～11月，全市提供财产和人身风险保障金额9.7万亿元，增长77.7%，实际赔付金额64.1亿元，增长18.6%，有效发挥社会稳定器作用。服务经济建设，2015年1～11月，全市出口信用保险支持外贸出口19.5亿美元，占一般贸易出口额36.8%；503家企业受惠出口信用保险，其中小微企业251家，支持小微企业出口1.7亿美元；帮助企业获得信用保险保单项下贸易融资2.8亿元。推进信用保证保险业务稳健发展，2015年1～11月，全市信用保证保险风险保障金额达到471.4亿元，支付赔款2.6亿元。至2015年11月末，全市保险资金运用余额累计达到508.1亿元。推动金融创新，破解企业融资瓶颈。创新服务机制。全年督促各银行“小企业金融服务中心”等小微贷款专营机构发挥专业化服务作用，全力为中小企业提供融资服务。建立和完善科技支行金融机构，打造专门支持科技创新金融服务平台，2015年全市成立科技支行3家：河北银行2家、工商银行1家。创新金融产品。扩大银团贷款、联保贷款、保理、知识产权质押、供应链融资、承兑汇票等金融产品运用；建设银行“助保贷”产品在全市12个县（市）运行。2015年12月末，全市全部企业贷款余额达到3660.33亿元，同比增长28.31%，其中中小微企业贷款余额2361.09亿元，占比64.50%。2015年，全市新增企业贷款602.49亿元，其中，新增中小微企业贷款363.24亿元，占比60.29%，较2014年同期多增168.17亿元。推进金融改革，健全金融市场体系。2015年市政府印发《关于创新重点领域投融资机制鼓励社会投资的指导意见》(石政发〔2015〕6号)、《关于加快发展现代保险服务业的实施意见》(石政发〔2015〕9号)、《关于建立健全地方金融监管体制的意见》(石政发〔2015〕11号)、《关于进一步加快金融改革发展的意见》(石政发〔2015〕57号)、《关于大力支持企业上市工作的意见》(石政发〔2015〕58号)，市委办公厅、市政府办公厅印发《关于建立与驻石金融机构干部双向挂职机制的意见(试行)》(石办字〔2015〕63号)，市政府办公厅印发《关于进一步加强金融服务促进实体经济发展的实施意见》(石政办发〔2015〕37号)、《关于全市金融重点工作推进措施》(石政办函〔2015〕123号)、《关于进一步深化银企对接工作的实施意见》(石政办函〔2015〕127号)，全力支持金融、实体经济发展。推进金融业发展，修改完善"石家庄市中小微企业贷款风险补偿金管理办法"。2015年平安银行石家庄分行、广发银行石家庄分行开业，晋州农商行获批筹建，河北银监局批复石家庄农村商业银行组建启动。至2015年末，全市共有银行业金融机构37家。维护金融稳定，优化金融发展环境。2015年石家庄市金融业发展存在主要问题表现为整体存贷比偏低、融资贵问题突出、县域金融发展缓慢、非法集资风险防控形势严峻等。2015年3月，全市启动非法集资"风险防范年"活动，举办集中宣传月(2015年4月)、防范非法集资十大专项整治行动(2015年6月中旬至8月底)、非法集资广告讯息集中清理行动(2015年8～10月)等活动，并在石家庄广播电视台开办"金融零距离"节目，以不同形式宣传防范非法集资内容。帮助河北融投做好风险防控，协调处置黄金佳、环渤海等非法集资案件，完成圣瑞案件第二次登记核实，年末全市金融秩序保持基本稳定。

（彭秀文）

银　行

2015年，石家庄银行业面对经济下行压力持续，企业和金融机构经营压力上升局面，运行总体保持平稳。主要表现：企业生产经营困难，盈利能力下降，投资意愿不强，企业贷款需求不足；受整体经济金融环境不佳、同业竞争加剧、产业结构调整等政策因素影响，银行业增贷困难；在信贷质量持续恶化情况下，银行业出于谨慎原则和风险控制要求，新增贷款投放更加注重低风险资产配置，大多投入融资能力强、资金链安全的大中型企业。2015年石家庄银行业总体表现为：存款保持平稳增长，住户和企业存款增长较快。至2015年末，石家庄市金融机构人民币各项存款余额9800.15亿元，比年初增加589.40亿元；住户存款余额4868.93亿元，比年初增加372.87亿元，同比多增128.97亿元。居民财富稳步增长、经济运行减速、投资风险增多，导致避险情绪增强，出现一定资金回流银行趋向。非金融企业存款增速持续加快。至2015年12月末，石家庄市非金融企业存款余额2872.29亿元，比年初增加167.26亿元，同比多增69.9亿元。银行融资规模高于2014年同期，表外业务出现明显下降。主要是2015年以来随着不良贷款反弹压力加大，部分商业银行发放贷款日趋谨慎，原来贷款规模限制在表外运作项目进入表内；银行业监管层加大表外业务监管力度，导致2015年底表外业务出现明显下降。贷款增速加快，结构化特点突出。2015年9月，河北省政府办公厅印发《关于落实全省金融工作座谈会会议精神重点工作的推进措施》，要求金融机构支持和服务实体经济，扩大资金投放。受此政策激励影响，石家庄贷款增速明显加快。至2015年12月末，石家庄市金融机构人民币各项贷款余额6121.10亿元，比年初增加915.18亿元，同比多增221.27亿元。贷款增长主要特点表现为："一高一低""一强一弱""一快一慢"。票据融资高速增长，较年初增加186.69亿元，非金融企业及机关团体中长期贷款增速下降，主要原因是实体经济下行态势明显，贷款有效需求不足；基础设施建设领域贷款增长强劲，主要原因是近年来国家持续加大基础设施建设投入和政策倾斜，制造业贷款增长疲弱；个人住房贷款增长稳步加快，小微企业贷款增速持续减慢。

5次下调存贷款基准利率。3月1日起，全市金融机构人民币贷款和存款基准利率第1次下调。其中，金融机构一年期贷款基准利率下调0.25个百分点至5.35%；一年期存款基准利率下调0.25个百分点至2.5%。5月11日起，全市金融机构人民币贷款和存款基准利率第2次下调。其中，一年期贷款基准利率下调0.25个百分点至5.1%，一年期存款基准利率下调0.25个百分点至2.25%。6月28日起，全市金融机构人民币贷款和存款基准利率第3次下调。其中，金融机构一年期贷款基准利率下调0.25个百分点至4.85%；一年期存款基准利率下调0.25个百分点至2%。8月26日，全市金融机构人民币贷款和存款基准利率第4次下调。其中，金融机构一年期贷款基准利率下调0.25个百分点至4.6%；一年期存款基准利率下调0.25个百分点至1.75%；一年期以上定期存款利率浮动上限放开。10月24日，全市金融机构人民币贷款和存款基准利率第5次下调。其中，一年期贷款基准利率下调0.25个百分点至4.35%；一年期存款基准利率下调0.25个百分点至1.5%。非限购城市首套房首付款比例下调。9月30日，石家庄市执行中国人民银行决定，居民家庭首次购买普通住房商业性个人住房贷款，最低首付款比例由原来不低于30%调整为不低于25%。2家商业银行分行开业。4月16日，平安银行石家庄分行开业；11月10日，广发银行石家庄分行开业。至2015年末，全市银行业金融机构达到37家，其中包括10家全国性股份制商业银行、9家村镇银行、5家城市商业银行。

表30　　2015年石家庄地区全部金融机构人民币信贷收支情况一览表

2015—12—31

来源项目名称	金额（亿元）	运用项目名称	金额（亿元）
一、各项存款	9800.15	一、各项贷款	6121.10
（一）境内存款	9798.57	（一）境内贷款	6121.08
1. 住户存款	4868.93	1. 住户贷款	1699.16
（1）活期存款	1516.53	（1）短期贷款	485.41
（2）定期及其他存款	3352.40	消费贷款	111.96
2. 非金融企业存款	2872.29	经营贷款	373.45
（1）活期存款	955.61	（2）中长期贷款	1213.75
（2）定期及其他存款	1916.68	消费贷款	1022.07
3. 广义政府存款	1724.55	经营贷款	191.68
（1）财政性存款	131.81	2. 非金融企业及机关团体贷款	4421.92
（2）机关团体存款	1592.74	（1）短期贷款	1652.82
4. 非银行业金融机构存款	332.80	（2）中长期贷款	2189.30
（二）境外存款	1.58	（3）票据融资	428.93
二、金融债券		（4）融资租赁	129.77

（续表）

来源项目名称	金额（亿元）	运用项目名称	金额（亿元）
其中：境外发行		（5）各项垫款	21.10
三、卖出回购资产	16.88	3. 非银行业金融机构贷款	
四、借款及非银行业金融机构拆入	0.09	（二）境外贷款	0.03
五、联行往来（净）		二、债券投资	199.78
六、应付及暂收款	219.90	其中：境外债券	
七、各项准备	142.24	三、股权及其他投资	216.46
八、所有者权益	287.05	四、买入返售资产	37.75
其中：实收资本	125.48	五、存放非银行业金融机构款项	0.00
九、其他	-779.10	六、联行往来（净）	2987.85
		其中：境内存放二级准备金	399.05
		七、金银占款	
		八、外汇买卖	3.06
		九、应收及预付款	43.95
		十、投资性房地产	0.52
		十一、固定资产	76.74
资金来源总计	9687.21	资金运用总计	9687.21

注：本表机构包括中国人民银行、银行业存款类金融机构、银行业非存款类金融机构。

表 31　　2015 年石家庄地区全部金融机构外汇信贷收支情况一览表

2015—12—31

来源项目名称	金额（亿元）	运用项目名称	金额（亿元）
一、各项存款	11.33	一、各项贷款	9.92
（一）境内存款	11.23	（一）境内贷款	9.92
1. 住户存款	4.62	1. 住户贷款	0.05
（1）活期存款	2.57	（1）短期贷款	0.04
（2）定期及其他存款	2.06	消费贷款	0.04
2. 非金融企业存款	5.82	经营贷款	
（1）活期存款	2.46	（2）中长期贷款	0.00
（2）定期及其他存款	3.37	消费贷款	0.00
3. 广义政府存款	0.63	经营贷款	

（续表）

来源项目名称	金额（亿元）	运用项目名称	金额（亿元）
（1）财政性存款		2. 非金融企业及机关团体贷款	9.88
（2）机关团体存款	0.63	（1）短期贷款	2.05
4. 非银行业金融机构存款	0.16	（2）中长期贷款	7.36
（二）境外存款	0.10	（3）票据融资	
二、金融债券		（4）融资租赁	
其中：境外发行		（5）各项垫款	0.46
三、卖出回购资产		3. 非银行业金融机构贷款	
四、借款及非银行业金融机构拆入	0.02	（二）境外贷款	
五、联行往来（净）		二、债券投资	
六、应付及暂收款	0.03	其中：境外债券	
七、外汇买卖	0.56	三、股权及其他投资	
八、各项准备	0.13	四、买入返售资产	
九、所有者权益	0.02	五、存放非银行业金融机构款项	0.01
其中：实收资本	0.07	六、联行往来（净）	1.76
十、其他	-0.33	其中：境内存放二级准备金	0.09
		七、应收及预付款	0.06
		八、投资性房地产	
		九、固定资产	
资金来源总计	11.75	资金运用总计	11.75

注：本表机构包括中国人民银行、银行业存款类金融机构、银行业非存款类金融机构。

（樊秀华）

中国人民银行石家庄中心支行

【概况】 2015年，中国人民银行石家庄中心支行严格执行稳健货币政策要求，加强信贷投向监测与核查，把握信贷投放力度和节奏，落实差别准备金动态调整政策，实施降准、降息等预调微调措施。扩大直接融资规模，成立河北省推进票据融资发行工作组，制定《河北省银行间市场债务融资发展三年规划》。加强货币政策宣传与沟通，引导和稳定社会预期，及时披露金融数据和区域金融运行情况。落实精准扶贫政策，2015年中国人民银行石家庄中心支行、河北省扶贫开发办公室联合实施金融扶贫富民工程，设立产业贷、农户贷及建档立卡贫困户贷款项目。加快小额票据贴现分中心建设，全力化解中小微企业“融资难、融资贵”问题。至2015年末，石家庄市金融机构人民币各项存款余额9800.15亿元，比年初增加589.40亿元；住户存款余额4868.93亿元，比年初增加372.87亿元，同比多增128.97亿元。至2015年末，石家庄市金融机构人民币各项贷款余额6121.10亿元，比年初增加915.18亿元，同比多增221.27亿元。2015年全市5次下调存贷款基准利率，年末全市一年期贷款基准利率下调至4.35%，一年期存款基准利率下调至1.5%。2家商业银行分行开业。4月16日，平安银行石家庄分行开业；11月10日，广发银行石家庄分行开业。2015年末，全市共有银行业金融机构37家。

【金融改革与管理】 利率市场化改革。建立市场利率定价自律机制，发布《河北省市场利率定价自律公约》，实现利率市场秩序保持平稳。存款保险制度落地，首期保费收缴按期完成；搜集投保机构基础数据，开展投保机构风险评级“试打分”，奠定风险评级基础。外汇管理改革。实施直接投资外汇登记下放银行办理和资本金意愿结汇改革，推进跨境投资便利化程度。开展跨国公司外汇资金集中运营管理业务试点，企业集团外汇资金运作更加高效。落实保险外汇新政策，促进保险业健康发展。完善外汇监管举措，建立全省外汇指定银行季度例会制度。加强货物、服务、外资、外债等主要渠道监管，防范跨境资金流动冲击风险。推动外汇管理转型，完善重点行业、重点企业跟踪监测分析制度。制定企业外汇主体监管办法，探索建立“全口径”“一体化”主体监管指标体系和工作机制。金融风险管理。落实金融风险监测评估措施，密切关注房地产、产能过剩行业及政府融资平台等领域风险。开展银行储户存款被非法转走案件专项排查，下发风险提示。制定印发银行业金融机构执行中国人民银行金融管理政策评价办法，形成覆盖省、市、县三级机构评价体系。开展支付结算、国库、征信、外汇等专项检查及打击利用离岸公司和地下钱庄转移赃款专项行动，规范执法程序，提高执法水平。2015年银行业河北省数据中心建成运行。推进内审工作转型，完善主审人报告制度，提高当面报告频次和力度，为领导决策、组织治理提供服务。完善财务收支制度，印发加强财务管理工作的意见，严肃财经纪律，强化预算管理，开展预算绩效评价试点。完善事后监督流程，落实现场检查全覆盖要求，有效防范资金风险和案件发生。金融安全管理，以《安全保卫目标责任书》为抓手，落实“一把手”责任制度；严格要害部门、关键岗位保密管理，开展办公网络、涉密计算机、涉密载体等保密检查，做到失泄密事件零发生；健全系统应急指挥体系，完善石家庄中心支行各项应急预案，研究学习突发事件应急处置案例库内容，提高突发事件应对处置能力和水平。县级支行建设。制定印发《关于进一步加强辖内支行建设的意见》，围绕优化岗位流程、加强领导班子和队伍建设、完善激励机制、加强培训和业务帮扶、提高经费保障水平、改进业绩考核、加强监督管理等内容提出明确意见和措施。

【京津冀金融协同发展】 4月1日，人民银行石家庄中心支行组织召开金融支持京津冀协同发展工作小组座谈会。会议提出，京津冀协同发展已从总体谋划转向加快推动专项规划和大力实施相结合阶段，与京津合作事项和项目开始全面实施。会议围绕如何做好2015年金融支持京津冀协同发展提出5点要求：各金融机构要全力做好京津冀协同发展金融支持和服务，大力支持京津产业转移、承接和项目合作；加大京津冀协同发展基础设施建设和重大项目信贷支持；加强与地方政府和有关部门沟通协作，协调推进各地银企、银政对接，并结合河北省产业转型升级实际需求，采取疏堵结合、区别对待、不搞“一刀切”方式，营造良好的金融支持环境；推进扶贫开发金融服务，支持贫困地区服务业、旅游业、养老休闲和现代农业园区等特色优势产业发展，创新发展扶贫小额信贷，提高贫困农户贷款满足率；完善金融基础设施服务，推动京津冀三地在科技、征信、支付、跨境人民币业务等领域建立合作机制，开展区域信用体系建设，改善农村支付环境。

6月30日，人民银行石家庄中心支行联合北京市金融工作局、天津市银行业协会、河北省金融工作办公室及曹妃甸区政府共同主办金融协同共建曹妃甸示范区融资培训对接会在唐山市曹妃甸区举行。85家金融机构和48家企业负责人到会共商合作及对接事项。会议提出，全省金融机构要将支持曹妃甸示范区建设作为重点，加强针对性制度和产品创新，推出可复制、可推广的产品与服务，并通过曹妃甸向全省辐射；抓住机遇，创新融资模式，通过股权融资、利用资产证券化等新型工具，拓宽企业融资渠道，加大对接支持力度；以“河北省金融支持曹妃甸发展联席会议制度”为基础，以对接活动为契机，实现金融支持曹妃甸发展，打造好为曹妃甸提供综合金融服务平台。此次会议以金融共建曹妃甸示范区融资培训对接会为平台，在京津冀金融合作等方面取得突破性进展，收获一批成果。主要为：促成京津冀金融合作，北京市金融工作局、天津市银行业协会、河北省金融工作办公室及人民银行石家庄中心支行初步达成合作意愿；形成金融支持曹妃甸、建设京津冀协同发展示范区长效机制，人民银行石家庄中心支行牵头制定“河北省银行业支持曹妃甸发展联席会议制度”，形成定期沟通机制，并确定利用曹妃甸区政府官方网络平台，以专栏形式及时发布重点项目进展等重大信息；初步搭建起京津冀政银企对接平台，参会38家机构与曹妃甸区政府签署合作备忘录，商议3年内意向授信4834亿元，其中与北京、天津机构签约，打通北京、天津金融资源向曹妃甸引入渠道；促进河北省及曹妃甸地区企业融资，举办河北省人民银行分支机构、银行业金融机构业务人员及有意向通过金融市场融资省内骨干企业人员培训，宣传融资知识、政策及技巧，极大提高融资质量和效率。此次培训对接会上，中国银行河北省分行、交通银行河北省分行、农业银行河北省分行、建设银行河北省分行还分别与华夏幸福基业股份有限公司、开滦（集团）有限责任公司、唐曹铁路有限责任公司、唐山大学城开发建设有限公司签署战略合作协议，达成360亿元融资意向，拓宽了河北省大型骨干企业融资渠道。

【“人民银行经理国库30周年”主题宣传活动】 5月30日，人民银行石家庄中心支行组织驻石家庄22家省级银行业金融机构在中国银行河北省分行门前广场，开展以“人民银行经理国库30周年”为主题国库、金融知识宣传活动，人民银行石家庄中心支行及全市22家商业银行共计60余人参加活动。广场现场统一摆放宣传展台和展板，设立咨询台23个，展示宣传板报30版，设置宣传气球条幅4条。主要宣传内容包括：国库基础知识、国债知识、纳税知识及相关金融政策等。宣传人员在宣传展台现场讲解国库金融知识，并走上街头、进入公交站台向群众发放宣传资料。此次宣传活动有效普及人民银行经理国库30年取得的成就，加深了民众对新预算法和“央行经理国库，服务千家万户”认知度，共计接受群众咨询1000余人次，现场发放宣传资料5000余份。

【《河北省市场利率定价自律委员会自律公约》】 根据中国人民银行决定，自2015年10月24日起，商业银行、农村合作机构、村镇银行、财务公司等金融机构不再设置存款利率浮动上限。这是1996年利率市场化改革以来分量最重一次政策调整，标志中国利率管制政策基本放开。为保证利率市场化改革有效支持和服务实体经济健康发展，2015年河北省市场利率定价自律委员会向包括银行业金融机构、财务公司在内全体成员单位正式发布《河北省市场利率定价自律委员会自律公约》(简称《公约》)。该《公约》公开征求河北省56家成员单位意见，获得中国工商银行河北省分行、国家开发银行河北省分行、河北银行、光大银行石家庄分行等12家核心成员一致同意；由总则、权利义务、禁止行为、违约处罚及附则五章共计16条组成。主要内容：规定各成员单位有权根据中国人民银行利率调控政策，制定符合河北省市场利率定价自律机制要求的存贷款利率和其他金融产品价格，有权对违反自律机制的事项向自律委员会举报并要求调查核实、公布调查结果；各成员单位必须遵守《公约》规定，有义务向自律委员会上报本单位金融产品利率定价相关情况，自觉接受自律委员会的检查监督和监测指导；严禁各成员单位利率定价违反市场原则、扰乱市场秩序，禁止夸大或误导宣传、诋毁同业商品服务、提供虚假利率信息、通过抱团方式损害客户利益等；对违反规定成员单位，自律委员会有权采取道义劝说、诫勉谈话、通报批评、公开曝光、罚款、停业整顿等处罚措施；设立举报中心，开通举报电话、网络举报等途径，加大监督查处力度。

【金融服务】 金融数据质量提高，编制《京津冀区域经济金融主要指标对照表》，探索建立钢铁行业和曹妃甸区域统计制度，丰富挖掘和利用数据价值手段。发挥金融学会桥梁纽带作用，完成第八届河北省金融学会换届；资助开展课题研究，增强服务经济社会发展能力。推广第二代支付系统应用完成，ACS综合前置子系统顺利上线。改善农村支付环境，以河北省政府文件形式印发指导意见；开通助农取款服务点跨行支付功能，拓宽资金存取转通道。金融IC卡行业应用服务平台验收完毕，金融IC卡在公交、出租车等消费类行业拓展应用加快。打击洗钱违法行为，开发洗钱风险评估和金融机构年度考核管理系统，建立地方法人机构大额可疑交易自定义报告综合试点，提高反洗钱工作效能。做好发行基金计划调拨，优化券别结构，保障现金需求。2015年版第五套人民币100元券发行调拨任务完成，全部银行机构在用机具升级完毕。稳妥实施普通纪念币发行方式改革，推行兑换信息公开，实现网上预约发行和现场发行秩序良好，较好满足公众需求。开展发行库岗位练兵，提高钞票处理效率，提升流通中人民币整洁度，超额完成人民银行总行下达销毁任务。加强国库管理，落实国库会计标准化管理制度，实现“库款零在途、业务零差错、资金零风险”会计核算目标。开展河北省国库集中支付电子化管理改革和金税三期系统工程建设，国库管理信息化程度提升。制定出台《河北省信用体系建设规划（2014-2020）》，省级信用信息共享平台实现工商、质监、税务等11个部门信用信息联通共享，实施环保违法、重大税收违法等失信行为联合惩戒措施。2015年农村信用体系试验区增至13家。强化征信业务监管，完善金融机构季度例会制度，开展多层次现场检查，全力保障信用信息安全。开展评级业务监测和分析，规范信用评级市场健康发展。推进应收账款融资服务平台应用，助力解决中小企业融资难问题。

中国人民银行石家庄中心支行

行　　长：陈建华（兼国家外汇管理局河北省分局局长）

副 行 长：李小秋（兼国家外汇管理局河北省分局副局长）

贾广军

李伟　（3月免）

王彦青　文洪武

卢钦　（3月任）

工会主任：李双锁

纪委书记：高兰根

副巡视员：李晶玲

（樊秀华）

中国农业发展银行河北省分行营业部

【概况】 2015年，中国农业发展银行河北省分行营业部贯彻落实党中央、国务院关于农业发展银行改革安排部署，主动围绕农业现代化、城乡一体化和京津冀协同发展，有效发挥政策性银行支持作用，推进“三农”重点领域和薄弱环节建设。全年分行营业部发放夏粮收购贷款13.71亿元，支持企业收购小麦5.30亿千克；发放玉米收购贷款9.23亿元，支持企业收购玉米4.22亿千克。执行国家稳增长、调结构、惠民生政策，开办水利专项过桥贷款、易地扶贫搬迁贷款、重点建设基金投资等业务。2015年分行营业部贯彻落实党中央、国务院关于农业发展银行开办专项建设基金投资业务要求，主动服务国家战略，推进与市发展改革委等部门及投资企业沟通协调，严把建设项目准入关口、时间节点和步骤，做好四批专项建设基金投资项目对接、筛选和初评。全年专项建设基金投资业务审批项目19个，其中放款17个，金额12.63亿元；支取3.85亿元，占到总投放金额30.48%。坚持存款立行发展理念，出台存款奖惩措施及制度，开展存款高端营销、全员营销等活动，实现存款业务较大增长。加强金融风险防控，落实信贷监管制度，全年不良贷款保持为零。狠抓粮食促销收贷，按时实现粮食收购贷款本息“双结零”目标。至2015年末，分行营业部各项存款余额达到54.23亿元，比年初增加21.79亿元；发放各项贷款83.14亿元，同比多放34.64亿元，累计各项贷款余额达到166.14亿元，比年初增加28.76亿元。2015年分行营业部获评全省农业发展银行系统经营绩效考核一等奖。

【存款业务】 落实激励奖惩措施。修订《业务经营专项量化指标考核办法》，提高存款业务考核分值。出台《存款高端营销考核办法》，按月通报高端营销进展情况，年终兑现奖惩；发挥县级支行领导班子存款营销引领带动作用，全年高端营销日均存款余额达到4.79亿元。鼓励全员营销。制定《存款营销能手评选办法》《突出贡献奖评选办法》，开展优秀存款营销能手评选活动，激发全员推进存款业务热情。举办存款账户营销专项活动，重点考核县域公共存款、财政存款和同业存款账户营销数量、新营销账户日均存款余额；列支20万元管理费用作为考核奖励金，重奖营销存款账户先进单位和优秀个人。加强与地方政府、财政及涉农部门联系，全辖17个支行有16个实现由财政支农资金主办行向主存行转变。至2015年末，分行营业部各项存款余额达到54.23亿元，比年初增加21.79亿元；各项存款日均余额38.28亿元，较2014年增加11.72亿元。

【信贷业务】 执行国家稳增长、调结构、惠民生政策，推进信贷资产向多元化发展。2015年分行营业部累计发放各项贷款83.14亿元，同比多放34.64亿元；年末分行营业部各项贷款余额达到166.14亿元，比年初增加28.76亿元。履行政策性银行职能，落实国家粮食宏观调控政策，支持粮棉油收储业务。2015年累计发放粮棉油储备及轮换贷款4.94亿元。加强与粮食部门、中储粮直属企业沟通协调，促成小麦最低收购价预案启动，发放托市收购贷款1.35亿元，支持企业收购小麦0.52亿千克。国家政策性粮食跨省移库完成，累计发放跨省移库贷款2.4亿元。完善银政、银企定期沟通协调机制，支持开展专项储备贷款业务，累计发放化肥储备贷款8.04亿元，支持企业入储化肥38.19万吨。实行前后台联合办贷制度，规范“一站式”办贷流程，提前做好夏、秋粮收购企业评级授信、贷款资格认定、贷款额度核定、收购网点确定等工作，做到“钱等粮”要求。2015年累计发放夏粮收购贷款13.71亿元，支持企业收购小麦5.30亿千克；累计发放玉米收购贷款9.23亿元，支持企业收购玉米4.22亿千克。开展政策性中长期贷款业务，支持农业开发和农村基础设施项目建设。2015年累计发放中长期项目贷款40.06亿元，同比多放29.76亿元。落实国务院决策部署和总行、分行加快推进重大水利工程建设项目专项过桥贷款要求，科学设计贷款方案，优化办贷流程，开通绿色通道，发放专项过桥贷款25.14亿元。加强与正定新区管委会沟通，推进贷款投放。2015年分行营业部向正定新区发放贷款4.53亿元，年末正定新区项目贷款投放总额累计达到74.44亿元。制定《中长期贷款项目异地营销奖励暂行办法》；发挥县级支行员工特别是班子成员资源优势，开展跨区营销、异地营销；2015年成功营销石家庄空港工业园区项目15亿元，有效促进中长期信贷业务发展。

【国际业务】 开展上下联动和部门协作，促进本外币一体化经营。推进外汇结算业务、贸易融资业务双向发展，落实名单制营销管理措施，并以跨境人民币业务和资本金结汇业务为突破口，采取高端营销和大客户营销方式，拓展贸易融资业务资源。建立健全激励机制，修订完善《国际业务营销竞赛办法及“国际业务营销能手”评选暂行办法》，加大发展国际业务有突出贡献县级支行和员工个人奖励力度。强化基础管理，规范业务操作，2015年河北省分行营业部被国家农业发展银行总行确定为国际业务“三星级”经办行。至2015年末，分行营业部办理国际结算业务5678万美元，同比增加1241万美元；办理贸易融资971万美元，占全省农业发展银行系统业务量69.8%，同比增加48万美元。

中国农业发展银行

河北省分行营业部

总 经 理：赵自现

副总经理：周敬军　张锁

　　　　　李志勇

（王伟光）

中国工商银行
河北省分行营业部

【概况】 2015年，中国工商银行河北省分行营业部投放各类贷款458.71亿元（含票据），年末累计投放各项贷款余额达到692.81亿元，较年初增加81.72亿元。其中，公司贷款453.88亿元，增加16.7亿元；个人贷款200.35亿元，增加44.56亿元。至2015年末，分行营业部全部存款余额967.51亿元，较年初增加25.31亿元。其中，储蓄存款547.31亿元，增加42.37亿元。全年分行营业部中间业务收入8.23亿元，实现净利润15.18亿元。加快网点渠道创新，新建智能化网点36家，投入运营19家，并在全省率先推出“智能化服务模式”。增强“三农”服务能力，全年在32个行政村建设助农服务点32家。加强金融风险防控，健全管理制度，开展专项检查，有效遏制案件事故及重大风险事件发生。开展消费者权益日、金融知识万里行、金融知识普及月等主题宣传活动，采取网点阵地、深入社区、专业市场、走进校园等方式，举办各类防范非法集资、信用卡使用、识别假币、金融理财等知识宣传。履行企业社会责任，举行“我就是省会，我就是省行营业部”主题大讨论活动，引导全员主动融入京津冀协同发展。举行爱心帮扶活动，组织员工到石家庄周边孤儿院、孤寡老人院、贫困山区小学献爱心。2015年分行营业部员工分别赴赞皇县下马峪小学，启动“光明有爱”爱心暖冬捐赠行动；赴邢台市宁晋县边村黎明职能康复中心，捐赠洗衣机、保暖衣物和运动鞋等物品；赴井陉县南障城镇支沙口小学，捐赠教学设备和6名特困学生书本费用。

【业务发展】 至2015年末，全辖各项贷款余额692.81亿元，较年初增加81.72亿元。支持重点项目和基础产业建设。抓住京津冀协同发展机遇，优化新增贷款流量和投向，全年发放京津冀项目贷款11.7亿元；已审批未发放项目贷款202.25亿元。主动跟进大项目建设、战略新兴产业发展、传统产业升级改造进程，实行亿元以上项目、列入河北省“三个一百”和石家庄市“双11”企业等重点项目名单制管理，全年累计为省市重点项目和客户发放贷款178亿元。支持棚户区改造等保障性住房开发项目建设及环保等民生领域发展，助推信用消费，拉动内需增长。2015年分行营业部发放个人贷款73.57亿，年末个人贷款发放余额突破200亿元，达到200.35亿元，较年初净增44.56亿元，个人贷款累计发放、净增量均创下历史新高；发放居民购车、装修、教育、旅游等分期付款交易额14.01亿元。探索小微企业金融服务创新，重点针对特色产业集群、专业市场制定“一对多”融资方案。全年累计送报融资方案11个，发放个性化融资方案小企业贷款52笔、4.56亿元。开展“互联网+大生态”活动，与多地县政府及商务部门开展互联网电子商务洽谈，助推县域经济发展。与石家庄市科技局对接，探索开展“银证通”业务，并设立东胜科技支行，满足“大众创业，万众创新”金融服务需求。

【网点渠道建设】 推动网点服务转型，提升服务质量。2015年分行营业部优化低效网点10家，调整15家；新建离行式自助银行38家，投入运营5家；建设“自助+理财”网点15家；创建线上“胜利家园”和“开发家园”，搭建网点“一公里生活圈”消费平台，成功签约特约商户200多家，会员达到1.2余人；增强“三农”服务能力，建设助农服务点32家。加快网点运营标准化改革，实现高低柜配比达到0.64∶1，人均业务量较改革前提升13%。提高服务效率，全年网点客户平均候时13.89分钟，较年初缩短1.45分钟。2015年河北省分行营业部在全省网点标准化提升月活动评比中获得第一名。

中国工商银行河北省分行营业部

总 经 理：沈学勤（兼省行行长助理，9月免）

王爱东（兼省行副行长，9月任）

副总经理：杜建国 韩晓坤 侯惠鹏 李宏伟 王国强

纪委书记：程春明

工委主任：冯建中

（郭亮）

中国农业银行河北省分行营业部

【概况】 2015年，中国农业银行股份有限公司河北省分行营业部助力实体经济发展，支持城市基础设施、电力建设、棚户区改造、轨道交通等重点项目及制药、生物化学、制造、物流等领域市属重点企业发展。全年分行营业部重点项目、重点客户新增贷款45.8亿元，新增贷款占比达到77.9%。个人贷款快速增长。至2015年末，分行营业部个人贷款余额达到123亿元，同比增加32亿元，占到全部贷款22.7%，较2014年提升2.6个百分点。其中，个人住房贷款余额达到111亿，较年初增加35亿，增量占比110%。加大现代农业、新型经营主体、城镇化建设和扶贫领域金融支持，2015年底，县域、涉农和小微企业贷款增速分别达到35.46%、14.59%和20.16%。推进国家贫困县脱贫致富，2015年石家庄平山县、灵寿县、行唐县、赞皇县4个国家级贫困县县域贷款余额达到26亿元，同比增长14亿元。至2015年末，河北省分行营业部各项存款余额达到1132亿元，较年初增加62亿元；各项贷款余额达到543亿元，净增86亿元，增量份额占比24.69%；贷存比达到48%，较年初提高5个百分点；实现中间业务收入7.1亿元。2015年是河北省分行营业部贷款投放最多、增长最快一年，贷款增量份额位列同行业第二名。

【信贷业务】 助力实体经济发展，重点围绕城市基础设施、电力建设、棚户区改造、轨道交通等重点项目及制药、生物化学、制造、物流等领域市属重点企业发展，加大金融支持。至2015年末，分行营业部重点项目、重点客户新增贷款45.8亿元，新增贷款占比达77.9%；18个重点项目评估工作完成，涉及金额234亿元，其中成功审批7个，金额69亿元。改革创新服务方式，采取承兑汇票+银行贷款等产品组合，降低企业融资成本。拓展融资结算渠道，采用信用证、福费廷、国际保理、进口代付、出口押汇等贸易融资产品，支持进出口企业发展。助推住房贷款业务，根据石家庄房地产业发展形势，确定个人贷款重点发展方向。至2015年末，分行营业部个人贷款余额达到123亿元，同比增加32亿元，占到全部贷款22.7%，较2014年提升2.6个百分点。其中，个人住房贷款余额达到111亿，较年初增加35亿元，增量占比110%。提升小微企业审贷效率和服务能力，确定小微企业不收取承诺费、资金管理费等额外费用，降低融资成本。至2015年末，分行营业部小微企业贷款（含个体工商户和小微企业主）达到26亿元，较年初增加4.4亿元，增长20.16%，高于农业银行平均水平1.37个百分点；小微企业贷款户数2001户，比2014年同期增加1156户；申贷获得率95.09%，高于2014年同期0.01个百分点。

【惠农项目】 重点围绕现代农业、新型经营主体、城镇化建设和扶贫等领域，加大金融支持。至2015年末，县域、涉农和小微企业贷款增速分别达到35.46%、14.59%和20.16%，均高于农业银行平均增速，监管指标全面达标。深化与农业产业化龙头企业合作，围绕农业产业化上下游需求开展延伸服务。探索服务模式，支持农民专业合作社、家庭农场、种养大户等新型农村经营主体。助力流通体系建设，重点支持农产品加工配送中心和农超对接体系，加大产地、销地农产品批发市场与基地设施金融服务。围绕石家庄市政府提出县域经济发展战略，支持城镇基础设施建设及农村医疗卫生、农村住房、旅游等领域发展。结合县域特点，利用龙头企业带动、重点项目带动、特色产业带动、政府增信机制建设等模式，开展法人、个人贷款互补联动，推进国家贫困县脱贫致富。至2015年末，石家庄平山县、灵寿县、行唐县、赞皇县4个国家级贫困县县域贷款余额达到26亿元，同比增长14亿元。

【网点渠道建设】 至2015年末，分行营业部拥有营业室、分理处等各类人工网点155个，离行式自助银行57个，ATM等自助设备720台，转账电话4万台，POS机1.7万台。开展网点转型验收、网点服务环境标杆网点评选、微笑服务柜员评选等活动，树立网点服务标杆，提升服务质量。推进“E农管家”电商平台业务营销，完善农村支付结算市场。加快“惠农通”工程建设，扩大服务覆盖面，丰富服务功能，提升为农村居民综合金融服务水平。至2015年12月底，河北省分行营业部拥有“惠农通”服务点6288个，电子机具行政村覆盖率达到83.24%，涉农代理项目达到132个。

中国农业银行股份有限公司
河北省分行营业部

总 经 理：宋雷
副总经理：刘卫民　张万钧
　　　　　刘涛　（7月任）
　　　　　刘炳午　孟贵武
　　　　　吕海慧
纪委书记：刘卫民（兼）

（李强　李世庆）

中国银行
石家庄管理部

【概况】 2015年，中国银行石家庄管理部抓住京津冀协同发展和企业走出去战略机遇，落实存款立行、信贷兴行、科技强行经营策略，加快科技应用和电子化建设。至2015年末，石家庄管理部累计拥有对公基础客户29646户，有效客户5440户；企业网银交易客户数15037户；个人存量有效客户数1681262户；个人电子银行总交易客户数238011户，手机银行总交易客户数137690户。至2015年末，石家庄管理部人民币各项存款余额659.05亿元，较年初增加25.35亿元；人民币各项贷款余额368.29亿元，较年初增加51.00亿元。加强金融风险防控，制定出台《惩治和预防腐败体系建设2015年工作任务分解表》，明确部门责任；开展“合规操作、杜绝案件”和“我知规、我守规”主题教育活动，落实案件防范责任制；利用“微信群”工具，举行青年员工内控知识及案例讨论20余次；围绕“银行员工如何远离职务犯罪”主题，邀请检察系统专家作员工警示教育讲课，安排151名新员工到河北省直机关反腐教育基地参观。2015年石家庄管理部全辖无重大内控风险案件发生。重视企业文化建设。举办社会公益活动，全年102名职工及家属参与义务植树活动，栽植树木400余棵；8次走进裕东社区，开展党员志愿服务活动，帮助社区清理卫生，看望慰问孤寡老人和困难户，累计参与人数300人次。关心职工生活，举办三八妇女节“心理健康自我维护”专题讲座，开展“春节趣味运动会”，增强职工向心力和凝聚力。举办石家庄管理部首届“中银杯”足球赛、首届职工运动会及纪念抗日战争胜利七十周年歌咏比赛；搭建摄影爱好者平台，成立管理部摄影家协会。

【信贷业务】 2015年石家庄管理部拥有对公基础客户29646户，有效客户5440户。企业网银交易客户数15037户。其中，保有客户10505户，保有率80.57%；新激活客户4532户。当年新开户网银交易捆绑率90.65%。2015年石家庄管理部个人存量有效客户数1681262户，其中新增223616户；个人电子银行总交易客户数238011户，手机银行总交易客户数137690户。至2015年末，石家庄管理部人民币各项存款余额659.05亿元，较年初增加25.35亿元。其中，人民币公司存款（含保险公司存款）余额339.79亿元；人民币储蓄存款余额319.27亿元。人民币同业存款余额20.98亿元，较年初新增16.65亿元。外币各项存款余额3.51亿美元，较年初增加0.91亿美元。至2015年末，石家庄管理部人民币各项贷款余额368.29亿元，较年初增加51.0亿元。其中，公司贷款227.71亿元（人民银行口径，含贸易融资和非存款类金融机构拆放）；零售贷款138.91亿元。全行不良授信资产余额3.27亿元，较年初增加1.16亿元，不良率0.78%，较年初上升0.07个百分点，资产质量总体可控。

【智能银行建设】 推进智能银行建设，提升渠道效能。2015年石家庄管理部建成智能化网点25家，累计总数达到46家，占比56%。实施网点智能化改造，发挥电子交易优势。至2015年末，石家庄管理部电子渠道金融交易迁移率达到75.46%，同比提高5.82个百分点；柜台可迁移未迁移至电子渠道交易占比17.72%，同比下降8.30个百分点；可迁移未迁移至自助渠道交易占比9.99%，同比下降9.91个百分点。

中国银行石家庄管理部

总 经 理：张立波

副总经理：边向利　于大为
　　　　　赵永军　王电生
　　　　　韩蔚

纪委书记：包乃玉

（刘志辉　焦慧杰）

中国建设银行河北省分行营业部

【概况】 2015年，中国建设银行河北省分行营业部市场竞争力、价值创造力和系统贡献度大幅提升，主要业务指标实现“系统第一，同业领先”目标，并被建设银行总行列入全国重点发展城市行。至2015年末，分行营业部一般性存款时点余额1124亿元，新增54.5亿元；日均余额1178亿元，位列系统和同业第一。各项贷款余额724.7亿元，新增82.4亿元，同比增长12.8%，贷款余额位列系统、同业第一。实现拨备前利润27.3亿元、经济增加值14亿元，利润总量首次获得系统、同业第一名。中间业务收入9.06亿元，同比增长20.3%，均居系统、同业第一名。客户范围扩大。全年新增对公有效客户超额完成河北省分行计划，新增数量居系统、同业第一；国际收支业务客户较年初新增86户，位列河北省系统第一；个人金融总量日均余额新增121.24亿元，位列系统第一。业务结构优化。2015年营业部30项转型指标取得14项第一、4项第二；中间业务收入占主营业务收入21.3%，同比提高3.12个百分点。个人存款占整体存款、公司类存款占对公存款比例提升；贷款优质客户占比增加，个人贷款新增量占非贴贷款新增量达到80%。客户结构趋于合理。全年产品创新8项，其中建设银行总行级首创3项、省行级首创5项；成功办理全国首笔“建信通”（特险买断）业务；“减税通”业务获得建设银行总行创新二等奖。资产质量稳定可控。2015年营业部累计处置风险资产3.78亿元，主要指标控制在省行计划之内，其中处置不良贷款16107万元，不良贷款额和不良贷款率均低于全省平均水平。防范金融风险，开展案件专项治理活动和“讲规矩正风纪守廉洁”主题教育实践活动，有效遏制有章不循、违章操作现象。严格柜面操管理，开展柜员权限非现场核查12次，积分处理人员68人次、机构55个，问题笔数和问题率同比大幅下降。2015年营业部未发生案件、责任事故和重大声誉风险事项。重视人才队伍建设，开展对公客户经理选拔，提拔使用年轻干部18人，35岁以下干部占比达到66.67%；选拔兼职培训教师120名，举办各类现场培训班46期，参训人员20668人次；关心救助生活困难职工52人。

【业务发展】 巩固铁路、高速公路、电力、城市基础设施等营业部传统优势行业资产业务，年末“大资产”业务余额达到319.99亿元，占比63.24%。抓住京津冀协同发展机遇，开展城际铁路、产业转移承接等重点项目及产业调整营销服务。小企业业务立足单户贷款小额化情形，推进“圈链平台”集群营销服务，年末小企业业务授信客户新增284户，授信基本户新增119户，两项排名均位列系统第一，成为营业部新增授信客户最多、排名最好一年。“助保贷”“五贷一透”业务发展良好，累计搭建“助保贷”平台13个。个人贷款份额保持同业第一；一手房贷款、二手房贷款、消费助业贷款发放占比分别为53.85%、24.40%、21.75%；住房资金归集超额完成河北省分行下达任务指标，归集额和新增额均位列系统内第一，成为石家庄市唯一与住房公积金管理中心合作办理组合贷款银行。加强对公存款管控，实行对公存款联动考核机制，出台对公存款稳存增存8项管控措施。2015年营业部非财政对公存款新增39亿元，占整体对公存款新增额179.72%。资金体内循环和资金承接率提升。全年营业部将资金体内循环和承接指标列入基层机构KPI考核体系，确立资金体内循环方向和目标客户，实现资金体内循环率37.04%，同比提高5.64个百分点。稳定存量客户，落实《营业部单位人民币存款定价管理实施细则》等文件，引导各机构利用分行定价政策，控制经营成本，实施目标潜力客户差别化利率营销。围绕“五抓”（抓专业市场、抓县域发展、抓公私联动、抓社区金融、抓产品覆盖）内容，做好个人存款业务，全年营业部个人本外币存款日均新增额、时点新增额均位列系统第一。2015年营业部投行业务融资量、投行业务口径收入及对公理财销售日均值、时点值均位居系统第一名。债券融资业务。承销河北钢铁等优质企业债券73亿元，系统占比82.96%。券商两融业务签订1家河北省内证券公司3亿元法人账户透支合同，股票质押式回购、融资融券收益权入池7亿元。成立京津冀协同发展——中建路桥交通产业投资基金和京津冀协同发展——建信空港发展基金，获得建设银行总行批复。中标南车石家庄车辆有限公司企业年金管理资格，养老金业务实现系统综合排名第一。国际业务。抓住“一带一路”“走出去”等政策机遇，成功为冀东集团全资子公司办理全国首笔“建信通”信保额度贷款业务，为石钢公司办理全省首笔“跨境通”业务，为河北银行办理全省首笔同业黄金租借业务，创新实现“出口委托付款”“代付通”“对公黄金积存”3个省级业务。电子银行业务。2015年营业部个人网银、手机银行活跃客户新增均位居全省首位，缴费易平台以产品配合方式，开展幼教行业专项营销，上线幼儿园59所，还成功营销河北省自学考试报名费、市社会保险费上线。

【网点渠道建设】 全年改造升级网点7家，其中竣工6家。县域建成助农取款点418家，月均交易笔数3万笔，使用率和交易额大幅提升。新建轻银行37个，其中24个竣工投用。率先在全省成功布放电力缴费终端机，客户可在市区网点、170余个社区和助农取款点自助缴费。推进综合网点建设，至2015年末，分行营业部64个单功能转型网点全部开立对公账户，115个营业网点开办对公业务113个，达到98%。2015年分行营业部建立专业市场信息渠道229个，客户信息28699条，布放EPOS机2137户，评聘八级及以上公司及机构客户经理236人。

中国建设银行河北省分行营业部
总 经 理：尹全振
副总经理：彭文英（女，12月免）
商凤群（12月免）

张蓉　(6月免)
闫大广
李广江（6月任）
赵鹏　(7月任)
刘冰　(12月任)
纪委书记：商凤群（兼，12月免）
彭文英（女，12月任）
总经理助理：吴强（8月任）

（吕彦华）

中信银行石家庄分行

【概况】 2015年，中信银行石家庄分行以实施“轻资本”战略为抓手，以客户为中心，转变发展思路，加快经营转型，较好实现“局部领先、同业尊敬、客户信赖、员工和谐”发展目标。至2015年12月末，分行表内外总资产达到1201.20亿元，比年初增加23.95亿元，增长2.03%。其中，表内总资产863.06亿元，比年初增加69.07亿元，增长8.07%；表外总资产338.14亿元，比年初减少45.12亿元，下降11.77%。各项存款余额839.57亿元，比年初增加74.98亿元，增长9.81%。各项贷款余额539.16亿元，比年初减少11.54亿元，下降2.10%。实现营业净收入31.29亿元，比2014年增加3.86亿元，增长14.08%。防范金融风险，严控不良贷款，确立风险管理条线各部门及委员会工作职责，研究修订规章制度28项。自主开发并完善客户价值管理系统功能，将授信客户分为13类（AA—DC），推行客户及市场线上综合评价管理。加大风险客户退出力度，至2015年12月末，分行退出各类风险客户55户、退出金额13.21亿元，退出率6.19%。开展问题资产处置，至2015年12月末，分行问题资产清收14.13亿元，计划完成率217%；不良贷款本金处置9.69亿元，计划完成率173%。采取风险源头控制、严格清收责任、不良贷款考核及问责等举措，有效控制不良贷款增长势头。至2015年12月末，分行逾期90天以上非不良贷款余额0.12亿元，逾期30天以上非不良贷款余额4.33亿元，正常贷款逾期率0.82%，不良贷款余额9.32亿元，各项指标均控制在总行指标要求之内。加强制度建设，新建制度84个，修订制度150个；建立《员工个人重大事项关怀制度》，受益员工60余人。

【业务发展】 对公业务。组建成立由分行领导任组长，分行部门领导为成员营销团队，制定专属综合金融服务方案，开展对公业务产品营销。规划主导行业11个、“两高一剩行业”4个、重要领域重点发展对象5个。成功营销河北美术出版社企业年金集合计划；实现省级财政资格与中央、省、市非税代理资格实现全覆盖；跨省交通罚没业务成功上线，成为系统内第4家上线分行；与证券公司合作发行18亿元棚户区改造项目收益债券，获得国家发展改革委审批通过，成为全国首笔公募发行项目收益债券；取得省级烟草公司大额存款5000万元，实现烟草板块业务“零突破”；体育彩票、福利彩票开立资金归集账户，彩票板块业务实现全覆盖。至2015年12月末，全行流动管家业务累计签约客户达到1949户，累计交易金额43.5亿元，系统内排名第一；汽车金融业务授信客户298户，融资余额83.83亿元，系统排名第七；现金管理业务有效客户1405户，系统排名第九；托管业务新增托管规模316.51亿元，完成总行计划任务113.04%，同比增长202.76%。零售业务。推进“大零售”综合营销服务体系建设，重点围绕AUM客户开展分层级、多产品营销。至2015年12月末，分行管理资产余额290.18亿元，剔除个人存款余额后较年初增长58亿元，系统排名第八。拓展获客渠道。至2015年12月末，分行基金销售158.78亿元，其中非货币型基金11.1亿元，同比增长832.77%；实物贵金属销售4325.66万元，同比增加2925.08万元，中间收入增加211.1万元，同比增长225%；保险实收保费5.25亿元，同比增长646.17%，保险中间收入2254万元，同比增长136.02%。拓展各类民生服务及居家生活代缴费项目，实现七大类14个产品代缴费业务上线。至2015年12月末，分行零售业务实现中间收入9580万，同比增加5566万元，增长139%。其中，基金销售完成中间收入1796万元，同比增加1581万元，增长735.35%。金融市场业务。开展同业机构合作，至2015年12月末，分行与省内地方法人金融合作机构达到106家，同比增加56家。调整同业负债客户结构，全年累计吸收基金类同业存款50.51亿元，排名省内同业金融机构首位。同业业务贡献度增强，至2015年12月末，分行营业净收入3.18亿元，较2014年增长177%，计划完成率249%，系统排名第十位，条线综合排名第8位；同业存款日均余额271亿元，较2014年增长92亿元，完成率150%，总行排名第12位；票据直贴直融业务发生额211亿元，直贴量较2014年翻三番。国际市场业务。7月13日，保定分行为保定市1家公司办理1239.69万美元出口代偿业务，实现业务“零突破”；8月17日，分行与信银国际合作，办理首笔766万美元“反向转汇通”业务，填补分行在人民币跨境交易业务空白；8月20日，分行为河北省1家医药集团有限公司办理2笔境外投资业务，实现境外直接投资登记业务“零突破”。9月6日，分行为物产集团境外平台公司河北冀物国际（香港）有限公司办理6615万元人民币NRA账户收汇业务。至2015年底，分行开通办理出口代偿、货权质押项下进口开证、集中代理国内证、跨境人民币资金池等多项业务。投行业务。与中信建设、国泰君安、中信信托、金石投资等机构合作，完善与公司债承销、PE投资和房地产项目为主代为推介业务平台建设。助力京津冀协同发展，2015年末，累计为河北省高速公路管理局、省交通投资集团、北京汽车等机构融资106亿元。

【网点建设】 1月26日，根据中信银行股份有限公司《关于无锡、唐山分行分别划归南京、石家庄分行直接管理的通知》(信银发〔2015〕45号)，唐山分行划归石家庄分行管理，成为中信银行石家庄分行辖下二级分支机构。1月28日，石家庄分行第26家同城支行中粮河北广场支行正式营业；2月27日，石家庄分行第27家同城支行谈固东街支行正式营业；3月31日，石家庄分行第5家二级分行承德分行举行开业仪式；4月8日，石家庄分行首家小微支行华强广场小微支行开业；4月11日，邯郸分行第一家社区支行邯郸中央公园社区支行开业；4月14日，邯郸分行第五家综合性支行邯郸铁西大街支行开业；10月21日，邯郸分行第6家综合性支行邯郸人和支行开业；11月2日，保定分行第7家综合性支行保定瑞兴路支行开业。至2015年末，石家庄分行拥有异地二级分行5家：保定分行、邯郸分行、沧州分行、唐山分行、承德分行，机构网点数64家。其中，石家庄分行32家：石家庄分行营业部、裕华东路支行、和平西路支行、体育北大街支行、裕华西路支行、建设北大街支行、中华南大街支行、体育南大街支行、槐安东路支行、高新技术开发区支行、休门街支行、翟营大街支行、中山西路支行、广安大街支行、丰收路支行、中山东路支行、平安北大街支行、红旗大街支行、谈固南大街支行、友谊北大街支行、新华东路支行、东岗路支行、盛典支行、中华北大街支行、泰华街支行、中粮河北广场支行、谈固东街支行、翟营大街社区支行、华强广场小微支行、正定支行、辛集支行、藁城支行；保定8家：保定分行营业部、保定裕华路支行、保定东风路支行、瑞兴路支行、复兴路社区支行、涿州支行、定州支行、白沟支行；邯郸分行7家：邯郸分行营业部、邯郸高开区支行、邯郸丛台路支行、丛台北路支行、邯郸铁西大街支行、邯郸人和支行、邯郸中央公园社区支行；沧州分行1家：沧州分行营业部；唐山分行15家：唐山分行营业部、光明路支行、乐亭支行、玉田支行、新华东道支行、遵化支行、开发区支行、北新道支行、丰润支行、丰南支行、迁安支行、建设北路支行、曹妃甸支行、迁西支行、滦县支行、迁安颐景园社区支行；承德分行1家：承德分行营业部。

中信银行石家庄分行

行　　长：谢宏儒（1月免）
　　　　　奚国光（1月任）
副 行 长：孙鹏
　　　　　马劲松（5月免）
　　　　　张建明
　　　　　张元明（8月任）
行长助理：杨桂玲（女）
　　　　　高珊　（女）
　　　　　常辉锋（9月任）

（田亮）

华夏银行石家庄分行

【概况】 2015年，华夏银行石家庄分行坚持稳中求进总基调，以“防风险、调结构、稳增长、提质效”为主线，推动业务发展由速度效益型向质量效益型转变。优化人力资源配置，加强预算刚性和过程监督，有效控制和降低经营成本。严格执行总行销售费用开支规定，严禁挤占、挪用销售奖金，严格管理和控制运营费用支出。防范金融风险，堵截会计业务风险29笔，金额 333 万元；堵截虚假证件开户 20 笔、伪造银行承兑汇票 6 笔、电信诈骗 3 笔。加强员工合规管理，制定《内控合规管理考核实施细则》，修订《员工行为差错积分管理实施细则》；严格问责处罚，全年收到内外部检查通报 10 份，指出问题 90 个，整改率 93%，差错积分 253 人次，处罚金额 19 万元。加强信用风险管控，制定《华夏银行石家庄分行 2015 年风险管理策略》《华夏银行石家庄分行 2015 年信贷政策》。建立存量授信客户明细台账，依据每月监测数据，加快低质低效客户退出；实行不良贷款清收分类管理，综合运用各种手段，做好问题资产处置清收。开展案件风险排查，围绕存款“丢失”“飞单”等 10 个方面开展案件隐患专项整治和突击检查，发现问题 25 个，处罚违规员工 25 人次。至 2015 年末，分行调度资金 2345 亿元；实现拨备前利润 16.85 亿元，中间业务净收入 4.06 亿元，运营费用成本收入比 3.75%，控制在总行规定之内；国际业务实现中间收入 8653.5 万元，完成计划 115.7%；对公存款日均 412 亿元，储蓄存款日均 105.8 亿元；个人金融资产总量达到 178 亿元；新增易达金放款 2202 万元；净增对公客户 1660 户，完成计划 118.6%，净增对公有效客户 74 户，净增个人贵宾客户 2597 户，净增小企业贷款客户 112 户；移动银行客户达到 17.4 万户，完成总行计划 109%；信用卡新增 VIP 客户 4.55 万户，完成计划 130%；重点个人客户净交易结算量实现 1.17 亿元，完成计划 173.7%。2015 年分行支付密码器推广位列全行第一。

【业务发展】 推进业务结构调整，加快经营转型。开展储蓄存款专项营销竞赛、“挖潜力增业绩”个人客户营销和高收益理财产品营销活动，促进储蓄存款增长。至 2015 年末，分行纯储蓄中一年期及以上定期存款大幅增加，质押类储蓄存款较年初下降，纯储蓄存款占比提高。实施全员营销策略，机构考核增加纯存款占比考核指标，客户经理考核提高无贷户存款折算系数，设定无贷户存款最低要求等措施，调动组织纯存款业务积极性。至 2015 年末，分行对公存款中纯存款占比 25%，较年初提升 7 个百分点。资产结构优化调整。严格控制表外资产规模，向低风险占用业务品类倾斜。至 2015 年末，分行表外资产较年初下降 26.3 亿元，下降 6.5%。其中，信用证和承诺等低资本占用增加 34.3 亿元，占比提高 10.2%。贷款表内资产比重提高。至 2015 年末，分行贷款较年初增加 60.7 亿元，增长 16.8%，占表内资产比重达到 76.8%，较年初增加 24.3%。围绕考核、财务投入、信贷资源配置，加大个人贷款和中小企业贷款投放。落实产业结构调整政策，压缩产能过剩、高耗能高污染和低端装备制造业等领域贷款，加大先进装备制造、现代信息技术、基础设施建设、绿色信贷与产业升级、健康产业、现代服务等领域信贷投入。推进客户结构优化调整。坚持“中小企业金融服务商”定位，发展中小企业客户，加强中型优质客户开发维护，开展适用总行新产品大型客户储备。严格新增客户准入，未经核准、备案不全、环保不达标、落后产能项目严禁授信支持。推进低质客户退出，顺利完成退出计划。至 2015 年末，分行用信客户中，中型客户较年初增加 54 户，占比 17.3%，同比提高 1.8 个百分点。优化调整成本收入结构。深入挖掘客户需求，开发使用新兴业务，促进中间业务收入增长。2015 年分行办理融贷通业务 31.2 亿元，实现中间收入 1700 余万元；参与总行资产证券化 17.4 亿元，实现中间收入 200 万元。落实贷款最低限价措施。根据不同客户类型和期限制定贷款指导价格，提出贷款资产价格约束，使用科学定价策略，在贷款利率多次下调情况下，存贷利差实现 5.32%。推动业务创新发展，实现业务平稳增长。2015 年分行在贷款规模和风险资产持续约束政策下，加大不消耗或低消耗风险资产新兴业务和创新产品推广，办理债务融资工具承销、资产转让、票贷通、融贷通、华夏租赁、资产证券化等业务 177.6 亿元。抓住京津冀协同发展机遇，加大重点项目储备，投放贷款 87 亿元。开展存款专项营销竞赛，推进厅堂理财、银证三方存管、ETC、POS 收单、老年金融服务等智能营销业务。至 2015 年末，分行储蓄存款余额增加 8.9 亿元（含保本理财），同比增长 8.2%。组建成立信用卡营销中心，扩大信用卡业务市场占有率和覆盖面，拉动个人客户群体快速增加，2015 年一个季度进件 3.5 万件，审核 1.7 万件，核准 1.1 万件。国际业务采取牵头营销、联动营销方式，搭建代理行合作渠道，发挥二级分行驻地营销优势，推进低耗高效新产品运用。2015 年国际业务中间收入同比增长20.3%，累计实现国际结算量24.6亿美元，结算市场份额4.8%，同比提高0.5个百分点；贸易融资授信客户376户，同比增长38.5%，连续8年获得执行外汇管理规定A类银行评价。开展小企业业务营销改革，优化考核方案，推进特色产品营销。至2015年末，小企业业务年审贷款同比增加5.6亿元，增长73.8%；金融平台上线运行客户同比增加27户，增长207.7%。

【网点建设】 推进电子银行建设，提升客户黏性和贡献度。至2015年末，分行移动银行客户达到17.4万户，完成总行计划109%，对公网银客户达到5781户，完成总行计划235%。围绕提升“华夏服务”品牌知名度、美誉度，践行“大服务”理念，以制度建设、会议推动、投诉分析、形象提升、学习培训、主题活动、创先争优、检查监督、服务考核9项措施为抓手，开展社区支行标准化服务导入、提升沟通与投诉处理能力和星级网点争创培训、“一日大堂经理”体验、“感谢您的关爱 助力我们成长”客户投诉座谈会、服务荣誉争创等活动，有效推进营业机构环境设施建设和厅堂服务规范化管理。2015年分行4家网点通过河北省银行业协会星级网点初步验收；3家“千百佳”及五星级网点通过复查，上报中国银行业协会审核；15家机构取得营业执照，年末机构网点数量达到46家（6家机构未开业）。2015年华夏银行石家庄分行被总行评为服务工作优秀分行。

华夏银行石家庄分行

行　　长：赵劼
副 行 长：张景辉（7月任）
　　　　　苏彦民　王庆华
　　　　　侯江涛
　　　　　王茜　（5月任）
首席风险官：甄为书

（崔梦琳）

中国民生银行石家庄分行

【概况】 2015年，中国民生银行石家庄分行秉承“服务大众 情系民生”服务宗旨，支持河北省重点企业、重点项目建设，探索推进小微企业、社区居民、涉农项目金融服务方式。至2015年末，分行资产总额达到989.90亿元，较2014年减少276.27亿元。各项存款余额790.34亿元，较年初增加10.37亿元。其中，个人存款308.89亿元，单位存款478.72亿元，非存款类金融机构存款2.61亿元。各项贷款余额584.48亿元，较年初增加8.85亿元。其中，短期贷款300.65亿元，中长期贷款179.72亿元，票据融资99.09亿元。2015年民生银行石家庄分行在河北银行业“岗位练兵 服务创优”技能比赛中，获得点钞、微机录入、个人全能3个项目第一名，获评团体一等奖；4人获授河北金融五一劳动奖章，1人获授全国金融五一劳动奖章。

【重点领域业务】 制作重点领域企业工程项目清单，将信贷资金重点投向政府平台、省内央企、大型国企及关系社会民生的水、电、燃气、公共交通、医药、节能环保等行业。2015年分行累计终审对公授信312.43亿元，新增授信主要投向政府类信用项目和弱周期行业，其中向河北省内重点企业、重点项目授信额度162.03亿元。储备重点项目40户，涉及金额209亿元。服务京津冀协同发展，与北京管理部、天津分行等系统内经营机构建立沟通协调机制，探索突破地域发展瓶颈措施。至2015年末，分行支持京

10月31日，民生银行石家庄分行参加2015年河北银行业“岗位练兵 服务创优”技能比赛，获得点钞、微机录入、个人全能第一名和团体一等奖

津冀协同发展项目52个，授信金额206.46亿元，其中提用资金115.32亿元。

【小微企业业务】 满足小微企业无报表、无抵押融资需求，开发“超吉贷”“财神卡”等贴近小微企业需求贷款方式10余种。帮助小微企业抱团发展，牵头设立城市商业合作社，搭建多样化合作平台。支持小微企业持续稳健经营，创新续贷方式，降低小微企业续贷成本，探索向暂时出现经营困难小微企业提供授信重整等服务。方便小微企业便利性服务要求，设立小微企业专属网上银行、手机银行、“乐收银”结算机具，在部分营业网点设置服务专区、客户聚集商圈设立服务站点。扩大小微金融服务范围，创新获客渠道，推进银税合作、银联合作、物流平台、电信网络建设，探索高效、风险可控的批量开发营销模式。至2015年末，分行小微企业有效客户数量达到24万余户，小微企业贷款余额达到298.58亿元，比年初增长8.75亿元。

【社区金融业务】 中国民生银行于2013年7月率先在全国启动社区金融业务，主要采用高质量服务，打造中国金融“沃尔玛”模式。利用空间和时间优势，贴近居民，将社区网点设在能够辐射社区周边1.5千米范围；服务时间较传统支行延长至晚上7点。借鉴沃尔玛超市服务模式，从环境设计到流程设置，从顾客关系到内部管理，均以服务顾客为中心，重点提升顾客体验和感受。发挥社区金融线下体验店优势，搭建资源整合平台，提供金融与非金融服务，向客户提供最可信赖“金融管家式”服务。将社区支行打造成为普及金融知识前沿阵地，开展“金融知识进社区”“网络安全宣传周”“用卡安全讲座”“网络金融安全宣传”等社区宣传活动，普及金融知识。2015年分行在河北省筹建开业社区支行111家，服务社区客户20余万户，管理客户金融资产近50亿元。

【涉农金融业务】 针对涉农企业多数规模较小、资金需求时间较短、抵押物零散、有效抵押产品缺乏实际情况，采取存货质押、应收账款质押等担保方式为涉农企业增信；采用互助合作基金、商业合作社模式，将涉农企业整合成为经济体，帮助涉农企业抱团发展。至2015年末，分行发起成立互助合作基金、商业合作社123个，参与企业4500余家，覆盖河北省41%县域和农村。借助《农业部与中国民生银行合作协议》签订契机，加强与河北省农业厅沟通合作，探索采用农业投资发展基金模式，以“企业资金＋财政贴息资金”作为种子基金，支持河北省农业厅推荐涉农企业发展，解决“三农”企业融资难问题。

中国民生银行石家庄分行

行　　长：徐明勋

副 行 长：胡国荣　宋立新　侯成仁

行长助理：张振国

（雷长征）

中国光大银行石家庄分行

【概况】 2015年，中国光大银行股份有限公司石家庄分行负债业务结构转好，对公保证金存款占比由年初73.1%降至年末52%，零售核心存款占比由46%提高到48%；钢铁、煤炭等产能过剩行业授信占比由年初50%降至年末35%；表外授

7月10日，中国光大银行股份有限公司石家庄分行获得2015年“光大杯”第五届职工篮球赛（乙组）北方赛区决赛冠军

信业务占比减少，票据贷款较年初下降12%；利率下降，短期授信占比减少，三年期以上中长期贷款占比较年初增加19%。收入改善，同业利润、投行中间收入、信用卡中间收入等项目成为新增利润主要来源。2015年分行投行业务净收入3.81亿元，同比增加2.28亿元，占全行EVA（Economic Value Added经济增加值模型）50%以上，较2014年提升33个百分点；信用卡业务收入占EVA比重19.18%。至2015年末，分行存款日均余额484.7亿元，较年初增加83.25亿元，增长20.7%；贷款日均余额411.42亿元，较年初增加93.97亿元，增长29.6%。综合管理水平提升，接受国家审计署现场检查、总行北部审计中心常规审计、人民银行石家庄中心支行综合执法检查、河北银监局票据业务专项检查、河北银监局案件防范督导检查等考核，综合评价良好。加强教育培训，举办集中培训140个场次，参训人员1.11万人次，其中，11名员工通过总行二级专业人才考试，8名员工通过三级专业人才考试。拓宽用人渠道，236名员工获得晋升；参加总行案例竞赛活动，2个案例评比获奖。2015年石家庄分行获得“全国金融五四青年奖章”“河北金融五一劳动奖章”“全国银行业学雷锋标兵”“中国光大银行先进基层党组织”“零售业务先进集体”“同业业务先进分行”“河北省支持小微企业发展银行”“石家庄市文明单位”“人民银行石家庄中心支行金融统计特等奖”“河北省A级纳税信用单位”等荣誉称号70余项，被河北银监局评为2A级监管单位，成为河北省股份制银行唯一2A级银行。

【业务发展】 至2015年末，分行一般性存款时点余额506.42亿元，较年初增加82.94亿元，增长19.6%，在系统内排名较年初上升3位，在河北省市场占比上升0.22个百分点；一般性存款日均余额484.7亿元，完成总行年度计划102.3%，较年初增加83.25亿元，增长20.7%。表内贷款时点余额461.4亿元，较年初增加111.36亿元，增长31.8%；贷款日均余额411.42亿元，较年初增加93.97亿元，增长29.6%。大资产业务余额930.4亿元，较年初增加122.7亿元，在系统内排名第4位。全年分行营业收入23.1亿元，较2014年增加4.2亿元，增长23.5%，实现风险调整后利润6.5亿元，超额完成总行预算指标。账面存贷利差4.27%，在系统内排名第4位，较2014年上升1位。

【网点建设】 全年筹建二级分行3家：沧州分行、保定分行、张家口分行。2015年1月，沧州分行开业；2015年12月，保定分行获得河北省银监局开业批复；张家口分行筹划设立二级分行，纳入光大银行总行建设规划。新开业支行7家：霸州支行、唐山龙泽路支行、石家庄维明北大街支行、邯郸县支行、邯郸开发区支行、廊坊光明西道支行、石家庄丰收路支行；社区支行2家：唐山裕华嘉苑社区支行、石家庄恒大城社区支行。1月26日，霸州支行开业；3月3日，唐山龙泽路支行开业；5月12日，石家庄维明北大街支行开业；5月13日，邯郸县支行开业；6月28日，唐山裕华嘉苑社区支行开业；7月7日，邯郸开发区支行开业；9月8日，廊坊光明西道支行开业；10月15日，石家庄丰收路支行开业；12月12日，石家庄恒大城社区支行开业。至2015年末，全辖共有营业网点34家，其中石家庄17家、唐山5家、邯郸6家、廊坊5家、沧州1家。

中国光大银行股份有限公司
石家庄分行

行　　长：邵泉 （11月任）
副 行 长：邵泉 （11月免）
武贯群（兼纪委书记、工会主席）
朱军　魏昭
风险总监：蔡雪峰（7月免）

（张强）

中国邮政储蓄银行石家庄分行

【概况】 2015年，中国邮政储蓄银行石家庄市分行以创建全国领先的省会大行为目标，开展“巩固提升年”活动，实施“管理上收、服务前移、经营下沉”措施，推进扁平化管理改革，理顺职责，优化流程，加快金融经营业务转型。重视网点渠道管理，开展“靓丽厅堂”“我是邮储形象大使”评比活动，严格投诉处理时限及流程；提升渠道服务能力，实施网点改造和转型。全年分行更新电脑390台、生产终端306台、存折打印机156台、A类点钞机196台；新增自助填单机22台、自助柜员机242台、缴费终端77个。至2015年末，分行资产规模达到635.5亿元，较年初增长17.7%；实现业务收入10.06亿元，较2014年增加2.06亿元，增长25.69%，完成河北省分行下达计划118%，排名全国省会行第5位；实现利润3.13亿元，完成河北省分行下达计划113%，排名全国省会行第7位；成本收入比35%；人均创收77.61万元，同比增长56%，人均创利27.24万元。贷款不良率1.14%，资产质量安全基本可控，没有发生系统性风险。

【个人业务】 以客户服务为理念，开展单纯储蓄向个人金融总资产转型。采取举办专项刷卡活动、节日主题活动及资产联动负债等形式，助推卡类、保险、理财、基金等业务发展。2015年分行个人金融总资产余额达到142.32亿元，其中理财增加11.98亿元，同比增长227%。突出信用卡、IC卡“两卡”业务，开展精准营销，注重特惠商户联络，分别与国美、苏宁、河北广播电台合作举办专项营销活动，开发车位分期项目。至2015年末，分行累计发放信用卡2.79万张，位列全国省会行第一名，其中，公务卡1.57万张，小白金卡进件565件；累计发放IC卡13.86万张，沉淀资金13.86亿元。

【公司业务】 授信支持君乐宝、河北交通投资集团、河北钢铁、大唐电力、四方通信等企业。推广公司外汇新产品，贸易融资业务实现突破，办理河北省首笔授信信用证业务及石家庄市首笔信保融资业务。2015年分行办理信保融资业务11笔，总计金额200万美元；同业业务余额23.43亿元；机构理财业务销售1.56亿元；托管业务增加5.86亿元，结余15.87亿元，同业业务、机构理财、托管业务各项指标均位列全省第一位。至2015年末，公司存款时点余额达到123亿元，排名全国省会行第3位，较2014年下降4289万元；日均余额122.76亿元，较年初增加16.5亿元，排名全国省会行第5位。公司信贷结余41.38亿元，较年初增加24亿元。

【信贷业务】 小额贷款以家庭农场（专业大户）贷款产品为主，以烟草贷、组合担保贷等新产品为辅，大力开发现代农业示范区、农民合作社等新型农业经营主体。至2015年末，分行零售类贷款余额达到140亿元，较2014年增加45亿元，增长47.4%。小企业贷款推进特色支行建设，落实经营权下沉策略，加快新产品落地，成功发放全国首笔E捷贷及河北省首笔增信贷、法人房产按揭贷款；开发多行业互惠贷项目，研发连锁贷、佣金贷、科技贷、电营贷等新产品，探索形成群链式批量开发模式。2015年分行小额贷款余额13.28亿元，排名全国省会行第一位，较年初净增1.75亿元。推进政府采购贷、助保贷项目，2015年分行小企业贷款余额45.37亿元，较年初净增1.34亿元。消费贷款抢抓发展机遇，实现业务翻番。2015年分行消费贷款结余81.34亿元，较年初净增42.15亿元，增长193%，超过2010～2015年6年增量总和。

中国邮政储蓄银行石家庄市分行

行　　长：张国平

书　　记：印惠荣

副 行 长：于会龙　薛彦军

　　　　　周卫华

行长助理：江云菲

　　　　　董霞　（10月任，挂职）

（王硕）

河北银行石家庄营业管理部

【概况】 2015年，河北银行石家庄营业管理部零售业务成为发展亮点，基础客户群、理财时点保有量、个人中间业务收入、个人消费贷款余额均实现较快增长。至2015年末，全辖对公存款余额达到560.77亿元，同比增长16.14%；发放公司贷款125.91亿元，公司类表内贷款余额达到187.59亿元，较年初增加24.69亿元。全辖管理个人客户总资产541.63亿元，较年初增加75.26亿元；个人中间业务累计实现收入1.26亿元，较年初增加6200.66万元；个人消费贷款增量超过20亿元，余额达到95.75亿元。办理票据贴现业务2151笔、金额160.2亿元，居石家庄市同业机构第二位。国际业务适应经济环境带来不利影响，及时调整营销方向，超额完成8.1亿美元结算任务目标。投行及供应链业务较快发展，全年累计办理投行业务金额32.7亿元，累计销售对公理财产品83.10亿元，实现投资银行中间业务收入5709.22万元；供应链业务余额达到65.68亿元，较年初增长43.74亿元。提升精细化管理水平，实现会计影像集中管理和市区离行式自助机具集中加钞；构建VSS资产管理平台，资产管理达到全过程动态监控。加强金融风险管理，陆续退出风险担保授信业务10.1亿元，压缩衡水地区授信3.1亿元；完成风险贷款转化11.08亿元，累计收回不良资产本息2129万元，核销或账务处理损失类不良资产1.05亿元。落实案件防范措施，全年未发生重大案件和责任事故。至2015年末，石家庄营业管理部资产总额达到988.71亿元，较年初增加82.59亿元，增长9.11%；各项存款余额953.42亿元，较年初增加90.24亿元，增长10.45%，存款规模辖区占比10.15%；各项贷款余额359.15亿元，较年初增加53.62亿元；实现营业收入23.11亿元。2015年石家庄营业管理部获得“河北省五一劳动奖状”“河北省职工之家”“省直工人先锋号”“石家庄市文明单位”荣誉称号；石家庄营业管理部、正定支行、长安支行分别被中国银行业协会评为五星级营业网点、四星级营业网点、文明规范服务千佳示范单位；石家庄营业管理部、胜利路支行获授“全国五一巾帼标兵岗”称号。

【公司业务】 以机构存款营销为重点，采取参与承销政府债券，运用结构性存款、大额存单等负债新产品，实现对公存款规模大幅提升，2015年5月对公存款时点突破500亿元，年末对公存款余额达到560.77亿元，同比增长16.14%。对公资产业务增强授信业务综合运用能力，挖掘存量客户潜力，拓展新重点客户。2015年石家庄营业管理部在风险授信业务大量退出和异地客户移交背景下，公司贷款业务规模继续保持快速增长。至2015年末，全辖发放公司贷款125.91亿元，公司类表内贷款余额达到187.59亿元，较年初增加24.69亿元。

【个人业务】 创新营销方式，加大厅堂营销、分包社区营销和公私联动营销力度，主动调整个人业务营销政策。2015年全辖提升低效客户9.3万户，基本客户群同比增长18.95%。至2015年末，全辖储蓄存款日均达到384.6亿元，较年初增加26亿元；管理个人客户总资产541.63亿元，较年初增加75.26亿元；理财时点保有量122.59亿元，较年初增加58.8亿元；个人中间业务累计实现收入1.26亿元，较年初增加6200.66万元，增长96.17%；个人消费贷款增量超过20亿元，余额达到95.75亿元。

【小微业务】 根据河北银行总行特色化、专业化发展要求，设立小微业务特色支行6家、科技支行1家（裕东科技支行），其中裕东科技支行是石家庄市首家科技支行。以特色支行为抓手，采取差异化考核与授权、打造专业化营销团队、做好商圈批量营销等方式，推进小微金融业务快速发展。至2015年末，全辖小微企业贷款余额达到68.43亿元，较年初增加6.80亿元，增长11.03%。

【网点渠道建设】 新设立联盟东路、正定晨光路、藁城昌盛南街、辛集朝阳路、学府路、河北医科大学第二医院6家支行和河北医科大学第二医院东院、恒大御景半岛、金谈固家园等11家自助银行；汇丰路支行获得河北省银监局筹建批复。至2015年末，全辖共有营业网点88家，其中市区支行70家、县域支行18家。压缩7家支行办公面积，年节约租赁费用290余万元。2015年5月，河北省首家直销银行——河北银行彩虹Bank正式上线，主要利用互联网服务平台，向客户提供跨区域、全天候、零距离金融服务。2015年石家庄营业管理部、长安支行2家网点存款均超百亿元，其中长安支行成为河北银行首家开办外汇业务支行。

河北银行股份有限公司
石家庄营业管理部

总　经　理：杨应群（兼河北银行副行长，12月免）
王子彬（兼河北银行行长助理，12月任）
副 总 经 理：靳松
陈海英（9月免）
狄艳军　黄冀川
总经理助理：魏金超（8月任）
吕媛媛（8月任）
授 信 总 监：王建伟

（赵凯）

河北省农村信用社联合社石家庄审计中心

【概况】 2015年12月29日，石家庄市农村信用合作社联合社改制更名为河北省农村信用社联合社石家

2015 年 4 月 13 日，市农村信用合作社联合社召开第三届第二次社员大会暨 2015 年度工作会议

庄审计中心（简称市联社）。2015 年市联社围绕“改革、发展、合规、提升”理念及“夯实基础、合规经营、风险可控、稳固发展”要求，以新兴、绿色、环保、朝阳产业项目为重点，深挖重点客户资源，开展银企对接活动，储备黄金客户，建立项目储备库。开展阳光工程，践行“三农”服务承诺。全年完善公示栏 1399 块，其中，对内公示栏 780 块，对外公示栏 619 块；电子显示屏 428 块，展示电视 340 台，查询机 37 台。至 2015 年末，市联社全辖共有 7 家县级联社，2 家农村商业银行，1 家农村合作银行，9 家信用联社股份有限公司；577 个网点，包括 19 家营业部、360 家信用社（支行）、155 家分社（分行）、43 家储蓄所；员工 6143 名。各项存款余额 1224.6 亿元，较年初增加 112.82 亿元；资产总额 1392.3 亿元，较年初增加 80.5 亿元；负债总额 1310.5 亿元，较年初增加 74.7 亿元；所有者权益 81.8 亿元，较年初增加 5.8 亿元。各项贷款余额 753.48 亿元，较年初增加 84.25 亿元；实现中间业务收入 1.87 亿元；实现考核利润 18.7 亿元，其中市联社本部实现利润 1.6 亿元，同比增长 449.29%。2015 年 11 月，中央金融共青团工委、中国银行业协会授予栾城区农村信用联社营业部 2014 ～ 2015 年度全国“送金融知识下乡”宣传服务站称号，这也是河北省唯一获此荣誉信用社机构。

【电子银行业务】 借助合作办理社保卡、居民健康卡、校园学子卡机遇，开展银社、银医、银校、银政等特色业务合作。牵头搭建平台，指导县级行社与当地人力资源和社会保障局合作，完成 10 个县行社保卡制作，累计制发社保卡 215.2 万张，发卡量占全市社保卡总量三分之一，成为石家庄市最大发行社保卡合作银行。开展银医合作，完成 3 个县居民健康卡制作，累计制卡 98.4 万张，实现地域县、乡、村三级医疗机构全覆盖。助推银校合作，5 家联社分别在汇华学院、河北美术学院、赵县中学、藁城中学和栾城新东方学校开通校园一卡通业务。与政府非税部门合作，在 18 家县级行社开通交警罚没款业务，4 家县级行社开通财政零余额业务。推进“农信村村通”工程，在全市农村各地行政村设立“助农金融服务点”，布放 EPOS 机具 2652 台，小额循环机 17 台，向农户提供家门口享受账户查询、领取惠农补贴、刷卡消费、取款、缴费等城乡一体化金融服务；满足农村客户小额现金服务需求，以发展成为贴近农户便民银行为目标，布设“升级版”农村金融便民店。

【体制机制改革】 12 月 29 日，原石家庄市农村信用合作社联合社改制更名为河北省农村信用社联合社石家庄审计中心。2015 年全辖 2 家县级机构获得农村商业银行启动批复，1 家获得筹建批复，3 家股份制信用社挂牌开业，年末全市完成改制和正在组建农村商业银行、股份制信用社联合社达到 15 家，占比 80%。实施薪酬分配机制改革，打破薪酬分配“小锅饭”形式，有效解决网点收入差距较大等问题。推进干部管理改革，实行公开竞聘、县级行社派遣工选用和转正机制。加快小贷中心建设及流程银行试点，提高信贷支农和业务流程专业化水平。

河北省农村信用社联合社
石家庄审计中心

主　任：郭满平

副主任：刘宏峰

　　　　刘俊荣（女）

（贾若尘）

证 券

【概况】 2015年，石家庄市共有42家企业在各类资本市场挂牌上市，其中，深圳证券交易所（简称深交所）1家：河北通合电子科技股份有限公司；香港交易所1家：东胜中国控股有限公司；新三板（也称全国中小企业股份转让系统，是经国务院批准设立的全国性证券交易场所，主要组织安排非上市股份公司股份公开转让，以及为非上市股份公司融资、并购等相关业务提供服务）26家：河北百年巧匠手工艺品股份有限公司、博广热能股份有限公司、河北搜才人力资源股份有限公司、石家庄中扬网络科技股份有限公司、河北亚诺化工股份有限公司、石家庄中兴机械制造股份有限公司、河北科瑞达仪器科技股份有限公司、河北鑫乐医疗器械科技股份有限公司、河北凯翔电气科技股份有限公司、河北智达光电科技股份有限公司、河北美邦科技工程股份有限公司、河北海鹰环境安全科技股份有限公司、河北瑞诺医疗器械股份有限公司、河北汉尧环保科技股份有限公司、河北华通科技股份有限公司、先控捷联电气股份有限公司、河北神钥软件科技股份有限公司、河北一森园林绿化工程股份有限公司、元道通信股份有限公司、河北丰源智控科技股份有限公司、河北三楷深发科技股份有限公司、河北海川能源科技股份有限公司、博信通信股份有限公司、石家庄福润新技术股份有限公司、河北智恒医药科技股份有限公司、恩迪生物科技河北股份有限公司；天津股权交易所2家：石家庄博宏装饰工程股份有限公司、河北冠城家政服务股份有限公司；石家庄股权交易所12家：石家庄阀门一厂股份有限公司、石家庄市中海石油化工股份有限公司、河北方舟农业科技股份有限公司、石家庄天海龙商贸股份有限公司、河北天合农业开发股份有限公司、石家庄华油天然气股份有限公司、河北泰发建材股份有限公司、河北善德牧业股份有限公司、河北欧仕门业股份有限公司、石家庄新龙软件科技股份有限公司、河北优教科技股份有限公司、石家庄市老酒川菜坊股份有限公司。至2015年底，石家庄市累计在多层次资本市场挂牌上市企业114家，实现融资520亿元。其中，境内公开市场（上海证券交易所、深圳证券交易所）上市15家，境外各类资本市场上市17家，新三板上市28家，天津股权交易所挂牌企业21家，石家庄股权交易所挂牌企业32家，前海股权交易中心挂牌企业1家。4月17日，石家庄中兴机械制造股份有限公司在北京新三板上市。11月18日，10家企业在石家庄股权交易所挂牌交易，其中河北善德牧业股份有限公司为石家庄市第一家在股权交易所主板挂牌畜牧养殖企业，也是河北省唯一以生猪养殖为主营业务挂牌企业。11月19日，153家中小微企业在石家庄股权交易所孵化板集中挂牌。至2015年末，石家庄股权交易所挂牌企业289家，托管企业548家，发展会员300余家，累计为挂牌及托管企业完成融资近15亿元。

（彭秀文）

【百年巧匠新三板上市】 1月29日，河北百年巧匠手工艺品股份有限公司（简称百年巧匠）在新三板上市，这是石家庄市和全省首家在新三板上市文化创意企业。河北百年巧匠手工艺品股份有限公司成立于2008年1月14日，主营业务为手工木绘艺术产品的研发设计、生产和销售，是河北省文化创意龙头企业之一。该公司生产木绘拼花地板将“嵌、烙、刻、绘”4种古老工艺技法与现代科技相结合，取得国家发明专利37项。办公地址为石家庄市桥西区新石北路399号。2014年12月9日，“百年巧匠”在新三板挂牌，转让方式为协议转让，股票代码831461，发行总股本1800万股。

（靳晓磊）

【丰源智控新三板上市】 10月27日，河北丰源智控科技股份有限公司（简称丰源智控）在新三板上市。1997年该企业在石家庄市鹿泉区成立，共有员工100多名，主要产品有系列化智能水表、热能表、智能控制阀等15大系列300多种规格，2013～2015年平均销量50多万台，市场覆盖全国十几个省市、自治区，是北方民用计量仪器、仪表优质生产企业；成功研发出先进智慧系统能源应用技术、能效服务技术和工程集成技术，可为客户提供可再生能源利用和高效节能技术应用实施方案，建有能效系统节能诊断、能耗评估、能源监测、节能改造和能源管理系统培训等一条龙服务平台。

（焦莉莉）

【一森园林新三板上市】 12月21日，河北一森园林绿化工程股份有限公司（简称一森园林）在新三板挂牌上市。这也是河北省唯一一家林业和园林行业上市公司。河北一森园林绿化工程股份有限公司是一家集“园林美化、生态建设、环保治理”于一体的综合性生态环保产业集团，也是石家庄市农业产业化经营龙头企业，2012年4月注册成立，拥有2家市政园林二级资质全资子公司，主营业务为造林苗木、城镇绿化苗木生产和销售，主要产品有白蜡、法桐、太阳李、碧桃等苗木，总部位于元氏县。2014年11月17日，一森园林完成股份制改造；2015年7月29日正式向全国中小企业股份转让系统申报挂牌上市申请，9月28日获准在新三板挂牌上市，证券简称：一森园林，证券代码：833881。该公司致力苗木生产标准化和规模化发展，建成全国最大的大白蜡基地；2014年9月22日，大规格白蜡树移栽技术被国家知识产权局受理申请国家专利。2015年公司苗圃占地面积达1500亩，并投资4亿元正在建设北方苗木产业园。

（岳金宏　李永彬）

【河北恩际贸易有限公司挂牌上海Q板】 2015年12月，河北恩际贸易有限公司在上海股权托管交易中心中小企业股权报价系统（俗称Q板）挂牌上市，这也是石家庄市登陆Q板首家医用食品企业。河北恩际贸易有限公司成立于2011年，主要从事医用食品、特殊膳食食品的销售与研发。Q板市场，是上海股权托管交易中心推出的为企业提供挂牌、定向增资、信息披露、股权出让、受让信息发布和股权转让过户平台，挂牌企业类型不局限于股份有限公司，也包括有限公司、合伙企业等企业，企业所处行业和所有制成分不受限制。

（张缘）

【15石国控债发行】 3月5日，石家庄国控投资集团有限责任公司发行8.5亿元公司债券获得国家发展改革委批准，全部用于石家庄市轨道交通1号线一期工程建设，这是石家庄市2015年发行的第一支债券。4月15日，中央国债登记结算有限责任公司公告，石家庄国控投资集团有限责任公司8.5亿元公司债券发行。证券名称：2015年石家庄国控投资集团有限责任公司公司债券；证券简称：15石国控债；证券代码：1580097；发行总额：8.5亿元；证券期限：7年；票面年利率：5.75%；计息方式：附息式固定利率；付息频率：12月/次；发行日：20150409；起息日：20150409；债权债务登记日：20150413；交易流通起始日：20150416；交易流通终止日：20220406；兑付日：20220409；发行价格：100元/百元面值。至此，石家庄市成功发行债券6支，发债规模达到56.28亿元。另5支为2011城投债10亿元、2012高新区集合债1.78亿元、2013建投债5亿元、2013地产集团债22亿元、2013裕峰债9亿元。

（吴温）

【常山股份购买资产】 2015年3月底，石家庄常山纺织股份有限公司（简称常山股份）购买资产并募集配套资金事项获得中国证监会上市公司并购重组委员会审核通过，得到中国证监会正式批复。此次收购资产为北明软件股份有限公司100%股权。北明软件是国家规划布局内重点软件企业，是国内一流IT解决方案提供商，业务范围覆盖金融、电力、能源、政府、公共事业、互联网及运营商、制造业等领域。至2015年末，常山股份实现营业总收入89.02亿元，净利润2.49亿元，净利润增长926.87%，基本每股收益0.24元。

（范玉蕾　安东利）

表 32　　2015 年石家庄市境内上市公司基本情况一览表

2015—12—31

公司简称	企业主营业务	注册地址	股票简称	股票代码	上市交易所	上市时间	首发融资（亿元）	总股本（万股）	总资产（亿元）	净资产（亿元）	总收入（亿元）	净利润（亿元）
新奥股份	生物制药	和平东路393号	新奥股份	600803	上交所	1994.1	1.00	98600	114.00	49.50	57.60	8.85
华北制药	制药	和平东路388号	华北制药	600812	上交所	1994.1	2.75	163100	160.00	53.00	80.10	0.51
常山股份	棉纺制品	和平东路183号	常山股份	000158	深交所	2000.7	6.18	71900	109.00	53.90	92.70	2.49
东旭光电	电子玻璃制品	黄河大道9号	东旭光电/东旭B	000413/200413	深交所	1996.7	3.54	266200	288.00	146.00	52.10	13.90
建投能源	能源发电	裕华西路9号	建投能源	000600	深交所	1996.6	0.74	179200	258.00	125.00	105.00	26.20
河北钢铁	钢铁制造	裕华西路40号	河钢股份	000709	深交所	1997.4	11.10	1061900	1726.00	457.00	179.00	0.71
东方热电	热电联产	建华南大街161号	东方能源	000958	深交所	1999.12	2.56	48300	53.00	23.20	25.80	4.47
博深工具	金刚石、合金工具	海河道10号	博深工具	002282	深交所	2009.8	4.99	33800	10.40	7.86	4.38	0.07
恒信移动	移动通讯	天山大街副69号	恒信移动	300081	深交所	2010.5	6.59	13400	9.75	8.22	4.93	0.12
先河环保	环保设备	湘江道251号	先河环保	300137	深交所	2010.11	6.60	34400	16.30	14.06	6.48	0.92
以岭药业	医药制造	天山大街238号	以岭药业	002603	深交所	2011.7	22.46	112700	57.10	48.30	32.10	4.27
常山生化	医药制造	正定县富强路9号	常山生化	300255	深交所	2011.8	7.56	47100	23.30	15.73	9.28	1.57
冀凯股份	装备制造	黄河大道89号	冀凯股份	002691	深交所	2012.7	3.70	20000	10.00	8.42	2.88	0.24
汇金机电	机械制造	湘江道209号	汇金股份	300368	深交所	2014.1	2.23	24800	14.50	11.81	5.24	0.77
通合电子	电力设备	湘江道319号	通合科技	300491	深交所	2015.12	2.10	2000	5.26	3.95	1.98	0.43

（彭秀文）

保　险

中国人寿保险石家庄分公司

【概况】　2015 年，中国人寿保险股份有限公司石家庄分公司围绕“抢抓机遇、主动作为、稳中求进、创新发展”方针和“稳增长、优结构、强队伍、提效益、重管理、防风险”经营思路，对标先进，创新图强，圆满完成年度任务目标。2015 年石家庄分公司实现保费收入 38.14 亿元，市场份额占比 23.94%，高于第二名 13.98 个百分点；履行保险社会责任，赔给付保险金合计 18.9 亿元；年末拥有保险销售人员突破 1 万人，保险业务、员工队伍保持行业主导地位。落实市场化用

2015 年 6 月 13 日，中国人寿保险石家庄分公司举行第九届国寿客户节和"牵手国寿欢乐骑行"活动

人制度，优化业务与人力结构。提高运营管理水平，启动云桌面，推广河北微信公众号，跟进互联网保险业务营销，开展网销防癌卡等业务。加强风险管控，开展保险业务现场检查，防范满期给付及退保风险；围绕远离非法集资、综合治理销售误导、保险业关键岗位等内容，做好风险防控，从源头遏制风险案件发生。开展"创先争优"企业文化建设，2015 年石家庄分公司多次受到中国人寿集团、河北省总公司表彰，被河北省总公司评为 2015 年度"先进单位"，正定县、新华区、藁城区、新乐市、长安区等所辖分支机构获评基层先进单位，李丛、李淑芬等获评先进个人。

【业务发展】 2015 年分公司实现保费收入 38.14 亿元，同比增长 3.59%。其中，长险首年保费 15.29 亿元，长险续期保费 19.16 亿元，短险保费 3.67 亿元。价值型业务均实现较快增长，首年期交、10 年期以上、短期险保费，同比分别增长 38.78%、24.05%、25.23%。业务结构优化，首年期交增速快于长险首年增速 32.53 个百分点，首年期交占比长险首年 46.43%，同比提高 10.49 个百分点；短期意外险增速快于短期险增速 14.85 个百分点，意外险占比短期险 77.45%，同比提高 9.14 个百分点。

表 33　　2015 年中国人寿保险石家庄分公司保费收入情况一览表

项目			保费收入（万元）	同比（%）
险种	长险	总额	344619	-
		首年保费	152980	6.25
		续期保费	191639	-1.63
	短险		36743	25.21
渠道	个险渠道		217938	6.41
	团险渠道		38911	9
	代理	总额	124513	-
		银邮	120395	-5.65
		电销及其他	4118	-
总　保　费			381362	3.59

注：表内数据来自于中国人寿保险股份有限公司统计信息系统，保监局口径。

【客户服务与赔付】 以优化提升"客户体验"为重点，全面推行综合柜员制管理。推广业务处理系统"E宝账"APP，部分业务客户实现自助办理。宣传保险法法规，开展"保险进社区"活动。围绕中国人寿"1+N"目标，推行增值服务，举办"牵手国寿欢乐骑行"等大型客服活动6次，所辖分支机构举行延伸活动近100场，回馈客户1万余名。开展公益捐助活动，2015年石家庄分公司本部员工向灵寿县18名贫困学生除捐助生活、学习等用品外，还捐助资金1.52万元。助推城乡大病保险，在石家庄市、辛集市开办新农合大病保险服务，管理参保人员613.4万名，向5.79万人次支付补偿金1.8亿元。履行保险责任，全年赔给付保险金合计18.9亿元，其中赔款支出、年金给付、死伤给付达到4.33亿元。

中国人寿保险股份有限公司
石家庄分公司
总 经 理：张国杰
副总经理：何献敏（11月免）
邱军
罗朝晖（11月免）
任少川 甄金波
（阎媛敏 孟云 方明）

中国人民财产保险石家庄市分公司

【概况】 2015年，中国人民财产保险公司石家庄市分公司设有分支机构35个，县域农村营销服务部56个，各类营业网点200余个；拥有员工1200人，保险营销从业人员2000余人；保险服务范围实现区域全覆盖，服务保障内容涵盖机动车辆险、财产险、船舶货运险、责任信用险、意外健康险、能源及航空险、种植业和养殖业险等险种200余个。至2015年末，分公司实现保费收入27.77亿元，同比增长18.22%，其中保费规模、市场份额均保持全市行业第一；累计支付各类赔款13.77亿元，同比增长39.49%。支持地方经济建设，全年分公司为石家庄市1700余家企业提供保险服务，其中向东旭集团、石钢公司、省电力公司、北人集团、华北制药、南绕城高速公路、芜湖东旭集团、兵器装备集团等重点企业及项目提供风险保障金535亿元。保障服务社会民生，2015年分公司承接石家庄市市属医院医疗责任险统保，其中包括市属医院8家、县医院29家、乡镇医院56家；5个区县开设"一元民生"保险，覆盖居民228万人；承接石家庄市养老机构责任保险统保，涵盖养老机构134家8989个床位；承保新乐市、栾城区新农合意外险，深泽县城镇职工补充医疗保险，惠及人口近100万人。参与平安建设，推行治安险宣传，年末农村治安险整体参保率超过50%。开展农房保险试点，新增行唐县、赞皇县、高邑县3个县域农房保险业务。突出"三农"服务，因地制宜并结合各地实际推广温室大棚保险、"五小车辆"保险、农村治安综合保险、意外健康险等特色农村保险产品，保障范围从农业生产扩大到所有涉农领域。2015年分公司将构建"三农"保险基层服务体系作为"一号工程"，组织开展创建"人保乡（镇）、人保村""保险示范县"活动。至2015年末，分公司全辖"三农"营销服务部达到56个，"三农"保险服务站达到260个，村级"三农"保险服务点达到3430个，网点覆盖率达到100%；拥有农村保险联络员队伍3837人。2015年石家庄市18个县区遭受严重风雹灾害，玉米受灾面积较大，其中分公司承保玉米面积89万亩。灾害发生后，分公司集中力量开展抗灾理赔，受灾玉米全部予以赔付，累计向36.2万余户受灾农户支付赔款1.18亿元。2015年分公司累计承保小麦、玉米、棉花等作物面积673万亩，能繁母猪、育肥猪、奶牛107万头，风险保障总额37亿元；累计赔款1.43亿元，较好发挥灾后损失补偿、恢复农业生产、稳定农民收入作用。2015年石家庄分公司被市委、市政府授予双文明建设先进单位、窗口先进单位和便民利民先进单位；被河北省委、省政府授予文明单位称号，这也是全市唯一获此荣誉保险企业。

【业务发展】 围绕打造全方位、广覆盖、多元化销售服务体系，对接市场需求，健全渠道网络，强化互动协同，探索业务模式创新。至2015年末，分公司实现保费收入27.77亿元，同比增长18.22%，较行业市场高0.57个百分点，其中保费规模、市场份额均保持全市行业第一，经营业绩连续5年位入列中国人民财产保险系统十强。2015年分公司承担保险风险总额8807亿元，同比增长53.31%，风险保障总额达到全市同期GDP的1.6倍。其中，车险风险保额2667亿元，增长30.74%；商业非车险风险保额6101亿元，增长66.38%；农业险风险保额39亿元，增长6.47%。2015年分公司上缴税金3.37亿元（含代缴车船税1.79亿元），同比增长19.09%。2015年分公司累计支付各类赔款13.77亿元，较2014年增加3.77亿元，同比增长39.49%；赔款准备金余额9.57亿元，较好保持充足偿付能力。

表34　2015年中国人民财产保险石家庄市分公司保费收入情况一览表

类别	保费收入（万元）		增加额（万元）	同比（%）
	2014年	2015年		
车险	196596	234061	37465	19.06
商业非车险	20925	24189	3264	15.60
农险	17363	19343	1980	11.40
总保费	234885	277676	42791	18.22

【客户服务与赔付】 以向保险消费者提供优质便利服务为重点，落实标准化建设，规范服务标准，提升窗口形象和客户体验感受，彰显以人为本服务理念。坚持特事特办、急事快办原则，保证赔款资金及时到位，保障受灾企业及时恢复生产经营和居民生活安定。开展车险理赔"万元以下1小时通知赔付""全国通赔""免费救援"等服务举措，创新开设"代检车""代检本""酒后代驾"等增值服务，提升保险客户满意度。维护保障消费者合法权益，举办"理赔七项服务承诺"活动，有效解决理赔难问题。加大理赔软硬件建设和人员投入，优化业务流程，简化索赔手续，推进赔案快捷处理。推行单证上门速递等增值服务，组织举办"服务年""服务月"活动，向客户提供特色化、贴心式保险项目服务，赢得客户好评。2015年分公司参加石家庄市保险行业协会车险理赔时效自律检查，综合排名位居行业第一。

表35　2015年中国人民财产保险石家庄市分公司赔付情况一览表

类别	决赔		赔款	
	笔数（笔）	同比（%）	金额（万元）	同比（%）
车险	192564	9.70	111373	37.54
商业非车险	11809	54.47	12004	22.61
农险	25271	5.24	14310	79.66
合计	229644	10.84	137687	39.49

中国人民财产保险股份有限公司
石家庄市分公司
总　经　理：丁萍（女）
副总经理：王大为　张立军
李文钢
总经理助理：周永喜

（刘京宗）

太平洋人寿保险 石家庄中心支公司

【概况】 2015年，中国太平洋人寿保险股份有限公司石家庄中心支公司围绕客户需求目标，落实“两个聚焦”和创新“双轮驱动”要求，提升专业化水平，升级打造个人客户经营模式，在经营业绩、销售能力、风险防范、团队建设上取得较好成绩。至2015年末，公司累计实现规模保费收入79687万元，同比增长26.62%，市场份额占比排列第三位，其中标准保费增长率、任务达成率均居分公司系统第一名，创下近年公司业务发展速度最快一年。个险渠道新单保费增长显著，实现保费收入25921万元，同比增长118.43%。2015年公司累计处理理赔案件6075件，同比增长296%；赔款金额3503万元，同比增长151%。

【业务发展】 以“重价值、推转型、优服务、防风险”为方针，升级实施“以客户需求为导向”业务经营模式。落实保险业务“超常规、跨越式、大发展”思路，推动公司价值和利润可持续增长。开展个人、法人、共享平台三大板块专业化建设，推行人员销售、网络营销“双轮驱动”战略。增强客户和重点机构联络，提升业务持续经营能力。至2015年末，石家庄中心支公司累计实现规模保费收入79687万元，同比增长26.62%。其中，个险渠道实现新单保费收入25921万元，同比增长118.43%；银保渠道实现新单保费收入701.6万元，同比下降73.26%；团险（直销）渠道实现新单保费收入913万元，同比下降54.42%。

表36　　2015年太平洋人寿石家庄中心支公司保费收入情况一览表

类别		金额（万元）		增加额（万元）	同比（%）
		2014年	2015年		
个险渠道	金额	43600	67277	23677	54.31
	新单	11867	25921	14054	118.43
团险（直销）	金额	2367	1014	-1353	-57.16
	新单	2003	913	-1090	-54.42
银保渠道	金额	16969	6967	-10002	-58.94
	新单	2624	701.6	-1922.4	-73.26
总　保　费		62936	79687	16751	26.62

【赔款与给付】 围绕“夯实财务管理、提高员工技能、坚持原则与提供服务相统一”理念，从落实日常经营管理入手，夯实会计业务基础。强化保险收入和赔付预算管理，提升后援服务效益，防范财务风险。以提升服务品质、增强服务意识为核心，加快柜面标准化建设，开展客户优质服务活动。举办“3·15消费者权益日”“创意作品大赛”“黄金会员层级以上客户免费癌症筛查”“神行太保无纸化投保”等活动，提升公司品牌影响力。至2015年底，公司累计办理理赔案件6075件，同比增长296%；赔款金额3503万元，同比增长151%；满期给付金额836万元。

中国太平洋人寿保险股份有限公司
石家庄中心支公司
总 经 理：张进武
副总经理：杨海峰　康永忠
张皓　（12月免）
常洪峰（4月任）

（周永红）

太平洋财产保险 石家庄中心支公司

【概况】 2015年，中国太平洋财产保险股份有限公司石家庄中心支公司围绕“控品质、保盈利、强基础、增后劲”方针，实施主动发展策略，挖掘市场潜力，整合调动销售资源，在保持稳定综合成本率及合规经营基础上，优化业务结构、提升经营水平。改革组织架构，重新组建车商业务部门，提升专业化销售能力和市场竞争力。加大大项目营销力度，梳理石家庄百强企业和各县（市、区）20强企业客户信息，组建成立“重点项目公关服务小组”。至2015年末，公司累计完成保费收入47735万元，同比增长2.85%；保险综合赔付率达到51.78%，同比下降2.72个百分点。

【业务发展】 客观分析市场形势，准确定位发展方向，向客户提供优质业务。以车险为突破口，实行差异化管理措施；落实非车险业务完成情况与分支机构、相关管理部门经理薪酬挂钩考核激励机制，调动中层管理骨干积极性。建立企财险续保监控体系，在最大限度保障业务不流失情况下，开拓新项目。改革组织架构，创新销售模式，发展自有渠道。重新组建车商业务部门，新设交叉销售业务部、电网销业务部、农险部，突出渠道专职功能，提升专业化销售能力和市场竞争力。银保渠道与农村信用合作社、汇融银行、民生银行、光大银行、工商银行开展合作；个险销售、产寿交叉及电网销等渠道取得收获。跟进大项目、大客户，支持拓展重点渠道业务。加强石家庄当地有影响力项目或渠道业务营销，加大大项目拓展力度。梳理石家庄百强企业和各县（市、区）20强企业客户信息，组建成立“重点项目公关服务小组”，组员由各专业团队骨干担任，统一负责公司销售团队、业务一线项目申报及立项。与庞大公司、广汇公司、开元公司等较大汽车贸易集团合作取得进展；与中国移动、中国邮政、中国联通等公司达成全省统保项目。建立新项目信息采集互动体系，及时搜集各类项目信息。2015年公司参与石家庄钢铁公司财产险，河北银行补充医疗保险，藁城区、晋州市、正定县新农合保险，诚峰热电运营期一揽子保险，石家庄南绕城高速工程险，建投邢台电厂，河北天然气，中节能（石家庄）环保能源有限公司，中烟集团，勒泰集团一揽子财产保险等项目投标，跟踪掌握海航集团商业票据履约保证保险、邢和铁路工程险、民生银行合作计划、华电集团一揽子保险等项目信息情况。至2015年末，公司累计完成保费收入47735万元，同比增长2.85%。其中，车险保费收入42676万元，同比增长4.7%；非车险保费收入4946万元，同比下降12.5%；农险新增保费收入113万元。

【理赔服务】 加强成本管控，走访石家庄市车险合作4S店及车商，洽谈协商与公司系统价格偏差较大4S店，获得汽车维修零配件价格、工时价格优惠及折扣，提升送修数量。加大未决案件清理力度，推行小额人伤快速理赔。加强诉讼案件管理，重视提高减损率。利用“春节”“十一”等重大节日，在高速路口提供关爱服务，塑造公司服务形象，获得客户好评。分析客户内在需求，补充完善服务内容和服务方式，推行服务标准化建设。针对客户群体特点，建立差异化服务体系，即区分不同客户等级，向公司业务大客户、优质客户提供区别普通客户VIP绿色通道服务及高附加值服务，稳定和吸引优质客户群体。2015年公司保险综合赔付率51.78%，同比下降2.72个百分点。

中国太平洋财产保险股份有限公司
石家庄中心支公司

总 经 理：刘云超

副总经理：张峰　　孔秀敏

（李世彤）

平安人寿保险河北分公司

【概况】 2015年，中国平安人寿保险河北分公司顺应经济发展新形势，以“专业创造价值”为服务理念，以“提升NPS”为指导，优化保险产品结构，调整提升保障型产品占比，开展满意理赔服务活动，有效发挥保险社会保障功能。宣传公司理念，推进企业文化建设，举办各项公益活动，维护企业形象和荣誉。2015年1月，公司组织员工到赞皇县平安希望小学开展春节慰问帮扶活动，捐赠爱心书包100个，慰问贫困学生2名。优化保险产品结构，以高额保障产品为重点，助推业务健康发展。至2015年底，公司石家庄地区完成总保费收入124155万元，同比增长20.7%。其中，分红险保费收入72466万元，较2014年增加5961万元，同比增长9.0%；投连险收入512万元，较2014年减少11万元，同比下降2.1%；万能险收入6789万元，较2014年增加564万元，同比增长9.1%。2015年平安人寿石家庄地区业务收入特点为：长险新单显著提升，保费收入达到38454万元，同比增长52.6%，成为拉动保费收入主要力量；长险续期保费稳定提升，累计收入81569万元，同比增长8.8%，占总保费65.7%，成为整体保费提升基础力量；银邮代理业务保费收入8971万元，同比下降9.4%，为2015年公司唯一下降保险业务；意外险、健康险销售显著提升，同比增长88.0%和36.1%。

【业务发展】 至2015年底，公司石家庄地区完成总保费收入124155万元，较2014年增加21292万元，同比增长20.7%。按照险种分类，人寿险93961万元，较2014年增加12635万元，同比增长15.5%；意外险3200万元，较2014年增加1498万元，同比增长88.0%；健康险26994万元，较2014年增加7159万元，同比增长36.1%。按照渠道分类，个人代理渠道保费收入115185万元，较2014年增加22223万元，同比增长23.9%，占总保费收入92.8%。其中，个人主力险保费收入79767万元（分红险72466万元、投连险512万元、万能险6789万元），同比增长8.9%。银邮渠道保费收入8971万元，同比下降9.4%，占总保费收入7.2%。按照期限长短分类，长险保费收入120023万元，较2014年增加19819万元，同比增长19.8%。其中，长险新单38454万元，同比增长52.6%；长险续期81569万元，同比增长8.8%。短险保费收入4133万元，较2014年增加1474万元，同比增长55.4%。

表37　2015年平安人寿河北分公司石家庄地区保费收入情况一览表

类别			金额（万元）2014年	金额（万元）2015年	增加额（万元）	同比（%）
险种	人身保险		81326	93961	12635	15.5
	意外保险		1702	3200	1498	88.0
	健康保险		19835	26994	7159	36.1
渠道	个人代理		92962	115185	22223	23.9
	银邮代理		9901	8971	-930	-9.4
期限	长险	总额	100204	120023	19819	19.8
		新单	25203	38454	13251	52.6
		续期	75001	81569	6568	8.8
	短险		2659	4133	1474	55.4
总保费			102863	124155	21292	20.7

备注：2014～2015年数据使用标准为河北省保监局“二号统计口径”。

【赔款与给付】 以平安保险集团“专业创造价值”理念为服务核心，以“提升NPS”为指导，开展“重疾先赔”“特案预赔”等服务，提升理赔时效，打造理赔服务品牌。回归保险业务本能，开展高额保障推广活动，致力为客户提供全面呵护。全年疑难案件主动与上级及相关监管部门沟通，搭建案件投诉解决平台；发生误导、滞挪等保险事件时，及时知会相关部门及监管单位，防止事态恶化，减少客户损失。2015年公司累计赔款支出554万元，同比下降10.5%；给付合计20235万元，同比下降6.5%。其中，满期给付8905万元，同比下降19.8%；年金给付4747万元，同比增长5.7%；死伤医疗给付6582万元，同比增长9.2%。

表 38　　2015 年平安人寿河北分公司石家庄地区赔退付情况一览表

<table>
<tr><th colspan="2" rowspan="2">名称</th><th colspan="2">金额（万元）</th><th rowspan="2">增加额（万元）</th><th rowspan="2">同比（%）</th></tr>
<tr><th>2014 年</th><th>2015 年</th></tr>
<tr><td colspan="2">赔款</td><td>619</td><td>554</td><td>-65</td><td>-10.5</td></tr>
<tr><td rowspan="3">给付</td><td>满期</td><td>11110</td><td>8905</td><td>-2205</td><td>-19.8</td></tr>
<tr><td>年金</td><td>4492</td><td>4747</td><td>255</td><td>5.7</td></tr>
<tr><td>死伤医疗</td><td>6028</td><td>6582</td><td>554</td><td>9.2</td></tr>
<tr><td colspan="2">给付合计</td><td>21631</td><td>20235</td><td>-1396</td><td>-6.5</td></tr>
</table>

备注：2014 ～ 2015 年数据使用标准为河北省保监局“二号统计口径”。

中国平安人寿保险河北分公司
总 经 理：徐敏彬（8 月免）
　　　　　赵津　（8 月任）
副总经理：张树新　耿剑
　　　　　王泽根　苏海超
　　　　　何伟杰（8 月任）
　　　　　郭军升（12 月任）
　　　　　胡云亚　田卫东

（范一扬）

平安财产保险石家庄中心支公司

【概况】　2015 年，中国平安财产保险股份有限公司石家庄中心支公司围绕“专业经营 服务领先”理念，加快实施经营管理机制变革、运营体制变革、个人业务及团体业务商业模式升级转型，持续推进业务稳定发展。全年公司新开设四级机构 6 家，实现石家庄县域全覆盖；新增人员 91 人，业务人员达到 366 人。至 2015 年末，公司累计完成总保费收入 143752 万元，同比增长 21.4%，其中，车险保费收入 132392 万元，同比增长 25.1%；支付车险赔款 1.47 亿元；支付财产险赔款 5423 万元；上缴地方税收 7954 万元。2015 年公司获评“石家庄保险国庆客服活动先进单位”称号和中国质量万里行暗访活动现场查勘及门店服务“A”级评价。

【业务发展】　创新保险产品种类，成功开发诉讼保全责任保险。2015 年公司诉讼保全责任险投入市场后，业务快速发展，至 2015 年底，开单法院 22 家，法院覆盖率达 88%，签单笔数 170 笔，签单保费达到 230 万。推行卡式新产品安骑天下，主要为非机动车人员提供意外伤害、意外医疗、第三者责任保障；至 2015 年底，该险种销售卡单 18270 张，保费收入 220 万。开办景区意外、旅游意外保险业务系统上线，实现意健险现场实时出单。团体业务中标晨阳汽贸、河北省烟草公司团车项目。至 2015 年末，公司累计实现保费收入 143752 万元，同比增长 21.4%。其中，车险保费收入 132392 万元，同比增长 25.1%；财产险保费收入 7799 万元，同比下降 16.2%；意健险保费收入 3562 万元，同比增长 9.7%。2015 年公司整体经营业绩在系统排名第 2 位，其中车险业务继续保持较快增长态势。

表 39　　2015 年平安财产保险石家庄中心支公司保费收入情况一览表

<table>
<tr><th rowspan="2">险种</th><th colspan="2">保费收入（万元）</th><th rowspan="2">增加额（万元）</th><th rowspan="2">同比（%）</th></tr>
<tr><th>2014 年</th><th>2015 年</th></tr>
<tr><td>车险</td><td>105820</td><td>132392</td><td>26572</td><td>25.1</td></tr>
<tr><td>财产险</td><td>9306</td><td>7799</td><td>-1507</td><td>-16.2</td></tr>
</table>

（续表）

险种	保费收入（万元）		增加额（万元）	同比（%）
	2014 年	2015 年		
意健险	3248	3562	314	9.7
合计	118374	143752	25378	21.4

【理赔服务】　围绕“客户服务体验”要求，提升理赔效率，缩短时效，简化流程，精简手续，推行“电话直赔”“人伤快赔”“人伤线上理赔”“人伤闪垫”“自助理赔”“高峰闪行”等保险项目。“电话直赔”为单方事故4000元以内轻微事故，自助上传照片，座席在线直接完成定损支付等理赔业务；“人伤快赔”为人伤案件5000元以下且标的、第三者双方同意调解处理的人伤案件，采取电话查勘定损，单证自助上传，作业人员以推送短信链接形式，实现客户远程自助提交资料，线上一键理赔；“人伤闪垫”为伤者伤情重，急需大量费用救治，且超出“闪垫”服务垫付1万元限额案件，确定依照保险责任和事故责任认定，实施一定程度垫付赔偿；“高峰闪行”为高峰期市区内一次出险客户在主干道轻微纯车损双方事故制定“高峰闪行”服务，推出免勘现场措施。2015年公司累计支付车险赔款1.47亿元，共有5万余名车险客户出险及赔付；累计支付财产险赔款5423万元，其中100万元以上大案4笔，共计赔款1064.1万元，有效发挥社会稳定器作用。2015年中国质量万里行暗访活动中，公司现场查勘及门店服务获得“A”级评价。

中国平安财产保险股份有限公司
石家庄中心支公司
总 经 理：张保龙
副总经理：张春青　马吉安
　　　　　佟伟

（赵双举）

新华人寿保险河北分公司

【概况】　2015年，新华人寿保险河北分公司围绕“创新、突破、服务、效率”主题，转变思路理念，实施标准化经营策略，协调推进保险业务发展和风险控制管理。至2015年底，公司拥有中心支公司10家，四级机构58家，业务覆盖石家庄、秦皇岛、唐山、廊坊、保定、衡水、沧州、邯郸、邢台、承德10个河北省地级市，形成个人、银代、团体、续收四大营销体系；累计实现规模保费收入33.95亿元，同比增加6000万元，增长2%；累计赔付支出84653万元，同比增加23782万元，增长39%。吸纳高素质人才，培养和建设精干高效的干部队伍、员工队伍。立足公司经营发展战略需要，采取校园招聘、社会招聘等方式吸收高素质优秀人才；围绕“态度、技能、绩效”原则，公开公正选拔使用干部，全年晋升中层、基层干部33人。严格风险管控，建立以风控部为基础，中支风控专岗为抓手，各部门风控联络人协作配合风控网络体系；专项治理保险产品销售误导行为，谨慎防范第三方理财、非法集资风险。开展客户服务节活动。2015年7～9月，公司组织举办“中国梦新华行”客户服务节活动322场次，累计参与客户13.1万人次，公益捐款3万元，较好提升了公司品牌影响力。客户服务满意度提升提升。2015年河北省保险行业协会组织开展全省保险公司服务客户满意度调查，新华保险河北分公司以88.35分位居全省寿险公司首位，创下近年历次此项活动最好成绩。2015年公司在新华保险系统客户服务评优活动中获得“最佳客户服务奖”，这也是公司连续第三年获此荣誉。

【业务发展】　创新保险营销模式，开展自主经营，加强绩效考核，发挥典型示范带动作用，推动个人、代理、法人、续期四大核心业务健康发展。至2015年末，公司累计实现规模保费收入33.95亿元，同比增加6000万元。新契约规模保费收入14.75亿元，其中，个人业务新契约保费收入6.07亿元（期交保费4.88亿元，趸交保费1.19亿元），银代业务新契约保费收入7.79亿元（期交保费0.44亿元，趸交保费 7.35 亿元）。法人业务规模保费收入 8816 万元。个人业务规模保费收入 23.02 亿元，占总保费收入 67.81%。银代业务规模保费收入 10.05 亿元，占总保费收入 29.60%，其中，新契约规模保费收入 7.79 亿元，市场份额占比 2.79%，新契约期交保费 4432 万元，市场份额占比 1.68%。续收业务保费收入 19.19 亿元，其中，个险续期保费收入 16.94 亿元，占续收总保费 88.28%，银代续期保费收入 2.25 亿元，占续收总保费 11.72%。

表 40　　2015 年新华人寿河北分公司规模保费收入情况一览表

类别		金额（亿元）	占比（%）
渠道	个险	23.02	67.81
	法人	0.88	2.59
	银代	10.05	29.60
时间	新单	14.75	43.45
	续收	19.19	56.52
总保费		33.95	100

【赔款与给付】 开辟理赔绿色通道，确属保险责任案件，做到及时调查、及时给付。提升理赔时效，搭建移动理赔服务平台，提供一站式“无缝隙”理赔服务和“零距离”现场理赔服务。履行理赔服务承诺，全年公司承担保险项目发生重大社会灾难事件，均在第一时间赶到现场，寻找和慰问出险客户，受到社会各界好评。根据调查测评，2015 年公司保险理赔服务满意度达到 98.01%。至 2015 年末，公司累计赔付支出 84653 万元，同比增加 23782 万元，增长 39%。赔款支出 5785 万元，同比增加 385 万元，增长 7%。给付支出 78868 万元，同比增加 23397 万元，增长 42%。其中，满期给付 52672 万元，同比增加 26310 万元，增长 100%；年金给付 16349 万元，同比减少 5504 万元，下降 25%；死伤医疗给付 9846 万元，同比增加 2590 万元，增长 36%。

表 41　　2015 年新华人寿保险河北分公司赔付情况一览表

类别		金额（万元）		增加额（万元）	同比（%）
		2014 年	2015 年		
赔款		5400	5785	385	7
给付	总额	55471	78868	23397	42
	满期	26362	52672	26310	100
	年金	21853	16349	-5504	-25
	死伤医疗	7256	9846	2590	36
合计		60871	84653	23782	39

新华人寿保险河北分公司
总　经　理：黄启永
副 总 经 理：宋国盛　张战
　　　　　　郑晓涛（10 月免）
总经理助理：张欣

（王占义）

富德生命人寿保险河北分公司

【概况】 2015 年，富德生命人寿保险河北分公司以制度创新、产品创新为策略，以合规文化建设为保障，以业务品质管理为动力，聚焦抓基础、抓落实手段，有效保持业务健康快速发展。围绕“大客服”理念，建立“专业化、精细化、E化”客服体系，重点改善条线管理、团队建设及附加值服务，有效提升全员服务意识和能力。2015 年公司举办“爱家·与生命同行”健康养生讲座、少儿财商讲座、首届 VIP 客户新春音乐会、“爱家”特色活动 30 余场，客户满意度提高。加强制度建设，新增制度 23 个，修订制度 15 个，年末公司有效制度数量达到 168 个。研发应用新系统，提高反洗钱业务水平，2015 年公司及沧州、承德、邢台、邯郸、秦皇岛、唐山 6 家中心支公司均被当地中国人民银行部门考评为反洗钱工作 A 级单位。建立风险排查常态化机制，突出做好合规风险排查、年度风险排查、中支机构现场检查、非法集资专项风险排查、非法集资广告资讯信息排查、中介市场风险排查、人身保险公司风险排查、违规销售非保险金融产品风险排查工作，营造合法、规范的经营管理环境。全年公司无重大违规事件，实现“零处罚”目标。开展社会公益活动。2015 年公司员工向石家庄市特困职工家庭捐助资金 11650 元；4 月 9 日，公司组织承办“星星，让我们与你共同闪耀”关爱自闭症患儿公益活动，向自闭症儿童捐赠礼品。至 2015 年末，公司累计实现保费总收入 370630.38 万元，同比增长 98.6%；累计赔付支出 31953 万元，同比下降 13.5%。2015 年富德生命人寿河北分公司获得“3·15 河北省重合同讲信用百佳品牌企业”“3·15 河北省质量·信誉·服务消费者满意单位”“河北省服务质量优秀单位”“河北省诚信示范单位”“AAA 级重合同守信用企业”等称号。

【业务发展】 至 2015 年末，公司累计实现保费总收入 370630.38 万元，同比增加 184014 万元，增长 98.6%。其中，长险新单首年保费收入 297931.99 万元；长险续期保费收入 69852.62 万元；短险保费收入 2845.77 万元。按照险种分类，传统寿险保费收入 255723.7 万元，同比增长 211.4%；健康险保费收入 6134.7 万元，其中，长期健康险 5504.55 万元，短期健康险 630.16 万元；投资型保险保费收入 106556.4 万元，其中，分红险 106543.34 万元，万能险 12.95 万元，投连险 0.07 万元；短期意外险保费收入 2215.61 万元。按照渠道分类：团险渠道（也称公司直销渠道）保费收入 1757.91 万元，市场份额占比 0.41%；银行代理渠道 296201.35 万元，年度任务达成率 127.3%，系统排名第五位，占全省保险市场份额 9.29%，市场排名第三；个人代理渠道保费收入 61897.32 万元，年度任务达成率 106.6%，系统排名第七位，占全省保险市场份额 1.73%，市场排名第九；保险专业代理渠道收入 8093.21 万元；电话直销及其他收入 2680.59 万元。

表 42　　2015 年富德生命人寿河北分公司保费收入情况一览表

类别	名称	保费收入（万元）		增加额（万元）	同比（%）
		2014 年	2015 年		
险种	传统寿险	82122	255724	173601	211.4
	投资型保险	98056	106556	8500	8.7
	健康保险	4368	6135	1767	40.5
	意外保险	2069	2216	147	7.1

（续表）

类别	名称	保费收入（万元）		增加额（万元）	同比（%）
		2014年	2015年		
渠道	个人代理	48621	61897	13276	27.3
	银行代理	125700	296201	170501	135.6
	团险渠道（标保）	2287	1758	-529	-23.1
	经代渠道	8511	8093	-418	-4.9
	电销及其他	1497	2681	1184	79.1
时间	新单	126786	300778	173992	137.2
	续期	59830	69853	10023	16.8
总保费		186616	370630	184014	98.6

【赔款与给付】 转变服务模式，提升理赔时效。2015年公司累计提供理赔上门服务550多次，占总案件量21.62%；保险理赔服务时效由2014年110天降至60天，平均结案时间由2014年1.96天降至1.1天。至2015年底，公司累计赔付支出31953万元，同比减少4972万元，下降13.5%。其中，赔款支出726万元，同比增加138万元，增长23.5%；给付支出31227万元，其中，满期及年金给付28989万元，同比减少5752万元，下降16.6%，死伤医疗给付2238万元，同比增加641万元，增长41.1%。

表43　　2015年富德生命人寿河北分公司赔付情况一览表

类别		金额（万元）		增加额（万元）	同比（%）
		2014年	2015年		
赔款		588	726	138	23.5
给付	满期及年金	34741	28989	-5752	-16.6
	死伤医疗	1597	2238	641	41.1
合计		36925	31953	-4972	-13.5

富德生命人寿保险有限公司
河北分公司
总　经　理：邓明远
副 总 经 理：张玉然（4月任）
总经理助理：张峰松
　　　　　　张玉然（4月免）
　　　　　　崔会利　陆明维

（冯丹）

综合经济管理

Comprehensive Economic Management

发展和改革

【概况】 2015年，全市发展改革部门贯彻落实市委、市政府决策和部署，始终围绕稳增长、调结构、促改革、惠民生主题，治理大气污染，统筹推进经济健康发展。7月30日，市委、市政府召开全市经济形势分析会，贯彻党中央、国务院和河北省关于经济工作各项决策部署，分析经济形势，总结部署经济工作，通报经济运行情况。2015年石家庄市国民经济计划执行情况总体较好，大部分指标好于全国、全省平均水平。36项计划指标中26项完成目标计划，10项与目标计划存在差距。具体情况为：民生和生态指标完成情况良好，21项指标全部完成计划或河北省下达目标任务。2015年石家庄市城镇新增就业人口10.2万人，完成目标任务（新增就业人口9.52万人）107%；城镇登记失业率3.53%，控制在河北省下达指标4.5%以内；城镇职工参加基本养老保险人数为210.0万人，城乡居民参加养老保险人数为399.8万人；城镇参加医疗保险人数为289.9万人；失业保险人数为91.6万人；工伤保险人数为141.8万人；生育保险人数为136.9万人；享受居民最低生活保障人数18.21万人，其中城镇居民2.76万人、农村居民15.45万人；农民参加新型农村合作医疗保险563.72万人，新型农村合作医疗参保率达到97.81%；城镇保障性安居工程住房开工2.67万套，完成年度责任目标108%；新增农村安全饮水人口52.43万人；市区居民消费价格指数为103.0%，同比增长1.0%；学生高中阶段毛入学率达到93.2%；人口出生率控制11.72‰；每万元生产总值能耗、二氧化碳排放量均下降超5%，每万元工业增加值用水13.8立方米，化学需氧量、氨氮、二氧化硫、氮氧化物4项污染物排放总量较2014年分别下降3.3%、3.1 %、4.7%、12.6%，PM2.5、PM10、二氧化硫浓度分别较2014年下降28.2%、28.6%、24.2%；造林绿化面积100万亩。经济发展总体平稳，5项指标完成计划。全年服务业实现增加值2440亿元，同比增长10%；一般公共预算收入362.9亿元，同比增长9.2%；粮食生产取得“十二连丰”，总产量达到450.0万吨；实际利用外资11.4亿美元，同比增长11.6%；城镇居民人均可支配收入28168元，增长8.0%。9项指标好于全省平均水平或与全省持平，低于市级计划指标。总量指标中，2015年全市生产总值完成5054.5亿元，同比增长7.5%，高于全省0.7个百分点，低于计划0.5个百分点；规模以上工业增加值完成1897.1亿元，同比增长6.0%，高于全省1.5个百分点，低于计划3个百分点。2015年全市受市场有效需求不足、化解过剩产能和治理大气污染等因素影响，停限产规模以上企业590余家，影响工业增加值增速1.8个百分点，影响生产总值增速0.8个百分点。三大需求指标中，全社会固定资产投资完成5514.5亿元，同比增长12.1%，高于全省2.1个百分点，低于计划3.9个百分点，主要是服务业、房地产投资增速回落较大，服务业投资增长5.6%，房地产投资下降7%，同比分别回落5.2个、17.6个百分点；社会消费品零售总额完成2437.3亿元，同比增长9.8%，高于全省0.8个百分点，低于计划2.2个百分点，主要是受住房、汽车等大宗商品消费增速回落，加之居民消费价格低位徘徊、网购分流等因素影响，拉低社会消费品零售总额增速；对外贸易进出口总值完成121.4亿美元，同比下降15.4%，低于计划20.4个百分点，主要是受外贸结构不合理，铁矿石、钢材等大宗商品价格回落影响。2015年石家庄市引进市外资金1264.6亿元，同比增长11.2%，低于计划3.8个百分点；城镇化率58%，低于计划1个百分点；研发经费支出占地区生产总值比重1.75%，低于计划0.3个百分点；农村居民人均可支配收入达到11442元，同比增长8.5%，低于计划1.5个百分点。1项指标低于计划和全省平均水平。2015年全市规模以上高新技术产业增加值完成329亿元，同比增长10.3%，高于规模以上工业增加值增速4.3个百分点，低于计划0.7个百分点，低于全省1.7个百分点。主要原因：按照大气污染防治攻坚行动方案，华药集团、石药集团等制药企业提前启动搬迁改造；全市部分原料药品种开工率低，生物医药行业增长乏力（仅增长5%左右），生物医药行业占高新技术产业比重较高（50%左右）；新一代信息技术、节能环保等产业尚未形成足够支撑。加强粮食储备管理，市级储备粮油轮换计划完成，轮换储备小麦4.95万吨、食用油3500吨；冬春储备蔬菜7500吨，品种为大白菜、圆白菜、胡萝卜、土豆、洋葱，期限为当年12月1日至次年3月31日。开展对口支援建设，总投资4.66亿元9个交钥匙、交支票援疆项目任务按期竣工，总投资91亿元10个援疆产业项目顺利推进；谋划协调市级财政资金50万元，实施产业项目援建三峡库区，支持三合街道文化中心建设。

【“十三五”规划纲要编制】 落实国家和河北省“十三五”规划纲要总体编制要求，编制完成《石家庄市国民经济和社会发展第十三个五年规划纲要》。吸收采纳专家意见和建议，完成推进京津冀协同发展、创新驱动发展、全面建成小康社会等18个重大课题研究；以重大项目、重大工程、重大平台为重点，精心谋划“十三五”规划项目库，规划总投资超过2万亿元；结合《石家庄市国民经济和社会发展第十三个五年规划纲要》编制，提出上报正定新区上升为国家级新区、生态环境治理、交通能源基础设施建设等纳入国家和河北省“十三五”规划等重大政策、重大工程、重大项目，得到国家和河北省支持。

【经济运行调节】 煤炭管理。加快洁净型煤生产配送体系建设，全市23家洁净型煤生产配送中心全部建成投产；优化型煤配方，以晋煤蓝天一号为主力煤种，引入榆林兰炭，提升型煤质量和性能。2015年全市推广使用洁净型煤22万吨，配套推广型煤专用炉具2.1万台。电力运行保障。制定和落实《2015年石家庄市有序用电方案》，加强132家重点电力用户供电电源规范管理；应对重污染天气预警，启动重污染天气电力应急响应措施12次；4个电力需求侧管理示范项目获得专项资金支持；按照河北省发展改革委、省住房和城乡建设厅、省财政厅安排部署，启动石家庄市“煤改电”试点。春运旅客发送。2015年春运期间（2月4日至3月15日），石家庄机场完成旅客吞吐量69.5万人次，同比增长17.5%；石家庄火车站发送旅客317.35万人次，同比增长4.21%，均实现“安全、快捷、有序、优质”总体目标。

【经济体制改革】 制定《石家庄市经济体制改革专项小组2015年工作要点》；至2015年末，64项改革任务中57项顺利完成；未完成7项属于跨年度任务，正在有序推进。组织市机构编制委员会办公室、市发展改革委、市工业和信息化局等单位，围绕2015年河北省综合督查内容开展自查，起草形成《石家庄市经济体制改革专项小组关于做好2015年全省综合督查活动全面深化改革方面迎接督查准备工作的自查报告》，并在河北省综合督查座谈会上作情况汇报。落实《国务院批转国家发展改革委关于2015年深化经济体制改革重点工作的意见的通知》，组织市直相关部门研究提出涉及任务具体举措，汇总形成全市贯彻落实任务清单和责任分工方案。实施创新驱动发展战略，制定出台《关于大力推进大众创业万众创新若干政策措施的实施意见》。设立产业引导股权投资基金，支持科技创新、成果转化和高端人才引进。注册成立智库石家庄京津冀产学研联盟数据服务有限公司，改进和完善京津冀产学研联盟运行机制。

【产业结构调整】 深入实施中东西三大区域经济协调发展战略，优化产业布局，调整产业结构。2010～2015年，石家庄市三次产业结构比例由2010年10.9∶48.6∶40.5调整为2015年8.8∶44.0∶47.2；经济总量实现新的跨越，2015年全市生产总值达到5054.5亿元，2010～2015年均增长9.4%；2015年全市规模以上工业增加值完成1897.1亿元，2010～2015年均增长10.9%；与2010年相比，装备制造、电子、食品行业规模以上工业增加值占全市比重分别由14.7%、0.9%、11.3%提高到16.9%、1.6%、12.9%；冶金、建材、煤炭开采洗选业占比分别下降0.2个、0.9个和0.2个百分点，高耗能行业比重逐年下降。战略性新兴产业壮大。2010～2015年，全市规模以上高新技术产业增加值由213.6亿元增加到325.21亿元，2015年较2014年增长11.6%，占规模以上工业增加值比重达到17.1%；与2010年相比，生物医药原料药与制剂比重由7∶3调整为5∶5；生物医药、高端装备制造、电子信息、新材料产业成为战略性新兴产业支柱，占比达到98%以上。服务业快速发展。2010～2015年，全市服务业增加值由1377.2亿元增加到2384.3亿元，年均增速10.5%，全市经济贡献率达到61%；服务业结构优化，文化创意、健康养老、电子商务、节能环保等新兴服务业快速发展，商贸物流、总部经济、金融保险、旅游休闲等现代服务业迅速壮大，至2015年末，石家庄市列入国家电子商务示范城市等10个国家级试点。

【重点项目建设】 2015年石家庄市列入河北省重点建设项目33项，总投资972.3亿元，年度计划投资130.6亿元。其中，计划开工项目11项，总投资283.8亿元，年度计划投资68.6亿元；续建投产项目11项，总投资244.5亿元，年度计划投资62亿元；前期项目11项，总投资444亿元。2015年石家庄市安排重点项目300项，总投资5317.2亿元，年度计划投资908.7亿元。其中，计划开工项目100项，总投资1558.9亿元，年度计划投资481.5亿元；计划竣工项目100项，总投资1430.8亿元，年度计划投资427.3亿元；前期项目100项，总投资2327.5亿元。至2015年底，33项省级重点项目，完成投资195.5亿元。其中，11个计划开工项目全部开工建设，完成投资81.1亿元，占年度计划118.2%；11个续建项目全部竣工，完成投资92.7亿元，占年度计划147.8%；11个前期项目中5个项目开工建设，完成投资21.7亿元。2015年市级“三个一百”重点项目完成投资1338.8亿元。其中，100个计划开工项目全部开工建设，完成投资645.8亿元，占年度投资计划132.7%；100个计划竣工项目全部竣工，完成投资637.6亿元，占年度投资计划149.2%；100个前期项目中14个项目提前开工建设，完成投资55.5亿元。2015年全市加快推进重点商贸项目52个，总投资1680亿元，年度计划完成投资235亿元，实际完成投资337亿元，计划完成率达143%。

【节能降耗】 落实节能降耗目标考核制度。2015年4月24日，市节能减排工作领导小组办公室通报2014年县（市、区）节能降耗目标考核结果：2014年全市单位GDP能耗较2013年下降8.74%，超额完成河北省下达的下降5.37%目标任务，提前一年超额完成“十二五”目标任务；各县（市、区）全部完成2014年度节能降耗目标任务；经市政府同意，授予2014年度节能考核排位居前鹿泉区、藁城区、晋州市、栾城区、赞皇县、深泽县、井陉矿区、长安区、桥西区为2014年节能工作先进单位。制定2015年度节能工作要点，分解下达各县（市、区）节能目标计划，明确各县（市、区）及重点企业、重点领域节能目标和工作措施。实施产业结构调整和产业转型升级，淘汰落后产能，推进重点节能项目建设，至2015年末，全市建成竣工节能量60万吨标煤100个重点节能项目投入运行。严把项目准入关口，严格固定资产投资项目节能评估和审查，实现所有审批、核准、备案项目均完成节能评估及审查。加强能耗重点单位管理，2015年石家庄市辖内省“千家”企业全部完成2015年及“十二五”节能量目标任务。争取国家和河北省节能专项资金支持，全年石家庄市37个项目获得国家、河北省节能专项资金3.6亿元。建立定期发布节能目标完成情况晴雨表制度，由市政府网站、市发展改革委网站按季度发布全市各县（市、区）节能目标完成情况。营造节能减排氛围，开展节能宣传活动。6月15日，市发展改革委、市城乡建设局、市教育局等14个部门联合印发《关于2015年石家庄市节能宣传周活动安排意见的通知》，各县（市、区）同步参与，并在企业、机关、社区、学校、军营等场所开展以“节能有道，节俭有德”为主题宣传活动。推进削减煤炭工作，至

2015年末，全市实现万元GDP能耗同比下降6.48%，超额完成河北省下达的下降3%目标任务；“十二五”规划期间，全市单位GDP能耗累计下降26.94%，超额完成河北省下达的下降18%目标任务。

【农业农村经济】 全年争取中央预算内资金4.42亿元、河北省预算内资金0.57亿元用于支持农业农村经济发展。农业生产基础建设争取中央资金1.02亿元，主要用于新增千亿斤粮食田间工程、奶牛标准化养殖、农产品质量检测体系和水土保持等项目建设。生态环境改善争取中央资金0.81亿元，支持2个农村污水治理项目建设。争取中央资金1.51亿元，解决全市52.43万农村人口饮水安全问题。争取中央资金0.55亿元，推进和巩固退耕还林成果、太行山绿化、三北防护林等工程建设。争取中央资金0.38亿元，采取以工代赈方式，帮助全市4个国家扶贫开发工作重点县农民脱贫致富。争取中央财政转移支付资金1.66亿元和接续替代产业发展资金0.15亿元，用于井陉矿区资源枯竭城市产业转型改造和民生工程建设。

【服务业发展】 贯彻落实国家和河北省发展服务业政策要求，印发《关于加快发展生产性服务业的实施意见》《石家庄市现代服务业重点行业发展三年行动计划》，推进服务业结构优化升级和生产性服务业加速发展，提出服务业发展8个重点行业及发展思路、发展目标、发展重点，明确规划、土地、资金等方面优惠政策，创建石家庄市现代服务业快速发展基础。服务业增加值较快增长。2015年全市服务业完成增加值2384.3亿元，比2011年增加748.5亿元，同比增长10.6%，高于2014年增速3.1个百分点；服务业增加值占GDP比重47.2%，比2011年（40.1%）提高7.1个百分点，服务业较好完成“十二五”发展规划确定占比45%以上目标任务。至2015年底，服务业对全市经济增长贡献率达到61%，成为石家庄市经济增长首要力量。争取服务业扶持资金。2015年石家庄市争取国家专项建设基金投资项目4个，争取国家开发银行、中国农业发展银行支持资金6000万元，争取河北省现代物流业发展专项资金项目投资计划950万元。培育激发服务业市场主体活力。按照河北省政府办公厅印发《关于全省2015年新增规模以上服务业单位分解目标的通知》要求，市政府向全市分解下达新增规模以上服务业企业指标170家。集聚效应凸显，服务业特色升级。中山西路现代商贸聚集区、北国商城都市聚集区等繁华街区及自强路金融核心区、高新技术服务功能区等服务业聚集区初步形成，高端服务业集聚发展；加快打造正定新区、3个省级综合物流园区、空港保税园区、石家庄国际服务外包经济开发区及3个商品市场集散中心（正定小商品城、国际贸易城、塔谈商贸城），推动服务业板块集聚升级，整体构筑现代商务服务带、商贸流通服务带、生产服务增长带和西北部生态休闲带，逐步提升服务业集约化程度。

【社会民生基础设施建设】 改善提高教育、医疗、养老、就业等民生领域基础设施服务能力，2015年全市61个社会民生基础设施建设和6个专用设备、业务车辆购置项目纳入国家专项建设规划，争取中央预算内资金20820万元、省级资金346万元。其中，教育类项目争取资金7647万元，涉及学前教育、初中校舍改造、中等职业教育等3个方面21个项目；卫生计生类项目争取资金9849万元，涉及市县级医院、乡镇卫生院、妇幼保健、计划生育服务等4个方面35个项目；民政和就业类项目争取资金3670万元，涉及养老服务体系、社区服务站、儿童福利院、残疾人康复、就业服务中心建设等5个方面11个项目。社会民生重大工程项目进展顺利。50所新改扩建公办幼儿园工程全部开工建设；市职教园区、市第十五中学整体搬迁项目正在主体施工；市第24中学重建一期项目完工投用，正在办理二期项目前期手续。霞光大剧院项目主体完工，正在内外设施装修。市救灾物资仓库项目开始办理土地及规划许可等前期手续。市第一医院中心院区综合病房楼项目主体完工，开始内外设施装修；市第一医院赵卜口院区建设项目入选国家发展改革委建立的政府和社会资本合作项目库，项目总投资13亿元，占地面积130亩，总建设面积21.5万平方米，规划床位1500张，拟建地点位于正定新区成都街以东、西藏大道以南，正在寻求合作方。

【资金引进和利用】 企业融资。

2015年石家庄国控投资集团有限责任公司成功发行8.5亿元城投债，所筹资金全部用于城市轨道交通1号线一期工程建设。审查备案股权投资基金及管理企业8家，注册资本3.9亿元。其中，基金公司3家，注册资本3亿元；基金管理公司5家，注册资本9000万元。外资利用。2015年石家庄市利用参加廊坊、厦门及举办石家庄投资贸易洽谈会等方式，签约外资项目31项，总投资35.6亿美元，拟利用外资30.3亿美元；境外投资项目1项，总投资870万美元。谋划奥星制药科技（石家庄）有限公司制药专用设备、冀台产业物流园等产业链项目22个，总投资485.59亿元，涉及现代农业、现代制造业、现代服务业、高新技术、生物医药、信息技术、节能环保等领域。搭建桥梁，主动促进企业与外资联络。2015年石家庄市组织11家单位和企业到北京市参加中韩经济技术务实交流会，参与中韩经济对话与合作；组织5家企业参加河北企业与中国中铁、中国建筑、中国铁建、中国机械、中国电力等8家央企对接洽谈活动；组织6家医药企业参加“中国河北—捷克企业合作对接会”，促成市满友医疗器械公司与捷克MZ公司签署采购协议及合资谅解备忘录；派遣企业参加“河北省—德国勃兰登堡州投资合作推介暨对接洽谈会”，市石飞公司、安瑞科公司等15家企业分别与勃兰登堡州35家企业及咨询机构在航空、高端装备制造等领域实现对接；组建石家庄市经贸项目合作代表团访问捷克、匈牙利、德国，与3国政府机构、商会、企业负责人开展交流洽谈，参加捷克首都布拉格举办“2015中国投资论坛”，参加河北省政府在法兰克福举办的中国河北（德国）项目推介对接会及在柏林举办的中德技术桥合作启动签约仪式，巩固和建立石家庄市与捷克、匈牙利、德国3国交流渠道，初步达成一批合作意向，石家庄东旭集团有限公司与德国创新公司签署中德技术桥合作项目。至2015年末，全市实际利用外资11.4亿美元，同比增长11.6%。内资引进。2015年石家庄市引进省外资金1180亿元，同比增长10.5%，总量居全省第一位；引进省外技术909项，与2014年基本持平；引进省外人才14006人，同比增长6.3%。2015年全市利用招商活动签约内资项目64项，总投资796.95亿元，拟引资717.44亿元。中国500强吉林化纤、民营500强中电电气、科技创新领军企业北京大学科技园等一批重大项目实现落户。参与“一带一路”沿线省（区、市）合作，利用参加“第十九届中国东西部合作洽谈会暨丝绸之路国际博览会”机会，促成20余家省级商会与驻石家庄商会互访对接，成功搭建石家庄市与“一带一路”沿线省市合作平台。推进产学研合作发展，发挥石家庄京津冀产学研联盟作用，举办大学行、企业行、专题对接洽谈会等活动13次，促成石家庄市石药集团等53家重点企业与清华大学、北京大学、天津大学、中国科学院北京分院等签约技术合作项目及研究课题83项，其中9个重点合作项目申报省校合作资金支持，申报项目数量创下石家庄市历年最好成绩。

（梁素敏）

财　政

【概况】 2015年，石家庄市全部财政收入755.0亿元（含辛集市为776.4亿元），同比增长14.0%；一般公共预算收入362.9亿元（含辛集市为375.1亿元），同比增长9.2%；一般公共预算支出651.1亿元（含辛集市为682.4亿元），同比增长20.5%。2015年全市政府性基金收入283.3亿元，同比增长9.4%；政府性基金支出279.2亿元，同比增长0.4%。2015年全市社会保险基金收入233.7亿元，占调整预算105.7%；社会保险基金支出220亿元，占调整预算98.1%。2015年全市企业职工养老保险动用历年结余6.4亿元，其他险种当年新增结余20.2亿元。2015年石家庄市本级一般公共预算及城区分享收入完成162.8亿元，占预算102.3%，同比增长5.1%。市本级一般公共预算及城区分享收入加上级补助50亿元、县级上解6.3亿元、2014年结余结转15.2亿元和地方政府债券1.9亿元，调入预算稳定调节基金20亿元，减上解河北省支出8.9亿元、补助县级支出8.2亿元和补充预算稳定调节基金5.8亿元，全年支出预算调整为233.3亿元，实际支出221.8亿元，占调整预算95.1%，同比增长18.8%。收支相抵，市本级结转11.5亿元。2015年市本级政府性基金收入预算为255亿元，执行中调整为155亿元，当年收入完成160.1亿元，占调整预算103.3%，同比增长7%；当年支出完成162.3亿元，占调整预算92.8%，与2014年基本持平。2015年市本级国有资本经营预算收入完成4818万元，占预算37.1%；支出完成1810万元，完成预算14%。2015年市本级社会保险基金收入预算147.1亿元，支出预算140.3亿元，执行中收入预算调减5483万元，支出预算调增11.9亿元；井陉矿区、藁城区、鹿泉区、栾城区4区医保基金纳入市本级统收统支，调整合并后市本级收入预算为149.8亿元，支出预算为154.9亿元。当年收入完成161.5亿元，占调整预算107.8%；支出完成152.9亿元，占调整预算98.7%。当年企业职工养老保险基金收入98.2亿元，支出102.1亿元，动用历年结余3.9亿元，其他社会保险基金收支相抵后，当年新增结余12.4亿元。2015年河北省代发石家庄地方政府债券199.4亿元。其中，市本级179.5亿元，县区级19.9亿元。市本级地方政府债券中，置换债券166.5亿元（全部用于置换存量债务），新增债券13亿元（专项债券11.1亿元用于搬迁企业土地收储，一般债券1.9亿元用于市政项目建设）。

表44　　2015年度石家庄市一般公共预算收支决算总表一

单位：万元

预算科目	调整预算数	决算数	预算科目	调整预算数	决算数
一、税收收入	2985553	2869379	一、一般公共服务支出	589044	587178
增值税	453302	404195	二、外交支出		
其中：改征增值税	162865	183111	三、国防支出	5725	4675
营业税	1030610	1006228	四、公共安全支出	385738	382075
企业所得税	266372	257415	五、教育支出	1370763	1361602
企业所得税退税			六、科学技术支出	91180	90482
个人所得税	112190	118890	七、文化体育与传媒支出	87902	83469
资源税	3454	5202	八、社会保障和就业支出	596830	587976
城市维护建设税	235504	233764	九、医疗卫生与计划生育支出	677251	667823
房产税	113736	114727	十、节能环保支出	528501	491034
印花税	52324	51126	十一、城乡社区支出	594513	558654
城镇土地使用税	183394	173226	十二、农林水支出	700029	678688
土地增值税	196540	179288	十三、交通运输支出	395258	387063
车船税	65585	70154	十四、资源勘探信息等支出	143179	135350
耕地占用税	50245	50460	十五、商业服务业等支出	61456	55984
契税	218442	204490	十六、金融支出	1620	1620
烟叶税	455	214	十七、援助其他地区支出		
其他税收收入	3400		十八、国土海洋气象等支出	109344	109084

（续表）

预算科目	调整预算数	决算数	预算科目	调整预算数	决算数
二、非税收入	737362	881150	十九、住房保障支出	137999	137815
专项收入	226406	251707	二十、粮油物资储备支出	22271	20280
行政事业性收费收入	233067	255574	二十一、预备费		
罚没收入	158433	164605	二十二、其他支出	118828	97776
国有资本经营收入	1874	4985	二十三、债务付息支出	384978	384978
国有资源（资产）有偿使用收入	98884	174484	二十四、债务发行费用支出	251	251
其他收入	18698	29795			
本年收入合计	3722915	3750529	本年支出合计	7002660	6823857

表 45　　2015 年度石家庄市一般公共预算收支决算总表二

单位：万元

预算科目	决算数	预算科目	决算数
本年收入合计	3750529	本年支出合计	6823857
上级补助收入	2785194	上解上级支出	117709
返还性收入	221531	一般性转移支付	62042
增值税和消费税税收返还收入	133905	体制上解支出	52187
所得税基数返还收入	57103	出口退税专项上解支出	9855
成品油价格和税费改革税收返还收入	30523	成品油价格和税费改革专项上解支出	
其他税收返还收入		专项转移支付	55667
一般性转移支付收入	1273712	专项上解支出	55667
体制补助收入	42071	计划单列市上解省支出	
均衡性转移支付收入	363429		
革命老区及民族和边境地区转移支付收入	16479		
县级基本财力保障机制奖补资金收入	101535		
结算补助收入	25833		
化解债务补助收入			
资源枯竭型城市转移支付补助收入	18496		
企业事业单位划转补助收入			
成品油价格和税费改革转移支付补助收入	32601		
基层公检法司转移支付收入	21765		

（续表）

预算科目	决算数	预算科目	决算数
义务教育等转移支付收入	70470		
基本养老保险和低保等转移支付收入	98542		
新型农村合作医疗等转移支付收入	162964		
农村综合改革转移支付收入	29133		
产粮（油）大县奖励资金收入	28066		
重点生态功能区转移支付收入	8184		
固定数额补助收入	251706		
其他一般性转移支付收入	2438		
专项转移支付收入	1289951		
省补助计划单列市收入			
接受其他地区援助收入		援助其他地区支出	
债务（转贷）收入	1582114	债务还本支出	1451808
		增设预算周转金	77900
		拨付国债转贷资金数	
国债转贷收入		国债转贷资金结余	1558
国债转贷资金上年结余	1558		
国债转贷转补助			
上年结余	417169		
调入预算稳定调节基金	224839	安排预算稳定调节基金	439220
调入资金	329556	调出资金	104
1. 政府性基金调入	167889	年终结余	178803
2. 国有资本经营调入	3252	其中：本级	64943
3. 其他调入	158415	减：结转下年的支出	178803
		其中：本级	64943
		净结余	
		其中：本级	
收入总计	9090959	支出总计	9090959

【县市区财政收入】 2015年石家庄市21个县（市、区）和高新区财政收入达到100亿元（含）共有3个，分别是藁城区150.5亿元、桥西区129.9亿元、长安区100亿元，同比分别增长67.8%、8.0%、

10.5%；财政收入达到10～100亿元（不含）共有10个，分别是高新区46.5亿元、裕华区46.3亿元、新华区44.9亿元、鹿泉区32.1亿元、正定县21.2亿元、平山县20.1亿元、栾城区17.7亿元、井陉县13.6亿元、元氏县、10.9亿元、晋州市10.2亿元；财政收入5亿元以下4个，分别是井陉矿区4.8亿元、灵寿县4.7亿元、高邑县4.6亿元、赞皇县4.2亿元，其中赞皇县财政收入为全市最少。2015年石家庄市区财政收入合计631.1亿元，占全部财政收入（755亿元）的83.6%。

【财政资金运行改革】 建立政府预算涵盖一般公共财政、政府性基金、国有资本经营、社保基金4项预算管理。健全定期清理机制，出台存量资金清理盘活措施。2015年市级财政清理收回存量资金45.8亿元，除按照规定补充预算稳定调节基金外，其余预算全部用于民生保障、环保治理、基础设施建设领域，其中财政存量资金规模较2014年下降60%以上。落实预算信息公开制度，实施政府预决算、部门预决算和"三公"经费预决算全部公开。重视财政资金绩效管理，组织完成2014年度节能减排财政政策综合示范项目绩效评价，向34个示范项目下发整改通知书；市财政部门、市人大常委会财经部门联合开展30个专项资金项目绩效评价。理顺财政体制管理，部分行政区划调整后财政基数划转完成，出台综合保税区加快发展财政体制；围绕推进京津冀协同发展及京津产业转移承接，立足财税体制政策、区域重大基础设施建设、利益分配机制、迁移企业纳税等内容开展调研活动；完善转移支付制度，以绩效为导向，优化转移支付结构，规范转移支付预算编制，加强执行管理等，清理规范整合市级对下专项转移支付项目，提高资金使用效益。改进财政支持方式，推进政府购买服务，在2014年城市维护、污水处理、养老等试点基础上，将政府购买服务扩大到城市垃圾处理、规划编制、校园安保、过冬肉菜储备等领域，2015年全市公共服务项目中政府购买服务支出达到28亿元；推广运用PPP模式，正定新区综合管廊等3个项目入选全国示范项目；发展股权投资，整合有关部门发展性资金，建立股权投资基金，发挥财政资金引导和撬动作用。严格债务管理，结合存量债务甄别和重点项目资金需求，做好债券评级、债券发行及风险预警，至2015年末，市级（含高新区、正定新区及非直管县）争取政府发债额度199.4亿元；支持市级融资平台改革，开展管理体制、职能定位、资本注入、资源配置、公司运作、激励考核等方面研究，提出推动平台发展壮大、保障重大城市基础设施建设资金需求的建议及具体措施。

【社会民生支出】 2015年全市一般公共预算支出651.1亿元（含辛集市为682.4亿元），其中民生支出560.5亿元，占一般公共预算支出86.1%。公共预算支出中，用于公共安全支出38.2亿元，教育支出136.2亿元，科学技术支出9.0亿元，文化体育与传媒支出8.3亿元，社会保障和就业支出58.8亿元，医疗卫生和计划生育支出66.8亿元，节能环保支出49.1亿元，城乡社区支出55.9亿元，农林水支出67.9亿元，住房保障支出13.8亿元。全年较好落实免除学杂费、免费提供教科书和补助贫困寄宿生生活费政策，累计资助16.4万名高中、中等职业和高校等家庭经济困难学生；山区教育扶贫工程项目学校由56所扩大至82所。城乡居民医保财政补贴标准由每人每年320元提高到380元，基本公共卫生服务项目各级财政补助标准由人均35元提高到40元；18万低收入、贫困人群、特殊群体人员最低生活得到基本保障。支持养老体系建设，新增床位3700张，主城区9724名老人享受到政府购买居家养老服务。促进重点群体就业，发挥小额担保贷款拉动就业辐射作用，全年市级支付贴息资金7433万元，累计撬动贷款10.3亿元，扶持6000人实现自主创业和再就业。多渠道筹集住房保障资金19.3亿元，73个保障性安居项目开工建设；扩大住房保障范围，低收入家庭界定标准从每人每月1685元调整至1738元，中等偏下家庭界定标准从每人每月2106元调整至2173元。推进城市建设，2015年全市累计拨付城市建设资金49.4亿元，支持轨道交通、新客站区域、南二环东拓西延、和平路高架西延、滹沱河生态绿廊、太行大街绿化、京港澳高速连接线、308国道改造等项目建设。助力农村农业建设和投入，全年拨付粮食直补和农资综合补贴、农机购置补贴等16.2亿元；下达农田水利基础设施建设资金1.56亿元；农业高产创建示范工程资金

1832万元；农业服务体系与基础设施建设资金553万元。保障农村面貌改造提升资金2亿元，用于解决411个省级重点村和90个市级重点村建设；落实农村“一事一议”财政奖补政策，支持奖补项目1693个，覆盖行政村1112个，受益农民199万人；下达水库移民资金3.38亿元，扶贫资金5173万元，革命老区重点村建设资金2800万元。

【助力经济结构转型升级】 推进节能减排综合示范项目，支持大气污染防治，拨付专项资金1.5亿元，用于分散燃煤锅炉置换、供热“一管到户”、老旧小区供热设施改造等节能减排项目。安排资金4.5亿元，实施城区绿化、太行大街绿化、民心河北线绿化、滹沱河生态绿廊等生态建设工程，构建省会绿色屏障。落实资金1.5亿元，用于保障房周边道路及配套设施等建设，方便居民出行。出台2015年民用节能环保采暖炉具资金管理办法和洁净型煤推广使用财政专项补贴资金管理办法，淘汰黄标车2.3万辆，发放补贴资金2.86亿元。推广新能源汽车3888辆，发放财政补贴资金4.12亿元。探索建立市级财政资金支持企业发展投入新机制，设立阳光企业帮扶资金，最大限度利用社会资本支持中小企业发展；重点培育10家高成长性企业发展，奖励高成长性企业资金2898万元。兑现驰（著）名商标、名牌产品奖励资金1530万元。支持科技创新战略，推进科技计划体制改革，市级设立科技成果转化基金3亿元，助推国内外科技创新产业人才到石家庄市创业；落实科技创新奖励资金9903万元。实行工商登记和注册免费政策，减轻企业和工商户负担；推进税收“营改增”政策改革，减免企业税收23亿元，取消38项、停收11项行政事业性收费项目。

【财政项目管理】 推进综合治税管理，完善涉税信息共享平台建设，集中开展房地产行业、存量房交易、商业房产出租、交通运输货运车辆、城镇土地等9个领域税收专项治理行动，堵塞征管漏洞，全年通过综合治税直接增加税收21.5亿元。开展国库管理改革，县（市、区）、乡（镇）国库集中支付改革实现全覆盖，市本级374个预算单位全部实行公务卡制度改革；国库资金运行安全高效，市级集中支付落实电子化运行，县（市、区）准备就绪。规范非税管理，完善非税收入管理系统项目库，向社会公布行政事业性收费和政府性基金目录，从源头防止乱收费问题发生；开展非税收入执法检查，规范执收单位、收入项目、收费标准管理。加强财政资金监督，开展2013～2014年涉农资金专项整治行动，监督检查30家市属国有独资、控股、参股企业2009～2014年国有资本经营税后利润上缴、分配及国有产权转让收入上缴等情况；落实中央和河北省盘活财政存量资金要求，检查21个县（市、区）财政部门存量资金使用安排。严格政府采购监管，印发《关于对台式计算机实行批量集中采购试点工作的通知》，启动通用办公设备批量集中采购，降低行政运行成本；市财政部门与邮政储蓄银行石家庄市分行合作，推出“政府采购贷”业务，破解小微企业融资难题。2015年全市政府采购完成110.87亿元，较2014年增加33.05亿元；市本级政府采购完成56.42亿元，较2014年减少3.02亿元，其中，工程类40.66亿元，货物及服务类15.76亿元，资金节约率3.5%。健全财政评审机制，出台《财政投资项目委托中介机构评审管理办法》，建立以第三方为主政府投资评审机制，实现“直接评审”向“加强监管”转型，有效落实财政评审“廉洁、高效、科学、阳光”管理要求。2015年全市累计评审项目2387个，出具评审报告2311份；送审金额273.5亿元，审减额55.96亿元，审减率20.46%，与2014年、2013年对比，审减率分别提高2.2、2.08个百分点。加强政府性资产管理，清查核实522家市直行政事业单位土地房产，规范出租出借管理，实现国有资产收益4019万元。

（苏瑞莹）

税　务

国家税务

【概况】　2015年，按照河北省国税局口径统计，全市国税系统实现税收收入407.65亿元，任务完成率109%，增收72.92亿元，同比增长21.8%。其中，中央级税收收入306.57亿元，任务完成率109.5%，增收62.25亿元，同比增长25.5%。2015年市国税系统完成政府口径税收收入371.64亿元，任务完成率110.9%，增收73.32亿元，同比增长24.6%。各税种稳步增长，消费税增收贡献率最大。全年增值税完成168.81亿元，增收22.53亿元，同比增长15.4%，其中“营改增”税收23.85亿元，增收5.09亿元，同比增长27.1%。消费税完成95.51亿元，增收45.87亿元，同比增长92.4%。企业所得税完成107.41亿元，增收3.89亿元，同比增长3.8%。车辆购置税完成35.92亿元，增收0.63亿元，同比增长1.8%。2015年消费税增收贡献率达到62.9%。第二产业税收增长快于第三产业。2015年市国税系统第二产业税收完成216.17亿元，增收58.78亿元，占收入总额58.2%，同比增长37.3%；第三产业税收完成155.55亿元，增收13.51亿元，占收入总额41.8%，同比增长9.5%。第二产业税收增长快于第三产业27.8个百分点，主要是受中石化石炼化分公司项目投产、国际油价降低、成品油消费税税额提高影响，该公司增值税和消费税出现大幅增收。行业税收增收较为集中。2015年市国税系统成品油制造业完成69.86亿元，增收52.33亿元，同比增长298.6%；金融业完成41.15亿元，增收11.04亿元，同比增长36.7%；电力行业完成28.29亿元，增收3.73亿元，同比增长15.2%；医药制造业完成20.48亿元，增收3.03亿元，同比增长17.4%。4个行业合计增收70.13亿元，成为税收增长主要行业。基层征收单位增减不平衡。2015年市国税系统24个基层征收单位中有19个单位实现增收，其中，循环化工园区受中石化石炼化分公司拉动同比增长282.7%，正定新区受基数较小影响同比增长107.9%，晋州市、灵寿县、平山县、裕华区、长安区、鹿泉区、桥西区和无极县8个县（市、区）增幅超过10%，分别增长30.7%、18.5%、17.7%、14.1%、13.6%、13.3%、11.9%和11.2%；高邑县、赞皇县、行唐县减幅较大，同比下降35.1%、19.2%和11.6%。加强税收信息宣传，在门户网站开辟“全国县级纳税服务规范工作”“绩效管理工作”“干部教育培训”等13个专题专栏，将《石家庄税苑》由季刊调整为双月刊；2015年市国税系统在市级以上主流媒体及信息刊物刊发稿件1398篇，在省级以上媒体刊发稿件263篇，为历年来在主流媒体发稿最多一年。2015年市国税系统在全国纳税人满意度调查中获得省会城市第二名，市国税局被河北省国税局评为绩效管理先进单位，小微企业所得税优惠政策提醒和查询系统、“金税三期”系统技术保障、征管工作先进经验等9个项目在全省推广。

2015年5月11日，市国税局直属税务分局挂牌成立

表 46　　2015 年石家庄市国税收入分税种累计完成情况表

项目 税种	年度任务（万元）	累计完成（万元）	任务完成率（%）
增值税	1476300	1688069	114.3
消费税	774000	955075	123.4
企业所得税	1104700	1074088	97.2
车辆购置税	384000	359208	93.5
个人所得税	-	18	-
合计	3739000	4076458	109.0

表 47　　2015 年石家庄市国税收入分单位累计完成情况表

单位名称	总局口径任务（万元）	累计完成（万元）	任务完成率（%）
全市	3739000	4076458	109.0
长安区国税局	507280	514338	101.4
桥西区国税局	681140	698412	102.5
新华区国税局	150460	136761	90.9
裕华区国税局	200130	202687	101.3
井陉矿区国税局	31670	30900	97.6
高新区国税局	237910	224005	94.2
藁城区国税局	558970	523764	93.7
鹿泉区国税局	139190	136689	98.2
栾城区国税局	108100	95977	88.8
循环化工园区国税局	578020	709662	122.8
正定新区国税局	630	1158	183.8
晋州市国税局	27970	30021	107.3
新乐市国税局	31650	28463	89.9
深泽县国税局	19540	17745	90.8
无极县国税局	52910	48288	91.3
赵县国税局	36540	32919	90.1
正定县国税局	83110	72776	87.6
高邑县国税局	19920	12640	63.5
元氏县国税局	61510	63627	103.4
赞皇县国税局	25010	18193	72.7

（续表）

单位名称	总局口径任务（万元）	累计完成（万元）	任务完成率（%）
井陉县国税局	92290	81859	88.7
平山县国税局	120930	123785	102.4
灵寿县国税局	19440	19379	99.7
行唐县国税局	29080	24921	85.7
车购办	258210	227489	88.1

【税收征管】 推行“一局一法律顾问”制度，组建成立由13名公职律师、16名社会律师共同组成法律顾问团队，实现全系统法律顾问全覆盖目标，其中，正定新区国税局、井陉矿区国税局被河北省法制办公室、省国税局、省地税局联合命名为2015年“河北省法治税务示范基地”。加强税收应用系统开发，与省国税局共同研发推行营改增管理信息系统，首创开通全省货运车辆税收委托代征系统，自主开发河道费申报征收、机动车信息比对、增值税发票自助开票等系统，升级更换市国税局内网桌面安全系统。全力做好“金税三期”上线技术支持，设置“金税三期”打印参数，调整广域网络线路带宽，将市内4区通信线路由4M提升至8M；9月8日“金税三期”优化版单轨上线。“12366”呼叫中心机房建设及综合布线、机房UPS升级改造任务完工。开展数字证书系统操作培训，发放基层局数字证书127个。推行税务征管电子档案管理系统，为各县（市、区）国税局办税服务厅配备高拍仪及扫描软件，实现涉税资料电子存储。加强税种管理，研究制定增值税发票领用、纳税申报后续监管办法，强化流转税风险管控。开发“机动车信息比对系统”，有效防范纳税人利用虚假车购税完税证明办理登记注册手续，偷逃车购税问题发生。严格消费税管理，2015年市国税局企业消费税专项评估及纺织、钢材、运输、粮食4个行业专项核查获得河北省国税局考核优秀等次。健全企业所得税风险防控机制，组建企业所得税风险预警、纳税评估、关联申报等55项指标体系。2015年河北省国税局、市国税局联合撰写《对固定资产加速折旧企业所得税新政效应的调研》报告在国务院内参《国采综合》、国家税务总局《税务研究》发表。重视大企业税收管理。5月11日，直属税务分局挂牌成立，下设12个科室，专门负责大企业税收服务及管理。2015年直属税务分局遵从引导、量体裁衣原则，建立税企约谈辅导、协调沟通、监督反馈等制度，开辟税务部门参与大企业税务规划制定，了解大企业重大经营决策变动渠道，搭建税收遵从合作协议桥梁；以大企业风险管理为重点，上收7类专项管理权限，建立指标体系和风险评估措施；制定《直属税务分局工作运行机制》，实施大企业网格化管理；组建行业管理服务团队，借助“审计软件”，开展“审计式”评估，做到“评估一个行业、规范一个行业”目标要求。至2015年底，直属税务分局累计评估税款2亿元。加强国际税收管理，落实《国家税务总局出口退（免）税企业分类管理办法》，向外贸企业提供差别化服务，大幅提高一、二类外贸企业出口退税审批速度，将一类企业退税审批时限由法定20个工作日缩短为2个工作日；发挥《出口退（免）税规范》作用，下放生产企业退税审批权限；建立出口退税评估队伍，全年133户预警出口企业和8户供货企业评估核查完毕，有效降低出口退税风险。

（魏胜凯）

【1.6升及以下排量乘用车车购税降为5%】 9月29日，国务院常务会议决定，从2015年10月1日到2016年12月31日，购买1.6升及以下排量乘用车实施减半征收车辆购置税优惠政策。9月30日，国家财政部、国家税务总局印发《关于减征1.6升及以下排量乘用车车辆购置税的通知》，明确享受车辆购置税优惠政策乘用车，是指在设计和技术特性上主要用于载运乘客及其随身行李和（或）临时物品、含驾驶员座位在内最多不超过9个座位

的汽车，包括符合规定的国产轿车、国产专用乘用车，也含参照国产同类车型技术参数认定的进口乘用车。此次车辆购置税政策调整前，石家庄市执行国家车购税税率为10%，调整后1.6升及以下排量乘用车税率减为5%。

（国家文件）

【纳税服务】 开展“便民办税春风行动”，落实《全国县级税务机关纳税服务规范》(2.0版）和《国地税合作规范》，在办税服务厅推行自助办税服务，提升工作效率，减少纳税等候时间和办税成本，有效缓解办税服务厅压力。2015年市国税系统“营改增”设备购置及培训等支出122.2万元，“12366”呼叫中心搬迁、办公地点整修及“金税三期”试点设施设备投入388.4万元。建立“税银通”金融服务平台，打破税务与银行之间信息壁垒，建立纳税信用数据共享和增值使用，实现税务、银行、企业三方共赢。2015年市国税系统累计向312户小微企业提供3亿元纳税信用贷款服务。配备人员，利用原桃园国税分局房舍、场地，耗时110天，完成“12366”呼叫中心迁址任务。至2015年底，“12366”呼叫中心热线服务总量达到38万余次，同比增长超过30%。2015年市国税系统在全国纳税人满意度调查中取得优异成绩，位列全国省会城市第二名，高于全国平均水平11.6分。

【税务稽查监督】 探索建立“统一选案、统一审理、统一执行、统一协查”“四统一”税务稽查新模式；落实三级审理制度，统一执法尺度，减少执法随意性；实行稽查环节主副责任制，严格考核，定期公布考核名次。2015年市国税系统稽查补缴税款6.94亿元，入库税收6.53亿元。开展税务执法督察活动，从2014年度408件已结案件中，抽取110件案件组织集中评议，其中启动复查程序14件、追究执法过错6人次。实施12个项目税收执法监察，发现问题156项，向被检查单位提出建议26条，向稽查部门移送违法违纪线索3条，监督被检查单位制定整改措施12条。加强纪检监察和巡视，统筹运用纪检监察、巡视检查、财务审计等监督手段，避免重复检查，提高监督质量和效益。2015年市国税系统联合检查基层局5个，发现问题208项，责任追究85人次，完善制度10项；市国税局领导与县区国税局主要负责人开展廉政谈话8人，与新提职科级干部开展任职前廉政谈话80余人，与干部诫勉谈话1人。

2015年3月31日，市国税局建设河北国税“12366”呼叫中心新址启动

【人才队伍建设】 全年从基层选拔、交流科级干部208人，占年度调整科级干部总数86.3%；从市国税局机关下派基层科级干部13人，占基层调整干部总数6.2%；交流科级干部108人，其中班子成员60人。制定《业务精英团队管理办法》，选拔货劳税、所得税精英团队成员各10名，预备成员各30名；选拔稽查精英团队成员15名，预备成员45名；风控、直属局、稽查3支机构人员选配完毕，累计选拔人员78人。改进教育培训模式，组建成立市国税局教育中心，首次引进双师教学、班级自治、5S管理模式和1+1行动计划，追踪培训效果，提高培训参与性、趣味性、自主性和实效性。2015年市国税局创新教育培训模式调研报告获得《中国税务报》、国家税务总局《教育培训月报》等媒体报道。

石家庄市国税局

局　　长：李军

副 局 长：张博　　刘国进

赵建平
高昆　（9月免）
高国利（9月任）
总会计师：高国利（9月免）
总经济师：郭绪明
纪检组长：李剑峰

（魏胜凯）

地方税务

【概况】 2015年，市地税系统累计完成税费收入406.5亿元，同比增长7.9%。其中，税收收入284.9亿元，同比增长7.04%；社保费收入99.7亿元，同比增长8.3%。税收收入中，累计完成中央级税收42.7亿元，同比增长9.52%；省级税收19.3亿元，同比增长2.45%；市（县）级税收222.8亿元，同比增长6.99%。“金税三期”工程平稳运行。9月8日，“金税三期”工程优化版正式上线。2015年市地税部门编写“金税三期”工程业务指引2000多页22万字，测试功能模块767个，录入测试数据3.6万笔，清理修正垃圾数据17万条，双轨录入涉税业务200多万笔；培训纳税人14.8万人次；组织纳税人参加压力测试3809人次，完成税收业务22.1万笔；组织10.8万户纳税人参加网报演练，有效检验“金税三期”系统运行性能。重视班子队伍建设，制定《关于加强领导班子建设的意见》《关于运用大数据思维构建班子队伍综合分析研判体系的意见》；选拔交流科级以上干部109人次；举办干部培训班17期，参训人员1330人次。

表48　　2015年石家庄市地税收入分单位累计完成情况表

单位名称		完成额（万元）	计划完成率（%）	同比增加额（万元）	同比（±%）
区地税局	长安区地税局	478773	94.45	116746	32.25
	桥西区地税局	556813	91.79	149733	36.78
	新华区地税局	391838	95.64	29621	8.18
	裕华区地税局	260093	86.52	-9361	-3.47
	高新区地税局	203727	105.89	29902	17.20
	井陉矿区地税局	14388	102.77	450	3.24
	藁城区地税局	128862	103.09	14917	13.09
	鹿泉区地税局	158049	86.94	-10341	-6.14
	栾城区地税局	66305	102.01	5865	9.70
	循环化工园区地税局	67902	123.46	38524	131.13
	正定新区地税局	30045	102.54	3729	14.17
	小计	2356795	94.79	142360	6.43
县（市）地税局	正定县地税局	86079	100.09	8369	10.77
	行唐县地税局	23729	105.46	2544	12.01
	高邑县地税局	28996	97.63	1992	7.38
	深泽县地税局	21780	95.53	1154	5.60
	无极县地税局	26535	110.56	1531	6.13
	元氏县地税局	47155	117.89	5034	11.95

（续表）

单位名称		完成额（万元）	计划完成率（%）	同比增加额（万元）	同比（±%）
县（市）地税局	赵县地税局	29640	111.85	4137	16.22
	井陉县地税局	40578	101.19	566	1.42
	灵寿县地税局	16640	92.44	-78	-0.47
	赞皇县地税局	19503	106.57	2068	11.86
	平山县地税局	54821	100.04	4677	9.33
	晋州市地税局	55532	102.84	5557	11.12
	新乐市地税局	41137	111.18	7534	22.42
	小计	492125	103.89	45085	10.09
合计		2848918	187447	96.25	7.04

【税收征管】 加强户籍管理，新增税务登记6.1万户，同比增长67.5%。完善税收管理机制，2015年市地税系统制造、住宿和餐饮、电信3个行业税收及城建税增幅位居全省第一，房产税、个人所得税、车船税税种增幅超过全省平均水平。加大税收发票打假力度，2015年市地税系统受理转办“12366”发票举报问题同比下降11%，违规使用发票势头得到有效遏制。开展建筑安装房地产、三年未查重点税源、资本交易、金融保险等重点行业专项检查及违法使用发票专项整治行动，查处30万以上大案要案52件，入库、滞纳、罚没税收1.07亿元。组织税收稽查，实现稽查收入4.13亿元，其中建筑安装房地产、三年未查重点税源、资本交易、金融保险4个行业收入稽查1.74亿元，同比增长54.9%。严格税源监控，全年税源监控部门评定推送风险企业1220户，入库税款4970.68万元；利用发展改革、规划、房管、国土、建设5部门涉税信息，全面筛查2010年以来房地产项目，清理应征税款5292.26万元。重视大企业征税管理，建立营业税、个人所得税、房产税、土地使用税等风险指标21个；采取差异化管理方式，入库税款近60亿元；开展23户大企业风险内控测试，入库税款10.8亿元。

【税务执法】 重视税收法治教育，制定《领导干部学法制度》，聘请法律顾问，举办法治专题讲座，组织法律知识考试，印发《税务行政处罚裁量权手册》3000册。落实执法权力清单制度，编制市地税局权力清单6大类39项、县（市、区）地税局权力清单8大类64项及市地税局监管清单9项，并向社会公布。记录执法过程，制定《税收执法全过程记录暂行办法》，配备使用执法记录仪178台，采集执法数据2200余条。防范执法风险，建立风险防范常态化机制，成立专门执法督察团队，全年执法督察单位17个，责任追究119人次。创建法制税务示范基地，2015年市地税系统2个单位获得“河北省法治税务示范基地”称号，6个单位获得“石家庄市法治税务示范基地”称号。

【纳税服务】 创建“互联网＋智慧服务”办税服务厅，提升办税服务效率，2015年市地税系统办税服务厅无效叫号从日均30个减少为零，平均办理业务时长由15分钟缩短至8分钟。加强国税地税合作，2015年市国税局、市地税局联合开展税收宣传32次；举办培训班213期，培训纳税人5.1万人次；开展纳税信用评价活动，3.6万户企业符合条件，评估率100%；全年国联合办理税务登记3.8万份。委托第三方评估机构，开展纳税服务体验式专项调查，2015年市地税系统满意度得分较2014年上升3个百分点。落实小微企业、个体工商户起征点政策和小微企业所得税减半征收政策，优惠小微企业所得税5.7万户，优惠税额2666万元；优惠营业税30万户次，优惠税额1482万元。开发网上缴费系统，解决市民社保缴费难问题，2015年市地税系统率先在全省开发运用自然人基本养老保险费网上自助缴费系统，推出微信、手机、网上、自助终端4种缴费方式，极大方便25万自然人缴费。

石家庄市地方税务局

局　　长：李渊

副 局 长：陈震

宋泽军（4月免）

张铁真（4月任）

李亚

葛旭鸿（4月任）

纪检组长：葛旭鸿（4月免）

钱建伦（4月任）

总经济师：钱建伦（4月免）

陈素杰（4月任）

（陈旭光）

海　关

【概况】　2015年，石家庄海关受理报关单9.9万份，完成进出口货运量3.6亿吨，货值2648.1亿元；监管运输工具12.5亿辆（艘）、集装箱18.5万箱次、进出境人员62.4万人次；税收入库295.13亿元；开列减免税证明2066份，减免税货值7.65亿美元，减免税款6.46亿元；备案加工贸易合同1162份，案值8.71亿美元；立案查处刑事案件6起，案值2237.5万元；结案刑事案件7起，案值4856.6万元；立案调查行政案件121起，案值14168万元；结案行政案件105起，案值7119.4万元；罚没入库249.72万元。12月30日，石家庄综合保税区通过预验收。2015年石家庄市（不包含辛集市）对外贸易进出口总值110.1亿美元，同比下降15.8%，完成河北省政府下达外贸进出口目标值88%。其中，出口65.3亿美元，下降6.5%；进口44.8亿美元，下降26.5%。2015年石家庄市对外贸易实现顺差，进出口总值、出口总值、进口总值均位列全省第二位。全年进出口总值位列全省第二位，低于唐山市，增幅位列全省第六位，低于全省平均水平1.6个百分点，高于唐山市1.3个百分点；出口总值位列全省第二位，低于唐山市，增幅位列全省第六位，高于全省平均水平1.3个百分点，低于唐山市3.6个百分点；进口总值位列全省第二位，增幅位列全省第七位，低于全省平均水平2.9个百分点，高于唐山市6.2个百分点；贸易顺差20.4亿美元。2015年全市出口市场前5位依次是：欧盟、美国、东盟、俄罗斯和印度，出口额分别为126833万美元、97126万美元、67351万美元、36001万美元、34390万美元，出口增幅分别为：−12.1%、−0.7%、−15.2%、−3.8%、−6.3%。2015年石家庄市主要进口市场为澳大利亚、巴西、南非、美国和欧盟，受铁矿石进口均价下降影响，全市进口总值持续低迷。2015年石家庄市从澳大利亚进口248702万美元，同比下降19.7%；从巴西进口70158万美元，同比下降33.4%；从南非进口26351万美元，同比下降28.5%；从美国进口22794万美元，同比下降39%；从欧盟进口20782万美元，同比下降32%。对外贸易主要方式为一般贸易。2015年全市一般贸易出口607670万美元，同比下降5%，占比93.1%；进口437522万美元，同比下降25.2%，占比97.6%。2015年全市加工贸易出口38124万美元，同比下降25.7%，占比5.8%；进口8411万美元，同比下降42.9%，占比1.9%。

表49　　2015年1～12月石家庄市进出口总值统计表

时间	累计总值（千美元）			比2014年同期增长（%）		
	进出口	出口	进口	进出口	出口	进口
1月	1058022.92	680120.22	377902.70	−25.46	−6.22	−45.57
2月	2071510.50	1274200.20	797310.30	−9.15	21.68	−35.34

（续表）

时间	累计总值（千美元）			比 2014 年同期增长（%）		
	进出口	出口	进口	进出口	出口	进口
3 月	2969779.07	1666124.89	1303654.18	-13.21	3.84	-28.26
4 月	3887958.92	2215895.94	1672062.98	-16.83	-1.88	-30.80
5 月	4857042.17	2804119.07	2052923.10	-16.42	-3.30	-29.49
6 月	5858931.32	3430097.59	2428833.74	-15.62	-2.61	-29.02
7 月	6970785.36	4166561.41	2804223.96	-14.66	-2.04	-28.37
8 月	8097126.22	4851756.81	3245369.41	-13.47	-2.69	-25.76
9 月	9212022.95	5551394.92	3660628.03	-14.69	-3.95	-27.06
10 月	10152624.10	6168979.61	3983644.49	-15.83	-5.38	-28.12
11 月	11083260.89	6685588.94	4397671.95	-14.80	-6.23	-25.18
12 月	12148128.49	7322188.74	4825939.75	-15.29	-6.02	-26.32

备注：石家庄市数据包含辛集市。

表 50　2015 年河北省各市进出口总值统计表

区域	累计总值（千美元）			比 2014 年同期增长（%）		
	进出口	出口	进口	进出口	出口	进口
河北省合计	51493186.19	32936868.06	18556318.13	-14.19	-7.83	-23.54
石家庄市	12148128.49	7322188.74	4825939.75	-15.29	-6.02	-26.32
唐山市	13916369.34	8522429.81	5393939.52	-17.08	-2.89	-32.63
秦皇岛市	4603972.80	2977701.40	1626271.40	5.99	3.76	10.34
邯郸市	2964580.63	1747955.29	1216625.33	-17.29	5.51	-36.89
邢台市	1773588.43	1325835.91	447752.52	-14.77	-15.04	-13.95
保定市	4742352.31	3423795.51	1318556.80	-15.66	-19.75	-2.77
张家口市	669790.28	432369.42	237420.85	28.38	23.51	38.31
承德市	399405.20	382801.12	16604.08	-38.18	-26.61	-86.66
沧州市	2754739.95	2141954.04	612785.91	-11.24	-8.57	-19.47
廊坊市	4858132.69	2344037.95	2514094.74	-8.51	-5.00	-11.56
衡水市	2662126.09	2315798.86	346327.23	-27.44	-26.10	-35.28

备注：石家庄市数据包含辛集市。

【通关建设与维护】 外贸通关服务。贯彻落实国家稳增长决策部署和河北省委、省政府促进外贸稳增长具体措施，做好外贸数据统计分析，提出破解外贸难题的意见建议。支持河北省海关特殊监管区域建设，加快复制和推广自贸试验区海关监管创新制度，全程跟踪指导石家庄综合保税区建设及组织预验收。加强海关基础设施建设，批准设立保税仓库14家、出口监管仓库1家。推进通关一体化改革、关（海关）检（检验检疫）合作“三个一”和通关作业无纸化改革，营造便捷高效通关环境，缩短进出口货物平均通关时间。落实国家税收优惠政策，全年石家庄海关为河北省企业办理减免税6.44亿元。倾听河北外贸企业诉求，协商解决清河羊绒进口、辣椒提取物加工贸易出口等问题。通关秩序维护。完善海关综合治税机制，提高税收征管质量，做到应收尽收，全年石家庄海关实现税收入库295.13亿元，超额完成调整后271亿元税收目标任务。健全海关监管措施，设立通关业务监控模型，实时监控进出境货物、运输工具、监管场所，重点加强物流实体监管，严格落实复查复验制度，全力消除监管漏洞和盲区。保税监管突出纺织类、毛皮类等重点商品及归类、审价、手册执行、保税仓库存储期限等重点环节。后续监管全面加强，全年办结稽查作业170家、核查作业347家，共计补缴税款8314万元，创下历史新高。

【打击走私行动】 全年石家庄海关按照国家海关总署统一部署，综合分析河北省打击走私新形势新任务，采取突出重点、持续用力、整体联动方式，重点围绕农产品走私、偷逃税走私、毒品枪支走私、洋垃圾走私、濒危动植物走私开展“五大战役”专项打私行动，2015年“五大战役”打击走私行动立案案值较2014年增长30.3%，涉税额增长218%。至2015年底，石家庄海关累计查获各类走私违规案件127起，案值1.6亿元，涉税2015万元；结案112起，案值1.2亿元，涉税1825万元。其中，刑事立案6起，案值2237.5万元，涉税805万元，抓获犯罪嫌疑人26人，查扣走私化妆品1500余箱，缴获走私进境干海马、象牙制品50千克；侦办“310”冻品走私案，抓获犯罪嫌疑人12名，查扣猪手、羊胃、牛副产品冻品150余吨，价值900万元，一举打掉一个跨省走私冻品团伙，这也是石家庄海关近年来查获的最大一宗冻品走私案。2015年石家庄海关缉私部门配合地方公安机关推进缉枪治爆专项行动，行政立案涉嫌走私进口枪支案4起，查获走私进口枪支4支、铅弹若干发。

石家庄海关

关　　长：连文生

副 关 长：刘勇军

　　　　　张衡　（3月免）

　　　　　吕大良

　　　　　党晓红（2月任）

纪检组长：武书明（12月免）

　　　　　由庆顺（12月任）

（侯振辉　邝叶）

统　计

【概况】 2015年，全市统计系统围绕“用数据说话、为发展服务”宗旨，以加强队伍建设、强化运行监测、深化改革创新、提升统计服务、推进依法统计、加快“石家庄大数据平台”功能开发为重点，较好实现统计业务五个方面转变，即从单纯抓数字数据到抓宏观经济运行统筹调度转变，从单纯抓统计汇总到强化重点监测转变，从单纯按国家制度统计到强化地方和部门统计转变，从惯例性普查向专业化社会调查转变，从传统型统计向大数据统计转变。加强干部培养和管理，采取个人报名、资格审查、公开竞岗演说、民主测评推荐、谈话推荐、考察等方式，选拔任用干部29人、交流轮岗49人，任用及提拔交流干部数量达到市统计部门54%。重视“统计人才工程”建设，开办统计专业人才高级培训班，选派人员组队参加河北省统计建模比赛。整合部门统计制度，建立全面数据调查资源体系。完善基本单位名录库，按照工商、税务、民政、编制、质监等部门提供的单位变更资料，开展基本单位维护更新。开展农村县域统计、新制度下投资统计联网直报，扩展劳动工资统计联网直报范围。开展统计改革，完善第一、二、三产业核算方法，推进部门、地方统计数据核算合理应用，较好完成第三次经济普查数据与年度地区GDP数据衔接与调整。服务业统计，按照全行业统计调查要求，做好第三产业各行业、各系统统计调查。投资统计，落实投资统计改革试点工作流程，协调做好试点制度与现行制度双轨运行，提升固定资产投资拉动全市国民经济作用。农业统计，加强年报基期数据分匹分析和评估，推进实施市县农业产值分季核算方法制度改革。商贸统计，探索研究城市综合体等新兴消费业态统计方法，完成旅游及相关产业消费结构一次性调查。能源统计，改革能源总量核算方法，推进能源消费总量核算数据省市县三级衔接，完成列入河北省“3255”循环经济示范工程相关单位资源统计试点。提升统计业务规范化程度，研究制定《主要统计数据上报审核流程》，前移审核评估关口，控制数据质量风险，建立专业与核算联动、县（市、区）与全市联动、统计与部门联动多维度统计数据质量评估机制。举办统计培训和宣传活动，重视基层统计机构建设及人员培训，加大县级以上第三产业统计、投资统计力量。选派13名县级统计局长参加国家统计局举办培训班学习；在市委党校组织培训全市乡镇统计干部649人。重视做好统计普法宣传，利用业务培训、现场核查、走访调研等时机及统计信息网、统计海报、统计移动秘书等新媒体平台，宣传统计法律法规，营造遵法、守法、依法统计环境。维护统计工作法律法规严肃性及正常秩序，健全统计违法案件约谈、曝光制度，加大统计业务弄虚作假行为查处力度；整合统计执法力量，建立由市县两级统计部门专业执法人员组成统计执法骨干人才库。2015年市统计局被市委市政府授予“文明单位”称号；参加河北省统计局业务工作规范化综合评定获得优胜单位第一名。

【统计监测评价】 强化运行监测。将市统计部门牵头建立由35个职能部门组成的全市国民经济和社会发展运行监测部门联席会制度及前期预测、中期预警、确定前预报3次会商工作模式机制延伸至县级，至2015年末，全市初步建成统计主体增减、统计数据确定、部门和专业会商、核算和潜力挖掘、综合平衡分析、数据服务产品开发等宏观监测机制，成为党委、政府研判经济形势，调度行业产业发展的重要平台和抓手。加强地方统计。针对传统统计方法制度无法摸清规模以下企业底数，形成三次产业结构不完全符合省会实际情况，立足第三产业占比偏低现实，以服务业统计为突破口，开展地方统计方法制度创新，首次在全省探索实施服务业、战略性新兴产业、科技创新等全指标地方统计调查，为促进全市调结构、转方式提供重要依据。监测评价活动。以推进全方位发展为重点，开展现代农业及农业产业化专项监测、全市妇女儿童发展规划中期统计监测、全市省级开发区（园区）统计监测等重点领域统计监测，建立GDP核算监测体系，实施30余项指标目标值进度监测。完成2014年全面建成小康社会统计监测，准确反映全市小康建设推进情况。开展全市和各县（市、区）城镇化率监测测算，2015年末全市（不含辛集市）城镇化率达到59.03%，同比提高2.1个百分点。

【大数据平台】 2014年底，“石家庄大数据平台数据管理系统”成功试运行。2015年2月，“石家庄大数据中心”经市机构编制委员会办公室批准，组建成立参照公务员管理事业单位，级别副县级，内设数据处、运行处、监测处、应用服务处4个职能处室。主要职责为：构建“石家庄大数据平台”，负责政府数据资源库及社会相关数据资源库建立；负责相关数据的统计、汇总、分析、监测、管理和服务等。2015年“石家庄大数据平台”建设涵盖应用安全、数据安全、隐私与权限保护等方面整体安全架构，建成包含经济发展、社会事业、民生调查等3900多个指标的指标标准库、法人单位库，顺利通过国家“千人计划”专家和省内外大数据、信息应用领域资深教授、学者共同参加的专家评审。以市政府名义发文，集中开展以“四首创”为主要特点全市服务业和企业创新统计业务，即首次通过“数据采集平台”开展全市3000余家规模以下优质服务业企业主要指标采集；首次开展全省涵盖重点服务业、房地产开发经营业、批发零售业、住宿餐饮业、亿元以上市场和城市综合体在内服务业全行业统计调查；首个实现全省企业主要指标一次报送、多级多部门共享全指标数据采集过程；首个全省建立企业调查诚信体系。11月9日，“石家庄大数据平台”涵盖全市3000余家规模以下服务业企业统计调查数据平台启动，企业基本信息、从业人员、财务经营状况等统计数据，通过直报平台十天左右时间即在网上填报全部统计完毕。以“石家庄大数据平台”为依托，探讨构建考核平台、培训平台、效能平台等专项平台方案。借鉴天津市“新型统计体系”运作方式，整合利用税务、工商、质监等部门统计资源，完善和拓展统计大数据功能思路。

【公共自行车出行意愿调查报告】 受石家庄市交通运输局委托，市统计局于9月1～14日，面向市内长安区、桥西区、新华区、裕华区、高新区5区常住居民，开展石家庄市公共自行车出行意愿调查。此次调查采用拦截面访和短信推送网络调查方式，完成有效问卷2787份，其中拦截面访2030份，网络调查757份。调查显示：94.2%的被访者支持石家庄市建设公共自行车项目，84.8%的被访者表示会选择使用公共自行车，79.6%的被访者支持公共自行车1小时免费措施。调查结果：近95%的被访者支持石家庄市建设公共自行车项目；自行车出行仍是全市居民最常用的出行方式；上下班和外出购物是使用公共自行车主要目的；500米是被访者认为最合理的公共自行车站点间隔距离；公交车站旁和大型社区门口是被访者认为最合适的公共自行车设置点。被访者意见和建议：公共自行车使用手续要简便1963人次，占70.4%；公共自行车质量要有保障1598人次，占57.3%；公共自行车实行要长期、持续、不能半途而废1466人次，占52.6%；公共自行车维护保养要及时1439人次，占51.6%。

（赵辉）

【1%人口抽样调查】 2015年10月，市统计局根据《全国人口普查条例》和国务院规定，在全市开展2015年1%人口抽样调查。实施目的：了解2010年以来石家庄市人口在数量、素质、分布及居住等方面变化情况，科学制定未来人口政策和经济社会发展战略，完善社会保障体系，促进社会事业发展，为制定国民经济和社会发展规划提供依据。调查对象：抽中调查小区内全部人口（不包括港澳台居民和外国人）。调查以户为单位，应登记人包括：2015年10月31日晚居住在本调查小区的人；户口在本调查小区，2015年10月31日晚未居住在本调查小区的人。标准时点：2015年11月1日零时。入户调查时间：2015年10月16日至11月15日。调查方式：调查员入户登记或被调查户通过网络自主填报调查表。1%人口抽样调查采取分层、两阶段、概率比例、整群抽样方式及区域划分、试点、培训、摸底、登记、复查、验收、编码等环节工作，最终样本量为8.22万人2.6万户，涉及21个县（市、区）及高新区、循环化工园区、辛集市，占全市常住人口0.82%。1%人口抽样调查结果：到2015年末，全市常住人口1070.16万人，比2010年增加52.64万人，年均增加10.53万人，年平均增长1.01%；人口出生率11.72‰，出生人口12.49万人；人口死亡率5.84‰，死亡人口6.22万人；人口自然增长率5.88‰。2015年末全市常住人口中0～14岁182.69万人，占比17.07%；15～59岁人口707万人，占比66.07%；60岁及以上人口180.46万人，占比16.86%，其中65岁及以上人口109.16万人，占比10.20%。与2010年相比，全市0～14岁人口比重上升1.82个百分点，15～59岁人口比重下降6.14个百分点，60岁及以上人口比重上升4.26个百分点，65岁及以上人口比重上升2.09个百分点。2015年末全市常住人口城镇化率58.30%，城镇人口623.90万人；与2010年相比，全市城镇化率提高7.49个百分点，年均提高1.5个百分点。依照地区分布看，2015年末全市人口分布最多县（市、区）为桥西区，常住人口82.78万人；人口分布最少为循环化工园区，常住人口5.02万人。

表 51　2015 年末石家庄市分县（市、区）常住人口数据

县（市、区）		常住人口（人）
中部	长安区	797259
	桥西区	827822
	新华区	683428
	裕华区	543482
	藁城区	761050
	鹿泉区	452713
	栾城区	349859
	高新区	178891
	循环化工园区	50173
	正定县	489632
	小计	5134309
东部	行唐县	419066
	高邑县	191864
	深泽县	257632
	无极县	518658
东部	元氏县	433381
	赵县	591083
	晋州市	552707
	新乐市	512408
	辛集市	630500
	小计	4107299
西部	井陉矿区	99165
	井陉县	317465
	灵寿县	342580
	赞皇县	252601
	平山县	448181
	小计	1459992
全市（含辛集市）		10701600
全市（不含辛集市）		10071100

备注：1. 本数据均为根据调查结果推算数；调查对象是指调查标准时点在石家庄市辖区内抽中调查小区内的全部人口（不包括港澳台居民和外国人）。2. 常住人口指调查时户口在本调查小区，且居住在本调查小区人口；户口在本调查小区，离开不满半年人口；居住在本调查小区，离开户口登记地半年以上人口；居住在本调查小区，户口待定人口；户口在本调查小区，居住在港澳台或国外人口。3. 城乡人口是指居住在中国境内城镇、乡村地域上的人口，城镇、乡村按照2008年国家统计局《统计上划分城乡的规定》划分。4. 本表全市数据包含辛集市。

（巨朝勋）

【统计服务】 密切跟踪和监测经济运行，提高统计数据分析及开发利用程度。统筹编研石家庄经济社会发展现状城市发展蓝皮书：《石家庄市经济与社会发展研究报告（2009-2013）》《石家庄产业竞争力报告（2014）》；整理发布《石家庄市第三次全国经济普查主要数据公报》；制定《统计研究课题管理》操作规章。撰写形成111期统计分析报告及36期经济运行监测报告，向市委、市政府报送经济专报52期，被国家统计局、河北省统计局采用统计分析报告43篇。组建统计志愿服务调查队，公交运营线路载客量抽样调查、石家庄2015年全国社会心态调查、企业贯彻实施《仲裁法》情况调查等社情民意调查完成。推进实施全市第三次农业普查准备工作，高质量完成国家统计局在石家庄市农业普查试点任务及全市1%人口抽样调查。4月30日，《石家庄市第三次全国经济普查主要数据公报》公布。助力创新驱动战略，开展企业创新调查，涉及工业、建筑业、批发零售业、重点服务业、金融业企业3539家。扩充改版“统计监测月报”，每月编辑发布“统计海报”，点对点推出“统计移动秘书”，从深度分析、全国重点城市对比、京津冀数据一体化、政策服务角度，提供系列化专业化统计产品。

（赵辉）

审　计

【概况】 2015年，全市审计部门履行监督职责，审计完成245个审计单位，经济责任审计76人，查出违规金额27.2亿元，管理不规范金额164.7亿元，应上缴财政12.91亿元，已上缴财政5.58亿元，应归还原渠道11.73亿元，应调账处理61.33亿元；移送纪检、司法机关或其他部门处理事项42件，涉及10人。其中，市审计局完成审计单位72个，经济责任审计19人，当年完成17人，查出违规金额17.65亿元，管理不规范金额118.54亿元，应上缴财政7.88亿元，已上缴财政3.21亿元，应归还原渠道10.92亿元，应调账40.0亿元；移送纪检、司法机关或其他部门处理事项37件，涉及10人。2015年全市投资审计重点审计轨道交通、新城大道、西柏坡高速公路、滹沱河综合治理、桥东污水处理厂等工程，完成重点建设投资审计项目9个，审计重点建设项目资金总额44.59亿元，核

2015年6月5日，石家庄市审计局园区审计分局挂牌成立

减投资额6046万元。调整优化机构设置，2015年6月原石家庄高新技术产业开发区审计分局更名为园区审计分局，人员编制增加，审计监督覆盖面扩大，主要职责由高新区1家单位扩展到国家级、省部级开发区及石家庄综合保税区；在经济责任分局增设机构编制审计处，负责领导干部机构编制责任审计，此举也是全国省会城市首家。推进审计信息化建设，实施“金审三期工程”，完成市审计局机房及21个县（市、区）审计部门视频会议系统升级改造，建成全市审计电子数据集中管理系统，搭建起计算机审计平台及移动审计支撑系统，为预算执行审计、城镇保障性安居工程跟踪审计、稳增长政策落实跟踪审计提供了较好技术保障。制定中长期审计人才培养计划，采取专家授课方式，在南京审计学院举办经济责任审计、投资审计、大数据审计培训。2015年《中国审计》杂志第17期以《学习培训正当时 人才强审铸“铁军”》为题，专题报道石家庄市审计队伍建设和人才培训做法。

【国家审计项目】 按照国家审计署和河北省审计厅统一安排部署，市审计局组织全市审计部门围绕“审计促发展”总体目标，跟踪审计市县两级政府及部门贯彻落实稳增长等重大政策措施情况，全年完成跟踪审计工作11次。实施跟踪审计，摸清财政存量资金情况，促使市县财政部门加大存量资金清理力度，2015年市财政统筹整合各类资金20亿元，其中收回存量资金10.6亿元；督导建立存量资金定期清理机制，压缩财政资金结转规模。促进简政放权落实，审计显示石家庄市自2013年以来国务院、河北省7批取消下放146个行政审批事项全部落实到位。其中，衔接国务院分三批公布决定改为后置审批工商登记前置审批事项134项，前二批113项全部落实，第三批公布21项均得到落实；市本级自行取消下放行政审批事项97项全部落实。有效防范债务风险，审计表明市财政本级2014年末政府性债务总计943.89亿元，比2014年初增加308.93亿元；市审计部门依据审计结果，及时提出加强债务动态管控、防止债务风险建议。通过稳增长政策跟踪审计，市审计部门督导各级政府将2015年以前反映已到整改期限171个问题，整改完成131个，正在整改17个。

【财政审计】 2015年全市完成预算执行审计单位93个，延伸审计单位318个；财政决算审计单位32个，延伸审计单位99个；审计查出主要问题资金191.42亿元。预算执行审计重点监督市财政局、市地税局、市发展改革委、市科技局等7个一级预算单位及其20余个所属单位和全市养老体系服务建设、社区惠民项目、现代产业发展等5个民生专项资金，突出关注预算编制、“三公”经费、会议费使用、民生资金末端审计等内容。代表市政府所作预算执行审计报告和审计整改报告获得市人大常委会审议通过。及时针对新华区、无极县开展财政决算审计查出违纪违规问题，提出整改措施和意见，促进了区县政府资金规范管理。

【经济责任审计】 全年市审计部门审计党政部门、事业单位及人民团体领导干部78人，主要开展市科技局、市国资委、市交通运输局、市食品药品监督管理局等单位17名主要负责人经济责任审计，查出问题资金68.41亿元，其中违规金额14.75亿元，管理不规范金额53.65亿元。将机构编制使用情况列入经济责任审计重要内容，与市机构编制委员会办公室联合起草《石家庄市人民政府加强领导干部机构编制审计工作的实施意见（试行）》；根据国家和河北省审计联席会议工作要求，协调增加市机构编制委员会办公室为市审计联席会议成员单位，加强全市机构编制使用监督。

【民生专项审计】 按照国家审计署、河北省审计厅统一部署，组织市县两级审计机关23个审计组、154名审计人员跟踪审计全市2014年城镇保障性安居工程项目。重点调查市县两级政府所属住房和城乡建设局、发展改革委、财政局等部门8个，延伸调查保障性安居工程项目融资、建设设计、勘查施工、监理等单位及企业106个、街道办事处（乡镇）45个、居（村）委会120个、保障家庭622户，累计检查71个保障性安居工程项目开工情况、30个保障性安居工程项目建成情况、32个保障性安居工程项目工程建设及质量管理，抽查审计高邑县、平山县、晋州市、栾城区、新华区、元氏区6个县（市、区）。审计发现涉及问题资金14.69亿元，整改到位资金13.39亿元，资金整改到位率91.14%；促成建立健全保障性安居工程制度及管理规范性文件 4 项。

（周雨秀）

质量技术监督

【概况】 2015 年，市质量技术监督部门（简称质监部门）开展服装、一次性生活用纸等产品市级监督抽查 310 批次、县级监督抽查 1535 批次；工业产品生产许可证获证企业实施专项检查 89 家，实施监管等级评定 491 家；举办 834 名特种设备基础安全员、59 名县级质监局安全监察人员专业培训，年末全市 276 个乡（镇）、街道办事处特种设备基层安全员配备率达到 100%。推进实施质量兴市战略，石家庄市 14 项新兴产业产品列入 2015 年新增省名牌评价目录。至 2015 年末，全市获得省名牌产品 84 项、省优质产品 38 项；获得省服务名牌 11 家、省质量效益型企业 13 家；省名牌拥有量位居全省第一。推行卓越绩效管理模式和“首席质量官”制度，全市省名牌产品企业全部开始应用卓越绩效管理模式，90% 以上省名牌产品企业实行“首席质量官”制度。2015 年石家庄市 4 个单位获得市政府质量奖组织奖、3 名个人获得市政府质量奖个人奖；2 个单位获得省政府质量奖组织奖、3 名个人获得省政府质量奖个人奖；东旭集团有限公司入围“中国质量奖提名奖”，实现河北省“中国质量奖”零的突破。推进地方标准化建设，全年制定修订省级地方标准 30 项，审定发布市级地方标准 7 项，其中 2 项信息化标准达到国内领先水平。开展质量监督专项执法行动，查办质量违法案件 864 起，查处违法产品货值 963.81 万元。2015 年 11 月，石家庄市国家地理标志保护产品赞皇大枣、晋州鸭梨、新乐西瓜 3 个产品入选《中国地理标志产品大典》（河北卷一）。

【质量兴市战略】 制定《石家庄市贯彻实施质量发展纲要深入推进质量兴市战略 2015 年行动计划》。围绕新兴主导产业，拓展名牌培育领域，全年石家庄市 14 项新兴产业产品列入 2015 年新增省名牌评价目录。至 2015 年末，全市获得省名牌产品 84 项、省优质产品 38 项；获得省服务名牌 11 家、省质量效益型企业 13 家；省名牌拥有量位居全省第一。13 家省质量效益型企业分别为：河北博纳德能源科技有限公司、河北小蜜蜂工具集团有限公司、石家庄君乐宝乳业有限公司、河北金隅鼎鑫水泥有限公司、石家庄长安育才建材有限公司、石家庄曲寨水泥有限公司、格力电器（石家庄）有限公司、石家庄华辰淀粉生产有限公司、石家庄辰泰滤纸有限公司、河北益康针棉织有限公司、河北四方通信设备有限公司、石家庄诚志永华显示材料有限公司、河北普兴电子科技股份有限公司。11 家河北省服务名牌分别是：西柏坡纪念馆、河北升泰环境检测有限公司、石家庄森泰园林建筑工程有限公司、河北中石油昆仑车用燃气有限公司、河北华清环境科技有限公司、河北东明国际家具博览有限公司、中国石化销售有限公司河北石家庄晋州石油分公司、晋州信誉楼百货有限公司、河北快运集团有限公司、石家庄市藁城区中燃翔科燃气有限公司、石家庄光明渔港饮食有限公司。2015 年石家庄四药有限公司、石药集团有限责任公司获得省政府质量奖组织奖；河北钢铁集团石家庄钢铁有限责任公司总工程师齐建军、石家庄科林电气股份有限公司董事长张成锁、石药集团有限责任公司董事长蔡东晨 3 人获得省政府质量奖个人奖；河北电机股份有限公司获得省政府质量奖提名奖；石家庄中石鑫达润滑油有限公司董事长何建立获得省政府质量奖个人提名奖。2015 年东旭集团有限公司入围中国质量奖提名奖，成为石家庄市首个获此奖项单位，实现河北省“中国质量奖”零的突破。推行卓越绩效管理模式和“首席质量官”制度，至 2015 年末，全市省名牌产品企业全部开始应用卓越绩效管理模式，90% 以上省名牌产品企业实行“首席质量官”制度。5 月 14 日，河北省召开推进质量兴省工作电视电话会议，石家庄市作为唯一地市级政府代表作典型发言。6 月 19 日，全市召开推进质量兴市工作电视电话会议，表彰第二届市政府质量奖获奖企业和个人，通报2014年全市质量兴市和名牌战略绩效考核情况。常山生化、威纳邦日化、工业泵厂有限公司、石家庄四药4家企业获得市政府质量奖组织奖；常山纺织董事长汤彰明、君乐宝乳业质管中心总经理柴艳兵、中嘉化肥董事长常国锋3人获得市政府质量奖个人奖。

表 52　　2015年石家庄市新增名牌产品情况一览表

序号	产品名称	商标	企业名称
1	电力金具		石家庄华能电力金具有限公司
2	金刚石圆锯片	博深	博深工具股份有限公司
3	工程钻机	博深	博深工具股份有限公司
4	家用空调器	GREE格力	格力电器（石家庄）有限公司
5	玉米淀粉	高淀	石家庄华辰淀粉糖生产有限公司
6	轨道交通扣件系统		河北翼辰实业集团有限公司
7	电线电缆系列产品		华达线缆有限公司
8	头孢拉定（供口服、注射用）原料药	华北	华北制药河北华民药业有限责任公司
9	硫酸链霉素原料药	华北	华北制药华胜有限公司
10	面包	桃李	石家庄桃李食品有限公司
11	橱柜		河北恒盛伟业工贸有限公司
12	低压阀门		河北冀晋阀门有限公司
13	钻杆	琅威钻具	河北朗威石油装备有限公司
14	矿用电缆	彪隆	建业电缆集团有限公司
15	38kv及以下高压交联电力电缆	赢利	河北金力电缆有限公司
16	橡套电缆	沈兴	沈兴线缆集团有限公司
17	橡套电缆	瑞光	河北瑞光线缆有限公司
18	纤维素醚（羟丙基甲基纤维素）	谊诚嘉华	晋州市谊诚纤维素厂
19	果蔬汁饮料	沃尔旺	河北沃尔旺食品饮料有限公司
20	工业滤纸	万通	石家庄辰泰滤纸有限公司
21	涤纶缝纫线	金斗笠	晋州市信泰纺织有限公司

（续表）

序号	产品名称	商标	企业名称
22	矿棉吸声板	优时星	河北阿美斯壮矿棉板业有限公司
23	矿棉吸声板	雅盛	河北阿姆鑫壮装饰材料有限公司
24	苹果	井日升	井陉县金树岭果品专业合作社
25	苹果	圆景 TUTANGYUANJING	井陉县圆景果品种植专业合作社
26	苹果		石家庄市昊源林果场
27	超细纤维清洁巾	益康	河北益康针棉织有限公司
28	超声热量表	REYOU	石家庄丰源仪表有限公司
29	无线数据采集装置	KE	石家庄科林电气股份有限公司
30	硅外延片	POSHING	河北普兴电子科技股份有限公司
31	半导体照明发光芯片	THET	同辉电子科技股份有限公司
32	熟肉制品	洛杉奇、金凤	石家庄洛杉奇食品有限公司
33	熟肉制品	双鸽	石家庄双鸽食品有限责任公司
34	婴幼儿配方奶粉	君乐宝	石家庄君乐宝乳业有限公司
35	含乳饮料	君乐宝	石家庄君乐宝乳业有限公司
36	通用水泥	鼎鑫	河北金隅鼎鑫水泥有限公司
37	通用水泥	曲寨 Qu Zhai	石家庄市曲寨水泥有限公司
38	蔬菜	鹿凌 Luling	石家庄市鹿泉区绿康公害蔬菜农民专业合作社
39	兽药	河欣 HEXIN	河北科星药业有限公司
40	石榴	田仙红	鹿泉区北薛庄田仙红石榴基地
41	电机	冠生	河北电机股份有限公司
42	高压气瓶式压力容器储运设备	Enric 安瑞科	石家庄安瑞科气体机械有限公司
43	代森锰锌	兰克	河北三农农用化工有限公司
44	心脑清软胶囊	五福	神威药业集团有限公司
45	舒血宁注射液	神威	神威药业集团有限公司

（续表）

序号	产品名称	商标	企业名称
46	兽药	KJ 科极	河北新华科极兽药集团有限公司
47	线材	敬业 JINGYE GROUP	河北敬业钢铁有限公司
48	带肋钢筋	敬业 JINGYE GROUP	河北敬业钢铁有限公司
49	锅炉压力容器用钢板	敬业 JINGYE GROUP	河北敬业中厚板有限公司
50	苹果	元坊	平山县宏远实业开发公司
51	钻杆	STC 石探	河北石探机械制造有限责任公司
52	液晶显示材料	SLICHEM	石家庄诚志永华显示材料有限公司
53	木绘拼花		河北百年巧匠手工艺品股份有限公司
54	拉米夫定		石家庄龙泽制药有限公司
55	洗衣液	鑫鱼	河北纳利鑫洗化有限公司
56	半挂车	金君卫	石家庄金丰专用车有限公司
57	半挂车	金多利	石家庄金多利专用汽车有限公司
58	电线电缆系列产品	京联	石家庄华通线缆有限公司
59	特种电缆	双伟	石家庄中德电线电缆有限公司
60	种鸡	鑫广威	石家庄广威农牧有限公司
61	液晶显示材料	JIYA 冀雅	河北冀雅电子有限公司
62	婴幼儿配方奶粉	三元	河北三元食品有限公司
63	架空绝缘电缆	高明	河北高明电线电缆有限公司
64	塑料薄膜及制品	绿树	新乐华宝塑料制品有限公司
65	芝麻酱	百年徐府	石家庄市徐府香油有限公司
66	羊绒服饰	壹名	壹名服装服饰装备科技集团有限公司
67	民用清洁燃烧炉	三不误	石家庄市春燕采暖设备有限公司
68	工业氰化钠	诚信	河北诚信有限责任公司
69	丙二酸二乙酯	诚信	河北诚信有限责任公司
70	吡虫啉	野田风暴	河北野田农用化学有限公司

（续表）

序号	产品名称	商标	企业名称
71	核桃	西嶺	元氏县西岭核桃专业合作社
72	枣	百岁桥	河北九维生物科技开发有限公司
73	精梳纱	翠竹	石家庄常山纺织股份有限公司
74	普梳纱	翠柳	石家庄常山纺织股份有限公司
75	节能环保型迷宫式高炉送风装置	JULL	石家庄巨力科技有限公司
76	阿维菌素	兴柏	石家庄市兴柏生物工程有限公司
77	新闻纸	华泰	河北华泰纸业有限公司
78	速冻食品	纽康恩（图形）	河北纽康恩食品有限公司
79	金刚石圆锯片	小蜜蜂	河北小蜜蜂工具集团有限公司
80	小型面粉加工成套设备	苹乐	河北苹乐面粉机械集团有限公司
81	药用橡胶塞	橡一	河北橡一医药科技股份有限公司
82	饮用水	四季阳光	河北天天乳业集团有限公司
83	复配乳品添加剂	兄弟伊兰	石家庄市兄弟伊兰食品配料有限公司
84	塑料薄膜及制品	正洋	河北正洋建材有限公司

表 53　　2015 年石家庄市新增优质产品情况一览表

序号	产品名称	商标	企业名称
1	智能变电站系统	KE	石家庄科林电气股份有限公司
2	自走式青饲料收获机	MEIDI 美迪®	石家庄美迪机械有限公司
3	智能环网柜	KE	石家庄科林电气设备有限公司
4	直播卫星专用卫星电视广播地面接收设备	超维	河北超维通信设备有限公司
5	民用炊事采暖炉	程龙	河北程龙锅炉有限公司
6	金属软管	JULLY	石家庄巨力科技有限公司
7	架空绞线	镇	石家庄市镇州电器有限公司
8	高效三相异步电动机	新四达	河北新四达电机股份有限公司
9	电力电缆	高明	河北高明电线电缆有限公司

（续表）

序号	产品名称	商标	企业名称
10	一般用途单芯硬导体无护套电缆	傻实在	石家庄廉北电线电缆厂
11	单芯硬导体无护套	德天	石家庄中德电线电缆有限公司
12	蓝光 LED 芯片	THET	同辉电子科技股份有限公司
13	通信电缆	佳音	河北电信光缆有限公司
14	液晶玻璃基板	大东旭	石家庄旭新光电科技有限公司
15	碳钢药芯焊丝	翼辰牌	河北翼辰实业集团有限公司
16	水果罐头	华泉牌	河北华泉食品有限公司
17	挂面	厨香园	石家庄市厨香园食品有限责任公司
18	无酸档案卷皮纸	华美	石家庄华美造纸厂
19	儿童家具	望子成龙	石家庄市双龙儿童家具厂
20	食品包装复合膜（袋）	Novel	河北永新包装有限公司
21	软体家具	乐万嘉	石家庄乐万家沙发制造有限公司
23	建筑钢结构工程金属构件	金环	金环建设集团有限公司
24	工业沉淀碳酸钙	鼎林	石家庄市新秀林化工有限公司
25	苯乙腈	诚信	河北诚信有限责任公司
26	复混肥料	尔得贝	石家庄市汇丰化工有限公司
27	工业用甲醇	国珍	河北新化股份有限公司
28	工业甲胺水溶液	国珍	河北新化股份有限公司
29	大量元素水溶液	萌帮	河北萌帮水溶肥料有限公司
30	氧化锌	龍力	石家庄市龙力化工有限公司
31	返青灌浆肥、动力先锋	方舟农料	河北方舟农业科技股份有限公司
32	薄型纺粘无纺布	华睿	河北华睿无纺布有限公司
33	西裤	汉普盾	石家庄市鑫威服装有限公司
34	西裤	智伦	河北康威制衣有限公司
22	预拌商品混凝土	旭成	石家庄金隅旭成混凝土有限公司
35	毛巾、毛巾被	满堂红	石家庄市阳光针纺有限公司
36	鸡饲料	永青	河北永青饲料科技有限公司
37	商品猪	极源	石家庄极源养猪有限公司
38	冀华星精品梨	冀华星	赵县冀华星果品专业合作社

【质量安全管理】 开展质量安全监督抽查，全年市级监督抽查服装、一次性生活用纸等产品310批次，县级监督抽查1535批次，质量抽查不合格企业全部落实后处理措施。采取自查与监督检查相结合方式，组织工业产品生产许可证获证企业开展自查，89家企业实施专项检查，491家获证企业实施监管等级评定。加强食品产品质量监管，监督抽查食品产品293批次。举办絮用纤维制品和再加工纤维整治行动3次，未发生重大絮棉制品质量案件。严格机动车安检机构监管，落实分类监管模式，推广等级挂牌活动，4家机构实行停业整顿，2家机构取消检验资格。开展质监执法打假和质量提升行动，全年组织“双打”“质检利剑”及农资、车用燃油产品等专项行动13个，查办质量违法案件864起，违法产品货值金额963.81万元，其中，质量违法行为反弹问题突出的防水卷材、日化洗涤用品企业开展集中执法行动8次，查处违法案件30起。提升区域性产品质量，针对部分产品质量问题反弹明显情况，向石家庄市各地政府、有关部门发出问题通报函2份，稽查建议书3份，问题约谈2次。

【特种设备监管】 举办834名特种设备基础安全员、59名县级质监局安全监察人员专业培训；重视做好基层特种设备安全员调配，全市276个乡（镇）、街道办事处特种设备基层安全员配备率达到100%。探索特种设备监管方式，2015年循环化工园区开展“压力管道标准化监管试点”；新华区开展“电梯安全网格化监管试点”；桥西区开展“特种设备安全监管标准化试点”；正定县推进老旧工业管道安全评价试点；裕华区设立50万元电梯应急保障经费，用于解决“三无”电梯及老旧和故障电梯维修保养、修理、改造、更新、检验资金难落实问题。加强电梯安全监管，发布施行《石家庄市电梯安全监督管理办法》，筹建石家庄市电梯应急处置技术中心。严格涉氨制冷企业监管，联合市安全生产监督管理局，组织藁城区、晋州市、赵县3地主管领导及相关部门参观学习涉氯制冷企业整治经验；至2015年底，全市1267家冷库通过检验达标超过86%。

【标准化建设】 协调成立由35个政府职能部门为成员单位石家庄市标准化委员会。制定和修订农产品栽培、机械制造、物流服务等省级地方标准30项，同比增加13项；审定、发布市级地方标准7项，其中《设施农业多媒体数据语义表示规范》等2项信息化标准达到国内领先水平。开展标准化试点建设，成功申报国家级社会管理和公共服务综合标准化试点2个；申报国家级循环经济试点进入审批程序。建成标准化良好行为企业6家、服务标准化试点企业3家。拓展标准覆盖范围，联合各行业协会发展团体标准、联盟标准，发布实施协会标准3个，涉及新乐市、藁城区、无极县3个地域。鼓励支持企业参与标准化建设，2015年全市由企业参与主导起草和修订国际、国家、行业标准达到43项，创下历年之最。加强采标管理，办理采标认可26项，涉及企业22家；办理采标标志备案25项；办理企业产品标准备案441项。

【认证认可管理与服务】 按照河北省质监局《获证实验室分类监管指导意见》《河北省资质认定获证实验室监督检查分类评价细则》要求，实施检验检测机构分类监管模式。全年共为855家实验室办理人员、标准、地址等事项变更，受理199家实验室复评、扩项评审申请；飞行检查机构单位46家；87条汽车尾气检测线和5家食品检验机构实施能力验证；组织5个煤质检测站举行煤质检测比对实验。开展机动车、环境监测和食品检验等重点行业检测机构专项整治，约谈问题单位12家，责令机构停业整顿7家，上报撤销证书2张、注销证书1张。加强认证产品监督，检查强制性认证产品生产企业116家、有机产品认证企业20家、质量管理体系认证企业6家。推进认证科研项目建设，市纤维检验所、新乐市质检所2个科研项目结题验收，晋州市质监局《无公害南水梨生产技术规范》获得河北省质监局2015年度科技成果三等奖。

【计量管理与服务】 落实《计量发展规划（2013～2020年）》目标任务，开展县级计量检定机构检定证书专项整治行动，举办全市16个县级计量检定机构相关项目检定员培训，复查验收正定县和鹿泉区新建加气机、燃气表等18项社会公用计量标准，至2015年末，18项社会公用计量标准复查验收完成

4项。净化计量环境，实施商品包装、民用“四表”、电子计价秤、节日期间市场计量监督检查及定量包装商品净含量国家计量专项抽查行动，2015年市质监局计量部门完成72家制造计量器具许可企业监督检查和统计，帮助9家企业做好建标前准备，组织专家现场考核33家企（事）业单位最高计量标准，将62家企（事）业单位292项最高计量标准、16家县级计量机构219项社会公用计量标准信息录入《河北计量标准管理系统》。开展重点用能单位能源计量审查和能源计量数据入网采集，232家重点用能单位能源计量审查完毕，43家重点用能单位实现数据在线实时采集。实施“双十工程”“医疗计量惠民工程”，在137个社区乡镇、中小学校和敬老院等场所开展免费计量服务，367家单位签订诚信计量自我承诺书。

（秦芸）

物价监督管理

【概况】 2015年，全市价格监督管理部门围绕服务民生、保障发展大局，开展价格监测和分析，密切监测居民生活必需品价格变动情况，落实重要节日价格监测日报制度；完善价格信息发布体系，综合运用官网、微信和各类大众传媒发布价格信息，增强市场价格信息透明度，引导市场价格预期。2015年1～12月，全市居民消费价格指数同比分别上涨：0.3%、1.1%、1.1%、1.1%、0.3%、0.1%、0.8%、1.4%、1.1%、0.8%、1.6%、2.1%。2015年全市物价总水平保持基本平稳，全年居民消费价格指数同比上涨1.0%，较好完成居民消费价格指数控制在4%以内调控目标。6月30日，根据《石家庄市人民政府办公厅关于印发石家庄市发展和改革委员会主要职责内设机构和人员编制规定的通知》（石政办发〔2015〕29号），确定设立市发展和改革委员会，挂市物价局牌子，为市政府工作部门，内设机构33个，其中价格管理机构5个，分别为工农业产品价格管理处、行政事业收费管理处、公用事业价格及经营收费管理处、价格协调处、价格信息处；市价格监督检查局、市价格成本调查监审局、市价格认证中心为市发展和改革委员会（市物价局）所属机构。

【价费改革】 推进实施居民生活用水、用气阶梯价格制度。3月20日，市物价部门组织召开市区居民用水、用气阶梯价格分级用量听证会，25名各界代表参会围绕改革方案发表意见建议。经市政府常务会议审议通过，6月1日起市区居民阶梯水价政策正式执行。针对用热企业提出降低工业用热价格诉求，经市物价部门研究并报市政府第43次常务会同意，出台印发《关于下浮市区非居民蒸汽销售价格的通知》（石价〔2015〕47号），自7月1日起供热企业供工业、商业（服务业）等非居民终端用户，直接用于企业生产经营用蒸汽销售价格下浮为每吉焦57.40元。印发《关于下调市区分散燃气锅炉供非居民用热价格的通知》（石发改价格〔2015〕1006号），市区（不含鹿泉区、藁城区、栾城区）分散燃气锅炉供非居民采暖价格由一个采暖期每建筑平方米41.90元下调为33.90元；燃气锅炉供热与燃煤集中供热并入公共管网后，供非居民用户执行集中供热价格。11月13日，石家庄市政府办公厅出台印发《关于调整市区居民住宅供水户表改造工程费标准的通知》，确定已建成住宅“一户一表，计量出户”改造工程费用标准调整为：一户一表住宅每户1600元，一户两表住宅每户2480元；居民用户负担按照现行标准执行，即一户一表每户负担360元，一户两表每户负担460元，其余改造资金由市、区财政、供水企业按1∶1∶2比例分担；一户两表以上用户，市、区财政、居民承担资金按一户两表标准执行，不足部分由供水企业承担；城市低保户、特困职工家庭和享受民政部门发放抚恤补助的重点优抚对象家庭，免收改造费用，所需改造资金由市、区财政、供水企业按1∶1∶2比例分担。

【南水北调河北省水厂供水价格确定】 4月1日，河北省物价局转发河北省发展改革委、省财政厅和省水利厅联合下发《关于南水北调中线一期配套工程供水价格的通知》，确定南水北调河北省水厂以上配套工程全省实行统一供水价格，按照运行还贷原则，供水价格为每立方米2.76元。供水价格由“基本水价”和“计量水价”两部分构成。“基本水价”按照合理偿还贷款本息、适当补偿工程基本运行维护费用原则制定，为每立方米1.36元，依据年度分配水量征收；“计量水价”按照补偿基本水价外其他成本费用原则制定，为每立方米1.40元，依据实际用水量计收。《关于南水北调中线一期配套工程供水价格的通知》未明确终端水价，规定三大定价原则：从严从低、科学合理；统筹兼顾、可以承受；促进节约、高效利用。终端定价要兼顾供水企业和用户利益，满足供水企业正常运行，用户心理和经济上可以承受；兼顾居民、非居民、特殊行业用水比价关系，特殊行业用水价格高于非居民用水价格，非居民用水价格高于居民用水价格；兼顾特殊困难群体，落实特困户、低保户用水实行家庭基本生活用水优惠政策。

【市区居民用水实行阶梯价格】 6月1日起，市内桥西区、新华区、长安区、裕华区和高新区实行居民用水阶梯价格。居民用户按年度用水量分为三级，以现行基础水价作为第一阶梯水价基数，第一、二、三级阶梯水量按1∶1.5∶3级差比例实行阶梯式价格，到户综合水价由“基础水价＋污水处理费＋水资源费”组成。居民基本生活用水保持原价格不变；低保户、特困职工家庭生活用水在第一阶梯水量内的，基础水价每立方米优惠0.50元，超出第一阶梯水量部分价格不再优惠；学校教学和学生生活、社区居委会办公和公益性服务、博物馆和纪念馆等免费开放公益性文化单位、养老机构、警务室等非居民用水，暂不实行阶梯水价，在第一阶梯水价基础上加价10%；3人（不含）以上居民家庭，每户每增加1人，每年各级水量基数分别增加36立方米。

表54 2015年市区居民阶梯水价收费一览表

阶梯类型＼项目	户年用水量（立方米）	基础水价（元/立方米）	污水处理费（元/立方米）	水资源费（元/立方米）	到户综合水价（元/立方米）
第一阶梯	0～120（含）	2.50	0.80	0.33	3.63
第二阶梯	120～180（含）	3.75	0.80	0.33	4.88
第三阶梯	180以上	7.50	0.80	0.33	8.63

【非居民天然气价格并轨】 按照国家发展改革委关于天然气价格改革部署，2015年4月、2015年11月石家庄市两次下调非居民天然气价格，实现非居民天然气价格并轨。4月1日起，全市将天然气置换采暖用气销售价格与其他非居民用管道天然气销售价格合并为非居民用天然气销售价格，分别由3.91元/立方米、3.80元/立方米合并调整为3.72元/立方米；车用压缩天然气销售价格保持执行4.2元/立方米。11月20日起，全市管道非居民用天然气销售价格下调为3.02元/立方米，压缩天然气母站价格下调为2.55元/立方米，车用压缩天然气销售价格下调为3.5元/立方米。

【价格监管与服务】 实施涉企行政事业性和中介服务收费检查、进出口环节收费检查及医疗药品价格、有线电视服务收费、旅游价格明码标等专项检查，举办公墓经营单位价格政策提醒告诫会。加大节日市场价格检查力度，在元旦、春节、五一、国庆等节日，采取明察暗访相结合方式监督检查全市各辖区大中型家电商场、百货、超市、药店、旅游景点、停车场收费场所，曝光价格违法案例10起。收费许可证制度取消。根据国家发展改革委、财政部《关于取消收费许可证制度 加强事中事后监管的通知》（发改价格〔2015〕36号）和河北省物价局、财政厅《关于取消收费许可证制度加强事中事后监管的通知》（冀价行费〔2015〕96号）要求，自5月1日起，全市统一取消收费许可证制度，停止收费许可证年度审验，原收费许可证申领、发放及变更相关规定同时废止。加强收费事中事后监管，建立收费情况报告制度、收费目录清单和收费公示制度、收费政策评估制度。开展价格鉴定服务活动。履行价格成本监审和农本调查职能，实施成本监审26项，标的总额19.79亿元，核减不合理成本因素5.71亿元。发挥价格认证服务司法和纪检工作作用，开展涉案、涉纪检监察案件价格鉴定1096件，标的价值1.18亿元。推进涉税财物价格认证，调整存量房计税基准价格，维护房地产交易计税秩序。立足服务民生，将民生商品“晒价”服务在原有38种超市食品类晒价品种基础上，新增日用百货价格“晒价”品种33种。重视“石家庄微物价”微信公众平台服务，新增居民生活常用价费标准查询、超市和药品微信“晒价”、价格政策发布解读与舆论引导、征求社会意见建议等服务功能。

（李剑利）

工商行政管理

【概况】 2015年，市工商行政管理系统以深化商事制度改革、构建事中事后监管机制为主线，扎实推进“三证合一、一照一码”改革，3月25日全市核发第一张“一证三号”营业执照，10月1日河北省首张“一照一码”营业执照在石家庄市颁发，11月17日全市首张电子营业执照颁发。贯彻落实国家重大改革措施，研究制定《推广上海自贸实验区可复制改革试点经验方案》《关于落实两办在部分区域系统推进全面创新改革试验的总体方案的意见》。推进京津冀协同发展部署，参加市政府天津自贸区正定片区申办事项，制定《天津自贸区正定片区商事制度改革实施办法》。推进企业注册便利化，至2015年底，全市共有内资市场主体563398户，注册资金总额10445.08亿元，首次突破10000亿元大关。履行国家工商总局授权外资企业登记管理职能，全年新登记外资企业111户，新增投资总额2.16亿美元。至2015年底，全市共有外商投资企业1290户，注册资本24.19亿美元，外方认缴出资额17.44亿美元。2015年石家庄市内资市场主体总量、企业数量、个体工商户数量及外资企业总量位居河北各设区市首位。推行注册登记免费代办机制，设立全省首家“银企对接办公室”，由银行免费为企业代办营业执照、开户许可证等手续，提高创业效率。推进实施商标战略，开展“送商标服务进企业”活动，走访驰名、著名商标企业和商标重点扶持企业1000余家。开展商标战略实施示范活动，鹿泉区、晋州市确定为河北省商标战略实施示范县（市、区），神威药业集团有限公司、君乐宝乳业有限公司确定为河北省商标战略实施示范企业。2015年全市新增中国驰名商标6件（不含辛集市1件）、河北省著名商标64件、地理标志商标1件。新增6件中国驰名商标分别为：石家庄藏诺生物股份有限公司“藏诺”、河北科星药业有限公司“河欣HEXIN及图”、河北立信化工有限公司“立信及图”、石家庄工业泵厂有限公司“SGB”、河北兴柏生物科技有限公司“兴柏及图”、河北口香传食品有限公司“口香传KOUXIANGCHUAN”。至2015年末，全市共有中国驰名商标43件（不含辛集市10件）、河北省著名商标641件、地理标志商标7件，中国驰名商标、河北省著名商标数量均居全省设区市首位。发挥股权出质、动产抵押、商标权质押登记融资功能，开展助企融资服务，举办进专业市场、进产业聚集园区、进特色产业企业、进规模化涉农企业、进驰著名商标企业融资服务“五进”活动，2015年市工商部门共为1010家企业融资230.01亿元。发挥职能作用，围绕全市中心工作献计出力，向市委、市政府呈报《全市市场主体发展月报告》《全市市场主体退出情况的分析报告》《全市市场主体行业（产业）分布情况分析报告》《“十二五”期间和2015年全市市场主体发展情况的报告》，为市领导决策提供参考。制定印发《关于落实市政府大力推进大众创业万众创新若干政策的实施细则》《关于支持石家庄市东西部地区市场主体发展的实施意见》，促进大众创业、万众创新和全市中东西三大区域协调发展。编制“三个清单”，明确职权边界。按照“三个公开、三个清单”要求和职权法定原则，梳理涉及工商行政管理职能法律、法规、规章，累计梳理行政权力82项；梳理工商登记前置审批事项涉及法律依据、监管部门、行业主管部门职责14项，与相关部门职责边界44项，公共服务事项3项，事中事后监督管理制度10项；牵头编制《石家庄市市场主体行政审批后续监管清单》，涉及市直40个单位及部门，共计487项，其中涉及工商部门13项。加强干部队伍建设，全年举办各类培训班19期，培训人员1890人次；组织参加国家工商总局远程网络培训学习6期，培训人员1118人次。受理群众投诉举报23件，下发函询通知书7份，受理阳光理政投诉87件，发现纠正违规违纪问题20次。加强消费者权益保护，2015年市工商市场监管系统及各级消费者协会组织累计为消费者挽回经济损失2805万元，其中市工商局“12315”指挥中心接听消费来电45793个，受理消费投诉9228件，调解成功率98.93%，为消费者挽回经济损失1082万余元；受理举报案件2084件，接受意见和建议18件。2015年市工商局被国家工商总局评为“诚信市场创建先进单位”；被河北省委、省政府评为“文明单位”，被河北省政府评为“青少年维权岗”，获得全省打击传销工作考核第一名。

【市场主体登记】 至2015年底，全市共有内资市场主体563398户，注册资金总额10445.08亿元，首次突破10000亿元大关。其中，内资企业184865户，注册资本9859.52亿元；个体工商户365841户，注册资金321.16亿元；农民专业合作社10684户，出资总额264.4亿元。新登记市场主体129911户，同比增长26.46%，其中内资企业46526户、个体工商户82970户、农民专业合作社415户；新登记市场主体注册资本2407.1亿元，同比增长45.15%；新登记企业4.7万户、注册资本2290.5亿元，同比分别增长23.18%、48.9%，新登记企业数量占新增市场主体比重36.2%。6月30日，企业网络申请“三证合一”登记制实施，申请材料从30多项简化至14项，符合条件5个工作日审批完毕。10月1日，市工商部门向河北树勋生物科技有限公司颁发印有18位国家标准“统一社会信用代码”营业执照。这是石家庄市颁发首张具有国家标准“一照一码”营业执照，也是河北省首张“一照一码”营业执照，标志“三证合一、一照一码”改革在石家庄市正式实施。至2015年底，全市核发新设“一照一码”营业执照13200套。11月17日，河北网嘉招标公共服务平台运营服务有限公司获得全市首张电子营业执照。至2015年底，全市发放电子营业执照624套，占全省电子营业执照发照总量57.4%。

内资非私营企业登记。 2015年全市登记各类内资非私营企业2392户（企业法人1157人），注册资本2552619.56万元。其中，国有企业55户，注册资本2959万元；集体企业31户，注册资本337万元；公司2297户，注册资本2549323.56万元，实收资本62553.83万元；其他企业9户，注册资本0万元。按行业分类：农林牧渔业40户（企业法人38人），注册资本41749万元；采矿业0户，注册资本0万元；制造业68户（企业法人52人），注册资本94670万元；电力、热力、燃气及水生产和供应业46户（企业法人26人），注册资本71061万元；建筑业129户（企业法人44人），注册资本658153万元；批发和零售业551户（企业法人192人），注册资本182494万元；交通运输、仓储和邮政业112户（企业法人37人），注册资本48870万元；住宿和餐饮业29户（企业法人12人），注册资本10369万元；信息传输、软件和信息技术服务业172户（企业法人73人），注册资本78550万元；金融业295户（企业法人56人），注册资本329430万元；房地产业89户（企业法人70人），注册资本97563.9万元；租赁和商务服务业405户（企业法人195人），注册资本405774.66万元；科学研究和技术服务业306户（企业法人241人），注册资本357875万元；水利、环境和公共设施管理业19户（企业法人16人），注册资本32180万元；居民服务、修理和其他服务业52户（企业法人36人），注册资本28102万元；教育7户，企业法人6人，注册资本3500万元；卫生和社会工作15户（企业法人11人），注册资本33320万元；文化、体育和娱乐业57户（企业法人52人），注册资本78958万元。2015年全市登记集团13户，注销集团1户，实有企业集团103户；国有企业改制为公司5户。至2015年末，全市共有各类内资非私营企业16841户（企业法人7783人），注册资本23588411.52万元。其中，农林牧渔业264户，注册资本127257万元；采矿业37户，注册资本32324万元；制造业1215户，注册资本4526348.12万元；电力、热力、燃气及水生产和供应业224户，注册资本815387.33万元；建筑业878户，注册资本1470388.72万元；批发和零售业5204户，注册资本1784273.76万元；交通运输、仓储和邮政业831户，注册资本2667623.92万元；住宿和餐饮业253户，注册资本104623.3万元；信息传输、软件和信息技术服务业1026户，注册资本231575.3万元；金融业2646户，注册资本4474152.31万元；房地产业834户，注册资本2421804.15万元；租赁和商务服务业1677户，注册资本2770498.25万元；科学研究和技术服务业1016户，注册资本1743506.14万元；水利、环境和公共设施管理业137户，注册资本140813.18万元；居民服务、修理和其他服务业315户，注册资本72981.75万元；教育23户，注册资本8754万元；卫生和社会工作55户，注册资本41988.47万元；文化、体育和娱乐业206户，注册资本154111.82万元。从注册资本规模看，2015年末全市实有企业注册资本（金）100万元以下企业2148户，100万元～1000万元企业3114户，1000万元～1亿元企业2157户，1亿元以上企业364户。

表55　2015年石家庄市内资非私营企业基本情况一览表

行业分类	户数（户）		注册资本（金）（万元）
	小计	企业法人	
农、林、牧、渔业	264	179	127257
采矿业	37	29	32324
制造业	1215	1032	4526348.12
电力、热力、燃气及水生产和供应业	224	156	815387.33
建筑业	878	438	1470388.72
批发和零售业	5204	2025	1784273.76
交通运输、仓储和邮政业	831	261	2667623.92
住宿和餐饮业	253	131	104623.3
信息传输、软件和信息技术服务业	1026	209	231575.3
金融业	2646	370	4474152.31
房地产业	834	691	2421804.15
租赁和商务服务业	1677	951	2770498.25
科学研究和技术服务业	1016	795	1743506.14
水利、环境和公共设施管理业	137	123	140813.18
居民服务、修理和其他服务业	315	191	72981.75
教育	23	18	8754
卫生和社会工作	55	23	41988.47
文化、体育和娱乐业	206	161	154111.82
合计	16841	7783	23588411.52

内资私营企业登记。2015年全市登记各类内资私营企业168024户，投资人312923人，雇工168212人，注册资本75006796.47万元。其中，农林牧渔业3822户，投资者6196人，雇工11179人，注册资本1537521.35万元；采矿业294户，投资者558人，雇工1500人，注册资本150339.3万元；制造业23047户，投资者44546人，雇工59398人，注册资本9484737.1万元；电力、热力、燃气及水生产和供应业236户，投资者488人，雇工358人，注册资本325314.91万元；建筑业13375户，投资者23917人，雇工8005人，注册资本8200949.8万元；批发和零售业64308户，投资者116688人，雇工39236人，注册资本17298002.86万元；交通运输、仓储和邮政业4245户，投资者6930人，雇工4470人，注册资本1143789.53万元；住宿和餐饮业1237户，投资者1975人，雇工2096人，注册资本258057.93万元；信息传输、软件和信息技术服务业5954户，投资者10783人，雇工13511人，注册资本1904813.31万元；金融业2305户，投资者6560人，雇工1229人，注册资本7831189.75万元；房地产业8147户，投资者15273人，雇工2016人，注册资本6414262.96万元；租赁和商务服务业20303户，投资者39418人，雇工8579人，注册资本11182829万元；科学研究和技术服务业14625户，投资者28888人，雇工8764人，注册资本7415489.93万元；水利、环境和公共设施管理业526户，投资者1056人，雇工514人，注册资本438641.2万元；居民服务、修理和其他服务业2831户，投资者4671人，雇工2488人，注册资本443669.09万元；教育201户，投资者342人，雇工1446人，注册资本56289.46万元；卫生和社会工作235户，投资者472人，雇工1326人，注册资本142175.19万元；文化、体育和娱乐业2327户，投资者4150人，雇工2097人，注册资本777163.8万元；其他类6户，投资者12人，雇工0人，注册资本1560万元。2015年全市吊销后注销内资私营企业337户，其中城镇299户；注销4100户，其中城镇3369户，注册资本915641.26万元。至2015年末，全市共有各类内资私营企业168024户，投资人312923人，雇工168212人，注册资本75006796.47万元。其中，城镇内资私营企业133969户，投资人256220人，雇工83775人，注册资本63580282.94万元。实有私营企业集团140户。注册资本100万元～500万元58533户，500万元～1000万元22369户，1000万元～1亿元17816户，亿元以上911户。

表56　2015年石家庄市内资私营企业基本情况一览表

行业分类	合计		独资企业		合伙企业		有限责任公司		股份有限公司	
	户数（户）	注册资本（万元）	户数（户）	出资额（万元）	户数（户）	实缴出资金额（万元）	户数（户）	实收资本（万元）	户数（户）	实收资本（万元）
农、林、牧、渔业	3822	1537521	1226	204994	102	8083	2479	397325	15	15500
采矿业	294	150339	88	13890	12	560	192	87799	2	1600
制造业	23047	9484737	2897	299753	580	16717	19498	4329713	72	133354
电力、热力、燃气及水生产和供应业	236	325315	15	1343	2	0	217	109674	2	1000
建筑业	13375	8200950	378	20892	34	365	12942	3240247	21	24091
批发和零售业	64308	17298003	3241	121471	2968	32341	58022	7002352	77	74815
交通运输、仓储和邮政业	4245	1143790	471	33384	21	6023	3745	441487	8	2500
住宿和餐饮业	1237	258058	117	7309	45	542	1072	101964	3	567

（续表）

行业分类	合计		独资企业		合伙企业		有限责任公司		股份有限公司	
	户数（户）	注册资本（万元）	户数（户）	出资额（万元）	户数（户）	实缴出资金额（万元）	户数（户）	实收资本（万元）	户数（户）	实收资本（万元）
信息传输、软件和信息技术服务业	5954	1904813	815	24085	79	722	5041	580892	19	14070
金融业	2305	7831190	2	53	211	441883	1962	4153865	130	176500
房地产业	8147	6414263	43	2087	6	10	8089	4183784	9	3580
租赁和商务服务业	20303	11182829	540	14634	527	348807	19180	3097456	56	31891
科学研究和技术服务业	14625	7415490	131	7512	41	705	14378	1700581	75	29245
水利、环境和公共设施管理业	526	438641	15	1125	2	0	507	216270	2	1000
居民服务、修理和其他服务业	2831	443669	334	8457	102	1063	2387	133533	8	300
教育	201	56289	56	13665	28	5096	117	6051	0	0
卫生和社会工作	235	142175	99	11991	40	22577	94	5590	2	1850
文化、体育和娱乐业	2327	777164	155	7174	54	616	2109	123824	9	0
其他	6	1560	0	0	0	0	6	1248	0	0
总计	168024	75006796	10623	793821	4854	886110	152037	29913654	510	511864

【商品市场监管】 围绕政府关注、群众关心的影响地方形象及困扰市场主体发展和损害消费者权益的突出问题，开展有针对性专项整治行动，查处各类案件4694件。开展反不正当竞争执法行动，查处不正当竞争案件697件，成功查办辉瑞制药有限公司向3家主要医院商业贿赂案。查处无照经营行为，累计出动执法人员5.13万人次，检查市场主体5.11万户次，查处无照经营案件2910件，引导补办营业执照4365户。开展合同格式条款专项整治，收集检查合同2283份，约谈企业429户次，立案249件。开展打击侵犯知识产权和假冒伪劣商品行动，查处侵权假冒案件116件，集中清理侵犯"周黑鸭"商标专用权门店8家。加强广告市场整治，检查广告10930条次，行政约谈相关负责人77次，责令停止发布广告703条，立案查处案件128件。2015年市工商局查办"十大传世名画"虚假广告案被国家工商总局列为全国十大违法广告案件之一。开展"红盾护农"专项行动，检测化肥900个批次、农药50个批次，查办农资案件218件，为农民避免经济损失2200多万元。打击传销活动，取缔传销窝点及场所205个，清查教育遣返传销人员589人次，查办"人民购物网许书军网络传销案"入选全国打击传销十大典型案例。整治网络市场违法行为，建立全省首个网络监管平台，将全市57000余户网络经营主体纳入数据库。开展外国（地区）企业常驻代表机构清理整顿活动，吊销处理违反工商登记管理规定外国（地区）企业常驻代表机构15户。严格企业信息录入监督管理。推进企业年报信息公示，举办市场主体企业年报录入培训240余场次，培训市场主体31.4万户次。2015年全市企业办理2013年度、2014年度企业年报信息公示率分别为90.92%和88.61%，其中个体工商户分别为88.31%和88.27%。开展市场主体信息抽查，2015年全市组织年报抽查和即时信息抽查5次，涉及企业8104户、个体工商户2552户、农

民专业合作社229户，其中问题较为严重的列入经营异常名录并给予公示。

【12种商品抽检不合格率22.5%】 2015年3月，市工商部门抽样检测部分大型商场、超市的纸制品、餐具、针棉织等商品，抽查样品包含卫生纸、湿巾、纸巾、纸杯、食品用保鲜膜、食品保鲜袋、瓷质餐具、内衣、家居服、袜子、毛巾、床品共计12种200批次，不合格商品45批次，不合格率22.5%。抽查样品中，纸制品抽检70批次，不合格率7.1%：卫生纸不合格样品1批次，不合格项目为未标注应标事项；湿巾不合格1批次，不合格项目为标志标识；一次性纸杯不合格样品3批次，不合格项目为感官指标。餐具类商品抽检30批次，不合格率10%：食品保鲜膜、保鲜袋不合格3批次，不合格项目为标志标识。针棉织品商品抽检100批次，不合格率37%：不合格37个批次，主要不合格项目为纤维含量和使用说明。

（李志英）

食品药品监督管理

【概况】 2015年，市食品药品监管系统以创建食品安全城市为目标，以严打食品药品违法犯罪为手段，深化食品药品行政审批制度改革，实施行政审批一站式办理、一次性告知、首问负责、公开公示、即时办结等“十项制度”；完善超时默认、一站式办理、一章办结和重大行政处罚备案24项制度；制发《行政处罚自由裁量实施办法》及标准；规范《现场认证、检查及核查程序》7项操作规程；制定实施《法律顾问制度》；明确处室及岗位标准操作步骤和要求，基本形成国家法律法规、地方性法规规章、局依法行政制度、处室工作规范“四位一体”法律法规制度体系。2015年市食品药品监督管理局承担药品经营许可办理时限由15个工作日减至12个、医疗器械注册办理时限由30个工作日减至15个，餐饮服务办理时限由20个工作日减至18个，所有行政审批事项全部在规定时限内办结，行政处罚案件均实现“零投诉、零复议、零诉讼”。制定食品药品舆情收集研判、分级处置制度，编制《应急管理制度汇编》，组织食品药品监管执法人员分级开展应急培训和经验交流，提升应急队伍处置能力；举办应急演练，2015年市食品药品监督管理局与鹿泉区联合首次成功举行食品安全事故应急演练暨现场观摩活动。至2015年末，全市处置食品药品安全事件9起，重大舆情32起，均未引发不良炒作和不良社会影响。2015年市食品药品监督管理部门执行重大活动餐饮服务食品安全保障任务61起，均实现“零差错、零事故”目标。开展食品药品安全专项整治活动，出动执法人员90418人次，检查食品药品企业191962家次，出具责令整改通知书1386份，查处案件745起，捣毁食品售假窝点13个，取缔无证食品经营户89户，查处问题食品5030.17千克，集中销毁假冒伪劣、过期失效药品38967盒（瓶），折价货值50.64万元。严把食品药品生产经营许可关，2015年全市办理食品生产许可事项359件、食品流通许可7343件、餐饮服务许可事项258件、保健食品经营审核786件；排查食品药品生产经营单位79000余家次，排查出食品药品安全隐患1400项，均全部整改到位，有效维护全市食品药品安全平稳态势。

【国家食品安全城市创建试点】 组建成立由市委常委、市政府常务副市长任组长的市食品安全城市创建工作领导小组，下设创建工作办公室；3月9日，全市召开食品安全城市工作动员会，印发《石家庄市食品安全城市创建试点工作方案》。市政府主要领导两次召开市政府常务会议，专题研究创建食品安全城市试点工作。市食品安全城市创建工作领导小组办公室制定印发《石家庄市食品安全城市创建试点工作责任分解表》《创建试点工作安排时间表》《关于对创建食品安全城市工作开展督导检查的通知》，分解细化责任，明确责任单位（处室）及完成时限，每月开展专项督导检查。健全食品安全监管制度，印发《食品安全风险会商联席会议制度》《问题食品后处理机制》《食品药品安全重大信息报告制度》《食品药品安全舆

2015 年 2 月 10 日，市食品药品监督管理局举行“千校万家亲情传递”公益活动启动仪式，向市第 15 中学学生颁发食品药品观察员证

情事件处置规则》等管理制度机制规则 17 项，做到食品安全监管有章可循、有据可依。利用各种宣传载体和宣传资源，以“同创食品安全城，共建幸福石家庄”“我支持、我参与、我受益”为主题，举行全方位、多形式、立体化宣传活动。7 月 28 ～ 30 日，国家食品安全城市创建试点工作中期绩效评估组综合评估石家庄市食品安全城市创建试点工作，肯定创建试点取得阶段性成果。

【食品药品安全监管】 日常监管。严把食品药品生产经营许可关，严格依据标准和程序开展食品生产、流通、餐饮服务、药品、保健食品经营和一、二、三类医疗器械产品的许可、备案事项及医疗机构制剂品种再注册、换发《医疗机构制剂许可证》现场验收。推进新版 GMP、GSP 认证，引导药品生产经营单位提高规范化管理水平。开展监督抽检，督促市县两级依法处理抽检不合格产品及单位。提升日常巡查和重点检查频次和力度，全年上报药品不良反应监测报告 7044 份，医疗器械不良事件监测报告 1389 例；监测违法药品广告 415 例，保健食品广告 83 条次；发布药品保健食品“消费警示”8 期。综合治理。围绕食品药品安全突出问题，在重点区域、重点环节、重点品种、重点时段，开展豆制品生产企业、学校及校园周边食品安全、中药材中药饮片生产专项检查、医疗器械“五整治”等专项整治行动 40 余次。全年查处食品药品行政违法案件 3122 件，罚款 1540.8 万元，捣毁食品药品制售假窝点 65 个，取缔无证经营户 198 家，查处问题食品 32 吨，收缴伪劣、过期失效药品 16.4 万盒（瓶）。做好食品药品安全隐患排查，印发《关于做好食品药品安全风险隐患排查治理工作的通知》《石家庄市食品安全风险隐患信息通报制度（试行）》《石家庄市问题食品处置机制（试行）》，明确食品药品安全隐患定期排查、风险会商、信息通报、问题食品处置等具体操作规定，初步建立市政府食品安全委员会成员单位、食品药品监管系统、市食品药品监督管理局业务处室和直属单位 3 个层面立体隐患排查体系。每季度组织食品药品安全委员会成员单位召开食品安全风险会商会，及时会商存在散装奶、私屠滥宰、超剂量使用食品添加剂、小餐桌、网络订餐、现制现售食品、馒头亭、

2015 年 9 月 23 日，举行市食品安全事故应急演练暨现场观摩活动

农村养老食堂等28项食品安全风险隐患，提出改进措施和要求。2015年全市排查食品药品生产经营单位79000余家次，排查出食品药品安全隐患1400项，全部整改到位。食品企业分级分类管理。科学评定食品生产企业，出台《食品生产企业分级分类分等监管办法》。建立食品销售单位信用管理，设立四个信用等级，出台《食品销售单位信用分级分类管理办法》。加强小型食品业态社会监督，出台《关于对小型食品生产经营业态实行社会监督的指导意见》及《实施细则》；至2015年底，全市共有12160家“五小”食品生产经营户办理社会监督卡；所辖各县（市、区）结合“清死角打窝点”专项整治行动，全部摸清“五小”业态经营户底数。提升检验检测能力建设。市食品药品检验中心重视加强实验室改造，扩展检验技术参数，新增食品检验仪器设备38台件，有442项食品参数通过资质认证，具备石家庄本地主要食品种类、重要食品安全项目实验室检验及快速检测能力。正定县、藁城区、赵县、行唐县4个县区整合检测资源建立检验检测中心，具备常见指标实验室检验能力。鹿泉区、藁城区、栾城区、正定县、行唐县、赞皇县、无极县、平山县、赵县、晋州市10个县（市、区）食品药品监督管理局快检室检测设备基本配备到位。保障市场销售环节食用农产品质量安全，在全市食用农产品批发市场和大型超市设立食品快检室41个，在大型农贸市场和标准化菜市场设立食品快检室32个。建立全社会化监督监管体系。普及食品药品安全法律法规和科普知识，举办“食品安全宣传周”“安全用药月”活动和“阳光工程”系列体验、食药安全知识“六进”“食药安全大讲堂”“法律八进、法治八建”活动，发放宣传材料250余万份，组织讲座500余场。受理“12331”投诉举报平台案件线索，全年承办查处各类投诉举报案件1606件，办结率100%。扩大社会监督，创造性设立食品药品安全观察员，至2015年末，全市食品药品安全观察员发展到16000人，观察员培训（宣传教教育）基地达到50个。推进“网格化”监管平台建设，合并市政府食品安全办公室和市食品药品监督管理局职能，在21个县（市、区）组建成立市场监督管理局，137个乡镇（街道办事处）设立市场监管所，261个乡镇（街道办事处）设立食品药品安全监管办公室，配备专（兼）职工作人员1014人，村、居委会配备食品安全协管员，形成“三级政府、四级管理、五级网络”食药安全管理体系。

（牛学建　李潇）

【食品安全责任保险试点】 2015年石家庄市被确定为河北省实施食品安全责任保险试点市。4月21日，石家庄市食品安全责任保险试点正式启动，试点时间至2015年12月底。食品安全责任保险是以被保险人对因生产经营食品存在缺陷造成第三者人身伤亡和财产损失时依法应负的经济赔偿责任为保险标的的保险，能够从食品源头到餐桌，全程为食品生产经营者和消费者提供保险保障。按照河北省政府食品安全办公室关于食品安全责任保险试点工作指导意见和石家庄市实际，确定下列食品生产经营企业纳入食品安全责任保险试点入保范围。食品生产环节：年主营业务收入在2000万元以上独立核算的食品生产企业；乳制品、肉制品、调味品、白酒、蜂蜜、食品添加剂、食用香料香精、淀粉及淀粉制品、蜜饯、婴幼儿及其他配方谷粉、饮料、食用植物油等12类食品生产企业。食品流通环节：店铺实际营业面积在1000平方米以上，以顾客自选方式兼营（主营）食品，并向顾客提供相关服务的（食品）零售企业；实行总部统一配送食品经营连锁超市；年营业额在200万元以上食品批发商；乳制品、肉制品、豆制品、酒类、饮料、食用油、水产品、儿童食品、蜜饯、食品添加剂批发商；食品区域代理商。餐饮服务环节：各类学校（含托幼机构）、医院食堂，集体用餐配送单位，中央厨房，大中型餐馆。食品安全责任保险保费由投保企业（单位）按照保险合同约定缴纳。试点期间，按照市场化原则确定保险条款和费率，保险条款涵盖纳入食品安全责任保险试点入保范围保险责任，并建立费率浮动机制。经河北省政府食品安全办公室招标比选，确定河北安信保险经纪有限公司为石家庄市食品安全责任保险试点工作保险经纪服务机构。同时，根据河北省政府食品安全办公室试点工作指导意见，经招标比选，确定中国人民财产保险股份有限公司石家庄市分公司为石家庄市食品安全责任保险试点工作独家承保公司。

【“明厨亮灶”工程】 探索食品安全监管新路子，破解餐饮环节监管漏洞。以诚信为本，打造有灵魂的“明厨亮灶”工程，推进餐饮服务业食品安全诚信经营和社会共治。省委常委、市委书记孙瑞彬，市委副书记、市长邢国辉等市领导组织部署和安排“明厨亮灶”工程，指导解决工作推进中遇到的突出问题。市县两级监管部门一把手亲自抓，主管领导一线抓，层层分解，落实到人。市食品药品监督管理局举办业务培训会、工作推进会、典型交流会9次。利用广播、电视、宣传栏等多种途径，在中国新闻网、《中国食品安全报》和省市电视台等12家媒体宣传“明厨亮灶”工程活动。采取集中治“源”、集中治“弱”、集中治“难”措施，推广“明厨亮灶”工程“4＋N”模式，开辟“明厨亮灶”工程新思路、新阶段。至2015年底，全市“明厨亮灶”工程累计完成7584家，完成率达到91.16%，超额完成河北省食品药品监督管理局下达70%目标任务。

（牛学建 李潇）

【11类从业人员健康证全省通用】 6月1日起，全市执行11类从业人员办理健康证政策，全省范围通用，有效期1年。11类从业人员为：食品生产加工企业从事生产操作、质量管理、设备管护、包装储存、采购、检验、验收、养护、销售、供应等岗位；食品流通企业从事采购、检验、验收、储存、养护、质量管理、调配、销售等岗位；餐饮服务单位从事食品采购、验收、保存、粗加工、切配、烹饪、裱花操作、饮料现榨、面点制作、烧烤加工、备餐、分装、供餐服务、清洗消毒、仓储、配送以及食品安全管理等岗位；药品生产企业从事生产操作、质量管理、设备管护、采购、储存、检验、验收、养护、销售、供应等岗位；药品经营企业从事采购、检验、验收、储存、养护、质量管理、调配、炮制、销售等岗位；医疗机构从事药品采购、验收、储存、养护、调配、使用、制剂配制等岗位；医疗器械生产企业中从事生产操作、质量管理、设备管护、包装贮存、检验、验收、养护、销售、供应等岗位；医疗器械经营企业中从事质量管理、采购、检验、验收、养护、销售、库房管理等岗位；医疗机构中从事医疗器械质量管理、采购、检验、验收、养护、使用、库房管理等岗位；直接接触药品的包装材料和容器生产企业从事生产操作、质量管理、设备管护、销售、供应等岗位；化妆品生产企业从事配料、加工、贮存、检验、验收、容器洗涤、灌装、包装、质量管理、设备管理等岗位。

（范玉蕾）

国有资产监督管理

【概况】 2015年，市国有资产监督管理部门以全面深化国资国企改革为动力，以做大做强国有企业、提高发展质量效益为目标，引导企业深入研究市场，完善经营策略和市场布局，较好实现国有资产增值升值。加强企业干部培养和调配，按照建立现代企业制度要求，调整、充实常山集团、北人集团等10家企业董事会、党组织及经理层领导人员36人次；举办干部培训班380余期，培训人员31000余人次。开展困难企业救助和军转干部解困，全年救助职工6864人，落实救助资金274.56万元，发放军转补助1500余万元。做好企业信访维稳，全年接待群众上访550批次，接受市级以上转交信件219件，受理率95.9%。严厉惩治企业腐败行为，全年接到群众来信来访19件次，上级督办案件7件，初核案件线索11件，立案9件，结案8件，其中移送司法机关1人，党纪处分7人，征集处分6人，挽回经济损失14.15万元，提出检察建议12条。加强企业安全生产管理，印发《石家庄市国资委安全生产目标管理考核暂行办法》，与17家企业签订《安全生产目标管理责任书》《消防责任状》；开展安全生产隐患大排查，查出隐患2706个，下达整改通知书355份，整改率达到92%以上。2015年市国资委系统开展灭火、紧急疏散等应急演练530余次，举办安全生产和消防培训班343场次，安全生产总投入达到2837万元。严格国资委机关管理，审核确定事中事后监督管理制度21项。加强机关人员能力建设，举办法律知识、资本运作等业务培训8批次，培训人员714人次。重视国资信息宣传，全年刊发稿件12篇，其中《石家庄日报》刊登10篇、电视台采用2篇；编发简报76期，发布门户网站信息388条，其中信息被国务院国资委采用21条、被省国资委简报采用17条，被市政府办公厅“要情”“快报”采用6条，被市委信息处采用10条。至2015年12月底，市国有资产监督管理委员会（简称市国资委）监管22户企业实现营业收入308.90亿元，同比增长9.11%，排名前3位企业分别为北人集团、常山集团、白龙化工；资产总额累计达到333.17亿元，同比增长19.60%，排名前3位企业分别为常山集团、北人集团、宝德投资集团；实现利润总额12.08亿元，同比增长22.43%，排名前3位企业分别为北人集团、常山集团、能源投资集团。其中，企业营业收入完成年度指标105.08%，资产总额完成年度指标117.32%，利润总额完成年度指标110.72%。2015年市国资委获得市安全生产目标管理优秀单位、市公共机构节能工作先进单位等称号。

【国有企业改革】 以优化国有资产布局、提升国有企业发展动力、做大做强做优国有企业为目标，因企制宜，一企一策，推进国有企业改革和重组。2015年石焦集团、辛集东方热电公司、乡镇企业供销公司、动力机械厂和珍极集团改制任务完毕。探索发展混合所有制经济，宝德投资集团所属制酒厂开展混合所有制改革试点，确定改革实施方案；北国股份员工持股方案经市政府会议研究获得通过，正在按照程序实施推进。国有企业中职教幼教退休教师生活补贴、专项补助资金清算和部分年度资金发放完成。

【国有资本运作】 利用市场资本运作放大功能，推进实施国有资本增值和效益增长。北国股份启动主板上市；常山股份收购北明软件100%股权，募集配套资金5.5亿元；宝德担保公司股份制改造顺利推进，新三板上市进程加快。依托宝德集团等优势企业重组整合焦化集团等劣势企业，优化资本配置，提升资本效率。资本经营公司依托国资政策，设立冀信融资租赁（上海）有限公司、石家庄市国合股权基金管理有限公司，开始向全牌照金融控股集团发展，业务量及盈利能力全面提升，全年实现业务总额2.1亿元。采用股权融资、私募债、信托理财产品等融资方式，北人集团等4家企业实现融资、授信16.7亿元。资本经营公司完成4000万元私募债发行；市建投集团非公开发行7亿元公司债项目获得批复，并与省粮食产业集团等6家省属国有企业设立联合基金管理公司。

【国有资产监管】 全年3次围绕推进市级经营性国有资产集中统一监管向市政府作专题报告。2015年由市政府办公厅牵头、市国资委配合完成全市88个党政机关、群团组织、事业单位所属企业摸底调查，其中绿炬种子机械厂、银河宾馆等企业和单位产权划转市国资委监管。强化企业产权监管，全年专项检查22家监管企业127户法人企业产权登记情况及32个资产评估项目，检查中发现问题均及时得到纠正。落实企业财务监管制度，采取抽查和专项检查方式，监督企业执行财务监管办法、总会计师管理制度、财务预算制度及企业内控制度。加强资产评估项目管理，建立企业统一评估报告审核、专家评审、报告公示制度，9个项目核准备案完毕，评估资产累计达到52.7亿元。规范企业国有股权转让行为，2015年市建投集团、常山纺织股份等监管企业涉及国有股权变动和资产处置等经济行为，均落实资产评估审核备案、专项审计、公开挂牌转让等程序，确保了国有股权合法有序流转和股权转让，实现资产处置收益最大化。开展清产核资财务审计，全年累计审计账面国有资产总额68.18亿元，负债总额45.47亿元，所有者权益22.71亿元，准确反映了国有资产状况、财务状况和经营成果。配合审计部门，完成北人集团、国大集团等重点企业领导干部经济责任审计。根据市人大常委会批准市国资委监管企业2015年国有资本经营预算，监督企业维护预算刚性约束，规范预算支出。开展监管企业年度国有资本收益申报，组织监管企业上缴国有资本收益。实施企业经营业绩考核，根据考核结果兑现发放企业负责人薪酬。推进企业建立法律风险防范机制，2015年市国资委追踪3家企业重大法律纠纷案件，4起涉及法律纠纷案件参与应诉。依法发挥监事会监督作用，以财务监督为重点，查处涉及资产流失、负债增加、投融资变化等项目异常变动等问题 17 个，提出建议和整改措施 19 条，较好确保了国有资产安全。

【重点项目建设】 2015 年市国资委安排重点建设项目 9 项，项目总投资 135 亿元，年度完成投资额 17.2 亿元。北国商城西扩项目竣工投入运行；白龙化工整体搬迁优化升级项目二期工程竣工试投产；北国奥特莱斯项目土建施工启动；常山股份整体搬迁项目三期工程项目备案、规划选址审批完毕，正在设备选型和搬迁设备升级改造；宝德投资集团除霾机、30 米举升机项目进入试生产阶段，环己酮项目争取到国家专项建设基金 1.8 亿元；保安公司金库项目选址确定。谋划“十三五”规划时期重点建设项目 24 项，项目总投资 155 亿元。

（刘明涛）

安全生产监督管理

【概况】 2015 年，市安全生产监督管理系统贯彻落实新《安全生产法》要求，全力构建“安全生产责任、企业安全诚信、隐患排查治理”三个体系，组织开展“安全生产大检查、打非治违、重点行业专项整治”三项活动，有效减少各类生产安全事故，实现事故起数、死亡人数双下降。至 2015 年底，全市发生生产经营类事故 564 起，同比减少 178 起，下降 24.0%；死亡 117 人，同比减少 6 人，下降 4.9%。其中，危险化学品、烟花爆竹、冶金、特种设备、农机行业实现人员零死亡。开展乡镇安全监管规范化建设，2015 年 3 月，市安全生产委员会办公室举办乡镇规范化建设专题培训，督导验收第一批创建安全生产监管规范化建设乡镇 78 个。5 月 28 日，河北省“五级五覆盖”责任体系暨乡镇安全监管规范化建设现场会在石家庄市正定县召开，石家庄市作典型发言。至 2015 年底，全市 276 个乡镇全部按照年初计划达到规范化建设基本要求。2015 年全市各级部门及企业举行综合和专项应急预案演练 1030 场次，其中政府演练 45 场次、部门演练 68 场次、企业综合演练 118 场次、专项演练 796 场次；动用主要装备器材 6000 余台（套），直接参与演练人员 1.5 万余人；全市 254 家企业、3300 多个一线岗位、3 万多名从业人员参加岗位技能练兵活动；修订各类岗位安全制度、应急预案和现场处置方案 1700 余册；查处安全隐患 2 万多条；组织举办岗位应知应会知识培训 1542 次，实战技能训练 1419 次、应急演练活动 934 次，厂级、车间、岗位经验交流活动 867 次、安全知识竞赛 252 次、技能比武 271 次。重视借助媒体平台做好安全生产宣传。与《中国安全生产报》《石家庄日报》《河北安全生产》等媒体合作，主动邀请媒体记者跟踪报道安全生产情况。2015 年全市安全生产工作被市级以上报刊报道 205 篇，其中报纸 98 篇、刊物 107 篇；在广播电视台制作播出《安全聚焦》电视节目 42 期；市级以上网站发布政务信息 3376 条。4 家企业命名为“省级安全文化建设示范企业”。2015 年 6 月中旬，鹿泉金隅鼎鑫水泥有限公司、石家庄东华金龙化工有限公司、石家庄海山实业发展总公司、河冶科技股份有限公

2015 年 7 月 7 日，举行市应急技能比武选拔赛

司4家企业被河北省安全生产监督管理局命名为2014年度“省级安全文化建设示范企业”。这是继石家庄东方城市广场有限公司、河北第二机械工业有限公司、赞皇金隅水泥有限公司3家企业被命名为2013年度“省级安全文化建设示范企业”后，石家庄市获得命名第二批企业。2015年石家庄市被河北省政府评为安全生产目标管理先进单位；市安全生产监督管理局（简称市安监局）被国务院安全生产委员会办公室表彰为全国“安全生产月”活动先进单位，被中央精神文明建设指导委员会表彰为第四届全国文明单位。

【安全生产责任落实】 市委落实安全生产领导责任。4月7日，福建省漳州古雷腾龙芳烃PX项目发生爆炸第二天，省委常委、市委书记孙瑞彬到市安监局调研安全生产管理。6月17～19日，市委组织部与市安监局联合在河北师范大学举办安全生产管理与监督干部专题培训班。8月14日，省委常委、市委书记孙瑞彬组织召开安全生产工作专题会议，要求吸取“8·12”天津港区瑞海国际物流有限公司危险品仓库特别重大火灾爆炸事故教训，立即开展全市安全生产大检查。8月14日，省委常委、市委书记孙瑞彬书记，代市长邢国辉分别致信县（市、区）党政主要领导和全市广大企业负责人，要求吸取“8月12日陕西省商洛市山阳县山体滑坡灾害事故和天津滨海新区码头仓库火灾爆炸事故”惨痛教训，严格落实安全生产监管责任和企业安全生产主体责任，开展隐患排查整治，提高企业安全生产水平和应急保障能力，确保全市安全生产形势持续稳定。8月18日，市委召开常委扩大会，传达学习习近平总书记、李克强总理和省委书记赵克志关于安全生产工作重要批示指示及省安全生产委员会暨安全生产保障工作专题部署会精神，研究贯彻落实意见和具体部署。8月18～21日，市委、市政府、市人大常委会、市政协四大班子24位领导分别到分管单位检查安全生产工作。市政府落实安全生产领导责任。1月23日，市长王亮主持召开专题会议，传达学习1月23日河北省政府召开安全生产电视电话会议精神要求。围绕开展油气输送管道隐患整治攻坚战，市长王亮与有关县（市、区）政府（管委会）主要领导逐一签订责任状；常务副市长刘晓军带领有关部门和专家深入一线督导调研，现场办公，协调解决重大问题；副市长郝竹山在全市油气输送管道隐患整治攻坚战动员大会上作动员部署，并在第二季度全市安全生产工作例会上点名批评油气输送管道隐患整治工作推进不力县（市、区）；7月27日，石家庄市113项油气输送管道安全隐患全部整改到位，率先在全省设区市完成油气输送管道隐患整治攻坚战任务，比省政府要求2017年8月全面完成隐患整改时限提前2年1个月。7月1～25日，市政府开展“领导干部与重点行业（领域）企事业单位主要负责人谈心对话”活动。8月12日天津港发生危险品仓库特别重大火灾爆炸事故后，8月13日市政府组织全市收听收看全省安全生产工作电视电话会议，并部署安排全市安全生产工作。8月14日市政府召开安全生产工作紧急会议。8月18～21日，市政府各副市长分别到分管单位检查安全生产。8月21日，代市长邢国辉到新乐市督导检查安全生产；9月25日，副市长郝竹山到行唐县、灵寿县督导检查安全生产。

【新《安全生产法》宣传】 2014年12月30日，市安全生产委员会印发《关于全市深入学习宣传贯彻新〈安全生产法〉实施方案》通知。6月10日至10月31日，全市组织举行县（市、区）政府主管领导、市安全生产委员会成员单位负责人、各企业主要负责人及安全生产从业人员新《安全生产法》警示教育活动。至2015年底，全市举办安全生产宣讲活动3918场次，培训人员56657人次；悬挂横幅、标语5000余幅；印发《国家总局致全国企业负责人公开信》1万余份、新《安全生产法》单行本资料2万余份；组织县乡党委、政府干部学习培训50余期5000余人；培训各级安全生产委员会成员单位主要负责人、安全管理人员3000余人次，培训企（事）业单位主要负责人、安全管理人员20000余人次；发放《企业安全生产主体责任》宣传册1959份。举办新《安全生产法》知识竞赛。4月30日，市安全生产委员会办公室印发《2015年新〈安全生产法〉知识竞赛活动实施方案》，至2015年底，全市各县（市、区）共举行安全生产知识竞赛23场，有2.6万余人参加全民答题活动。6月26日，市安全生产委员会办公室在市中山宾馆组织23个县（市、区）党政机关、安全生产委员会成员单位、企事业单位360余名参赛人员参加新《安全生产法》知识竞赛；7月16日公布竞赛结果，共评出团体优胜奖10名、优秀选手奖30名、优秀组织奖10名。12月30日，石家庄市参加河北省新《安全生产法》知识竞赛总决赛，获得优秀组织奖。

【监管队伍培训】 7次邀请国家安监总局业务领导、专家作培训主讲。6月17～19日，市委组织部与市安监局联合在河北师范大学举办安全生产管理与监督干部专题培训班，邀请国家安监总局政策法规部门领导邬燕云讲授“学习解读新《安全生产法》”。6月13日，邀请国家安监总局调查统计部门领导乔树清在河北会堂作生产安全事故调查处理专题培训。7月14日，邀请国家安监总局监管部门领导马锐在市中山宾馆会议厅，讲授“冶金、有色、建材、机械、轻工、纺织、烟草、商贸”八大行业安全管理，并围绕安全生产标准化及隐患排查体系建设，开展有限空间、粉尘、涉氨3个专项整治内容，与石家庄市安监局部分监管人员座谈。8月6日，邀请国家安监总局监管部门领导陆旭在市中山宾馆会议厅作危险化学品安全监管专题讲座。9月25日，邀请国家安监总局监管部门领导刘瑾在河北会堂作非煤矿山安全监管工作专题培训。11月29日，邀请国家安监总局职业健康部门领导吴宗之在中国大酒店河北会堂作职业卫生监管工作专题讲座。12月10日，邀请国家安监总局监管部门领导赵瑞华在中国大酒店河北会堂作安全生产综合监管工作专题讲座。

【重点行业安全生产监管】 非煤矿山（尾矿库）监管。全年关闭金属非金属矿山6座，关闭销号尾矿库15座，至2015年底，全市累计关闭金属非金属矿山40座、尾矿库48座，超额完成河北省安监局下达目标任务。开展金属非金属矿山隐患排查治理，排查矿山生产系统97个、尾矿库86座，查出金属非金属矿山事故隐患1073项，整改1049项；查出尾矿库事故隐患651项，全部整改到位。2015年全市非煤矿山（尾矿库）监管以平山县为整治样板，整合小矿山21座，查处非法采矿点49处，扣押设备13台，罚款144.2万元；执法断电75次，拆除变电器115台、电线20余千米；打掉非法采矿团伙91个，处理犯罪人员273名；查处涉危涉爆921起，收缴炸药1.3万千克、雷管5万余枚。危险化学品监管。开展自动化控制改造，115家危险化学品生产企业、22家使用企业、14家构成重大危险源经营企业全部按要求完成自动化控制系统改造任务。实施在役化工装置安全设计诊断，涉及企业70家（55家生产、15家使用），全部诊断整改完工。列入省、市政府搬迁名单藁城化肥总厂、元隆化工、双联化工、白龙化工4家危险化学品生产企业停产搬迁。开展危险化学品行业专项整治，天津港“8·12”爆炸事故后，石家庄市立即成立河北诚信公司氰化钠返厂处理领导小组，制定《安全保障方案》，组织安监、环保、公安等有关部门协助企业做好善后工作，圆满完成氰化钠返厂处理任务。2015年全市查处涉危涉爆违法案件13起，处理违法人员14人；排查出存在问题企业5家。至2015年底，全市依法查处办结危险化学品行业各类举报事项43起，涉及非法生产、经营29起，均予以关停或取缔；报请河北省安监局注销许可证49家，并责令33家隐患企业停产整改。烟花爆竹行业监管。全年公安、工商、质监、交通运输、供销等部门出动检查执法人员16890余人次，检查经营（批发）企业398家次、零售网点3800余家次，排查重点部位3900余处，发现隐患526项，整改隐患526项。撤销属于“两关闭”范畴零售点41个。查处涉及烟花爆竹案件54起，行政处罚5人，收缴违规违禁烟花爆竹11663余件。地下管道监管。建立全市25条油气、危险化学品输送管线和15家管道运营企业安全监管档案。组织安监、发展改革、公安、规划、建设等部门联合开展油气和危险化学品输送管线专项整治活动，排查管线229.5千米，查出隐患631项，督导相关单位投入整改资金1210万元。帮助管道运营企业补办建设项目安全审查手续，举办油气管线建设项目审查或试生产论证会6次，督促管道企业做好管道检测检验和安全评价备案。7月27日，全市油气、危险化学品输送管线和管道运营企业隐患整治全部到位并验收销号，比省政府规定时限提前1个多月完成。危爆物品监管。以涉危涉爆涉毒为重点，严厉打击非法生产经营建设行为，紧盯无证从事生产、经营、使用、运输等关键环节，逐乡、逐村排查非法生产经营建设单位、“厂中厂”和黑窝点。2015年全市查处涉爆案件12起，处理人员12人；清查收缴炸药22千克、雷管248枚、烟花爆竹105箱、双响炮56枚。交通运输整治。开展道路交通运输隐患排查治理、“道路运输平安年”“危险化学品运输安全整治”行动，104家危险货物运输企业资质重新达标审核和换发运输经营许可证，注销不达标企业3家，注销挂靠车辆61辆。全年道路运输查扣违章运营车辆149辆，公路工程排查问题和隐患27项；安全生产月期间，悬挂标语横幅783条，出动宣传车156辆次，发放宣传单1万多份。利用客运行业信息服务平台组织营运大客车司机开展“安全宣誓”活动；结合恶劣天气特点，向经营单位和从业人员编发安全警示短信2万余条。建筑施工监管。备案工程全部安装视频在线监控，施工现场安全管理人员配备建工通设备终端，实现工地在线检查监管。每季度召开建筑施工行业会议，结合季节特点，专项开展基坑支护、土方开挖等5个重点环节检查。根据国家住房和城乡建设部安排，组织开展“两年质量行动”，所有市区监管工程做到拉网式排查，其中南通长城建筑安装公司等13家企业因质量安全问题作出禁止投标、清出市场处罚。特种设备监管。印发《关于加强住宅小区电梯安全管理的意见》《石家庄市电梯安全集中整治行动实施方案》，组织开展全市住宅小区联合检查。8月1日，《石家庄市电梯安全监督管理办法》生效施行，这也是河北省首部电梯地方立法。投入20多万元，举办电梯安全进商场、进社区、进校园活动和示范性应急演练，排查整治人员密集场所电梯安全问题。全年504部问题电梯逐台建档，整改338部；依法封停95部，挂牌督办118部；830部老旧电梯更新改造56部，303部完成安全评价，评价率达60.5%。开展冷库专项整治，全市需要检验冷库1267家，检验1097家。严格气瓶充装单位监管，重点检查设备使用登记及定期检验、持证上岗和规范充装，检查车用天然气充装单位113家。实施压力管道标准化、电梯安全网格化和特种设备安全监管3个标准化试点，实现良好示范效应。消防整治。开展夏季消防安全检查、住宅小区消防车通道、消防产品整治等行动，突出人员密集场所、“三合一”“多合一”“九小”场所等11类重点部位，累计检查单位46860家（次），发现火灾隐患68564处，临时查封102家，责令“三停”458家，拘留30人。查处消防产品违法案件54起。

【安全生产监管模式创新】 探索建设安全生产综合监管与应急救援信息化平台。1月28日，市安全生产委员会办公室印发《石家庄市安全生产综合监管与应急救援信息化平台建设方案》（石安委办〔2015〕5号）。该平台利用网络公司专网及互联网，纵向连接市、县（市、区）、乡镇（街道）安监部门、生产经营单位四级用户，横向连接市安全生产委员会成员单位；建立涵盖企业基本信息、重大危险源信息、隐患排查治理、安全生产法律法规和标准、应急资源和处置预案、事故案例等内容数据库，形成集全市安全生产监管、行政监察执法、隐患排查、安全生产标准化、综合业务管理、应急救援管理、视频会议等功能于一体的综合信息化平台。至2015年末，市安全生产综合监管与应急救援信息化平台正在建设中，规划2017年底竣工并试运行。开展安全生产主体责任示范企业创建及

2015年9月15日，举办市有限空间作业安全操作观摩会

对标整改活动。2014年4月29日，市安监局印发《安全生产主体责任示范企业创建及对标整改工作实施方案》，启动安全生产主体责任示范企业创建及对标整改活动，确定利用三年左右时间改观和提升全市重点行业安全生产管理水平。2014年市安全生产委员会办公室牵头指导14个市直部门在本行业开展示范企业创建对标活动，首轮选取非煤矿山、危险化学品、烟花爆竹、纺织、机械等行业具有代表性企业100家，并分批次组织450家企业到同行业示范企业对标学习。2015年市安全生产委员会办公室指导创建示范企业57家，组织437家企业开展对标整改活动。至2015年末，全市75%行业企业完成创建及对标整改任务。开展安全生产观摩执法活动。2015年石家庄市分别在矿山、建材、危险化学品、烟花爆竹批发、金属冶炼、机械、纺织、家具等15个行业开展观摩执法201次，直接发现并整改问题1230项；参与观摩执法企业1955家、乡镇93个，自查整改问题6563项；巡回督导企业1955家；抽查企业776家，整改问题2437项。举办安全生产重点企业一线岗位从业人员技能练兵活动。1月8日，市安监局印发《安全生产重点企业一线岗位从业人员技能练兵活动实施方案》，确定在全市冶金、焦化、医药、危险化学品行业生产企业及构成危险化学品重大危险源的其他企业开展此项活动。主要包括5项内容：开展岗位危险因素辨识和风险评估；完善制度，修订预案；开展岗位隐患排查治理；强化培训，掌握知识；苦练技能，提升素质。至2015年底，全市254家企业、3300多个一线岗位、3万多名从业人员参加岗位技能练兵活动；修订各类岗位安全制度、应急预案和现场处置方案1700余册；查处安全隐患2万多条；组织岗位应知应会知识培训1542次；开展实战技能训练1419次；举办厂级、车间、岗位经验交流活动867次、安全知识竞赛252次、技能比武271次。

【“安全生产月”活动】 2015年6月，全市统一举办“安全生产月”活动，主要组织重点活动10项。6月16日，举行安全生产咨询日活动，当天发放各行业安全知识手册、海报、彩页5.5万份，摆放宣传展牌270块，播放警示教育片2期。宣传贯彻新《安全生产法》，举办安全生产警示教育，安排企事业单位主要负责人作宣讲报告40场次，直接受教育人员1.2万人次。举办安全生产管理人员培训7期498人、特种作业人员培训34期2535人。市委组织部、市安监部门联合举办一期县（市、区）政府主管领导、安监局长、重点乡镇乡镇长100多人参加领导干部安全专题培训班。举办其他各类安全生产培训班35个、培训人员3493人次。派遣8个督导组检查全市各级各部门开展“安全生产月”活动情况。以“安全生产月”活动为契机，至2015年12月底，全市各级部门及企业举行综合和专项应急预案演练1030场次，其中政府演练45场次、部门演练68场次、企业综合演练118场次、专项演练796场次；投入演练费用400余万元，动用主要装备器材6000余台（套），直接参与演练人员1.5万余人。

【应急救援演练】 敬业集团参加河北省安全生产应急救援比武。7月29～31日，敬业集团作为石家庄市企业代表，参加由河北省安监局在唐山国家矿山应急救援开滦基地组织的“河北省第二届安全生产应急救援技能比武大赛”。共有来自全省各地区冶金、危险化学品企业47支参赛队、423名参赛人员参加比赛。此次技能比武大赛设置有危险化学品泄漏事故救援处置综合演练比武以及空气呼吸器佩戴、防化服和空气呼吸器穿戴、苏生器准备、止血包扎、心肺复苏、消防水带连接等项目比武。其中，敬业集团张春辉获得心肺复苏单项比赛第一名，刘燕飞获得止血包扎比赛第三名；综合演练，敬业集团应急队伍获得团体第二名。岗位技能练练兵活动观摩会暨液氨泄漏事故应急处置示范演练。8月19日，市安监局在中国电力投资集团石家庄良村热电有限公司举行石家庄市2015年液氨泄漏事故应急处置示范演练，首次开通现场实时直播观摩方式。煤气泄漏事故应急处置示范演习。10月10日，市安监局在河北敬业集团主办全市2015年煤气泄漏事故应急处置示范演习。演习模拟某涉煤气企业因取样孔阀门日常检查和维护不到位，第二道阀门长久失修、锈蚀严重、管道阀门处出现腐蚀漏点，致使工人在维护作业过程中突然出现煤气泄漏。“煤气泄漏事故”演习发生后，经过各级各部门和企业1个多小时协同作战，“中毒人员”脱离危险，现场堵漏成功，气体浓度控制在安全范围以内，事故应急状态解除。两次安全事故应急处置示范演练演习均为全市同类企业提供了成功的应急处置范本。2015 年全市共组织各类应急演练活动 934 次，根据演练成果编制岗位应知应会手册 1800 余册。

【安全生产诚信企业】 落实企业安全生产承诺制度，实施企业安全生产诚信管理，督导企业履行安全生产主体责任，提升企业诚信守法意识。贯彻《河北省企业安全生产诚信管理办法（试行）》《石家庄市社会信用体系建设规划（2015−2020 年）》，4 月 15 日市安全生产委员会印发《企业安全生产诚信管理实施方案》(石安委〔2015〕4 号)，按照先重点、后一般、先试点、后推广思路分步实施，高危行业率先推行，其他行业普遍推行，启动企业安全生产诚信等级评定。经申报、评估、公示等环节，30 家企业获评安全生产诚信 A 级企业、52 家企业获评安全生产诚信 B 级企业。30 家安全生产诚信 A 级企业为：河北北国先天下广场有限责任公司、石家庄国祥运输设备有限责任公司、石家庄常山恒新纺织有限公司、青岛啤酒（石家庄）有限公司、河北冀川实业总公司、南车石家庄车辆有限公司、河北华北柴油机有限责任公司、石家庄海山实业发展总公司、中国电子科技集团公司第五十四研究所、河北太行机械工业有限公司、河北第二机械工业有限公司、中国人民解放军第三三零二工厂、石家庄安瑞科气体机械有限公司、河北白沙烟草有限责任公司、石家庄工业泵厂有限公司、中电股石家庄供热有限公司、石家庄印钞有限公司、石家庄煤矿机械有限责任公司、石家庄常山纺织股份有限公司恒盛分公司、石家庄永盛乳业有限公司、中粮可口可乐饮料（河北）有限公司、可口可乐装瓶商生产（石家庄）有限公司、益海（石家庄）粮油工业有限公司、中国电子科技集团公司第十三研究所、平山县敬业冶炼有限公司、河北敬业钢铁有限公司、河北神舟卫星通信股份有限公司、河北远东通信系统工程有限公司、河北普兴电子科技股份有限公司、同辉电子科技股份有限公司。52 家安全生产诚信 B 级企业为：中国黄金集团石湖矿业有限公司、中国石化销售有限公司河北石家庄高庄石油分公司、华北制药集团爱诺有限公司、华北制药河北华民药业有限责任公司奥奇德工厂、华北制药河北华民药业有限责任公司倍达工厂、华北制药华胜有限公司、河北华药环境保护研究所有限公司、华北制药集团先泰药业有限公司、石家庄锦华烟花爆竹商贸有限公司、石家庄市国辉烟花爆竹贸易有限公司、华北制药股份有限公司北元分厂、华北制药集团动物保健品有限责任公司、中石化石家庄炼化分公司、石家庄中油石油销售有限公司石油储运库、华北制药金坦生物技术股份有限公司、中国石油化工股份有限公司河北石家庄石油分公司元南路加油站、华北制药河北华诺有限公司、中车集团石家庄七四二零工厂、际华三五一四制革制鞋有限公司、中航通飞华北飞机工业有限公司、河北中节能新型材料有限公司、赞皇金隅水泥有限公司、河北金隅鼎鑫水泥有限公司、石家庄人民商场股份有限公司、北国电器新百家电城、北国商城、北国商城股份有限公司益友百货分公司、石家庄常山纺织集团经编实业有限公司、石家庄常山纺织集团供销公司、河北建投城镇化建设开发有限公司、河北建投能源投资股份有限公司、石家庄市制酒厂、河北新华第二印刷有限责任公司、石家庄中煤装备制造股份有限公司、石家庄中晟安全印刷有限公司、北国商城股份有限公司益东百货购物中心、河北新世隆商贸有限公司、正定北国商城有限责任公司、中国中药公司井陉仓库、北国商城有限公司益元百货分公司、石家庄飞机工业有限责任公司、河冶科技股份有限公司、中央储备粮石家庄直属库、中央储备粮新乐直属库高邑分库、中央储备粮新乐直属库深泽分库、河北省油脂储备库有限公司、河北博威集成电路有限公司、河北美泰电子科技有限公司、河北省世纪吉星电子科技有限公司、河北新华北集成电路有限公司、河北英沃泰电子科技有限公司、河北中瓷电子科技有限公司。

（张东林　寇军波）

国土资源管理

【概况】 2015年，市国土资源系统以土地资源保护、矿山资源管理、地质灾害防治为重点，严格耕地保护和土地节约集约利用管理，确定可划入永久基本农田面积11225亩；科学编制矿产资源总体规划，督促相关县区关闭露天矿山27家；确定地质灾害隐患点448处，其中灵寿县65处、平山县129处、鹿泉区25处、井陉县45处、井陉矿区3处、行唐县40处、赞皇县78处、元氏县62处、高邑县1处。6月1～30日，开展国土资源安全生产宣传月活动。以落实安全责任、传播法治文化、普及安全知识、曝光非法违法生产经营建设行为为重点，编制《石家庄市国土资源安全生产工作指南》；6月16日，举办国土资源咨询日宣传活动，展示展板10块，发放地质灾害宣传册1000份、宣传折页2000张、安全生产宣传手提袋200个。推进数字城市建设，转发《河北省地理信息局关于加强全省数字县（市）级数字城市建设工作的通知》(冀地信〔2015〕3号)，督导各县（市、区）开展数字城市建设。2015年8月，石家庄主城区外17个县（市、区）全部完成数字城市建设立项，其中16个县（市、区）正式启动数字城市建设。至2015年底，石家庄市行政区共有土地总面积131.10万公顷（1966.50万亩）。其中，农用地83.49万公顷（1252.35万亩），占土地总面积63.68%；建设用地21.67万公顷（325.05万亩），占土地总面积16.53%；未利用地25.94万公顷（389.10万亩），占土地总面积19.79%；拥有耕地52.89万公顷（793.35万亩），占农用地63.35%，占全市土地总面积40.34%。2015年市国土资源局土地收储51宗2954.62亩，其中企事业单位收储29宗2033亩，城中村收储22宗921.62亩。土地供应2万亩，其中工业供地8306亩，中心城区供地9083亩，房地产专项整治供地2611亩。出让土地29宗，出让面积136.7公顷，价款总额1225543.5万元。其中，商业用地6宗3.48公顷，出让价款41783.19万元；居住用地（包括商业、居住混合用途）23宗133.22公顷，出让价款1183760.4万元。出让国有建设用地564宗，面积1225.29公顷（18379.35亩），出让价款2553100万元。

【机构设置调整】 2月16日，市国土资源局循环化工园区分局组建成立；11月13日，市不动产登记中心成立。12月6日，市国土资源局不动产登记局、市不动产登记中心揭牌，当日142个个人及单位不动产权证书发放，这也是石家庄市发出第一批不动产权证书。12月7日，石家庄市长安区、新华区、桥西区、裕华区（不含石家庄高新技术产业开发区）、井陉矿区不动产登记全面实施。至2015年末，市国土资源局共有内设机构16个，管理直属事业单位7个、直属分局7个。7个直属事业单位分别为：市土地利用规划院、市国土资源执法监察大队、市地产交易市场、市土地储备中心、市建设用地服务中心、市国土资源信息中心、市不动产登记中心。7个直属分局为：市国土资源局桥西分局、市国土资源局新华分局、市国土资源局裕华分局、市国土资源局长安分局、市国土资源局井陉矿区分局、市国土资源局正定新区分局、市国土资源局循环化工园区分局。7个直属分局下设6个建设用地服务中心和11个国土资源中心所。

【土地资源保护】 严格耕地管理，2015年全市组织耕地占补项目209个，新增耕地6.76万亩。其中，完成验收57个，新增耕地19455亩；正在实施项目155个，新增耕地4.86万亩。12月14日，石家庄市耕地占补平衡指标首次公开拍卖，共有11个县（区）政府和管委会参加竞拍10宗1500亩耕地占补平衡指标，总成交价格2.6亿元，平均单价17.34万元/亩。推进高标准基本农田建设，新立项目50个，建成高标准基本农田134.6万亩，其中，验收完成项目31个，建成面积83万亩；可完成项目立项60个，建成面积157万亩。开展永久基本农田划定，优先将优质耕地划为永久基本农田。至2015年底，石家庄市主城区永久基本农田划定举证基本结束，可划入永久基本农田面积11225亩。加强土地节约集约利用监督和管理，出台印发《石家庄市人民政府关于深入推进土地节约集约利用的意见》。落实节约优先战略，起草《石家庄市人民政府关于土地节约利用情况的报告》，3月19～20日通过河北省政府2014年度土地节约利用考核。实施闲置土地处置和节约集约用地专项督察，2015年全市闲置土地典型案例、土地管理领域专项整治闲置土地处置完成率100%，土地督察实地核查新发现闲置土地处置完成率100%。

【矿山资源管理】 第三轮矿产资源总体规划编制。2015年石家庄市矿产资源总体规划编制启动，市级矿产资源编制通过政府招标方式确定规划承担单位；2015年7月，市矿产资源总体规划大纲编制完成并报河北省国土资源厅；2015年10月，市矿产资源总体规划编制方案确定、前期研究任务完工。根据河北省矿山环境治理攻坚行动方案及石家庄市政府“深入实施生态修复工程”要求，组织实施西柏坡高速公路平山段矿山环境治理。至2015年底，12个矿山环境治理项目设计编制、设计评审完毕，施工和监理单位正在招标；督促相关县区关闭露天矿山27家（含2014年未完成8家），其中平山县6家、井陉县14家、赞皇县6家、元氏县1家。冬季取暖期间，全市109个露天矿山全部停产整顿。

【地质灾害防治】 2015年4月，抽调市、县国土资源部门业务人员和河北省地质环境勘查院石家庄分院专家组成排查小组，逐一核查全市各类地质灾害隐患，确定地质灾害隐患点448处，其中灵寿县65处、平山县129处、鹿泉区25处、井陉县45处、井陉矿区3处、行唐县40处、赞皇县78处、元氏县62处、高邑县1处。制定《2015年地质灾害防治方案》，建立市、县、乡镇三级群测群防网络，更新地质灾害隐患点警示宣传牌，发放防灾明白卡和避险卡1.5万张。6月1日，开通使用地质灾害实时管理与应急指挥系统，启动地质灾害气象风险预警；汛期期间，派遣专家举办全市存在地质灾害各相关县和乡（镇）主管领导、隐患点负责人、群测群防员、农村干部群众参加地质灾害防治培训。“4·22地球日”“5·12防灾减灾日”活动发放宣传资料1万余册。

【国土资源执法】 开展拆除违建专项行动，2015年全市存在国土资源违法用地案件5734宗，面积32533亩。至2015年底，立案5734宗，立案率100%；下达行政处罚决定书5457个，处罚率95.17%；国土部门履责4786宗，履责率83.47%；拆除复耕面积254.26亩，补办用地手续面积376.98亩。关停取缔砖瓦窑358座，涉及县（市、区）16个，复垦后新增耕地1.9万亩。加大增减挂钩项目实施力度，全年完成城乡建设用地增减挂钩试点类项目申报16个，涉及砖瓦窑复垦立项7个批次1124.9亩；验收砖瓦窑复垦项目4个批次444.3亩；建立新地块征收项目5个批次89.1亩。

（刘清振）

烟草专卖管理

【概况】 2015年，全市烟草专卖系统累计销售卷烟38.46万箱，同比下降1.24%，高于全省平均降幅0.06个百分点；累计销售卷烟192.29亿支，同比下降1.24%；年人均卷烟销量9.06条，同比下降0.11条，高于全省平均降幅0.01条；省产烟销售20.33万箱，同比下降7.86%，占总销量比重52.85%，同比下降3.8个百分点。累计实现销售额90.05亿元，同比增长5.49%，高于全省平均增幅0.61个百分点。其中，单箱销售额（含税）23416元，增长6.81%，高于全省平均增幅0.67个百分点；省产烟单箱销售额（含税）17988元，增长7.08%，高于全省平均增幅4.99个百分点。税利总额22.18亿元，同比增长23.96%，高出全国商业企业平均水平4.45个百分点，高出全省平均水平2.54个百分点；利润总额9.81亿元，同比下降8.34%。加强效益管理，拓宽货币资金盈利渠道，采取定期存款、协定存款、委托贷款方式，实现货币收益6112.09万元，同比增长19%。严格建筑劳务市场资金管理，收回建筑劳务市场

2015 年 3 月 4 日，国家烟草专卖局副局长徐王莹（前排左二）到市卷烟配送中心调研指导

2015 年 7 月 9 日，市烟草专卖局（公司）举行成立 30 周年职工文艺作品展演

押金 90.38 万元。组建成立历史遗留问题推进工作小组，成功处理多项历史遗留问题，涉及金额 100 余万元。加强业务流程和制度管理，修改各类业务制度 11 项。从严执法，妥善处理法律纠纷 4 起、强制执行案件 1 起，2015 年市烟草专卖局（公司）在国家烟草专卖局案卷检查中获得河北省总分第一名。重视人才队伍建设，按照“德才兼备、注重实绩、群众公认、任人唯贤”及“动态调整干部、科学使用干部”原则，提拔科级干部 33 人，调整副科级干部 19 人，改任非领导职务 6 人。开展烟草生产创新、对标和 QC 小组活动，5 个 QC 小组在全省评比中获奖，1 项科技创新项目获得省级二等奖。热心公益事业，捐赠公益资金 42.87 万元，其中捐款 4.96 万元帮助市区友谊大街小学购置打印机等办公用品，资助乡村建设 37.91 万元。2015 年市烟草专卖局（公司）连续八年获得“全省卷烟打假工作特殊贡献奖”；卷烟销售上缴税收位列市国税系统“纳税 50 强企业”第三名。

表 57　　2015 年石家庄市烟草专卖局（公司）主要情况统计表

总体情况	地市级局（公司）名称	石家庄市烟草专卖局（公司）
	主要负责人 / 法人代表	王春怀 / 田茂军（3 月前）、王春怀（3 月始）
	所属县级单位（个）	17
	总资产（万元）	249226
	资产负债率（%）	17.15
	从业人员（人）	1066

（续表）

业务机构	营销中心（个）	1
	卷烟配送中心（个）	1
	稽查大队（个）	18
烟叶生产	烟叶生产基础设施建设资金投入（万元）	121.91
	烟叶生产基础设施新增受益面积（万亩）	0.72
	烟叶种植（万亩）	0.53
	烟叶收购（万担）	1.6
	烟农户数（户）	125
	烟农总收入（万元）	1880
卷烟销售	销售数量（亿支）	192.29
	2015年比2014年（%）	-1.24
	卷烟销售收入（万元）	900500
	零售户数量（户）	30970
	零售户销售毛利率（%）	7.3
实现税利	税利总额（万元）	221781
	2015年比2014年（%）	23.96
实现利润	利润总额（万元）	98132
	2015年比2014年（%）	-8.34
案件查处	涉烟违法案件（起）	1259
	涉烟违法案件案值（万元）	712.17

【卷烟销售】 以市场化取向改革试点单位、全国卷烟销售工作会议暨省级卷烟营销平台建设推广现场会为契机，创新卷烟销售举措，定期开展市场调研，密切关注市场动向。以零售价格作为调控风向标，及时调整营销策略，随时与卷烟生产企业沟通，有效保证市场供需动态平衡，价格、库存稳定。开展“微营销”“婚庆营销”“卷烟上柜结构提升”活动，深挖市场潜力，培育特色品牌，调整卷烟销售结构。重视零售终端建设，建成现代终端2100户、终端品牌培育店1271家。以打造“省会优势终端”为目标，举行卷烟销售终端陈列大赛，提升终端陈列水平和展示效果。2015年全市累计销售卷烟192.29亿支，同比下降1.24%；实现卷烟销售收入90.05亿元，同比下降8.34%；税利总额22.18亿元，同比增长23.96%；利润总额9.81亿元，同比下降8.34%。2015年全市累计销售重点品牌33.24万箱，同比增长1.34%，占总销量比重86.44%；重点品牌单箱销售额25832元，同比提高5.0%。销售焦油含量8毫克以下卷烟22612箱，同比提高2.03%；销售焦油含量6毫克以下卷烟5350箱，同比提高0.37%。销售细支卷烟4686箱，同比提高179.26%。销售高端卷烟15270箱，同比提高8.35%；销售高价位卷烟1198箱，同比提高10.39%。

【专卖管理】 落实烟草行业行政许可后续监管，规范制作行政处罚卷宗。加强烟草专卖管理人员培训，组织506名专业销售人员分批举办专题培训8次。强化内部监管和考核，突出风险防范、节点控制和问题整改，严格卷烟经营关键环节监督，重点查处卷烟外流问题，2015年石家庄市卷烟外流同比下降25.12%。以“打假破网、净化市场”为目标，组建卷烟打网大队，由市烟草专卖局统一领导指挥，汇集全市案件线索，集中精干力量开展“打假破网”行动。利用多地区、多部门联合办案工作机制，跨区开展“护航一号”“护航二号”“天网行动”“天眼行动”等市场集中整治活动。元旦、“五一”节庆期间，联合石家庄市有关部门在市区较大入市路口设立关卡，开展卷烟运输检查，实现市场监管最大化成效。2015年全市查处各类涉烟案件1259起，查获实物卷烟1115.54万支，涉烟案值712.17万元。其中，破获国家烟草专卖局标准涉烟网络案件9起（含2起部督案件），查获实物卷烟232.05万支，涉烟案值4301余万元，刑拘52人，逮捕49人，上网追逃2人，判刑18人。

石家庄市烟草专卖局（公司）

局　　长：王春怀
经　　理：田茂军（3月免）
　　　　　王春怀（3月任）
副 局 长：陈冉
副 经 理：李鲁平
工会主席：康江涛（2月任）

（王瑜红）

科学技术

Science & Technology

概　述

2015年，全市科技工作围绕实施创新驱动发展战略，深化科技体制改革，巩固提高企业技术创新主体地位，加快科技创新体系和国家创新型城市建设。全年争取国家、省各类科技项目240项，资金13397.62万元。其中，国家级科技项目18项，资金2549.62万元；省级科技项目222项，资金10848万元。安排市级科技项目217项，资金6910万元。获得2015年度国家科学技术奖励4项，其中，国家科学技术进步特等奖1项，国家科学技术进步二等奖1项，国家技术发明二等奖1项，国家科学技术进步企业技术创新工程奖1项。获得2015年度省级科技奖励18项，其中，省自然科学二等奖1项，省技术发明三等奖3项，省科技进步奖14项（一等奖4项，二等奖3项，三等奖7项）。2015年度石家庄市评选市级科技奖励83项，其中，科学技术特别奖2项，科技进步一等奖14项、二等奖30项、三等奖37项。登记科技成果246项，其中国内领先以上水平167项。

企业技术创新。开展两批190家高新技术企业认定和复审，公示通过89家，其中新认定68家。至2015年底，全市拥有高新技术企业430家；科技型中小企业3850家；创新型企业114家；工程技术研究中心（重点实验室）248家；省级以上科技企业孵化器9家，孵化面积100.55万平方米，在孵企业745家。科技创新平台。新增省级工程技术研究中心7家，省级产业技术研究院3家，市级工程技术研究中心9家；新增国家级重点实验室2家（54研究所、以岭药业），累计达到4家（另两家分别为石药集团、华药集团），年末石家庄市地域拥有工程技术研究中心（重点实验室）248家，其中，国家级技术研究中心（重点实验室）5家，省、部共建国家重点实验室培育基地2家，省级工程技术研究中心（重点实验室）111家，市工程技术研究中心130家。科技企业孵化器。推进科技孵化服务平台建设，“方亿‘孵化器+科技园’一体化建设公共服务平台”“石家庄科技中心大众创业公共服务平台”2个项目分别获得河北省科技项目支持资金40万元。至2015年末，全市拥有省级以上科技企业孵化器9家，其中国家级4家、省级5家，孵化面积100.55万平方米，在孵企业数745家。众创空间。7家众创空间列入河北省首批众创空间，2家众创空间入选河北省重点培育众创空间。至2015年末，全市众创空间达到30余家，场地面积3万余平方米，汇聚各类创业创新团队或企业525个、创业导师200余名。

科技合作与交流。挖掘和谋划重大国际科技合作项目25项，涉及生物医药、电子信息、装备制造、节能环保等领域。列入国家国际科技合作计划项目2项，争取资金1150万元；列入省国际科技合作计划项目5项，争取资金170万元；列入市国际科技合作计划项目5项，安排科技研发经费120万元。新认定市级国际科技合作基地12家、省级科技合作基地9家，至2015年末，全市拥有市级以上科技合作基地27家，其中，国家级基地9家、省级基地13家。开展科技招商，5家企业参加“2015年中国（北京）跨国技术转移大会”，达成合作意向3项；3家企业4个高新技术项目参加第十八届中国（北京）国际科技产业博览会河北展区展览，达成合作意向10项。与西北工业大学开展科技合作，多次举行座谈会议，商议筹备建立技术转移工作站关事宜，确定工作站具体职责和西北工业大学常驻技术转移工作站人员。

专利及知识产权保护。2015年全市新增专利申请9186项，同比增长44%，专利授权5286项，同比增长19%；新增发明专利申请2021项，同比增长23.46%，发明专利授权824项，同比增长45.07%。高新区入选全国第18个国家知识产权示范园区。以岭药业、新华能源2家企业申报国家知识产权优势企业，培育省贯标试点企业10家。获得省级专利申请资助2871项，资金346万余元。引进京津2家专利代理分支机构任务，年末专利代理机构达到15家。拥有"河北省无假冒专利示范单位"70家。建华百货、勒泰中心、东明家具3家市场确认为国家级"知识产权保护规范化市场"培育单位。推进专利权质押贷款，10家企业成功获得专利权质押贷款，总额达到3.1亿元。安排市级专利技术转化资金300万元，实现经济效益1.3亿元。加强知识产权保护，处理专利执法案件（假冒、纠纷、侵权）459件。2015年石家庄市以优异成绩通过国家知识产权局专利执法维权工作绩效考核，获评全国专利行政执法十佳城市（位列全国第4名）。

创新人才培养。围绕生物医药、电子信息、装备制造、现代农业、循环化工等优势领域，开展不同形式院士交流合作，推进院士工作站建设和院士引进工作。新增院士工作站7家，累计总数达到30家，联络院士105余名。新认定科技领军人物15人、科技创新团队15个，拨付专项经费225万元。5月30日，第十一届国际络病学大会暨石家庄生物医药院士工作站启动，20余名院士及国内外2000余名专家学者参加，签约合作项目6项。

科技大市场。与中国技术市场协会联合举办"区域合作与服务创新研讨会暨资源环境项目对接会"，与中国电力科学研究院等3家单位签订科技服务协议，与全国25位专家开展科技项目推介和对接，5家单位达成合作意向。与中国技术交易所、科技部科技人才交流开发服务中心联合举办"科技领军人才地方行——石家庄科技大市场专家沙龙"活动，设立"京津冀技术交易石家庄工作站"。举办赞皇县"互联网+"行动推介大会，推介发布项目50个。与科技服务机构河北百汇广联科技服务公司合作，共同建立"河北科技服务网络平台"。以科技大市场为依托，设立"京津冀技术转移石家庄工作站"。至2015年末，石家庄科技大市场注册企业会员及个人会员3000余个，整理入库技术成果7万余条，联系全国各地行业专家2000余人。掌握技术市场动态，摸清企业技术需求及企业在技术吸纳方面投入、产出情况，开展"石家庄市企业技术吸纳状况调查"。举办技术市场培训，市科技局、高新区联合组织举行"技术市场管理培训班"，200余家企业和技术转移机构参加培训。启动"科技金融实验室"建设，推进科技资源与金融资源有效对接。中国工商银行河北省支行、河北银行在石家庄设立科技支行，分别开展中小型科技企业科技成果转化资金贷款项目试点和科技金融创新试点。

县（市、区）科技动态。元氏县、赞皇县、高邑县国家科技富民强县项目通过国家科技部中期评估。赵县、正定县、藁城区实施"粮食丰产科技工程"项目。桥西区、井陉矿区、裕华区、深泽县、元氏县、新乐市、循环化工园区启动建设科技企业孵化器。新华区、无极县、赵县利用4·26世界知识产权日，开展知识竞赛、举办知识产权专题讲座；鹿泉区获批56项、平山县获批11项国家专利。新华区、栾城区、正定县、平山县举办科技活动周宣传活动，开展以"创新创业 科技惠民"为主题科技咨询服务、宣传展览活动，聘请医疗专家现场为群众服务。循环化工园区帮助企业申请科技创新政策和资金支持，园区企业落实省、市2015年科研计划课题资金3项，资金210万元。2015年石家庄市21个县（市、区）全部通过2014年度科技进步考核，7个县（市、区）获评科技进步先进县（市、区）。

（市科技局）

科学技术研究与发展计划

【概况】 2015年，全市科学技术研究与发展计划（简称科技计划）以实施科技创新项目为平台，以创新型城市建设为重点，以提高创新能力、引领产业竞争力提升、保障和改善民生为核心，依托骨干企业、高等院校、科研院所及优势产业学科，组织和实施科技计划项目，争取国家、河北省科技计划项目和资金支持。实施科技重大专项计划和基本科技计划。科技重大专项计划，包括促进产业结构调整、推进经济发展方式转变和社会发展，培育壮大新的经济增长点和产业集群有重大影响作用，能够突破产业发展关键技术，形成高附加值、高技术含量为主产品体系，显著提升相关产业核心竞争力，能够形成自主知识产权，有望列入国家和省重大科技计划的项目。基本科技计划，包括科技支撑计划、政策引导类计划和科技创新平台建设计划。科技支撑计划，是石家庄市实施的主体科技计划，重点解决经济社会发展中的重大科技问题，包括科技专项和重点技术创新课题。政策引导类计划，包括科技成果推广、软科学研究、科学技术普及能力建设和国际科技合作计划。科技创新平台建设计划，包括石家庄科技创业中试基地、市级工程技术研究中心和技术创新平台建设。至2015年末，全市共争取国家、省各类科技项目240项，资金13397.62万元。其中，国家级计划项目18项，资金2549.62万元；省级计划项目222项，资金10848万元。

【经费安排】 2015年市本级财政安排应用技术研究与开发专项资金13630万元。其中，科技中试基地建设4000万元；偿还石家庄科技大市场建设贷款本金2000万元，石家庄科技大市场运行经费220万元；科技型中小企业技术创新资金500万元，计划资金6910万元。2015年全市编制下发科学技术研究与发展计划（指令计划）1批，课题218项（含中试基地建设），经费10910万元；科学技术研究与发展指导计划2批，课题142项。全部科技计划课题中，科技支撑166项，经费5003万元；成果推广5项，经费110万元；软科学14项，经费172万元；国际科技合作3项，经费75万元；科技创新平台建设20项，经费4351万元；其他计划10项，经费1199万元。重大科技研发课题10项，经费1000万元。八大科技专项149项，经费3876万元。企业承担课题159项，经费4767万元；科研院所14项，经费288万元；高等院校7项，经费121万元。产学研课题84项，经费2104万元。

【实施效果】 通过实施科技计划，引进和吸纳一大批优秀人才。参加课题人员中，享受政府津贴专家7人，省、市管专家32人；吸引市外人才80人，其中省外人才52人，省外人才中京津人才12人；培养研究生82人。获得一批创新性成果，取得新产品、新材料70个，新工艺、新装置67个，计算机软件28个，新技术57项，发表论文129篇，形成标准72项。获得一批自主知识产权成果，专利申请160件，其中发明专利申请73件，专利授权93件，发明专利授权29件。关键技术上取得重大突破，开发和形成一批具有应用价值的技术成果，新增销售收入8.34亿元，新增利税1.66亿元，出口创汇1073.21万美元；培育农作物新品种10个，新品种推广面积37.89万亩，畜禽推广数量808.15万头（只），年总收入3120.54万元。节能减排成效明显，节煤952.5吨，节电780万度，节水2.22万吨，减排废气189.28万立方米，减排废水5107.2吨，减排废物15.08万吨。

（市科技局）

工业科技与发展高新技术产业

【概况】 2015年，全市精心谋划国家、省、市工业科技和高新技术产业项目，其中，基于北斗智慧城市个人位置服务系统研究与应用示范、无菌大输液批生产过程控制系统研究与应用示范、城乡一体化“O2O”电子商务综合服务平台关键技术研究与应用等28个项目列入省级科技支撑计划项目，获得经费支持资金1848万元。围绕卫星导航、光电子、互联网+、物联网、高端装备制造、3D打印、机器人等领域，组织实施3D打印技术制备多波束龙伯透镜天线应用研究、北斗RDSS射频收发SoC芯片研发、城市智能交通诱导信息系统等61项市级科技计划项目。开展两批190家高新技术企业认定和复审，公示通过89家，其中新认定68家。至2015年底，全市高新技术企业总数达到430家。全年新认定科技型中小企业2120家，年末全市科技型中小企业总数达到3850家。加强创新型企业管理，印发《石家庄市创新型企业奖励实施细则》《石家庄市企业研究开发费用税前加计扣除项目鉴定政策选编》，市级创新型企业给予30万元资助；新增省级创新型企业3家，争取省级经费180万元；新增市级创新型企业16家。年末全市共有创新型企业114家，其中国家级5家、省级41家、市级68家。推进科技创新平台建设，新增省级工程技术研究中心7家，省级产业技术研究院3家，市级工程技术研究中心9家；新增国家级重点实验室2家（54研究所、以岭药业），累计达到4家（另两家分别为石药集团、华药集团），年末石家庄市地域拥有工程技术研究中心（重点实验室）248家，其中，国家级技术研究中心（重点实验室）5家，省、部共建国家重点实验室培育基地2家，省级工程技术研究中心（重点实验室）111家，市工程技术研究中心130家。2015年10月，石家庄市6个工程实验室建设项目获授河北省工程实验室名称及牌匾，分别为：华北制药河北华民药业有限责任公司的头孢类抗生素河北省工程实验室、中国科学院遗传与发育生物学所农业资源研究中心的抗逆植物繁育及种质资源创新河北工程实验室、中国电子科技集团第五十四研究所的通信导航河北省工程实验室、石家庄市农林科学研究院的节水小麦育种河北省工程实验室、河北旭辉电气股份有限公司的电能质量控制技术河北省工程实验室。11月6日，中国杜鹃花工程技术研究中心在市农林科学研究院挂牌成立。2015年11月，国家工业和信息化部、财政部公布75家企业为2015年国家技术创新示范企业，其中河北省3家企业入选，石药集团是河北省唯一入选医药企业，也是石家庄市唯一入选企业；2015年石家庄市共有国家技术创新示范企业5家，另4家分别为以岭药业、神威药业、华药集团、东旭集团。至2015年末，全市拥有省级以上科技企业孵化器9家，其中国家级4家、省级5家，孵化面积100.55万平方米，在孵企业数745家。工业科技特派员选派。落实《石家庄市工业企业科技特派员选派方案》要求，开展第三批、第四批石家庄市工业企业科技特派员申报，以征集需求、选聘人员、组织对接等方式和环节，筛选100名专家为石家庄市第三批、第四批工业企业科技特派员，总数达到176名。创新企业与科技专家对接形式，建立科技特派员网络服务平台，并于2015年8月正式运行。众创空间。7家众创空间列入河北省首批众创空间，2家众创空间入选河北省重点培育众创空间。至2015年末，全市众创空间达到30余家，场地面积3万余平方米，汇聚各类创业创新团队或企业525个、创业导师200余名。创新创业大赛。市科技局、共青团市委、裕华区政府、北大科技园等单位联合举办“创启未来”2015国际青年科技创业大赛石家庄城市赛暨创启未来·北大中电杯石家庄创新创业大赛。参加第四届中国创新创业大赛及第三届河北创新创业大赛，企业组中，石家庄市获得一等奖1项、二等奖1项、三等奖3项、优秀奖2项；团队组中，石家庄市获得一等奖1项、二等奖2项、三等奖3项。

【科技企业孵化器】 根据科技企

业孵化器优惠政策，落实石家庄天山科技工业园运营服务中心、石家庄日中天科技企业孵化器有限公司2家省级科技企业孵化器奖励资金100万元。“方亿‘孵化器+科技园’一体化建设公共服务平台”“石家庄科技中心大众创业公共服务平台”2个项目分别获得40万元省科技项目支持。石家庄科技创新服务中心通过火炬中心2014年孵化器运行情况评价，成为全省2个“A类”孵化器之一，这也是河北省唯一一家连续2年以“A类”优秀成绩通过孵化器运行情况评价单位。至2015年末，全市拥有省级以上科技企业孵化器9家，其中国家级4家、省级5家，孵化面积100.55万平方米，在孵企业数745家。

【科技型中小企业】 全年52家科技型中小企业获得河北省创新资金支持1930万元，其中科技小巨人项目11项。安排市级科技型中小企业技术创新资金500万元，支持30家科技型中小企业技术创新项目。采取政策引导、集中培训、重点帮扶、资金支持等措施，做好科技型中小企业培育和认定，新认定科技型中小企业2120家，年末全市共有科技型中小企业3850家。

【众创空间】 支持众创空间发展，印发《关于发展众创空间推进大众创新创业的实施意见》(石政发〔2015〕22号)《关于大力推进大众创业万众创新若干政策措施的实施意见》(石政发〔2015〕65号)。7家众创空间列入河北省首批众创空间。2015年石家庄市7家众创空间入选河北省科技厅公布第一批省级众创空间，分别为：慧创空间、创享吧、飞翔创客空间、冀成农厂众创空间、时光空间、智道众创空间、育米众创空间；2家众创空间入选河北省重点培育众创空间，分别为：朗格众创空间、众创梦工厂。至2015年末，全市众创空间达到30余家，场地面积3万余平方米，汇聚各类创业创新团队或企业525个、创业导师200余名。12月10日，由鹿泉区科技创新创业服务中心和鹿岛工业科技园联合创办的鹿岛V谷众创空间和科技企业孵化器正式启动。鹿岛V谷众创空间建筑面积1500平方米，设创业咖啡、集中办公、项目路演、创业融资、公共服务等五大功能区，可容纳20家初创企业入驻；科技企业孵化器建筑面积11000平方米，可容纳50家机械、电子类科技型小微企业。

（市科技局）

【4家工程技术研究中心纳入省级建设计划】 2015年4月，石家庄市4家工程技术研究中心纳入河北省工程技术研究中心建设计划。至2015年底，石家庄市地域共有省级以上工程技术研究中心66家。其中，国家工程技术研究中心1家，省级工程技术研究中心65家。4家新纳入省级建设计划工程技术研究中心为：石家庄亿生堂医用品有限公司的河北省多糖类生物医学材料工程技术研究中心，石家庄开发区博欣医药科技开发有限公司的河北省口服液体制剂工程技术研究中心，河北绿洲机械制造有限公司的河北省石膏建材装备工程技术研究中心，天俱时工程科技集团有限公司的河北省制药用酶集成应用工程技术研究中心。

【科技创新服务中心入选首批国家小型微型企业创业创新示范基地】 11月16日，国家工业和信息化部公布首批国家小型微型企业创业创新示范基地95家，市科技创新服务中心入选。市科技创新服务中心由市政府投资、市科技局主管，地处石家庄高新区，是集企业孵化、科研、办公、会议、展览、商务及相关配套服务于一体的综合性科技创新服务平台和科技创业孵化基地。该中心整合各种优势科技创新资源，提供创业辅导、孵化服务，并通过创业投资、孵化资金、创业导师、公共技术平台服务和科技中介机构等，为入孵企业和大学生创业提供全方位创业辅导、孵化服务和企业创新增值服务。国家小型微型企业创业创新示范基地申报需满足入驻小微企业80家以上、从业人员1500人以上、小微企业数占入驻企业总数80%以上、从事创业服务人员不少于10人、创业辅导师不少于3人等条件；实行滚动管理，每3年复核一次，不合格可撤销。

（李云萍）

社会发展领域科技进步

【概况】 2015年，全市以大气环境治理和医药、化工、建材、冶金等重点行业节能减排为重点，安排节能减排科技项目13项。开展生物医药技术创新，争取国家科技计划项目7项，到位资金909万元；争取河北省科技计划项目27项，到位资金927万元；安排市级生物医药项目25项，占社会发展领域课题立项数58%。围绕公共安全、气象灾害预测预警等与人民生活密切相关科技问题开展技术创新，主要有“智慧型老年公寓综合服务平台”“公路ETC载货车辆不停车计重收费系统应用研究”等。2015年12月，国家自然科学基金委员会授予石家庄市环境监测中心为国家自然科学基金依托单位。2015年“河北百年巧匠手工艺品股份有限公司”“石家庄市深度动画科技有限公司”2家企业获评第二批河北省文化科技融合示范企业。

【节能减排技术创新】 以大气环境治理和医药、化工、建材、冶金等重点行业节能减排为重点，全市安排节能减排科技项目13项，主要有：“中小型烟气脱硫脱硝除尘一体化装置的研制开发”“污染源远程抽查系统”“重污染天气前兆‘强信号’及预警调控气象评估技术研究”“环保柴油添加剂聚甲氧基二甲醚的新合成工艺”“直流母线能量回馈技术在碳酸钙脱水工艺中的应用”“水性环氧抗菌透气地坪涂料”“废橡胶生产改性沥青高聚物技术研究”“天然气类金刚石膜发动机组件研发”等。

【生物医药技术创新】 帮助和支持生物医药企业争取国家、省重大自主创新项目，其中，争取国家科技计划项目7项，到位资金909万元；争取河北省科技计划项目27项，到位资金927万元。加强市级科技计划中生物医药项目前期培育，完成生物医药2015年社会发展领域科技计划项目筛选评审。安排市级生物医药项目25项，占社会发展领域课题立项数58%，均为新药研发和新制剂技术为主项目，主要有“创新肝病新药清肝化瘀胶囊研究开发”“西甲硅油原料及软胶囊的研究开发”“肠动力新药琥珀酸普芦卡必利研发”“特异性DC靶标治疗的应用研究”“抗癫痫药氯巴占的研制”“盐酸文拉法辛缓释胶囊研制”“特异性抗肿瘤免疫细胞研究”“吸烟人群中肺癌风险预测芯片的研发”等。

【医疗卫生技术创新】 发挥指导性科技计划引导作用，加强疾病防治技术研究，针对发病率高、严重危害人民健康的常见、多发及重大疾病预防、诊断和治疗，组织开展技术创新，筛选一批创新性强、有良好研究基础、能带动学科发展，应用前景广阔的研究项目，列入指导性科技计划，主要有“亚低温治疗对重症高血压脑出血患者血清IL-6及CRP影响的研究”“循环肿瘤细胞采集器关键技术研究”“微型全自动快速免疫分析系统的研制”等。

【文化科技创新】 发挥文化科技融合示范企业引领带动作用，组织实施一批“文化创意和设计服务与相关产业融合发展”领域市级科技计划项目，主要有“面向互联网+数字印刷的绿色供应链管理平台建设”“博物馆数字化与公共服务平台建设”“新型高效节能裸眼3D-LED显示屏研制”等。2015年“河北百年巧匠手工艺品股份有限公司”“石家庄市深度动画科技有限公司”2家企业获评第二批河北省文化科技融合示范企业。

（市科技局）

科技合作与交流

【概况】 2015年，石家庄市根据《科技部关于开展“十三五”国家重点研发计划优先启动重点研发任务建议征集工作的通知》要求，结合全市优势特色产业重大科技需求，挖掘和谋划重大国际科技合作项目25项，涉及生物医药、电子信息、装备制造、节能环保等领域。主动争取国家、省国际科技合作计划项目，2015年石家庄市列入国家国际科技合作计划项目2项，争取资金1150万元；列入省国际科技合作计划项目5项，争取资金170万元。新增市级科技合作基地12家、省级科技合作基地9家。至2015年末，全市拥有市级以上科技合作基地27家，其中，国家级基地9家、省级基地13家。重视做好项目进展跟踪和验收，组织9家企业开展承担2014年度省国际合作计划项目财政绩效评估。与西北工业大学开展科技合作，多次举行座谈会议，商议筹备建立技术转移工作站相关事宜，确定工作站具体职责和西北工业大学常驻技术转移工作站人员。加强科技合作项目成果信息宣传，报送科技部国家项目成果信息15条。

【科技合作基地】 以加强国际科技合作基地建设为途径，组织召开“全市国际科技合作基地工作会议”，开展第二批市级国际科技合作基地认定，择优推荐申报省级国际科技合作基地，提升全市国际科技合作水平。扩大科技合作基地规模，拓展合作对象和领域。2015年全市新增市级科技合作基地12家、省级科技合作基地9家。至2015年末，全市拥有市级以上科技合作基地27家，其中，国家级基地9家、省级基地13家，涵盖生物医药、装备制造、电子信息、节能环保等产业领域。2015年7月，市科技局授予12家单位“石家庄市国际科技合作基地”称号。分别为：河北常山生化药业股份有限公司、河北博海生物工程开发有限公司、博深工具股份有限公司、河北德路通生物科技有限公司、石家庄金刚内燃机零部件集团有限公司、河北爱能生物科技股份有限公司、石家庄润柏医药科技有限公司、河北双星种业有限公司、市神州花卉研究所、市油漆厂、河北一然生物科技有限公司、市惠康食品有限公司。2015年11月，河北省科技厅新认定石家庄市9家单位为2015年度河北省国际科技合作基地，分别为：河北常山生化药业股份有限公司、河北博海生物工程开发有限公司、河北爱能生物科技股份有限公司、石家庄君乐宝乳业有限公司、石家庄盛华企业集团有限公司、石家庄市农林科学研究院、河北实华科技有限公司、河北德路通生物科技有限公司、石家庄市神州花卉研究所，涵盖农业、畜牧业、生物医药、机械制造等多个领域，其中，河北博海生物工程开发有限公司、石家庄市农林科学研究院2家单位首次评为“国际联合研究中心”，填补石家庄市空白。

【科技合作交往】 2015年市科技局组团出访3批，分别访问日本、俄罗斯、英国、加拿大等国家，推动河北博伦特药业有限公司与日本三和制药株式会社“抗肿瘤药物技术联合研发”项目，石家庄亿生堂医用品有限公司与俄罗斯医学科学院西北分院开展“可显影壳聚糖栓塞材料的联合研发”项目；促成人天通信集团与英国利物浦大学5G无线通信试验网实验室在石家庄市共建5G无线通信联合实验室合作项目，并就国际发明专利5G移动通信液体天线引进与应用签订合作协议；促成河北天和肉牛养殖有限公司与加拿大太平洋遗传中心共同建立中加奶牛繁育技术中心。以科技合作基地为基础，打造国际科技合作重要载体，发挥引领和示范效应。2015年全市50余家单位与美国、德国等40多个国家和地区开展国际科技合作与交流，共举办国际技术合作与交流活动150余次，接待外国专家来访1040人次，派出技术交流、培训560人次，引进高端人才26名，培养工程技术人员50余名。

【科技展览洽谈】 组织企业参加“中国廊坊国际经济贸易洽谈会”“中国北京国际科技产业博览会”“中国西安国际科学技术产业博览会暨第十届中国西安国际高新技术成果交

易会”“中国国际高新技术成果交易会（深圳）”等科技展览和洽谈会，推介石家庄市优秀高新技术合作项目，开展科技招商。8月14～16日，2015年中国西安国际科学技术产业博览会暨第十届中国西安国际高新技术成果交易会（简称西安科博会）在西安市举行。石家庄市政府受承办方邀请，首次作为联合主办单位组团参展参会，设置石家庄国家半导体照明产业化基地展位，展出同辉电子、立德电子、神通光电、立明电子、京华电子、大旗光电6家骨干企业LED面光源及系列产品，获得西安科博会组委会颁发“最佳组织奖”。5家企业参加“2015年中国（北京）跨国技术转移大会”，达成合作意向3项。其中，石家庄鼎峰制药设备有限公司与MIS意大利脚整形公司就“先进医疗技术转移及医疗器械项目推介—足部骨科微创手术”项目成功对接，与以色列Oxitone医疗设备有限公司就“移动健康医疗设备——检测体内血氧含量仪器”达成初步合作意向；河北圣威矿山设备科技发展有限公司与中知厚德知识产权运营管理有限公司达成共识，商定支持河北圣威矿山设备科技发展有限公司具有全部知识产权“铁矿石干磨直选生产线”项目。石家庄市河北以岭药业股份有限公司、河北博海生物工程开发有限公司、河北小蜜蜂工具集团有限公司3家企业4个高新技术项目参加第十八届中国（北京）国际科技产业博览会河北展区展览，接待洽谈300人次，达成合作意向10项。另有5个高新技术项目参与科技招商，涉及生物医药、电子信息、装备制造等重点领域。

【京津冀科技合作】 启动首都科技条件平台石家庄合作站建设。贯彻落实京津冀协同发展战略，利用北京丰富科技资源，推进市科技局与北京市科学技术委员会合作，启动首都科技条件平台石家庄合作站建设，搭建新的创新服务平台，为全市中小企业提供科研机构共建、联合攻关、企业创新、技术交流等科技服务，实现北京、石家庄两地科技资源共享，促进全市产业升级。开展京津冀科技成果转化对接交流。做好京津地区技术输出和产业转移承接，鼓励企业与京津地区单位开展科技、金融、人才等方面深层次合作。4月9日，市发展改革委在北京举办“2015石家庄京津冀产学研联盟石家庄企业北京科技合作对接会”活动，石家庄市26家企业与清华大学、北京大学、中国农业大学、北京理工大学、中国科学院5所首都高校及科研机构专家学者开展面对面交流、“点对点”对接，8家企业初步达成合作意向。2015年11月初，市科技局与北方技术交易市场、中关村天合科技成果转化促进中心联合在天津市举办“京津冀科技成果转化对接交流会”专场对接活动，市科技局、市工业和信息化局联合组织石家庄市100余家科技企业参会，京津冀三地高校院所发布重点项目60余项，涉及生物医药、装备制造、节能环保、电子信息、现代农业等领域，石家庄科技大市场与北方技术交易市场签订长期合作协议。组建成立京津冀创新创业者联盟。2015年市科技局与天津市红桥区科学技术委员会、北京中关村有关社会组织联合发起成立“京津冀创新创业者联盟”倡议，标志京津冀三地创新创业者联盟拥有正式服务组织。石家庄科技大市场作为倡议发起者之一，参加联盟成立仪式。

（市科技局）

【北京大学科技园石家庄分园成立】

7月22日，北京大学科技园石家庄分园挂牌成立，这是北大科技园在河北省设立的首家分园。新挂牌北京大学科技园石家庄分园选址裕华区怀特文化大厦，规划建设面积2.24万平方米，主要功能分区为集中办公区、产业研发区、公共服务区、项目交流区、投资咨询室、导师办公室、演播大厅、多功能会议室等，致力打造集中办公、创业辅导、创业交流、市场对接、创业投资为一体的综合一站式创业服务模式与发展空间。北京大学科技园石家庄分园以服务科技创新为主线，整合国际国内战略资源，聚合多方资源与力量服务“大众创业、万众创新”高端特色孵化服务平台，引入优秀高科技人才和技术，为石家庄市调整优化产业结构和绿色崛起提供科技支撑；以校地合作、协同创新、共生共赢为指导，以电子信息、生物医药等战略型新兴产业为方向，积累项目资源、构建孵化链条、培育创新创业氛围，建设集创业苗圃项目孵化、中小型科技企业孵化为一体的综合型科技企业孵化器，助力中小型企业创新发展。北京大学科技园是国家级大学科技园，

2015年发展建成除北京（总部、南区）外，还有包头分园、江西分园、天津分园、金华分园、南京分园、杭州分园等项目，累计孵化近500家电子信息、生物制药、新材料、节能环保、新能源等战略型新兴产业领域企业。

（李云萍　杨博琨）

【天俱时科技论坛】　12月5日，由天俱时控股集团主办的2015天俱时科技论坛在石家庄举行。本届主题为“创新驱动·智领环保 破解制药困局”。来自全国大中型制药企业、食品企业、环保企业及相关科研院所、高等院校、产业协会等单位近300名代表参会，共同探讨制药行业环保前沿技术、推动制药行业绿色可持续发展。清华大学王伟教授、华南理工大学叶代启教授、南京大学任洪强教授、天津大学刘庆岭教授、天俱时控股集团王京教授等知名专家、学者，分别围绕固体废物资源化利用、废气治理、废水治理、环保材料、VOCs治理等前沿技术作深入介绍，并与参会人员分享学术思想和最新研究成果；中国著名经济学家马光远博士在论坛作“十三五”规划周期下中国经济与创新驱动战略解读。天俱时科技论坛是医药行业高端技术交流平台之一，自2008年创办起，每年举办一届，每届推出一个主题，邀请最优秀专家团队，传播前沿科技信息与先进发展理念。

（宋钧）

科学技术普及

【概况】　2015年，全市以举办科技活动周、组织科技咨询服务及宣传展览活动形式，开展科学技术普及活动。精心举办文化科技卫生“三下乡”集中服务活动，制定活动方案，筹备项目资金，印发宣传资料。1月13日，石家庄市文化科技卫生“三下乡”集中服务活动在灵寿县正式启动，市科技局组织科技下乡服务队，现场发放《石家庄市城市居民科普知识读本》及养殖实用技术、防震抗震知识等科普宣传资料6500本，资金12万元。5月15日，石家庄市科技活动周在栾城区启动，50余家单位现场为市民开展各种科技服务，展出展板300余块，发放科普书籍、图册、明白纸2.5万余册，接受群众咨询1万余人次，现场为群众服务医疗专家20余人。至2015年末，全市开展科普宣讲工作，“石家庄市科普巡回宣讲服务团”开展科普宣讲170余场次，培训人员2万余人。

【科技活动周】　5月15日，2015年石家庄市科技活动周在栾城区启动，50余家单位现场为市民开展各种科技服务，展出展板300余块，发放科普书籍、图册、明白纸2.5万余册，接受群众咨询1万余人次，现场为群众服务医疗专家20余人。本届科技活动周主题为“创新创业·科技惠民”。从5月15日开始至5月23日结束，市科技局、市科普联席会成员单位及各县（市、区）针对青少年学生、农民、企业工人和社区居民等不同群体实际需要，开展科普进社区、科普进学校、科技下乡等各具特色科普宣传活动。石家庄市直部门、栾城区相关部门及正定科技馆等单位在栾城区人民广场摆摊设点，围绕与老百姓日常生活密切相关科技知识举行普及活动，发放包括环境保护、健康低碳生活方式、防病治病、减灾防灾等内容宣传册，正定科技馆展出科普大篷车及天文观测车、车载天象厅等科普仪器设备，增强群众关注科技创新热情；多个园区携带新品种、新技术、新成果，现场接受技术咨询；百余名医疗专家为群众举行诊疗服务。

【科普统计】　按照国家、河北省科普统计调查方案要求，开展2014年度石家庄市科普统计工作。2014年度科普统计范围包括科普人员、科普场地、科普经费、科普传媒、科普活动5个方面86项指标。依据统计结果：2014年全市共有科普人员10589名，其中专职人员416余名；科普经费投入2500余万元，其中政府拨款1500余万元；拥有场馆类科普场地7个，非场馆类科普场地232个，10米以上科普画廊1725个，农村科普活动场地888个；电视台、广播电台播出科普（技）节目4851小时；举办各类科普活动1.3万余次，参与人数近300万人次，其中千人以上重大科普活动 144 次；举行各类实用技术培训 3571 期。

（市科技局）

山区经济技术开发

【概况】 2015 年，全市加大山区经济技术开发力度，科学安排部署山区经济技术开发各项工作，推动山区特色产业科技示范基地建设，扶持特色产业发展，支持龙头企业开发新产品、新技术，印发《2015 年全市山区经济技术开发工作要点》，提升山区开发科技创新水平。推进新农村科技示范村建设，按照市委、市政府印发《关于加强我市山区资源综合开发、加快山区经济发展的意见》要求，在科技项目立项、技术培训等方面给予扶持。争取市财政科技示范村建设专项资金 10 万元，重点支持 10 余个科技示范村建设，帮助建立科技书屋、科技橱窗、聘请专家等。举办农民技术培训，印发《关于开展 2015 年全市山区农民科技大培训活动的通知》及实施方案，布置安排山区农民技术培训，向山区县区下达培训任务和奖惩措施。采取举办培训班、技术讲座、科技下乡、现场咨询等方式，将科学技术传播至农民手中，全年举办不同类型农民技术培训活动 150 多场（次），培训农民 10 万多人（次）。开展调查研究，向市委、市政府撰写完成《关于我市山区技术开发情况的汇报》《关于山水林田湖综合生态修复治理实施方案（即绿山富民科技示范工程实施方案）的编制及各项工作任务落实情况的汇报》《关于支持西部山区开发建设有关情况及政策措施的回报》。2015 年全市山区经济技术开发争取省级科技计划项目 19 项，经费 155 万元；列入市级指令性科技计划项目 6 项，经费 150 万元。

【特色产业科技示范基地】 3 个产业基地被河北省科技厅认定为省级山区特色产业科技示范基地，分别为井陉旱作杂粮、元氏蔬菜、井陉矿区苹果产业科技示范基地。至 2015 年末，全市拥有省级特色产业科技示范基地 10 家，占到全省 20%；市级特色产业科技示范基地 31 家。协调认定省、市科技示范基地所在县（市、区），制定管理措施，加大科技创新和科技投入，在科技立项上给予重点支持。发挥科技示范基地带动作用，经常组织举办培训班、印发技术资料、推广新技术等活动，将科技示范基地发展成为科技创新和成果转化的聚集地、辐射源，促进山区产业发展和农民致富增收。

【新产品新技术开发】 扶持山区特色产业发展，支持龙头企业开发新产品、新技术，发挥龙头企业技术创新能力和产业辐射带动作用。2015 年全市山区新产品新技术开发项目主要有：石家庄市红日钙业有限公司承担“碳酸钙关键工艺自动化清洁生产技术研究”、石家庄健华农业科技有限公司承担“赞皇大枣优种品种选育”、鹿泉区会元养殖场承担“山区蛋鸡高效健康养殖技术研究与示范”等。通过技术和产品研究开发，有效提升山区龙头企业科技创新水平，促进山区企业产品提档升级，带动产业稳步发展。

【山区特色产业技术创新联盟】 按照国家、河北省关于开展产业技术创新联盟要求，石家庄市将山区核桃产业作为重点调研对象，多次召开大专院校、科研单位、企业、基地和管理人员座谈会。8 月 22 日，石家庄市山区核桃产业技术创新联盟成立大会在赞皇县举行。河北省山区开发办公室，市科技局，赞皇县政府及河北农业大学、河北省林业科学研究院、石家庄市果树站等政府、大专院校、科研单位领导和专家出席会议，8 个山区县区、科技局局长、山区开发办公室主任、核桃种植加工企业负责人等 70 余人参加会议。至 2015 年底，全市组建有山区苹果产业、旱作杂粮产业、蔬菜产业、核桃产业 4 个技术创新联盟。

【山区创业奖评审】 根据《石家庄市山区创业奖励办法》《石家庄市山

区创业奖实施细则》规定，在各山区县区、市直有关部门推荐申报基础上，11月12日，邀请省、市有关专家领导组成评审委员会，组织评审2015年石家庄市山区创业奖项目，共评选授奖项目33项，其中，一等奖3项、二等奖8项、三等奖22项。组织申报推荐2015年河北省山区创业奖，全市推荐报奖项目8项，其中3个项目获得河北省山区创业奖奖励。

（市科技局）

专利与知识产权保护

【概况】 2015年，全市新增专利申请9186项，同比增长44%，专利授权5286项，同比增长19%；新增发明专利申请2021项，同比增长23.46%，发明专利授权824项，同比增长45.07%；每万人发明专利拥有量3.47件。高新区入选全国第18个国家知识产权示范园区。以岭药业、新华能源2家企业申报国家知识产权优势企业，培育省贯标试点企业10家。获得省级专利申请资助2871项，资金346万余元。引进京津2家专利代理分支机构，年末专利代理机构达到15家，占到河北省总数55.6%。拥有“河北省无假冒专利示范单位”70家。建华百货、勒泰中心、东明家具3家市场确认为国家级“知识产权保护规范化市场”培育单位。2015年12月，全市56家企业入选河北省优秀专利品牌产品培育单位，占全省入选单位总数30%。推进专利权质押贷款，10家企业成功获得专利权质押贷款，总额达到3.1亿元。安排市级专利技术转化资金300万元，实现经济效益1.3亿元。帮助企业减负，减缓企业办理专利费用355项，为企业节约资金101.13万元。加强知识产权保护，全市出动执法人员240余人次，检查商贸企业160家，检查各类商品1万余件，处理专利执法案件（假冒、纠纷、侵权）459件。2015年石家庄市以优异成绩通过国家知识产权局专利执法维权工作绩效考核，获评全国专利行政执法十佳城市（位列全国第4名）。

（市科技局）

【28个项目获得第二届石家庄市专利奖】 2015年3月底，市科技局、市财政局、市知识产权局共同组织第二届石家庄市专利奖评选揭晓，28个项目分别获得一、二、三等奖和优秀奖。其中，石药集团欧意药业有限公司“一种左旋氨氯地平及其可药用盐固体制剂及其制备方法”、神威药业集团有限公司“一种心脑清缓释软胶囊及其制备方法”、博深工具股份有限公司的“一种环状超薄金刚石钻头的制造方法”获得一等奖。

【4项专利获得第十七届中国专利奖】 11月27日，由中国专利奖评审委员会评审，国家知识产权局、世界知识产权组织审核的第十七届中国专利奖评选揭晓，共评出中国专利金奖20项、中国专利优秀奖507项、中国外观设计金奖5项、中国外观设计优秀奖57项。参见《关于第十七届中国专利奖授奖的决定》(国知发管字〔2015〕67号)。石家庄市4个专利项目获得专利金奖和优秀奖。其中，东旭集团有限公司发明专利“铂金通道中玻璃液的处理方法”获得中国专利金奖；神威药业集团有限公司“一种治疗颈椎病的药物及其制剂”、石家庄以岭药业股份有限公司“一种治疗冠心病心绞痛的中药组合物及其制备方法”、石家庄五龙制动器股份有限公司“电梯制动器PWM控制电路”获得中国专利优秀奖。

（李云萍）

【专利及知识产权执法】 印发《2015年知识产权保护规范化市场培育方案》《2015年知识产权执法维权“护航”专项行动工作方案》《2015年打击侵犯知识产权和制售假冒伪劣商品工作方案》，实施2015年度各月专利执法行动计划。采取量化考核成绩表形式，考核县（市、区）专业市场保护、打击侵权假冒、执法成效等工作。推进京津冀知识产权保护一体化建设，建立京津冀知识产权重大案件办理协作通道。2015年全市处理专利执法案件（假冒、纠纷、侵权）459件。其中，查处假冒专利案件292件，同比增长145%；调解专利纠纷15件（次），同比增长114%；处理专利侵权案件152件，同比增长30%；

行政罚款4件。2015年全市专利执法案件较2014年呈翻跃式增长，占到全省案件一半以上。

（市科技局）

科学技术奖励

【概况】 2015年石家庄市获得国家科学技术奖励4项。其中，国家科学技术进步特等奖1项；国家科学技术进步二等奖1项；国家技术发明二等奖1项；国家科学技术进步企业技术创新工程奖1项。2015年石家庄市获得河北省科学技术奖18项。其中，省自然科学二等奖1项；省技术发明三等奖3项；省科学技术进步奖14项，其中一等奖4项、二等奖3项、三等奖7项；另有1人获得省国际科技合作奖。2015年全市83个项目获得石家庄市科学技术奖。其中，科学技术特别奖2项；科学技术进步一等奖14项、科学技术进步二等奖30项、科学技术进步三等奖37项。另有科学技术进步组织奖10项。发挥政府科技奖励导向作用。2015年市级科学技术获奖成果中，53项是国家、省、市政府资金支持形成成果，占获奖项目总数64%；非社会公益类53项获奖项目中，生物医药、装备制造、新材料、节能环保等传统优势产业和新兴产业领域获奖项目达到40项，占获奖项目总数48%；民生科技成果数量增多，质量提高，获奖项目达到30项，占获奖项目总数36%。科技创新企业主体作用突出。2015年市级科学技术获奖成果中，企业参加完成科技成果56项，占67%，其中企业作为第一完成单位科技成果51项，占61%。2015年石家庄市科技进步奖项目90%成果达到国内领先以上水平，28%项目成果水平达到国际先进水平以上。科技奖励项目经济效益显著。根据统计，2015年市级科技进步奖项目产生直接经济效益较好，2012～2014年累计新增销售收入75.7亿元；新增利税17.37亿元；创汇1.24亿元。其中，农业类13个项目，新增收入34.74亿元，新增利税8.51亿元；工业类40个项目，新增销售收入40.96亿元，新增利税8.86亿元，创汇1.24亿元。

表58 2015年度石家庄市科学技术特别奖

序号	项目名称	完成单位	主要完成人
1	STR系列节油、环保、高效内燃机组件开发	石家庄金刚内燃机零部件集团有限公司	王季明 张彩霞 贾改丽 刘献丰 魏情
2	高硬度高耐磨粉末冶金高速钢的研发和产业化	河冶科技股份有限公司	吴立志 郑伟 方玉诚 谢志彬 邵青立

表59 2015年度石家庄市科学技术进步奖一等奖

序号	项目名称	完成单位	主要完成人
1	酶工程技术平台构建及其在制药行业中的应用	石药集团中诺药业（石家庄）有限公司	刘健 任丽梅 袁国强 周天舒 朱科 李晓静 王萍 李红飞 吴会广 李鹤
2	那他霉素及滴眼剂的研发	华北制药集团新药研究开发有限责任公司 华北制药股份有限公司	高任龙 张雪霞 李晓露 徐彦 杨海静 王耀耀 刘树林 任风芝 王海燕 张莉

（续表）

序号	项目名称	完成单位	主要完成人
3	新型农排表及其应用系统	石家庄科林电气股份有限公司	屈国旺 陈洪雨 陈贺 李峥 赵宏杰 郝立佳 侯志卫 孙建华 张权 白明
4	高产农田光温水肥资源特征及高效利用技术	石家庄市农业技术推广中心	李月华 李娟茹 侯大山 田红卫 王树生 赵锁辉 张胜爱 冯立辉 李琴 孙明清
5	深县猪选育与研究	鹿泉区鹿牧养猪专业合作社 石家庄市畜牧技术推广站 石家庄市畜牧兽医学会	魏春儒 褚素乔 曹洪战 王荣申 李建广 郭伟婷 张芳 张梦雪 任灵肖 李赛
6	鸡传染性法氏囊病三价活疫苗（B87株+CA株+CF株）的研究及临床应用	石家庄市动物疫病预防控制中心 北京中海生物科技有限公司 石家庄宏图畜牧业有限公司	蒋桃珍 陈光华 赵洪明 梁占军 冯忠泽 孙晔 王荣申 王玉清 李润 张素巧
7	高产稳产抗逆大豆品种石豆6号的选育及应用	石家庄市农林科学研究院	王玉岭 李占军 金素娟 赵璇 牛宁 赵春华 刘艳平
8	大葱三系杂交新品种“青杂2号”的选育及配套技术研究	石家庄市农林科学研究院 河北时丰农业科技开发有限公司	袁瑞江 王丽乔 安进军 付雅丽 封志明 杨瑾 齐连芬 宋聚红 刘玉芹 张淑青
9	无声破碎剂行业的节能核心技术研究	石家庄市功能建材有限公司	李乃珍 王保全 谢敬坦 蒋玉昆 高礼雄 张志征 雷亚光 张立新 容振玉 张连双
10	酶法7-ACA生产新技术开发与应用	华北制药河北华民药业有限责任公司	段志钢 刘东 闫峰 尹贵超 王立强 王淑琳 王平 程俊山 萧泛舟 张伟
11	城市正交异性板钢箱梁桥安全性能评价研究	石家庄市道桥建设总公司 石家庄铁道大学	刘永前 曹润彦 魏亚辉 韩红立 李红鸽 许宏伟 葛俊颖 陈树礼 张彦兵 程颖
12	石家庄市环境空气PM10、PM2.5来源解析研究	石家庄市环境监测中心 南开大学	靳伟 冯银厂 李亚卿 张裕芬 杨丽丽 冯媛 戴春岭 赵鑫 孙彦敏 吴建会
13	2G、3G（GSM/WCDMA）融合式数字光纤信号覆盖系统	河北人天通信技术有限公司	李彦芳 魏春华 窦晓飞 肖鹏 王丹丹 陶朝辉 王丁
14	无防腐剂重组乙型肝炎疫苗（CHO细胞）新制剂产业化研究	华北制药金坦生物技术股份有限公司	王英 张卫婷 马东杰 高任龙 胡卫国 张光军 杨海静 白燕 张红霞 陈会珍

表60　　2015年度石家庄市科学技术进步奖二等奖

序号	项目名称	完成单位	主要完成人
1	农业科技信息服务平台建设与示范推广	石家庄市农林科学研究院 石家庄广众科技传媒有限公司	李瑜玲 郭利朋 陈莉 李夕军 黄媛 杨英茹 高欣娜
2	优质耐热高产小白菜新品种“华绿四号”的选育及应用	石家庄美农种业有限公司 河北国研种业有限公司	宋聚红 岳存奇 张超 张国丛 封志明 许刚 刘会灵
3	极峰30玉米新品种的选育	河北极峰农业开发有限公司	张战奇 乔正明 孟洁英 张玉玲 刘凯 韩晓莉 程翠联
4	藻酸钙、骨膜细胞混悬凝胶治疗骨缺损的定量分析研究	石家庄市第三医院	王彦志 贾东昭 常军英

（续表）

序号	项目名称	完成单位	主要完成人
5	肩关节镜下取髓内钉同时修复肩袖对肩关节功能的影响	石家庄市第三医院	马湘毅 潘西庆 张江礼 白玉娟 梁斌 王志斐 李锋
6	中药的抗炎作用及其临床应用研究	石家庄市第一医院等	赵军海 董振咏等
7	胰岛素—胰岛素样生长因子与热休克蛋白的表达与妊娠结局的关系	石家庄市第四医院等	段丽红 于湄等
8	精神、神经疾病的诊治及其风险因素与康复护理的相关性研究	石家庄市第三医院等	高瑞利 杜义敏 马凤华等
9	脓毒血症与呼吸机相关性肺炎的临床研究	石家庄市第一医院等	程慧 郝秀菊等
10	提高足月自然分娩成功率的综合研究	石家庄市第一医院等	孙东霞 成林树 梁云泰等
11	石家庄居民膳食营养与相关慢性病关系研究	石家庄市疾病预防控制中心	赵川 陈凤格 周吉坤 赵伟 李波 范尉尉 白萍
12	注射用复方维生素（3）的研制及产业化开发	河北爱尔海泰制药有限公司	夏彤 何庆国 赵兰 张勇 张云升 陶文猛 左文飞
13	利用酶工程法制备低分子硫酸皮肤素	河北常山生化药业股份有限公司	姬胜利 崔洁 白文举 杜旭召 张志英 郭彦行 姬忠国
14	外墙外保温用岩棉板性能的研究与应用	河北金舵建材科技开发有限公司	谢红 赵永东 陈占虎 李红双 郝建江 吴磊 张永朝
15	环保高效高速列车清洗剂的研制	石家庄菠莉亚日用化工有限公司	张清华 刘雪玲 崔静 王丰收 吕跃斌 和利平 王世宇
16	可可碱生产新工艺的开发	石药集团新诺威制药股份有限公司	刘晖 张浩 韩志杰 赵旭 王海英 牛素菊 谢丽莎
17	GK-4A 高效缓凝减水剂	石家庄市长安育才建材有限公司	刘江涛、董树强 王龙飞 刘杰
18	聚丙烯塑料瓶大输液生产新工艺开发	石家庄四药有限公司	殷殿书 李俊德 高淑平 韩淑芹 王春发 韩同乐 李建刚
19	石家庄市科技基础条件平台与技术创新平台评价分析研究	石家庄市科技信息研究所 石家庄市科学技术局	张英才 王燕 张陆行 尚岩 张宏燕 刘延 张文涛
20	岩溶隧道水防护利用与安全施工技术	中铁十七局集团第三工程有限公司 石家庄铁道大学	张卫国 朱正国 曹会芹 李兆年 刘庆华 李予文 王震
21	锻制高合金钢冷轧辊辊坯制备技术开发	河冶科技股份有限公司	杨文义 张占普 尤晓东 邵青立 史义民 谢志彬 吴卫国
22	东风 EQ4H 柴油机缸套活塞摩擦副的研发	石家庄金刚凯源动力科技有限公司	刘津东 张彩霞 边光明 李树林 贾孜丽 魏倩 付静文
23	科技业务管理数字化平台	石家庄市科技信息研究所 石家庄铁大科贤信息技术有限公司	封明彦 张焕景 李军强 李晓锁 尚岩 白军辉 丁涛
24	无线宽带接入系统产业化（扩建）项目	博信通信股份有限公司	张克强 王继刚 董振 史正强 田志强 王海树
25	4JQS 系列秸秆青贮收集机的研制	石家庄市中州机械制造有限公司 河北省农业机械化研究所有限公司	常国志 张辉辰 张西群 王进朝 魏英彪 张俊杰 彭发智
26	石家庄市科技成果奖励管理平台建设与应用	石家庄铁大科贤信息技术有限公司	王都 时亚东 史远 刘业炜 刘宇 郑红 赵晓亮
27	石家庄市农村生活污水综合治理技术研究及示范	石家庄市生态文明建设促进会 沃德思源集团有限公司 河北科技大学	周素颖 罗晓 康玉炯 李光裕 张怡凡 耿彬华 姜静

（续表）

序号	项目名称	完成单位	主要完成人
28	大功率组合式 LED 照明灯具	河北立德电子有限公司	夏明颖 朱晓东 董新芝 崔东辉 闫永生 武冰 聂建峰
29	升膜式多效蒸馏水机	河北中然制药设备有限公司	蔡春山 尹爱琴 陶丽文 段绍波 孟杰 张利华 孙凯
30	石家庄市影响儿童健康因素调查与研究	石家庄市妇幼保健院	谢二辰 柳玮 霍忙文 解建强 赵志英 吕萍 智利彩

表 61　　2015 年度石家庄市科学技术进步奖三等奖

序号	项目名称	完成单位	主要完成人
1	小麦－豆粕型日粮养猪技术的研究	鹿泉市利达饲料厂 河北工程大学	张军辉 杨俊琦 王银钱 罗文学 韩杰
2	生物酶解技术制备中兽药杨树花口服液的应用研究	河北康利动物药业有限公司 河北工程大学	惠孝鑫 孙海军 何荣庄 赵洪秋 赵振宇
3	高山杜鹃组培快繁生物技术研究	石家庄市农林科学研究院	李志斌 蒋淑磊 白霄霞 徐立军 李振勤
4	优质高产设施西瓜新品种“星研七号”和“星研八号”的选育	河北双星种业有限公司	党继革 赵新芳 王欣 代云志 李涛
5	芸蔷散在蛋鸡生产中的研究与应用	鹿泉市大河丰丰养鸡场 石家庄学院	于宏伟 赵永会 刘怡菲 冯俊霞 安会芳
6	低温等离子治疗合并高血压的颈椎病的临床研究	新乐市医院	郭志刚 李军英 郭建欣 王素敏 赵振江
7	超声评估左室流出道梗阻在肥厚型心肌病的临床意义	石家庄市中医院	李庆 索晓华 吕京敏 沈江晁 郑丽
8	用药学信息指导全科医生优化药物治疗方案研究	河北省正定县人民医院	冯雪梅 吴小玉 祁永玲 李莉 吴静
9	生活方式的干预对多囊卵巢综合征患者预后影响的临床研究	赞皇县医院	张君 王国军 马助国 安淑银 杨旭敏
10	颗粒细胞部分剥除对胚胎冷冻的影响	石家庄市第四医院	蒋彦 李清雪 葛军 孟繁玉 耿彩平
11	结肠癌患者手术及药物治疗对机体免疫机能状态影响的研究	石家庄市鹿泉人民医院	杨新书 李志勇 李艳茹 张秀敏 王建琴
12	社区卫生服务实用技能的研究	石家庄市疾病预防控制中心	梁震宇 刘卫红 邱延超 马新颜 张宝珍
13	电除尘微细颗粒电雾凝并装置的研制开发	石家庄虎林环保设备有限公司	李宝才 李建新 李健 李洋 张兰
14	妊娠期高血压疾病术后抗凝治疗临床研究	元氏县医院	王晓丽 王巧云
15	C－反应蛋白与血清降钙素原测定在 AECOPD 抗菌治疗中的应用	石家庄市第三医院	蒋艳敏 郭春阳 孙磊 董莉 杨昆
16	高张氯化钠在创伤失血性休克液体复苏中的临床研究	石家庄市第三医院	高芳 袁梦琪 解彦格 王园园 袁德琴
17	视黄醇结合蛋白－4 与糖尿病肾病关系的研究	石家庄市第一医院	雷琳 任巧华 郭静霞

（续表）

序号	项目名称	完成单位	主要完成人
18	不同剂量他汀类药物对高血压合并早期肾损害患者的肾功能保护作用	石家庄市第二医院	边亚 牛素贞 籍子英 贾万明 申瑞霞
19	康复训练联合小剂量奥氮平对社区脑卒中后抑郁的对照研究	石家庄市第一医院	李贵琴 王花茹 韩振萍 石丽英 赵志英
20	益气解毒方药临床应用研究	石家庄市第三医院等	曲金荣 杜义军 张丽琴等
21	单向或双向易撕复合包装膜袋	河北永新包装有限公司	姜志绘 陈宝生 郭群良 杨茹 王红卫
22	新型矿用系列充填材料的生产技术	河北筑盛科技股份有限公司	田艳光 李俊峰 梁立彬 韩晓燕 王冬
23	7H-噻唑并-1，2，4-三嗪绿色制备工艺	石家庄学院	刘斯婕 张宝华 岳红坤 何敬宇 周冉
24	遗传体质评估指导个体化健康管理与疾病预防	河北省健海生物芯片技术有限责任公司 优二十三健康科技（北京）有限公司	张德军 李战青 赵亚东 修贺明 阴建友
25	纳米级内耳病分子生物学体外诊断试剂盒的联合研发	河北博海生物工程开发有限公司 芬兰坦佩雷大学	李彬 张锐 李素娟 彭兵 贾晓彦
26	放射式水处理生物填料及其生产方法	河北益生环保科技有限公司	苏亿位 孙金保 张建强 王建强 左永刚
27	创新型城市建设及企业创新联盟相关问题研究	石家庄学院等	聂翠平 谭鑫等
28	干燥盘生产的新工艺及装备	石家庄工大科技开发有限公司 石家庄铁道大学	邓东葵 侯哲哲 齐海波 张继军 梁丙辰
29	繁忙运营正线安全快速插入交叉渡线施工技术	中铁十七局集团第三工程有限公司	徐保军 王玉池 雷勇锋 张志清 孟历杰
30	系列杂粮八宝粥加工关键技术研究及产业化开发	河北同福食品有限公司 河北化工医药职业技术学院	张立永 王成祥 田君 张铎 李毅丽
31	超薄涡轮齿金刚石圆锯片	博深工具股份有限公司	李春月 江斌 王成军 苏士伟 吴建
32	适应各种行距的穗茎兼收型玉米联合收获机研究与开发	河北中农博远农业装备有限公司 河北省农业机械化研究所有限公司	张国彬 王进朝 杨志杰 张继勇 王飞
33	纸币清分包装流水线	河北汇金机电股份有限公司	郝武艺 尹冬 李社伟 王小飞 秦欣朋
34	IIC类防爆环境用LED灯具的研究	石家庄高新区立明电子科技有限公司	蓝卫 杨浩亮 丁永峰 连新宇 李哲
35	面向供应链的印刷综合管理系统的研究与设计	石家庄铁道大学	毛晚堆 宋宁 刘永军 牛江川 张国兵
36	通信用蓄电池恒温柜	河北科技大学 河北博宇节能设备有限公司	崔海亭 孟祥文 王振宁 牛杰 高爱民
37	数字化自动跟踪消弧补偿及选线成套装置	河北旭辉电气股份有限公司	董锁英 郑金芝 石建兴 张振江 张绍娟

（市科技局）

【河北省科学技术奖】 2015年石家庄市获得河北省科学技术奖18项。其中，省自然科学二等奖1项；省技术发明三等奖3项；省科学技术进步奖14项，其中一等奖4项、二等奖3项、三等奖7项；另有1人获得省国际科技合作奖。石药集团中奇制药技术（石家庄）有限公司完成的“盐酸多柔比星脂质体注射液的研制”，东旭集团有限公司完成的“轻质高应变点液晶玻璃基板装备技术”，华北制药河北华民药业有限责任公司完成的“头孢噻肟生产新技术开发及应用”，中国科学院遗传与发育生物学研究所农业资源研究中心完成的“滨海平原盐碱区适生种植技术集成研究与示范”4项成果获得省科技进步一等奖。加拿大籍华裔乳品加工专家朱宏博士获得省国际科技合作奖。“盐酸多柔比星脂质体注射液的研制”项目历经10年自主开发，相对普通制剂显著降低心脏毒性和骨髓抑制等不良反应，可靶向肿瘤组织，提高疗效，成为治疗多种肿瘤疾病一线药物，至2015年底，该药销售额累计突破10亿元。“轻质高应变点液晶玻璃基板装备技术”项目获得授权发明专利2项，实用新型专利17项，该技术在石家庄旭新光电等公司7条生产线上应用，年产玻璃基板超过400万片。“头孢噻肟生产新技术开发及应用”项目首创国内非均相合成反应的相转移催化剂应用头孢酰化反应，解决了酰化反应速度慢、收率低难题，该成果应用3年新增销售收入9.1亿元，利润2.85亿元。“滨海平原盐碱区适生种植技术集成研究与示范”项目历经10年攻关研究，获得授权发明专利7项，审定新品种4个。

【国家科学技术奖】 2016年1月8日，2015年度国家科学技术奖励大会举行。在此次大会上，石药集团有限责任公司主持完成的“石药集团药物研发创新体系建设”获得国家科学技术进步企业技术创新工程奖，这是河北省企业首次摘得国家科学技术进步企业技术创新工程奖；石家庄铁道大学参与完成“京沪高速铁路工程”项目获国家科学技术进步奖特等奖，参与完成“高速铁路大断面黄土隧道建设成套技术及应用”项目获国家科学技术进步二等奖；中国石油化工股份有限公司石家庄炼化分公司参与完成“含高浓度分散相的搅拌反应器数值放大与混合强化的新技术”项目获国家技术发明奖二等奖。

【科学技术特别奖】 2015年石家庄市科学技术特别奖获奖单位为：石家庄金刚内燃机零部件集团有限公司、河冶科技股份有限公司。石家庄金刚内燃机零部件集团有限公司获奖项目是“STR系列节油、环保、高效内燃机组件开发”。该项目开发的是新式发动机组件，比行业进口组件每台减重1425克，可提高发动机功率10%，降低油耗8%～12%。该项目产品2014年被国家科技部、环保部等4部委评为“国家重点新产品”；2013年获得河北省技术发明三等奖后，还获得发明专利17项，实用新型专利2项，参与起草制定国家标准2项，行业标准5项。2013～2014年该项目产品新增销售收入2.02亿元、新增利税3695万元。

河冶科技股份有限公司获奖项目是“高硬度高耐磨粉末冶金高速钢的研发和产业化”。该项目产品广泛应用现代加工及装备制造业，是制作大型、精密复杂整体刀具不可替代的关键材料，填补中国粉末高速钢生产空白。河冶科技股份有限公司粉末钢产品质量水平达到国际先进水平，国内市场占有率超过50%，并出口到韩国、美国等国外市场。该项目产品2012年度获得河北省科技进步三等奖后，取得发明专利2项，发表论文5篇。2013～2014年度该项目产品新增销售收入7330万元，新增利税2385万元。

（李云萍）

科技成果转化推广与管理

【概况】 2015年，全市大力实施科技成果推广计划项目，加速科技成果转化和技术转移与应用。全年安排科技成果推广计划项目6项，安排资金133万元。2015年全市登记技术合同1206份，同比增加2.46%；技术合同成交总额12.54亿元，同比增加7.51%。其中，技术交易额11.07亿元，同比增长4.33%。2015年石家庄市技术合同登记额位居河北省首位。8月29日，国家新发布实施《中华人民共和国促进科技成果转化法》；9月29日，市科技局举办《中华人民共和国促进科技成果转化法》宣传讲解会，邀请国家科技部政策法规与监督司领导围绕《中华人民共和国促进科技成果转化法》修改背景、意义及新的指导思想等作解读。制定印发《关于大力引进高层次科技创新创业人才的意见》(石发〔2015〕4号)，支持高层次人才落户石家庄。开展石家庄市第三届科技领军人物和科技创新团队认定工作，新认定科技领军人物和科技创新团队各15个，拨付专项经费225万元。重视创新人才培养。以生物医药、电子信息、装备制造、现代农业、循环化工等优势领域为重点，开展不同形式院士交流合作，推进院士工作站建设和院士引进工作。全年新增院士工作站7家，累计总数达到30家，联络院士105名。5月30日，第十一届国际络病学大会暨石家庄生物医药院士工作站正式启动，20余名院士及国内外2000余名专家学者参加，签约合作项目6项。2015年11月，石家庄四药有限公司、君乐宝乳业2家企业获得国家人力资源和社会保障部、全国博士后管委会批准设立博士后科研工作站。

(市科技局)

【生物医药院士工作站启动】 5月30日，由中国工程院医药卫生学部、中华中医药学会、中国中西医结合学会、世界中医药学会联合会、中国农村卫生协会、石家庄市人民政府主办的第十一届国际络病学大会暨石家庄生物医药院士工作站启动仪式在石家庄以岭健康城举行。大会主题为“传承、开放、创新、融合”。国家卫生计生委副主任、中医药管理局局长王国强，中国工程院院士、副院长樊代明，省委常委、市委书记孙瑞彬，市长王亮以及樊代明、钟南山、杨胜利、张伯礼、杨宝峰、高润霖、张运等20余位中国工程院、科学院生物医药领域院士参加启动仪式。钟南山、张运、吴以岭等院士分别在院士论坛、专题论坛作报告，大会在全国设立分会场380余个，共有约35000余名全国各地的专家学者通过视频会议参会。活动期间，院士工作站与院士新签约合作项目6项，包含基础研究、临床研究与科研平台建设项目。其中，与钟南山院士带领的广州呼吸疾病研究所签订战略合作项目，包括连花清瘟系列产品对常见及新突发重大呼吸道病毒的抗病毒及免疫调节作用机制研究、连花清瘟颗粒治疗突发病毒感染的临床有效性和安全性临床试验；与张伯礼院士和天津中医药大学合作打造“现代中药协同创新中心”，以创新中药研发及名优中成药大品种改造为研究方向，在现代中药领域形成优势互补、集群创新，提升中药新药国际竞争力；与姚新生院士、杨宝峰院士合作开展芪苈强心胶囊物质基础和作用机制研究；与荷兰莱顿大学合作建立荷兰莱顿大学—以岭医药研究院医药研究中心；与中国科学院上海药物研究所、中国医学科学院协和药物研究所等国内知名科研机构合作开展一类化学药物的研究开发等。石家庄生物医药院士工作站首批进站院士27人，国内一流专家40人。石家庄生物医药院士工作站于2012年7月批准挂牌。2015年上半年，投资4.6亿元、建筑面积3.7万平方米的院士工作站科研大楼建成投入使用。该院士工作站依托以岭药业股份有限公司，通过整合以岭药业的国家、省、市级创新平台、实验室和基地，形成分离鉴定、质量控制、药物筛选等9大技术中心，建立起贯穿创新药物研发全过程及关键技术环节的综合性成套研发体系，形成持续研发具有自主知识产权专利新药的创新能力，在中药领域开展复方中药、组分中药以及面向国际的单体中药研发，在化学药物领域瞄准国际前沿，从药物筛选到注册临床，建成一类新药研发各个阶段的平台管线。

(范玉蕾)

【京津冀产业转移对接】 11月20日，由国家工业和信息化部、北京市政府、天津市政府、河北省政府共同举办的2015京津冀产业转移系列对接活动在石家庄市举行。此次活动期间，石家庄市签约项目11个，其中4个项目在大会签约仪式现场签约，分别为：石家庄高新区与北京旷烨投资股份公司合作建设京冀综合产业协作示范园项目、石家庄高新区与大唐信息技术有限公司合作建设北斗卫星导航和定向声波系统产业基地项目、石家庄于栋电子科技公司与北京军阅科技公司合作建设毫米波雷达探测装置项目、河北金世纪医药公司与上海医药集团合作建设医药物流配送和电子商务基地项目。其中，京冀综合产业协作示范园项目计划整体用地1500亩，示范园及入园企业项目总投资50亿元，主要承接北京市因疏解城市功能向外转移生物医药、电子信息、科技研发、节能环保、先进制造、文化创意等产业项目及其他中高端项目，规划建成节能、低碳、智能、高效智慧园区。石家庄市还参加京津冀产业合作研讨会、生物医药产业专题对接会、先进装备制造暨新能源汽车产业专题对接会、新一代信息技术专题对接会、轻纺食品专题对接会、高分辨率对地观测系统数据应用暨空间信息产业专题对接等系列活动。其中，石家庄国家生物产业基地、石家庄通合电子科技股份有限公司、石家庄正定集成电路封装测试产业基地、石家庄信息产业基地、河北行唐国际家具产业园、石家庄信息产业基地（卫星导航基地）等单位举办了现场推介、招商发布和洽谈活动。

（范玉蕾）

【创新组分中药塞络通胶囊三期临床试验启动】 2015年12月，治疗血管性痴呆创新组分中药塞络通胶囊三期临床试验在澳大利亚正式启动。该药品由神威药业集团有限公司、中国中医科学院西苑医院、澳大利亚西悉尼大学联合研发，是全球首个在中国、澳大利亚同时开展符合国际规范、多中心临床研究的组分中药。塞络通胶囊是现阶段国家食品药品监督管理局批准第一个也是唯一一个进入临床研究阶段组分中药，被列入“十一五”规划和“十二五”规划国家重大新药创制项目。塞络通胶囊在澳大利亚三期临床研究需要2年时间，按计划依照多中心、随机、双盲、安慰剂对照方式开展，主要验证塞络通胶囊治疗血管性痴呆有效性和安全性。澳大利亚是首个以立法形式承认中医药合法地位的西方国家，也是国际药品监查合作计划成员国，与欧盟20多个国家签订有双方互认协议，通过澳大利亚联邦药物管理局认证的中药，可进入欧盟、韩国、南非、马来西亚等地市场。

（范玉蕾　甄玉）

【技术经纪人培训】 2015年6～10月，市科技局与北京技术市场协会、北京经纪人协会共同组织举办“石家庄市首届技术经纪人执业证书培训班”。来自河北省各高等院校、科研院所及石家庄市科技管理部门、企业研发部门、科技中介机构和技术转移示范机构等行政、企事业单位130余人参加培训，主要系统讲解技术经济基础知识、专业素质、法律法规等业务知识内容，120位学员获得《技术经纪人执业证书》。这也是河北省首次职业技术经纪人培训。

【科技大市场】 与中国技术市场协会联合举办“区域合作与服务创新研讨会暨资源环境项目对接会”，与中国电力科学研究院等3家单位签订科技服务协议，与全国25位专家开展科技项目推介和对接，5家单位达成合作意向。与中国技术交易所、科技部科技人才交流开发服务中心联合举办“科技领军人才地方行——石家庄科技大市场专家沙龙”活动，设立“京津冀技术交易石家庄工作站”。举办赞皇县“互联网+”行动推介大会，推介发布项目50个。与科技服务机构河北百汇广联科技服务公司合作，共同建立“河北科技服务网络平台”。以科技大市场为依托，设立“京津冀技术转移石家庄工作站”。至2015年末，石家庄科技大市场注册企业会员及个人会员3000余个，整理入库技术成果7万余条，联系全国各地行业专家2000余人。掌握技术市场动态，摸清企业技术需求及企业在技术吸纳方面投入、产出情况，开展“石家庄市企业技术吸纳状况调查”，统计和分析石家庄市重点行业技术吸纳现状、成绩和问题，提出对策与建议。举办技术市场培训，市科技局、高新区联合组织举行“技术市场管理培训班”，200余家企业和技术转移机构参加培训。启动“科技金融实验室”建设，推进科技资源与金融资源有效对接。中国工商银行河北省支行、河北银行在石家庄设立科技支行，分别开展中小型科技企业科技成果转化资金贷款项目试点和科技金融创新试点。2015年科技大市场举办各种培训、讲座、论坛及对接会、洽谈会76场次；向全市中小企业推介优秀科技成果2300余项；通过网上对接、网下洽谈等方式，组织专家为300余家中小企业解决技术问题89项；向企业提供融资方案32项；登记各类技术合同成交总额4.9亿元。

（市科技局）

教　育

Education

概　述

2015年，全市共有各级各类学校（含幼儿园）3206所，同比减少49所。其中，幼儿园1361所，同比增加59所；小学1310所，同比减少68所；中学373所（含初级中学194所、高级中学58所、九年一贯制学校70所、完全中学47所、十二年一贯制学校4所），同比减少42所；特教学校23所，同比减少1所；中等职业学校134所，同比减少2所；市属高校5所，与2014年持平。在校生1654339人，其中，在园幼儿287388人，小学生729606人，初中生289957人，普通高中生157139人，特教学生1833人，中等职业教育生140635人，高校学生47781人。教职工126797人，专任教师105294人。1月1日，《石家庄市教育设施规划建设管理条例》正式实施，这也是河北省和石家庄市首部地方教育设施管理法规，填补全市教育设施规划建设管理法规空白。首次开展学生体质健康标准测试。12月2～4日，石家庄市各县（市、区）及直属学校2100多名中小学生，参加由市教育局主办首届《国家学生体质健康标准》测试。全市近100所中小学校随机抽取2100多名小学、初中、高中学生，参加身高体重、肺活量、坐位体前屈、跳绳、仰卧起坐、引体向上、50米跑、中长跑等项目及视力抽样测试。这是石家庄市首次开展《国家学生体质健康标准》测试，也是河北省首家实施测试地市。6所学校获认河北省绿色学校。2015年7月，河北省环保厅、教育厅联合考核、审定第八批河北省绿色学校名单，石家庄市6所学校入选，分别为高新区南郄马小学、市华北幼儿园、市建明小学、市国泰街学校、市长征街第三小学、市神兴小学。1996年石家庄市开展绿色创建，至2015年底，全市共有绿色学校210所，其中，国际生态学校1所，国家级绿色学校2所，省级绿色学校37所，市级绿色学校170所。

基础设施。全年规划新扩建50所公办标准化幼儿园项目完成，新增学位9755个，部分区域“入园难”“入园贵”问题得到缓解。市内长安区、桥西区、新华区、裕华区、高新区新落成居民住宅项目移交小学10所，中学3所，新增校舍建筑面积12.4万平方米，新增学位13980个。推进职教园区建设，一期工程市特殊教育学校项目基本完工，信息技术学校项目完成主体工程；市第十五中学整体迁建工程、市第二实验中学女生宿舍楼项目主体封顶；市第二中学整体改造二、三期工程有序推进。2015年市教育系统“全面改薄”投入资金4.69亿元，安排建设类项目359个，涉及学校188所（其中小学138所、初中29所），教学点67个。规划新改扩建校舍面积22.4万平方米，运动场9.6万平方米；安排设备购置类项目学校633所、教学点535个，计划购置教学及生活设施设备60万台（件、套）、课桌椅15.5万套、学生用床2.6万张、图书106万册。至2015年底，全市教育系统建设类项目竣工312个，校舍竣工面积16.9万平方米，运动场9.1万平方米；47个项目正在建设，在建校舍面积5万平方米，运动场5000平方米；购置类项目全部完成供货并配置到位。

教育改革。实施国家数字教育资源公共服务平台试点项目，建立覆盖21个县（市、区）及高新区教育云平台，实现数据云存储和共享；建设教育资源公共服务平台、远程互动教研系统和人人通学习空间系统，主城区外县（市、区）建立教育云二级分中心。实施国家中小学教育质量综合评价实验区项目，完成中小学教育质量综合评价指标体系制定及综合评价工具研发。实施区域教育发展协同创新项目，形成年度县域义务教育均衡发展状况监测报告，获得区域教育综合改革优秀工作案例奖，并在全国区域教育发展协同创新项目年度会议上作典型发言。实施国家特殊教育改革实验区建设，完成5所“幼特融合协作园”建设，为残疾儿童教育与康复训练相融合奠定基础。创新招生改革政策。首次向社会公布市内各区义务教育阶段“招生地图”，最大限度保证招生公平、公正、公开。实行“初中择校生中考不享受公办省级示范性高中公助生指标分配到校政策”，抑制“择校热”问题。组织教育、财政、人力资源和社会保障、公安、房管、工商等部门制定进城务工人员随迁子女入学政策，印发《关于做好进城务工人员随迁子女接受义务教育工作的意见》。探索创新人才培养模式，组织10所公办普通高中开展自主招生改革试点。2015年全市公办普通高中全部取消招收“择校生”，公办省级示范性高中分配生比例调整至80%。开展小学生免费托管试点，将小学生免费托管试点工作确定为市政府“利民惠民实事”之一。2015年市教育局、市财政局、市物价局联合制定印发《关于开展小学生免费托管服务试点工作的实施意见》，确定主城区20所小学开展小学生下午放学后校内免费托管服务试点，共设立托管班311个，免费托管服务学生14130人。市区影响交通较大62所中小学、幼儿园实行错时上下学制度，缓解校园周边交通拥堵问题。实施普通教育与职业教育融通改革，搭建多元化人才成长“立交桥”。2015年全市首批15所8组普通高中和中等职业学校开展普职融通试点，以普通高中和中等职业学校互转学籍、互认学分形式，探索建立普通教育与职业教育融合衔接、互相贯通、多元立交、合作共赢培养机制。至2015年末，全市81名学生从普通高中转入中等职业学校，10名学生从中等职业学校转入普通高中。探索普通高中与市属高职院校普职融合贯通改革试点，印发《石家庄市普通高中与市属高职院校普职融合贯通改革试点工作方案》，决定利用3年左右时间，在全市11所普通高中和3所市属高职院校（石家庄职业技术学院、石家庄信息工程职业学院、石家庄科技工程职业学院）间开展普通高中与市属高职院校普职融合贯通改革试点。

教育督导。提高督学专业水平，围绕教育督导理念、制度建设、学校评估等内容组织督学培训2次，聘任科目齐全、类别广泛、业务精湛、年龄合理市级督学110名。制定《石家庄市关于实行中小学校责任督学挂牌督导制度》，明确责任督学职责。2015年石家庄市在所辖县（市、区）建立督学责任区159个，聘任责任督学951名，挂牌2144块，实现责任督学挂牌督导全覆盖。推动教育事业发展，开展国家和河北省义务教育基本均衡过程性督导、省政府“四年一轮”综合督导评估、两项市级督导评估及学校评估。元氏县、行唐县、赞皇县3县通过省政府义务教育基本均衡督导评估，至2015年底，全市21个县（市、区）及高新区全部通过省政府义务教育基本均衡督导评估。其中，长安区、晋州市、正定县、深泽县、赵县、灵寿县、平山县、高邑县8个县（市、区）通过国家义务教育基本均衡督导检查，累计达到19个，占到河北省总数近三分之一。2015年在全国义务教育改革发展现场经验交流会上，石家庄市义务教育均衡发展工作获得国家教育部表彰，成为全国20个义务教育均衡发展优秀工作案例之一（全国省会城市中，仅有石家庄市、成都市）。

集团化办学。推进集团化办学，印发《关于加快推进基础教育优质资源集团化办学的实施意见》，在全市组建各种形式教育集团或联合体89个，其中主城区组建教育集团34个。结合石家庄市部分行政区划调整，启动实施新老城区及正定县教育一体化发展工作，采取学校联盟、校长教师交流、教学科研互动、对口支援等形式推进新老城区教育深度融合。

京津优质教育资源引进。3月31日，市教育局与天津市教委签订职业教育合作框架协议；10月14日，市政府与北京市教委签订《石家庄市人民政府与北京市教育委员会教育合作框架协议》。10月23日，由中国教育学会高中教育专业委员会主办的“2015京津冀高中校长论坛”在石家庄市第二中学举行，京津冀三地教育学会代表共同签署《京津冀一体化高中教育发展联合协议书》。至2015年末，石家庄市与京津两地签订教育合作项目23个。

信息化建设。推进数字教育资源开发与应用，数字教育资源公共服务平台上传石家庄本地资源13095件，电子图书6万余册、电子期刊30余万册、中央电视台视频资源库1.3T。安装中小学理、化、生虚拟仿真实验室，全市连接城域网学校均可免费享受优质教育教学资源，农村及边远地区师资水平相对较差学校，开始逐步实现享受与城市学校同样优质教育教学资源，有效促进教育均衡发展和教育公平。2015年全市1957所学校、近50万师生及学生家长注册开通“人人通”空间，上传教学课件19597件、课程资源6188节，实现教师、学生、家长快速沟通。提升教育教学网络化、信息化水平，建立集互动、观摩、体验、分享于一体的远程互动协作教研系统，组建学科中心组1171个，使用教师10378人，开展网络教研603次。

思想道德教育。坚持以立德树人为教育根本任务，采取理论宣讲、主题报告、社团活动、经典诵读、志愿者服务等形式、渠道，将核心价值观教育融入学校教育教学全过程。举办“为我加油”——石家庄市中小学社会主义核心价值观情景教育汇报展示活动，30所中小学校以事迹展示、歌舞、经典诵读、合唱、沙画等形式，较好展示全市中小学培育和践行社会主义核心价值观成果。举行“少年传承中华传统美德”活动，引导中小学生增强文化自信，激发爱国情感。开展培育和践行社会主义核心价值观优秀典范、优秀教学案例征集活动，发挥课堂主渠道和教师队伍示范作用，培养师生勤学、修德、明辨、笃实优秀品质。举办“奋发向上·崇德向善”青少年爱国主义讲故事比赛、“书香传家、阅读继世”万人共读一本书等活动，全市近70万中小学生参加，以读、说、写过程深化核心价值观教育。

成人教育。制定印发《关于开展成人高等教育函授站（点）现代远程教育校外学习中心办学水平检查的通知》，年检函授站（点）45个、校外学习中心58个。规范办学行为，严格教学制度和学籍管理，组织3个专家组评估检查103个函授站（点）及校外学习中心。新审核、报批驻石家庄函授站7个。启动社区教育，起草《石家庄市社区教育暂行管理办法》。10月9日，石家庄市社区教育指导中心和社区教育学院正式挂牌。

国际交流与合作。19所学校聘请外国教师（简称外教）100余名；新增聘请外教资质学校1所，累计达到81所。石家庄外国语学校瑞典法尔肯贝里高中孔子课堂获得“国家汉办先进孔子课堂”。推荐孔子学院总部外派教师4人；推荐优秀中小学骨干校长和教师赴新加坡攻读教育管理硕士5人；选拔推荐资助中小学英语教师赴英国、美国进修3人；选拔推荐2015年优秀初三毕业生赴新加坡留学14人。接待“中美教育管理者互学项目”美方校长代表团及美国亚利桑那州中学校长代表团、日本长野中学生代表团访问活动。组织安排在河北师范大学举办2015年出国留学指导专业培训。建立中小学学生赴境外研学旅行活动服务系统。

民办教育。加强民办教育管理，摸清民办教育底数。印发《民办非学历教育培训机构设置和管理暂行办法》，填补全市民办非学历教育培训机构没有统一设置标准的“政策空白”。修订完善民办学校办学情况年度检查标准，完成53所民办中等职业学校、25所民办高中学校年检。启动民办学校校园文化建设提升工程，引导民办学校丰富校园文化内涵，充实校园文化底蕴，打造文化校园、特色校园、和谐校园。以学校安全、信访稳定、办学行为为重点，开展民办学校集中督导检查，检查民办学校70余所，督促整改隐患80余处。

【山区教育扶贫工程】 山区教育扶贫工程学校增至82所。2015年7月，市教育局、市财政局联合印发《关于公布山区教育扶贫工程项目学校调整名单的通知》，确定项目学校由原来56所增至82所。其中，小学70所、初中12所，覆盖山区6县45个深山区乡镇。调整后项目学校名单：平山县19所，包括平山县第二中学、西柏坡中学、古月中学、北冶中学、西柏坡希望小学、寨北乡寨北学校、合河口乡合河口小学、观音堂乡观音堂小学、蛟潭庄镇蛟潭庄学校、营里乡营里小学、王坡乡王坡第二小学、北冶乡北冶小学、元坊小学、小觉小学、苏家庄小学、下口小学、杨家桥小学、古月小学、柏岭小学；行唐县11所，包括行唐实验中学、九口子乡九口子明德小学、九口子乡上连庄小学、北河志和小学、上闫庄明德小学、城寨乡南凹小学、北城寨明德小学、口头镇秦台明德小学、口头镇杨家庄小学、上滋洋小学、口头小学；灵寿县13所，包括灵寿县第二初级中学、南营完小、寨头中心小学、陈庄镇新井完小、陈庄镇北庄完小、岔头八一希望小学、岔头第一中心小学、燕川第一中心小学、寨头明德小学、陈庄小学、岔头第二中心小学、寨南完小、南燕川小学；元氏县8所，包括元氏县第七中学、元氏县第三中学、苏村中心小学、南佐中心小学、前仙中心小学、旷村中心小学、北正中心小学、黑水河中心小学；井陉县16所，包括陉山中学、小作中学、障城中学、测鱼中心小学、南峪镇南峪小学、孙庄育才学校、于家乡于家小学、小作镇库隆峰小学、小作镇小寨小学、小作镇桃林坪小学、苍岩山学校、障城明德小学、南王庄小学、台头小学、辛庄小学、南陉小学；赞皇县15所，包括赞皇县第二中学、黄北坪小学、石嘴头小学、胡家滩联办小学、都户明德小学、虎寨口小学、许亭中心小学、千根小学、野草湾中心小学、院头中心小学、上麻中心小学、胡家庵联办小学、苏家台小学、土门小学、马峪小学。加强山区教育扶贫工程项目学校精细化管理和内涵建设，印发《石家庄市山区教育扶贫工程教育教学质量提升三年行动计划》《深山区学生免费接受高中阶段教育的实施意见》《关于开展初中生职业生涯规划教育的意见》《关于山区教育扶贫工程项目小学对口直升项目初中工作的通知》等文件。开展山区教育扶贫工程项目学校教师全员培训，配全专任教师和生活管理员，筛选市区优质学校与山区项目学校结成“一对一”帮扶对子，帮助项目学校提升办学水平和教学质量。建立深山区学生成长发展电子档案，追踪深山区学生从小学、初中、高中升入大学学习经历，确保每名深山区初中毕业生均能升入普通高中或职业高中。落实贫困学生资助政策。市财政设立专项资金2600万元，用于保障山区家庭经济困难学生生活补助发放。2015年全市发放山区家庭经济困难学生专项补助2474万元，惠及学生32615人次。市、县两级政府设立高中阶段免费教育专项资金，农村初中毕业生未升入普通高中，全部安排接受中等职业教育。2015年山区教育扶贫工程项目初中学校共有1325名毕业生参加中考，其中升入普通高中775人，占58.5%，其余550人全部升入职业高中就读。至2015年底，石家庄市山区教育扶贫工程转移安置深山区义务教育阶段学生49035名。石家庄市山区教育扶贫工程做法在全省推广。10月17日，全国教育扶贫全覆盖行动启动仪式暨河北省山区教育扶贫工程现场会在石家庄市赞皇县举行，石家庄市在会上作典型发言。

【全球基础教育研究联盟首届年会暨京津冀基础教育国际论坛】 10月10～12日，全球基础教育研究联盟首届年会暨京津冀基础教育国际论坛在石家庄外国语教育集团举行。大会主题为“阅读素养与科学素养的培养”。来自美国、加拿大、新西兰等14个国家48名中小学校长和学区教育负责人及国内北京、天津、河北300名中小学校长、教育专家参会，共同分享世界各国在基础教育阶段阅读素养与科学素养的培养理念、实践经验和国际趋势。会议期间，举办国外代表主题报告37场、国内代表主题报告6场，15个国家教育专家和校长同台思想交流。2014年10月，石家庄外国语教育集团牵头成立全球基础教育研究联盟，拥有美国、加拿大、澳大利亚、新西兰、英国、俄罗斯、瑞典、丹麦、意大利、新加坡、日本、中国12个国家32所会员学校。全球基础教育研究联盟致力开展全球基础教育领域比较与研究，放眼全球，为基础教育发展探索方向，为世界各地中小学教育工作者搭建共同研究探讨教育改革与发展平台。该联盟每年召开1次年会，主要吸收全球不同国家优秀中小学校加盟，每届年会围绕不同主题举办研讨，从不同国家、不同学校角度，研究全球基础教育领域共同关心问题，为培养适应未来社会人作出贡献。

表 62　2015 年石家庄市公共财政教育支出占公共财政预算支出比例情况统计表

县（市、区）	公共财政教育支出占公共财政预算支出比例			公共财政教育支出		
	2014 年（%）	2015 年（%）	增减（百分点）	2014 年（千元）	2015 年（千元）	增减（%）
石家庄市	18.71	18.06	-0.65	10599718	12325047	16.28
长安区	50.42	39.86	-10.56	984038	814522	-17.23
桥西区	35.77	38.51	2.74	808039	896439	10.94
新华区	36.38	39.40	3.02	472671	637286	34.83
裕华区	43.63	34.75	-8.88	612520	454121	-25.86
井陉矿区	17.46	21.91	4.45	99948	144754	44.83
高新区	13.02	9.27	-3.75	164131	148107	-9.76
藁城区	22.91	25.55	2.64	671181	787268	17.30
鹿泉区	19.18	20.53	1.35	436927	635877	45.53
栾城区	25.16	24.42	-0.74	347495	475931	36.96
井陉县	24.92	25.63	0.71	310652	374023	20.40
正定县	25.15	27.44	2.29	487063	608893	25.01
行唐县	17.97	22.16	4.19	310923	462666	48.80
灵寿县	19.21	22.29	3.08	249040	377463	51.57
高邑县	26.30	19.72	-6.58	267426	219828	-17.80
深泽县	18.39	18.40	0.01	178082	218168	22.51
赞皇县	17.35	17.97	0.62	211333	264812	25.31
无极县	22.02	25.09	3.07	318887	442708	38.83
平山县	21.15	23.01	1.86	482426	615455	27.57
元氏县	22.59	27.98	5.39	341941	476863	39.46
赵　县	24.88	26.69	1.81	404482	571134	41.20
晋州市	26.22	26.27	0.05	409393	503519	22.99
新乐市	24.84	23.70	-1.14	367186	431326	17.47

表 63 2015 年石家庄市财政经常性收入增长与公共财政教育支出增长情况统计表

县（市、区）	财政经常性收入			公共财政教育支出增长高于财政经常性收入增长（百分点）
	2014 年（千元）	2015 年（千元）	增减（%）	
石家庄市	25239710	27048217	7.17	9.11
长安区	1091180	1325420	21.47	-38.70
桥西区	1197750	1024770	-14.44	25.38
新华区	718260	749040	4.29	30.54
裕华区	730790	766750	4.92	-30.78
井陉矿区	173820	194260	11.76	33.07
高新区	661300	731040	10.55	-20.31
藁城区	848110	1032507	21.74	-4.44
鹿泉区	1375980	1462960	6.32	39.21
栾城区	604320	649430	7.46	29.50
井陉县	393540	474670	20.62	-0.22
正定县	735040	793280	7.92	17.09
行唐县	249180	275950	10.74	38.06
灵寿县	186680	190030	1.79	49.78
高邑县	263990	323160	22.41	-40.21
深泽县	241250	264940	9.82	12.69
赞皇县	194500	230920	18.72	6.59
无极县	323860	346850	7.10	31.73
平山县	588560	651030	10.61	16.96
元氏县	421390	518480	23.04	16.42
赵　县	261900	348780	33.17	8.03
晋州市	512130	593410	15.87	7.12
新乐市	388510	466690	20.12	-2.65

表 64　　2015 年石家庄市生均公共财政预算教育事业费支出增长情况统计表

县（市、区）	普通小学			普通初中			普通高中		
	2014 年（元）	2015 年（元）	增减（%）	2014 年（元）	2015 年（元）	增减（%）	2014 年（元）	2015 年（元）	增减（%）
石家庄市	5777.64	7069.62	22.36	8736.17	10199.17	16.75	11666.93	14000.50	20.00
长安区	6211.42	6401.31	3.06	11434.50	12868.94	12.54	10822.50	14733.37	36.14
桥西区	5432.60	6388.35	17.59	9529.82	12664.48	32.89	12181.14	14792.35	21.44
新华区	4857.28	5358.16	10.31	9012.49	10965.87	21.67	10236.17	12019.67	17.42
裕华区	4940.10	5040.61	2.03	8554.47	8580.00	0.30	8840.35	10955.82	23.93
井陉矿区	8146.94	12080.03	48.28	8417.09	12824.48	52.36	9386.49	9410.00	0.25
高新区	8383.56	8433.35	0.59	11252.45	11313.02	0.54	11666.93	14000.50	20.00
藁城区	6257.00	6948.12	11.05	10930.84	11019.87	0.81	9143.32	13418.59	46.76
鹿泉区	6907.15	8806.06	27.49	8282.00	11768.99	42.10	7260.98	7975.91	9.85
栾城区	6329.94	8283.79	30.87	13262.23	16037.19	20.92	5574.90	7027.54	26.06
井陉县	7242.02	10636.53	46.87	7918.22	8928.78	12.76	8361.03	10871.63	30.03
正定县	6415.60	8063.02	25.68	8795.51	10280.31	16.88	16248.59	19323.61	18.92
行唐县	5187.37	7692.73	48.30	9020.12	10497.16	16.37	6040.39	8643.63	43.10
灵寿县	5921.78	8118.54	37.10	6254.90	7973.28	27.47	5678.34	5564.38	-2.01
高邑县	8998.06	8682.50	-3.51	15206.86	8728.00	-42.60	6521.72	7737.38	18.64
深泽县	5469.55	6719.42	22.85	9743.02	10618.40	8.98	10781.35	12211.74	13.27
赞皇县	4603.90	4845.06	5.24	6568.56	6879.18	4.73	10112.58	12319.66	21.83
无极县	4209.18	5966.27	41.74	6377.69	9235.91	44.82	10712.26	11850.85	10.63
平山县	6532.30	8284.51	26.82	8372.19	10236.37	22.27	5117.45	5762.23	12.60
元氏县	6387.94	8715.65	36.44	5910.46	7837.23	32.60	5833.33	7505.46	28.67
赵　县	4984.52	6898.37	38.40	7363.62	8964.23	21.74	4296.80	6122.28	42.48
晋州市	5689.78	6748.88	18.61	7424.38	9688.94	30.50	5309.10	7344.36	38.34
新乐市	4459.86	5597.86	25.52	7244.58	7347.28	1.42	10379.36	10959.39	5.59

表 65 2015 年石家庄市生均公共财政预算公用经费支出增长情况统计表

县（市、区）	普通小学			普通初中			普通高中		
	2014 年（元）	2015 年（元）	增减（%）	2014 年（元）	2015 年（元）	增减（%）	2014 年（元）	2015 年（元）	增减（%）
石家庄市	1358.64	1556.51	14.56	1896.94	2120.34	11.78	2337.92	2710.16	15.92
长安区	701.01	851.62	21.48	1152.00	1265.53	9.86	830.37	837.35	0.84
桥西区	925.30	959.66	3.71	1243.83	1313.06	5.57	725.97	734.32	1.15
新华区	769.10	879.94	14.41	985.88	1013.54	2.81	1239.05	1315.01	6.13
裕华区	1143.48	1148.00	0.40	1336.87	1341.00	0.31	726.60	729.00	0.33
井陉矿区	900.66	945.20	4.95	1117.22	1177.28	5.38	189.89	192.51	1.38
高新区	1937.92	1945.51	0.39	2438.79	2463.17	1.00	2867.02	2894.87	0.97
藁城区	1351.88	1471.43	8.84	1937.69	1961.28	1.22	360.72	1147.64	218.15
鹿泉区	1560.87	1723.61	10.43	1449.73	1525.50	5.23	1695.80	1698.71	0.17
栾城区	1037.05	2451.52	136.39	1708.55	3195.49	87.03	766.13	942.29	22.99
井陉县	1521.87	1756.46	15.41	2106.37	2514.31	19.37	135.01	410.97	204.40
正定县	2035.59	2047.66	0.59	2484.68	2488.54	0.16	1614.04	1633.75	1.22
行唐县	1486.50	1877.65	26.31	2756.55	3659.99	32.77	8916.26	9882.47	10.84
灵寿县	1550.84	1711.28	10.35	1946.06	2073.13	6.53	565.67	849.42	50.16
高邑县	2735.33	2735.75	0.02	2901.84	2902.87	0.04	229.48	229.80	0.14
深泽县	1953.27	2361.17	20.88	3216.43	3363.99	4.59	955.31	1057.32	10.68
赞皇县	1388.62	1474.72	6.20	2605.33	2842.48	9.10	3785.05	4055.62	7.15
无极县	1034.18	1266.58	22.47	1903.99	2418.13	27.00	5701.89	6398.03	12.21
平山县	949.63	1194.39	25.77	1815.18	2072.41	14.17	2156.77	2885.11	33.77
元氏县	1192.67	1440.06	20.74	1630.64	1645.43	0.91	1386.57	1393.84	0.52
赵　县	1320.04	1688.47	27.91	2395.61	2693.29	12.43	1388.17	1410.07	1.58
晋州市	1761.95	1833.41	4.06	1552.93	1636.95	5.41	283.73	307.90	8.52
新乐市	2295.48	2310.13	0.64	2774.25	2771.00	-0.12	474.46	633.53	33.53

（市教育局）

基础教育

【概况】 2015年，全市共有基础教育各级各类学校（含幼儿园）3044所。其中，幼儿园1361所，小学1310所，中学373所（含初级中学194所、高级中学58所、九年一贯制学校70所、完全中学47所、十二年一贯制学校4所）；在校生1464090人，其中，在园幼儿287388人，小学生729606人，初中生289957人，普通高中生157139人。教职工112115人，其中，幼儿园19120人，小学39921人，中学41896人；专任教师86621人，其中，幼儿园12061人，小学40741人，中学33819人。河北省特级教师298人，省级骨干教师508人，省级学科名师83人；市级骨干教师4962人，市级学科名师1521人。重视学前教育。全年建设幼儿园项目109个，新改扩建和维修幼儿园舍面积12.68万平方米，购置少儿娱乐教具设备4.35万台（件）。开展幼儿园分类评定，新增市级示范性幼儿园20所。提高学前教育质量，印发《石家庄市学前教育三年行动计划（2014–2016年）》《石家庄市幼儿园一日生活流程及实施要点指导意见（试行）》。加强民办幼儿园规范化管理，排查整治全市民办幼儿园1822所。中考人数大幅增加。6月21～22日，2015年中考举行，全市共有77412人参加，共设21个考区，82个考点，2622个考场。其中，考试人数较2014年增加5977人；考场较2014年增加172个。高中教育改革创新。实施《石家庄市普通高中多样化发展三年行动计划（2014–2016年）》，成立专家指导小组，评选认定首批中外合作办学、拔尖创新人才早期培养、艺术、体育、书法等特色高中15所；指导特色高中制定方案，开发校本课程，建立特色课程体系，开展基于课程高中创新实验室创建。举办普通高中走班制教学改革培训班、特色高中建设培训班、高考改革培训班等，促进学校特色发展和教学质量提升。市直高中围绕小班化教学、微细管理、学校文化、课程改革、“走班制”试点，构建学生多样化选择课程体系。3月16日，市第二中学学生张一帆在北京大学生命科学学院举办的2015年选拔国际生物学奥林匹克竞赛代表队队员冬令营比赛中胜出，入选生物学奥林匹克中国国家队（全国共4人）。2015年7月，张一帆代表中国参加在丹麦举行第二十六届国际生物学奥林匹克竞赛，获得金牌。至此市第二中学学生获得国际金牌11枚。2015年11月，河北省教育厅、省科学技术协会共同举办2015年河北省青少年机器人竞赛，市第九中学选派4个参赛小队11人，3个小队获得省级一等奖，1个小队获得省级二等奖，市第九中学获得团体二等奖。2015年11月，市第九中学学生王紫琛参加第十届中国青少年艺术节，获得吉他专业少年组全国金奖。

【义务教育招生政策变化】 2015年5月，石家庄市义务教育招生政策出台。主要变化：除严格执行“划片招生，免试就近入学”政策外，新增加父母一方为独生子女的适龄儿童少年入学新规，首次提出适龄儿童、少年父母一方为独生子女，且该适龄儿童、少年随父母在祖父母或外祖父母处落户，常年同住，无户口迁移史，可依据祖父母或外祖父母（独生子女一方）的房产按照招生片区安排就近入学；从2015年招生起，小学一年级和初中一年级适龄学生，小学6年内，初中3年内要保持家庭住址相对稳定；除父母共有房产外，其他共有房产不再作为义务教育阶段适龄儿童、少年就近入学依据。

【进城务工人员随迁子女入学】 5月8日，市教育局、市财政局、市人力资源和社会保障局、市公安局、市房管局、市工商局6部门联合印发《关于做好进城务工人员随迁子女接受义务教育工作的意见》。这是石家庄市首次单独就进城务工人员随迁子女入学工作制定规范性文件。明确“进城务工人员”范围。“进城务工人员”是指在石家庄市（石家庄行政区划范围内）居住并务工的非本市户籍人员；本市户籍人员中非长安区、桥西区、新华区、裕华区和高新技术开发区常住户口，在上述5区居住并务工人员；在其他县（市、区）之间跨县域居住并务工的本市户籍人员。长安区、桥西区、新华区、裕华区和高新技术开发区之间的流动人口不属于进城务工人员。明确无房证明开具时间。按照文件规定，在石家庄市居住并务工的非本市户籍人员随迁子女需在石家庄市接受义务教育的，由父母（或监护人）持符合条件“五证”即家长（或监护人）的合法务工经商证明（劳动合同或经商许可证明）、居住证、户口簿、住房证明（《房屋所有权证》、购房合同或房屋租赁证）、儿童预防接种卡等，由居住地所在县（市、区）教育局调剂安排入学。户口证明：父母双方提供有效期内《居民身份证》及与随迁子女同一户籍的原籍户口簿原件和复印件。居住证：提供父母双方及随迁子女入学当年5月31日前在石家庄市公安部门办理的《居住证》。住房证明：提供随迁子女家庭在石家庄市居住住房证明，已办理房产登记的，提供房屋所有权证；未办理房产登记的，提供购房合同；租房居住的，提供房屋租赁合同和房管部门出具的无房证明。住房证明需与《居住证》登记住址一致；无房证明开具时间应为随迁子女入学当年5月1～31日，其他时间开具无房证明不作为入学依据。务工或经商证明：父母双方提供与石家庄市用人单位依法签订的劳动合同或由工商部门核发的营业执照。小学入学提供儿童预防接种卡。父母双方及随迁子女的《居住证》、随迁子女家庭住房证明、父母双方务工或经商证明须在随迁子女入学当年5月31日前取得。非户籍地入学由居住地教育局调剂。按照文件规定，本市户籍人员中非长安区、桥西区、新华区、裕华区和高新技术开发区常住户口，在上述5区居住并务工的人员随迁子女，户籍地有监护条件的，应回户籍地入学（父母至少一方在户籍地居住视为有监护条件）；户籍地没有监护条件，需到父母居住务工地接受义务教育的，提供户籍地街道办事处或乡镇政府出具的在当地没有监护条件证明，按照非本市户籍人员随迁子女入学办法，由居住地所在区教育局调剂安排入学。

【小学生免费托管服务试点】 1月14日，市教育局联合市财政局、市物价局出台《关于开展小学生免费托管服务试点工作的实施意见》，决定2015年寒假过后新学期开始，在市内新华区、长安区、裕华区、桥西区4区，选定20所小学试行开展小学生免费托管服务。免费托管服务对象：放学后双职工、进城务工人员、单亲等家庭看护确有困难的小学生。实施时间：每周一至周五（寒、暑假及法定节假日除外）学校正常放学后延长2小时。需要托管的家庭，本着自愿原则，向试点学校工作领导小组提出托管申请，经学校审核同意确定符合托管条件的学生名单，并在学校进行公示；学校与家长签订《托管协议》，明确双方权利义务和责任。2月2日，市教育局对外公布市内4区20所免费托管学校名单。其中，长安区：建明小学、行知小学、吴义学校、肖家营小学、和平东路小学；桥西区：维明路小学、友谊大街小学、新石小学、南马路小学、裕华西路小学；新华区：宁安路小学、新开路小学、水源街小学、机场路小学、合作路小学；裕华区：金马小学、神兴小学、裕华路小学、华兴小学、富强小学。据统计，20所学校在校生28516人，涉及托管学生1.3万名，占到在校学生人数45.6%。

（市教育局）

【45个深山区乡镇实施小升初改革】 5月21日，市教育局出台《关于山区教育扶贫工程项目小学对口直升项目初中工作的通知》，确定在深山区开展山区教育扶贫工程项目小学对口直升项目初中改革，明确深山区45个乡镇所有小学毕业生全部升入寄宿制项目初中。对口直升范围：山区6县深山区45个乡镇6年级在籍在册小学生。按照要求，项目小学毕业生可在规定时间持《入学通知书》和《山区教育扶贫工程学生成长档案记录表》到项目初中报到，办理入学手续。项目初中办理学籍调档手续，由市教育局审核后生成正式学籍。山区教育扶贫工程项目初中对口接收县域内所有项目小学毕业生入学，山区项目初中不再接受就近划片学生和择校生。招生期间，项目初中学校初一新生招生录取及学籍由市教育局统一管理。招生结束后，项目初中学校学籍划归所在地域县教育局管理。

【30所中小学校获认首批文化建设市级实验校】 2015年2月，市教育局认定30所中小学校为首批“石家庄市中小学学校文化建设市级实验校”。30所学校分别是：长安区的盛世长安小学、和平东路小学、

长安东路小学；桥西区的桥西外国语小学、红星小学、维明路小学、东风西路小学；裕华区的阳光小学、裕东小学、金马小学；新华区的大马学校、机场路小学、第三十八中学、中华大街小学；鹿泉区的第二实验小学、铜冶镇永壁小学；藁城区实验小学；正定县的子龙小学、解放街小学；新乐市码头辅中学；平山县温塘学校；元氏县的南佐中心小学；井陉县小作中学、障城中学；晋州市和平小学；高邑县职工子弟学校；赞皇县第一中学；市直学校的市第一中学、河北师范大学附属中学、河北正中实验中学。

【中考取消两项加分项目】 2015年3月，市招生委员会出台《关于进一步减少和规范中考加分项目的通知》。主要内容：取消初中阶段高水平运动员加分项目。初中阶段获得国家二级（含）以上运动员等级证书、国际体育比赛或全国性体育比赛前六名、省级中学生体育比赛单项前六名或集体项目前三名、市级体育竞赛单项前五名或集体项目前三名的考生，均不再具备中考加分资格。2015年3月7日前获得初中阶段高水平运动员加分资格的考生，经市教育局组织测试认定合格后，考生中考成绩总分由增加10分调整为增加5分。取消科技创新加分项目。初中阶段参加由市教育局、市科技局、市科学技术协会联合举办的石家庄市中小学科技创新大赛获得一等奖的学生，不再享受中考加分政策。2015年3月7日前获得该项赛事一等奖的学生按原有加分政策执行。2015年3月7日后获得以上两项相关奖项、名次、称号的考生均不再具备中考加分资格。此次中考加分项目消减后，石家庄市共保留四类考生中考加分资格，主要包括：石家庄市行政区域内接受教育的现役军人子女、烈士子女、因公牺牲和病故军人子女；归侨、归侨子女、华侨子女、台湾籍青年及侨眷高知人员子女；农村户口独生子女（在市区参加中考除外）；少数民族考生。

【首批10所普通高中试点自主招生】 2015年6月，全市首批10所普通高中试点自主招生，共自主招生680人，分别为：市第一中学90人、市第二中学90人、河北正定中学100人、河北辛集中学90人、石家庄实验学校80人、石家庄第二实验学校60人、市第四十二中学40人、石家庄外国语学校40人、市第六中学60人、市第十二中学30人。石家庄市规定自主招生试点学校一年确定一次，每年申报确定。各试点学校自主招生人数不超过年度招生计划总数的10%。每名学生只允许报一所公办普通高中试点学校。符合3个条件可参加自主招生报名：应届初中毕业学生且综合素质评价结果等级不少于3个“A”，并不得有“D”；品学兼优，或在某一学科、某一领域（如创新发明、信息技术、自然科学、文学创作等）具有明显的学习潜质或才能；所有参加自主招生学生必须参加全省统一中考。自主招生学校测试试卷考察内容为2科，从语文、数学、外语、物理、化学、生物、地理、历史、政治任选2个单科内容，重点考查学生综合运用知识的能力，全面考查学生学科素养、创新思维能力、社会的责任感和心理素质等，考查范围不限初中课程标准范围，但禁止将奥林匹克竞赛内容纳入测试。中考成绩公布后，自主招生学生中考成绩高于普通高中录取最低控制分数线（艺术特长生在中考专业测试合格或试点学校自主招生专业测试合格前提下，中考总分最低控制线为普通高中录取最低控制分数线的80%）且达到试点学校确定的学校自主招生录取最低分数线后，试点学校予以自主招生正式录取，学生不需填报中考志愿。被正式录取的考生，应在中考填报志愿前到所选择的录取学校报到，办理入学手续，享受统招生待遇。2015年自主招生试点学校招生范围按照试点学校原招生范围确定。其中，石家庄一中、石家庄二中、石家庄外国语学校3所学校自主招生范围为新华区、桥西区、长安区、裕华区、高新区初三应届毕业生；正定中学、辛集中学、石家庄实验中学、石家庄第二实验学校4所学校自主招生范围为：除新华区、桥西区、长安区、裕华区、高新区之外各县（市）区的初三应届毕业生；市四十二中自主招生范围为：80%的新华区、桥西区、长安区、裕华区、高新区初三毕业生，20%的其他县（市）区初三应届毕业生；市六中自主招生范围为：85%的新华区、桥西区、长安区、裕华区、高新区初三毕业生，15%的其他县（市）区初三应届毕业生；市十二中自主招生范围为：95%的新华区、桥西区、长安区、裕华区、高新区初三毕业生，5%的其他县

（市）区初三应届毕业生。

【首批15所特色高中学校】 2015年石家庄市经专家评审委员会评审答辩，从新华区、桥西区、裕华区、长安区、藁城区、鹿泉区、晋州市、平山县8个县（市、区）和7所市属普通高中共31所学校（29所普通高中和2所职业高中）中，评审确定首批15所特色高中学校。其中，人文特色高中：市第九中学；艺术特色高中：市第六中学、市第十二中学、藁城区第九中学、石家庄第二实验中学；体育特色高中：市第十八中学、市第二十二中学、市第二十中学、市第十六中学；艺体特色高中：市第四中学；书法特色高中：市第三十八中学（河北省中小学书法教育实验学校）、市第十三中学；中外合作办学项目：市第四十二中学（河北国际学校）；拔尖创新人才早期培养：河北正定中学、河北师大附中。

【4县列入农村学生高考单独招生计划】 2015年石家庄市赞皇县、灵寿县、行唐县、平山县4县农村学生单独招生，由国家教育部直属高校和其他自主招生试点高校承担。根据教育部规定：教育部直属高校和其他自主招生试点高校承担农村学生单独招生计划不少于学校本科招生规模2%。石家庄4县参加农村学生单独招生考生及父母或法定监护人户籍地须在4县区域农村，考生本人须具有当地连续3年以上户籍和当地高中连续3年学籍并实际就读、符合当年统一高考报名条件。

（李云萍）

【高考成绩】 6月7～8日，全市共有5.4万名考生参加高考，共设考区22个，考点57个，考场1846个；高考文科理科考生总数比2014年减少5013人。2015年全市本科一批上线人数10276人（含保送生186人），首次突破万人大关，本科一批上线率25%，比2014年增长5个百分点，创下历史新高。其中，文理本科二批及以上累计上线人数19998人，上线率49%，同比增长5.84个百分点；文理本科三批及以上累计上线人数33753人，上线率82%，同比增长0.73个百分点。市第二中学张皓辰高考分数675分，成为河北省文科状元。2015河北省共有保送生197名，其中石家庄市186人（市第二中学获得奥林匹克竞赛保送11人，石家庄外国语学校保送175人），占全省比例94.42%。

【生命教育】 举办石家庄市心理健康教育20周年成果展暨生命教育推进会，总结20年来石家庄市心理健康教育发展历程和取得成果，出版《中小学心理健康教育教师指导用书》。开展生命教育实践活动，组织编写《生命教育实践基地研学指南》《生命教育实践基地研学手记》。举办“视力保护进校园”活动，召开视力健康干预讲座92场，受益学生2万余人。开展中小学心理健康教育特色学校创建活动，命名31所学校为石家庄市首批中小学心理健康教育5A特色学校。举办农村心理健康教育教师素质提升培训，提高农村中小学心理健康教育质量，逐步实现心理健康教育全覆盖和城乡均衡化发展。

【第六届规范汉字书写艺术节】 10月30日，由市教育局、市语言文字工作委员会等单位组织的石家庄市规范汉字书写百千万工程暨第六届规范汉字书写艺术节颁奖大会在河北师大附属小学举行。主题为“爱国情·强国志·中国梦”，并首次增加公务员组和驻石家庄部队组。共收到全市各单位选送书法作品20035幅，经过初评、复评和终评，最终评出获奖作品1380幅。市规范汉字书写百千万工程于2010年启动，至2015年末，全市建立规范汉字书写实验学校235所，培训教师4800余名，直接参与中小学生和教师27万余人。

【体育运动】 开展校园足球活动，市二中实验学校等62所中小学被国家教育部命名为“全国校园足球特色校”，长安区被确定为“全国校园足球特色示范区”。举办石家庄市“永昌地产杯”青少年校园足球联赛，64所中小学参加比赛142场。承办河北省中学生校园足球联赛暨2015～2016中国高中男子校园足球联赛（河北赛区）选拔赛，市二中实验学校男子足球队获得亚军，代表河北省参加联赛；市第九中学男子足球队、市二十二中女子足球队分获组别第四名、第五名。4月28～30日，市中小学生田径运动会在鹿泉区第一中学举行，来自全市1300多名运动员及教练员参赛，比赛共设12个组别、300多个单项，包括100米、200米等竞赛项目和跳远、铅球、跳投等田径项目，其中4人次竞赛成绩达到国家一级运动员水平，120人次达到国家二级运动员水平。10月27～31日，由河北省教育厅、省体育局联合主办的河北省高中排球锦标赛和高中篮球比赛在沧州市举行，来自全省13个设区市43支男女篮、排球队伍及运动员、教练员、裁判员600多人参赛，代表石家庄市参赛的市第二中学男、女篮球队和市第十五中学男、女排球队以不败战绩分别夺得男篮、女篮、男排、女排比赛冠军。

【教师队伍】 “三支队伍”培训。创新教师、校长、教育行政干部“三支队伍”培训模式，完善“石家庄市教育局三支队伍培训信息管理系统”，实现市级培训项目动态管理。市本级投入培训资金960余万元，开展中小学校长任职资格、业务提升培训，骨干教师预备、提升培训，学科名师、特级教师工作室导师高级研修培训，教研员培训，山区教育扶贫培训，农村中小学校长市区“影子校长”挂职培训，教育行政干部教育信息化培训等系列培训，参加培训教师74106人次、校长3061人次、教育行政干部518人次。名师培养工程。落实《石家庄市“百千万”中小学名师培养工程实施意见（2014-2020年）》要求，探索教师队伍建设新模式；举办强新志、邵喜珍2位知名校长教育思想研讨会、报告会，发挥先进教育理念辐射引领作用，培育树立教育家型校长。首批20个特级教师工作室初见成效，开展教科研课题31项，国家级立项3项；工作室举办主题活动175次。建立多渠道补充教师机制。2015年采取面向社会公开招聘、面向代课教师公开招聘、面向社会招聘劳务派遣教师、引进人才、特岗教师转岗录用等形式，全市引进补充师资1757名。签约免费师范毕业生63人，其中，市教育局直属学校38人，县（市、区）教育系统25人。选拔招聘特岗教师295名，安排到行唐县、赞皇县、平山县任教。市教育局直属学校选聘工作人员141名，其中，选聘高层次人才（博士）31名、教师110名。开展校长教师交流轮岗。市教育局联合市委组织部、市财政局、市人力资源和社会保障局、市委机构编制委员会办公室，制定印发《关于推进县域内义务教育学校校长教师交流工作的实施意见》，引导优秀校长和骨干教师向农村学校、薄弱学校流动。2015年全市安排校长教师交流轮岗2334人，其中，管理人员351名，专任教师1993名。制定印发《关于做好2015年“三区”人才支持计划教师专项计划有关工作的通知》，从长安区、新华区、桥西区、裕华区、藁城区、栾城区、鹿泉区、正定县8个区县选派80名思想政治素质高、业务能力强优秀专任教师，到平山县、行唐县、赞皇县、灵寿县4个县开展“三区”支教，覆盖17所学校14个学科。

（市教育局）

中等职业教育

【概况】 2015年，全市共有中等职业学校134所；在校生140635人，招生55907人，毕业生51767人；教职工10740人，专任教师7805人。37所学校申报河北省职业教育质量提升工程项目学校。9所中职学校31个专业与9所高校实现中高职衔接，市职教中心成为全省6所中专本科连读试点之一。8所中职学校依托自身专业优势创办经济实体，9所学校与多家企业合作对外承揽加工服务项目，6所学校与企业合作经营项目，初步形成“引企入校、引校入企、教学工厂、校企共建实训基地”等人才培养与办学模式。推进现代职业教育发展，1月6日，市政府召开全市职业教育工作会议，印发《石家庄市人民政府关于发展现代职业教育的实施意见》(石政发〔2014〕45号)。3月31日，市教育局与天津市教育委员会签订《现代职业教育合作框架意向协议》，双方商定将石家庄市作为职业教育改革创新示范区建设成果推广合作区。2015年，石家庄市4所中职学校与天津8所职业院校正式签署合作项目。6月1日，京津冀协同发展现代职业教育·健康服务产业人才培养产教对接论坛期间，市第一职业中专学校与天津市东丽区职业教育中心学校签订合作办学协议。加强师资队伍建设，全年选派教师参加国家级培训116人，省级培训147人，市级培训1110人，其他专项培训500余人。赵县职教中心、市高级技工学校开展国家第三批中职改革发展示范校创建。12个专业被河北省教育厅确定为省级骨干特色专业。重视培育学生思想道德素养，2015年3月市职业财会学校被省会精神文明办公室授予“石家庄市优秀志愿服务先进单位”。选派630余名选手参加10个大类22个专业比赛。2月5～6日，南昌理工学院空乘、播音与主持、编导、表演、文化产业管理5个艺术专业报名及考试在市第三职业中专学校举行，来自全省900余名考生参加考试。2015年4月，市职教中心边逶、李艳芝2位教师参加由中国高等教育学会、中国职教学会教学工作委员会主办的第一届中国外语微课大赛（中职组）暨2014年全国中等职业学校“创新杯”英语教师信息化微课设计大赛（2014年底初赛）决赛，分别获得一等奖。12月25日，国家开放大学汽车学院2015年度工作会议在北京市举行，市第三职业中专学校在此次大会上被正式授牌为“国家开放大学汽车学院石家庄分院”。

【河北省中等职业学校教师职业礼仪风采比赛】 1月11～13日，由省精神文明办公室、省教育厅、省人力资源和社会保障厅主办河北省中等职业学校教师职业礼仪风采比赛在保定市女子职业中专举行。41支代表队205名教师参赛，比赛内容包括理论考试、主持演讲、现场答题、礼仪形象展示、才艺展示5个环节。石家庄市7所中职学校教师参加比赛。其中，市第三职业中专学校、平山县职业教育中心、市职业财会学校获得团体二等奖；石家庄经济学校 、市第一职业中专学校 、赵县职教中心获得团体三等奖；市第三职业中专学校张钡、市职业财会学校梁静、平山县职业教育中心刘文霞等7名教师获得个人一等奖。

【河北省中等职业学校学生技能大赛】 2015年4～5月，由河北省教育厅、省财政厅、省人力资源和社会保障厅、省工业和信息化厅共同举办河北省中等职业学校学生技能大赛举行，共设12个专业类别、38个比赛项目，来自全省50余所学校近400名学生参赛。4月22～23日，2015年河北省中等职业学校学生技能大赛会计手工、英语技能2个比赛项目在石家庄市工程技术学校举行。市职业财会学校选派2个会计手工技能队、1个英语技能队18名学生参加比赛。其中，6名英语技能比赛学生经过口语技能、理论笔试、英语演讲3项环节，获得团体三等奖，1人获得二等奖，5人获得个人三等奖；12名学生分两队参加会计手工项目比赛，会计手工一队、会计手工二队分获得团体一等奖第一、第二名，7人获得个人一等奖，5人获得个人二等奖。5月10日，服装设计与制作技能大赛在市第一职业中专学校举行。比赛分女式时装款式拓展设计、立体造型与女式成衣版型制作、样衣试制2个项目，市第一职业中专学校3名学生获得一等奖，2名学生获得二等奖，1人获得三等奖；工艺制作比赛中，市第一职业中专学校获得团体一等奖，1名学生获得一等奖，5名学生获得二等奖。市职教中心代表队6名学生参加“车工、数控铣、数控车”项目比赛，获得车工团体一等奖、数控铣团体一等奖和数控车团体三等奖，2名学生获得一等奖、3名学生获得二等奖、4名学生获得三等奖。平面设计比赛，市第二职业中专学校参赛7名学生，获得团体一等奖第一名，7名学生均获得个人一等奖；市第一职业中专学校参赛12名学生，1人获得一等奖，4人获得二等奖，6人获得三等奖；市第三职业中专学校组建2支代表队，选派12名选手参赛，获得1个团体一等奖，7名学生获得个人一等奖。网页设计比赛，共有来自全省16所学校、18个代表队、115名学生参赛，市第三职业中专学校1名学生获得个人一等奖，3名学生获得个人二等奖。电子商务比赛，市第一职业中专学校组建2支代表队12名选手参赛，9名学生获得二等奖，3名学生获得三等奖，两个参赛团队获得团体二等奖、团体三等奖。动画片制作比赛，共设10个专业类别22个比赛项目，有600多名选手参赛，市第一职业中专学校代表队获得团体一等奖，个人一等奖1个、二等奖4个、三等奖5个。学前教育比赛，来自全省54所学校63支代表队383名学生参加，市职教中心参赛2支队伍12名学生，分别获得团体一等奖、二等奖；5名学生获得个人一等奖、6名学生获得个人二等奖、1名学生获得个人三等奖。

【市级中等职业学校学生技能大赛】 11月6～7日，由市教育局、市财政局、市人力资源和社会保障局、市工业和信息化局、市总工会、共青团石家庄市委6部门联合举办的石家庄市中等职业学校学生信息技术类技能大赛在市第二职业中专学校举行。共设平面设计、信息化办公、网页设计、电子商务4个比赛项目，来自全市职业学校38个代表队169名选手参赛。市第二职业中专学校选派5支代表队，其中网页设计项目代表队一队获得团体第一名，二队获得团体第二名；电子商务项目代表队一队获得团体及个人一等奖，二队获得团体及个人二等奖；平面设计项目代表队获得团体一等奖。市第一职业中专学校3个代表队9名学生参加“电子商务”技能大赛，获得3个二等奖，6个三等奖，1个团体二等奖和2个团体三等奖。

【“凤凰创壹杯”全国职业院校信息化教学大赛】 11月6～9日，由国家教育部主办的2015年“凤凰创壹杯”全国职业院校信息化教学大赛在南京市举行。大赛分中职组、高职组、军事职业教育组，设立信息化教学设计、信息化课堂教学、信息化实训教学三大类比赛项目。来自全国37个省、自治区、直辖市和新疆建设兵团、计划单列市及解放军989件作品，2277名教师参加比赛。市第一职业中专学校张霄、李红月、邢秀娥3名教师组成团队，代表河北省参加中职组“信息化实训教学”比赛，参赛作品《服装立体裁剪》获得二等奖。市第三职业中专学校侯翠萍、郑永、白彦森3名教师组成团队，代表河北省参加“机油泵拆装检测”实训教学项目比赛，获得二等奖。

（市教育局）

高等教育

【概况】 2015年，全市共有市属高校5所，其中本科高校1所（石家庄学院），高职高专院校4所（石家庄职业技术学院、石家庄信息工程职业学院、石家庄科技工程职业学院、石家庄幼儿师范高等专科学校）。高校在校生49993人；教职工3504人，专任教师2319人，其中教授221人，副教授730人，博士学位教师133人，硕士学位教师1632人；开设专业222个，其中国家重点（特色）专业6个，省级重点（特色）专业16个，市级重点专业15个；总占地面积3739.76亩，总建筑面积119.29万平方米。优化学科专业结构。围绕全市产业结构调整方向和战略性新兴产业、现代服务业发展，以社会需求为导向，指导调整高校专业结构，增设新专业，改造老专业，构建与地方产业体系相对接专业体系。新增地理信息科学、酒店管理2个本科专业，移动互联网应用技术等22个专科专业；新申报机械设计制造及其自动化等3个本科专业，音乐制作等4个专科专业；撤销社会需求不强，发展后劲不足应用日语、艺术设计等8个专科专业；暂停教育技术学1个本科专业，电子信息工程技术等26个专科专业。启动重点专业重点人才建设。制定《关于开展市属高校重点专业重点人才建设工作的实施方案》，成立专家评审委员会，首批评出市级重点专业15个，重点专业带头人15名。提高教学质量。开展微课制作与翻转课堂实验，举办微课教学展示活动，印发《第一届高校微课教学比赛方案》《第一届高校微课教学比赛评审规则》，搭建高校教师教学经验交流和教学风采展示平台，促进信息技术与专业、学科教学融合。加强精品课程网站建设，更新清晰、完整的课程录像，丰富课程知识点链接，推动精品课向精品资源共享课转化。首批市级20门精品课程通过专家组评审验收。重视大学生思想政治教育。开展5所高校近7000名大学生思想状况调研，撰写《市属高校大学生意识形态调研报告》，提出对策建议。暑假期间，组织2万余名师生，开展追寻红色足迹、政策宣讲、社会调研、创新创业、志愿服务、文艺演出、贫困捐赠、安全普及、改善环境等实践活动，举办“我的中国梦”“社会主义核心价值观”宣讲报告30余场次，义务维修家用电器200余件，绘制新农村文化墙33幅，提供心理、法律咨询20余场，文艺演出10余台，做青少年学生义务家教辅导近1万次。

（市教育局）

【石家庄学院】 石家庄学院是经国家教育部批准建立的国有全日制普通本科院校。地处河北省石家庄高新技术产业开发区，由南北2个校区组成，占地814022平方米，建筑面积35.4万平方米。建有实验中心13个、实验室258个，其中物理基础实验教学中心、文学与传媒实验教学中心是河北省省级实验教学示范中心，教学科研仪器设备总值达1.44亿元。图书馆藏书110万余册，电子图书43.2万种，各类期刊902种，购置数据库资源23个。多功能体育馆、游泳池等体育活动设施齐备。转型应用技术大学。2015年河北省教育厅确定包括石家庄学院在内10所本科高校列入河北省普通本科高校向应用技术类型高校转型发展试点学校，其中石家庄学院为石家庄市唯一入选高校。组建由专业负责人、教师、行业企业人员组成专业指导委员会，推进专业建设、人才培养向“地方性、应用型”转型；围绕“分步实施，整体推进，重点突破，全面提升”思路，首批遴选软件工程等12个应用型专业转型试点，选派67名专业教师到行业、企业一线挂职，推进教师教学与企业运行对接。2015年全日制在校生17170人；招生5412人，报到5221人，其中本科3416人、专科1805人，报到率96.5%；普通本科招生，文史类最低516分，超出控制线20分，理工类最低504分，超出控制线30分。毕业生初次就业率93.32%。教职工1118人，其中具有专业技术职务教师834人；教授109人、副教授280人；具有博士学位教师120人；100余名教师获得国务院特殊津贴专家、省市级有突出贡献中青年专家、教学名师、模范教师、优秀教师、师德标兵、拔尖人才、“三三三”人才工程人选等称号。下设学院15个，本专科专业80个（本科专业52个），涵盖法学、教育学、文学、史学、理学、工学、医学、管理学、艺术学等9个学科门类。拥有化学工艺、马克思主义中国化研究、人文地理学、中国现当代文学4个省级重点发展学科；生物制药教育、政治法律教育2个省级本科教育创新高地；生物工程、制药工程、法学、社会工作4个省级品牌特色专业，其中制药工程、生物工程2个专业获评国家级特色专业建设点。化学工艺、生物化工2个校级重点建设学科通过验收。承担各级各类科研项目102项，其中，主持国家级课题1项、省部级课题25项，承担横向协作与委托项目17项，引进经费488.36万元。获得市科技进步三等奖3项、市第十四届社会科学优秀成果奖23项。取得发明专利12项，50多项解决企业实际问题横向课题获准立项。围绕石家庄市区域发展需求，获批建立“石家庄市锌业工程技术研究中心”，与高邑县政府合作建立河北省锌业产业研究院。2015年石家庄学院获得“第五届全国健身操舞大赛”体育道德风尚奖；“暑期河北省高校辅导员‘大家访’活动先进单位”称号；河北省大学生“中国梦·赶考行”红色之旅主题社会实践活动优秀组织奖；“第二届河北省大学生新闻传播作品创作大赛”优秀组织奖；“第二十二届北京大学生电影节闭幕式暨颁奖典礼”最佳组织奖；“河北省第三届高校辅导员职业技能大赛”优秀组织奖；图书馆获得全国图书馆界阅读推广工作最高荣誉——“全民阅读活动先进单位奖”；公寓管理中心获得“河北省高校学生公寓管理服务工作先进单位”称号；武装部获得“大学生征兵工作先进单位”称号；政法学院获得“河北省思想政治教育先进集体”称号；美术学院获得首届河北省高校艺术院系师生书画展览组织工作奖。

（李艺潇　庞俊丽　冯宝强　王俊华）

【石家庄职业技术学院】 石家庄职业技术学院（原石家庄大学）创建于1984年，是经国家教育部批准、石家庄市政府主办的全日制普通高等院校；是国家教育部、工业和信息化部、住房城乡建设部确定的计算机应用与软件技术、工业与民用建筑专业领域技能型紧缺人才培养基地。校址位于石家庄市中山西路长兴街12号，占地面积220445平方米。学院建有2个多功能教学楼、2个技能实训楼，77个校内实训基地，238个校外实习基地。固定资产总值3.42亿元，教学仪器设备总值8600余万元。拥有4102个独立IP、3500多个接点有线网络及366个无线接入点、5500多用户无线网络，构成现代化教学平台和信息交流平台。2015年5月，石家庄职业技术学院博士工作站成立，这是石家庄市首个市属公办高校博士工作站。至2015年末，学院形成以高职教育为主体，以广播电视教育、社区教育为两翼多元化办学格局。全日制在校生12500余人，成人教育本专科在籍生10000人。普通专科文理科最低录取分数线位居河北省前5名，新生报到率95.71%。举办专场招聘会16场，为毕业生提供用人单位175家，就业岗位8432个，毕业生就业率98.03%。教职工692人，专任教师591人；教授46人，副教授165人；硕士、博士及以上学位教师比例近70%。省级教学团队2个，国家级教学名师1人，省级教学名师1人，省、市专业技术拔尖人才、专家等7人，省、市优秀教师5人。2015年引进博士13人、高技术人才1人，柔性引进客座教授5人，公开招聘、自主选聘44人。设有管理系、经济贸易系、信息工程系、建筑工程系、化学工程系、机电工程系、电气与电子工程系、艺术设计系、公共外语部、公共体育部、社科部、动画学院、继续教育学院、软件学院等8系3部3学院，共6大类57个专业。拥有河北省高职高专教育示范专业6个，重点建设专业10个；省教学改革试点专业1个。国家级精品资源共享课程2门，省级精品课程11门、市级6门、院级27门。影视动画实训基地、机电一体化实训基地为中央财政支持职业教育实训基地，建筑技术实训基地为河北省职业教育实训基地。《高职院校教师教学能力评价标准研究与实践》等3个项目入选河北省高等教育教学改革研究与实践项目。承担石药集团《美罗培南催化氢化替代技术开发》技术研发、技术咨询等15项。校企共同立项和完成《健身器材设计生产技术服务》《α型硅烷偶联剂制备及表征项目》《"技艺中国"之"磁州窑火"纪录片》等横向课题、技术咨询、产品研发15项，到账资金130多万元。获得市社会科学优秀成果奖6项，申报国家级课题3项，申请立项市级以上课题61项，出版著作3部，6名教师取得工业企业科技特派员资格。《石家庄职业技术学院学报》入选全国首批学术期刊，获得省会"优秀出版物"；《河北动漫》获得省会"双十佳出版物"。2015年石家庄职业技术学院获得"河北省职业教育先进单位""河北省大中专毕业生就业工作先进集体""河北省普通高校示范性就业指导中心"称号；入围"中国专科院校排行榜100强"。

（高霞　庞荣申　王升）

【石家庄信息工程职业学院】 石家庄信息工程职业学院是经河北省政府批准，国家教育部备案、面向全国招生的国办全日制高等职业院校；是中国青年政治学院高职教育研究基地、清华大学教育基金会理事单位、清华大学教学科研培训实践项目基地、全国女大学生创业实践基地、全国物流教学十大创新品牌院校，河北省高校首家绿色学校、河北省首家创业孵化园、河北现代物流专业人才培养基地，省会石家庄职业教育培训基地和企业人才培养基地；也是全国唯一一所同时设立雅思、托福、GRE和托业考点院校。校址位于石家庄高新技术产业开发区信工路18号，分南、北2个校区，占地面积838004平方米，建筑面积28万余平方米。教学计算机4473台。校内生实训基地67家，校外实践基地116个，建有石家庄国家动漫产业发展基地创业孵化园。5月25日，石家庄信息工程职业学院与华北制药签约，由石家庄信息工程职业学院电子商务运营中心承担华北制药保健品网络销售，并在华北制药建立石家庄信息工程职业学院实践教学基地。在校生12500余人。录取大专层次新生4987人，新生报到率95.9%。毕业生一次性就业率95%以上。开展创业大学生320人。拥有专任教师584人，教授43人、副教授179人。设有软件与传媒艺术、电子信息、商贸、管理、印刷5大专业群和一个直属学院（酒店管理学院），招生专业47个。艺术设计等14个新增专业（含专业方向）、动漫制作技术等12个暂停招生专业、计算机系统维护等3个撤销专业的申报完成。立项建设"广告设计与制作"（平面广告方向）等9个院级示范专业；广告设计与制作、市场营销、软件技术3个专业立项为"石家庄市高校重点专业重点人才建设项目"；家具艺术设计专业采用"招生即招工、入校即入厂、校企联合培养""现代学徒制"。完善学院《关于制订2015级专业人才培养方案的指导性意见》《教研活动规范》《岗位调整管理办法》等制度。《非线性编辑》等32门课程立项为"2015年度院级精品课程"；《Flash二维动画》等6门课程通过市教育局检查验收。发表论文526篇，其中核心期刊74篇，三大检索19篇；公开出版教材、著作47部。申报课题84项，获批53项；课题结项94项；获得河北省教育厅科研课题三等奖7项，二等奖2项，一等奖1项。为企业提供技术支持、解决技术难题13项；引进经费23.35万元。《科普一家人》《大气雾霾》2个动漫制作项目通过石家庄市科学技术协会验收。与石家庄市科学技术协会签订《水资源科普知识》动漫项目，引进项目经费10万元。

（李翠　吕向敏　杨建立）

【石家庄科技工程职业学院】 石家庄科技工程职业学院是经国家教育部批准，石家庄市政府主办的全日制国办普通高等职业院校，面向全国招生。学院创建于1924年，始称直隶第八师范学校；1933年改称河北正定师范学校；2007年改建为石家庄科技工程职业学院。校址位于石家庄市正定县华安西路29号，占地面积153334.10平方米，建筑面积12万平方米。拥有"教、学、做"一体化实训场地15700平方米，校内实训基地52个，校外实习基地77个，与海尔集团、格力电器有限公司、东方领航教育集团、天津滨海迅腾科技集团有限公司等50多家大中型企业建立实习就业合作关系。在校生3902名，同比增长18.7%；计划招生1970人，实际录取1958人，其中单招1017人、统招728人、五年制213人，计划完成率92.1%，录取率99.4%，报到率92.7%。举办校园招聘双选会，邀请参会企业60多家，提供岗位4000个，300多名学生与企业达成就业意向，毕业生就业率保持95%以上。教职工223人，专任教师192名，其中研究生（硕士）以上学历、学位人数72人，副教授及以上职称人数71人。12名教师评审中、高级职称；采用公开招录和自主选聘方式，引进研究生学历专任教师7名。设有经济贸易系、管理工程系、艺术与建筑工程系、机电工程系、信息工程系等7个系，材料成型与控制技术、软件技术、应用电子技术、汽车检测与维修技术、计算机网络技术、空中乘务、建筑室内设计、学前教育、酒店管理、护理等23个专业。计算机应用技术专业被市教育局评定为"石家庄市属高校重点专业重点人才建设项目"专业。调整专业3个，航空服务、学前教育专业由应用外语系划归管理工程系，电子商务专业由管理工程系划归经济贸易系。小学教育专业获得教育部批准，成为河北省唯一一所获批小学教育专业高职院校。2015年举办各类专业技能大赛26项，参加校外大赛13项，获得市级及以上团体奖励及荣誉30余项、个人奖励及荣誉90余项；国家级、省级、市级课题申报25项，立项15项，结题32项，发表论文55篇，其中核心期刊论文5篇；院级课题立项64项。

（范哲）

【石家庄幼儿师范高等专科学校】 石家庄幼儿师范高等专科学校是经国家教育部批准设置的国办普通高等学校，是中央财政支持重点专业建设单位，也是河北省第一所幼儿师范高等专科学校。获得"全国艺术教育特色单位""全国巾帼文明示范单位""全国优秀知识分子先进集体""全国教科研先进学校""河北省文明单位""河北省教育系统先进单位""河北省国际教育合作与交流先进集体""河北省安全稳定工作先进单位"等称号。河北省学前儿童心理教育学会、河北省学前教育研究所、河北省幼儿教师培训中心、石家庄市教师进修学校、石家庄市幼儿教师培训基地均设在该校。学校地处石家庄市主城区西部鹿泉经济开发区，占地33.3万平方米，建筑面积12万平方米，教学仪器设备总价值近3000万元，图书馆藏书57.5万册、报刊1498种。全日制在校生5739人。首次单独考试招生，招生范围扩大到19个省市，招生录取1699人。新增与廊坊市职业技术教育中心、秦皇岛市中等专业学校联合举办学前教育专业3+2分段培养。河北省教育厅同意在学校建立"华东师范大学石家庄幼专学习中心"。承办京津冀学前教育类2016届高校毕业生专场招聘会，参会用人单位498家，为学校1800名毕业生提供岗位10683个，签约率99.5%，签约京津地区占比35%。拥有教职工401人，专任教师300人，副高级以上职称90人，硕士116人，博士1人，特级教师3人。设有早期教育、学前教育（双语方向）、环境艺术设计、科学教育、移动互联网应用技术、电子商务、学前教育、英语教育（学前方向）、语文教育（学前方向）、音乐教育（学前方向）、舞蹈教育（学前方向）、美术教育（学前方向）专业12个，形成以学前教育专业为龙头、兼有师范教育和应用技术教育专业集群。国家级精品资源共享课程《幼儿游戏与指导》通过教育部验收；20门校级精品资源共享课程通过中期验收。教职工主编或参编论著、教材教参20部，其中国家规划教材2部；公开发表论文203篇，其中核心期刊发表13篇；教科研获奖65项，其中省级以上获奖29项；立项省级课题11项，结项省级课题17项。

（林榕　郑郁　苑彦刚）

特殊教育

【概况】 2015年，全市共有特教学校23所，同比减少1所；在校生1833人，随班就读学生2383人；教职工438人，专任教师372人。加强师资队伍建设，印发《关于组织2015年特教第二期名师流动课堂培训班》《关于举办2015年特殊教育学校校长暑期研讨班的通知》，举办特教学校教师、校长培训。落实残疾儿童少年随班就读要求，印发《关于进一步做好2015年未入学适龄残疾儿童少年入学工作的通知》（石教函〔2015〕158号），开展未入学适龄残疾儿童少年基本信息核查，完善数据库资源，做好分类指导。关爱残疾人成长，重视残疾人文化建设，印发《关于开展石家庄市第二十五次全国助残日活动的通知》《关于开展第四届残疾人艺术汇演的通知》《关于组织开展选拔青少年残疾人运动员活动的通知》，参与爱心河北公益联盟“网聚正能量——关注残障儿童教育”大型公益活动。帮助残疾人自强自立。9月12～19日，全国第九届残疾人运动会暨第六届特殊奥林匹克运动会在四川省成都市举行，市特教学校学生王欣怡代表河北省游泳队，获得2金3铜优异成绩。引导爱心企业支持特殊教育。2015年10月，中国残疾人福利基金会、峰力听力技术（上海）有限公司捐赠“峰力络+”助听设备10套，价值31.8万元，资助石家庄市9所小学10名随班就读听障儿童。

【国家特殊教育改革实验区】 2015年1月，国家教育部公布包括石家庄等37个市（州）、县（区）被确定为国家特殊教育改革实验区。以此为契机，印发《石家庄市国家特殊教育改革实验区实施方案的通知》（石政函〔2015〕33号）、《关于开展特殊教育基本情况调查统计工作的通知》（石教函〔2015〕66号）及《关于加快推进石家庄市国家特殊教育改革实验区“幼特融合”工程建设的通知》（石教〔2015〕116号），完善方案计划，做好摸底调研，组织开展残疾儿童学前教育和康复训练。参加教育部国家特殊教育改革实验区会议，接受专家现场指导，部署安排特殊教育市级财政专项补助经费。

（市教育局）

【特教学校入选全国实验校】 5月11日，46所申报全国“医教结合”特教师资培训基地建设项目实验校在上海华东师范大学经过现场答辩会，最终包括石家庄市特殊教育学校在内15所学校入选项目实验校，这是河北省申报成功唯一一所学校。全国“医教结合”特教师资培训基地建设项目由中国教师发展基金会主办，该项目采用云计算远程教育和康复培训方式，通过线上和线下培训有机结合，为康复机构、特教学校提供师资培训。

（李云萍）

文 化

Culture

文化新闻出版

【概况】 2015年，市文化广电新闻出版局（简称文广新局）围绕树立品牌、打造亮点、彰显特色、惠民服务目标，完善覆盖城乡公共文化服务网络，健全现代文化市场体系，推进优秀文化保护与传承，促进文化事业和文化产业繁荣发展。河北梆子《百合岭》、京剧《奚啸伯》入选国家艺术基金资助项目；评剧《安娥》入选国家文化部和河北省纪念中国人民抗日战争暨世界反法西斯战争胜利70周年优秀剧目巡演，参加第十四届中国戏剧节展演并获得“优秀入选剧目”奖。市京剧团青年演员李树平获得第二届黄河流域戏曲红梅竞演金奖。围绕“中国梦”主题，创作丝弦小戏《太行路，扁担情》获得全国小戏小品曲艺大展剧本奖和河北省戏剧节一等奖；舞蹈《扭春》获得京津冀“非遗”舞蹈和民间传统舞蹈展演最佳表演奖；评剧小戏《月缺月圆》、丝弦小戏《良心》获得第十一届燕赵群星奖；《月缺月圆》获得国家文化部“大年小戏闹新春”视频节目征集展播活动“观众最喜爱的十部小戏”入围奖。2015年全市共有艺术表演团体21个，艺术表演场馆15个，文化馆25个，公共图书馆25个。全年市图书馆接待读者160万人（次），“石图讲堂”举办公益讲座、音乐会等196场，受众2.8万余人（次）。市美术馆举办展览30余场，开展公共教育活动100余场。市民间工艺博物馆举办剪纸、软陶等民间技艺培训班7期。举行农家书屋管理员培训，1180个农家书屋补充图书。4月26日至10月24日，第二十二届“彩色周末”文化活动举行，共举办活动1169场（次），其中慰问农民工演出108场。9月29日至10月7日，第十五届中国吴桥国际杂技艺术节举行，20个国家和地区、29个节目参赛和展演，其中境外节目24个、国内节目5个，评选金狮奖3个、银狮奖5个、铜狮奖7个。9月30日至10月4日，2015中国·石家庄第十届国际动漫博览交易会（简称动博会）举行，13个文化项目签约，总额2.383亿元。开展非物质文化遗产（简称非遗）项目评审，18人入选第四批河北省省级非物质文化遗产项目代表性传承人，51项非物质文化遗产列入第六批市级非遗代表性项目。整治文化市场秩序，开展“节日期间市场整治行动”“护考行动”“校园周边治理”等专项行动10次，检查文化场所7000余家（次），依法处罚90余家，取缔违法摊档80余家，集中销毁非法音像、图书等出版物16万张（册）。加强版权保护，查办侵权案件7起。至2015年末，全市共有文化法人企业7448家，从业人员12.2万人，其中规模以上（年营业收入2000万元以上）文化企业246家；获得国家文化部认定动漫企业11家；获认文化科技融合发展示范企业4家；拥有省级以上文化产业示范基地17家、省级文化产业示范园区4家；文化产业实现增加值196.68亿元，占GDP比重4.1%。

【文化设施建设】 以完善文化设施建设为着力点，协调和推进文化重点设施建设和基层文化服务网络提档升级。主城区霞光大剧院（演艺中心）项目主体完工并通过验收；组建成立领导班子，推动市艺术学校整体搬迁；组建成立项目工作组，推进正定新区重点项目——占地36亩、建筑面积5.5万平方米图书馆概念方案规划设计完成。5月1日，河北省首家儿童主题体验书城——市新华书店儿童书城开门试营业，地址位于老火车站对面，前身为新华书店汇文书城，总面积4000平方米，主要面向3～12岁青少年儿童读者。主城区外，平山县占地60亩、建筑面积4.5万平方米西柏坡综合文化活动中心完成规划设计，建成文化信息资源共享工程县级支中心和402个基层服务点，中心支持率达到100%。赞皇县占地20亩、建筑面积9000平方米，投资2300万元文化馆、美术馆、图书馆综合楼设计方案确定，开始项目招标。无极县双子星世纪影城、赵县图图电影城等6家影院建成投用，赵县豆腐庄惨案纪念馆对外开放，无极县213个行政村全部建成善爱文化小院。市图书馆推进总分馆制机制，建成正定县、藁城区、赵县、鹿泉区分馆，至2015年末，全市建成分馆12家，全部实施图书资源横向轮换交流制度，达到图书资源共享、通借通还目标。

【公共文化服务】 以公共文化服务示范创建为契机，推进国家公共文化服务体系示范项目（井陉县文化广场）和省级公共文化服务示范县（正定县、井陉县）创建工作。井陉县318个行政村共建各类文化广场343个，实现“村村有文化广场”目标；正定县建成图书馆新馆，文化馆、常山影剧院功能提升，乡镇综合文化站落实达标建设；市县两级公益文化场馆免费开放，以优质服务吸引各阶层群众参与活动。2015年市图书馆建成华北地区面积最大、藏书最多、24小时不打烊自助图书馆，接待读者160万人（次），所属“石图讲堂”举办公益讲座、音乐会等196场，受众2.8万余人（次）。其中，每月定期推出“开启快乐阅读，弘扬传统艺术”公益相声演出，获得“河北省服务创新案例奖”。市博物馆推出“石家庄历史文化巡展”进校园活动，拓展宣传教育空间，打造流动博物馆品牌。市群艺馆利用“百姓展厅”“票友之家”等，组织举办各类展览及戏曲票友演唱等活动，获评“全省宣传思想文化工作典型单位”。10月23日，“舞动河北”——第二届河北省社区广场舞大赛在石家庄市新华区文体中心举行，市群艺馆选送《美落子》获得一等奖。市美术馆举办首届全国水粉画大展、欧洲百年精品版画展等展览30余场，举行公共教育活动100余场，其中，《生活的史诗·一个乡村女人的剪花史》专题展入选2015年国家艺术基金资助项目，精品馆藏“花开墙外·中国版画五十家作品展”入选2015年全国美术馆馆藏精品展出季。主要美术展览活动有：3月21日，由文化部、中国文联、中国美术家协会主办，省美术家协会、市文化广电新闻出版局承办的“第十二届全国美术作品展览暨中国美术奖·创作奖、获奖提名作品展览”石家庄巡展在市美术馆举行。本届全国美术作品展览集中展示近五年来中国美术创作成果，是继山东省、上海市后第三站，共展出获奖精品220件，其中82件为“中国美术奖·创作奖”获奖作品，包括金奖5件，银奖14件，铜奖17件，优秀奖46件。中国画金奖《儿女情长》、版画金奖《而立之年》、综合画种金奖《刻在北大荒的土地上》等精品画作也参与展览。8月5日，“翼——中国雕塑学会青年推介计划第二季巡展”和“何汶玦当代绘画全国美术馆巡回展”在市美术馆举行。青年推介计划第二季巡展邀请41位艺术家参与，展出美术作品88件，有柏木、椿木等制作雕塑《平武同学的雕像》，樟木雕成九只《云雀》，综合材料制作《战车》等。何汶玦个人当代绘画全国美术馆巡回展是全国第一站，展出大尺幅油画作品17件，包括“水”系列、“看电影”“日常影像”3个绘画创作系列。市民间工艺博物馆常年组织公益性民间工艺展演，举办剪纸、软陶等民间技艺培训班7期。市文化馆（文体中心）举办井陉矿区“心系父老乡亲、从井陉矿区走来”画家作品展、“新桥西新发展新形象”摄影展、“枣乡墨韵”行唐县书画展等；灵寿县文化馆举办网络广场舞大赛，作为“公共文化服务创新案例”在全国文化馆年会展示，受到好评。举办农家书屋管理员培训，1180个农家书屋补充图书。

【文化惠民工程】 以“文化进万家”为主题，对接群众基本公共文化需求，加大文化惠民力度，形成市县乡村四级联动格局。2015年市直各艺术院团下基层演出939场，井陉县晋剧团演出920场，平山县、赞皇县、正定县等县剧团送戏下乡演出均超300场。市演艺集团组建6支文艺小分队，深入社区、学校、工地、军营等基层单位，开展“欢乐基层”惠民演出40场。第二十二届“彩色周末”文化活动演出1169场（次），其中慰问农民工演出108场。公益电影放映49291场，实现每月每村免费放映1场电影目标。春节期间，举办“庆新春·欢乐大广场”“盛世欢歌”大型文化游园、欢欢喜喜过大年等春节文化活动，营造欢乐祥和节日氛围；纪念抗日战争胜利70周年，以激发爱国情、凝聚正能量为主题，举办书画摄影展、文艺晚会等活动。县（市、区）文化活动丰富多样，举办有井陉拉花艺术节、正定春节大庙会、无极北方吹奏艺术节及裕华区百姓剧场、新华区文化大篷车乡村巡演、长安区首届乡镇文化展演等活动。其中，无极县尚店对鼓表演“春节鼓会”在中央电视台新闻频道播出；正定隆兴寺举办“我和春天有个约会”惠民活动，出现市民参观潮；高邑县与河北电视台农民频道合作“帮大哥赶大集”，现场气氛火热。开展全民阅读暨第九届青少年读书节活动，举办“万人共读一本经典”“听说读写大赛”，营造“多读书、读好书”浓厚氛围，2015年石家庄市获评河北省全民阅读书香系列活动优秀组织奖。重视基层文艺队伍培养，采取“送文化”和“种文化”结合方式，组织文艺工作者到基层开展教、学、帮、带活动，全年累计举办舞蹈、声乐、书法、戏剧表演等文艺辅导2800课时，培训文艺骨干3.7万人（次）。

【第二十二届彩色周末文化活动】 4月26日至10月24日，由市委宣传部、市文广新局主办，市群艺馆等承办的省会第二十二届“彩色周末”文化活动举行。本届“彩色周末”文化活动以宣传“中国梦”为主题，以丰富活跃人民群众文化生活、构建和谐社会为宗旨，开幕式在市区卓达太阳城广场启动，闭幕式在市区西清公园广场结束。“彩色周末”文化活动期间，市群艺馆和各县（市、区）文化部门深入社区、学校、机关、军营、公园、农村、建筑工地等场所，举办舞蹈大赛、戏曲票友演唱会、消夏演出、展览、讲座等文化活动1169场（次），其中慰问农民工演出108场，形成基层为主、点面结合、特色鲜明的“彩色周末”文化活动亮点，举办包括“唱响核心价值观 共跳百姓健康舞”培训展示、赴革命老区慰问演出、首届家庭才艺大比拼、“我的中国梦”庆六一省会少儿写生活动、“我的中国梦”全市百名书法文艺骨干百米长卷书写活动、全市群文干部书法美术摄影展览、群众文艺作品（理论研究成果）创作征集等形式多样、内容丰富的文化活动。

（于少华　杜敏　姜小青）

【全民阅读活动】 4月23日（世界读书日），由市委宣传部、省会文明办、市文广新局、市教育局共同主办的2015年石家庄市全民阅读活动启动。2015年全民阅读活动以“书香传家、阅读继世”为主题，以建设书香石家庄为目标，突出“从娃娃抓起”全民阅读特色。活动期间，全市举办书香校园文学作品展，开展中小学生听说读写大赛活动和名师名家文化交流活动，组建全民阅读活动实验基地；举办系列主题读书活动，主要有“带头创先争优，争做人民满意的公务员”主题读书活动、老年阅读图书推介活动及主题读书活动、农家书屋主题读书活动及青少年主题读书教育活动等；开展“燕赵社区大讲堂”“石图讲堂”等品牌文化惠民活动；招募全民阅读活动志愿单位和志愿者，组织建设城市社区阅读栖息地试点。4月23日，全市13所中小学校还共同开展“万人共读一本书”大型公益品牌活动，以万人诵读《增广贤文》方式，引起全社会关注。

（李云萍）

【第三届惠民阅读周】 11月6～10日，由河北省委宣传部、省教育厅、省新闻出版广电局、共青团河北省委、石家庄市委、河北出版传媒集团等联合主办的河北省第三届惠民阅读周暨2015惠民书市举行。主题为“美丽河北 书香燕赵”。主会场设在石家庄解放广场（老火车站）室内大厅和室外广场。活动期间，全国500余家出版单位20万种、200万册、5000万元图书及电子音像产品、文化产品、数码产品，采取大幅度优惠政策，5万余种新书及畅销书七五折让利销售，8万余种图书五折优惠销售，5千余种冀版图书全部不高于四折特惠销售，1万余种电子音像出版物、文化产品、数码产品、非遗产品等低于市场价销售，共让利于民600万元。惠民书市举办百余场次文化讲座、作家签售、新书发布及10余场次公益文艺演出等活动，包括举办开幕式和“书香中国万里行·河北站”启动仪式；《百家讲坛》主讲人钱文忠解读《弟子规》读者见面会；作家程雪莉读者见面会，现场签售《寻找平山团》；中国民族音乐歌唱家、中国新艺术音乐创立人龚琳娜演唱交流会，现场签售《自由女人》等。2015惠民书市石家庄主会场客流25万人次，销售书籍49万册，销售额782万元。

（张晓娟）

【第四届夏青杯朗诵大赛石家庄赛区决赛】 7月21日，由河北省文化名人联谊会承办的第四届“夏青杯”朗诵大赛石家庄赛区决赛，在石家庄规划馆举行，200余名朗诵爱好者参加决赛。本届大赛主题为“爱国主义”。“夏青杯”朗诵大赛创办于2010年，由中央人民广播电台主办。大赛以新中国第一代著名播音员夏青名字命名，主要目的是促进朗诵艺术普及、发展，挖掘、培养播音主持人才。第四届“夏青杯”朗诵大赛从2015年5月开始，共有来自河北省各地市及其他省参赛者1000余人参加，共举办比赛26场。

（刘迪）

【文艺创作及演出】 坚持以人民为中心创作导向，立足本土，挖掘地域文化资源，完成《安娥》《百合岭》等重点剧目创作排演。河北梆子《百合岭》、京剧《奚啸伯》入选国家艺术基金资助项目。评剧《安娥》入选国家文化部和河北省纪念中国人民抗日战争暨世界反法西斯战争胜利70周年优秀剧目巡演，参加第十四届中国戏剧节展演并获得“优秀入选剧目”奖。丝弦《名相李德裕》、评剧《宋庆龄与新中国》、河北梆子《黎明前的星光》《忠烈儿女》等剧目参加第十届河北省戏剧节，受到好评。河北梆子《子弟兵的母亲》赴北京慰问“9·3”受阅部队。市京剧团青年演员李树平获得第二届黄河流域戏曲红梅竞演金奖。开展“中国梦”主题文艺创作活动，创作文艺作品近1000件。丝弦小戏《太行路，扁担情》获得全国小戏小品曲艺大展剧本奖和河北省戏剧节一等奖；舞蹈《扭春》获得京津冀“非遗”舞蹈和民间传统舞蹈展演最佳表演奖；评剧小戏《月缺月圆》、丝弦小戏《良心》获得第十一届燕赵群星奖；《月缺月圆》获得国家文化部“大年小戏闹新春”视频节目征集展播活动“观众最喜爱的十部小戏”入围奖。采取强强联合方式，推出“一月一名剧”，吸引多剧种名家名剧加盟演出。配合“三严三实”专题教育，举办豫剧现代戏《焦裕禄》演出；与省艺术职业学院合作策划，5朵梅花同唱《蝴蝶杯》；于魁智、李胜素领衔京剧《龙凤呈祥》；18朵梅花参演《梅花绽放报春晖》。“石演大舞台”演出活动常态化，全年演出45场，推出优秀剧目惠民演出月和传统戏曲公益展演活动。加强文化艺术交流与合作，组织市直艺术院团及演出经纪机构等单位赴北京参加京津冀演艺项目交易会，市河北梆子剧团携《牧羊卷》《黎明前的星光》参加京津冀河北梆子优秀剧目“天津站”巡演，市歌舞团、市河北梆子剧团、市丝弦剧团参加“中国梦·黄土情——晋冀蒙陕甘宁六省（区）地方戏曲及民乐民歌三展”活动。市京剧团赴北京参加京剧大师荀慧生诞辰115周年纪念活动，在北京长安大戏院演出荀派代表剧目《勘玉钏》和《桃花村》。市评剧院一团赴苏州参加第十四届中国戏剧节展演，评剧《安娥》以地方戏讲述石家庄名人故事，打响城市文化品牌。市艺校与北京、天津及省艺术职业学院建立艺术职业教育协同发展联盟，签署协同发展框架协议，探索艺术人才教育培养和演艺交流合作新途径。

（于少华　杜敏　姜小青）

【新编廉政晋剧《直隶巡抚于成龙》演出】 3月31日，传递“为民、担当、清廉”精神的廉政戏剧——新编晋剧《直隶巡抚于成龙》在市人民会堂演出。于成龙（1617–1684），明末清初山西吕梁方山县来堡人，曾在广西、四川、福建、河北为官。新编晋剧《直隶巡抚于成龙》讲述清康熙十九年（1681年），于成龙任直隶巡抚时，适逢河北连年大旱，真定府、平山、井陉、获鹿等5县灾情严重。于成龙巡视灾情后，组织社会各界捐米赠粥，并将自己万两俸银全部捐出买粮。他不忍百姓忍饥挨饿，毅然开仓放粮，恢复农耕。朝中奸臣张斌、费武扬弹劾他欺上瞒下、先斩后奏。康熙下旨押于成龙回京受审，于成龙在金銮殿诉说百姓之苦，陈述为官之道，康熙深受感动。最终，康熙洞察秋毫、明辨是非，免去于成龙私自停收皇粮国税、开仓放粮死罪，擢升于成龙至两江总督，称赞他“天下廉吏第一”，并严惩了费武扬、张斌。新编晋剧《直隶巡抚于成龙》由平山县委、县政府和河北中盛和悦文化传媒有限公司联合编创。

（戴丽丽）

【第十五届中国吴桥国际杂技艺术节】 9月29日至10月7日，第十五届中国吴桥国际杂技艺术节举行。本届吴桥杂技节由河北省文化厅与石家庄市政府、沧州市政府共同承办，在石家庄市、沧州市两地举办，首次设立双会场。9月29日至10月3日在石家庄河北艺术中心举行开幕式和比赛演出，10月4～7日在沧州体育馆举行比赛、闭幕式及颁奖演出。来自俄罗斯、美国、法国、德国、加拿大、澳大利亚、乌克兰、荷兰、瑞典、匈牙利、拉脱维亚、阿根廷、墨西哥、委内瑞拉、埃塞俄比亚、蒙古、朝鲜和中国、中国台湾等20个国家和地区，29个节目参赛和展演，包括高空、地面、滑稽、魔术节目等，其中境外节目24个、国内节目5个，评选金狮奖3个、银狮奖5个、铜狮奖7个。中国吴桥杂技学校原创独轮车技作品“秦俑魂”夺魁；朝鲜平壤国立杂技团《空中飞人》、中国江苏省射阳杂技团《“扇舞丹青”——头顶技巧》、俄罗斯莫斯科国家大马戏公司《浪桥》获得金狮奖。杂技节期间，石家庄市举办2场社区演出、第9届国际马戏论坛、国际马戏嘉年华、第六届杂技商业演出洽谈会等活动。9月30日第六届杂技商业演出洽谈会，参加洽谈单位200多家，10余家达到合作意向，8家单位现场签约。2015年12月，第十五届中国吴桥国际杂技艺术节获得中国会展业年度大奖——2015年度中国十佳节庆活动奖。

【文化产业】 至2015年末，全市共有文化法人企业7448家，从业人员12.2万人，其中规模以上（年营业收入2000万元以上）文化企业246家；获得国家文化部认定动漫企业11家；获认文化科技融合发展示范企业4家；拥有省级以上文化产业示范基地17家、省级文化产业示范园区4家；文化产业实现增加值196.68亿元，占GDP比重4.1%。西柏坡国际文化产业园区·果然版权产业园申报河北省版权示范园区。华北地区规模最大印刷包装项目——河北新东印刷有限公司项目用地获得批准，主体车间建设完工。正定新区文化产业园立项，获批用地236亩，项目设计方案完成，北京演艺集团、国家书画院、国家文化产业研究院、加拿大太阳马戏团等机构加盟为战略合作伙伴。组织重点文化企业和项目参加第十一届中国（深圳）国际文化产业博览交易会，精英影视、河北美院等5家企业参与深圳国际会展中心主展馆展览，佛光山文化旅游景区项目、燕赵文化系列茶器深度研发推广工程等10个项目推介招商，刘秀文化旅游创意产业园、石家庄泰雅轩书画艺术馆等3个项目签约，签约总额40亿元。中国·石家庄第十届国际动漫博览交易会签约项目金额2.383亿元。举办品牌文艺演出活动，扩大提升石家庄市夜文化美誉度和辐射力，洪顺曲艺社入选石家庄市夜经济十大名片。探索惠民卡运营模式，拓展文化惠民卡使用范围，吸引红太阳演艺集团加盟文化惠民活动，向市民免费发放门票5万张，总价值1000万元。2015年石家庄市文化惠民卡项目获得国家公共文化服务体系示范项目创建资格；正定县获得河北省文化产业十强县称号，国家动漫产业发展基地创业孵化园获评全省十大文化产业聚集区；霞光大剧院（演艺中心）项目获评全省十大文化产业项目。

（于少华　杜敏　姜小青）

【中国·石家庄第十届国际动漫博览交易会】 9月30日至10月4日，由河北省委宣传部、石家庄市委市政府、中华文化促进会主办，市委办公厅、市政府办公厅、市委宣传部、市动漫协会等20家单位承办，中国动画产业网、河北师范大学美术与设计学院、河北精英集团协办的2015中国·石家庄第十届国际动漫博览交易会在石家庄举行，主题为“幸福动漫城，欢乐一起来”。本届动博会主会场设在石家庄人民会堂，主展馆设在石家庄国际科技博览活动中心，石家庄动漫大厦、新华区设置分会场。举办主要活动包括开幕启动秀、“华彩十年 逐梦而行”——动博会十周年主题展、动漫嘉年华、“动博会十周年”名家论坛、文化项目发布及签约仪式等。来自朝鲜、韩国、加拿大、中国香港及内地知名动漫企业220余家单位、客商1000余人参会；设置特装展位28个；主会场、主展馆吸引观众累计12万人次，衍生品现场交易总额170多万元。13个文化项目签约，签约总额2.383亿元。其中，5000万元以上项目2个、动漫项目2个、涉外项目1个；与上届相比，签约项目增加8项，签约金额增加1.158亿元。市动漫协会与香港经贸商会达成“文化交流和业务协作”项目；河北亚博天工根雕工艺品有限公司与河北雅拓房地产开发有限公司达成"亚博天工根艺馆升级改造"项目，签约金额8000万元；河北嘉海文化传媒有限公司、河北燕赵都市传媒有限公司与栾城区柳林屯乡达成"河北文化艺术品推广服务平台"项目和"柳林屯乡村旅游文化创意园区"项目，签约金额分别为1000万元和7000万元；其他签约项目有"河北时尚多功能厅展示基地""户外LED显示屏""大型互动多人在线网络游戏""石家庄广电易买电子商务有限公司""《智慧成才家庭教育》"等。

（张晓娟）

【第四批省级非物质文化遗产项目】 2月13日，省文化厅公布第四批河北省省级非物质文化遗产项目代表性传承人129人（冀文社字〔2015〕6号），其中石家庄市人选18人。

表66　2015年石家庄市入选第四批河北省省级非物质文化遗产项目一览表

序号	编号	类别	项目名称	所在地区或单位	项目级别	传承人	
						姓名	年龄
1	04—0001	民间文学	赵州桥的传说	赵县	省级	刘国庆	58
2	04—0026	传统舞蹈	井陉拉花	井陉县	国家级	康景伟	70
3	04—0027		南平望拉花	井陉县	省级	冯国杰	63
4	04—0028		北冶抬皇杠	平山县	省级	刘川廷	67
5	04—0044	传统戏剧	乱弹（南岩乱弹）	高邑县	省级	耿书义	77
6	04—0065	传统体育、游艺与杂技	微水武术	井陉县	省级	高凤鸣	59
7	04—0080	传统美术	郭氏铁板浮雕	新华区	省级	郭海博	52
8	04—0081					郭海龙	50
9	04—0095	传统技艺	赞皇原村土布纺织技艺	赞皇县	省级	崔雪琴（女）	53
10	04—0096		灵寿青铜器制作工艺	灵寿县	省级	王三妮	67
11	04—0115	传统医药	中医络病诊疗方法	河北以岭医院	省级	吴以岭	65
12	04—0117		药囊防病法（苍香玉屏袋）	井陉县	省级	武小妮	74
13	04—0118	民俗	新乐伏羲祭典	新乐市	国家级	李占平	56
14	04—0119		井陉北秀林马火会	井陉县	省级	高庆林	78
15	04—0120		联庄会	井陉矿区	省级	耿老虎	63
16	04—0121		东岳祭典	井陉县	省级	康国辉	43
17	04—0122		水潼仙姑祭祀（青龙山庙会）	赞皇县	省级	谷玉秋	45
18	04—0123		罗庄打铁火	井陉县	省级	尹吉来	79

（河北省文化厅文件）

【第六批市级非物质文化遗产名录】 11月26日，市政府公布石家庄市第六批市级非物质文化遗产名录51项（石政函〔2015〕112号）。其中，民间文学3项，传统音乐3项，传统戏剧7项，传统体育、游艺与杂技5项，传统美术2项，传统技艺13项，传统医药3项，民俗15项。

表 67 2015 年石家庄市第六批市级非物质文化遗产名录一览表

序号	编号	类别	项目名称	申报单位或县（市、区）
1	Ⅰ—1	民间文学	正定赵子龙传说	正定县
2	Ⅰ—2		嶂石岩传说	赞皇县
3	Ⅰ—3		正定歌谣	正定县
4	Ⅱ—1	传统音乐	新乐小唱（九腔十八调）	新乐市
5	Ⅱ—2		西庄屯祈天大鼓	长安区
6	Ⅱ—3		无极店尚对鼓	无极县
7	Ⅳ—1	传统戏剧	京剧（荀派艺术）	市　直
8	Ⅳ—2		大慈邑坠子戏	藁城区
9	Ⅳ—3		常山坠子戏	正定县
10	Ⅳ—4		南客丝弦	栾城区
11	Ⅳ—5		刘家坪丝弦	平山县
12	Ⅳ—6		北薛庄蹭儿	鹿泉区
13	Ⅳ—7		韩台大钉缸	平山县
14	Ⅵ—1	传统体育、游艺与杂技	玄岳三丰太极拳	鹿泉区
15	Ⅵ—2		石家秘传绵掌拳	市　直
16	Ⅵ—3		平山方天画戟	平山县
17	Ⅵ—4		平山寒虎河滚叉	平山县
18	Ⅵ—5		北王村随手拳	赵　县
19	Ⅶ—1	传统美术	井陉剪纸	井陉县
20	Ⅶ—2		行唐剪纸	行唐县
21	Ⅷ—1	传统技艺	正定青砖烧制技艺	正定县
22	Ⅷ—2		黄家庄制鼓技艺	藁城区
23	Ⅷ—3		正定传统拓片技艺	正定县
24	Ⅷ—4		“刘葫芦”烙画	晋州市
25	Ⅷ—5		锔刻瓷技艺	长安区
26	Ⅷ—6		吕氏古法榨油技艺	井陉县
27	Ⅷ—7		真定府正顺饸饹	正定县
28	Ⅷ—8		赞皇蕊源土蜂蜜配制技艺	赞皇县

（续表）

序号	编号	类别	项目名称	申报单位或县（市、区）
29	Ⅷ—9	传统技艺	无极东郎枣酒酿造技艺	无极县
30	Ⅷ—10		正定传统绳编技艺	正定县
31	Ⅷ—11		无极古法拓印技艺	无极县
32	Ⅷ—12		高邑申氏葫芦烙画	高邑县
33	Ⅷ—13		行唐河合葫芦烫画	行唐县
34	Ⅸ—1	传统医药	韩氏脊柱正骨技法	市　直
35	Ⅸ—2		石家庄张氏传统整骨技法	长安区
36	Ⅸ—3		高邑张氏口腔溃疡疗法	高邑县
37	Ⅹ—1	民俗	正定祭孔大典	正定县
38	Ⅹ—2		平山田兴花灯会	平山县
39	Ⅹ—3		井陉撵虚耗	井陉县
40	Ⅹ—4		大梁江开锁儿	井陉县
41	Ⅹ—5		井陉孙庄浇凌山	井陉县
42	Ⅹ—6		核桃园打树花	井陉县
43	Ⅹ—7		井陉矿区瘟神庙会	井陉矿区
44	Ⅹ—8		平山甘秋社火	平山县
45	Ⅹ—9		行唐龙皇祭典	行唐县
46	Ⅹ—10		井陉红脸社火	井陉县
47	Ⅹ—11		白彪红脸社火	井陉矿区
48	Ⅹ—12		井陉矿区奶奶庙会	井陉矿区
49	Ⅹ—13		井陉矿区起龙山庙会	井陉矿区
50	Ⅹ—14		赞皇城隍祭典	赞皇县
51	Ⅹ—15		平山老君堂庙会	平山县

（市政府文件）

【文化市场监管】 围绕构建统一开放、竞争有序、监管有力文化市场新秩序，开展“节日期间市场整治行动”“护考行动”“校园周边治理”“暑期网吧专项治理”等专项行动10次，出动检查人员2.1万余人（次），检查文化场所7000余家（次），受理举报100多件，依法处罚90余家，取缔违法摊档80余家，集中销毁非法音像、图书等出版物16万张（册）。市区33家网吧试点企业转型升级，启用技术监管与服务平台，实现市场监管信息化和规范化。重视“扫黄打非”斗争，以深化查堵反制违禁出版活动、扫除淫秽色情信息及各类有害信息、打击“假媒体、假记者站、假记者”、打击有害和非法少儿出版物及不良信息等为重点，组织开展“净网”“清源”“护苗”“秋风”等专项行动，全面清查出版物市场。规范出版物市场经营秩序，举办全市出版物、包装装潢印刷企业和出版物发行单位及县（市、区）印刷发行管理人员政策法规培训，落实市属公开报刊和内资出版物三级审读制度。深挖案件线索，查处乡依印刷有限公司盗印非法出版物案、正定县曹村非法印刷盗版出版物案、栾城区开元印刷厂装订非法出版物案等大案要案，有效震慑不法分子。严格遵守广播影视宣传纪律，落实影视文艺节目播出三审制度和县级台统一供片制度，开展广播电视广告播放、违规频率频道治理，营造健康有序的互联网视听服务环境。2015年市“扫黄打非”领导小组办公室获得河北省“扫黄打非”工作先进集体称号。

【版权保护】 以创建版权示范城市为契机，落实“激励创造、有效运用、依法保护、科学管理”方针，推进版权服务、模式、机制创新，提高版权管理和保护水平。推进软件正版化，指导市直部门及县（市、区）政府制定软件资产管理制度，建立软件正版化长效机制。实施版权宣传进企业、进社区、进学校、进科研单位“四进工程”，市文广新局联合市民政局、市教育局等单位主动到企业、学校举办版权知识讲座和开展版权作品登记，营造“尊重版权、保护版权、诚实守信、合法经营”良好社会氛围。结合“4·23”世界图书与版权日及“4·26”第15个世界知识产权日，加强版权宣传普及，增强全社会版权保护意识。组织50家企事业单位参与创建版权示范单位。加强版权服务体系建设，开展版权宣传、咨询和维权，设立版权服务站24家。4月24日，全市首批24家版权服务站在石家庄信息工程职业技术学院举行授牌启动仪式，正式面向社会开展著作权登记业务。版权服务站除面向公众开展各项作品登记代理业务以外，同时还协助企业、院校、科研单位和社区，建立版权管理制度，开展版权业务培训，版权纠纷调解，版权市场经营，探索开展企业版权资产认定评估和版权质押、投资和融资业务，提升版权创造能力等。根据国家版权局《作品自愿登记试行办法》有关规定，凡作者、其他享有著作权的公民、法人或者非法人单位和专有权的所有人及其代理人，均可申请作品登记。登记范围为文字作品、口述作品、音乐、戏剧、曲艺、舞蹈、杂技艺术作品、美术、建筑作品、摄影作品、电影作品和以类似摄制电影方法创作的作品、工程设计图、产品设计图、地图、示意图等图形作品及模型作品、法律、行政法规规定的其他作品著作权登记。探索建立版权纠纷调解机制，形成“委托调解、调诉对接、司法审判”合一知识产权纠纷处理新模式。推进西柏坡版权产业园建设。落地平山县河北省重点文化产业项目西柏坡版权产业园建设顺利实施，正在申报河北省版权产业园。西柏坡版权产业园于2014年5月15日在第十届中国（深圳）国际文化产业博览交易会上签约，是集国际版权交易、国内版权贸易、版权置换、版权确权、版权金融、版权代理服务于一体O2O模式的国际版权交易平台。至2015年底，进驻该园区影视版权运营商有：果然传媒有限公司、中视丰德（平山）影视版权事务有限公司、河北爱卿传媒有限公司、河北巢时代文化传媒有限公司、河北时代巨人文化传媒有限公司、光荣绽放影业有限公司、中视辉煌文化传媒有限公司等国内知名企业。其中，《金融部队》《周公》等电影版权项目正在运营；《我爱我车》《咱村苹果红了》等电视剧版权购买完成。开展打击侵权盗版和假冒伪劣专项行动，4月20日，河北省举行集中销毁侵权盗版制品及各类非法出版物活动，石家庄市主会场销毁16万件；“4·23世界图书与版权日”，市文广新局与市扫黄办公室联合举办销毁侵权盗版图书音像大型活动。2015年全市查办侵权案件7起，市文广新局连续11年获得国家打击侵权盗版有功单位称号。

（于少华　杜敏　姜小青）

报 纸

【概况】 2015年，石家庄日报社（传媒集团）贯彻落实市委主要领导提出“增强报纸方向性、可读性、可看性”要求，以创大报、名报、强报为目标，按照发音准确、声音洪亮、感染力强的好喉舌“三个标准”，传达市委、市政府声音，把握舆论导向，引导社会热点，巩固主流思想舆论，增强团结奋进力量，加强主旋律报道，做大做强报纸品牌，彰显党报影响力，唱响“转型升级、跨越赶超、建设幸福石家庄”主旋律，为全市经济社会发展提供强有力的舆论支持。实施人才战略，研究确定选拔使用人才“五句话”总要求，即“决不容忍损公肥私者，必须淘汰碌碌无为者，大力支持干净干事者，坚决保护冲锋陷阵者，提拔重用贡献突出者”，做到人岗相适、人尽其才。43件新闻作品获得省级以上奖项。11月21日，第八届中国品牌媒体高峰论坛在贵州省铜仁市举行，石家庄日报社（传媒集团）所办《燕赵晚报》获得“2014～2015中国品牌媒体百强——城市晚报品牌10强”称号。12月22日，《石家庄日报》在中国报业协会2015年印刷质量检测审议会上，获得“精品级报纸”称号，这是继2014年获得“精品级报纸”称号后，再获此项荣誉。2015年石家庄日报社（传媒集团）实现总收入1.33亿元，其中广告收入5178万元（不含控参股公司收入）。《石家庄日报》《燕赵晚报》《精品导报》《燕赵老年报》4报发行总量40余万份。其中，《石家庄日报》发行量同比增长8.5%。至2015年末，石家庄日报社（传媒集团）发展形成四报一刊、一网站、多家实体公司的现代传媒集团，建成报纸、网络、微博、微信、LED电子显示屏、出租车、手机报等立体化、全方位新闻资讯传播渠道。

【宣传报道】 围绕“三严三实”专题教育、解放思想大讨论、改善“两个环境”、工业强市、项目建设、创建全国文明城等中心工作，采取专题、专栏、评论、综述、访谈等方式增强报纸宣传和舆论引导。推选“坚决打好大气污染防治攻坚战”“行进石家庄 处处有精彩”等30余个专题，开设“解放思想 抢抓机遇 奋发作为 协同发展”等25个专栏，撰写《将“三严三实”内化于心 外化于行》等100余篇社论及评论员文章，《回眸十二五系列述评》等近500篇系列报道、重点报道，全方位多角度展示市委、市政府推动各项工作的新思路、新举措、新进展和新成效。发挥媒体作用，关注和做好基层民生宣传报道，2015年派遣百名记者扎根一线、服务基层，采写1000余篇基层民生稿件，用老百姓喜闻乐见的方式和语言解析党和政府最新政策及人民群众关心的教育、就业、医疗、住房、生态环境、食品安全等问题。立足“团结稳定鼓劲、正面宣传为主，弘扬主旋律、传播正能量”目标，策划“我的抗战”“创文明社区”“善美石家庄”等系列报道，以独特视角，鲜活内容，引发社会广泛关注。其中，“原来石家庄穿在身上这么美”报道，在读者中引起共鸣，被人民网、新浪网、搜狐网等60多家网站转载200余次。策划和举办“感动省城十大人物”“孝动省城最美人物”“石家庄城市榜样”等评选活动，以先进典型和凡人善举引领主流舆论，震撼人心。承办“五星红旗飘起来”宣传活动，引起10万市民、200多万网友热情参与。倡导球迷文明观赛、净场行动等活动，彰显市民文明水平，成为全国典范。2015年石家庄日报社（传媒集团）在《人民日报》等中央媒体发稿708篇，人民网、新华网、新浪网、光明网等10家重点新闻网站转载石家庄日报社新闻2.2万余条。11月5日，《石家庄日报》记者岳金宏在全省新闻界庆祝第十六个记者节暨优秀新闻工作者座谈会上，获评河北省“德业双优”新闻工作者。

【转型发展】 围绕“新媒经济、产业经济、楼宇经济、报业经济”四大功能，建设市重点文化产业项目石家庄报业传媒大厦封顶，外部装修基本完成。实施6项改革发展措施，即“做强党报，深耕主业；发展楼宇经济；改革内部运行机制；加快新老媒体融合发展；发挥正定新区传媒产业园区作用，与高端媒体合作，打造新媒体产业孵化基地，发展总部经济；开展多种经营”。推进新老媒体融合发展步伐，所属媒体均建立“两微一端”网络平台，至2015年底，石家庄日报社（传媒集团）官方微博粉丝突破130万，微信公众账号粉丝接近4万，微博、微信图文阅读和分享转发量攀升，形成多种传播形态共存互补的现代化全媒体矩阵。发挥媒体影响力，谋划品牌营销活动，参与“夜经济名片”评选、“石家庄十大城市名片”评选等品牌活动，提升《石家庄日报》品牌影响力，实现社会效益、经济效益“双丰收”。2015年石家庄日报社（传媒集团）举办“真橙行动”“燕赵晚报欢乐互动社区行”“摇一摇”送福利等10余项大型营销活动，创收1000多万元。搭建公益和慈善平台，举办“扶危助困送温暖”、“2+X”送暖快车、小记者培训班、城市集体绿色婚典、千人相亲会、慈善拍卖会、雷锋植树组等10余个公益品牌活动，引起社会强烈反响，得到肯定和赞誉。开设天天帮办、法律帮办、“月月3·15”、爱心手拉手城市公益平台、失物招领网等栏目，发动社会力量扶贫助困，帮助数以千计孤寡老人、困难家庭、贫困学生渡过难关。

【优秀作品出版】 编辑出版《石家庄之最》。《石家庄之最》由《燕赵晚报》2名专栏记者安文联、牛珍涛撰稿，历时1年。编写期间，邀请读者、文物专家共同推荐身边“国宝”，以微信、微博等形式与读者互动，精选出石家庄市境内世界之最、中国之最级别的文物、古建筑，经过精心梳理，刊发于《燕赵晚报》大型专栏“石家庄之最”，并精编出版图书版《石家庄之最》。主编为市委常委、宣传部长高天。作品选集出版发行。2015年12月，《石家庄日报社（传媒集团）2013—2014年度优秀作品选集》由河北大学出版社公开出版发行。该书汇集石家庄日报社（传媒集团）旗下《石家庄日报》《燕赵晚报》《精品导报》《燕赵老年报》和石家庄新闻网等媒体2013年度获得全国各类新闻奖作品及2014年度新闻精品122篇。

【第九届石家庄金融理财节】 5月15日，由中国人民银行石家庄中心支行、河北银监局、河北证监局和河北保监局指导，市金融工作办公室主办，省保险协会石家庄分会协办，石家庄报业传媒集团承办的2015中国·石家庄金融理财节权威峰会举行，标志第九届石家庄金融理财节启动。第九届石家庄金融理财节主题为“融合创新，共赢发展”；权威峰会主题为“新常态、新机遇、新理财”。中国人民银行石家庄中心支行、市金融工作办公室、河北银监局、河北保监局、河北证监局及河北省保险协会石家庄分会等行业监管部门及银行、保险公司、证券公司等23家金融机构高管人员及投资理财专家参会。第九届石家庄金融理财节时长近1个月，举办多项投资理财活动，主要有金融权威峰会、“羊”帆之旅财富论坛、理财节特刊等，涉及银行、保险、证券、贵金属、期货等金融领域20余家参展单位。第九届石家庄金融理财节权威峰会上，银行界主题讨论热点为：理财产品收益率、银行产品互联网化；证券界主题讨论热点为：不鼓励多买股票，反复提示风险，告诉想享受股市大盘红利、不懂专业技术的普通投资者，可购买风险相对较小的股票类基金；保险界主题讨论热点为：2014年出台《国务院关于加快发展现代保险服务业的若干意见》，呼吁让保险成为“家庭标配”。5月16日，邀请银行、保险、证券及贵金属、期货等业界专家举行理财讲座。5月30日，各金融部门在市区万达广场举办创新金融产品现场展示，与市民开展互动活动。

【石家庄报业传媒集团与河北省供销合作总社签订战略合作协议】 10月27日，石家庄报业传媒集团与河北省供销合作总社在石家庄日报社新闻大厦签订O2O战略合作框架协议。双方商定强化协同发展理念，合力打造河北省供销合作总社·鲜鲜送和燕赵晚报·小区管家联合品牌，成立农副产品线下体验店，由双方共同完善产品供货渠道，丰富产品类别。河北省供销合作总社旗下河北雨垌农业科技有限公司以“公司+农户+基地+服务终端”为生产经营模式，重点打造农副产品从生产基地直接到餐桌O2O消费服务。燕赵晚报·小区管家APP项目是石家庄日报社（传媒集团）2015年重点打造的新媒体融合项目，2015年9月20日正式上线，该项目以移动互联网为手段，以社区为切入点，围绕服务社区居民宗旨，将原有报纸读者转变为APP用户。2015年燕赵晚报·小区管家APP项目与苏宁云商、以岭健康城等大中型商家开展合作，合作小区达到10家，注册用户3万余人。

石家庄日报社（传媒集团）

党委书记、社长、总编辑：王勋涛

党委副书记、副总编辑：刘云道

副 社 长：张振江　祁辉

副总编辑：李永林　王海刚

金爱民

魏宪亮（1月任）

党委委员、纪委书记：王占武

石家庄报业传媒集团董事长（兼）：

王勋涛

石家庄报业传媒集团总经理：

翟洪权

石家庄报业传媒集团副总经理：

常剑波　谷志伟

（段慧泉）

广播电影电视

【概况】　2015年，石家庄广播电视台创收2.3亿元，同比减少14.18%。其中，广告创收2.09亿元，同比减少16.26%；其他经营创收2059万元，同比增长7.13%。2015年广播频率全天市场份额保持在42.42%；电视频道全天市场份额保持在9.43%，晚间时段收视率3.45%。2015年全市广播综合覆盖率达到99.43%，电视综合覆盖率达到99.42%。组建成立市全媒体运营指挥中心和新媒体产业发展研究院，形成新媒体矩阵态势。实施“RTV+”产业项目，推出乡村服务社服务“三农”新产业模式，推进笑脸智慧社区、小吴帮忙食品体验店、母婴派项目等一批重点项目。至2015年末，石家庄广播电视台举办媒体活动500余场，其中“公益社区行”活动进驻小区130个，将医疗健康、法律咨询、便民服务等送到居民身边。公益电影放映49291场，做到每月每村免费放映1场。2015年石家庄广播电视台被国家新闻出版广电总局评为2014～2015年度公益广告优秀传播机构。

【舆论引导】　围绕市委、市政府中心和重点工作，弘扬主旋律，开展“改善两个环境”“创建全国文明城市”“行进石家庄 处处有精彩”等主题报道。坚持新闻立台原则，首次历史性直播《石家庄新闻》栏目。传递正能量，彰显主流媒体责任担当。2015年石家庄广播电视台宣传报道在中央电视台播出节目、中央人民广播电台发稿量位列河北省城市台第一，主要宣传有：展现石家庄市改革开放成就和城市巨变《幸福石家庄》系列城市形象宣传片，专题片《嬗变》《跨越》《幸福》；举办“十大城市名片”评选、文明大考场、纪念抗战胜利70周年大型音乐诗会《壮歌》、“感动省城十大人物评选”、882城市关爱行动、小木屋圆梦行动、石家庄敬老节、美德故事人人讲、946爱心送考橙丝带、少儿春晚、1067国际音乐节、百姓心中好民警评选等节目活动。

【新闻宣传平台】　投资8000多万元，改造升级广播调频机房，全面更新电视播控机房。新闻综合频道装备4G直播系统和无人机系统，技术装备实现历史性突破，可全面高清化直播报道重大活动、突发事件、查看路况等热点节目。主动适应媒体融合大趋势，开展全媒体融合传播探索，在全省属首创组建成立全媒体运营指挥中心、新媒体产业发展研究院、国创掌易新媒体信息技术有限公司。微信、微博、移动客户端“无线石家庄”“两微一端”形成新媒体矩阵，实现广播、电视、网络台、手机客户端、报纸、户外大屏六个分发渠道，建成集中采访、分类编辑、分频播发优势，有效提升新闻报道传播速度、评论精度、资讯深度。

【管理与改革】　创新举措和经营思路，引入国广公司、特优特公司等广电行业知名咨询团队，量身定制电视频道、广播频率节目，开办《宝贝好榜样》《乡村服务社》《生活2015》等新栏目，填补石家庄广播电视台自办少儿、“三农”、生活服务节目空白。加快产业布局，探索实施“广播+”“电视+”产业项目，少儿培训产业实现良性成长。与国内、省内知名公司合作，推出“乡村服务社农资产业、石家庄广电笑脸智慧社区、小吴帮忙食品体验店、母婴产品”项目。拓宽创收渠道，整体运营承德旅游音乐广播，开办广电新视公司、石家庄易买电商公司、旅游公司等，推进文化产业园区、公共宣传服务平台、地铁电视等重点项目建设。创新优视传媒公司经营策略、内部机构、管理机制和绩效考核制度，在全台推广优视传媒公司发展经验。与有线网络公司联合建立高清互动平台，开启台网合作新模式。2015 年石家庄广播电视台收听收视逆势上扬，其中，广播位列全国省会台第 4 名，电视由全国省会台第 12 位上升至第 10 位。

（李健楠）

【“笑脸智慧社区”上线】 8 月 15 日，石家庄广播电视台“笑脸智慧社区”上线仪式在裕华区众美凤凰城玉兰苑南院中心广场举行。该项目采用“互联网 + 广电 + 孝文化 + 善行 + 惠民”形式，以传播公益、善行为核心，以互联网技术为手段，以石家庄广电资源为依托，打造线上线下融合互动互联网社区项目。线上手机、魔屏（多媒体终端设备）、电视、社区报多屏互动，推进政府声音、优秀文化、传统美德走进社区；线下以文化宣传、公益善行搭建居民互动平台，开展每月一次党员志愿者“孝亲敬老活动”，最美和谐家庭、十佳好邻居评选等活动，推动社区成为和谐大家庭；还借助 F2F（从工厂到家庭）直购、九毛九秒杀等形式惠利于民。

【首届“善美石家庄”微电影大赛】 5 月 25 日，由市委宣传部、市互联网信息办公室、市网络文化协会共同主办，新浪河北频道、河北传媒学院、石家庄广播电视台联合承办的首届“善美石家庄”微电影大赛举行。本次大赛以“善美石家庄”为主题，以微电影形式，从普通民众的视角，记录人们在石家庄这座城市中的心中梦想、幸福生活、快乐工作及发生的感人事迹，赞扬石家庄人优秀品德，表现石家庄风土人情、人文底蕴、社会风貌、城市发展等，发现和挖掘一批石家庄网络微电影导演、编剧人才。

【纪录片《筑成我们新的长城——石家庄抗战风云录》】 8 月 28 日至 9 月 6 日，由市委宣传部、石家庄广播电视台、市委党史研究室联合摄制的大型电视文献纪录片《筑成我们新的长城——石家庄抗战风云录》在石家庄广播电视台新闻综合频道首播。纪录片共十集，分别为《共赴国难》《挺进太行》《敌后长城》《铁蹄罪证》《迎头痛击》《粉碎囚笼》《战争伟力》《神兵百万》《文旗战鼓》《永远怀念》，每集 30 分钟。该片以时间为轴线，立足石家庄地域，辐射晋冀，以大量珍贵的影像、图片、实地拍摄及走访亲历、亲见、亲闻者为素材，从军事、政治、文化等视角揭秘石家庄地区抗战历程，记述八路军创建敌后根据地、百团大战、平原游击战等重大历史事件及英雄人物，展现石家庄人民抗日救亡、支援抗战的高尚情怀。该片创作拍摄历时 10 个月，摄制组走遍石家庄地域及京津、山西、武汉等地，采访抗战老兵和吕正操、何基沣、郝梦龄、赵寿山等著名抗日将领后代，情景再现百团大战、王二小放牛、耿晚子锄奸等历史场景，首度披露日军占领井陉、石家庄抗日救亡等珍贵历史影像。

（王更）

档 案

【概况】 2015 年，市档案系统接待档案利用者 45000 人次，提供利用档案 10 万卷（件），报刊资料 322 册，提供照片 500 余张。投资 470 万元，实施档案库房加固改造和库房管理；2 个县级档案馆新馆投入使用。加强档案宣传，利用“6 月 9 日国际档案日”“9 月 5 日《档案法》颁布纪念日”“12 月 4 日法制宣传日”等时机，开展多种形式档案宣传活动，悬挂宣传横幅 21 条，接受群众咨询 3500 人次，发放资料 6000 余份，制作展板 60 余张，主要宣传档案法律法规、档案与社会及公民关系等知识内容，提高了档案社会影响力，增强了全社会档案意识。推进档案信息化建设，2015 年全市档案存量数字化录入 398660 条，扫描 1582035 幅，接收电子文件条目 453330 条。至 2015 年底，市档案局（馆）累计馆藏 463 个全宗；285377 卷、219302 件文书档案；17822 册图书资料、6741 份报刊资料；各种载体声像档案 49225 件。

2015年市档案部门组织档案系统申报河北省档案局优秀服务成果8项，获得一等奖1个、二等奖2个、三等奖3个、优秀奖2个。

【档案馆建设】 争取专项经费234万元，实施档案库房加固改造，新购置安装密集架1000立方米，有效缓解档案库房饱和无法接收档案问题。投资236万元，采用现代先进物联网技术，改造升级库房管理，安装档案库房自动控制系统。重新启动市档案馆新馆建设。12月10日，市长邢国辉批示：列入“十三五”规划纲要，应尽快启动恢复新馆建设，形成文字报市委。12月12日，省委常委、市委书记孙瑞彬批示：照市长批示落实，送规划局。至2015年末，市档案馆新馆建设列入全市“十三五”规划。借助国家补助县级档案馆建设资金政策，推进县级档案馆建设。灵寿县、行唐县2个县级档案馆新馆投入使用；赞皇县新档案馆建设主体完工；高邑县档案馆新馆于2015年6月破土动工；平山县、新乐市等7个县级档案馆新馆建设获得国家发展改革委批复，共争取中央财政资金支持800余万元。督导晋州市、元氏县按照国家发展改革委、国家档案局要求，落实解决新馆建设问题。

【档案接收】 按照应归尽归，应收尽收原则，市、县两级档案部门及时到机关、团体、企事业单位开展业务指导，做好档案接收。2015年市档案局接收市人力资源和社会保障局大中专毕业生派遣证档案、市群众路线教育活动档案等共计8862卷、2778件。因石家庄市部分区划调整，接收原桥东区档案116个全宗、31780卷、54688件，照片档案2000余张，磁带230盘，另有撤销时15万卷（件）档案整理完成。提高农村档案管理水平，元氏县档案馆率先在全省实行“村档县代管”方式，2015年元氏县档案馆代管行政村档案达到19000余卷。至2015年底，市档案局（馆）累计馆藏463个全宗；285377卷、219302件文书档案；17822册图书资料、6741份报刊资料；各种载体声像档案49225件。

【档案信息化】 贯彻落实国家档案局《数字档案馆系统测试办法》《档案数字化外包安全管理规范》要求，制定《石家庄市档案局关于通过国家级数字档案馆测试的达标方案》。安装申报科研项目“区域性数字档案数据中心”项目软件管理端和客户端，经测试运行正常。部分全宗档案实现机检一体化，查阅档案资料通道更加便捷。赵县档案馆建立电子档案存储系统，长久保存县电视台等单位影像资料。档案存量数字化和增量电子化快速增长，至2015年底，全市档案存量数字化录入398660条，扫描1582035幅，接收电子文件条目453330条。

【档案组建】 加强档案业务指导，检查和指导全市机关、团体、企事业单位115个单位2014年度归档文件整理，其中109个单位按时完成档案整理归档，档案整理合格率98.5%。市档案局、市农业局联合制定《石家庄市农村土地承包经营权确权登记颁证档案整理细则》。举办档案人员培训班一期，重点学习《河北省机关档案工作目标管理认定办法》《石家庄市档案管理违法违纪行为处分实施细则》《会计档案管理办法》《照片档案管理规范》《石家庄市归档文件整理规则实施细则》等内容，参训130多人。提高企业档案管理水平，采取业务咨询、集中培训和上门指导方式，组织市西北水源建设项目参建单位做好档案管理。参加中石化石油总公司专项验收石炼化分公司原油劣质化升级改造等5个项目档案。指导河北美术学院等6个省管重点建设项目、农村面貌提升办公室和党的群众路线教育实践活动办公室等重大活动档案整理，常山纺织集团和南车集团车辆厂搬迁后企业档案、河北纬编厂和石家庄企业家报社破产档案处置。关注政府机构改革进程，及时指导原市房管局、原市建设局、原市物价局、原市招商局、原市地震局等撤并单位妥善转移和处置档案资料，新设立市不动产登记管理局、市不动产登记中心落实档案集中管理要求，新组建市住房和城乡建设局、职能发生变化市发展改革委、市商务局、市科技局等单位建立审定《机关文件材料归档范围和文书档案保管期限表》。

【档案征集】 开展社会档案征集，丰富档案馆藏内容，全年征集各种载体及内容珍贵档案资料829件。开创性实现珍贵档案自主收购征集入馆，在市档案部门成立专家鉴定委员会，制定详细征集流程，规范性开展档案收购，首批41件价值近4万元珍贵档案收购入馆，这也是市档案部门首次有偿征集。深泽县档案局征集到冀中抗战研究会在深泽宋家庄战斗旧址参观音像资料，其中，吕正操之子吕彤羽（冀中抗战研究会会长）赠送光盘2张，吕正操题词1幅，宋家庄作战图仿真件1幅。赵县档案局搜集、挖掘、整理存世赵县古县志，将已知存世最完整4部古赵州志收集馆藏，并按照“尊重历史、制古如古”原则，以全宣纸、全油墨、全线装形式复制印刷，登记造册。

【档案利用】 依据《档案法》“档案形成满30年向社会开放”规定，市、县两级档案馆鉴定开放馆藏满30年，即1985年全部档案，编制开放目录（个别不宜开放档案未列入），共开放档案35631卷。2015年全市档案部门接待档案利用者45000人次，提供利用档案10万卷（件），报刊资料322册，提供照片500余张。档案利用对象主要有：单位修史编志，个人和家族修编家谱，结婚、离婚、购房、生育、土地确权、身份确定、落实政策待遇、解决纠纷等单位和社会人员，创造了社会效益和经济效益，发挥了档案“资政惠民”服务功能。2015年是抗日战争暨世界反法西斯战争胜利70周年，市档案部门利用馆藏珍贵抗战照片，组织多种形式纪念活动，揭露日军暴行，并向河北省委宣传部、京津冀抗战图片展、西柏坡等单位提供馆藏照片资料，其中，为京津冀抗日70周年史料展提供照片30张。挖掘馆藏档案资源，编辑出版《历史记忆——馆藏珍贵档案集萃》，主要收集内容和方式：精心筛选一批较为珍贵档案资料，年代较为久远，反映重要历史事件，著名人物形成档案资料，并以图文并茂形式印刷出版。

（马彦春）

文 物

【概况】 石家庄市是文物大市，地域文化底蕴深厚，文物遗存丰富。2015年，市文物部门以巩固文物大市，建设文物强市为目标，围绕“保护为主、抢救第一、合理利用、加强管理”工作方针，推进做好文物保护和文化遗产利用。至2015年底，全市拥有全国重点文物保护单位39处（位列河北省第三，居周边省会城市第一），省级以上文物保护单位141处，其中，田野文物48处、古墓葬19处、古遗址21处、古建筑76处，市、县文物保护单位240处，各类不可移动文物点4800余处，可移动文物2.7万组，长城遗址、遗迹94处，注册登记博物馆、纪念馆14座。

【文物保护】 贯彻落实习近平总书记关于正定古城保护重要批示要求，将正定古城保护作为一号工程，梳理正定古城保护项目，重点做好正定文物本体保护重点项目、文物保护规划编制及争取国家文物保护专项资金支持。3月10日，由中共正定县委、正定县人民政府主办“承九朝神韵扬千古俊美——正定历史文化展”在国家图书馆典籍博物馆举行，3万多人次参观展览。4月8日，正定历史文化价值研讨会在国家图书馆新闻发布厅举办，来自各地知名文史研究、文物保护、规划设计、社会科学、古建筑专家学者，正定县古文化研究会、作家协会及各界人士参加研讨会。至2015年末，正定拥有国家级重点文物保护单位9处，省级文物保护单位5处，县级文物保护单位24处，馆藏文物7276件。正定城墙修缮工程——南门系统修缮工程完成工程总量80%，南城墙（不含南门系统）修缮工程开工，西门系统南部遗址保护展示工程报批设计方案。正定隆兴寺天王殿修缮工程竣工；隆兴寺毗卢殿现状整修工程2015年11月中旬竣工；隆兴寺壁画保护工程正在办理开工手续。正定文庙大成殿保护维修工程2015年11月底竣工。石家庄电报局营业厅旧址修缮工程、行唐县封崇寺大殿保护修缮工程、铁行会馆修缮一期工程竣工。天护陀罗尼经幢保护工程正在施工。赵县西林寺塔修缮工程招标。正丰矿工业建筑群小姐楼修缮工程、福庆寺圆觉殿保护修缮工程招标准备完毕。赵州陀罗尼经幢抢险加固工程编制设计方案。22处第六批、第七批全国重点文物保护单位记录档案制作通过验收；14处第七批全国重点文物保护单位标志牌制作完成；

21处古建筑类全国重点文物保护单位重大险情排查完毕。初步确定“十三五”规划期间，全市古建筑保护利用总体思路为：排除重大险情，加强日常保养维护，编制保护利用规划。贯彻落实中央、省、市领导关于长城保护工作批示要求，承担保护长城部门职责。10月22日，全市组织召开长城保护工作会议；10月30日，市文物局在赞皇县棋盘山段岭关长城召开长城保护现场观摩会，实地查看长城保护现状及周边环境，研究探讨保护和管理策略，交流长城保护经验和想法。开展长城散落文物及城砖、文字砖调查，采集、审核、上报和认定5个县（区）94处长城资源长城保护工程基础信息。整理上报白求恩墓、柯棣华墓、梅花村惨案遗址、挂云山六壮士跳崖遗址、晋察冀边区爆炸英雄李混子制雷旧址等抗战类文物保护单位信息，其中白求恩墓、柯棣华墓、梅花村惨案遗址、晋察冀边区爆炸英雄李混子制雷旧址入选中国文物报社编辑的《全国重要抗战文物展·2015》。

【考古挖掘】 2015年3月，省文物研究所、市文物研究所、行唐县文保所组成联合考古队，开展故郡村周边全面系统考古调查、勘探和抢救性考古发掘，取得重要考古成果，正在申报2015～2018年考古工作计划。4月29日，新华区大郭镇大马村舞台东侧施工，出土残佛首2件、残佛身1段、残柱础1件，经市文物保护研究所初步认定，出土石刻年代为北朝。配合石济客运专线建设工程，在长安区南翟营村北，实施南翟营汉墓考古发掘。2015年8～10月，井陉县文物局清理山北学校改建教学楼工程文化遗存，发现与井陉窑遗址有关坩子井等遗存。

【全国第一次可移动文物普查】 至2015年末，石家庄市第一次全国可移动文物普查文物认定完成，新认定文物5000余件/套（市文物研究所3587册、毗卢寺博物院11万枚钱币不在统计内），其中包括碑帖《梅石观生图》、古籍善本民国影宋刻本《四书集注》、古钱币“大观通宝”折二大样等珍贵文物。协助收藏单位开展文物信息采集登录，40家收藏可移动文物单位，38家文物信息采集登录完毕。督导和培训所辖县（市、区）文物普查办公室开展可移动文物普查，举办可移动文物普查培训班4期，专项培训信息审核，邀请知名专家讲授文物库房管理和可移动文物认定内容。

【文物安全】 树立“文物安全重在防范”理念及“安全第一”原则，完善文物安全防范设施，加大文物执法督察力度。按照《国家文物局文物保护单位执法巡查办法》规定，定期巡查重点县（市、区）文物安全、文物执法情况。开展文物安全隐患排查整治专项行动，全面排查辖区文物保护单位、文物库房、博物馆等文物收藏单位、考古发掘工地和文物建筑工地安全。组织毗卢寺博物院、鹿泉韩庄龙泉寺、灵寿石牌坊、新乐伏羲台遗址等全国重点文物保护单位和省级文物保护单位实施安全防范、消防和防雷设施升级改造。

（田欣）

【豆腐庄惨案纪念馆开馆】 3月24日，赵县“豆腐庄惨案纪念馆”正式开馆。1937年10月12日，侵占藁城梅花镇日军500余人窜至赵县豆腐庄村。野蛮残暴的日本兵一进村就杀人放火，奸淫抢掠。豆腐庄村302人丧生，36户绝口，部分被残杀村民被日军推进村中一口枯井，因此该惨案也称作“豆腐庄血井惨案”。2010年7月，赵县启动“豆腐庄惨案”纪念馆建设，位置在豆腐庄村西血井旧址旁。该纪念馆总投资550万元，占地20亩，建筑面积1480平方米，2014年底竣工；陈列日军侵华物证120余件，包括日军的迫击炮弹、子弹壳、指挥刀等物品，展出图片、证言30幅。

（侯天仪　徐哲普　聂聪超）

【梅花惨案纪念馆入选第二批国家级抗战纪念设施、遗址名录】 8月13日，国务院公布第二批100处国家级抗战纪念设施、遗址名录（国发〔2015〕47号），石家庄市藁城区“梅花惨案纪念馆”入选。1937年10月12～15日，侵华日军在藁城梅花镇实施了4天3夜灭绝人性的大屠杀，杀害无辜群众1547人，烧毁房屋、店铺600多间，制造了骇人听闻的“梅花惨案”。由于惨案发生在农历九月初九，因此也称“九九”惨案。1958年当地政府在梅花惨案遗址修建“梅花惨案纪念馆”，馆名由抗日名将吕正操题写。该馆以翔实的文字、丰富的照片及实景、实物，讲述了惨案详细经过。

1982年“梅花惨案纪念馆”被河北省政府公布为河北省重点文物保护单位，1994年被河北省政府批准为省级爱国主义教育基地。

石家庄市文物局

局　长：张跃新

副局长：陈浩志　王兰君

张献中

（田欣）

西柏坡纪念馆

【概况】　西柏坡位于石家庄市平山县中部，距离石家庄市主城区80千米，是中国解放战争时期中央工委、中共中央和解放军总部所在地。1947年5月，刘少奇、朱德率中央工委进驻西柏坡。1948年5月，毛泽东、周恩来、任弼时率中央前委和解放军总部到达西柏坡与中央工委汇合。在西柏坡，毛泽东等中国老一辈领导人组织召开了中国共产党全国土地会议，通过《中国土地法大纲》，实现耕者有其田；指挥辽沈、淮海、平津三大战役，决定中国命运；召开中国共产党七届二中全会，描绘出新中国宏伟蓝图。1949年3月23日，中共中央和解放军总部离开西柏坡，前往北京。后人称“新中国从这里走来”，即由此而起。

1955年，河北省博物馆联合建屏县政府（1958年建屏县改为平山县）建立西柏坡纪念馆筹备处。1982年3月11日，国务院公布西柏坡中共中央旧址为全国重点文物保护单位。1987年5月1日，建立文物保护区碑1座，划定文物保护区39.18万平方米，自然保护区133.32万平方米。1976年10月，西柏坡陈列展览馆开工。1978年5月26日，在纪念中共中央和解放军总部移驻西柏坡30周年时，西柏坡陈列展览馆与中共中央旧址同时对外开放。主题陈列《新中国从这里走来》曾于1993年、1996年、1998年、2003年、2009年修改完善，获评“1998年度全国十大精品陈列”“第六届全国十大陈列展览特别奖”（2003～2004年）。1992年起，西柏坡纪念馆先后修建西柏坡石刻园（2011年扩建改名西柏坡丰碑林）、西柏坡雕塑园、五大书记铜铸像、西柏坡纪念碑、周恩来评语碑、西柏坡国家安全教育馆、西柏坡文物保护碑、西柏坡青少年文明园、西柏坡廉政教育馆等革命传统教育系列工程，丰富西柏坡纪念馆教育内容。

西柏坡纪念馆建馆以来，党和国家领导人江泽民、胡锦涛、习近平等先后到西柏坡参观学习。江泽民题词：“牢记两个务必，建设有中国特色的社会主义”。胡锦涛发表重要讲话：要求全党同志继承和发扬西柏坡时期毛泽东提出的“两个务必”精神。习近平指出：毛泽东同志当年提出的“两个务必”，包含着对我国几千年历史治乱规律的深刻借鉴，包含着对我们党艰苦卓绝奋斗历程的深刻总结，包含着对胜利了的政党永葆先进性和纯洁性、对即将诞生的人民政权实现长治久安的深刻忧思，思想意义和历史意义十分深远。

1995年，西柏坡纪念馆被国家文物局评为“全国优秀社会教育基地”；1996年，被国家教委、民政部、文化部、文物局、共青团中央和解放军总政治部联合公布为“百个全国中小学爱国主义教育基地”；1997年，被中共中央宣传部命名为“全国百个爱国主义教育示范基地”；2002年10月，被全国精神文明建设指导委员会评为“全国精神文明建设工作先进单位”；2002年11月，被国家旅游局评为“AAAA级旅游景区”；2008年5月，被国家文物局命名为首批“国家一级博物馆”；2009年12月，被解放军总部命名为“国防教育示范基地”；2010年5月，被中央纪委监察部命名为首批“全国廉政教育基地”；2011年，被国家旅游局评为“AAAAA级旅游景区”；2012年9月，被中共中央宣传部、国家文化部、国家广电总局、国家新闻出版总署评为“全国文化体制改革先进单位”。

2015年，西柏坡纪念馆围绕“对内抓提质，对外抓拓延，着力建设精品景区”思路，快速适应全国纪念馆行业发展新形势，突出纪念馆主体功能，集中精力抓队伍、抓管理、抓宣教、抓研究、抓发展，较好完成全年工作任务，并荣获省级文明单位、市普法先进单位称号。投资200多万元，维护修缮西柏坡陈列展览馆系统设施，包括空调系统、电力设备、消防设施、屋面防水、墙体粉刷等；结合5A景区建设标准，投资100多万元，补充完善景区标识标牌，制作“中国梦、赶考行”“社会主义核心价值观”等宣传标语标牌。实施智慧景区建设工程，第一阶段WiFi网络全覆盖、LED屏显示系统、景区广播系统、景区手机APP及景区视频监控、无线电子讲解系统等项目完成。5月11日，经西柏坡纪念馆与河北省、石家庄市、平山县各有关部门协商沟通，决定由西柏坡纪念馆统一接收管理使用原中共中央宣传部、原中共中央组织部、原中央妇女运动委员会、全国土地会议旧址及西柏坡中共中央部委旧址区（12个部委旧址）共6处17个部委旧址，其中，政协礼堂、原中共中央宣传部旧址展览重新制作完毕，实现对外开放。7月16日，由中共石家庄市委宣传部、中共石家庄市委外宣局、石家庄广播电视台、石家庄日报社联合举办的“石家庄十大城市名片”评选活动结果揭晓，西柏坡获评“石家庄十大城市名片”。12月5日，由西柏坡纪念馆、华北军区烈士陵园、河北博物院、省图书馆、河北文学馆5家爱国主义教育基地组织发起河北省爱国主义教育基地协会在西柏坡成立。多层次、学科化整合西柏坡宣传教育成功经验，编纂汇总《圣地百灵——西柏坡讲解员服务标准》规范文本，提出打造和培育专家型、学者型讲解员宣传教育发展新思路。编写《三严三实专题教育读本》《西柏坡时期加强纪律性历史回顾》《红色旅游发展的西柏坡实践》《燕赵传奇之华北人民政府》《西柏坡口述历史》《中央部委旧址群研究》等书籍、广播稿等。西柏坡纪念馆郭微、韩向飞参加由河北省旅游局主办，平山县旅游局、平山县沕沕水生态风景区协办“讲述红色故事，记忆真情旅游”河北省红色旅游故事会大赛，分别获得一等奖、三等奖。

【学习考察活动】 国家部委领导学习考察。2月28日，国务委员、公安部部长郭声琨到西柏坡学习考察，参观《西柏坡——新中国从这里走来》主题陈列、中共中央旧址、华北人民政府公安部旧址。3月25日，中共中央政治局委员、中央统战部部长孙春兰，中央统战部副部长陈喜庆到西柏坡学习考察并召开统战文化座谈会，参观西柏坡纪念馆陈列展览馆、中共中央旧址、毛泽东旧居、七届二中全会旧址、九月会议会址，学习重温“两个务必”“六条规定”“加强党的集中统一领导和组织纪律性”等内容。4月25日，中共中央政治局委员、中央书记处书记、中央宣传部部长刘奇葆到西柏坡学习考察，参观西柏坡陈列展览馆、中共中央旧址和中央宣传部旧址，重温西柏坡历史，回顾西柏坡时期中央宣传部为协助党中央土地改革和解放战争所做新闻、宣传和文化教育等工作。11月17日，最高人民法院院长周强到西柏坡学习考察，观看历史资料片《新中国从这里走来》，参观西柏坡陈列展览馆、七届二中全会旧址和华北人民法院旧址。军队领导学习考察。5月28日，北京军区司令员宋普选、副政委高东璐等26人到西柏坡学习考察，观看历史资料片《新中国从这里走来》，参观西柏坡陈列展览馆和中共中央旧址。8月25日，北京军区副司令员曹清中将到西柏坡学习考察，观看历史资料片《新中国从这里走来》，参观西柏坡陈列展览馆和中共中央旧址。省市领导学习活动。3月23日，是党中央离开西柏坡“进京赶考”66周年日子，河北省领导张庆伟、赵勇、付志方等40余人到西柏坡，开展“坚定政治立场，保持政治定力”主题教育活动，参观中共中央旧址、七届二中全会旧址、九月会议旧址，重温“两个务必”“六条规定”和九月会议“加强党的集中统一领导和组织纪律性”等内容，并在九月会议旧址举行集体学习教育座谈会。河北省委常委，省人大常委会、省政府、省政协领导成员，省法院院长、省检察院检察长，其他省级干部，省长助理和省直部门负责人参加教育活动。8月4日，河北省委书记赵克志，省委常委、市委书记孙瑞彬，市长邢国辉到西柏坡学习考察，参观西柏坡陈列展览馆、毛泽东同志旧居、七届二中全会会址和九月会议会址，到西柏坡村看望慰问老党员和乡亲，到梁家沟了解美丽乡村建设，并召开座谈会。赵克志在座谈会提出：牢记“两个务必”，永葆政治本色；践行“三严三实”，严守政治纪律；弘扬“赶考”精神，勇于担当使命。3月23日，石家庄市委常委集体赴西柏坡开展“坚定政治立场，严守纪律规矩”主题教育活动，集体观看历史资料片

《西柏坡时期我党加强纪律建设的回顾》，并召开以“坚定政治立场、严守纪律规矩”为主题学习交流会。

【大型情景讲述剧《英雄河北》巡演】 争取河北省委宣传部支持，利用西柏坡纪念馆讲解员培训中心优势，组织和整合西柏坡纪念馆、邯郸市博物馆、中国人民抗日军政大学陈列馆、冀南区烈士陵园、承德避暑山庄博物馆、晋察冀边区革命纪念馆、中国井陉区区委宣传部、开滦国家矿山公园（开滦博物馆）等10家河北省爱国主义教育基地56名讲解员，聚集西柏坡成功编排大型文艺演出“英雄河北——纪念中国人民抗日战争暨世界反法西斯战争胜利70周年大型情景讲述剧”。《英雄河北》共五个篇章，第一篇《英雄母亲》歌颂康玉屏、白文冠等英雄母亲感人事迹，第二篇《英雄壮士》展现狼牙山五壮士、左权等著名抗日英烈不屈精神，第三篇《英雄人民》带领人们走近王二小、刘耀梅等人民英雄，第四篇《英雄胜利》展现百团大战、黄土岭战役、响堂铺伏击战等战役战斗取得的胜利，第五篇《英雄梦想》以歌舞形式集中反映新时期中国人民继承前辈遗志，为实现中华民族伟大复兴中国梦的雄心壮志和豪情。7月20日起，大型情景讲述剧《英雄河北》在石家庄、邯郸、邢台等地市巡演10余场，演出现场观众深受感动，反响强烈。巡演期间，《英雄河北》受到《河北日报》、河北新闻网、《燕赵都市报》《邢台日报》等省市新闻媒体关注和报道。9月3日，在纪念中国人民抗日战争胜利暨世界反法西斯战争胜利70周年当天，《英雄河北》在河北卫视频道播出。

【《西柏坡——依法治国从这里起航》展览】 11月26日，为纪念全国第15个“普法日”和第2个“宪法日”，市普法办公室、西柏坡纪念馆在西柏坡共同主办《西柏坡——依法治国从这里起航》展览。展览分为“立规矩定制度、制定《中国土地法大纲》、起草《共同纲领》、起草《婚姻法》、《奠定依法行政的基础》”五个单元。展出《请示报告制度》《中国土地法大纲》《共同纲领》、新中国第一部《婚姻法》等珍贵革命历史文物60余件。

【课题研究】 11月21日，经河北省委宣传部批准，由河北省委党史研究室、河北省委党校、河北省社会科学院、河北师范大学、河北经贸大学、河北省社会主义学院、石家庄市委党校、石家庄学院、石家庄市社会科学院、西柏坡纪念馆联合发起的河北省中国特色社会主义理论体系西柏坡精神协作研究基地正式成立，并在西柏坡纪念馆举行揭牌仪式。与空军指挥学院合作，开展“西柏坡时期的历史贡献”“西柏坡时期的治军经验”等10余个专题研究。编写《三严三实专题教育读本》，被河北省委宣传部确定为河北省处级以上党员领导干部“三严三实”专题教育学习读本。编写《西柏坡时期加强纪律性历史回顾》，被确定为石家庄市委中心组学习材料，并在《求是》杂志、《人民日报》刊发。系统总结西柏坡红色旅游10年发展，出版《红色旅游西柏坡经验》，在全国推广。与社会力量合作，共同编写广播稿《燕赵传奇之华北人民政府》，被国家新闻出版广电总局评为一等奖。实施抢救历史工程，20万字《西柏坡口述历史》交付印刷；涵盖20个课题《中央部委旧址群研究》完成，这也是西柏坡纪念馆第一部系统研究旧址群历史工具书。

西柏坡纪念馆

西柏坡管理局副局长、西柏坡纪念馆党委书记：陈宗良

馆　　长：王红

副 馆 长：段彦峰　张振国

纪委书记：杨宏伟

（西柏坡纪念馆）

卫生·体育

Public Health & Sports

卫　生

【概况】 2015年，全市共有各级各类医疗卫生机构6656个，其中省级和部队15个，市级18个，县级120个，乡镇卫生院220个，社区卫生服务中心（站）198个，门诊部41个，诊所（医务室）1643个，村卫生室3974个。开放床位50450张。在岗职工86230名，其中卫生技术人员65081名，执业（助理）医师29589人，注册护士25279人。年末全市平均每千人口拥有卫生技术人员6.08人，医生2.76人，注册护士2.36人。2015年全市68.14万人次享受住院医疗费用补偿，总金额20.69亿元。2015年全市563.72万农民参加新型农村合作医疗保险（简称新农合），参合率达到97.81%，全年补偿1916.51万人次，补偿金额26.9亿元。落实国家重大和基本公共卫生服务项目，基本公共卫生服务经费人均标准提高到40元，常住居民电子健康档案管理率达到88.89%。创建群众满意乡镇卫生院22所（国家级4所、省级18所）、优质服务示范村卫生室100所。131个乡镇启动乡村医生签约服务试点，行政村签约率67.17%，签约人口252.18万人。推进“国家中医药发展综合改革试验市”建设，全市乡镇卫生院和社区服务中心建成“国医堂”184个，74个乡镇卫生院设置标准化中医科、113个社区卫生服务站设立“国医馆”，形成独具特色的“一堂一馆”基层中医药综合服务模式。2015年1月，国家卫生计生委、国家中医药管理局确定石家庄市长安区、藁城区为首批国家级中医养生保健素养监测点，采用分层多阶段随机抽样方式，每个调查点抽取80名15～69岁常住人口开展问卷调查，主要了解中医药科普知识普及情况和中医养生保健素养水平。举办国内首届重症肌无力专题国际学术研讨会、国际糖尿病论坛、国际助产联盟学术交流等国际性学术研讨会，全市重点学科知名度和影响力提升。农村改厕争取省级补助资金2097余万元，市级补助资金1585余万元，411个重点村94949座厕所改造任务完成。

【新型农村合作医疗】 2015年全市563.72万农民参加新型农村合作医疗保险，参合率达到97.81%，全年补偿1916.51万人次，补偿金额26.9亿元。2015年全市参加新型农村合作医疗农民一般住院补偿封顶线从2014年10万元提高至15万元，新型农村合作医疗大病保险补偿限额从20万元提高至25万元，加上新型农村合作医疗一般补偿15万元，参加新型农村合作医疗农民年最高住院补偿额度达到40万元。新型农村合作医疗大病保险筹资标准提高到每人每年35元。2015年全市新型农村合作医疗大病补偿6.09万人次，金额1.94亿元。新农合大病保险保障对象：市辖区内新农合所有参合人。保障范围：在参合农民患大病住院发生高额医疗费用按规定获得新农合补偿后，个人年度累计负担的合规医疗费用超过13000元部分，按一定标准纳入新农合大病保险补偿范围。2015年全市新农合大病保险补偿具体规定：1.3万元～7万元，补偿50%；7万元～8万元，补偿60%；8万元～9万元，补偿70%；9万元以上，补偿80%。2015年全市新农合大病补偿报销实行转诊备案制度，参合农民在县域外住院必须在户口所在地县级新农合管理中心办理转诊备案手续，由县级新农合管理中心告知新农合大病保险相关政策和规定；未在规定时间内办理转诊、备案手续的参合农民大病保险可降低补偿比例或不予补偿。参合农民在执行

“出院即报”定点医疗机构办理完新农合补偿手续后，如符合大病保险条件，即可在医院办理大病保险报销手续，定点医疗机构垫付大病保险补偿费用，商业保险机构定期向定点医疗机构拨付新农合大病保险资金。参合农民在未执行“出院即报”医疗机构住院时，个人先垫付全额医疗费用，出院后持相关材料到县新农合管理中心办理新农合补偿手续，如符合大病保险条件，保险公司同时在县新农合管理中心办理大病保险报销手续。十种情况不列入补偿范围：药店购药、门诊费用（终末期肾病除外）；未经户口所在地县级新农合管理中心批准，在非定点医疗机构住院；工（公）伤，打架斗殴，交通事故，医疗事故，刑事犯罪，自伤、自残、自杀，吸毒、酗酒，戒烟、戒毒等；各类器官、组织移植的器官源和组织源；超过省级物价部门规定的医疗服务价格收费标准部分；未取得卫生行政部门许可和准入的大型检查、诊断、治疗；美容、健美项目及非功能性整容、矫形手术等非疾病治疗项目；人工器官和体内置放材料，超出《河北省新型农村合作医疗诊疗项目补偿报销规定（2011年版）》限量限价规定部分；超出《河北省新型农村合作医疗报销药物目录》和《中华人民共和国药典》中用于诊疗的化学药品范围以外的药品；因自然界不可抗拒因素造成的急、危、重病人救治费用。

【中医药管理】 推进“国家中医药发展综合改革试验市”建设，全市乡镇卫生院和社区服务中心建成“国医堂”184个，74个乡镇卫生院设置标准化中医科、113个社区卫生服务站设立“国医馆”，确定社区首席医师（中医师）386名，形成独具特色的“一堂一馆”基层中医药综合服务模式。至2015年末，全市100%社区卫生服务中心、96%乡镇卫生院、92%社区卫生服务站、80%村卫生室提供中医药服务。实施中医“治未病”健康工程，16个县（市、区）建设中医适宜技术推广基地。开展中医药县乡村一体化管理试点，以中医为“龙头”组建石家庄市中医医疗联合体。2015年石家庄市县两级财政投入资金2000余万元，用于中医药基础设施建设和人才培养，3个县（市、区）创建成为全国基层中医药工作先进单位，3个县（市、区）创建成为全省基层中医药工作先进单位。安排县（市、区）乡镇卫生院50名大专学历以上、年龄45周岁以下中医类别执业医师，到市中医院开展3个月脱产临床跟师进修。举办县级中医院中医优质护理服务培训班，16个县级中医院护理主管院长和44名护理骨干参加培训。举办为期1个月乡村医疗机构中医药人员基础理论、基层常见病和多发病诊疗方案培训，累计培训乡村医疗人员5826人次。开展互联网+中医药信息化建设试点，在市中医院和鹿泉区中医院举办以中医医院综合统计管理信息系统和远程医疗信息系统建设为主要内容信息化建设试点，实现远程会诊、远程咨询、远程教育等功能。2015年国家中医药管理局确定市中医院为“全国中医医院信息化示范单位”。

【医药卫生改革】 县级公立医院改革实现全覆盖。至2015年底，全市基本药物制度覆盖率保持河北省第一，31家县级公立医院全部取消药品加成，为群众减免医药费1.75亿元（含基层医疗机构减免医药费用0.38亿元）。公立医院改革发掘培育先进典型单位2家，分别为新乐市中医院、藁城人民医院。组建重症医学、肿瘤、医院感染等28个专业质量控制中心，开展“讲、评、比、促、研”活动。提高医疗技术水平，制定医院手术分级及医疗技术管理制度，完善医疗技术准入、手术分级及准入后管理办法，定期举行执业医师考核。抢抓京津冀卫生计生协同发展机遇，搭建医疗合作新平台。2015年市第一医院与北京大学人民医院联合成立胸部微创协作中心，市第二医院与中国人民解放军306医院建立军民融合医疗联合体，市第四医院与原北京军区总医院附属八一儿童医院签订合作协议。2015年市第四医院妇产科、产科分别位列中国医院影响力排行榜第16位、第22位，市第五医院感染科位列第33位。

【公共卫生服务】 落实国家重大和基本公共卫生服务项目，2015年全市基本公共卫生服务经费人均标准提高至40元，常住居民电子健康档案管理率达到88.89%。实施新生儿出生缺陷干预工程，2015年全市居民免费婚前检查83629人、孕前优生检查99894人、产前筛查83163人、新生儿代谢性疾病筛查108586人、听力筛查99529人。制定医院预防合作互派交流、定期培训、督导通报3项制度，全市所有二级以上公立医院均成立公共卫生科。组织专家现场指导3个国家级、2个省级慢性病综合防控示范区，2015年井陉矿区启动中国职业人群“健步走激励”健康干预项目。国家第三轮艾滋病综合防治示范区工作任务全部完成。推进结核病防控，赞皇县、灵寿县、元氏县、藁城区开展创建结核病防治示范区活动，推广结核病防治新模式，年末全市结核病防治实现转型。长安区、鹿泉区、藁城区开展流动儿童预防接种示范区创建活动，建立“三个一”流动儿童预防接种管理新模式，消除流动儿童免疫空白。支持中东呼吸综合征和埃博拉出血热疫情防控，选派疾控专家参加中国第四批公共卫生师资培训队援助塞拉利昂。开展国家精神卫生综合管理试点。2015年石家庄市被确定为全国精神卫生综合管理试点城市，这也是河北省唯一一个城市。市政府以此为契机，出台实施方案，成立领导小组，召开启动暨培训会，建立部门会商机制、应急联动机制、基层综合管理机制，实施医师转岗培训工程、患者大排查工程、春暖解锁工程、社区精神康复工程、心理家园建设工程，实现贫困严重精神障碍患者定点医疗机构合规住院费用零负担。基层医疗卫生服务。广泛开展以规范病历管理、规范护理管理、规范药事管理，加强医院感染管理、加强输液管理，提高急救能力为核心“三规范、两加强、一提高”基层医疗卫生机构医疗质量与安全整治活动。2015年全市创建群众满意乡镇卫生院22所（国家级4所、省级18所）、优质服务示范村卫生室100所。农村县（市）推广驻村医生制度和乡村医生“3+X”服务模式，2015年全市131个乡镇启动乡村医生签约服务试点，行政村签约率67.17%，签约人口252.18万人。城区推广家庭医生团队服务模式，开展社区卫生服务机构综合服务能力提升活动，2015年全市7所社区卫生服务中心创建成为“全国示范社区卫生服务中心”，形成政府主导、多渠道发展社区卫生服务格局。至2015年底，全市拥有社区卫生服务人员3256名，其中卫生技术人员2940名，平均每万名居民拥有全科医生2名；社区居民健康档案建档率达到82%，65岁以上老年人健康管理率达到70%，家庭医生签约服务38.8万人，设立标准化心理卫生工作室22所；推进双向转诊，23所社区卫生服务机构开通“心电图远程会诊”服务。开展环境综合整治和爱国卫生月活动。制作爱国卫生公益广告片，与石家庄电视台“民生关注”栏目联合举办“爱卫在基层”主题展播系列活动。向全市发起爱国卫生运动倡议书。采取“记者走基层”报道形式，生动、立体呈现全市基层爱国卫生工作成就和爱卫人无私奉献、爱岗敬业的职业品格，呼吁全社会共同参与和支持爱国卫生运动。开展春秋季灭鼠、夏季灭蚊蝇、秋季灭蟑统一行动，“四害”密度控制指标达到国家标准要求。2015年全市农村改厕争取省级补助资金2097余万元，市级补助资金1585余万元，411个重点村94949座厕所改造任务完成。

【疾病应急救助】 印发出台《石家庄市建立疾病应急救助制度的实施办法》《石家庄市疾病应急救助基金管理办法》等文件，明确市财政每年配套应急救助基金500万元，市新农合管理中心为疾病应急救助基金经办管理机构，确保向全市需要紧急救助但身份不明、无能力支付医疗费用患者实施及时有效医疗救助提供政策资金保障。2015年全市经办管理机构受理医疗机构疾病应急救助申请23份，金额累计70.45万元。

【救灾防病卫生应急演练】 组建院前、院内、疾控、监督共同参与综合卫生应急队伍，参加2015京津冀卫生应急演练、河北省重大自然灾害医疗卫生救援和突发急性传染病防控卫生应急实战拉练，取得全部5项科目河北省第一优异成绩。2月10日，省市卫生计生部门联合举行卫生应急实战拉练。此次拉练以火灾、交通事故等突发事件医疗救援和传染病处置为背景，调动医院、疾控机构、急救中心等9家单位100多名卫生应急人员和20多台急救车辆，模拟突发事件现场，重点演练指挥调度、队伍集结、医护人员配比、个人防护及抢救药械和车辆准备等。7月23日，全市举行救灾防病卫生应急演练，来自各县（市、区）22支卫生应急队伍、100余名卫生应急队员参加演练中东呼吸综合征疫情防控及模拟某地连降暴雨后，腹泻患者增多，发生疑似生活饮用水引起霍乱防治。

（市卫生计生委）

【布鲁氏菌病重点人群监测】 2015年1月，市疾控中心在各县（市、区）开展布鲁氏菌病（简称布病）防治重点职业人群血清学监测。布鲁氏菌病俗称“懒汉病”，是由布鲁氏菌引起以感染家畜为主的人兽共患传染病。监测对象主要为7～60岁从事放牧、家畜饲养、屠宰、皮毛加工人员、销售、兽医及与牛羊乳肉等畜产品有接触人员。监测结果显示，石家庄市重点人群布鲁氏菌病血清阳性率较2014年同期稍有上升。

【常住居民死因监测】 4月9日，市疾控中心发布2014年石家庄市居民死因监测数据，常住居民前5位死亡原因分别为心脏病、脑血管病、恶性肿瘤、损伤及中毒、呼吸系统疾病，报告死亡率分别为175.98/10万、122.85/10万、103.33/10万、32.57/10万、28.29/10万，死因顺位与2014年河北省报告情况基本相同；男性死因顺位与全人群死因顺位相同，女性略有不同，损伤及中毒死亡率低于呼吸系统疾病死亡率。居民报告死亡率从石家庄市2007年开展死因监测时不足100/10万，提高到2014年514/10万。地区和病种分布：心脏病死亡率居各县（市、区）死亡构成之首，无明显地区差异；长安区、桥西区、新华区脑血管疾病死亡占比低于其他县（市、区）；晋州市、平山县恶性肿瘤死亡占比较低；赵县、高新区呼吸系统疾病死亡占比较低。恶性肿瘤：肺癌为恶性肿瘤死因之首，占全部恶性肿瘤死亡21.02%，其次为胃癌、肝癌、食道癌和结直肠癌。前5位肿瘤死亡病例占全部肿瘤死亡59.77%。在性别分布上，男性恶性肿瘤死亡率明显高于女性。从年龄趋势看，35岁以后死亡率随死者年龄的增加显著上升，55岁后恶性肿瘤死亡率占恶性肿瘤总死亡的85.11%。损伤及中毒死亡：前3位死因依次为交通运输事故、意外跌落、意外中毒。其中，交通运输事故占总死亡50%以上，男性交通运输事故死亡率高达女性3倍。年龄构成：各年龄组人群死因构成不同，1岁以下婴幼儿主要死亡原因为围生期疾病及畸形、染色体异常和损伤中毒，15～69岁年龄组主要死亡原因为循环系统疾病、肿瘤、损伤和中毒，70岁以上人群呼吸系统疾病死亡的人数明显增加。

【3家医疗机构获批全国伤害监测哨点】 2015年国家卫生计生委批准新华区3家医疗机构为全国“伤害监测点”。至2015年末，全市共有2个区6家医疗机构获批为全国伤害监测哨点，分别是藁城区：中西医结合医院、增村中心卫生院和常安镇卫生院；新华区：省人民医院、市第二医院和宁安社区卫生服务中心。监测以年度为单位，采用哨点监测方式。监测对象为在哨点医疗机构就诊被诊断为伤害的首诊患者。自2005年起，中国开始在全国开展伤害监测，主要目的是掌握门急诊伤害的发生水平、流行特征及变化趋势，为伤害防治政策、策略和措施的制定、实施及效果评价提供依据。

（王丽强）

体 育

【概况】 2015年，全市992名运动员参加省级以上体育比赛获得金牌249枚、银牌192枚、铜牌147枚。举办市级体育比赛12项，参赛运动员2908人，颁发奖牌274枚。培养社会体育指导员3000余人，注册二级以上运动员384人，聘任二级裁判员5人。10月18～27日，全国第一届青年运动会在福建省福州市举行，石家庄市191名运动员参加了田径、射击、游泳、拳击等16项比赛，夺得6枚金牌、5枚银牌、11枚铜牌。加强公共体育设施建设，全民健身中心项目完成投资2.1亿元，年末项目基本建成，正在装修和设备调试；改造农村体育健身工程196个，安装更新全民健身路径100条。2015年市体育局机关设置机构有办公室、群众体育处、竞技体育处、法规产业处、计划财务处、机关党委（人事处）、监察室；直属事业单位8个，分别为市体育运动学校、市中山体育场（市中山少年体育学校）、市长安体育场（市长安业余体育学校）、市游泳体校、市少年儿童业余体校、市水上体育运动中心（市水上体育运动业余体校）、市射击运动业余学校（市射击场）、市体育总会办公室；常年参加业余训练运动员5000余人。至2015年底，石家庄市共有体育彩票销售站点900个，体育彩票完成销售额15.92亿元，同比增长10.48%。

【竞技体育】 全年举办市级比赛项目12个，参赛运动员2908人；石家庄市参加河北省体育局组织全部体育比赛活动，获得奖牌274枚，占全省年度比赛奖牌数47.24%。顺利完成中国足球协会超级联赛2015赛季30轮15场主场赛事、2014～2015年全国男子排球联赛及挑战赛河北队主场承办保障任务和2015年中国三对三篮球联赛石家庄赛区比赛。首届全国青年运动会。8月28日，第一届全国青年运动会预赛在山西省太原市闭幕，全部16个大项预赛结束，石家庄市代表团取得田径、游泳、射击等15个大项决赛资格，其中女子拳击、女子自由式摔跤、女子柔道等优势项目显示出较强竞争力。2014年青年奥林匹克运动会、2015年世界青少年锦标赛女子拳击双项冠军常园在第一届全国青年运动会预赛全部四轮比赛中，均以3比0比分胜出；女子中长跑运动员朱晓萌在800米、1500米2个项目中，均以第一名晋级。10月18～27日，第一届全国青年运动会在福建省福州市正式举行，比赛设26个大项、30个分项、305个小项，参赛运动员年龄13～21岁，共有55个代表团，7959名运动员参赛。石家庄市代表团派出191名运动员、101名教练员及工作人员，参加15个大项、17个分项、141个小项比赛，获得6枚金牌、5枚银牌、11枚铜牌及体育道德风尚奖。根据统计，石家庄市金牌总数位列55个参赛城市第16位，奖牌总数列第17位。10月15日柔道比赛提前举行，李智钰在女子48公斤级决赛获得冠军，这是石家庄市代表团在本届全国青年运动会获得首枚金牌。全国青年运动会前身为创办于1988年的全国城市运动会，2011年起，为方便与青年奥林匹克运动会接轨，2015年正式更名为全国青年运动会。

【群众体育】 “君乐宝杯”石家庄马拉松赛。1月1日，2015年“君乐宝杯”石家庄马拉松赛在市区南高基公园起跑。1200多名来自全国各地马拉松爱好者参加比赛。其中，全国21个省市850余名选手参加，较2014年增加近500人；石家庄本地参赛选手近350人，是2014年人数一倍多。京津冀（国际）户外运动挑战赛。5月29～31日，2015京津冀（国际）户外运动挑战赛在元氏县蟠龙湖举行。来自京津冀、黑龙江、山东、重庆、四川等国内省市及印度、印度尼西亚、秘鲁等6国选手共60余支队伍300余人参赛，启动仪式及比赛活动日现场观众达到1万余人次。市第十五届全民运动会。8月4日，市第十五届全民运动会组织委员会成立大会暨第一次全体会议召开。8月8日，市第十五届全民运动会开幕式暨2015年全民健身日活动启动仪式在河北省体育馆举行。8月15日，市第十五届全民运动会闭幕。市全民运动会每四年举办一次，是石家庄市规模最大、规格最高、参与度最广泛、影响力最深远的大型综合性运动会。此次全民运动会按照淡化金牌意识，提倡全民参与原则，不设金牌榜，不排名次，改为评选最佳组织奖、优秀组织奖、突出贡献奖及体育道德风尚奖。市第十五届全民运动会分青少年组、群众体育成年组、群众体育老年组3个组别，共设田径、羽毛球、健身球操、太极拳、健身健美操、五人制足球等24个大项比赛。22个县（市、区）代表团、6000多名运动员、教练员和工作人员参赛，是市全民运动会参赛人数最多、规模最大、影响最广的一届。五岳寨国际越野挑战赛。9月4日，由河北体育局和体坛传媒集团联合主办、灵寿县承办的2015RW50五岳寨国际越野挑战赛在五岳寨景区举行，来自11个国家480名选手参加比赛。2015年五岳寨国际越野挑战赛为灵寿县第三次举办，设置越野赛道总长度50千米，最高海拔2281米，累计爬升2605米，选手全程比赛跑过高山草甸、原始森林、山野小道、崇山峻岭。经过5个多小时激烈争夺，阿迪达斯菁英跑团成员李少壮以5小时16分36秒获得男子组冠军，阿迪达斯菁英跑团樊凤娟以6小时15分44秒夺得女子组冠军。石家庄第十二届自行车环城赛。9月12日，2015中国体育彩票“捷安特杯”石家庄第十二届自行车环城赛在高新区火炬广场举行。来自全国各地600余名选手参加了公路、山地5个组别比赛。其中，胡浩获得公路赛精英组冠军；封宽杰、单江娜分别获得山地车比赛男子精英组与女子组冠军。1995年石家庄自行车环城赛创立，2013年开始，石家庄自行车环城赛改变环二环路比赛模式，启用从高新区到鹿泉窦王岭新赛道。2015年石家庄第十二届自行车环城赛改变仅有公路组赛事比赛模式，首次设置山地组比赛。其中，公路组比赛从高新区火炬广场出发——长江大道向东——东三环向南1千米处驶入辅路——南三环向西——西三环向北——槐安路向西——山前大道——盘山公路——窦王岭景区（终点），全程60千米；山地组比赛设置在鹿泉凤凰山风景区南坡。其他群众体育活动：2015年元旦、春节期间，各县（市、区）举办“双节月”全民健身活动，开展象棋、篮球、乒乓球、羽毛球、健身秧歌、趣味运动会等20多项150余场次全民健身活动，参加人数15万人次。2015年3～5月，市健身球操大联赛举行，参与人数1万余人次。4月20日，市第二十一届市直机关离退休干部运动会举行，68个市直部门、3900多名离退休干部参加比赛健身活动。8月22日，“无限极2015世界行走日”活动在石家庄市举行，近5000名不同年龄行走爱好者共同完成4千米健康徒步之旅。2015年9～10月，市广场舞大赛举行，吸引来自全市180多个社区260支代表队报名，约3000名广场舞爱好者参加比赛。2015年9～11月，市第八届社区运动会举行。还举办省会首届“联想板城·七星杯”乒乓球邀请赛，邀请驻石家庄市中直机关、省直机关、市直机关及文化教育系统等60个单位参加，参赛运动员240名。社会体育指导员培训班。组织参加国家、河北省、石家庄市社会体育指导员培训4期，培训社会体育指导员3000余人。11月13～16日，由市体育局主办的全市社会体育指导员培训班在河北师范大学举行，来自石家庄市21个县（市、区）及高新区120名健身骨干参加培训学习。至2015年末，全市拥有各级社会体育指导员11000人。

【体育场馆建设】 2014年7月2日，全民健身中心项目正式开工建设。该项目由北京设计研究院设计。2015年8月，主体工程和土建项目通过验收。2015年10月，水处理系统、恒温恒湿、体育工艺等设备招标完毕，进场安装调试；外立面照明、游泳跳水馆内部装修、弱电施工，外部广场铺装和地线管线施工同步举行。至2015年底，全民健身中心项目完成投资2.1亿元，其中燃气锅炉、太阳能、电梯安装完毕，内装修、消防、变配电、空调系统和外幕墙正在施工。改造农村体育健身工程196个，安装更新全民健身路径100条。

（市体育局）

社会生活

Social Life

人口和计划生育

【概况】 2015年，全市常住人口1007.11万人，同比增长0.84%，人口自然增长率5.88‰；出生人口12.04万人，人口出生率11.72‰，符合政策生育率86.32%，出生人口性别比106.04∶100；死亡人口5.13万人，死亡率5.84‰。加强计划生育（简称计生）协会建设。10月13日，全市企业流动人口卫生计生均等化服务工作观摩交流会召开，推广平山县、鹿泉区、裕华区、正定县典型经验。2015年鹿泉区成功争取到全省唯一国家级扩大流动人口计划生育协会工作覆盖面项目——石家庄科林电气股份有限公司流动人口计划生育协会建设项目，打造孕妈咪爱心小屋、美丽女人体验坊、计生家庭联谊等4个项目，并在全国流动人口计划生育协会建设工作经验会作典型发言。印发《石家庄市基层计划生育协会工作规范》，推广元氏县计划生育基层群众自治暨规范化管理工作经验；指导22个乡级示范点、35个村级示范点开展基层计划生育协会规范化管理。推进计划生育基层群众自治。2015年全市新增计划生育基层群众自治村（居）304个，累计达到3946个，占全市总村（居）87.01%；全部落实计划生育村规民约乡级审查备案制度村（居）4526个。2015年《光明日报》《中国人口报》刊发元氏县推进计划生育基层群众自治先进做法，《中国人口报》刊登赞皇县依法推进计生基层群众自治经验。举办青春健康活动。2015年市计划生育协会与市妇产医院、市妇幼保健院联合举办“生育关怀·呵护青春健康”项目进校园活动，重点针对在校学生因意外怀孕需终止妊娠手术给予资金援助、心理疏导和青春健康知识教育；全市4所高校青春健康项目点、19个初中、高中、职业中专、高校参加青春健康试点活动，试点学校举办心理、生理健康知识讲座25场，印发生殖健康知识宣传页1万份，参与活动学生3万多人。综合治理出生人口性别比问题，查处人口计生“两非”案件55起，收缴B超机10台。举行“天使圆梦”爱心助学活动。2010年市卫生计生委、计划生育协会、红十字会联合开展“天使圆梦”爱心助学公益活动，帮助计生贫困家庭女孩走进高校。2015年8月，石家庄市长安区、藁城区、元氏县、灵寿县61名计生困难家庭考入重点高校女孩每人获得1000元“天使圆梦”爱心助学资金。2010～2015年全市资助考入重点大学计生贫困家庭女孩917名。2015年全市为54519名计划生育奖励扶助对象发放奖励扶助金5233.84万元；向计划生育特殊家庭发放救助帮扶资金2800多万元，其中，向计划生育特殊家庭帮扶对象发放特别扶助金1054.32万元，一次性救助金531.8万元，生活补贴金1203.61万元，养老补贴金73.98万元；全市4249人与计划生育特殊家庭结成对子，开展亲情关爱帮扶活动。

【人口生育政策】 修订完善《再生育审批工作规范》，简化审批手续；针对符合政策大月份怀孕人员，实行即时申请、即时受理、即时审批。利用新闻载体广泛宣传单独两孩政策，扩大政策知晓范围。简化计生办证程序，开发“计生网上办事大厅”应用平台，实现计生涉民事项网上“一站式”办理。2015年全市57572对夫妻网上办理《第一个子女生育登记》，20754对夫妻网上办理《独生子女父母光荣证》。7月24日，按照河北省要求，全市实施“再婚家庭各有一个子女”再生育政策。

【计生奖励优惠】 落实《河北省人口和计划生育条例》奖励优惠政策。2015年全市为农村156734名独生子女父母兑现每人每月10元奖励，发放资金1941万元；为城镇258558名独生子女父母兑现每人每月10元奖金，发放资金3066万元；为356名退回二胎指标夫妻兑现每人1000元一次性奖励，发放奖励金35.6万元；为2346名农村独生子女办理中考加分奖励，为2329名农村独生子女办理高考加分；为54519名奖励扶助对象发放奖励扶助金5233.84万元，为2769名特别扶助对象发放特别扶助金1054.32万元。开设计划生育特殊困难家庭就医绿色通道。实行计划生育特殊家庭父母看病就医“四减、三免、两补、一服务”优惠政策，明确每年市级财政300万元、县级财政不低于30万元标准设立“医疗应急保障专项资金”。2015年全市共有211人享受计划生育特殊家庭父母看病就医绿色通道服务，减免检查费、治疗费等费用5.89万元。政府购买计划生育特殊困难家庭父母住院护工补贴保险服务。按照每人每年保费400元标准，由财政出资104.24万元，为全市2606名计生特殊困难家庭父母购买住院护工补贴保险。2015年全市赔付190人次，赔付金额23.56万元。2015年石家庄市为计划生育特殊困难家庭父母采取政府购买住院护工补贴保险做法获得河北省推广。

【综合治理出生人口性别比】 全市统一规范《包保手册》，突出乡、村两级发现包保对象孕情消失等个案情况处理、记录和上报时限，从源头解决选择性别生育问题。建立和完善有奖举报制度，设立有奖举报专项资金，并纳入财政预算。在每个行政村和具有产前诊断、终止妊娠手术资质医疗机构悬挂统一的“禁止非医学需要的胎儿性别鉴定和禁止非医学需要的选择性别人工终止妊娠”（简称“两非”）警示标志及有奖举报标牌。开展整治“两非”专项行动，市卫生计生委员会与市工商局、食品药品监督管理局等部门联合印发《石家庄市整治“两非”专项行动实施方案》，性别比重点治理县实行挂牌管理。2015年全市查处人口计生“两非”案件55起，收缴B超机10台。

【计生特殊家庭“1229”亲情关爱服务】 2015年石家庄市依托中国计划生育协会计生特殊家庭帮扶模式项目，探索建立具有石家庄市特色计生特殊家庭“1229”亲情关爱服务模式。“1”是建立一个活动阵地。争取河北省计划生育协会项目资金70万元，在长安区、新华区、桥西区、裕华区、鹿泉区、晋州市、行唐县7个县（市、区）开展亲情关爱试点工作，并依托县级关怀扶助中心（技术服务站）、乡级会员活动室和村级会员之家，建立计生特殊家庭“亲情关爱”活动阵地，开展计生特殊家庭健康知识讲座、心理疏导、联谊交流。“2”是建立2个服务档案。计生特殊家庭帮扶档案：市计划生育协会统一印制《亲情关爱行动服务纪实册》，一户一档，实行个性化服务和动态管理；计生特殊家庭成员健康档案：将计生特殊家庭基本信息与社区卫生管理信息对接，由社区服务中心选配一名家庭医生，为计生特殊家庭提供医疗卫生入户走访、健康知识宣传咨询、预防保健、康复指导和必要的心理干预等健康服务。“2”是建立两支队伍。结对帮扶队伍：每个计生特殊家庭由一名社区责任人、一名社区医生、两名志愿者结成“四对一”帮扶对子，开展电话询问、上门探望、生活照料、精神慰藉、看病就医等服务，至2015年末，全市共有4249人与计生特殊家庭结对；医疗专家队伍：由8所市级医院、24所县级医院158名有爱心和热心公益事业的心理、中老年病防治等方面医生组成医疗专家志愿者队伍，开展计生特殊家庭健康知识讲座、心理疏导、咨询义诊等服务。“9”是开展九项服务活动。“暖心”行动：2015年春节前夕，市计划生育协会走访慰问4042个计生特殊困难家庭，发放救助金和慰问品价值186.17万元；健康知识讲座：组织市县医疗专家面向计生特殊家庭成员举办养生、保健、自救、急救等知识讲座20多场，约1200人参加；联谊交流活动：组织计生特殊家庭到户外踏青、采摘、游园等32场，参加人员1500人次；精神慰藉：组织计生特殊家庭父母参加书法、绘画、手工编织等兴趣班，志愿者、社工入户为计生特殊家庭按摩、足疗、放电影、理发等1000余人次；心理疏导：开展“健康心·幸福家”心理疏导项目，为100多个有精神和心理问题计生特殊家庭成员作心理疏导；住院护工补贴保险：采取政府购买服务方式，为计生特殊困难家庭父母购买住院护工补贴保险，2015年全市共为2606名计生特殊困难家庭父母投保，保费104.24万元，至2015年末赔付190人次，赔付金额23.56万元；紧急救助：建立计生特殊困难家庭紧急救助机制，2015年救助20人，救助金额4.9万元；再生育援助：女方35岁以上有生育能力的独生子女死亡家庭实施再生育援助，对接受辅助生殖技术治疗产生费用，按照一定比例给予补贴，每个家庭最高补助2万元，2015年为3户成功实施再生育辅助生殖技术特殊家庭补助2.45万元；居家养老补贴：2014年10月，市民政局、财政局出台《石家庄市政府购买社区居家养老服务实施方案》，未将60岁以上失独家庭全部纳入政府购买社区居家养老服务范围，市计划生育协会与市民政局、财政局多次沟通协调，2015年5月补充出台《关于政府购买服务若干问题的处理意见》，确定计生特殊家庭成员全部享受政府购买居家养老服务，每人每月给予200元服务补贴，至2015年末，全市共为272名符合条件计生特殊家庭成员办理居家养老服务卡。

【幸福工程、少生快富工程】 2015年平山县、高邑县实施幸福工程项目，投入项目资金45万元，50个计生家庭贫困母亲利用幸福工程项目资金发展生产，提高生活水平，95%以上项目户实现脱贫致富，惠及家庭人口200人。2015年灵寿县、行唐县实施少生快富工程，贴息资金30万元，为295户计生贫困家庭贴息贷款490.8万元，受益人口1000余人。2015年中国计划生育协会、国家幸福工程组委会授予石家庄市及平山县、高邑县“幸福工程——救助贫困母亲行动爱心集体”称号，授予赞皇县“全国幸福工程项目示范点”，授予崔雪琴、曹新果、王素英“全国幸福母亲”称号，其中赞皇县计划生育协会和“全国幸福母亲”崔雪琴作为河北省代表参加全国幸福工程20周年纪念大会。

（市卫生计生委）

【首届中华健康节】 8月29～31日，由世界中医药学会联合会、中华中医药学会和石家庄市政府联合主办的首届中华健康节在石家庄以岭健康城举行。多位中国科学院、中国工程院院士及全国各地医药、商贸、旅游等行业负责人和专家学者1000余人参加活动。本届健康节主题为“发展健康产业，助力健康中国”。健康节期间，主办方举办了主题论坛、医药商业论坛、零售及电商论坛、健康旅游论坛等专题研讨活动；国家中医药管理局、世界中医药联合会、中国医药保健品进出口商会权威专家围绕中医药健康产业发展若干关键问题举办专题讲座和学术交流。参会健康节专家学者共同呼吁：公众应学习并养成健康的生活方式，预防和减少各种疾病发生；健康生活方式核心概括为：合理膳食、适量运动、戒烟限酒、心理平衡；现阶段急需引起重视不良生活方式主要包括：不健康饮食和热量摄入过多、缺乏体育锻炼、吸烟等。

（王丽强）

城乡居民生活

【概况】 2015年石家庄市城镇居民人均可支配收入28168元（新口径），较2010年（按可比口径计算，下同）增长61.7%，年均增长10.1%；农村居民人均可支配收入11442元（新口径），较2010年增长85.1%，年均增长13.1%。2015年石家庄市城镇居民人均消费支出18164.96元，较2010年增长71.9%，年均增长11.4%；农村居民人均消费支出7476.15元，较2010年增长89.0%，年均增长13.6%。

【居民收入】 2015年石家庄市城镇居民人均可支配收入28168元（新口径），较2010年增长61.7%，年均增长10.1%，扣除价格因素年均实际增长7.0%。2015年石家庄市农村居民人均可支配收入11442元（新口径），较2010年增长85.1%，年均增长13.1%，扣除价格因素年均实际增长9.9%。从河北省排位看，2015年石家庄市城镇居民人均可支配收入绝对额位列全省第三位，排在石家庄市前列的是廊坊市、唐山市，分别比石家庄市高出3757元和3104元。2015年石家庄市农村居民人均可支配收入绝对额也位列全省第三位，排在石家庄市前列的是唐山市、廊坊市，分别比石家庄市高出2493元和1717元。城乡居民收入差距缩小。2011年以来，连续5年石家庄市农村居民收入增速快于城镇居民收入。2011～2015年，石家庄市城镇居民收入增速分别为12.3%、12.2%、9.7%、8.3%、8.0%，农村居民收入增速分别为19.2%、15.0%、12.6%、10.4%、8.5%，农村居民收入增速分别快于城镇居民6.9、2.8、0.4、0.7、0.5个百分点。2015年城乡居民人均可支配收入倍差为2.46∶1（以农村为1），较2010年缩小0.36。工资性收入是支撑居民收入增长主要因素。2015年石家庄市城镇居民家庭人均工资性收入17655元，较2010年增长32.0%，占城镇居民人均可支配收入62.7%，拉动城镇居民人均可支配收入增长45.0个百分点，对城镇居民人均可支配收入增长贡献率为72.9%。2015年石家庄市农村居民家庭人均工资性收入7324元，较2010年增长28.0%，占农村居民人均可支配收入64.0%，拉动农村居民人均可支配收入增长66.5个百分点，对农村居民人均可支配收入增长贡献率为78.2%。居民收入翻番目标实现程度。2015年石家庄市城镇居民人均可支配收入按可比口径计算，完成比2010年翻一番目标80.8%。2015年石家庄市农村居民人均可支配收入按可比口径计算，完成比2010年翻一番目标85.1%。

（郭社发）

【居民消费】 2015年石家庄市城镇居民人均消费支出18164.96元，较2010年（按可比口径计算，下同）增长71.9%，年均增长11.4%；农村居民人均消费支出7476.15元，较2010年增长89.0%，年均增长13.6%。城乡居民消费主要亮点：简捷快速成为消费时尚潮流。受移动互联网快速发展影响，手机成为生活必需品，用手机上微信刷朋友圈、网上购物成为居民一种生活习惯。2015年石家庄市城镇居民人均通信消费839.73元，较2010年增长44.5%，年均增长7.6%；农村居民人均通信消费411.10元，较2010年增长1.8倍，年均增长22.9%。其中，城镇移动电话百户拥有量较2010年增长19.8%；农村移动电话百户拥有量较2010年增长1.0倍。预期健康消费成为趋势。居民防病抗病、保健意识增强，追求健康、崇尚保健，花钱买健康成为消费时尚，越来越多的居民自发参加社区的气功、太极拳等健身活动和其他医疗保健服务，居民不再消极为治病去医院，而是积极参加预防保健。2015年石家庄市城镇居民人均医疗保健消费支出1512.89元，较2010年增长82.2%，年均增长12.7%；农村居民人均医疗保健消费支出482.90元，较2010年增长1.2倍，年均增长17.4%。营养搭配和绿色成为食品消费新特点。2015年城乡居民餐桌膳食结构发生明显变化，以吃好、吃精、注重搭配营养、追求方便成为时尚，方便、营养、健康的绿色食品受到居民家庭欢迎，成为食品消费主流。2015年石家庄市城镇居民人均食品类消费4460.84元，较2010年增加21.9%，年均增长4.0%；农村居民人均食品类消费2144.11元，同比增加50.5%，年均增长8.5%。其中，石家庄城镇居民人均奶类、干鲜瓜果类消费较2010年分别增长65.0%和39.9%。旅游休闲消费成为生活重要补充。居民在物质生活水平提高的同时，提升精神文化生活质量成为多数人的选择，境外游、生态游等旅游活动受到欢迎，人们愿意在旅游过程中放松心情，开阔眼界，满足精神享受需要。2015年石家庄市城镇居民人均教育文化娱乐服务消费1874.15元，较2010年增长82.0%，年均增长12.7%；农村居民人均教育文化娱乐服务消费701.00元，较2010增长83.3%，年均增长12.9%。

（国家统计局石家庄调查队）

扶 贫

【概况】 2015年，石家庄市共有扶贫任务县（市）7个。其中，赞皇县、平山县、灵寿县、行唐县为国家扶贫开发工作重点县，涉及58个乡镇，识别认定扶贫对象30.5万人。按照扶贫工作要求，2015年石家庄市确定脱贫人口6.2万人，其中，平山县2万人，灵寿县1.4万人，行唐县1.6万人，赞皇县1.2万人。坚持政府主导、因地制宜、一村一策、效益到户政策及重点村整村推进措施，确定271个扶贫开发重点村整村推进，扶持贫困村产业发展，形成以核桃、大枣、食用菌、柴鸡、奶牛等为主五大主导产业。实施精准扶贫，按照“建立驻村工作队制度，确保每个贫困村都有驻村工作队，每个贫困户都有帮扶责任人”要求，协调组织185个市直部门及企事业单位，定点帮扶185个贫困村；石家庄市内4区驻村帮扶4个重点县120个贫困村；河北省39个省直单位帮扶石家庄重点县58个贫困村；剩余贫困村由所辖各县安排县直单位帮扶。至2015年底，全市各级帮扶单位落实帮扶资金（含物资折款）2764.3万元；726个贫困村均实现社会帮扶“全覆盖”。

【扶贫措施】 落实精准扶贫。按照国家统一制定贫困户和贫困村识别办法，坚持“县为单位、规模控制、分级负责、精准识别、动态管理”原则，全市在2014年重新认定贫困人口并建档立卡入网基础上，2015年再次对每个贫困村、贫困户建档立卡。找准重点扶贫问题、重点帮扶对象，建立贫困户、贫困村电子信息档案，实行动态管理，及时掌握变化情况，构建起扶贫信息网络系统。实施产业扶贫。贯彻落实市委、市政府《关于实施帮扶农民增收工程的意见》，采取对口帮扶增收、高效特色农业增收、都市农业园区建设增收、标准化规模养殖增收、农村二三产拉动增收、支持农民创业增收等措施，以帮班子、帮项目、帮资金、帮技术、帮发展形式，落实每个贫困家庭有1个增收项目，每个贫困村发展1项主导产业目标。实施能力素质提升工程。围绕核桃、大枣、奶牛、食用菌、柴鸡养殖等扶贫开发五大特色主导产业，加大贫困群众实用技术培训力度，为脱贫致富创建条件。实施扶贫移民搬迁。按照“搬得出，稳得住，能致富”原则，落实《河北省农村贫困人口移民搬迁实施意见》要求，并结合实际，有计划、有组织地对全市生存条件恶劣、自然资源贫乏区域贫困群众实施扶贫移民搬迁。

【扶贫模式】 2015年石家庄市共有扶贫任务县（市）7个。其中，赞皇县、平山县、灵寿县、行唐县为国家扶贫开发工作重点县，涉及58个乡镇，确认扶贫对象30.5万人。坚持政府主导、因地制宜、一村一策、效益到户政策及重点村整村推进措施，形成以核桃、大枣、食用菌、柴鸡、奶牛为主五大主导产业。创新推广“葫芦峪模式”。平山县葫芦峪现代农业产业园是石家庄市在发展实践中探索出一条太行山区、丘陵地带发展现代农业的新路子，成为全市扶贫开发重点推广的太行山综合开发模式。该园区采用公司经营，通过股、租、转、换4种形式整合土地资源，流转荒山荒坡5万多亩，完成造地3万多亩，栽植优质薄皮核桃105万株，养殖散养鸡5万余只，建成苗圃500亩，覆盖6个乡镇，15个贫困村，涉及贫困户1649户、贫困人口5604人。平山县葫芦峪现代农业产业园按照“大园区小业主”管理模式，将农民利益和公司发展捆绑在一起。生产：公司将园区化整为零，以50亩为单元由农户承包经营；成立合作社，采用农民入股、投劳等形式入社参与园区生产，形成风险共担、利益共享的经济共同体。生活：保证农民失地不失业，在每户获得正常土地租金收入外，广泛吸纳农民到公司上班，农民成为参与公司建设的产业工人。2015年该园区长期上班“职业农民”有630余人，人均年收入6800余元，远高于当地人均收入水平。探索开展产业扶贫。将培育特色产业作为扶贫攻坚着力点，有效克服短期脱贫现象。自2012年开始，赞皇县在张楞、许亭、龙门、清河、院头5个乡镇63个重点村，谋划实施“十五万亩核桃片区”建设工程，2012～2015年累计投入1.3亿元，新建核桃基地20万亩，栽植核桃苗木1100余万株，核桃种植面积达到40万亩，核桃年产量12500吨，年产值5.1亿元，核桃产业成为赞皇县农村脱贫致富的主导产业。建立社会帮扶机制。2014～2015年石家庄市组织全市党政机关、企事业单位、群众团体、科研院所开展定点扶贫活动，全市726个贫困村全部安排驻村工作队开展帮扶工作。每个市级领导联系一个重点乡镇，具体分包一个村，市直部门主要领导联系自己单位帮扶的贫困村，全市市级领导联系贫困乡镇38个。结合开展加强基层建设年活动和美丽乡村建设，制定帮扶规划，谋划帮扶项目，筹措帮扶资金，推进帮扶村按期脱贫。实施山区扶贫教育工程。石家庄市在6个山区县、45个乡镇实施山区扶贫教育工程，整合优化教育资源，建设寄宿制学校，将深山区学生全部免费异地安置到新建寄宿制学校就读。至2015年末，全市累计投入资金9.08亿元，其中市本级投入资金3.04亿元，新改、扩建中心乡镇寄宿制中小学56所（50所小学、6所初中），转移安置山区学生41132名。山区教育扶贫工程：小学生集中到交通比较发达的村庄或乡镇，初中生集中到县城，实行寄宿制，困难家庭孩子全免费；考不上大学，进职业学校学一门技术，在城里找一份工作，安家置业，再把家人接出来，可实现脱贫，不在城市就业，掌握现代农业科技，再回农村，也可带动周边群众致富。至2015年末，石家庄市基本实现山区小学生以学区为中心就近集中、初中生向县城集中、高中生按报考志愿在全市范围统筹安排目标，6000多个山区家庭走出深山。

（市扶贫开发办公室）

民族宗教事务

【概况】 2015年，全市共有少数民族成分50个，人口108403人，占全市总人口1.09%；主要分布在无极县、藁城区、新乐市、正定县4个县（市、区）；拥有民族乡3个，分别为无极县高头回族乡、藁城区九门回族乡、新乐市彭家庄回族乡；民族村17个。2015年石家庄市共有佛教、道教、伊斯兰教、天主教、基督教5种宗教，至2015年底，全市拥有宗教活动场所515处，其中寺观教堂215处、固定处所300处，宗教教职人员894名（含基督教传道员），信教群众36.3万人，占全市总人口3.5%。

【民族宗教宣传教育】 开展第六个民族团结进步宣传月活动，制定实施方案，组织4个重点县（市、区）以专题活动、座谈研讨及印发资料等形式举办宣传活动，扩大民族团结进步事业知情面、参与面、覆盖面。6月18日，石家庄市在河北省第七次民族团结进步表彰大会上，5个集体获得民族团结进步模范集体荣誉称号，6个先进个人受到表彰，新华区北新街社区党支部书记郝静作典型发言。围绕“国法与教规关系”主题，开展宗教政策法规学习月活动，成立领导机构，制定专门方案，举办培训20余期，印发资料2万余份。2015年市民族宗教事务局、市委统战部联合举行全市宗教工作干部培训班，培训政策法规，宣讲中共十八届三中、四中全会精神，邀请赞皇县、藁城区2名基层民族宗教事务局长现身说法，与大家交流经验。

【少数民族经济发展】 加强少数民族发展资金管理，采取征求意见建议方式，谋划帮扶措施和扶持项目，拨付少数民族专项资金227万元，有效解决部分影响民族乡村发展热点难点问题。研究民族品牌企业在资金申请、审批、使用过程中存在问题，组织常山股份、益海粮油、华莹玻璃3家民族品牌企业申报贴息贷款，2015年全市民族品牌企业享受流动资金优惠利率贷款近12亿元，其中常山纺织、益海粮油2家企业分别被确定为“百家壮大”和“千家培育”工程企业。推进民族工作示范村、特色村镇建设，2015年新乐市大道五里铺村被确定为第三批“民族工作示范村”，藁城区九门回族村、东蒲城村和无极县高头三村被确定为“少数民族特色村镇”。

【民族团结和谐社会社区创建】 健全城市民族工作机制，完善市、区、街道（乡镇）、社区四级工作网络。确定社区为城市民族工作着力点，推动建立嵌入式社会结构和社区环境。开展“民族团结和谐社区”创建，完善动态信息数据网络，建立少数民族服务中心，开设少数民族政策咨询窗口，成立少数民族之家、民族乐园等机构和志愿者服务队伍。帮助少数民族群众解决生活遇到困难和问题，及时发现和化解涉及少数民族群众矛盾纠纷，发挥社区“过滤网”“减震器”作用，做到少数民族“来去有人知、政策有人讲、困难有人帮、遇事有人管”。10月10日，河北省民族宗教事务厅厅长潘冬青到石家庄市新华区北新街社区调研“民族团结和谐社区”创建，给予石家庄市民族团结和谐社区建设较高评价和肯定。参与开展食品安全城市创建活动，针对重点时期、重点区域、重点部位实施督导检查，较好确保清真食品市场安全。

【宗教事务管理】 围绕思想建设、组织建设、制度建设、民主管理、集体决策等内容，组织市级宗教团体开展专题述职，查找工作不足，分析原因，提出改进措施。针对开展和谐寺观教堂创建、主要教职任职备案、教职人员培训、健全宗教团体教规制度等重点工作，列支专门经费举办宗教团体专题培训。建立民族宗教跨区域工作联席会议制度，2015年石家庄市平山县与山西省阳泉市盂县签订跨区域合作机制。落实宗教活动场所主要教职任职备案制度，备案主要教职人员107名。规范宗教活动场所设立、审批和登记，全年137处宗教活动场所申领组织机构代码证，102处宗教活动场所开立单位银行结算账户。6月30日（农历五月十五），市佛教道教活动场所挂牌启动仪式在正定临济寺举行，这也是石家庄市首个正式挂牌佛教寺院。市民族宗教宗局负责人及市佛教协会会长果通大和尚，市佛教协会名誉会长、临济寺负责人慧林老和尚，五大宗教负责人，部分佛教、道教活动场所负责人代表等60人参加活动。至2015年末，全市佛教、道教活动场所挂牌全部完成。实施大型露天宗教造像专项整治，针对排查出乱建大型露天佛教造像问题，开展现场勘验和综合评估，确定分类处理意见，指导协调补办建设手续。开展违法违规设立功德箱等借教敛财问题专项整治，依法依规清理取缔违规设立功德箱。围绕民间信仰管理，多次组织调研活动，并提出意见建议。开展生活困难教职人员帮扶活动，发放帮扶资金21万余元，帮助教职人员141名。引导宗教团体围绕“五教同心·扶贫帮困”主题，开展公益慈善活动。9月11日，市民族宗教事务局、市佛教慈善基金会在赞皇县黄莲沟村举行扶贫帮困暨2015年“宗教慈善周”启动仪式，市五大宗教团体负责人、各宗教界人士和信教群众代表及黄莲沟村干部群众70余人参加仪式，市佛教慈善基金会为黄莲沟村安装太阳能路灯、援建幸福院饮水工程捐赠4.2万元。“宗教慈善周”期间，全市各宗教团体以敬老、助学、帮困、义诊为内容，捐款捐物30余万元，至2015年末，全市宗教团体公益慈善捐款累计超过100万元。

（张运忠）

民　政

【概 况】 2015，全市结婚登记88111对，离婚登记20018对；石家庄市国内公民收养子女31例；火化遗体37797具；市慈善总会募集款物566.45万元，支出款物662.76万元（含2014年节余），惠及困难群众9.18万人。2015年全市共有享受城市最低生活保障（简称城市低保）对象2.8万人，年累计发放保障金1.1亿元，月人均补助310元；享受农村最低生活保障（简称农村低保）对象14.3万人，年累计发放保障金2.5亿元，月人均补助151元。2015年全市共有五保供养对象17072人，发放供养金7026万元；敬老院55个，床位12142张，集中供养能力71%；集中供养5110人，集中供养率30%。2015年全市医疗救助14.6万人次，城乡医疗救助资金年累计支出由4200万元提高到6000万元，同比增长43%。2015年全市救助流浪乞讨人员8045人；临时救助15181户，发放救助金1067万元；城乡临时救助由年累计支出326万元提高到600万元，同比增长84%。2015年市救助站收治流浪乞讨人员危重病人、精神病人近1000人；护送求助者返乡349名；购票返乡6588人。加强城乡基层政权建设。2014年12月初，全市第十届村委会换届选举工作正式启动，至2015年5月底，全市村委会换届选举基本结束，4047个村有4023个村完成村委会换届选举，占总数99.4%；选出村委会干部14475名，其中主任4023名，村委会班子成员10452名。重视做好双拥工作。2015年石家庄市、平山县顺利通过国家双拥模范城创建考评验收，石家庄市连续第八次获得国家双拥模范城荣誉称号，平山县连续第四次获得国家双拥模范县荣誉称号。2015年5月，副市长孟祥红、石家庄警备区政委郝增旗代表市委、市政府慰问“石家庄舰”官兵，并赠送慰问品。石家庄警备区多次组织部队医院到赞皇县开展义诊，并邀请军地专家到驻石家庄部队开展送法进军营活动。编印出版新的《石家庄市政区图》《石家庄市城区图》；完成《中华人民共和国政区大典—石家庄卷》资料补录和出版印刷。

（王吉利）

【社会救助】 城乡最低生活保障（简称城乡低保）。建立低保申请家庭经济状况核查制度和低保标准与物价上涨联动机制。2015年石家庄市城乡居民申请享受最低生活保障途径为：1.由共同生活家庭成员向户籍所在地乡镇政府、街道办事处提出书面申请；家庭成员申请有困难的，可委托村民委员会、居民委员会代为提出申请。2.乡镇政府、街道办事处通过入户调查、邻里访问、信函索证、群众评议、信息核查等方式，调查核实申请人家庭收入状况、财产状况，提出初审意见，在申请人所在村、社区公示后报县级政府民政部门审批。3.县级政府民政部门经审查，对符合条件申请予以批准，并在申请人所在村、社区公布；对不符合条件申请不予批准，并书面向申请人说明理由。4.最低生活保障金原则实行社会化发放。县（市、区）民政部门向同级财政部门提供享受最低生活保障对象姓名、保障金数额、银行账号等数据；县（市、区）财政部门通过银行、信用社等金融机构，直接将保障金拨付到享受最低生活保障家庭账户。2015年石家庄市城市低保标准由每人每月340元提高到500元，同比增长47.1%；农村低保标准由每人每年1740元提高到4000元，同比增长130%。至2015年底，全市城市低保对象有2.8万人，年累计发放保障金1.1亿元，月人均补助310元；农村低保对象有14.3万人，年累计发放保障金2.5亿元，月人均补助151元。农村五保供养。新建、改扩建县建县管敬老院32所，增加床位10642张，集中供养能力由59%提高到71%；五保供养标准由分散供养每人每年1600元提高到5000元，同比增长213%，集中供养每人每年1600元提高到6000元，同比增长275%；每个涉农县（市、区）均建有1所“三院合一”民政事业服务中心。至2015年底，全市共有五保供养对象17072人，发放供养金7026万元；敬老院55个，床位12142张，集中供养能力71%；集中供养5110人，集中供养率30%。12月31日，市政府办公厅印发《关于提高城乡居民最低生活保障和农村五保供养保障标准的通知》（石政办函〔2015〕162号）。主要内容：市直管县区城市低保标准由每人每月500元提高到每人每月550元，农村低保标准由每人每年2700元提高到每人每年4000元，农村五保集中供养标准由每人每年6000元提高到每人每年8000元，分散供养标准由每人每年5000元提高到每人每年5500元。河北省财政直管县（市）按照石家庄市标准，上下浮动不超过15%原则，提高社会救助各项标准。农村低保标准从2015年12月1日起执行，城市低保标准和农村五保供养保障标准从2016年1月1日起执行。医疗救助。12月10日，市政府办公厅转发市民政局、市财政局、市人力资源和社会保障局、市卫生计生委等部门《关于进一步完善医疗救助制度全面开展重特大疾病医疗救助工作实施意见的通知》（石政办发〔2015〕48号）。主要内容：救助对象由特困供养人员、城乡低保对象扩大到低收入家庭的老年人、未成年人、重度残疾人和重病患者以及因病致贫家庭重病患者。定点医疗机构发生政策范围内住院费用，经基本医疗保险、城乡居民大病保险及各类补充医疗保险、商业保险报销后的个人负担费用，五保对象中分散供养对象按不低于90%比例给予救助，集中供养对象全额救助。低保对象年度救助限额内按不低于70%比例给予救助。低收入救助对象和因病致贫家庭重病患者政策范围内个人负担费用超过上年度全市居民人均可支配收入部分，年度救助限额内分别按不低于20%和10%比例给予救助。2015年全市城乡医疗救助资金年累计支出由4200万元提高到6000万元，同比增长43%。至2015年底，全市医疗救助14.6万人次，其中，直接救助2.95万人次，资助参加医疗保险11.6万人；支出5461万元，其中，直接救助3858万元，资助参加医疗保险1603万元。临时救助。4月22日，市政府办公厅印发《关于进一步加强和改进临时救助工作的实施意见》（石政办发〔2015〕8号）。主要内容：明确遭遇突发事件、意外伤害、重大疾病或其他特殊原因导致基本生活陷入困境，其他社会救助制度暂时无法覆盖或救助后基本生活暂时仍有严重困难的家庭或个人为临时救助的对象。临时救助以解决城乡群众突发性、紧迫性、临时性基本生活困难为目标。坚持应救尽救，量力而行；公开、公平、公正；政府救助，社会帮扶，家庭自救相结合；一门受理、协同办理原则。救助标准原则上不超过当地12个月城镇低保标准。2015年全市临时救助15181户，发放救助金1067万元；城乡临时救助由年累计支出326万元提高到600万元，同比增长84%。2015年全市医疗救助低保对象、五保对象全部取消起付线，救助资金全部通过定点医疗机构即时结算；所有乡（镇）街道建立社会救助窗口，实施“一门受理协同办理”机制。至2015年末，全市形成以城乡低保、农村五保制度为基础，医疗救助、临时救助为辅助，慈善、教育、就业、住房等救助为补充的社会救助体系。

【慈善募捐】 2015市慈善总会募集款物566.45万元，支出款物662.76万元（含2014年节余），惠及困难群众9.18万人。2015年石家庄市慈善救助申请途径：因遭遇突发灾害或因重特大疾病导致家庭基本生活困难的市民群众，持相关证明材料到户口所在地社区居委会（村）提出书面申请，如实填写《石家庄市慈善紧急救助申请表》，并加盖社区居委会（村）、街道办事处（乡镇）、县（市、区）民政局或慈善机构公章，由县（市、区）民政局统一报市慈善总会审核备案，适时组织慈善救助。申请对象提供相关材料包括：户口簿、身份证复印件各1份；县（市、区）民政局灾情证明，县级以上医院本年度诊断证明和医疗费用收据（个人自费3万元以上，发票姓名和申请人姓名一致）；《石家庄市慈善紧急救助申请表》纸质版一式3份。第二届“8·18帮一帮”全民公益慈善捐赠活动。8月18日，由市民政局、省会精神文明办公室、市慈善总会联合开展省会第二届“8·18帮一帮”全民公益慈善捐赠活动正式启动。此次捐赠以现金捐赠为主，“一元捐赠”为基础，每人每月捐赠1元，年捐12元，一次性捐赠或每季（月）捐赠均可，多捐不限。捐赠范围为石家庄党政机关、企事业单位、社会团体、学校、驻石家庄部队和国有（民营）企业、个体私营企业及其他有经济收入的单位和个人；捐赠方式为以单位集中收缴为主。社会各界爱心人士可就近到社区（居委会）或慈善爱心超市、经常性社会捐助站捐赠；县（市）在城区办事处和乡镇设立捐赠站（点），集中接收群众捐赠；也可直接将捐赠善款汇至市慈善总会账户或通过市慈善总会微信公众号捐赠，市慈善总会和县（市）区民政部门及慈善机构负责统一接收捐赠善款。建立奖励机制，设定每年12月中旬为石家庄市“8·18帮一帮”全民公益慈善捐赠活动总结表彰阶段。

（市民政局）

【公益助学】 希望工程助学活动。8月28日，共青团市委、市希望工程办公室举行“希望工程圆梦行动”助学金发放仪式，资助全市家庭贫困、品学兼优大学生326名。2015年共青团市委借助媒体宣传大学生圆梦助学行动，发起爱心义卖、新闻助学系列活动，号召爱心企业、爱心个人踊跃捐款奉献，共筹资近180万元，资助贫困大学新生326名。2015年市希望工程争取“贵州茅台”“芙蓉学子”“新世纪教育基金”等助学项目在石家庄市落地实施，至2015年底，市希望工程开展有“希望工程——百万爱心行动”“希望工程助学进城计划”“助学有爱助力有岗”“大学生圆梦行动”等系列救助活动，累计筹资6900余万元，资助学生5.3万余名。其中，在平山县、赞皇县、灵寿县等山区县援建希望小学83所、希望书库79个、希望快乐体育园地82个，建成希望音乐教室、希望电影院线、希望美术教室、希望工程图书室、多媒体教室等教育设施。

“善行圆梦”助学活动。8月26日，省会精神文明办公室、市志愿服务基金会和乐仁堂投资集团股份有限公司共同举行乐仁堂“善行圆梦”助学活动助学金发放仪式，向石家庄市26名贫困大学新生每人发放3000元助学金，并确定乐仁堂投资集团股份有限公司每人每学年资助3000元直至大学毕业。26名贫困大学新生由乐仁堂“善行圆梦”助学金受助推荐活动评选，全部是个人品德行为良好、家庭生活特别困难，2015年高考本科一批高校录取学生。其中，“985”院校10人，“211”院校7人；家在农村25人，家在城市1人；属孤儿伤残家庭11人。2014年乐仁堂“善行圆梦”助学活动启动，乐仁堂投资集团股份有限公司确定4年捐赠30万元。8月30日，市志愿服务基金会、石家庄广播电视台、《燕赵晚报》和市众源驾校联合举办的市“善行圆梦”资助优秀贫困大学生公益活动举行助学金发放仪式，共向30名优秀贫困大学新生每人捐赠5000元助学金。资助对象为户籍在石家庄市、参加2015年高考、被国家本科一批院校录取、家庭无可靠经济来源支付学费学生；资助资金15万元由市众源驾校捐赠。此次市“善行圆梦”资助优秀贫困大学生公益活于7月15日启动，至8月10日，全市收到58名考生报名申请资助，经市志愿服务基金会、市众源驾校组织志愿者逐一入户走访调查，依据资助标准和家庭状况，确定资助对象30名。

（戴丽丽　王更）

【未成年人保护】　发挥未成年人保护中心作用，推行多渠道发现报告机制，设立“966008”公开保护电话。建成8个未成年人保护点，负责辖区困境未成年人的咨询、救助、个案跟踪、信息上报等。2015年市未成年人保护中心调查困境未成年人家庭1100户，确定困难家庭817户，帮扶困境未成年人家庭200余户；救助困境未成年人40余名，其中，35名办理学籍，8名办理户口，送社会小学上学22名。

【防灾减灾】　2015年石家庄市主要遭受风雹、干旱、洪涝等自然灾害，共有16个县（市、区）、149个乡镇、190.89万人不同程度受灾。其中，平山县驼梁景区因突发暴雨致使3名游客死亡；农作物累计受灾面积248.48万亩，绝收面积26.23万亩；倒塌房屋75间，严重损坏房屋170间，一般损坏房屋445间；因灾造成直接经济损失9.48亿元。2015年石家庄市依据历年灾害数据分析，属灾情一般年份。救灾补助。2015年全市下拨上级自然灾害生活补助资金3489万元，其中，省财政直管县2863万元，市财政直管县626万元。结合县（市、区）灾害情况和冬春需救助情况，全市下拨社会捐赠救灾物资2万多件，全部用于受灾困难群众口粮、衣被、取暖等基本生活救助。防灾减灾演练。5.12“防灾减灾日”宣传活动期间，石家庄市在井陉县吴家窑乡举办省会5.12防灾减灾宣传活动暨救灾应急预案综合演练。此次演练活动围绕“科学减灾、依法应对”主题，以太行山区突发50年一遇特大洪涝灾害为背景，采取“一市带一县、一县带一乡”形式，从预警预报、启动响应、网络报灾、科技查灾、灾民转移、安置救助、志愿服务、农房理赔等自然灾害救助环节，全面检验预案的科学性、操作性、衔接性和可行性，有效提高了市、县、乡三级减灾救灾综合协调能力，提升了群众防灾减灾意识和避险自救互救技能；动用通讯、卫生、气象、消防、电力、水利等专业车辆和挖掘机、推土机、农用车等工程车辆80多辆，参与人数1800多人；运用救灾专用无人机系统、水上冲锋舟救援和现场手持终端报灾“三位一体”现代科技化手段，是河北省首次“水陆空式”综合协调应急救灾演练。《中国社会报》《中国民政》《中国减灾》等新闻媒体分别作专题报道。至2015年末，全市56个基层社区被国家授予“综合减灾示范社区”荣誉称号；23个基层社区被河北省民政厅评为省级“综合减灾示范社区”。

【抚恤优抚】　2015年全市享受抚恤补助优抚对象共有73623人，其中，伤残人员6069人，“三属”（烈士遗属、因公牺牲军人遗属、病故军人遗属）1483人，在乡复员军人2316人，带病回乡退伍军人2135人，参战参试退役人员7711人，60周岁以上农村籍退役士兵48957人，部分烈士子女（含中华人民共和国成立前错杀后被平反人员子女）4951人，铀矿开采退役人员1人。至2015年底，全市共有光荣院16所，优抚医院2所，县级以上烈士纪念设施15处，零散烈士纪念设施469处，散葬烈士墓12170座；在册烈士33148名。伤残优抚政策调整。10月1日起，按照国家民政部、财政部通知要求，全市伤残军人等部分优抚对象抚恤补助标准提高。伤残人员（残疾军人、伤残人民警察、伤残国家机关工作人员、伤残民兵民工）残疾抚恤金标准、城镇“三属”（烈士遗属、因公牺牲军人遗属、病故军人遗属）定期抚恤金标准、“三红”（在乡退伍红军老战士、在乡西路军红军老战士、红军失散人员）生活补助标准，在原基础上提高15%，农村“三属”定期抚恤金标准在原基础上提高30%；在乡老复员军人生活补助标准在原基础上每人每年提高2400元，烈士老年子女生活补助标准在原基础上每人每年提高1200元，此项经费由中央财政承担。带病回乡退伍军人生活补助标准由原每人每月360元提高至410

元、参战参试人员生活补助标准由原每人每月360元提高至460元，农村籍老义务兵每服一年义务兵役每月增加补助5元，此项经费由中央财政和地方财政按比例承担。调整后，一级因战、因公、因病残疾军人抚恤金标准为每人每年60210元、58310元、56400元，分别比2014年提高7850元、7610元、7360元；居住城镇烈属定期抚恤金标准提高到每人每年19120元；居住农村烈属提高到每人每年14510元；在乡退伍红军老战士、在乡西路军红军老战士和红军失散人员生活补助标准，分别提高到每人每年41750元、41750元和18840元。优抚政策落实。9月3日前，为抗日战争时期残疾军人、抗日战争时期在乡复员军人老战士及移交政府安置的抗日战争时期军队离退休干部和无军籍职工700名，发放一次性生活补助金350万元（每人5000元），为585人（不含在职）发放中国人民抗日战争胜利70周年纪念章585枚；2015年9月，安排全市原8023部队和其他参加核试验军队退役人员1400人到市人民医院体检；2015年11月底，向市内区重点优抚对象发放冬季采暖补贴。优抚单位建设。2015年全市光荣院均参加投保石家庄市养老服务机构综合责任保险；迁建零散烈士纪念设施185座，迁建散葬烈士墓6986座；改造市优抚医院旧病房楼，拆建项目主体和外线工程项目总投资943万元，建成面积3333平方米，床位150张。2015年石家庄解放纪念碑被河北省政府命名为河北省省级烈士纪念设施，并入选为“石家庄十大城市名片”。烈士评定和褒扬活动。2015年藁城区吴文德被河北省政府评定为烈士。至2015年末，全市换发烈士证6252名，其中，证书式1036名，奖状式5216名。4月3日，市委、市政府、石家庄警备区在华北烈士陵园组织向革命烈士敬献花篮并拜谒烈士纪念碑活动；9月30日，河北省委、省政府、河北省军区在华北烈士陵园举行向烈士敬献花篮仪式。

【军休与退役士兵安置】 2015年石家庄市接收安置军队退休干部（士官）118人，军队无军籍退休退职职工108人。根据河北省民政厅统一安排，全市军队离退休干部休养所（简称军休所）开展星级服务管理机构创建活动。2015年12月，河北省民政厅考核验收石家庄市参评11个军休所，其中，市直军休一所、二所、三所、四所、五所、六所、七所被命名为“三星级军休服务管理机构”，市直军休八所、无极县军休所、元氏县军休所被命名为“二星级军休服务管理机构”，藁城区军休所被命名为“一星级军休服务管理机构”。2015年全市退役士兵安置推行安置计划、安置对象、安置办法、安置结果全程公开“阳光安置”政策。市直事业单位采取档案实绩考核打分与文化基础知识考试成绩相结合总分排名、公开选岗方式分配；企业单位结合个人志愿、参照服役时间、立功受奖情况和企业用人意向，采取双向选择方式分配；放弃政府安排工作退役士兵，可选择自谋职业安置方式领取一次性经济补助。2015年石家庄市退役士兵安置还包括2013年、2014年冬季退役士兵符合政府安排工作条件1200余人。2011年11月1日及以后入伍退役士兵，符合下列条件之一，由政府安排工作：士官服现役满12年；服现役期间平时获得二等功以上奖励或者战时获得三等功以上奖励；因战致残被评定为5级至8级残疾等级；烈士子女。不符合政府安排工作条件退役士兵，实行自主就业安置方式，在规定时间和专业范围内，可选择参加政府组织的职业技能免费培训。

【养老服务】 2015年全市新增养老机构25家，其中民办养老机构18家、公办养老机构7家；新增床位3700张，其中民办养老机构床位2096张。市内区按照国家日间照料中心规范标准，建成14个综合居家养老服务中心建设；农村县（市）完成互助幸福院重点改造提升500个。政府购买居家养老服务范围从原有五类老人增加到六类老人（新增失独老人）。至2015年末，全市享受政府购买居家养老老人数量达到11083人，实现服务78409次，实际购买服务额度达到3542.8万元；134家养老机构、8989张老人养老床位参加养老机构综合责任险，报案28起，实现理赔21万元。养老机构许可服务。2015年12月，经市政府同意，《石家庄市民政局关于向市内区及高新区等特定区域下放养老机构设立许可的通知》（石民政〔2015〕160号）印发。主要内容：市辖区范围内，除设计床位数500张（含）以上，且需冠“石家庄市”名的养老机构，由市民政局实施设立许可外，其他养老机构设立许可，全部下放市内各区、高新区、正定新区、循环化工园区民政部门。各区民政部门按照民政部《养老机构设立许可办法》《河北省养老机构设立许可办法》规定在本辖区范围内实施养老机构设立许可。

【福利彩票】 2015年石家庄市福利彩票总销量（含辛集市）13.51亿元。其中，电脑票销量5.88亿元；即开票销量5623.72万元；开乐彩销量59.19万元；中福在线销量1.31亿元。福彩助困。2015年1月，举办“福彩助困过好年”活动，投入福彩公益金96.7万元，资助石家庄市区低保家庭、因重大疾病或遭遇车祸、火灾等意外事故造成巨大经济损失困难人群967人。福彩助学。2015年7月，开展第十四届“福彩献真情，爱心助学子”活动；8月25日，第十四届“福彩献真情，爱心助学子”大型公益活动举行助学金发放仪式，共发放助学金113.2万元，资助家境贫困无力支付学费高考学生282名。2002年暑期石家庄市开始每年举办“福彩献真情，爱心助学子”大型公益活动，主要资助对象为初中、高中学生，资助标准为每人3000元，2015年资助高考学生标准提高至4000元。联合市第42中学创办高中“福彩助学班”，投入福彩公益金45万元，帮助家庭贫困、学习成绩优异初中毕业生进入市第42中学学习。

【区划地名】 2015年，全市结合新型城镇化建设，在具备条件地方推进撤乡设镇，其中元氏县撤销马村乡设立马村镇。落实国务院部署，开展石家庄市全国地名第二次普查。严格界线管理，依据国家《行政区域界线管理条例》及河北省边界联检要求，市民政部门指导10个县（市、区）实施12条县界联查完毕。落实《国务院地名管理条例》《河北省地名管理规定》，修订完成正定新区95条街路名称规划方案。至2015年末，石家庄市区审批命名居住区38个、更名2个；审核备案命名（更名）大型建筑物25个；命名（更名）街路28条；街路标志设置和更名街路标志更换326块；省市美丽乡村建设411个村地名标志设置完成。正定新区95条街道命名。2月17日，市政府正式审批同意《正定新区街路名称修订方案》。根据该方案，正定新区95条规划街路按照“传承历史文化、保护本土文脉、弘扬省会文化、传播儒家思想”4个系列命名。南北走向，从西至东13条主干路为：园博园大街、新城大街、顺平大街、太行北大街、天泽大街、文正大街、怀德大街（历史人物高怀德）、天祥大街、燕都大街、赵都大街、兴国大街、三丘街、九门大街；东西走向，从北至南9条主干路为：多宝路、义慧路、崇因路、安济路、天宁路、迎旭路、隆兴路、恒阳路、河阳路；南北走向，从西至东8条次干路为：尉佗街、西上泽街、梦龙街、朱河街、圣板街、蟠桃街、赵庄街、南屯街；东西走向，从北至南12条次干路为：正安路、正兴路、正祥路、永宁路、承瑞路、罗家庄路、固营路、华阳路、华文路、阳光路、只都路、弘文路；南北走向，从西至东30条支路为：西临济街、东临济街、承泽街、郭家庄街、大临济街、承祥街、东上泽街、义玄街、安和街、安居街、安业街、安惠街、丁昌街、白朴街 、清标街、荣泰街、崇仁街、崇义街、崇礼街、奥体街、崇智街、崇信街、温和街、良善街、恭顺街、俭朴街、谦让街、安顺街、安泰街、贾同街；东西走向，从北至南23条支路为：长宁路、顺宁路、双洋路、诸福屯路、吴家庄路、永强路、永华路、承安路、三里屯路、承丰路、华光路、东关路、和谐路、和顺路、弘业路、弘德路、黄庄路、弘义路、安康路、禅房路、堤里路、丁家庄路、滨水路。另有4座跨滹沱河大桥命名为：新城大桥、太行大桥、燕都大桥、九门大桥。

（市民政局）

防震减灾

【概况】 2015年，市地震部门严密做好预报中心网络日常维护，确保与河北省地震局通信、应急联络时刻畅通。按照新的标准化要求，修改地震预报业务流程和规定。观测各类异常3起，发布震情速报2

期。开展县（市、区）地震监测指导，形成市县两级地震部门协调联动、专群结合、群测群防合力。开展防震减灾为民服务进社区活动，新建裕华区小马村、鹿泉区富强社区、灵寿县新村社区、元氏县铁屯乡社区4个地震安全示范社区。精简会议活动，将全市防震减灾工作会议和全市地震系统工作会议合并，改为县（市、区）地震局长座谈会。重新修订地震部门《政务公开制度》，完善《行政职权目录》《权力运行流程图》《廉政风险等级目录》，将抗震设防行政审批情况及时在政府网站公开，接受社会监督。2015年裕华区、元氏县获得全国县级防震减灾工作考核先进单位。

【地震监测预报】 2015年市地震部门观测各类异常3起，分别为藁城梅花井水位异常、辛集地裂缝异常、平山温塘水氡异常；发布震情速报2期，分别为新疆于田7.3级地震、张家口涿鹿4.3级地震；召开周、月、临时、半年会商59次，会商意见均与实际震情相符。印发《石家庄市2015年度震情跟踪工作方案》，做好节假日和“两会”等重大活动期间震情短期临时跟踪和地震监测保障。严格落实地震应急值班，开通24小时便民震情服务热线电话。加强全市10个数字化强震台、11个数字化测震台、3个数字化前兆台、11个模拟地震观测站台网管理，实现台站正常运转，向河北省地震局、中国地震局及时传送观测数据。结合防震减灾实际，在赞皇县山区和元氏县山区各增建1个地震前兆观测设施。组织召开2015年度石家庄市地震趋势会商会、全市2015年度地震观测资料评比会。参加河北省地震局2015年度地震观测资料评比，晋2井水位模拟观测、CK电井水氡模拟观测、新乐台地磁、马村站信息节点获得优秀奖。

【地震应急】 修订《石家庄市地震局地震应急预案》，举办桌面演练，提高地震应急反应和处置能力。做好地震应急防范，指导中小学校开展地震应急预案演练活动。以市政府防震减灾工作联席会议办公室名义督导检查县（市、区）防震减灾工作及贯彻落实《河北省防震减灾条例》情况。采取自查、报送自查报告形式，检查相关单位地震应急防范，其中井陉县、灵寿县、裕华区实施抽查，并将检查情况上报河北省政府抗震救灾指挥部办公室。2015年市地震部门联合市发展改革、国土、规划、建设等部门，开展石家庄市城市活断层项目成果推广取得初步成效。举办防震减灾“三网一员”培训，市地震局业务人员分县包点，与防震减灾助理员结成对子，利用电子邮件、电话等开展经常性交流指导，利用落实异常机会做好针对性辅导，利用检查、调研等活动实施专项指导。创新防震减灾“三网一员”培训方式，落实市、县、乡三级培训制，2015年各县（市、区）地震局均举办形式多样“三网一员”培训活动，培训率达到100%。加强地震安全示范社区建设，新建裕华区小马村、鹿泉区富强社区、灵寿县新村社区、元氏县铁屯乡社区4个地震安全示范社区。2015年中苑社区被中国地震局命名为国家级地震安全示范社区。

【防震减灾宣传】 组建防震减灾科普知识宣传队，进入社区、农村、学校，举办科普知识讲座11次，听众8000余人次。举行中小学生安全教育日地震、消防应急演练。2015年全国“5·12”防灾减灾日当天，市地震部门组织全市中小学生举行“传播防震减灾正能量，共圆中国梦”演讲比赛活动，督促学校、家庭和社会共同关注学生防震问题，提升学校防震应急能力；在市区大马庄园社区举行“向灾害SAY NO！——5·12公益活动”，河北电视台、河北人民广播电台、新华社驻河北记者站、《燕赵都市报》《河北青年报》《燕赵晚报》等新闻媒体给予报道，扩大了防震减灾影响力。开展“平安中国”防灾宣传系列公益活动。2015年市地震部门在市防震减灾科普示范学校、示范社区和幼儿园放映防震减灾科普知识光盘，发放防震减灾科普知识宣传资料10万余份，解答群众咨询2000余人次；在灵寿县建立防震减灾科普知识宣传画廊；到高邑县、井陉县、元氏县所辖部分乡镇向农民群众捐赠防震减灾科普图书15000册。举办防震减灾科普知识宣传故事片《飞跃地心》放映活动。2015年市地震部门到石家庄陆军指挥学院、石家庄经济学院、石家庄城建学校、小马村社区、建华家园社区、党家庄社区、市第六中学、鹿泉区第一中学、元氏县礼堂、灵寿县职教中心等单位，放映科普知识宣传电影《飞跃地心》10场次，收看观众 1 万余人次。

（王秀辰）

县（市）区概况

Counties (Cities) District Overview

长 安 区

【概况】 长安区位于石家庄市主城区东北部，总面积138.31平方千米。辖4个镇、12个街道办事处，147个居委会、8个村委会，常住人口79.73万人。2015年长安区完成地区生产总值390.9亿元，同比增长8.1%。其中，第一产业增加值2.5亿元，增长2.6%；第二产业增加值64.1亿元，增长0.3%；第三产业增加值324.3亿元，增长10.2%。全社会固定资产投资583.6亿元，同比增长6.0%。全部财政收入100.0亿元，同比增长10.5%，其中公共财政预算收入48.1亿元，增长10.8%；财政支出20.4亿元，同比增长4.7%。农林牧渔业总产值4.20亿元，同比增长3.54%。粮食播种面积7366公顷，总产量4.49万吨，平均亩产491.1千克。其中，小麦播种面积3762公顷，总产量2.33万吨，亩产413.0千克；玉米播种面积3604公顷，总产量2.16万吨，亩产399.9千克。拥有规模以上工业企业24个；规模以上工业总产值89.73亿元；主营业务收入171.17亿元；规模以上工业增加值19.7亿元，同比下降0.7%；利润10.5亿元，同比增长61.3%。社会消费品零售总额276.6亿元，同比增长10.1%；服务业增加值318亿元，同比增长11.4%。民营经济增加值202.28亿元，同比增长8.5%。实际利用外资3.19亿美元，同比增长214.1%。城镇居民人均可支配收入31599元，同比增长8.0%。

中共长安区委书记：安树国
区人大常委会主任：刘卓雄
区　　　长：马文刚
区政协主席：袁捷才

【重点项目】 开元中心、勒泰中心、天元公馆、融通财金大厦、民生财富广场、东胜商业广场等80个项目竣工投用，红星美凯龙古城商场、北国益庄购物中心、永辉超市财富店、居然之家等11家商场或超市建成开业。投资近2亿元，实施华北箱包城等7家商城和白佛、和平路2个装饰材料市场升级改造。新源发商贸城、太和文化礼品城分别获得中国品牌市场。华旭药业、链轮总厂、威远生化等27家企业搬迁完工，石钢公司等6家企业搬迁启动；华北制药、华电石家庄热电厂等11家企业投入4.9亿元，完成技改项目15项。

【城区建设】 南翟营、北高营等12个城中村实现全部或部分回迁，谈固小区危陋房改造二期等3个项目回迁入住，北宋、陈章、南高营等13个城中村和华药一区三期、丰收路118号院等5个征收项目正在实施回迁楼建设。2011～2015年长安区累计拆迁居民22874户，拆除各类建筑面积399万平方米，开工建设回迁楼面积713.7万平方米，回迁居民13809户。投入1.27亿元，实施中山路、裕华路、范西路等15条主次干道整饰提升改造，粉刷楼宇455栋，实施平改坡143栋，拆除楼顶字号264处，规范门头牌匾4500处。开展违法建筑和违法占地专项整治行动，全区累计拆除违法建筑18.3万平方米，整治违法占地343亩。率先在全市推行政府购买清洁服务方式，全年落实社会人员承包清扫保洁作业307万平方米。投入2亿元，整修破损道路100余条96万平方米，新建垃圾转运站10座，购置各类作业车辆设备80台；改善老旧小区239个。加快推进新城大道、轨道交通、石济客专等市政工程项目征地拆迁，完成征地面积2500亩。改善生态环境，拆除分散燃煤锅炉2090台，关停取缔“十五小”“新六小”违法企业

45家，淘汰黄标车2.38万辆。投入1869万元，推广环保采暖炉2713台、低硫煤2.6万吨。投入8000万元，创建省市级园林式单位庭院、生活小区28个，新建林荫停车场21座，绿化提升公园5座，栽植乔灌木、绿篱140万株，新增绿化面积60万平方米，种植生态林和环省会经济林1.8万亩，年末全区绿化覆盖率达到38%，同比提升3个百分点。2015年5月，长安区城管局数字化城市管理指挥中心被中华全国妇女联合会授予“全国巾帼文明岗”称号。

【社会民生】 全年培训各类技能人才8268人，成功创业1958人，带动就业10172人；年末全区实现高校毕业生登记失业率为零、零就业家庭动态为零目标。全区3596名“六类”老人购买养老服务，完成各类养老、工伤、医疗、失业保险参保41.8万人次，发放各类保险金5.77亿元，累计保障低保对象23.2万人次，发放保障金7971万元。组建成立和平时光等社区居委会22个，创建盛世长安等市级综合示范社区20个。2015年长安社区老年公寓被国家民政部授予全国敬老模范单位，沿东、广电、义东社区获评全国减灾示范社区。拥有学校181所，其中幼儿园181所、小学57所、普通中学22所、中等职业教育学校14；在校生10.8万人，其中小学生4.8万人、初中生1.7万人、普通高中生6714人；教职工8489人；专任教师6651人。推广成立“家庭医生”团队101个，签约服务协议4万户，提供服务8万人次；9个社区“国医馆”升级改造；政府举办13个社区卫生服务机构全部实现基本药物“零差率”销售。建立流动人口（新居民）服务中心，创建市级以上妇女之家6个、儿童友好家园8个。至2015年末，长安区儿童疫苗接种率达到95%以上，人口出生率、自然增长率分别控制在8.9‰和6‰以内。

（王雪珍　牛亚男）

桥　西　区

【概况】 桥西区位于石家庄市主城区西南部，总面积75.28平方千米。辖17个街道办事处，124个居委会、15个村委会，常住人口82.78万人。2015年桥西区完成地区生产总值433.1亿元，同比增长8.0%。其中，第一产业增加值1.5亿元，增长2.5%；第二产业增加值45.0亿元，增长3.4%；第三产业增加值386.6亿元，增长8.7%。全社会固定资产投资608.3亿元，同比增长6.7%。全部财政收入129.9亿元，同比增长8.0%，其中公共财政预算收入60.0亿元，增长5.8%；财政支出27.5亿元，同比增长21.7%。农林牧渔业总产值2.43亿元，同比增长1.01%。粮食播种面积160公顷，总产量971吨。拥有规模以上工业企业12个；规模以上工业总产值15.21亿元；主营业务收入19.79亿元；规模以上工业增加值5.7亿元，与2014年持平；利润0.5亿元，同比增长15.6%。社会消费品零售总额426.2亿元，同比增长10.1%；服务业增加值391.6亿元。民营经济增加值187.89亿元，同比增长8.1%。实际利用外资2.66亿美元，同比下降12.6%。城镇居民人均可支配收入32226元。

中共桥西区委书记：赵宏魁
区人大常委会主任：赵新惠
区　　长：张晋　（8月免）
　　　　　刘军志（8月任）
区政协主席：张书凯

【经济贸易】 经济结构。三次产业结构由2014年0.3∶13.5∶86.2调整为0.4∶9.2∶90.4，第三产业成为立区强区之基，实现增加值386.6亿元，同比增长8.7%，增加值和增速均高于第一产业、第二产业。金融服务业成为主导产业，至2015年末，83家银行、保险、证券等金融企业入驻，全区金融业企业累计达到227家，纳税收入占到全部财政收入29%。2015年石家庄市省级银行总部75%以上安家桥西区。重点项目建设。树立抓项目就是抓发展、抓大项目就是抓大发展意识；采用投资拉动经济增长方式，以项目支撑经济发展。2015年桥西区实施区控重点项目33个，完成投资170.3亿元。其中，塔坛国际商贸城、华润万象城、中交财富中心等30余个重大项目正在建设；中银广场、金正海悦天地、中国工商银行后台中心等20余个重点商贸项目建设完工；恒大城、翰林观天下、小谈城中村改造等20余个改善居住条件房地产项目投入使用。招商引资。利用区位和资源优势，推动“招商引资”向“择商选资”转变，重点落实“招大选优”吸引国内外大企业、大集团总部和知名品牌入驻政策。引进河北冀旅盛航基金、冀银金租、国网英大保险等知名企业总部入驻，至2015年末，桥西区总部型企业达到86家，纳税收入占到全部财政收入64.3%。主动融入京津冀协同发展，利用京津创新资源，培育发展新兴业态，成功引进和启动中关村互联网金融信息服务中心河北中心项目建设。这也是河北省第一家互联网金融服务平台。

【城区建设】 新客站西广场、轨道交通1号、3号线等7个公益项目和宝德铝宿舍危陋房改造、五十四所旧生活区改造等7个旧城改建项目征收启动。保障重点市政工程建设，集中力量提前22天完成新客站西广场项目拆迁；用时10天完成裕华路西延29户居民征收，用时不到两个月完成南二环西延涉及255家企业和商户签订搬迁协议。改善居民居住环境，实施振一街、振二街、振四街、大谈、留营等12个城中村改造，拆迁7860户，拆除面积173.4万平方米；七分部宿舍、东风小区等13个棚户区改造项目开工，回迁面积126.36万平方米，涉及居民1.3万余户。投入1.2亿元，实施新石小区等83个老旧小区改造整治。投资5000万元，开展“双解困”工程，解决25个老旧小区3层以上居民用水难问题，受益居民1.1万户；引入专业物业公司接管住宅小区25个，有效改善老旧小区无物业管理局面。投入1.16亿元，升级改造383个小区供暖二次管网和热交换站设施。

【城市管理】 改善城区环境，实施“压煤、降尘、控车、减排、迁企、增绿”六项措施，督导132处建筑工地绿色施工，有效控制扬尘污染。石家庄三环阀门厂、桥东印染化工厂等3家重污染企业实施外迁；淘汰黄标车2.2万辆；拆除分散燃煤锅炉4台。确定连续三年每年投入2000多万元用于绿化建设，2015年桥西区累计投入2199.9万元，实施街道、公园、社区及垃圾山等地绿化提升，栽植乔灌木17.3万株，新建提升绿地25.2万平方米。重点打造珍集嘉苑、西美花城、五里庄园等24个园林绿化居住区，提档升级友谊公园、石刻园建设，绿化垃圾山8座。开展城区容貌综合整治，投入3亿元，实施维明大街、友谊大街等109条道路整修和景观提升。投入5047万元，购置大型新型环卫装备209台（套），桥西区管理二环路内主次干道机械化清扫率达到93%。投资500万元，建立全省首个环卫路面保洁可视化管理平台，实现市容市貌全天候监控。取缔占道经营、露天烧烤，整治渣土运输乱象，拆除破损陈旧围挡广告，规范早夜市管理。整治房地产市场秩序，治理全区在建违规项目108个。

【社会民生】 实施质量兴区战略，打造河北省质量名牌单位4家，拥有驰名商标2个、著名商标27个。提升科技创新和服务发展能力，2015年桥西区列入市级科技计划项目16项，争取资金390万元；列入省级科技计划项目8项，争取资金222万元。开展高新技术企业认定、复审和更名，新认定高新技术企业10家、复审2家。增强科技型中小企业创新能力，认定科技型中小企业116家。2015年桥西区被国家科技部授予“全国科技进步先进区”称号。重视教育事业发展，投资近9亿元，改善教育办学条件。稳定教师队伍，面向社会公开招聘教师262名，解决备案代课教师编制670名。投资3.1亿元将原汇华学院改建为第17中学实验学校，结束桥西区南二环以外无普通中学局面。提升校园环境，投入7700余万元整修11所学校校舍，投资1亿元改造和扩建中山路小学、中山西路小学、第19中学。探索推行“名校兼并、名校办新校”新模式，兼并扩充优质教育资源，推进义务教育均衡发展。至2015年末，桥西区共有幼儿园72所、小学52所、中学20所、中等职业教育学校18所；在校幼儿1.90万人、小学生5.51万人、初中生1.93万人、高中生8380人、中等职业教育学生1.54万人；教职工8705人。2015年桥西区获得“全国义务教育发展基本均衡区”“全国德育教育先进区”称号。完善基层医疗卫生服务体系，建成社区卫生服务中心14家、社区卫生服务站48家，街道办事处卫生服务机构实现全覆盖；中医药服务成功创建“河北省基层中医药工作先进单位”。加强公共文化体育设施建设，总面积4000平方米区文化馆建成投入使用，街道综合文化站创建率达到100%，139个社区建成文化室116个，覆盖率80%。2015年桥西区政府救助保障低保对象17.9万人次，发放低保金9585万元；新增就业岗位5万余个，下岗失业人员实现再就业3万余人次，年末城镇登记失业率控制在2.2%以内，低于石家庄市下达4.5%以内目标任务。完善养老服务体系，建成街道综合养老服务中心和社区居家养老服务站点18个。推进公共保障房建设，全年向8000户家庭发放廉租住房补贴2770万元；6050套保障性安居住房实现交付使用。

（刘征兵）

新华区

【概况】 新华区位于石家庄市主城区西北部，总面积92.11平方千米。辖2个镇、2个乡、11个街道办事处，90个居委会、17个村委会，常住人口68.34万人。2015年新华区完成地区生产总值223.6亿元，同比增长8.2%。其中，第一产业增加值1.9亿元，增长4.0%；第二产业增加值48.3亿元，增长1.8%；第三产业增加值173.4亿元，增长10.4%。全社会固定资产投资396.0亿元，同比增长7.1%。全部财政收入44.9亿元，同比增长4.7%，其中公共财政预算收入26.3亿元，增长6.5%；财政支出16.2亿元，同比增长24.5%。农林牧渔业总产值3.12亿元，同比增长3.4%。粮食播种面积2949公顷，总产量1.87万吨。拥有规模以上工业企业18个；规模以上工业总产值21.76亿元；主营业务收入20.28亿元；规模以上工业增加值4.7亿元，同比增长5.9%；利润0.3亿元，同比下降88.8%。社会消费品零售总额200.2亿元，同比增长9.7%；服务业增加值155.5亿元，同比增长10.1%，占GDP比重69.5%。民营经济增加值85.95亿元，同比增长7.9%。实际利用外资153万美元，同比下降87.8%。城镇居民人均可支配收入31727元。

中共新华区委书记：韩学军
区人大常委会主任：陈小平
区　　　　长：刘建芳
区政协主席：李明霞

【重点项目】 全年在建、续建重点建设项目44个，总投资630.8亿元。其中，11个计划竣工项目顺利完工；新开工项目16个，总投资153亿元。新合作城市广场、荣鼎天下、中储广场等7个市级重点项目完成投资76亿元，实现年度投资计划224%。以京津冀协同发展为契机，开展上门招商、精准招商、二次招商，成功吸引21BCD跨境电商、中科招商河北办事处、省资产管理公司、省再担保公司、浪潮集团河北分公司等知名企业落户，其中省资产管理公司、省再担保公司2家省级公司注册资本金20亿元；与北京金融街控股集团、保定银行等公司正在招商洽谈。楼宇经济迅猛发展，2015年全区重点楼宇新增企业224家，实现楼宇税收14.5亿元，同比增长11%，占全区税收比重达到34%。至2015年末，新华区拥有商务楼宇47栋140万平方米，总部型企业达到66家。

【产业升级】 互联网+、电子商务等新兴产业呈现爆发式增长态势。与中关村海淀创业园合作组建创新型科技孵化器“石家庄金种子众创空间”。引进全国第三大内贸B2B电子商务服务公司、国内最大的单品电子商务聚集平台“中国网库”，合作建设“石家庄电商谷”。与国内最具影响力新闻媒体网络平台“新华网”共建“冀台文化交流平台”。联合新华网、全国创业孵化领军企业“创客天下”共同建设“新华创客河北中心”。2015年新华区新增电子商务企业40家，新增数量接近2014年电子商务企业总量的2倍。传统商贸业改造提升加快。制定印发《关于推进新华集贸市场转型升级和管理创新的意见》，突出“品牌、电商、物流”重点环节，推进新华集贸中心市场升级改造。2015年新华集贸中心市场服装品牌化率达到78%，网上商城入驻商户达到4800家，年成交额36.17亿元。启动新华集贸中心市场3个物流配送中心建设，打通民族北路市场道路交通运输，有效改善市场经营环境。2015年新华集贸中心市场个体商户转化企业309家，市场整体规模和势力增强。7月12日，中国商业联合会授予新华集贸中心市场“华北品牌服装第一市”称号。促进传统型工业企业向科技型企业转型。2015年新华区新增科技型中小企业97家，总数达到193家，争取市级以上科技支持资金1059万元，创下历年最高。北京工业大学在“科一重工”建设全国领先“智能机械制造技术研究院”。至2015年末，新华区高新技术企业占全区规模以上工业企业达到18%。

【城区建设】 围绕创建“省会最整洁城区”目标，加大资金投入、完善工作机制、实施重点攻坚，提升城区环境形象。城市管理。投入资金429万元，接管133个无物业楼院垃圾清运和清扫保洁，将城郊农村203条、162万平方米道路纳入保洁范围，实现道路专业清扫保洁全覆盖；投入300万元，实施农村环卫奖补，改善农村卫生环境。开展房地产市场专项整治，全区91个整治项目全部整改到位，顺利通过河北省验收。维修改造基础设施。投入530万元维修整治文苑街、泰华街等52条道路；投资3400万元综合改善联强小区等50个老旧小区道路、排水、照明等公用设施；实施新合街13号院等42个老旧小区供水管网及供热“二次管网”改造，受益群众3.6万户12万余人。园林绿化。投入1000万元改造提升儿童少年活动中心；投资870万元新建陈村公园、上京公园等村级公园4所，村级公园面积和数量位列石家庄市主城区第一。至2015年底，新华区新建、提升各类绿地61.18万平方米，完成经济林带建设4000亩，全区绿化覆盖率达到44.7%。环境保护。建立“属地管理、分级负责、全面覆盖、责任到人”三级网格化环境监管体系和污染源快速上报、销号制度。开展涉水企业执法活动，排查企业320家，处罚环境违法企业9家，实现出境断面水质考核稳定达标。与北京大学合作，开展区内大气污染分析，提供精准治污策略。落实“压煤、降尘、控车、迁企、减排、增绿”六大治理措施，全年投入环境治理资金1147万元，启动预警19次，拆除燃煤锅炉6台、废弃烟囱22根，淘汰黄标车615辆，推广洁净型煤6000吨，石家庄热电二厂1、2、3号锅炉超低排放限值升级改造和4、5号锅炉环保设施升级改造完工，西北水源监测点位优良天数较2014年增加76%，重污染天气较2014年减少44%。2015年新华区环境污染综合指数在全市排名下降，空气环境质量好转。

【社会民生】 围绕“转型升级、绿色发展”“生态宜居、美丽新华”任务目标，确定“夯基础、兜底线、多样化、全方位”工作思路，全力改善社会民生。创新政府服务方式，实施“先照后证”“三证合一”“一照一码”商事制度改革政策，卫生计生、市场监管部门机构改革完成。2015年新华区新增各类市场主体1.1万户，占到市场主体总量四分之一；新增注册资本金78.5亿元，同比增长82.5%。举办第五届银企对接融资大会，帮助企业融资5.3亿元。推进政务服务建设，区政务中心二期工程建设完工，乡镇街道一站式服务大厅全部建成，村居政务服务站覆盖率达到90%；全年为各类市场主体、群众办理事项3.4万余件。投入资金2200万元，建设11个社区服务综合示范点；投入资金751万元，扩大基层社区服务面积1.4万平方米，年末社区办公用房达标率达到70%，受益群众13万余人。多渠道开发就业岗位，新增就业9215人，实现下岗人员再就业5312人，年末城镇登记失业率控制在3.4%以内。探索居家养老模式，创建北新街社区综合居家养老服务中心样板。支持教育事业发展，投入1.65亿元购买河北银行学校校区；中华绿园小学、滨湖小学等5所新建、移交学校投入使用，增加优质学位4000余个；回民幼儿园等6所公办幼儿园主体完工；投入2400余万元，为14所学校安装升级校园监控系统、为11所学校新建塑胶操场，年末主城区具备条件学校实现塑胶操场全覆盖；选聘高层次师资人才21名，公开招聘教师37名。至2015年末，新华区共有幼儿园65所、小学47所、中学19所、中等职业教育学校12所；在校幼儿1.53万人、小学生4.59万人、初中生1.78万人、高中生6491人、中等职业教育学生1.94万人；教职工7051人。开展省级慢性病防治示范区、国家级中医药先进区创建。推进保障性安居工程建设，完成棚户区改造1826户，新建保障性住房2064套。

（董良）

裕 华 区

【概况】 裕华区位于石家庄市主城区东南部，总面积60.8平方千米。辖2个镇、11个街道办事处，89个居委会、25个村委会，常住人口54.35万人，人口自然增长率6.19‰。2015年裕华区完成地区生产总值195.0亿元，同比增长8.2%。其中，第一产业增加值0.5亿元，下降0.9%；第二产业增加值43.0亿元，增长1.1%；第三产业增加值151.6亿元，增长10.2%。全社会固定资产投资436.7亿元，同比增长8.8%。全部财政收入46.3亿元，同比增长1.9%，其中公共财政预算收入25.1亿元，下降6.7%；财政支出13.1亿元，同比下降6.0%。农林牧渔业总产值1.11亿元，同比增长0.33%。粮食播种面积874公顷，总产量5444吨。拥有规模以上工业企业15个；规模以上工业总产值48.78亿元；主营业务收入46.74亿元；规模以上工业增加值13.0亿元，同比下降5.7%；利润3.7亿元，同比下降35.6%。社会消费品零售总额156.7亿元，同比增长9.7%。民营经济增加值84.02亿元，同比增长8.2%。实际利用外资3953万美元，同比增长24.9%。城镇居民人均可支配收入32487元，同比增长8.1%。

中共裕华区委书记：王丽君
区人大常委会主任：韩志芳
区　　　　长：常志卷
区政协主席：于凤玲

【重点产业】 全年安排千万元以上项目76个，总投资1000亿元。项目建设累计完成投资81.8亿元，占全年任务239%。鸿昇商务广场等8个项目开工建设；众美绿都等48个续建项目正在建设；宝翠大厦等15个项目竣工投入使用。银湖城项目参加石家庄市项目观摩活动获评好项目，吉汇大时代等9个项目列入省市重点项目。社会消费品零售总额156.7亿元，同比增长9.7%。实际利用外资3953万美元，同比增长24.9%。全力打造万达商圈、怀特商圈、联邦商圈及裕东现代国际商务区、裕华路迎宾大道商务区、南部科技创意产业园区“三圈三区”商业格局，至2015年末，裕华区商业总面积达到1340万平方米。以南焦、塔冢、贾村3个城中村改造和保利拉菲公馆等项目为重点，引进中国电子华北总部大楼、北京大学科技园、南洋生态城、石家庄智能公路港4个项目。楼宇经济迅速发展，全年上缴税收超亿元楼宇达到3座，超千万元楼宇达到15座。河北钢铁、北京银行、浦发银行、紫金保险、平安信托、国金证券、中国电子系统工程第四建设公司、北京大学科技园等企业总部及金融企业签约入驻，各类市场主体达到54410户。2015年裕华区以银行、证券、保险等金融业为主体高端现代服务业税收达到6.6亿元，占到全区税收总量14.3%。拥有文化企业900余家，文化产业完成增加值33.8亿元，占全区经济总量17.3%。2015年裕华区三次产业结构调整为0.3∶22.0∶77.7。

【城区建设】 市政道路征地拆迁补偿任务完成，体育大街南延（南二环—308国道）、建设大街南延（仓丰路北—南三环辅路）、仓丰路（货场大街—裕翔街）、建华东路（翟营大街—308国道）等市政道路工程正在建设。投入2300万元，实施谈固大街等17条街道和城乡接合部整治提升工程，打造翟营大街等5条特色街区。投资5000万元，开展二环外城市管理提升行动，实施基础设施、环境整治、园林绿化等六个方面提升建设工程。城中村改造和房屋征收顺利推进，塔冢社区拆迁全部完成，贾村社区拆迁达到50%，南焦社区回迁建设启动；尖岭、孙村等806亩剩余土地纳入城中村改造范围；铁路运输学校旧校改造项目、轨道交通3号线房屋征收正在实施。南水北调配套东南水厂建设进点施工。新增供暖面积119.6万平方米，彻底解决汇通天下、鼎原时代等小区长期遗留供暖问题。分配公共保障房1588套，文河小区保障房项目竣工。开展房地产市场专项整治行动，清理违法占地252亩，拆除违法建筑5万平方米，妥善解决蓝山国际、时光城等项目历史遗留问题。探索推行市容管理“包干责任制”“早夜市管理末位整改制”等城区管理工作方法和机制，引进专业环卫公司开展东京北等7个村市场化服务；办理城管数字化平台案件14万余件，完结率100%。2015年裕华区城市管理数字化、信息化能力全面提升，街道容貌综合考评获得“十三连冠”。重视环境污染治理，实施“压煤、抑尘、控车、减排、增绿”五项措施，PM2.5年均浓度较2014年下降28.3%。推广型煤9500吨，完成石家庄市下达任务146%；二机厂燃煤锅炉拆改置换，德远食品等5座烟囱及二十里铺2座废旧水塔拆除；淘汰黄标车1000余辆；规模以上餐饮单位全部安装油烟净化装置。按照《石家庄市严管建设施工扬尘》要求，落实建筑工地标准化管理，打造银湖城、河北国际商务广场2个样板工地。开展绿化植树活动，实施18条道路园林绿化和补植增绿工程，碧水青园等30个小区绿化提升，5个区属公园绿化改造，新增绿化面积56.4万平方米，年末建成区绿化覆盖率达到50.7%。

【社会民生】 全年用于社会民生支出9.5亿元，占一般公共预算支出72.8%。推进政府服务水平，“三证合一”“一照一码”商事登记制度改革完成；衔接落实市政府取消行政审批事项70项，非行政许可审批监管事项全部取消；编制行政权力清单，向社会公布行政权力负面清单、准许清单、监管清单、收费清单内容；提升依法行政和科学决策水平，建立政府法律顾问和决策咨询委员会制度。社会保险增加参保人员6000人；新增就业10036人，实现下岗人员再就业5511人，年末城镇登记失业率控制在2.88%以内。新成立社区居委会4个，新建居委会养老服务中心7个，首个全省“笑脸智慧社区”在凤凰社区上线。以京津冀协同发展为机遇，实施“大众创业、万众创新”政策，石家庄北京大学科技园孵化器挂牌运营；成功举办北京大学中电杯石家庄创新创业大赛；“飞翔创客”“慧创空间”“时光空间”获认国家级众创空间；拥有高新技术企业30家，科技型中小企业189家。招聘教师108名，率先在全市提高中小学班主任费标准；探索组建石家庄外国语学校、27中学、40中学三大教育集团；开办立德实验小学、誉兴小学等5所配建学校，新增教学班126个、学生学位5790个。石家庄外国语教育集团建立永昌足球俱乐部后备人才培训基地。至2015年末，裕华区共有幼儿园54所、小学39所、中学9所、中等职业教育学校9所；在校幼儿1.49万人、小学生3.86万人、初中生1.80万人、高中生3417人、中等职业教育学生1.70万人；教职工6245人。卫生计生机构合并，婚姻登记婚检合署办公；基层医疗机构招聘专业技术人员29人；新建槐底社区卫生服务中心主体工程完工；顺利通过国家“消除疟疾行动计划”中期评估抽查验收，成功创建“全省基层中医药工作先进单位”。化解矛盾隐患纠纷，建立婚姻家庭纠纷调解委员会。连续3年获得“全国县级防震减灾工作综合考核先进单位”称号；劳动争议仲裁调解委员会获命名为“河北省劳动争议调解示范单位”。

（赵春常）

井陉矿区

【概况】 井陉矿区位于石家庄市区西部，周边被井陉县环绕，属石家庄市辖区，距离石家庄市主城区50千米。总面积69.98平方千米，辖2个镇、1个乡、2个街道办事处，47个居委会，常住人口9.92万人。2015年井陉矿区完成地区生产总值60.5亿元，同比增长7.1%。其中，第一产业增加值0.8亿元，下降6.8%；第二产业增加值41.3亿元，增长6.4%；第三产业增加值18.4亿元，增长9.3%。全社会固定资产投资78.4亿元，同比增长23.4%。全部财政收入4.8亿元，同比增长12.2%，其中公共财政预算收入2.2亿元，增长16.8%；财政支出6.7亿元，同比增长2.8%。农林牧渔业总产值1.49亿元，同比下降4.9%。粮食播种面积2356公顷，总产量1.27万吨。拥有规模以上工业企业46个；规模以上工业总产值175.56亿元；主营业务收入146.79亿元；规模以上工业增加值40.7亿元，同比增长6.5%；利润2.4亿元，同比下降9.6%。社会消费品零售总额13.2亿元，同比增长9.9%。民营经济增加值45.67亿元，同比增长8.3%。

城镇居民人均可支配收入25158元，农村居民可支配收入14762元。

中共井陉矿区区委书记：张旭
区人大常委会主任：刘连一
区　　长：栾建英
区政协主席：李进朝

【重点项目】 三次产业结构比由2014年1.4∶71.8∶26.8调整为1.3∶68.3∶30.4。拥有规模以上工业企业46个；规模以上工业总产值175.56亿元；主营业务收入146.79亿元；规模以上工业增加值40.7亿元，同比增长6.5%；利润2.4亿元，同比下降9.6%。实施重点建设项目13个，完成投资70亿元。投资3.04亿元，支持石钢公司项目落地占地补偿、企业搬迁、电力设施改造。争取资金8342万元，实施煤炭、水泥、钢铁行业淘汰落后产能和民海化工、新晶焦化、工业泵等节能技改、减排、资源综合利用项目工程建设。牛樟芝生物医药一期、凯德尼斯蒽油加氢一期等项目竣工投产；民海化工非芳烃、鸿科碳素二期等项目正在建设；干熄焦改造、鑫科现代物流等项目顺利推进。园区总体规划、产业规划通过专家评审；北区一号路竣工通车，西区管线迁改完工。社会消费品零售总额13.2亿元，同比增长9.9%。10月18～19日，河北省第十四届冀台经济合作暨2015石家庄国际经济贸易洽谈会在石家庄市举行。井陉矿区参会签约太阳能中低温装备制造研发生产基地项目，由北京富沃德资产管理有限公司（投资方）与上海九洲太阳能科技有限公司（技术方）合作建设，选址红星工贸有限公司旧址，项目占地150亩，规划2015年底开工，2016年底完工；一期总投资4亿元，生产走水真空管及集热器；二期总投资3亿元，生产内反光真空管及蒸汽集热器；三期总投资3亿元，生产真空管热管及集热器。以发展旅游业为突破口，以全国重点文物保护单位——正丰矿工业建筑群段家楼为龙头，结合清凉山、起龙山、昊源苹果、红嘴香椿等自然资源，挖掘利用百年煤矿开采史积淀文脉和天户千年古城文化传承，打造近代工业文明遗产为内容特色旅游目的地。围绕段家楼文物修复工程，与河北浙商文化旅游开发有限公司签约综合旅游开发项目；段家楼文物修复工程顺利推进，小姐楼修复方案获得批准，其他修复立项报告正在报送国家文物局待批。占地3500亩，总投资26.8亿元北洋风情小镇项目建设启动。

【城乡建设】 投资8627万元，实施文兴路西延、丰达路大修、保障房及汽车客运站建设。京昆高速石太北线通车。新建水厂供水；天然气入区工程顺利推进，3个小区供气。汽车客运站工程基本完工。推进天护新城项目建设，总投资11.68亿元，规划面积51.78万平方米；该项目为石钢公司特钢项目涉及村庄居民搬迁安置工程，也是井陉矿区利用国家棚户区改造政策重点打造的城市中心社区建设工程，一期天户、中王舍、东王舍一队3个社区1224户居民安置工程开工。开展省级生态园林城创建，对照省级生态园林城区标准，编制《城市绿道绿廊规划》，西环路、工业大道中段、文兴西路绿化美化工程完工。印制清扫保洁、道路洒水、绿化管护、城区容貌治理标准化手册，城区管理实现“全覆盖、无缝隙、制度化、精细化”要求。围绕“环境美、产业美、精神美、生态美”目标，借鉴先进地区乡村规划建设经验，编制14个省级重点村建设规划通过市级专项考核验收。贾庄、西王舍2村获评省级美丽乡村，贾庄村参加2015年河北省美丽乡村建设评比获得第一名；贾庄镇获评市级美丽乡镇。保护生态环境。投资2.3亿元，实施焦化、洗煤、水泥等重点行业企业扬尘污染综合治理，完成重点减排工程6项，29家洗煤企业棚化仓化升级改造完工，重点企业脱硫脱硝设施运行实现全天候在线监控。投资6034万元，实施压煤、降尘、控车、减排和环境监测整治能力建设。开展焦化、洗煤、建材、化工等重点行业环境保护大检查专项行动，20个大气污染监控点位接入网格化环境监管系统，查处环境违法案件14件；拆除燃煤锅炉2台。按照省、市关于实施太行山生态绿化工程决策部署，实施经济林全覆盖建设，制定全区农村经济林全覆盖总体规划、实施方案和奖励办法及水利工程建设专项实施方案，注册成立经营实体；种植经济林5000余亩，超额完成石家庄市下达任务目标。至2015年末，井陉矿区4项主要污染物排放量控制目标任务完成，PM2.5、PM10浓度同比下降21.8%和21.12%；空气优良以上天数达到117天，同比增加29天；重污染天数57天，同比下降38天。

【社会民生】 全年用于民生支出4.96亿元，占公共财政预算支出73%。15件为民办实事项目基本完成。政府采购276次，采购资金4.55亿元；评审项目233个，审减金额1.63亿元。社会保障支出4484万元。发放优抚安置资金714万元，为低收入群体、因病因意外致贫及困难家庭、残疾人等弱势群体发放救助金884万元、低保金462万元。城镇基本医疗保险、生育保险实现市级统筹；城区居委会特定老年人提供政府购买居家养老服务。新增就业2609人，下岗失业人员再就业552人，安置困难对象再就业80人，城镇登记失业率控制在4.02%以下。教育支出1.23亿元。投入540万元改善中小学办学条件，建立覆盖学前教育、义务教育、普通高中教育、中等职业教育、高等教育学生资助体系；招聘录用中小学教师26名；区职教中心通过市级教学督导评估验收；高考本科上线首次突破百人大关。至2015年末，井陉矿区共有幼儿园12所、小学14所、中学3所、中等职业教育学校2所；在校幼儿1835人、小学生4318人、初中生1784人、高中生1000人、中等职业教育学生940人；教职工932人。医疗卫生和计划生育支出4588万元。国家基本公共卫生服务和基本药物制度全面落实。首家农村集体股份经济合作社挂牌营业。4月29日，井陉矿区贾庄镇涧底社区获得工商部门颁发合作社营业执照，这也是井陉矿区首家拥有营业执照农村集体股份经济合作社。涧底社区位于井陉矿区城区西北部，共有住户330户1120人，居住面积225亩，耕地面积585亩。1990年代，该社区兴办煤矿、砖厂、洗衣膏厂等经济实体，集体年支配收入达40多万元；随着煤矿资源枯竭，社区集体经济发展遇到困难；2013年4月，涧底社区被石家庄市确定为唯一一个省级农村集体经济股份制改造试点村，经过改制，涧底社区核实集体总资产394.73万元，经营性净资产176.95万元，界定股东894人，量化股权80653股，选举股东代表91人。

（孙晓峰）

藁 城 区

【概况】 藁城区位于石家庄市区东部，属太行山洪积山前倾斜平原，东与无极县、晋州市，西与正定县、长安区、裕华区、栾城区，南与赵县，北与新乐市相邻，距离石家庄市主城区31千米。1989年7月撤县建市，2014年9月撤市设区。总面积836平方千米，辖12个镇、1个乡，1个国家级开发区（石家庄经济技术开发区），6个居委会、239个村委会，常住人口76.11万人，人口自然增长率7.71‰。2015年藁城区完成地区生产总值577.8亿元，同比增长7.1%。其中，第一产业增加值72.8亿元，增长3.5%；第二产业增加值385.2亿元，增长6.5%；第三产业增加值119.8亿元，增长10.3%。全社会固定资产投资271.6亿元，同比增长18.4%。全部财政收入150.5亿元，同比增长67.8%，其中公共财政预算收入25.0亿元，增长36.2%；财政支出38.1亿元，同比增长22.4%。农林牧渔业总产值126.11亿元，同比增长6.15%。粮食播种面积6.6万公顷，总产量51.55万吨，平均亩产521.1千克。拥有规模以上工业企业426个；规模以上工业总产值1539.81亿元；主营业务收入1537.89亿元；规模以上工业增加值375.6亿元，同比增长6.4%；利润169.9亿元，同比增长11.2%。社会消费品零售总额157.5亿元，同比增长9.4%。民营经济增加值419.64亿元，同比增长7.4%。实际利用外资1.27亿美元，同比增长22.7%。城镇居民人均可支配收入28055元，同比增长8.0%；农村居民人均可支配收入15095元，同比增长8.2%。

中共藁城区委书记：高玉柱
区人大常委会主任：高国才
区　　　　长：高玉柱（4月免）
　　　　　　　袁丽华（4月任）
区政协主席：王永生（4月免）
　　　　　　　马树彦（4月任）

【农业生产】 全年农林牧渔业总产值126.11亿元，同比增长6.15%。其中，农业产值85.71亿元，林业产值9399万元，牧业产值36.65亿元，农林牧渔服务业产值2.81亿元。粮食播种面积6.6万公顷，总产量51.55万吨，平均亩产521.1千克。其中，小麦播种面积3.28万公顷，总产量24.95万吨，亩产507.8千克；玉米播种面积3.03万公顷，总产量25.40万吨，亩产558.0千克。豆类播种面积1577公顷，总产量2110吨。薯类播种面积1182公顷，总产量4.13万吨。油料（主要为花生）播种面积1926公顷，总产量8779吨。棉花播种面积205公顷，总产量378吨。蔬菜及食用菌种植面积3.44万公顷，总产量304.79万吨。瓜果（主要为西瓜）种植面积315公顷，总产量1.94万吨。果园面积7853公顷，其中苹果园1654公顷、梨园5704公顷、桃园203公顷、葡萄园164公顷。水果总产量（不含果用瓜）23.96万吨，其中苹果4.36万吨（红富士1.36万吨）、梨17.84万吨（雪花梨4.6万吨、鸭梨6.0万吨）、桃6940吨、葡萄5330吨、红枣4830吨。当年造林面积2400公顷，零星（四旁）植树75万株，森林抚育面积2400公顷。木材采伐量909立方米。至2015年底，牛、奶牛、猪、羊、家禽、鸡、兔存栏数分别达到6.07万头、2.95万头、30.39万头、9.83万只、1719.28万只、1292.59万只、19.58万只。肉、蛋、奶产量分别达到8.37万吨、14.74万吨、7.94万吨，其中，猪肉、牛肉、羊肉、家禽肉、兔肉产量分别达到4.48万吨、7904吨、2235吨、2.79万 吨、483吨。以“稳面积、保安全，攻单产、保总产，提品质、增效益”为思路，实现粮食良种普及率100%、优质专用小麦普及率93%、配方施肥技术普及率84%、一喷综合防范病虫害防治普及率100%。新增改建设施蔬菜面积5050亩，设施蔬菜面积占蔬菜种植面积52%；蔬菜总产值达到60亿元，蔬菜产业增加值占农业增加值比重55%，蔬菜收入占农民人均纯收入比重达到25%。2015年藁城区西辛庄、杜村、双庙、系井、贯庄等20个村建立蔬菜标准园，单园面积达到200亩以上，总标准园面积达到17840亩。农业高科技园区被确定为省级现代农业示范园区，以藁城区为核心石家庄国家农业科技园区通过科技部认定。至2015年末，藁城区建成标准化规模养殖场70家、市级以上蔬菜标准园11个；拥有市级农业产业化重点龙头企业34家、省级10家。农业产业化经营率达到75.06%，同比提高1.56个百分点。拥有农业机械总动力227.8万千瓦，同比增长0.3%；农业机耕面积5.3万公顷，机械播种面积6.4万公顷。2015年藁城区连续11次获得“全国粮食生产先进县”称号。

【工业产业】 拥有规模以上工业企业426个；规模以上工业总产值1539.81亿元；主营业务收入1537.89亿元；规模以上工业增加值375.6亿元，同比增长6.4%；利润169.9亿元，同比增长11.2%。装备制造业、医药工业、农副食品工业、化学原材料和化学制品制造业四大主导工业产业完成增加值180亿元，同比增长8.1%。其中，装备制造业增长7.0%；医药工业增长10.7%；农副食品工业增长6.2%；化学原材料和化学制品制造业增长11.2%。32个项目列入省市重点建设项目，位居石家庄各县（市、区）之首。实施总投资225亿、23个战略新兴产业项目。中农博远农业装备研发基地、石药新制剂等竣工投用；四方通信全光网络技术工程研究中心、铁科翼辰轨道技术产业园等项目正在建设。工业技改投资204亿元，占全部固定资产投资76%。高新技术产业实现增加值54.4亿元，同比增长11.8%，高于规模以上工业增速5.4个百分点。六大高耗能行业实现增加值65.6亿元，同比增长12.4%。白沙烟草、石药恩必普、石家庄良村热电、翼辰实业、石家庄四药5家企业年上缴税收超过亿元；四方通信、河冶科技、青岛啤酒等16家企业年上缴税收超千万元。

【商贸旅游业】 社会消费品零售总额157.5亿元，同比增长9.4%。限额以上批发和零售企业（单位）商品零售额中，粮油食品类增长11.7%，饮料类持平，烟酒类下降3.1%，服装鞋帽针纺织品类增长2.5%，化妆品类增长12.2%，金银珠宝类下降4.6%，日用品类增长14.4%，家用电器及音像器材类增长7.6%，中西药品类下降29%，文化办公用品类下降36.8%，其他类下降21.1%。全年进出口总值完成3.55亿美元，同比增长7.8%。其中，进口总值960万美元，下降61.3%；出口总值3.36亿美元，增长13.4%。实际利用外资1.27亿美元，同比增长22.7%。与清华大学、中国民族贸易促进会、中国铁道科学研究院等“国字号”“央字号”企业建立战略合作关系，投资超50亿元、100亿元优质项目签约。2015年石家庄经济技术开发区实际利用外资1.07亿美元，引进域外资金15.4亿元；实施技改和新建项目18个，总投资额49亿元，分别为铁科翼辰集团高铁配件项目、德瑞化工农药生产线技改项目、欣望特种棉技改项目、佳诚氯乙酸技改项目、鑫鑫木业中高密度纤维板项目、润源地表水厂项目、云天化复合肥技改项目、天人农机玉米收获机技改项目、御盛隆堂中药技改项目、吉藁短纤维技改项目和凯普特钢结构件、精密铸件项目等；达成初步合作意向8个，投资总额130.5亿元，分别为翼辰集团与中国铁科院合作创新产业基地项目、河北艾科瑞纤维有限公司差别化腈纶纤维项目、华丹生物降解塑料项目、御盛隆堂有限公司医药物流园项目、瑞森药业西药片制剂项目、昆明同越科技有限公司碱液片状锌加工项目等。服务业完成增加值120亿元，同比增长10%，首次超过规模以上工业增速；宏恩唯圣冷链物流竣工，瑞川物流、北国广场等项目开工建设。旅游业围绕乡村游、工业游、休闲文化度假游、历史文化游等旅游产品，重点打造特色旅游村镇，开发农业观光采摘、农家乐、农耕体验、农耕文化等旅游项目。2015年4月，举办藁城第十一届梨花节暨首届宫灯文化旅游节。2015年5月，组织藁城区宫灯、宫面、宫酒“三宫”企业参加中国旅游城市新媒体营销联盟石家庄峰会暨第二届石家庄旅游交易会。2015年藁城区接待游客140万人次，同比增长19%；实现旅游业总收入4.3亿元，同比增长30%。

【城乡建设】 实施城区主干道改造提升工程，投资5.89亿元，新建兴华路、世纪大道、金五线等7条道路；投入1.98亿元，实施307国道、尚东街等9条道路及石黄高速路2个出入口绿化提升；美化四明街、廉州路等主干道4条，改造提升文源路等小街巷28条，新建集中供热站4座、便民市场2个、地表水厂1座。藁贾路大修、京港澳高速机场连接线等工程完工；北国广场、金域华府、盛泽园等商业综合体及住宅小区项目正在建设。公路里程达到1458.3千米，开设公交车线路26条，拥有公交营运车辆261辆（含电动公交车）；投入运营出租车240辆、货车14586辆。城镇化率达到47.5%，同比提高1.37个百分点。采取以线带面、整体推进、全面提升策略，实施岗上镇片区、石井、耿村等特色美丽乡村建设。累计投资美丽乡村建设资金9.2亿元，改造提升村庄112个，建成省市级美丽乡村23个，连续两年获评全省美丽乡村建设先进县（区）称号。开展拆违拆临、主干道环境整治、重型车辆治理、滹沱河禁采等攻坚行动，投资800万元建设数字化城管平台投用，城区道路机械化清扫率达到68.7%，市容综合考评获评石家庄市第二名。保护生态环境，投入4.5亿元改造升级污水处理厂2座；投入9000多万元实施汪洋沟、周汉河综合整治工程，依法封堵滹沱河沿线所有排污口，重点流域出境断面水质实现稳定达标。淘汰铸造、化工、水泥等重点行业落后产能20项，实施重点节能减排项目196个，化肥总厂、磷铵分厂等企业关停搬迁。削减煤炭28.4万吨；推广使用洁净型煤10万吨，推广民用无烟煤型煤专用炉具2200台。新建农村快渗污水处理站13座，藁城区被确定为河北省唯一全国农村生活污水治理示范县（区）。开展造林绿化行动，投入资金近1亿元，栽植树木338万株，年末森林覆盖率达到26.8%。

【社会民生】 全年用于民生支出26.7亿元，占财政支出70%。城镇居民人均可支配收入28055元，同比增长8.0%；农村居民人均可支配收入15095元，同比增长8.2%。城镇居民人均消费支出18208元，同比增长11%；农村居民人均消费支出7315元，比增长38.4%。新增就业3162个。城乡低保、农村五保实现应保尽保。城镇居民医保参保率达到97.2%，城乡居民社会养老参保率达到97.5%；新农合参合率达到97.1%。取得科技成果16项；5个项目获得省市科技进步奖，其中河冶科技股份有限公司“高硬度高耐磨粉末冶金高速钢的研发和产业化”项目获得石家庄市科学技术特别奖。专利申请368项，专利授权256项。至2015年末，藁城区共有幼儿园53所、小学107所、中学28所、中等职业教育学校4所；在校幼儿3.39万人、小学生5.08万人、初中生2.03万人、高中生1.02万人、中等职业教育学生4371人；教职工7692人。拥有有线广播电视用户6.1万户，有线广播电视入户率26.7%；拥有固定电话用户5.64

万户，移动电话用户6.55万户，互联网宽带接入用户11.44万户。藁城区获评全国中医药工作先进单位。投资2800多万元，新改扩建13个乡镇卫生院和226所村卫生室，配备基本中医诊疗设备，乡镇卫生院中药饮片达到300种以上，40%村卫生室中药饮片达到100种以上；以中西医结合医院为依托，设立中医药基层指导科，培训区乡两级中医类医师、乡村医生645人次；引导参保职工和参合农民选择应用中医药服务，将针灸、拔罐、推拿、刮痧等中医药服务项目和国家基本药物目录中469种中成药、403种中药饮片纳入新农合补偿范围；年末藁城区乡镇卫生院和村卫生室中药饮片、中成药及中医非药物疗法处方占处方总数比例达到30%以上。藁城区人民医院、中医院全部实行基本药物零差率销售。年末藁城区共有医疗卫生机构21个，其中医院2个、卫生院15个；实有床位1781张；在职医疗人员1953人，其中，卫生技术人员1650人、执业医师503人、注册护士685人。出生人口9925人，人口出生率12.9‰；死亡人口4018人，人口死亡率5.2‰。文化艺术产品多次获奖。张建刚、徐东坡在河北省民俗文化协会第三次代表大会上获得第二届河北草根诗人称号，王景获得第二届河北草根小说家称号；樊更喜、陈娜主编《耿村民间故事精选》获得第三届河北省优秀民间文化作品奖；表灵村李亚利诗歌《大美滹沱河》获得首届河北文学艺术彩凤奖；龚小元主编《南董古镇志》获得首届河北省优秀村镇志奖。樊更喜（与人合著）民间文艺理论专著《耿村民间故事》，王娜编舞舞蹈《宫灯妞妞》获得石家庄市第十三届文艺繁荣奖。樊红霞演出评剧小戏《月缺月圆》在第十个文化遗产日暨第八届河北省民俗文化节上获得燕赵群星奖；参加河北省精神文明办公室举办河北省七夕节“寻找今日织女星”活动获得“才女星”称号。杨建伟入选国家体育总局“全国广场舞大赛宣传大使”。根据藁城区作者甘文亭作品改编，由河北电影制片厂、藁城区委区政府、河北钊源影视制作有限公司拍摄，以抗战时期藁城战鼓为题材电影《金鼓槌》在战鼓之乡——常安镇南黄家庄村首映。动画片《耿村民间故事》在河北电视台播出。李文栓书法和篆刻作品被中国邮政集团选用为专题邮票及电话充值卡背景图案。樊更喜、李敬儒合著民间文艺理论专著《耿村民间故事》由美国海马图书有限公司翻译出版，这也是藁城区首部翻译到国外图书。

【石家庄经济技术开发区】 1992年7月经河北省批准设立，2012年10月经国务院批准升级为国家级开发区，由藁城区管辖，曾称藁城经济开发区。石家庄经济技术开发区位于藁城区西部，西邻石家庄国家高新技术产业开发区，东面、北面与岗上镇接壤，南与丘头镇和石家庄炼油厂区相连。总规划面积26.3平方千米。下辖良村、北邑、北席、西马村北街、西马村南街、南席、塔元庄、内族8个行政村，农村人口2.7万人。至2015年末，石家庄经济技术开发区注册企业512家，工业总投资500亿元，建成较大规模项目160家；拥有世界500强参股企业10家，分别为美国可口可乐、中粮集团、日本住友商事、新加坡丰益、美国ADM、冀中能源、瑞典富士华、德国赫斯特、日本日棉株式会社、日本伊藤集团；大型央企6家，分别为中国烟草集团、中电投集团、中粮集团、中国兵器集团、中国农资集团、中钢集团石家庄设计院；上市公司9家，分别为中国光纤、冀中能源、中国制药、利君制药、安泰科技、青岛啤酒、东方热电、石钢集团、桃李面包；中外合资企业15家，分别为可口可乐、同福食品、益海粮油、长城食品、正元塔器、河冶科技、大成冀台、富士华、四方通信、石药恩必普、嘉孚科技、百美达医药、四药、阜达化工、金农肥业；发展形成以华北制药、石药集团、石家庄四药等知名医药企业为代表生物医药产业集群，以新宏昌天马、中农博远、太行机械为代表装备制造产业集群，以石家庄卷烟厂、青岛啤酒、可口可乐、益海粮油为代表轻工食品产业集群，以四方通信、河冶科技为代表战略新兴产业集群，四大主导产业占石家庄经济技术开发区经济比重达到95%以上，培育出“华药”“石药”“欧意”“石门”“金龙鱼”“青啤”“同福”“香满园”“钻石”“桃李”“可口可乐”等知名品牌。2015年石家庄经济技术开发区工业总产值1078亿元，实际利用外资1.07亿美元，财政收入52.7亿元，入选新华社《瞭望》周刊“最具投资价值开发区”。

（米志科）

鹿 泉 区

【概况】 鹿泉区位于石家庄市区西部，东与正定县、新华区、桥西区、栾城区，西与平山县、井陉县，南与元氏县，北与灵寿县相邻，距离石家庄市主城区15千米。鹿泉区西倚太行山，东环省会主城区，地域内山区、丘陵、平原各占三分之一。1994年5月撤县建市，2014年9月撤市设区。总面积603平方千米，辖9个镇、3个乡，2个省级经济开发区、1个省级物流产业聚集区，11个居委会、208个村委会，常住人口45.27万人，人口自然增长率9.32‰。2015年鹿泉区完成地区生产总值356.0亿元，同比增长7.1%。其中，第一产业增加值22.7亿元，下降0.6%；第二产业增加值194.4亿元，增长5.6%；第三产业增加值138.9亿元，增长10.7%。全社会固定资产投资350.0亿元，同比增长17.2%。全部财政收入32.1亿元，同比增长7.1%，其中公共财政预算收入18.7亿元，增长8.9%；财政支出31.0亿元，同比增长36.0%。农林牧渔业总产值39.75亿元，同比增长1.56%。粮食播种面积3.38万公顷，总产量19.61万吨，平均亩产387.1千克。拥有规模以上工业企业201个；规模以上工业总产值727.86亿元；主营业务收入727.69亿元；规模以上工业增加值165.4亿元，同比增长6.2%；利润72.4亿元，同比下降6.2%。社会消费品零售总额120.8亿元，同比增长10.1%。民营经济增加值283.13亿元，同比增长7.2%。实际利用外资6300万美元，同比下降1.6%。城镇居民人均可支配收入26976元，同比增长8.1%；农村居民人均可支配收入15106元，同比增长8.4%。

中共鹿泉区委书记：周永会
区人大常委会主任：安明法
区　　长：郑巍
区政协主席：尤拴庆（3月免）
　　　　　　王顺才（3月任）

【重点项目】 全年安排千万元以上重大项目126个，总投资895.4亿元，年度计划投资133.5亿元，实际完成投资140.1亿元。其中，列入21个省市重点项目完成投资95.9亿元，占年度计划137 %。筛选重点项目49个，实施分类指导和重点扶持，推进早开工、快建设、速投产活动，君乐宝婴幼儿乳粉、北人集团奥特莱斯等35个项目开工建设，军鼎国际研创港、科赢创新产业园等44个项目正在建设，福建中小企业园、神玥软件等30个项目竣工投产或部分投产。科技企业集聚效应显现，7个科技型中小企业集聚区入驻企业90余家。借助京津冀协同发展重大机遇，加大招商引资和园区推介力度，组建成立招商办公室，引进华北汽车公元、迪龙电动车、华建威等重大优质项目，形成竣工一批、建设一批、储备一批项目格局。11月2日，鹿泉区军鼎科技园专家院士服务中心和鹿泉区政务服务代办室揭牌成立，这也是石家庄市首家园区专家院士服务中心。军鼎科技园位于鹿泉绿岛经济开发区，总投资11亿元，规划占地300亩，建设内容包括临湖创意研发区、电子信息类科技企业加速区、装备制造区和创业孵化中心4个功能区；入园企业以电子信息、医疗器械、精密仪器、软件开发、高端制造等产业为主。

【产业结构】 三次产业结构由2014年6.5∶56.6∶36.9调整为6.4∶54.6∶39.0。工业技改投入115亿元，30项工业指标达到国内先进水平。至2015年末，鹿泉区拥有规模以上工业企业201个；规模以上工业总产值727.86亿元；主营业务收入727.69亿元；规模以上工业增加值165.4亿元，同比增长6.2%；利润72.4亿元，同比下降6.2%。纳税超500万元企业达到79家，休闲服务、电子信息、轻工食品、装备制造四大新兴产业税收占比达到70%。新兴产业支撑作用增强，光谷一期部分竣工，中友机电试生产，科林二期主体竣工，君乐宝婴幼儿乳粉、中国电子科技集团第13所微机电、稻香村等项目正在建设，电子信息、轻工食品、装备制造类企业分别达到49家、50家和62家，产值分别达到70.7亿元、66.6亿元和178亿元，同比分别增长15.6%、28.5%和1.1%。电子商务、现代物流、休闲旅游、总部经济快速发展，农村电子商务实现全覆盖，现代物流企业达到38家，休闲旅游业接待游客增长20%以上，西部山前区形成总部经济长廊。社会消费品零售总额120.8亿元，同比增长10.1%。服务业完成增加值145亿元，占经济增长贡献率达到50%。凯翔电气、神玥软件、丰源智控、博信通信4家企业在“新三板”挂牌交易，上市交易公司达到7家。10月21日，由河北365集团运营鹿泉区电商公共服务平台正式启用；河北365集团采取“互联网+智慧乡村+智慧物流+智慧农业+智慧金融”发展模式，助力推进“365好乡亲”网店建设。至2015年末，鹿泉区电子商务网店达到202家。北部地区产业转型步伐加快。西北物流产业聚集区园区总体规划、控制性详细规划编制完成，华洋饮品、远程不锈钢等转型企业投产，中核石幅、航天威科正在建设，引进投资50亿元华北汽车公元项目、投资20亿元勒泰农产品一期实现营业。

【农业生产】 农林牧渔业总产值39.75亿元，同比增长1.56%。其中，农业产值22.90亿元，林业产值6113万元，牧业产值12.78亿元，渔业产值1.15亿元，农林牧渔服务业产值2.31亿元。粮食播种面积3.38万公顷，总产量19.61万吨，平均亩产387.1千克。其中，小麦播种面积1.59万公顷，总产量10.0万吨，亩产418.5千克；玉米播种面积1.61万公顷，总产量9.18万吨，亩产380.0千克。豆类播种面积911公顷，总产量1050吨。油料播种面积1153公顷，总产量3925吨。棉花播种面积162公顷，总产量157吨。蔬菜及食用菌种植面积1.14万公顷，总产量94.53万吨。瓜果种植面积214公顷，总产量1.06万吨。果园面积3659公顷，其中苹果园585公顷、梨园63公顷、桃园51公顷、葡萄园523公顷。水果总产量（不含果用瓜）4.41万吨，其中苹果1.60万吨（红富士1.44万吨）、梨1775吨、桃1626吨、葡萄1.46万吨、红枣5290吨。核桃总产量2153吨。当年造林面积3442公顷，零星（四旁）植树35万株，封山育林面积1.05公顷，森林抚育面积6908公顷。至2015年底，牛、奶牛、猪、羊、家禽、鸡存栏数分别达到2.51万头、2.23万头、12.03万头、3.51万只、413.40万只、409.96万只。肉、蛋、奶产量分别达到2.74万吨、3.60万吨、8.04万吨，其中，猪肉、牛肉、羊肉、家禽肉、兔肉产量分别达到1.92万吨、1182吨、609吨、6355吨、14吨。水产品养殖面积1951公顷，总产量6335吨。拥有农业机械总动力64.04万千瓦；机耕面积机耕3.13万公顷，机收面积2.75万公顷。建成机井4190眼，其中用于农业生产3955眼。

【城乡建设】 实施总投资77.5亿元十大城建精品工程和十大容貌整治提升工程，石柏公园建成开园，海山公园扩建竣工，高压走廊入地、北斗东路绿化提升工程完工，滨河路绿廊绿道景观绿化初步建成。至2015年末，鹿泉区新增绿地面积60.5万平方米，建成区绿地率达到36.7%，人均公园绿地面积达到13.7平方米。石太二通道竣工通车；南二环西延、南水北调3个地表水厂及配套管网等工程正在建设；龙泉湖、南绕城高速工程动工。发挥数字城管平台作用，开展城市管理年活动；建立卫生保洁长效机制，6个生活垃圾压缩转运站建成投用，城乡生活垃圾无害化处理实现全覆盖；城区机械化清扫率达到58.3%。改善农村人居环境，以京赞线、山前大道，石井沟、白鹿泉沟“两线两沟”片区为重点，筹措财政资金2.21亿元，实施58个重点村面貌改造提升行动和美丽乡村建设，3个精品示范村获评省级美丽乡村。保护生态环境，印发出台《大气污染防治攻坚行动工作方案》，创建大气污染控制示范区。采取“控煤、控尘、控车、迁企”措施，建立“横向到边，纵向到底”网格化环保监管体系。投资22亿元实施170个节能减排项目全部竣工，压减燃煤94万吨。加快清洁能源替代和转换，推广使用新型环保炉具2.6万台。2015年鹿泉区空气优良天数达到122天，同比增加45天，PM2.5年日均浓度同比下降20%。重视水环境污染治理，实施“洨河还清”“利剑斩污”专项行动，集中整治制药企业14家、危险化学品废气废水排放企业（含重金属）49家，关停污水排放企业95家，年末全区出境断面水质稳定达标。实施春秋季绿化造林工程，人工造林3.8万亩，植树275.1万株，年末鹿泉区森林覆盖率达到46%。

【社会民生】 全年用于民生资金投入13亿元。保障低保对象145户1034人，发放城乡低保资金294万元。城乡养老、低保、五保供养做到应保尽保，城镇基本医疗、生育保险交付实现市级统筹。新型农村合作医疗参合人数34.14万人，参合率达到99.9%。印发出台《关于大力推进创新创业的若干意见（试行）》，以政策信息、创业培训、见习基地、创业贷款等形式，支持打造创业创新综合服务平台，食草堂创客梦工厂、鹿岛V谷助创空间初具规模。城镇登记失业率控制在1.5%以下。落实商事登记制度改革，新增各类市场主体4237户，其中企业963家，同比增长21%。科林电气建成院士工作站，君乐宝集团创建乳制品产业研究院，拥有市级以上工程技术研究中心和实验室35个、高新技术企业47家、科技型中小企业214家、省级以上品牌92个，鹿泉经济开发区确定为全省8家知名品牌示范区之一。新改扩建学校22个，3座新建乡镇中心幼儿园全部投入使用。至2015年末，鹿泉区共有幼儿园17所、小学84所、中学18所、中等职业教育学校9所；在校幼儿1.38万人、小学生2.99万人、初中生1.25万人、高中生5626人、中等职业教育学生6515人；教职工4540人。投资2800万元妇幼保健院竣工，投资350万元寺家庄卫生院投入使用，河北省第二医院医养一体化项目正在建设，河北省第四医院疗养院项目签约。加强食品药品安全管理，顺利通过河北省首批食品药品安全县验收。落实双拥优抚政策，连续第四次获评省级双拥模范城。

（李晓伟）

栾城区

【概况】 栾城区位于石家庄市区南部，东北与藁城区，东南与赵县，西北与鹿泉区，西南与元氏县，北与裕华区相邻，距离石家庄市主城区12千米。2014年9月撤县设区。总面积345平方千米，辖5个镇、3个乡，6个居委会、182个村委会，常住人口35.99万人，人口自然增长率8.43‰。2015年栾城区完成地区生产总值207.8亿元，同比增长7.6%。其中，第一产业增加值27.8亿元，下降2.6%；第二产业增加值117.6亿元，增长7.0%；第三产业增加值62.4亿元，增长13.4%。全社会固定资产投资210.5亿元，同比增长20.7%。全部财政收入17.7亿元，同比增长6.0%，其中公共财政预算收入9.1亿元，增长13.3%；财政支出19.5亿元，同比增长41.1%。农林牧渔业总产值51.59亿元，同比下降3.56%。粮食播种面积3.25万公顷，总产量24.19万吨，平均亩产496.5千克。拥有规模以上工业企业164个；规模以上工业总产值398.7亿元；主营业务收入388.16亿元；规模以上工业增加值98.4亿元，同比增长6.3%；利润42.9亿元，同比下降0.9%。社会消费品零售总额76.6亿元，同比增长10.2%。民营经济增加值164.2亿元，同比增长8.8%。实际利用外资7000万美元，同比增长14.8%。城镇居民人均可支配收入25032元，同比增长9.0%；农村居民人均可支配收入13792元，同比增长9.5%。

中共栾城区委书记：吕素维
区人大常委会主任：李雪辉
区　　　长：刘玉渭
区政协主席：曹金亮（6月免）
　　　　　　张军廷（9月任）

【重点项目】 全年安排重点项目160个，总投资562亿元。浙商产业园、神威医药物流园等20余个建设项目开工，规划投产后实现销售收入192亿元、利润15亿元、税收13.5亿元；项目类别主要涉及高新技术、高端医药、食品加工、商贸物流等领域，其中2个项目列入市级重点项目。首批开工项目6项，总占地面积909亩，总投资36.35亿元。分别为投资10.3亿元，占地190亩神威物流园项目；投资12亿元，占地300亩神威医养健康城项目；投资6.6亿元，占地150亩河北润祥医药物流项目；投资2.75亿元，占地100亩苏府酒业整体搬迁项目；投资1.7亿元，占地69亩河北华泉食品有限公司整体搬迁项目；投资3亿元，占地100亩石家庄东华舰万吨级食品添加剂项目。洽谈项目3项，总投资41亿元。分别为：投资11.08亿元石药集团栾城保健品生产基地项目；投资3.89亿元河北银旺保健熟肉制品项目；投资27亿元中食安智能仓储项目。河北石家庄装备制造产业园区党工委、管委会获批组建。9 月 18 ～ 20 日，由石家庄市政府、中航工业通飞公司、中国贸易促进会河北省分会共同主办的“2015 石家庄爱飞客飞行大会暨通用航空展”在石家庄栾城区通用航空产业基地成功举行。

【产业结构】 三次产业比例由 2014 年 14.7∶58.3∶27.0 调整为 13.4∶56.6∶30.0。工业新增规模以上企业 20 家，累计达到 164 家；规模以上工业总产值 398.7 亿元；主营业务收入 388.16 亿元；规模以上工业增加值 98.4 亿元，同比增长 6.3%；利润 42.9 亿元，同比下降 0.9%。拥有科技型中小企业 226 家。石煤机、新诺威 2 个工业技改项目列入河北省 2015 年千项技改项目。社会消费品零售总额 76.6 亿元，同比增长 10.2%。实际利用外资 7000 万美元，同比增长 14.8%。8 个规模以上服务业企业入选规模以上企业统计范围。落实“三证合一”“一照一码”商事登记制度，市场主体总量达到 1.8 万家。11 月 23 日，栾城区与阿里巴巴集团农村淘宝项目举行签约仪式，这也是石家庄市第一个推广阿里巴巴农村淘宝项目试点县（市、区）。阿里巴巴集团 2014 年 10 月提出农村淘宝项目并推出千县万村计划，规划 3 ～ 5 年投资 100 亿元（每县 1000 万元）建立 1000 个县级服务中心和 10 万个村级服务站，普及村民认知和理解电子商务行业。栾城区与阿里巴巴集团合作，主要建设阿里巴巴栾城区产业带及特色产业馆，实现“网货下乡”“农产品进城”双向流通功能。至 2015 年底，栾城区区级服务中心、50 个村级服务站建成运行。

【农业生产】 全年农林牧渔业总产值 51.59 亿元，同比下降 3.56%。其中，农业产值 23.53 亿元，林业产值 4339 万元，牧业产值 24.07 亿元，农林牧渔服务业产值 3.55 亿元。粮食播种面积 3.25 万公顷，总产量 24.19 万吨，平均亩产 496.5 千克。其中，小麦播种面积 1.64 万公顷，总产量 12.23 万吨，亩产 497.3 千克；玉米播种面积 1.49 万公顷，总产量 11.71 万吨，亩产 523.7 千克。豆类播种面积 1020 公顷，总产量 1771 吨。油料播种面积 77 公顷，总产量 283 吨。棉花播种面积 17 公顷，总产量 9 吨。蔬菜及食用菌种植面积 9837 公顷，总产量 93.39 万吨。瓜果种植面积 264 公顷，总产量 1.09 万吨。果园面积 940 公顷，其中苹果园 219 公顷、葡萄园 49 公顷。水果总产量（不含果用瓜）850 吨，其中苹果 150 吨、葡萄 690 吨。当年造林面积 1960 公顷，零星（四旁）植树 65 万株。至 2015 年底，牛、奶牛、猪、羊、家禽、鸡存栏数分别达到 5.63 万头、4.24 万头、15.15 万头、3.37 万只、1215.43 万只、1200.43 万只。肉、蛋、奶产量分别达到 4.89 万吨、10.06 万吨、10.74 万吨，其中，猪肉、牛肉、羊肉、家禽肉、兔肉产量分别达到 2.32 万吨、4424 吨、617 吨、2.03 万吨、76 吨。发展以土地流转、托管、服务为重点“南高模式”，鼓励土地向家庭农场和园区集中。天亮合作社获评全国 50 佳合作社。建成现代高效农业园区 46 个、万亩基地 3 个，苏园获得省级现代农业园区称号。

【城乡建设】 实施城区“东扩北延”战略和城区主干道升级改造，推进基础设施和公共服务配套建设，高标准完成太行大街绿廊绿道工程，柴武台公园建成开放，建成区绿地面积达到 367.5 公顷，绿地率达到 40.4%，人均公园绿地 13.48 平方米。南水北调配套水厂建成，城区 24 小时供水人口覆盖率达到 80.3%；农村饮水安全实现全覆盖。公交线路增至 17 条，95% 以上村镇达到公交全覆盖。乡镇规划委员会组建成立；“数字化城管”系统实现互联互通。冶河新市镇、航空市镇建设稳步推进，城镇化率达到 54%；美丽乡村建设全省考核总分第一，柳林屯村获评全国美丽宜居村庄示范称号。以加强农村环境保护管理、提升农村环境质量、全面推进社会主义新农村建设为目标，开展环境保护、绿化、亮化、美化、生态治理、管网建设、生态农业、生态文明宣传八项工程建设。新建型煤厂 2 个，淘汰燃煤锅炉 15 台、黄标车 3015 辆，推广节能环保采暖炉 18194 台。空气优良天数达到 117 天，重污染天气较 2014 年减少 59 天。建成万亩经济林示范基地 3 个，千亩以上种植基地 16 个；栽植树木 147 万株，绿化面积 2.94 万亩，环省会经济林带实现全线闭合，森林覆盖率提高到 26%，获命名为“国家级生态示范区”。创新农村生活垃圾市场化处理全覆盖模式，新华社《内参选编》刊发栾城区做法并号召全国推广。

【社会民生】 利民惠民实事全部完成。新增城镇就业5000人，城镇登记失业率控制在1.6%以下。养老金社会化发放率、足额发放率保持100%。7个乡镇全部建成养老综合服务中心。22个科技项目列入省市科技计划，其中神威药业集团有限公司“第四代铂类抗肿瘤药米铂及注射剂的首仿研究与开发”项目列入省级科技计划；石家庄市长安育才建材有限公司“高掺石粉的混泥土外加剂的开发”、河北征宇制药有限公司“兽用清开灵颗粒”等21个项目列入石家庄市科技计划；累计争取科技资金728万元。226家科技型中小企业通过省科技厅认定，11家企业入选省科技厅小巨人（培育）企业库。建材企业研发中心通过市级工程技术研究中心认定，建成市级以上工程技术中心15家。推荐科技成果请奖项目4项，石药集团新诺威制药股份有限公司“可可碱生产新工艺的开发”、石家庄市长安育才建材有限公司“gk-4a高效缓凝减水剂”获得石家庄市科技进步二等奖。农村健身路径覆盖率达到80%，农家书屋工程、农民健身工程、广播电视信号、光纤网络实现全覆盖，首个石家庄故事基地在栾城区揭牌，南浪头村、王家屯村获评全国示范农家书屋。推进农村学校硬件设施同城化建设，与河北师范大学签订战略合作协议，与裕华区开展教育项目对接合作。至2015年末，栾城区共有幼儿园122所、小学52所、中学13所、中等职业教育学校3所；在校幼儿1.31万人、小学生2.42万人、初中生7930人、高中生5424人、中等职业教育学生1917人；教职工4705人。县乡村三级医疗服务水平提升，预防、保健、治疗、康复一体化医疗卫生服务体系初见成效。开展平安栾城建设，公安视频监控中心实施升级改造，城区4个标准化警务室建设完工。

（赵云丽）

井 陉 县

【概况】 井陉县位于石家庄市西部，地处太行山东麓，境内多山岭，东与鹿泉区、元氏县，东南与赞皇县，西及西南与山西省，西北与平山县相邻，距离石家庄市主城区40千米。总面积1381平方千米，辖10个镇、7个乡，318个村委会，常住人口31.75万人，人口自然增长率1.56‰。2015年井陉县完成地区生产总值144.5亿元，同比增长6.1%。其中，第一产业增加值13.7亿元，增长2.5%；第二产业增加值61.3亿元，增长4.3%；第三产业增加值69.6亿元，增长9.0%。全社会固定资产投资147.2亿元，同比下降36.5%。全部财政收入13.6亿元，同比增长0.4%，其中公共财政预算收入6.1亿元，增长10.4%；财政支出14.6亿元，同比增长17.0%。农林牧渔业总产值24.49亿元，同比增长0.96%。粮食播种面积2.47万公顷，总产量9.19万吨，平均亩产247.8千克。拥有规模以上工业企业68个；规模以上工业总产值188.66亿元；主营业务收入181.14亿元；规模以上工业增加值34.1亿元，同比增长3.5%；利润24.8亿元，同比增长69.3%。社会消费品零售总额44.4亿元，同比增长9.8%。民营经济增加值106.34亿元，同比增长6.3%。实际利用外资2940万美元，同比增长27.9%。城镇居民人均可支配收入23458元，同比增长8.3%；农村居民人均可支配收入10449元，同比增长8.9%。金融机构存款余额135.2亿元，同比增长5.4%；城乡居民储蓄存款余额107.8亿元，同比增长10.9%；金融机构贷款余额53.1亿元；城乡居民贷款余额12.3亿元。

中共井陉县委书记：
田耀筠（12月免）
苏志超（12月任）
县人大常委会主任：王星海
县　　长：苏志超（12月免）
李杰　（12月代）
县政协主席：王新民

【重点项目】 全年实施重点项目220项，总投资100亿元。其中，千万元以上项目170项，亿元以上项目67项；新建项目129项，续建项目44项，谋划项目47项。重点项目主要为装备制造业、新材料产业、新能源产业和休闲旅游业。实施工业技改项目36项，翼凌机械轮边减速器、三兴钙业中空玻璃胶项目改造升级。11个项目列入石家庄市重点项目。装备制造业利用6410厂、3502厂等国有企业先进技术和人才资源，新建投资11.6亿元河北鼎邦高强度鼎邦耐磨件项目，年内完成投资6.6亿元，实验工厂及机修车间竣工试产。新材料产业利用闲置厂房等现成资源，新建投资35亿元河北亚陆镍氢电池项目；总投资5.6亿元中智蓄能电池项目正式投产。新能源产业借助丰富山场资源，与6家实力雄厚企业集团合作建设光伏发电项目。总投资20亿元山东润峰光伏电站项目正在安装光伏组件；总投资50亿元上海航太光伏电站二期顺利推进；7个光伏电站获得河北省发展改革委批复，规划建成后电站容量达到178兆瓦。至2015年末，井陉县新增规模以上工业企业7家，累计达到68家；规模以上工业总产值188.66亿元；主营业务收入181.14亿元；规模以上工业增加值34.1亿元，同比增长3.5%；利润24.8亿元，同比增长69.3%。旅游业综合收入突破1亿元；旅游业依托生态、文化等旅游资源，开辟农家乐旅游精品线路6条，实施投资53亿元大仙台山开发、投资4.2亿元孙庄生态文化园等休闲文化旅游项目。井陉经济技术开发区以钙镁精深加工、现代物流、循环化工、战略性新型产业为主导，以居住、办公、商贸等功能为辅，基本实现通路、通水、通电、通讯、排污和场地平整“五通一平”建设要求。至2015年底，井陉经济技术开发区入驻企业50家，从业人员1.2万人；完成地区生产总值14.37亿元；主营业务收入92.25亿元，其中主营业务收入超亿元企业18家，总投资突破100亿元；上缴税金3.96亿元；主要经济指标增长率均达到20%以上。

【农业生产】 全年农林牧渔业总产值24.49亿元，同比增长0.96%。其中，农业产值7.69亿元，林业产值2.46亿元，牧业产值12.53亿元，渔业产值3179万元，农林牧渔服务业产值1.50亿元。粮食播种面积2.47万公顷，总产量9.19万吨，平均亩产247.8千克。其中，小麦播种面积7805公顷，总产量3.58万吨，亩产306.0千克；玉米播种面积1.23万公顷，总产量4.66万吨，亩产253.0千克。谷子播种面积1283公顷，总产量1360吨。豆类播种面积1882公顷，总产量1970吨。薯类播种面积1398公顷，总产量2.96万吨。油料播种面积2698公顷，总产量5567吨。棉花播种面积155公顷，总产量125吨。蔬菜及食用菌种植面积3933公顷，总产量23.12万吨。果园面积1639公顷，其中苹果园1116公顷。水果总产量（不含果用瓜）4.72万吨，其中苹果4.23万吨、红枣4015吨。核桃总产量1870吨。当年造林面积3113公顷，零星（四旁）植树100万株，封山育林面积6849公顷。至2015年底，牛、奶牛、猪、羊、家禽、鸡存栏数分别达到6.18万头、3200头、10.03万头、12.38万只、403.86万只、375.03万只。肉、蛋、奶产量分别达到2.76万吨、3.48万吨、1.14万吨，其中，猪肉、牛肉、羊肉、家禽肉、兔肉产量分别达到1.16万吨、7862吨、2201吨、5306吨、605吨。水产品养殖面积169公顷，总产量710吨。培育标准化规模养殖场5家，发展生态种养园10个，威州冷水鱼养殖基地建成集养殖、休闲、观光为一体现代农业示范区。

【城乡建设】 《井陉县城乡总体规划》获得石家庄市批准实施。总投资2100万元迎宾路综合整治工程完工；总投资1.3亿元陉山广场建成投用；总投资2.7亿元金良河综合整治三期工程开工。307国道大修、井阳线大中修、平涉线整修、衡井线养护改造、微矿路畅通、长岗道口拓宽及南绕城高速、南二环西延工程正在建设；京昆高速石太北线全线通车；平赞高速项目建设开工，县城、乡镇到石家庄市快速交通圈初步形成。县城汽车站竣工投入运营；客运行业实现公司化运营管理，至2015年末，井陉县组建成立长途客运公司1家、农村客运公司2家、公交公司1家、出租客运公司2家。重视大气污染治理，推进传统产业转型升级。煤炭产业建设北正、秀林、天长3个特色园区，实行煤炭企业退路进园集约发展。全年削减煤炭80万吨，推广低硫煤21万吨。钙镁产业全部面向国家级先进企业开展对标达标行动，推广轻重复合钙新技术，建成科技型、花园式工厂8家。石子产业实行“三个一律”，即新上企业一律不批，旧有到期企业一律不再续证，违法违规生产企业一律取缔，鼓励石子企业逐步有序退出；与河北省国控集团达成初步合作意向，收购兼并现有石子企业，立足一次性实现环保规范生产。推进实施“一川、一路、一河、两翼、四带”绿化工程，加大生态林、经济林建设，森林覆盖率达到53.3%，顺利通过省级园林县城复查验收。

【社会民生】 全年新增创业实训基地7个，转移农村剩余劳动力6.6万人；城镇新增就业15520人，下岗失业人员再就业1368人；面向困难家庭和就业困难高校毕业生开发公益性岗位163个，年末城镇登记失业率控制在2.57%。新建农村互助幸福院74所；配建公租房、廉租房240套；改造农村危房70户；解决68个村5.6万人农村饮水安全问题。总投资3亿元，井陉一中新校区建成启用。至2015年末，井陉县共有幼儿园87所、小学50所、中学11所、中等职业教育学校2所；在校幼儿6034人、小学生1.94万人、初中生9658人、高中生4378人、中等职业教育学生1240人；教职工3084人。总投资2.9亿元，新建县医院迁建工程竣工投用；县中医院建成“名医堂”，顺利通过“二级甲等”复审；17个乡镇卫生院改造升级；新建标准化村卫生室280个；县乡村三级医疗服务质量升级，获评省级乡村医疗服务一体化示范县和全国中医药工作先进县。至2015年底，全县共有医疗卫生机构419个，病床1292张，卫生技术人员2258人；人口出生率控制在13.3‰以内；新农合参合率达到98%。参加河北省举重锦标赛获得7枚金牌。成功举办中国·井陉拉花艺术节；新增非物质文化遗产保护项目11项；新增省级民俗文化名村9个，第三次蝉联“中国民间文化艺术之乡”称号；国家级文化广场项目建设完成；法舫文化纪念园开工；挂云山革命烈士陵园认定为省级爱国主义教育基地。2015年井陉县获评全国文化先进县、全省文化产业十强县称号。

（朱凯荣）

正 定 县

【概况】 正定县位于石家庄市北侧，与石家庄市主城区相接，距离石家庄市主城区13千米，东与藁城区，北与新乐市、行唐县，西与灵寿县、鹿泉区，南与长安区、新华区相邻。历史上曾与保定、北京并称“北方三雄镇”，素有“三山不见，九桥不流”“九楼四塔八大寺，二十四座金牌坊”及“古建筑宝库”美誉。总面积468平方千米，辖3个镇、5个乡、2个街道办事处，34个居委会、154个村委会，常住人口48.96万人，人口自然增长率7.93‰。2015年正定县完成地区生产总值276.4亿元，同比增长7.6%。其中，第一产业增加值33.3亿元，增长0.7%；第二产业增加值113.9亿元，增长6.0%；第三产业增加值129.1亿元，增长10.6%。全社会固定资产投资263.9亿元，同比增长20.9%。全部财政收入21.2亿元，同比增长11.4%，其中公共财政预算收入14.1亿元，增长15.1%；财政支出28.2亿元，同比增长23.9%。农林牧渔业总产值66.61亿元，同比增长0.25%。粮食播种面积4.14万公顷，总产量31.02万吨，平均亩产499.9千克。拥有规模以上工业企业146个；规模以上工业总产值478.48亿元；主营业务收入460.53亿元；规模以上工业增加值99.7亿元，同比增长6.3%；利润34.9亿元，同比增长4.1%。社会消费品零售总额117.0亿元，同比增长9.9%。民营经济增加值229.28亿元，同比增长7.8%。城镇居民人均可支配收入25017元，同比增长8.2%；农村居民人均可支配收入14508元，同比增长8.5%。金融机构存款余额374.3亿元，城乡居民储蓄存款余额257.0亿元；金融机构贷款余额231.4亿元，城乡居民贷款余额76.0亿元。3月17日，国家发展改革委批复同意正定县为全国中小城市综合改革试点县，这是石家庄市唯一入选县（市）。

副市长、中共正定县委书记：王韶华

县人大常委会主任：王秋生

县　　长：杨立中（7月免）

李为军（9月代）

县政协主席：张俊立

【重点项目】 围绕“抓项目就是抓发展、抓大项目就是抓大发展、抓一批大项目就是抓跨越式发展”思路，以与北京中关村项目合作为策略，多次赴北京与中关村开展项目洽谈对接，完成集成电路产业基地产业规划编制。引进域外资金52.6亿元。新能源汽车电驱动系统产业化等16个项目签约，总投资165.7亿元。正定高新技术产业开发区南区实现“九通一平”，新能源汽车项目一期投产；北区入驻亿元以上项目12个。3月21日，总投资217.2亿元正定·卓达新型材料科技产业园和木钢产业园项目签约。其中，正定·卓达新型材料科技产业园总投资127.2亿元，总体规划3000亩；木钢产业园总投资90亿元，一期用地500亩，规划年产木钢及深加工产品10万立方米。11月8日，正定国际汽车科技运动产业园项目在乒乓球训练基地生态园举行启动仪式。该汽车产业园占地面积800余亩，主要承接欧盟汽车认证，规划建成集赛车改装、赛道建设、车手培训、汽车技能职业培训及汽车、摩托车、自行车比赛为一体汽车主题综合性产业园。12月25日，精进电动、天宜上佳、中国电子系统工程第四建设有限公司3个重点项目集中签约。2015年正定县列入省重点项目7个，完成投资27.7亿元，占年度计划投资135%；列入市重点项目16个，完成投资62亿元，占年度计划投资138%。

【农业生产】 全年农林牧渔业总产值66.61亿元，同比增长0.25%。其中，农业产值27.35亿元，林业产值3424万元，牧业产值36.75亿元，渔业产值3421万元，农林牧渔服务业产值1.82亿元。粮食播种面积4.14万公顷，总产量31.02万吨，平均亩产499.9千克。其中，小麦播种面积2.10万公顷，总产量15.64万吨，亩产496.8千克；玉米播种面积1.91万公顷，总产量14.90万吨，亩产520.9千克。豆类播种面积1052公顷，总产量2737吨。薯类播种面积260公顷，总产量1.04万吨。油料播种面积4536公顷，总产量1.99万吨，其中花生播种面积4438公顷，总产量1.97万吨。棉花播种面积226公顷，总产量190吨。蔬菜及食用菌种植面积8678公顷，总产量87.04万吨。瓜果类种植面积539公顷，总产量2.99万吨，其中西瓜371公顷，总产量2.41万吨。果园面积662公顷，其中苹果园130公顷、梨园46公顷、桃园427公顷。水果总产量（不含果用瓜）1.64万吨，其中苹果3112吨、梨1755吨、桃1.12万吨。当年造林面积1500公顷，零星（四旁）植树30万株。至2015年底，牛、奶牛、猪、羊、家禽、鸡存栏数分别达到8.79万头、4.46万头、41.31万头、3.48万只、1356.30万只、1046.30万只。肉、蛋、奶产量分别达到8.12万吨、12.99万吨、12.08万吨，其中，猪肉、牛肉、羊肉、家禽肉产量分别达到4.66万吨、1.08万吨、682吨、2.31万吨。水产品养殖面积226公顷，总产量1550吨。依托临近省会区位优势，发展都市农业、休闲观光农业，推进第一、第二、第三产业融合发展，培育建成塔元庄现代农业科技园、森林河·趣那主题公园等10个现代农业园区。投资3371万元，发展农田节水灌溉面积1.17万亩，解决23个村2个学校4.91万人饮水安全问题。落实惠农政策，发放粮油良种补贴771.39万元。至2015年末，正定县拥有市级以上农业产业化龙头企业15家，标准化农业专业合作社141家，农业产业化经营率达到73.2%。

【工业产业】 利用正定县纳入《京津冀协同发展规划纲要》国家战略机遇，深化与北京市合作，加快推进中关村（正定）集成电路产业基地建设。围绕传统产业提升、战略性新兴产业发展，推动工业企业技术改造。实施“百项技改项目计划”，设立正定县工业发展基金，扶持和引导重点企业做大做强。工业技改投资147亿元，同比增长17%。高新技术企业达到16家，市级以上工程技术研究中心达到14家。常山药业、小蜜蜂工具获授“河北省百强民营企业”称号。至2015年末，正定县新增规模以上工业企业16家，累计达到146家；规模以上工业总产值478.48亿元；主营业务收入460.53亿元；规模以上工业增加值99.7亿元，同比增长6.3%；利润34.9亿元，同比增长4.1%。

【商贸旅游】 推进省级现代服务产业园区和省级商贸物流产业聚集区建设，深国际·石家庄现代综合物流港开工建设，卓新商贸物流港项目开始征地拆迁。以国家电子商务进农村综合示范县为抓手，制定出台《关于加快电子商务发展的实施意见》，举办电子商务进农村研讨会。4月19日，石家庄市首家由政府投资建设村级电商服务网点——吴兴村服务站开通运营。加快商贸服务发展，全年社会消费品零售总额117.0亿元，同比增长9.9%。各类商品市场年交易额201.6亿元，同比增长12%。进出口贸易总额13874万美元，同比下降10.38%。其中，出口总额11271万美元，增长3.73%；进口总额2604万美元，下降43.59%。4月26～28日，由河北省政府和中国商业联合会主办，市政府和省商务厅共同承办的2015中国·石家庄（正定）国际小商品博览会（简称正博会）在正定国际物流园举行，16个项目达成合作意向，投资总额165.7亿元，综合经济效益257.6亿元。重视旅游业发展，以创建国家优秀旅游城市为目标，举办“春节大庙会”、千年古韵历史文化旅游节、正定美食文化节等文化宣传旅游活动。2015年正定县旅游业实现总收入6733.35万元，同比增长14.92%；接待中外游客330.78万人次，同比增长10.50%。

【城乡建设】 对接省会“一河两岸”发展格局，编制《正定县城乡总体规划》。推进新型城镇化建设，城镇化率提高到54.17%。围绕国家园林县城、国家优秀旅游城、国家智慧城市试点“三城同创”目标，实施城区绿化、品位提升、智慧管理三大工程。完善交通网络，实施梅山西路、南门西通道等城市道路建设工程，昆仑西街、邦秀路等道路基础设施建设开工；实施农村道路建设项目64个，建设总里程114.52千米。改善公共设施条件，集中供热普及率达到96.55%，天然气普及率达到73%。开展园林绿化、市政设施、夜景亮化、施工扬尘整治行动，107国道绿化提升、环古城墙公园等绿化工程完工，年末建成区绿地率达到38.60%，绿化覆盖率达到45.02%，顺利通过省级园林县城复查验收。理顺城市管理体制，成立城市管理综合执法局；开展“集团作业，洗路净天”活动，加大机械化清扫力度，城区机械化清扫率达到58%；发挥数字城管平台功能，城管热线与市级平台实现对接和资源共享，有效消除城市管理盲区。推进美丽乡村建设，按照“古城新姿、现代庄园、乡村风情、城市品位”要求，实施铁路以西区域44个重点村庄美丽乡村建设工程；农村面貌改造提升行动15件实事完成，规划建设绿色通道16千米；探索农村垃圾处理市场化运作，美丽乡村片区实行农村垃圾服务外包试点。重视生态环境保护，以打造“天蓝、地绿、水清”美丽正定为目标，采取压煤、抑尘、控车、迁企、减排、增绿六大举措，实施环境质量、污染总量双控策略，严把污染企业准入环节，开展重点污染源整治专项行动。全年空气二级以上优良天数达到88天，同比增加31天。开展植树造林活动，绿化造林面积2.25万亩，年末森林覆盖率达到27.06%，同比提高3.2个百分点。2015年正定县成功入选国家中小城市综合改革试点县。

【正定古城保护】 以“尊重历史、保持完整、延续文脉、凸显特色”为原则，完善古城保护规划体系，编制完成19项总体规划和分区规划。以文物本体保护为古城保护重要内容，实施隆兴寺天王殿、毗卢殿、文庙大成殿维修及隆兴寺方丈院修缮和陈展建设，举行“梁思成文物保护史迹展”开馆仪式。发挥开元城市建设投资公司作用，加强与金融单位对接，2015年国家开发银行授信资金到位8.6亿元，同意向三片区棚户区改造提供贷款6.1亿元。正定古城保护十项重点工程进展顺利，古城墙保护一期、南瓮城和月城保护修缮工程完成；南关村改造建设完工；周汉河综合整治工程竣工；中山路综合改造市政工程完工，历史风貌恢复、重要文化节点打造正在建设；博物馆、档案馆“两馆合一”启动设计；阳和楼、隆兴寺、开元寺三大片区征收补偿和拆迁完毕；首批16处历史建筑制定修缮方案。以历史文化挖掘和传承作为古城保护重要内涵，深入挖掘整理正定历史、宗教、名胜、民俗等传统文化和常山战鼓、高照等非物质文化遗产。3月10日，为期一个月“千年古郡·九朝神韵——正定历史文化展”在北京国家图书馆举行，吸引首都参观者4.8万人。

【社会民生】 全年用于民生支出17.3亿元，占公共财政预算支出79.9%。10个方面20件利民实事完成。城镇新增就业2500人，农村劳动力向非农产业转移2764人，城镇登记失业率控制在4.5%以内。城镇职工、城乡居民基本养老保险参保人数分别达到4.9万人和19.89万人；企业养老保险、失业保险社会化发放率保持100%。新农合参合率98.52%。4507户8198人享受居民最低生活保障，其中城镇居民243户413人、农村居民4264户7785

人。争取国家、省、市科技项目 36 项，争取资金 1577 万元。河北常山生化药业股份有限公司“那屈肝素钙原料药及注射液成果转化”和石家庄新泰特种油有限公司“无渍轴承润滑油”列入市级科技重大课题，分别获得 100 万元科技资金支持。河北小蜜蜂工具集团有限公司承担市级科学技术研究与发展计划课题“太阳能电池硅片精磨陶瓷结合剂磨具”通过专家组验收。2015 年正定县鉴定验收科技项目 12 项，拉动企业和社会投入 2.08 亿元，获得国内领先水平以上科技成果 12 项，其中 2 个项目获得省市科技进步奖。顺利通过全国文化先进县复查验收，成功争创河北省公共文化服务示范县和河北省文化产业十强县。华武文化产业园竣工，金棕榈·正定影视商贸基地、城市文化乐园等重大文化产业项目正在建设。图书馆、文化馆分设改造升级完成，常山影剧院升级改造，乡镇标准化综合文化站全部建成，农家书屋实现行政村全覆盖。举办“彩色周末”60 场，开办“正定讲堂”20 余期，开展送戏下乡 200 余场。编制创作《古郡传奇》等文化精品；广播剧《贾大山和他的朋友》在中央人民广播电台播出。通过国家义务教育基本均衡评估验收，获评国家级培训项目优秀县。投入 5832 万元，实施“美丽校园”建设项目 40 个，新建校舍 4.5 万平方米；引进优质教育资源，三里屯实验学校挂牌北京师范大学石家庄实验学校北校区校牌。至 2015 年末，正定县共有幼儿园 96 所、小学 85 所、中学 21 所、中等职业教育学校 7 所；在校幼儿 2.05 万人、小学生 3.69 万人、初中生 1.74 万人、高中生 6549 人、中等职业教育学生 2572 人；教职工 6591 人。实施医疗惠民工程，3 月 28 日正定县医院新病房大楼投入使用，新病房大楼施工建设历时 3 年多，总建筑面积 16113 平方米，占地南北跨度 18.5 米，东西长 130 米，设地下 1 层、地上五层，层高 3.7 米，床位增设 417 张；楼内设置 6 部电梯，设有中央空调、中心吸引、中心供氧、中心通信系统、计算机网络系统、床头呼叫、烟感报警、自动喷淋灭火、升降式输液天轨、多功能床单元等现代化、智能化、人性化设施，每个病房建有独立卫生间，实行 24 小时供应开水。新城铺、西平乐、南楼 3 所卫生院扩建项目投入使用。42.5 万居民建立健康档案。深化行政审批制度改革，优化再造审批流程 21 项，精简审批事项 37 个。首创开通“企业办事不出厂”平台，覆盖规模以上工业企业 129 家、新建重点项目 5 家、商贸企业 6 家，有效解决企业办事难、效率低等难题。

（戴世丽）

行 唐 县

【概况】 行唐县位于石家庄市北部，属太行山东麓浅山丘陵区与华北平原交接地带，距离石家庄市主城区 50 千米，东与新乐市，西与灵寿县，南与正定县相邻，北及东北与河北省保定市阜平县、曲阳县相接。2012 年批准成为国家扶贫开发工作重点县。总面积 966 平方千米，辖 4 个镇、11 个乡，1 个省级经济开发区，8 个居委会、322 个村委会，常住人口 41.91 万人，人口自然增长率 5.77‰。2015 年行唐县完成地区生产总值 130.1 亿元，同比增长 7.2%。其中，第一产业增加值 27.0 亿元，增长 4.1%；第二产业增加值 66.3 亿元，增长 7.1%；第三产业增加值 36.8 亿元，增长 9.3%。全社会固定资产投资 168.9 亿元，同比增长 18.5%。全部财政收入 5.3 亿元，同比增长 3.2%，其中公共财政预算收入 3.7 亿元，增长 12.0%；财政支出 20.9 亿元，同比增长 20.7%。农林牧渔业总产值 51.06 亿元，同比增长 3.25%。粮食播种面积 4.53 万公顷，总产量 29.75 万吨，平均亩产 438.3 千克。拥有规模以上工业企业 89 个；规模以上工业总产值 243.54 亿元；主营业务收入 242.92 亿元；规模以上工业增加值 63.5 亿元，同比增长 7.4%；利润 26.7 亿元，同比增长 13.4%。社会消费品零售总额 58.9 亿元，同比增长 9.8%。民营经济增加值 95.43 亿元，同比增长 7.7%。实际利用外资 3000 万美元，与 2014 年持平。在岗职工年平均工资 45644 元，同比增长 34%；城镇居民人均可支配收入 23583 元，同比增长 7.5%；农村居民人均可支配收入 6068 元，同比增长12.0%。金融机构存款余额135.0亿元，城乡居民储蓄存款余额109.1亿元；金融机构贷款余额40.1亿元，城乡居民贷款余额12.6亿元。

中共行唐县委书记：

姜阳 （5月免）

杨立中 （7月任）

县人大常委会主任：赵士平

县 长：王彦芳

县政协主席：盖义江

【重点项目】 全年在建项目105个，总投资202.21亿元，完成投资91.46亿元，占年度计划120.37%。其中，续建项目23个，总投资141.42亿元，完成投资56.23亿元，占年度计划126.05%；新开工项目82个，总投资60.79亿元，完成投资35.23亿元，占年度计划112.3%。万果红酒业、木源泵业、毓丰包装材料、神树湾生态农业开发园等27个亿元以上项目建设进展顺利。毓丰包装材料项目完成投资5亿元，国威光伏发电项目完成投资3.8亿元，美筑节能科技项目完成投资1.56亿元，3个项目均实现年内建成投产。毓丰包装材料、国威光伏发电等15个项目列入石家庄市重点项目建设计划，全年完成投资63.4亿元，占年度计划123.11%。九都商贸城竣工投用。航空5S文化产业园落户行唐县。2015年10月，行唐县政府与石家庄工程职业学院签订“航空5S文化产业园”项目。该项目地址位于行唐县口头镇武装村，主要建设集科技、教育、娱乐、知识、探索、市场于一体大型产业园；总投资15亿元，占地面积1000余亩。规划建设航空文化博物馆，展出飞机模型、实物、零部件及文件档案等，公众可在体验区运用多媒体技术、虚拟现实技术等模拟飞行；承担飞行员、机务工程师、航空服务和无人机操控师选拔培训，定期组织航空特色青少年夏令营、冬令营、科普及军训活动；负责多款国内外先进机型（直升机、固定翼、无人机）整机、零部件销售及维修维护和托管“一条龙”服务。

【农业生产】 全年农林牧渔业总产值51.06亿元，同比增长3.25%。其中，农业产值21.01亿元，林业产值13.54亿元，牧业产值26.15亿元，渔业产值2487万元，农林牧渔服务业产值2.29亿元。粮食播种面积4.53万公顷，总产量29.75万吨，平均亩产438.3千克。其中，小麦播种面积2.06万公顷，总产量13.57万吨，亩产438.3千克；玉米播种面积1.98万公顷，总产量13.95万吨，亩产469.4千克。谷子播种面积668公顷，总产量1324吨。薯类播种面积3670公顷，总产量10.12万吨。油料播种面积7086公顷，总产量2.30万吨，其中花生播种面积6675公顷，总产量2.18万吨。棉花播种面积621公顷，总产量403吨。蔬菜及食用菌种植面积5147公顷，总产量38.19万吨。瓜果类种植面积457公顷，总产量2.08万吨。果园面积4.15万公顷，其中苹果园730公顷、梨园245公顷、葡萄园20公顷。水果总产量（不含果用瓜）13.55万吨，其中苹果8000吨、梨1000吨、葡萄350吨、红枣12.3万吨。核桃总产量600吨。当年造林面积4247公顷，零星（四旁）植树200万株，封山育林2867公顷。至2015年底，牛、奶牛、猪、羊、家禽、鸡存栏数分别达到9.46万头、9.05万头、17.45万头、5.77万只、417.98万只、385.10万只。肉、蛋、奶产量分别达到3.89万吨、3.52万吨、33.60万吨，其中，猪肉、牛肉、羊肉、家禽肉产量分别达到2.17万吨、9936吨、890吨、6203吨。水产品养殖面积839公顷，总产量1561吨。大枣种植面积60万亩，改造大枣树体3万亩；大枣种植主要集中在口头、上闫庄、九口子3个山区乡镇，全部通过无公害产地认证。行唐大枣个大、皮薄、肉厚、核小、色鲜、味甘，通过甲壳素有机肥可培育出甲壳素红枣，具有纯天然、无公害、高营养等品质。总投资5.18亿元、红枣深加工龙头企业河北万国红酒业有限公司，年加工转化残次枣等5万吨，年产红枣果白酒1000余吨，受益枣农1.2万户5万余人，为枣农增收4000多万元。红薯种植主要在中部丘陵区城寨、上方、玉亭、口头、翟营、北河等乡镇，年加工鲜薯80万吨，粉条、粉丝、红薯脯3万吨，形成以牛下口村为中心红薯脯加工专业生产基地，注册有“牛魔王”红薯脯品牌。建有奶牛养殖小区99个，日产鲜奶540吨，主要销往伊利、蒙牛、三元、君乐宝等乳品企业；占地1000亩君乐宝“万头牧场”项目选址确定；行唐县五江奶牛养殖专业合作社、行唐县三伟牧业有限公司、行唐县长健养殖场等15个乳粉用奶牛养殖场建设完工。蔬菜种植主要分布在独羊岗、玉亭、翟营、口头等乡镇；2015 年行唐县建成玉亭乡、独羊岗乡、口头镇、翟营乡 4 个乡镇 4 个千亩无公害设施蔬菜基地，新增设施蔬菜面积 2500 亩，累计达到 8500 亩。新栽“三优”（良种、良法、良砧）苹果 1000 亩；苹果种植主要集中在南桥镇东安太庄村、上闫庄神树湾农业生态开发园、只里乡贾洛营等村；东安太庄村列入河北省首批现代林果示范园区。新栽核桃 4.4 万亩，总面积达到 10.4 万亩；核桃种植形成以神树湾、团山红、釜山、安太、龙门为核心五大片区，涉及翟营、玉亭、口头、南桥、上闫庄、北河、上方、城寨、上碑等 10 个乡镇，重点品种主要有辽 1、辽 7、绿岭等。农村土地确权 54.5 万亩。发展农民专业合作社 728 家，辐射带动农户 20% 以上。

【城乡建设】 以“打造颍水两岸，建设一城三区，实现产城融合”为思路，实施县城跨河建设。投资 2.1 亿元颍水河县城段综合整治工程基本完工并成功蓄水，昔日垃圾河、污水河变成城中河、景观河；投资 4200 万元建设颍水大街、启新大街、升仙桥南路 3 条主干道路工程建成通车。提升城区承载能力。投资 1.2 亿元，实施恒阳大街综合整治等 12 项市政工程，年末城区集中供热面积达到 120 万平方米。围绕创建省级园林县城目标，投入 3 亿余元，实施公园绿地、防护绿地、道路绿化、单位小区绿化四方面绿化提质工程。占地 120 余万平方米颍水、启新、神华、时雨 4 个新建公园建设完工，建成景观防护林 82.9 万平方米、绿地 32.7 万平方米；开展城区主干道路、4 个出城口绿化工程，改造提升龙州公园、玉城公园和文化广场。年末省市级园林式单位达到 23 个（省级 4 个、市级 19 个）、市级园林式居住小区达到 5 个、市级园林式街道 4 条，城区绿化覆盖率达到 44.01%。加强县城精细化管理。开展房地产市场专项整治，列入整治范围 20 家房地产项目全部处理到位；城区 63 辆新能源电动公交车投入运营，开通试运行线路 4 条；开展城区环境卫生整治，县城玉城大街、香港路、龙州大街、永昌路等 11 条主次街道全部提升至一级管理，31 条小街小巷纳入市政管理，年末城区机械化清扫率达到 61%；重视环卫保洁管理，环卫工人由原来 80 名增至 326 名，人均保洁面积由原来 1.2 万平方米下降至 6000 平方米，城区垃圾实现即有即清、日产日清要求。推进美丽乡村建设。以“连片提升、集中打造、突出亮点、辐射全县”为原则，以环境综合整治为突破口，采取整合财政资金、社会捐助、村民自筹等形式，筹措美丽乡村建设资金及物资款项 7255 余万元。2015 年 4 月，行唐县农村环境集中整治专项行动全面启动。各乡（镇）及开发区重点围绕乡（镇）政府所在地、城乡接合部、“一环”（环县城）“两线”（无繁线、京赞线）“两片区”（安香—开发区片、上方—南桥片）沿线及国道、省道、县道两侧村庄开展环境保洁清理行动，重点整治县城区域示范片区、精品线路内村庄及沿线重点路段、主要节点环境卫生，实施沿线建筑和村庄外墙美化、墙体粉刷、植树绿化、道路硬化等工程，清运各类垃圾杂物 80 余万立方米，清除残垣断壁和路障 1736 处，创建美丽庭院 1893 个；330 个行政村全部建立垃圾填埋点，乡（镇）及开发区均建立建筑垃圾临时存放点，201 个村建立卫生保洁长效机制。改造提升省级重点村 21 个。2015 年行唐县龙兴庄获评省级美丽乡村，河合、黄龙港、南城仔获评市级美丽乡村。

【社会民生】 总投资 5000 万元文体中心项目开工建设。2015 年 10 月，新气象观测站投入运行。至 2015 年末，行唐县共有共有幼儿园 22 所、小学 59 所、中学 17 所、中等职业教育学校 2 所；在校幼儿 3424 人、小学生 3.97 万人、初中生 1.61 万人、高中生 7663 人、中等职业教育学生 424 人；教职工 4494 人。开展精准扶贫攻坚行动，落实扶贫资金“专户储存、专账管理、专款专用”“报账制”“审计制”“跟踪检查”等管理制度。采取广泛宣传扶贫政策、加强项目管理培训、建立扶贫项目公示牌等措施，确保财政扶贫资金安全高效运行。2015 年行唐县财政投入扶贫资金 3560 万元，其中产业化资金项目落实到 68 个扶贫开发重点村，主要用于农业产业化扶贫、家庭手工业、农村面貌改造提升行动等项目；对口帮扶行唐县省、市、县 103 个单位，投入各类扶持资金 183.1 万元，其中省直单位 89.15 万元、市直部门 71.6 万元、长安区 20.5 万元、县直单位 1.85 万元。围绕“一次培训、终身受益，一人务工、全家脱贫”目标，举办设施养殖、林果业等实用技术培训班23期，培训扶贫对象2248人，实现向非农产业转移人口100人。举办建档立卡“回头看”培训9期，受训870人次；2014年建档立卡扶贫对象全部录入系统并与国家并网。实施“金融扶贫富民工程”，与中国邮政储蓄银行行唐县支行签订战略合作协议，由行唐县扶贫开发领导小组办公室将1000万元风险补偿金转到指定专户，中国邮政储蓄银行按照协议发放贷款2010万元，涉及贫困户2100户。至2015年底，行唐县共有贫困人口5.12万人，其中低保、五保户12995人，脱贫1.6万人。

（李永　赵翠玉　顾津考　刘杨）

灵寿县

【概况】　灵寿县位于石家庄市西北部，距离石家庄市主城区30千米，东与行唐县，东南与正定县，西与平山县，南与鹿泉区，北与保定市阜平县相邻。灵寿县是山区县、老区县、国家扶贫开发工作重点县，也是国家民政部、联合国地名考察组命名的“千年古县”。县内地形轮廓呈条状，地势自西北向东南倾斜，依次为山区50%、丘陵38%、平原12%，地貌格局大体为“七山二水一分田”。总面积1066平方千米，辖6个镇、9个乡，1个省级经济开发区，3个居委会，279个行政村，常住人口34.26万人，人口自然增长率7.38‰。2015年灵寿县完成地区生产总值93.2亿元，同比增长6.7%。其中，第一产业增加值18.0亿元，增长3.2%；第二产业增加值45.0亿元，增长5.5%；第三产业增加值30.3亿元，增长10.6%。全社会固定资产投资115.8亿元，同比增长18.9%。全部财政收入4.7亿元，同比增长20.7%，其中公共财政预算收入3.1亿元，增长22.3%；财政支出16.9亿元，同比增长30.6%。农林牧渔业总产值32.74亿元，同比增长3.33%。粮食播种面积2.96万公顷，总产量13.92万吨，平均亩产313.3千克。拥有规模以上工业企业69个；规模以上工业总产值150.04亿元；主营业务收入145.55亿元；规模以上工业增加值36.0亿元，同比增长5.6%；利润14.7亿元，同比下降3.2%。社会消费品零售总额40.4亿元，同比增长10.0%。民营经济增加值67.21亿元，同比增长6.9%。城镇居民人均可支配收入23193元，同比增长7.5%；农村居民人均可支配收入5528元，同比增长9.5%。拥有金融服务机构6家；金融机构存款余额105.6亿元，城乡居民储蓄存款余额88.0亿元；金融机构贷款余额36.2亿元，城乡居民贷款余额18.3亿元。

中共灵寿县委书记：宋存汉
县人大常委会主任：马国云
县　　　长：周雪军
县政协主席：傅莲英（2月免）
　　　　　　王雪山（3月任）

【产业结构】　全年实施重点建设项目46个，完成投资32.9亿元，占年度计划109%。引进市外资金27.54亿元，占年度计划103.9%。开发区入驻企业达到43家，主营业务收入101.75亿元。新增规模以上工业企业6家，累计达到69家；规模以上工业总产值150.04亿元；主营业务收入145.55亿元；规模以上工业增加值36.0亿元，同比增长5.6%；利润14.7亿元，同比下降3.2%。规模以上高新技术产业完成增加值4.21亿元，同比增长16.7%。工业技改投资44.9亿元，同比增长20.8%。社会消费品零售总额40.4亿元，同比增长10.0%。服务业完成增加值30.3亿元，同比增长10.6%。旅游业接待游客80万人次，实现旅游总收入2.32亿元，同比增长16%。至2015年末，灵寿县第一、第二、第三产比例由2014年18.8:49.4:31.8调整为19.3:48.2:32.5。

【农业生产】　全年农林牧渔业总产值32.74亿元，同比增长3.33%。其中，农业产值16.12亿元，林业产值1.43亿元，牧业产值12.68亿元，渔业产值1.28亿元，农林牧渔服务业产值1.23亿元。粮食播种面积2.96万公顷，总产量13.92万吨，平均亩产313.3千克。其中，小麦播种面积1.21万公顷，总产量6.11万吨，亩产336.0千克；玉米播种面积1.40万公顷，总产量6.85万吨，亩产327.0千克。薯类播种面积3117公顷，总产量4.34万吨。油料播种面积2516公顷，总产量5245吨，其中花生播种面积2420公顷，总产量5191吨。棉花播种面积228公顷，总产量137吨。蔬菜及食用菌种植面积3193公顷，总产量22.78万吨。瓜果类种植面积190公顷，总产量3044吨。果园面积2673公顷，其中苹果园485公顷、梨园160公顷、葡萄园190公顷。水果总产量（不含果用瓜）2.37万吨，其中苹果5450吨、梨3990吨、葡萄3500吨、红枣1170吨。核桃总产量6980吨。当年造林面积7733公顷，零星（四旁）植树20万株，封山育林4187公顷。至2015年底，牛、奶牛、驴、猪、羊、家禽、鸡、兔存栏数分别达到4.35万头、2.30万头、4900头、17.08万头、4.90万只、233.60万只、166.53万只、19.0万只。肉、蛋、奶产量分别达到3.21万吨、2.04万吨、6.97万吨，其中，猪肉、牛肉、羊肉、家禽肉、兔肉产量分别达到2.31万 吨、3645吨、878吨、3945吨、405吨。水产品养殖面积2767公顷，总产量8350吨。农村土地流转承包经营权面积6.85万亩，占家庭承包耕地总面积30%。培育核桃产业万亩规模以上片区5个，千亩规模以上片区52个。食用菌光伏农业产业园获批省级现代农业园区和省级农业科技园区。培育农村新型经营主体326个；农业注册品牌13个，拥有农产品生产基地11个、无公害畜产品生产基地10个；农业产业化经营率达到30.5%。

【城乡建设】 投资2121万元，实施正南线（县城至慈峪段）大修、张石高速连接线中修工程完工；城区建设大街、牌楼街等主干道翻新及共建路东段工程建成通车。投资3300万元，高标准提升改造县城出入口，打造景观大道1条、样板街道4条。开展城区绿化提升，启动松阳河综合性公园建设，新增绿地面积15万平方米，年末县城建成区绿地率达到43.27%。扩大集中供热面积，累计达到137万平方米。新增天然气用户3000户，天然气主管网实现城区全覆盖。新建设电力线路26.61千米。推进美丽乡村建设，23个村列入省级改造提升重点村；年末城镇化率达到32.5%。投资1133万元，实施5座病险水库除险加固。治理水土流失面积30平方千米，核桃节水灌溉面积发展到6.3万亩。4个太行山前农村土地整治示范项目、7个土地占补平衡项目完成，新增耕地面积1.62万亩。投资1819万元，解决27个村、13所小学、4.06万人饮水安全问题。严格建设项目审批程序，污染重、能耗高等不符规定项目一律不予审批。重视生态环境保护，实施太行山生态绿化工程及河系绿化、村庄绿化、廊道绿化等增绿工程，人工造林10.2万亩，森林覆盖率达到55.07%。加强重点排污企业监管和检查频次，严厉打击偷排偷放、超标排污等环境违法行为。全年灵寿县压减煤炭9.55万吨，实施重点减排项目21个，淘汰黄标车166辆，空气优良天数达到78天，空气质量综合指数下降9.79%。

【社会民生】 全年用于民生支出14.91亿元，占一般公共预算支出比重88.56%。城镇新增就业2826人。城乡低保实现应保尽保，1.4万扶贫对象实现稳定脱贫。新农合参合率达到98.4%。城镇居民人均可支配收入23193元，同比增长7.5%；农村居民人均可支配收入5528元，同比增长9.5%。省政府第三轮教育督导评估、国家义务教育发展基本均衡县督导验收顺利通过。至2015年底，灵寿县共有幼儿园36所、小学82所、中学15所、中等职业教育学校4所；在校幼儿9131人、小学生2.70万人、初中生1.15万人、高中生4064人、中等职业教育学生1022人；教职工4172人。高考本科上线率61.76%，本科一批突破百人大关。全国基层中医药工作先进单位评审通过。至2015年末，灵寿县共有医疗机构354家，县级医疗卫生机构5个、乡级医疗卫生机构15个、村卫生室248所、个体诊所55个、计生服务机构16个，其他医疗卫生机构15所。陈庄歼灭战陈列馆、抗大二分校纪念馆正式开馆，为全省唯一在战争遗址建设红色教育基地。

（灵寿县地方志办公室）

高　邑　县

【概况】 高邑县位于石家庄市南部，属华北平原西部边缘，太行山脉东麓，距离石家庄市主城区50千米，东北与赵县，西与赞皇县，南与邢台市，北与元氏县相邻。京广高铁“高邑西站”是石家庄以南、河北省境内唯一县级站点，2012年12月建成投用。总面积230平方千米，辖3个镇、2个乡，5个居委会、107个村委会，常住人口19.19万人。2015年高邑县完成地区生产总值83.0亿元，同比增长7.2%。其中，第一产业增加值12.4亿元，增长5.3%；第二产业增加值48.0亿元，增长6.4%；第三产业增加值22.6亿元，增长9.5%。全社会固定资产投资80.4亿元，同比增长23.4%。全部财政收入4.6亿元，同比下降5.1%，其中公共财政预算收入3.8亿元，增长8.2%；财政支出11.1亿元，同比增长9.6%。农林牧渔业总产值21.76亿元，同比增长5.44%。粮食播种面积2.23万公顷，总产量16.39万吨，平均亩产489.5千克。拥有规模以上工业企业72个；规模以上工业总产值153.59亿元；主营业务收入145.38亿元；规模以上工业增加值36.1亿元，同比增长7.4%；利润14.1亿元，同比增长15.4%。社会消费品零售总额32.4亿元，同比增长9.9%。民营经济增加值66.47亿元，同比增长6.7%。城镇居民人均可支配收入21615元，同比增长10.3%；农村居民人均可支配收入10978元，同比增长10.0%。金融机构存款余额65.0亿元，城乡居民储蓄存款余额54.8亿元；金融机构贷款余额28.9亿元，城乡居民贷款余额8.1亿元。

中共高邑县委书记：杨国芳

县人大常委会主任：

徐将威（11月免）

王患武（11月任）

县　　长：彭敬捷（女）

县政协主席：何兴旺

【重点项目】 全年举办各类招商活动300余次，洽谈项目91个，8个项目签约落户，协议金额74.8亿元。10月18～19日，第十四届冀台经济合作洽谈会暨2015年石家庄国际经济贸易洽谈会在石家庄市举行。高邑县在此次洽谈会签约项目3个，分别为南京中电电气项目、商贸物流金融服务综合项目、北京信泰生态农业种植观光旅游与光伏发电项目。总投资136亿元盛益饮品、广骏建材等26个项目竣工投产，其中8家企业开始缴纳税款。高邑建材城建成投用，年交易额6.5亿元。2015年高邑县建陶行业获评“河北省特色产业集群”，被授予“河北省陶瓷名县”。投资28亿元，实施工业园区主路网、第二污水处理厂、双回路供电等36项重点工程。2015年高邑工业园区实现主营业务收入135亿元，被河北省商务厅批准为4A级经济开发区。9月6日，石家庄市首家现代农业园区管委会——高邑县现代农业园区管委会成立。2015年高邑县农业园区发展形成蔬菜、花卉、苗木、养殖4大板块，至2015年末，农业园区入驻企业67家，其中种植类52家、养殖类12家、加工类2家、交易类1家，年产值18.1亿元，直接带动农民就业2.1万人。社会消费品零售总额32.4亿元，同比增长9.9%。2015年高邑蔬菜大市场交易额突破40亿元，连续五年获评全国批发市场“五十强”。

【农业生产】 全年农林牧渔业总产值21.76亿元，同比增长5.44%。其中，农业产值15.58亿元，林业产值2032万元，牧业产值4.93亿元，农林牧渔服务业产值1.04亿元。粮食播种面积2.23万公顷，总产量16.39万吨，平均亩产489.5千克。其中，小麦播种面积1.12万公顷，总产量7.98万吨，亩产476.0千克；玉米播种面积1.05万公顷，总产量8.16万吨，亩产518.0千克。薯类播种面积409公顷，总产量9531吨。油料播种面积1257公顷，总产量4848吨。棉花播种面积95公顷，总产量108吨。蔬菜及食用菌种植面积8280公顷，总产量61.57万吨。瓜果类种植面积500公顷，总产量3.36万吨，其中西瓜种植面积470公顷，总产量3.31万吨。果园面积119公顷，其中梨园面积15公顷、桃园面积30公顷。水果总产量（不含果用瓜）3564吨，其中梨

600吨、桃1282吨。当年造林面积420公顷，零星（四旁）植树40万株。至2015年底，牛、奶牛、猪、羊、家禽、鸡存栏数分别达到2600头、1600头、6.10万头、1.79万只、190.85万只、184.85万只。肉、蛋、奶产量分别达到1.39万吨、1.64万吨、5200吨，其中，猪肉、牛肉、羊肉、家禽肉、兔肉产量分别达到8081吨、361吨、358吨、4030吨、1052吨。投资720万元，高标准改造农田5300亩，新增农田节水灌溉面积2万亩。筹措资金560万元，实施102亩设施蔬菜种植基地建设。新建文广、众林2个河北省四星级农业采摘园，增加蔬菜种植面积1万亩，其中设施蔬菜面积4000亩。投资458万元，新建60万只肉鸡养殖基地。开展农村土地确权登记颁证，完成土地确权面积13万亩。

【城乡建设】 围绕“最美县城”“最洁乡村”名片加大城乡基础设施建设投入，主城区投资1.5亿元，实施南星路翻新、太行路东延、东城大街等重点工程；启动公园广场、居民住宅、商贸设施等城市综合体为一体市民服务设施建设。数字化城管投入使用，安装高清智能监控探头88个，城区主要路口、重要场所实现24小时监控，全年利用数字化城管处理案件18743起，结案率93%。刘秀公园获评河北省3星级公园；凤凰城获评省级园林式居住小区；音体美中学、大夫庄小学获评省级园林式单位；新增绿地面积62万平方米，顺利通过国家级园林县城验收。新区建设按照“北方江南、风情小镇”特色理念，完善总体规划；六村联建工程启动，项目建议书、可研报告、环境评价编制完成，与邯郸一建集团公司、中国建设企业联合集团对接成功，社区幼儿园建设动工；南水北调广源水厂按期竣工，站前街北延、西延等工程顺利推进；香港康宜医院、石家庄经济职业学院等项目正在洽谈。实施美丽乡村建设工程，2015年高邑县被确定为河北省中心村建设十个示范县之一，也是石家庄市唯一示范县；全年六村联建高客新村、千秋小镇、良庄新村、岗头等中心村建设稳步推进；花园村等13个重点村面貌全面改观，东邱村、花园村达到省级美丽乡村标准。加强城乡垃圾一体化管理，制定“日常考核办法和垃圾场监管考核办法”，2015年高邑县45个重点村实现垃圾统一清运、无害化处理，共清运垃圾2万余吨。重视生态环境保护，2015年高邑县空气优良天气达到95天，同比增加45天，PM2.5浓度同比下降26%，万元GDP能耗较2010年下降31.7%，提前一年完成“十二五”规划减排任务。广泛推广民用洁净型煤和工业企业低硫煤，改造工业锅炉6台，10蒸吨以上燃煤锅炉全部改造；推广环保采暖炉1500台。削减燃煤5万吨，关停、取缔储煤场7家。开展建陶行业“摘帽扛旗”行动，印发《高邑县2015年陶瓷行业综合整治实施方案》，组织全县24家建陶企业开展陶瓷行业专项治理，验收不达标企业一律做到不得开工生产。开展锌业园区环境综合整治，氧化锌企业全部安装脱硫设施。实施“一山两河”、主要道路和重要节点绿化提升工程，累计植树300万株。2015年高邑县成功创建石家庄市唯一国家级园林县城，县城建设经验在河北省推广。

【社会民生】 投资7200万元，新改造薄弱学校24所，城区首家公办幼儿园建成，提前一年通过河北省义务教育均衡发展评估验收。至2015年末，高邑县共有小学39所、中学9所、中等职业教育学校2所；在校小学生1.74万人、初中生5534人、高中生2619人、中等职业教育学生552人；教职工2620人。建立县乡村三级慢性病管理机制，落实慢性病病人建档跟踪服务措施。成功举办第十一届全国大学生演讲比赛，高邑县获得“中国演讲名城”称号；西南关村获评全国文明村镇；南岩乱弹列入国家非物质文化遗产名录。建设公共保障性住房258套，改造农村危房350套。城乡居民大病保险实现全覆盖，新农合参保率达到96%。建立帮扶救助长效机制，开展“爱心接力手拉手”活动。推进全民创业，建成河北省第一家县级高标准创业孵化园。优化发展环境，探索构建网上政务大厅，推行“窗口递交申请，窗口办结办证”审批模式，落实限时办结、超时预警措施，全年办理网上审批业务800余件。建立工商、质监、国税、地税等部门企业登记和审批单一窗口工作机制，设置综合登记窗口，启动“三证合一”联网审批，实现《营业执照》《组织机构代码证》《税务登记证》“一窗收件、同时审批、一窗发证”，全年发放“三证合一”“一证一码”营业执照

200余张。推行“三级平台、两个代办”政策，全县107个村建立便民服务站，78个村便民服务站达到“七有”建设标准，35个村便民服务站实施高标准改造。组建成立重点项目全程代办办公室，落实重点项目全程代办政策，做到项目单位与审批部门、征地群众“两个不见面”。建设“天网工程”，组建法律服务大超市，仓房村60年无刑事案件经验得到河北省委领导肯定；群众安全感测评连续两年位列石家庄市第二名。

（高邑县地方志办公室）

深　泽　县

【概况】　深泽县位于石家庄市东北部，东与衡水市，南与辛集市、晋州市，西与无极县，北与保定市相邻，距离石家庄市主城区75千米。2011年石家庄国家生物（医药）产业基地深泽产业园被河北省政府命名为省级工业集聚区。总面积296平方千米，辖3个镇、3个乡，3个居委会、125个村委会，常住人口25.76万人，人口自然增长率5.9‰。2015年深泽县完成地区生产总值101.6亿元，同比增长7.4%。其中，第一产业增加值16.0亿元，增长1.1%；第二产业增加值60.3亿元，增长7.9%；第三产业增加值25.3亿元，增长9.8%。全社会固定资产投资83.2亿元，同比增长23.2%。全部财政收入5.1亿元，同比增长6.3%，其中公共财政预算收入3.9亿元，增长11.6%；财政支出11.9亿元，同比增长22.5%。农林牧渔业总产值29.36亿元，同比增长1.88%。粮食播种面积2.78万公顷，总产量20.04万吨，平均亩产480.3千克。拥有规模以上工业企业86个；规模以上工业总产值215.71亿元；主营业务收入206.85亿元；规模以上工业增加值52.5亿元，同比增长7.8%；利润6.3亿元，同比增长15.7%。社会消费品零售总额41.0亿元，同比增长9.5%。民营经济增加值78.85亿元，同比增长8.1%。实际利用外资1万美元，同比下降100%。城镇居民人均可支配收入22398元，同比增长7.8%；农村居民人均可支配收入10540元，同比增长8.0%。金融机构存款余额103.5亿元，城乡居民储蓄存款余额87.8亿元；金融机构贷款余额30.0亿元，城乡居民贷款余额10.0亿元。

中共深泽县委书记：王德庆
县人大常委会主任：杨秋
县　　　长：张少华
县政协主席：张庆民

【重点项目】　全年竣工、在建及谋划千万元以上项目219个，总投资469.9亿元。其中，10亿元以上项目13个，列入省、市重点项目11个。总投资3.2亿元云海胞嘧啶、总投资3.5亿元鼎宏科技等59个项目竣工投产；总投资12亿元康润安废旧轮胎处理项目一期工程、总投资13.6亿元佳上食品等16个项目基本建设完工；总投资5亿元万翔制药、总投资8亿元科仁制药等80个项目正在建设。深泽经济开发区规划及区域环评调整完成，天然气入园工程进展顺利，朗天新能源集中供热工程正在建设，南水北调地表水厂及管网建设具备试水条件，至2015年末，初步形成日化、布艺、汽配、丝网、家具、印刷六大产业园区功能，实现主营业务收入近100亿元。2015年日化产业园抓住与韩国LS化妆品株式会社合作契机，启动总投资10亿元中韩国际（深泽）德鑫产业园建设；布艺产业园依托红柏家纺市场，初步形成研发、生产、销售、物流、电商五位一体发展格局，获批市级“中小企业创业辅导基地”；汽车零部件产业园以盛驰公司为龙头，与诸葛修车网合作，谋划建设总投资6.5亿元诸葛盛驰云物流中心；丝网产业园成立拔丝产业园区管委会，采用PPP模式启动园区开发建设；家具、印刷产业园对标同行业先进园区，正在规划建设。2015年中韩国际（深泽）日化产业园、红柏家纺产业园获得石家庄市项目观摩拉练东部8县总评成绩第二名。推进商贸服务业发展，全年服务业完成增加值25.3亿元，同比增长9.8%；外贸进出口总额1.23亿美元。总投资2亿元益佳悦城市广场竣工营业，方诚创业辅导基地东部物流区、中心商贸区建成投入使用。电子商务发展势头强劲，天猫店、淘宝店、阿里巴巴批发店达到3200家，辐射全县80%布艺、日化企业；耿庄、方元、大直要3个村获得“淘宝村”称号；深泽县获批省级电子商务进农村综合示范县。

【农业生产】 全年农林牧渔业总产值29.36亿元，同比增长1.88%。其中，农业产值17.95亿元，林业产值2744万元，牧业产值9.78亿元，农林牧渔服务业产值1.33亿元。粮食播种面积2.78万公顷，总产量20.04万吨，平均亩产480.3千克。其中，小麦播种面积1.25万公顷，总产量9.16万吨，亩产487.1千克；玉米播种面积1.38万公顷，总产量10.33万吨，亩产498.5千克。豆类播种面积856公顷，总产量1477吨。薯类播种面积490公顷，总产量1.76万吨。油料（主要为花生）播种面积1654公顷，总产量6335吨。棉花播种面积150公顷，总产量136吨。蔬菜及食用菌种植面积6080公顷，总产量47.31万吨。瓜果类种植面积142公顷，总产量9295吨。果园面积3675公顷，其中苹果园面积2117公顷、梨园837公顷、葡萄园633公顷。水果总产量（不含果用瓜）11.37万吨，其中苹果7.03万吨、梨2.45万吨、葡萄1.69万吨。当年造林面积867公顷，零星（四旁）植树104万株。至2015年底，牛、奶牛、猪、羊、家禽、鸡存栏数分别达到1.54万头、1.45万头、11.66万头、7.34万只、235.83万只、221.09万只。肉、蛋、奶产量分别达到2.48万吨、1.99万吨、4.68万吨，其中，猪肉、牛肉、羊肉、家禽肉产量分别达到1.78万吨、1504吨、1580吨、3603吨。建成白庄及大兴万亩白山药、杜社万亩葡萄、马里万亩蔬菜、张村万亩核桃4个“万亩基地”，“一村一品”专业村达到30个。石家庄市硕丰农业开发（滨河公园）和深泽县恒丰果品蔬菜贸易（西小封）、绿鑫果品蔬菜种植（杜社）、通达果品蔬菜仓储（西小封）4家农业企业纳入市级农业龙头企业统计管理。市级示范性家庭农场达到8个，分别为深泽县亚军农场（小直要）、爱民家庭农场（西北马）、士红农场（小直要）、苗森家庭农场（小梨园）、华阳祥蕊家庭农场（孤庄）、青青源家庭农场（周家庄）、立强农场（南赵八）、英周农场（马铺村）；爱民家庭农场获认定为“省级示范性家庭农场”。赵八供销社土地托管经验在石家庄市推广。8家奶牛养殖企业转型牧场，牧场化率达到80%。农业产业化经营率达到48.7%。

【工业产业】 开展工业企业帮扶活动和“小巨人”企业培育计划，新增科技型中小企业97家；新增河北深科建筑材料、石家庄市沃森汽车零部件制造、河北冀泽生物科技、石家庄安森化工、河北泽祥金属制品、河北佳源汽车零部件、石家庄市康天金属制造、河北亿明新能源科技、河北联兴金属制品等规模以上工业企业9家，累计达到86家。规模以上工业总产值215.71亿元；主营业务收入206.85亿元；规模以上工业增加值52.5亿元，同比增长7.8%；利润6.3亿元，同比增长15.7%。年产6000万支中高档气门生产线、年产1万吨环保型污水处理剂生产线技术改造、年产300万支留置针、碱性蛋白酶产业化生产与大分子量玻璃酸钠制备等8个项目列入河北省工业技改计划。千秋公司建筑保温材料成功申报省地方产品标准，龙泽公司拉米夫定原料药、纳利鑫公司鑫鱼牌洗衣液获评省名牌产品，盛驰公司获认定为国家级高新技术企业，农哈哈公司获认定为省质量标杆企业、省对标示范企业。

【城乡建设】 城区道路、地下管线等6个专项规划及石油大街、向阳街等特色街区规划设计方案完成。外环、向阳街、嘉悦尚城万人精品小区、以深泽湖为中心滹沱河两岸10千米风景带（简称“一环一街一区一河”）“四个一”工程顺利推进。实施府前路西延、西苑街北延、石油大街改造、东环路拓宽改造等道路工程；向阳街北段改造提升、滹沱河湿地公园后续建设施工顺利推进；北方明珠二期、嘉悦尚城二期主体工程完工。贯通县城新区标志性道路——北外环路全线竣工通车，总投资8000余万元，道路全长5.3千米，设计双向6车道，两侧绿色廊道宽50米。新增集中供热面积20余万平方米。马庄、南关等6个城中村实施改造。投资789万元，建设农村公路10条，总长度20.3千米。投资7100万元，改造提升21个省级重点村；投资707万元，实施12个老区重点村基础设施建设。重视生态环境保护，全年取缔污染企业9家，改造工业锅炉17台，拆除实心黏土砖瓦窑30座，烟囱48根，推广环保锅炉1600台，削减煤炭1.6万吨，淘汰黄标车118辆，安装油烟净化装置19个。53家入管网企业实施高频次采样检测，2个污水处理厂、13家企业实现水质在线监测；城区污水处理厂正常运行，出水指标达到一级A标准；城南污水处理厂进入调试运行。开展绿化植树200万株，森林覆盖率达到22.64%。严厉打击小企业违法生产、罐车偷排等环境违法行为，停产整顿企业20家，行政拘留12人，执行刑事强制措施11人。2015年深泽空气质量持续改善，全年空气优良天数达到105天，较2014年增加41天，PM2.5浓度较2014年下降17.73%。

【社会民生】 全年用于民生支出9.1亿元，占财政支出81.8%。新增城镇就业2500人，城乡居民基本养老保险参保人数达到12.55万人，城镇职工基本医疗保险和城镇居民医疗保险参保率均达95%，新农合参合率95.98%。发放低保、抚恤等补助资金3120万元，惠及群众1.8万人。开工建设保障性住房223套，改造农村危房292户。衔接落实省市取消下放行政审批事项31项，权力清单、责任清单、监管清单编制完成。卫生、计生机构合并完毕，县医院旧病房楼维修改造。顺利通过国家义务教育发展基本均衡县评估认定；利用建设育才学校契机，新开初中教学，有效解决城区学校“大班额”问题。至2015年末，深泽县共有小学32所、中学8所、中等职业教育学校2所；在校小学生1.57万人、初中生5615人、高中生1764人、中等职业教育学生372人；教职工1949人。开展食品药品安全县创建活动，连续三年获得安全生产目标管理优秀县称号。

（袁剑军　邸曼芹）

赞皇县

【概况】 赞皇县位于石家庄市西南部，属太行山中段东麓，东与高邑县，南与邢台市，西与山西省昔阳县，北及西北与元氏县、井陉县相邻，距离石家庄市主城区33千米。赞皇县是山区县、老区县、国家扶贫开发工作重点县，也是联合国地名组织命名的“千年古县”。总面积1210平方千米，其中山场面积115万亩，地貌格局为“七山二滩一分田”。辖2个镇、9个乡，1个省级经济开发区，8个居委会、212个村委会，常住人口25.26万人。2015年赞皇县完成地区生产总值95.6亿元，同比增长5.3%。其中，第一产业增加值17.3亿元，增长5.8%；第二产业增加值53.6亿元，增长4.3%；第三产业增加值24.7亿元，增长7.3%。全社会固定资产投资145.6亿元，同比增长17.5%。全部财政收入4.2亿元，同比下降4.2%，其中公共财政预算收入2.8亿元，增长9.3%；财政支出14.7亿元，同比增长21.0%。农林牧渔业总产值28.88亿元，同比增长5.78%。粮食播种面积2.60万公顷，总产量10.84万吨，平均亩产277.7千克。拥有规模以上工业企业75个；规模以上工业总产值195.47亿元；主营业务收入192.65亿元；规模以上工业增加值47.4亿元，同比增长4.4%；利润22.6亿元，同比增长2.1%。社会消费品零售总额41.1亿元，同比增长9.7%。民营经济增加值75.72亿元，同比增长6.3%。实际利用外资200万美元，同比下降87.6%。城镇居民人均可支配收入21557元，同比增长9.2%；农村居民人均可支配收入5084元，同比增长12.7%。金融机构存款余额76.4亿元，同比增长8.5%，城乡居民储蓄存款余额56.3亿元；金融机构贷款余额34.1亿元，同比增长8.5%，城乡居民贷款余额14.2亿元。

中共赞皇县委书记：冯立业
县人大常委会主任：陈印增
县　　　长：冯立业（4月免）
　　　　　　王涛　（4月任）
县政协主席：张万银

【重点项目】 全年实施重点建设项目15个，获得重点项目匹配土地指标610亩，累计完成投资73.4亿元，占年度计划124.8%。总投资6.5亿元河北工程技术学院4栋教学楼主体完工。总投资5.2亿元河北腾天焊管设备制造项目开始试生产。浩锐陶瓷清洁生产技术改造项目、节能减排升级改造项目列入2015年第一批省重点技术改造项目计划。九维生物科技有限公司挂牌上市。枣能元红枣果肉饮料及提取技术获评“河北省工业新产品新技术”。鸿业塑胶获评“市级民营企业50强”。河北鼎中光伏发电项目列入省发展改革委建设计划。至2015年末，赞皇县新增规模以上工业企业6家，累计达到75个；规模以上工业总产值195.47亿元；主营业务收入192.65亿元；规模以上工业增加值47.4亿元，同比增长4.4%；利润22.6亿元，同比增长2.1%。实际利用外资200万美元；引进县外资金32.3亿元。投资2亿多元，建设五洲广场、美尚源2个大型商贸综合体完工。推进旅游资源开发和利用，总投资4800多万元嶂石岩景区游客服务中心建成投用；总投资13.3亿元黄庄云顶草原项目、槐河漂流项目开工。嶂石岩景区获评“石家庄市十大城市名片”。九峰楼等13家农家乐入选国家旅游局“中国乡村旅游金牌农家乐”。至2015年底，赞皇县接待游客80万人次，实现旅游业总收入4.5亿元。

【农业生产】 全年农林牧渔业总产值28.88亿元，同比增长5.78%。其中，农业产值14.88亿元，林业产值1.50亿元，牧业产值10.83亿元，渔业产值1002万元，农林牧渔服务业产值1.57亿元。粮食播种面积2.60万公顷，总产量10.84万吨，平均亩产277.7千克。其中，小麦播种面积1.18万公顷，总产量5.65万吨，亩产319.0千克；玉米播种面积1.18万公顷，总产量4.74万吨，亩产269.0千克。谷子播种面积470公顷，总产量918吨。豆类播种面积567公顷，总产量428吨。薯类播种面积1380公顷，总产量1.55万吨。油料播种面积6976公顷，总产量1.02万吨，其中花生播种面积5304公顷，总产量7860吨。棉花播种面积109公顷，总产量68吨。蔬菜及食用菌种植面积2556公顷，总产量16.15万吨。瓜果类种植面积130公顷，总产量2295吨。果园面积3.24万公顷，其中苹果园面积620公顷、梨园400公顷。水果总产量（不含果用瓜）14.81万吨，其中苹果4500吨、梨2130吨（主要为雪花梨）。大枣种植面积45万亩，总产量13.5万吨。核桃种植面积37万亩，总产量1.80万吨。当年造林面积7200公顷，零星（四旁）植树100万株，封山育林面积1.94万公顷。石家庄丸京干果有限公司、河北枣能元食品有限公司、河北绿康枣业有限公司、石家庄皇品农产品加工有限公司、河北皇农生态枣业有限公司、河北开朗家居用品有限公司6家企业获评2014～2015年度河北省林业重点龙头企业。至2015年底，牛、猪、羊、鸡存栏数分别达到5.98万头、8.40万头、6.0万只、207.94万只。肉、蛋、蜂蜜产量分别达到2.60万吨、2.25万吨、1610吨，其中，猪肉、牛肉、羊肉、家禽肉产量分别达到1.01万吨、1.01万吨、774吨、4935吨。水产品养殖面积300公顷，总产量1000吨。农村土地承包经营权确权登记20.5万亩，占全县耕地面积66%。新增家庭农场30家。赞皇县太行柴鸡入选《国家畜禽遗传资源保护名录》，赞皇大枣入选《中国地理标志产品大典》。9月26～28日，赞皇县林果产品参加第十九届中国（廊坊）农产品交易会暨第三届河北省果品擂台赛，获得“三金一银三铜两果王”9项荣誉。其中，皇农公司选送“红珍珠”鲜食枣、万花核桃专业合作社选送“赞美”核桃分别获得枣王和核桃王称号；岭根底苹果专业合作社选送“红元帅”、皇农公司选送“赞皇大枣”、万花核桃专业合作社选送“辽7”核桃获得金奖；万花核桃专业合作社选送“辽1”核桃获得银奖；皇农公司选送大枣、岭根底苹果专业合作社选送“片红”“条红”红富士获得铜奖。

【城乡建设】 《赞皇县城乡总体规划2013–2030》通过石家庄市政府审批，《赞皇县中心城区控制性详细规划2013–2030》编制完成。赞皇县黄北坪村庄规划列入全国村庄规划示范点。嶂石岩村获命名为“中国传统村落”。总投资3600多万元县城雨污管网建设工程完工。投资4478万元，新建改造供电线路300千米，增设改造变压器122台。投资3000万元，实施集中供暖扩容工程，新增供热面积28万平方米，年末县城集中供热率达到90%。滨河路龙门游园、坛山公园、水上公园3个特色公园前期建设准备就绪。投资2000万元实施农村安全饮水工程，解决4.5万人饮水安全问题。除险加固小型水库9座。农村公路建设26.4千米。加大雾霾治理力度，全年压减煤炭4.2万吨，淘汰黄标车300多辆；投资3000多万元实施陶瓷等重点行业企业除尘、脱硫改造任务完成；投资400多万元购置大型清扫设备，减少二次扬尘。18个砖瓦窑全部关停拆除。大气质量持续改善，全年空气优良天数达到99天，较2014年增加21天，重污染天数较2014年减少32天。2015年4月，国家发展改革委、科技部、国土资源部、环保部等11部委发文，公布全国生态保护与建设示范区名单，包括赞皇县在内143个市县入选国家级生态保护与建设示范区，赞皇县是石家庄市唯一入选县。重视生态环境保护，实施绿化造林10.8万亩，植树607万株，森林覆盖率位居石家庄市第一。2015年赞皇县被确定为河北省唯一国家集体林业综合改革试验示范区，黄北坪、土门等6个乡镇获评省级环境优美乡镇。许亭村获评全国生态文化村。11月19～20日，由中国生态文化协会举办第七届中国生态文化高峰论坛在福建省漳州市举行，包括赞皇县许亭乡许亭村在内，全国120个村（社区）在此次大会获得“全国生态文化村”称号。这是继2014年晋州市周家庄入选后，石家庄市获评第二个“全国生态文化村”。许亭村位于赞皇县西北浅山区，林业资源丰富，森林覆盖率达79.1%。其中，果树种植面积3500亩，林木苗圃面积1000亩，年收入达8000万元，占该村总收入50%以上。许亭村在发展林木苗圃同时，注重历史文化资源发掘与传承，成立有农民艺术团、文化站、农民书屋和村民文化广场，以该村为主要题材3集电视专题片《古县传奇》在中央电视台《走遍中国》栏目播放，“赞皇六宰相传说”列入河北省第五批省级非物质文化遗产名录。

【社会民生】 全年用于民生支出11.6亿元，占到财政支出70%。为民承诺14件实事全部完成或达到效果目标，成为近年政府承诺事项最多、办理效果最好一年。投资5700万元建设保障性住房、投资1000万元实施危房改造项目完工，惠及群众1300余户。县政务中心、乡村便民平台建成投用。落实“三证合一、一照一码”商事登记改革制度，年末全县登记市场主体达到1.2万家。城乡低保、五保、新农合补偿标准大幅提高，累计补偿资金超过3.7亿元。转移农村劳动力26万人次，城镇新增就业1.1万人，城镇登记失业率控制在4%以内。投资1亿多元，实施农村垃圾处理、李峤学校、健身活动中心、民政服务中心等民生工程，有效解决农村环境问题、孩子上学、群众健身娱乐、就医等困难。至2015年末，赞皇县共有小学47所、中学9所、中等职业教育学校2所；在校小学生2.75万人、初中生8680人、高中生1879人、中等职业教育学生1009人；教职工3192人。

（时素丽）

无　极　县

【概况】 无极县位于石家庄市东北部，地处滹沱河北岸，东及东南与深泽县、晋州市，西及西南与藁城区，北及西北与保定市、新乐市相邻，距离石家庄市主城区52千米。无极县民间艺术门类繁多，地方特色浓郁，“无极剪纸”“七汲全羊宴技艺”“无极饸饹制作技艺”“无极刘琨的传说”列入河北省非物质文化遗产保护名录，“无极吹歌”“无极泥模”列入石家庄市非物质文化遗产保护名录。总面积524平方千米，辖6个镇、5个乡，4个居委会、213个村委会，常住人口51.87万人。2015年无极县完成地区生产总值182.4亿元，同比增长7.5%。其中，第一产业增加值27.2亿元，增长2.8%；第二产业增加值98.0亿元，增长6.8%；第三产业增加值57.2亿元，增长10.9%。全社会固定资产投资135.2亿元，同比增长18.3%。全部财政收入8.4亿元，同比增长12.4%，其中公共财政预算收入4.7亿元，增长10.6%；财政支出17.6亿元，同比增长21.8%。农林牧渔业总产值52.79亿元，同比增长2.51%。粮食播种面积4.86万公顷，总产量33.95万吨，平均亩产466.2千克。拥有规模以上工业企业123个；规模以上工业总产值385.78亿元；主营业务收入374.84亿元；规模以上工业增加值89.7亿元，同比增长7.2%；利润31.6亿元，同比增长9.1%。社会消费品零售总额113.1亿元，同比增长9.4%。民营经济增加值142.52亿元，同比增长 7.4%。实际利用外资 350 万美元，同比下降 400.0%。城镇居民人均可支配收入 22978 元；农村居民人均可支配收入 11999 元。金融机构存款余额 158.0 亿元，城乡居民储蓄存款余额 139.5 亿元；金融机构贷款余额 42.7 亿元，城乡居民贷款余额 19.4 亿元。

中共无极县委书记：韩清榕
县人大常委会主任：袁建国
县　　长：陈宝京（4 月免）
　　　　　吕智临（4 月任）
县政协主席：杨成岱

【农业生产】 全年农林牧渔业总产值 52.79 亿元，同比增长 2.51%。其中，农业产值 25.22 亿元，林业产值 2320 万元，牧业产值 25.33 亿元，农林牧渔服务业产值 2.02 亿元。粮食播种面积 4.86 万公顷，总产量 33.95 万吨，平均亩产 466.2 千克。其中，小麦播种面积 2.53 万公顷，总产量 18.47 万吨，亩产 486.1 千克；玉米播种面积 2.01 万公顷，总产量 14.77 万吨，亩产 488.6 千克。谷子播种面积 908 公顷，总产量 1400 吨。豆类播种面积 1030 公顷，总产量 965 吨。薯类播种面积 1091 公顷，总产量 2.27 万吨。油料播种面积 4645 公顷，总产量 1.71 万吨。棉花播种面积 360 公顷，总产量 236 吨。蔬菜及食用菌种植面积 1.17 万公顷，总产量 88.76 万吨。瓜果类（主要为西瓜）种植面积 551 公顷，总产量 4.01 万吨。果园面积 1158 公顷，其中苹果园面积 200 公顷、梨园 958 公顷。水果总产量（不含果用瓜）2.10 万吨，其中苹果 3474 吨、梨 1.75 万吨（雪花梨 1.22 万吨、鸭梨 5249 吨）。当年造林面积 467 公顷，零星（四旁）植树 30 万株。至 2015 年底，牛、奶牛、驴、猪、羊、鸡存栏数分别达到 8.60 万头、2.36 万头、5300 头、22.54 万头、10.75 万只、904.07 万只。肉、蛋、奶产量分别达到 5.75 万吨、7.69 万吨、6.17 万吨，其中，猪肉、牛肉、羊肉、家禽肉、驴肉产量分别达到 2.82 万吨、1.06 万吨、2152 吨、1.52 万吨、234 吨。实施农业产业化项目 13 项。投资 1.1 亿元双鸽生态养殖园项目竣工。

【重点项目】 卡森现代皮革产业园、飞天标识产业园、潘成机械制造园等高端重大产业支撑项目落地；福瑞德皮革产业园、金达特种涂料、鸿发皮革、康贺威药业等 31 个亿元以上项目竣工投产。至 2015 年末，无极县"十二五"发展规划期间累计开工项目 616 个，总投资 489 亿元，其中，投资亿元以上项目 76 个，10 亿元以上项目 14 个，超 30 亿元项目 4 个。无极经济开发区纳入省级开发区管理序列，皮革园区批准成为省级循环经济示范园区；2015 年无极县园区建设投资达到 10 亿余元。推进涉水鞣制企业整合重组和工业园区升级改造，完善中国皮革院无极院、上海国际皮革城、景森高档皮革制品、舒美汽车内饰、日本世联汽车内饰等高端产业链项目，更新技术装备，提升产业档次、产品质量和废水处理技术，致力打造循环型高端产业格局。普瑞森、欧瑞立、超达等家居业围绕绿色发展思路，开发整体家居、原木实木高档门、木装修一体化系列产品，引进高档门、防火门等项目，带动家居业规模化、品牌化发展，助力产业转型。规范整合厢体制造业发展，引进房车、压力罐车等专用车生产线。永丰药业并入石药集团，2015 年纳税 1226 万元，是 2010 年 5.9 倍；康贺威药业竣工生产，亚昌制药项目落地，华鹏制药实施二期改造。潘成装备制造园入驻高端装备制造企业 14 家，竣工投产 12 家。服务业实现增加值 56.8 亿元。世纪城商贸综合体、润城仓储物流园投入运营。多家电子商务企业与阿里巴巴、京东等电商龙头企业实现对接运营。至 2015 年末，无极县共有国家高新技术企业 6 家，省级科技型中小企业 128 家；纳税超百万元工业企业由 12 家增加到 95 家。

【城乡建设】 城乡总体规划及 5 个专项规划修编完成。投资 4 亿元，新建、扩建城区道路 19 条。投资 2.64 亿元，实施定魏线、无繁线、正港线等干线公路及 255 千米农村道路改造完工，新建滹沱河特大桥，年末全县公路里程达到 753 千米。2015 年 11 月，京港澳高速公路连接线无极段改建工程动工；起点位于北苏镇北苏村西无极藁城交界，终点位于无极县城西环，路线全长 14.89 千米；全线采用双向 4 车道一级公路标准，设计速度每小时 100 千米；路基宽 26 米，路面宽 24.5 米。开展旧城改造和新区精品项目建设，拆除危陋建筑 40 多万平方米。提升县城承载能力，实施无害化垃圾处理厂、城区供热管网改造、天然气入户等基础设施工程完工。投资近1亿元，绿化美化主要街道、闲置地块等重要节点，打造迎宾大道、标志性街道等特色绿化景观带，滹沱河桥头公园绿地、柴城桥游园绿地及木刀沟生态公园、无极公园、民俗文化公园、儿童公园建设开工，累计新增绿地面积85公顷。完善县城管理，投资250万元建设数字化城管平台，主要街道实现机械化清扫。开展美丽乡村建设，72个省级重点村全部达标验收，创建、申报省级美丽乡村2个，市级8个，213个行政村基本实现“四清”，77%行政村实现卫生保洁常态化。改善生态环境，实施减排工程58项，工业节能技改项目11项。综合污水处理厂、皮革污水处理厂扩能改造、磁河故道雨污分流、城北污水处理厂退水管网工程完工，出境断面水质保持稳定排放。开展大气污染防治攻坚行动，淘汰燃煤锅炉312台、黄标车4311辆，削减燃煤量17.46万吨，推广低硫煤9.36万吨，推广洁净型煤2.1万吨。2015年无极县空气优良天数达到107天，较2014年增加45天，PM2.5浓度较2014年下降21.6%。开展植树造林活动，栽植林木467公顷，年末全县森林覆盖率达到17.2%。

【社会民生】 投资2.93亿元，实施电网工程项目扩建、增容和改造。投资8亿余元，改善农田水利基础设施，新建扩建联村水厂11座，全部实现农村饮水安全全覆盖。投资8232万元，建设南水北调输水管网、2个地表水厂工程完工。教育投资3亿余元，新建、改扩建幼儿园65所，中小学94所；实验初中、县直第二幼儿园、青少年活动中心投入使用，无极中学新校区主体完工；顺利通过国家义务教育基本均衡评估验收。至2015年末，无极县共有小学80所、中学17所、中等职业教育学校3所；在校小学生3.84万人、初中生1.23万人、高中生5076人、中等职业教育学生1473人；教职工4740人。乡镇卫生院标准化改造完成，标准化村卫生室实现全覆盖；县级医院综合改革启动，县医院新病房楼投入使用，县乡村三级医疗机构实现基本药物网上采购和零差率销售。城乡居民养老保险和机关事业单位养老保险启动，基本实现养老、失业、医疗保险全覆盖。新建配建公共保障房756套。14项传统文化列入省市非物质文化遗产保护名录，甄氏墓群列入国家重点文物保护单位。

（无极县地方志办公室）

平　山　县

【概况】 平山县位于石家庄市西北部，地处太行山中段东麓，地势自东向西北逐渐增高，海拔最低点东水碾村120米，最高点驼梁2281米，东及东南与灵寿县、鹿泉区、井陉县，西及西南与山西省相邻，距离石家庄市主城区30千米，是中国革命圣地——西柏坡所在地，也是国家扶贫开发工作重点县和河北省首批扩权县。总面积2648平方千米，辖12个镇、11个乡，7个居委会、717个村委会，常住人口44.82万人，人口自然增长率7.43‰。2015年平山县完成地区生产总值187.8亿元，同比增长6.0%。其中，第一产业增加值18.8亿元，增长3.2%；第二产业增加值106.9亿元，增长4.7%；第三产业增加值62.0亿元，增长10.5%。全社会固定资产投资216.8亿元，同比增长18.6%。全部财政收入20.1亿元，同比增长15.0%，其中公共财政预算收入9.4亿元，增长10.1%；财政支出26.7亿元，同比增长17.3%。农林牧渔业总产值36.67亿元，同比增长3.39%。粮食播种面积3.67万公顷，总产量19.71万吨，平均亩产358.4千克。拥有规模以上工业企业25个；规模以上工业总产值381.64亿元；主营业务收入430.64亿元；规模以上工业增加值92.6亿元，同比增长4.0%；利润19.5亿元，同比增长0.8%。社会消费品零售总额54.3亿元，同比增长9.7%。民营经济增加值136.72亿元，同比增长5.4%。实际利用外资309万美元。城镇居民人均可支配收入24223元，同比增长8.2%；农村居民人均可支配收入6615元，同比增长12.4%。金融机构存款余额178.1亿元，城乡居民储蓄存款余额137.3亿元；金融机构贷款余额89.7亿元，城乡居民贷款余额24.7亿元。

中共平山县委书记：

李旭阳（兼西柏坡管理局党工委书记）

县人大常委会主任：张大平

县　　　长：

董晓航（兼西柏坡管理局局长）

县政协主席：封明明

【农业生产】 全年农林牧渔业总产值36.67亿元，同比增长3.39%。其中，农业产值19.87亿元，林业产值3.49亿元，牧业产值9.05亿元，渔业产值2.21亿元，农林牧渔服务业产值2.05亿元。粮食播种面积3.67万公顷，总产量19.71万吨，平均亩产358.4千克。其中，小麦播种面积1.59万公顷，总产量10.24万吨，亩产429.7千克；玉米播种面积1.64万公顷，总产量8.72万吨，亩产354.5千克。豆类播种面积683公顷，总产量999吨。薯类播种面积2330公顷，总产量2.46万吨。油料播种面积4158公顷，总产量9676吨，其中花生播种面积3285公顷，总产量7582吨。棉花播种面积667公顷，总产量602吨。蔬菜及食用菌种植面积6324公顷，总产量30.91万吨。瓜果类种植面积498公顷，总产量1.34万吨。果园面积9647公顷，其中苹果园面积2228公顷、桃园496公顷。水果总产量（不含果用瓜）6.11万吨，其中苹果2.01万吨、桃6400吨、红枣6755吨。核桃总产量1.35万吨。当年造林面积4734公顷，零星（四旁）植树550万株，封山育林面积1.82万公顷，森林抚育面积6.60万公顷。至2015年底，牛、奶牛、猪、羊、家禽、鸡存栏数分别达到2.46万头、4700头、14.50万头、7.13万只、172.46万只、161.93万只。肉、蛋、奶产量分别达到2.22万吨、1.50万吨、1.29万吨，其中，猪肉、牛肉、羊肉、家禽肉产量分别达到1.56万 吨、2048吨、1330吨、2196吨。水产品养殖面积8850公顷，总产量1.38万吨。农业产业化经营率46.5%。

【工业产业】 全年拥有规模以上工业企业25家；规模以上工业总产值381.64亿元；主营业务收入430.64亿元；规模以上工业增加值92.6亿元，同比增长4.0%；利润19.5亿元，同比增长0.8%。工业技改投资7.7亿元。主要工业产品产量：钢材1114.7万吨，尿素13.9万吨，生铁1148.3万吨，钢坯1131.7万吨，发电量147.5亿度。2015年敬业集团完成总产值317.3亿元，同比下降33.3%；利税7.57亿元，同比下降19.1%；利润4.61万元，同比下降16.1%。2015年平山电厂完成总产值39.1亿元，同比下降14.1%。其中，第一电厂实现利税7.44亿元，同比增长6.3%，利润5.76亿元，同比增长4.2%；第二电厂实现利税8.84亿元，同比增长10.1%，利润6.87亿元，同比增长10.7%。1月20日，平山县与杭州中导科技、湖北心智科技2家公司签订北斗智能终端产业发展战略合作协议，商定建设北斗科技产业园项目。该项目位于平山县西柏坡经济开发区，总投资7.5亿元，主要产品为行车记录仪、健康宝、老年宝、旅游宝、手持终端等，规划建成后年生产能力100万台（部、套），实现利税3.5亿元。

【商贸旅游业】 2015年平山县完成社会消费品零售总额54.3亿元，同比增长9.7%。其中，限额以上零售额2.15亿元，增长8.7%。外贸进出口总额4.86亿美元，同比增长11.4%。其中，出口额9721万美元，增长26.0%；进口额3.88亿美元，增长8.0%。实际利用外资309万美元。4月29日，平山县精心包装的旅游开发、现代物流、电子商务等42个项目在北京中关村举行招商活动，与京津地区近百家行业领军或具有高精尖核心技术企业开展面对面、点对点项目对接，现场签约项目16个，总投资额146.4亿元。11月9日，2015西柏坡投资洽谈会在平山县西柏坡举行。会议主题为“红色革命圣地西柏坡 经济开发与全球合作”。共有来自北京、上海、浙江、湖北等国内500强企业代表及美国、澳大利亚、比利时等世界500强企业代表200多人参会，涵盖电子信息、旅游、新能源、环保节能、医疗、生物等新兴行业领域商界精英在西柏坡对话全球经济，寻觅世界商机。现场签约项目22个，总投资额180亿元。此次西柏坡投资洽谈会也是平山县改革开放以来规模最大、规格最高、范围最广一次项目投资洽谈招商活动。11月26日，平山县与河北365集团签订农村电子商务全覆盖战略合作协议，商定河北365集团以农村地区好乡亲365网店为载体，在平山县建立电子商务公共服务中心，推行一村一网店目标。至2015年末，平山县共有A级旅游景区15处，其中5A级景区1处、4A级景区11处。2015年平山县接待游客1100万人次，门票收入2.8亿元，同比增长7.7%；实现旅游业总收入76亿元，同比增长8.6%。

【城乡建设】 全年国省道路投资5000多万元，主要实施省道正南线平山段、石闫线小觉至工上岭隧道段、国道207线长桑至王岸段、王岸至省界段66千米大中修工程。农村公路争取建设项目里程391.9千米、危桥14座796.1延米，总投资2.4亿元。西柏坡生态环保影视基地遗留工程、县城至南西焦、文化产业园道路等10条75千米新改建及大中修工程，46个农村面貌提升村40千米主街道路硬化和通村路建设工程完工。1月16日，平山县与河北国郎实业有限公司达成平山野河国际假日新城项目战略合作协议。该项目以现代都市农业为核心，以美丽乡村建设为重点，规划建设集现代高科技农业、专业化生产、农产品加工物流、休闲度假、观光旅游、健康养生、生态人居于一体新型特色城镇，主要打造新型城镇化现代都市、现代农业示范区和产城一体化改革建设示范区；规划总投资150亿元，总占地面积30平方千米。

【社会民生】 6月18日，由平山县16家专业合作社组成的“平山县巾帼现代农业科技示范基地带头人联盟”成立。8月3日，平山县委、县政府整合原县卫生局、县人口和计划生育局管理及职能，组建成立县卫生和计划生育局。全年平山县出生人口5959人，死亡人口2231人，人口出生率11.88‰，人口死亡率4.45‰，人口自然增长率7.43‰。教育支出6.26亿元。至2015年末，平山县共有高中5所、初中21所（民办3所）、小学58所、职业特殊教育学校1所；中小学校在校学生60841人，其中高中生6860人、初中生15203人、小学生36255人、职业教育2503人；教职工4351人，其中专任教师4089人。2015年平山县高考本科一批上线283人，本科二批上线537人，本科上线累计1621人，本科上线率63%；中考600分以上16人。6月1日，平山县西柏坡希望小学三年级王浩然、西柏坡中学七年级范馨2名少先队员作为河北省代表之一，参加在北京举行的全国少先队第七次代表大会。平山中学、外国语中学、回舍中学、温塘学校、河渠希望小学、北马冢小学、中石殿小学7所学校入选国家教育部2015年全国青少年足球特色学校。医疗卫生支出2.86亿元。至2015年末，平山县共有各类卫生机构649个，其中，县级机构6个（民营医院3所），卫生院23所，村级卫生室488所，门诊、诊所等其他医疗机构132所；卫生机构床位1381张；卫生技术人员2241人，其中执业医师1259人。3家县级公立医院、23所乡镇卫生院全部配备和实行基本药品零差率销售，488个村卫生室药品执行统一采购、统一配送、统一结算政策。2015年平山县共有298753人参加社会养老保险，领取养老保险金人数83998人，发放养老保险金额50329万元。2015年平山县9830人参加失业保险，领取失业金人数162人，发放失业保险金14万元。2015年平山县城镇职工医疗保险参保人数33700人，城镇居民医疗保险参保人数17645人，收取医保基金11723万元，支付8321万元。2015年平山县参加新型农村合作医疗人数401395人，参合率96.02%，筹集参合资金20071万元，参合农民就诊726598人次，发生医疗费用32036万元，补偿19497万元，统筹基金使用率99.13%。建成社会福利机构8所，收养人员280人，享受救济人数26709人，发放救济金5096万元；享受低保人数18952人，其中农村17637人、城镇1315人，共计发放低保金3879万元。

（韩晓敏　杨林书　卢艳丽）

元　氏　县

【概况】 元氏县位于石家庄市南部，西倚太行山，东临华北平原，境内自西向东山区、丘陵、平原梯次分布，东与栾城区、赵县，西与井陉县，南与高邑县、赞皇县，北与鹿泉区相邻，距离石家庄市主城区30千米。京港澳高速、107国道、京赞公路、石邢公路纵贯南北，青银高速、赵赞公路、井元公路横贯东西。2010年联合国地名专家组命名元氏为“千年古县”，总面积676平方千米，辖8个镇、7个乡，4个居委会、208个村委会，常住人口43.34万人。2015年元氏县完成地区生产总值180.2亿元，同比增长7.4%。其中，第一产业增加值25.3亿元，增长1.0%；第二产业增加值95.0亿元，增长7.4%；第三产业增加值59.9亿元，增长9.8%。全社会固定资产投资213.2亿元，同比增长23.5%。全部财政收入10.9亿元，同比增长11.3%，其中公共财政预算收入6.6亿元，增长23.1%；财政支出17.0亿元，同比增长12.6%。农林牧渔业总产值44.59亿元，同比增长1.65%。粮食播种面积5.24万公顷，总产量32.47万吨，平均亩产413.3千克。拥有规模以上工业企业78个；规模以上工业总产值347.0亿元；主营业务收入335.09亿元；规模以上工业增加值86.3亿元，同比增长7.7%；利润35.3亿元，同比增长11.4%。社会消费品零售总额51.2亿元，同比增长9.6%；拥有限额以上贸易企业12家，其中零售业10家、住宿餐饮业2家。服务业增加值58.7亿元。民营经济增加值143.38亿元，同比增长8.0%。城镇居民人均可支配收入22317元，同比增长9.6%；农村居民人均可支配收入11604元，同比增长10.0%。金融机构存款余额144.7亿元，城乡居民储蓄存款余额108.1亿元；金融机构贷款余额62.7亿元，城乡居民贷款余额28.6亿元。

中共元氏县委书记：陈联记
县人大常委会主任：柳国芹
县　　长：赵路新（9月免）
　　　　　许尽晖（女，9月任）
县政协主席：吴晓云（女）

【农业生产】 全年农林牧渔业总产值44.59亿元，同比增长1.65%。其中，农业产值20.84亿元，林业产值1.29亿元，牧业产值20.10亿元，农林牧渔服务业产值2.34亿元。粮食播种面积5.24万公顷，总产量32.47万吨，平均亩产413.3千克。其中，小麦播种面积2.60万公顷，总产量16.99万吨，亩产435.7千克；玉米播种面积2.24万公顷，总产量14.12万吨，亩产420.4千克。谷子播种面积1010公顷，总产量1844吨。豆类播种面积1020公顷，总产量1588吨。薯类播种面积1820公顷，总产量4.83万吨。油料播种面积2843公顷，总产量7650吨，其中花生播种面积2410公顷，总产量6828吨。棉花播种面积540公顷，总产量518吨。蔬菜及食用菌种植面积7107公顷，总产量50.57万吨。瓜果类种植面积825公顷，总产量3.68万吨，其中西瓜种植面积605公顷，总产量1.03万吨。果园面积5735公顷，其中苹果园面积203公顷。水果总产量（不含果用瓜）1.50万吨，其中苹果1500吨。核桃总产量7000吨。当年造林面积2673公顷，零星（四旁）植树65万株。至2015年底，牛、奶牛、猪、羊、家禽、鸡存栏数分别达到5.24万头、2.08万头、19.21万头、13.54万只、649.01万只、611.51万只。肉、蛋、奶产量分别达到4.63万吨、5.70万吨、7.40万吨，其中，猪肉、牛肉、羊肉、家禽肉、驴肉产量分别达到2.35万 吨、8848吨、2422吨、1.07万吨、280吨。发展节水灌溉农田面积25.8万亩。建成高效设施蔬菜园区9个，其中市级以上标准园5个。建成北正时家庄万亩石榴和北褚吴村、前仙西岭底万亩核桃基地3个。“恒联庄园”蔬菜、“西嶺”核桃获评省名牌产品，甘薯产业化项目获得河北省山区创业奖。拥有奶牛养殖、生猪养殖等标准化养殖场22个，标准化养殖生产小区95个。年末元氏县农业产业化经营率达到32%。2015年绿化龙头企业——森园林绿化公司在“新三板”挂牌上市，成为河北省首家挂牌上市园林企业。

【工业产业】 全年在建工业项目40个，总投资280亿元。工业企业累计完成技改投资67.9亿元，同比增长18%，12个项目列入石家庄市2015年滚动重点技改项目。工业单位GDP能耗同比下降3%。通过省级科技型中小企业认定221家，河北省高新技术企业12家。至2015年末，元氏县拥有规模以上工业企业78个；规模以上工业总产值347.0亿元；主营业务收入335.09亿元；规模以上工业增加值86.3亿元，同比增长7.7%；利润35.3亿元，同比增长11.4%。米莎贝尔获评全国主食加工示范企业，新宇宙电动车“跃迪”移动警务室、建勘研究院5000米页岩气钻机项目分别获得省工业设计金奖和优秀奖，创建省名牌产品13项、优质产品8项。元氏县经济开发区晋升河北省4A级园区，综合考评位居石家庄市县域省级开发区第一。2015年元氏县经济开发区新增入园企业3家，累计达到110家，实现销售收入315.6亿元、利税27.8亿元。

【商贸旅游业】 全年社会消费品零售总额51.2亿元，同比增长9.6%。拥有限额以上贸易企业12家，其中零售业10家、住宿餐饮业2家。服务业完成增加值58.7亿元。信誉楼、东明家具、聚元商业城二期等重点项目实施。推行特色产业、观光农业、生态环境、自然景观、历史文化有机融合政策，落实“农旅结合、以农促旅、以旅强农”方针，将休闲农业、乡村旅游培育成新兴产业，规划形成“一轴、三区、三带、双组团”旅游格局，即红旗大街休闲农业与乡村旅游的发展联动轴；西部山区生态文化景观、中部丘陵城郊休闲旅游和东部平原高效农业体验区；“龙源寻梦，封龙文化引领带”“腾华硒景，富硒农情产业带”“科技促元，农科高效种植带”；以蟠龙湖景区为核心，打造“龙湖世界，蟠龙湖休闲景观组团”，以杏花屿景区、松鼠岩森林地质公园、南沙滩尚然农业生态园三大特色功能区为核心，打造“寻幽探胜，杏花屿生态氧吧组团”。至2015年末，元氏县建成休闲旅游景点100余家，其中，休闲设施农业园区11个，常山郡遗址、封龙书院、东韩台古墓等国家、省重点保护文物16处，形成独特的农科教体验与文化旅游资源相结合的产业优势。休闲观光农业发展成为元氏县农业产业重要经济增长点，年游客量超过150万人次，休闲观光农业产值达到6亿元。2015年元氏县获得“全国休闲农业与乡村旅游示范县”称号；龙华山庄获评四星级农家乐，生源农业观光园获评省级休闲农业园。

【城乡建设】 编制城乡总体规划、县城北部片区控制性详细规划和美丽乡村建设规划。县城北外环路主路竣工通车，恒山大街北段拓宽改造。建设便民市场4个，城区综合集贸市场完成迁建。引入市场化运营模式，投资1.3亿元完成城区集中供暖改造，铺设管网25千米，改造换热站89个。投资1.33亿元建设南水北调水厂具备通水条件；城区配水管网改造铺设完毕，昌盛街污水管网、生活垃圾填埋场建成投用；槐东污水处理厂、殷村镇污水处理站建设完工，出水断面水质达到一级A标准。开展“两路一城”环境综合整治，城区容貌环境明显改善，顺利通过省级卫生城验收。张掖新市镇纳入石家庄市新型城镇化建设试点，石邢公路青银高速跨线桥改造通车，碧桂园项目实现年销售收入18亿元，上缴税金1.37亿元。围绕“环境美、产业美、精神美、生态美”目标，以环境美化、村民中心建设、倡导文明新风为重点，推进实施美丽乡村建设，19个省级重点村通过石家庄市考核验收。改善生态环境，实施企业专家环保整治评审制度。13家异味污染企业采取停产限期治理措施。依法严肃查处环境违法行为，关停不达标企业22家，取缔污染建设项目及“十五小”“新六小”企业16家。元隆化工全面停产，槐阳碳素完成搬迁。淘汰黄标车220辆。36座实心黏土砖瓦窑全部拆除。投资3084万元推广置换民用环保采暖炉15375台，削减煤炭2万吨。空气质量明显好转，PM2.5、PM10较2014年分别下降32.21%和28.23%；空气优良天数达到99天，同比增加40天。开展绿化植树造林活动，城区绿地面积达到424万平方米，森林覆盖率达到28%，常山路获评市级绿化样板街道，城镇化率达到31.5%，获授国家级优美小城镇称号和河北省人居环境范例奖。

【社会民生】 至2015年末，全县城镇参加基本养老保险人数2.12万人，城镇养老保险收入1.07亿元、支出1.15亿元；参加城镇基本医疗保险人数3.18万人，城镇医疗保险收入4966万元、支出3088万元；参加新型农村合作医疗人数36.95万人，新型农村合作医疗收入1.82亿元、支出1.78亿元；参加城乡社会养老保险21.95万人，城乡社会养老保险收入8075万元、支出5698万元。2015年全县享受城镇居民最低生活保障665人，农村居民最低生活保障人数7718人，农村五保供养人数757人。高龄津贴政策落实，6641名80岁以上老人纳入高龄补贴范围。在岗职工平均工资37857元，同比增长17.3%。登记市级以上科技成果6项，其中，国内领先2项，国内先进4项。申请专利121项，授权98项，被确定为国家知识产权强县工程试点县。拥有文化站15个、影剧院1个、公共图书馆1个，图书总藏量8.5万册；有线电视用户1.7万户。石家庄图书馆元氏分馆正式挂牌，实现与石家庄图书馆通借通还。投资1579万元建成烈士陵园开放，获批成为省爱国主义教育基地。教育投入4.51亿元，同比增长27.88%。拥有普通中学15所，在校学生2.01万人，教师1551人；小学66所，在校生3.22万人，教师2013人；职业中学2所，在校学生1945人，教师206人；特教学校1所，学生49人，教师10人。谋划占地4000亩石家庄西南（元氏）大学城项目，石家庄铁路职业学院、衡中分校等7所院校与元氏县签订建设意向，石家庄铁道大学建设项目正式开工。医疗卫生支出2.28亿元，同比增长7.36%。拥有医院、卫生院22个，其中医院7个、乡镇卫生院15个；卫生技术人员1555人，其中执业医师505人，执业助理医师158人，注册护士532人；卫生机构拥有床位1933张，其中医院1410张、卫生院523张。创建“群众满意的卫生院”2所、“优质服务示范村卫生室”15所。编制全国首个县级体育产业规划，成立体育产业园，成功举办京津冀（国际）户外运动挑战赛和2015京津冀——蟠龙湖铁人三项赛等体育赛事。2015年元氏县获得全国防震减灾工作先进县、河北省基层中医药工作先进单位称号。

（范君义　杨夕群）

赵　县

【概况】 赵县位于石家庄市东南部，东与晋州市，西与元氏县、高邑县，南与邢台市，北与藁城区、栾城区相邻，距离石家庄市主城区40千米。赵县古称赵州，2005年被联合国地名专家组中国分部命名为“千年古县”。境内拥有赵州桥、柏林禅寺、陀罗尼经幢等众多历史遗迹。其中，赵州桥有1400多年历史，是世界桥梁的鼻祖，被誉为天下第一桥；柏林禅寺有1700多年历史，始建于东汉末年，是中国禅宗史上重要祖庭，史称“畿内名刹”“古佛道场”，内设河北省佛学院、河北省禅学研究所；陀罗尼经幢坐落县城中央，被誉为“华夏第一塔”。赵县是国家林业局命名中国雪花梨之乡、全国经济林示范县、中国优质梨果生产基地重点县，也是国家农业部命名优质小麦生产基地县、全国粮食生产先进县。总面积675平方千米，辖7个镇、4个乡，9个居委会、281个村委会，常住人口59.11万人。2015年赵县完成地区生产总值202.9亿元，同比增长7.3%。其中，第一产业增加值34.7亿元，增长2.6%；第二产业增加值118.6亿元，增长7.3%；第三产业增加值49.7亿元，增长10.4%。全社会固定资产投资159.2亿元，同比增长21.7%。全部财政收入7.4亿元，同比增长8.3%，其中公共财政预算收入4.7亿元，增长10.1%；财政支出21.4亿元，同比增长31.6%。农林牧渔业总产值60.89亿元，同比增长2.97%。粮食播种面积7.05万公顷，总产量55.73万吨，平均亩产527.1千克。拥有规模以上工业企业122个；规模以上工业总产值606.79亿元；主营业务收入632.24亿元；规模以上工业增加值106.8亿元，同比增长7.6%；利润40.1亿元，同比增长13.7%。社会消费品零售总额110.6亿元，同比增长9.6%。民营经济增加值158.68亿元，同比增长7.7%。实际利用外资550万美元，与2014年持平。城镇居民人均可支配收入24156元，同比增长8.2%；农村居民人均可支配收入12181元，同比增长9.1%。金融机构存款余额135.0亿元，城乡居民储蓄存款余额113.3亿元；金融机构贷款余额56.5亿元，城乡居民贷款余额23.8亿元。

中共赵县县委书记：王建海
县人大常委会主任：黄云锁
县　　　　长：张敏周
县政协主席：陈炜兴（7月免）
　　　　　　张清华（10月任）

【工业产业】 全年实施规模以上工业项目90个，总投资132.7亿元。正兴药用包装、昆泰生物等11个重点项目列入石家庄市“三个一百”计划。华药生物发酵基地、科众3D定制绿色建材、易谷现代产业园、天山国际汽车产业园等投资规模大、发展前景较好的项目落户赵县。中兴机械在“新三板”上市。信源纺织、盛泰纺织等骨干企业引进新设备、新技术，向自动化方向发展。赵县生物产业园聘请中石化上海设计院完成“华北地区生物发酵基地”规划编制。5月8日，赵县工业园区23个重大项目集中开工，总投资额77亿元。其中，工业项目19个、设施项目4个；超亿元以上项目15个。主要投资项目有：投资6.2亿元河北省飞尔航空设备科技开发有限公司年产5000辆新能源房车项目、投资10亿元河北国柱环保设备制造有限公司年产56套生活垃圾处理设备项目、投资6.9亿元河北安健成益医药科技有限公司项目、投资5.6亿元河北昆泰生物科技有限公司项目、投资10亿元河北易谷投资有限公司易谷现代产业园项目等。由石家庄维尔利动物药业有限公司、河北鑫富达塑料制品有限公司共同投资兴建，位于赵县工业园区的河北昆泰生物科技有限公司项目，主要生产微生物制剂、生物疫苗、高端塑料制品等产品，总建筑面积79370平方米，规划竣工投产后年销售收入8.2亿元，上缴税金2.1亿元，带动就业人员500人；易谷现代产业园项目由专业工业园区运营专家组成，规划100余家中小企业入驻，年交易额42亿元，利税4.6亿元，提供就业岗位6000个。至2015年底，赵县拥有规模以上工业企业122个；规模以上工业总产值达到606.79亿元；实现规模以上工业增加值106.8亿元，同比增长7.6%；利润40.1亿元，同比增长13.7%。

【农业生产】 全年农林牧渔业总产值60.89亿元，同比增长2.97%。其中，农业产值39.76亿元，林业产值7133万元，牧业产值17.89亿元，农林牧渔服务业产值2.53亿元。粮食播种面积7.05万公顷，总产量55.73万吨，平均亩产527.1千克。其中，小麦播种面积3.81万公顷，总产量29.06万吨，亩产507.87千克；玉米播种面积3.21万公顷，总产量26.56万吨，亩产551.33千克。油料播种面积880公顷，总产量3990吨。蔬菜及食用菌种植面积1.1万公顷，总产量85.94万吨；瓜果类（主要为西瓜）种植面积1075公顷，总产量6.61万吨。果园（主要为梨园）面积1.67万公顷。水果总产量（不含果用瓜）62.0万吨，其中雪花梨34.25万吨、鸭梨8.25万吨。当年造林面积825公顷，零星（四旁）植树48万株。至2015年底，牛、奶牛、驴、猪、羊、鸡存栏数分别达到1.53万头、8100头、3036头、21.56万头、4.86万只、467.50万只。肉、蛋、奶产量分别达到4.39万吨、5.45万吨、3.73万吨，其中，猪肉、牛肉、羊肉、家禽肉、驴肉产量分别达到3.15万吨、2320吨、1025吨、8497吨、266吨。开展粮食高产创建活动，实现粮食生产“十二连丰”。小麦单产位居河北省第一，获授“全国产粮大县”称号。赵县与市农林科学研究院合作共建石家庄农业科技城获命名为“国家农业科技创新与集成示范基地”“省级现代农业科技园区”。发挥梨果产业优势，成功创建“国家级出口食品农产品质量安全示范区”。畜牧养殖业累计建成规模化养殖场128家，建成省、市级标准化示范养殖场19家。推进农业结构调整，建成农业生态园22个、家庭农场174家。土地流转面积23.6万亩，占土地承包总面积32.6%。46.5万亩农村土地确权登记完毕。2015～2017年度河北省现代农业综合开发示范区建设项目落户赵县，总投资84891万元。该项目示范区位于赵县赵州镇、高村乡2个乡镇19个行政村，建设高标准农田万亩，产业化项目10个，获得农业综合开发资金13170万元。其中，高标准农田建设示范工程7800万元；产业化项目财政补助5370万元；整合部门项目资金8859万元。项目建设期限为2015年6月至2018年3月，规划年治理土地面积20000亩，实施产业化项目3个以上。2015年赵县农民李素敏获评“全国种粮大户”“全国十佳农民”称号。

【旅游商贸】 旅游文化交流。梨花景观被国家农业部评为“中国美丽田园”。大石桥村获评“全省百强乡村旅游示范村”。赵州桥获评“石家庄十大城市名片”；赵州桥景区桥语展馆、古桥展览馆二期建成开放。9月4日，第六届“中国古桥研究与保护学术研讨会”在赵县举行，全国84名桥梁专家聚集赵州桥畔，以实地考察、专题发言、讨论交流方式，共同探讨如何利用现代科技保护研究古桥。10月4～6日，第十届天下赵州国际禅茶文化交流大会举行。天下赵州国际禅茶文化交流大会于2005年由柏林禅寺中兴住持净慧长老与中韩两国茶文化界共同发起召开。本届国际禅茶文化交流大会由河北省佛教协会主办，柏林禅寺、河北禅学研究所、《禅》编辑部联合承办，中国国际茶文化研究会、河北省茶文化学会及韩国《茶的世界》杂志社协办。第十届天下赵州国际禅茶文化交流大会期间举办了主题“正念与感恩”高峰论坛、“茶人之夜”晚会和礼供法会。重点商贸项目。赵州商贸城一期农贸市场建成开放，新合作广场、金地商业广场等项目正在建设。发展京东商城农村服务站85家，全县各类电商达到1800家。2015年赵县获评“河北省电子商务进农村综合示范县”。

【城乡建设】 《赵县城乡总体规划（2011—2030）》编制完成，规划城区面积扩展到35平方千米。谋划实施35个城镇建设重点项目，总投资30多亿元。围绕环境立县战略和创建省级园林县城目标，采取创建、增绿、提质思路及点、线、面结合方式，以县城入口处、闲置土地、单位及小区绿化为点，以街道升级绿化改造为线，以建公园、提升广场绿化为面，实施城区绿化提升工程。全年在京港澳高速、青银高速、308国道等重点路段、重要节点植树绿化320余万株，年末全县森林覆盖率达到29.01%。改造提升海尔大道、308国道、青银高速出入口等重点部位绿化形象，栽植垂柳、法桐等大型乔木9300多株，栽植碧桃、金叶榆、木槿等花灌木3000多株。新建迎宾公园、李春公园、赵州桥森林公园等公园绿地20多处，新增城区绿化面积155.1万平方米。植树112.6万株，新增绿化面积1.12万亩。妇幼保健院建设落成，锦绣华城、名门华府等棚户区改造初具规模，柏林禅寺片区改造顺利推进。改善生态环境，实施“压煤、减排、抑尘、控车、增绿”措施，实现空气质量好转，提前两年完成主要污染物削减任务。加强水环境监管，严厉查处偷排偷放违法行为。投资1.83亿元，实施以环保治理、两岸绿化、河道整治、桥涵建设为重点的洨河、汪洋沟综合整治工程，开展以清理积存垃圾、占道经营、乱停乱放等为重点的环境卫生集中整治行动。生物产业园污水处理厂开始试运行，清源污水处理厂升级改造工程、垃圾填埋场工程等项目正在建设。开展实心黏土砖瓦窑整治专项行动，关停取缔全部44座砖瓦窑生产场地。开展美丽乡村建设，17个省级重点村建设任务完成。

【社会民生】 全年用于民生支出18.85亿元，同比增长34.3%。十件利民惠民实事全部完成；赵县就业和社会保障服务中心建成投入使用；“五大保险”参保率、基金征缴率、待遇发放率均达100%。城乡低保实施动态管理，做到应保尽保，全年累计为1.9万名城乡低保人员发放低保金3598万元；为9743名80周岁以上高龄老人发放生活补贴400万元。投资4147万元，新建、扩建11所学校校舍工程完工，2015年赵县获评“全国义务教育发展基本均衡县”。重视文艺创作和交流，《天下赵州》人文纪录片在中央电视台播出，《赵州扇鼓》演出节目参加中韩文化交流活动。2015年11月，赵县首个院士工作站——河北兴柏药业集团有限公司院士工作站成立。开展打非治违、食品药品安全等专项整治行动，2015年赵县获评“河北省首批食品药品安全县”称号。

（屈海平）

晋 州 市

【概况】 晋州市位于石家庄市正东部，东及东北与辛集市、深泽县，西及西北与藁城区、无极县，南及西南与宁晋县、赵县相邻，距离石家庄市主城区45千米。晋州市是唐代丞相魏征的故乡，也是中国鸭梨之乡，所辖周家庄乡是中国唯一实行乡级集体核算管理体制乡镇。1991年经国务院批准撤县设市。总面积619平方千米，辖9个镇、1个乡，2个经济开发区、1个循环经济工业园区，10个居委会、224个行政村，常住人口55.27万人。2015年晋州市完成地区生产总值276.8亿元，同比增长7.7%。其中，第一产业增加值34.1亿元，增长1.8%；第二产业增加值153.9亿元，增长7.1%；第三产业增加值88.8亿元，增长10.6%。全社会固定资产投资272.9亿元，同比增长20.6%。全部财政收入10.2亿元，同比增长

15.2%，其中公共财政预算收入7.7亿元，增长10.2%；财政支出21.3亿元，同比增长20.2%。农林牧渔业总产值60.68亿元，同比增长1.33%。粮食播种面积5.15万公顷，总产量34.84万吨，平均亩产451.3千克。拥有规模以上工业企业262个；规模以上工业总产值613.71亿元；主营业务收入607.35亿元；规模以上工业增加值147.2亿元，同比增长7.9%；利润68.4亿元，同比增长11.7%。社会消费品零售总额112.4亿元，同比增长9.8%。民营经济增加值217.93亿元，同比增长8.3%。实际利用外资3280万美元，同比增长3.7%。城镇居民人均可支配收入为26633元，同比增长8.6%；农村居民人均可支配收入15045元，同比增长8.4%。金融机构存款余额204.5亿元，同比增长8.8%；城乡居民储蓄存款余额177.4亿元，同比增长15.2%。金融机构贷款余额91.9亿元，同比增长19.91%；城乡居民贷款余额41.0亿元。

中共晋州市委书记：陈慧明
市人大常委会主任：马玉社
市　　长：张佐英
市政协主席：崔贞军

【农业生产】 全年农林牧渔业总产值60.68亿元，同比增长1.33%。其中，农业产值37.56亿元，林业产值8387万元，牧业产值19.99亿元，农林牧渔服务业产值2.29亿元。粮食播种面积5.15万公顷，总产量34.84万吨，平均亩产451.3千克。其中，小麦播种面积2.50万公顷，总产量18.09万吨，亩产481.87千克；玉米播种面积2.15万公顷，总产量15.48万吨，亩产480.07千克。谷子播种面积1845公顷，总产量5546吨。豆类播种面积2390公顷，总产量3800吨。薯类播种面积690公顷，总产量1.64万吨。油料播种面积2855公顷，总产量9138吨，其中花生播种面积2645公顷，总产量8466吨。蔬菜及食用菌种植面积7097公顷，总产量54.57万吨；瓜果类种植面积60公顷，总产量1943吨。果园面积1.61万公顷，其中苹果园545公顷、梨园1.21万公顷、桃园589公顷、葡萄园2873公顷。水果总产量（不含果用瓜）75.31万吨，其中苹果产量2.0万吨、梨产量62.08万吨（雪花梨2.56万吨、鸭梨35.06万吨）、桃产量2.40万吨、葡萄产量8.81万吨。当年造林面积673公顷，零星（四旁）植树72万株。至2015年底，牛、奶牛、猪、羊、鸡存栏数分别达到1.31万头、6600头、26.85万头、8.59万只、758.20万只。肉、蛋、奶产量分别达到5.30万吨、7.66万吨、2.19万吨，其中，猪肉、牛肉、羊肉、家禽肉产量分别达到3.34万吨、2584吨、1885吨、1.44万吨。提升农业综合生产能力，建成万亩高产示范方7个。“晋州鸭梨”驰名商标入选中国果品区域公用品牌50强，晋州市被国家质量监督检验检疫总局批准为国家级出口食品农产品质量安全示范区（鲜梨）。双鸽生猪良种繁育基地发展成为石家庄市唯一“国家生猪核心育种场”；省、部畜产品无公害认定企业达到23家。汉荣包装王老吉饮品及伊利灌装生产线、群强鸭梨汁等农业产业化项目完工，农业产业化国家级重点龙头企业达到2家，省、市级以上分别达到6家和17家。

【重点项目】 全年晋州市建设亿元以上项目63项，实际完成投资80亿元，同比增长21%。其中，在建10亿元以上工业项目7项；列入石家庄市“三个一百”项目完成年度计划投资165.4%；豪盛医药中间体等15个项目竣工投产。推进园区基础设施建设，第二城市污水处理厂建成投用，冀融煤粉集中供热站、天然气供气站等园区建设工程完工，年末工业园区入驻企业达到360余家。博伦特医药、清华诚志等“园中园”高新技术产业示范基地完成投资14.7亿元。实施500万元以上工业技改项目103项，完成技改投资216亿元，新增规模以上企业16家，累计达到262家；规模以上工业实现增加值147.2亿元，同比增长7.9%。开展传统工业产业对标升级活动，纺织业引进国内领先织布、浆纱等设备，装饰建材业推行新型电能碳纤维烘干及粉尘回收技术，碳纤维加热线缆研发中心正建设。培育壮大以生物医药、新材料为主新兴产业，建成国内科技领先水平“诚志新材料”等10亿元以上工业项目7项。2015年12月，晋州经济开发区河北博伦特药业有限公司承接国家重点产业振兴项目和技术改造专项——“医药中间体和手性化合物”项目顺利通过河北省发展改革委、省工业和信息化厅专家组验收。开展高新技术项目合作，6月18日，晋州市、石家庄高新技术产业开发区签订战略合作协议，接受石家庄高新技术产业开发区晋州产业园授牌。至2015年末，晋州市拥有国家级高新技术企业4家、科技小巨人企业7家、科技型中小企业135家。

【商贸服务业】 全年实施社会消费品零售总额112.4亿元，同比增长9.8%；实际利用外资3280万美元，同比增长3.7%。围绕打造省会东部区域性商贸中心、物流中心和休闲旅游目的地目标，实施建设万豪名家国际商贸城等重点商贸工程，推进城区新商圈加速形成。发展农村电子商务服务站102家，农村商贸流通网络覆盖率达到85%以上，2015年晋州市获评省级电子商务进农村示范县市。4月2日至5月30日，由石家庄市旅游局、晋州市人民政府共同主办的“2015石家庄春季赏花踏青系列活动暨晋州市第十届梨花节”在周家庄乡农业特色观光园举行。晋州市第十届梨花节期间，周家庄乡观光采摘园总计接待游客3.8万余人次，门票、草莓采摘等累计收入80多万元。2015年9月，国家旅游局公布全国首批乡村旅游“千千万万”品牌名单，包括晋州市周家庄乡1056个乡村获评中国乡村旅游模范村。

【城乡建设】 推进新型城镇化建设，谋划实施重点工程35项。黄石高速出入口扩建和国道307线晋州东段（晋州市向阳路东至辛集市界）、魏征街等主干道改造完工，投资2亿元绕城公路项目正在建设，400千米电力线路工程竣工投用，地表水厂主体完工。实施朝阳路西延等8条道路绿化亮化工程竣工，新增绿化面积10.6万平方米。2015年7月，晋州市顺利通过省级园林城市复查验收。开展植树造林，新植树木108.3万株，年末晋州市森林覆盖率达到38.1%，建成区绿化覆盖率达到42.19%，入选河北省县城建设30强。提升城市污水处理能力。2015年秋，晋州第二城市污水处理厂建设工程完工。该项目于2014年春开工，总投资1.68亿元，总占地面积5.6公顷，建设规模为日处理污水6万吨。第二城市污水处理厂建成运行后，晋州市污水处理能力达到日处理污水12万吨。实施农村面貌改造提升行动，重点村饮水安全、道路硬化、村庄绿化完工，村容村貌全面改观。农村集体土地所有权主体发证完成，农村宅基地及集体建设用地登记过半。加强生态保护，开展涉水、粉尘排放企业专项整治，停产整改企业90家、取缔关停55家，推广低硫煤14.1万吨，至2015底，晋州市顺利完成化学需氧量、氨氮、二氧化硫等污染物削减任务。

【社会民生】 全年用于社会民生支出17亿元，同比增长19%，占全部财政支出79.8%。新农合保险参保率、城镇居民参保率、五保户集中供养率分别达到100%、99.8%、70%，参加各类保险人数累计达到44.2万人。新增城镇就业人口2930人，农村劳动力转移人口4884人，年末城镇登记失业率控制在1.7%以内。举办“春风行动”招聘会，32家用人单位参加，涉及专业和工种40多个，发放宣传资料5000余份，提供就业岗位1500余个，现场签订就业意向200多份。实施商标战略，至2015年末，晋州市拥有中国驰名商标5件，中国地理标志证明商标1件，省级著名商标37件，省级以上著名商标和名优产品68件，一般注册商标3050件。推进教育事业发展，10所学校改扩建工程完成并投入使用，9所学校改扩建项目主体完工；顺利通过国家义务教育基本均衡县督导检查验收。2015年3月，和平小学入选石家庄市中小学学校文化建设市级实验校。举办义诊下乡活动，2015年晋州市人民医院组建义诊下乡队伍下乡43次，深入43个乡村，参加医生334人次，义诊群众2.34万人次，其中B超6820人次、心电图20800人次、测血压2.34万人次，发放宣传材料10万余份，减免费用99.02万元。推进实施行政审批制度改革和商事制度改革，衔接取消下放行政审批事项70项，企业登记注册数量同比增长19.7%。2015年12月，晋州市政务服务中心被共青团石家庄市委、石家庄市人力资源和社会保障局、石家庄青年联合会联合授予首届“石家庄青年五四奖章集体”。

（安锁然　黄学哲）

新　乐　市

【概况】　新乐市位于石家庄市东北部，地处太行山东麓，属太行山山前倾斜平原，东及北与定州市、曲阳县，南及东南与藁城区、无极县，西北及西南与行唐县、正定县相邻，境内有沙河、木刀沟2条季节性河流，京广铁路、107国道、京港澳高速公路纵贯南北，南距石家庄市主城区38千米、石家庄国际机场7千米。1992年10月撤县设市。相传人类始祖伏羲长于新乐，自古有“羲皇圣里”之称，新乐市区北2千米保存有国家级文物——伏羲台。新乐市拥有西瓜、花生、蔬菜、生猪、奶牛“三种两养”五大特色产业，“新乐西瓜”被列为国家地理标志产品。总面积525平方千米，辖8个镇、3个乡、1街道办事处，10个居委会、160个行政村，常住人口51.24万人。2015年新乐市完成地区生产总值190.2亿元，同比增长7.6%。其中，第一产业增加值29.0亿元，增长3.0%；第二产业增加值103.8亿元，增长7.1%；第三产业增加值57.3亿元，增长10.8%。全社会固定资产投资235.8亿元，同比增长22.4%。全部财政收入8.3亿元，同比增长12.4%，其中公共财政预算收入6.2亿元，增长12.4%；财政支出18.2亿元，同比增长13.8%。农林牧渔业总产值54.51亿元，同比增长2.41%；粮食播种面积4.43万公顷，总产量31.72万吨，平均亩产477.5千克。拥有规模以上工业企业172个；规模以上工业总产值460.89亿元；主营业务收入458.64亿元；规模以上工业增加值92.4亿元，同比增长7.5%；利润42.6亿元，同比增长12.7%。社会消费品零售总额102.0亿元，同比增长9.8%。民营经济增加值146.97亿元，同比增长7.7%。实际利用外资211万美元，同比下降93.0%。在岗职工年平均工资46985元，同比增长31.6%；单位从业人员平均报酬45197元，同比增长28.4%。城镇居民人均可支配收入22427元，同比增长9.2%；农村居民人均可支配收入13337元，同比增长8.6%。金融机构存款余额140.4亿元，同比增长14.8%，其中城乡居民储蓄存款余额113.7亿元；金融机构贷款余额71.2亿元，同比增长19.8%，其中城乡居民贷款余额31.9亿元。

中共新乐市委书记：凌青利
市人大常委会主任：
　　张鹏　（2月免）
　　郝国杰（2月任）
市　　长：李志勇
市政协主席：杨运良（2月免）
　　　　　　丁山林（2月任）

【重点项目】　全年安排重点项目50个，望峰真空采血管及采血针项目、宇顺年产40万吨干混砂浆等11个项目竣工投产，累计完成投资13.8亿元；河北三元工业园、新东绿色环保包装等17个项目正在建设，累计完成投资32.8亿元。对接京津项目转移，谋划洽谈中食百绿食品深加工、北京科睿50万吨复混肥等产业项目，共储备项目111个，总投资326.1亿元，其中10亿元以上项目8个。经济开发区实施金光大道、经四路、纬十三路和LNG天然气门站建设工程，第二污水处理厂竣工，雨污管网和三元外供电线路等配套建设工程完成。至2015年末，经济开发区入区企业82家，主营业务收入163.9亿元。

【工业产业】　开展“百家企业百项对标”活动，实施重点技改项目35个，培育石家庄市级对标示范企业4家，新增上市公司1家，培育省级“两化”（工业化、信息化）融合示范企业3家，新增省著名商标2个。新化公司面对环境保护压产限产不利形势，采取对标先进、强化管理措施，上缴税金4036万元，同比增长19.6%。华宝公司加快新产品研发，拓展延伸产业链条，开拓国际国内市场，上缴税金2648.7万元，同比增长30%。制药产业快速发展，奥星药业公司上缴税金2468万元，同比增长67%；远大药业上缴税金801万元，同比增长205%。至2015年末，新乐市新增规模以上工业企业19家，累计达到172家；规模以上工业总产值460.89亿元；主营业务收入458.64亿元；规模以上工业增加值92.4亿元，同比增长7.5%；利润42.6亿元，同比增长12.7%。加快特色产业提档升级，鼓励特色产业企业利用新技术、新工艺、新设备实施升级改造。全年29家石雕企业升级改造完成；建成2个电热毯创业辅导基地和公共服务平台；杜固塑料产业园规划调整方案获得省国土资源部门批复。推进企业创新能力建设，建成院士工作站1家，省级、石家庄市级企业技术中心、工程实验室5家；申报科技型中小企业91家，科技型小巨人企业6家，高新技术产业企业14家。2015年新乐市高新技术产业企业完成工业增加值6.8亿元，同比增长25%。

【农业生产】 全年农林牧渔业总产值54.51亿元，同比增长2.41%。其中，农业产值26.45亿元，林业产值4001万元，牧业产值24.93亿元，农林牧渔服务业产值2.71亿元。粮食播种面积4.43万公顷，总产量31.72万吨。其中，小麦播种面积2.43万公顷，总产量17.46万吨，亩产478.3千克；玉米播种面积1.87万公顷，总产量13.77万吨，亩产491.6千克。薯类播种面积715公顷，总产量2.15万吨。油料播种面积8002公顷，总产量3.72万吨。棉花播种面积160公顷，总产量149吨。蔬菜及食用菌种植面积8472公顷，总产量82.11万吨。瓜果类种植面积4021公顷，总产量24.14万吨，其中西瓜播种面积2740公顷，总产量15.98万吨。果园面积1263公顷，其中苹果园234公顷、梨园600公顷、桃园234公顷、葡萄园114公顷。水果总产量（不含果用瓜）3.05万吨，其中苹果产量3750吨、梨产量2.1万吨（雪花梨5000吨、鸭梨7000吨）、桃产量3850吨、葡萄产量1250吨。当年造林面积3500公顷，零星（四旁）植树75万株。商品材产量2920立方米。至2015年底，奶牛、马、驴、骡、猪、羊、鸡存栏数分别达到2.98万头、4452头、1.21万头、1417头、35.16万头、2.0万只、854.18万只。肉、蛋、奶产量分别达到5.94万吨、8.32万吨、9.42万吨，其中，猪肉、牛肉、羊肉、家禽肉、驴肉、鸡蛋产量分别达到3.88万 吨、3220吨、329吨、1.37万吨、1747吨、8.16万吨。全年农林水务财政资金支出2.73亿元，落实中央财政农机购置补贴资金1290万元，补贴农机具366台（套）。投资4980万元建设5.7万亩节水灌溉工程、3个乡镇28个行政村10万亩高标准基本农田建设项目完工。农业规模经营提升，年末土地流转面积达到12.3万亩，其中土地规模经营面积达到10万亩，100亩以上流转大户达到144个，500亩以上流转大户达到21个；建成小麦、玉米和花生万亩高产创建示范方9个。农村土地所有权、集体建设用地使用权、农村宅基地使用权“三权”发证稳步推进，7个乡镇99个村32.7万亩耕地农村土地承包经营权确权登记调查基本完成。21家投资500万元以上种养企业列入石家庄市农业产业化项目库管理，发展形成“一村一品”专业村13个、专业乡镇1个。备案规模畜禽养殖场205个。提升农业科技水平，组建农业3G云平台项目，设置信息终端100台，支持庄稼种植示范园建成农业物联网应用温室9个，新农红薯种植专业合作社等6家产业化龙头企业建立网站。推广瓜菜节水灌溉、大棚西瓜甜瓜熊蜂授粉、生态防控和测土配方施肥等农业新技术，实施农机深松作业4万亩。推进无公害生产，全年认定无公害农产品产地3个、无公害畜产品产地8个，认证无公害农产品12个、绿色食品农产品3个。

【商贸服务业】 推进电子商务发展，出台政策支持骨干企业开办网上销售平台，引进阿里巴巴农村淘宝网店项目，重点推介新乐电热毯、汽车脚踏垫、石雕、西瓜、蔬菜等特色产品销售。扶持中小微企业建立网络店铺，实施百名网商培训、百家企业触网“双百行动计划”。淘宝大学新乐培训中心挂牌运营，与河北美术学院签订大学生代培协议，年培训大学生500名。2015年新乐市电商企业发展到360多家，总成交额达到15亿元，成功获批省级电子商务示范市。发展商贸物流，启动台北名品城项目，加快新华广场、金地国际广场和富达冷链物流等项目建设，升级改造邯郜市场超市、花生米市场，邯郜供销大厦建设落成。2015年新乐市新设企业790家，新增个体工商户1482家，同比分别增长45%和21%；社会消费品零售总额达到102.0亿元，同比增长9.8%；实现进出口总值9146万美元，其中出口总值9009万美元；实际利用外资211万美元。发展文化旅游项目，规划建设伏羲文化旅游产业园，与中华海西会、海航集团签订开发建设框架协议。加快东方文化创意产业基地建设，与京津冀名胜文化休闲旅游公司签订京津冀一体游合作协议，初步形成“邯郸西瓜采摘—河北美术学院—伏羲台”特色旅游线路。

【城乡建设】 围绕“城市管理提升年”和打造“升级版园林城市”建设目标，编制完成《新乐市城乡总体规划（2013–2030）》《新乐市城区排水（雨水）防涝综合规划》《新乐市城区污水工程专项规划》等。改善基础设施，实施总投资5.1亿元15项城乡基础设施建设工程，新华路西延、兴新街道路建设、民生街续建、东环路慢车道、无繁公路部分路段中修和乡道长班线建设以及8条村道、22个村内街道硬化全部完成，107国道北段拓宽改建、京港澳高速连接线建设工程开工，长杨路泵站、京新大街雨水、久乐南街雨水、三元路污水等工程正在建设。实施供热“汽改水”二期工程，供热主管网铺设5.6千米，辐射支管网建设6.4千米。提高城市绿化水平，采用绿随路走原则，高标准绿化建新街南延、三元路、长寿路西延、民生街等新建道路，栽植各类乔灌木50余万株；占地12亩新华路地道桥桥头游园建设完工。推进城市管理，提高城市洁净程度，加大环卫保洁资金投入，基本形成“人工保洁、机械清扫、高压冲洗”三位一体作业模式。集中整治乱占、乱停、乱堆、乱建、乱贴、乱挂行为，累计整治各类摊点、门店6400余处、不规范广告牌匾1200余块，拆除违章、简陋建筑5万余平方米；挖补、整修美化街路1万平方米，路面灌缝5.2万米；市区8条道路、6.58千米淤积严重主干排水管沟清淤疏浚完工；城区主干道两侧商户、摊点启动使用生活垃圾袋设施。实施农村电网改造，投资8331万元新建改造10千伏线路140千米，改造低压架空线路500千米，地埋电缆7千米，开工建设新乐东220千伏变电站工程。开展美丽乡村建设，投资5547万元改善15个省级重点村、9个革命老区村村容村貌，硬化村内主干道、连村路15万平方米，改造高、低压线路106千米，整理土地1.8万亩，建设文化广场8900平方米，改造旱厕5168座。投资1044万元解决6个乡镇10个村及6所学校2.28万人饮水安全问题，年末新乐市安全饮水村达到100%。探索农村环境容貌综合治理模式，启动农村生活垃圾处理市场化托管运营。

【生态环境治理】 开展大气污染防治攻坚行动，落实主体和监管“两个责任体系”，推行网格化、档案化“两个管理模式”。6.02万吨减煤任务完成；拆除城市规划区内燃煤锅炉、大灶和工业锅炉82台，推广洁净型煤6500吨、环保采暖炉4000台；金万泰公司3台燃煤锅炉环保改造完工，东方热电公司实现超低排放；淘汰黄标车127辆。落实重污染天气应急响应措施，顺利完成世界反法西斯战争胜利70周年纪念活动、11次重污染天气预警期间空气质量保障任务。加强污水处理厂运行监管，实现出境断面水质排放达到国家标准。开展“两河”绿化、县乡道路绿化、义务植树及高速、高铁等绿色通道补植补造为重点造林绿化行动，累计造林面积2.9万亩，植树165万株。2015年新乐市一级优天气达到12天，二级良天气达到74天，同比增加17天；重污染天气同比减少25天。

【社会民生】 开展政务改革，撤并政府工作部门4个，精简直属事业机构1个，消化历次机构改革不到位机构3个。行政审批制度改革衔接落实石家庄市政府取消下放行政审批事项29项，全面取消非行政许可和行政监管类别，推行行政审批事项目录化管理。清理规范市政府行政审批中介服务事项，形成12个部门36项行政许可涉及51项中介服务事项目录。市场登记监管“四个清单”“三证合一”“先照后证”全面实施。加强行政效能监督，综合整治群众办事难及乱收费、乱罚款、乱摊派和落实惠民政策缩水走样问题。举办《电视问政》栏目7期，26个新乐市直单位接受现场问政，督促整改问题83个。推进教育事业发展，投资3713万元，实施20所中小学、幼儿园改扩建工程；投资298万元，实施48所学校校舍、围墙、厕所维修改造，添置教学和生活设备，新乐一中与石家庄二中开展教学合作；公开招录招聘中小学教师102名。新乐市康复中心项目入选国家发展改革委建立的政府和社会资本合作项目库，项目总投资9500万元，建筑面积6000平方米，建设内容为装修、康复设备及附属工程，规划设置床位300张，建设地点为新乐市中医医院院内。新乐市中医院列入市中医药改革试点单位，新乐市医院综合病房楼主体完工，职工医院、正莫和彭家庄乡卫生院改造启动。落实城乡居民社会保障“一卡通”制度，新农合筹资标准提高到490元，参合率98.5%，县乡级住院率分别提高5个百分点，转诊率成为石家庄市最低。人口计生完成河北省、石家庄市下达责任目标，人口出生率12.5‰、符合政策生育率82.6%。开展出生缺陷干预，新生儿筛查率87.4%。争取上级就业专项资金1097万元，举办职业技能培训参加人数3200人次；城镇新增就业岗位3000个，城镇登记失业率控制在2.64%以内。开展“春雨行动”，累计发放救助资金2312万元，保障、救助困难群众6.3万人次。百岁老人高龄补贴标准提高到400元，为600名高龄老人、190名特困老人发放生活补贴47万元。建成2个残疾人“日间照料中心”，为1700多名贫困重度残疾人发放补贴120余万元，为380多名贫困残疾人实施康复服务，扶持残疾人就业创业2586名。开展创建全国文明城市活动，建成投用村民文体活动广场13个。2015年紫薯种植大户贾栓成获评全国劳动模范，新乐市获评省级文明城市和第四届全国文明城市提名城市。

（吴静）

人　物

Figures

中国共产党石家庄市委常委

孙瑞彬　河北省昌黎县人，1959年9月出生，1985年5月加入中国共产党。1975年7月参加工作。中央党校在职研究生班政治学专业毕业，河北工业大学高级管理人员工商管理专业硕士学位。1975年7月在河北省魏县当知青；1978年2月至1980年3月在河北医学院邯郸分院学习；1980年3月至1985年1月任河北彭城耐火材料厂团委副书记；1985年1月至1999年3月历任河北省邯郸钢铁总厂团委常委兼机关团委书记，厂团委副书记、团委书记，第三炼钢厂党委书记（1985年9月至1988年7月在河北省委党校党政干部函授学院学习，1991年9月至1994年6月在北京科技大学成人教育学院管理工程专业函授学习，1996年12月至1998年11月在中国社会科学院研究生院研究生课程进修班工业经济系企业管理专业在职学习）；1999年3月至2000年11月任重庆市重庆特殊钢（集团）有限责任公司总经理助理、副总经理；2000年11月至2002年12月任重庆市万盛区政府副区长、党组成员，2002年12月至2003年3月任重庆市万盛区区委副书记、区政府代区长，2003年3月至2004年5月任重庆市万盛区区委副书记、区政府区长，2004年5月至2005年1月任重庆市万盛区区委书记；2005年1月至2005年3月任河北省沧州市委副书记、市政府代市长，2005年3月至2006年11月任河北省沧州市委副书记、市政府市长（2004年3月至2006年1月在中央党校在职研究生班政治学专业学习）；2006年11月至2008年1月任河北省邯郸市委书记；2008年1月至2010年8月任河北省政府副省长、党组成员；2010年8月任河北省委常委、石家庄市委书记（2010年3月至2012年6月在河北工业大学高级管理人员工商管理硕士专业学习）。中国共产党十七大、十八大代表。

邢国辉　河北省正定县人，1961年3月出生，1984年9月加入中国共产党。1976年12月参加工作。天津财经大学国民经济学专业毕业，在职研究生学历，经济学硕士。1976年12月至1982年2月在正定县工作，任正定县革命委员会招待所服务员、正定县委办公室打字员；1982年2月至1985年11月在石家庄工作，任石家庄地委办公室打字员、文书档案员，石家庄地区行署税务局科员（1984年9月转为干部）；1985年11月至1994年6月任河北省税务局人事教育处科员、副主任科员、主任科员及人事处副处长（1983年8至1986年6月在河北大学函授汉语言文学专业学习）；1994年8月至2008年3月任河北省地方税务局人事处副处长、处长，副局长、党组成员、党组副书记（1993年8月至1995年12月在中央党校领导干部函授班经济管理专业学习，1997年1月至1998年6月在藁城市挂职任市委副书记）；2008年3月至2011年12月任河北省地方税务局局长、党组书记（2007年9月至2009年6月在天津财经大学国民经济学专业学习）；2011年12月至2013年12月任河

北省财政厅厅长、党组书记；2013年12月至2015年7月任张家口市委书记；2015年7月至2015年9月任石家庄市委副书记，市政府副市长、代市长、党组书记；2015年9月任石家庄市委副书记，市政府市长、党组书记。第十二届全国人大代表、中国共产党河北省第八届省委委员。

张泽峰 河北省蠡县人，1972年6月出生，1993年6月加入中国共产党。1993年7月参加工作。河北大学世界经济专业毕业，在职研究生学历，经济学博士学位。1991年9月至1993年7月在保定师范专科学校中文系中文专业学习；1993年7月至1994年1月任保定师范专科学校人事处干部；1994年1月至1994年12月任保定地区教委职教科科员；1994年12月至2000年10月任保定市教委科员、团委副书记、团委书记（1994年4月至2000年6月在河北省高等教育自学考试汉语言文学教育专业本科班学习，1996年8月至1998年12月在中央党校函授学院本科班政法专业学习）；2000年10月至2002年11月任河北省高阳县副县长（1998年9月至2001年7月在中央党校研究生院在职研究生班经济学专业学习）；2002年11月至2007年4月任共青团保定市委书记（2006年3月至2006年6月在河北省委组织部—中国人民大学中青年干部执政能力建设培训班学习）；2007年4月至2013年4月任共青团河北省委副书记、党组成员、党组副书记（2007年9月至2012年6月在河北大学世界经济专业学习）；2013年4月至2015年3月任共青团河北省委书记、党组书记；2015年3月至2015年8月任石家庄市委副书记（正厅级）；2015年8月任石家庄市委副书记（正厅级），市政府党组副书记。

司存喜 河北省巨鹿县人，1957年9月出生，1983年7月加入中国共产党。1975年10月参加工作。河北农业大学园艺系果树专业毕业，大学学历，河北大学经济学院政治经济学专业经济学硕士学位。1975年10月任巨鹿县城关公社技术员；1979年10月至1983年7月在河北农业大学园艺系果树专业学习；1983年7月至1986年12月历任河北省邢台市农业局科员、林业科副科长，1986年12月至1992年5月历任邢台市委组织部组织员、市政府办公室秘书，1992年5月至1998年1月任邢台市政府副秘书长；1998年1月至2001年6月任河北省隆尧县委副书记、县长（1998年9月至2000年6月在河北大学经济学院政治经济学专业研究生课程进修班学习），2001年6月至2003年4月任隆尧县委书记；2003年4月至2006年1月任河北省保定市副市长，2006年1月任保定市委常委、宣传部部长，2008年5月任保定市委常委、纪委书记；2011年4月任石家庄市委常委、纪委书记，2013年7月任石家庄市委副书记，2013年8月任石家庄市委副书记兼市委党校校长。

鲍际国 河北省卢龙县人，1962年3月出生，1984年6月加入中国共产党。在职研究生学历。1980年10月入伍，1984年7月毕业于南京炮兵学院炮兵指挥专业；1984年至1987年历任解放军38集团军113师炮兵团3营8连排长、炮兵团政治处干事、师司令部炮兵指挥部参谋（1984年9月至1987年7月在中国人民大学中文专业大专班学习）；1987年11月至1991年1月历任解放军38集团军113师炮兵团一五二加榴炮1营2连和1连连长及师司令部炮兵指挥部参谋；1991年1月至2007年7月历任秦皇岛军分区司令部参谋、动员科科长、军务动员科科长、秦皇岛市山海关区人民武装部部长、秦皇岛军分区后勤部部长（1997年9月至1999年7在中央党校函授学院政法专业学习，2002年1月至2003年12月在国防大学战役指挥专业研究生班学习）；2007年7月任邯郸陆军预备役炮兵旅旅长；2008年12月任秦皇岛陆军预备役炮兵旅旅长；2012年4月任石家庄警备区司令员。2013年1月

任石家庄市委常委。

刘明轩 河北省怀安县人，1960年1月出生，1991年1月加入中国共产党。1982年8月参加工作。美国伊利诺依大学芝加哥校区工商管理专业毕业，在职研究生学历，工商管理硕士学位，讲师。1978年10月至1982年8月在北京钢铁学院机械系冶金及矿山机械制造专业学习；1982年8月至1985年2月任河北省有色金属公司机械厂技术员、生产技术室副主任；1985年2月至1994年11月任河北省冶金工业学校讲师；1994年11月至2003年8月历任河北省经贸委对外经济贸易处主任科员、副处长、处长，外资处处长（1997年9月至1999年7月在南开大学国际经济研究所世界经济专业研究生课程进修班学习，2000年11月至2001年11月在美国伊利诺依大学芝加哥校区工商管理专业学习）；2003年8至2003年11月机构改革，原职务自然免除；2003年11月至2004年10月任河北省重点建设领导小组办公室副主任；2004年10月至2008年12月历任河北省发展和改革委员会交通运输处处长、助理巡视员、副巡视员（2005年8月至2008年6月支援新疆工作，历任新疆巴州党委常委、副州长兼库尔勒城市信用社党委书记）；2008年12月任石家庄市政府副市长、党组成员；2013年3月任石家庄市委常委，市政府副市长、党组成员；2013年7月任石家庄市委常委、纪委书记。

张树志 河北省东光县人，1956年1月出生，1975年8月加入中国共产党。1979年8月参加工作。河北农业大学农学系土壤农化专业毕业，大学普通班学历。1976年9月至1979年8月在河北农业大学农学系土壤农化专业学习；1979年8月至1985年4月历任东光县农业局技术员，土肥站站长，农业局局长；1985年4月至1989年7月任东光县灯明寺镇党委书记；1989年7月至1992年11月任东光县法院代理院长、院长；1992年11月至1998年2月任东光县副县长，县委常委、副县长；1998年2月至1999年12月任河北省黄骅市委副书记、市长；1999年12月至2002年9月任石家庄晋州市委副书记、市长；2002年9月至2008年6月任石家庄藁城市委书记；2008年5月任石家庄市委常委、统战部部长；2008年12月任石家庄市政府副市长、党组成员，市委农工委书记、政法委副书记；2012年9月至2013年4月任石家庄市委常委，市政府副市长、党组成员，市委农工委书记、政法委副书记；2013年4月任石家庄市委常委，市政府党组成员，市委农工委书记。

胡儒钗 河北省任丘市人，1959年10月出生，1978年12月加入中国共产党。1974年12月参加工作。中央党校研究生院在职研究生班法学理论专业毕业，中央党校在职大学学历。1974年12月至1976年12月任任丘县北辛庄公社海河指挥部专职测量员；1976年12月至1979年12月为河北省军区独立2团1连战士；1979年12月至1981年3月任石家庄军分区警通排排长；1981年3月至1983年1月在石家庄陆军学校政治系学习；1983年1月至2000年8月历任石家庄军分区警通排排长，政治部干事、老干部办公室主任、干部科科长、副主任（1984年12月至1987年12月在河北师大政教系大专班学习，1994年8月至1996年12月在中央党校函授学院经济管理专业学习）；2000年8月至2009年1月历任石家庄市委政法委副书记兼政治部主任，市委组织部常务副部长兼市干部考核委员会办公室主任；2009年1月至2011年8月任石家庄市委常委、统战部部长（2008年9月至2011年7月在中央党校研究生院在职研究生班法学理论专业学习）；2011年8月任石家庄市委常委、秘书长。

高天 女，满族，河北省易县人，1967年4月出生，1987年10月

加入中国共产党。1989年7月参加工作。河北大学中文系汉语言文学专业毕业，大学学历，文学学士学位，燕山大学研究生培训班公共管理专业公共管理硕士学位。1985年9月至1989年7月在河北大学中文系汉语言文学专业学习；1989年7月至2011年8月历任河北省妇女联合会宣传部干事、协调员、副部长，办公室副主任、主任，权益部部长，副主席、党组成员（1989年12月至1991年1月在石家庄正定县正定镇下乡锻炼，1991年2月至1991年12月在石家庄井陉县化工机械厂扶贫，1994年1月至1994年12月在河北省妇女干部学校挂职任校团委书记，2005年6月至2006年5月在燕山大学研究生培训班公共管理专业脱产学习，2008年1月获得公共管理专业硕士学位）；2011年8月任石家庄市委统战部部长，2011年9月任石家庄市委常委、统战部部长；2013年7月任石家庄市委常委、宣传部部长。

姜建华 河北省南皮县人，1960年2月出生，1985年11月加入中国共产党。1980年2月参加工作。河北省委党校在职研究生班经济管理专业毕业，省委党校在职研究生学历。1978年3月至1980年2月在河北省沧州地区财贸学校学习；1980年2月至1984年9月任沧州地区卫生局会计；1984年9月至1986年6月在河北广播电视大学沧州分校学习；1986年6月至1990年9月任沧州地委组织部副科级秘书、正科级调研员；1990年9月至2010年11月任河北省委组织部研究室主任科员，办公室副主任、正处级组织员，研究室（政策法规处）主任（处长），人才工作处处长（1992年8月至1994年12月在中央党校函授学院本科班政治专业学习，1996年9月至1998年7月在中国社会科学院研究生院财贸经济系在职研究生班学习，2003年9月至2006年7月在河北省委党校在职研究生班经济管理专业学习）；2010年11月至2015年5月任河北省委组织部副巡视员；2015年5月任石家庄市委常委、组织部部长。

郭运兴 河北省成安县人，1962年10月出生，1987年7月加入中国共产党。1978年12月参加工作。中南大学远程网络教育法学专业毕业，在职大学学历。1978年12月至1980年10月为河北省邯郸地区招待处工人；1980年10月至1984年10月为邯郸地区公安处办公室民警；1984年10月至1986年8月为河北省公安学校学员；1986年8月至1988年4月为河北省涉县公安局城关派出所民警；1988年4月至1993年4月任邯郸地区公安处四科科员（1988年12月转为人民警察，1991年12月录为干部，1989年9月至1992年6月在中国人民公安大学自学考试公安管理基础科学习）；1993年4月至1993年7月任邯郸地区公安处刑事侦查科副科长；1993年7至1999年2月任邯郸市公安局六处副处长，刑事警察支队副支队长（正科级）；1999年2月至2002年9月任河北省魏县公安局局长、党委书记（副处级）；2002年9月至2003年11月任河北省磁县公安局局长、党委书记（副处级）；2003年11月至2011年4月任邯郸市公安局副局长、党委委员，正处级侦察员，副局长、党委委员（正处级），副局长、党委副书记（正处级）；2011年4月至2011年6月任河北省公安厅刑事警察总队（刑事侦查局）政委（副厅级，试用期一年）；2011年6月至2012年4月任石家庄市公安局局长、党委书记（副厅级）（2006年9月至2010年1月在中南大学远程网络教育法学专业学习，2012年2月全国高等学校学生信息咨询与就业指导中心认证大学学历）；2012年4月至2015年4月任石家庄市副市长、党组成员，市公安局局长、党委书记兼督察长；2015年4月任石家庄市委常委、政法委书记。

毛全球 河北省行唐县人，1960年1月出生，1983年5月加入中国共产党。1981年9月参加工作。中央党校函授学院政法专业毕业，中

央党校在职大学学历。1979年9月至1981年9月在石家庄地区财贸学校商业专业学习；1981年9月至1990年2月历任行唐县商业局和财贸办公室干部、政府办公室资料员，多种经营委员会副主任、玉亭乡乡长、县税务局副局长，县委办公室副主任（1985年8月至1988年7月在河北省委党校函授学院党政干部专业学习）；1990年2月至2003年3月历任行唐县财政局局长、党组书记，政法委专职副书记，副县长兼县政府办公室主任、政法委副书记，县委常委、副县长（1995年7月至1997年12月在中央党校函授学院政法业学习）；2003年3月至2007年9月历任河北省栾城县委副书记、代县长、县长；2007年9月至2010年4月任栾城县委书记；2010年4月至2013年7月任正定县委书记（2010年9月至2011年1月兼正定新区党工委书记、管委会主任，2012年7月兼正定新区党工委书记）；2013年7月任石家庄市委常委、统战部部长。中国共产党十八大代表。

李震国 河北省赵县人，1966年1月出生，1987年10月加入中国共产党。1984年7月参加工作。河北省委党校在职研究生班法学专业毕业，省委党校在职研究生学历。1984年7月至1993年6月历任石家庄地区教育局会计，地委办公室

科员、党史研究室秘书；1993年6月至1998年1月历任石家庄市委党史研究室综合处处长、党史办公室副主任兼石家庄市清房办公室副主任；1998年1月至2003年3月历任河北省晋州市委常委、纪委书记、市委副书记；2003年3月至2008年6月任河北省行唐县委副书记、县长，2008年6月至2011年11月任行唐县委书记（2008年6月至2009年7月兼任县长），2011年11月至2011年12月任石家庄市委常委、行唐县委书记；2011年12月至2012年12月任石家庄市委常委、行唐县委书记（新疆巴音郭楞蒙古自治州副州长），2012年4月至2013年12月任石家庄市委常委（新疆巴音郭楞蒙古自治州副州长），2013年12月任石家庄市委常委（新疆巴音郭楞蒙古自治州党委常委、副州长）。

崔大平 河北省藁城市人，1965年8月出生，1985年12月加入中国共产党。1984年7月参加工作。中国青年政治学院青年思想教育专业毕业，在职大学学历，法学学士学位。1981年9月至1984年7月在河北省

正定师范学校学习；1984年7月至1991年8月历任藁城县教育局和县团委干部，县（市）团委宣传部长（1987年8月至1989年8月在河北省青年管理干部学院学习，1989年7月至1991年8月在中国青年政治学院青年思想教育专业学习）；1991年8月至1992年3月在石家庄团地委帮助工作；1992年3月至2007年3月历任藁城市团委宣传部长，张村乡副乡长、乡党委副书记，兴安镇党委副书记、计生办主任、经联社常务副主任，增村镇党委书记；2007年3月至2010年6月任藁城市委常委（政法委书记）；2010年6月至2013年6月任石家庄市委副秘书长（不占职数，西藏日土县委书记），2013年6月至2013年7月任石家庄市委常委、副秘书长（不占职数，西藏日土县委书记），2013年7月至2013年9月任石家庄市委常委、副秘书长（不占职数，阿里地委副书记），2013年9月任石家庄市委常委（不占职数，阿里地委副书记）。

☆王亮 河北省承德县人，1958年10月出生，1985年3月加入中国共产党。1976年2月参加工作。中央党校函授学院经济专业毕业，中央党校在职大学学历。1976年2月任承德县常裕沟中学民办教师；1978年4月至1979年11月在承德市师范

学校学习；1979年11月至1981年11月任承德市师范学校教师（1980年9月至1981年7月在承德师范专科学校学习）；1981年11月至1983年9月任承德市第二中学团委副书记；1983年9月至1985年9月在河北省委党校共青团干部培训班学习；1985年9月至1986年5月任承德市委整党办公室干事；1986年5至1994年3月历任共青团承德市双桥区委负责人、区委书记，共青团承德市委副书记、党组成员，共青团承德市委书记、党组书记（1991年8月至1993年12月在中央党校函授学院经济专业学习）；1994年3月至1997年6月任河北省兴隆县委副书记；1997年6月至2001年7月任河北省丰宁满族自治县委书记；2001年7月至2006年9月任河北省张家口市委常委、宣传部长，2006年9月至2008年5月任张家口市委常委、组织部长；2008年5月至2012年4月任河北省委组织部副部长，2012年4月至2013年2月任河北省委组织部副部长、省机构编制委员会办公室主任；2013年2月至2013年4月任石家庄市委副书记，市政府代市长、党组书记；2013年4月任石家庄市委副书记，市政府市长、党组书记；2015年7离任石家庄市委副书记，市政府市长、党组书记。

☆刘晓军 河北省顺平县人，1962年4月出生，1983年7月加入中国共产党。1984年7月参加工作。日本国立信州大学人文学部地域文化专业毕业，在职研究生学历，文学硕士学位，讲师。1980年8月

至1984年7月在河北师范学院中文系中国语言文学专业学习；1984年7月至1987年8月历任河北师范学院团委宣传部部长、团委副书记；1987年8月至1991年11月历任中央劳改劳教管理干部学院干部、团委书记；1991年11月至1999年12月历任共青团河北省委学校部部长、干事、团省委统战部部长（1995年3月至1998年3月在日本国立信州大学人文学部地域文化专业攻读硕士研究生学位）；1999年12月至2001年9月任河北省永年县委副书记；2001年9月任河北省馆陶县委副书记、县长，2003年4月任馆陶县委书记；2004年6月至2009年6月任河北省政府外事办公室（省政府侨务办公室）副主任、党组成员，河北省委外事工作领导小组办公室副主任；2009年6月任石家庄高新技术产业开发区党工委书记；2009年7月任石家庄市政府党组成员，石家庄高新技术产业开发区党工委书记；2009年8月任石家庄市政府副市长、党组成员，石家庄高新技术产业开发区党工委书记；2011年8月任石家庄市政府副市长、党组成员；2011年9月任石家庄市委常委，市政府副市长、党组成员；2013年3月任石家庄市委常委，市政府副市长、党组副书记；2015年7月离任石家庄市委常委，市政府副市长、党组副书记。

☆刘志鹏 河北省行唐县人，

1958年7月出生，1985年6月加入中国共产党。1975年12月参加工作。中央广播电视大学法学专业毕业，在职大学学历。1975年12月至1978年2月为河北省新城县（1993年4月撤销，改为河北省高碑店市）闫家务村下乡插队知青；1978年2月至1981年1月在解放军51092部队服役；1981年1月至1984年12月在新城县卫生局工作；1984年12月至1989年10月历任新城县政府办公室秘书、副主任（1988年3月转为干部，1985年9月至1988年7月在河北广播电视大学汉语言文学专业学习）；1989年10月任高碑店市杨漫撒乡党委副书记、乡长，1990年8月任高碑店市乔刘凡乡党委书记；1994年5月至1996年8月历任高碑店市政府秘书长，市公安局局长、党委书记，市委常委；1996年8月至2003年4月历任河北省保定市委政法委副书记、常务副书记，市社会治安综合治理办公室主任（2002年9月至2003年1月在河北省委党校中青年干部培训班学习）；2003年4月至2008年5月任河北省衡水市公安局局长、党委书记（2002年8月至2004年1月在中央广播电视大学法学专业学习）；2008年5月至2009年2月任河北省唐山市公安局局长、党委书记；2011年4月任石家庄市委常委、

政法委书记；2015 年 3 月任石家庄市委政法委书记；2015 年 4 月离任石家庄市委政法委书记。

☆王俊钟 河北省威县人，1957 年 10 月出生，1982 年 12 月加入中国共产党。1975 年 10 月参加工作。河北省委党校在职研究生班经济管理专业毕业，省委党校在职研究生学历。1975 年 10 月至 1979 年 9 月任河北省邢台地区广宗县旧店公社兽医站兽医；1979 年 9 月至 1981 年 7 月在邢台地区财贸学校学习；1981 年 7 月至 1981 年 12 月任广宗县土畜产品公司干部；1981 年 12 月至 1985 年 9 月任广宗县委办公室干部；1985 年 9 月至 1987 年 7 月在河北省委党校理论班学习；1987 年 7 月至 1990 年 11 月任《探索与求是》杂志社编辑；1990 年 11 月至 2008 年 6 月历任河北省委组织部研究室干事、主任科员、副主任、主任，干部二处处长（1996 年 8 月至 1998 年 12 月在中央党校函授学院经济管理专业学习，1997 年 9 月至 1999 年 7 月在天津财经学院国际贸易专业研究生课程班学习，2000 年 9 月至 2003 年 7 月在河北省委党校在职研究生班经济管理专业学习）；2008 年 6 月任石家庄市委常委、组织部部长；2012 年 1 月任石家庄市委常委、组织部部长，市总工会主席；2013 年 12 月任石家庄市委常委、组织部部长；2015 年 5 月离任石家庄市委常委、组织部部长。

全国见义勇为英雄司机

2015 年 12 月 23 日，由中华见义勇为基金会、中国石油天然气集团公司联合主办的第十二届“昆仑奖”全国十大见义勇为英雄司机表彰大会在北京人民大会堂举行，石家庄市好“的哥”李保忠在此次大会上获得“全国见义勇为英雄司机”称号，这是河北省唯一一人获此称号。

李保忠 51 岁，石家庄市天鹏出租汽车公司司机。2014 年 5 月，李保忠在开车过程中看到两名男子盗窃一名女子背包，遂大吼一声，逼迫两人收手。对方恼羞成怒，向李保忠亮出匕首。李保忠毫不畏惧，从车上拿出修车工具与对方对峙，最终邪不压正，两男子落荒而逃。2014 年 8 月 9 日下午，李保忠驾驶出租车行至市区中山路与育才街附近时，一名男青年上车，举止怪异。凭借多年的职业经验，李保忠认定该男子有问题。于是他与男子机智周旋，将车开到警务站，配合民警将该男子抓获。后经民警审讯，该男子是一名盗窃犯罪嫌疑人。

第五届全国道德模范提名奖获得者

邢少仑 55 岁，国家电网河北省电力公司石家庄供电分公司员工。自 1999 年参加第一次无偿献血起，邢少仑逐渐将无偿献血作为“业余爱好”，用大部分业余时间开展无偿献血、扶危济困、公益宣传等志愿服务活动。16 年来，邢少仑坚持无偿献血 300 余次，仅在河北省总献血量超过 17 万毫升，相当于 30 多个成年人血量总和。邢少仑 4 次获得国家卫生计生委、中国红十字总会颁发全国无偿献血金奖，并被授予“红十字会”志愿者终生荣誉会员。2015 年 10 月 13 日，第五届全国道德模范评选表彰活动在北京市举行，石家庄市推荐国家电网石家庄供电公司职工邢少仑获得第五届全国道德模范提名奖。

中国好人

吴振山 1957年3月出生，中共党员，河北省石家庄市人。河北农业大学毕业，高级工程师、高级经济师、经济管理学硕士，河北天山实业集团有限公司董事长、总裁，天山发展（控股）有限公司董事局主席。第十届、第十二届全国人大代表，河北省第十一届人大代表。1980年天山集团成立，自成立起，吴振山用自己的智慧和汗水将最初的乡村建筑队，发展成为一家以石家庄为基础，产业辐射京津冀、环渤海及香港、深圳、上海、山东等10余个大中型城市的大型集团公司。该集团以“服务客户、追求卓越、完善自我”为企业理念，以“三心五德”即“无私的心、宽广的心、全投入的心及智、信、仁、勇、严”为核心价值，建成国家级、省级、市级优质工程及优质样板工程120余项，连续十年竣工工程优良率达到100%。企业创业之初，吴振山始终坚持“以质量求生存，以信誉促发展”目标。1990年代末，吴振山在天山集团院落中央立下一块石碑，规定：哪个项目经理负责的工程达不到优良，就将他的名字刻在石碑上，至2015年底，无字碑仍空无一字，但天山人“重质量、讲诚信、树品牌”的企业精神和文化根植于每个人心中。在无字碑精神感召下，企业用诚信和责任换来市场的认可和社会的信赖，吴振山也获得“全国劳动模范”“全国优秀企业家”“中国建设行业杰出贡献奖”等称号。2002年天山集团开始建设天山科技工业园，为进驻企业提供总部发展平台，建成集科研、办公于一体集约化经营、总部化运作商务基地，形成完整的产业链条。近年来，天山集团在石家庄周边县市及北京、天津、山东等省市建成多个工业园区，实现了由建筑型企业向产业聚集型企业成功转型。规划建设石家庄天山世界之门项目，占地面积890亩，总建筑面积400万平方米，是石家庄市最大的商务文化城市综合体；开发建设石家庄天山海世界，为国家4A级旅游景区，首开城市健身休闲娱乐先例，是河北省最大的水上迪斯尼乐园；开发建设天津天山海世界米立方，是天山集团在天津市投资建设的全国最大的室内恒温水上全民健身活动中心，2013年开业，集北国风光、南国情调及千亩绿地公园与五星级酒店于一体，规模、品质在全国均有较高声誉；开发建设天山蟠龙湖项目，坐落石家庄市二环外围，距石家庄市区中心20千米，集旅游、养老、文化、度假等原生态旅游观光和文化健身中心为一体；开发建设天山水榭花都项目，获得河北省“国家康居示范工程”、河北省“全国名盘五十强”、石家庄“广厦奖”；打造石家庄市顶级生态精品洋房住宅典范——天山熙湖项目，成为天山集团房地产作品巅峰之作。2010年天山发展（控股）有限公司在香港联合交易所主板上市。2013年起，吴振山在天山集团大胆改革，立足专业化运营机制和集团战略，实施绩效考核、授权体系等创新，企业营业收入实现翻番。2015年天山集团建成集通用航空、文化旅游开发、城市运营、现代农业、金融服务等多领域为一体综合性企业集团，旗下设有万创产业集团、海世界集团、资本集团、实业集团、房地产开发集团等。近年来，天山集团热心参与扶贫攻坚、抗震救灾、城市建设等公益光彩事业，捐款捐物数千万元，安置下岗职工8000余人，每年为社会提供上万个就业岗位。2015年7月2日，中央精神文明办公室授予吴振山诚实守信“中国好人”称号。

黄云武 1965年出生，河北省沧州市沧县人，石家庄公路主枢纽组织管理中心主任、党委书记。2010年黄云武从部队转业后，被调到石家庄北出市口改造工程征地拆迁前沿阵地。针对拆迁工作特点，他认真查阅资料，主动研究政策，打牢“基本功”。对征地补偿期望值较高的企业，黄云武主动上门，反复攻关。多数企业以利益至上为理念，态度强硬，有的企业放话，达不到拆迁条件免谈。为尽快打开突破口，黄云武采取鞋不怕磨破、嘴不怕说干的做法，及时了解企业现状，并请好友出面，大打感情牌，不厌其烦与企业老板谈政策、讲利弊，凭着军人不服输的倔劲，最终用心“征服”了企业老板。北出市口改造工程征地拆迁期间，做到了无越级上访、无群体事件、无遗留问题，出色完成征地拆迁任务。2012 年黄云武调任石家庄公路主枢纽组织管理中心后，适应新形势需要，与班子成员研究决定，全面开展“做文明服务标兵、展公路枢纽风采”主题创建活动。他身先士卒，每天早出晚归，放弃休息时间，多次实地调研，督导工作进展情况。为改善场站面貌，在资金紧张情况下，累计投资 58 万元，改造公厕、服务台，购买航空座椅，硬化破损路面，完善基础设施。黄云武与班子成员集思广益，一起想办法、谋策略，吸引社会资金 100 万余元，成功安装彩色 LED 显示大屏、灯箱和展牌，使候车大厅亮起来、美起来，候车厅形象全面提升。黄云武思考最多的问题是“如何让客运站快速健康发展”。为此，他周密部署，选派精兵强将赴外地学习先进理念，组织召开座谈会，征求职工意见，千方百计为客运主业增收创收，并将目标瞄准新兴旅游和物流行业，多次找上级领导汇报说明，向专家咨询，反复推敲论证，修改完善合作方案。2015 年 6 月 19 日石家庄公路主枢纽旅游集散中心正式揭牌运营，还与石家庄十佳物流企业实现强强联手。多年来，黄云武凭借坚定的信念、踏实的作风和不凡的业绩，抒写了新时期共产党人“奉献社会、服务人民”的新风采！ 2015 年 12 月 30 日，中央精神文明办公室授予黄云武敬业奉献“中国好人”称号。

全国劳动模范

魏立华 中共党员，清华大学 EMBA 硕士研究生学历，石家庄君乐宝乳业有限公司董事长兼总经理，食品专业高级工程师。自 1995 年石家庄君乐宝乳业有限公司成立起，魏立华以超前的竞争意识、不懈的进取精神，将君乐宝乳业有限公司发展成为集乳品加工、奶源建设、科研开发、供应销售于一体，拥有 10 家生产工厂、5800 多名员工的河北省最大乳制品企业。2014 年君乐宝乳业实现销售收入 50 亿元，同比增长 40%，其中君乐宝低温酸牛奶、乳酸菌饮料市场占有率位列全国第四位。魏立华曾获评“全国奶业优秀工作者”“河北省优秀民营企业家”“河北省轻工业优秀企业家”称号。2015 年 4 月，魏立华获评全国劳动模范称号。

吴振山 2015 年 4 月，吴振山获评全国劳动模范称号。参见《石家庄年鉴 2016》“中国好人”。

齐名 43 岁，中共党员，大专学历，华北制药集团金坦公司首席技师。齐名凭借坚持不懈的学习钻研，由一名普通电工成长为进口设备维修专家。2008 年底，齐名被确诊为白血病后，他边治疗边钻研，6 年时间完成 156 项科技成果，获得 5 项国家专利，为企业创造综合经济效益 3800 多万元，为企业培养技术骨干 50 多名。齐名曾获得全国职工职业道德建设先进个人、全国最美职工、河北省能工巧匠、感动省城十大人物等 70 多项荣誉。2015 年 4 月，齐名获评全国劳动模范称号。参见《石家庄年鉴 2014》“感动省城十大人物”。

单东阳 中共党员，大专学历，国家电网石家庄供电公司变电检修室变电检修一班班长、助理工程师。1989 年单东阳从石家庄电力技校毕业，分配到石家庄电力公司从事变电检修工作，一干就是 26 年。单东阳立足岗位、扎根基层，从一名普通员工成长为变电检修专业技术带头人。单东阳担任班长 14 年，累计工作时间超过 3700 天，曾获得“河北省能工巧匠”“石家庄市金牌工人”称号。2014 年以单东阳为带头人——单东阳创新工作室获评首批全国示范性劳模创新工作室称号，同年单东阳获评河北省劳动模范称号。2015 年 4 月，单东阳获评全国劳动模范称号。

葛文军 中共党员，大学学历，石家庄常山纺织股份有限公司恒盛分公司动力车间主任、高级工程师。葛文军毕业于河北机电学院（后改名为河北科技大学）电机专业，1993 年 7 月分配到常山股份棉四分公司动力车间。大学毕业后，葛文军扎根基层一线，爱岗敬业，勇于创新，从一名电气技术员成长为一名优秀管理人才，工作22年累计为企业创造直接效益1000多万元。其中，葛文军升级改造3台进口浆纱机电气系统，节约费用30多万元，增加效益上百万元；会同设计院设计35千伏变电站，年可节省电费330多万元；推进公司信息化生产管理，组织安装生产监控系统ERP软件，为公司各管理层根据管理范围调用数据、科学分析提供条件，创造经济效益600万元。2001年葛文军获评石家庄市劳动模范称号，2004年获评河北省劳动模范称号。2015年4月，葛文军获评全国劳动模范称号。

信蕴霞 女，51岁，中共党员，硕士研究生学历，神威药业集团有限公司副总裁、党委副书记，经济师。信蕴霞是神威药业集团创始人之一。她善用科学管理，创新党组织建设，将党建、工会和行政工作有机结合，制定党组织主要职责，规范活动阵地；利用广播、集团局域网、电子屏幕等党建宣传媒介，常年在公司职工中开展“创建学习型党组织，争做知识型职工”等活动，创新实施远程培训，开展“把企业骨干培养成党员，把党员培养成企业骨干，把党员骨干选拔进企业领导班子”“双培一选”活动，企业10余名员工被公司送至清华大学等高等学府参加EMBA课程高级研修，形成一套专业人才和经营管理人才激励机制，为企业发展提供了动力源泉；坚持以人为本，积极推进和谐劳动关系，切实维护员工合法权益，使神威药业形成独具特色的阳光企业文化，企业经济实力连续多年保持增长。在信蕴霞推动下，神威药业每年投入专项资金，用于改善员工工作生活条件，并成立“爱心基金”，专门资助因疾病、重大变故、子女上学等经济出现困难的员工和家庭，2014年神威药业资助8名经济困难员工，捐资20余万元。信蕴霞勤奋好学，善于钻研业务，撰写论文《以适应市场为主线的企业战略性结构》获得第八届国家级二等企业管理现代化创新成果，《弘扬阳光文化 创建阳光事业》获得2005年河北省企业文化奖二等奖。信蕴霞曾获评河北省劳动模范称号，并获得河北省科学技术进步奖。2015年4月，信蕴霞获评全国劳动模范称号。

尹小平 中共党员，大专学历，石家庄市正定县塔元庄村党支部书记。该村共有村民480户、2000多人，耕地760亩、河滩地3000亩。2000年1月，在外做建筑生意的尹小平当选塔元庄村党支部书记，当时村里欠外债30多万元。面对现实困难，尹小平和村干部、党员、村民齐心努力，将一个负债30多万元的穷村，变成村集体经济收入达到830多万元的富裕村、文明村、先进村。自2008年起，尹小平带领塔元庄村完成旧村整体拆迁改造工程，创建绿色豆芽厂、现代农业科技示范园，实施千亩水上公园、冰雕展工程等项目，村集体经济收入连年增加，村民福利大幅提高。2013年7月，中共中央总书记习近平再次到塔元庄村考察，连说多次“没有想到会有如此翻天覆地的变化”。2014年塔元庄村实现村集体经济收益830多万元，并获评“全国文明村”。2015年4月，尹小平获评全国劳动模范称号。

高素娥 女，中共党员，高中学历，石家庄市藁城区岗上镇杜村党支部书记、村主任、村妇女代表大会主任。高素娥自任村委会主任、村党支部书记以来，在解决村民饮水安全、田间道路整修、村庄排水、小学教学楼重建、绿色蔬菜示范园建设、农民增收等工作上做出突出成绩。藁城区岗上镇杜村被河北省命名为“蔬菜种植示范村”，并多次获评“工作实绩突出村”“农村面貌改造提升先进村”“河北省美丽乡村”等荣誉，高素娥也连续多年获评“一好双强党支部书记”称号。2015年4月，高素娥获评全国劳动模范称号。

冀泽海 中共党员，高中学历，井陉县神农核桃专业合作社理事长。冀泽海拿出数十万元积蓄开发荒山，开山修路，架设高压线，修建蓄水池，初步建成集生态经济、观赏、休闲、采摘、垂钓于一体绿色生态园——神农山庄。2008年冀泽海注册成立井陉县神农核桃专业合作社，2009年获评河北省劳动模范称号。2015年4月，冀泽海获评全国劳动模范称号。

贾拴成 中共党员，大专学历，新乐市新农红薯种植专业合作社理事长、新农红薯种植专业合作社党支部书记、河北省农技协甘薯专业委员会主任委员。十几年来，贾拴成引导广大群众发展甘薯种植，使河北省甘薯种植面积发展到100多万亩，规模种植户达到5000多户，人均增收1000多元。贾拴成先进事迹先后被《中国青年报》《河北日报》及河北电视台等多家新闻媒体报道，曾获得第十一届中国杰出青年农民提名奖、中国乡村好青年、河北省劳动模范等荣誉称号。2015年4月，贾拴成获评全国劳动模范称号。参见《石家庄年鉴2015》“全国乡村好青年”。

全国先进工作者

卢建新 1959年2月出生，河北省藁城区人，中共党员，大学学历，石家庄市城市管理委员会党组书记、主任。卢建新谦虚好学，组织领导能力较强，善抓班子队伍建设，提出创建“人民满意城管”目标，明确“发展是第一要务、群众是第一目标、和谐是第一追求、干部是第一因素、落实是第一关键”总体工作思路，实现了石家庄市城管事业跨越发展。卢建新作风务实，勤勉敬业，业绩突出，在干部职工中威信很高。在他带领下，石家庄市城管委连续多年获评市级“好班子”“省级文明单位”等荣誉称号。2015年4月，卢建新获评全国先进工作者。参见《石家庄年鉴2015》“全国五一劳动奖章获得者”。

李锋 1964年1月出生，河北省正定县人，中共党员，研究生学历，石家庄市第三医院院长、主任医师。李锋在成人关节重建外科、关节镜外科、血管外科、骨关节创伤和骨肿瘤治疗方面有很深的造诣，完成河北省首例膝关节单髁置换术、首例肘关节镜术，石家庄市首例同侧髋膝关节置换、首例人工膝关节翻修术、人工髋关节置换翻修术，104岁老人髋部粉碎骨折手术，获得国家专利2项，河北省级科技进步奖2项，市级科技进步奖3项，在核心期刊发表文章20余篇，出版专著2部，在研课题3项。2015年4月，李锋获评全国先进工作者。

马瑞华 女，1971年1月出生，河北省灵寿县人，中共党员，本科学历，石家庄市第一中学语文高级教师，语文教研室副主任、信息宣传处主任。马瑞华曾获评全国模范教师、全国教育系统巾帼建功标兵，河北省劳动模范、河北省三三三工程第三层次人才、河北省骨干教师、河北省学科名师、河北省三八红旗手，石家庄市优秀共产党员、石家庄市有突出贡献中青年专家、石家庄市教学管理先进个人；教育研究成果获评全国中小学思想道德建设优秀成果展评活动二等奖。2015年4月，马瑞华获评全国先进工作者。

鲍婕 女，1981年4月出生，河北省藁城区人，中国民主促进会会员，大学学历，石家庄市民政局优抚处副处长，市政协第十二届委员。鲍婕负责老干部工作8年间，核销医药费190余万元，看望住院老干部80余人次，帮助解决实际问题150多件。2011年鲍婕办理人大代表建议16件、政协提案56件，办复率、回访率和代表满意度均达100%。2012年鲍婕督导全市24个县（市、区）全部按照新标准将义务兵优待金发放到位，累计落实发放资金9000余万元。2010年鲍婕获评石家庄市劳动模范、石家庄市三八红旗手，2014年获评河北省先进工作者。2015年4月，鲍婕获评全国先进工作者。

中国青年五四奖章获得者

杨普 女，1983年出生，石家庄常山纺织股份公司恒盛分公司织造车间技术员。2000年杨普入职常山股份棉四分公司布机挡车工实习，2009年企业整体搬迁时率先来到常山纺织园区恒盛分公司织造车间，担任教练员、值班长。杨普在常山纺织公司工作16年，坚信行行都能出状元的哲理，勤学苦练，勇于创新。做挡车工，机下接头成绩达到每分钟35～38个，比部级颁发标准提高一倍，实现布机车9年累计超产棉布近20万米；担任值班长，杨普培训的学员“优一级手”率达到90%，轮班效率提高2%，三班中人员流失最少，二次入司最多，生产成绩月月位居车间榜首；担任操作技术员，杨普以轮班办公室为教室、车间机台为练兵场，将“杨普操作法”以及自创的操作技巧和绝招倾囊传授给青年工人。杨普曾获得全国劳动模范称号、第十一届“中华技能大奖”、河北省第四届“金牌工人”、河北省第八届“燕赵技能大奖”、省市优秀共产党员等荣誉，是全国纺织行业产业工人的杰出代表。2015年3月28日，杨普当选为共青团河北省委兼职副书记。2015年5月，杨普获授第19届“中国青年五四奖章”。参见《石家庄年鉴2013》“第十一届中华技能大奖获得者”。

李冬浩 1979年出生，中共党员，河北大学计算数学及其应用软件专业毕业，大学学历，中国电子科技集团公司第五十四研究所卫星通信与广播电视专业部七室副主任、党支部书记，高级工程师。李冬浩潜心钻研卫星通信新技术、新产品的研发与推广应用，曾担任多个国防重点项目总工程师或副总工程师。李冬浩以主要完成人身份，参与研制中国第一个具有独立自主知识产权的MF-TDMA/FDMA双模卫星通信系统，填补了国内该领域空白，打破中国TDMA产品长期依赖国外进口局面，技术成果申报8项国家（国防）发明专利，获得国家科学技术进步二等奖和国防科学技术进步一等奖。近年来，MF-TDMA/FDMA双模卫星通信系统实现批量生产并推广应用，在四川汶川抗震救灾、军事演习通信保障、索马里护航等任务中发挥了重要作用，产生巨大的军事、经济和社会效益。2015年5月，李冬浩获授第19届“中国青年五四奖章”。

全国十佳孝贤

2015年10月10日，第十二届全国十佳孝贤颁奖大会在河南省登封市举行，包括石家庄市谷岳潘在内10位孝贤模范获授“十佳孝贤”称号。

谷岳潘 1978年1月出生，中共党员，浙江省温州市人，河北省石家庄市新华集贸市场商户。谷岳潘17年间60多次勇斗歹徒、抢险救火。2006年9月21日，谷岳潘勇斗持刀抢劫歹徒，并在3名军人协助下，擒获一名歹徒，帮助受害人追回20多万元现金；2006年10月20日，一家西服加工厂突然着火，谷岳潘不顾生命危险，奋力救火，为工厂挽回几十万元经济损失。谷岳潘还积极投身社会公益事业，“5·12”四川省汶川地震发生后，谷岳潘捐款捐物，并深入地震重灾区，参与抢救工作。多年来，谷岳潘将政府和浙江商会给他个人奖励及经商积蓄共计50万元，用于资助浙江河北两地生活困难群众、贫困学生和白血病患者。2007年度谷岳潘被评为“感动省城”十大人物，2009年获得“全国见义勇为英雄”“中国好人”“河北省见义勇为英雄”称号，2006～2008年连续三年获评河北省见义勇为标兵，2011年获得第三届全国道德模范提名奖。

全国十佳农民

李素敏 1966年2月出生，中专学历，赵县南柏舍镇徐家寨村人，家庭农场主，赵县素敏粮食种植专业合作社理事长。李素敏出身农民家庭，热爱农业，懂经营、善管理，信誉高、口碑好，被当地农民称为“农民专家”和“致富带头人”，2007年、2012年李素敏两次被农业部授予“全国种粮大户”称号，并获得“2010～2012年度石家庄市农民劳动模范”称号。2012年5月，李素敏主动联系本村农民220户，联手创办“赵县素敏粮食种植专业合作社”，合作社种植粮食2360亩，年销售收入697万元，被农业部评定为“国家农民合作社示范社”。2013年2月，李素敏粮食种植农场成立，种植粮食285亩，每年为国家提供安全优质小麦17万千克、优质玉米18万千克。2014年李素敏粮食种植农场被赵县命名为“明星示范家庭农场”。2015年11月，国家农业部授予李素敏等10人为“全国十佳农民”。

河北省见义勇为英雄

2015年6月16日，第十届河北省见义勇为英雄表彰大会在石家庄市举行，包括石家庄市张德云、彭海东共17人、3个群体被省政府授予“河北省见义勇为英雄（群体）”称号。

张德云 河北省正定县人，中共预备党员，“子龙义务救援队”带头人。张德云生长在太平河畔，曾十余次从太平河救出15人，成功挽救7条生命，被当地老百姓称为“太平河边的生命保护神”。在石家庄市长安区见义勇为协会建议下，张德云带头组建了“子龙义务救援队”，与“110”“119”信息互通，多次参与太平河沿线救人行动。张德云曾被市政府授予“见义勇为模范”称号，被省会文明委命名为“石家庄市文明公民标兵”。

彭海东 河北省献县人，石家庄外来务工人员。2013年4月7日，彭海东开车路过石津灌渠，遇到一男子不慎落水，瞬间被河水卷走。紧急情况下，彭海东跳入河水拦截落水者，并将原本套在自己身上的游泳圈让给落水者。彭海东与岸上众人上演的“石津灌渠大营救行动”在石家庄市引起强烈反响。2013年12月，市政府授予彭海东“见义勇为模范”称号。

河北省道德模范

邢少仑 2015年7月，河北省精神文明委员会授予邢少仑第五届“河北省道德模范”称号。参见《石家庄年鉴2016》“第五届全国道德模范提名奖获得者”。

河北省师德先进个人

2015年9月，石家庄市5名教师获评2015年河北省师德先进个人。

刘凤果 石家庄市第二中学

毛双景 河北正定中学

杜莹 新乐市承安中学

茹晓峰 晋州市第五中学

刘萍 石家庄市长安区沿西街小学

石家庄市见义勇为模范

2015年12月9日，石家庄市政府授予贾志刚、田金兵、左旭“见义勇为模范”称号（石政发〔2015〕

60号）。

贾志刚 1980年1月20日出生，中共党员，中专文化，井陉县孙庄乡冶里村退役军人。2015年8月2日，贾志刚正在冶河边纳凉，忽然听到有人喊救命，发现有3个约十六七岁男孩在河中游泳时溺水，贾志刚迅速游到3个男孩的身边，但由于这三个男孩已经在水中挣扎十多分钟，求生的欲望使他们在慌乱中紧紧抓住贾志刚不放，贾志刚身上被多处抓伤，拼尽全力也无法将3个男孩同时救上岸。贾志刚急中生智，迅速游到岸上找了一根树枝再次下水，几个来回后，其中的两个男孩被拖上岸得救了。等他再次去施救时，水面上第三个男孩已经没了踪影。后经过三个多小时的搜救，体力已严重透支的贾志刚终于抓到了第三个男孩，在众人的合力下打捞上岸。贾志刚的事迹在《石家庄日报》《燕赵晚报》《河北青年报》等媒体报道及多家网站转载，在社会上引起强烈反响，2015年9月，井陉县政府授予贾志刚“见义勇为先进个人”称号。

田金兵 1946年12月1日出生，新乐市邯邰镇东张村人。2013年7月16日，新乐市杜固镇宋村两个十七八岁的男孩在大沙河沙坑边玩水时，不慎落入7米深的水坑。当时大沙河上游普降暴雨，水位暴涨，正在河边捕鱼的田金兵听到呼救声后，立即跳进水中，潜到水底看到两个男孩抱在一起，便抓起一个男孩的手往回游，但他俩的手抓在一起，谁也不放开谁，田金兵使出浑身力气将他俩拖到离岸一米时已筋疲力尽，这时，他迅速上岸，拿起渔网把两个男孩兜住拽上岸来。1987年新乐市大沙河放水，邯邰镇东张村人李某玩水时不慎落入5米深的大漩涡中，被树根缠住了腿。在河边打鱼的田金兵见此情景，经过三次入水尝试，终于把李某救上河岸。同年，一个7岁左右的小孩在木刀沟河边玩耍时不慎落入深水中，在河边打鱼的田金兵及时用渔网把孩子打捞上岸。田金兵多次救人事迹在《石家庄日报》《燕赵晚报》等媒体报道，河北新闻网、中央人民广播电台官网、搜狐网等多家新闻网转发。2015年9月14日，新乐市政府授予田金兵“见义勇为先进个人”称号；2015年10月，田金兵被评为感动新乐人物。

左旭 1989年11月6日出生，正定县常山社区物资小区，从事个体养殖。2015年7月24日，左旭和家人在滹沱河黄金海岸东侧的斜坡边游玩，突然听到有人大喊“有会水的吗？快救命啊！”听到喊声，左旭不假思索地就冲了过去，看到离岸十米左右有3个人在水中挣扎，便迅速跳进水里救人，由于水太深，水流又急，左旭连续起伏了三四次，都没有找对方向，差点被水冲走，情况非常危急，但他没有退缩，终于调整好方向，向落水者游去，发现是一个大人、两个孩子，左旭先抓住大人，被救的大人抓着两个孩子，连拖带拽，在大家的帮助下把父子三人救上岸，挽救了一家三口的生命。2015年10月，正定县政府授予左旭“见义勇为先进个人”称号。

石家庄市第四届道德模范

2015年8月，省会精神文明委员会授予20人“石家庄市第四届道德模范”称号。

助人为乐（4人）

邢少仑 55岁，国网河北省电力公司石家庄供电分公司员工

刘金剑 42岁，栾城区西羊市村村民

吴海岩 40岁，正定县南楼中学副校长

王晓军 39岁，石家庄市公交二公司18路班长

见义勇为（3人）

侯钧 25岁，第38集团军油管线队班长

冯召贤 29岁，石家庄金垦科技公司员工

底彦辉 35岁，正定县交警大队协管员

诚实守信（4人）

袁书英 62岁，深泽县南关村村民

崔建强 37岁，行唐县龙州镇庄头村村民

李志粉　女，42 岁，元氏县民兴农业专业合作社理事长

张桂豪　45 岁，新华区革新街商户

敬业奉献（5 人）

王霞　女，43 岁，石家庄市第八医院儿童康复科主任

张旭海　61 岁，赞皇县阳泽乡西阳泽中心小学教师

周世珍　女，49 岁，赞皇县阳泽乡西阳泽中心小学教师

张兰锁　57 岁，平山县蛟潭庄镇拦道石村党支部书记

李军风　女，51 岁，新华区卫生队环卫工

孝老爱亲（4 人）

高军章　46 岁，石家庄市牛仔王商贸有限公司董事长

孟凡果　女，61 岁，赵县南柏舍镇南李家疃二村村民

薛淑欣　女，61 岁，深泽县王场村村民

刘孝福　71 岁，石家庄市照明电器公司绕丝车间原党委书记

石家庄市文明公民标兵

2015 年 5 月 8 日，省会精神文明委员会授予 23 位市民“石家庄市文明公民标兵”称号。

助人为乐（10 人）

张献军　47 岁，赞皇县许亭乡北潘村党支部委员

李中辉　71 岁，河北二机公司退休职工

刘金剑　42 岁，栾城区楼底镇西羊市村村民

陈星秀　26 岁，石家庄“一家人”志愿者协会成员

付庆花　女，48 岁，正定县个体经营者

孙玉娜　女，27 岁，河北惠康集团肉食车间大车间班长

朱素蕊　女，43 岁，正定县个体经营者

白立刚　35 岁，鹿泉区获鹿镇南海山村村民

韩雪珍　女，50 岁，赞皇县职工子弟小学教师

冉军　43 岁，省会私家车学雷锋志愿服务车队队员

诚实守信（1 人）

于游　51 岁，河北科技大学职工

敬业奉献（6 人）

刘胜法　52 岁，晋州市桃园镇文化站站长

张兰锁　61 岁，平山县拦道石村党支部书记

刘兴　28 岁，赞皇县公安局刑警三中队中队长

李军风　女，51 岁，新华区卫生队环卫工人

康慧君　女，49 岁，栾城区南高乡龙化小学教师

马喜林　46 岁，灵寿县公安局情报中心主任

孝老爱亲（4 人）

谷丽娜　女，29 岁，新乐市彭家庄乡大赵村村民

吕庚付　61 岁，元氏县殷村镇北程村村民

孟红英　女，52 岁，省书店宿舍居民

王秀英　女，51 岁，长安区瑞国社区居民

热心公益（2 人）

李育德　73 岁，新乐市公安局退休干部

高军章　46 岁，石家庄市牛仔王商贸有限公司董事长

2015 年 8 月 1 日，省会精神文明委员会授予 26 位市民、1 个集体“石家庄市文明公民标兵”称号。

助人为乐（10 人）

张宁宁　女，30 岁，《燕赵晚报》读者服务部记者

王彦坤　52 岁，藁城区国税局副局长

司玉良　61 岁，灵寿县慈峪镇柏山中心小学副校长

赵伟　30 岁，长安区建安街道长虹家电维修部职员

许英廷　44 岁，正定县车站街居民

严振华　33 岁，石家庄市振华集团董事长

王会聪　32 岁，长安区棉一社区居民

王飞　41 岁，石家庄天苑小区文印店主

牛秋伟　43 岁，赵县韩村镇政府副镇长

赵英潮　38 岁，赵县韩村镇政府办公室主任

见义勇为（2 人）

冯召贤　29 岁，栾城区南十里

铺村人，石家庄金垦科技公司员工

王志平　39岁，井陉矿区凤山镇党委委员、武装部长

诚实守信（1个）

裕华区民政局婚姻登记处

敬业奉献（8人）

冯志斌　48岁，正定县子龙小学校长

宫国涛　51岁，赞皇县交通运输局公路管理站花林养护中心主任

赵云霞　女，43岁，行唐县国税局副局长

王美荣　女，50岁，新乐市东阳学校教师

贾合福　60岁，石家庄市金世纪物业公司经理

马兵　40岁，石家庄市孙村警务站副主任

赵雪娟　女，36岁，平山县邮政局客户经理

朱丽慧　女，27岁，平山县邮政局理财经理

孝老爱亲（6人）

李恒英　51岁，晋州市营里镇张十字庄村村民

刘强　26岁，桥西区振四街社区居民

路国安　52岁，桥西区公安分局巡防大队巡防队员

周金冉　女，37岁，正定县正定镇北贾村村民

孙玉枝　女，67岁，灵寿县塔上镇万里村村民

崔喜喜　女，79岁，鹿泉区黄壁庄镇下黄壁村村民

2015年12月4日，省会精神文明委员会授予22位市民“石家庄市文明公民标兵”称号。

助人为乐（4人）

闫路军　40岁，河北诚信有限责任公司职工，元氏县铁屯村人

何帅　22岁，裕华区美苑社区居民

王东　42岁，石家庄市龙韵文化传播有限公司负责人

李虎　37岁，石家庄市龙韵文化传播有限公司职工

见义勇为（4人）

贾志刚　35岁，井陉县孙庄乡冶里村村民

刘强　49岁，石家庄新奥燃气有限公司元氏工作站职工

张志刚　45岁，鹿泉区上庄镇小李庄村村民

赵科　29岁，鹿泉区上庄镇小李庄村村民

诚实守信（2人）

张丽　女，31岁，河北唯帅服饰有限公司导购员

侯冀　31岁，河北唯帅服饰有限公司导购员

敬业奉献（9人）

康军平　39岁，平山县邮政投递员

樊喜平　54岁，平山县南甸镇政府党委委员、南焦坡村党支部书记

杨向平　31岁，赞皇县医院内二科执业医师

何新文　46岁，石家庄市第49中学教师

武治平　68岁，藁城区兴安镇武家庄村卫生所所长

张世环　60岁，石家庄客运总站站长

聂建忠　58岁，鹿泉区殡仪馆职工

丁翠芬　女，50岁，行唐县教师进修学校教师

赵青博　女，32岁，石家庄信息工程职业学院教师

孝老爱亲（3人）

焦锦　76岁，平山县古月镇下三家店村村民

王新格　女，47岁，赞皇县第一中学教师

刘俊芬　女，48岁，藁城区河北今朝农业科技有限公司董事长

2015年12月31日，省会精神文明委员会授予27位市民“石家庄市文明公民标兵”称号。

助人为乐（10人）

闫兰祥　60岁，石家庄万美法律咨询服务中心副主任

杨红梅　女，38岁，藁城区岗上镇岗上村村民

马彦志　44岁，裕华区个体经营者

罗会议　59岁，石家庄市公安局裕华分局卓东派出所社区民警

谷凤梅　女，66岁，裕华区方村镇第一社区居民

王文林　52岁，赞皇县许亭乡北潘村村民

王凤爽　31岁，河北金峻信息科技有限公司经理

王军海　48岁，无极县地税局副局长

马文联　48岁，石家庄市公共交通总公司115路公交车长

张英霞　女，47岁，平山县古月镇刘家沟村村民

见义勇为（2人）

杨会涛　27岁，元氏县顺通出租汽车公司员工

贾永博 28岁，元氏县顺通出租汽车公司员工

诚实守信（1人）

丁建勋 33岁，石家庄市公交公司正定公司132路公交车长

敬业奉献（10人）

崔立伟 36岁，正定县公安交通警察大队协警

白元兵 55岁，平山县供电公司下口供电所巡线工

葛军梅 女，42岁，石家庄广播电视台新闻综合频道主持人

宋素智 女，48岁，藁城区职教中心教师

谷晓雨 女，33岁，河北正定中学实验中学高中教师

杜博 36岁，石家庄太行垃圾填埋场职工

马素明 60岁，行唐县老年文体协会会长

申卫霞 女，39岁，行唐县文联副主席、行唐县委宣传部新闻科科长

杨玉红 女，42岁，无极县邮政局邮递员

李素敏 49岁，赵县南柏舍镇徐家寨村村民

孝老爱亲（4人）

卢巧风 女，56岁，平山县下口镇梨园村村民

陆荣珍 女，76岁，正定县正定镇教场庄村村民

董花珍 女，37岁，赞皇县龙桥街居委会龙门生活小区居民

彭小军 65岁，晋州市东卓宿镇北彭家庄村村民

石家庄市高层次人才

2015年7月8日，市委、市政府授予20人“石家庄市高层次人才”称号。

姬胜利 河北常山生化药业股份有限公司

陈钟 神威药业集团有限公司

赵韶华 石家庄以岭药业股份有限公司

李占利 石家庄中煤装备制造股份有限公司

远松灵 石家庄市京华电子实业有限公司

史占良 石家庄市农林科学研究院

张继军 石家庄工大化工设备有限公司

仲锡军 河北迈尔斯通电子材料有限公司

刘金成 河北阳煤正元化工集团有限公司

赵玉斌 石家庄市中医院

姚继明 石家庄美施达生物化工有限公司

高春平 石家庄开发区达为医药科技有限公司

田国英 石家庄市农林科学研究院

强慧勤 石家庄市畜牧兽医技术开发中心

潘卫东 石药集团有限责任公司

朱青竹 石家庄市农林科学研究院

李月华 石家庄市农业技术推广中心

李玉平 石家庄市果树站

赵洪明 石家庄市动物疫病预防控制中心

刘彦军 石家庄市农林科学研究院

石家庄市师德先进个人

2015年9月，103名教师获评2015年石家庄市师德先进个人。

杜丽梅 鹿泉区大河镇霍寨小学

王月琴 鹿泉区实验初级中学

王民会 鹿泉区第一中学

曹雅青 元氏县第七中学

王文忠 元氏县苏村中心小学

燕菊肖 元氏县前仙中心小学

冯素云 高邑县西南岩学校

王兰荣 高邑县三中

张立贞 高邑县西富村中心小学

李淑娟 新乐职中

刘志敏 新乐市马头铺中学

朱江英　新乐市协神学校
王永飞　新乐市化皮学区化皮小学
刘建星　栾城区职教中心
臧忠良　河北栾城中学
王斌峰　石家庄市栾城区第一小学
谷彦丽　井陉矿区贾庄中学
马晓燕　井陉矿区第一小学
李娜　井陉矿区凤山中心小学
李鹏雏　裕华区第四十中学
高虹　石家庄外国语学校
刘巧华　石家庄市石门小学
李蕤　裕华区青园街小学
谷海龙　河北平山实验中学
李莉　西柏坡学区元坊小学
贾丽玮　平山县三汲乡三汲中学
刘新丽　河北平山中学
毛玉彩　藁城区南董镇河西营小学
王军永　藁城区南孟学区康村小学
董丽彩　石家庄市藁城区梅花镇中学
苏新刚　藁城区实验小学
王庆芳　灵寿县青同镇中
付晓燕　灵寿县陈庄学区
崔艳梅　河北灵寿中学
尹彦庭　井陉县第一中学
梁永志　井陉县第二中学
韩密生　井陉县小作中学
董香敏　赵县李春学校
王红　赵县职专附属幼儿园
李少蕾　赵县赵州镇中学
宋红欣　石家庄市 23 中学
剧素丽　长安区第 45 中学
王淑敏　石家庄市盛世长安小学
樊会娟　长安区谈固小学
王红梅　深泽县深泽镇中学
李彩丽　深泽县桥头乡耿庄村小学
陈雪涛　河北省深泽县中学
王俊平　石家庄市第五十四中学
孙伟　石家庄高新区中仰陵小学
安月欣　石家庄高新区宋营小学
张建梅　正定县解放街小学
王彦伟　正定县第六中学
徐纪强　正定县南楼学区良下学校
付新平　正定县第一中学
孙朝娟　行唐县九口子乡东彩庄教学点
尤慧娟　行唐县第二中学
李翠霞　行唐县第二中学
李世珍　无极县东中铺学校
李雪梅　无极中学北校区
魏丽娟　无极张段固学区齐洽学校
刘立波　石家庄市第九中学
赵玲　石家庄市合作路小学
孙育红　石家庄市第二十八中学
李玉梅　石家庄市新华区机场路小学
马玉文　石家庄市八一小学
张素芳　石家庄市第十七中学
刘冬生　石家庄市第四中学
邵坤　石家庄市桥西区教育局
孟存山　晋州市小樵学校
陈喜来　晋州市赵位学校
王立春　晋州市东里庄学校
边二超　河北赞皇中学
时笑菲　城关镇华林小学
耿云朋　赞皇县第二中学
辛朵　河北辛集中学
孙吉林　河北正定中学
崔海龙　河北正定中学实验中学
杨占枝　精英中学
吴蕾　河北师范大学附属中学
林子胜　河北师大附中东校区
管艳　河北师范大学附属小学
王嘉　石家庄第一中学
任莉娜　石家庄市第二中学
张丽娜　石家庄市第二中学西校区
陈洪星　石家庄二中实验学校
秦秀霞　石家庄市第十五中学
雷晓哲　石家庄市第 24 中学
宋辉　石家庄教科所
李媛　石家庄市 61 中学
赵国蕊　石家庄市实验中学
姚科　石家庄第二实验中学
魏娜　石家庄市职业技术教育中心
张艳　石家庄市第一职业中专学校
孙利灵　石家庄市第二职业中专学校
吴英俊　石家庄市第三职业中专学校
张英丽　石家庄市职业财会学校
程月利　石家庄市特殊教育学校
张彦哲　石家庄科技工程职业学院
赵丽琴　石家庄学院

张静　石家庄信息工程职业学院

李英华　石家庄幼儿师范高等专科学校

赵占军　石家庄职业技术学院

闫嘉庆　石家庄市艺术学校

石家庄市第三届十佳美德少年

2015年5月，省会精神文明办公室、市教育局、共青团市委、市妇联联合命名10人为石家庄市第三届“十佳美德少年”。

孝老爱亲（2人）

刘文龙　新乐市实验学校

李晓倩　赞皇县阳泽乡西阳泽中心小学

诚实守信（1人）

张恩卓　长安区谈固小学

爱心奉献（2人）

王朝暄　石家庄康福外国语学校

翁艾迪　市第四十一中学

勤劳节俭（1人）

刘悦　长安区东兆通小学

自强进取（2人）

娄秋实　市第二中学（西校区）

夏旭彤　藁城区通安小学

助人为乐（1人）

张子云　石家庄外国语学校

见义勇为（1人）

张卜元　河北师范大学附属中学

感动省城十大人物

2016年1月22日晚，由市委宣传部、石家庄广播电视台、石家庄日报社主办的2015年度“感动省城”十大人物颁奖盛典在石家庄广电中心演播厅举行。2015年度“感动省城”十大人物现场揭晓。分别为：

业主们的当家人——王凤林　75岁，石家庄市区宁安小区业主委员会主任。该小区业主和物业公司矛盾冲突一直未妥善解决。2005年3月18日，宁安小区物业突然撤离，留下诸多遗留问题。在区委区政府、办事处、居委会指导和协调下，宁安小区依法成立新业主委员会，王凤林高票当选业主委员会主任。上任后，王凤林带领业主委员会聘请物业，依法开展维权活动，优化小区治理策略，走上业主自治管理社区途径。2005年业主委员会成立不久，针对停车难问题，王凤林与业主委员会成员协商开辟地上车位，收取停车费，资金划归全体业主所有，小部分经费交给物业作为车位管理费，小区很多公共部位维修就是靠这笔钱顺利完成。业主委员会尽心尽力帮业主办事，为小区200多户业主办下房产证。2007年起，宁安小区业主委员会每年组织小区中老年人外出旅游一次。宁安小区业主委员会在管理上做到财务透明，每年2月将收费款项使用情况在小区各个主要路口张贴公示。在王凤林带领下，宁安小区由昔日上访大户，老、旧、脏、乱、差小区转变为文明示范社区、综合治理先进小区，小区居民提起王凤林都竖大拇指。自宁安小区新业主委员会实行3年一次换届选举起，王凤林3次均全票当选。

见义勇为好哥俩——王东　李虎　王东、李虎均是河北省无极县人。2015年10月14日18时许，夜色渐深，王东和表弟李虎两人驾车从定州市返石家庄市，当车行驶至234省道、无极与定州交界处时，两人借着车灯意外发现一名男子脸上满是血迹，趴在距离土坎20余米的马路上，不远处还倒着一辆摩托车。王东和李虎不假思索立即拨打110、120报警，同时迅速打开车辆双闪并将车停在伤者前方，以防造成二次碾轧事故。大约十几分钟后，无极县中医院120急救车及无极县交警赶到现场。伤者被大家抬上120急救车，送到医院。因伤者抢救及时，极大减少了伤情对身体带来伤害。当日20时30分，与伤者杨某家人取得联系，得知杨某被好心人发现，及时送到医院，家人连连向王东、李虎兄弟俩表示感谢。王东和李虎做好事7年多，也是无极民间爱心公益组织“爱无极限义工团”发起人之一。他们的爱心组织帮助过千余人，还曾获评“十佳青春风尚小分队”等荣誉称号。

为女儿撑起天空的母亲——王兰桥 女，58岁，晋州市后彭头村人。1983年和1985年，王兰桥两个女儿刘宁和刘夏相继出生，却都在一周岁左右被确诊患有“脊髓肌萎缩”，两个女儿终生与轮椅为伴，基本生活不能自理。王兰桥没有放弃，勇敢地选择和女儿一起面对病魔，用坚强为两个女儿撑起一片天空。王兰桥自从有这两个女儿以后，没有睡过一个囫囵觉，没有吃过一顿安生饭，白天寸步不离守在女儿身边。她不仅无微不至地照顾孩子的生活，也非常注重孩子的教育。因为身体原因，两个女儿不能到学校上学，在大女儿五岁、小女儿三岁时，王兰桥就借来课本，买来黑板，开始在家给孩子上课。她告诉女儿，虽然我们比别人困难，但我们一样能活出精彩。在王兰桥辛苦付出下，两个女儿完成高中课程。后来两个女儿喜欢上文学创作，王兰桥，一个40多岁的农村妇女就帮助孩子在电脑上写作、投稿。两个女儿阅读大量文学作品，每阅读一页都是母亲帮助翻看，家里的书堆是两个女儿用心读完的，也是母亲年复一年翻完的。如今，二女儿刘夏成为诗人，有400余篇（首）作品在国家、省级刊物发表，多次获得国家级奖项，并出版个人诗集。王兰桥用坚强、善良、乐观的义举，让原本不幸的两个孩子拥有幸福多彩的人生，创造出生命的价值，成为社会有用的人。

绿茵场上的文明传播者——石家庄永昌足球队及石家庄球迷（群体） 2015年石家庄市开始拥有中国足球协会超级联赛（简称中超）球队——石家庄永昌足球队。伴随着永昌球队征战中超赛场，石家庄球迷也以特有方式，为球队加油，用热情和文明，使裕彤国际体育中心成为16轮主场不败的“魔鬼主场”。永昌球迷以文明有素、友好对待其他球队，与其他球队球迷和谐相处的表现成为中超赛事一个亮点。2015年永昌球队与广州恒大球队比赛中，永昌主场战平恒大后，永昌球迷向即将参加亚洲足球俱乐部冠军联赛（简称亚冠）的恒大队高喊“亚冠加油”，得到恒大球员挥手致意和鼓掌感谢；石家庄球迷还向随恒大远征的球迷高喊“一路顺风”，深深地感动恒大球迷。永昌球迷在观赛中秩序井然，激情四射，更难能可贵的是：赛后大批观众带走垃圾，展现出石家庄人的良好形象。经过中超赛场洗礼，永昌球队的表现赢得尊重，石家庄球迷的素质也得到广泛称赞。2015年多场足球比赛中，石家庄球迷不论在裕彤国际体育中心主场，还是随永昌队远征客场，均将热情似火、文明向上的良好素质和形象，带给更多外地人，让外地人了解石家庄、记住石家庄。

守护生命的白衣天使——朱玉欣 女，51岁，石家庄第一医院肿瘤二科护师。从18岁少女到51岁护师，朱玉欣以饱满的热情、真诚的态度、精湛的技术在护理一线工作33年，护理危重病人3万多名。朱玉欣对待病人一视同仁，极端热情。2013年医院急救车送来一位“无主病人”，因脑瘤原因，表达受影响，精神狂躁。患者在住院治疗近2个月时间里，朱玉欣除做好正常输液、喂药等护理工作外，主动担负起给他打饭、端水、洗衣、接尿、擦屎等义务特护工作，在朱玉欣奉献精神感召下，全科室护士没有人叫过一声累、也没有人说过一句怨言。朱玉欣护理的病房多是肿瘤患者，为减轻患者痛苦，9年前她历时六年钻研实践，成功掌握静脉置管技术，为危重患者打开一条宝贵的生命通道。至2015年底，朱玉欣为十几个医院科室患者实施静脉置管2000余例。朱玉欣率领的护理团队在置管、PICC维护、并发症处理上处于省内领先水平，她本人连续四年获得十佳护士长称号。

石家庄地铁圆梦人——地铁建设者（群体） 2012年9月28日，石家庄市轨道交通建设正式开工，从这一天起，石家庄进入“地铁时代”。2015年石家庄地铁工程主体施工大部分在地下20米深处实施，6000多名地铁建设者不分白天和黑夜，辛苦工作在与世隔绝的地下坑道，一干就是十多个小时。在地铁建设柱洞法暗挖中，所有人行通道都十分狭窄，有时需要弯腰欠身才可通过。李寅楠是地铁建设一名盾构机驾驶员，每天工作12个小时，持续驾驶盾构机不许有任何偏差，面对复杂和枯燥的工作，他的环境就是不到2平方米的操作室，每天伴随他的是机器的轰鸣声和闷热的空气。地铁工人在这样恶劣的环境下，不分昼夜和高强度的工作，让石家庄人的地铁梦一步步变成现实。

爱心食堂创办人——郭朋勃 石家庄市民。2015年夏天，郭朋勃和朋友到井陉县滴水岸村游玩时，发现该村有许多孤寡和贫困老人，生活非常困难，甚至一日三餐都成问题。此次旅游让郭朋勃萌生建立一个免费食堂的想法。说干就干，郭朋勃请村里几位身体硬朗村民帮厨，自己掏钱买来米、面、油、肉等食材。在村委会支持下，2015年4月16日免费食堂正式成立。一日三餐管饱，有稀的，有干的，有菜，有肉，解决了该村20多位孤寡老人和困难家庭成员的吃饭难题。村民王锁柱79岁，妻子75岁，夫妻俩有一个儿子，因患有脑血栓疾病无法劳动，致使一家人没有经济来源。一家三口一年四季吃玉米面，一年吃不了两次肉，2015年全家三口人都在食堂吃饭。王锁柱流着眼泪说："没想到，我们的晚年生活能这么幸福！这多亏遇到了好心的小郭啊！"说起为何要帮助这些与自己不相干的人，郭朋勃说："人不能光想着自己，为别人做事才能收获更多快乐。"他希望自己是一块引柴，燃烧自己的同时能带动更多人，将这份大爱星星之火传递下去，让爱的火苗越烧越旺。

抗战老兵寻访者——崔志林 62岁，中共党员，河北省平山县人。平山县是一个英雄县，在抗日战争、解放战争中该县涌现出众多英勇顽强的革命战士。多年来，崔志林利用所有业余时间，走遍石家庄市平山县200多个山村，寻访抗战老兵。退休后，他更将所有时间花在为老兵建立影音档案上。崔志林用文字、照片和影像方式，翔实记录每一个抗战老兵的过去和现在，为子孙后代"抢救性的保留"历史。崔志林采访的老战士最大90多岁，最小也年过八旬，这让他感觉在跟时间赛跑。崔志林说："每个老战士都是历史的铁证，我们有责任记录他们的故事。"抗战老兵都已步入耄耋之年，每次去采访抗战老兵，崔志林会带去很多礼物，有米、面、油，让每一位老兵知道，他们不曾被忘记，他们永远都会被人铭记。2015年9月，在志愿者帮助下，崔志林将采访成果以摄影作品展"光耀太行——向老兵致敬"的形式，在石家庄美术馆推出，引起公众和媒体广泛关注。

森林城市建设者——程俊志 48岁，中共党员，石家庄市栾城区林业站站长。2009年底，石家庄市提出"创建国家森林城市，建设幸福石家庄"目标。自此，程俊志将树木成活率和农民增收放在首位，大胆探索公司化造林新模式，想尽一切可用办法，引进社会资金2500余万元投入绿化建设，建成高标准京港澳高速景观林带2800余亩。2013～2015年间，程俊志带领栾城区相关林业部门种植经济林5.85万亩，建成万亩经济林示范基地3个、千亩以上经济林园区16个、特色精品林果园区14个，将栾城区由过去的平原农业县转变为林果产业区。植树造林是一个"苦差事"，两年来程俊志没有休息过一个星期天，经常在野外跑，风里来雨里去，常常顶着严寒和酷暑。过度劳累让他患上了颈椎病，一到天气冷时就疼痛，医生让他必须做手术，但是他心里总惦记着工作进展情况，连去医院做检查时间都没抽出来。程俊志"拼命三郎"的工作精神，换来丰硕的劳动果实。2015年11月30日，石家庄市正式获批成为国家森林城市，这张亮丽的城市名片里有程俊志和同事们付出的心血和汗水。

山区扶贫好校长——燕菊肖 38岁，元氏县前仙中心小学校长。2010年燕菊肖毅然放弃县直属学校优越的工作条件，来到最偏远的前仙中心小学，致力山区教育扶贫工作。刚到前仙中心小学时，校舍陈旧破败，屋顶还常常漏雨，校园、操场土石遍地，教学环境恶劣，教师工作状态低迷，学生流失严重。看到这种情况，燕菊肖没有气馁，反而下决心要改变山区教育落后面貌。为改善基础设施，燕菊肖四处奔走，并在教育扶贫部门帮助下，学校新建了餐厅食堂、实验楼、塑胶操场，翻新改造了教学楼、宿舍楼。硬件设施上去了，软件更要跟上。为提高教学质量，燕菊肖经常带老师们出去参观学习培训交流，帮助老师克服职业倦怠，端正老师的工作态度，提高教师队伍整体素质。至2015年底，前仙中心小学教学面貌焕然一新，教学设施完善，校园环境优美，教师工作积极，学生快乐学习。几年来，在燕菊肖带领下，前仙中心小学取得了巨大成就，2012年前仙中心小学被石家庄市教育局评为“小学教学工作先进学校”，2015年燕菊肖被评为石家庄市“师德先进个人”。

逝世人物

王银河（1920～2015），石家庄市机关事务管理局离休干部。1920年1月出生，1938年4月参加革命工作，1945年11月加入中国共产党，1986年3月离职休养。2015年10月28日因病逝世，享年95岁。

郭树森（1921～2015），石家庄市机械供销公司离休干部，享受县处级待遇。1937年8月参加革命工作，1984年8月离休。2015年9月13日因病逝世，享年94岁。

郑苏（1922～2015），石家庄市老红军，原石家庄市广电局享受副省级医疗待遇离休干部。2015年5月22日因病逝世，享年93岁。

邢中恒（1923～2015），河北省深泽县人，原石家庄地区行署农业局党组副书记。1923年5月出生，1940年7月参加革命工作，1949年5月加入中国共产党，1983年9月离休，享受正处级待遇。2015年8月23日因病逝世，享年92岁。

韩群（1924～2015），浙江省人，原石家庄市建设局离休干部，享受正厅级待遇。1924年12月23日出生，1948年7月参加工作，1985年9月加入中国共产党。2015年4月27日因病逝世，享年91岁。

赵奇庭（1925～2015），原石家庄市电子工业局副局长、离休干部。2015年3月10日因病逝世，享年90岁。

王任远（1926～2015），原石家庄市第二棉纺织厂副厂长，享受副厅级待遇。1926年10月出生，1944年12月参加革命工作，1944年加入中国共产党，1984年离休。2015年1月26日因病逝世，享年89岁。

江力（1927～2015），石家庄丝弦剧团离休干部。1947年参加革命工作，1949年加入中国共产党，1989年离休。2015年1月28日因病逝世，享年88岁。

李方（1927～2015），河北省易县人，原石家庄地区行署交通局工会主席。1928年7月出生，1945年11月参加革命工作，1945年11月加入中国共产党，1988年9月离休，享受副处级待遇。2015年4月30日因病逝世，享年88岁。

张藏栓（1927～2015），河北省辛集市人，原石家庄地区民族宗教事务局局长（正县级）。1948年参加革命工作，1948年加入中国共产党，1987年离休。2015年6月21日因病逝世，享年88岁。

赵福珍（1928～2015），中共党员，河北省高阳县人，石家庄市第二中学原副校长。1928年11月出生，1945年2月参军入伍，1985年12月离职休养，享受副厅级待遇。2015年4月5日因病逝世，享年87岁。

李琢梅（1928～2015），石家庄市供销社离休干部。1928年出生，1944年参加革命工作，1944年加入中国共产党，曾在河北省保定专区、省工会、省委党校及石家庄地区商业局工作，1983年离休。2015年6月19日因病逝世，享年87岁。

阎波（1929～2015），河北省乐亭县人，石家庄市民政局原副局长。1929年10月出生，1947年5月参加工作，1948年8月加入中国共产党，1989年3月离休，享受县处级待遇。2015年3月11日因病逝世，享年86岁。

孙秉舜（1929～2015），河北省灵寿县人，政协石家庄市第五届、第六届委员会秘书长。1929年8月出生，1944年参加工作，1947年加入中国共产党，1994年离休。2015年3月14日因病逝世，享年86岁。

于文悦（1930～2015），中共党员、离休干部，原石家庄市产权产籍管理所党支部书记。2015年9月10日因病逝世，享年85岁。

马荣深（1931～2015），河北省石家庄市人，市国有资产监督管理委员会退休干部，原石家庄市建材局局长。1931年10月出生，1951年7月参加革命工作，1954年12月加入中国共产党，1992年1月退休，享受正县级待遇。2015年3月22日因病逝世，享年84岁。

陈辉（1931～2015），广东省澄海县人，原石家庄市藁城县人大常委会副主任（副县级）。1931年11月出生，1972年2月加入中国共产党，1951年1月参加工作，1992年1月退休。2015年8月9日因病逝世，享年84岁。

齐玉润（1933～2015），河北省石家庄市井陉矿区人。1933年10月出生，1953年7月加入中国共产党，1947年12月参加工作，1993年12月离休。历任石家庄市委宣传部科长，市革命委员会政治部宣传处副处长，市委宣传部办公室主任、副部长兼石家庄日报社总编、党组书记，市委统战部部长，政协石家庄市第六届、七届委员会副主席。2015年9月15日因病逝世，享年82岁。

崔子合（1934～2015），河北省安平县东黄城村人，深泽县政协原主席。1934年2月出生，1951年1月参加工作，1956年11月加入中国共产党党员。2015年7月15日因病逝世，享年81岁。

张士瑜（1934～2015），中共石家庄市委老干部局原局长。2015年9月19日因病逝世，享年81岁。

王运亨（1938～2015），中共党员，石家庄市外事（侨务）办公室原主任。2015年8月14日因病逝世，享年77岁。

王国勋（1940～2015），河北省邯郸市人，中共党员，石家庄市物价局原局长。1940年12月出生，1956年7月参加工作，2001年1月退休，享受正县级待遇。2015年5月24日因病逝世，享年75岁。

李魁芳（1946～2015年），中共党员，石家庄市委统战部原副部长，正县级别。1946年3月出生，1970年8月参加工作，2006年3月退休。2015年12月4日因病逝世，享年69岁。

刘素芳（1955～2015），石家庄市政府办公厅正县级干部，2015年4月19日因病逝世，享年60岁。

陈金成（1958～2015），河北省石家庄市栾城区人。1958年11月出生，1978年5月参加工作，1986年5月加入中国共产党。历任石家庄市栾城县孟董庄中学教师，栾城中学共青团团委书记，共青团栾城县委副书记、书记，栾城县小梅乡、柳林屯乡党委书记，栾城县民政局党组书记、局长，栾城县人民政府副县长，石家庄市水利局党组成员、副局长，石家庄市水务局党组成员、副局长，石家庄市林业局党组副书记、副局长。2015年9月12日因病逝世，享年57岁。

马喜林（1969～2015），河北省灵寿县马阜安村人。1969年3月出生，1987年10月参加工作，1990年3月入党。曾任中国人民解放军战士、班长、排长、指导员、教导员，灵寿县公安局刑警大队城关中队民警、县公安局情报中心主任。2015年3月8日上午，马喜林在执行全国“两会”（全国人民代表大会、全国政治协商会议）安全保卫任务时，因长期带病工作，积劳成疾，突然昏倒在工作岗位上，经抢救无效去世，时年46岁。2015年6月1日，中共石家庄市委追授马喜林“优秀共产党员”称号。

石家庄市市区生活饮用水地下水源保护区污染防治条例

（2004 年 8 月 27 日石家庄市第十一届人民代表大会常务委员会第十一次会议通过
2004 年 11 月 27 日河北省第十届人民代表大会常务委员会第十二次会议批准
2014 年 6 月 27 日石家庄市第十三届人民代表大会常务委员会第十次会议通过
2015 年 11 月 27 日河北省第十二届人民代表大会常务委员会第十八次会议批准）

河北省人民代表大会常务委员会关于批准《石家庄市市区生活饮用水地下水源保护区污染防治条例》的决定

（2015 年 11 月 27 日河北省第十二届人民代表大会常务委员会第十八次会议通过）

河北省第十二届人民代表大会常务委员会第十八次会议决定，批准《石家庄市市区生活饮用水地下水源保护区污染防治条例》，由石家庄市人民代表大会常务委员会公布施行。

石家庄市人民代表大会常务委员会公告

《石家庄市市区生活饮用水地下水源保护区污染防治条例》已经 2015 年 11 月 27 日河北省第十二届人民代表大会常务委员会第十八次会议批准，现予以公布，自 2016 年 1 月 1 日起施行。

石家庄市人大常委会
2015 年 12 月 1 日

第一章　总则

第一条　为了保护市区生活饮用水地下水源，防治污染，保障饮用水安全，促进经济与环境的协调发展，根据《中华人民共和国水污染防治法》等有关法律、法规，结合本市实际，制定本条例。

第二条　本条例适用于市区生活饮用水地下水源保护区的污染防治工作。

第三条　市区生活饮用水地下水源保护区，是指本市辖区内滹沱河、沙河、磁河地下水源保护区和市区内饮用水开采井周边地下水源保护区。

第四条　市和县（市）、区人民政府应当将市区生活饮用水地下水源保护纳入国民经济和社会发展规划，采取防治生活饮用水地下水源污染的对策和措施，并对本辖区范围内市区生活饮用水地下水环境质量负责。

第五条　市人民政府应当组织有关部门，规划、建设和完善地下水源保护区的污水排水管网、垃圾清运等基础设施。

第六条　市环境保护行政主管部门负责对市区生活饮用水地下水源保护区污染防治工作的实施统一监督管理。

县（市）、区环境保护行政主管

部门负责对本辖区范围内生活饮用水地下水源保护区污染防治工作实施监督管理。

市发展和改革、财政、工业和信息、公安、国土资源、建设、城乡规划、城市管理、交通运输、水务、农业、林业、畜牧水产、卫生计生等行政管理部门按照各自职责，做好市区生活饮用水地下水源保护区的污染防治工作。

第七条　市区生活饮用水地下水源保护区相关的灵寿县、正定县、新乐市、鹿泉区、新华区、长安区人民政府应当依照本条例的规定，采取措施，防治污染。

第八条　任何单位和个人都有保护生活饮用水地下水源，防止污染的义务，并有权对污染和破坏生活饮用水地下水源的行为进行举报。

接受举报的机关应当对举报人的相关信息予以保密，保护举报人的合法权益。

第九条　市人民政府和有关部门应当对在市区生活饮用水地下水源污染防治工作中做出显著成绩的单位和个人给予表彰。

第二章　保护区的划分与范围

第十条　生活饮用水地下水源保护区的水质适用国家《地下水质量标准》Ⅱ类标准。

第十一条　市人民政府应当组织环境保护、水务、国土资源、城乡规划、建设、城市管理、卫生计生等有关行政管理部门依照国家有关规定和技术规范，根据市区生活饮用水地下水源所处的地理位置、水文地质条件、供水的数量、开采方式和污染源的分布，拟定市区生活饮用水地下水源保护区划定方案，报省人民政府批准后公布实施。

市区生活饮用水地下水源保护区范围调整，按照前款规定的程序进行。

第十二条　市人民政府应当在生活饮用水地下水源保护区的边界设立明确的地理界标和明显的警示标志。

任何单位和个人不得移动或者损毁生活饮用水地下水源保护区地理界标和警示标志。

第十三条　滹沱河地下水源保护区范围：

（一）一级保护区范围：自西里寨村西—平安屯村西—平安屯村东南—小孙村西—塔元庄村西—肖家营村北—南高基村东—北高基村东—纸房头村东北—北落凌村西北—西里寨村西的环形链接区域。

（二）二级保护区范围：滹沱河一级保护区外，自黄壁庄水库主坝北段—南倾井庄村东南—南合村—南岗—胡庄村西—同下村西北—南白店村西—西里寨村东—安谷村东南—塔元庄村北—西关村西—柳林铺村北—肖家营村北—南高基村东南—南高基村东北—杜童村西南—李村村东北—马山村西北—黄壁庄水库副坝南段的环形链接区域。

第十四条　沙河地下水源保护区范围：

（一）一级保护区范围：自三里铺—累头屯—东张村—路家庄—小宅—彭家庄—承安镇的环形链接区域。

（二）二级保护区范围：以一级保护区外边线为基线，自良庄北部—小郭庄—岗怀里—杜固镇—南岗—邯郜镇南部—大流—黄家庄—中同—沙河河道—赤支西部的环形链接区域。

第十五条　磁河地下水源保护区范围：

（一）一级保护区范围：自贯上—小石家庄—西平乐—东杜村—新安镇北部—李家庄—丁旺村—南楼—刁桥庄—贯上的环形链接区域。

（二）二级保护区范围：以一级保护区外边线为基线，自协神南部—西杨庄—东柴里—东平乐西部—新安镇东部—巧女—后塔底—里双店西部—西宿村西部的环形链接区域。

第三章　监督管理

第十六条　市人民政府应当建立健全生活饮用水地下水源保护区域生态补偿制度，促进生活饮用水地下水源保护区和其他地区的协调发展。具体办法由市人民政府制定。

第十七条　市和县（市）、区人民政府应当对生活饮用水地下水源保护区范围内村庄、学校等单位的生活污水、生活垃圾、畜禽养殖污染等进行综合整治，防止地下水源污染。

第十八条　市区生活饮用水地下水源一级保护区范围内，禁止新建、改建、扩建与供水设施和保护水源无关的建设项目。

市区生活饮用水地下水源二级保护区范围内，禁止新建、改建、扩建排放污染物的建设项目。

第十九条　市区内饮用水开采井和滹沱河、沙河、磁河地下水源保护区范围内禁止下列行为：

（一）使用国家或地方规定的高毒或高残留农药；

（二）排放、倾倒放射性固体废物或者含有放射性物质的废水；

（三）排放、倾倒生活垃圾、建筑垃圾、工业废渣等废弃物；

（四）利用渗坑、渗井、裂隙等排放污水和其他有害废弃物；

（五）利用无防渗漏措施的渠道输送含有毒污染物的废水、含病原体的污水或者其他废弃物；

（六）其他可能造成污染的行为。

第二十条 未经市或者县（市）、区公安机关批准，运输危险化学品的车辆不得进入市区生活饮用水地下水源保护区。

公安机关应当在地下水源保护区设置限行标志，加强道路交通安全管理，避免水污染事故发生。

第二十一条 在市区生活饮用水地下水源一级保护区内规划建设与供水设施和保护水源相关的项目，以及在市区生活饮用水地下水源二级保护区内规划建设不排放污染物的项目，其环境影响评价文件经有审批权的环境保护行政主管部门审批同意后，方可建设。国家另有规定的，从其规定。

第二十二条 市和县（市）、区环境保护行政主管部门应当加强对市区生活饮用水地下水源保护区范围内污染物排放情况的监督检查，发现污染饮用水水源的污染源，应当责令排污单位停止污染物排放，并清理已经排放的污染物；排污单位拒不停止排放污染物的，应当报请有批准权的人民政府批准，予以关闭或者拆除。

对不能确定责任人的污染物，由所在地县（市）、区人民政府组织有关部门予以清理。

第二十三条 市环保、水务、卫生计生等部门应依据各自职责定期对地下水质进行监测，监测结果由市人民政府或有关部门向社会公布。

市和县（市）、区人民政府及其有关部门应当制定地下水源污染事故应急预案；造成或可能造成地下水源污染时，应当启动应急预案，消除污染，保障饮用水安全。

第四章 法律责任

第二十四条 违反本条例第十二条第二款规定的，由市或所在地县级环境保护行政主管部门责令停止违法行为，恢复原状；情节严重的，可以处五千元以下罚款。

第二十五条 违反本条例第十八条规定，在市区生活饮用水地下水源一级保护区范围内，新建、改建、扩建与供水设施和保护水源无关的建设项目；在二级保护区范围内，新建、改建、扩建排放污染物的建设项目的，由市或所在地县级环境保护行政主管部门责令停止违法行为，并报经有批准权的人民政府批准，责令限期拆除或者关闭；对上述违法行为，情节较轻的，处十万元以上三十万元以下罚款；情节较重的，处三十万元以上五十万元以下罚款。

第二十六条 违反本条例第十九条规定的，由市或所在地县级农业或环境保护行政主管部门责令停止违法行为，限期采取治理措施，消除污染，并处以罚款：

（一）违反第一项规定的，由农业行政主管部门根据所造成的危害后果，给予警告，可并处三万元以下罚款；

（二）违反第二项、第四项规定，情节较轻的，处八万元以上二十万元以下罚款；情节较重的，处二十万元以上五十万元以下罚款；

（三）违反第三项、第五项规定，情节较轻的，处三万元以上八万元以下罚款；情节较重的，处八万元以上二十万元以下罚款。

第二十七条 违反本条例第二十条第一款规定的，由公安机关依据《危险化学品安全管理条例》有关规定进行处罚。

第二十八条 违反本条例规定，造成地下水源污染的，由市或所在地县级环境保护行政主管部门依法对违法者进行处罚，责令限期采取治理措施，消除污染；拒不消除污染或者不具备治理能力的，由环境保护主管部门指定有治理能力的单位代为治理，所需费用由违法者承担；违反治安管理处罚法规定，尚不构成犯罪的，由环境保护行政主管部门或者其他有关部门将案件移送公安机关，对其相关人员依法给予治安管理处罚；构成犯罪的，依法追究刑事责任。

第二十九条 环境保护行政主管部门和有关部门工作人员滥用职权、玩忽职守、徇私舞弊的，对直接负责的行政主管人员和其他直接责任人员依法给予行政处分；情节严重构成犯罪的，依法追究刑事责任。

第五章　附则

第三十条　本市行政区内各县（市）、区的集中式生活饮用水地下水源保护区污染防治管理工作参照本条例执行。

市区生活饮用水地下水源一级保护区范围内村庄和学校等单位的发展与管理办法，由石家庄市人民政府另行制定。

第三十一条　本条例自2016年1月1日起施行。

石家庄市人民政府令第189号

《石家庄市人民政府关于修改〈石家庄市市级储备粮管理办法〉的决定》已经二〇一五年一月二十六日市第十三届人民政府第三十六次常务会议讨论通过，现予发布。自二〇一五年五月一日起施行。

市长　王亮

2015年2月17日

石家庄市人民政府关于修改《石家庄市市级储备粮管理办法》的决定

石家庄市人民政府决定对《石家庄市市级储备粮管理办法》作如下修改：

一、将第七条增加一款，作为第二款："市财政部门对承担市级储备粮任务的国有粮食企业，根据储备粮仓储设施条件，安排必要的维护费用，确保储备粮的储存安全。"

二、将第十八条第（二）项中的"经营量在2000吨以上"修改为"完好仓容（罐容）在100吨以上"。

三、将第十九条修改为："新增市级储备粮承储企业，由市粮食行政管理部门会同市发展和改革、市财政、省农发行营业部等部门按照本办法第十七条、第十八条规定的承储企业条件，通过公开招标确定。"

四、将第二十条第（四）项中的"应当及时报告市粮食行政管理部门"修改为"应当及时向当地粮食行政管理部门报告。当地粮食行政管理部门接到报告后，应当迅速核实情况，并及时向市粮食行政管理部门报告"；在第（五）项"每年"后增加"经有资质的粮食质量检验机构"。

五、将第二十一条中的"不得有下列行为"修改为"应当遵守下列规定"；删除第（二）项中的"否则，由省农发行营业部根据有关规定收回贷款；由财政部门收回已拨付的管理费用补贴"。

六、删除第二十三条第一款中的"其中保管费用按每吨每年80元（食用植物油每吨每年400元）补贴，贷款利息据实补贴。保管费用补贴标准可由有关部门根据国家、省级储备粮保管费用补贴标准或实际管理成本变化情况适时调整"；在第二款前增加"储备粮的管理费用，参照省级储备粮管理费用标准执行"。

七、将第二十七条第一款中的"储备粮每年轮换数量不少于储存总量的30%"修改为"储备粮轮换实行均衡轮换制度，每年轮换数量：粮食一般为储存总量的20%至30%"，并增加"食用植物油为储存总量的50%左右，轮换数量以自然罐数量为准"；将第二款中的"具体储存年限为：小麦4年，玉米3年、食用植物油2年"修改为"在正常储存条件下，储存年限为：小麦4至5年，玉米和稻谷2至3年，食用植物油和豆类按生产加工年份计算一般为2年"。

八、将第三十二条第一款中的"盈亏由承储企业自负"修改为"储备粮轮换的价差收入应当及时上缴市财政部门，价差亏损原则上由市财政部门解决"；将第二款中的"每吨每次80元（含新陈差价）。轮换费用补贴标准可由有关部门根据国家、省级储备粮轮换费用补贴标准的调整适时调整"修改为"参照省级储备粮轮换费用标准执行”。

九、将第三十三条中的“市财政部门不负担成品粮轮换所发生的费用”修改为“成品粮的轮换费用，参照省级储备粮轮换费用标准执行”。

十、在第四十七条第（一）项“违反第二十条”后增加“第二项、第三项、第四项”内容，在第（四）项“责令限期改正”后增加“由市粮食行政管理部门、财政部门责令退回骗取的储备粮贷款和管理费用等财政补贴”内容。

此外，对条文的部分文字作了相应的调整和修改。

本决定自二〇一五年五月一日起施行。

《石家庄市市级储备粮管理办法》根据本决定作相应的修订，重新公布。

石家庄市市级储备粮管理办法

第一章 总则

第一条 为了加强对储备粮的管理，保证储备粮数量真实、质量良好和储存安全，维护粮食市场稳定，有效发挥储备粮在粮食市场宏观调控中的作用，根据《中央储备粮管理条例》及有关规定，结合本市实际，制定本办法。

第二条 本办法所称储备粮，是指市政府储备的用于调节全市粮食供求总量，稳定粮食市场，以及应对重大自然灾害或者其他突发事件等情况的原粮、成品粮、食用植物油（以下通称储备粮）。

第三条 从事和参与储备粮经营管理、监督活动的单位和个人，应当遵守本办法。

第四条 储备粮的管理应当严格制度、严格管理、严格责任，确保储备粮数量真实、质量良好和储存安全，并节约成本、费用。

储备粮的动用权归市政府，未经市政府批准，任何单位和个人不得擅自动用储备粮。

第五条 市发展和改革部门会同粮食行政管理部门、财政部门负责拟订储备粮规模总量、总体布局、品种和动用的宏观调控意见，并对储备粮管理进行指导和协调。

第六条 市粮食行政管理部门负责储备粮的行政管理工作，依法对储备粮的数量、质量和储存安全实施监督管理。

各县（市）、区粮食行政管理部门负责管理本行政区域内储存的储备粮，并对储备粮的数量、质量和储存安全进行监督管理。

第七条 市财政部门负责安排储备粮的管理费用（贷款利息、保管费用）、轮换费用、财产保险费用和经市政府批准动用储备粮所产生的价差亏损及相关费用等财政补贴，并及时、足额拨付；负责制定储备粮财务管理办法，并对储备粮有关财务执行情况实施监督管理。

市财政部门对承担市级储备粮任务的国有粮食企业，根据储备粮仓储设施条件，安排必要的维护费用，确保储备粮的储存安全。

第八条 中国农业发展银行河北省分行营业部（以下简称省农发行营业部）负责按照国家信贷管理政策、规定以及储备粮储存企业贷款申请，及时、足额安排储备粮所需贷款，并对发放的储备粮贷款实施信贷监管。

第九条 任何单位和个人不得以任何方式骗取、挤占、截留、挪用储备粮贷款或者管理费用、轮换费用以及差价亏损补贴等财政补贴。

第十条 任何单位和个人不得破坏储备粮仓储设施，不得盗窃、哄抢或者损毁储备粮。

储备粮储存地人民政府对破坏储备粮仓储设施，盗窃、哄抢或者损毁储备粮的违法行为，应当责成有关部门予以制止、查处。

第十一条 任何单位和个人对储备粮经营管理中的违法行为，均有权向市粮食行政管理及有关部门举报。市粮食行政管理及有关部门接到举报后，应当及时查处；举报事项的处理属于其他部门职责范围的，应当及时移送其他部门处理。

第二章 储备粮的计划

第十二条 储备粮存储规模、品种和总体布局计划，由市发展和改革部门、粮食行政管理部门、财政部门根据调控需要和财力情况提出申请。市政府批准后，由市发展和改革部门、粮食行政管理部门会同财政部门、省农发行营业部联合制定存储计划下达给承担储备粮存储任务的企业（以下简称承储企业）具体实施。

储备粮规模随城镇常住人口和流动人口数量的变化，适时调整。

第十三条　储备粮的动用销售计划，由市发展和改革部门、粮食行政管理部门根据调控需要提出申请。市政府批准后，由市粮食行政管理部门、发展和改革部门、财政部门、省农发行营业部联合制定动用方案，下达给承储企业具体实施。

第十四条　储备粮轮换计划由市粮食行政管理部门根据储备粮的品质和储存年限、储存布局，在每年三月底前提出轮换意见。经市发展和改革部门、市财政部门、省农发行营业部协商一致后于当年四月底前共同下达。

第十五条　市粮食行政管理部门根据储备粮的存储、动用销售和轮换计划，督导承储企业具体实施。

第三章　储备粮的储存

第十六条　选择承储企业，应当遵循有利于储备粮的合理布局，有利于储备粮的集中管理和监督，有利于降低储备粮管理费用的原则。

第十七条　原粮承储企业必须具备下列条件：

（一）同一库区完好仓容量一般在1.5万吨以上；

（二）具有与粮食储存功能、仓型、进出粮方式、粮食品种、储粮周期等相适应的仓储设施；

（三）具有符合规定的粮食质量检测设施，具备与安全储藏相对应的粮情检测条件；

（四）具有粮食保管、检验、病虫害防治等专业技术人员；

（五）经营管理和信誉良好，无违法经营记录。

第十八条　成品粮、食用植物油承储企业必须具备下列条件：

（一）面粉加工企业日加工能力在200吨以上，成品库完好仓容在500吨以上；食用植物油日加工能力在200吨以上，油罐完好容量在2000吨以上；

（二）经营企业成品粮或食用植物油完好仓容（罐容）在100吨以上；

（三）具有符合规定的粮油质量检测设施，具备与安全储藏相对应的检测条件；

（四）具有粮油保管、检验、病虫害防治等专业技术人员；

（五）经营管理和信誉良好，无违法经营记录。

第十九条　新增市级储备粮承储企业，由市粮食行政管理部门会同市发展和改革、市财政、省农发行营业部等部门按照本办法第十七条、第十八条规定的承储企业条件，通过公开招标确定。

第二十条　承储企业应当遵守下列规定：

（一）执行国家和省有关储备粮管理的法律、法规、规章、国家标准、技术规范和各项管理制度，对储备粮的数量、质量和储存安全负责；

（二）必须保证入库的储备粮达到存储和轮换计划规定的质量等级，并符合国家规定的质量标准。对储备粮实行专仓储存、专账记载、专人保管，保证储备粮账账相符、账实相符、质量良好、储存安全；

（三）建立、健全储备粮的防火、防盗、防洪等安全管理制度，并配备必要的安全防护设施；

（四）按照《粮油储藏技术规范》规定要求，对储存、管理状况进行经常性检查。企业负责人每月至少检查一次粮情，并签署意见，发现品种、数量、质量和储存安全等问题，应当及时处理；不能处理的，应当及时向当地粮食行政管理部门报告，当地粮食行政管理部门接到报告后，应当迅速核实情况，并及时向市粮食行政管理部门报告；

（五）每年经有资质的粮食质量检验机构，对库存储备粮进行两次品质指标检测。对检测为不宜储存的储备粮，要查明原因，分清责任，及时向市粮食行政管理部门报告；

（六）执行粮食出入库质量检验制度，储备粮出入库时必须经有资质的粮食质量检验机构进行质量鉴定。

第二十一条　承储企业应当遵守下列规定：

（一）不得虚报、瞒报储备粮的数量；不得在储备粮中掺杂掺假、以次充好；不得擅自串换储备粮的品种、变更储备粮的储存地点和仓号；不得擅自改变储备粮轮换计划；不得因延误轮换或者管理不善造成市级储备粮陈化、霉变；

（二）不得以低价购进高价入账、高价售出低价入账、以旧粮顶替新粮、虚增入库成本等手段套取差价，骗取储备粮贷款和管理费用等财政补贴；

（三）不得擅自动用储备粮；不得将储备粮轮换业务与其他业务混合经营；

（四）不得以储备粮对外进行担保或者对外清偿债务。

第二十二条　承储企业依法被撤销、解散、破产或者对储备粮管理不善的，市粮食行政管理部门会同市发展和改革部门、财政部门和省农发行营业部共同下达调整承储企业计划。

第二十三条　储备粮管理费用补贴实行定额包干，财产保险费用据实补贴。

储备粮的管理费用，参照省级储备粮管理费用标准执行。储备粮管理费用实行季度拨付制度，季度末由市粮食行政管理部门向市财政部门提供储备粮数量、补贴费用、质量检查情况表，市财政部门在10个工作日内，通过省农发行营业部补贴专户直接拨付到承储企业。储备粮保险费用由承储企业垫付按年度据实拨付。承储企业垫付的保险费用经财政部门核实后，随年度内第一次管理费用一并拨付。

第二十四条　储备粮所需贷款由省农发行营业部根据存储、轮换计划和入库成本及时、足额供应，并实行专户管理、专款专用、购贷销还、全程监管。

承储企业应当在省农发行及其分支机构开立基本账户，并接受信贷监管。

第二十五条　储备粮的入库成本由市财政部门会同市发展和改革部门、粮食行政管理部门和省农发行营业部核定。储备粮的入库成本一经核定，承储企业必须遵照执行，任何单位和个人不得擅自更改储备粮入库成本。

第二十六条　储备粮应当全额参加财产保险。因自然灾害造成的损失，除按规定向保险公司索赔外，不足部分报市政府批准后，由市财政弥补。

储备粮的损失、损耗应当及时处理，具体管理办法由市财政部门会同粮食行政管理部门征求发展和改革部门、省农发行营业部意见后制定。

第四章　储备粮的轮换

第二十七条　储备粮轮换实行均衡轮换制度，每年轮换数量：粮食一般为储存总量的20%至30%，轮换数量以自然仓数量为准。食用植物油为储存总量的50%左右，轮换数量以自然罐数量为准。

储备粮的储存年限自粮食收获（或生产）年份起计算。在正常储存条件下，储存年限为：小麦4至5年，玉米和稻谷2至3年，食用植物油和豆类按生产加工年份计算一般为2年。

第二十八条　储备粮轮换应当以储存年限为依据，以粮食理化品质检测指标为参考。对达到储存年限的粮食应及时轮换。未达到储存年限，但品质指标接近或达到不易储存指标的粮食也应及时轮换。

轮入的粮食必须是当年收获的，并符合国家标准规定的中等以上质量标准。

第二十九条　储备粮轮换可以按照先购后销、边购边销和先销后购的方式进行。

第三十条　因储备粮轮换形成暂时空库的，空库时间不得超过四个月。因特殊原因，需要延长空库时间的，必须报市粮食行政管理部门批准，并征得市发展和改革部门、财政部门同意。在规定的空库时间内，储备粮管理费用补贴照常拨付；超过规定的空库时间（包括经批准延长的时间）不能入库的，对空库部分停止拨付管理费用补贴。

第三十一条　储备粮轮换原则上不做库存成本调整。因特殊原因确需调整轮入粮食库存成本的，必须报市发展和改革部门、市财政部门会同市粮食行政管理部门、省农发行营业部研究确定。

第三十二条　储备粮的轮换费用实行定额包干，轮换完成后，由市粮食行政管理部门会同市发展和改革部门、财政部门验收，验收合格后，由市财政部门在十日内通过农发行补贴专户直接拨付到承储企业。储备粮轮换的价差收入应当及时上缴市财政部门，价差亏损原则上由市财政部门解决。

储备粮的轮换费用，参照省级储备粮轮换费用标准执行。

第三十三条　成品粮储备的轮换在企业经营过程中以滚动出库方式完成，即在随时保证储备库存前提下完成轮换，成品粮储备轮换没有空库期。成品粮的轮换费用，参照省级储备粮轮换费用标准执行。

第五章　储备粮的动用

第三十四条　市发展和改革部门、粮食行政管理部门应当完善储备粮的动用预警机制，适时向市政府提出动用储备粮的建议。

第三十五条　出现下列情况之一的，可以动用销售储备粮：

（一）全市或部分县（市）、区粮食明显供不应求或者市场价格异常波动；

（二）发生重大自然灾害或者其他突发事件；

（三）市政府决定取消储备粮存储计划；

（四）市政府认为需要动用的其他情形。

第三十六条　储备粮动用方案由市发展和改革部门、粮食行政管理部门、财政部门提出，报市政府批准，并抄送省农发行营业部。动用方案包括动用的品种、数量、质量、价格、使用安排、运输保障等内容。

紧急情况下，市政府直接决定动用储备粮并下达动用命令。

第三十七条　市政府批准的储备粮动用方案和下达的动用命令，由市粮食行政管理部门具体组织实施。

在实施过程中，市政府有关部门及有关县（市）区人民政府应当予以支持、配合。

第三十八条　任何单位和个人不得拒绝执行或者擅自改变市政府批准的储备粮动用方案和下达的储备粮动用命令。

第三十九条　经市政府决定动用储备粮发生的损失（有偿动用包括贷款本金与收入差价、利息和发生的相关费用；无偿动用包括贷款本金、利息和发生的相关费用），经市财政部门、粮食行政管理部门核定并经市政府批准后，由市财政弥补。经市政府批准动用储备粮发生的盈利（有偿动用收入与贷款本金的价差部分），经相关部门核定后上缴市财政补贴专户，用于粮食方面开支。

第六章　监督检查

第四十条　有关部门违反本办法第十四条，未按规定时间提出并下达年度轮换计划的，市政府责成有关部门限期改正，逾期不改正的，由市政府进行通报批评。

第四十一条　市发展和改革部门、粮食行政管理部门、财政部门按照各自的职责，依法对承储企业执行粮食法律、法规、规章的情况进行监督检查。在监督检查过程中，可以行使下列职权：

（一）进入承储企业检查储备粮的数量、质量和储存安全情况；

（二）按规定对所存储备粮进行品质和卫生指标检验；

（三）向有关单位和人员了解储备粮存储、销售、轮换计划及动用命令的执行情况；

（四）调阅储备粮经营管理的有关资料；

（五）依法处理违法行为。

第四十二条　市粮食行政管理部门每季度对储备粮进行一次检查，在检查中，发现储备粮在数量、质量、储存安全等方面存在问题的，应当责成承储企业立即纠正。

第四十三条　监督检查人员应当将监督检查情况做出书面记录，并由监督检查人员和被检查单位负责人签字。被检查单位负责人拒绝签字的，监督检查人员应当将有关情况记录在案。

第四十四条　承储企业及有关单位和人员对依法实施的监督检查，应予以配合，如实提供有关情况和资料，不得以任何理由拒绝、干涉、阻挠。

第四十五条　承储企业所在地的粮食行政管理部门应当加强对储备粮的日常管理和监督检查，对储备粮的数量、质量存在的问题，应当及时纠正；对危及储备粮储存安全的重大问题，应当立即采取有效措施处理，并向市粮食行政管理部门报告。市粮食行政管理部门应当及时将处理情况通报市发展和改革部门、财政部门、省农发行营业部。

第四十六条　省农发行营业部应当按照粮食收购资金封闭管理和《中国农业发展银行地方储备粮贷款管理办法》的规定，加强对储备粮贷款的信贷监管，承储企业应当予以配合，并及时提供有关情况和资料。

第七章　法律责任

第四十七条　承储企业违反本办法的，由市粮食行政管理部门给予行政处罚：

（一）违反第二十条第二项、第三项、第四项、第五项规定的，给予警告，责令限期改正，逾期不改正的，处三千元以上五千元以下罚款；

（二）违反第二十条第六项规定的，给予警告，责令限期改正，逾期不改正的，处五千元以上一万元以下罚款；

（三）违反第二十一条第一项规定的，责令限期改正，处一万元以上三万元以下罚款，情节严重的可取消其承储计划；

（四）违反第二十一条第二项

规定的，责令限期改正，由市粮食行政管理部门、财政部门责令退回骗取的储备粮贷款和管理费用等财政补贴，处五千元以上一万元以下罚款；

（五）违反第二十一条第三项规定的，责令限期改正，处二万元以上三万元以下罚款，情节严重的取消其承储计划；

（六）违反第二十一条第四项规定的，责令限期改正，处二万元以上三万元以下罚款，情节严重的取消其承储计划。

第四十八条 国家机关工作人员违反本办法的，按照有关规定给予处分；构成犯罪的依法追究刑事责任。

第八章 附则

第四十九条 各县（市）、区应当建立县级储备粮，并参照本办法执行。

第五十条 本办法自2009年9月1日起施行。

石家庄市人民政府令第190号

《石家庄市城市公共汽车客运管理办法》已经二〇一五年三月十九日市第十三届人民政府第三十八次常务会议讨论通过，现予发布。自二〇一五年六月一日起施行。

市长 王亮

2015年3月30日

石家庄市城市公共汽车客运管理办法

第一章 总则

第一条 为加强城市公共汽车客运管理，规范公共汽车客运市场秩序，保障营运安全，提高服务水平，维护乘客、经营者及从业人员的合法权益，依据有关法律、法规，结合本市实际，制定本办法。

第二条 本市行政区域内城市公共汽车客运的规划、建设、运营和管理适用本办法。

第三条 本办法所称城市公共汽车客运，是指在城市人民政府确定的区域内，利用公共汽（电）车及有关设施，按照核定的线路、站点、时间、票价运营，为社会公众提供客运服务的交通方式。

本办法所称城市公共汽车客运设施，是指为城市公共汽车客运服务的停车场、保养场、枢纽站、首末站、换乘站、站务用房、候车亭、站台、站牌等配套设施。

第四条 城市公共汽车客运行业应当遵循政府主导、统一规划、优先发展、规范经营、公平竞争的原则，鼓励公共汽车客运经营者实行规模化、集约化经营，推广应用新技术、新设备，为社会公众提供安全、便捷、经济、舒适、环保的公共交通服务。

第五条 市、县（市）人民政府应当将城市公共汽车客运纳入国民经济和社会发展规划，突出公共交通在城市总体规划中的地位和作用，完善基础设施，优化运营结构，加大资金投入和政策扶持，落实各项补贴、补偿等政策，及时拨付有关费用。

第六条 市、县（市）交通运输行政主管部门负责本行政区域内的公共汽车客运监督管理工作，并委托其所属的道路运输管理机构负责具体管理工作。

发展改革、规划、国土、建设、财政、城管、公安、物价等部门，按照各自职责做好公共汽车客运的相关管理工作。

第二章 规划建设

第七条 交通运输行政主管部门应会同发展改革、规划、财政、国土、公安、城管等部门编制本行政区域公共汽车客运专项规划，报本级人民政府批准后实施。

公共汽车客运专项规划确定的

公共汽车客运设施用地及空间，任何单位和个人不得侵占或擅自改变其用途。

第八条 市、县（市）道路运输管理机构应当根据公共汽车客运专项规划和公众出行的需要，合理设置公共汽车客运线路和站点。需要调整客运线路和站点设置的，应当在调整前将调整方案向社会公布，征求公众意见。

第九条 市、县（市）人民政府应依据公共汽车客运专项规划建设综合枢纽站，并配套建设相应的机动车、非机动车停车场，配备指向标识、线路图、时刻表、换乘指南等服务设施。

第十条 城市新区开发、旧城改造和大型项目建设时，应根据城市总体规划和公共汽车客运专项规划、城市客流量和已有设施的布局，合理配套建设公共汽车客运设施。新建、改建或扩建城市道路时，同步规划、建设港湾式停靠站台等客运设施。

第十一条 城市公共汽车客运设施建设项目的设计和施工应符合国家有关技术标准和规范，按照规定配建或设置无障碍设施。

第十二条 任何单位和个人都有保护城市公共汽车客运设施的义务，不得损坏或者擅自迁移、拆除、占用公共汽车客运设施。

第十三条 因城市建设、道路施工、交通管理等需要，确需迁移、拆除、占用城市公共汽车客运设施的，相关单位应经交通运输行政主管部门同意，并按照规定予以恢复、补建或补偿。

第十四条 市、县（市）人民政府应组织交通运输和公安交通管理等部门，在城市主干道及其他有条件的城市道路，合理设置城市公共汽（电）车专用车道及优先通行信号系统，提高城市公共交通的运行效率。

第三章 经营管理

第十五条 市、县（市）人民政府应当根据经济社会发展状况、公共交通运力资源和公众出行需求等因素，依法确定城市公共汽车客运经营者和经营线路。

第十六条 市级道路运输管理机构应当组织城市公共汽车驾驶员进行从业资格考试，内容包括城市公共交通法律法规、职业道德、安全运营、应急救护、运营线路等。

公共汽车驾驶员经考试合格后，持证上岗。

第十七条 因市政工程建设、大型群众性活动等特殊情况需要临时变更公交线路或者站点的，公共汽车客运经营者应当提前向社会公告，并向同级道路运输管理机构备案。

第十八条 城市人民政府应组织交通运输、财政等部门定期对城市公共汽车运营成本进行审核，并将审核结果作为制定、调整票价或补贴的主要依据。

在制定或调整票价时，物价、交通运输等部门应按有关规定组织价格听证。

城市公共汽车客运经营者应执行国家和省有关老年人、残疾人、革命伤残军人（警察）、军人和学生等免费或优惠乘车的规定。

第十九条 交通运输行政主管部门应当会同有关部门针对自然灾害、安全事故、公共卫生事件等影响城市公共交通正常运营的突发事件制定应急预案，报本级人民政府批准后实施。

城市公共汽车客运经营者应根据公共交通应急预案，制定本单位的应急方案，并定期进行演练。

第二十条 发生突发事件时，城市公共汽车客运经营者应服从城市人民政府对车辆的统一调度、指挥，政府应当给予合理补偿。

第二十一条 城市公共汽车运营发生安全事故时，城市公共汽车客运经营者应及时报告有关部门，并启动应急救援预案。

第二十二条 城市公共汽车客运经营者是安全运营责任主体，负有下列职责：

（一）设立相应的安全管理机构，配备专职安全管理人员；

（二）建立、健全安全责任制、安全生产制度和岗位操作规程；

（三）在城市公交车辆和公交场站醒目位置设置安全警示标志、安全疏散示意图，配备灭火器、安全锤、车门紧急开启装置等安全应急设施、设备；

（四）督导运营安全工作，对乘客携带物品采取必要的安检措施；

（五）落实安全教育制度，提高从业人员安全意识和技能。

第二十三条 在城市公共汽车客运设施和运营车辆上设置广告的，应按规定办理相关手续，不得影响城市公交运营秩序和安全。

第二十四条 公安机关应加强对客运车辆内的治安、公交专用车道的管理，依法及时查处违法行为。

第四章　运营服务

第二十五条　城市公共汽车客运经营者应加强对公共汽车客运设施的管理和维护，确保城市公共交通设施完好。

第二十六条　城市公共汽车客运经营者应遵守下列规定：

（一）按照核定的线路、站点、班次及时间组织营运；

（二）不得擅自暂停或者终止营运；

（三）不得强迫从业人员违章作业；

（四）定期对运营车辆维护与检测，保持车辆技术、安全性能符合有关标准；

（五）定期向道路运输管理机构报送经营信息等统计资料。

第二十七条　从事客运经营的车辆，应符合国家、行业标准和下列规定：

（一）技术性能良好，安全设施齐全完好；

（二）车容整洁、美观、卫生；

（三）按照规定设置线路营运服务标志；

（四）设置老、幼、病、残、孕专用座位和禁烟标志；

（五）安装投币箱、电子刷卡及电子报站设备。

第二十八条　城市公共汽车从业人员在营运中应遵守下列规定：

（一）携带有关证件，按规定佩戴服务标志、标牌；

（二）着装整洁，文明服务，安全行车；

（三）按照核定的票价收费，提供有效的票据；

（四）执行有关优惠或免费乘车的规定；

（五）及时报清线路名称、行驶方向和站名，提示安全注意事项；

（六）不得到站不停、拒载乘客、滞站揽客、中途甩客、站外上下乘客；

（七）运营车辆发生故障不能正常行驶时，应安排乘客换乘；

（八）维护乘车秩序，为老、幼、病、残、孕等特殊乘客提供必要的帮助。

第二十九条　乘客有下列情形之一的，公共汽车从业人员有权拒绝提供客运服务：

（一）携带易燃易爆及其他危害公共安全物品的；

（二）精神病患者无人监护的；

（三）酗酒者丧失自控能力无人陪同的；

（四）携带宠物（不含导盲犬）乘车的；

（五）饮食、吸烟或向车内外吐痰、乱扔杂物的；

（六）乞讨、卖艺和从事营销活动、散发宣传品的；

（七）妨碍安全驾驶、乘客安全和营运秩序的其他行为。

第三十条　乘客应依照规定足额购票、刷卡或主动出示乘车票证，不得使用过期、伪造或他人专用的乘车票证。

第五章　运营监管

第三十一条　城市公共汽车客运经营者应当制定科学、具体的运营管理和服务质量制度，落实运营服务岗位责任制度。

第三十二条　城市公共汽车客运经营者应根据公共汽车客运专项规划，编制五年经营计划并提交道路运输管理机构。五年经营计划应当包括公交线路的开辟和调整、运力投放规模、场站发展建议及公共客运服务的改善等内容。

城市公共汽车客运经营者应当在每年 10 月底之前，报送下年度运营服务计划。

第三十三条　道路运输管理机构应当建立公共汽车客运服务质量信誉考核体系，定期对城市公共汽车客运经营者的运营服务情况及其运营线路进行考核。考核体系应当包括安全生产、车辆设施、服务设施、人员素质、乘客满意度调查、司乘人员满意度调查、投诉处理、遵章守纪等方面内容。

第三十四条　城市公共汽车客运经营者及其线路服务质量信誉考核不合格的，经营者应当在结果公布之日起 15 日内提出整改方案和改善服务的承诺，进行整改。

第三十五条　城市公共汽车客运经营者应当对下列经营信息进行统计，并于每月 10 日前报道路运输管理机构：

（一）每条线路的月客运量；

（二）车辆保有量；

（三）车辆的维修与保养情况；

（四）车辆安全运行间隔里程。

第三十六条　城市公共汽车客运经营者应将司乘人员、管理人员、运营车辆等相关信息定期报道路运输管理机构备案，实现信息共享。

第六章　监督检查

第三十七条　道路运输管理机构应加强对城市公共汽车客运经营活动的监督检查，及时查处违法行为，维护市场经营秩序。

第三十八条　道路运输管理机构和公共汽车客运经营者应当建立投诉受理制度，接受对违反本办法行为的投诉和社会监督。

投诉人应提供真实姓名、联系方式、投诉车辆号码、投诉事实和要求等资料。

第三十九条　道路运输管理机构和公共汽车客运经营者接受投诉后，应在受理之日起10个工作日内，将处理结果告知投诉人。

第四十条　道路运输管理机构依法实施检查时，应当出示执法证件并说明理由和法律依据。

第七章　法律责任

第四十一条　违反本办法规定，城市公共汽车客运经营者有下列行为之一的，由交通运输行政主管部门责令改正，处三千元以上一万元以下罚款：

（一）未建立企业安全生产管理机构、责任制和管理制度，配备专职安全管理人员的；

（二）未在城市公交车辆和公交场站醒目位置设置安全警示标志、安全疏散示意图的；

（三）未在城市公交车辆和公交场站安装灭火器、安全锤、车门紧急开启装置等安全应急设施、设备的；

（四）运营中发生安全事故时，未及时报告有关部门的。

第四十二条　违反本办法规定，城市公共汽车客运经营者有下列行为之一的，由交通运输行政主管部门责令改正，处一千元以上五千元以下罚款：

（一）未按照核定的线路、站点、班次及时间组织营运的；

（二）擅自暂停或者终止营运的；

（三）强迫从业人员违章作业的；

（四）未按照国家有关规定维护和检测运营车辆，车辆技术、安全性能不符合有关标准的。

第四十三条　违反本办法规定，有下列行为之一的，由交通运输行政主管部门责令改正，处一千元以上三千元以下罚款：

（一）未按照规定设置线路营运服务标志的；

（二）未设置老、幼、病、残、孕专用座位和禁烟标志的；

（三）客运线路或者站点临时变更，未按规定提前告知公众的；

（四）运营车辆发生故障不能正常行驶时，未按照规定安排乘客换乘的；

（五）运营车辆到站不停、拒载乘客、滞站揽客、中途甩客、站外上下乘客的；

（六）损坏或者擅自迁移、拆除、占用公共汽车客运设施的。

第四十四条　违反本办法规定的其他行为，法律、法规已有处罚规定的，从其规定。

第四十五条　交通运输行政主管部门、道路运输管理机构工作人员滥用职权、玩忽职守、徇私舞弊的，对直接负责的主管人员和其他直接责任人员，依法给予处分；构成犯罪的，依法追究刑事责任。

第八章　附则

第四十六条　本办法自2015年6月1日起施行。1995年10月16日石家庄市人民政府第68号令发布的《石家庄市城市公共客运管理办法》同时废止。

石家庄市人民政府令第191号

《石家庄市电梯安全监督管理办法》已经二〇一五年五月二十九日市第十三届人民政府第四十二次常务会议讨论通过，现予发布。自二〇一五年八月一日起施行。

市长　王亮

2015年6月11日

石家庄市电梯安全监督管理办法

第一章　总则

第一条　为加强电梯安全管理，预防和减少电梯事故，保障人身和财产安全，根据《中华人民共和国安全生产法》、《中华人民共和国特种设备安全法》等法律法规，结合我市实际，制定本办法。

第二条　本市行政区域内从事电梯的生产（包括制造、安装、改造、修理，下同）、经营、维护保养（以下简称维保）、使用、检验、检测以及监督管理活动适用本办法。

本办法所称电梯及主要部件是指国家《特种设备目录》中所列出的电梯种类及主要部件。

个人或者家庭自用电梯的安全管理不适用本办法。

第三条　市、县（区）级人民政府应加强对本辖区电梯安全工作的领导，督促、支持各有关部门依法履行电梯安全监督管理职责，建立协调机制，及时协调、解决电梯安全监督管理中存在的重大问题。

乡镇人民政府（街道办事处）应协助做好辖区内电梯安全的监督管理，调解处理因电梯而产生的群体性事件和不稳定因素，配合有关部门做好对电梯使用单位的安全检查工作。

第四条　市质量技术监督部门负责全市电梯的安全监督管理工作；各县（市）、区质量技术监督部门负责本辖区内电梯的安全监督管理工作。

公安、安监、建设、房管等部门应按照各自法定职责，共同做好电梯安全监督管理的相关工作。

第五条　市质量技术监督部门应建立全市统一的电梯应急处置服务平台，负责指挥、协调处理全市电梯困人、事故等应急处置工作，统计和分析电梯困人等故障数据，开展风险监测，及时发布预警信息，定期向社会公布电梯安全状况的信息，向当地政府和相关部门提出电梯安全管理工作的建议。

第六条　电梯的生产、经营、使用、维保单位应当建立健全电梯安全管理制度和责任制度，积极采用先进技术和先进管理方法，提高电梯安全性能和管理水平。鼓励投保电梯安全责任保险。

第七条　电梯使用单位、生产单位、新闻媒体、学校等应开展电梯安全知识和相关法律、法规、规章的宣传普及工作，倡导文明乘梯，增强公众安全意识和自我保护能力。

第二章　生产

第八条　电梯制造单位应依照有关法律、法规、安全技术规范及相关标准制造电梯，并对其制造的电梯安全性能以及安全运行涉及的质量问题负责。

电梯制造单位应向电梯使用单位提供下列技术指导和服务：

（一）对投入使用电梯的安全运行情况和维保情况进行跟踪调查和了解，对存在的问题，向使用单位提出书面改进建议，并提供必要的技术帮助；

（二）提供同质均价的易损零配件；

（三）对使用单位开展电梯使用、管理、应急救援方面的专业技能培训。

第九条　从事电梯安装、改造、修理的施工单位应于施工前将拟进行的电梯安装、改造、修理情况书面告知市或县级质量技术监督部门。

第十条　施工单位在电梯安装、改造、修理过程中，应遵守安全生产法规、规范，采取安全措施和设置警示标志。

电梯安装、改造、修理验收移交前，不得交付使用。

第十一条　电梯安装、改造、修理的施工单位应当在使用单位验收合格后30日内将相关技术资料和文件移交给使用单位，并应有书面交接记录及移交清单。

第十二条　电梯改造应由制造单位或者其委托的依法取得相应许可的改造单位进行。改造由非原制造单位或者其委托的依法取得相应许可的改造单位进行的，由现制造单位出具改造合格证及铭牌，并承担原电梯制造单位的相关责任和义务。

第十三条　建设、设计、审图等单位应履行下列职责：

（一）电梯井道的建筑结构设计，应满足电梯维保、远程监控及应急救援等要求；新建住宅小区及商务楼还应使用双路供电或配置备用电源，同时安装具有语音、视频功能的电梯运行状态远程监控系统，并与电梯维保单位和市电梯应急处置服务平台联网；

（二）建设单位在电梯交付使用单位时，一并移交完整的安全技术档案及《电梯使用标志》等安全警示标志、标识。

第三章　维护保养

第十四条　电梯的维护保养应当由电梯制造单位或者依法取得许可的安装、改造、修理单位进行。

从事车站、机场、轨道交通等公共交通领域电梯维保的，必须由制造单位或其委托的取得相应许可的单位进行。

电梯维保单位不得转包或者分包维保业务，其维保人员不得同时在其他维保单位兼职，电梯维保人员在作业时应持证上岗。

第十五条　电梯维保单位与使用单位签订的电梯维保合同有效期应不少于一年，内容应符合相关法律、法规、安全技术规范的要求。

第十六条　维保单位应在车站、机场、医院、大型商场、游乐场等人员密集、电梯使用频繁场所和超过30部电梯的住宅小区安排常驻维保人员；维保单位在县（市）有维保业务的，应在当地安排常驻维保人员。

第十七条　在本市从事电梯维保的单位，应携带单位许可证书、维保人员资格证、维保工具明细、服务范围、联系方式等相关资料到市质量技术监督部门备案。当维保单位名称、许可证书、服务范围或联系方式发生变化时，应及时通知市质量技术监督部门。

第十八条　电梯维保单位应当对其维保的电梯的安全性能负责，并履行下列安全职责：

（一）严格执行安全技术规范和电梯安装使用维护说明的要求，制定维护保养计划，至少每十五日进行一次维护保养，按照市质量技术监督部门规定的格式如实填写电梯维保和故障记录，不得弄虚作假，维保记录由使用单位电梯管理人员签字确认；

（二）在电梯维保过程中，接受电梯使用单位的监督，发现事故隐患应当及时告知电梯使用单位，发现严重事故隐患还应当及时向当地质量技术监督部门报告；

（三）设立24小时维保值班电话，接到故障通知后应及时予以排除，维修人员应及时抵达现场实施救援，市区抵达时间不超过30分钟，其他县（市）不超过60分钟；

（四）电梯维保过程中，应设置明显警示标志，严禁使用电梯；

（五）制定电梯安全应急救援预案，至少每半年对本单位维保的不同类别（类型）电梯进行一次应急演练，并书面记录；指导和协助电梯使用单位制定电梯安全管理制度和应急预案；

（六）逐台建立电梯维保记录档案，该档案应至少保存4年；

（七）维保合同终止时，应及时向电梯使用单位移交电梯维保记录档案；

（八）法律、法规和安全技术规范规定的其他职责。

第四章　使用管理

第十九条　电梯使用单位应当在电梯投入使用前或者投入使用后30日内向当地质量技术监督部门办理使用登记手续，使用单位变更时，应重新办理使用登记手续。

第二十条　下列电梯应使用双路供电或配置备用电源，同时安装具有语音、视频功能的电梯运行状态远程监控系统，并与电梯维保单位和市电梯应急处置服务平台联网：

（一）学校、医院、车站、商场、体育场馆、展览馆等公众聚集场所的电梯；

（二）机场、轨道交通站点的电梯。

第二十一条　在用电梯拟停用1年以上或者拟停用期跨过定期检验有效期的，电梯使用单位应自停用之日起30日内到原使用登记机关办理停用手续。电梯停用期间使用单位应切断电梯电源，关闭电梯层门，在电梯层门显著位置悬挂或设置“停用”字样标识。停用电梯重新启用前，电梯使用单位应向原使用登记部门办理启用手续。

第二十二条　属以下几种情况的电梯，电梯使用单位应在电梯重新投入使用前向电梯检验机构申请检验，经检验合格后方可使用：

（一）发生地震等自然灾害的；

（二）发生事故的；

（三）停止使用1年以上的；

（四）停用期超过定期检验有效期限的。

第二十三条　电梯轿厢进行内部装潢时，严禁选用有毒、有害、易燃等易造成人身伤害的装潢材料。

装潢若增加轿厢质量超过制造单位设计要求的，按电梯改造管理。

第二十四条　电梯的移装施工

应由电梯的产权单位委托经制造单位授权的具备相应资质的电梯安装单位进行。使用年限达到15年的电梯不得移装。

电梯的拆除应由取得相应资质的电梯制造、安装、改造或修理单位进行。

第二十五条　电梯超出设计年限或使用期限超过15年的，电梯使用单位应向检验机构申请安全性能技术鉴定，鉴定结论作为电梯更新、改造、重大修理的依据。

第二十六条　下列电梯投入使用前应配备持有特种设备作业人员资格证书的电梯司机：

（一）采用司机操作的电梯；

（二）医院提供患者使用的电梯；

（三）直接用于旅游观光的速度大于2.5米/秒的乘客电梯。

第二十七条　电梯使用单位应履行下列安全管理职责：

（一）超过50台电梯的使用单位应设置电梯安全管理机构；

（二）建立并严格执行电梯安全管理、岗位责任、隐患治理、应急救援等制度，建立完整的电梯安全技术档案；

（三）在电梯轿厢内或者出入口的明显位置张贴《电梯使用标志》等安全警示标志、标识，并保证其信息完整、正确；

（四）负责电梯安全运行的通风、温度、湿度、电压等条件符合安全技术规范和有关标准要求，负责电梯报警装置及远程监控系统可靠有效；

（五）监督电梯的修理、维护保养等工作，并做好监督记录；

（六）制定电梯事故应急措施和救援预案，并定期组织演练；

（七）电梯出现故障或者发生异常情况，使用单位应会同维保单位对其进行全面检查，消除事故隐患，方可继续使用；

（八）发生电梯困人故障时，迅速采取措施，安抚被困人员，组织电梯维修作业人员实施救援；

（九）电梯存在事故隐患时，应立即暂停使用隐患电梯，并设置明显警示标志；

（十）发生电梯安全事故时，立即组织应急救援、排险和抢救，保护事故现场，并及时向当地人民政府和质量技术监督部门报告；

（十一）制定安全文明乘梯规范和制度，引导乘客形成良好的乘梯习惯。

第二十八条　业主对住宅电梯的更换、改造或重大修理的必要性存在争议，可申请电梯检验机构进行安全性能技术鉴定，鉴定结论作为电梯更换、改造、重大修理的依据。住宅电梯更换、改造、重大修理所需资金，可按照以下方式筹集：

（一）已建立住宅专项维修资金的，应当按照有关规定申请使用住宅专项维修资金；

（二）未建立住宅专项维修资金或者住宅专项维修资金余额不足的，相关业主应当按照其专有部分占建筑物总面积的比例承担费用。

第二十九条　电梯使用单位发生变更，原使用单位应自电梯移交或者合同生效后5个工作日内向新使用单位移交完整的安全技术档案，并在5个工作日内，向原使用登记机关办理使用登记注销手续。

在电梯《电梯使用标志》有效期内变更使用单位、维保单位或应急救援电话等信息的，新使用单位应在移交手续完成后或维保合同、应急电话生效后5个工作日内，持原《电梯使用标志》、维保合同原件等材料到检验检测机构更换《电梯使用标志》。

第三十条　电梯检验机构应当在受理定期检验申请之日起的5个工作日内与使用单位约定检验时间。

电梯检验合格后，检验机构应颁发《电梯使用标志》。《电梯使用标志》应张贴在电梯显著位置。

第三十一条　乘客乘用电梯应当文明有序，按照安全注意事项和警示标志正确使用电梯，不得有下列行为：

（一）拆除、毁坏电梯警示标志、报警装置或者电梯零部件；

（二）采用非安全手段开启电梯层门、轿门；

（三）超过电梯额定载荷；

（四）在自动扶梯、自动人行道中逆行、玩耍打闹；

（五）其他危及电梯安全运行或者危及他人安全乘坐的行为。

第五章　监督管理

第三十二条　质量技术监督部门对电梯生产、使用、检验检测单位依法实施安全监察，查处电梯生产、使用、检验检测违法违规行为，组织开展电梯事故的调查处理，不定期对电梯维保单位进行维保质量监督抽查、建立年度考核制度。

第三十三条　质量技术监督部门应对以下电梯实施重点安全监督检查：

（一）学校、医院、车站、商场、体育场馆、展览馆等公众聚集场所的电梯；

（二）使用年限超过15年的电梯；

（三）故障频率较高或者投诉较多的电梯；

（四）经过安全性能技术鉴定需要维修、改造或者予以更换的电梯；

（五）其他需要实施重点监督检查的电梯。

第三十四条　相关行政管理部门应在当地政府的领导下建立电梯安全联席会议制度，及时分析解决电梯安全运行问题，并根据各自职责，共同做好电梯安全监督管理工作：

（一）建设部门负责监督新建建筑工程电梯机房、井道、底坑等土建、配套工程的质量安全、竣工验收；

（二）房管部门负责监督物业服务单位做好电梯使用安全管理及服务质量；

（三）公安部门负责配合电梯困人等突发事件的应急救援，维护电梯事故现场的秩序和公共安全，依法查处破坏电梯设施，危害公共安全的违法犯罪行为。消防部门负责依法查处影响逃生、应急救援的违法行为。验收试水时，应防止消防水进入电梯井道及底坑。

其他行业主管部门负责本行业、本领域电梯使用安全监督管理，提高本行业、本领域电梯安全管理水平。

第六章　法律责任

第三十五条　对违反本办法的行为，《特种设备安全法》、《特种设备安全监察条例》等有关法律、法规、规章已经规定法律责任的，从其规定。

第三十六条　电梯安装、改造、修理单位违反本办法第十条规定，将未经验收合格的电梯交付使用的，由质量技术监督部门责令限期改正，并处一千元以上三千元以下罚款。

第三十七条　电梯改造单位违反本办法第十二条规定，电梯改造后应更换铭牌未更换的，由质量技术监督部门责令改正，逾期未改正的，处一千元以上三千元以下罚款。

第三十八条　违反本办法第十三条第二款规定，建设单位未向使用单位移交完整的安全技术档案、《电梯使用标志》等安全警示标志、标识的，由质量技术监督部门责令限期移交，逾期未移交的，处五千元以上一万元以下罚款。

第三十九条　电梯维保单位违反本办法第十四条第三款规定，将电梯日常维保业务进行转包、分包的，由质量技术监督部门责令改正，处一万元以上二万元以下罚款。

第四十条　电梯维保单位违反本办法第十八条规定，维保过程未设置明显警示标志的，由质量技术监督部门责令改正，并处一千元罚款；发现事故隐患未告知电梯使用单位的，由质量技术监督部门责令限期改正，并处三千元以上五千元以下罚款；维保记录弄虚作假的，由质量技术监督部门处三千元以上五千元以下罚款。

第四十一条　电梯使用单位违反本办法第二十七条规定，未将《电梯使用标志》置于电梯显著位置的或未制定电梯事故应急措施和救援预案的，由质量技术监督部门责令限期改正，逾期未改正的，处一千元以上二千元以下罚款；电梯报警装置失效或电梯存在事故隐患，继续投入使用的，由质量技术监督部门责令限期改正，并处一万元以上二万元以下罚款。

第七章　附则

第四十二条　本办法所称电梯使用单位按下列规定确定：

（一）电梯安装后，建设单位尚未移交给电梯产权所有者的，该建设单位为电梯使用单位；

（二）委托物业服务企业管理的电梯，受委托的物业服务企业为电梯使用单位；

（三）未委托物业服务企业管理的电梯属于单一产权所有者的，该产权所有者为电梯使用单位；

（四）未委托物业服务企业管理的电梯的产权所有者在两个以上的，应当协商确定一个产权所有者为电梯使用单位，其他产权所有者承担连带责任；不能协商确定一个产权所有者为电梯使用单位的，由县（市、区）以上质量技术监督部门商当地乡（镇）人民政府、街道办事处确定或者提请本级人民政府确定电梯使用单位；

（五）配有电梯的建筑物用于出租的，当事人应当在合同中约定电梯使用单位；未约定的，建筑物产权所有者为电梯使用单位。

第四十三条　本办法自2015年8月1日起施行。

统计资料

Statistical Data

表 68　　行政组织机构及总面积

县（市、区）	镇政府（个）	乡政府（个）	街道办事处（个）	居民委员会（个）	村民委员会（个）	总面积（平方千米）
石家庄市	118	87	56	625	4014	13504
市　区	37	10	53	520	694	2220
长安区	4	—	12	147	8	138.31
桥西区	—	—	17	124	15	75.28
新华区	2	2	11	90	17	92.11
裕华区	2	—	11	89	25	60.8
井陉矿区	2	1	2	47	—	69.98
藁城区	12	1	—	6	239	836
鹿泉区	9	3	—	11	208	603
栾城区	5	3	—	6	182	345
井陉县	10	7	—	—	318	1381
正定县	3	5	2	34	154	468
行唐县	4	11	—	8	322	966
灵寿县	6	9	—	3	279	1066
高邑县	3	2	—	5	107	230
深泽县	3	3	—	3	125	296
赞皇县	2	9	—	8	212	1210
无极县	6	5	—	4	213	524
平山县	12	11	—	7	717	2648
元氏县	8	7	—	4	208	676
赵　县	7	4	—	9	281	675
晋州市	9	1	—	10	224	619
新乐市	8	3	1	10	160	525

表 69

人口情况

行政单位	年末总户数（户）	2015 年比 2014 年增长（%）	年末总人口（人）	2015 年比 2014 年增长（%）
全市总计	2763520	1.39	9651135	0.40
市区合计	1148013	2.13	4103343	0.58
长安区	187063	43.81	633897	42.71
桥西区	184744	35.73	685785	24.88
新华区	146835	1.75	497066	0.31
裕华区	164059	4.55	590037	1.89
井陉矿区	27947	-1.41	93184	-1.90
藁城区	227154	2.45	837568	0.93
鹿泉区	119014	1.06	419520	1.62
栾城区	91197	0.84	346286	1.02
高新区	—	—	—	—
井陉县	109674	0.02	332547	-0.27
正定县	127701	0.36	500110	0.84
行唐县	149131	1.25	460015	0.19
灵寿县	103654	-0.18	346407	0.14
高邑县	55585	1.47	201123	0.57
深泽县	92471	1.79	261576	0.10
赞皇县	94388	3.26	276185	0.89
无极县	145568	-0.07	532971	-0.05
平山县	167591	1.49	502685	0.50
元氏县	100376	0.36	440699	0.12
赵　县	174126	0.87	613204	-0.01
晋州市	157309	0.55	566560	0.80
新乐市	137933	0.95	513710	0.13

（人口情况为市公安局户政部门数据）

表 70

地区生产总值

行政单位	地区生产总值（亿元）	2015 年比 2014 年增长（%）	第一产业增加值（亿元）	2015 年比 2014 年增长（%）
全市总计	5054.5	7.5	444.0	2.3
市区合计	2909.8	8.2	135.2	1.2
长安区	390.9	8.1	2.5	2.6
桥西区	433.1	8.0	1.5	2.5
新华区	223.6	8.2	1.9	4.0
裕华区	195.0	8.2	0.5	-0.9
井陉矿区	60.5	7.1	0.8	-6.8
藁城区	577.8	7.1	72.8	3.5
鹿泉区	356.0	7.1	22.7	-0.6
栾城区	207.8	7.6	27.8	-2.6
高新区	196.4	7.5	1.9	0.8
井陉县	144.5	6.1	13.7	2.5
正定县	276.4	7.6	33.3	0.7
行唐县	130.1	7.2	27.0	4.1
灵寿县	93.2	6.7	18.0	3.2
高邑县	83.0	7.2	12.4	5.3
深泽县	101.6	7.4	16.0	1.1
赞皇县	95.6	5.3	17.3	5.8
无极县	182.4	7.5	27.2	2.8
平山县	187.8	6.0	18.8	3.2
元氏县	180.2	7.4	25.3	1.0
赵　县	202.9	7.3	34.7	2.6
晋州市	276.8	7.7	34.1	1.8
新乐市	190.2	7.6	29.0	3.0

（续表）

行政单位	第二产业增加值（亿元）	2015 年比 2014 年增长（%）	第三产业增加值（亿元）	2015 年比 2014 年增长（%）
全市总计	2225.3	5.8	2385.3	10.5
市区合计	1102.5	5.2	1672.1	10.8
长安区	64.1	0.3	324.3	10.2
桥西区	45.0	3.4	386.6	8.7
新华区	48.3	1.8	173.4	10.4
裕华区	43.0	1.1	151.6	10.2
井陉矿区	41.3	6.4	18.4	9.3
藁城区	385.2	6.5	119.8	10.3
鹿泉区	194.4	5.6	138.9	10.7
栾城区	117.6	7.0	62.4	13.4
高新区	130.8	5.8	63.7	11.2
井陉县	61.3	4.3	69.6	9.0
正定县	113.9	6.0	129.1	10.6
行唐县	66.3	7.1	36.8	9.3
灵寿县	45.0	5.5	30.3	10.6
高邑县	48.0	6.4	22.6	9.5
深泽县	60.3	7.9	25.3	9.8
赞皇县	53.6	4.3	24.7	7.3
无极县	98.0	6.8	57.2	10.9
平山县	106.9	4.7	62.0	10.5
元氏县	95.0	7.4	59.9	9.8
赵　县	118.6	7.3	49.7	10.4
晋州市	153.9	7.1	88.8	10.6
新乐市	103.8	7.1	57.3	10.8

表 71

固定资产投资

行政单位	全社会固定资产投资（亿元）	2015年比2014年增长（%）	固定资产投资（亿元）	2015年比2014年增长（%）
全市总计	5514.5	12.1	5477.9	12.1
市区合计	3275.5	11.2	3268.9	11.1
长安区	583.6	6.0	583.6	7.7
桥西区	608.3	6.7	608.3	7.7
新华区	396.0	7.1	396.0	7.8
裕华区	436.7	8.8	436.7	8.8
井陉矿区	78.4	23.4	78.4	23.4
藁城区	271.6	18.4	268.3	18.4
鹿泉区	350.0	17.2	348.5	17.2
栾城区	210.5	20.7	209.0	22.0
高新区	250.1	17.8	250.1	18.5
井陉县	147.2	-36.5	146.6	0.1
正定县	263.9	20.9	259.6	21.0
行唐县	168.9	18.5	165.7	18.5
灵寿县	115.8	18.9	114.4	19.0
高邑县	80.4	23.4	79.9	23.8
深泽县	83.2	23.2	82.3	23.7
赞皇县	145.6	17.5	144.8	17.5
无极县	135.2	18.3	130.9	18.4
平山县	216.8	18.6	213.8	18.7
元氏县	213.2	23.5	208.8	23.7
赵　县	159.2	21.7	157.6	21.8
晋州市	272.9	20.6	270.2	23.9
新乐市	235.8	22.4	233.4	23.8

表 72

财政收入情况

行政单位	全部财政收入（亿元）	2015 年比 2014 年增长（%）	公共财政预算收入（亿元）	2015 年比 2014 年增长（%）
全市总计	755.0	14.0	362.9	9.2
市区合计	631.1	15.3	286.2	8.4
长安区	100.0	10.5	48.1	10.8
桥西区	129.9	8.0	60.0	5.8
新华区	44.9	4.7	26.3	6.5
裕华区	46.3	1.9	25.1	-6.7
井陉矿区	4.8	12.2	2.2	16.8
藁城区	150.5	67.8	25.0	36.2
鹿泉区	32.1	7.1	18.7	8.9
栾城区	17.7	6.0	9.1	13.3
高新区	46.5	13.9	23.7	15.1
井陉县	13.6	0.4	6.1	10.4
正定县	21.2	11.4	14.1	15.1
行唐县	5.3	3.2	3.7	12.0
灵寿县	4.7	20.7	3.1	22.3
高邑县	4.6	-5.1	3.8	8.2
深泽县	5.1	6.3	3.9	11.6
赞皇县	4.2	-4.2	2.8	9.3
无极县	8.4	12.4	4.7	10.6
平山县	20.1	15.0	9.4	10.1
元氏县	10.9	11.3	6.6	23.1
赵　县	7.4	8.3	4.7	10.1
晋州市	10.2	15.2	7.7	10.2
新乐市	8.3	12.4	6.2	12.4

表 73

农产品总产量

行政单位	粮食总产量（吨）	2015年比2014年（±%）	小麦总产量（吨）	2015年比2014年（±%）	玉米总产量（吨）	2015年比2014年（±%）	油料总产量（吨）	2015年比2014年（±%）	棉花总产量（吨）	2015年比2014年（±%）
全市总计	4500189	0.16	2269230	-1.01	2106284	0.94	173064	0.01	3283	-10.76
长安区	44928	1.00	23306	0.06	21622	2.04	—	—	54	-57.81
桥西区	971	-6.18	480	-8.57	382	-25.10	—	—	—	—
新华区	18731	-0.33	9376	0.42	9355	-1.07	82	-3.53	13	0.00
井陉矿区	12657	-3.06	5016	-3.18	7535	-2.40	83	-24.55	—	—
裕华区	5444	-24.33	2836	-25.51	2608	-23.00	—	—	—	—
藁城区	515458	-5.38	249472	-7.19	253955	-4.42	8779	-7.02	378	0.00
鹿泉区	196098	-2.69	100035	-90.45	91791	-0.96	3925	4.89	157	13.77
栾城区	241870	-3.85	122334	-7.90	117051	1.08	283	-2.08	9	0.00
高新区	28223	-14.06	15006	-14.76	13217	-13.24	—	—	—	—
井陉县	91877	-7.94	35825	-0.49	46561	-14.52	5567	0.05	125	4.17
正定县	310182	-0.89	156421	-1.23	148950	-0.62	19918	-1.32	190	-10.80
行唐县	297511	5.79	135668	3.01	139533	2.01	22966	0.06	403	0.25
灵寿县	139218	0.83	61050	0.08	68499	2.18	5245	5.94	137	-2.14
高邑县	163904	1.39	79839	0.22	81647	2.60	4848	0.02	108	1.89
深泽县	200435	0.95	91575	1.00	103337	1.31	6335	-2.75	136	-72.02
赞皇县	108360	3.53	56463	3.83	47411	3.90	10218	36.83	68	1.49
无极县	339504	-0.17	184664	0.48	147667	-0.97	17120	0.65	236	0.85
平山县	197091	-0.04	102396	-1.67	87210	1.88	9676	5.01	602	4.51
元氏县	324737	-0.57	169914	-0.59	141248	-0.66	7650	0.37	518	0.39
赵　县	557319	1.43	290620	-2.74	265559	6.49	3990	0.45	—	—
晋州市	348379	-0.59	180931	-0.72	154813	-0.50	9138	-3.44	—	—
新乐市	317217	0.05	174594	0.11	137667	-0.03	37241	0.02	149	-2.61

（续表）

行政单位	蔬菜总产量（不含瓜类·吨）	2015年比2014年（±%）	水果总产量（吨）	2015年比2014年（±%）	肉类总产量（吨）	2015年比2014年（±%）	禽蛋总产量（吨）	2015年比2014年（±%）	水产品总产量（吨）	2015年比2014年（±%）
全市总计	12285946	-3.22	2288287	8.50	696846	-1.8	932805	-0.8	33812	-3.3
长安区	81380	-2.31	5770	0.00	2600	15.7	1095	-11.3	—	0.0
桥西区	67685	-0.73	15	-60.53	2058	456.2	335	-0.3	—	0.0
新华区	114209	0.62	3200	-10.74	31	-67.7	408	-14.6	45	-10.0
裕华区	16462	-15.43	—	—	530	1.7	400	—	—	—
井陉矿区	33888	0.07	4621	-2.94	2261	-10.1	1600	-11.1	20	0.0
藁城区	3047850	-0.16	239565	0.02	83689	-5.5	147420	-4.9	40	135.3
鹿泉区	945280	-1.41	44087	2.54	27388	-6.5	36021	-4.3	6335	0.2
栾城区	933943	-9.71	850	4.29	48927	-10.1	100596	-4.9	4	-20.0
高新区	70361	-7.61	1300	4.00	1169	13.3	870	-1.8	—	—
井陉县	231239	0.00	47236	11.06	27571	—	34769	—	710	1.4
正定县	870422	-3.05	16420	3.80	81166	-0.3	129871	3.5	1550	-3.7
行唐县	381891	-2.00	135468	7.12	38946	-5.9	35237	-2.0	1561	-17.0
灵寿县	227822	1.73	23730	8.85	32106	-0.9	20365	1.6	8350	0.2
高邑县	615719	-1.48	3564	1.11	13882	2.0	16360	5.2	—	—
深泽县	473102	0.57	113656	2.59	24774	2.3	19883	3.0	121	4.3
赞皇县	161506	-0.43	148138	10.63	26039	1.9	22513	2.0	1000	0.0
无极县	887580	-1.39	20969	-5.55	57490	1.4	76920	12.5	11	0.0
平山县	309050	2.57	61059	1.84	22153	2.3	15020	3.0	13820	0.0
元氏县	505706	-1.60	15010	-5.28	46252	-3.8	57040	8.6	223	-79.0
赵　县	859370	-8.16	620000	24.00	43875	0.6	54500	3.8	—	—
晋州市	545716	1.01	753100	3.55	53009	-2.9	76562	-10.1	—	—
新乐市	821064	-22.71	30529	1.06	59436	-0.4	83200	2.6	22	0.0

表 74

农林牧渔业总产值

行政单位	农林牧渔业总产值（万元）	2015 年比 2014 年增长（%）
石家庄市	8043381	2.08
长安区	41963	3.54
桥西区	24283	1.01
新华区	31183	3.40
裕华区	11092	0.33
井陉矿区	14915	-4.90
藁城区	1261099	6.15
鹿泉区	397490	1.56
栾城区	515929	-3.56
高新区	30788	0.94
井陉县	244892	0.96
正定县	666057	0.25
行唐县	510607	3.25
灵寿县	327383	3.33
高邑县	217632	5.44
深泽县	293597	1.88
赞皇县	288829	5.78
无极县	527947	2.51
平山县	366673	3.39
元氏县	445942	1.65
赵　县	608905	2.97
晋州市	606777	1.33
新乐市	545141	2.41

表 75 规模以上工业企业情况

行政单位	企业单位数（个）	主营业务收入（亿元）	规模以上工业企业增加值（亿元）	利润总额（亿元）
全市总计	2434	8642.8	1897.1	727.1
市区合计	1047	4229.0	912.6	345.7
长安区	24	171.2	19.7	10.5
桥西区	12	19.8	5.7	0.5
新华区	18	20.3	4.7	0.3
裕华区	15	46.7	13.0	3.7
井陉矿区	46	146.8	40.7	2.4
藁城区	426	1537.9	375.6	169.9
鹿泉区	201	727.7	165.4	72.4
栾城区	164	388.2	98.4	42.9
高新区	112	485.3	116.7	57.9
井陉县	68	181.1	34.1	24.8
正定县	146	460.5	99.7	34.9
行唐县	89	242.9	63.5	26.7
灵寿县	69	145.6	36.0	14.7
高邑县	72	145.4	36.1	14.1
深泽县	86	206.8	52.5	6.3
赞皇县	75	192.7	47.4	22.6
无极县	123	374.8	89.7	31.6
平山县	25	430.6	92.6	19.5
元氏县	78	335.1	86.3	35.3
赵　县	122	632.2	106.8	40.1
晋州市	262	607.3	147.2	68.4
新乐市	172	458.6	92.4	42.6

表 76　　社会消费品零售额

行政单位	社会消费品零售额（亿元）	2015 年比 2014 年增长（%）
全市总计	2437.3	9.8
市区合计	1518.5	9.9
长安区	276.6	10.1
桥西区	426.2	10.1
新华区	200.2	9.7
裕华区	156.7	9.7
井陉矿区	13.2	9.9
藁城区	157.5	9.4
鹿泉区	120.8	10.1
栾城区	76.6	10.2
高新区	76.7	9.8
井陉县	44.4	9.8
正定县	117.0	9.9
行唐县	58.9	9.8
灵寿县	40.4	10.0
高邑县	32.4	9.9
深泽县	41.0	9.5
赞皇县	41.1	9.7
无极县	113.1	9.4
平山县	54.3	9.7
元氏县	51.2	9.6
赵　县	110.6	9.6
晋州市	112.4	9.8
新乐市	102.0	9.8

索　引

Index

说　明

一、本索引采用主题分析法，按主题词首字汉语拼音字母顺序排列，第一个字相同，按照第二字汉语拼音字母顺序排列，依此类推。数字开头主题词按照数字汉语读音排列。

二、类目采用黑体字，其他内容采用宋体字。主题词后的数字表示内容所在页码，数字后的英文字母 a、b、c 分别表示从左到右第一、二、三栏。同一主题词内容在文中多处出现，以不同页码标注。

三、本索引包含类目、分目、主要条目和部分内文，《特载》《大事记》《文献法规》内容未作索引。

A

B

C

H

J

K

L

M

T

W

X

石家庄市政务服务中心

石家庄市政务服务中心位于槐安东路77号，办公面积8500平方米，设六大功能服务区，进驻部门或单位36个，设置办事席位98个，进驻办事窗口工作人员210余名，涉及行政许可和部分公共服务类事项120项。实行“窗口”受理、“大厅”办结、“一站式”服务工作机制；设有6个分办事大厅，即市工商局企业注册分局大厅、市交通局运输管理处服务大厅、市房屋登记交易中心办事大厅、市公安局出入境管理大厅、市公安交通管理局车辆管理一所和二所服务大厅。实行一次性告知、首问负责、领导坐班、限时办结、“一事一评”、信息公开等工作制度；推行行政审批事项电子监察全覆盖，权力运行全程监控。遵循公开、公平、公正原则，建设阳光政务大厅；遵循便民、高效、规范原则，建设高效政务大厅。

◆ 全国政协社会和法制委员会领导到市政务服务中心视察

◆ 市主要领导到市政务服务中心调研指导

◆ 建设项目联合会审办公会

石家庄市园林局

◆ 省委常委、市委书记孙瑞彬（前排右二）调研指导城区绿化

◆ 市委副书记、市长邢国辉（前排中）调研指导体育公园建设

石家庄市园林局是全市园林绿化行政主管部门，共有在职干部职工1100余人。局机关设有职能处室11个，分别为：办公室、绿化处、公园处、规划建设处、科技处、绿化考核处、组织人事处、计划财务处、安全保卫处、纪检监察室、直属单位党委。直属事业单位15个，其中处级单位5个，分别为：城市水系管理处（正处级）、动物园管理处（副处级）、植物园管理处（副处级）、广场管理处（副处级）、龙泉湖园林管理处（副处级）；正科级单位10个，分别为：园林绿化管理处、长安公园管理处、小壁林区管理处、柏林公园管理处、裕西公园管理处、园林规划设计研究所、园林绿化工程质量监督站、园博园管理处、滹沱河生态绿廊管理处、体育公园管理处。石家庄市园林绿化实行市、县（市、区）两级管理，市内七区均设有园林绿化主管部门，高新区建设管理局下设园林绿化管理处，省级以上园林城市（县城）单独设有园林局。

石家庄市2007年被国家住房和城乡建设部授予国家园林城市称号。栾城区、高邑县为国家级园林县城；藁城区、鹿泉区、新乐市、晋州市、正定县、井陉县、元氏县、平山县、井陉矿区9个县（市、区）为省级园林县城（城市、城区）。民心河、太平河两大生态水系整治工程获授“中国人居环境范例奖”，植物园、长安公园、世纪公园、裕西公园、海山公园获评省“十佳公园”。2012年市园林局被国家人力资源和社会保障部、住房和城乡建设部评为全国住房城乡建设系统先进集体，2013年市园林局道路绿化筹建处被全国总工会授予“全国工人先锋号”荣誉称号，2015年石家庄市顺利通过住房和城乡建设部国家园林城市复查。

◆ 植物园

◆ 滹沱河花海

◆ 裕华路绿化

◆ 太平河秋色

石家庄幼儿师范高等专科学校

◆ 党委书记 苑彦刚

◆ 校长 张聪

石家庄幼儿师范高等专科学校是教育部批准设置的国办普通高等学校，是河北省第一所幼儿师范高等专科学校。河北省学前儿童心理教育学会、河北省学前教育研究所、河北省幼儿教师培训中心、石家庄市教师进修学校、石家庄市幼儿教师培训基地均设在该校。学校位于省会西部高教区，占地500亩，建筑面积12万平方米，教学仪器设备总价值3000万元，图书馆藏书57.5万册、报纸杂志1498种；教职工401人，其中副高级以上职称91人、硕士122人、博士1人、特级教师4人；全日制在校生约6000人。设有学前教育、语言文学、音乐、美术、应用技术5个系12个专业，其中学前教育、音乐专业是中央财政支持重点建设专业。招生区域达24个省、市、自治区。

学校核心理念：探求幼学师道，雕铸蒙养师魂；学校精神：德惟其高，学惟其精；校训：崇德、善学、博爱；校风：为人为学，为师为范；教风：修身治学，乐业善教；学风：诚朴砺学，精修师艺。

近年来，学校曾获得“全国艺术教育特色单位”“全国巾帼文明示范单位”“全国优秀知识分子先进集体”“全国教科研先进学校”“河北省文明单位”“河北省教育系统先进单位”“河北省国际教育合作与交流先进集体”“河北省安全稳定工作先进单位”等荣誉称号。

◆ 校史馆建成开放

◆ 幼儿模拟活动室教育

◆ 科研实习基地幼儿园

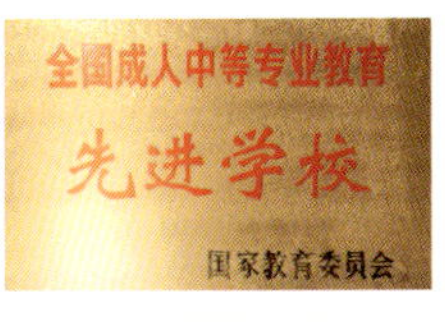

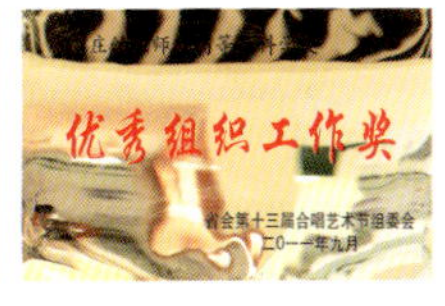

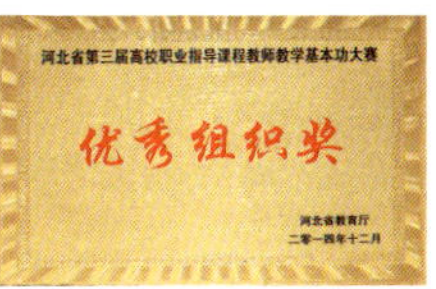

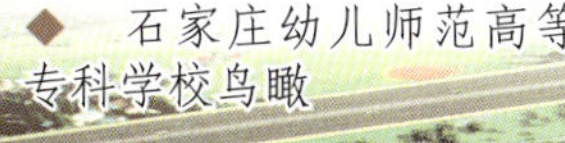

◆ 石家庄幼儿师范高等专科学校鸟瞰

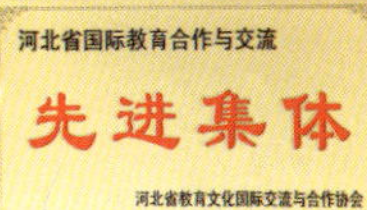

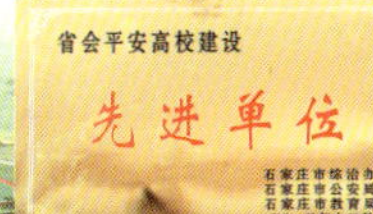

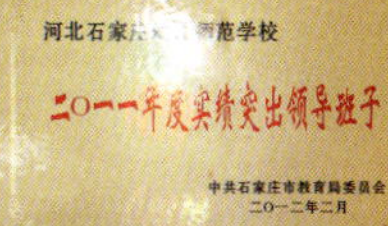

栾城区

栾城区位于石家庄市区南部，距离石家庄市主城区12千米。总面积345平方千米。常住总人口35万人，人口自然增长率11.33‰。2015年，栾城区实现地区生产总值207.8亿元，同比增长7.6%。其中，第一产业增加值27.8亿元，下降2.6%；第二产业增加值117.6亿元，增长7%；第三产业增加值62.4亿元，增长13.4%。全社会固定资产投资210.5亿元，同比增长20.7%。全部财政收入17.7亿元，同比增长6%。农林牧渔业总产值51.6亿元，同比下降3.6%；粮食总产24.2万吨，同比下降3.97%。规模以上工业增加值98.4亿元，同比增长6.3%。社会消费品零售总额76.6亿元，同比增长10.2%。城镇居民人均可支配收入25032元，同比增长8.3%；农村居民人均可支配收入13792元，同比增长8.4%。城乡居民存款余额105亿元。2015年栾城区荣获河北省社会主义新农村建设先进区、河北省美丽乡村建设先进区。

◆ 旭日东升——柴武台公园晨景

◆ 暮色中的城区

◆ 农林高科技园区花海

◆ 城区街道

◆ 苏园万亩樱桃园

◆ 万亩樱桃园首届观光节

◆ 天合农庄

◆ 爱飞客飞行表演

◆ 2015年9月18～20日，2015石家庄爱飞客飞行大会暨通用航空展举行

◆ 中车石家庄车辆有限公司

◆ 河北数字印刷产业园

◆ 石家庄地铁3号线首列车辆下线

◆ 新建华电水厂

◆ 精神卫生康复中心

◆ 新建成疾病预防控制中心

◆ 东方园林

◆ 京港澳高速公路林带北高村段

◆ 全国美丽宜居村庄——柳林屯村

◆ 美丽乡村文化墙

◆ 河北省美丽乡村——乏马村

行 唐 县

◆ 中共行唐县委书记 杨立中

◆ 行唐县人民政府县长 王彦芳

行唐县位于河北省西南部，属太行山东麓浅山区，总面积966平方千米，境内地势自西北向东南倾斜，大致为“五山二坡三分田”，辖15个乡镇、1个省级经济开发区，322个行政村，常住人口42万人。行唐县是国家级扶贫开发重点联系县和国家级农业开发重点县。2015年行唐县委、县政府围绕建设“激情开放、跨越赶超、美丽幸福新行唐”目标，凝心聚力，真抓实干，实现经济社会平稳较快发展。全年完成地区生产总值130.08亿元，同比增长7.2%；财政收入5.3亿元，同比增长3.2%，一般公共预算收入3.66亿元，同比增长12%；规模以上工业增加值63.48亿元，同比增长7.4%；固定资产投资165.68亿元，同比增长18.5%；社会消费品零售总额58.9亿元，同比增长9.8%；实际利用外资3000万美元；城乡居民人均可支配收入分别达到23583元、6068元，同比分别增长7.5%、12%。

◆ 2015年11月16日，全国政协副主席、中共中央对外联络部部长王家瑞（前排右二）在河北省委书记赵克志（前排左二）陪同下到行唐县考察调研扶贫工作

◆ 2015年6月9日，省委常委、市委书记孙瑞彬（前排左二），市长王亮（二排左一）带领石家庄市四大班子领导到行唐县观摩项目建设

赵 县

赵县古称赵州，2005 年被联合国地名专家组中国分部命名为“千年古县”。境内拥有赵州桥、柏林禅寺、陀罗尼经幢等众多历史遗迹。其中，赵州桥有 1400 多年历史，是世界桥梁的鼻祖，被誉为天下第一桥；柏林禅寺有 1700 多年历史，始建于东汉末年，是中国禅宗史上重要祖庭，史称“畿内名刹”“古佛道场”，内设河北省佛学院、河北省禅学研究所；陀罗尼经幢坐落于县城中央，被誉为“华夏第一塔”。赵县是国家林业局命名中国雪花梨之乡、全国经济林示范县、中国优质梨果生产基地重点县，也是国家农业部命名优质小麦生产基地县、全国粮食生产先进县。2015 年赵县完成地区生产总值 202.9 亿元，同比增长 7.3%。全部财政收入 7.4 亿元，同比增长 8.3%，其中公共财政预算收入 4.7 亿元，增长 10.1%；财政支出 21.4 亿元，同比增长 31.6%。粮食播种面积 7.05 万公顷，总产量 55.73 万吨，平均亩产 527.1 千克。规模以上工业总产值 606.79 亿元；规模以上工业增加值 106.8 亿元，同比增长 7.6%；利润 40.1 亿元，同比增长 13.7%。城镇居民人均可支配收入 24156 元，同比增长 8.2%；农村居民人均可支配收入 12181 元，同比增长 9.1%。民生支出 18.85 亿元，同比增长 34.3%。2015 年赵县获评“河北省首批食品药品安全县”称号。

◆ 市委副书记张泽峰（右二）到赵县调研指导

工业产业。全年实施规模以上工业项目 90 个，总投资 132.7 亿元。正兴药用包装、昆泰生物等 11 个重点项目列入石家庄市“三个一百”计划。华药生物发酵基地、科众 3D 定制绿色建材、易谷现代产业园、天山国际汽车产业园等投资规模大、发展前景较好的项目落户赵县。5 月 8 日，赵县工业园区 23 个重大项目集中开工，总投资额 77 亿元。其中，工业项目 19 个、设施项目 4 个；超亿元以上项目 15 个。主要投资项目有：投资 6.2 亿元河北省飞尔航空设备科技开发有限公司年产 5000 辆新能源房车项目、投资 10 亿元河北国柱环保设备制造有限公司年产 56 套生活垃圾处理设备项目、投资 6.9 亿元河北安健成益医药科技有限公司项目、投资 5.6 亿元河北昆泰生物科技有限公

◆ 县委书记王建海（前排右二）、县长张敏周（前排左二）视察指导园区建设

司项目、投资10亿元河北易谷投资有限公司易谷现代产业园项目等。2015年11月，赵县首个院士工作站——河北兴柏药业集团有限公司院士工作站成立。

农业生产。全年粮食播种面积7.05万公顷，总产量55.73万吨，平均亩产527.1千克。其中，小麦播种面积3.81万公顷，总产量29.06万吨，亩产507.87千克；玉米播种面积3.21万公顷，总产量26.56万吨，亩产551.33千克。水果总产量（不含果用瓜）62.0万吨，其中雪花梨34.25万吨、鸭梨8.25万吨。开展粮食高产创建活动，实现粮食生产“十二连丰”。小麦单产位居河北省第一，获授“全国产粮大县”称号。推进农业结构调整，建成农业生态园22个、家庭农场174家。土地流转面积23.6万亩。46.5万亩农村土地确权登记完毕。2015年赵县农民李素敏获评“全国种粮大户”“全国十佳农民”称号。

旅游商贸。梨花景观被国家农业部评为“中国美丽田园”。大石桥村获评“全省百强乡村旅游示范村”。赵州桥获评“石家庄十大城市名片”，赵州桥景区桥语展馆、古桥展览馆二期建成开放。9月4日，第六届“中国古桥研究与保护学术研讨会”在赵县举行，全国84名桥梁专家聚集赵州桥畔，以实地考察、专题发言、讨论交流方式，共同探讨如何利用现代科技保护研究古桥。10月4～6日，第十届天下赵州国际禅茶文化交流大会举行。发展京东商城农村服务站85家，全县各类电商达到1800家。2015年赵县获评“河北省电子商务进农村综合示范县”。

◆ 县委书记王建海（左一）深入农村调研美丽乡村建设

城乡建设。《赵县城乡总体规划（2011～2030）》编制完成，规划城区面积扩展到35平方千米。谋划实施35个城镇建设重点项目，总投资30多亿元。围绕环境立县战略和创建省级园林县城目标，采取创建、增绿、提质思路及点、线、面结合方式，以县城入口处、闲置土地、单位及小区绿化为点，以街道升级绿化改造为线，以建公园、提升广场绿化为面，实施城区绿化提升工程。全年在京港澳高速、青银高速、308国道等重点路段、重要节点植树绿化320余万株，年末全县森林覆盖率达到29.01%。新建迎宾公园、李春公园、赵州桥森林公园等公园绿地20多处，新增城区绿化面积155.1万平方米。开展美丽乡村建设，17个省级重点村建设任务完成。

◆ 县委书记王建海（右四）到企业慰问夏季高温在岗职工

◆ 县长张敏周（左二）调研指导“三夏”生产

◆ 2015年5月8日，举办赵县项目集中开工暨观摩拉练现场会

◆ 梨花节景色

◆ 2015年5月28日，河北鑫达润滑油科技有限公司举行奠基开工仪式

◆ 2015年9月4日，第六届中国古桥研究与保护学术研讨会在赵县召开

◆ 柏林禅寺——万佛楼

高 邑 县

◆ 中共高邑县委书记 杨国芳

◆ 高邑县人民政府县长 彭敬捷

高邑县位于石家庄市最南端，总面积 230 平方千米，辖 3 镇 2 乡，107 个行政村，常住人口 19 万人，耕地面积 25 万亩。2015 年，全县围绕建设“经济强县、美丽高邑”宏伟目标，以“小县能干大事业、小县能有大作为”的雄心壮志，戮力同心、奋发作为，各条战线捷报频传、亮点纷呈。成功创建成石家庄市唯一国家级园林县城，获得“中国演讲名城（县）”称号，城乡垃圾一体化处理、县城建设等工作经验在全省推广。2015 年全县地区生产总值达到 83 亿元，五年年均增长 10.6%，比“十一五”末翻了一番。固定资产投资完成 79.9 亿元，五年年均增长 22.3%，是 2010 年 2.7 倍。全部财政收入超过 4.6 亿元，五年年均增长 20.1%；公共预算收入 3.8 亿元，同比增长 8.2%。实现规模以上工业增加值 36 亿元，同比增长 7.4%。城镇居民人均可支配收入达到 21615 元，同比增长 10.3%；农民人均可支配收入达到 10978 元，同比增长 10%。空气质量等级优良天数达到 95 天，同比增加 45 天，PM2.5 浓度同比下降 26%，万元 GDP 能耗比 2010 年下降 31.7%，提前一年完成“十二五”减排任务。

◆ 高邑西站

◆ 美丽高邑

无 极 县

2015 年，无极县完成地区生产总值 182.4 亿元，同比增长 7.5%。全部财政收入 8.4 亿元，同比增长 12.4%，其中公共财政预算收入 4.7 亿元，增长 10.6%；财政支出 17.6 亿元，同比增长 21.8%。粮食播种面积 4.86 万公顷，总产量 33.95 万吨。规模以上工业总产值 385.78 亿元；规模以上工业增加值 89.7 亿元，同比增长 7.2%；利润 31.6 亿元，同比增长 9.1%。社会消费品零售总额 113.1 亿元，同比增长 9.4%。城镇居民人均可支配收入 22978 元；农村居民人均可支配收入 11999 元。2015 年无极县生态环境持续改善，城乡面貌大幅提升，民生事业全面进步，人民安居乐业，呈现出政通人和，经济快速发展良好局面。

◆ 迎宾大道夜景

◆ 无极剪纸

◆ 装备制造

◆ 皮革生产车间

◆ 制药车间

石家庄市轨道交通有限责任公司

①2015年8月19日，代市长邢国辉（前排右一）调研市轨道交通工程项目建设

②2015年1月9日，副市长李雪荣（前排右二）调研市轨道交通项目建设

③市轨道交通建设办公室主任、党委书记赵新朝作专题党课辅导

④市轨道交通公司董事长付庆文（左一）到地铁运营分公司调研指导

⑤市轨道交通公司董事长付庆文到地铁1号线火炬广场站检查指导

◆ 2015年1月30日，市轨道交通公司与深圳地铁集团有限公司签订石家庄市城市轨道交通1号线一期工程和3号线一期工程运营人员培训服务合同

◆ 2015年6月1日，石家庄地铁“安全生产月”活动正式启动

◆ 2015年8月6日，郑州市市政考察团到石家庄市调研和参观中山广场站建设

◆ 2015年12月，石家庄地铁首开工程全线实现“洞通”

◆ 石家庄地铁1号线时光街站施工现场

◆地铁3号线石家庄站施工现场

中国工商银行河北分行营业部

◆ 2015年3月17日，中国工商银行行长易会满（右排右四）到河北分行营业部调研指导大中城市银行竞争力提升工作

2015年，中国工商银行河北分行营业部投放各类贷款458.71亿元（含票据），年末各项贷款余额692.81亿元，较年初增加81.72亿元。其中，公司贷款453.88亿元，增加16.7亿元；个人贷款200.35亿元，增加44.56亿元。至2015年末，分行营业部全部存款余额967.51亿元，较年初增加25.31亿元。其中，储蓄存款547.31亿元，增加42.37亿元。全年实现中间业务收入8.23亿元，实现净利润15.18亿元。加快网点渠道创新，率先在全省推出“智能化服务模式”，新建智能化网点36家，投入运营19家。提升“三农”服务能力，建设助农服务点32家，涉及行政村32个。加强内控案防工作，开展内控管理专项检查，有效遏制各类案件事故和重大风险事件发生。

◆ 2015年9月23日，中国工商银行副行长王希全（前排左三）到分行营业部调研指导大零售工作

◆ 2015年4月15日，分行营业部召开职工代表会议

◆ 2015年6月13日，分行营业部举行青年员工岗位技能竞赛

◆ 2015年9月29日，分行营业部举行“我就是省会 我就是省行营业部”大讨论活动启动仪式

◆ 2015年12月8日，分行营业部员工参加银企对接会，服务中小企业发展

◆ 2015年12月22日，分行营业部参加赞皇县“互联网+”行动推介大会，支持县域经济发展

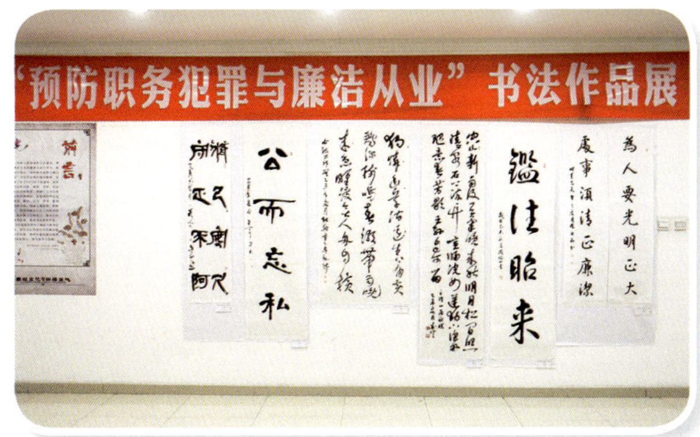

◆ 举办“廉政书法”比赛作品展

◆ 开展捐资助学活动

中国邮政储蓄银行股份有限公司石家庄市分行

◆ 中国邮政储蓄银行石家庄分行行长　师旭

中国邮政储蓄银行石家庄市分行于 2008 年 3 月 18 日挂牌成立。机关内设一级部室 15 个，二级部室 7 个，下辖县区一级支行 18 个，市区支行 22 个。

至 2015 年底，全行各项存款余额 485 亿元，各项贷款余额 196 亿元；资产规模达到 635.5 亿元，较年初增长 17.7%；实现业务收入 10.06 亿元，较 2014 年增长 25.69%，排名全国省会行第 5 位；实现利润 3.13 亿元，完成河北省分行下达计划 113%，排名全国省会行第 7 位；人均创收 77.61 万元，人均创利 27.24 万元。

◆ 市分行行长师旭（右）督导检查网点建设

◆ 市分行行长师旭（中）向基层员工了解金融业务

◆ 市分行行长师旭（左）检查支行档案留存

◆ 举办打击非法集资宣传教育活动

北京银行股份有限公司石家庄分行

◆ 2015年4月18日，北京银行石家庄分行常务副行长徐文（前排左三）向河北省长张庆伟（前排左二）介绍石家庄分行“信贷工厂”“创业贷”“小微贷”“科冀贷”等科技金融服务模式和特色产品

2014年6月，经中国银监会批准，北京银行石家庄分行开始筹建，2014年12月8日正式营业，地址位于石家庄市裕华区裕华东路86号。内设办公室、计划财务部、公司银行部、中小企业部、零售银行部、金融市场部、风险管理部、信用审批部、运营与科技部、营业部，共有员工208人。至2015年末，石家庄分行下设1家二级分行——北京银行保定分行，2家支行——鹿泉支行、涿州支行。

2015年石家庄分行服务京津冀协同发展、服务中小企业、服务市民百姓为市场定位，致力打造“科技金融”“文化金融”“绿色金融”“惠民金融”等金融品牌，开业首年实现表内外总资产180亿元。

◆ 2015年5月22日，北京银行石家庄分行与石家庄市裕华区政府签署战略合作协议，商议在零售金融、融资服务开展合作

◆ 举办首届业务知识及技能大赛

◆ 北京银行富民直通车服务基地

中国电信股份有限公司石家庄分公司

中国电信石家庄分公司于2003年5月挂牌运营，作为中国电信集团公司在石家庄设立的市级分公司，主要为客户提供包括移动通信、宽带互联网接入、信息化应用及固定电话等产品在内的综合信息解决方案。石家庄公司下辖7个市区营销中心，17个县级分公司，拥有从业人员近2000人，共有电信自办营业厅110余处，社会代理店面2300多家。2015年石家庄电信公司秉承“用户至上 用心服务”理念，拼搏创新，聚焦网络发展，推进“宽带中国 光网城市”工程，助力石家庄“宽带中国”示范城市创建，具备提供50M及100M高带宽与4G网络服务能力，光网覆盖率达到99.6%，移动网络LTE实现市区、县城及主要交通干线连续覆盖、平原农村广覆盖。全面推广10000号受理和网上营业厅、掌上营业厅、自助营业厅、“石家庄电信天翼俱乐部”微信公众号等电子化服务模式，实现线上线下协同发展，有效提升用户使用方便性。2015年10月，石家庄电信公司推出天翼高清业务，为家庭用户提供影音娱乐

◆ 2015年1月27日，中国电信集团公司总经理杨杰（中）到石家庄分公司调研指导

◆ 2013年10月15日，市政府副市长郝竹山（右排右二）到电信石家庄分公司调研指导

◆ 2014年5月，市政府副市长、石家庄高新区工委书记蒋文红（前排左一）视察电信生产中心建设

◆ 新办公大楼

◆ 2014年4月15日，组织中层以上干部到桥西区人民检察院开展警示教育

◆ 2015年11月6日，举办心向党、新风尚、全能支部争霸赛活动

等服务，具有百路直播、时移回看、4K高清、不卡不顿等优点，并由家庭用户延伸至酒店等行业。至2015年末，公司网路服务广泛用于政府机关、军警法司、金融证券、能源矿山、教育医疗等行业及大型企业、专业市场，建有司法E通、警务E通、计生E通、烟草E通、翼机通、农技宝、外勤助手、天翼对讲等通信网络平台，其中用户规模超万户有烟草E通、翼机通、外勤助手、翼校通等。2012～2015年，石家庄电信公司连续四年荣获中国集团公司双领先奖，并获得“保护消费者权益工作先进单位”“全国通信行业用户满意企业”“市级文明单位”等称号。

◆ 开展“外塑形象、内强素质、打造营业良好风貌”活动

◆ 邀约用户体验4G+活动

◆ 参加义务植树志愿活动

◆ 应急通信服务保障

中国石油天然气股份有限公司
河北石家庄销售分公司

中国石油河北石家庄销售分公司是中国石油天然气股份有限公司在石家庄区域设立的集汽柴油、车用燃气、车用润滑油、便利店商品销售与加油卡、电动汽车充电业务于一体的分支机构。至2015年末，公司在石家庄所辖区域设有加油站130余座，年销售成品油50多万吨，年营业额27亿元；拥有员工近1000人。

主动投身服务地方社会经济发展。2015年3月15日，公司团委组织团员青年到行唐县范家佐小学开展助学活动。2015年8月22日，公司员工参加河北省直机关工委举办"纪念抗日战争胜利70周年合唱歌曲比赛"获得二等奖。2015年8月16日，公司投资400多万元改造升级后的"智慧加油站"亮相省会街头，功能、设施得到完善，服务质量提升。2015年11月，公司改造燃煤锅炉为电锅炉或选用优质型煤为边远加油站取暖，减少污染物排放。2015年12月底，公司配合环境治理，主动升级置换国Ⅴ标准燃油，以实际行动履行社会责任。

◆ 2015年3月5日，石家庄销售公司团委组织青年员工代表到行唐县上方乡范家佐村小学向学生赠送学习用品

◆ 2015年8月22日，参加河北省直机关纪念抗日战争胜利70周年合唱歌曲比赛，获得二等奖。

◆ 中国石油石家庄大地智慧加油站

◆ 中国石油加油站